KB058144

작성에서
소송·상담까지

계약법
서식·사례 대전

편저 김만기

CONTRACT

법문북스

| 머리말 |

　　원시시대와 농경사회에서도 물물교환과 소작영농 및 환곡 등에 이르기 까지 옛시대에도 사람의 삶은 거의 대부분이 계약에 의하여 이루어졌습니다. 현대의 계약은 청약과 승낙에 의하여 성립하는 것이 보통이지만, 교차청약이나 의사실현의 사실에 의하여 성립하기도 하며, 사실적 계약관계가 주장되기도 합니다.

　　이와 같이 계약은 둘 이상의 계약당사자의 의사표시의 일치에 의하여 성립합니다. 계약을 성립시키는 이러한 의사표시의 일치를 합의라고 하며, 계약의 내용을 이루는 모든 사항에 관하여 합의가 있어야 하는 것은 아니지만, 본질적인 구성부분에 관하여 구체적으로 합의가 행해져야 합니다.

　　또 계약이라 하면 많은 사람들은 계약서를 작성하는 서면계약을 먼저 떠올립니다. 말로 하는 계약(구두계약)도 가능하고 묵시적 계약도 가능합니다. 그러나 우리가 일상적으로 하는 계약은 대부분이 불요식 행위가 원칙이므로 계약의 형태는 사회적 질서에 어긋나지 않는 이상 당사자 간의 의사 합치로 자유로이 할 수 있습니다.

　　현대에 와서 생활환경이 급속히 발달되면서 우리는 모든 문제를 반드시계약을 맺으며 살아가고 있습니다. 예를 들어 생활필수품 등은 매매계약으로, 직장을 구할 때는 고용계약이나 근로계약에 의하고, 주택을 구입할 때는 건물 매매계약이나 아파트 매매계약에 의하거나 건물 임대차계약 또는 전세계약으로 마련하고 있습니다. 이와 같은 사례만 보아도 계약이 우리의 생활에 있어서 얼마나 중요한 것인지를 알 수 있습니다.

　　이 책에서는 이렇게 다양하고 복잡해 진 계약들에 대해서 제1편에서는 계약 전반에 관한 해설과 매매·증여·교환·소비대차·임대차·위임·임치·화해·저당권 등 설정, 대여금·도급·양도·특허권·판매·경영, 분양·건설공사, 국가 및 지방자차단체 계약 등에 관련되는 모든 서식을, 제2편에서는 이에 관련된 소송서식을, 제3편에서는 계약 전반에 관련된 상담사례들을 해설과 함께 누구나 이해하기 쉽게 편집하였습니다. 이러한 자료들은 대법원의 판례 및 대한법률구조공단의 서식과 상담사례들을 취합하여 체계적으로 정리·분석하고 수록하였습니다,

이 책이 많이 보급되어 실무자 및 일반 국민이 일상생활을 하면서 복잡하고 까다로운 계약을 체결하는데 어려움을 당하지 않고, 쉽게 해결하는데 큰 도움이 되리라 믿으며, 열악한 출판시장임에도 불구하고 흔쾌히 출간에 응해 주신 법문북스 김현호 대표에게 감사를 드립니다.

2019. 4.
편저자 드림

목 차

제1편　각종 계약 서식

제2편 계약 관련 소송 서식

제3편　계약 관계 상담사례

제1편

각종 계약 서식

제1장 계약

제1절 총설

1. 넓은 의미의 계약

사법상(私法上)의 일정한 법률효과의 발생을 목적으로 하는 두 사람 이상의 당사자의 의사표시의 합치, 즉 합의에 의하여 성립하는 법률행위를 말합니다. 이러한 의미에 있어서의 계약은 채권의 발생을 목적으로 하는 합의(채권계약)뿐만 아니라, 물권의 변동을 목적으로 하는 합의(물권계약), 혼인과 같은 가족법상의 법률관계의 변동을 목적으로 하는 합의(가족법상의 계약) 등도 포함하는 폭넓은 개념을 말합니다.

2. 좁은 의미의 계약-채권계약

채권의 발생을 목적으로 하는 합의 즉 채권계약을 말합니다. 다시 말하면 일정한 채권(채권관계)의 발생을 목적으로 하는 복수의 당사자의 서로 대립하는 의사표시의 합치로 성립하는 법률행위를 말합니다.

3. 합의(合意)

계약이 성립하려면 당사자의 의사표시가 내용적으로 합치하고 있을 것, 즉 합의가 있어야 합니다. 합의가 있다고 인정되려면 외부에 나타난 의사표시로부터 판단되는 이른바 표시상의 효과의사가 그 내용에 있어서 서로 일치하고(객관적 합치), 객관적으로 합치하는 의사표시가 상대방의 의사표시와 결합해서 일정한 법률효과를 발생시키려는 의미를 가지는 것(주관적 합치)이어야 합니다.

4. 계약의 성립

① 계약이 성립하려면 당사자의 서로 대립하는 수개의 의사표시의 합치, 즉 합의가 반드시 있어야 하는데 이러한 합의는 일반적으로 청약과 승낙으로 성립합니다. 그리고 청약과 승낙에 의한 계약의 성립이 반드시 두 사람 사이에서만 행하여지는 것은 아니며 조합계약과 같이 여러 사람이 하나의 계약을 체결하는 경우도 있습니다.
② 계약의 성립과정에 있어서 당사자의 일방이 책임 있는 사유로 상대방에게 손해를

끼친 때에 부담하여야 할 배상책임을 계약체결상의 과실 또는 체약상(締約上)의 과실이라 합니다. 단순히 계약성립 과정뿐만 아니라 계약체결을 위한 준비단계에 있어서의 과실도 포함합니다.

5. 계약의 효력

계약의 성립과 그 효력발생은 구별됩니다. 계약의 유효·무효는 계약의 성립을 전제로 하며, 그 계약이 목적한 대로 효과가 생기느냐 않느냐를 말하는 것으로써 계약이 성립되지 않는 경우에는 유효·무효의 문제는 생기지 않습니다. 따라서 계약의 성립요건과 효력발생요건은 별개의 것이라고 할 수 있습니다.

6. 계약의 성립요건

계약의 성립요건은 이미 설명한 바와 같이 두 개 이상의 의사표시가 객관적·주관적으로 합치하는 것, 즉 합의가 있어야 합니다. 그러나 성립한 계약이 언제나 당사자가 원하는 대로의 효과를 발생하는 것은 아니며, 그것이 효력을 발생하려면, 당사자가 권리능력 및 행위능력을 가지고 있어야 하고, 의사표시의 의사와 표시가 일치하고 하자가 없어야 하며, 그 내용이 확정·가능·적법하고 사회적 타당성이 있어야 합니다. 보통의 경우에는 계약은 성립과 동시에 효력을 발생하나, 정지조건·시기와 같은 효력의 발생을 막게 되는 사유가 있으면 계약의 성립시기와 효력발생시기가 달라질 수 있습니다.

7. 계약의 해제와 해지

① 계약의 해제라 함은 유효하게 성립된 계약의 효력을 당사자 일방의 의사표시에 의하여 그 계약이 처음부터 있지 않았던 것과 같은 상태로 만드는 것을 말합니다. 이와 같이 일방적 의사표시에 의하여 계약을 해소시키는 권리를 "해제권"이라 합니다. 계약의 해지라 함은 계약 상대방 한쪽의 일방적인 의사표시로, 유효하게 성립한 계약이 장래에 그 효력을 잃는 것을 말합니다. 즉 앞으로 효력을 소멸시키는 것을 말합니다.
② 해지권은 ㉮ 계약 당사자 사이에 해지에 관한 특약이 있는 경우(약정해지권)와 ㉯ 법률의 규정에 있는 경우(법정해지권)에 발생합니다. 기간을 정하지 않은 계속적 채권관계에서는 각 당사자에게 해지의 자유가 인정되기 때문에 해지권 유보 약정이나 법률의 규정이 없더라도 언제든지 해지를 통고할 수 있습니다. 해지효과가 발생하는 시기는 기간을 정하지 않은 채권관계에서는 해지의 의사표시가 상

대방에게 도달한 때부터 일정기간이 경과해야 효력이 발생합니다.

③ 기간을 정한 채권관계에서도 원칙적으로 해지통고기간이 경과된 후에 효력이 발생합니다. 계약이 해지되면 그 계약은 그때부터 그 효력을 잃으며, 해지 효과가 발생하기 전에 이미 이행된 계약의 내용은 그대로 유효하다. 계약이 해지되더라도 이와 별도로 손해배상은 청구할 수 있습니다. 또 해지의 상대방이 계약내용의 목적물을 제때에 반환하지 않아 손해가 발생한 때에는 반환지체를 이유로 손해배상을 청구할 수 있습니다

제2절 민법상 계약의 종류

계약은 당사자 간의 의사합의로 성립되는 법률행위로서 광의를 계약이라 하면 물권계약(저당권설정계약 등), 혹은 신분계약(혼인·이혼 등), 공법상계약, 준물권계약 등을 통틀어 말하지만, 계약이란 채권계약을 가리키는 경우가 대부분입니다. 민법이 규정하고 있는 채권계약은 ① 증여, ② 매매, ③ 교환, ④ 소비대차, ⑤ 사용대차, ⑥ 임대차, ⑦ 고용, ⑧ 도급, ⑨ 여행, ⑩ 현상광고, ⑪ 위임, ⑫ 임치, ⑬ 조합, ⑭ 종신정기금, ⑮ 화해 등 15종이 있습니다. 각종 계약의 요점을 개략적으로 살펴보기로 하겠습니다.

1. 증여

증여란 당사자의 일방(증여자)이 대가없이 즉 무상으로 재산을 상대방에게 준다는 의사를 표시하고 상대방(수증자)이 그것을 승낙함으로 성립하는 계약을 말합니다 (민법 제54조).

2. 매매

① 매매는 당사자의 일방(매도인)이 어떤 재산권을 상대방에게 이전할 것을 약정하고, 상대방(매수인)은 이에 대해 그 대금을 지급할 것을 약정함으로써 성립하는 계약을 말합니다(민법 제563조).

② 매매는 유상·쌍무·낙성계약이 전형적인 계약입니다. 따라서 쌍무계약의 효력인 동시이행의 항변이나 위험부담이 적용됩니다. 전자는 이행기가 도래하더라도 상대방이 이행제공을 할 때까지 이쪽도 이행을 거절할 수 있는 것으로서 형평의 견지에서 인정되고 있는 것입니다.

3. 교환

당사자가 서로 재산권을 상대방에게 이전할 것을 약정하는 계약을 말합니다. 이때 재산권은 금전을 제외한 것이므로 만약 당사자중의 일방이 금전을 이전하면 그것은 교환이 아니라 매매가 됩니다(민법 제596조).

4. 소비대차

소비대차는 당사자의 일방이 금전 기타 대체물의 소유권을 상대방에게 이전할 것을 약정하고 상대방은 그와 같은 종류·품질 및 수량으로 반환할 것을 약정함으로 그 효력이 성립됩니다(민법 제598조).

5. 사용대차

사용대차는 무상으로 상대방의 물건을 사용, 수익한 후 이를 반환할 것을 약정, 상대방으로부터 어떤 물건을 수취함으로써 성립되는 계약을 말합니다(민법 제609조).

6. 임대차

임대차는 당사자 일방이 상대방에게 목적물을 사용·수익하게 할 것을 약정하고 상대방이 이에 대해 차임을 지급할 것을 약정함으로써 그 효력이 생기는 계약을 말합니다(민법 제618조).

7. 고용

고용은 당사자 일방이 상대방에 대해 노무를 제공할 것을 약정하고 상대방이 이에 대해 보수를 지급할 것을 약정함으로써 성립되는 계약으로 성립과 동시에 그 효력이 생깁니다(민법 제655조).

8. 도급

도급은 당사자의 일방이 어느 일을 완성할 것을 약정하고 상대방이 보수를 지급할 것을 약정함으로써 그 효력이 생기는 계약을 말합니다(민법 제664조).

9. 여행계약

여행계약은 당사자 한쪽이 상대방에게 운송, 숙박, 관광 또는 그 밖의 여행 관련 용역을 결합하여 제공하기로 약정하고 상대방이 그 대금을 지급하기로 약정함으로써 효력이 생깁니다(민법 제674조의 2).

10. 현상광고

광고자가 일정한 행위를 한 자에게 일정한 보수를 지급하겠다는 불특정 다수인에 대한 의사표시를 말합니다. 현상광고의 법률적 성격에 대해서는 특수한 청약과 승낙에 의하여 성립하는 도급과 비슷한 계약이라고 하는 계약설이 지배적입니다. 현상의 대상인 어떤 행위에 대한 제한은 없지만 사회질서에 위배되는 행위는 당연히 금지됩니다(민법 제675조).

11. 위임

당사자 일방이 상대방에 대해 사무 처리를 위탁하고 상대방이 이를 승낙함으로써 그 효력이 발생되는 계약을 말합니다(민법 제680조).

12. 임치

당사자 일방이 상대방에게 금전이나 유가증권 기타의 물건의 보관을 위탁하고 상대방이 이를 승낙함으로써 성립하는 계약을 말합니다. 임치계약은 무상을 원칙으로 하나 당사자 간의 합의에 의해 유상계약으로 이루어질 수도 있습니다(민법 제693조).

13. 조합

조합은 2인 이상이 상호 출자하여 공동사업을 경영할 것을 약정함으로써 그의 효력이 생기는 계약을 말합니다(민법 제703조).

14. 종신정기금

당사자 일방이 자기·상대방 또는 제3자의 종신까지 정기로 금전 기타의 물건을 상대방 또는 제3자에게 지급할 것을 약정함으로써 성립하는 계약을 말합니다. 종신정기금은 그밖에도 유증에 의해서도 발생하지만, 민법상 종신정기금이 발생하는 경우는 아주 희박합니다(민법 제725조).

15. 화해

당사자가 서로 양보하여 당사자 간의 분쟁을 조치할 것을 약정함으로써 효력이 생기는 계약을 말합니다(민법 제731조).

제3절 금전소비대차

1. 소비대차

① 금전대차는 소비대차(消費貸借)에 속합니다. 소비대차라 함은 당사자의 일방(貸主)이 금전 기타의 대체물의 소유권을 상대방(借主)에게 이전할 것을 약정하고, 상대방은 그것과 동종·동질·동량의 물건을 반환할 것을 약정함으로써 성립하는 계약을 말합니다. 일상생활에서 널리 행하여지는 금전이나 쌀 등의 대차가 이에 속합니다.
② 소비대차는, 임대차와 사용대차가 목적물 자체를 반환하는 것과 달리 차주가 목적물의 소유권을 취득하여 이를 소비한 후에 똑같은 가치의 다른 물건은 반환하는 점에 특색이 있습니다.
③ 대체물이란 금전이나 쌀과 같이 일반의 거래에 있어서 그 물건의 개성을 문제 삼지 않고 같은 종류의 다른 물건으로 바꿀 수 있는 물건을 말합니다.

2. 소비대차의 법률적 성질

① 소비대차는 당사자 사이의 합의만 있으면 성립하는 낙성계약을 말합니다. 또한 소비대차는 무상계약임을 원칙으로 하나, 유상계약으로 되기도 합니다. 즉 차주는 대주로부터 받는 금전 및 기타의 대체물을 이용함으로써 재산상의 이익을 얻게 되나 그 대가로서 당연히 이자를 지급하여야 하는 것으로는 되어 있지 않으며, 따라서 무상임을 원칙으로 합니다. 그러나 당사자 사이의 특약 또는 법률의 규정에 의하여 이자를 지급하여야 하는 때에는, 이자는 대주가 교부하는 금전 기타의 대체물의 이용에 대한 대가이므로 이 경우에는 유상계약이 되는 것입니다.
② 상인사이의 금전소비대차는 이자가 있는 것이 통상적이며, 이와 같이 소비대차에 이자가 따를 때에는 유상계약이 됩니다.
③ 유상계약은 계약당사자가 서로 대가서 의미 있는 재산상의 출연(경제적 손실)을 하는 계약이고, 무상계약은 계약당사자의 한쪽만이 급부를 하는 경우 또는 쌍방 당사자가 급부를 하더라도 그 급부사이에 대가적 의미 있는 의존관계가 없는 계약을 말합니다.

3. 금전소비대차의 성립

① 소비대차의 성립은 대주가 일정액의 금전을 차주에게 이전하여 일정기간 동안 차주로 하여금 이를 이용하게 할 것과 반환시기가 도래하였을 때에 대주에게 반환할 것을 약정함으로써 성립합니다. 채무이행의 시기·장소·방법 등은 당사자가 자유로이 결정할 수 있습니다.

② 이자를 지급하기로 하는 금전소비대차계약을 체결하는 때에는 이자에 관한 특약의 합의가 있어야 하고, 이율은 이자제한법의 범위 내에서 자유로이 정할 수 있으나, 이율에 관하여 약정한 바가 없으면 그 이율은 법정이율에 의합니다.

③ 그러나 이자제한법은 오직 금전의 소비대차에만 적용되므로 금전 이외의 대체물의 소비대차에 있어서 이자제한법의 범위를 넘는 이자를 약정한 때에는 차주는 약정이자 전부를 지급하여야 함에 주의하여야 합니다. 이때에 그 이자가 폭리여서는 안 됨은 물론입니다.

4. 금전소비대차의 효력

① 대주는 차주에게 금전을 빌려 줄 의무를 지고, 차주는 그가 빌려 쓴 금전을 반환시기가 도래한 때에 반환할 의무를 부담하고, 그 밖에 이자를 지급하기로 한 경우에는 이자지급의무도 부담하게 됩니다.

② 그리고 담보를 제공하기로 한 때에는 차주가 제공하여야 할 담보가 물적 담보이면, 계약의 내용에 따라 담보권의 설정계약을 하여야 하고, 인적 담보를 제공하여야 하는 때에는 보증인을 세워서 대주로 하여금 그 보증인과 보증계약을 맺을 수 있도록 하여야 합니다.

5. 미성년자와의 금전대차계약

① 미성년자는 무상증여나 채무를 면제하는 등의 권리만을 얻거나 의무만을 면하는 행위는 부모(친권자)의 동의 없이 단독으로 할 수 있으나, 계약 즉, 금전대차나 매매 등의 법률행위는 법정대리인의 동의 없이 단독으로 할 수 없습니다. 법률이 이와 같이 미성년자를 보호하는 것은 이들은 판단능력이 완전하지 못하여 자기이익에 위배되는 일을 저지를 위험이 있기 때문입니다.

② 그러나 부모가 목적을 정해 놓고 마음대로 하라고 허락하였다면 그 목적 범위 내에서, 또한 사업을 허락하였을 때에는 그 사업에 관해서는 마음대로 행위능력을 가지고 행사할 수 있으며, 그렇지 않은 경우에는 반드시 부모의 동의를 얻어야

합니다. 그러므로 부모(법정대리인)의 동의를 얻지 않고 부동산을 처분한다거나 금전소비대차계약을 체결하고 금전을 차용한 경우에는 친권자나 미성년자 본인은 계약을 취소할 수 있습니다.

③ 취소라 함은 일단 발생한 법률행위이지만 무능력·의사표시의 착오나 의사표시의 하자로 인하여 그 행위의 효력을 행위시에 소급하여 소멸시키는 것을 말합니다. 일반적으로 계약이 취소되면 그 계약은 소급해서 효력을 잃고, 계약을 맺지 않았을 때의 상태로 돌아가게 됩니다. 따라서 돈을 빌린 차주는 그 빌린 돈을 모조리 대주에게 돌려주고 본래의 백지의 상태로 돌아가야 하는 것입니다. 법률행위가 취소되면 취소의 효과로 매매를 한 경우에는 물품을 인도하고 대금을 반환하여야 하며, 금전대차의 경우에는 차용금을 반환하여야 하나 무능력자인(미성년자) 경우에는 그 행위로 인하여 받은 이익이 현존하는 한도 내에서 상환할 책임을 부담한다는 예외규정이 있습니다. 이것은, 미성년자는 이런 경우 돈을 반환할 필요는 없고 "현재 이익이 있는 한도 내"에서 반환을 하는 것이 좋다는 예외규정인 것입니다.

④ 미성년자와 거래를 할 경우에는 상대방이 미성년자인가의 여부를 잘 확인하고 미성년자일 경우에는 법정대리인의 동의를 얻거나 서명날인을 받는 것이 선결사항입니다.

6. 금전채권의 청구방법

① 변제기일이 지났는데도 채무자가 빌려간 돈을 갚지 않는 경우에 채권자로서는 당연히 대부금의 반환을 청구할 수 있습니다. 그러나 채권자에게 주어진 권리라고 하더라도, 어떠한 방법과 수단을 쓰느냐에 따라 그러한 청구도 제한되게 됩니다. 이것은 법치국가에 있어서 당연한 제한이라고 할 수 있습니다.

② 따라서 채무자가 대부금을 변제하지 않는 경우라고 하더라도, 채무자에게 독촉을 하여 스스로 채무자가 변제하게끔 하든가, 아니면 그래도 채무자가 이행을 하지 않을 경우에는 국가기관의 힘을 빌려 강제로 이행케 하는 방법을 택해야 합니다. 이러한 방법이 아니라 채권자가 자기 스스로의 힘으로 자기 채권을 회복하는 행위는 허용되지 않는 것입니다. 만일 채권자가 자기 대부금을 반환받겠다고 하여 이러한 자력구제를 행하게 되면 경우에 따라 그것은 여러 가지의 범죄를 성립시키게 됩니다.

③ 예를 들어, A라는 사람은 돈을 빌려가고 갚지를 않을 뿐만 아니라 이제 와서는 빌려간 돈이 아니라 그냥 받은 돈이라고 하는 경우 채권자로서는 화가 나서 수단과 방법을 가리지 않고 어떻게든 돈을 받아내야겠다는 생각이 들 수도 있을 것입

니다. 그러나 폭력배에게 의뢰하여 A를 협박해서 빌려준 돈을 받게 된다면, 그런 경우에는 채권자도 공갈죄의 공범이 되고 마는 것입니다.

④ 공갈죄는 사람을 위협하여 재물 등을 강제로 빼앗는 경우에 성립되는 범죄인데, 만일 그 폭력배에게 의뢰하여 그 사람이 채무자의 돈이나 물건을 강제로 빼앗아 오면 그때 폭력배는 공갈죄를 범하게 되는 것이고, 채권자는 그의 공범이 되는 것입니다. 따라서 되도록 합법적인 절차를 통해 해결하도록 해야 할 것입니다.

제4절 계약의 체결

1. 계약증서의 필요성

① 비록 요식계약이 아니더라도 계약을 함에 있어 증서를 작성하는 것은 여러 면에서 중요한 효과를 나타내고 있습니다. 보통의 계약에 있어 구두계약도 유효하며, 계약서가 반드시 필요한 것은 아니나 구두상의 계약은 여러 문제가 발생할 소지가 있기에 대개는 증서를 작성함이 일반적입니다.

② 증서를 작성해 두면 내용이 불분명하여 후일에 분쟁이 일어날 소지가 적어지고, 또 일어났을 때에도 주장의 근거자료로 증서만큼 좋은 것은 없다고 볼 수 있습니다. 그리고 공정증서로 계약을 체결해 놓으면 후일 상대방이 계약을 이행하지 않았을 경우 법원의 판결 없이 공정증서를 근거로 하여 강제집행을 할 수 있으므로 매우 안전한 계약방법이라고 할 수 있습니다.

2. 계약증서의 작성 시 유의사항

① 계약서제목은 반드시 필요한 것은 아니지만 기재해 두면 보다 유익합니다.

② 계약당사자를 명백히 밝히기 위해 계약자의 주소·성명을 기재하며 또 매수인·매도인 등의 계약자의 지위를 기재해야 합니다.

③ 계약서내용은 후일에 분쟁을 피하기 위해 상세히 기재할 필요가 있습니다. 그러나 별로 중요하지 않은 내용에 관해 장황하게 문구를 나열하는 것은 계약핵심을 흐리게 하고 상대방에 대해서는 불신감을 줄 수 있으므로 중요내용에 대해서만 핵심을 명확히 기재하는 것이 보다 실용적입니다.

④ "위와 같이 계약함"이란 문언을 기재할 필요가 있는데 이때에 계약을 한 장소와 입회인 등에 관해 기재해 두면 계약 성립의 신빙력이 증가하게 됩니다. 즉, "M공인중개사 사무실에서 A·B와 입회인 C의 참석 하에 위와 같이 계약, 본서 두 통을

작성하여 각자가 기명날인하고 각자가 보관한다. "는 식으로 작성하면 됩니다.

⑤ 계약증서는 두 통을 작성하여 나누어 가지던가 원본을 복사하여 각자가 나누어 가져야 합니다.

⑥ 계약서에 계약 연월일은 반드시 기재해야 합니다.

⑦ 기명날인은 각자의 것을 해야 하며, 인감도장을 사용하는 것이 안전을 위해 보다 유익합니다.

⑧ 계약서가 여러 장일 때에는 반드시 간인을 찍어야 하는데 간인은 1장의 종이를 중앙에서 표면 쪽으로 접고 1장의 뒷면 측과 2장 째의 표면에 연결되는 쪽에 찍는 방법을 많이 택하고 있습니다. 그리고 간인을 찍어야 하는 사람이 여럿 있을 때에는 계약서를 끈으로 철하고 표지에 백지를 한 장 붙여 뒷 표지 쪽으로 접어 넘겨 양쪽을 풀로 붙이고 그곳에 간인을 찍는 방법도 있습니다. 이는 모든 면마다 간인을 찍는 수고를 감소하는 방법입니다.

⑨ 정정은 원칙적으로 하지 않는 것이 상책이지만, 만일 반드시 정정해야 한다면 삭제될 부분은 분명하게 말소하고 정정을 기재하며 그 윗부분에 "연대하여"라는 뜻의 문구로 사용하여 계약서를 작성하는 것이 완벽한 계약서라고 볼 수 있습니다.

3. 부부간의 계약

① 부부의 생활은 법을 떠난 자연적 생태에서 유래하게 되는데 부부의 공동생활을 원만히 꾸려 나가려면 부부간에도 법적 범위 내에서 권리·의무가 존재하게 됩니다. 요즈음은 결혼을 한 후에도 직장을 고수하는 여성들이 점차 늘어나서 맞벌이 부부가 많아졌고, 따라서 부부의 금고가 따로 있는 경우도 있게 되므로 그에 따른 문제가 발생합니다.

② 부부간에 계약이 이루어진 경우, 법률은 다음과 같이 처리하고 있습니다. 민법 제828조에 의하면 "부부간의 계약은 혼인 중 언제든지 부부의 일방이 취소할 수 있습니다. 그러나 제3자의 권리를 해하지 못한다."고 규정하고 있습니다. 이러한 규정의 취지는 비록 부부사이에 계약을 체결하였다고 할지라도 그것의 진실성의 여부가 명확하지 않으며, 심지어 부부사이의 계약관계로 인한 법적문제를 국가권력에 의하여 강제로 실현한다는 것은 화목한 부부생활을 해치게 되기 때문입니다. 따라서 부부 사이에 약속이라는 딱딱한 조건으로 모든 일을 처리하기보다는 서로 간에 강한 신뢰관계로 결부되어야 한다는 것을 뜻합니다.

③ 따라서 부부간의 금전대차는 언제든지 취소할 수가 있으며, 예를 들어 1년 기한으로 돈을 빌려주었더라도 5개월 만에 약속을 취소하고 즉시 변제를 받을 수가

있습니다. 그러므로 부부 사이의 약속은 약속이 원래대로의 효력을 갖추지 못하는 일이 많습니다.

④ 변제기한을 정했던 것을 취소하게 되면 빌려준 돈은 곧 갚게될 것이니 타인에게 빌려주었을 때보다 더 확실성이 있습니다. 그러나 채무의 관계가 아닌 증여, 즉 무상으로 부부의 일방에게 금전을 지급하는 경우도 있을 수 있기 때문에 오히려 그의 변제를 기대할 수 없는 경우도 있습니다.

⑤ 이혼을 하는 때에는 과거의 재산에 대해 정리를 하게 되므로 금전대차관계도 취소를 하고 처리하면 됩니다. 그러나 계약을 취소하기 전에 이혼이 성립되었다면, 일단 이혼을 한 이상 서로 타인이 되었으므로 일방적으로 취소표시를 할 수가 없게 됩니다. 따라서 변제기한을 1년으로 정한 것을 멋대로 취소하고 6개월 내에 반환하라는 의사표시를 할 수 없음은 물론이고, 또한 약속한 이자가 있었다면 이것도 지급해 주어야 합니다.

⑥ 법률상으로는 부부간의 대금의 독촉문제에 관해 특별히 규정을 두고 있지 않습니다. 따라서 기한이 되면 망설이지 말고 독촉을 해도 되는데, 다만 부부관계로 인한 계약 때문에 반환청구를 해도 그것이 청구로써의 뜻을 이루지 못하는 경우가 많습니다. 그러나 민법은 부부간의 애정과 신뢰를 부정하지는 않지만, 부부의 재산에 대하여는 가급적·합리적으로 처리하도록 배려하고 있는 입장입니다. 따라서 당사자가 바란다면, 일반타인에 대한 경우와 마찬가지로 부부의 일방에게 권리를 부여하고 의무를 강제하는 길을 열어놓고 있습니다.

4. 공증증서

① 공정증서라 하면 통상적으로 공증인이 공증인법이나 기타 법령의 정하는 바에 따라 계약 등의 법률행위나 사건에 관한 사실에 대하여 작성한 증서이며 사서증서에 대하여 일컫는 말입니다.

② 현재 계약사회에는 공정증서에 의하여 계약이나 법률행위가 증가하고 있는데 그것은 금전대차에 있어서의 차용증서나 대차계약서와 같은 사서증서는 당사자 간에 임의로 작성되므로 차후에 당사자 간의 의견이 일치하지 않거나 주장이 대립하여 법적 분쟁이 발생한 경우 부득이 재판을 통하여 사건의 해결을 보게 되는데, 공정증서는 이처럼 과다한 시간·비용 및 노력의 투입을 사전에 방지하고 증서의 내용대로 사건을 해결하려는데 큰 의미가 있기 때문입니다.

5. 공정증서의 작성절차 및 방법

① 공정증서를 작성하려면 당사자 쌍방 혹은 대리인은 판사·검사·변호사의 자격을 가진 자로서 법무부장관의 임명이나 인가에 의하여 지위가 취득된 공정한 제3자인 공증인을 찾아가서 그의 면전에서 증서의 내용이 될 사항을 진술하거나 문서로 제출하여 작성하게 됩니다.

② 당사자의 의견을 들은 공증인은 내용에 따라 청취한 사항이 법령을 위반하는가, 무효인 법률행위나 무능력자의 행위로 취소가 되지 않는 가 등을 검토하고, 또한 촉탁인의 성명을 알고 면식이 있어야 하므로 그렇지 못할 경우에는 주민등록증이나 사진이 첨부된 공증서류 등을 열람·확인하며, 증서의 작성여부를 결정하게 됩니다. 적법 유효한 행위로서 증서를 작성하게 되면 촉탁인이나 열석자에게 읽어주거나 열람을 시켜서 그들의 승인을 얻고 그 취지를 증서에 기재하며 그들의 서명날인을 받은 후 작성한 계약서는 당사자에게 각각 1부씩 교부하고 그 원본은 공증인이 보관합니다.

6. 공정증서의 두 가지 효력

위와 같이 작성된 공정증서는 사서증서와 달리 두 가지의 효력이 있습니다.

① 첫째로, 공정증서는 공증인이 당사자로부터 증서의 내용이 되는 사항을 듣고 그것이 법령에 저촉되는 행위인가를 검토하며, 오직 적법·유효한 사항으로 공정증서를 작성하였으므로, 그 기재의 진실성이 높으며 또한 공정증서의 원본을 공증인이 보관하므로 사서증서의 경우와 같이 변조나 위조 등을 빙자한 시비분쟁의 우려가 없으므로 증거능력이 아주 강합니다.

② 둘째로, 공정증서는 집행인낙문언이 증서에 기재되므로 판결문정본의 경우와 같이 집행력을 가지게 되며 강제집행을 할 수 있습니다.

③ 사서증서는 그 자체가 채무명의가 되지 않고 다만 법적 분쟁으로 판결을 밟는 경우 증거자료로 될 뿐이며, 판결절차에서의 판결문정본이 채무명의가 되는데 공정증서는 재판이라는 판결절차를 경유하지 않고 "채무자가 본 계약에 정한 채무를 지급하지 않을 때에는 채무자는 강제집행을 당하여도 이의가 없음"을 인낙한 증서 조항에 의거 채무자가 채무를 이행하지 않을 때에는 채무자의 유채재산을 압류·경매하여 그 매득금 중에서 변제충당을 하거나 혹은 채무자가 제3자에게 가지고 있는 채권을 추심하여 신속·간단하게 채권의 만족을 얻을 수 있게 합니다.

7. 내용증명의 용도

① 내용증명우편은 상대방에 이러저러한 내용통지를 하였다는 것을 후에 가서 분쟁이 생겼을 경우에 대비하여 증거로 남겨두기 위하여 이용하고 있습니다.

② 일정한 규격에 맞추어 작성한 동일증명서 3통을 우체국에 제출하면 우체국에서는 서신의 끝에 "내용증명우편으로 제출하였다는 것을 증명한다."는 인을 날인하고 1통은 우체국에 보관하고, 1통은 상대방에 발송하고, 1통은 마치 영수증과 같이 발송인(제출인)에게 반환해 줍니다.

③ 작성내용은 간결·명료하게 요점만을 기재하는데 특히 훗날의 소송에 있어 승패를 가리는 결정적인 증거가 되는 수가 있는 만큼 내용증명의 잠재성을 염두에 두고 그 문안을 신중히 생각하여 기재한다는 것은 매우 중요합니다.

④ 내용증명우편을 이용하는 데 있어서 대략 두 가지 형태가 있습니다. 그 하나는 상대방에게 단순히 청구하는 경우, 예를 들어 외상대금을 회수하고자 할 때 상대방에게 단순히 청구하는 경우 즉 외상대금을 회수하고자 할 때 상대방에게 심리적 압박을 주려는 것으로서, 내용증명우편의 본래의 목적도 법적인 효과도 없으나, 실제로 유리한 효과를 불러일으키기도 합니다. 또 하나의 경우는 내용증명우편의 본래의 이용목적이라고 할 수 있는데 상대방에 대한 통지가 일정한 법적 효과를 이용목적이라고 할 수 있습니다. 상대방에 대한 통지가 일정한 법적 효과를 발생시키는 경우, 즉 시효중단, 계약해제, 계약취소, 채권양도통지를 하는 경우에 이용하는 것입니다.

8. 여러 가지 종류의 계약금

계약금이란 계약체결 시에 당사자의 일방이 상대방에게 교부하는 금전 기타의 유가물로서 거래관행에 따라 명칭도 다르게 표현됩니다. 착수금(계약금)에는 여러 종류가 있으나 일반적으로는 그 작용에 따라 다음의 3가지가 있습니다.

① 증약금 - 계약체결의 증거로서의 의미를 갖는 착수금을 말하는데, 계약의 체결에 있어서 당사자사이에 어떠한 합의가 있었는지가 분명한 경우에도 착수금이 교부되어 있으면 그것은 적어도 어떤 합의가 있었다는 증거가 되므로 착수금은 언제나 증약금으로서의 작용을 한다고 볼 수 있습니다.

② 위약계약금 - 착수금을 교부한 자가 계약상의 채무를 이행하지 않는 때에 그것을 수령한 자가 위약벌로서 몰수하는 계약금을 말합니다.

③ 해약금 - 계약의 해제권을 보류하는 작용을 갖는 착수금을 말하며 이 착수금을

교부한 자는 그것을 포기함으로써, 또한 이 계약금을 받은 자는 그 배액을 상환함으로써 계약을 해제할 수 있습니다. 민법 제565조에서 "매매의 당사자일방이 계약당시에 금전기타 물건을 계약금·보증금 등의 명목으로 상대방에게 교부한 때에는 당사자 간에 다른 약정이 없는 한 당사자의 일방이 이행에 착수할 때까지 교부자는 이를 포기하고 수령자는 그 위액을 상환하여 매매계약을 해제할 수 있다."라고 규정하여 당사자 간에 특별한 의사표시가 없으면 일반적으로 해약금으로 보고 있습니다.

제5절 착오와 화해

1. 중요부분의 착오에 대한 법적 효과

① 남의 집을 빌려 쓰는 것에도 법률의 성질에 따라 그 종류가 다양합니다. 먼저 민법은 제609조에서 사용대차계약에 대해 규정하고 있는데 이는 집세를 지불하지 않고 사용하는 관계를 말하는 것이며, 이와는 다르게 임대료를 지불하면서 사용하는 관계가 있는데 이를 민법 제618조 이하의 임대차계약이라고 합니다.

② 이상의 두 형태를 살펴볼 때 양자 모두 남의 집을 사용하는 법률관계이나 법적인 면에서 차이점이 있습니다. 이를테면, 사용대차계약은 법률관계이나 법적인 면에서 차이점이 있습니다. 이를테면, 사용대차계약은 무상계약이기 때문에 집을 빌려주는 사람은 법적인 구속을 적게 받으며, 이에 반해 임대차계약은 상당한 대가를 지급하는 유상계약이기 때문에 대차인에게는 여러 법적 구속을 가하고 경제적 약자인 임차인의 보호를 위하여 여러 규정을 두고 있습니다. 임차권의 기한에 관하여도 임대차는 상당한 기한보장(민법 제635조, 제636조, 제645조, 제651조 등)을 하고 있지만 무상임대차일 때는 이런 보장이 없습니다.

③ 착오란 거래당사자의 법률행위의 내용의 중요부분의 착오가 있음을 말하는 것이며, 이를 민법 제109조 제1항의 법률행위내용의 중요부분의 착오라고 합니다. 그리고 중요부분의 착오란 그 당사자가 의도한 내용가운데 그 착오가 없었더라면 당사자뿐만 아니라 누구라도 그와 같은 의사표시를 하지 않았으리라고 생각될 정도의 부분의 착오를 말합니다.

④ 그렇지만 주택임대차를 사용대차로 전환하는 것에 과연 중요부분에 착오가 있었느냐 하는 의문도 있을 것이나 일단은 이론상 긍정하는 면에서 살펴보기로 하겠습니다. 즉 임대차라 하면 임차권의 기간보장이 되어 있는 것이고, 사용대차는 이러한

기간의 이익이 없는 것인데 만일 이런 사실을 알았다면 누구든 사용대차계약으로 변경하는 데에 있어 승낙하지 않을 것이라고 볼 때에 승낙은 법률행위의 내용에 중대한 착오가 있었다고 보고 이를 이유로 승낙을 취소할 수 있게 됩니다. 이럴 경우 임대차계약은 여전히 존속하는 것이며 집주인의 퇴거요구에 응할 필요가 전혀 없게 됩니다. 그러나 이 같은 경우에도 착오로 승낙의 표시를 한 중대한 과실이 있었을 때에는 취소의 주장을 할 수가 없다는 점을 유의해야 합니다.

⑤ 보통 과실의 유무정도는 일반적인 판단기준이 설정되어 있는 것이 아니며 각 사건내용이나 의사표시자의 지위 등을 고려하여 과실유무를 결정합니다.

2. 화해

① 화해는 당사자가 서로 양보하여 그들 사이의 분쟁을 끝낼 것을 약정함으로써 성립하는 계약을 말합니다. 예를 들면 A는 B에게 200만원 꾸어주었다고 주장하는데, 오히려 B는 100만원을 꾸었다고 주장하여 A·B간에 다툼이 있게 된 때에 A와 B가 서로 양보하여 160만원의 대차관계가 있는 것으로 하여 다투기를 그만두고 해결하기로 합의하는 경우입니다.

② 화해는 당사자가 분쟁을 종식시키기 위하여 맺는 계약인데, 여기서 분쟁이란 법률관계의 존부·범위·태양 등에 관하여 당사자의 주장이 일치하지 않음을 말합니다. 그리고 양보는 당사자 쌍방이 해야 하며, 어느 일방만이 양보하는 것은 화해가 아닙니다. 또 화해에 있어서의 당사자의 양보는 다투어지고 있는 법률관계에 관하여 처분을 하는 결과가 되므로 화해의 당사자는 처분의 능력이나 권한을 가지고 있어야 합니다.

③ 화해는 재판에 비해 간편하고 경제적으로도 유익하며, 분쟁당사자끼리 분쟁을 해결함으로 보다 원만한 관계를 유지할 수 있다는 데에 장점이 있습니다.

3. 화해의 효력

① 화해는 법률관계를 확정하는 효력을 갖습니다. 즉 당사자는 화해하기 전에 각자가 주장하던 법률관계는 주장할 수 없으며, 화해계약으로 확정된 의무를 이행하고 권리를 승인해야만 합니다.

② 또 하나의 효력으로서 화해는 이른바 '창설적 효력'을 갖는데 화해의 창설적 효력이란 종래의 법률관계가 어떠하였느냐를 묻지 않고서 화해에 의하여 새로운 법률관계가 발생하고, 따라서 새로운 권리의 득실이 있게 됨을 의미합니다.

4. 화해의 의사표시 착오

화해의 의사표시에 착오가 있는 경우 그 착오가 분쟁대상인 법률관계 자체에 관한 것일 때에는 취소할 수 없습니다. 그러나 그 착오가 당사자의 자격이나 화해의 목적인 분쟁이외의 사항에 관한 착오일 때는 화해계약을 취소할 수 있습니다(민법 제733조). 예컨대, 채권액에 관하여 다툼이 있어서 화해를 한 경우에, 그 채권이 이미 시효로 소멸하고 있거나, 화해의 당사자의 일방이 채권자나 채무자가 아니었다고 하는 등의 경우는 화해계약을 취소할 수 있습니다. 이는 민법상의 화해와 비슷하지만 구별되는 몇 개의 제도가 있는데 재판상의 화해·조정·중재 등이 그 예입니다.

① 재판상의 화해

당사자가 법원에서 서로 양보하여 다툼을 그만두는 것인데 그 요건과 효력이 민법상 화해와 다릅니다. 즉 이 화해에는 화해조서가 작성되며, 조서는 확정판결과 같은 효력을 갖는다. 따라서 재판상 화해가 성립하면 그 소송은 당연히 종료하게 됩니다.

② 중재

법률관계에 관한 판단을 제3자에게 맡기고, 그 결정에 당사자가 복종함으로써 다툼을 해결하는 제도를 말합니다. 여기에는 중재법이 제정되어 있습니다.

③ 조정

법원 기타의 국가기관의 알선으로 당사자가 합의에 의하여 다툼을 해결하는 제도로서 현재 조정으로서는 가사조정·소액사건조정·노동쟁의 조정·의료조정 등이 있습니다.

④ 타협

광의로 해석하면 화해와 유사하나 당사자 쌍방이 모두 명확한 인식이 없이 분쟁을 소멸·해소시키거나, 이 경우 제3자가 참가하는 경우를 말합니다.

제2장 각종 계약서 서식

1. 매매계약

[서식] 토지·건물 매매계약서(임차인이 없는 경우)

부 동 산 매 매 계 약 서

매도인(○○○)을 甲, 매수인(○○○)을 乙이라 하여 양 당사자는 다음과 같이 부동산매매계약을 체결한다.

※<u>부동산의 표시</u>
○○시 ○○구 ○○동 ○○번지
대지 ○○㎡
위 지상건물 ○○㎡

제1조(매매대금) 위 부동산의 매매에 있어 매수인 乙은 매매대금을 아래와 같이 지불하기로 한다.
　　　　매매대금　　금 ○○○○원정(₩　　　　　　원정)
　　　　계 약 금　　금 ○○○○원정(계약시 지불)
　　　　중 도 금　　금 ○○○○원정(지급기일 : 20○○년 ○월 ○일)
　　　　잔　　금　　금 ○○○○원정(지급기일 : 20○○년 ○월 ○일)

제2조(소유권이전 및 매매물건의 인도) 이 매매계약의 이행기일인 20○○년 ○월 ○일에 매도인 甲은 매수인 乙로부터 잔금을 수령함과 동시에 소유권이전등기에 필요한 모든 서류를 교부하고 이전등기에 협력하여야하며, 또한 위 부동산을 인도하여야 한다.

제3조(저당권등의 말소) 매도인 甲은 이건 부동산에 설정된 저당권 지상권 임차권 등 소유권행사를 제한하는 사유가 있거나 조세공과 기타 부담금의 미납금 등이 있을 때에는 잔금 지급기일까지 그 권리의 하자 및 부담 등을 제거하여 완전한 소유권을 매수인 乙에게 이전하여야 한다. 다만 승계하기로 합의하는 권리 및 금액은 그러하지 아니다.

제4조(계약의 해제) ① 만일 매수인 乙이 잔금 지급기일을 지체하여 이행하지 않을 경우 매도인 甲은 즉시 계약을 해제할 수 있으며, 손해배상금은 총 매매대금의 10%로 정한다.
② 만일 매도인 甲이 중도금 지급기일 후 잔금지급기일 전에 저당권, 가압류, 가

처분 가등기 등의 일체의 처분행위를 하지 못하며 하자가 발생하여 잔금지급기일에 완전한 소유권이전을 받지 못할 경우 매수인 乙은 즉시 계약을 해제할 수 있으며 손해배상금은 총 매매대금의 10%로 정한다.

③ 매수인 乙이 매도인 甲에게 중도금을 지급할 때까지는 매도인은 계약금의 배액을 상환하고, 매수인은 계약금을 포기하고 이 계약을 해지할 수 있다.

제5조(공과금 등) 위 부동산에 관하여 발생한 수익과 조세공과 등의 부담금은 위 부동산의 인도일을 기준으로 하여 그 전일까지의 것은 매도인에게, 그 이후의 것은 매수인에게 각각 귀속한다.

제6조(비용) 이건 부동산의 소유권이전등기에 소요되는 등록세 및 등기절차에 관한 비용 기타 이 계약에 관한 비용은 모두 매수인 乙이 이를 부담한다.

이상의 계약을 증명하기 위하여 본 계약서 3통을 작성하고 서명·날인 한 다음 각 1통씩 보존한다.

20○○년 ○월 ○일

매도인	주 소						
	성명또는상호		인	주민등록번호또는사업자등록번호		—	전화번호	
매수인	주 소						
	성명또는상호		인	주민등록번호또는사업자등록번호		—	전화번호	
입회인	주 소						
	성명또는상호		인	주민등록번호또는사업자등록번호		—	전화번호	

■ 참 고 ■

1. 부동산의 개념 및 종류

① 부동산의 개념

부동산은 토지와 그 정착물을 말합니다.

- "토지"란 일정범위의 지면 또는 지표와 정당한 이익이 있는 범위 내에서의 그 공중·지하를 포함하는 것을 말하고, "건물(건축물)"이란 토지에 정착(定着)하는 공작물 중 지붕과 기둥 또는 벽이 있는 것과 이에 딸린 시설물을 말합니다.
- "정착물"이란 토지에 부착하여 그 부착된 상태대로 계속적으로 사용되는 사회통념상 그 성질이 되는 물건을 말합니다.

② 부동산의 종류

부동산은 토지와 토지정착물로 나뉘고 토지정착물에는 건물, 등기한 입목, 명인방법을 갖춘 수목의 집단, 명인방법을 갖춘 미분리 과실, 농작물 등이 있습니다.

2. 토지의 개념 및 종류

① 토지의 개념

"토지"란 일정범위의 지면 또는 지표와 정당한 이익이 있는 범위 내에서의 그 공중·지하를 포함하는 것을 말합니다.

② 토지의 종류

토지의 주된 용도에 따라 구분된 종류는 다음과 같습니다.

(1) **전** : 물을 상시적으로 이용하지 않고 곡물·원예작물(과수류는 제외한다)·약초·뽕나무·닥나무·묘목·관상수 등의 식물을 주로 재배하는 토지와 식용(食用)으로 죽순을 재배하는 토지

(2) **답** : 물을 상시적으로 직접 이용하여 벼·연(蓮)·미나리·왕골 등의 식물을 주로 재배하는 토지

(3) **과수원** : 사과·배·밤·호두·귤나무 등 과수류를 집단적으로 재배하는 토지와 이에 접속된 저장고 등 부속시설물의 부지. 다만, 주거용 건축물의 부지는 '대'로 함.

(4) **목장용지** : 축산업 및 낙농업을 하기 위하여 초지를 조성한 토지. 「축산법」 제2조제1호에 따른 가축을 사육하는 축사 등의 부지. 위의 토지와 접속된 부속시설물의 부지. 다만, 주거용 건축물의 부지는 "대"로 함.

(5) **임야** : 산림 및 원야(原野)를 이루고 있는 수림지(樹林地)·죽림지·암석지·자갈땅·모래땅·습지·황무지 등의 토지

(6) **광천지** : 지하에서 온수·약수·석유류 등이 용출되는 용출구(湧出口)와 그 유지(維持)에 사용되는 부지. 다만, 온수·약수·석유류 등을 일정한 장소로 운송하는 송수관·송유관 및 저장시설의 부지는 제외함.

(7) **염전** : 바닷물을 끌어들여 소금을 채취하기 위하여 조성된 토지와 이에 접속된 제염장(製鹽場) 등 부속시설물의 부지. 다만, 천일제염 방식으로 하지 않고 동력으로 바닷물을 끌어들여 소금을 제조하는 공장시설물의 부지는 제외함.

(8) **대(垈)** : 영구적 건축물 중 주거·사무실·점포와 박물관·극장·미술관 등 문화시설과 이에 접속된 정원 및 부속시설물의 부지. 「국토의 계획 및 이용에 관한 법률」 등 관계 법령에 따른 택지조성공사가 준공된 토지

(9) **공장용지** : 제조업을 하고 있는 공장시설물의 부지. 「산업집적활성화 및 공장설립에 관한 법률」 등 관계 법령에 따른 공장부지 조성공사가 준공된 토지. 위의 토지와 같은 구역에 있는 의료시설 등 부속시설물의 부지

(10) **학교용지** : 학교의 교사(校舍)와 이에 접속된 체육장 등 부속시설물의 부지

(11) **주차장** : 자동차 등의 주차에 필요한 독립적인 시설을 갖춘 부지와 주차전용 건축물 및 이에 접속된 부속시설물의 부지. 다만, 다음 시설의 부지는 제외함. 「주차장법」 제2조제1호가목 및 다목에 따른 노상주차장 및 부설주차장(「주차장법」 제19조제4

항에 따라 시설물의 부지 인근에 설치된 부설주차장은 제외함). 자동차 등의 판매 목적으로 설치된 물류장 및 야외전시장

(12) **주유소용지** : 석유·석유제품 또는 액화석유가스 등의 판매를 위하여 일정한 설비를 갖춘 시설물의 부지. 저유소(貯油所) 및 원유저장소의 부지와 이에 접속된 부속시설물의 부지. 다만, 자동차·선박·기차 등의 제작 또는 정비공장 안에 설치된 급유·송유시설 등의 부지는 제외함.

(13) **창고용지** : 물건 등을 보관하거나 저장하기 위하여 독립적으로 설치된 보관시설물의 부지와 이에 접속된 부속시설물의 부지.

(14) **도로** : 일반 공중(公衆)의 교통 운수를 위하여 보행이나 차량운행에 필요한 일정한 설비 또는 형태를 갖추어 이용되는 토지. 「도로법」 등 관계 법령에 따라 도로로 개설된 토지. 고속도로의 휴게소 부지. 2필지 이상에 진입하는 통로로 이용되는 토지. 다만, 아파트·공장 등 단일 용도의 일정한 단지 안에 설치된 통로 등은 제외함.

(15) **철도용지** : 교통 운수를 위하여 일정한 궤도 등의 설비와 형태를 갖추어 이용되는 토지와 이에 접속된 역사(驛舍)·차고·발전시설 및 공작창(工作廠) 등 부속시설물의 부지

(16) **제방** : 조수·자연유수(自然流水)·모래·바람 등을 막기 위하여 설치된 방조제·방수제·방사제·방파제 등의 부지

(17) **하천** : 자연의 유수(流水)가 있거나 있을 것으로 예상되는 토지

(18) **구거(溝渠)** : 용수(用水) 또는 배수(排水)를 위하여 일정한 형태를 갖춘 인공적인 수로·둑 및 그 부속시설물의 부지와 자연의 유수(流水)가 있거나 있을 것으로 예상되는 소규모 수로부지

(19) **유지(溜池)** : 물이 고이거나 상시적으로 물을 저장하고 있는 댐·저수지·소류지(沼溜地)·호수·연못 등의 토지와 연·왕골 등이 자생하는 배수가 잘 되지 않는 토지

(20) **양어장** : 육상에 인공으로 조성된 수산생물의 번식 또는 양식을 위한 시설을 갖춘 부지와 이에 접속된 부속시설물의 부지

(21) **수도용지** : 물을 정수하여 공급하기 위한 취수·저수·도수(導水)·정수·송수 및 배수 시설의 부지 및 이에 접속된 부속시설물의 부지

(22) **공원** : 일반 공중의 보건·휴양 및 정서생활에 이용하기 위한 시설을 갖춘 토지로서 「국토의 계획 및 이용에 관한 법률」에 따라 공원 또는 녹지로 결정·고시된 토지

(23) **체육용지** : 국민의 건강증진 등을 위한 체육활동에 적합한 시설과 형태를 갖춘 종합운동장·실내체육관·야구장·골프장·스키장·승마장·경륜장 등 체육시설의 토지와 이에 접속된 부속시설물의 부지. 다만, 체육시설로서의 영속성과 독립성이 미흡한 정구장·골프연습장·실내수영장 및 체육도장, 유수(流水)를 이용한 요트장 및 카누장, 산림 안의 야영장 등의 토지는 제외함.

(24) **유원지** : 일반 공중의 위락·휴양 등에 적합한 시설물을 종합적으로 갖춘 수영장·유선장(遊船場)·낚시터·어린이놀이터·동물원·식물원·민속촌·경마장 등의 토지와 이에 접속된 부속시설물의 부지. 다만, 이들 시설과의 거리 등으로 보아 독립적인 것으

로 인정되는 숙식시설 및 유기장(遊技場)의 부지와 하천·구거 또는 유지[공유(公有)인 것으로 한정함]로 분류되는 것은 제외함.

(25) **종교용지** : 일반 공중의 종교의식을 위하여 예배·법요·설교·제사 등을 하기 위한 교회·사찰·향교 등 건축물의 부지와 이에 접속된 부속시설물의 부지

(26) **사적지** : 문화재로 지정된 역사적인 유적·고적·기념물 등을 보존하기 위하여 구획된 토지. 다만, 학교용지·공원·종교용지 등 다른 지목으로 된 토지에 있는 유적·고적·기념물 등을 보호하기 위하여 구획된 토지는 제외함.

(27) **묘지** : 사람의 시체나 유골이 매장된 토지, 「도시공원 및 녹지 등에 관한 법률」에 따른 묘지공원으로 결정·고시된 토지 및 「장사 등에 관한 법률」 제2조제9호에 따른 봉안시설과 이에 접속된 부속시설물의 부지. 다만, 묘지의 관리를 위한 건축물의 부지는 '대'로 함.

(28) **잡종지** : 갈대밭, 실외에 물건을 쌓아두는 곳, 돌을 캐내는 곳, 흙을 파내는 곳, 야외시장, 비행장, 공동우물. 영구적 건축물 중 변전소, 송신소, 수신소, 송유시설, 도축장, 자동차운전학원, 쓰레기 및 오물처리장 등의 부지. 다른 지목에 속하지 않는 토지. 다만, 원상회복을 조건으로 돌을 캐내는 곳 또는 흙을 파내는 곳으로 허가된 토지는 제외함.

토 지 매 매 계 약 서

매도인 ○○○를 갑으로 하고, 매수인 ○○○를 을로 하여, 갑, 을 간에 아래 표시의 토지에 대하여 다음과 같이 매매계약을 체결한다.

【토지의 표시】

소재지 : ○○시 ○○구 ○○동 ○○

지　번 : ○○번

지　목 : 임야

지　적 : ○○○○㎡

제1조(목적) 갑은 을에게 위 표시의 토지를 매도하고 을은 이를 매수한다.

제2조(매매대금) 매매대금은 금○○○만원으로 하고 을은 갑에게 매매대금을 아래와 같이 지급한다. (단, 실측 면적이 등기부상의 면적에 비해 과부족이 5% 이상인 경우 1평방미터 당 금○○원으로 하여 매매대금을 재산정 한다.)

1. 계약금으로 금일 ○○만원을 지급한다.

2. 잔금 ○○○만원은 ○년 ○월 ○일까지 위 토지의 소유권이전등기신청과 교환하여 지급한다.

제3조(소유권의 이전) 갑은 을에 대해 위 토지에 대해 잔금지급기일 ○년 ○월○일까지 잔금 지급과 상환하여 소유권이전등기신청을 하기로 하고, 소유권이전의 등기비용은 을이 부담한다.

제4조(지상권의 부담) 을은 갑에게 위 표시 토지에 아래 내용의 지상권을 설정해 주는 조건으로 매매한다.

1. 지상권자 : ○○○ (갑)

2. 지상권설정자 : ○○○ (을)

3. 지상권기간 : 10년

4. 지　료 : 월 ○○만원

5. 지료 지급일 : 매월말

제5조(지상권 등기) 을은 갑에게 위 표시 토지 소유권이전 등기를 마친 후 즉시지상권 등기에 필요한 서류를 양도하여 지상권등기에 협조한다.

제6조(위험부담) 위 표시 부동산이 갑이 소유권 이전등기 서류를 양도하기 이전에 당사자의 책임으로 돌릴 수 없는 이유로 멸실 또는 훼손된 경우에는 그 손해는 갑이 부담한다.

제7조(비용부담) 위 표시 부동산의 제세공과금은 갑이 을에게 소유권이전등기 서류를 양도하는 날을 기준으로 당일까지의 비용은 갑이 부담하고, 그 다음날 이후의 비용은 을이 부담한다.

제8조(계약 해제) ① 갑 또는 을의 계약불이행이 있는 경우는 상대방에게 1주일 전에 계약이행을 최고한 후, 계약을 해제할 수 있다.

② 갑의 귀책사유로 계약이 해제된 경우 갑은 을에게 이미 받은 매매대금을 반환하고 금○○○만원을 손해배상금으로 지급한다.

③ 을의 귀책사유로 계약이 해제되는 경우 갑은 이미 받은 매매대금 중 금○○○만원을 손해배상금으로 충당하고 잔액을 을에게 반환한다.

제9조(소송) 이 계약에 관한 소송의 관할 법원은 '을' 의 주소지 법원에 따르기로 한다.

20○○년 ○월 ○일

매도인	주　소						
	성　명 또　는 상　호		인	주민등록번호 또　　　는 사업자등록번호		－	전　화 번　호	
매수인	주　소						
	성　명 또　는 상　호		인	주민등록번호 또　　　는 사업자등록번호		－	전　화 번　호	

■ 참 고 ■

1. 부동산 매매계약의 개념

① "부동산 매매계약"이란 매도인이 재산권을 상대방에게 이전할 것을 약정하고 매수인이 그 대금을 지급할 것을 약정하는 계약을 말합니다(민법 제563조).

② 부동산 매매계약의 효력

계약의 당사자 사이에 특별한 약정이나 관습이 없으면 매도인은 매수인에 대하여 매매의 목적이 된 부동산을 이전하여야 하며 이와 동시에 매수인은 매도인에게 그 대금을 지급해야 합니다(민법 제568조).

2. 부동산 매매예약의 개념

"부동산 매매예약"이란 당장 본 계약인 부동산 매매계약을 체결하는 것이 곤란한 경우에 장래의 매매계약의 체결을 확실하게 하기 위한 제도로서, 매도인과 매수인의 약정이나 관습이 없으면 매매예약은 일방예약으로 추정됩니다(민법 제564조).

3. 부동산 매매예약의 효력

① 매매의 일방예약은 매도인이나 매수인이 매매를 완결할 의사를 표시하는 때에 매매의 효력이 생깁니다(민법 제564조제1항).

② 의사표시의 기간을 정하지 않은 때에는 예약자는 상당한 기간을 정하여 매매완결여부의 확답을 상대방에게 최고(상대방에게 일정한 행위를 하도록 통지하는 것을 말함)할

수 있습니다(민법 제564조제2항).

③ 예약자가 기간 내에 확답을 받지 못한 때에는 매매의 일방예약은 그 효력을 잃게 됩니다(민법 제564조제3항).

(판례)

매매의 일방예약에서 예약자의 상대방이 매매예약 완결의 의사표시를 하여 매매의 효력을 생기게 하는 권리, 즉 매매예약의 완결권은 일종의 형성권으로서 당사자 사이에 그 행사기간을 약정한 때에는 그 기간 내에, 그러한 약정이 없는 때에는 그 예약이 성립한 때로부터 10년 내에 이를 행사하여야 하고, 그 기간을 지난 때에는 예약 완결권은 제척기간의 경과로 인하여 소멸한다(대법원 2003.1.10. 선고 2000다26425 판결).

토 지 매 매 계 약 서

매도인 ○○○를 갑으로 하고 매수인 ○○○를 을로 하여 갑, 을 간에 다음과 같이 토지매매계약을 체결한다.

1.부동산의 표시

소재지			
면 적	m²	지 목	

2.계약내용

제1조(계약의 성립) 갑은 을에 대해 위 표시 토지를 현상대로 매도하고 을은 이를 매수한다.

제2조(매매대금) 위 표시 토지의 매매에 대하여 을은 갑에 대하여 다음과 같이 대금을 지급하기로 한다.

대 금 총 액	일금	원정(₩ 원)	
계 약 금	일금	원정	20○○년○○월○○일 지급
중 도 금	일금	원정	20○○년○○월○○일 지급
잔 금	일금	원정	20○○년○○월○○일 지급

제3조(계약의 이행) 갑은 소유권이전등기에 필요한 일체의 서류를 갖추어 소유권이전등기를 신청함과 동시에 매매대금의 잔금을 수령하여야 하며, 이를 수령하였을 때에는 위 부동산을 을에게 인도하여야 한다.

제4조(매도인의 책임) 위 부동산에 관하여 소유권의 행사를 제한하는 권리가 설정되어 있을 경우에는 갑은 제한권리를 소멸시켜 소유권을 을에게 이전하여야 한다. 단, 소유권을 제한하는 권리를 을이 승계하기로 합의한 때에는 이에 상당하는 금액을 잔금 중에서 공제하고 지급하기로 한다.

제5조(수익과 비용부담) ① 위 부동산에 발생한 수익과 조세공과금 등의 부담금은 부동산인도일을 기준으로 그 전일까지의 것은 갑에게, 이후의 것은 을에게 각각 일수의 계산에 따라 귀속하기로 한다.
② 제1항의 정산은 매매대금 잔금지급시에 하기로 한다.
③ 위 부동산의 소유권 이전등기에 필요한 등록세 등 등기신청에 필요한 제비용은 을이 부담한다.

제6조(위험부담) 갑 또는 을의 책임이 아닌 사유로 위 부동산이 멸실 또는 훼손되

었을 경우에 그 부담은 갑에게 귀속되고, 자동적으로 본계약은 해제되며 갑은 을에게 계약보증금을 즉시 반환하기로 한다.

제7조(계약의 해제) ① 갑에게 계약불이행의 귀책사유가 있는 때에는 계약금의 배액을 을에게 지급하고, 을에게 계약불이행의 귀책사유가 있는 때에는 계약금을 포기하기로 한다.

② 을이 갑에게 중도금(중도금이 없는 경우는 잔금)을 지급할 때까지는 갑은 계약금의 배액을 상환하고 을은 계약금을 포기하여 계약을 해제할 수 있다.

이상과 같이 계약이 성립되었으므로 이 계약을 증명하기 위하여 본 계약서 2통을 작성하고 갑과 을은 각 1통씩을 보관한다.

20○○년 ○월 ○일

갑	주 소						
	성 명 또 는 상 호		인	주민등록번호 또 는 사업자등록번호	–	전 화 번 호	
을	주 소						
	성 명 또 는 상 호		인	주민등록번호 또 는 사업자등록번호	–	전 화 번 호	

■ 참 고 ■

1. 매매계약 전 준비절차

① 부동산 선정하기

매매계약의 목적물인 부동산의 시세 및 그 주변을 조사하여 부동산을 선정합니다.

② 부동산중개업체 선정하기

매매계약을 매도인과 매수인이 직접 체결하지 않고 부동산중개업체를 대리인으로 하여 체결하는 경우 부동산 중개수수료 등을 살펴보고 부동산중개업체를 선정하여 부동산중개계약을 체결합니다.

③ 부동산 구입자금 준비하기

부동산 구입자금이 부족한 경우 구입자금의 대출의 종류 및 대출기준을 살펴보고 본인에게 적절한 대출방식을 선택합니다.

④ 행정청의 허가 받기

일정한 경우에는 부동산 매매계약을 하기 전에 행정청의 허가를 받아야 합니다.

2. 매매계약체결 절차

① 부동산 권리관계 등 확인하기

부동산 매매계약을 체결하는 경우 매매당사자가 부동산 소유권자인지 또는 대리인이 대리권을 가지고 있는지 확인하고, 부동산등기부 등을 통해 부동산 권리관계를 확인합니다.
② 부동산 계약하기
매매계약체결 시 매매계약서를 작성하고 매매계약금을 교부합니다.

3. 매매계약 후 처리절차
① 소유권 이전등기 하기
부동산 매매계약 후 매도인과 매수인 사이의 소유권 변동을 위해서는 부동산등기부에 등기해야 합니다.
② 각종 사항 신고하기
부동산 매매계약을 체결한 후 부동산거래를 신고해야 하며, 매수한 주택으로 거주지를 이동하여 전입신고 및 자동차 주소지를 변경해야 합니다.
③ 각종 세금 납부하기
부동산 매매계약 후에 매도인은 양도소득세, 지방소득세, 농어촌특별세를, 매수인은 취득세, 인지세, 농어촌특별세, 지방교육세 등을 납부해야 합니다.

토 지 매 매 계 약 서

매도인 ○○○를 갑으로 하고, 매수인 ○○건설주식회사를 을로 하여, 갑·을 간에 아래 표시의 토지에 대하여 다음과 같이 매매계약을 체결한다.

【토지의 표시】
    소재지 : ○○도 ○○시 ○○동
    지　번 : ○번
    지　목 : 공장용지
    지　적 : ○○○㎡

제1조(목적) 갑은 을에게 위 표시의 토지를 매도하고 을은 이를 매수한다.

제2조(매매대금) 매매대금은 금○○○만원으로 하고 을은 갑에게 매매대금을 아래와 같이 지급한다. (단, 실측 면적이 등기부상의 면적에 비해 과부족이 5% 이상인 경우 1평방미터 당 금○○원으로 매매대금을 재 산정 한다.)

1. 계약금으로 금일 ○○만원을 지급한다.
2. 잔금 ○○○만원은 20○○년 ○월 ○일까지 위 토지의 소유권이전등기신청과 교환하여 지급한다.

제3조(소유권의 이전) 갑은 을에 대해 위 토지에 대해 잔금지급기일 20○○년 ○월 ○일까지 잔금 지급과 동시에 소유권이전등기신청을 하기로 하고, 소유권이전의 등기 비용은 을이 부담한다.

제4조(부동산의 인도) 갑은 20○○년 ○월 ○일까지 위 표시의 토지를 현 상태 그대로 을에게 인도한다.

제5조(저당권의 부담) 위 표시 토지는 아래 내용의 채권을 담보하는 저당권을 부담하는 조건으로 매매한다.

1. 채권자 : ○○은행주식회사(병)
2. 채무자 : ○○○
3. 채권최고액 : ○○○원
4. 채무현재액 : ○○○원
5. 변제기 : 20○○년 ○월 ○일
6. 대여금 약정이자 : 년24%

제6조(저당채무의 인수) ① 위 표시 토지 소유권이전 시까지 을은 면책적 채무인수를 하여 갑의 병에 대한 채무를 소멸시켜야 한다.
② 을이 위 항의 의무를 해태하여 갑에게 손해를 입힌 경우, 을은 즉시 갑에게 배상하여야 한다.

제7조(위험부담) 위 표시 부동산이 제4조에 의한 인도이전에 당사자의 책임으로

돌릴 수 없는 이유로 멸실 또는 훼손된 경우에는 그 손해는 갑이 부담한다.

제8조(비용부담) 위 표시 부동산의 제세공과금은 제4조에 의한 인도일을 기준으로 당일까지의 비용은 갑이 부담하고, 그 다음날 이후의 비용은 을이 부담한다.

제9조(계약 해제) ① 갑 또는 을의 계약불이행이 있는 경우는 상대방에게 1주일 전에 계약이행을 최고한 후, 계약을 해제할 수 있다.

② 갑의 귀책사유로 계약이 해제된 경우 갑은 을에게 이미 받은 매매대금을 반환하고 금○○○만원을 손해배상금으로 지급한다.

③ 을의 귀책사유로 계약이 해제되는 경우 갑은 이미 받은 매매대금 중 금○○○만원을 손해배상금으로 충당하고 잔액을 을에게 반환한다.

제10조(소송) 이 계약에 관한 소송의 관할 법원은 '을'의 주소지 법원에 따르기로 한다.

20○○년 ○월 ○일

매도인	주 소						
	성 명 또 는 상 호		인	주민등록번호 또 는 사업자등록번호		전 화 번 호	
매수인	주 소						
	성 명 또 는 상 호		인	주민등록번호 또 는 사업자등록번호		전 화 번 호	

■ **참 고** ■

토지의 매수인이 아직 소유권이전등기를 받지 아니하였다 하여도 매매계약의 이행으로 그 토지를 인도받은 때에는 매매계약의 효력으로서 이를 점유·사용할 권리가 있다고 보아야 한다(대법원 1996.6.25. 선고 95다12682, 12699 판결 등 참조). 또한 일부 공유자가 공유토지 중 특정 부분을 배타적으로 점유·사용하고 있더라도 공유자들 간에 그 부분을 점유하고 있는 공유자의 단독소유로 하기로 하는 공유물분할협의가 성립한 경우에는 특별한 약정이 없는 한 그 공유자가 공유물분할협의결과에 따른 공유지분 이전절차를 이행하는 과정에서도 이를 배타적으로 점유·사용할 권리가 있다(대법원 2016.8.24. 선고 2016다221245 판결).

부동산매매계약서

매도인 ○○○(이하 "갑"이라 한다)과 매수인 ○○○(이하 "을"이라 한다)은 아래 표시의 부동산에 관하여 다음과 같이 합의하여 계약을 체결한다.

<부동산의 표시>

소 재 지				
토 지	지 목		면 적	m²(평)
건 물	구조 및 용도		면 적	m²(평)

제1조(목적) 갑은 그 소유의 위 부동산을 을에게 매도하고 을은 이를 매수한다.

제2조(매매대금) ① 매매대금은 금○○○원으로 하고 다음과 같이 지급하기로 한다.
② 제1항의 계약금은 잔금수령시에 매매대금의 일부로 충당한다.

계 약 금	금	원은 계약체결시에 지급하고
중 도 금	금	원은 년 월 일에 지급하며
잔 금	금	원은 년 월 일에 지급하기로 함.

제3조(소유권이전 및 매매물건의 인도) 갑은 을의 잔금지급과 동시에 소유권이전등기에 필요한 서류를 을에게 교부하고 이전등기절차에 협력하여야 하며 갑의 비용과 책임으로 매매부동산을 을에게 인도하여야 한다.

제4조(저당권등의 말소) 갑은 위 제3조의 인도전에 매매부동산상의 저당권, 질권, 전세권, 지상권, 임차권 기타 소유권의 행사를 제한하는 일체의 권리를 말소시켜야 한다.

제5조(부속물의 이전) 위 제3조의 인도시 매매부동산에 부속된 물건은 매매목적물에 포함된 것으로 한다.

제6조(매도인의 담보책임) 매매부동산은 계약시의 상태를 대상으로 하며 공부상의 표시와 실제가 부합하지 아니하여도 쌍방이 이의를 제기하지 않기로 한다.

제7조(위험부담) ① 매매부동산의 인도 이전에 불가항력으로 인하여 매매부동산이 멸실 또는 훼손되었을 경우에는 그 손해는 갑의 부담으로 한다.
② 제1항의 경우에 을이 계약을 체결한 목적을 달성할 수 없을 때에는 을은 계약을 해제할 수 있으며 이때 갑은 이미 수령한 대금을 을에게 반환하여야 한다.

제8조(계약의 해제) ① 위 제2조의 중도금 지급(중도금약정이 없을 때에는 잔금)전까지 을은 계약금을 포기하고, 갑은 계약금의 배액을 상환하고 계약을 해제할 수 있다.
② 당사자 어느 일방이 본 계약을 위반하여 이행을 태만히 한 경우 상대방은 1주간의 유예기간을 정하여 이행을 최고하고, 일방이 이 최고의 기간내에 이행을 하지 않을 경우에 상대방은 계약을 해제할 수 있다.

제9조(위약금) 위 제8조 제2항에 의하여 갑이 본 계약을 어겼을 때에는 계약금으로 받은 금액의 2배를 을에게 주기로 하고, 을이 본 계약을 어겼을 때에는 계약금은 갑에게 귀속되고 돌려달라는 청구를 할 수 없다.

제10조(비용) 매도증서작성비용 및 이에 부대하는 비용은 갑이 부담하고 소유권이전등기에 필요한 등록세 등의 비용은 을이 부담한다.

제11조(공과금 등) 매매물건에 부과되는 조세공과·제비용 및 매매물건에서 발생하는 수익은 모두 인도 일을 기준으로 하여 그 전일까지 생긴 부분은 갑에게 귀속하고 그 이후부터는 을에게 귀속한다.

제12조(관할 법원) 이 계약에 관한 분쟁이 발생할 시에는 소송의 관할법원은 매매부동산의 소재지를 관할하는 법원으로 한다.

   이 계약을 증명하기 위하여 계약서 2통을 작성하여 갑과 을이 서명·날인한 후 각각 1통씩 보관한다.

20○○년 ○월 ○일

매도인	주 소						
	성명 또는 상호		인	주민등록번호 또는 사업자등록번호	–	전화번호	
매수인	주 소						
	성명 또는 상호		인	주민등록번호 또는 사업자등록번호	–	전화번호	
입회인	주 소						
	성명 또는 상호		인	주민등록번호 또는 사업자등록번호	–	전화번호	

부동산매매계약서

매도인과 매수인은 다음과 같이 매매 계약을 체결한다.

1. 부동산의 표시
2. 매매대금 및 지급방법

매매대금	원정		지급장소	
계약금		원정 영수함㊞		
중도금	원정은 . . .까지 지급		. . . 영수함 ㊞	
잔대금	원정은 . . .까지 지급		. . . 영수함 ㊞	

3. 매도인은 매매대금 전액을 영수함과 동시에 매수인에게 이 부동산에 대한 소유권이전등기 절차를 이행하고 이 부동산을 명도 및 인도한다.
4. 소유권이전등기 절차를 위한 부속등기 절차비용은 매도인이 부담하고 소유권이전등기 절차비용은 매수인이 부담한다.
5. 이 부동산의 명도 및 인도때까지 발생한 제세공과금은 매도인이 부담하고 그 후에 발생한 제세공과금은 매수인이 부담한다.
6. 매도인이 위약한 때에는 위약금으로 계약금의 배액을 매수인에게 배상하고 매수인이 위약한 때에는 계약금을 위약금으로 보고 그 반환 청구권이 상실된다. 계약이행 착수 후에도 또한 같다.

특약 사항	

이 계약의 성립을 증명하기 위하여 이 계약서 5통을 작성하고 계약 당사자가 이의 없음을 확인하고 각각 서명 · 날인한다.

년   월   일

* 당사자표시

매도인		주민등록번호		주 소	
매수인		주민등록번호		주 소	

검 인 신청인	성명		주소 사무소	

■ 참 고 ■

1. 부동산거래 신고제도

"부동산거래 신고제도"란 실거래가격 보다 낮게 계약서를 작성하는 이중계약의 관행을 없애고 부동산 거래를 투명하게 하기 위해 다음의 부동산 또는 부동산을 취득할 수 있는 권리의 매매계약을 체결한 경우 실제 거래가격 등의 사항을 신고하게 하는 제도를 말합니다(「부동산 거래신고에 관한 법률」 제2조제1호 및 제3조제1항).
- 토지 또는 건축물
- 「도시 및 주거환경정비법」에 따른 관리처분계획의 인가로 취득한 입주자로 선정된 지위
- 「주택법」에 따라 사업계획승인을 얻어 건설공급하는 주택의 입주자로 선정된 지위

2. 부동산거래 신고의무

다음에 따라 부동산 거래를 신고하면 됩니다(부동산 거래신고에 관한 법률 제3조 및 동법 시행령 제2조).

구분	내용
신고주체	• 거래당사자(매수인 및 매도인) • 부동산 개업공인중개사가 거래계약서를 작성·교부하는 경우 : 개업공인중개사
신고내용	• 매수인 및 매도인의 인적사항 • 계약일, 중도금 지급일 및 잔금 지급일 • 거래대상 부동산의 소재지·지번 및 지목 • 거래대상 부동산의 종류(부동산을 취득할 수 있는 권리에 관한 매매계약의 경우에는 그 권리의 종류를 말함) • 거래대상 부동산의 면적 • 실제 거래가격 • 계약의 조건이나 기한이 있는 경우에는 그 조건 또는 기한 • 개업공인중개사가 거래계약서를 작성·교부한 경우 개업 공인개사의 인적사항 및 중개사무소 개설등록에 관한 사항
신고기간	• 부동산거래계약 체결일로부터 60일 이내
신고방법	• 부동산 거래계약 신고서에 서명 또는 날인(捺印)하여 부동산소재지 관할 시장·군수·구청장에게 제출 • 국토교통부 부동산거래관리시스템을 통한 신고

[서식] 토지, 건물매매계약서(임차인이 있는 경우)

부 동 산 매 매 계 약 서

매도인 ○○(이하 '갑'이라 한다)과 매수인 ◎◎ (이하 '을'이라 한다)은 아래 표시의 부동산에 관하여 다음과 같이 합의하여 계약을 체결한다.

<부동산의 표시>

소 재 지				
토 지	지 목		면 적	㎡(평)
건 물	구조 및 용도		면 적	㎡(평)

제1조(목적) 갑은 그 소유의 위 부동산을 을에게 매도하고 을은 이를 매수한다.

제2조(매매대금) ① 매매대금은 금_____원으로 하고 다음과 같이 지급하기로 한다.
② 제1항의 계약금은 잔금 수령시에 매매대금의 일부로 충당한다.

계 약 금	금 원은 계약체결시에 지급하고
중 도 금	금 원은 년 월 일에 지급하며
잔 금	금 원은 년 월 일에 지급하기로 함.

제3조(소유권 이전 및 매매물건의 인도) 갑은 을의 잔금지급과 동시에 소유권 이전 등기에 필요한 일체의 서류를 을에게 교부하고 이전등기절차에 협력하여야 하며 갑의 비용과 책임으로 매매부동산을 을에게 인도하여야 한다.

제4조(저당권 등의 말소) 갑은 제3조의 인도 전에 매매부동산상의 저당권, 질권, 전세권, 지상권, 임차권 기타 소유권의 행사를 제한하는 일체의 권리를 말소 시켜야 한다.

제5조(임대차의 인수) 위 매매부동산상의 임대차는 소유권 이전 후에도 매수인과 유효한 계약으로 존속하며, 임차료는 매매부동산의 인도일을 기준으로 인도일 전 까지는 매도인에게 귀속하고, 그 이후에는 매수인에게 귀속한다.

제6조(부속물의 이전) 제3조의 인도시 매매부동산에 부속된 물건은 매매목적물에 포함된 것으로 한다.

제7조(매도인의 담보책임) 매매부동산은 계약시의 상태를 대상으로 하며, 공부상의 표시와 실제가 부합하지 아니하여도 쌍방이 이의를 제기하지 않기로 한다.

제8조(위험부담) ① 매매부동산의 인도 이전에 불가항력으로 인하여 매매부동산이 멸실 또는 훼손되었을 경우에는 그 손해는 갑의 부담으로 한다.
② 제1항의 경우에 을이 계약을 체결한 목적을 달성할 수 없을 때에는 을은 계약을 해제할 수 있으며, 이 때 갑은 이미 수령한 대금을 을에게 반환하여야 한다.

제9조(계약의 해제) ① 제2조의 중도금 지급시까지 을은 계약금을 포기하고 갑은 계약금의 배액을 상환하고 계약을 해제할 수 있다.

② 당사자 어느 일방이 이 계약을 위반하여 이행을 태만히 한 경우, 상대방은 1주 간의 유예기간을 정하여 이행을 최고하고, 일방이 이 최고기간 내에 이행을 하지 않을 경우에, 상대방은 계약을 해제할 수 있다.

제10조(위약금) 제8조 제2항에 의하여 일방이 계약을 해제하였을 때에는 상대방은 계약금 상당액을 손해배상금으로 지급하여야 한다.

제11조(비용) 매도증서 작성 비용 및 이에 부대하는 비용은 갑이 부담하고 소유권 이전등기에 필요한 등록세 등의 비용은 을이 부담한다.

제12조(공과금 등) 매매토지에 부과되는 조세공과금·제비용 및 매매토지에서 발생하는 수익은 모두 인도일을 기준으로 하여 그 전일까지 생긴 부분은 갑에게 귀속하고 그 이후부터는 을에게 귀속한다.

제13조(관할법원) 이 계약에 관한 소송의 관할법원은 매매부동산의 소재지를 관할하는 법원으로 한다.

이 계약을 증명하기 위하여 계약시 2통을 작성하여 갑과 을이 각 1통씩 보관한다.
20○○년 ○월 ○일

매도인	주 소					
	성 명 또 는 상 호	인	주민등록번호 또 는 사업자등록번호		전 화 번 호	
매수인	주 소					
	성 명 또 는 상 호	인	주민등록번호 또 는 사업자등록번호		전 화 번 호	
입회인	주 소					
	성 명 또 는 상 호	인	주민등록번호 또 는 사업자등록번호		전 화 번 호	

■ **참 고** ■

원심은, (1) 피고는 원고들로부터 이 사건 토지를 매수하여 2005.12.13. 피고 명의의 소유권이전등기를 마친 다음, 이를 다시 소외인에게 매도하고 2006.3.10. 그에 관한 소유권이전등기를 마쳐주었는데, 피고가 원고들에게 매매대금을 완납하지 아니하였고, 원고들이 피고를 상대로 매매대금의 지급을 청구하는 이 사건 소를 제기하였음에도 피고가 명시적으로 그 이행거절의 의사를 표시하여 2011.3.16. 제1심 제4회 변론기일에서 매매계약을 해제한다는 취지의 의사표시를 함에 따라 이 사건 매매계약이 적법하게 해제되었다고 판단한 다음, (2) 피고는 원고들에게 원상회복으로 이 사건 토지에 관한 피고 명의의 소유권이전등기를 말소하여 줄 의무가 있으나, 이 사건 토지가 이미 소외인에게 처분되어 원물반환이 불가능하게 되었다고 보고, 그 가액배상의 범위는 그 원물반환이 불가능하게 된 당시의 매매목적물 가액 상당이라고 보아 그에 근접한 2005.12.13. 당시의 이 사건 토지의 시가 상당액과 이에 대한 위 매매계약 해제 다음날부터의 지연손해금을 지급할 의무가 있다고 판단하였다(대법원 2013.12.12. 선고 2013다14675 판결).

가환지 토지매매계약서

매도인 ○○○를 갑으로 하고, 매수인 ○○건설주식회사를 을로 하여, 갑, 을 간에 아래 표시의 토지에 대하여 다음과 같이 매매계약을 체결한다.

【토지의 표시】

      소재지 : ○○도 ○○시 ○○동

      지　번 : ○번

      지　목 : 공장용지

      지　적 : ○○○㎡

      가환지 : ○○공구 ○○블럭 ○번지 ○○㎡

제1조(목적) 갑은 을에게 위 표시의 토지를 매도하고 을은 이를 매수한다.

제2조(매매대금) 매매대금은 금○○○만원으로 하고 을은 갑에게 매매대금을 아래와 같이 지급한다. 소유권이전의 등기비용은 을이 부담한다. (단, 실측면적이 등기부상의 면적에 비해 과부족이 5% 이상인 경우 1평방미터 당 금○○원으로 매매대금을 재산정한다.)

  1. 계약금으로 금일 ○○만원을 지급한다.

  2. 잔금 ○○○만원은 ○년 ○월 ○일까지 위 토지의 소유권이전등기신청과 교환하여 지급한다.

제3조(소유권의 이전) 갑은 을에 대해 위 토지에 대해 잔금지급기일 ○년 ○월○일까지 잔금 지급과 상환하여 소유권이전등기신청을 하기로 하고, 위 토지를 나지(裸地)로 점유이전한다.

제4조(대금감액청구) 위 토지에 대해 가환지 지정된 후 환지 처분에 의해 증감된 경우 갑과 을은 상대방에 대해 증감된 비율에 따라 매매대금의 증감을 청구할 수 있다.

제5조(소송) 이 계약에 관한 소송의 관할 법원은 '을' 의 주소지 법원에 따르기로 한다.

20○○년 ○월 ○일

매도인	주　소					
	성　명 또　는 상　호	인	주민등록번호 또　　　는 사업자등록번호	－	전　화 번　호	
매수인	주　소					
	성　명 또　는 상　호	인	주민등록번호 또　　　는 사업자등록번호	－	전　화 번　호	

■ 관련판례 ■

① 매도인으로부터 매매 목적물의 소유권을 이전받은 매수인이 매도인의 계약해제 이전에 제3자에게 목적물을 처분하여 계약해제에 따른 원물반환이 불가능하게 된 경우에 매수인은 원상회복 의무로서 가액을 반환하여야 하며, 이때에 반환할 금액은 특별한 사정이 없는 한 그 처분 당시의 목적물의 대가 또는 그 시가 상당액과 처분으로 얻은 이익에 대하여 그 이득일부터의 법정이자를 가산한 금액입니다(대법원 2013.12.12. 선고, 2013다14675 판결).

② 매도인이 위약 시에는 계약금의 배액을 배상하고 매수인이 위약 시에는 지급한 계약금을 매도인이 취득하고 계약은 자동적으로 해제된다는 조항은 위약 당사자가 상대방에 대하여 계약금을 포기하거나 그 배액을 배상하여 계약을 해제할 수 있다는 해제권 유보 조항인데, 이러한 약정이 있다고 해서 최고나 통지 없이 해제할 수 있다는 특약이라고 볼 수 없습니다(대법원 1982.4.27. 선고 80다851 판결).

③ 약정해제권에 따라 약정할 때에는 법정해제와는 달리 손해배상청구권이 발생하지 않습니다(대법원 1983.1.18. 선고 81다89 판결).

주 택 매 매 계 약 서

매도인 ○○○(이하 '갑'이라 한다)과 매수인 ○○○(이하 '을'이라 한다)은 서울특별시 ○○구 ○○동 ○○번지 상에 신축중인 건물을 아래 조건으로 매매한다.

아   래

제1조(매매대금 및 지급일)

매매대금	금 육억이천만원(620,000,000원)
계 약 금	금 62,000,000원, 계약시 지급하였음
중 도 금	금 200,000,000원, 20○○년 ○월 ○일
잔 금	금 358,000,000원, 20○○년 ○월 ○일

제2조(목적물 인도) 목적물을 계약당시 시공된 상태대로 계약당일에 인도한다. 다만 건축현장에 반입되어 아직 시공되지 아니한 자재 및 시공회사 소유의 공구·기계 등은 계약 일로부터 3일 이내에 반출한다.

제3조(공사도급관계의 정리) 본 계약체결 이전까지의 매도인과 시공회사간의 채권·채무는 매수인에게 승계 되지 아니하고 전부 매도인이 책임 정리한다.

제4조(토지이용관계) 매도인은 본 건 건물을 신축중인 토지소유자에 대하여 매도인이 본 계약 당시 가지고 있는 토지임차권과 동일한 조건의 토지 임차권(단, 임차기간은 20○○. ○. ○일 까지)을 매수인이 가지는 내용의 임대차계약이 잔금지급일 전까지 매수인과 토지 소유자간에 맺어질 수 있도록 협력한다.

제5조(행정 관련사항) 매도인은 건축주 명의변경 등 제반 행정 관련사항의 명의변경에 협력한다.

제6조(계약의 해제 및 손해배상액의 예정) 본 계약이 당사자 일방의 채무불이행으로 해약되는 경우 타방 당사자가 청구할 손해배상액은 금육천이백만원(62,000,000원)으로 한다.

이 계약의 성립을 증명하기 위하여 본 계약서를 2통 작성, 매도인과 매수인이 각각 서명·날인하고 각 1통을 보관한다.

20○○년   ○월   ○일

매도인	주 소						
	성 명 또 는 상 호		인	주민등록번호 또 는 사업자등록번호		전 화 번 호	
매수인	주 소						
	성 명 또 는 상 호		인	주민등록번호 또 는 사업자등록번호		전 화 번 호	

■ 참 고 ■

1동의 건물을 신축한 후 그 건물 중 구조상·이용상 독립성을 갖추지 못한 부분을 스스로 구분건물로 건축물관리대장에 등재하고 소유권보존등기를 마친 자가 구조상·이용상 독립성을 갖출 수 있음에도 불구하고 건물 부분에 관하여 자신과 매매계약을 체결하여 그에 따라 소유권이전등기를 마친 자 또는 자신과 근저당권설정계약을 체결하여 그에 따라 근저당권설정등기를 마친 자 등을 상대로 그러한 등기가 무효임을 주장하며 이에 대한 멸실등기절차의 이행이나 위와 같은 건물 부분의 인도를 청구하는 것은 신의성실의 원칙에 위반된다고 볼 여지가 있다. 그리고 이러한 법리는 위와 같은 근저당권에 기초한 임의경매절차에서 해당 건물 부분을 매수하여 구분건물로서 소유권이전등기를 마친 자를 상대로 등기의 멸실등기절차의 이행 또는 해당 건물 부분의 인도를 청구하는 경우에도 마찬가지로 적용된다(대법원 2018.3.27. 선고 2015다3471 판결).

건 물 매 매 계 약 서

부동산의 표시

부동산의 표시	소 재 지	○○시 ○○구 ○○길 ○○		목 적 물	위 지상건물
	면적 및 구조	건평 : 45 ㎡	건물구조: 연와조등	대지 : 80 ㎡	
매 매 대 금		금 오억원정 (금500,000,000원)			

계약조건

계 약 금	5,000만원정은 계약시 지불하고 영수함.
중 도 금	30,000만원정은 20○○년 ○월 ○일 임차인의 임대인에 대한 임차보증금 반환채권 5,000만원으로 대체한다.
잔 금	15,000만원정은 20○○년 ○월 ○일 지불하기로 한다.

제1조(차지권에 대한 약정) 임차인(매수인)은 임대인(매도인)에 대하여 위 소재 위 지상 건물을 소유하기 위해 위 매매대금을 지급하고 그 부지에 대한 임대료는 1개월 금 200,000원, 매월 말일 지급하기로 하고, 존속기간은 20년의 임차권을 인정하기로 한다.

제2조(인도와 등기) 매도인은 잔금수령시 간이 인도하고, 소유권 이전(등기)에 필요한 서류를 매수인에게 주고 소유권이전등기절차에 협력한다. 매도인은 위 소재 건물에 대한 저당권, 질권 등의 등기가 있을 때는 소유권 이전 등기할 때까지 이를 말소하여야 한다.

제3조(위험부담) 이 계약 성립 후 본 건 건물을 인도할 때까지 본 건 건물의 멸실 또는 그 손실은 매도인의 부담으로 한다.

제4조(하자담보) 매수인이 매도인으로부터 본 건 건물의 인도를 받은 후에 본 건 건물에 하자가 있다고 해도 매수인은 이를 이유로 해약 또는 대금 감액의 청구를 하지 않기로 한다.

제5조(부담의 귀속) 본건 건물에 대한 고정자산세 기타 공과금은 본 건 건물의 이전분은 매도인이, 그 이후 분은 매수인이 부담한다.

제6조(계약해제) 매도인 매수인 중의 어느 일방이 이 계약의 각 조항을 위반할 때는 상대방은 즉시 이 계약을 해제할 수 있다.

제7조(위약금) 본 계약을 매도인이 위약시는 계약금의 배액을 변상하며 매수인이

위약시는 계약금을 무효로 하고 반환을 청구 할 수 없다.

위 계약의 성립을 증명하기 위하여 본 계약서 2통을 작성하고 각각 서명·날인하고 각1통씩 보관한다.

20○○년　○월　○일

매도인	주　　소						
	성　명 또　는 상　호		인	주민등록번호 또　　　는 사업자등록번호	－	전 화 번 호	
매수인	주　　소						
	성　명 또　는 상　호		인	주민등록번호 또　　　는 사업자등록번호	－	전 화 번 호	

건 물 매 매 계 약 서

부동산의 표시

부동산의 표시	소 재 지	○○시 ○○구 ○○길 ○○		목 적 물	위 지상건물
	면적 및 구조	건평 : 50 ㎡	건물구조		
매 매 대 금		금 일억원정 (금100,000,000원)			

계약조건

계 약 금	1,000만원정은 계약시 지불하고 영수함.
중 도 금	4,500만원정은 20○○년 ○월 ○일
잔 금	4,500만원정은 20○○년 ○월 ○일 지불하기로 한다.

제1조(명도) 위 부동산의 명도는 20○○년 ○월 ○일로 한다.

제2조(제세공과금) 매도인은 잔금지급일 현재의 위 부동산에 관련된 채무 및 제세 공과금을 변제하기로 한다.

제3조(소유권이전) 매도인은 잔금 수령시 소유권 이전(등기)에 필요한 서류를 매수 인에게 교부한다.

제4조(위약금) 본 계약을 매도인이 위약시는 계약금의 배액을 변상하며 매수인이 위약시는 계약금을 무효로 하고 반환을 청구할 수 없다.

<특약>

1. 위 매수인이 명의이전서류를 받고도 명의이전을 해태하는 경우 부동산등기부상 명의이전접수일까지 매 1일당 손해배상금으로 금○○○원을 매도인에게 지급한다.
2. 매도인이 토지소유주로부터 토지의 사용허락을 득하지 못할 경우 본 계약은 무 효로 한다.

  위 계약의 성립을 증명하기 위하여 본 계약서 2통을 작성하여 각각 서명 · 날인하 고 각1통씩 보관한다.

20○○년   ○월   ○일

매 도 인	주 소						
	성 명 또 는 상 호	인	주민등록번호 또 는 사업자등록번호	－	전 화 번 호	
매 수 인	주 소						
	성 명 또 는 상 호	인	주민등록번호 또 는 사업자등록번호	－	전 화 번 호	

[서식] 농지매매계약서(농지법상 허가조건부)

농 지 매 매 계 약 서

매도인 ○○○(이하 "갑")과, 매수인 ◇◇주식회사(이하 "을") 사이에 다음과 같이 계약을 체결한다.

(부동산의 표시)
소 재 : ○○도 ○○군 ○○면 ○○리
지 번 : ○○번지
지 목 : 밭
지 적 : ○○○m²

제1조(목적) 갑은 을에 대해 위 표시의 토지(단, 등기부에 의한 표시)를 공장용지로 매도할 것을 서약하고, 을은 이것을 매수한다.

제2조(대금의 지급) 을은 갑에 대해 매매대금 총액 일금○○○만원(등기부 기재 1평방미터 당 일금○○○원)을 다음과 같이 지급한다.
  1. 금일 계약금으로 일금○○○만원(최종 잔금 지급시 대금으로 충당)
  2. 20○○년 ○월 ○일까지 갑이 농지법 및 기타 관련법규에 의한 허가를 요구하는 신청을 관할 관청에 제출하는 것과 동시에 중도금○○○만원
  3. 농지법 제34조에 의해 농림축산식품부 장관의 허가가 난 후 ○○일 이내에 소유권이전등기 신청과 동시에 잔금○○○만원

제3조(소유권이전) ①갑은 을에 대해 다음과 같이 이행한다.
  1. 계약금 수령 후 ○주 이내에 을을 위해 아래 토지에 대하여 농지법 및 기타 관련법규에 의한 허가를 조건으로 소유권을 이전한다는 취지의 소유권이전등기청구권의 가등기신청을 하도록 한다.
  2. 20○○. ○. ○.일까지 을과 함께 관할 관청에 아래 토지를 공장용지로 매도하는 것에 대한 허가신청과 함께 일금○○○만원을 지급한다.
  3. 농지법 및 기타 관련법규의 규정에 따른 허가가 난 후 ○일 이내에 잔금을 지급함과 동시에 아래 토지의 소유권이전등기신청 및 아래 토지의 인도를 하도록 한다.
  ② 위 제1항 제3호에 의거 을에게로 소유권이전등기를 신청했을 때, 아래 토지의 소유권이 을에게로 이전된다.

제4조(자동해약과 대금반환) ① 갑이 성심성의 것 제3조 제1항 제2호에 의거한 허가신청을 했음에도 불구하고 불허되었을 때, 혹은 본 계약 체결일로부터 ○월 이내에 허가가 나지 않았을 때는 본 계약은 자동적으로 해약되는 것으로 한다. 이 경우, 갑은 계약불이행의 책임을 지지 않는다.
  ② 갑은 을에 대해 제2조 제1호 및 제2호의 금액을 그 반환사유가 발생한 날로

부터 ○일 이내에 반환해야 한다.

제5조(계약불이행과 계약금) 갑에게 계약불이행의 귀책사유가 있는 때는 계약금의 배액을 을에게 지급하고, 을에게 계약불이행의 귀책사유가 있는 때는 계약금을 포기하는 것으로 한다.

제6조(계약불이행과 비용부담) 제5조의 경우, 불이행의 당사자가 제3조 제1항 제1호의 소유권이전가등기의 말소등기절차에 따른 비용을 부담한다.

제7조(기타비용부담) 소유권이전의 가등기, 소유권이전의 본등기신청의 비용, 등록면허세는 을의 부담으로 하고, 농지법과 기타 관련규정에 의한 허가신청 비용은 갑의 부담으로 한다.

제8조(기타) 갑은 제3조 제1항 제3호의 전날까지 자기의 비용부담에 의해 아래 토지의 실측을 행하고, 인접 토지의 소유자가 입회한 가운데 경계를 확정하고, 표식을 설치해야 한다. 실측 결과, 등기부와 비교하여 면적에 증감이 발생해도 대금 총액은 변경하지 않는 것으로 한다.

이상과 같이 계약이 성립되었으므로 본 계약서 2통을 작성하고, 갑과 을은 각1통씩을 보관한다.

20○○년　○월　○일

매도인	주 소					
	성 명 또 는 상 호		인	주민등록번호 또 는 사업자등록번호	—	전 화 번 호	
매수인	주 소					
	성 명 또 는 상 호		인	주민등록번호 또 는 사업자등록번호	—	전 화 번 호	

■ 참 고 ■

농지취득자격증명은 농지를 취득하는 자에게 농지취득의 자격이 있다는 것을 증명하는 것으로, 농지를 취득하려는 자는 농지 소재지를 관할하는 시장, 구청장, 읍장 또는 면장으로부터 농지취득자격증명을 발급받아 농지의 소유권에 관한 등기를 신청할 때에 이를 첨부하여야 한다(농지법 제8조 제1항, 제4항). 농지를 취득하려는 자가 농지에 관하여 소유권이전등기를 마쳤다 하더라도 농지취득자격증명을 발급받지 못한 이상 그 소유권을 취득하지 못하고(대법원 2008.2.1. 선고 2006다27451 판결, 대법원 2012.11.29. 선고 2010다68060 판결 등 참조), 농지에 관한 경매절차에서 농지취득자격증명의 발급은 매각허가요건에 해당한다(대법원 1999.2.23.자 98마2604 결정, 대법원 2004.2.25.자 2002마4061 결정 등 참조). 농지를 취득하려는 자가 농지에 대한 매매계약을 체결하는 등으로 농지에 관한 소유권이전등기청구권을 취득하였다면, 농지취득자격증명 발급신청권을 보유하게 된다. 이러한 농지취득자격증명 발급신청권은 채권자대위권의 행사대상이 될 수 있다고 보아야 한다(대법원 2018.7.11. 선고 2014두36518 판결).

[서식] 농지매매계약서(농지법상 허가조건부-법인과 거래)

농 지 매 매 계 약 서

매수인 ○○주식회사를 갑으로 하고, 매도인 토지소유자 △△△을 을로 하여 갑과 을 사이에 다음과 같이 토지매매계약을 체결한다.

(부동산 표시)
소 재 : ○○도 ○○군 ○○면 ○○리
지 번 : ○○번지
지 목 : 밭
지 적 : ○○○㎡

제1조(목적) 을은 자신의 소유인 위 표시의 토지(이하 '본 건 토지'라 한다)를 농지법의 규정에 따른 허가를 조건으로 하여 갑에게 매도하고, 갑은 이를 매수하기로 한다.

제2조(매매대금) 본 건 토지의 매매대금은 일금○○○만원으로 한다.

제3조(허가의 신청) 본 계약체결 후 갑 및 을은 지체 없이 농지법상의 규정과 관련 법규의 기타 규정에 따른 허가를 신청하도록 한다.

제4조(제한물권의 소멸) 을은 본 건 토지에 대하여 갑의 사용을 저해하는 저당권 기타 권리가 있을 때는 이를 소멸시키도록 한다.

제5조(소유권이전등기절차와 허가신청) 소유권이전등기신청 및 농지법등 관련법규의 규정에 의한 허가신청은 갑이 하도록 하고, 을은 그 신청에 필요한 서류를 미리 갑에게 제출하도록 한다.

제6조(대금지급의 방법) ① 갑은 제3조 내지 제5조의 행위가 완료되었을 때 그에 소요된 비용은 매매대금의 일부로 충당하도록 한다.
② 매대금의 잔액은 본 건 토지에 관한 갑의 사용을 방해하는 일체의 권리를 을이 소멸시키고, 을로 하여금 갑에게 소유권이전등기가 완료되었을 때 지급하기로 한다.
③ 매매대금의 잔액은 위 2항의 절차를 완료한 후 을이 갑에게 청구한 날부터 20일 이내에 지급하도록 한다.

제7조(인도) 을은 농지법 및 기타 관련법의 규정에 의한 허가가 있은 후 해당 소유권 상에 일체의 권리를 존재시키지 않은 상태로 본 건 토지를 갑에게 인도 하도록 한다.

제8조(비용부담) 본 건 토지에 대한 제세공과금은 갑이 인도를 받은 날 전날까지 발생된 제세비용은 을의 부담으로 하기로 한다.

제9조(기타 비용) 을은 제2조에서 정하는 매매대금 이외에는 어떠한 명목이라도 갑에게 부담을 주지 않는다.

제10조(계약의 해제) 본 계약이 농지법 및 기타 관련법규의 규정에 의한 허가를 얻지 못해 이행할 수 없게 된 경우에는 을은 이미 수령한 계약금을 갑에게 반환하고, 본 계약은 해제되는 것으로 한다.

　이 계약을 보증하기 위해 계약서 2통을 작성하여, 각각 서명·날인한 후, 각 1통을 보관하도록 한다.

20○○년　○월　○일

매도인	주　소						
	성명또는상호		인	주민등록번호또는사업자등록번호	－	전화번호	
매수인	주　소						
	성명또는상호		인	주민등록번호또는사업자등록번호	－	전화번호	

농 지 매 매 계 약 서

매도인 ○○○(이하 "갑")과, 매수인 ◇◇주식회사(이하 "을") 사이에 다음과 같이 계약을 체결한다.

(부동산의 표시)
소 재 : ○○도 ○○군 ○○면 ○○리
지 번 : ○○번지
지 목 : 밭
지 적 : ○○○㎡

제1조(목적) 갑은 을에 대해 위 표시의 토지(단, 등기부에 의한 표시)를 공장용지로 매도할 것을 서약하고, 을은 이것을 매수한다.

제2조(대금의 지급) 을은 갑에 대해 매매대금 총액 일금○○○만원(등기부 기재 1평방미터 당 일금○○○원)을 다음과 같이 지급한다.

  1. 금일 계약금으로 일금○○○만원(최종 잔금 지급시 대금으로 충당)
  2. 20○○년 ○월 ○일까지 갑이 농지법 및 기타 관련법규에 의한 허가를 요구하는 신청을 관할 관청에 제출하는 것과 동시에 중도금○○○만원
  3. 농지법 제34조에 의해 농림축산식품부 장관의 허가가 난 후 ○○일 이내에 소유권이전등기 신청과 동시에 잔금○○○만원

제3조(소유권이전) ① 갑은 을에 대해 다음과 같이 이행한다.

  1. 계약금 수령 후 ○주 이내에 을을 위해 아래 토지에 대하여 농지법 및 기타 관련법규에 의한 허가를 조건으로 소유권을 이전한다는 취지의 소유권이전등기청구권의 가등기신청을 하도록 한다.
  2. 20○○. ○. ○.일까지 을과 함께 관할 관청에 아래 토지를 공장용지로 매도하는 것에 대한 허가신청과 함께 일금○○○만원을 지급한다.
  3. 농지법 및 기타 관련법규의 규정에 따른 허가가 난 후 ○일 이내에 잔금을 지급함과 동시에 아래 토지의 소유권이전등기신청 및 아래 토지의 인도를 하도록 한다.
  ② 위 제1항 제3호에 의거 을에게로 소유권이전등기를 신청했을 때, 아래 토지의 소유권이 을에게로 이전된다.

제4조(자동해약과 대금반환) ① 갑이 성심성의 것 제3조 제1항 제2호에 의거한 허가신청을 했음에도 불구하고 불허되었을 때, 혹은 본 계약 체결일로부터 ○월 이내에 허가가 나지 않았을 때는 본 계약은 자동적으로 해약되는 것으로 한다. 이 경우, 갑은 계약불이행의 책임을 지지 않는다.
  ② 갑은 을에 대해 제2조 제1호 및 제2호의 금액을 그 반환사유가 발생한 날로부터 ○일 이내에 반환해야 한다.

제5조(계약불이행과 계약금) 갑에게 계약불이행의 귀책사유가 있는 때는 계약금의 배액을 을에게 지급하고, 을에게 계약불이행의 귀책사유가 있는 때는 계약금을 포기하는 것으로 한다.

제6조(계약불이행과 비용부담) 제5조의 경우, 불이행의 당사자가 제3조 제1항 제1호의 소유권이전가등기의 말소등기절차에 따른 비용을 부담한다.

제7조(기타비용부담) 소유권이전의 가등기, 소유권이전의 본등기신청의 비용, 등록면허세는 을의 부담으로 하고, 농지법과 기타 관련규정에 의한 허가신청 비용은 갑의 부담으로 한다.

제8조(기타) 갑은 제3조 제1항 제3호의 전날까지 자기의 비용부담에 의해 아래 토지의 실측을 행하고, 인접 토지의 소유자가 입회한 가운데 경계를 확정하고, 표식을 설치해야 한다. 실측 결과, 등기부와 비교하여 면적에 증감이 발생해도 대금 총액은 변경하지 않는 것으로 한다.

이상과 같이 계약이 성립되었으므로 본 계약서 2통을 작성하고, 갑과 을은 각1통씩을 보관한다.

20〇〇년 〇월 〇일

매도인	주　소					
	성　명 또　는 상　호	인	주민등록번호 또　　　는 사업자등록번호	－	전　화 번　호	
매수인	주　소					
	성　명 또　는 상　호	인	주민등록번호 또　　　는 사업자등록번호	－	전　화 번　호	

기 기 매 매 계 약 서

매도인 ○○기계주식회사(이하 '갑'이라 한다.)와 매수인 ◇◇◇ (이하 '을'이라 한다.)은 아래 표시 매매목적물을 매매함에 있어 다음과 같이 계약을 체결한다.

〈기기의 표시〉
기기의 이름 : 자동 선반
기기의 수량 : 2대
기기의 옵션 : 생략

제1조(계약당사자와 매매목적물) 갑은 위 매매목적물 2대를 을에게 2,500만원(부가가치세를 포함한 금액이다.)에 매도하고 을은 이를 매수한다.

제2조(대금지급과 매매목적물의 인도) ① 을은 다음과 같이 대금을 갑에게 지불한다.
 1. 계약금 200만원 : 계약당일 지급한다.
 2. 잔금 2,300만원 : 매매목적물 인수 시 지급한다.
 ② 갑은 20○○년 ○월 ○일까지 위 매매목적물을 을이 지정한 장소에서 을에게 인도하여야 하며 그에 따른 비용은 갑의 부담으로 한다.

제3조(품질보증) 갑은 을에게 위 매매목적물을 인도할 때 그 품질을 보증하는 별도의 보증서를 교부하여야 한다.

제4조(매매목적물 인수전의 계약해제) ① 갑과 을은 계약체결 후 위 매매목적물을 인수하기 전까지 이 계약을 해제할 수 있다.
 ② 갑의 계약위반을 이유로 을이 해제할 때에는 갑은 을로부터 받은 계약금과 이 계약금을 받은 날로부터 반환 일까지 이 계약체결일 현재의 시중은행 1년 만기 정기예금 이자율 중 가장 높은 이자율에 의한 이자를 가산한 금액을 즉시 반환하고, 을의 계약위반을 이유로 갑이 해제할 때에는 갑은 을이 지급한 계약금에서 위와 같은 조건의 이자를 공제한 잔금을 즉시 반환한다.

제5조(철회권의 행사방법과 효과) ① 을은 계약서를 교부받은 날 또는 계약서를 교부받지 아니한 경우에는 매매목적물을 인수한 날로부터 10일 이내에 계약에 관한 청약을 철회할 수 있다.
 ② 을의 철회권 행사는 위 기간내에 철회의 의사표시가 기재된 서면을 갑에게 발송함으로써 효력을 발생한다.
 ③ 을이 적법하게 철회권을 행사한 경우 갑은 이미 지급 받은 계약금 등을 을에게 반환하고 을은 이미 인도 받은 매매목적물 등을 갑에게 반환하여야 하며 그에 따른 비용은 갑의 부담으로 한다.

제6조(지연손해금) ① 을이 대금불입의무를 위반한 경우 을은 연체금액에 대하여

각 연체 일로부터 불입 일까지 연 24%의 비율에 의한 지연손해금을 연체금액에 우선하여 지급하여야 한다.

② 갑이 매매목적물의 인도기한을 지연시킨 경우 을은 제4조에 의거 계약을 해제하거나 갑에게 지급한 계약금에 대해 인도가 지연된 기간동안 연24%의 이자지급을 요구하고 이를 잔금에서 공제할 수 있다.

제7조(할부구입) ① 을이 잔금 전부 또는 일부를 할부로 하고자 할 경우에는 매매목적물을 인수하기 전에 다음 사항을 이행하여야 한다.

　1. 갑이 인정하는 연대보증인 1인 이상 입보

　2. 을이 부담할 할부금에 대해 갑이 지정하는 보험회사와 갑을 피보험자로 하는 할부판매 보증보험 계약 체결

② 위 제1항 각 호에 소요되는 비용은 을이 부담하며 절차는 을의 위임을 받아 갑이 대행할 수 있고 이때 을은 이에 필요한 서류를 구비하여 매매목적물 인수 전까지 갑에게 제출하여야 한다.

③ 을은 채무이행을 보장할 수 있는 다른 담보로서 위 제1항 각 호의 의무사항을 대체할 수 있다.

제8조(기한의 이익상실) 을에게 다음 각 호의 사유가 발생한 경우 을은 할부금 분할상환의 이익을 상실하며 갑은 할부계약을 해제할 수 있다.

　1. 매회 할부금을 다음 지급기일까지 연속하여 2회 이상 연체한 경우. 단 그 연체된 금액이 할부가격의 10분의 1을 초과하는 경우에 한한다.

　2. 생업 또는 결혼 등으로 외국으로 이주하는 경우

　3. 을이 담보를 손상, 감소 또는 멸실 하게 한 경우

　4. 을이 담보제공의 의무를 이행하지 않은 경우

　5. 을이 파산선고를 받은 경우

제9조(대출) ① 을이 할부구입을 할 경우 을은 갑이 지정한 금융기관에 할부원금을 대출액(대출금리는 연 12%)으로 하고 할부기간을 대출상환기간으로 하여 대출을 받아 갑에게 매매목적물의 잔대금으로 지급키로 하며, 을이 할부금납부등 제반의무를 이행하여 대출금 상환이 완료되었을 때 할부금이 완제된 것으로 한다.

② 갑은 대출에 관한 사항(대출관련보험가입 포함)을 을의 위임을 받아 대행할 수 있으며, 이때에 갑은 대출금을 직접 수령할 권한을 가진다.

③ 을이 갑에게 위 제2호의 사항을 위임한 경우 을은 대출에 필요한 제반서류를 구비하여 매매목적물 인수전까지 갑에게 제출하여야 하며, 제출서류에 하자가 있을 시는 을의 책임하에 즉시 보완제출하여야 하고 대출에 소요되는 비용은 을의 부담으로 한다.

제10조(관할법원) 이 계약에 관한 모든 소송은 제소당시 을의 주소, 주소가 없을 때는 거소를 관할하는 법원으로 한다. 단. 제소당시 을의 주소 또는 거소가 분명하지 않은 경우에는 갑의 본점 또는 영업소를 관할하는 법원을 관할법원으로 한다.

제11조(기타) ① 이 계약에서 규정되지 않은 사항은 법령 및 일반 상관례에 의한다.

② 이 계약서는 매매, 양도, 질권 등의 권리설정 대상이 될 수 없다.

③ 이 계약서의 변경 또는 수정은 갑, 을 상호 협의 하에 문서에 의해서만 할 수 있다.

④ 이 계약서는 2통을 작성하여 갑, 을이 각자 1통씩 소지한다.

20○○년   ○월   ○일

매도인	주 소					
	성명 또는 상호	인	주민등록번호 또 는 사업자등록번호	–	전 화 번 호	
매수인	주 소					
	성명 또는 상호	인	주민등록번호 또 는 사업자등록번호	–	전 화 번 호	

[서식] 공장매매계약서

공 장 매 매 계 약 서

매도자 ○○주식회사(이하 갑이라 한다)와 매수자 ◇◇주식회사(이하 을이라 한다)의
사이에 다음과 같이 공장매매에 관한 계약을 체결한다.

〈공장의 표시〉
대지권의 표시 : ○○도 ○○시 ○○동 ○○길 대지 1,497㎡ 건물의 표시 : 위 지상
철근콘크리트 슬래브지붕 단층 공장 1,157㎡ (등기부상의 건물내역 전체포함)
부대설비 및 기계의 표시 : 별지 목록 기재 (생략)

제1조(매매대금) 매매대금은 다음과 같이 지급하기로 한다.

매 매 대 금	금	원정 중			
계 약 금	금	원정은	년	월	일에 지급하고
중 도 금	금	원정은	년	월	일에 지급하고
잔 금	금	원정은	년	월	일에 지급하기로 함.

제2조(매매범위) 갑은 을에게 공장을 현 상태 그대로 매도할 것을 약정하고 을은 공장
    을 매수한다.

제3조(이행의무) 갑은 을에게 다음과 같이 본 계약상의 의무를 이행한다
    1. 20○○년 ○월 ○일 중도금 지급 시까지 공장을 비우고, 공장 토지 건물에 설정
       한 저당권 등의 담보물권, 가등기 등 등기부상의 부담을 일체 말소한다.
    2. 20○○년 ○월 ○일까지 잔금지급과 동시에 위 표시의 공장 토지 건물의 소유권
       이전등기 신청, 공장 토지 건물, 부속 설비기계를 인도한다.

제4조(위험부담) 공장의 토지 건물 소유권이전등기 및 인도까지 공장건물 또는 기계설
    비가 갑의 책임 있는 사유로 훼손되거나 또는 멸실 되었을 때는 일체의 손해는 갑
    의 부담으로 한다.

제5조(하자담보) 을은 계약체결 후 목적물의 일부 훼손으로 공장으로서의 기능을 잃지
    않았을 때는 갑에 대해 훼손에 상당한 가격을 매매대금에서 공제할 것을 청구할 수
    있고, 훼손의 정도가 심하거나 혹은 멸실 되었을 시 본 계약은 해제하기로 한다.

제6조(계약해제) ① 갑의 귀책사유로 공장건물 또는 기계설비가 멸실 혹은 훼손 되었
    을 때, 을은 즉시 본 계약을 해제하고, 계약금의 반환 및 손해배상으로 계약금과 같
    은 액수의 금전을 청구할 수 있다.
    ② 을이 본 계약상의 의무를 이행하지 않을 때는 갑은 본 계약을 해제할 수 있으며
    지급된 계약금은 갑에게 귀속된다.

제7조(보증책임) 갑은 을에 대해 건물, 기계 및 부대 설비를 인도한 후 1년 간의 생산 능력을 보증하는 책임을 진다. 매매대금 중 10%상당 금액을 하자담보 보증금으로 유보한다.

이 계약의 성립을 보증하기 위하여 본 계약서 2통을 작성하여 갑과 을이 각 1통씩 보관키로 한다.

20○○년   ○월   ○일

매도인	주 소						
	성 명 또 는 상 호		인	주민등록번호 또 는 사업자등록번호		－ 전 화 번 호	
매수인	주 소						
	성 명 또 는 상 호		인	주민등록번호 또 는 사업자등록번호		－ 전 화 번 호	

■ **관련판례** ■

매매계약의 체결 이후 시가 상승이 예상되자 매도인이 구두로 구체적인 금액의 제시 없이 매매대금의 증액요청을 하였고, 매수인은 이에 대하여 확답하지 않은 상태에서 중도금을 이행기 전에 제공하였는데, 그 이후 매도인이 계약금의 배액을 공탁하여 해제권을 행사한 사안에서, 시가 상승만으로 매매계약의 기초적 사실관계가 변경되었다고 볼 수 없어 '매도인을 당초의 계약에 구속시키는 것이 특히 불공평하다'거나 '매수인에게 계약 내용 변경요청의 상당성이 인정된다.'고 할 수 없고, 이행기 전의 이행의 착수가 허용되어서는 안 될 만한 불가피한 사정이 있는 것도 아니므로 매도인은 위의 해제권을 행사할 수 없다고 한 원심의 판단을 수긍한 사례 (대법원 2006.2.10. 선고 2004다11599 판결).

상 품 매 매 계 약 서

매도인 ○○○(이하 갑이라 한다)과 매수인 ×××(이하 을이라 한다)는 제1조에 정하는 물품의 매매를 위하여 다음 계약을 체결한다.

제1조(조건)
　　1. 품　　명
　　2. 수　　량
　　3. 금　　액
　　4. 인도기일
　　5. 인도장소
　　6. 대금총액
　　7. 지급기한
　　8. 지급방법

제2조(소유권이전) 물품의 소유권은 물품의 인도가 있은 때에 갑으로부터 을에게 이전한다.

제3조(위험부담) 물품의 인도전에 발생한 물품의 멸실, 훼손, 감량, 변질, 기타　일체의 손해는 그 원인이 을의 귀책사유인 것을 제외하고는 갑이 부담하며, 물품의 인도 후에 발생한 이들의 손해는 그 원인이 갑의 귀책사유인 것을 제외하고는 을이 부담한다.

제4조(검사 및 수령) ① 갑은 을의 지시에 따라 약정기일에 약정인도장소에 물품을 지참하며, 을은 물품 수령 후 ○일 이내에 물품을 검사하여야 한다.
　② 물품의 수령은 을의 검사종료와 동시에 완료한다. 검사지연으로 인하여 갑에게 발생한 손해는 을이 부담한다.

제5조(목적물 인수 등) ① 갑은 불합격품 또는 계약수량을 초과한 부분 및 계약을 해제당한 물품 기타 을로부터 반환되는 물품을 자기의 비용으로 을의 통지 발송일로부터 ○일 이내에 인수하여야 한다.
　② 전항의 기간 경과 후에도 갑의 인수가 없을 경우에는 을은 갑의 비용으로써 물품을 반송, 공탁하거나 물품을 매각하여 그 대금을 보관하거나 공탁할 수 있다.

제6조(지연손해금) 을이 매매대금채무의 변제를 하지 아니할 때에는 갑에게 지급기일의 다음 날부터 다 갚는 날까지 연 24%의 비율에 의한 지연손해금을 지급하여야 한다.

제7조(하자담보) 갑은 물품이 계약조건과 상이하거나 또는 인도전의 원인에 의하여 발생한 물품의 품질불량, 수량부족, 변질, 기타의 하자에 관하여 책임을 부담하며, 을은 대금인도나 하자보수 또는 대금감액을 청구할 수 있다. 그 하자의 존재로 인하여 계약의 목적을 달성할 수 없을 경우에 을은 본 계약을 해제할 수 있으며 갑은 어떠한 경우에도 손해배상청구에 응하여야 한다. 단, 을은 곧 발견할 수 있는 하자에 관하여는 물품수령 후 검사를 한 날로부터 ○일 이내에 통지를 하지 아니할 경우 그

해제권 또는 청구권을 상실한다.

제8조(불가항력의 면책) 천재지변, 전쟁, 폭동, 내란, 법령의 개폐, 제정, 공권력에 의한 명령, 처분, 동맹파업, 기타의 쟁의행위, 수송기관의 사고, 기타 불가항력에 의하여 계약의 전부나 일부의 이행지연 또는 인도불능 사태가 발생하였을 경우에는 갑은 그 책임을 부담하지 아니한다.

제9조(합의관할) 본 계약에서 발생하는 권리의무에 관한 소송에 대하여는 ○○지방법원을 관할법원으로 한다.

위 계약체결의 증서로써 본 증서 2통을 작성하여 서명 · 날인하고 각자 1통씩 보관한다.

20○○년 ○월 ○일

갑	주 소					
	성 명 또 는 상 호		인	주민등록번호 또 는 사업자등록번호	-	전 화 번 호
을	주 소					
	성 명 또 는 상 호		인	주민등록번호 또 는 사업자등록번호	-	전 화 번 호

매 매 계 약 서

매도인 ○○○(이하 '甲'이라 한다)과 매수인◇◇◇(이하 '乙'이라 한다)은 다음과 같이 계약을 체결한다.

제1조(계약의 목적) 甲은 자신이 생산하고 있는 "A"제품을 20○○. ○. ○.부터 같은 해 ○월 ○일까지 매월 1,000개씩 합계 6,000개를 乙에게 매도한다.

제2조(단가) 제품의 단가는 금10,000원으로 한다.

제3조(인도시기 및 장소) (1) 甲은 乙에게 매월 25일까지 위 제품을 乙의 영업 장소에서 인도하여야 한다.
(2) 만일에 甲이 매월 25일까지 제품을 인도하지 못할 시에는 乙은 미인도 제품 1개당 금1,000원의 지연손해금을 甲에게 배상하여야 한다.

제4조(대금지급시기 및 지급방법) (1) 乙은 매월 제품을 인도 받은 후 5일 내에 甲에게 대금을 지급하되, 대금지급은 현금으로 하여야 한다.
(2) 만일에 乙이 제 때에 대금을 지급하지 못할 경우에는 甲에게 미지급대금의 1할을 지연손해금으로 배상하여야 한다.

제5조(제품의 하자) 甲이 乙에게 납품한 제품에 하자가 있을 시에는 甲은 乙에게이를 즉시 통지하고 乙은 위 통지를 받은 후 5일 내에 완제품으로 교환해 주어야 한다.

제6조(계약의 해제) (1) 甲과 乙은 이 계약에서 정한 의무를 위반한 상대방에 대하여 계약의 해제를 통지할 수 있다.
(2) 해제의 통지는 서면으로 하여야 한다.

제7조(관할법원) 이 계약에 관한 소송의 관할법원은 甲과 乙이 합의하여 결정하되, 합의가 이루어지지 아니한 경우에는 ○○지방법원으로 한다.

위 계약을 증명하기 위하여 계약서 2통을 작성하고, 각 서명·날인하여 각자 1통씩 보관한다.

20○○. ○. ○.

매도인	주 소					
	성 명 또 는 상 호		인	주민등록번호 또 는 사업자등록번호	－	전 화 번 호
매수인	주 소					
	성 명 또 는 상 호		인	주민등록번호 또 는 사업자등록번호	－	전 화 번 호

[서식] 매매계약 해제통지서

해 제 통 지 서

수　신 : △ △ △ 귀하
주　소 : ○○시 ○○구 ○○길 ○○

　20○○년 ○월 ○일 귀하와 체결한 ○○계약에 의한 귀하의 ○○채무는 20○○년 ○월 ○일까지는 이행되어야 할 것임에도 불구하고 아직까지 이행하지 않았으므로 오는 20○○년 ○월 ○일까지는 반드시 이행하여 주시기 바랍니다. 만일 위 기일까지 이행이 없는 경우는 별도로 해제의 통지가 없더라도 계약은 해제된 것이라고 지득하여 주시기 바랍니다. 최고를 겸하여 통지합니다.

20○○년 ○월 ○일

통 지 인(매도인) ○ ○ ○ (서명)

동산매매계약서

매도인 ○○○(이하 "갑"이라 한다)과 매수인 ◇◇◇(이하 "을"이라 한다)은 아래 표시의 동산에 관하여 다음과 같이 합의하여 계약을 체결한다.

매매목적물의 표시 : 여성용의류 20벌

제1조(목적) 갑은 그 소유의 위 여성용의류 20벌을 을에게 매도하고 을은 이를 매수한다.

제2조(매매대금) ① 매매대금은 금＿＿원으로 하고 다음과 같이 지급하기로 한다.
　계약금 : 금　　　원은 계약체결시에 지급하고
　중도금 : 금　　　원은　　　년　　월　　일에 지급하며
　잔　금 : 금　　　원은　　　년　　월　　일에 지급하기로 함.
　② 제1항의 계약금은 잔금 수령시에 매매대금의 일부로 충당한다.

제3조(매매물건의 인도) 갑은 을의 잔금지급과 동시에 갑의 비용과 책임으로 매매물건을 을에게 인도하여야 한다.

제4조(매도인의 담보책임) 매매물건은 계약시 상태를 대상으로 한다.

제5조(위험부담) ① 매매물건이 인도 이전에 불가항력으로 인하여 매매물건이 멸실 또는 훼손되었을 경우에는 그 손해는 갑의 부담으로 한다.
　② 제1항의 경우에 을이 계약을 체결한 목적을 달성할 수 없을 때에는 을은 계약을 해제할 수 있으며 이 때 갑은 이미 수령한 대금을 을에게 반환하여야 한다.

제6조(계약의 해제) ① 제2조의 중도금 지급시까지 을은 계약금을 포기하고 갑은 계약금의 배액을 상환하고 계약을 해제할 수 있다.
　② 당사자 어느 일방이 본 계약을 위반하여 이행을 태만히 한 경우 상대방은 1주간의 유예기간을 정하여 이행을 최고하고, 일방이 이 최고의 기간 내에 이행을 하지 않을 경우에 상대방은 계약을 해제할 수 있다.

제7조(위약금) 제6조제2항에 의하여 일방이 계약을 해제하였을 때에는 상대방은 계약금 상당액을 손해배상금으로 지급하여야 한다.

제8조(비용) 매도증서작성 비용 및 이에 부대하는 비용, 그리고 이 매매물건의 매도로 부과되는 부가가치세는 갑이 부담하고 매매물건의 인도에 소요되는 비용은 을이 부담한다.

　이 계약을 증명하기 위하여 계약서 2통을 작성하여 갑과 을이 서명 · 날인한 후 각각 1통씩 보관한다.

20○○.　　○.　　○.

매도인	주 소						
	성 명 또 는 상 호		인	주민등록번호 또 는 사업자등록번호	–	전 화 번 호	
매수인	주 소						
	성 명 또 는 상 호		인	주민등록번호 또 는 사업자등록번호	–	전 화 번 호	
입회인	주 소						
	성 명 또 는 상 호		인	주민등록번호 또 는 사업자등록번호	–	전 화 번 호	

■ 참 고 ■

매매의 목적물이 동산일 경우, 매도인은 매수인에게 계약에 정한 바에 따라 그 목적물인 동산을 인도함으로써 계약의 이행을 완료하게 되고 그때 매수인은 매매목적물에 대한 권리를 취득하게 되는 것이므로, 매도인에게 자기의 사무인 동산인도채무 외에 별도로 매수인의 재산의 보호 내지 관리 행위에 협력할 의무가 있다고 할 수 없다. 동산매매계약에서의 매도인은 매수인에 대하여 그의 사무를 처리하는 지위에 있지 아니하므로, 매도인이 목적물을 매수인에게 인도하지 아니하고 이를 타에 처분하였다 하더라도 형법상 배임죄가 성립하는 것은 아니다(대법원 2011. 1. 20. 선고 2008도10479 전원합의체 판결).

매 매 예 약 서

주문자 甲과 공급자 乙은 당사자간에 건설공사에 사용하는 자재 "A"제품의 예약주문 및 거래에 대해 다음과 같이 체결한다.

제1조(계약의 목적) 甲은 시행자로부터 도급받은 공사를 함에 있어서 乙이 생산하고 있는 "A"제품의 매매예약에 관한 사항을 정하는 것을 목적으로 한다.

제2조(매매예약) 甲이 주문한 수량에 관하여 매매를 완결할 의사를 표시하면 본계약은 성립되고, 乙은 성립된 매매계약에 따라 甲에게 본 건 제품을 납품할 의무를 진다.

제3조(제품의 단가) 단가는 개당 금○○○원으로 한다. 단, 경제사정의 변동으로 본 건 제품의 원료가격이 현저하게 등락하게 된 때에는 당사자는 가격의 증감을 청구할 수 있다.

제4조(주문수량) 甲은 본 건 제품을 주문 시 乙의 생산능력을 감안하여 1회 주문량은 ○○○을 초과하여 주문하지 못하되, 乙이 초과분에 대하여 동의한 때에는 주문할 수 있다.

제5조(인도시기 및 장소) (1) 乙은 甲이 주문한 때로부터 ○월내에 주문한 수량을 甲의 본점소재지에서 인도하여야 한다.
(2) 만일에 甲이 (1)항에서 정한 기간내에 제품을 인도하지 못할 시에는 乙은 미인도 제품 1개당 금○○원의 지연손해금을 甲에게 배상하여야 한다.

제6조(대금지급시기 및 지급방법) (1) 甲은 제품을 인도받은 후 ○일 내에 乙에게 대금을 지급하되, 대금지급은 현금으로 하여야 한다.
(2) 만일에 甲이 제 때에 대금을 지급하지 못할 경우에는 乙에게 미지급대금의 1할을 지연손해금으로 배상하여야 한다.

제7조(계약의 해제) (1) 甲과 乙은 이 계약에서 정한 의무를 위반한 상대방에 대하여 계약의 해제를 통지할 수 있다.
(2) 해제의 통지는 서면으로 하여야 한다.

제8조(관할법원) 이 계약에 관한 소송의 관할법원은 甲과 乙이 합의하여 결정하되, 합의가 이루어지지 아니한 경우에는 ○○지방법원으로 한다.

위 계약을 증명하기 위하여 계약서 2통을 작성하고, 각 서명·날인하여 각자 1통씩 보관한다.

20○○년 ○월 ○일

주문자	주 소						
	성 명 또 는 상 호		인	주민등록번호 또 는 사업자등록번호	−	전 화 번 호	
공급자	주 소						
	성 명 또 는 상 호		인	주민등록번호 또 는 사업자등록번호	−	전 화 번 호	

토지 · 건물분양계약서

□ 재산의 표시
소재지:
건　물:　　　　　　　　㎡ (　　　　　　　평)
대　지:　　　　　　　　㎡ (　　　　　　　평)
□ 입주예정일 :　　　　　　　년　　　　월
　위　표시　재산을　분양함에　있어　매도인　○○건설주식회사를　"甲"이라　칭하고
매수인　○○○을　"乙"이라　칭하여　다음과　같이　분양계약을　체결한다.

제1조(분양금액) 위 표시 물건의 분양금액은 금　　　　　(₩　　　)원정(부가세 포함)
　　으로　하고, "乙"은　아래의　납부방법에　의하여　甲이　지정하는　장소에　납부하여
　　야　한다.
　　① 납부일시 및 금액 :
　　　◎ 계 약 금 :　　　　년　　월　　일　　　　원
　　　◎ 1회 중도금 :　　　　년　　월　　일　　　　원
　　　◎ 2회 중도금 :　　　　년　　월　　일　　　　원
　　　◎ 잔금(입주지정일) :　　　년　　월　　일　　　원
　　　(당초의 입주예정일이 변경될 경우에는 확정된 입주지정일을 추후 개별통보하
　　　기로 함.)
　　② 납 부 장 소 :

제2조(할인료, 연체료 및 지체상금)
　　① "甲"은 "乙"이 중도금과 잔금을 약정일 이전에 불입하는 경우에는 선납액
　　에 대하여 년 ( )%의 할인율을 적용하여 선납일수에 따라 산정된 금액을 할인한
　　다. 다만, 잔금에 대하여는 입주지정 최초일을 기준으로 하여 할인한다.
　　② "乙"은 중도금 및 잔금의 납부를 지연하였을 때에는 그 지연일수에 ( )%의
　　연체요율을 적용한 연체료를 납부하여야 한다. 다만, 연체요율은 시중은행 일반자
　　금대출의 연체요율 범위를 초과할 수 없다.
　　③ "甲"이 "乙"로부터 받은 분양대금의 변제충당의 순서는 "乙"이 부담할
　　연체료, 선중도금, 잔금의 순으로 한다.
　　④ "甲"은 본 계약서 전문에서 정한 입주예정일을 지연하였을 경우 기납부한 대
　　금에 대하여 제 2항에서 정한 연체요율을 적용한 금액을 지체상금으로 지급하거
　　나 잔여대금에서 공제한다.
　　⑤ 천재지변 또는 "甲"의 귀책사유에 의하지 아니한 행정명령 등의 불가항력적
　　인 사유로 인하여 입주가 지연될 경우에는 "甲"은 이를 "乙"에게 통지하기로
　　하며, 이 경우 제4항을 적용하지 아니한다.

⑥ 입주예정일이 당초 입주예정일보다 앞당겨질 경우에는 미도래 중도금과 잔금을 납부하여야 입주할 수 있다.

제3조(소유권 이전) ① "甲"은 본 건물의 사용승인일로부터 60일 이내에 소유권 보존등기를 하여야 한다.

② 공부정리가 완료되면 즉시 "乙"에게 통지하고 "乙"은 소유권 이전신청이 가능한 날로부터 60일 이내에 소유권 이전을 "乙"의 비용으로 완료하여야 한다.

③ "乙"이 제1항의 소유권 이전절차를 지체함으로써 발생하는 부동산등기특별 조치법에 의한 과태료 등 제반피해는 "乙"이 전액 부담하여야 한다.

제4조(제세공과금 등) ① 위 표시 재산에 대한 재산세 및 종합토지세는 과세기준일이 "甲"이 통보한 잔금납부지정일 이전인 경우에는 "甲"이 부담하고, 그 이후인 경우에는 "乙"이 부담한다.

② "乙"은 잔금 납부일로부터 30일 이내에 취득세를 납부하여야 한다. 단, 잔금 납부일이 사용승인일 이전일 때에는 사용승인일(가사용 승인시는 그 승인일)을 기준으로 하여 30일 이내에 납부하여야 한다.

제5조(계약해제) ① "乙"이 아래 각호의 1에 해당하는 행위를 하였을 경우에는 "甲"은 상당한 기간을 정하여 이행의 최고를 한 후 그 이행이 없을 경우 본 계약을 해제할 수 있다.

　　가) "乙"이 제1조에서 정한 분양대금 (중도금, 잔금)을 납부기일까지 지급하지 아니하여 "甲"이 14일 이상의 기간을 정하여 2회이상 최고하여도 "乙"이 납부치 않았을 때

　　나) "乙"이 상당한 이유없이 입주지정일 내에 입주하지 않을 때

② "乙"은 자신의 사정으로 인한 경우 스스로 본 계약을 해제할 수 있다. 다만, 중도금 납부 후에는 "甲"이 인정하는 경우에 한한다.

③ "乙"은 "甲"의 귀책사유로 인하여 입주가 당초 입주예정일로부터 3월을 초과하여 지연된 경우 또는 계약기간 중 "甲"의 계약이행이 불능하게 된 때에는 본 계약을 해제할 수 있다.

④ 제 1항 내지 제3항에 해당하는 사유로 본 계약이 해제된 때에는 제1항 또는 제 2항의 경우에는 "乙"이, 제3항의 경우에는 "甲"이 각각 그 상대방에게 위약금으로 분양대금 총액의 10%를 지급하기로 한다.

제6조(하자담보책임) ① 갑이 위 조항에 의거 을에게 매매목적물을 인도할 때까지의 기간동안에 갑 또는 을의 책임이 아닌 사유로 상기 건물이 멸실 또는 심하게 훼손되었을 경우의 손실은 갑의 부담으로 하고, 본 계약은 당연 해제된 것으로 하며, 갑은 을에 대해 계약금을 포함한 기수령 매매대금을 반환한다.

② 위 ①항의 훼손의 정도가 경미할 경우에는 갑이 비용을 부담하여 수선하도록 한다.

제7조(하자보수) 갑은 을에 대해 상기 건물 및 부대설비에 대해 인도일로부터 만 1년간 품질 및 기능을 보증하고, 자연히 발생한 고장 및 파손을 수선하도록 한다.

제8조(기타) ① "乙"은 본 계약서상의 주소가 변경되었을 경우에는 10일 이내에

"甲"에게 서면으로 통보하여야 한다. 이를 이행하지 아니할 경우 "甲"의 "乙"에 대한 계약의 해제통고 등 제반통고는 종전 주소지로 발송후 7일이 경과함으로써 도달한 것으로 본다. 이에 대한 "乙"의 불이익은 "甲"이 책임지지 아니한다. 또한 계약서상의 주소가 부정확한 경우도 이와 같다.

② 표시재산의 지번 및 필지수는 토지의 합병, 분할 등으로 변경될 수 있다.

③ 본 계약에 관한 소송의 관할법원은 위 상가의 소재지를 관할하는 법원 또는 민사소송법에 의한 법원으로 한다.

④ 본 계약에 명시되지 않은 사항은 "甲"과 "乙"이 협의하여 결정하며 합의되지 아니한 사항은 관계법령 및 일반관례에 따른다.

본 계약의 내용을 증명하기 위하여 계약서 2통을 작성하여 "甲"과 "乙"이 각 1통씩 보관한다.

200○년 ○월 ○일

매도인	주 소						
	성 명 또 는 상 호		인	주민등록번호 또 는 사업자등록번호	-	전 화 번 호	
매수인	주 소						
	성 명 또 는 상 호		인	주민등록번호 또 는 사업자등록번호	-	전 화 번 호	

■ 참 고 ■

갑 주식회사가 을 등과 체결한 아파트 분양계약에서 '중도금 및 잔금의 납부를 지연하여 약정 납부일이 경과하였을 때에는 그 경과일수에 대하여 연체기간에 공급계약 체결 당시 한국은행에서 발표한 예금은행 가중평균여신금리와 가계자금 대출시장 점유율 최상위은행이 정한 연체기간별 추가금리를 합산한 연체이율을 적용하여 산정된 연체료를 가산하여 납부하여야 한다.'고 규정하면서, 연체기간을 4구간(1일~30일, 31일~90일, 91일~180일, 181일 이상)으로 구분해서 각 구간별로 적용되는 연체이율을 달리 정하고(10.96%, 13.96%, 14.96%, 15.96%), 옵션공사대금의 지급을 지체하였을 때의 연체이율에 관하여도 위 조항을 준용하도록 한 사안에서, 분양대금이나 옵션공사대금의 지급의무를 180일을 초과해서 지체한 경우 180일 이내의 연체기간에 대해서는 연 15.96%가 아니라 위 조항에서 정한 각각의 연체기간별로 다른 연체이율이 적용된다고 한 사례(대법원 2017.8.18. 선고 2017다228762 판결).

아 파 트 공 급 표 준 계 약 서

□ 재산의 표시 　　㎡(　평형)　　　　○○○ 아파트　　　동　　　호

구 분		면　　적	
		㎡	평
건 물	전용면적	㎡	평
	주거공용면적	㎡	평
	공급면적	㎡	평
	세대별기타공용면적 (초과 지하면적)	㎡ (　　㎡)	평 (　　평)
	계약면적	㎡	평
대 지	공유지분	㎡	평

□ 부대시설(공용) : 이 아파트에 따른 전기·도로·상수도시설 및 기타 부대시설
　　위 표시 재산을 공급함에 있어 매도인을 "갑"이라 칭하고 매수인을 "을"이
　　라 칭하며 다음과 같이 계약을 체결한다.
□ 입주예정일 : 　년　　월(공정에 따라 다소 변경될 경우 추후 개별통보키로 함)

제1조(공급대금 및 납부방법) "갑"은 위 표시재산을 아래방법으로 공급하고
　　"을"은 해당금액을 "갑"에게 납부하여야 한다.

구분	대지 가격	건물 가격	부가가 치세	총공급 금액	계약 금	중 도 금					잔금 (입주시)	계약자 선택날 인
						1회 ( )	2회 ( )	3회 ( )	4회 ( )	5회 ( )		
기본 형												(인)
선택 형 (%)												(인)

제2조(계약의 해제) (1) "갑"은 "을"이 다음 각 호에 해당하는 행위를 하였을
　　때에는 최고한 후 그 이행이 없을 경우 이 계약을 해제할 수 있다.
　① 제1조에서 정한 중도금을 계속하여 3회 이상 납부하지 아니하여 14일 이상의
　　유예기간을 정하여 2회 이상 최고하여도 납부하지 아니한 때(단, 주택공급에관한
　　규칙에서 이와 달리 정하는 경우에는 이 규칙에 따라 따로 정할 수 있다)
　② 잔금을 약정 일로부터 3월 이내에 납부하지 아니하였을 때
　③ "갑"의 보증에 의하여 융자가 알선되고 "을"이 이자 등을 납부하지 아니하

여 금융기관에서 "갑"에게 대신이행을 청구하는 경우에 "갑"이 14일이상의 유예기간을 정하여 2회 이상 최고하여도 "을"이 금융기관에 그 이자 등을 납부하지 않을 때, 단, 최고시 「당해 유예기간이 지나도록 금융기관에 그 이자 등을 납부하지 아니하면 이 계약을 해제하며, 계약 해제시에는 이미 납부한 계약금과 중도금에서 대출원리금, 위약금을 공제한 후 나머지 금액을 반환한다.」 는 취지의 내용을 밝혀야 한다.

④ "을"이 청약저축등 입주자 저축을 타인명의로 가입하였거나, 가입한 자의 청약저축 등 입주자 저축을 사실상 양도받아 계약을 체결한 때

⑤ 기타 주택공급에 관한 규칙에 위배되는 행위를 하였을 때

(2) "을"은 자신의 사정으로 인한 경우 스스로 본계약을 해제할 수 있다. 다만, 중도금을 1회라도 납부한 후에는 "갑"이 인정하는 경우에 한한다.

(3) "을"은 "갑"의 귀책사유로 인해 입주예정일로부터 3월이내에 입주할 수 없게 되는 경우 이 계약을 해제할 수 있다.

(4) "을"은 주소변동이 있을 때에는 10일 이내에 "갑"에게 서면으로 통보하여야 한다. 이를 이행하지 아니할 경우 "갑"의 "을"에 대한 계약의 해제통고 등은 종전주소지로 발송하며 발송후 15일이 경과함으로써 그 효력이 발생하는 것으로 추정하며 이에 대한 "을"의 불이익은 "갑"이 책임지지 아니한다. 또한 계약서상의 주소가 부정확한 경우도 이와 같다.

제3조(위약금) (1) 제2조제1항 제1호 내지 제3호 및 제2조제2항에 해당하는 사유로 이 계약이 해제된 때에는 공급대금 총액의 10%는 위약금으로 "갑"에게 귀속된다.

(2) 제2조제3항에 해당하는 사유로 이 계약이 해제된 때에는 "갑"은 "을"에게 공급대금 총액의 10%를 위약금으로 지급한다.

(3) 제1항과 제2항의 경우 "갑"은 "을"이 이미 납부한 대금(단, 제1항의 경우에는 위약금을 공제한다)에 대하여는 각각 그 받은 날로부터 반환 일까지 연리 (　)%에 해당하는 이자를 가산하여 "을"에게 환급한다.

제4조(분양권 전매) (1) 분양권 전매는 "갑"의 승인을 득해야 한다.

(2) 제1항에 의한 분양권 전매는 승인신청시 "갑"에 대한 채무를 이행한 경우에 한하여, 또한 대출기관으로부터 위 표시재산을 대상으로 대출받은 자는 대출기관이 발행한 전매당사자간의 대출승계 증거서류를 "갑"에게 제출하여야 하며, 그러하지 아니할 경우에는 대출금을 상환하여야 한다.

제5조(할인료, 연체료 및 지체보상금) (1) "갑"은 "을"이 중도금을 약정일 이전에 납부하는 경우에는 선납금액에 대하여 년(　)%의 할인율을 적용하여 선납일수에 따라 산정된 금액을 할인한다. 단, 잔금에 대하여는 입주지정 최초일 기준으로 하여 할인하며 입주지정 최초일부터 종료일까지는 할인료 및 연체료 규정을 적용하지 아니한다.

(2) "을"은 중도금 및 잔금의 납부를 지연하여 약정납부일이 경과하였을 때에는 그 경과일수에 대하여 한국주택은행 일반자금대출의 연체요율을 적용하여 산정된

연체료를 가산 납부하여야 한다. 단, 계획된 공사일정이 당초 중도금 납부일정보다 현저히 늦어지는 경우 "갑"과 "을"은 합의하여 위 중도금 납부일정을 조정할 수 있다.

(3) "갑"은 이 계약서 전문에서 정한 입주예정 기일에 입주를 시키지 못할 경우에는 이미 납부한 대금에 대하여 제2항에 의한 연체요율에 의거 "을"에게 지체보상금을 지급하거나 잔여대금에서 공제한다.

(4) 천재지변 또는 "갑"의 귀책사유가 아닌 행정명령 등의 불가항력적인 사유로 인하여 준공이 지연될 경우에는 "갑"은 이를 "을"에게 통보키로 하며 이 경우 제3항에서 정한 지체보상금을 지급하지 아니하기로 한다.

제6조(중도금 및 잔금납부) (1) 중도금 및 잔금의 납부장소는 "갑"이 지정·통보하는 은행으로 하며 "갑"은 중도금 납부일을 "을"에게 별도로 통보할 의무를 지지 않는다.

(2) 개인별로 은행에 신청하여 융자받은 중도금은 제1조에 명시된 중도금 납부일자에 "갑"에게 입금(납부)되어야 하며 납부일의 경과시는 이 계약서상의 연체요율에 의거 연체이자를 부담한다.

제7조(보증책임) "갑"이 파산 등의 사유로 분양계약을 이행할 수 없게 되는 경우 분양보증 또는 연대보증을 한 자가 보증내용에 따라 당해 주택의 분양(사용검사를 포함한다)의 이행 또는 납부한 입주금의 환급(입주자가 원하는 경우에 한한다)의 책임을 진다.

제8조(국민주택기금 대출이자의 부담) 국민주택기금으로 대체되는 잔금에 대한 이자는 입주여부에 관계없이 입주지정기간 만료일 다음날로부터 은행융자금이 "을"에게 지급(대환)되는 날까지 은행대출금리에 의하여 "갑"에게 납부하여야 한다.(단, 국민주택에 한함)

제9조(소유권 이전) (1) "갑"은 본 건물의 준공일로부터 60일 이내에 소유권 보존등기를 하도록 한다.

(2) "을"은 공급대금 및 기타 납부액을 완납하고 "갑"의 소유권 보존등기가 완료되는 날로부터 60일 이내에 "을"의 비용으로 소유권 이전등기를 필하여야 하며 "을"이 이전절차를 완료하지 않음으로써 발생하는 제피해 및 공과금은 "을"이 전액 부담하여야 한다.

(3) "갑"의 귀책사유가 아닌 천재지변이나 행정명령, 기타 택지개발사업 미준공, 공부 미정리등의 부득이한 사정으로 소유권 이전절차가 지연될 경우 "을"은 이에 대하여 이의를 제기하지 못한다.

(4) 이 계약서상의 공유대지는 전용면적비율에 의거 배분하여 공유지분으로 이전되며 "갑"은 "을"에게 위치를 지정 또는 할양하지 아니하며 "을"은 공유지분의 분할청구를 할 수 없다.

(5) 계약시 체결된 건물의 공급면적 및 대지의 공유지분은 공부정리 절차등의 부득이한 경우에 한해 법령이 허용하는 오차 범위내에서 증감이 있을 수 있으나 증감이 있을 때에는 계약서와 등기부상의 면적차이에 대하여 분양당시 가격을 기준

으로 계산하여 소유권 이전등기시까지 상호 정산하기로 한다.

제10조(지번의 변경) 목적물의 지번은 필지분할 또는 합필에 의하여 변경될 수 있다.

제11조(제세공과금의 부담) 입주지정일 이후 발생하는 제세공과금에 대하여는 입주 및 잔금완납이나 소유권이전 유무에 관계없이 "을"이 부담한다. 단, "을"의 불이행으로 인해 "갑"이 입은 손해는 "을"이 배상한다.

제12조(공유물 및 부대시설의 공동사용) "을"은 공유시설물(기계실, 전기실, 관리사무소 지하주차장등)및 부대복리시설(공중변소, 노인정, 어린이놀이터 등)을 공동으로 이용하여야 한다.

제13조(관리) 건물 준공후의 관리는 주택건설촉진법 및 공동주택관리령에서 정하는 바에 따라 시행한다.

제14조(특별수선충당금의 적립) "갑" 또는 주택건설촉진법에 의하여 선정된 주택관리주체는 공동주택의 주요시설의 교체 및 하자보수를 위하여 주택건설촉진법 및 공동주택관리령의 규정에 의한 특별수선충당금을 "을"로부터 징수, 적립하여 필요시 사용토록 한다.

제15조(하자보수) (1) "갑"은 당해건물의 시공상 하자에 대하여는 공동주택관리령의 규정에 의하여 보수책임을 진다.
(2) "을"의 관리부실로 인하여 발생하는 당해건물의 제반 훼손부분은 "을"이 보수 유지한다.

제16조(화재보험) 화재로 인한 재해보상과 보험가입에 관한 법률에 의하여 "을"은 본 아파트를 인도받음과 동시에 집약관리를 위해 동법에서 지정하는 보험회사와 화재보험계약을 "을"의 부담으로 체결하여야 한다. 또한 화재보험에 가입하지 않음으로써 화재 기타 이와 유사한 재해등으로 발생하는 제반피해는 "을"이 책임진다.

제17조(입주절차) (1) "을"은 공급대금 및 연체료를 기일내에 완납하고 "갑"이 요구한 제반서류를 제출한 후 입주일이 명시된 입주증을 발급받아 입주하여야 한다.
(2) "을"은 입주시 관리예치금을 납부한다.
(3) "을"은 "갑"이 지정하는 입주지정기간 만료일 다음 날로부터 입주여부에 관계없이 관리비를 부담해야 한다. 단, 입주지정기간 만료일 이전에 입주시는 실입주일로부터 관리비를 부담해야 한다.
(4) 본 아파트의 입주일은 공사 진행결과에 따라 단축될 수 있으며, 이 경우 미도래된 중도금과 잔금은 실입주일 이전에 납부해야 한다.(단, 이경우 선납할인은 적용하지 아니한다)

제18조(기타사항) (1) 견본주택(모델하우스)내에 시공된 제품은 다른제품으로 변경될 수 없다. 단, "갑"의 귀책사유가 아닌 자재의 품절, 품귀등 부득이한 경우에 한하여 동질, 동가이상의 다른 제품으로 변경 시공될 수 있다.
(2) 견본주택(모델하우스)및 각종 인쇄물과 모형도상의 구획선 및 시설물의 위치,

설계도면 등의 표시가 계약체결일 이후 사업계획 변경승인 및 신고등에 따라 일부 변경될 경우에는 "갑"은 이를 "을"에게 통보키로 한다.(단, "갑"은 경미한 사항의 변경에 대해서는 6개월 이하의 기간마다 그 변경내용을 모아서 "을"에게 통보할 수 있다.)

(3) 이 계약에 관한 소송의 관할법원은 "갑"과 "을"이 합의하여 결정하는 관할법원으로 하며 "갑"과 "을"간의 합의가 이루어지지 아니한 경우에는 위 주택 소재지를 관할하는 법원 또는 민사소송법에 의한 법원으로 한다.

(4) 이 계약에 명시되지 아니한 사항은 "갑"과 "을"이 합의하여 결정하되 합의되지 아니한 사항은 관계법령 및 일반관례에 따른다.

이 계약의 내용을 증명하기 위하여 계약시 2통을 작성하여 "갑"과 "을"이 각 1통씩 보관한다.

20○○년 ○월 ○일

매도인	주　　소						
	성 명 또 는 상 호		인	주민등록번호 또　　　　는 사업자등록번호	－	전 화 번 호	
매수인	주　　소						
	성 명 또 는 상 호		인	주민등록번호 또　　　　는 사업자등록번호	－	전 화 번 호	

2. 증여계약

[서식] 채권 증여계약서(채권의 증여를 목적으로 하는 경우)

증 여 계 약 서

증여자 ○○○(이하 "갑"이라 한다)와 수증자인 ×××(이하 "을"이라 한다)은 아래 표시의 채권에 관하여 다음과 같이 합의하여 증여계약을 체결한다.

증여 채권의 표시 :

갑이 채무자(성명:◇◇◇, 주소:○○시 ○○구 ○○로 ○○번지)에 대하여 20○○년 ○월 ○일 대여한 금 ○○○만원의 대여금반환 청구채권

제1조 위 증여채권은 본 증여계약서 작성과 동시에 갑으로부터 을에게 이전한다.

제2조 위 채권을 증여함에 있어 갑은 확정일자있는 증서로서 채무자 ◇◇◇에게 증여계약사실을 통지하거나, 채무자 ◇◇◇로부터 승낙을 얻어 민법 제450조 지명채권양도의 대항요건을 갖추기로 한다.

제3조 위 계약을 증명하기 위하여 본 계약서를 2통 작성하여 갑과 을이 이의없음을 확인하고 서명·날인한 후 각각 1통씩 보관하기로 한다.

20○○년 ○월 ○일

증여인	주 소					
	성 명 또 는 상 호	인	주민등록번호 또 는 사업자등록번호	-	전 화 번 호	
수증인	주 소					
	성 명 또 는 상 호	인	주민등록번호 또 는 사업자등록번호	-	전 화 번 호	

동 산 계 약 서

증여자 ○○○(이하 "갑"이라고 함)와 수증자 ×××(이하 "을"이라고 함)은 다음 내용과 같이 증여계약을 체결한다.

내 용

1. 갑은 별지 목록 기재 동산을 을과 함께 계속 사용, 수익할 수 있음을 조건으로 하여 20○○년 ○월 ○일 같은 동산을 을에게 증여한다.
2. 을이 위 동산에 대한 갑의 사용, 수익을 방해하거나 거부할 경우 갑은 위 증여계약을 해제할 수 있고 해제 후 을은 즉시 위 동산을 갑에게 인도하여야 한다.
3. 을이 위 2항의 인도의무를 불이행할 경우 을은 갑에게 손해배상액으로 매월 금 ○○원을 지급하기로 한다.

20○○년 ○월 ○일

증여인	주 소						
	성 명 또 는 상 호		인	주민등록번호 또 는 사업자등록번호	-	전 화 번 호	
수증인	주 소						
	성 명 또 는 상 호		인	주민등록번호 또 는 사업자등록번호	-	전 화 번 호	

[별 지]

동 산 목 록

품 명	수 량(개)	제작회사	고유번호
전기용접기	5	○○○	○○○
산소용접기	5	○○○	○○○
그라인더	2	○○○	○○○

부동산 증여계약서

부동산의 표시
1.   ○○시 ○○구 ○○동 ○○
            대 300㎡
2.   위 지상
       시멘트 벽돌조 슬래브지붕 2층주택
       1층 100㎡
       2층 100㎡

 위 부동산은 증여인의 소유인 바 이를 수증인 ○○○에게 증여할 것을 약정하고 수증인은 이를 수락하였으므로 이를 증명하기 위하여 각자 서명·날인하다.

20○○년 ○월 ○일

증여인	주 소					
	성 명 또 는 상 호	인	주민등록번호 또 는 사업자등록번호	-	전 화 번 호	
수증인	주 소					
	성 명 또 는 상 호	인	주민등록번호 또 는 사업자등록번호	-	전 화 번 호	

■ 참 고 ■

1. 증여계약서의 기재사항
부동산의 증여계약서는 다음과 같은 내용을 기재하여 직접 작성할 수 있습니다.
- 증여자와 수증자(이름, 주소, 주민등록번호, 전화번호)
- 부동산의 소재지, 지목과 그 면적 및 내역 등
- 증여의 합의
- 소유권이전과 인도
- 그 밖의 특약사항

2. 증여계약서의 작성요령
증여계약서의 작성요령은 다음과 같습니다.
① 증여계약 합의의 표시

- 증여계약서에, 계약의 내용이 증여계약임을 명시합니다.
- 통상은 "증여자와 수증자는 다음과 같은 내용으로 증여계약을 체결한다."고 기재합니다.
② 부동산의 표시
- 목적물을 특정하기 위해 증여계약서에 부동산의 표시를 기재합니다.
- 부동산의 표시는 부동산등기부의 표제부 중 표시란에 기재된 것과 동일하게 기재해야 합니다.
- 부동산의 소재지, 지목과 그 면적 및 건물내역과 같은 부동산의 표시가 부동산등기부와 일치하지 않는 경우, 증여목적물을 특정하는 데 어려움을 겪을 수 있으므로 주의해야 합니다.
③ 당사자의 표시
- 증여자와 수증자를 증여계약서에 기재합니다. 이때 상대방의 주민등록증을 직접 확인하여 기재내용과 상대방이 일치하는 지를 확인해야 합니다.
④ 소유권이전과 인도에 관한 사항
- 농지의 소유권이전과 인도일을 기재합니다.
⑤ 그 밖의 특약사항
- 부담부 증여의 경우 그 부담의 내용
- 소유권이전의 비용부담
⑥ 날짜 및 서명날인
- 계약을 맺은 날짜를 기재하고 당사자의 명의의 서명날인을 합니다. 이때 대리인이 있는 경우에는 그가 대리인임을 표시하고 본인의 서명날인과 함께 대리인의 서명 날인도 기재합니다.

3. 증여계약서의 검인

농지의 증여계약을 통해 농지의 소유권을 이전받으려는 수증자는 다음의 사항이 기재된 계약서에 검인신청인을 표시하여 부동산의 소재지를 관할하는 시장·군수·구청장 또는 그 권한의 위임을 받은 자의 검인을 받아 관할등기소에 이를 제출해야 합니다(부동산등기특별조치법 제3조제1항).
- 당사자
- 목적부동산
- 계약연월일
- 대금 및 그 지급일자등 지급에 관한 사항 또는 평가액 및 그 차액의 정산에 관한 사항
- 부동산중개업자가 있을 때에는 부동산중개업자
- 계약의 조건이나 기한이 있을 때에는 그 조건 또는 기한

부담부 부동산증여계약서

　증여자 ○○○(이하 "갑"이라고 한다)와 수증자 ◎◎◎(이하 "을"이라 한다)은 아래 표시의 부동산(이하 "표시 부동산"이라고 한다)에 관하여 다음과 같이 증여계약을 체결한다.

[부동산의 표시]
　○○도 ○○군 ○○면 ○○길 산○○　임야 250,000㎡

제1조(목적)　갑은 갑 소유 표시 부동산을 이하에서 정하는 약관에 따라 을에게 증여하고, 을은 이를 승낙한다.

제2조(증여시기)　갑은 을에게 20○○년 ○월 ○일까지 표시 부동산의 소유권이전등기와 동시에 인도를 한다.

제3조(부담부분)　을은 표시 부동산의 증여를 받는 부담으로 갑 및 갑의 배우자가 생존하는 동안 부양의무를 지고, 갑 선조의 제사 봉행을 성실히 수행한다.

제4조(계약의 해제)　을이 다음 각 호에 해당할 경우, 갑은 본 계약을 해제할 수 있다.
　1. 본 계약서에 의한 부양의무를 이행하지 아니한 때
　2. 갑 또는 그 배우자나 직계혈족에 대한 범죄행위를 한 때
　3. 생계유지에 지장을 줄 만한 도박, 음주 등에 의해 재산을 낭비할 염려가 있는 때

제5조(계약의 해제 후 조치)　제4조에 의한 본 계약의 해제가 되었을 경우, 을은 갑에 대해 지체 없이 표시 부동산의 소유권이전등기와 동시에 인도를 해야한다. 이 경우 계약해제일까지 을이 지출한 부양비용은 그때까지 표시부동산을 사용, 수익한 대가와 상계 된 것으로 한다.

제6조(비용 및 제세공과금의 부담)　표시 부동산의 소유권이전과 관련한 제반비용 및 조세 공과금 등은 을이 부담한다.

제7조(담보책임)　표시 부동산의 증여는 제2조에 의한 등기 및 인도일의 상태를 대상으로 하며, 갑은 표시부동산의 멸실, 훼손에 대하여 책임을 지지 아니한다.

　이 계약을 증명하기 위하여 계약서2통을 작성하여 갑과 을이 서명·날인한 후 각각 1통씩 보관한다.

20○○년 ○월 ○일

증여인	주 소						
	성 명 또 는 상 호		인	주민등록번호 또 는 사업자등록번호	-	전 화 번 호	
수증인	주 소						
	성 명 또 는 상 호		인	주민등록번호 또 는 사업자등록번호	-	전 화 번 호	
입회인	주 소						
	성 명 또 는 상 호		인	주민등록번호 또 는 사업자등록번호	-	전 화 번 호	

농지 증여계약서

증여자 ○○○(이하 "갑"이라고 한다)와 수증자 ×××(이하 "을"이라 한다)은 아래 표시의 부동산(이하 "표시 부동산"이라고 한다)에 관하여 다음과 같이 증여계약을 체결한다.

[농지의 표시]
 ○○도 ○○군 ○○면 ○○길 ○○ 농지 250,000㎡

제1조(목적) 갑은 갑 소유 표시 부동산을 이하에서 정하는 약관에 따라 을에게 증여하고, 을은 이를 승낙한다.

제2조(증여시기) 갑은 을에게 20○○년 ○월 ○일까지 표시 부동산의 소유권이전등기와 동시에 인도를 한다.

제3조(부담부분) 을은 표시 부동산의 증여를 받는 부담으로 갑 및 갑의 배우자가 생존하는 동안 부양의무를 지고, 갑 선조의 제사 봉행을 성실히 수행한다.

제4조(계약의 해제) 을이 다음 각 호에 해당할 경우, 갑은 본 계약을 해제할 수 있다.
　1. 본 계약서에 의한 부양의무를 이행하지 아니한 때
　2. 갑 또는 그 배우자나 직계혈족에 대한 범죄행위를 한 때
　3. 생계유지에 지장을 줄 만한 도박, 음주 등에 의해 재산을 낭비할 염려가 있는 때

제5조(계약의 해제 후 조치) 제4조에 의한 본 계약의 해제가 되었을 경우, 을은 갑에 대해 지체 없이 표시 부동산의 소유권이전등기와 동시에 인도를 해야한다.
　이 경우 계약해제일까지 을이 지출한 부양비용은 그때까지 표시부동산을 사용, 수익한 대가와 상계 된 것으로 한다.

제6조(비용 및 제세공과금의 부담) 표시 부동산의 소유권이전과 관련한 제반비용 및 조세 공과금 등은 을이 부담한다.

제7조(담보책임) 표시 부동산의 증여는 제2조에 의한 등기 및 인도일의 상태를 대상으로 하며, 갑은 표시부동산의 멸실, 훼손에 대하여 책임을 지지 아니한다.

　이 계약을 증명하기 위하여 계약서2통을 작성하여 갑과 을이 서명·날인한 후 각각 1통씩 보관한다.

20○○년 ○월 ○일

증여인	주 소						
	성 명 또 는 상 호	인	주민등록번호 또 는 사업자등록번호		–	전 화 번 호	
수증인	주 소						
	성 명 또 는 상 호	인	주민등록번호 또 는 사업자등록번호		–	전 화 번 호	

■ 참 고 ■

농지를 증여하려는 경우 증여자와 수증자는 증여계약서를 작성합니다.

1. 농지의 증여란

① "농지의 증여"는 당사자 일방이 무상으로 농지를 상대방에 수여하는 의사를 표시하고 상대방이 이를 승낙함으로써 효력이 생깁니다(민법 제554조).

② 증여계약은 당사자의 의사의 합치만으로도 성립되지만 농지와 같은 부동산을 증여할 때에는 계약서를 작성하여 체결해야 증여를 원인으로 농지의 소유권을 이전할 수 있습니다(부동산등기 특별조치법 제3조제1항).

③ 증여계약의 당사자는 증여자와 수증자입니다. '증여자'는 증여를 하는 사람을, '수증자'는 증여를 받는 사람을 말합니다.

④ 농지의 증여계약은 수증자가 일정한 의무를 부담하는 것을 조건으로 하는 부담부((負擔附) 증여나 증여자의 사망으로 인해 효력이 발생하는 증여인 사인증여(死因贈與) 등의 방식으로도 이루어질 수 있습니다(민법 제561조, 제562조).

2. 증여계약의 효과

① 증여계약에 따라 증여자는 농지를 수증자에게 주어야 할 채무를 부담하고 수증자는 이에 대응하는 채권을 취득합니다(민법 제554조).

② 따라서 증여자가 계약을 이행하지 않은 경우에는 수증자는 이행을 강제할 수 있으며, 또한 이행지체 그 밖에 채무불이행이 있는 때에는 손해배상을 청구할 수 있습니다.

③ 증여계약은 다음의 경우에 해제될 수 있습니다.

- 당사자의 구두합의는 있었으나 증여계약서를 작성하기 전(민법 제555조)
- 증여자 또는 그 배우자나 직계혈족에 대한 범죄행위가 있는 경우(민법 제556조 제1호)
- 증여자에 대해서 부양의무가 있는 경우에 이를 이행하지 않는 경우(민법 제556조제2호)
- 증여계약 후에 증여자의 재산상태가 현저히 변경되고 그 이행으로 생계에 중대한 영향을 미칠 경우(민법 제557조)

④ 매매계약과 달리 증여계약은 무상의 계약이므로 원칙적으로 증여자는 목적물에 흠결이 있더라도 담보책임을 지지 않습니다(민법 제559조제1항 본문). 다만, 증여자가 그 흠결

을 알고 수증자에게 고지하지 않은 때에는 담보책임을 집니다(민법 제559조제1항 단서).

■ **관련판례** ■

구 농지개혁법(법률 제4817호농지법 부칙 제2조에 의하여 1996. 1. 1.자로 폐지된 법, 이하 '구 농지개혁법'이라고만 한다)에 의하면, 일반법인인 원고로서는 농지에 관한 증여계약을 체결하였다고 하더라도 특별한 사정이 없는 한 농지개혁법 또는 농지임대차관리법상의 농지매매증명을 발급받을 수가 없어 결과적으로 농지의 소유권을 취득할 수 없으므로, 농지의 증여자인 망인이 위 증여계약에 따라 그 수증자인 원고에 대하여 부담하는 소유권이전등기의무는 원시적으로 이행불능이고, 따라서 원시적 불능인 급부를 목적으로 하는 이 사건 각 농지의 증여계약은 채권계약으로서도 무효라고 할 것이며(대법원 1994.10.25. 선고 94다18232 판결 등 참조), 이는 원고가 이 사건 증여계약에 기한 소유권이전등기청구를 구 농지개혁법이 폐지되고 농지법이 시행된 1996. 1. 1. 이후에 하였다고 하여서 달라지는 것도 아니라고 할 것이다(대법원 2007.12.28. 선고 2007다46565,46572 판결).

증 여 계 약 서

증여자 ○○○(이하 "갑"이라 한다)와 수증자인 ◎◎◎(이하 "을"이라 한다)은 아래 표시의 채권에 관하여 다음과 같이 합의하여 증여계약을 체결한다.

증여 채권의 표시

갑이 채무자(성명:□□□, 주소:○○시 ○○구 ○○로 ○○번지)에 대하여 20○○년 ○월 ○일 대여한 금 ○○○만원의 대여금반환 청구채권

제1조 위 증여채권은 본 증여계약서 작성과 동시에 갑으로부터 을에게 이전한다.

제2조 위 채권을 증여함에 있어 갑은 확정일자있는 증서로서 채무자 □□□에게 증여계약사실을 통지하거나, 채무자 □□□로부터 승낙을 얻어 민법 제450조 지명채권양도의 대항요건을 갖추기로 한다.

제3조 위 계약을 증명하기 위하여 본 계약서를 2통 작성하여 갑과 을이 이의없음을 확인하고 서명·날인한 후 각각 1통씩 보관하기로 한다.

20○○년 ○월 ○일

증여인	주 소						
	성 명 또 는 상 호		인	주민등록번호 또 는 사업자등록번호	−	전 화 번 호	
수증인	주 소						
	성 명 또 는 상 호		인	주민등록번호 또 는 사업자등록번호	−	전 화 번 호	

■ 참 고 ■

① 신용보증기금이 갑에 대한 구상금채권을 피보전채권으로 하여 갑이 체결한 부동산 증여계약의 수익자인 을 등을 상대로 채권자취소소송을 제기하여 가액배상금을 지급하기로 하는 내용의 화해권고결정이 확정되었는데, 그 후 갑에 대하여 개시된 회생절차에서 신용보증기금의 구상금채권에 관한 회생채권 중 일부는 면제하고, 나머지는 현금으로 변제하는 내용의 회생계획 인가결정이 이루어졌으며, 이에 따라 갑이 회생계획에서 정한 변제의무를 완료한 후에 을 등이 화해권고결정에 기한 강제집행의 불허를 구한 사안에서, 신용보증기금의 피보전채권이 소멸하였는데도 화해권고결정의 집행력 배제

를 구할 청구이의 사유가 존재하지 않는다고 본 원심판단에 법리오해 등의 위법이 있다고 한 사례(대법원 2017.10.26. 선고 2015다224469 판결례).

② 채권자취소권의 행사에서 제척기간의 기산점인 '채권자가 취소원인을 안 날'은 채권자가 채권자취소권의 요건을 안 날, 즉 채무자가 채권자를 해함을 알면서 사해행위를 하였다는 사실을 알게 된 날을 말한다. 이때 채권자가 취소원인을 알았다고 하기 위해서는 단순히 채무자가 재산의 처분행위를 하였다는 사실을 아는 것만으로는 부족하며, 구체적인 사해행위의 존재를 알고 나아가 채무자에게 사해의 의사가 있었다는 사실까지 알 것을 요한다. 한편 예금보험공사 등이 채무자에 대한 채권을 피보전채권으로 하여 채무자의 법률행위를 대상으로 채권자취소권을 행사하는 경우, 제척기간의 기산점과 관련하여 예금보험공사 등이 취소원인을 알았는지는 특별한 사정이 없는 한 피보전채권의 추심 및 보전 등에 관한 업무를 담당하는 직원의 인식을 기준으로 판단하여야 하므로, 담당직원이 채무자의 재산 처분행위 사실뿐만 아니라 구체적인 사해행위의 존재와 채무자에게 사해의 의사가 있었다는 사실까지 인식하였다면 이로써 예금보험공사 등도 그 시점에 취소원인을 알았다고 볼 수 있다. 이러한 법리는 예금보험공사가 파산관재인으로서 대리인을 선임하였다 하더라도 피보전채권의 추심 및 보전에 관하여 직접 조사하여 법적조치를 지시하는 경우에는 마찬가지로 적용된다(대법원 2018.7.20. 선고 2018다222747 판결).

3. 교환계약서

[서식] 부동산교환계약서

부 동 산 교 환 계 약 서

【교환부동산의 표시】
　갑(○○○) : ○○시 ○○구 ○○동 ○○○-○○
　　　　　　　　대 ○○○㎡(금 삼억원)
　을(○○○) : ○○시 ○○구 ○○동 ○○○-○○
　　　　　　　　대 ○○○㎡(금 이억오천만원)

제1조(계약목적) 갑과 을은 위 부동산을 쌍방 합의 하에 아래와 같이 교환계약을 체결한다.

제2조(대금지급) 을은 위 부동산의 교환에 차액을 갑에게 아래와 같이 지불키로 한다.
　－ 교 환 대 금 : 금 오천만원(50,000,000원)
　－ 계 약 금 : 금 오백만원(5,000,000원)은 계약시 지불하고 갑은 이를 영수함.
　－ 잔금 : 금 사천오백만원(45,000,000원)은 200○년 ○○월 ○○일 지불한다.

제3조(평가액) 교환물건에 설정된 피담보채권, 임차보증금 등은 다른 약정이 없는 한 평가액에 포함한다.

제4조(완전한 권리이전 의무) 교환물건에 관하여 제한물건이 설정되어 있거나 불법 점유 등 하자가 있는 때에는 소유권이전등기 일까지 이를 제거하여 완전한 소유 권을 이전하여야 한다.

제5조(제세공과금) 교환물건에 관하여 발생한 수익과 제세공과금은 소유권이전등기 일을 기준으로 각 부담한다. 다만, 교환물건의 인도를 지체한 경우에 발생한 것 은 인도를 지체한 자의 부담으로 한다.

제6조(계약해제 사유) 교환의 목적을 달성할 수 없는 때에는 계약을 해제할 수 있 으며 기수령한 대금은 반환한다.

제7조(소유권이전시기) 소유권이전등기신청은 잔대금과 동시에 관할 등기소에서 한다.

제8조(인도시기) 교환물건은 계약당시의 현상대로 계약기일에서 정한 인도일에 각 각 인도하여야 한다.

　이 계약을 증명하기 위하여 계약서 2부를 작성하여 계약당사자가 이의없음을 확 인하고 각자 서명 · 날인한다.

20○○년 ○월 ○일

갑	주 소							
	성 명 또 는 상 호		인	주민등록번호 또 는 사업자등록번호		-	전 화 번 호	
을	주 소							
	성 명 또 는 상 호		인	주민등록번호 또 는 사업자등록번호		-	전 화 번 호	

■ 참 고 ■

1. 교환의 개념

① "농지의 교환"이란 당사자 쌍방이 농지를 상호 이전할 것을 약정하는 계약을 말합니다(민법 제598조).

② 통상 교환계약은 목적물의 가격이 균등한 경우에 이루어지나, 균등하지 않은 경우에는 그 차액을 보충하기 위한 보충금이 지급됩니다(민법 제597조).

③ 보충금(補充金)에 대해서는 매매대금에 관한 규정을 준용됩니다(민법 제597조).

④ 교환계약은 당사자의 합의만으로도 성립하나 농지와 같은 부동산의 교환계약은 소유권 이전을 위해 교환계약서를 작성해야 합니다(부동산등기 특별조치법 제3조).

2. 교환계약의 효과

① 교환계약의 효력에 대해서 특별한 규정이 없으나 교환계약은 유상계약이므로 민법의 매매에 관한 규정이 준용됩니다(민법 제567조). 따라서 교환계약을 체결하면 교환목적물에 대한 소유권의 이전과 그 목적물을 인도할 의무가 있습니다.

② 이 때 교환목적물이나 그 소유권에 흠결이 있는 때에는 목적물의 소유자는 담보책임을 집니다(민법 제567조).

③ 교환계약의 의무를 고의·과실로 위반한 의무자는 이행강제, 채무불이행책임, 계약해제의 책임을 지게 됩니다(민법 제567조).

(관련판례)

① 부동산교환계약에 있어서 목적 부동산에 설정된 담보권의 피담보채무를 인수하기로 하는 약정이 행하여진 경우 그 일방이 상대방의 채무인수의무 불이행으로 말미암아 그 채무를 대신 변제하였다면 그로 인한 손해배상채무는 채무인수의무의 변형으로서 일방의 소유권이전등기의무와 상대방의 그 손해배상채무는 대가적 의미가 있어 이행상 견련관계에 있다고 할 것이고, 따라서 양자는 동시이행의 관계에 있다고 해석함이 공평의 관념 및 신의칙에 합당하다(대법원 2004.7.9. 선고 2004다13083 판결 등 참조). 그리고

동시이행관계에 있는 채무를 부담하는 쌍방 당사자 중 일방이 먼저 현실의 제공을 하고 상대방을 수령지체에 빠지게 하였다고 하더라도 그 이행의 제공이 계속되지 아니하였다면 과거에 이행제공이 있었다는 사실만으로 상대방이 가지는 동시이행의 항변권이 소멸하지 아니하고(대법원 1993.8.24. 선고 92다56490 판결, 대법원 1995.3.14. 선고 94다26646 판결 등 참조), 또한 동시이행의 관계에 있는 쌍방의 채무 중 어느 한 채무가 이행불능이 됨으로 인하여 발생한 손해배상채무도 여전히 다른 채무와 동시이행의 관계에 있다고 할 것이다(대법원 2000.2.25. 선고 97다30066 판결 등 참조). 그리고 비록 어떠한 부동산에 관한 소유권이전등기의무에 관하여 채무자가 일단 그 이행제공을 하여 채권자가 수령지체에 빠지게 되었다고 하더라도 그 후 채무자가 목적 부동산을 제3자에게 양도하여 그 소유권이전등기의무의 이행이 불능하게 되었다면, 채무자는 다른 특별한 사정이 없는 한 민법 제401조, 제390조에 기하여 상대방에 대하여 자기 채무의 이행불능으로 인한 손해배상채무를 부담한다고 할 것이다(대법원 2014.4.30. 선고 2010다11323 판결).

② 부동산교환계약의 일방당사자가 상대방의 대출금채무 및 임차보증금반환채무를 인수하여 이행하기로 약정하고서도 이를 위반함에 따라 그 상대방이 은행과 임차인으로부터 대출금 및 임차보증금반환청구소송을 제기당하여 패소판결을 선고받고 나아가 그들로부터 다른 부동산을 가압류당하기까지 하였다면, 그 상대방의 은행 및 임차인에 대한채무의 부담은 현실적, 확정적이어서 실제로 변제하여야 할 성질의 것이 되므로 그 채무액 상당의 손해를 현실적으로 입게 되었다고 본 사례(대법원 2001.7.13. 선고 2001다22833 판결).

③ 갑과 을이 각자 자기소유 부동산을 교환하기로 하는 계약을 체결하고 갑이 을에게 위 부동산에 대한 소유권이전등기를 경료하여 주었으나 을이 그 의무를 이행하지 않아 위 교환계약이 사기를 원인으로 취소되어 계약의 효력이 상실됨으로써 원상회복의 문제만이 남게 되었다면, 위 부동산에 관하여 선의의 제3취득자가 있어 갑 명의로 소유권이전등기를 환원하지 못하고 있다 하더라도 갑에게 위 부동산의 양도로 인한 소득이 있다고 볼 수 없다(대법원 1987.5.12. 선고 86누916 판결).

4. 소비대차계약서

[서식] 금전소비대차 계약서(어음으로 변제하는 경우)

금전소비대차계약서

○○○을 갑, △△△을 을로 하여, 당사자 간에 다음과 같이 금전소비대차계약을 체결한다.

제1조(대금) 갑은 금일 금 삼천만원을 빌려주고 을은 이를 받아 차용하였다.

제2조(변제기한) 변제기한은 20○○년 ○월 ○일로 한다.

제3조(변제수단) 을은 변제지급을 위해 액면 금삼천만원, 만기 20○○년 ○월 ○일의 약속어음을 1매 발행하여 갑에게 교부하고 갑은 이를 수령하였다.
  본 어음에 관해서는 다음 각 조에서 정하는 이자 지급시 마다 다음 회의 이자지급일을 만기로 하는 어음으로 다시 쓰기로 한다.

제4조(이자) 이자는 연10%로 하고 을은 매월 25일까지 당해 월분을 갑의 주소지나 갑이 지정하는 장소에 지참 또는 송부하여 지급한다.

제5조(연체손해금) 기한 후 또는 기한의 이익을 잃었을 때는 이후 완제에 이르기까지 일○.○○○%에 의한 연체손해금을 지급하지 않으면 안 된다.

제6조(기한의 이익상실) 다음의 경우에는 갑으로부터의 통지최고가 없더라도 당연히 기한의 이익을 잃고 을은 즉각 그 때에 있어서의 나머지 채무 전액을 일시에 지급하지 않으면 안 된다.
  1. 1회라도 이자를 기한에 지급하지 않을 때
  2. 다른 채무로 인해 보전처분 또는 강제집행을 받았을 때
  3. 다른 채무로 인해 경매, 파산, 화의신청이 있었을 때
  4. 갑에 통지하지 않고 을이 주소를 이전했을 때

  이 계약의 성립을 증명하기 위해 본 증서 2통을 작성하고 서명·날인 후 각1통을 소지한다.

20○○년 ○월 ○일

채권자	주 소						
	성 명 또 는 상 호		인	주민등록번호 또 는 사업자등록번호		–	전 화 번 호
채무자	주 소						
	성 명 또 는 상 호		인	주민등록번호 또 는 사업자등록번호		–	전 화 번 호

■ 참 고 ■

민법 제397조 제1항은 본문에서 금전채무불이행의 손해배상액을 법정이율에 의하도록 하고, 단서에서 '그러나 법령의 제한에 위반하지 아니한 약정이율이 있으면 그 이율에 의한다.'고 정하고 있다. 민법 제397조 제1항 단서에서 약정이율이 있으면 이에 따르도록 한 것은 약정이율이 법정이율보다 높은 경우에 법정이율에 의한 지연손해금만으로 충분하다고 하면 채무자가 이행지체로 오히려 이익을 얻게 되는 불합리가 발생하므로, 이를 고려해서 약정이율에 의한 지연손해금을 인정한 것이다. 당사자 일방이 금전소비대차가 있음을 주장하면서 약정이율에 따른 이자의 지급을 구하는 경우, 특별한 사정이 없는 한 대여금채권의 변제기 이후의 기간에 대해서는 약정이율에 따른 지연손해금을 구하는 것으로 보아야 하고, 여기에는 약정이율이 인정되지 않는다고 하더라도 법정이율에 의한 지연손해금을 구하는 취지가 포함되어 있다고 볼 수 있다. 이는 채무자가 금전소비대차계약 공정증서의 집행력을 배제하기 위하여 제기한 청구이의의 소에서 채권자가 금전대여와 함께 약정이율에 따른 지연손해금을 주장한 경우에도 마찬가지이다(대법원 2017.9.26. 선고 2017다22407 판결).

[서식] 금전소비대차 계약서(차주가 연대채무자인 경우)

금전소비대차계약서

금 10,000,000원정(단, 약정이자 매월 2%)

1. 상기의 금액을 채권자 ○○○으로부터 아래 연대채무자 양인이 20○○년 ○월 ○일 연대하여 차용한다.

2. 위 차용한 원금은 양인이 연대하여 20○○년 ○월 ○일까지 채권자 ○○○에게 전액 지참 변제하겠으며, 약정한 이자는 매월30일에 채권자에게 지참 변제한다.

3. 만약 연대채무자들이 약정한 이자를 채권자에게 2월 이상 지급 연체한 때에는 변제기에 관계없이 언제든지 채권자가 청구하여도 이의 없겠으며, 또한 이 건 채무는 본인들이 연대하여 부담한 것이므로 청구할 경우에는 본인 양인 중 1명에 대하여 전부의 청구를 하거나 또는 동시에 혹은 순차로 본인들에 대하여 전부를 청구할 수 있다.

4. 위 계약내용을 확증하기 위하여 아래 연대채무자들은 이 증서를 자유로운 의사 상태에서 작성하고 서명·날인하여 채권자에게 교부한다.

20○○년 ○월 ○일

채권자	주 소					
	성 명	인	주민등록번호	–	전화번호	
연 대 채무자 (1)	주 소					
	성 명	인	주민등록번호	–	전화번호	
연 대 채무자 (2)	주 소					
	성 명	인	주민등록번호	–	전화번호	

■ 참 고 ■

신탁계약과 그에 부수한 사업약정에서 차입의 규모와 이율 등의 조건을 정하여 두고 이후 그에 따라 필요한 때에 자금을 신탁회사의 고유계정에서 신탁계정으로 이체한 경우에는, 이 사건 신탁계약과 사업약정에 의하여 금전소비대차계약이 체결되고 이후 그에 따른 자금의 이전은 금전소비대차계약에 따른 이행이 이루어진 것으로 봄이 상당하므로, 구 자본시장과 금융투자업에 관한 법률(2007.8.3. 법률 제8635호로 제정되어 2009.2.4.부터 시행된 것) 제105조 제2항, 제103조 제1항 제5호에 의하여 신탁업자가 부동산만을 신탁받는 경우 신탁의 계산으로 신탁업자의 고유재산으로부터 금전을 차입하는 것이 허용되었다고 하더라도(이 경우에도 신탁업자가 충실의무에 따른 제한을 받는 것은 물론이다), 새로이 신탁계약을 체결하는 등의 특별한 사정이 없는 한 위 법률의 시행 전에 체결된 이 사건 금전소비대차가 새로이 유효한 것으로 된다고 볼 수 없다(대법원 1991.7.26. 선고 90다 15488 판결 등 참조)(대법원 2017.6.8. 선고 2016다230317, 230324 판결).

금전소비대차 계약서

차용금원 금 ○○○원
채무자는 채권자로부터 위 금원을 아래와 같은 조건으로 차용한다.

제1조(대여일시) 채무자는 채권자로부터 20○○년 ○월 ○일 금 ○○○원을 차용하며 채권자는 이 금액을 즉시 채무자에게 지급한다.

제2조(변제기일 및 변제장소) 채무자는 위 금원의 차용금 원금을 20○○년 ○월 ○일까지 채권자의 주소지에서 채권자에게 변제한다.

제3조(이자의지급등) 위 차용금의 이자는 연 ○○%로 하고 지급은 매월 ○일에 채권자의 주소지에서 지급하거나 또는 채권자가 고지한 은행 계좌로 입금한다. 만일 ○회 이상의 이자지급을 지체한 때에는 채무자는 기한의 이익을 상실하고 즉시 위 차용 금원을 변제하여야 한다.

제4조(지연손해금) 위 차용금을 위 2조의 이행기일까지 변제하지 않을 경우 또는 채무자가 기한의 이익을 상실할 경우에는 그 다음날부터 채무자는 위 차용금액에 대하여 연○○%의 비율로 1년을 365일로 보고 1일단위로 계산한 지체일수에 해당하는 지연손해금을 채권자에게 지급한다.

이 금전소비대차 약정서는 채무자가 위 차용원금을 지급 받았음을 증명하는 영수증에 갈음한다.

20○○년 ○월 ○일

채권자	주 소					
	성 명 또 는 상 호	인	주민등록번호 또 는 사업자등록번호	-	전 화 번 호	
채무자	주 소					
	성 명 또 는 상 호	인	주민등록번호 또 는 사업자등록번호	-	전 화 번 호	

■ 참 고 ■

재정상태의 악화로 상장폐지의 위기에 처한 갑 주식회사가 을 주식회사와 금전소비대차 계약을 체결하면서 '갑 회사는 적법한 절차를 통하여 매출채권 관련 자산 일체(현재·장래 채권 및 신규거래업체에 대한 채권)를 현재 부담 채무 또는 장래 부담하게 될 단독 혹은 연대채무나 연대보증인으로서의 채무에 대한 담보로 제공한다.'고 약정하였는데, 대여금에 대한 변제기가 경과한 후 '갑 회사가 을 회사에 지급하여야 할 채무 대신 갑 회사의 제3자에 대한 채권에 대한 모든 권리를 을 회사에 양도함으로써 변제하는 것에 대하여 확인한다.'는 내용의 채권양도양수계약서를 작성한 사안에서, 위 약정은 갑 회사가 을 회사에 대한 차용금 채무를 담보하기 위하여 현재 보유하고 있거나 장래에 보유하게 될 매출채권을 일괄하여 채권자에게 양도하기로 하는 예약, 즉 집합채권의 양도예약에 해당한다고 볼 여지가 있고, 집합채권의 양도예약은 특별한 사정이 없는 한 채무변제를 위한 담보로 양도되는 것을 예정하고 있는 양도담보의 예약으로 추정되며, 채권양도는 을 회사의 예약완결권 행사에 따른 후속 절차에 지나지 아니하므로, 사해행위 요건의 구비 여부는 양도담보의 예약을 체결한 때, 즉 약정 당시를 기준으로 판단하여야 한다고 한 사례(대법원 2016.7.14. 선고 2014다233268 판결).

[서식] 준소비대차계약서(약속어음금 채무를 지급목적으로 하는 경우)

준 소 비 대 차 계 약 서

채권자 ○○○을 갑으로 하고, 채무자 △△△을 을로 하고, 연대보증인 □□□을 병으로 하여 갑, 을, 병간에 다음의 준소비대차계약을 체결한다.

제1조(목적) 갑이 을에 대하여 가지는 아래의 약속어음금에 대하여 금일 갑, 을, 병 당사자는 아래 어음금액을 준소비대차의 목적으로 할 것에 합의하고, 을은 제2조 이하의 조건으로 이것을 변제하기로 약속한다.

- 아   래 -

1. 금   액 : 금○○○원정
2. 발 행 지 : ○○시
3. 지 급 지 : ○○시
4. 지급장소 : 주식회사 ○○은행 ○○지점
5. 발 행 일 : 20○○년 ○월 ○일
6. 만   기 : 20○○년 ○월 ○일
7. 발 행 인 : △△△
8. 수 취 인 : ○○○

제2조(변제일) 차용금 변제일은 2001년 12월 31일로 한다.

제3조(이자) 이자는 연 10%의 비율로, 매월 말일까지 지급하고, 을이 원리금 변제를 지체했을 때는 을은 금_원의 비율로 연체손해금을 가산하여 지급하지 않으면 안 된다.

제4조(변제장소) 채무의 변제는 갑의 주소지 또는 지정장소에 지참 또는 송부한다.

제5조(기한의 이익상실) 을은 다음의 경우 갑으로부터의 어떤 통지 또는 최고 등을 요하지 않고 당연히 기한의 이익을 잃고, 남아있는 채무 전부를 즉시 지급하지 않으면 안 된다.
    1. 을이 이자 지급을 2회 이상 지체했을 때
    2. 을 또는 병이 제3자로부터 가압류, 가처분, 강제집행을 받고 또는 파산, 화의 신청을 받았을 때
    3. 을 또는 병이 주소변경하고 그 내용을 갑에게 알리지 않을 때

제6조(보증책임) 병은 본 채무를 보증하고 을과 연대하여 을과 병 사이의 보증위탁 계약의 효력 여하에 관계없이 채무이행의 책임을 진다.

이 계약의 성립을 증명하기 위해 본 증서 3통을 작성하고 갑, 을, 병은 각기 서

명 · 날인한 후 각 1통씩 보관한다.

20○○년 ○월 ○일

채권자	주 소						
	성 명	인	주민등록번호	-	전 화 번 호	
채무자	주 소						
	성 명	인	주민등록번호	-	전 화 번 호	
연대 보증인	주 소						
	성 명	인	주민등록번호	-	전 화 번 호	

■ 참 고 ■

구 이자제한법(2011.7.25. 법률 제10925호로 개정되기 전의 것, 이하 같다) 제2조 제1항, 제3항, 제4항 및 구 「이자제한법 제2조 제1항의 최고이자율에 관한 규정」(2014.6.11. 대통령령 제25376호로 개정되기 전의 것)에 의하면, 금전대차에 관한 계약상의 최고이자율은 연 30%이고, 계약상의 이자로서 최고이자율을 초과하는 부분은 무효이며, 채무자가 최고이자율을 초과하는 이자를 임의로 지급한 경우에는 초과 지급된 이자 상당 금액은 원본에 충당되고, 이러한 초과 지급된 이자 상당 금액에 대하여 준소비대차계약 또는 경개계약을 체결하더라도 그 금액 부분에 대하여는 효력이 발생하지 아니한다(대법원 1998.10.13. 선고 98다17046 판결, 대법원 2013.2.14. 선고 2012다81203 판결 등 참조)(대법원 2015.1.15. 선고 2014다223506 판결).

보 증 계 약 서

채권자 ○○○을 갑으로 하고 보증인 ○○○을 을로 하여, 양당사자 간에 보증 채무에 관하여 다음의 계약을 체결한다.

제1조(계약의 목적) 보증인 을은 20○○년 ○월 ○일 채권자 갑과 채무자 △△△ (주소: ○○시 ○○구 ○○로 ○○번지) 간의 ○○계약서에 기재된 채무에 대해서 채무자가 이행을 하지 않을 때는 그 이행을 할 책임을 진다.

제2조(검색의 항변권의 포기) 보증인은 검색의 이익을 포기한다.

제3조(채무의 변제의무) 보증인은 채권자로부터 채무자가 그 채무를 이행하지 않은 취지를 통보 받은 후 ○일간 내에 제1조의 보증채무를 이행하지 않을 때는 채권자에 대하여 위약금 ○○○원을 지급한다.

이 계약을 증명하기 위해 이 증서 2통을 작성하여 각자 서명·날인하고 각 1통을 보관한다.

20○○년 ○월 ○일

채권자	주 소					
	성 명 또 는 상 호	인	주민등록번호 또 는 사업자등록번호	-	전 화 번 호	
보증인	주 소					
	성 명 또 는 상 호	인	주민등록번호 또 는 사업자등록번호	-	전 화 번 호	

■ 참 고 ■

[1] 계속적 보증은 계속적 거래관계에서 발생하는 불확정한 채무를 보증하는 것으로 보증인의 주채무자에 대한 신뢰가 깨어지는 등 정당한 이유가 있는 경우에는 보증인으로 하여금 보증계약을 그대로 유지·존속시키는 것이 신의칙상 부당하므로 특별한 사정이 없는 한 보증인은 보증계약을 해지할 수 있다. 이때 보증계약을 해지할 정당한 이유가 있는지는 보증을 하게 된 경위, 주채무자와 보증인의 관계, 보증계약의 내용과 기간, 채무증가의 구체적 경과와 채무의 규모, 주채무자의 신뢰상실 여부와 정도,

보증인의 지위 변화, 채권자와 보증인의 이익상황, 주채무자의 자력에 관한 채권자나 보증인의 인식 등 여러 사정을 종합적으로 고려하여 판단하여야 한다.

[2] 회사의 임원이나 직원의 지위에 있었기 때문에 부득이 회사와 제3자 사이의 계속적 거래에서 발생하는 회사의 채무를 연대보증한 사람이 그 후 회사에서 퇴직하여 임직원의 지위에서 떠난 때에는 연대보증계약의 기초가 된 사정이 현저히 변경되어 그가 계속 연대보증인의 지위를 유지하도록 하는 것이 사회통념상 부당하다고 볼 수 있다. 이러한 경우 연대보증인은 특별한 사정이 없는 한 연대보증계약을 일방적으로 해지할 수 있다고 보아야 한다.

보험자가 보험계약자와 현재 또는 장래에 체결하는 보증보험계약에 관하여 보증기간과 보증한도액을 정하여 보증보험 한도거래 약정을 하면서 보험계약자의 채무불이행 등 보험사고 발생으로 보험금을 지급할 경우, 보험계약자가 보험자에게 부담하게 될 불확정한 구상채무를 보증한 사람도 위와 같은 사정이 있는 경우에는 마찬가지로 해지권을 행사할 수 있다고 보아야 한다.

[3] 보증보험계약에서 이행을 담보하는 주계약상의 채무가 확정되기 전에 구상채무의 보증인이 적법하게 보증계약을 해지하면 구체적인 보증채무가 발생하기 전에 보증계약 관계가 종료된다. 따라서 그 이후 보험사고가 발생하여 보험자의 보험금지급채무가 확정되고 나아가 보험계약자의 구상채무까지 확정되더라도 구상채무의 보증인은 그에 관하여 보증책임을 지지 않는다(대법원 2018.3.27. 선고 2015다12130 판결).

보 증 인 변 경 계 약 서

[채권의 표시]
채권자 ○○○(이하 갑이라고 함)으로부터 채무자 ○○○(이하 을이라 함)에 대한 20○○년 ○월 ○일자 금전소비대차계약에 따른 대부원금 ○○원 및 이에 대한 20○○년 ○월 ○일 이후 다 갚는 날까지 연 ○○%의 비율에 의한 이자채권과 기한 후 연 ○○%의 비율에 의한 지연손해배상금채권.

제1조(보증계약) ○○○(이하 정이라 함)은 갑의 을에 대한 위 표시 채권에 대하여 채무자가 그 채무를 이행하지 않을 때 채무자와 연대하여 이행할 책임을 부담할 것을 약정한다.

제2조(보증계약해지) 갑은 정과 이건 연대보증계약을 체결함으로써 위 표시 채권의 연대보증인 ○○○(이하 병이라 함)과(와)의 20○○년 ○월 ○일자 체결한 연대보증계약의 해지에 동의한다.

이상의 계약으로써 정은 갑에 대하여 연대보증채무를 부담하고, 병은 연대보증채무를 면하였음을 당사자간 확인하며, 서명·날인한 후 2통을 작성하여 각 1통씩 보관한다.

20○○년 ○월 ○일

채권자	주 소						
	성 명 또 는 상 호	인	주민등록번호 또 는 사업자등록번호		−	전 화 번 호	
연대보증인	주 소						
	성 명 또 는 상 호	인	주민등록번호 또 는 사업자등록번호		−	전 화 번 호	

■ 참 고 ■
대부업자인 갑 주식회사의 직원이, 을이 채무자로, 병이 연대보증인으로 각 기재되어 있고 을과 병의 이름이 적힌 대부거래계약서 및 연대보증계약서 등을 받은 후 병과 대출 심사를 위한 통화를 하여, 병이 연대보증계약서 등을 자필로 작성하여 팩스로 보낸 것이 맞고 을에 대한 대출에 대하여 연대보증 의사가 있다고 답변하였으며, 이에 갑 회사가 을

에게 돈을 대출하였는데, 그 후 갑 회사가 병에게 다시 연대보증계약서의 작성을 요구하였으나 병이 보증 의사가 없다는 이유로 거절한 사안에서, 연대보증계약서가 병의 서명에 의한 보증계약서로서 보증의 효력이 발생하려면, 원칙적으로 병 본인에 의한 서명이어야 하며 타인에 의한 서명으로는 부족하므로, 막연히 연대보증계약서의 연대보증인란에 병의 이름으로 된 서명이 있다는 사실만 가지고 병의 서명이 있다고 판단할 것이 아니라, 그것이 병이 직접 서명한 것인지 아니면 타인이 병의 이름으로 서명한 것인지를 명확히 가려야 하며, 병이 직접 서명하였다는 점에 대하여는 보증의 효력을 주장하는 갑 회사가 증명책임을 지는데, 병이 갑 회사의 직원과의 통화에서 연대보증계약서를 자필로 작성하였다고 답변하였지만, 그 후 병이 대출중개업자의 안내에 따라 응한 것일 뿐이라고 하여 답변 내용을 다투어 왔고 갑 회사 스스로도 위 통화 후 다시 병에게 연대보증계약서의 작성을 요구한 것은 위 연대보증계약서만으로는 병의 서명에 의한 보증계약서로서의 효력이 문제될 수 있음을 고려한 것으로 보일 뿐 아니라, 실제로 연대보증계약서의 연대보증인란에 적힌 병의 이름이 병의 필체와 다르다고 보이는 사정까지 있음에 비추어 보면, 병이 직접 연대보증계약서에 서명하였다는 점에 대한 증명이 충분하지 않음에도, 연대보증인란에 병의 이름으로 된 서명이 있어 연대보증계약으로서 유효하다고 본 원심판단에 법리오해 등의 잘못이 있다고 한 사례(대법원 2017.12.13. 선고 2016다233576 판결).

면 책 적 채 무 인 수 계 약 서

인수인 ◇◇◇(이하 "갑"이라고 한다)는 채무자 ○○○(이하 "병"이라고 한다)이 채권자 □□□(이하 "을"이라고 한다)에게 변제하여야 할 금 50,000,000원의 채무에 대하여 인수하고 을의 동의하에 다음과 같은 내용으로 면책적채무인수계약을 체결한다.

다   음

1. 채무자 병이 채권자 을에게 변제하여야 할 금50,000,000원의 채무금에 대해서 채권자 을의 동의하에 갑이 위 금원을 인수하면서 채무자 병의 채무를 면책시킨다.
2. 채무자의 채무를 보증하기 위하여 입보를 했던 보증인 ×××의 연대보증과 물상보증인인 □□□의 담보는 소멸시키며 이에 따른 법적 절차를 이행하는데 채권자는 협조한다.
3. 채무자와 채권자가 체결했던 계약에 대한 그 해제권이나 취소권에 대해서는 인수인은 그 권리를 행사할 수 없다.
4. 위 면책적 채무인수계약에 대한 효력은 하기에 기재된 날짜부터 그 효력을 발생한다.

*첨부서류 : 위 채권자, 채무자, 인수인의 인감증명서 각 1통

20○○년 ○월 ○일

채권자	주 소						
	성명 또는 상호		인	주민등록번호 또는 사업자등록번호	-	전화 번호	
채무자	주 소						
	성명 또는 상호		인	주민등록번호 또는 사업자등록번호	-	전화 번호	
인수인	주 소						
	성명 또는 상호		인	주민등록번호 또는 사업자등록번호	-	전화 번호	

채무자와 인수인의 합의에 의한 중첩적 채무인수의 경우 채권자가 수익을 받지 않겠다는 의사표시를 하였다면 채권자는 인수인에 대하여 채권을 취득하지 못하고, 특별한 사정이 없는 한 사후에 이를 번복하고 다시 수익의 의사표시를 할 수는 없다고 할 것이지만, 인수인이 채권자에게 중첩적 채무인수라는 취지를 알리지 아니한 채 채무인수에 대한 승낙 여부만을 최고하여 채권자가 인수인으로부터 최고받은 채무인수가 채무자에 대한 채권을 상실하게 하는 면책적 채무인 것으로 잘못 알고 면책적 채무인수를 승낙하지 아니한다는 취지의 의사표시를 한 경우에는, 이는 중첩적 채무인수에 대하여 수익 거절의 의사표시를 한 것이라고 볼 수 없으므로, 채권자는 그 후 중첩적 채무인수 계약이 유효하게 존속하고 있는 한 수익의 의사표시를 하여 인수인에 대한 채권을 취득할 수 있다(대법원 2013.9.13. 선고 2011다56033 판결).

병존적 채무인수 계약서

채권자 ○○○은 갑으로, 채무자 ○○○은 을로, 인수인 ○○○는 병으로 하여 갑, 을, 병간에 다음과 같이 병존적 채무인수 계약을 체결한다.

제1조 인수인 병은 채권자 갑으로부터 채무자 을에 대한 다음의 채권에 대하여 채무를 인수하고 채무자 을과 함께 이행할 것을 약정하며 채권자 갑은 이를 승낙한다.

다   음

　채권자 갑과 채무자 을 사이에 20○○년 ○월 ○일자 금전소비대차계약에 따른 원금30,000,000원, 이자 월2%, 변제기 20○○년 ○월 ○일, 이자 지급일은 매월 30일, 이자가 2개월 미지급시 전액 일시 상환한다는 특약의 채권

제2조 인수인 병은 채권자 갑에 대하여 제1조의 채무인수계약 증서의 약정에 따라 제1조의 채무를 이행하여야 한다.

제3조 채권자 갑은 제1조의 채권에 대해 채무자 을 및 인수인 병에 대하여 동시에, 또는 순차로 전부 또는 일부의 이행을 청구할 수 있다.

　위 계약의 성립을 증명하기 위하여 계약서를 2통 작성하고, 채권자 갑과 인수인 병이 각 1통씩 보관한다.

20○○년 ○월 ○일

인수인	주　　소						
	성　명 또는 상　호		인	주민등록번호 또　　는 사업자등록번호	－	전 화 번 호	
채권자	주　　소						
	성　명 또는 상　호		인	주민등록번호 또　　는 사업자등록번호	－	전 화 번 호	

■ 참 고 ■

이행인수는 인수인이 채무자에 대하여 그 채무를 이행할 것을 약정하는 채무자와 인수인 사이의 계약으로서, 인수인은 채무자와 사이에 채권자에게 채무를 이행할 의무를 부담하는 데 그치고 직접 채권자에 대하여 채무를 부담하는 것이 아니므로 채권자는 직접 인수인

에 대하여 채무를 이행할 것을 청구할 수 없고(대법원 2009.6.11. 선고 2008다75072 판결 등 참조), 채무인수의 효력이 생기기 위하여 채권자의 승낙을 요하는 것은 면책적 채무인수의 경우에 한하고, 채무인수가 면책적인가 중첩적인가 하는 것은 채무인수계약에 나타난 당사자 의사의 해석에 관한 문제이며 (대법원 1998.11.24. 선고 98다33765 판결 등 참조), 면책적 채무인수의 경우 채권자의 승낙은 반드시 명시적 의사표시에 의하여야 하는 것은 아니고 묵시적 의사표시에 의하여서도 가능하다고 할 것이다(대법원 2001.1.19. 선고 2000다31458 판결 등 참조)(대법원 2010.9.30. 선고 2009다65942,65959 판결).

금 전 차 용 계 약 서

제1조(당사자) 채권자 ○○○(이하 "갑"이라고 함.)는 20○○년 ○월 ○일 금○○
○원을 채무자◎◎◎(이하 "을"이라고 함.)에게 대여하고 을은 이를 차용한다.

제2조(변제기) 차용금의 변제기한은 20○○년 ○월 ○일로 한다.

제3조(이자 및 지연손해금) ① 이자는 연 ○%의 비율로 한다.
② 원리금의 변제를 지체했을 때에는 을은 연 ○○%의 비율에 의한 지연손해금
을 가산해서 지불해야 한다.

제4조(변제방법) 채무의 변제는 갑의 주소 또는 갑이 지정하는 지정장소에 지참 또
는 송금해서 지불한다.

제5조(기한이익의 상실) 을이 다음 각호의 1에 해당하는 경우에 있어서는 갑으로
부터 기한의 이익을 상실하고 채무전부를 즉시 변제하여야 한다.
1. 본 건 이자의 지불을 ○개월 분 이상 지체했을 때
2. 다른 채무 때문에 강제집행, 집행보전처분을 받거나, 파산 또는 경매의 신청
이 있었을 때
3. 을이 주소를 변경하고, 그 사실을 갑에게 고지하지 않았을 때

갑과 을은 상기 계약을 증명하기 위하여 본 계약서 2통을 작성하고, 각자 서명날
인한 후 1통씩을 보관한다.

20○○년 ○월 ○일

채권자	주 소					
	성 명 또 는 상 호	인	주민등록번호 또 는 사업자등록번호	–	전 화 번 호	
채무자	주 소					
	성 명 또 는 상 호	인	주민등록번호 또 는 사업자등록번호	–	전 화 번 호	

경 개 계 약 서

제1조 채권자 이○○는 채무자 김○○에 대한 아래 약속어음 채권을 금○○○만 원
의 신 채권으로 변경할 것을 약속하고 채무자 김○○은 다음 조항의 규정에 의
하여 이를 이행할 것을 약속한다.

– 아   래 –

채무자 김○○이 채권자 이○○ 앞으로 ○○년 ○월 ○일 발행한 금액 ○○○만원,
만기 동년 ○월 ○일, 지급지 ○○시, 지급장소 ○○은행으로 된 약속어음 1매의 채권.

제2조 채무자는 전조의 신 채권 금○○○만원에 대하여 본 계약 일부터 변제 에 이
르기까지 연 1할의 이율에 의한 이자를 부가하여 ○○년 ○월 ○일까지 채권자
의 주소지에 지참하여 지급하여야 한다.

제3조 채권자는 제1조의 약속어음 1매를 채무자에게 반환하고 채무자는 이를 영수
한다.

위 계약을 증명하기 위하여 본 증서 2통을 작성하여 서명 · 날인하고 각자 1통씩
을 소지한다.

20○○년 ○월 ○일

채권자	주 소					
	성 명 또 는 상 호	인	주민등록번호 또 는 사업자등록번호	–	전 화 번 호	
채무자	주 소					
	성 명 또 는 상 호	인	주민등록번호 또 는 사업자등록번호	–	전 화 번 호	

■ 참 고 ■

경개계약은 구채무를 소멸시키고 신채무를 성립시키는 처분행위로서 구채무의 소멸은 신
채무의 성립에 의존하므로, 경개로 인한 신채무가 원인의 불법 또는 당사자가 알지 못한
사유로 인하여 성립되지 아니하거나 취소된 때에는 구채무는 소멸되지 아니하고(민법 제

504조), 경개계약에 조건이 붙어 있는 이른바 조건부 경개의 경우에는 구채무의 소멸과 신채무의 성립 자체가 그 조건의 성취 여부에 걸려 있게 된다(대법원 2007.11.15. 선고 2005다31316 판결 참조).

다만 조건은 법률행위의 효력의 발생 또는 소멸을 장래의 불확실한 사실의 성부에 의존하게 하는 법률행위의 부관으로서 해당 법률행위를 구성하는 의사표시의 일체적인 내용을 이루는 것이므로, 의사표시의 일반원칙에 따라 조건을 붙이고자 하는 의사 즉 조건의사와 그 표시가 필요하며, 조건의사가 있더라도 그것이 외부에 표시되지 않으면 법률행위의 동기에 불과할 뿐이고 그것만으로는 법률행위의 부관으로서의 조건이 되지는 아니한다(대법원 2003.5.13. 선고 2003다10797 판결 등 참조)(대법원 2015.10.29. 선고 2015다219504 판결).

[서식] 상계계약서

상 계 계 약 서

당사자 간에 임의상계하기 위하여 아래와 같이 계약을 체결한다.

제1조 김○○은 20○○년 ○월 ○일 이○○과 체결한 금전소비대차계약에 기하여 갖는 대금 ○○○만원의 채권 중 금 ○○만원을 제2조 표시의 이○○의 채권과 상계하여 소멸시킬 것을 승인한다.

제2조 이○○은 20○○년 ○월 ○일 김○○과 체결한 ○○매매계약에 기하여 위 김○○에 대하여 가지고 있는 매매대금 채권 중 금 ○○만원의 채권액을 전조에 기재한 위 김○○의 채권과 상계하여 소멸시킬 것을 승인한다.

제3조 양당사자는 제1조 표시의 금전소비대차계약서와 제2조 표시의 ○○매매계약서는 본 계약서에 첨부하기로 한다.

위 계약을 증명하기 위하여 본 계약서 2통을 작성하여 각자 서명·날인하고 각1통씩 보관한다.

20○○년 ○월 ○일

김○○	주 소						
	성 명 또 는 상 호	인	주민등록번호 또 는 사업자등록번호	-	전 화 번 호	
이○○	주 소						
	성 명 또 는 상 호	인	주민등록번호 또 는 사업자등록번호	-	전 화 번 호	

■ 참 고 ■

상계계약은 당사자 사이에 서로 대립하는 채권이 유효하게 존재하는 것을 전제로 서로 채무를 대등액 또는 대등의 평가액에 관하여 면제시키는 것을 내용으로 하는 계약이다. 두 채권의 소멸은 서로 인과관계가 있으므로 한쪽 당사자의 채권이 불성립 또는 무효이어서 그 면제가 무효가 되면 상대방의 채무면제도 당연히 무효가 된다. 이때 상대방의 채권이 유효하게 존재하였던 경우라면, 그 채권은 여전히 존재하는 것이 되므로 채무자는 그 채무를 이행할 의무를 부담한다. 채무자가 이를 이행하지 않았다고 하더라도 그가 법률상 원인 없이 채무를 면하는 이익을 얻었다고 볼 수 없다. 그리고 상대방의 채권도 불성립 또는 무효이어서 존재하지 않았던 경우라면, 채무자는 부존재하는 채무에 관하여 무효인 채무면제를 받은 것에 지나지 않으므로 채무를 이행할 의무도 없고 채무를 면하는 이익을 얻은 것도 아니다(대법원 2017.12.5. 선고 2017다225978, 225985 판결).

토 지 양 도 담 보 계 약 서

양도담보목적토지 : ○○도 ○○군 ○○면 ○○리 ○○   답 1,000㎡

채권자 ○ ○ ○과 채무자 ○ ○ ○은 을 소유의 위 양도담보목적토지(이하 담보토지라 함)를 양도담보로 하기로 하고 다음과 같이 계약한다.

제1조(금전소비대차) 채무자 ○ ○ ○은 금○○○만원을 채권자 ○ ○ ○으로부터 차용하면서 위 담보토지를 양도담보의 목적으로 하기로 약정하고, 금일 위 금액을 지급받음과 동시에 위 원금 및 그 이자의 지급을 담보하기 위하여 담보토지를 채권자 ○ ○ ○에게 양도하기로 한다.

제2조(변제기일 및 이자) 변제기일은 20○○년 ○월 ○일까지로 정하고, 이자는 매월 2%로 하며 이자의 지급기일은 매월 말일로 한다.

제3조(소유권이전등기 등) ① 채무자 ○ ○ ○은 본 계약의 성립과 동시에 담보토지의 소유권을 채권자 ○ ○ ○에게 이전하는 등기절차를 취하여야 한다.
② 채권자 ○ ○ ○은 위 제①항의 소유권이전등기를 받은 후 즉시 채무자 ○ ○ ○을 위하여 매매예약의 소유권이전등기청구권의 가등기를 해주기로 한다.
③ 위 각 항의 각 등기에 소요되는 비용은 채무자 ○ ○ ○이 부담하기로 한다.

제4조(담보토지의 사용권) 채무자 ○ ○ ○은 담보토지를 변제기일까지 무상으로 사용할 수 있다. 다만, 채무자 ○ ○ ○은 담보토지를 사용함에 있어 선량한 관리자로서 주의의무를 다하여야 하며, 사용기간 동안에 담보토지에 부과되는 세금 및 유지비 등 모든 경비는 채무자 ○ ○ ○이 부담하기로 한다.

제5조(담보토지의 귀속관계) ① 채무자 ○ ○ ○이 제2조에서 정한 변제기한 내에 원금과 이자의 지급을 완료했을 때에는 담보토지의 소유권은 당연히 채무자 ○ ○ ○에게 다시 귀속되며, 이 경우 채권자 ○ ○ ○은 채무자 ○ ○ ○의 비용부담으로 제3조 제②항에 의하여 채무자 ○ ○ ○에 대하여 경료된 소유권이전등기청구권의 가등기를 본등기로 하는데 적극 협력하여야 한다.
② 채무자 ○ ○ ○이 제2조에서 정한 기한내 원금 및 이자의 지급을 하지 않거나, 이자의 지급을 2회 이상 연체하였을 경우 채권자 ○ ○ ○은 즉시 담보토지를 임의로 환가할 수 있다. (다만, 채권자 ○ ○ ○이 임의로 환가할 경우에는 당해년도의 공시지가액 미만으로는 환가하지 못한다.)
③ 채권자 ○ ○ ○이 환가할 경우 환가대금은 원금과 이자의 지급에 충당하고, 나머지 잔액이 있을 경우 즉시 채무자 ○ ○ ○에게 지급하고, 부족할 경우에는 채무자 ○ ○ ○은 즉시 채권자 ○ ○ ○에게 부족금액을 지급하여야 한다.

제6조(분쟁 및 관할) 채권자 ○ ○ ○과 채무자 ○ ○ ○ 사이에 체결된 본 계약에

없는 사항의 문제가 발생되었을 때에는 민법 등의 법령을 참작하여 서로 협의로써 해결함을 원칙으로 하고, 협의가 되지 않을 경우 그 관할법원은 담보토지의 소재지를 관할하는 법원으로 한다.

채권자 ○ ○ ○과 채무자 ○ ○ ○은 이상과 같이 계약하고 본 계약서를 2통 작성하여 각 서명·날인한 후 각 1통씩 이를 소유하기로 한다.

20○○년 ○월 ○일

채권자	주 소						
	성 명		인	주민등록번호	–	전 화 번 호	
채무자	주 소						
	성 명		인	주민등록번호	–	전 화 번 호	

5. 임대차계약서

이 계약서는 법무부에서 국토교통부·서울시 중소기업청 및 학계 전문가와 함께 민법, 상가건물 임대차보호법, 공인중개사법 등 관계법령에 근거하여 만들었습니다. 법의 보호를 받기 위해 【중요확인사항】(별지)을 꼭 확인하시기 바랍니다.

상가건물 임대차 표준계약서

임대인(이름 또는 법인명 기재)과 임차인(이름 또는 법인명 기재)은 아래와 같이 임대차 계약을 체결한다.

[임차 상가건물의 표시]

소재지				
토 지	지목		면적	m²
건 물	구조·용도		면적	m²
임차할부분			면적	m²

유의사항: 임차할 부분을 특정하기 위해서 도면을 첨부하는 것이 좋습니다.

[계약내용]

제1조(보증금과 차임) 위 상가건물의 임대차에 관하여 임대인과 임차인은 합의에 의하여 보증금 및 차임을 아래와 같이 지급하기로 한다.

보 증 금	금 원정(₩)
계 약 금	금 원정(₩)은 계약시에 지급하고 수령함. 수령인(인)
중 도 금	금 원정(₩)은 년 월 일에 지급하며
잔 금	금 원정(₩)은 년 월 일에 지급한다.
차임(월세)	금 원정(₩)은 매월 일에 지급한다(부가세 □ 불포함 □ 포함). (입금계좌:)
환산보증금	금 원정(₩)

유의사항: ① 당해 계약이 환산보증금을 초과하는 임대차인 경우 확정일자를 부여받을 수 없고, 전세권 등을 설정할 수 있습니다 ② 보증금 보호를 위해 등기사항증명서, 미납국세, 상가건물 확정일자 현황 등을 확인하는 것이 좋습니다.
※ 미납국세 선순위확정일자 현황 확인방법은 "별지 "참조

제2조(임대차기간) 임대인은 임차 상가건물을 임대차 목적대로 사용·수익할 수 있는 상태로   년   월   일까지 임차인에게 인도하고, 임대차기간은 인도일로부터   년   월   일까지로 한다.

제3조(임차목적) 임차인은 임차 상가건물을 (업종)을 위한 용도로 사용한다.

제4조(사용 · 관리 · 수선) ① 임차인은 임대인의 동의 없이 임차 상가건물의 구조 · 용도 변경 및 전대나 임차권 양도를 할 수 없다.

② 임대인은 계약 존속 중 임차 상가건물을 사용 · 수익에 필요한 상태로 유지하여야 하고, 임차인은 임대인이 임차 상가건물의 보존에 필요한 행위를 하는 때 이를 거절하지 못한다.

③ 임차인이 임대인의 부담에 속하는 수선비용을 지출한 때에는 임대인에게 그 상환을 청구할 수 있다.

제5조(계약의 해제) 임차인이 임대인에게 중도금(중도금이 없을 때는 잔금)을 지급하기 전까지, 임대인은 계약금의 배액을 상환하고, 임차인은 계약금을 포기하고 계약을 해제할 수 있다.

제6조(채무불이행과 손해배상) 당사자 일방이 채무를 이행하지 아니하는 때에는 상대방은 상당한 기간을 정하여 그 이행을 최고하고 계약을 해제할 수 있으며, 그로 인한 손해배상을 청구할 수 있다. 다만, 채무자가 미리 이행하지 아니할 의사를 표시한 경우의 계약해제는 최고를 요하지 아니한다.

제7조(계약의 해지) ① 임차인은 본인의 과실 없이 임차 상가건물의 일부가 멸실 기타 사유로 인하여 임대차의 목적대로 사용, 수익할 수 없는 때에는 임차인은 그 부분의 비율에 의한 차임의 감액을 청구할 수 있다. 이 경우에 그 잔존부분만으로 임차의 목적을 달성할 수 없는 때에는 임차인은 계약을 해지할 수 있다.

② 임대인은 임차인이 3기의 차임액에 달하도록 차임을 연체하거나, 제4조 제1항을 위반한 경우 계약을 해지할 수 있다.

제8조(계약의 종료와 권리금회수기회 보호) ① 계약이 종료된 경우에 임차인은 임차 상가건물을 원상회복하여 임대인에게 반환하고, 이와 동시에 임대인은 보증금을 임차인에게 반환하여야 한다.

② 임대인은 임대차기간이 끝나기 3개월 전부터 임대차 종료 시까지 「상가건물임대차보호법」 제10조의4제1항 각 호의 어느 하나에 해당하는 행위를 함으로써 권리금 계약에 따라 임차인이 주선한 신규임차인이 되려는 자로부터 권리금을 지급받는 것을 방해하여서는 아니된다. 다만, 「상가건물임대차보호법」 제10조제1항 각 호의 어느 하나에 해당하는 사유가 있는 경우에는 그러하지 아니하다.

③ 임대인이 제2항을 위반하여 임차인에게 손해를 발생하게 한 때에는 그 손해를 배상할 책임이 있다. 이 경우 그 손해배상액은 신규임차인이 임차인에게 지급하기로 한 권리금과 임대차 종료 당시의 권리금 중 낮은 금액을 넘지 못한다.

④ 임차인은 임대인에게 신규임차인이 되려는 자의 보증금 및 차임을 지급할 자력 또는 그 밖에 임차인으로서의 의무를 이행할 의사 및 능력에 관하여 자신이

알고 있는 정보를 제공하여야 한다.

제9조(재건축 등 계획과 갱신거절) 임대인이 계약 체결 당시 공사시기 및 소요기간 등을 포함한 철거 또는 재건축 계획을 임차인에게 구체적으로 고지하고 그 계획에 따르는 경우, 임대인은 임차인이 상가건물임대차보호법 제10조 제1항 제7호에 따라 계약갱신을 요구하더라도 계약갱신의 요구를 거절할 수 있다.

제10조(비용의 정산) ① 임차인은 계약이 종료된 경우 공과금과 관리비를 정산하여야 한다.

② 임차인은 이미 납부한 관리비 중 장기수선충당금을 소유자에게 반환 청구할 수 있다. 다만, 임차 상가건물에 관한 장기수선충당금을 정산하는 주체가 소유자가 아닌 경우에는 그 자에게 청구할 수 있다.

제11조(중개보수 등) 중개보수는 거래 가액의   % 인   원(부가세 □ 불포함 □ 포함)으로 임대인과 임차인이 각각 부담한다. 다만, 개업공인중개사의 고의 또는 과실로 인하여 중개의뢰인간의 거래행위가 무효·취소 또는 해제된 경우에는 그러하지 아니하다.

제12조(중개대상물 확인 설명서 교부) 개업공인중개사는 중개대상물 확인·설명서를 작성하고 업무보증관계증서(공제증서 등) 사본을 첨부하여 임대인과 임차인에게 각각 교부한다.

[특약사항]
① 입주전 수리 및 개량, ②임대차기간 중 수리 및 개량, ③임차 상가건물 인테리어, ④ 관리비의 지급주체, 시기 및 범위, ⑤귀책사유 있는 채무불이행 시 손해배상액예정 등에 관하여 임대인과 임차인은 특약할 수 있습니다.

본 계약을 증명하기 위하여 계약 당사자가 이의 없음을 확인하고 각각 서명 · 날인 후 임대인, 임차인, 개업공인중개사는 매 장마다 간인하여, 각각 1통씩 보관한다.

년   월   일

	주 소						서명 또는 날인 ㊞
임대인	주민등록번호 (법인등록번호)			전화		성 명 (회사명)	
	대 리 인	주 소		주민등록번호		성 명	
	주 소						서명 또는 날인 ㊞
임차인	주민등록번호 (법인등록번호)			전화		성 명 (회사명)	
	대 리 인	주 소		주민등록번호		성 명	

개업공인중개사	사무소소재지			사무소소재지		
	사무소명칭			사무소명칭		
	대　표	서명 및 날인	㉑	대　　표	서명 및 날인	㉑
	등록번호		전화	등 록 번 호		전화
	소속공인중개사	서명 및 날인	㉑	소속공인중개사	서명 및 날인	㉑

[별지]

법의 보호를 받기 위한 중요사항! 꼭 확인하세요.

< 계약 체결 시 꼭 확인하세요 >

【당사자 확인 / 권리순위관계 확인 / 중개대상물 확인·설명서 확인】

① 신분증·등기사항증명서 등을 통해 당사자 본인이 맞는지, 적법한 임대 임차권한 이 있는지 확인합니다.

② 대리인과 계약 체결 시 위임장·대리인 신분증을 확인하고, 임대인(또는 임차인) 과 직접 통화하여 확인하여야 하며, 보증금은 가급적 임대인 명의 계좌로 직접 송금합니다.

③ **중개대상물 확인·설명서**에 누락된 것은 없는지, 그 내용은 어떤지 꼼꼼히 확인 하고 서명하여야 합니다.

【대항력 및 우선변제권 확보】

① 임차인이 상가건물의 **인도와 사업자등록**을 마친 때에는 그 다음날부터 제3자에 게 임차권을 주장할 수 있고, 환산보증금을 초과하지 않는 임대차의 경우 계약 서에 확정일자까지 받으면, 후순위권리자나 그 밖의 채권자에 우선하여 변제받 을 수 있습니다.

※ 임차인은 최대한 신속히 ① 사업자등록과 ② 확정일자를 받아야 하고, 상가건물 의 점유와 사업자등록은 임대차 기간 중 계속 유지하고 있어야 합니다.

② **미납국세와 확정일자** 현황은 임대인의 동의를 받아 임차인이 관할 세무서에서 확인할 수 있습니다.

<계약기간 중 꼭 확인하세요>

【계약갱신요구】

① 임차인이 임대차기간이 만료되기 6개월 전부터 1개월 전까지 사이에 계약갱신 을 요구할 경우 임대인은 정당한 사유(3기의 차임액 연체 등, 상가건물 임대차

보호법 제10조제1항 참조) 없이 거절하지 못합니다.

② 임차인의 계약갱신요구권은 최초의 임대차기간을 포함한 전체 임대차기간이 5년을 초과하지 아니하는 범위에서만 행사할 수 있습니다.

③ 갱신되는 임대차는 전 임대차와 동일한 조건으로 다시 계약된 것으로 봅니다. 다만, 차임과 보증금은 청구당시의 차임 또는 보증금의 100분의 9의 금액을 초과하지 아니하는 범위에서 증감할 수 있습니다.

※ 환산보증금을 초과하는 임대차의 계약갱신의 경우 상가건물에 관한 조세, 공과금, 주변 상가건물의 차임 및 보증금, 그 밖의 부담이나 경제사정의 변동 등을 고려하여 차임과 보증금의 증감을 청구할 수 있습니다.

【묵시적 갱신 등】

① 임대인이 임대차기간이 만료되기 6개월 전부터 1개월 전까지 사이에 임차인에게 갱신 거절의 통지 또는 조건 변경의 통지를 하지 않으면 종전 임대차와 동일한 조건으로 자동갱신됩니다.

※ 환산보증금을 초과하는 임대차의 경우 임대차기간이 만료한 후 임차인이 임차물의 사용, 수익을 계속하는 경우에 임대인이 상당한 기간내에 이의를 하지 아니한 때에는 종전 임대차와 동일한 조건으로 자동 갱신됩니다. 다만, 당사자는 언제든지 해지통고가 가능합니다.

② 제1항에 따라 갱신된 임대차의 존속기간은 1년입니다. 이 경우, 임차인은 언제든지 계약을 해지할 수 있지만 임대인은 계약서 제8조의 사유 또는 임차인과의 합의가 있어야 계약을 해지할 수 있습니다.

<계약종료 시 꼭 확인하세요>

【보증금액 변경시 확정일자 날인】

계약기간 중 보증금을 증액하거나, 재계약을 하면서 보증금을 증액한 경우에는 증액된 보증금액에 대한 우선변제권을 확보하기 위하여 반드시 다시 확정일자를 받아야 합니다.

【임차권등기명령 신청】

임대차가 종료된 후에도 보증금이 반환되지 아니한 경우 임차인은 임대인의 동의 없이 임차건물 소재지 관할 법원에서 임차권등기명령을 받아, **등기부에 등재된 것을 확인하고 이사**해야 우선변제 순위를 유지할 수 있습니다. 이때, 임차인은 임차권등기명령 관련 비용을 임대인에게 청구할 수 있습니다.

【임대인의 권리금 회수방해금지】

임차인이 신규임차인으로부터 권리금을 지급받는 것을 임대인이 방해하는 것으로 금지되는 행위는 ① 임차인이 주선한 신규임차인이 되려는 자에게 권리금을 요구하거나, 임차인이 주선한 신규임차인이 되려는 자로부터 권리금을 수수하는 행위, ② 임차인이 주선한 신규임차인이 되려는 자로 하여금 임차인에게 권리금을 지급하지 못하게 하는 행위, ③ 임차인이 주선한 신규임차인이 되려는 자에게 상가건물에 관한 조세, 공과금, 주변 상가건물의 차임 및 보증금, 그 밖의 부담에 따른 금액에 비추어 현저히 고액의 차임 또는 보증금을 요구하는 행위, ④ 그 밖에 정당한 이유 없이 임차인이 주선한 신규임차인이 되려는 자와 임대차계약의 체결을 거절하는 행위입니다.

임대인이 임차인이 주선한 신규임차인과 임대차계약의 체결을 거절할 수 있는 정당한 이유로는 예를 들어 ① 신규임차인이 되려는 자가 보증금 또는 차임을 지급할 자력이 없는 경우, ② 신규임차인이 되려는 자가 임차인으로서의 의무를 위반할 우려가 있거나, 그 밖에 임대차를 유지하기 어려운 상당한 사유가 있는 경우, ③ 임대차목적물인 상가건물을 1년 6개월 이상 영리목적으로 사용하지 않는 경우, ④ 임대인이 선택한 신규임차인이 임차인과 권리금 계약을 체결하고 그 권리금을 지급한 경우입니다.

■ **관련판례** ■

권리금은 상가건물의 영업시설·비품 등 유형물이나 거래처, 신용, 영업상의 노하우(know-how) 혹은 점포 위치에 따른 영업상의 이점 등 무형의 재산적 가치의 양도 또는 일정 기간 동안의 이용대가이다. 임차권양도계약에 수반되어 체결되는 권리금계약은 임차권양도계약과는 별개의 계약이지만 위 두 계약의 체결 경위와 계약 내용 등에 비추어 볼 때, 권리금계약이 임차권양도계약과 결합하여 전체가 경제적·사실적으로 일체로 행하여진 것으로서, 어느 하나의 존재 없이는 당사자가 다른 하나를 의욕하지 않았을 것으로 보이는 경우에는 그 계약 전부가 하나의 계약인 것과 같은 불가분의 관계에 있다고 보아야 한다(대법원 2017.7.11. 선고 2016다261175 판결).

[서식] 최고서(상가임대차계약 갱신권 요구 주장)

최 고 서

수 신 ○○○ 님
　　　　○○도 ○○시 ○○○ ○○하이츠 ○○○-○○○

1. 최고인은 귀하로부터 2010. 9. 8.자 우체국 소인이 찍힌 내용증명에서 점포의 인도를 요구받았는바, 귀하의 주장사항에 대하여는 아래 2항에서와 같이 답변하고, 아울러 귀하의 인도요구에 대한 최고인의 입장을 아래 3항에 적은 바와 같이 답변하는 바입니다.
2. 가. 최고인인 귀하의 요구에 따라 기존 100만원이던 월세를 2008. 10. 20.부터 월 110만원을 지급하여 인상해드린 바 있습니다.
　　나. 화장실 시설의 개선은 법률적으로나 상도의적으로나 임대인인 귀하가 해야 할 사항이라 할 것입니다.
　　다. 현재 돌출간판은 2개이며 최고인이 더 설치한 것이 없습니다. 또한 귀하가 2008년경 건물을 보수하면서 기존 간판을 버려, 최고인의 비용으로 50만원을 들여 재설치한 바 있습니다.
　　라. 요금 경쟁 등은 자본주의의 기본이라 할 것임에도 이를 임대인인 귀하가 문제 삼는 건 참으로 이해할 수 없는 부분입니다.
3. 최고인은 2006.11.7. 귀하 소유인 ○○시 ○○동 171-17 소재 3층 건물 중 3층 전부에 대하여 계약기간을 2007. 11. 7.까지로 약정하고 당구장으로 임차하여 현재까지 묵시적으로 갱신된 계약에 의해 영업 중이며, 4년이 되는 시점은 올해 11.7.경이라 할 것입니다. 귀하의 요구에 대하여 최고인은 상가건물임대차보호법 제10조의 규정에 따라 계약의 갱신을 요구하니 널리 이해해 주시기 바랍니다. 참고로 위 법에 따른 갱신요구권에 따라 최고인은 5년간은 영업을 계속할 수 있고, 갱신되는 임대차는 전 임대차와 동일한 조건으로 다시 계약된 것으로 보게 되어 있으므로 참고하시기 바랍니다.

20　 .　　 .　　 .

최고인　 김 ○ ○ (서명)
　　　　　○○시 ○○동 ○○○-○○

건 물 임 대 차 계 약 서

임대인○○○(이하 "갑"이라 한다)과 임차인◇◇◇(이하 "을"이라 한다)은 아래 표시의 부동산(이하 "표시부동산"이라 한다.)에 관하여 다음과 같이 합의하여 계약을 체결한다.

<부동산의 표시>

소 재 지				
	구 조		면 적	
	용 도			

제1조(목적) 갑은 표시부동산을 임대하고 을은 이를 임차하여 상품홍보용 공간으로 사용한다.

제2조(기간) 임대차 기간은 20○○년 ○월 ○일부터 20○○년 ○월 ○일로 한다.

제3조(임차료) 임차료는 금   원으로 하고 다음과 같이 지급하기로 한다.

계 약 금	금 원은 계약체결시에 지급하고
잔 금	금 원은 20○○년 ○월 ○일에 지급하기로 함

제4조(부동산 명도 등) ① 위 부동산의 명도는 20○○년 ○월 ○일로 한다.
② 갑이 제1항의 인도기일까지 인도하지 못할 경우에는 금   원의 손해를 배상하여야 한다.

제5조(증축 및 전대 등 제한) 표시 부동산의 구조변경 또는 증·개축시, 표시부동산의 전부나 일부를 용도 변경시, 표시부동산의 전부나 일부를 전대, 임차권의 양도하려 할 때에는 갑의 동의를 얻어야 한다.

제6조(제세공과금) 제세공과금 등은 임차기간 동안 갑이 일체 부담하기로 한다.

제7조(계약의 해제 및 해지) ① 을의 잔금 지급 전까지 갑은 계약금의 배액을 상환하고, 을은 계약금을 포기하고 이 계약을 해제할 수 있다.
② 갑은 다음과 같은 경우에 최고 없이 계약을 해지할 수 있다.
 1. 을이 제5조에 위반한 경우
 2. 표시부동산을 심하게 파손하고 갑의 요구에도 원상회복하지 않는 경우
 3. 기타 공동생활의 질서를 문란하게 하는 행위가 있을 경우

제8조(원상회복) ① 을은 임대기간 중 그의 귀책사유에 의한 표시부동산의 파손·오손 또는 무단 변경하였을 때에는 원상회복 후 갑에게 명도 하여야 한다.
② 표시부동산의 일부 또는 전부가 을의 부주의로 인하여 화재 기타 원인으로 멸실 되었을 때에는 시가 상당액의 손해를 배상하여야 한다.

이 계약을 증명하기 위하여 계약서 2통을 작성하여 갑과 을이 서명·날인한 후 각각 1통씩 보관한다.

20○○년 ○월 ○일

임대인	주 소						
	성 명		인	주민등록번호	–	전화번호	
임차인	주 소						
	성 명		인	주민등록번호	–	전화번호	
입회인	주 소						
	성 명		인	주민등록번호	–	전화번호	

■ 참 고 – 계약 당사자 확인(임대인 확인) ■

① 건물의 소유자와 계약을 체결하는 경우에는 소유자의 주민등록증이 등기부상 소유자의 인적사항과 일치하는지를 확인해야 합니다.

② 건물 소유자의 대리인과 임대차계약을 체결하는 경우에는, 위임장과 인감증명서를 반드시 요구해야 합니다.

③ 위임장부동산의 소재지와 소유자 이름 및 연락처, 계약의 목적, 대리인 이름·주소 및 주민등록번호, 계약의 모든 사항을 위임한다는 취지가 기재되고 연월일이 기재된 후 위임인(소유자)의 인감이 날인되어 있어야 합니다.

④ 인감증명서위임장에 찍힌 위임인(소유자)의 날인 및 임대차계약서에 찍을 날인이 인감증명서의 날인과 동일해야 법적으로 문제가 발생하지 않습니다.

(관련판례)

[1] 임대인 갑 주식회사와 임차인 을 주식회사 사이에 체결된 건물임대차계약이 종료되었는데도 을 회사가 임차건물을 무단으로 점유·사용하자 갑 회사가 을 회사를 상대로 부당이득반환을 구한 사안에서, 을 회사는 갑 회사에 대하여 임차건물의 점유·사용으로

인한 차임 상당의 부당이득금을 반환할 의무가 있는데, 주식회사인 갑 회사, 을 회사 사이에 체결된 임대차계약은 상행위에 해당하지만 계약기간 만료를 원인으로 한 부당이득반환채권은 법률행위가 아닌 법률규정에 의하여 발생하는 것이고, 발생 경위나 원인 등에 비추어 상거래 관계에서와 같이 정형적으로나 신속하게 해결할 필요성이 있는 것도 아니므로, 특별한 사정이 없는 한 10년의 민사소멸시효가 적용된다고 한 사례.

[2] 건물에 관한 임대차계약이 종료된 이후 이를 건물임대인에게 반환하지 않고 그대로 계속 점유·사용하는 자는 점유기간 동안 건물의 사용·수익에 따른 차임 상당액을 부당이득으로 반환할 의무가 있는데, 여기서 차임 상당액을 산정할 때 통상적으로 건물을 임대하는 경우 당연히 부지 부분의 이용을 수반하는 것이고 차임 상당액 속에는 건물 차임 외에도 부지 부분 차임(지대)도 포함되므로, 건물 차임은 물론이고 부지 부분 차임도 함께 계산되어야 한다. 그리고 건물소유자가 부지 부분에 관한 소유권을 상실하였다 하여도 건물소유자는 의연 토지소유자와 관계에서는 토지 위에 있는 건물의 소유자인 관계로 건물 부지의 불법점유자라 할 것이고, 따라서 건물 부지 부분에 관한 차임 상당의 부당이득 전부에 관한 반환의무를 부담하게 되며, 건물을 점유하고 있는 건물임차인이 토지소유자에게 부지점유자로서 부당이득반환의무를 진다고 볼 수 없다. 그러므로 건물소유자는 이러한 채무의 부담한도 내에서 건물임차인의 건물 불법점유에 상응하는 부지 부분의 사용·수익에 따른 임료 상당의 손실이 생긴 것이고, 건물에 관한 임대차계약 종료 이후 이를 계속 점유·사용하는 건물임차인은 건물소유자에 대한 관계에서 건물 부지의 사용·수익으로 인한 이득이 포함된 건물임료 상당의 부당이득을 하였다고 보아야 한다(대법원 2012.5.10. 선고 2012다4633 판결).

건 물 임 대 차 계 약 서

임대인(이하 "갑(甲)"이라고 함)과 임차인(이하 "을(乙)"이라고 함)은 서로간 합의 하에 다음과 같이 부동산 임대차계약을 체결한다.

1. 부동산의 표시

소 재 지	
건 물	용도 : 구조 : 면적 : ㎡/(평)
임대할 부분	

2. 계약내용(약정사항)

제1조(보증금) 을(乙)은 상기 표시 부동산의 임대차보증금 및 차임(월세)을 다음과 같이 지불하기로 한다.
- 보증금 : 금○○○원(₩○○○)
- 계약금 : 금○○○원은 계약시에 지불한다.
- 중도금 : 금○○○원은 20○○년 ○월 ○일에 지불한다.
- 잔 금 : 금○○○원은 건물명도와 동시에 지불한다.
- 차임(월세금) : 금○○○원은 매월 말일에 지불한다.

제2조(임대차기간) 임대차 기간은 20○○년 ○월 ○일부터 20○○년 ○월 ○일까지 ○○개월로 한다.

제3조(건물의 인도) 갑(甲)은 상기 표시 부동산을 임대차 목적대로 사용·수익할 수 있는 상태로 하여 20○○년 ○월 ○일까지 을(乙)에게 인도한다.

제4조(구조변경, 전대등의 제한) 을(乙)은 갑(甲)의 동의 없이 상기 표시 부동산의 용도나 구조 등의 변경, 전대, 양도, 담보제공 등 임대차 목적 외에 사용할 수 없다.

제5조(계약의 해제) 을(乙)이 갑(甲)에게 중도금(중도금 약정이 없는 경우에는 잔금)을 지불하기 전까지는 본 계약을 해제할 수 있는바, 갑(甲)이 해약할 경우에는 계약금의 2배액을 상환하며 을(乙)이 해약할 경우는 계약금을 포기하는 것으로 한다.

제6조(원상회복의무) 乙은 존속기간의 만료, 합의해지 및 기타 해지사유가 발생하면 즉시 원상회복하여야 한다.

제7조(민법의 적용) 본 계약에서 정하지 아니한 사항에 대해서는 민법의 규정을 적용토록 한다.

위 계약을 증명하기 위하여 계약서 2통을 작성하고, 각 서명·날인하여 각자 1통씩 보관한다.

20○○년 ○월 ○일

			인	주민등록번호 또 는 사업자등록번호		-		전 화 번 호	
임 대 인	주 소								
	성 명 또 는 상 호		인	주민등록번호 또 는 사업자등록번호		-		전 화 번 호	
임 차 인	주 소								
	성 명 또 는 상 호		인	주민등록번호 또 는 사업자등록번호		-		전 화 번 호	
입 회 인	주 소								
	성 명 또 는 상 호		인	주민등록번호 또 는 사업자등록번호		-		전 화 번 호	

토 지 임 대 차 계 약 서

임대인 갑과 임차인 을 사이에 아래와 같이 토지임대차계약을 체결한다.

제1조(계약목적) 갑은 그 소유인 다음의 토지를 을에게 임대하기로 한다.
○○시 ○○구 ○○동 ○○길 ○○주차장 1,000 ㎡

제2조(계약기간) 본 임대차계약의 존속기간은 20○○년 ○월 ○일로부터 1년간으로 한다. 단, 기간만료 시에는 갑·을 간에 이의가 없을 때에는 다시 1년간 기간을 연장한 것으로 한다.

제3조(임대료) 임료는 월 금 ○○만원으로 하고 매월 말일에 익월분을 갑의 주소지에 지참하여 지급한다. 단, 갑·을 쌍방이 약정임료가 부적당하다고 인정한 때에는 그 증감을 청구할 수 있다.

제4조(계약해지) 을이 2기분이상의 임료를 지급하지 않거나 부도·파산선고·회생개시결정을 받았을 때 또는 본 계약 각 항에 위반하여 갑의 최고에도 불구하고 이를 이행하지 아니할 경우 갑은 임대차계약을 해지할 수 있다.

제5조(계약변경) 다음의 각 경우에 을은 갑의 승낙을 얻어야 한다.
1. 을이 위의 토지를 타에 전대하거나 또는 임차권을 양도하고자 할 때.
2. 을이 위 토지의 지목·형질을 변경하거나 사용목적에 위배되는 경우.

제6조(손해배상등) 을은 관계법령을 준수하여야 하며 을이 관계법령 위반으로 인하여 을에게 손해를 입힌 경우에 이로 인한 모든 손해와 을 및 을의 관계인(사용인·운전원 등을 포함)이 고의·과실로 인하여 갑에게 손해를 야기한 경우 이를 배상하고 복구할 의무를 진다.

제7조(안전조치 협력의무) 갑 또는 갑의 사용인은 임차토지의 보전, 방범, 방화, 구호 등에 관하여 필요한 때에는 즉시 임차토지 내에 들어가 필요한 조치를 강구할 수 있으며 이 경우 을은 갑의 조치에 협력하여야 한다.

제7조(원상회복) 을이 위 토지를 갑에게 반환할 경우에는 계약당시의 원상으로 회복하여 반환하여야 한다.

제8조(보증금) 을은 갑에게 임대차보증금으로 20○○년 ○월 ○일 ○○○만원을 지급하고 갑은 임대차종료시 토지반환과 상환으로 이를 을에게 반환한다. 단, 갑이 을에게 이행기가 도래한 임료채권 등이 있을 때에는 언제라도 대등액에서 상계할 수 있다.

제9조(계약목적) 토지의 유지와 개량 및 기타 이 건 임대차계약에 관하여 필요한 사항은 필요시 갑·을이 협의하여 정한다.

제10조(기타) 임대차종료 시 을은 즉시 본 건 토지를 갑에게 인도하여야 하며 인도를 지연할 때에는 임료의 배액에 상당하는 손해금을 지급하여야 한다.

위의 계약을 증명하기 위하여 이 증서를 작성하여 각자 서명·날인하고 각 1통씩 보관하기로 한다.

20○○년 ○월 ○일

임 대 인	주 소						
	성 명 또 는 상 호		인	주민등록번호 또 는 사업자등록번호	—	전 화 번 호	
임 차 인	주 소						
	성 명 또 는 상 호		인	주민등록번호 또 는 사업자등록번호	—	전 화 번 호	
입 회 인	주 소						
	성 명 또 는 상 호		인	주민등록번호 또 는 사업자등록번호	—	전 화 번 호	

■ 참 고 – 임대차 종료의 효과 ■

① 임대차관계의 소멸 및 손해배상

임대인 또는 임차인이 임대차계약을 해지한 때에는 임대차관계는 장래를 향해 그 효력이 소멸됩니다(민법 제550조).

임대차계약의 해지는 손해배상의 청구에 영향을 미치지 아니하므로, 상대방에게 과실이 있으면 그 손해배상을 청구할 수 있습니다(민법 제551조). 다만, 임차인의 파산으로 임대차계약이 해지된 경우, 계약해지로 인한 손해는 청구하지 못합니다(민법 제637조).

② 임차상가의 반환 및 임차보증금의 반환

임대차가 종료되면, 임대차계약의 내용에 따라 임차인은 임차상가건물을 반환할 의무 등을 지게 되고, 임대인은 보증금을 반환할 의무를 지게 됩니다. 따라서 임차인은 차임지급의무를 지는 한편 보증금을 반환받을 때까지 임차상가건물의 인도를 거절하는 동시이행항변권을 가지게 되고(대법원 1977.9.28. 선고 77다1241,1242 전원합의체 판결), 임대인은 차임지급청구권을 가지는 한편 임차상가건물을 인도받을 때까지 보증금의 지급을 거절하는 동시이행항변권을 가지게 됩니다.

토 지 임 대 차 계 약 서

임대인 甲과 임차인 乙은 다음과 같이 토지임대차계약을 체결한다.

제1조(계약의 목적) 甲은 그 소유인 ○○시 ○○구 ○○동 ○○ 대지100㎡ 전부를 乙의 조경업 경영에 사용, 수익하게 하고 乙은 이에 대하여 차임을 지급할 것을 약정한다.

제2조(보증금 및 차임) 임차보증금은 금100,000,000원, 차임은 매월 금 500,000원으로 정하고, 임차보증금은 계약체결과 동시에 지급하고, 차임은 乙이 매월 25일 甲의 주소지에 지참하여 지급하거나 甲이 지정한 예금계좌에 입금하여야 한다.

제3조(존속기간) 임대차기간은 20○○년 ○월 ○일부터 5년으로 하고, 계약만료전 3개월전까지 乙이 목적물의 사용수익을 계속하는 경우에 쌍방이 이의를 하지 아니한 때에는 동일한 조건으로 계약이 자동 연장된 것으로 본다.

제4조(계약의 해지) 다음 각 호의 사유가 발생하면 甲은 최고 없이 계약을 해지 하거나 계약의 갱신을 거절할 수 있다.
1. 乙이 임차권을 타인에게 양도하거나 전대한 때
2. 사용목적을 위반한 때
3. 차임을 2월 이상 지체한 때

제5조(토지의 인도) 甲은 乙에게 계약의 목적이 된 토지를 20○○년 ○월 ○일 인도하여야 한다.

제6조(임차권등기) 甲은 본계약에 의거 乙에 대하여 임차권등기를 설정해 주어야 한다.

제7조(원상회복의무) 乙은 존속기간의 만료, 합의해지 및 제4조의 해지사유가 발생하면 즉시 원상회복하여야 한다.

제8조(민법의 적용) 본 계약에서 정하지 아니한 사항에 대해서는 민법의 규정을 적용토록 한다.

위 계약을 증명하기 위하여 계약서 2통을 작성하고, 각 서명·날인하여 각자 1통씩 보관한다.

20○○년 ○월 ○일

임 대 인	주 소						
	성 명 또 는 상 호		인	주민등록번호 또 는 사업자등록번호	−	전 화 번 호	
임 차 인	주 소						
	성 명 또 는 상 호		인	주민등록번호 또 는 사업자등록번호	−	전 화 번 호	
입 회 인	주 소						
	성 명 또 는 상 호		인	주민등록번호 또 는 사업자등록번호	−	전 화 번 호	

토 지 임 대 차 계 약 서

○○○을 갑, ◇◇◇을 을로 하여 갑, 을 사이에 갑 소유의 별지목록1 기재 토지(이하 '이건 토지'라 함)의 임대차에 관하여 다음과 같이 계약한다.

다   음

제1조(계약목적) 갑은 이건 토지를 을에게 임대하고, 을은 이건 토지를 임차하며 차임을 지급할 것을 약정한다.

제2조(사용목적) ① 을은 이건 토지 위에 별지목록2 기재 건물(이하 '이건 건물'이라 함)을 건축하고 소유할 수 있다.

② 을이 이건 건물에 대하여 증축을 하거나 개축을 하고자 할 때에는 사전에 갑의 서면에 의한 승낙을 얻어야 한다.

③ 을이 위 항을 위반하였을 때에는 갑은 최고 없이 이건 계약을 해지할 수 있다.

제3조(기간) 이건 계약의 기간은 20○○년 ○월 ○일부터 20○○년 ○월 ○일까지 사이 ○○년으로 한다.

제4조(차임) ① 을은 계약 체결 후 즉시 금○○○원을 권리금으로 갑에게 지급한다.(임차보증금은 금○○○원으로 한다.)

② 차임은 월 금○○○원으로 하기로 하되 매달 말일에 지급하기로 한다. 지급방법은 을이 갑에 대하여 송금(지참) 방식에 의하여 지급하기로 한다.

③ 을이 제1항의 금원을 지급하지 않거나, 제2항의 금원을 연속 여부에 관계없이 2회 이상 연체하였을 때에는 갑은 아무런 최고 없이 이 계약을 해제, 해지할 수 있다.

제5조(전대 등) ① 을은 사전에 갑의 서면에 의한 승낙 없이 이건 토지임차권을 제3자에게 양도하거나 이건 토지를 무단으로 제3자에게 사용케(제3자에게 전대)하여서는 아니된다.

② 을이 위 항의 규정을 위반하였을 때에는 갑은 아무런 최고 없이 이 계약을 해지할 수 있다.

제6조(계약의 실효 등) ① 천재지변, 토지수용 등 갑, 을 누구의 책임으로도 돌릴 수 없는 사유에 의해 이 건 토지를 사용치 못하게 되었을 때에는 이 계약은 해지된 것으로 본다.

② 위 항의 경우에는 당사자 상호간 손해배상의 청구를 하지 않기로 한다.

제7조(상린관계) 을은 건물을 짓고 본 건 토지를 이용함에 있어서는 이웃과의 조화로운 이용을 도모하고, 타인에게 일체의 불쾌감을 주는 행위를 하여서는 아니된다.

제8조(계약종료후의 조치) ① 이 계약이 종료된 때에는 을은 즉시 이건 토지를 원상복구한 뒤 갑에게 반환하여야 한다. 다만, 을이 지상물매수청구권을 행사하고, 갑이 건물을 매입할 의무가 있을 때에는 을은 갑에 대해 이 건 토지를 그 건물과 함께 인도함으로써 족한 것으로 한다.

② 을이 위 항 본문의 의무를 이행하지 않을 경우 갑은 을의 비용으로 이건 토지를 원상복구할 수 있다.

제9조(기타) 갑, 을은 성실하게 이 계약을 이행하기로 하며, 이 계약이 정하지 않은 사항이 발생했을 때나, 이 계약 각 조항의 해석에 이의가 있을 때에는 상호간에 성심성의껏 협의하여 해결한다.

이상과 같이 계약했으므로 계약서 2통을 작성하고, 갑과 을이 서명·날인한 후 각자 1통을 보관하기로 한다.

20○○년 ○월 ○일

임대인	주 소						
	성 명	인	주민등록번호		–	전 화 번 호	
임차인	주 소						
	성 명	인	주민등록번호		–	전 화 번 호	

[별 지1]

부 동 산 목 록

○○시 ○○구 ○○동 ○○
대 ○○○○㎡. 끝.

[별 지2]

부 동 산 목 록

○○시 ○○구 ○○동 ○○
[도로명주소] ○○시 ○○구 ○○길 ○○
위 지상
철근콘트리트조 슬래브지붕 2층 주택
1층 80.35㎡
2층 50㎡. 끝.

공유 토지의 소수지분권자인 갑 등이, 다른 소수지분권자들과의 토지임대차계약에 기하여 지상의 건물을 소유함으로써 토지를 배타적으로 점유·사용하고 있는 을 주식회사로부터 건물을 임차하여 점유·사용하고 있는 병 등을 상대로 각 점유 부분으로부터의 퇴거를 구한 사안에서, 갑 등은 을 회사를 상대로 공유물의 보존행위로서 건물 철거 및 토지 인도를 구할 수 있고, 병 등을 상대로 각 점유 부분으로부터의 퇴거도 구할 수 있다고 한 사례(대법원 2014.5.16. 선고 2012다43324 판결).

[서식] 임대차계약 종료 후의 토지 인도 최고장

임대차계약 종료 후의 토지 인도 최고장

본인과 귀하 사이에 ○○시 ○○구 ○○동 ○○대지에 관하여 체결된 토지임대차계약이 20○○년 ○월 ○일이 경과함으로써 종료되었습니다. 본인이 귀하에게 위 토지를 인도하여 줄 것을 여러 차례 최고하였음에도 불구하고, 귀하는 현재까지 이를 이행하지 않고 있습니다. 귀하의 계속적인 토지 사용으로 인하여 본인은 상당한 손해를 입고 있으므로, 본 통지서를 받는 즉시 위 토지를 인도하여 줄 것을 최고합니다.

20○○년 ○월 ○일

토지소유자 ○ ○ ○ (인)

○○시 ○○구 ○○길 ○○

임차인 ○ ○ ○ 귀 하
　　　○○시 ○○구 ○○길 ○○

[서식] 임대차계약 갱신거절통지서

임대차계약 갱신거절통지서

본인 소유의 ○○도 ○○군 ○○면 ○○리 ○○대지 300평방미터에 대한 귀하와의 3년의 토지임대차계약이 20○○년 ○월 ○일 기간만료로써 소멸되었으나 귀하는 위 대지를 더 사용할 사정이 있다는 이유로 위 계약의 갱신을 요청하였는바, 본인은 조만간 위 지상에 주택을 건립할 예정에 있으므로 귀하의 갱신청구를 거절합니다.

20○○년 ○월 ○일

○○시 ○○구 ○○길 ○○

토지임대인 : ○ ○ ○ (서명)

○○시 ○○구 ○○길 ○○
토지임차인 ○ ○ ○ 귀 하

부동산(빌라)임대차계약서
−임대사업자용−

임대인 ○○○(이하 '갑'이라 한다.)과 임차인 □□□(이하 '을'이라 한다.)은 아래 표시 부동산에 관해 '갑'은 '을'에게 목적 부동산을 임대하고 '을'은 '갑'에게 임차보증금을 지급하기로 하는 임대차계약을 다음 같이 체결한다.

제1조(부동산의 표시)
    소재지 : ○○시 ○○구 ○○동 ○○길 소재 ○○빌라
            지상 ○층 ○○호(○○㎡)
    구   조 : 철근콘크리트조 경슬래브지붕
    용   도 : 주택
    총임대면적(공유포함) : ○○㎡(○○평), 전유면적 : ○○㎡

제2조(임차보증금) '을'은 임차보증금 및 월차임을 다음 각 호에 정한 금액과 지급방법에 따라 '갑'에게 지급하여야 한다.
    1. 임차보증금은 금 ○○○원으로 한다.
    2. 계약금은 금 ○○○원으로 하고 계약 체결시 지불한다.
    3. 잔금 금 ○○○원은 20○○년 ○월 ○일 지불한다.
    4. 월 차임은 금 ○○○원으로 정하고 매월 말일에 지급한다.

제3조(임대차기간) 임대차기간은 20○○년 ○월 ○일부터 20○○년 ○월 ○일까지 ○년으로 한다.

제4조(목적물의 인도) '갑'은 위 부동산을 임대차목적대로 사용 수익할 수 있는 상태로 하여 20○○년 ○월 ○일까지 '을'에게 인도한다.

제5조(전대 및 양도 등의 금지) '을'은 '갑'의 동의 없이 위 부동산의 용도나 구조를 변경하지 못하고 임차 목적물을 전대 또는 임대차 목적 이외의 용도에 사용하지 못하며 임차권을 양도할 수 없다.

제6조(관리비 등의 부담) '을'이 입주 후 발생되는 재세공과금, 관리비등은 '을'이 부담한다.
    1. 수도, 전기료, 냉·난방비, 청소비 등 관리비는 월 ○○○원으로 정하고, 을은 임차료 납부시에 일괄하여 '갑'에게 지급하기로 한다.
    2. '을'이 임차료와 관리비를 납부기간내에 납입치 아니하면 그 금액을 임차보증금에서 공제한다.

제7조(수선비 부담구분) ① '갑'은 건물구조체 기본구조 및 공용부분, 공용설비의 유지보전에 필요한 수선을 할 의무를 진다.
    ② '을'은 건물의 기본구조외에 칸막이, 천장, 유리, 전구, 소모성기구 등

'을'이 사용할 목적으로 설치된 부분에 대한 수선비를 부담한다.

제8조(손해배상책임) '을'이 위 목적물을 사용함에 있어서 고의 또는 과실로 건물을 훼손한 경우 '을'은 손해배상책임을 진다.

제9조(계약기간만료로 인한 해지) ① 임대차계약기간이 만료한 경우 '을'은 위 부동산을 원상으로 회복하여 '갑'에게 인도하여야 하며 '갑'은 임차보증금을 반환하여야 한다.

② '갑'의 보증금 반환이 지체된 경우 '갑'은 보증금에 대하여 월 ○○%의 지연 배상금을 '을'에게 지급하여야 한다.

제10조(이행전의 해제) '을'이 '갑'에게 중도금(중도금이 없을 때에는 잔금)을 지불할 때까지는 '갑'은 계약금의 배액을 상환하고 '을'은 계약금을 포기하고 이 계약을 해제 할 수 있다.

제11조(기타) 이 계약서 상에 없는 사항에 대하여 이의가 있는 경우에는 쌍방의 협의하에 처리하기로 하고 협의가 성립되지 않을 경우 관계법령 및 임대차관례에 따르기로 한다.

※ 기타 특약사항 기재

위 계약조건을 확실히 하고 후일에 증하기 위하여 본 계약서를 작성하고 각 1통씩 보관한다.

20○○년 ○월 ○일

임대인	주 소					
	성 명	인	주민등록번호	–	전 화 번 호	
임차인	주 소					
	성 명	인	주민등록번호	–	전 화 번 호	

(관련판례)

임대목적물인 점포 등을 지방자치단체에 기부채납하고 일정기간 동안 무상 사용권을 갖는 자로부터 점포를 임차한 자가 그 점포를 전대하여 오던 중 무상사용기간이 경과하였고, 지방자치단체로부터 그 점포의 관리·운영을 위임받은 자가 전차인을 상대로 점포의 명도 등을 청구한 경우, 전차인은 이행불능으로 인한 전대차계약의 종료를 이유로 전대인에게 전차임의 지급을 거절할 수 있다고 한 사례(대법원 2009.9.24. 선고 2008다38325 판결).

부동산(상가)임대차계약서

임대인 ○○○(이하 '갑'이라 한다.)과 임차인 ○○○(이하 '을'이라 한다.)은 아래 표시 부동산에 관해 '갑'은 '을'에게 목적 부동산을 임대하고 '을'은 '갑'에게 임차보증금을 지급하기로 하는 임대차계약을 다음과 같이 체결한다. 단, 본 임대차계약의 체결은 '갑'의 위임을 받은 대리인○○○(이하 '병'이라 한다.)이 '갑'을 대리하여 수행한다.

제1조(부동산의 표시)
　　소재지 : ○○도 ○○시 ○○구 ○○동 ○○길 2층
　　구　조 : 철근콘크리트조 슬래브지붕
　　용　도 : 근린생활시설(상가)
　　면　적 : 53.2㎡

제2조(임차보증금 및 월차임 지급방법) '을'은 임차보증금 및 월차임을 다음 각 호에 정한 금액과 지급방법에 따라 '갑'에게 지급하여야 한다.
　　1. 임차보증금은 금○○○만원으로 한다.
　　2. 계약금은 금○○○만원으로 하고 계약 체결시 지불한다.
　　3. 잔금 금○○○만원은 ○○년 ○월 ○일 지불한다.
　　4. 월차임은 금○○만원으로 정하여 매월 ○일까지 지급하기로 한다.

제3조(임대차기간) 임대차기간은 20○○년 ○월 ○일부터 20○○년 ○월 ○일까지 2년으로 한다.

제4조(목적물의 인도) '갑'은 위 부동산을 임대차목적대로 사용 수익할 수 있는 상태로 하여 20○○년 ○월 ○일까지 '을'에게 인도한다.

제5조(전대 및 양도 등의 금지) '을'은 '갑'의 동의 없이 위 부동산의 용도나 구조를 변경하지 못하고 임차목적물을 전대 또는 임대차 목적 이외의 용도에 사용하지 못하며 임차권을 양도할 수 없다.

제6조(재세공과금 등의 부담) '을'이 입주 후 발생되는 부담금, 제세공과금, 관리비등은 '을'이 부담한다.

제7조(차임연체로 인한 해지) '을'이 차임을 2기에 달하도록 지불하지 않은 경우 '갑'은 최고 없이 임대차 계약을 해지하고 위 부동산의 반환을 요구할 수 있다.

제8조(계약기간만료로 인한 해지) 임대차계약기간이 만료한 경우 '을'은 위 부동산을 원상으로 회복하여 '갑'에게 인도하여야 하며 '갑'은 임차보증금을 반환하여야 한다.

제9조(이행전의 해제) '을'이 '갑'에게 중도금(중도금이 없을 때에는 잔금)을 지불할 때까지는 '갑'은 계약금의 배액을 상환하고 '을'은 계약금을 포기하고 이 계약을 해제할 수 있다.

제10조(권리금 등) 기간만료로 인해 본 임대차계약이 해지될 경우 '을'은 '갑'에게 권리금 및 시설비등을 요구할 수 없다. 단, 계약기간 중 '갑'이 '을'의 동의 없이 매매 하거나 기타 '갑'의 귀책사유에 의해 임대차 계약이 해지될 경우 '갑'은 '을'에게 권리금 및 시설비를 지급하여야 하며 기타 손해가 있으면 그 배상을 하여야 한다.

※ 이하 기타 특약사항 기재

20○○년 ○월 ○일

임대인 (갑)	주 소						
	성 명		인	주민등록번호	–	전 화 번 호	
임차인 (을)	주 소						
	성 명		인	주민등록번호	–	전 화 번 호	
(갑)의 대리인 (병)	주 소						
	성 명		인	주민등록번호	–	전 화 번 호	

첨 부 : '갑'의 인감도장이 날인된 위임장.
　　　 '갑'의 인감증명 1통.

위 　 임 　 장

위임인 ○ ○ ○ (인)
　　　　 주 소 : ○○시 ○○구 ○○길 ○○
　　　　 전화번호 : ○○○ – ○○○○
　　　　 주민등록번호 : 111111 –1111111
수임인 ○ ○ ○ (인)
　　　　 주 소 : ○○시 ○○구 ○○길 ○○
　　　　 전화번호 : ○○○ – ○○○○

주민등록번호 : 111111 -1111111

　위임인 ○○○은 ○○도 ○○시 ○○동 ○○○-○○소재 부동산에 관하여 임대인으로서의 임대차계약체결에 관한 권한 일체를 수임인 ○○○에게 위임한다.

20○○년 ○월 ○일

위임인 ○　○　○　(인)

첨부 : 위임인 ○○○의 인감증명 1통.

부 동 산 임 대 차 (월세) 계 약 서

임대인과 임차인은 서로간 합의하에 다음과 같이 부동산 임대차계약을 체결한다.

제1조 (임대차대상 부동산의 표시)

소 재 지				
토 지	지목 : , 면적 : ㎡ (평)		용 도	주 차 장

제2조(보증금 등) 임차인은 상기 표시 부동산의 임대차보증금을 다음과 같이 지불하기로 한다.

월 세 금	金	원整 (₩)
계 약 금	金	원整은 계약시에 지불한다.
중 도 금	金	원整은 20○○년 ○월 ○일에 지불한다.
잔 금	金	원整은 20○○년 ○월 ○일에 지불한다.

제3조(계약기간) 임대차 기간은 20○○년 ○월 ○일부터 20○○년 ○월 ○일까지로 한다.

제4조(부동산인도) 임대인은 상기표시 부동산을 임대차 목적대로 사용 수익할 수 있는 상태로 하여20○○년 ○월 ○일까지 임차인에게 인도한다.

제5조(전대등 제한) 임차인은 임대인의 동의 없이 상기 표시 부동산의 용도나 구조 등의 변경, 전대, 양도, 담보제공 등 임대차 목적 외에 사용할 수 없다.

제6조(계약해제) 임차인이 임대인에게 중도금(중도금 약정이 없는 경우에는 잔금)을 지불하기 전까지는 본 계약을 해제할 수 있는 바, 임대인이 해약할 경우에는 계약금의 2배액을 상환하며 임차인이 해약할 경우에는 계약금을 포기하는 것으로 한다.

제7조(임대료) 임차인은 월임대료를 매월 말까지 임대인에게 지급한다.

제8조(계약해지) 임차인이 위 제4조를 위반하거나 또는 위 제6조에 정해진 임대료 지불을 2회 이상 지체했을 때는 임대인은 최고하지 않고도 이 계약을 해지할 수 있으며, 이에 대해 임차인은 이의제기를 하지 못한다.

제9조(원상회복) 임차인은 위 임대차기간이 만료하면 재계약을 체결하지 않는 한 만료와 동시에 임차목적물을 임대인에게 인도하며 임대인의 동의 없이 설치한 지상물을 철거하여 원상회복할 의무가 있으며 이를 이행치 아니한 상태에서 토지 인도시 임차인은 그 지상물에 대한 권리를 포기하며 철거에 소요되는 비용을 부담한다.

위의 계약을 증명하기 위하여 계약서 3통을 작성하여 각자 서명·날인하고 각 1통씩 보관하기로 한다.

20○○년 ○월 ○일

임 대 인	주 소						
	성 명		인	주민등록번호	–	전 화 번 호	
임 차 인	주 소						
	성 명		인	주민등록번호	–	전 화 번 호	
입 회 인	주 소						
	성 명		인	주민등록번호	–	전 화 번 호	

[서식] 임대차계약 해지통지서

임대차계약해지통지

수 신 인 임 대 인 ○ ○ ○
                  주소 : ○○시 ○○구 ○○길 ○○

발 신 인 임 차 인 ○ ○ ○
                  주소 : ○○시 ○○구 ○○길 ○○

목적물 : ○○시 ○○구 ○○길 ○○○번지 ○○호
        철근콘크리트 기와지붕 4층 건물중 3층 302호

제목 : 임대차계약해지

　상기 물건지에 대해서 임대인과 임차인은 20○○년 ○월 ○일부터 20○○년 ○월 ○일까지 ○년간 임대차계약을 체결하였는바, 20○○년 ○월 ○일에 계약이 종료되므로 이에 계약을 해지하고자 본 통지서를 보냅니다. 20○○년 ○월 ○일까지 건물을 비우겠사오니 이때에 맞추어 임대차보증금 전액을 반환해주시기를 부탁드립니다.

                    20○○년 ○월 ○
                    임차인 ○ ○ ○ (서명)

임대차계약갱신청구서

  20○○년 ○월 ○일자로 임대인 ○○○와 체결한 식목을 목적으로한 토지 임대차 계약에 따라, 임차하고 있는 ○○시 ○○구 ○○동 소재 ○○○평방미터 토지에 대해 임차인의 임차권이 20○○년 ○월 ○일자로 존속기간이 만료되어 소멸예정입니다. 그러나 위 토지 상에는 본인이 식재한 수목이 현존하고 있으므로 계약의 갱신을 청구합니다.

20○○년 ○월 ○일

임차인 ○ ○ ○
○○시 ○○구 ○○길 ○○번지

임대인 ○ ○ ○   귀하
      ○○시 ○○구 ○○길 ○○번지

■ 참 고 ■

1. 계약 자동 갱신

임대인이 임대차기간이 만료되기 6개월 전부터 1개월 전까지의 기간에 임차인에게 갱신 거절의 통지를 하지 않거나 계약조건을 변경하지 않으면 갱신하지 않는다는 뜻의 통지를 하지 않는 경우에는 그 임대차 기간이 끝나고 다시 전 임대차와 동일한 조건으로 임대차한 것으로 간주합니다.

2. 자동 갱신의 효과

이에 따라 상가건물 임대차계약이 자동 갱신되면 종전의 임대차와 동일한 조건으로 다시 임대차한 것으로 간주됩니다. 따라서 보증금과 차임도 종전의 임대차와 동일한 조건으로 임대차한 것으로 됩니다. 다만, 임대차의 존속기간은 1년으로 봅니다.

3. 자동 갱신된 임대차계약의 해지

① 상가건물 임대차계약이 묵시적으로 자동 갱신된 경우 임차인은 언제든지 갱신된 임대차계약을 해지할 수 있습니다.
② 임차인이 임대차계약을 해지하는 경우에는 임대인이 통지를 받은 날부터 3개월이 지나면 그 효력이 발생합니다.

[서식] 임대차계약서(자동차)

임 대 차 계 약 서

제1조(목적물)

자 동 차 등록번호		계약기간	~
차 종		임대금액	
차 명		위 약 금	
차대번호		비 고	

제1조(임차인의 자격) 임차인은 승용차는 만 21세 이상, 승합차는 만 30세 이상으로 도로교통법상 유효한 운전면허증을 소지하여야 한다.

제2조(대여요금) ①기본요금에는 차량대여료, 종합보험료, 부가가치세가 포함되어 있으며, 계약기간의 초과시 임대인은 별도의 초과시간 요금을 청구할 수 있다.
②임대차계약 시에 사용예정금액을 선납하며 차량 반납시에 최종 정산을 원칙으로 하며, 부대장비의 이용시 소정의 사용료를 추가로 청구할 수 있다.

제3조(보험보상및차량사고) ①임대차량은 자동차종합보험에 가입하여야 하며, 차량의 보험료는 임대인이 지급하기로 한다.
②임차기간동안 임차인의 고의·과실에 의한 차량사고 발생시 수리비는 임차인이 부담하며, 차량수리기간 동안의 휴차 보상료는 임차료의 70%로 하기로 한다.

제4조(교통법규) 임차기간동안 임차인은 교통법규를 준수하여야 하며, 임차인의 교통법규 위반으로 인한 범칙금은 임차인이 부담하기로 한다.

제5조(연료및주행거리) 유류는 임차인의 부담으로 하며 차량 반납 시에는 최초 대여 시부터 사용한 유류를 채워 반납하여야 하며, 주행거리에는 제한이 없는 것으로 한다.

제6조(계약연장) 계약기간을 연장하여 사용할 경우 사전에 임대인의 동의를 받아야 한다. 임대인의 사전 동의 없이 연장 사용할 경우 임차인은 위약금을 변상하여야 하며, 연장기간 중에 발생한 보험 및 차량손해에 대해서는 임대인은 책임을 지지 아니한다.

20○○년 ○월 ○일

임대인	주 소						전 화 번 호	
	성 명		인	주민등록번호		–	전 화 번 호	
임차인	주 소							
	성 명		인	주민등록번호		–	전 화 번 호	

임 대 차 계 약 서

제1조(당사자) 당사자의 표시

   갑: 임대인 성명 ○ ○ ○

            주소 ○○도 ○○군 ○○면 ○○길 ○○

   을: 임차인 성명 ○ ○ ○

            주소 ○○도 ○○군 ○○면 ○○길 ○○

제2조(목적물) 목적동산의 표시

   컴파인 1대

제3조(임대료) 임대료는 매월 금(　　　　　)원으로 정하고 을은 갑에게 월말에 지급하기로 한다.

제4조(임대차기간) 임대차계약기간은 20○○년 ○월 ○일부터 20○○년 ○월 ○일까지로 한다.

제5조(전대등의 제한) 을은 갑의 승낙 없이 이 동산을 다른 사람에게 양도·전대하여서는 아니되며, 임의로 형질을 훼손하거나 변경을 할 수 없다.

제6조(계약해지) 을이 3, 4항을 위반하거나 임대료지불을 2개월 이상 체납하였을 시는 갑은 최고없이 이 계약을 해지할 수 있다.

제7조(위험부담) 을의 귀책사유로 인하여 위 동산이 멸실, 훼손되었을 때에는 그 손해를 배상하여야 한다.

   위 계약을 증명하기 위하여 계약서2통을 작성하여 서명·날인한 다음 각 1통씩 보관한다.

20○○년 ○월 ○일

임대인 (갑)	주 소					
	성 명	인	주민등록번호	－	전 화 번 호	
임차인 (을)	주 소					
	성 명	인	주민등록번호	－	전 화 번 호	

점 포 임 대 차 계 약 서

　임대인 ＿＿＿＿(이하 "갑"이라 한다)과 임차인 ＿＿＿＿(이하　 "을"이라 한다)은 아래 표시의 부동산(이하 "표시부동산"이라 한다.)에 관하여 다음과 같이 합의하여 계약을 체결한다.

<부동산의 표시>

소재지	구조		면적	
	용도			

제1조(목적) 갑은 표시부동산을 임대하고 을은 이를 임차하여 식당으로 사용한다.

제2조(보증금) 임차보증금은 금　　 원으로 하고 다음과 같이 지급하기로 한다.

계 약 금	금	원은 계약체결시에 지급하고
중 도 금	금	원을 20○○년 ○월 ○일 지급하고
잔　　금	금	원은 20○○년 ○월 ○일 지급한다.

제3조(건물의 인도) ① 위 부동산의 명도는 20○○년 ○월 ○일로 한다.
　② 갑이 제1항의 인도기일까지 인도하지 못할 경우에는 이때부터 인도일 전일까지 1일당 금　　　 원의 손해를 배상하여야 한다.

제4조(임대차기간) 임대차 기간은 20○○년 ○월 ○일부터 20○○년 ○월 ○일까지로 한다.

제5조(월차임) 월세금액은 매월 10일에 지불키로 하되 만약 기일내에 지불치 못할 시에는 보증금에서 공제키로 한다.

제6조(임대인의 동의) 표시부동산의 구조변경 또는 증·개축 시, 표시 부동산의 전부나 일부를 용도 변경 시, 표시부동산의 전부나 일부를 전대, 임차권의 양도 또는 담보제공하려 할 때에는 임대인의 동의를 얻어야 한다.

제7조(공과금등) 공과금 등은 다음과 같이 부담하기로 한다.
　1. 갑이 부담하는 비용 : 재산세 등 부동산에 귀속되는 세금, 대수선비
　2. 을이 부담하는 비용 : 전기료·수도료·가스 등의 사용료, 화재보험료, 관리비 기타 쉽게 수리할 수 있는 소수선비

제8조(계약의 해제 및 해지) ① 을의 중도금 지급 전까지 갑은 계약금의 배액을 상환하고 을은 계약금을 포기하고 이 계약을 해제할 수 있다.

② 갑은 다음과 같은 경우에 최고없이 계약을 해지할 수 있다.
1. 을이 제6조에 위반한 경우
2. 표시부동산을 심하게 파손하고 갑의 요구에도 원상회복하지 않는 경우
3. 기타 공동생활의 질서를 문란하게 하는 행위가 있을 경우

제9조(원상회복)

1. 을은 임대기간 중 그의 귀책사유에 의한 표시부동산의 파손·오손 또는 무단 변경하였을 때에는 원상회복 후 갑에게 명도하여야 한다.
2. 표시부동산의 일부 또는 전부가 을의 부주의로 인하여 화재 기타 원인으로 멸실되었을 때에는 시가 상당액의 손해를 배상하여야 한다.

이 계약을 증명하기 위하여 계약서 2통을 작성하여 갑과 을이 서명·날인한 후 각각 1통씩 보관한다.

20○○년 ○월 ○일

임대인	주 소					전 화 번 호	
	성 명	인	주민등록번호		–		
임차인	주 소					전 화 번 호	
	성 명	인	주민등록번호		–		
입회인	주 소					전 화 번 호	
	성 명	인	주민등록번호		–		

(관련판례)

임대차는 당사자 일방이 상대방에게 목적물을 사용·수익하게 할 것을 약정하고 상대방이 이에 대하여 차임을 지급할 것을 약정함으로써 성립하는 것으로서(민법 제618조 참조), 임대인이 그 목적물에 대한 소유권 기타 이를 임대할 권한이 없다고 하더라도 임대차계약은 유효하게 성립한다. 따라서 임대인은 임차인으로 하여금 그 목적물을 완전하게 사용·수익하게 할 의무가 있고, 또한 임차인은 이러한 임대인의 의무가 이행불능으로 되지 아니하는 한 그 사용·수익의 대가로 차임을 지급할 의무가 있으며, 그 임대차관계가 종료되면 임차인은 임차목적물을 임대인에게 반환하여야 할 계약상의 의무가 있다. 다만 이러한 경우 임차인이 진실한 소유자로부터 목적물의 반환청구나 임료 내지 그 해당액의 지급요구를 받는 등의 이유로 임대인이 임차인으로 하여금 사용·수익하게 할 수가 없게 되면 임대인의 채무는 이행불능으로 되고 임차인은 이행불능으로 인한 임대차의 종료를 이유로 그 때 이후의 임대인의 차임지급 청구를 거절할 수 있다(대법원 2009.9.24.선고2008다38325 판결).

[서식] 주택 임대차계약서

이 계약서는 법무부에서 국토교통부 서울시 중소기업청 및 학계 전문가와 함께 민법, 상가건물 임대차보호법, 공인중개사법 등 관계법령에 근거하여 만들었습니다. 법의 보호를 받기 위해 **【중요확인사항】(별지)**을 꼭 확인하시기 바랍니다.

주택임대차계약서

임대인(이름 ○○○)과 임차인(이름 ○○○)은 아래와 같이 임대차 계약을 체결한다.

[임차 주택의 표시]

소재지	(도로명주소)			
토 지	지목		면적	m²
건 물	구조·용도		면적	m²
임차할부분	상세주소가 있는 경우 동·층·호 정확히 기재		면적	m²
미납 국세		선순위 확정일자 현황		
□ 없음 (임대인 서명 또는 날인 ㉑)		□ 해당 없음 (임대인 서명 또는 날인 ㉑)		확정일자 부여란
□ 있음(중개대상물 확인·설명서 제2쪽 Ⅱ. 개업공인중개사 세부 확인사항 '⑨ 실제 권리관계 또는 공시되지 않은 물건의 권리사항'에 기재)		□ 해당 있음(중개대상물 확인·설명서 제2쪽 Ⅱ. 개업공인중개사 세부 확인사항 '⑨ 실제 권리관계 또는 공시되지 않은 물건의 권리사항'에 기재)		
유의사항 미납국세 및 선순위 확정일자 현황과 관련하여 개업공인중개사는 임대인에게 자료제출을 요구할 수 있으나, 세무서와 확정일자부여기관에 이를 직접 확인할 법적권한은 없습니다. ※ 미납국세 선순위확정일자 현황 확인방법은 "별지" 참조				

[계약내용]

제1조(보증금과 차임) 위 부동산의 임대차에 관하여 임대인과 임차인은 합의에 의하여 보증금 및 차임을 아래와 같이 지불하기로 한다.

보증금	금	원정(₩)		
계약금	금	원정(₩)은 계약시에 지불		
	하고 영수함. 영수자 (인)			
중도금	금	원정(₩)은		년
	월	일에 지불하며		
잔 금	금	원정(₩)은		년
	월	일에 지불한다		

차임(월세)	금 원정은 매월 일에 지불한다
	(입금계좌:)

수리 필요 시설	□없음 □있음(수리할 내용:)
수리 완료 시기	□잔금지급 기일인 년 월 일까지
	□ 기타( )
약정한 수리 완료 시기까지 미 수리한 경우	□수리비를 임차인이 임대인에게 지급하여야 할 보증금 또는 차임에서 공제
	□기타( )

제2조(임대차기간) 임대인은 임차주택을 임대차 목적대로 사용·수익할 수 있는 상
태로   년   월   일까지 임차인에게 인도하고, 임대차기간은 인도일로부터
   년   월   일까지로 한다.

제3조(입주 전 수리) 임대인과 임차인은 임차주택의 수리가 필요한 시설물 및 비용
부담에 관하여 다음과 같이 합의한다.

제4조(임차주택의 사용 · 관리 · 수선) ① 임차인은 임대인의 동의 없이 임차주택의
구조변경 및 전대나 임차권 양도를 할 수 없으며, 임대차 목적인 주거 이외의 용
도로 사용할 수 없다.
② 임대인은 계약 존속 중 임차주택을 사용 · 수익에 필요한 상태로 유지하여야
하고, 임차인은 임대인이 임차주택의 보존에 필요한 행위를 하는 때 이를 거절하
지 못한다.
③ 임대인과 임차인은 계약 존속 중에 발생하는 임차주택의 수리 및 비용부담에
관하여 다음과 같이 합의한다. 다만, 합의되지 아니한 기타 수선비용에 관한 부
담은 민법, 판례 기타 관습에 따른다.
④ 임차인이 임대인의 부담에 속하는 수선비용을 지출한 때에는 임대인에게 그
상환을 청구할 수 있다.

임대인부담	(예컨대, 난방, 상 · 하수도, 전기시설 등 임차주택의 주요설비에 대한 노후 · 불량으로 인한 수선은 민법 제623조, 판례상 임대인 이 부담하는 것으로 해석됨)
임차인부담	(예컨대, 임차인의 고의 · 과실에 기한 파손, 전구 등 통상의 간 단한 수선, 소모품 교체 비용은 민법 제623조, 판례상 임차인이 부담하는 것으로 해석됨)

제5조(계약의 해제) 임차인이 임대인에게 중도금(중도금이 없을 때는 잔금)을 지급
하기 전까지, 임대인은 계약금의 배액을 상환하고, 임차인은 계약금을 포기하고
이 계약을 해제할 수 있다.

제6조(채무불이행과 손해배상) 당사자 일방이 채무를 이행하지 아니하는 때에는 상
대방은 상당한 기간을 정하여 그 이행을 최고하고 계약을 해제할 수 있으며, 그
로 인한 손해배상을 청구할 수 있다. 다만, 채무자가 미리 이행하지 아니할 의사

를 표시한 경우의 계약해제는 최고를 요하지 아니한다.

제7조(계약의 해지) ① 임차인은 본인의 과실 없이 임차주택의 일부가 멸실 기타 사유로 인하여 임대차의 목적대로 사용할 수 없는 경우에는 계약을 해지할 수 있다. ② 임대인은 임차인이 2기의 차임액에 달하도록 연체하거나, 제4조 제1항을 위반한 경우 계약을 해지할 수 있다.

제8조(계약의 종료) 임대차계약이 종료된 경우에 임차인은 임차주택을 원래의 상태로 복구하여 임대인에게 반환하고, 이와 동시에 임대인은 보증금을 임차인에게 반환하여야 한다. 다만, 시설물의 노후화나 통상 생길 수 있는 파손 등은 임차인의 원상복구의무에 포함되지 아니한다.

제9조(비용의 정산) ① 임차인은 계약종료 시 공과금과 관리비를 정산하여야 한다. ② 임차인은 이미 납부한 관리비 중 장기수선충당금을 소유자에게 반환 청구할 수 있다. 다만, 관리사무소 등 관리주체가 장기수선충당금을 정산하는 경우에는 그 관리주체에게 청구할 수 있다.

제10조(중개보수 등) 중개보수는 거래 가액의___% 인_____원(□ 부가가치세 포함 □ 불포함)으로 임대인과 임차인이 각각 부담한다. 다만, 개업공인중개사의 고의 또는 과실로 인하여 중개의뢰인간의 거래행위가 무효·취소 또는 해제된 경우에는 그러하지 아니하다.

제11조(중개대상물확인·설명서 교부) 개업공인중개사는 중개대상물 확인·설명서를 작성하고 업무보증관계증서(공제증서등) 사본을 첨부하여 년 월 일 임대인과 임차인에게 각각 교부한다.

[특약사항]

상세주소가 없는 경우 임차인의 상세주소부여 신청에 대한 소유자 동의여부
(□ 동의   □ 미동의)

※ 기타 임차인의 대항력·우선변제권 확보를 위한 사항, 관리비·전기료 납부방법 등 특별히 임대인과 임차인이 약정할 사항이 있으면 기재

－【대항력과 우선변제권 확보 관련 예시】 "주택을 인도받은 임차인은   년   월   일까지 주민등록(전입신고)과 주택임대차계약서상
    확정일자를 받기로 하고, 임대인은   년   월   일(최소한 임차인의 위 약정일자 이틀 후부터 가능)에 저당권 등 담보권을 설정할
    수 있다 "는 등 당사자 사이 합의에 의한 특약 가능

본 계약을 증명하기 위하여 계약 당사자가 이의 없음을 확인하고 각각 서명·날인 후 임대인, 임차인, 개업공인중개사는 매 장마다 간인하여, 각각 1통씩 보관한다.

년   월   일

	주 소							서명 또는 날인 ㉑
임 대 인	주민등록번호 (법인등록번호)			전 화		성 명 (회사명)		
	대 리 인	주 소		주민등 록번호		성 명		
임 차 인	주 소							서명 또는 날인 ㉑
	주민등록번호 (법인등록번호)			전 화		성 명 (회사명)		
	대 리 인	주 소		주민등 록번호		성 명		
중 개 업 사	사무소소재지			사무소소재지				
	사무소명칭			사무소명칭				
	대 표	서명 및 날인	㉑	대 표	서명 및 날인			㉑
	등록번호		전화	등록번호			전화	
	소속공인중개사	서명 및 날인	㉑	소속공인중개사	서명 및 날인			㉑

[별 지]

법의 보호를 받기 위한 중요사항-계약시 꼭 확인하세요.
<계약 체결 시 꼭 확인하세요>

【당사자 확인 / 권리순위관계 확인 / 중개대상물 확인 · 설명서 확인】

① 신분증·등기사항증명서 등을 통해 당사자 본인이 맞는지, 적법한 임대 · 임차권한 이 있는지 확인합니다.

② 대리인과 계약 체결 시 위임장·대리인 신분증을 확인하고, 임대인(또는 임차인) 과 직접 통화하여 확인하여야 하며, 보증금은 가급적 임대인 명의 계좌로 직접 송금합니다.

③ 중개대상물 확인 · 설명서에 누락된 것은 없는지, 그 내용은 어떤지 꼼꼼히 확인 하고 서명하여야 합니다.

【대항력 및 우선변제권 확보】

① 임차인이 **주택의 인도와 주민등록**을 마친 때에는 그 다음날부터 제3자에게 임차 권을 주장할 수 있고, 계약서에 **확정일자**까지 받으면, 후순위권리자나 그 밖의 채권자에 우선하여 변제받을 수 있습니다.

− 임차인은 최대한 신속히 ① 주민등록과 ② 확정일자를 받아야 하고, 주택의 점유 와 주민등록은 임대차 기간 중 계속 유지하고 있어야 합니다.

② **등기사항증명서, 미납국세, 다가구주택 확정일자 현황** 등 반드시 확인하여 선순위 담보권자가 있는지, 있다면 금액이 얼마인지를 확인하고 계약 체결여부를 결정하여야 보증금을 지킬 수 있습니다.

※ 미납국세와 확정일자 현황은 임대인의 동의를 받아 임차인이 관할 세무서 또는 관할 주민센터·등기소에서 확인하거나, 임대인이 직접 납세증명원이나 확정일자 현황을 발급받아 확인시켜 줄 수 있습니다.

< 계약기간 중 꼭 확인하세요 >

【차임증액청구】
계약기간 중이나 묵시적 갱신 시 차임·보증금을 증액하는 경우에는 5%를 초과하지 못하고, 계약체결 또는 약정한 차임 등의 증액이 있은 후 1년 이내에는 하지 못합니다.

【월세 소득공제 안내】
근로소득이 있는 거주자 또는「조세특례제한법」제122조의3 제1항에 따른 성실사업자는「소득세법」및「조세특례제한법」에 따라 월세에 대한 소득공제를 받을 수 있습니다. 근로소득세 연말정산 또는 종합소득세 신고 시 주민등록표등본, 임대차계약증서 사본 및 임대인에게 월세액을 지급하였음을 증명할 수 있는 서류를 제출하면 됩니다. 기타 자세한 사항은 국세청 콜센터(국번 없이 126)로 문의하시기 바랍니다.

【묵시적 갱신 등】
① 임대인은 임대차기간이 끝나기 6개월부터 1개월 전까지, 임차인은 1개월 전까지 각 상대방에게 기간을 종료하겠다거나 조건을 변경하여 재계약을 하겠다는 취지의 통지를 하지 않으면 종전 임대차와 동일한 조건으로 자동 갱신됩니다.
② 제1항에 따라 갱신된 임대차의 존속기간은 2년입니다. 이 경우, 임차인은 언제든지 계약을 해지할 수 있지만 임대인은 계약서 제7조의 사유 또는 임차인과의 합의가 있어야 계약을 해지할 수 있습니다.

< 계약종료 시 꼭 확인하세요 >

【보증금액 변경시 확정일자 날인】
계약기간 중 보증금을 증액하거나, 재계약을 하면서 보증금을 증액한 경우에는 증액된 보증금액에 대한 우선변제권을 확보하기 위하여 반드시 다시 확정일자를 받아야 합니다.

【임차권등기명령 신청】
임대차가 종료된 후에도 보증금이 반환되지 아니한 경우 임차인은 임대인의 동의 없이 임차주택 소재지 관할 법원에서 임차권등기명령을 받아, **등기부에 등재된 것을 확인하고 이사**해야 우선변제 순위를 유지할 수 있습니다. 이때, 임차인은 임차권등기명령 관련

임대차계약 해지 통지 및 보증금 반환청구

수신인 : 임대인 ○○○ (주민등록번호)
　　　　서울 ○○구 ○○동 ○○○길 ○○
발신인 : 임차인 ○○○ (주민등록번호)
　　　　서울 ○○구 ○○동 ○○○길 ○○

1. 임대차계약내용
　부동산소재지 : 서울 ○○구 ○○동 ○○길 ○○ 지층 2호
　임대차 계약기간 : 20○○년 7월 15일부터 20○○년 7월 14일
　임대차 보증금 : 일금 오천만원 정
2. 상기 물건지에 대해서 귀하와 발신인이 20○○년 7월 15일부터 20○○년 7월 14일까지 전세(임대차) 계약을 체결하여 20○○년 7월 14일부로 계약이 종료되며, 20○○년 7월부터 작은방의 누수 및 심한 곰팡이로 사용하지 못하였으며 방안 물건에도 심각한 손상을 입었습니다.
　이에 발신인은 계약 만기 내이지만 위와 같은 사유로 계약 종료를 요구하며, 새로운 입주자가 결정되지 않더라도 이 내용증명을 송달받은 날로부터 5일 이내에 임대차 보증금을 발신인의 계좌(우리은행 : ○○○-○○○○○○-○○-○○○ 예금주 : 황임차) 반환하여 주실 것을 본 내용증명으로 요구합니다.
3. 발신인은 현재 다른 집을 20○○. 7. 14. 전세보증금 3천만원에 월 차임 30만원으로 계약한 상태인바, 귀하가 보증금을 반환치 않을 경우 발신인은 월 30만원씩의 차임을 지급하게 될 것입니다.
4. 또한 귀하도 알고 있듯이 발신인의 임차보증금 5천만원 중 3,500만원은 우리은행으로부터 근로자 전세대출로 대출받은 돈이므로 귀하가 이를 늦게 반환할 경우에는 그에 대한 월 14만원씩의 이자가 발생합니다.
5. 위 3항 및 4항의 돈은, 민법상 특별손해에 해당하는 것으로서 미리 통지하는 것이며, 추후 소송 시에는 임차보증금반환의 본안사건과 임차권등기신청사건의 소송비용뿐만 아니라 위와 같은 특별손해에 대하여도 귀하가 부담해야 한다는 사실을 미리 특정하여 고지하는 것이므로, 부디 빠른 시일 내에 보증금을 반환하여 상호간에 불미스런 일이 발생치 않도록 해 주시기 바랍니다.

20○○년　월　일
임차인　○○○　(서명)

주택임대차 계약해지(임대료 연체)

발 신 인 ○ ○ ○
　　　　　　주 소 ○○시 ○○로 ○○번길 ○○
수 신 인 ○ ○ ○
　　　　　　주 소 ○○시 ○○로 ○○번길 ○○

임대차계약 해지 통고

1. 본인은 귀하와 20○○년 ○○월 ○○일 본인 소유의 주택에 대하여 아래와 같이 임대차계약을 체결한 바 있습니다.

– 아　　래 –

목적물 : ○○시 ○○로 ○○길 ○○ ○○아파트 ○○㎡
임차보증금 : 금 ○○○,○○○,○○○원
월 임대료 : 금 ○○○,○○○원
임대차기간 : 20○○년 ○○월 ○○일부터 20○○년 ○○월 ○○일까지

2. 귀하는 위 계약에 따라 본인에게 계약금 금○○,○○○,○○○원을 계약 당일 지급하고, 나머지 금○○○,○○○,○○○원은 같은 해 ○○월 ○○일 지급하여 잔금지급일부터 입주해오고 있습니다.

3. 그런데, 귀하는 20○○년 ○○월부터 아무런 사유 없이 월임대료를 지급하지 아니하여 본인은20○○년 ○○월 ○○일자 등 수 차례 귀하에게 체납 임대료 지급을 최고하였습니다.

4. 그럼에도 불구하고 귀하는 체납 임대료를 지급하지 않고 있어 본인은 귀하에게 서면으로 임대차계약 해지를 통지하오니 본 서면을 받는 즉시 위 건물을 명도해주시고 밀린 임대료를 지급하여 주시기 바랍니다. 만일, 위 기한 내 건물명도 및 체납 임대료를 변제하시지 않으면 본인은 부득이 법적 조치를 하겠으니 양지하시기 바랍니다.

20○○. ○. ○.
위 발신인 ○○○ (서명)

누수로 인한 임대차계약 해지 통지 및 보증금 반환청구

수신인 : ○○○(주민등록번호)
　　　　　인천 ○○구 ○○동 ○○길 ○○
발신인 : ○○○(주민등록번호)
　　　　　서울 ○○구 ○○동 ○○길 ○○

1. 발신인은 귀사 소유인 서울　○○구 ○○동 ○○길, 지층 안쪽 방 2칸에 대하여 계약기간을 2012.4.15.부터 2014.4.15.까지 24개월로, 임대차보증금을 35,000,000원으로 정하고 거주하고 있는 임차인입니다.
2. 상기 물건지에 대해서 올해 7월부터 큰방 쪽의 심한 누수와 큰방과 작은방, 주방 벽면의 심한 곰팡이로 인하여 도저히 사람이 살 수 없는 상황이고, 발신인이 귀하에게 얘기하니 귀하는 수리해 준다고 했다가 보증금을 반환해 준다고 했다가 지키지도 않는 약속들을 반복하거나 사는 데 지장이 없다는 등 발신인의 요구사항을 전혀 받아들이지 않고 있습니다.
3. 이에 발신인은 계약기간 내이지만 위와 같은 사유로 계약 종료를 요구하며, 새로운 입주자가 결정되지 않더라도 이 내용증명을 송달받은 날로부터 7일 이내에 임대차 보증금 및 이사비용 원(단 이사 올 당시 기준임, 이하 같음), 부동산중개수료 원 반환하여 주실 것을 본 내용증명으로 요구합니다.
4. 위와 같은 발신인의 요구사항에 불응할 경우, 발신인은 임차보증금반환 등 청구의 본안소송과 임차권등기신청사건의 각 소송비용, 판결 이후의 강제집행에 따른 집행비용 등을 귀하가 부담해야 한다는 사실을 미리 고지하니, 부디 빠른 시일 내에 보증금을 반환하여 상호간에 불미스런 일이 발생치 않도록 해 주시기 바랍니다.

20○○.　　○.　　○.

발신인　○○○　(서명)

[서식] 부속물매수청구서

부 속 물 매 수 청 구 서

본인이 20○○년 ○월 ○일 귀하와 체결한 귀하 소유의 ○○시 ○○구 ○○동 ○○ 번지 대지에 관한 토지임대차계약이 20○○년 ○월 ○일의 경과로서 기간 만료 되었 습니다. 또한 본인은 20○○년 ○월 ○일 귀하에게 계약의 갱신을 청구하였으나, 귀 하로부터 이에 대한 거절의 통지를 받았습니다. 이에 본인은 귀하에게 위 대지상에 존재하는 본인 소유의 별지 기재 건물 및 본인이 권원에 의하여 위 대지에 부속시킨 것을 시가로 매수하여 주실 것을 청구합니다.

20○○년 ○월 ○일
임 차 인　○　○　○　(인)

임대인(토지소유자)　○　○　○　귀 하
○○시 ○○구 ○○길 ○○

기계류 임대차(리스)계약서

○○○(이하 갑이라 한다)과 ◇◇◇(이하 을이라 한다)은 갑이 소유하고 있는 별지 목록 기재 기계(이하 '본 계약기계'라 한다)에 대하여 다음과 같은 조건으로 임대차계약을 체결한다.

제1조(목적) 갑은 을에게 본 계약기계를 임대하고 을은 이를 임차하여 사용하면서 갑에게 임대료를 지급한다.

제2조(기간 및 자동갱신) 본 계약의 계약기간은 20○○년 ○월 ○일부터 20○○년 ○월 ○일까지로 한다. 기간만료일로부터 임대인이 해지통지를 하는 경우에는 3월, 임차인이 해지통지를 하는 경우에는 1월 전에 상대방에게 문서로써 해지의 의사표시를 하여야 하며 그 기간 내에 해지의 의사표시가 없는 경우에는 계약은 1년씩 갱신된다. 갱신된 계약의 조건은 당사자간에 다른 의사표시가 없는 한 전계약의 조건과 동일한 것으로 본다.

제3조(인도방법 및 의무) ① 갑은 본 계약기계를 20○○년 ○월 ○일까지 갑과 을이 협의한 장소에서 또는 계약당시 본 계약기계가 있는 장소에서 을에게 인도한다. 본 계약기계의 인도시 갑은 기계의 현재 상태, 작동성능, 조작방법, 수리방법 등에 관한 설명서를 을에게 교부한다.

② 을은 본 계약기계를 인도 받은 즉시 기계의 현재상태 등을 조사하여야 하며 하자를 발견한 경우 즉시 그 사실을 갑에게 문서로써 통지하여야 한다. 단, 사전에 갑이 그 사실을 알고 있었던 경우에는 예외로 하며 이 경우 입증책임은 을이 부담한다.

③ 전항의 통지를 게을리 하여 을이 입은 손해에 대하여 갑은 배상의 책임이 없다.

제4조(책임) ① 갑은 을로부터 전조 제2항에 의한 통지를 받거나 본계약체결 후 6월내에 을의 귀책사유에 의하지 않고 본 계약기계에 하자가 발생한 경우 본 계약기계에 대한 하자보수의무를 진다.

② 전항의 하자에 대하여 을은 제6조제1항 및 제2항에서 정하고 있는 임료의 감액이외에 손해의 배상을 청구할 수 있다.

③ 갑은 을의 귀책사유에 의해 본 계약기계가 멸실 또는 파손되거나 성능저하 등의 손해가 발생하는 경우 을에게 그 배상을 청구할 수 있다.

④ 본 계약체결 후 본 계약기계로 인하여 제3자가 입은 손해에 대한 배상책임은 을이 부담한다. 단 그 손해가 을의 귀책사유에 의한 것이 아니고 갑 또는 을 중 누구의 책임인지 밝혀지지 않거나 쌍방 누구의 책임도 아닌 경우에는 갑과 을은 반분하여 배상책임을 진다.

제5조(보증금) 을은 갑에게 본 계약에 대한 손해의 담보로써 금 ○○○원을 20○

○년 ○월 ○일까지 지급하여야 한다.

제6조(임료) 을은 본 계약기계의 사용대가로 매월 금○○○원을 현금으로 갑에게 지급하여야 한다. 임료의 지급기한은 매 익월 10일 이내로 한다.

제7조(임료의 감액) ① 을이 제3조 제2항에 의한 하자의 통지를 갑에게 한 경우 그 하자로 인하여 입은 손해에 상응하는 임료의 감액을 청구할 수 있다.

② 을은 을의 귀책사유에 의하지 않은 본 계약기계의 하자로 손해를 입거나 추가 적인 비용을 부담하게 된 경우 그 실손해에 상응하는 임료의 감액을 문서로써 갑에게 청구할 수 있다.

③ 제6조에서 정하고 있는 임료는 경제사정의 급격한 변동 기타 특별한 사정이 있는 경우에는 을은 갑에게 그 사유를 입증하여 임료의 감액을 청구할 수 있으 며 감액사유에 대한 입증책임은 을이 진다.

제8조(금지행위) 을은 본 계약기계에 대하여 사전에 갑의 승낙을 얻지 아니하고 담 보의 설정, 양도 및 전대행위를 할 수 없다.

제9조(계약의 해제) ① 갑과 을은 쌍방이 본 계약에서 정하고 있는 의무를 이행하 지 않거나 정당한 이유 없이 이행을 거부하는 경우 계약을 해제할 수 있다. 해제 의 의사표시는 확정일자 있는 문서로써 하며 해제의 효력은 그 의사표시가 상대 방에게 송달된 때부터 발생한다.

② 갑과 을은 상당한 기간을 정하여 상대방에게 이행여부의 확답을 최고할 수 있 으며 상대방이 상당한 기간내에 확답을 하지 않는 경우에는 별도의 의사표시 없 이 계약을 해제할 수 있다.

③ 갑과 을은 서로의 귀책사유에 의하지 않은 부득이한 사유로 인하여 더 이상 계약의 목적을 달성할 수 없게 되는 경우 상대방에게 손해를 배상하지 않고 계 약을 해제할 수 있다. 단 입증책임은 그 사유를 주장하는 자에게 있다.

제10조(보험가입) 을은 본 계약기계를 인도받은 후 ○일 이내에 본계약기계에 대 한 손해를 담보하기 위하여 보험에 가입하여야 한다.

제11조(협의) 갑과 을은 신의성실의 원칙에 따라 본 계약을 이행하여야 하며 본 계약의 해석에 다툼이 있는 경우에는 쌍방 협의에 의하여 정하되 협의가 이루어 지지 않는 경우 상관습이 있으면 그에 의하고 관습이 없는 경우에는 관계 법령 과 판례의 해석에 따른다.

제12조(준거법, 관할) 민사에 관하여 다툼이 있는 경우 준거법은 갑의 본점이 소재하 고 있는 국가의 법으로 하며 법원의 관할은 갑의 본점소재지 관할 법원으로 한다.

본 계약 체결의 증거로써 갑과 을은 본 계약서 2통을 작성하여 쌍방이 서명(기 명) 날인한 후 각 1통씩 보관한다.

20○○년 ○월 ○일

임대인	주 소						
	성 명		인	주민등록번호	–	전 화 번 호	
임차인	주 소						
	성 명		인	주민등록번호	–	전 화 번 호	

[별 지]

기 계 목 록

품 명	수 량(개)	제작회사	고유번호
전기용접기	5	○○○	○○○
산소용접기	5	○○○	○○○
그라인다	2	○○○	○○○

■ 참 고 ■

① 리스회사가 리스물건인 자동차의 구입대금 중 일부를 리스이용자에게 금융리스의 형태로 제공하고 리스회사 명의로 자동차소유권 등록을 해 둔 다음 공여된 리스자금을 리스료로 분할 회수하는 리스계약관계에서, 리스이용자가 그 자동차를 제3자에게 매도하고 리스계약관계를 승계하도록 하면서 매매대금과 장래 리스료 채무의 차액 상당을 매수인으로부터 지급받은 경우, 그 리스이용자는 리스회사와의 리스계약관계에서는 탈퇴하지만 매수인에 대한 소유권이전의무 및 매도인으로서의 담보책임은 여전히 부담한다(대법원 2013.6.13. 선고 판결).

② 리스회사인 갑 주식회사가 리스대상 물건 공급자인 을 주식회사와 '리스계약 해지사유가 발생하는 등 재매입사유가 발생한 경우, 을 회사는 갑 회사의 요청에 따라 리스대상 물건을 재매입하여야 한다.'는 내용의 재매입약정을 한 사안에서, 제반 사정상 재매입사유가 발생한 날부터 1년 4개월 남짓이 경과하여 비로소 행사된 갑 회사의 재매입청구는 정당한 사유 없이 행사가 지체되었다고 보아야 하므로, 갑 회사의 재매입청구 지체로 말미암아 을 회사가 어떠한 손해를 입었는지를 살펴본 후 갑 회사가 재매입약정에 의한 재매입 대금 지급책임 전부의 이행을 청구하는 것이 신의칙에 반하여 용납될 수 없어 을 회사의 재매입 대금 지급책임을 합리적인 범위 내로 제한할 수 있는지 심리·판단하였어야 함에도, 이와 달리 을 회사의 신의칙상 책임 제한 주장을 배척한 원심판결에 법리오해의 위법이 있다고 한 사례(대법원 2013.2.14. 선고 2010다59622 판결).

임 대 차 계 약 서

임대인은 그 소유인 다음 표시의 동산을 임차인에게 임대하고 사용·수익하도록 하며 임차인은 이것을 임차하여 그 임료를 지급할 것을 약정한다.

제1조(목적물)
　　1. ○○형 제작기계 ○대
　　2. ○○형 발동기 ○대

제2조(임대료) 임료는 매월 금 200,000원으로 하고 임차인은 매월 말일까지 당해 ○월분을 임대인의 주소에 지참하여 지급하여야 한다.

제3조(계약해지) 임차인이 임료의 지급을 2개월 이상 태만히 할 때는 임대인은 즉시 본 계약을 해제하여 임대물의 반환을 청구할 수 있다.

제4조(목적외 사용금지) 임차인은 임차물을 그 성질 및 용법에 따라 사용·수익하는 이외의 목적에 사용·수익할 수 없다.

제5조(제세공과금) 대여물건에 관한 공조공과 및 화재보험료는 '임차인'이 부담하고 화재보험금의 수취인 명의는 '임대인'으로 한다.

제6조(양도 등의 제한) 임차인은 임차권을 양도 또는 임차물을 제3자에게 전대할 수 없다.

제7조(존속기간) 본 임대차의 존속기간은 계약 일로부터 ○년으로 한다.

제8조(위험부담) 임차인이 그의 귀책사유로 인하여 임차물을 멸실·훼손하였을 때는 그 손해를 배상하여야 한다.

제9조(계약종료) 임차인은 임대차가 종료했을 때 즉시 임차물을 임대인에게 반환하여야 한다.

위의 계약을 입증하기 위하여 본 증서 2통을 작성하고 각자 1통씩 보존한다.

20○○년 ○월 ○일

임대인	주　소						
	성　명		인	주민등록번호	－	전　화 번　호	
임차인	주　소						
	성　명		인	주민등록번호	－	전　화 번　호	

임 대 차 계 약 서

아래 표시 컴퓨터의 임대차계약에 있어 임대인 ○○○(이하 '갑'이라 한다)과 임차인 ○○○(이하 '을'이라 한다)은 다음 계약내용과 같이 합의하여 임대차계약을 체결한다.

컴퓨터의 표시

※ 컴퓨터 기종 및 성능을 기재

제1조(사용목적) 을은 위 컴퓨터를 이 계약 당시의 상태대로 사용하여야 한다.

제2조(임차료) 임차료는 매월 금 ○○○원으로 하고 을은 매월 말일 갑에게 지참하여 지급하거나 갑이 지정한 온라인 예금계좌로 입금하여야 한다.

제3조(임대차기간) 임대차기간은 계약 일로부터 6개월로 하고 계약기간 만료 1개월 전까지 계약기간 만료 통지나 임차료 증감청구 등 당사자의 이의 제기가 없으면 계약은 6개월씩 자동연장 되는 것으로 한다.

제4조(계약의 해지) 을이 임차료를 2개월 분 이상을 지연시킨 경우 갑은 계약을 해지할 수 있다.

제5조(위약금) 갑이 제3자에 대한 소유권의 양도 기타 사유로 을의 컴퓨터 사용을 방해하여 임대차의 목적을 달성할 수 없게 한 때에는 위약금으로 금○○○원을 배상하여야 한다.

제6조 본 계약에서 특별히 정한 바가 없는 경우는 민법의 규정에 의하여 해결한다.

이 계약을 증명하기 위하여 계약서 2통을 작성하여 갑과 을이 서명·날인한 후 각1통씩 보관한다.

20○○년 ○월 ○일

임대인	주　소						
	성　명		인	주민등록번호	－	전 화 번 호	
임차인	주　소						
	성　명		인	주민등록번호	－	전 화 번 호	

임 대 차 계 약 서

○○주식회사를 갑으로 하고, ○○상점을 을로 하여 양 당사자 간에 자동판매기의 임대차에 관하여 아래와 같이 계약을 체결한다.

제1조(목적물) 이 계약에서 물건이란 별표에 기재된 것을 말한다.

제2조(계약조건) 물건의 계약기간, 설치장소 및 사용료는 다음과 같이 한다.

  1. 계약기간 : 20○○년 ○월 ○일부터 20○○년 ○월 ○일 까지

  2. 설치장소 : 서울시 ○○구 ○○길 ○○번지 ○○ ○○상점 내

  3. 사 용 료 : 1대당 월 ○○○원

제3조(용도변경의 금지 등) ① 을은 물건을 별표에 기재된 물품의 판매 이외의 용도로 사용할 수 없으며 타인에게 매도, 전대, 저당에 제공할 수 없다.

제4조(반환의무) 제2조의 계약기간 경과 후에는 을은 갑에게 즉시 물건을 반환한다.

제5조(설치장소변경금지 등) ① 갑은 물건의 설치공사를 갑의 비용으로 하며 을은 설치에 필요한 사항에 협조한다.

  ② 을은 갑의 승낙 없이 물건을 무단으로 제2조의 설치장소가 아닌 곳에 설치할 수 없다.

제6조(관리의무와 비용부담) ① 을은 천재지변 등 불가항력의 경우를 제외하고 물건의 분실과 훼손에 대하여 책임을 지며 계약기간 중 선량한 관리자의 주의의무로써 이를 사용토록 한다.

  ② 물건에 발생한 고장에 대하여는 갑이 수리하기로 하고, 을의 관리상의 부주의로 인한 경우에는 그 수리비용은 을이 부담한다.

제7조(사용료의 지급) ① 을은 물건의 사용료를 매월 1일에 갑이 지정하는 통장계좌로 입금하도록 한다.

  ② 을이 기일까지 사용료 지급을 2기 이상 연체할 경우 갑은 을에게 물건의 사용정지 혹은 반환요구를 할 수 있으며 이 경우 을은 계약기간중이라도 갑의 요구에 따른다.

제8조(규정외 사항) 이 계약에 명시하지 않는 사항은 관례에 의한다.

이 계약을 보증하기 위해 본서 2통을 작성하고, 갑·을 각 1통을 보관한다.

20○○년 ○월 ○일

임대인	주 소						
	성 명		인	주민등록번호	–	전 화 번 호	

임차인	주 소						
	성 명		인	주민등록번호	–	전 화 번 호	

[별 표]

기계번호	형 식	판매품목	비 고
B123	KS○○	○○	
B124	KS○○	○○	
B125	KS○○	○○	

6. 위임계약서

[서식] 위임계약서(건물매도)

위 임 계 약 서

위임인 ○○○(이하 "갑"이라 한다)와 수임인 ○○○(이하 "을"이라 한다)는 다음과 같이 합의하여 위임 계약을 체결한다.

▷ 다　　음 ◁

제1조(계약의 목적) 갑은 을에게 갑 소유의 ○○시 ○○구 ○○길 ○○소재 철근콘크리트조 ○○평의 건물 1동을 대금 ○○○원 이상으로 매각하는 일과 이에 관련된 일체의 행위를 위임한다.

제2조(계약기간) 계약기간은 20○○년 ○월 ○일까지로 한다.

제3조(비용의 부담) 위임사무에 관한 비용은 위임자가 부담하고 수임자의 청구가 있을 때에는 이를 선급한다.

제4조(보 수) 수임자에 대한 보수는 금 ○○○원으로 하고 위임사무가 완결한 때에 이를 지급한다.

제5조(복대리인) 수임자는 필요 있을 경우에는 수임자의 책임으로 복대리인을 선임할 수 있다.

제6조(계약의 해지) ① 갑 또는 을은 언제든지 계약을 해제할 수 있다.

제7조(을의 보고의무) 을은 갑의 청구가 있는 때에는 위임사무의 처리상황을 보고하고 위임이 종료한 때에는 지체 없이 그 전말을 보고하여야 한다.

제8조(규정외 사항) ① 이 계약에 정하지 않은 사항 또는 이 계약조항의 해석에 대하여 이의가 발생한 때에는 갑과 을이 협의하여 해결하기로 한다.
② 당사자간에 협의가 이루어지지 아니할 경우에는 일반적인 상관례에 따른다.

본 계약에 대하여 계약당사자가 이의 없음을 확인하고 각자 기명·날인(서명)한다.

200○년 ○월 ○일

위임인	주 소						
	성 명		인	주민등록번호	–	전 화 번 호	
수임인	주 소						
	성 명		인	주민등록번호	–	전 화 번 호	

위 임 계 약 서

제1조(위임계약) 위임인 ○○○을 「갑」으로 하고 수임인 ○○○을 「을」로 하여 「갑」·「을」간에 아래와 같은 내용으로 위임계약을 체결한다.

　1. ○에 있어서 「○○○」을 하는 것

　2. 위의 ○○에 관하여 ○○을 하는 것

제2조(수임인의 보고의무)

　수임인 「을」은 위의 ○○을 한 결과 ○○의 조치를 하며 이를 지체 없이 위임인 「갑」에게 보고하여야 한다.

제3조(위임사무처리비용)

　위임사무처리에 관한 비용은 위임인「갑」의 부담으로 하며 위임인 「갑」은 수임인 「을」의 청구가 있었을 때는 곧 수임인 「을」에게 선급하여야 한다.

제4조(보수의 약정 및 지급)

　수임인 「을」에 대한 보수는 금○○○원으로 하며 위에서 기술한 사무처리　완료 후 위임인 「갑」은 지체 없이 지급하여야 한다.

제5조(복대리인)

　수임인「을」은 부득이한 경우에 수임인의 책임으로 복대리인을 선임할 수 있다.

　위의 계약을 증명하기 위하여 본 증서 2통을 작성, 성명 날인한 후 각각 1통씩을 소지한다.

20○○년 ○월 ○일

위임인	주　소						
	성　명		인	주민등록번호	－	전　화 번　호	
수임인	주　소						
	성　명		인	주민등록번호	－	전　화 번　호	

경 영 위 탁 계 약 서

위탁자 ○○주식회사(이하 "갑"이라 한다)와 수탁자 ○○주식회사(이하 "을"이라 한다)는 다음과 같이 합의하여 경영위탁 계약을 체결한다.

▷ 다   음 ◁

제1조(계약의 목적) 갑이 별지 목록기재한 점포(이하 '본 건 점포'라 한다)에서 ○○주식회사라는 명칭으로 경영하는 식품판매의 경영을 을에게 위탁하고 을은 이를 승낙한다.

제2조(상호사용) 을은 갑의 상호를 사용하여, 을의 계산으로 식품판매를 경영한다.

제3조(현상인도 및 변경) 갑은 점포 안에 설치·부가된 경영용 설비비품 등 모든 것을 을에게 인도하기로 하고, 을은 현상을 유지하여 점포를 경영한다. 다만, 을은 식품판매의 경영을 함에 있어 점포를 개축·개조 등이 필요한 경우에 갑의 동의 및 점포 임대인의 승낙을 득하여 개축·개조 등을 할 수 있다.

제4조(계약기간) 계약기간은 20○○년 ○월 ○일부터 20○○년 ○월 ○일까지로 한다.

제5조(계약의 갱신) ① 갑 또는 을이 계약기간이 만료되기 6개월 전부터 1개월 전까지 사이에 상대방에게 갱신거절의 통지 또는 조건을 변경하지 아니하면 갱신하지 아니한다는 뜻의 통지를 아니한 경우에는 그 기간이 만료된 때에 전 경영위탁과 동일한 조건으로 다시 경영위탁한 것으로 본다.

② 제1항에 의하여 계약이 갱신된 경우 경영위탁의 존속기간은 정함이 없는 것으로 본다.

제5조의2(묵시적 갱신의 경우의 계약의 해지) ① 제5조제1항의 경우 당사자는 언제든지 계약해지의 통지를 할 수 있다.

② 상대방이 전항의 통지를 받은 날로부터 3개월이 경과하면 해지의 효력이 발생한다.

제6조(경영권 사용료) 경영권 사용료는 1개월 금○○○원으로 하고, 을은 매월 말일에 갑에게 지참 또는 송금에 의한 방법으로 지급한다.

제7조(자금의 조달) 계약 기간 중 발생하는 식품판매경영에 대해 필요한 자금의 조달은 모두 을의 부담으로 하고, 을은 갑에 대해 자금조달을 요구하지 않는다.

제8조(비용부담) 계약기간 중 식품판매경영에 관해 지출해야 하는 제 비용은 식품판매경영에서 얻는 수입에서 지급하고, 부족한 경우에는 을이 부담한다.

제9조(보증금 예탁) 을은 전항의 경비 중 매월 정기적으로 지급해야 하는 점포 임

차료, 냉·난방비, 전화료의 지급보증을 위해 1개월 금○○○원을 을은 매월 말일에 경영권 사용료와 함께 선불로서 예탁한다. 단, 갑은 이 예탁금에 의해 전 단계의 비용을 지급 후 돈이 남은 경우에는 정산하여 지급하고, 부족분이 생겼을 때는 즉시 그 부족분을 지급한다.

제10조(세금의 납부) 을의 이익은 제8조 및 제9조의 비용을 공제한 후의 판매액으로 하고, 동 이익에 해당하는 제 세액을 갑이 하는 소득세 신고기일까지 갑에게 교부하여 갑의 납세에 지장을 초래하지 않도록 한다.

제12조(을의 보고의무) 을은 갑의 청구가 있는 때에는 위임사무의 처리상황을 보고하고 위임이 종료한 때에는 지체 없이 그 전말을 보고하여야 한다.

제13조(계약의 해지) 을이 다음 각 호의 1에 해당하는 행위를 했을 경우에 갑은 계약을 해지할 수 있다.
1. 본 건 점포에서 식품판매 이외의 경영을 개시한 경우
2. 본 '○○상사주식회사'의 명칭을 변경했을 경우
3. 타인으로 하여금 식품경영을 하게 했을 때
4. 타인으로 하여금 본 건 점포를 점유 사용하게 했을 때
5. 경영권 사용료, 보증금의 예탁기일을 2기이상 연체하였을 경우
6. 특별한 이유 없이 10일 이상 휴업한 경우
7. 본 건 점포를 무단으로 개축·개조 등을 한 경우
8. 당사자의 파산(사망)

제14조(점포의 인도 등 및 청산) ① 기간만료 또는 해지에 의해 본 계약이 종료했을 때는 을은 즉시 식품판매의 경영을 중지하고, 점포 및 점포 내에 설치된 영업용 모든 설비 및 비품 등 일체를 현상 그대로 유지하여 인도한다.
② 계약이 종료했을 때는 갑과 을은 1개월 이내에 모든 경비를 청산하여 청산금을 지급하여야 한다.

제15조(비용상환청구) 을은 갑에게 점포를 증·개축한 이익이 현존하는 한도에서 그 비용상환을 청구할 수 있다. 다만, 그 이외의 비용은 청구할 수 없다.

제16조(규정외 사항) ① 이 계약에 정하지 않은 사항 또는 이 계약조항의 해석에 대하여 이의가 발생한 때에는 갑과 을이 협의하여 해결하기로 한다.
② 당사자간에 협의가 이루어지지 아니할 경우에는 일반적인 상관례에 따른다.

본 계약에 대하여 계약당사자가 이의 없음을 확인하고 각자 기명·날인(서명)한다.

200○년 ○월 ○일

위임인	주 소						
	성 명		인	주민등록번호	-	전 화 번 호	
수임인	주 소						
	성 명		인	주민등록번호	-	전 화 번 호	

제 조 위 탁 계 약 서

○○합자회사(이하 '갑"이라 한다)와 ○○유한회사(이하 '을'이라 한다)는, 갑의 제품의 제조 등(이하 '제품'이라 한다.)의 제조위탁 등에 관해 다음과 같이 계약한다.

제1조(목 적) 갑은 을에 대해 제품의 제조 및 그에 따른 가공, 포장, 보관, 운송업무를 을에게 위탁하고, 을은 이것을 인수할 것을 약정한다.

제2조(원재료 등의 공급) ① 갑은 제1조의 위탁업무에 필요한 일체의 원재료 및 포장재료를 을에게 공급한다.
② 을은 공급받은 원재료로서 해당 위탁업무를 수행한다.
③ 원재료의 비용, 포장재료, 잉여공급분의 취급에 대해서는 별도로 정한다.

제3조(업무지시) 갑은 ○월 ○일 까지 을에 대해 다음 달 제조 제품의 수량, 제품의 포장량, 포장모양, 보관량을 지시하고 그에 필요한 포장재료를 공급한다.

제4조(기술지도) 갑은 전문기술원을 파견하고, 을에 대해서 제품의 제조, 가공, 포장, 운송등에 관한 기술지도를 하는 것으로 한다.

제5조(자료제출의무) ① 을은 미리 갑의 지시보고서를 매월 ○ 일에 갑에게 제출하기로 한다.
② 갑의 요구가 있는 경우에 을은 즉시 그 장부를 열람할 수 있게 한다.

제6조(위탁료) 위탁료는 제품 1개당 금 ○○ 원으로 하고, 매월 ○○ 일에 마감한 을의 청구서에 의거 다음 달 ○○ 일까지 갑은 을에 대해 현금, 약속어음으로 지급하기로 한다.

제7조(비용부담) ①을은 을의 원료창고에서 갑이 공급한 원재료, 포장재료를 수령한 뒤 제품을 출고하기까지의 일체의 비용을 부담한다.
② 제 1항 이외의 부담은 갑의 부담으로 한다.

제8조(운송방법) 을이 제품의 운송업무를 이행함에 있어서, 제3자와 운송계약을 체결할 때는, 사전에 갑의 승인을 얻는 것으로 한다.

제9조(담보책임) 을이 제품의 품질, 규격, 양, 포장모양, 운송방법의 하자에 의해 제3자로부터 반품, 교환의 요구 등이 있을 경우, 그 손해는 일체 을의 부담으로 한다.

제10조(손해배상) 을이 갑이 지시한 납기에 맞추지 못하고 그외 그 계약상의 의무이행을 소홀히 한 경우는, 갑은 아무런 최고를 요하지 않고 즉시 그 계약을 해제하고 지급한 원재료 및 이에 따라 제조, 가공된 모든 것의 즉시반환을 요구할 수 있다.

제11조(보수의무) 사유여하를 불문하고 갑이 공급한 재료가 줄거나 없어지거나 또는 훼손했을 때는, 을은 즉시 갑에 대해서 그 상황을 통지하고 갑의 지시에 따르기로 한다.

제12조(해제권의 유보) 갑이 시장경제의 변동 등에 의해, 그 제품의 제조를 정지하거나 제조에 제한을 가할 때는 을은 그 지시에 충실히 따르기로 한다.

제13조(비밀의 유지) ① 을은 이 계약의 수행으로 알게 된 갑의 비밀을 타인에게 누설해서는 안된다.

② 을이 전 항에 위반되는 행위가 있을 때는, 갑은 즉시 이 계약을 해제하고 손해배상을 청구할 수 있다.

제14조(지위 양도의 금지) 을은 이상과 같은 계약상의 지위를 제 3자에게 양도할 수 없다.

제15조(유효기간) 이 계약의 유효기간은 만 ○ 년으로 한다.

이 계약을 증명하기 위해 본 계약서 2통을 작성하여, 각자 서명하고 날인한 뒤에 1통씩 보관한다.

20○○년 ○월 ○일

제조위탁자	주 소					
	성 명 또 는 상 호	인	주민등록번호 또 는 사업자등록번호	-	전 화 번 호	
제조수탁자	주 소					
	성 명 또 는 상 호	인	주민등록번호 또 는 사업자등록번호	-	전 화 번 호	

7. 임치계약

[서식] 임치계약서(일반)

임 치 계 약 서

임치인 ○○○(이하 '갑'이라 칭함)와 수치인 △△△(이하 '을'이라 칭함)은 다음과 같은 내용의 임치계약을 체결한다.

제1조(임치계약의 약정) '갑'은 그가 소유하는 아래 물품을 제2조 이하의 내용에 따라 '을'에게 임치하고, '을'은 이를 보관할 것을 수락한다.

〈아   래〉

가. 물 품 명 : ○○○○
나. 수   량 :   ○개

제2조(보관일시) : 20○○년 ○월 ○일

제3조(보관장소) : ○○시 ○○구 ○○길 ○○

제4조(보관비용지급) 임치물품의 보관비용은 매일 금 ○○○원으로 정하고 임치물 반환시 '을'의 주소에 지참하여 지급한다.

제5조(계약의 해지) '을'은 '갑'이 계약상의 의무를 위반하였을 경우, 즉시 계약을 해지할 수 있다.

제6조(계약의 종료) 계약의 해제 또는 해지로 인한 경우 이외에 '갑'이 사망하거나 금치산, 파산의 선고등을 받은 경우에는 본 계약이 당연히 종료된 것으로 본다.

제7조(임치인의 의무) 본 계약이 해제 또는 해지된 경우 '갑'은 신속히 보관소재지를 변경하는 절차를 마치고 물품을 반출하여야 한다. 만일 '갑'이 물품을 반출하지 아니하는 경우 소정보관료상당의 손해금을 '을'에게 지급하여야 한다.

제8조(수치인의 의무)
가. '을'은 '갑'이 보관을 의뢰한 물품의 보전을 위해 적극적으로 협력할 의무가 있다.
나. '갑' 또는 '갑'의 사용인 및 그 지정인은 전호에 필요한 조치를 강구하기 위하여 수시로 보관장 내에 출입할 수 있다.

제9조(통지의무) '갑'과 '을'은 본 계약을 해약하고자 할 경우에는 1일전 구두나 서면으로 그 통지를 하여야한다.

제10조(보증인의 책임) '갑' 의 보증인은 '갑'과 연대하여 본 계약에 기인한 '을' 에 대한 채무이행에 대한 책임을 부담한다.

제11조(성실의무등) 본 계약의 해석운영에 관한 의문이 생겼을 때 또는 본 계약의 규정에 없는 사항에 관하여는 쌍방이 성의를 가지고 협력하며 상관습 등에 의하고, 법적분쟁 발생시 소송법원은 '을' 의 주소지를 관할하는 법원으로 한다.

본 계약의 성립을 증명하기 위하여 본 증서 2통을 작성 서명·날인한 후 각 1통씩 보관하기로 한다.

20○○년 ○월 ○일

임치인	주 소						
	성 명		인	주민등록번호	–	전 화 번 호	
수치인	주 소						
	성 명		인	주민등록번호	–	전 화 번 호	
연대 보증인	주 소						
	성 명		인	주민등록번호	–	전 화 번 호	

■ 참 고 ■

[1] 해상운송화물이 통관을 위하여 보세창고에 입고된 경우에는 운송인과 보세창고업자 사이에 해상운송화물에 관하여 묵시적 임치계약이 성립한다. 따라서 보세창고업자는 운송인과의 임치계약에 따라 운송인 또는 그가 지정하는 자에게 화물을 인도할 의무가 있고, 한편 운송인은 선하증권상의 수하인이나 그가 지정하는 자에게 화물을 인도할 의무가 있으므로, 보세창고업자로서는 운송인의 이행보조자로서 해상운송의 정당한 수령인인 수하인 또는 수하인이 지정하는 자에게 화물을 인도할 의무를 부담하게 되는바, 보세창고업자가 화물을 인도함에 있어서 운송인의 지시 없이 수하인이 아닌 사람에게 인도함으로써 수하인의 화물인도청구권을 침해한 경우에는 그로 인한 손해를 배상할 책임이 있다.

[2] 보세창고업자가 해상운송화물의 실수입자와의 임치계약에 의하여 화물을 보관하게 되는 경우, 운송인 또는 그 국내 선박대리점의 입장에서는 해상운송화물이 자신들의 지배를 떠나 수하인에게 인도된 것은 아니고 보세창고업자를 통하여 화물에 대한 지배를 계속하고 있다고 볼 수 있으므로, 보세창고업자는 해상운송화물에 대한 통관절

차가 끝날 때까지 화물을 보관하고 적법한 수령인에게 화물을 인도하여야 하는 운송인 또는 그 국내 선박대리점의 의무이행을 보조하는 지위에 있다.

[3] 보세창고업자가 선하증권과 상환하지 아니하고 운송인 등의 지시 없이 운송선사 발행의 마스터 화물인도지시서(Master D/O)만을 확인한 채 해상운송화물을 수입업자에 인도한 행위는, 하우스 선하증권(House B/L) 소지인의 화물인도청구권을 위법하게 침해한 것으로 불법행위를 구성한다고 한 사례(대법원 2009.10.15. 선고 2009다39820 판결).

임 치 계 약 서

임치인 : ○ ○ ○
주 소 : ○○시 ○○구 ○○길 ○○

수치인 : ○ ○ ○
주 소 : ○○시 ○○구 ○○길 ○○

임치인 ○○○(이하 '갑'이라 칭함)와 수치인 ○○○(이하 '을'이라 칭함)은 다음과 같은 내용의 임치계약을 체결한다.

제1조(임치계약의 약정) '갑'은 그가 소유하는 아래 물품을 제2조 이하의 내용에 따라 '을'에게 임치하고, '을'은 이를 보관할 것을 수락한다.

〈아   래〉

가. 물 품 명 : ○○○○
나. 수   량 :   ○개

제2조(보관기간) : 20○○년 ○월 ○일부터 20○○년 ○월 ○까지

제3조(보관장소) : ○○시 ○○구 ○○길 ○○

제4조(보관비용지급) 임치물품의 보관비용은 금 ○○○원으로 정하고 '갑'은 매월○일까지 그 익월 분을 수치인 '을'의 주소에 지참하여 지급한다. 단, 본 계약성립의 ○월분은 계약성립과 동시에 지급키로 한다.

제5조(계약의 해지) '을'은 '갑'이 제4조에 의한 보관료의 지급의무를 이행하지 아니하거나 계약상의 의무를 위반하였을 경우, 즉시 계약을 해지할 수 있다.

제6조(계약의 종료) 계약의 해제 또는 해지로 인한 경우 이외에 '갑'이 사망하거나, 금치산, 파산의 선고 등을 받은 경우에는 본 계약이 당연히 종료된 것으로 본다.

제7조(임치인의 의무) 본 계약이 해제 또는 해지된 경우 '갑'은 신속히 보관소재지를 변경하는 절차를 마치고 물품을 반출하여야 한다. 만일 '갑'이 물품을 반출하지 아니하는 경우 소정보관료상당의 손해금을 '을'에게 지급하여야 한다.

제8조(수치인의 의무)
가. '을'은 '갑'이 보관을 의뢰한 물품의 보전을 위해 적극적으로 협력할 의무가 있다.

나. ‘갑’ 또는 ‘갑’의 사용인 및 그 지정인은 전호에 필요한 조치를 강구하기 위하여 수시로 보관장내에 출입할 수 있다.

제9조(통지의무) ‘갑’과 ‘을’이 보관계약의 기간내에 본 계약을 해약하고자 할 경우에는 7일전 구두나 서면으로 그 통지를 하여야한다.

제10조(보증인의 책임) ‘갑’의 보증인은 ‘갑’과 연대하여 본 계약에 기인한 ‘을’에 대한 채무이행에 대한 책임을 부담한다.

제11조(성실의무등) 본 계약의 해석운영에 관한 의문이 생겼을 때 또는 본 계약의 규정에 없는 사항에 관하여는 쌍방이 성의를 가지고 협력하며 상관습 등에 의하고, 법적분쟁 발생시 소송법원은 ‘을’의 주소지를 관할하는 법원으로 한다.

본 계약의 성립을 증명하기 위하여 본 증서 2통을 작성 서명·날인한 후 각 1통씩 보관하기로 한다.

20○○년 ○월 ○일

임치인	주 소						
	성 명		인	주민등록번호	–	전화번호	
수치인	주 소						
	성 명		인	주민등록번호	–	전화번호	
연대보증인	주 소						
	성 명		인	주민등록번호	–	전화번호	

임 치 계 약 서

위 임치인(이하 "갑"이라 칭함)과 수치인 (이하 "을"이라 칭함) 당사자간 다음
과 같이 농산물 임치계약을 체결한다.

제1조 "갑"은 그 소유인 아래 표시의 농산물을 "을"에게 임치하고 "을"에게
보관에 따른 보관료를 지급할 것을 약정한다.

- 아   래 -

건고추 : 4000 킬로그램(10 킬로그램들이 400포)

제2조(임치기간) 본 임치계약 성립일인 20○○년 ○월 ○일부터 20○○년 ○월 ○
일까지, 12개월간

제3조(보관료) 보관료는 월 200,000원으로 하고 "갑"은 매월 말일까지 당해 월
분을 "을"의 사업장에 지참하여 지급하여야 한다.

제4조(임치물가격) "갑"이 임치청약신청당시 농수산물 도매단가에 의한 가격으로
명시한 금 14,000,000원으로 정하고 이를 보관중에 명기한다. 단, "갑"은 임
치물의 가격이 현저하게 변동되었을 때는 지체없이 임치물의 가격의 변경을
"을"에게 통지 하여야하며, 이 경우 보관중을 제출하여야 하고 이 경우 "을"
이 "갑"과 협의하여 적정하다고 인정되는 가격으로 변경할 수 있다.

제5조(보관방법) ① "을"은 임치물의 입고당시 상태로 을이 정한 방법에 따라 보관한다.
② "을"은 "갑"의 동의 없이도 임치물의 입고당시의 보관장소 또는 보관시설
의 변경, 이적, 혼적, 환적 또는 보관방법을 변경할 수 있다.

제6조(재임치) "을"은 부득이 한 사유로 임치물을 보관할 수 없을 경우에 "갑"
의 동의없이 "을"의 비용으로 다른 창고업자의 창고에 재임치할 수 있다. 이
경우, "갑"에게 그 취지를 통지하여야 한다.

제7조(보관증등의 발행) "을"은 보관증 또는 입고 통지서를 발행하여야 하고
"갑"은 보관증 등을 타에 양도하거나 담보물로 제공하지 못한다.

제8조(보관증의 멸실등) ① "갑"이 보관증을 도난, 분실 또는 멸실한 경우에는
"을"에 서면신고와 동시에 관할법원에 공시최고 절차를 취하고 제권을 받아야 한다.
② "갑"은 전항의 절차를 필하고 "을"이 타당하다고 인정하는 담보물을 제공
한 후에 임치물의 출고 또는 보관증 재발행을 청구할 수 있다.

제9조(임치물의 검사) "을"은 임차물의 입고시 또는 보관중이더라도 의심이 갈
때에는 "갑"의 승인과 비용부담으로 임치물의 전부 또는 일부의 내용을 검사
할 수 있다. 다만, "갑"의 동의를 얻을 시간적 여유가 없을 때에는 임의로 검
사할 수 있으며, 이후 검사취지를 통지하여야 한다.

제10조(임치물 출고) ① "갑"이 임치물의 전부 또는 일부를 계약만료전 출고 청구하고자 할 때에는 소정의 양식에 의한 청구사항을 기재하고 서명·날인 후 보관증 기타 임치를 증명하는 서류를 첨부하여 "을"에게 제출한다.

② 전항의 경우, "갑"은 임치기간에 비례하여 발생한 보관료, 작업료 및 기타 제비용을 을에게 지급하여야 한다.

③ 임치물에 대한 출고수속을 필한 "갑"은 지체없이 임치물을 인수하여야 하고, "갑"은 출고에 관한 서류를 타에 양도하거나 담보물로 제공하지 못한다.

④ "갑"이 보관료, 기타 제 비용을 지불하지 아니할 경우에는 "을"은 출고의 청구에 불응할 수 있다.

⑤ "을"은 임치기간 만료 후에는 "갑"에게 임치물의 출고 또는 임치기간의 갱신절차에 대하여 일정한 기간을 정하여 최고할 수 있고 일정한 최고기간 내에 인수하지 않거나, 아무런 조치가 없을 때에는 임치물 인수를 거부하는 것으로 간주할 수 있다.

⑥ 전항의 출고최고에도 불구하고 "갑"이 임치물의 인수를 하지 않을 경우 "을"은 상법 제165조 및 민사집행법에 의하여 경매할 수 있고, 경매하였을 경우 경매대금에서 보관료, 경매비용, 기타 제비용을 공제한 잔액은 "갑"에게 지불하고 그러하지 못할 경우에는 공탁하여야 한다.

제11조(보험가입) "을"은 임치물에 대한 화재, 도난으로 입은 "갑"의 재산상 피해를 보상하기 위하여 보험에 가입하여야 하고 보험금액은 임치 청약서에 표시된 임치금액인 14,000,000원을 보험금액으로 정하며 보험에 부보한 후 임치물의 일부를 출고할 때에는 재고 임치물에 대한 가격을 보험금액으로 정하고 보험사고발생시 "갑"은 "을"을 경유하여 보험금을 수령한다.

제12조(임치물의 손해배상) ① "을"의 임치물에 대한 책임은 임치물을 인수받을 때에 발생하여 임치물을 인도하였을 때에 끝난다.

② "을"은 제6조에 의하여 타 창고업자에 임치물을 재임치 했을 경우에 있어서도 이 약관에 의하여 그 임치물에 관한 책임을 진다.

③ 천재지변, 기타 불가항력으로 인하여 재해사고가 발행한 때나 임치물의 성질의 하자 또는 포장의 불완전등으로 인하여 손해가 발생한 때 화재로 인한 손해의 경우 보험자가 보험금을 지불하였을 때에는 "을"은 손해배상의 책임을 지지 아니한다.

④ 임치물의 멸실 또는 훼손등으로 인하여 발생한 손해에 대한 배상금액의 산정기준은 손해발생당시의 농수산물 도매단가에 의하여 손해의 정도에 따라서 산정한다. 단, 시가가 임치가격에 의한 금액을 한도로 손해의 정도에 따라 산정한다.

⑤ 손해배상은 현금 또는 현물로서 이를 변제할 수 있다.

제13조(임치계약의 해지) ① "갑"이 임치물의 보관료를 3회 이상 연체하고 임치물의 가격이 보관료, 기타 제비용을 지급함에 부족하거나, 정당한 이유 없이 임치물의 검사에 불응할 때,

② "갑"이 임치 계약만료 전 일부 출고청구를 하였음에도 불구하고 부득이한 사

유 없이 출고를 7일 이상 지연할 경우 당사자는 각 임치계약을 해지할 수 있다.

③ 임치계약을 해지할 경우 이로 인한 손해배상의 책임은 유책당사자에게 있다.

제14조(소송)

이 계약에 관한 소송의 관할 법원은 "갑"과 "을"이 합의하여 결정하는 관할 법원으로 하며, "갑"과 "을"간에 합의가 이루어지지 아니한 경우에는 위 임치물의 보관장소 소재지 관할법원으로 한다.

이를 증명하기 위하여 계약서 2부를 작성하여 "갑"과 "을"이 각각 서명·날 인한 후 각 1부씩 보관한다.

20○○년 ○월 ○일

임치인	주 소						
	성명 또는 상호		인	주민등록번호 또는 사업자등록번호	-	전화번호	
수치인	주 소						
	성명 또는 상호		인	주민등록번호 또는 사업자등록번호	-	전화번호	

임 치 물 반 환 청 구 서

청 구 인(임치인) : ○ ○ ○
주   소 : ○○시 ○○구 ○○길 ○○

　위 청구인(임치인)은 20○○년 ○월 ○일 수치인에게 임치한 아래 물건의 반환을 청구하오니 반환하여 주시기 바랍니다.

가. 물 품 명 : ○○○○
나. 수   량 :   ○개

20○○년 ○월 ○일
위 청구인(임치인)　○ ○ ○ (인)

수치인 ○ ○ ○ 귀하

8. 화해계약

[서식] 화해계약서(교통사고, 물적손해)

화 해 계 약 서

피해자 (갑)　주　　소 : ○○시 ○○구 ○○길 ○○번지
　　　　　　　　성　　명 : ○　○　○(주민등록번호)
　　　　　　　　전화번호 : ○○○-○○○○-○○○○

가해자 (을)　주　　소 : ○○시 ○○구 ○○길 ○○번지
　　　　　　　　성　　명 : ○　○　○(주민등록번호)
　　　　　　　　전화번호 : ○○○-○○○○-○○○○

제1조(사건발생 개요) 가해자 을은 20○○. ○. ○. 10:00경 을 소유의 자동차를 운전해서 ○○시 ○○구 ○○길 ○○번지 횡단보도를 접어들려고 할 때 갑자기 뛰어 든 성명불상의 무단횡단자를 피하려다 같은 방향으로 진행하던 피해자 갑 소유의 승용차의 옆면을 충돌하여 수리비 등 금○○○○원의 피해가 발생하였다.

제2조(손해배상금) 이에 을은 을의 과실을 인정하고 위 차량수리비 등의 물적피해에 대한 손해배상금 ○○○○원 중 ○○○원을 20○○. ○. ○.까지 갑에게 지급할 것을 약속한다.

제3조(청구의 포기) 위의 손해배상금은 갑 소유의 자동차 수리비등 일체의 손해를 포함하는 것으로 향후 물적피해에 대하여서는 상호 이의를 제기하지 않을 것을 확인한다. 단, 위 물적피해를 제외한 인적피해가 밝혀지는 경우에는 추후 별도로 갑과 을이 상호 협의를 통하여 해결하도록 한다.

20○○.　○.　○.

피해자	주 소						
	성 명		인	주민등록번호	－	전 화 번 호	
가해자	주 소						
	성 명		인	주민등록번호	－	전 화 번 호	
입회인	주 소						
	성 명		인	주민등록번호	－	전 화 번 호	

화해계약이 성립하면 특별한 사정이 없는 한 그 창설적 효력에 따라 종전의 법률관계를
바탕으로 한 권리의무관계는 소멸하고, 계약 당사자 사이에 종전의 법률관계가 어떠하였
는지를 묻지 않고 화해계약에 따라 새로운 법률관계가 생긴다. 따라서 화해계약의 의사
표시에 착오가 있더라도 이것이 당사자의 자격이나 화해계약의 대상인 분쟁 이외의 사항
에 관한 것이 아니고 분쟁의 대상인 법률관계 자체에 관한 것일 때에는 이를 취소할 수
없다(대법원 2018.5.30. 선고 2017다21411 판결).

[서식] 화해계약서(교통사고, 인적손해)

화 해 계 약 서

피 해 자(갑)   ○ ○ ○
가 해 자(을)   ○ ○ ○
사 용 자(병)   ○○주식회사
              대표이사 ○ ○ ○

1. 사고발생일시   ○○○○년 ○월 ○일 오후 ○시 ○분경
2. 사 고 장 소   ○○시 ○○구 ○○길 ○번지 ○○교차로 ○○미터 동쪽
3. 상해의 부위·정도   우상완 골절(右上腕 骨折), 좌하퇴 타박(左下腿 打撲)
                    (사망사고인 경우는 생략)
4. 차 량 번 호   ○○차○○○○호

제1조(손해배상금) 위의 교통사고에 의하여 가해자「을」과 그 사용자이며 자동차
   의 보유인「병」은 피해자「갑」에게 손해배상으로 금 ○○만원을 연대하여 지
   급할 의무가 있다. 이에「병」은「갑」에게 위 금액을 지급하며「갑」은 이를 수령하
   였다.

제2조(청구의 포기)「갑」은「을」및「병」에게 그 나머지의 청구를 면제하여「갑」은 금후
   「을」및「병」에게 어떠한 청구도 하지 않을 것을 약속한다.

   피해자「갑」, 가해자「을」및 사용자「병」은 이상과 같이 합의한다.

                    20○○년 ○월 ○일

피해자	주 소					
	성 명	인	주민등록번호	–	전 화 번 호	
가해자	주 소					
	성 명	인	주민등록번호	–	전 화 번 호	
사용자	주 소					
	성 명	인	주민등록번호	–	전 화 번 호	

화 해 계 약 서

A토지소유자 ○○○을 「갑」, B토지 소유자 ○○○을 「을」이라 하여 당사자 사이에 다음과 같이 화해계약을 체결하고 갑과 을의 토지의 경계를 확정한다 .

제 1 조(합의사항) 갑 소유의 아래 표시 A토지와 을 소유의 아래 표시 B토지와의 경계에 관한 모든 분쟁을 본 화해계약에 의해 종결하는 것으로 갑과 을은 합의하였다.

제 2 조(경계의 확정) 갑의 토지와 을의 토지와의 경계 (이하 '경계선'이라고 한다) 는 별지 첨부 도면 '가'점과 '나'점을 연결한 선으로 확정한다.

제 3 조(경계선을 넘는 토지의 인도) 을은 을 소유의 건물 중 경계선을 넘는 부분을 철거하고 경계선을 넘은 토지(사선표시부분)를 본 계약 체결일로부터 ○○일 이내에 갑에게 인도한다.

제 4 조(철거비용) 갑은 을에 대해 제3조의 경계선을 넘는 건물의 철거비용 금 ○○○원을 토지를 인도받음과 동시에 지급한다.

제 5 조(경계선상 담의 설치) ① 갑은 경계선을 넘은 건물의 철거 및 토지인도가 완료된 날부터 ○○일 이내에 경계선상에 콘크리트 블록으로 된 담을 다음과 같이 설치한다.
  ○ 높이 : ○○미터
  ○ 길이 : '가'점에서 '나'점까지 약 ○○미터
  ○ 두께 : ○○센티미터
② 전항의 비용은 갑과 을이 각자 2분의1씩 부담하는 것으로 하며 , 담의 소유권은 갑과 을이 공유한다.

제 6 조(화해절차) 본 계약은 ○○년 ○월 ○일까지 갑이 을을 상대로 ○○법원에 제소전화해신청을 하기로 하며 그 비용은 갑이 부담한다.

제 7 조(기타) 본 계약에서 규정한 것 이외에는 갑과 을간의 그 어떠한 채권 채무도 없음을 확인한다.

  이상과 같이 화해계약이 성립하였으므로 본 증서 2통을 작성하고 갑과 을은 각 1통씩 보관한다.

20○○년 ○월 ○일

A토지 소유자	주 소						
	성 명 또 는 상 호		인	주민등록번호 또 는 사업자등록번호	－	전 화 번 호	
B토지 소유자	주 소						
	성 명 또 는 상 호		인	주민등록번호 또 는 사업자등록번호	－	전 화 번 호	

[별지]

[A 토지의 표시]

소 재　　　　　　　　○○시 ○○구 ○○동 ○○번지

지 목　　　　　　　　대지

면 적　　　　　　　　○○○㎡

[B 토지의 표시]

소 재　　　　　　　　○○시 ○○구 ○○동 ○○번지

지 목　　　　　　　　대지

면 적　　　　　　　　○○○㎡

[A, B토지의 도면]

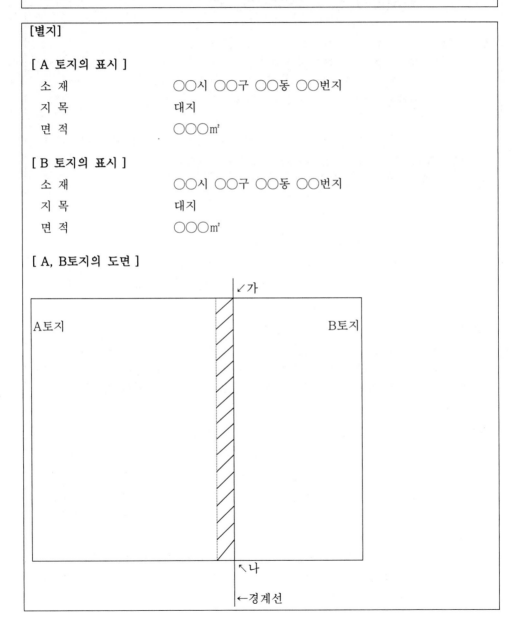

화 해 계 약 서

명도인(갑) 주   소 : ○○시 ○○구 ○○길 ○○번지
            성   명 : 주식회사 ○○
                       대표이사 ○ ○ ○
            전화번호 : ○○○-○○○○-○○○○

인수인(을) 주   소 : ○○시 ○○구 ○○길 ○○번지
            성   명 : ○○건설 주식회사
                       대표이사 ○ ○ ○
            전화번호 : ○○○-○○○○-○○○○

   ○○시 ○○구 ○○길 ○○번지 소재 주식회사 ○○ 빌딩을 신축하는데 있어서 동 건물 15층의 ○○○㎡를 임차사용중인 ○○주식회사(이하 갑)와 ○○건설 주식회사(이하 을)는 아래와 같이 계약을 체결한다.

– 아   래 –

제1조(인도의 승인) 갑은 을이 주식회사 ○○ 건물을 철거하여 신축하기 위해 현재 임차 사용 중인 동 건물 15층 ○○○㎡의 사무실을 다음과 같은 조건하에 을에게 완전히 인도하는 것을 승인한다.

제2조(인도대금) 갑의 인도와 관련된 보상비용 등을 총 금액 ○○○○원으로 정하고, 을로부터 위 금원을 지급 받음과 동시에 15층 빌딩을 을에게 완전히 인도하는 것을 승인하고 을은 갑에게 전체 금액 중 금 ○○○○원을 교부한다. 특히 잔금 ○○○○원에 있어서는 인도절차 완료와 동시에 을은 갑에게 지급하는 것으로 한다.

제3조(인도기한) 갑의 전 조항에 규정하는 인도의 기한은 20○○. ○. ○.까지로 한다.

제4조(권리의 포기) 갑은 ○○○으로부터 양도받은 본 건 건물 15층의 임차권 외에 모든 것을 을을 위해 포기하고 을을 위한 기한까지 완전하게 인도하는 것을 승인함과 동시에 이후 본 건 빌딩 15층에 대한 임차권과 관련해서는 제3자로부터 이의나 불만 등이 있어도 모든 것을 갑이 해결하고 을에 대해서는 일체의 피해가 없도록 약속한다.

제5조(위험부담) 천재지변이나 화재로 인한 소실로 인해 본 건 빌딩 15층 ○○○㎡가 인도 절차완료 전에 불의의 재난을 만나더라도 본 계약은 효력을 가지며 을은 본 계약대금을 지급해야 한다.

제6조(인수인의 의무) 을은 갑이 본 건 빌딩 15층에서 이전한 후에 갑의 앞으로 배달되는 각종 우편물, 화물 등에 대해서는 지체 없이 갑의 이전지로 전송해주어야 할 책임을 지며, 갑을 찾아오는 내방객들에 대해서도 갑의 이전지 및 약도를 명기한 간판을 알아보기 쉬운 장소에 게시하며 내방객들의 질문에 대해서도 친절하게 가르쳐 주어야 한다.

이상 이 계약의 성립을 증명하기 위해 본 계약서 3통을 각자가 서명·날인한 후에 갑·을·입회인이 각각 한 장씩 보관한다.

20〇〇년 〇월 〇일

인도인	주 소						
	성 명		인	주민등록번호	–	전 화 번 호	
인수인	주 소						
	성 명		인	주민등록번호	–	전 화 번 호	
입회인	주 소						
	성 명		인	주민등록번호	–	전 화 번 호	

화 해 계 약 서

임대인 ○○○을 「갑」, 임차인 ○○○을 「을」이라 하여 당사자 간에 다음과 같이 합의가 성립되어 화해계약서를 작성한다.

제1조(임대차계약의 종료) 갑 소유의 수원시 ○○구 ○○길 ○○번지 소재 주상복합 건물의 1층 부분(갑과 을간의 20○○년 ○월 ○일자 점포임대차계약 제1조 기재한 부분)에 대한 을의 임차기간은 그 만료일인 20○○년 ○월 ○일에 종료되었음을 당사자들은 확인한다.

제2조(유예기간) 갑은 을에 대해 본 건 주택의 인도를 20○○년 ○월 ○일까지 유예하고, 을은 같은 날에 본 건 주택을 인도한다.

제3조(유예기간중 사용료) 위 인도유예기간 중 을은 갑에게 임대료 상당액을 손해금으로 지급해야 하며 본 계약월의 다음달부터 매월 15일에 금○○○원을 지참 또는 송금하여 지급한다.

제4조(유예기한의 이익상실) 을은 다음 각 호의 1에 해당하는 사유 발생시 제2조 인도유예기한의 이익을 상실하고 즉시 본 건 주택으로부터 퇴거하여 갑에게 인도한다.
   1. 제3조의 손해금의 지급을 ○회 이상 게을리 했을 때
   2. 본 건 주택을 ○○업 이외의 영업용도로 사용한 때
   3. 본 건 주택의 원상태를 변경할 때
   4. 본 건 주택의 일부 또는 전부를 제3자에게 점유 이전했을 때(이유 불문)
   5. 을이 사용한 수도·전기·가스요금 등 공과금 지급을 게을리 했을 때

제5조(합의관할) 갑과 을은 본 건 합의에 대한 분쟁이 발생할 경우 ○○법원에서 소를 제기하기로 한다.

  이상과 같은 합의를 증명하기 위해 본 증서 2통을 작성하고 각자 1통씩 보관한다.

20○○년 ○월 ○일

인 도 인	주 소						
	성 명		인	주민등록번호	–	전 화 번 호	
인 수 인	주 소						
	성 명		인	주민등록번호	–	전 화 번 호	
입 회 인	주 소						
	성 명		인	주민등록번호	–	전 화 번 호	

화해신청서

사   건   20   고   ○○
신 청 인   피해자 ○ ○ ○
　　　　주소 :
　　　　피해자의 대리인 :   □ □ □
　　　　주소 :
　　　　피고인 : ◎ ◎ ◎
　　　　주소 :
　　　　피고인의 (연대)보증인 :   ▲ ▲ ▲
　　　　주소 :

　신청인들은 다음과 같이 민사상 다툼에 관하여 화해를 신청합니다.

화해조항

1. 피고인◎ ◎ ◎과 피고인의 보증인 ▲ ▲ ▲은 연대하여 피해자○ ○ ○에게 20
   ○○. ○. ○.까지 금 ○○원을 지급한다
2. 만약 위 피고인 ◎ ◎ ◎과 보증인 ▲ ▲ ▲이 위 지급기일을 어길 때에는 20○
   ○. ○. ○.부터 다 갚는 날까지 위 금액에 대하여 연 20%의 비율에 의한 지연
   손해금을 지급한다.
3. 피해자○ ○ ○는 아래 원인사실로 인한 손해에 관하여 더 이상의 민사상 청구
   를 하지 아니한다.

민사상 다툼의 원인사실

피고인은 20○○. ○. ○. 22:00 경 서울시 은평구 00길 00번지 소재 00커피숍에
서 평소 안면이 있던 피해자에게 버릇이 없다는 이유로 피해자의 안면부, 복부 등
에 주먹을 이용하여 수 차례의 폭행을 가하였고 이로 인하여 피해자는 전치6주의
안면부 상해 등을 입었는 바, 이에 대하여 피고인과 피해자는 치료비, 일실수입, 위
자료 명목으로 금○○원을 ▲ ▲ ▲를 연대보증인으로 하여 상기 화해조항과 같이
피해자에게 지급하기로 원만히 합의하였습니다.

20   .   .   .

신 청 인 피해자(대리인) ○ ○ ○ (서명 또는 날인)

신 청 인 피고인 ○ ○ ○ (서명 또는 날인)
신 청 인 (연대)보증인 ○ ○ ○ (서명 또는 날인)

첨부서류 : 1. 화해계약서 1부.

○○법원 귀중

■ 참 고 ■

제출기관	해당 피고 사건이 계속 중인 제1심 또는 제2심 법원	청구기간	1심 또는 2심 공판의 변론 종결시까지
제출부수	신청서 1부 및 상대방수 만큼의 부본 제출		
효 과	- 합의가 기재된 공판조서의 효력은 민사소송법상 화해조서와 같은 확정 판결의 효력을 가짐 - 합의가 피고인의 피해자에 대한 금전지불을 내용으로 하는 경우 피고인 외의 자가 피해자에 대하여 그 지불을 보증하거나 연대하여 의무를 부담하기로 합의한 때 화해신청과 동시에 피고인 및 피해자와 공동하여 그 취지를 공판조서에 기재하여 줄 것을 신청할 수 있음		
관 할 의 특 칙	- 민사상 다툼에 관한 형사소송절차에서의 화해에 관련된 집행문부여의 소, 청구에 관한 이의의 소 또는 집행문부여에 대한 이의의 소에 대하여는 민사집행법 제33조, 제44조제1항, 제45조의 규정에도 불구하고 당해 피고사건의 제1심 법원의 관할로 전속함(소송촉진등에관한특례법 39조)		

[서식] 합의서(형사)

합 의 서

피 해 자 △ △ △
　　　　　○○시 ○○구 ○○길 ○○
　　　　　(주민등록번호)

가 해 자 ○ ○ ○
　　　　　○○시 ○○구 ○○길 ○○
　　　　　(주민등록번호)

가해자와 피해자간의 (죄명 입력) 사건에 관하여 피해자는 ***만원의 합의금을 지급
받고[충분한 피해보상이 이뤄진 경우 합의금액 기재] 가해자에 대하여 추후 민·형
사상 책임을 묻지 않기로 원만히 합의하였습니다. 가해자의 선처를 바라는 바입니
다.[선택적으로 "가해자에 대한 형사 고소를 취하하는 바입니다." 도 가능]

　　　　　　　　20○○.　○.　○.
　　　　　　가 해 자　○ ○ ○ (인)
　　　　　　피 해 자　△ △ △ (인)

**참고: 합의서에는 피해자 측의 인감증명서를 첨부하는 것이 원칙이며, 부득이하게
　　　　받을 수 없는 경우에는 피해자 신분증 사본이라도 첨부하여야 합의서의
　　　　진위가 법원에서 인정될 수 있음.

---

9. 저당권 등 설정계약

[서식] 근저당권설정계약서(토지, 건물)

근 저 당 권 설 정 계 약 서

부동산의표시	1. ○○시 ○○구 ○○동 ○○ 　　대 ○○○㎡　2. 위 지상 라멘조 및 벽돌조 평슬래브지붕 2층 주택　　1층 ○○○㎡　　2층 ○○○㎡. 끝.

위 부동산에 대하여 채권최고액 금○○○원정으로 정하고 아래와 같은 약정하에 근저당권 설정등기를 하기 위하여 이 증서를 작성하고 다음에 기명날인함.

20○○년 ○월 ○일

근저당권설정자겸 채무자　　△　△　△　(인)

근 저 당 권 자　　○　○　○　(인)

- 아　　래 -

제1조 근저당권설정자는 채무자가 위 금액 범위 안에서 채권자에 대하여 기왕 현재 부담하고 또는 장래 부담하게 될 단독 혹은 연대채무나 증인으로서 기명날인한 차용금증서, 각서, 지급증서 등의 채무와 발행배서 보증인 수반한 모든 어음채무 및 수표금상의 채무 또는 상거래로 인하여 생긴 모든 채무를 담보하고자 앞에 기재된 부동산에 순위제 ○번의 근저당권을 설정한다.

제2조 장래 거래함에 있어서 채권자 사정에 따라 대여를 중지 또는 한도액을 축소시킬 지라도 채무자는 이의하지 않겠다.

제3조 채무자가 약정한 이행의무를 한번이라도 지체하였을 때 또는 다른 채무자로

부터 가압류 압류경매를 당하든가 파산선고를 당하였을 때는 기한의 이익을 잃고 즉시 채무금 전액을 완제하여야 한다.

제4조 저당물건의 증축 개축수리 개조 등의 원인으로 형태가 변경될 물건과 부가 종속된 물건도 이 근저당권에 효력이 미친다.

제5조 보증인은 채무자 및 근저당권 설정자와 연대하여 이 계약의 책임을 부담함은 물론 저당물건의 하자 그 외의 사유로 인하여 근저당권의 일부 또는 전부가 무효로 저당물건의 하자 그 외의 사유로 인하여 근저당권의 일부 또는 전부가 무효로 될 때에도 연대보증 책임을 진다.

제6조 이 근저당권에 관한 소송은 채권자 주소지를 관할하는 법원으로 한다.

■ **관련판례** ■

부동문자로 된 근저당권설정계약서의 일부조항에 "연대보증책임을 부담한다."는 문언이 적혀 있고 말미 서명부분에 "근저당권설정자 겸 연대보증인"이라고 적혀 있는 경우, 물상보증인이 근저당권설정계약체결 시 채무자의 물품대금채무에 관하여 연대보증 할 의사가 있었는지 여부와 채권자가 물적 담보 외에 인적담보까지 요구하였는지 여부, 근저당권설정계약서에 근저당권설정계약과는 별개의 계약이라고 할 수 있는 연대보증의 조항이 마치 근저당권설정계약에 관한 약정사항인 듯이 적힌 연유, 물상보증인이 근저당권설정계약 당시 연대보증 조항을 알고 있었거나 채권자 측에서 이를 설명하여 주었는지 여부 등에 나아가 심리하여, 처분문서인 근저당권설정계약서에 적혀있는 있는 내용과는 달리 물상보증인이 체결한 것은 근저당권설정계약뿐이고 연대보증계약은 체결하지 않았다고 인정할 특별한 사정은 없는지 살펴본 다음, 물상보증인이 채권자에 대한 물품대금채무에 대해 연대보증하기로 약정하였는지 여부에 대해 판단하였어야 함에도, 이에 나아가 심리함이 없이 근저당권설정계약서 일부 조항에 연대보증의 약정이 적혀 있다는 사실만으로 물상보증인이 물품대금채무에 대해 연대보증책임을 부담하기로 약정하였다고 인정한 원심판결에는 심리미진의 위법이 있다고 한 사례(대법원 1994.9.30. 선고 94다13107 판결)

근 저 당 권 설 정 계 약 서

채권자○○주식회사와 채무자 △△주식회사 및 담보제공자 □□□간에 근저당설정에 관하여 다음과 같이 계약한다.

제1조 20○○년 ○○월 ○○일자로 채권자 ○○주식회사과 채무자 △△주식회사 사이에 체결한 계속적 석탄매매 등 상거래 계약에 기준하여 위의 거래 및 그 파생거래에 따라, 채무자 △△주식회사이 채권자 ○○주식회사에게 이미 부담하였으며, 또한 장차 부담할 채무의 이행을 담보하기 위하여 별지목록1 채무자 △△주식회사의 소유에 속하는 부동산 표시 위에 제○○번, 별지목록2 담보제공자 □□□ 소유에 속하는 부동산표시에 순위 제○○번의 근저당권을 설정한다.
  ① 채권최고액 ○○○만원
  ② 약정기한 20○○년 ○월 ○일부터 20○○년 ○월 ○일까지
  ③ 이자는 년 2할로 하며 매월말일 지참 지급한다.

제2조 채무자 △△주식회사이나 담보제공자 □□□이 다음 각 호의 하나라도 해당되었을 때에는 전부 기한의 이익을 잃으며 즉시 현존하는 채무금을 일시에 지불하여야 한다.
  ① 1회라도 거래채무의 지불을 지연시켰을 때
  ② 다른 채무 때문에 가압류, 가처분, 강제집행, 경매신청 등을 받았을 때
  ③ 담보물건을 멸실, 훼손 혹은 가치를 상당히 감소시켰을 때
  ④ 기타 본 계약에 위반하는 행위가 있었을 때

제3조 채무자 △△주식회사이나 담보제공자 □□□은 담보물건의 전부나 일부를 팔거나 또는 빌려주는 등, 그 형상을 변경하려 하는 때에는 미리 채권자 ○○주식회사에게 동의를 얻어야 한다.

제4조 채무자 △△주식회사과 담보제공자 □□□이 기한의 이익을 잃고 또는 기한 내에 변제를 하지 못하였을 경우에는 채권자 ○○주식회사은 그 선택에 따라 담보물건의 경매와 바꾸어 대물변제로서 담보물건의 전부의 소유권을 돈○○만원으로 견적하고 취득할 수가 있는 것으로 하여 본 계약에 기준한 근저당권설정과 동시에 소유권이전청구권보전의 가등기를 하는 것으로 한다.

제5조 제1항 및 제4항에 기준하는 등기는 채무자 △△주식회사의 책임과 비용으로 한다.

  위와 같은 계약을 증명하기 위하여 본 계약서 3통을 작성해서 각각 서명·날인한 것을 1통씩 보존한다.

20○○년 ○월 ○일

채권자	주 소						전 화 번 호	
	성 명		인	주민등록번호		–		
채무자	주 소						전 화 번 호	
	성 명		인	주민등록번호		–		
담보 제공자	주 소						전 화 번 호	
	성 명		인	주민등록번호		–		

[별 지1]

부 동 산 의 표 시

○○시 ○○구 ○○동 ○○
대 ○○○㎡. 끝.

[별 지2]

부 동 산 의 표 시

(1동의 건물의 표시)
    ○○시 ○○구 ○○동 ○○
    라멘조 및 벽돌조 평슬래브지붕 4층 다세대주택
    1층   297.39 ㎡
    2층   297.39 ㎡
    3층   297.39 ㎡
    4층   259.62 ㎡
    지1층 190.84 ㎡
    지2층 228.34 ㎡
    (지2층내 주차장 228.34임)
구조: 지2층–3층 : 라멘조
            4층 : 벽돌조

    전유부분의 건물의 표시
    건물의 번호 : 2층 에이호
    구   조 : 라멘조
    면   적 : 66.34 ㎡

대지권의 표시
토지의 표시 : ○○시 ○○구 ○○동 ○○
                    대 574 ㎡
대지권의 종류 : 소유권
대지권의 비율 : 574분의 30.481. 끝.

■ **관련판례** ■

갑이 지능이 박약한 을을 꾀어 돈을 빌려주어 유흥비로 쓰게 하고 실제준 돈의 두 배 가량을 채권최고액으로 하여 자기 처인 병 앞으로 근저당권을 설정한 사안에서, 근저당권설정계약은 독자적으로 존재하는 것이 아니라 금전소비대차계약과 결합하여 그 전체가 경제적, 사실적으로 일체로서 행하여진 것이고 더욱이 근저당권설정계약의 체결원인이 되었던 갑의 기망행위는 금전소비대차계약에도 미쳤으므로 갑의 기망을 이유로 한 을의 근저당권설정계약취소의 의사표시는 법률행위의 일부무효이론과 궤를 같이 하는 법률행위의 일부취소의 법리에 따라 소비대차계약을 포함한 전체에 대하여 취소의 효력이 있다고 한 사례 (대법원 1994.9.9. 선고 93다31191 판결).

근 저 당 권 설 정 계 약 서

채권최고액   일금 오백만원정(₩5,000,000원)

  채권자 겸 근저당권자○○○, 근저당권설정자○○○, 채무자○○○ 사이에 다음과 같이 자동차 또는 건설기계(이하 "자동차"라 한다) 근저당권 설정계약을 체결한다.

- 다   음 -

제1조(근저당권설정) 근저당권설정자○○○은 채권자 겸 근저당권자○○○에 대해 상기금액을 채무의 최고액으로 하고 그 범위 내에서 채무자○○○의 자동차구입으로 인한 채무(할부금융대출금, 외상채무금, 어음금, 수표금, 각서금 등)와 병이 부담할 제비용, 채무자○○○이 채권자 겸 근저당권자○○○에게 지급해야 할 이자와 지연손해금 기타 각종의 원인으로 채무자○○○이 채권자 겸 근저당권자○○○에게 현재 또는 장래 부담할 채무를 담보하기 위해 근저당권설정자○○○ 소유인 별지목록 기재 자동차 및 그 부속물건에 순위 제2번의 근저당권을 설정한다. 위 한도내의 원금에 대한 이자 등 종속된 채무는 위 한도 초과시라도 본 근저당권에 의해 담보될 것으로 한다.

제2조(근저당권의 효력범위) 이 근저당권의 효력은 현재 근저당 물건에 부속한 일체의 물품과 장래 수리 또는 개조 기타 사유로 부가 종속될 제 장치, 기계기구 등 일체의 부속물건에도 당연히 미치는 것으로 한다.

제3조(변제방법 및 이자) 채무자○○○은 제1조에서 정한 본 채무를 약정한 변제기일에 채권자 겸 근저당권자○○○이 지정한 방법에 따라 이행하여야 하며, 채무연체시 채무액 및 이에 대하여 연체일로부터 완제일까지 연25 %의 비율에 의한 지연손해금을 채권자 겸 근저당권자○○○에게 지급하여야 한다.

제4조(보험계약) 근저당권설정자○○○은 본 저당물건에 채권자 겸 근저당권자○○○이 지정한 보험회사와 채권자 겸 근저당권자○○○이 지정한 종류와 금액의 보험계약을 체결하고 본 계약이 존속하는 한 이를 계속하기로 하며 이 보험계약에 가입한 권리는 이를 채권자 겸 근저당권자○○○에게 양도 또는 질권을 설정한다.

제5조(저당물건의 경매 및 회수) 채무자○○○이 제1조에서 정한 본 계약상의 의무 불이행시 채권자 겸 근저당권자○○○은 즉시 본 저당물을 경매하거나 그 절차상 채권자 겸 근저당권자○○○이 임의로 회수하여 관리할 수 있다.

제6조(제 절차의 이행과 비용) 채권자 겸 근저당권자○○○이 본 계약에 의한 근저당권의 설정, 변경, 이전, 말소등에 관한 등록 및 기타 제절차를 요구할 때는 근

저당권설정자○○○과 채무자○○○은 자기의 비용으로 지체없이 이행하고 근저당물건에 대해 근저당권설정자○○○과 채무자○○○이 부담한 비용을 채권자 겸 근저당권자○○○이 대납하였을 때에는 근저당권설정자○○○과 채무자○○○은 대납금액을 즉시 채권자 겸 근저당권자○○○에게 지급한다.

제7조(저당물건의 보고 조사) 채권자 겸 근저당권자○○○이 본 저당물건의 실황 조사 또는 통보를 청구할 때에는 채무자○○○과 근저당권설정자○○○은 언제든지 이에 응하여야 한다.

제8조(합의관할) 본 계약에 대한 소송은 ○○지방법원을 관할법원으로 한다.
위 계약의 증거로 본 증서를 작성하고 당사자가 기명날인하여 이를 확인한다.

자동차등록번호	차대번호	차 명	년 식	사용본거지

20○○년 ○월 ○일

채권자	주 소					
	성 명	인	주민등록번호	－	전 화 번 호	
채무자	주 소					
	성 명	인	주민등록번호	－	전 화 번 호	

저 당 권 설 정 계 약 서

건설기계 소유자○○○(채무자)와 채권자○○○사이에 ○○○년 ○월 ○일 건설기계(중기)담보의 저당권 설정에 관하여 다음과 같이 계약을 체결한다.

제1조 건설기계 소유자○○○은 채권자○○○에게 다음 건설기계(중기)(이하 중기라 함)를 본 계약서의 조항에 의하여 담보로 제공하고 채권자○○○은 이에 대하여 저당권을 설정하며 제2조의 금원을 대여한다.

구 분	건설기계 등록번호	건설 기계명	형 식 (년식을포함)	중기번호	원동기의 형 식	사 용 의 본거위치

제2조 대여금 :_____원(_____₩). 이자 : 연2할, 변제는 아래와 같이 ○회로 나누어 분할 변제하기로 한다.

금 액	지 급 기 일	금 액	지 급 기 일
금 원	년 월 일	금 원	년 월 일
금 원	년 월 일	금 원	년 월 일
금 원	년 월 일	금 원	년 월 일

제3조 건설기계 소유자○○○이 제2조의 변제기일에 변제를 지연하면 대여금원에 대한 이율은 제2조의 규정에도 불구하고 연 4할로 금원을 채권자 ○○○에게 지급하여야 한다.

제4조 ① 건설기계 소유자○○○은 본 계약에 따른 금전채무의 이행을 담보하기 위하여 제1조 기재의 등록건설기계(중기)에 채권자○○○을 저당권자로 하는 제1순위의 저당권을 설정한다.
② 건설기계 소유자○○○은 위에 설정한 저당권에 대하여 지체 없이 건설기계(중기)저당법에 의한 등록절차를 완료하여야 한다. 단, 저당권설정등록에 요하는 비용은 甲의 부담으로 한다.

제5조 위의 건설기계(중기)가 멸시 또는 훼손하거나 그 가격이 제2조에 의한 잔대금 채무액 이하로 하락되었다고 인정될 때에는 건설기계 소유자○○○은 채권자○○○의 청구에 의하여 언제라도 추가담보 또는 대체담보를 제공하여야 한다.

제6조 건설기계 소유자○○○은 채권자○○○의 승낙 없이 위 건설기계(중기)의 형상을 변경하거나 제물건을 부가하여 기필 또는 차대에 부과한 등록부호, 성명, 상표, 증명 부호를 제거, 말소 은폐하여서는 아니된다.

제7조 건설기계 소유자○○○은 제6조에 게재한 채무완제에 이르기까지 위의 차량을 채권자○○○의 승낙없이 타에 매매, 양도, 대여 또는 담보공여, 기타 채권자○○○에게 손해를 줄 우려가 있는 일체의 행위를 할 수 없다. 또한 건설기계 소유자○○○은 선량한 관리자의 주의로써 차량을 사용 보관하여야 하며 제3자로부터 압류, 가압류, 가처분 등을 당한 때에는 즉시 채권자○○○에게 그 사실을 통지하여야 한다.

제8조 다음 각호의 사유가 발생한 때에는 건설기계 소유자○○○은 변제기한의 이익을 상실한다. 이 경우, 건설기계 소유자○○○은 즉시 채권자○○○에게 그 시점의 채무금액을 일시에 지급하여야 한다.

   1. 건설기계 소유자○○○이 본 계약에 정하는 채무 또는 의무를 일부라도 약속된 기일에 이행치 아니한 경우.
   2. 건설기계 소유자○○○이 압류, 가압류, 가처분, 파산의 신청, 형사소추, 어음교환소의 은행거래 정치처분을 받거나 기타 신용을 현저히 상실하였다고 인정할 사유가 생길 때.
   3. 건설기계 소유자○○○이 위의 차량에 관한 공조 공과를 체납한 경우.
   4. 건설기계 소유자○○○이 감독관청으로부터 그 영업의 정지·허가의 취소나 차량사용인가의 취소를 받거나 영업을 폐지·변경한 때.
   5. 건설기계 소유자○○○이 본 계약을 위반한 경우.

제9조 ① 건설기계 소유자○○○이 본 계약에 정한 채무이행을 해태한 때에는 채권자○○○은 그 선택에 따라 채권자○○○이 선임한 감정인의 위 차량에 대한 감정가격으로 본 계약에 의한 건설기계 소유자○○○의 채무 중 그 상당액에 대하여 대물변제로서 위의 차량의 소유권을 무조건 종국적으로 취득할 수 있다. 건설기계 소유자○○○은 감정가격에 대하여 이의를 할 수 없으며 차량을 즉시 채권자○○○에게 인도하여야 한다.

   ② 전항에 의한 대물변제 예약완결의 의사표시는 채권자○○○이 건설기계 소유자○○○에게 내용증명우편으로 일방적으로 그 취지를 건설기계 소유자○○○의 현주소로 발신함으로써 이루어진다.

제10조 ① 제8조 각호의 1에 해당하는 사유가 발생한 경우에 채권자○○○은 아무런 최고 절차 없이 즉시 본 계약을 해제할 수 있다.

   ② 전항의 계약을 해제할 수 있는 경우라 할지라도 건설기계 소유자○○○ 또는 건설기계 소유자○○○의 보증인으로부터 상당금액의 지급이 있거나, 담보의 제공 또는 적당한 보증인을 세웠을 때에는 채권자○○○은 계약해제권을 행사할 수가 없다.

제11조 건설기계 소유자○○○이 주소를 변경한 경우에는 3일 이내에 이를 통지하여야 하며 이를 해태한 때에는 채권자○○○로부터 건설기계 소유자○○○에게 구조소로 발송한 우편물의, 미도착 또는 연착에 의하여 생긴 손해 내지 불이익에 대하여 채권자○○○은 책임을 부담치 아니한다.

제12조 본 계약중 채권자○○○의 승낙이 필요한 경우나 채권자○○○에게 대한 통지는 모두 서면에 의하여야 한다.

제13조 본 계약에 관한 일체의 소송에 대하여는 ○○지방법원을 관할법원으로 할 것을 합의한다.

제14조 보증인들은 본 계약에 의한 채권자○○○의 금전채무에 대하여 연대보증한다.

제15조 ① 보증인이 압류, 가압류, 가처분, 파산의 신청 또는 형사소추를 받거나 기타 보증인으로서 부당한 사유가 생긴 때에는 건설기계 소유자○○○은 채권자○○○에게 신규로 적당한 보증인을 세울 것을 요구할 수 있다.
　② 전항의 사유가 생긴 때, 건설기계 소유자○○○은 즉시 채권자○○○에게 통지하고 지체없이 채권자○○○이 요구하는 적당한 보증인을 세워야 한다.

제16조 건설기계 소유자○○○ 또는 보증인 등은 본 계약상의 금전채무(단, 제17조 2호에 의한 손해배상채무를 제외함)에 대하여 그 이행을 해태한 경우에는 위의 저당권실행의 전후를 불문하고 즉시 강제집행을 받아도 이의가 없음을 인낙한다.

　위의 계약을 증명하기 위하여 본 증서 2통을 작성하여 각자 서명·날인하고 건설기계 소유자○○○·채권자○○○ 각 1통씩 소지한다.

20○○년 ○월 ○일

채권자	주　소					
	성　명	인	주민등록번호	－	전화번호	
채무자	주　소					
	성　명	인	주민등록번호	－	전화번호	
연대보증인	주　소					
	성　명	인	주민등록번호	－	전화번호	

저 당 권 설 정 계 약 서

위 당사자 간에 다음과 같이 저당권설정계약을 체결한다.

제1조 저당권설정자는 채권자와 채무자간에 체결된 아래와 같은 금전 소비대차 계약에 기한 채무자의 채무의 이행을 담보하기 위하여 본 계약서 말미에 기재한 저당권설정자 소유의 부동산에 대하여 순위 제○번의 저당권을 설정한다.

제2조 채권자와 채무자간에 체결한 금전소비대차계약의 내용은 다음과 같다.
  1. 채무금액 : 금 ○○○원
  2. 변제기한 : 20○○년 ○월 ○일
  3. 변제방법 : 일시불
  4. 이   율 : ○○%
  5. 이자지급 및 방법 : 매월 말일, 통장입금

제3조 채무자가 약정한 이행의무를 한 번이라도 지체하였을 때 또는 다른 채권자로부터 가압류, 압류경매를 당하든가 또는 파산선고를 당하였을 때는 기한의 이익을 잃고 즉시 채무금 전액을 완제하여야 한다.

제4조 저당 물건의 증축, 개축, 수리, 개조 등의 원인으로 형태가 변경된 물건과 부가 종속된 물건도 이 저당권의 효력이 미친다.

제5조 이 저당권에 관한 소송은 저당권의 목적인 부동산의 소재지를 관할하는 법원으로 한다.

제6조 본 저당권설정계약의 목적인 부동산은 다음과 같다.

  부동산의 표시 : ○○시 ○○구 ○○동 ○○
                대 ○○○평방미터.

  위 계약을 확실히 하기 위하여 이 증서를 작성하고 다음에 기명날인 한다.

                20○○년 ○월 ○일

채권자 겸 저당권자	주 소						
	성 명	인	주민등록번호		–	전 화 번 호	
채 무 자	주 소						
	성 명	인	주민등록번호		–	전 화 번 호	
저당권 설정자	주 소						
	성 명	인	주민등록번호		–	전 화 번 호	

■ 참 고 ■

채무자와 수익자 사이의 저당권설정행위가 사해행위로 인정되어 저당권설정계약이 취소되는 경우에도 당해 부동산이 이미 입찰절차에 의하여 낙찰되어 대금이 완납되었을 때에는 낙찰인의 소유권취득에는 영향을 미칠 수 없으므로, 채권자취소권의 행사에 따르는 원상회복의 방법으로 입찰인의 소유권이전등기를 말소할 수는 없고, 수익자가 받은 배당금을 반환하여야 한다(대법원 2001.2.27. 선고 2000다44348 판결).

저 당 권 설 정 계 약 서

○○○(이하 갑이라 함)와 △△△(이하 을이라 함)와는 을이 갑에 대한 채무를 담보하기 위하여 다음과 같이 저당권설정계약을 체결한다.

제1조(목적) 서기 20○○년 ○월 ○일 갑, 을간에 체결된 계약(이하 기본계약이라 함)에 의하여 을의 아래 채무(이하 본건채무라 함)의 이행을 담보하기 위하여 을은 갑에 대하여 을 소유의 별지목록 물건(이하 본물건이라 함)에 대하여 제1순위의 저당권을 설정한다.

   1. 채무의 발생원인 : 20○○년 ○월 ○일 금전소비대차
   2. 채무금액 : 삼천만원정
   3. 변제기일 : 20○○년 ○월 ○일
   4. 변제방법 : 일금일천오백만원을 20○○년 ○월 ○일까지 지급하고 나머지 금일천오백만원은 20○○년 ○월 ○일까지 지급한다.
   5. 이 율 : 연 9.9%
   6. 이자지급 및 방법 : 매월25일에 갑의 주소지 또는 지정 장소에 지참 또는 송부한다.
   7. 특 약 : 을은 채무이행을 태만하였을 때 또는 채무기한의 이익을 상실하였을 때는 변제할 금액에 대하여 일금삼천만원에 대하여 일일 8,136원의 비율로 손해금을 지급한다.

제2조(금지행위) 을은 갑의 동의를 얻지 아니하고 다음 각호의 행위를 하여서는 아니된다.

   1. 본물건의 현황을 변경하는 것
   2. 본물건의 소유권을 타인에게 이전하는 것
   3. 본물건상에 타의 저당권, 근저당권, 임차권, 전세권, 기타 본저당권 행사의 방해가 되는 권리를 설정하는 것
   4. 공조공과 기타 담보물건에 관하여 부담을 체납하는 것
   5. 원인 여하를 불문하고 직접 또는 간접으로 본물건의 가격을 감할 염려있는 행위를 하는 것

제3조(증담보 등) 본물건에 원인여하를 불문하고 변경, 멸실 또는 그의 가격이 감소하였을 때에는 을은 갑의 청구에 따라 증담보 혹은 현금을 제공하고, 또는 새로이 갑의 승인하는 보증인을 설정하여야 한다.

제4조(보험금의 질권설정) ① 을은 본 계약에 의한 채무금 전액이 완제되기까지 저당물건에 갑이 승인하는 금액 이상의 보험계약을 하고 갑은 그 보험금지급청구권에 질권을 설정한다.
   ② 제1항의 보험금의 청구원인이 발생하였을 때에는 갑이 이 보험금을 청구 수령

하고, 기한의 여하에 불구하고 본건 채무의 변제에 충당하여도 을은 이의를 말하지 못한다.

제5조(기한의 이익상실) 을이 다음 각 호의 1에 해당할 때는 본건채무에 대하여 기한의 이익을 상실하고 하등의 최고 없이 저당권을 실행하여도 을은 이의가 없다.

1. 을이 계약 또는 기본 계약조항의 1에 위반하였을 때
2. 어음부도를 내고, 또는 지급을 정지하였을 때
3. 가압류, 가처분, 강제집행, 혹은 경매 등의 신고를 받고, 또는 체납처분 혹은 보전압류를 받았을 때
4. 파산, 화의, 회사정리 등의 신고를 받고 또는 자신이 신고하였을 때
5. 영업의 전부 또는 일부를 제3자에 양도하였을 때
6. 기타 갑에 있어서 을이 채무를 이행하지 못할 염려가 있다고 인정하였을 때

제6조(저당권의 실행) 을이 채무이행을 태만하였을 때는 물론, 기한의 이익을 상실할 사유가 발생하였을 때, 본계약에 위반하였을 때 또는 본 저당권이 침해당할 우려가 있다고 갑이 인정하였을 때는 갑은 통지최고를 하지 아니하고 을의 저당권을 실행하고 채무의 변제를 받을 수 있다.

제7조(임의처분) ① 저당권을 실행할 수 있는 경우 갑은 경매절차에 의하지 아니하고 공인감정기관의 감정가격에 의하여 저당 물건을 일괄하여 또는 분할하여 임의로 처분할 수 있고, 처분에 의한 취득금은 처분비용을 공제하고 갑이 정하는 순서에 의하여 본 건 채무의 변제에 충당키로 한다.

② 을은 갑의 요구가 있을 때는 즉각 전항의 임의처분에 필요한 권리증, 인감 증명서, 위임장을 갑에게 교부하고 이에 협력한다.

제8조(대물변제) ① 저당권을 실행할 수 있는 경우 갑은 그의 선택에 의하여 저당권의 실행에 대하여 저당물건의 전부 또는 임의의 일부의 가액을 현재의 채무액의 전부 또는 임의의 일부와 동액으로 보고 그 소유권을 대물변제로서 취득할 수 있다.

② 전항에 의한 갑의 권리를 보전하기 위하여 을은 저당물건에 대하여, 갑에 대하여 소유권이전청구권 보전의 가등기를 할 수 있다.

제9조 본 계약증서의 작성 및 등기 기타 본 계약에 관한 일체 비용은 을이 부담한다.

본 계약체결을 증명하기 위하여 본서 2통을 작성하고 서명. 날인한 후 당사자는 각1통을 보관한다.

20○○년 ○월 ○일

저당권자(갑)	주 소						
	성 명	인	주민등록번호		–	전 화 번 호	
저당권 설정자 (을)	주 소						
	성 명	인	주민등록번호		–	전 화 번 호	

[별지]

부 동 산 의 표 시

(1동의 건물의 표시)
    ○○시 ○○구 ○○동 ○○
    라멘조 및 벽돌조 평슬래브지붕 4층 다세대주택
    1층　297.39 ㎡
    2층　297.39 ㎡
    3층　297.39 ㎡
    4층　259.62 ㎡
    지1층 190.84 ㎡
    지2층 228.34 ㎡
    (지2층내 주차장 228.34임)

구조: 지2층-3층 : 라멘조
          4층 : 벽돌조
    전유부분의 건물의 표시
    건물의 번호 : 2층 에이호
    구　　　　조 : 라멘조
    면　　　　적 : 66.34 ㎡
    대지권의 표시
    토지의 표시 : ○○시 ○○구 ○○동 ○○
              대 574 ㎡
    대지권의 종류 : 소유권
    대지권의 비율 : 574분의 30.481. 끝.

```
┌─────┐
│ 수 입 │
│ 인 지 │
└─────┘
```

지 상 권 설 정 계 약 서

┌──┐
│ * 굵은 선 □ 으로 표시된 란 (제3조 및 계약서 끝부분)은 지상권설정자가 │
│   반드시 자필로 기재하시기 바랍니다. │
└──┘

                                            년   월   일

        채권자겸
        지상권자 : _____ ㉖

        주   소 :

        채 무 자 : _____ ㉖

        주   소 :

        지상권설정자 : _____ ㉖

        주   소 :

위 당사자 사이에 아래와 같이 지상권설정계약을 맺는다.

제1조(지상권의 설정) 지상권설정자(이하 "설정자"라 한다)는 그의 소유인 이 계약서 끝부분 토지목록란에 기재된 토지 위에, 지상권자가 건물 기타 공작물이나 수목을 소유하기 위하여 그 토지를 사용할 수 있도록 지상권을 설정한다.

제2조(지료) 지료는 없는 것으로 한다.

제3조(존속기간) 지상권의 존속기간은 설정등기일부터 ○년으로 한다.

제4조(토지의 보존 등) ① 설정자는 사전에 지상권자의 서면 승낙없이 지상권의 목적인 토지에 공작물구축 기타 그 현상을 변경하는 행위를 아니한다.
② 설정자는 지상권의 목적인 토지에 멸실·훼손·공용징수 기타 사유로 말미암아 이상이 생길 염려가 있을 때에는 곧 지상권자에게 통지하며, 그 처리에 관하여는 지상권자의 지시에 따르기로 한다.

제5조(제 절차 이행과 비용 부담) 설정자는 지상권자의 청구가 있는 대로 이 계약에 의한 지상권의 설정·변경·경정·이전·말소 등에 관한 등기 기타 필요한 절차를 지체없이 밟겠으며, 이에 드는 모든 비용은 채무자와 연대하여 부담한다.

제6조(관할법원 합의) 이 계약에 관하여 소송의 필요가 생긴 때에는 법이 정하는 관할법원과 아울러 지상권자의 소재지 지방법원을 관할법원으로 한다.

토지목록

※ 설정자는 다음 사항을 읽고 본인의 의사를 사실에 근거하여 자필로 기재하여 주십시오. (기재 예시 : 수령함).

이 계약서 사본을 확실히 수령하였습니까?	

이 계약서에 따라 등기되었음을 확인하고 등기권리증을 수령함.
년   월   일   지상권설정자   ㊞

가등기담보설정계약서

채권자 ○○○ 을 갑이라고 하고 채무자 △△△을 을이라 하여 갑·을 사이에 다음과 같이 계약을 체결한다.

1. 갑은 다음과 같이 을에게 금전을 대여하고 을은 정히 이를 수령하였다.
 (1) 원금 금 ○○○원
 (2) 이자 월 ○푼으로 하고 매달 ○일 지급한다.
 (3) 연체이자는 월 ○푼 ○리 한다.
 (4) 변제기일 20○○년 ○월 ○일
 (5) 변제방법 갑의 집으로 지참지급 하거나 송금한다.

2. 을이 그 이자를 ○개월 이상 연체하였을 때에는 기한의 이익을 상실하고 원리금 전액을 즉시 지급하여야 한다.

3. 을은 갑에 대한 전항의 채무이행을 담보하기 위해 을 소유의 별지목록 기재 부동산에 관하여 갑과 매매예약을 체결하고 이를 원인으로 갑 앞으로 소유권이전청구권보전을 위한 가등기를 경료한다. 위 가등기경료 비용은 을의 부담으로 한다.

4. 을이 원리금변제기일에 원리금을 변제하지 아니할 때에는 위 부동산에 관하여 그 변제기일 다음날로 당사자 사이에 매매가 완결된 것으로 보아 을은 갑에게 위 가등기에 기한 본등기절차를 이행하되, 을이 원리금을 모두 변제하였을 때에는 갑은 위 가등기를 말소하여야 한다. 위 본등기절차비용이나 가등기말소비용은 모두 을의 부담으로 한다.

5. 위 가등기에 기한 본등기절차가 이행되었을 경우 위 부동산은 갑의 소유로 된다.

 위 계약사실을 증명하기 위하여 이 계약서를 2통 작성하여 갑·을 각 1통씩 보관한다.

20○○년 ○월 ○일

채권자	주 소						
	성 명	인	주민등록번호	–	전 화 번 호	
채무자	주 소						
	성 명	인	주민등록번호	–	전 화 번 호	

[별지] 생략

기계매도담보계약서

> ※ 담보의 제공은 재산상 손실을 가져올 수도 있는 중요한 법률행위이므로 미리 뒷면 "담보제공자가 꼭 알아 두어야 할 사항"과 계약서의 내용을 잘 읽은 후 신중한 판단을 하시고,
> ※ 굵은선 으로 표시된 란은 담보제공자가 반드시 자필로 기재하시기 바랍니다.

채 권 자 겸
매도담보권자 _____ ◯
주   소

채 무 자 _____ ◯
주   소

매도담보권
설 정 자 _____ ◯
주   소

본 인 확 인 인 감 대 조

년   월   일

거 래 약 정	년 월 일자 약정서
금 액	금 원
상 환 기 일	년 월 일
이자율, 지급시기	연 %
지 연 배 상 금	상환기일에 지급하지 아니한 때 또는 기한의 이익을 상실한 때에는 지급하여야 할 금액에 대하여 곧 연 ◯%의 비율로 1년을 365일로 보고 1일 단위로 계산한 지체일수에 해당하는 지연배상금을 지급한다.

위 당사자 사이에 아래와 같이 매도담보권 설정계약을 맺는다.

제1조(매도담보권의 설정) 매도담보권 설정자(이하 "설정자"라 한다)는 채무자의 채권자에 대한 다음 채무를 담보하기 위하여 이 계약서 끝부분 "매도담보 목적물 목록"란에 기재한 물건(이하 "담보목적물"이라 한다)의 소유권을 채권자에게

양도하고 채권자 앞으로 그 담보목적물의 인도를 마쳤다.

피담보채무의 표시 :

제2조(담보목적물의 점유·보존·관리) ① 담보목적물 (제6조의 갈아넣거나 새로 들여온 물건을 포함한다. 이하 같다.)은 설정자가 채권자의 대리인으로서 이후 점유·사용·보존·관리하며 그 비용을 부담한다.

② 담보목적물의 점유·사용·보존·관리에 있어서 설정자는 선량한 관리자로서 의 주의 의무를 다하며, 보관장소·보관설비·기타 관리방법 등에 관하여 채권자 의 지시가 있으면 설정자는 이에 따라야 하며, 이를 변경하고자 하는 때에는 사 전에 채권자의 승낙을 받아야 한다.

제3조(보험계약) ① 설정자는 담보목적물에 대하여 채권보전에 필요한 범위내에서 채권자가 지정하는 종류와 금액으로 보험계약을 맺고, 그 보험계약에 따른 권리 위에 채권자를 위하여 질권을 설정하여 그 보험증권을 채권자에게 교부하며, 이 계약에 의한 피담보채무가 존속하는 동안 이를 계속 유지한다.

② 설정자가 제1항에 의한 보험계약외에 담보목적물에 대하여 따로 보험계약을 맺은 때에는 이를 곧 채권자에게 통지하며, 채권자가 채권보전상 필요에 따라 청 구하는 경우에는 그 보험계약에 관하여도 제1항과 같은 절차를 밟는다.

③ 설정자가 제1항, 제2항에 정하는 바에 따르지 아니함으로써 채권자가 채권보 전상 필요한 보험계약을 설정자를 대신하여 맺거나 계속하고 그 보험료를 지급 한 때에는, 채무자와 설정자는 연대하여 채권자가 지급한 보험료 기타의 제 비용 을 은행여신거래기본약관 제4조에 준하여 곧 갚는다.

④ 제1항 내지 제3항에 의한 보험계약에 터잡아 채권자가 보험금을 수령한 때에 는, 다른 담보물의 제공 등 상당한 사유가 없는 한, 피담보 채무의 기한도래전입 지라도, 채권자는 그 수령금으로 은행여신거래기본약관 제12조에 준하여 채무의 변제에 충당할 수 있다.

제4조(담보목적물의 보존 등) ① 담보목적물이 멸실·훼손되거나 그럴 염려가 있는 경우에는 설정자는 그 예방 또는 구제를 위한 법적 절차를 취하고, 채권자에게 그러한 사실을 통지하여야 한다.

② 담보목적물에 대하여 권리를 주장하는 자가 있거나, 법적 다툼이 발생한 경우 에, 설정자는 권리보전을 위한 법적 절차를 밟아야 한다.

제5조(다른담보의 제공) 설정자의 책임있는 사유로 말미암아 담보목적물에 대한 채 권자의 소유권 취득이 무효로 되거나 실효될 염려가 있는 때에는 설정자는 채권 자의 청구에 의하여 그에 갈음할 수 있는 다른 담보를 채권자에게 제공한다.

제6조(담보가치의 유지) 제4조 제1항의 경우에는 채권자의 청구에 따라 설정자가 상낭액의 물긴올 곧 보충하여 채권자에게 양도하기로 한다.

제7조(담보목적물의 변경) ① 설정자는 담보목적물의 전부 또는 일부를 갈아 놓거 나 또는 새로 물건을 들여올 때에는

채권자의 승인을 받겠으며, 그 갈아 놓은 물건이나 새로 들여온 물건에 대하여도

따로 계약할 것 없이 이 계약에 의하여 모두 채권자에게 양도되고 인도를 마친 것으로 한다.

② 담보목적물에 의하여 제조·가공되는 재공품·반제품·완제품·부산물이나 담보목적물에 부합된 물건도 당연히 이 계약에 의하여 양도되고 인도를 마친 것으로 한다.

제8조(담보목적물의 처분) 담보목적물을 법정절차에 의하여 처분하기 곤란하거나 법정절차에 의하여 처분할 경우 채권보전에 지장을 초래할 상당한 사유가 있다고 인정되는 때에는 채권자는 담보목적물을 일반적으로 적당하다고 인정되는 시기·방법·가격 등에 의하여 담보목적물을 처분하고, 그 매각대금으로 채무의 변제에 충당하거나 채무의 전부 또는 일부의 변제에 갈음하여 담보목적을 취득할 수 있다. 이 경우에 채권자는 담보목적물을 처분 또는 취득하기 10일전까지 설정자에게 그 사실을 통지하기로 한다.

제9조(담보목적물의 인도·대리처분 등) ① 매도담보권의 실행을 위하여 채권자가 요구하는 때에는 설정자는 담보목적물을 지체없이 채권자 또는 채권자가 지정하는 자에게 양도한다.

② 매도담보권의 실행을 위하여 채권자가 요구하는 때에는 설정자는 채권자를 대리하여 담보목적물을 처분하고, 그 매각대금이 매수인으로부터 직접 채권자에게 지급되도록 한다.

제10조(물상대위) 담보목적물에 대하여 멸실·훼손·공용징수 기타의 원인으로 제3자에 대한 보험금·배상금·보상금 등의 청구권이 생긴 때에는, 다른 담보물의 제공 등 상당한 사유가 없는 한, 피담보채무의 기한도래전일지라도, 채권자는 이를 수령하여 은행여신거래기본약관 제12조에 준하여 채무의 변제에 충당할 수 있다.

제11조(담보목적물의 회보·조사) 채권자는 채권보전에 필요한 경우 수시로 담보목적물에 대한 현황을 조사할 수 있으며, 이 경우 조사에 필요한 협력을 한다.

제12조(비용부담) 매도담보권의 설정·보전·행사 및 담보목적물의 보존·관리에 드는 각종비용은 채무자와 설정자가 연대하여 부담하고, 채권자가 대신 지급한 때에는 그 지급금에 대하여 은행여신거래기본약관 제4조에 준하여 이를 곧 갚는다.

제13조(다른 담보·보증약정과의 관계) ① 설정자가 채무자의 채권자에 대한 피담보채무에 관하여 따로 담보를 제공하고 있거나 보충을 하고 있는 경우에는 별도의 약정이 없는 한 그 담보나 보증은 이 계약에 의하여 변경되지 아니하며 이 계약에 의한 담보책임과 별개의 것으로 누적적으로 적용된다.

② 담보가치의 하락 등을 대비한 채권자의 청구에 의하여 설정자가 같은 피담보채무에 관하여 담보제공과 동시에 같은 금액으로 연대보증을 한 경우, 그 중 어느 하나의 일부 또는 전부를 이행한 때에는 제1항에 불구하고 그 이행한 범위내에서 다른 책임도 면한다.

제14조(특약 사항)

※ 설정자는 다음 사항을 읽고 본인의 의사를 사실에 근거하여 자필로 기재하여 주십시오.

(기재예시 : 1.수령함,   2.들었음)

매도담보목적물 목록

1. 은행여신거래기본약관과 이 계약서 사본을 확실히 수령하였습니까?	
2. 위 약관과 계약서의 중요한 내용에 대하여 설명을 들었습니까?	

상 담 자	직 위 :	성명:	인

소 재 지		
보 관 창 고 명 및 보관장소		
물 건	종 별	
	수 량	
	단 가	
	가 액	
보 험	회사명	
	종 별	
	금 액	

10. 대여금 등 계약

[서식] 금전차용계약서

금 전 차 용 계 약 서

제1조(당사자) 채권자 ○○○(이하 "갑"이라고 함.)는 20○○년 ○월 ○일 금○○○
원을 채무자◎◎◎(이하 "을"이라고 함.)에게 대여하고 을은 이를 차용한다.

제2조(변제기) 차용금의 변제기한은 20○○년 ○월 ○일로 한다.

제3조(이자 및 지연손해금) ① 이자는 연 ○%의 비율로 한다.
② 원리금의 변제를 지체했을 때에는 을은 연 ○○%의 비율에 의한 지연손해금을
가산해서 지불해야 한다.

제4조(변제방법) 채무의 변제는 갑의 주소 또는 갑이 지정하는 지정장소에 지참 또
는 송금해서 지불한다.

제5조(기한이익의 상실) 을이 다음 각호의 1에 해당하는 경우에 있어서는 갑으로부
터 기한의 이익을 상실하고 채무전부를 즉시 변제하여야 한다.
1. 본 건 이자의 지불을 ○개월 분 이상 지체했을 때
2. 다른 채무 때문에 강제집행, 집행보전처분을 받거나, 파산 또는 경매의 신청이
있었을 때
3. 을이 주소를 변경하고, 그 사실을 갑에게 고지하지 않았을 때

갑과 을은 상기 계약을 증명하기 위하여 본 계약서 2통을 작성하고, 각자 서명날
인한 후 1통씩을 보관한다.

20○○년 ○월 ○일

채 권 자	주 소						
	성 명		인	주민등록번호	-	전 화 번 호	
채 무 자	주 소						
	성 명		인	주민등록번호	-	전 화 번 호	

지 급 명 령 신 청

채권자 ○○○(주민등록번호)
　　　　○○시 ○○구 ○○길 ○○(우편번호 ○○○-○○○)
　　　　전화·휴대폰번호:
　　　　팩스번호, 전자우편(e-mail)주소:
채무자 ◇◇◇(주민등록번호)
　　　　○○시 ○○구 ○○길 ○○(우편번호 ○○○-○○○)
　　　　전화·휴대폰번호:
　　　　팩스번호, 전자우편(e-mail)주소:

대여금청구의 독촉사건

청구금액 : 금 5,000,000원

신 청 취 지

　채무자는 채권자에게 금 5,000,000원 및 이에 대한 20○○. ○. ○.부터 이 사건 지급명령결정정본을 송달 받는 날까지는 연 18%, 그 다음날부터 다 갚는 날까지는 연 15%의 각 비율에 의한 금액 및 아래 독촉절차비용을 합한 금액을 지급하라는 지급명령을 구합니다.

아　　　래

　　　금　　　　원　　　　독촉절차비용

내　　　역

　　　금　　　　원　　　인 지 대
　　　금　　　　원　　　송 달 료

신 청 이 유

1. 채권자는 채무자에게 20○○. ○. ○. 금 5,000,000원을 대여해주면서 변제기한

은 같은 해 ○○. ○, 이자는 월 1.5%를 지급 받기로 한 사실이 있습니다.

2. 그런데 채무자는 위 변제기일이 지났음에도 불구하고 원금은 고사하고 약정한 이자까지도 채무이행을 하지 아니하므로 채권자는 채무자에게 위 원금 및 지연이자를 변제할 것을 여러 차례에 걸쳐 독촉하자 채무자는 원금 및 지연이자를 20○○. ○. ○○.까지 지급하겠다며 지불각서까지 작성하여 주고서도 이마저도 전혀 이행치 않고 있습니다.

3. 따라서 채권자는 채무자로부터 위 대여금 5,000,000원 및 이에 대한 20○○. ○. ○.부터 이 사건 지급명령결정정본을 송달 받는 날까지는 약정한 이자인 연 18%(계산의 편의상 월 1.5%를 연단위로 환산함), 그 다음날부터 다 갚는 날까지는 소송촉진등에관한특례법에서 정한 연 15%의 각 비율에 의한 이자, 지연손해금 및 독촉절차비용을 합한 금액의 지급을 받기 위하여 이 사건 신청을 하기에 이르게 된 것입니다.

첨 부 서 류

1. 지불각서   1통
1. 송달료납부서   1통

20○○.   ○○.   ○○.
위 채권자 ○○○ (서명 또는 날인)

○○지방법원 귀중

[서식] 지급명령 이의신청서

이 의 신 청 서

사 건   20○○차○○○ 물품대금
신 청 인(채무자)   ◇◇◇
피신청인(채권자)   ○○○

 위 사건에 관하여 신청인은 피신청인으로부터 물건을 구입한 사실이 있으나 그 대금을 6개월에 걸쳐 완납하여 채무가 존재하지 아니하므로 이의합니다.
(신청인은 지급명령 정본을 20○○. ○. ○. 송달 받았음)

20○○. ○○. ○○.
위 신청인(채무자) ◇◇◇ (서명 또는 날인)

○○지방법원 귀중

내 용 증 명

발 신 인 ○ ○ ○
         주 소

수 신 인 ○ ○ ○
         주 소

대여금 변제 최고

1. 귀하의 무궁한 발전을 기원합니다.
2. 귀하는 20○○. ○. ○. ○○:○○경 본인을 방문하여 "신용카드대금이 연체되어 신용카드회사에서 사기로 고소한다고 하니 금 ○○○원을 대여해주면, 이자는 연 18%로 20○○. ○. ○.까지는 틀림없이 변제해준다"고 하여 당일 본인은 귀하에게 위 금원을 대여해 준 적이 있습니다.
3. 본인은 변제기한인 20○○. ○. ○. 도과 후 귀하에게 수차에 걸쳐 대여금의 반환을 요구하였으나 귀하는 현재까지 이런저런 이유로 대여금의 반환을 미루고 있습니다.
4. 이에 귀하에게 대여 원리금 금 ○○○원을 20○○. ○. ○.까지 반환하여 줄 것을 최고하며, 만약 귀하께서 이행치 아니할시 부득이 법적인 조치를 취할 수밖에 없음을 통지하니 양지하시기 바랍니다.

20○○.　 ○.　 ○.
위 발신인　 ○○○

[서식] 조정신청서(대여금반환청구)

조 정 신 청 서

접 수 인

신 청 일 20○○. ○○. ○○.
사 건 명 대여금
신 청 인 ○○○(주민등록번호)
     ○○시○○구○○길○○(우편번호)
     전화 · 휴대폰번호:
     팩스번호, 전자우편(e-mail)주소:
피신청인 ◇◇◇(주민등록번호)
     ○○시○○구○○길○○(우편번호)
     전화 · 휴대폰번호:
     팩스번호, 전자우편(e-mail)주소:

20 . . .
조정기일소환장　통

위 서류를 영수함
20○○. ○. ○.
신청인　○○○(서명
　　　　　　또는 날인)

조정신청사항가액	금 ○○○○원	수 수 료	금 ○○○원	송 달 료	금 ○○○원
(인지첩부란)					

신 청 취 지

1. 피신청인은 신청인에게 금 ○○○○원 및 이에 대한 20○○. ○○. ○.부터 이 사건 신청서부본 송달일까지는 연 5%의, 그 다음날부터 다 갚는 날까지는 연 15%의 각 비율에 의한 돈을 지급한다.
2. 조정비용은 피신청인의 부담으로 한다.
라는 조정을 구합니다.

신 청 원 인

1. 대여내역
    (1) 대여일자 : 20○○. ○. ○.
    (2) 차용자 : ◇◇◇
    (3) 연 대 인 : 없음
    (4) 대여금 : 금 ○○○○○원
    (5) 남은 채권액 : 금 ○○○○원
    (6) 변제기 : 20○○. ○. ○○.   (7) 약정이율 : 없음
    (8) 이자지급시기 : 해당없음   (9) 이자수령여부 : 해당없음
    (10) 기타 : 피신청인은 위 대여금 금 ○○○○○원 중 금 ○○○○원이 남아
         있음은 인정하고 있으나, 그 금액의 지급을 계속 미루고만 있음.

첨 부 서 류

    1. 차용증   1통
    1. 소장부본   1통
    1. 송달료납부서   1통

     20○○.   ○○.   ○○.
   위 신청인 ○○○ (서명 또는 날인)

○○지방법원 귀중

11. 도급계약

[서식] 민간건설공사 표준도급계약서

민간건설공사 표준도급계약서

1. 공 사 명 :

2. 공사장소 :

3. 착공년월일   :   년   월   일

4. 준공예정년월일 :   년   월   일

5. 계약금액 : 일금   원정 (부가가치세 포함)

 (노무비1) : 일금   원정, 부가가치세 일금   원정)

 1) 건설산업기본법 제88조제2항, 동시행령 제84제1항 규정에 의하여 산출한 노임

6. 계약보증금 : 일금   원정

7. 선   금 : 일금   원정(계약 체결 후 00일 이내 지급)

8. 기성부분금 : (   )월에 1회

9. 지급자재의 품목 및 수량

10. 하자담보책임(복합공종인 경우 공종별로 구분 기재)

공종	공종별계약금액	하자보수보증금율(%) 및 금액		하자담보책임기간
		( ) %	원정	
		( ) %	원정	
		( ) %	원정	

　

   도급인과 수급인은 합의에 따라 붙임의 계약문서에 의하여 계약을 체결하고, 신의에 따라 성실히 계약상의 의무를 이행할 것을 확약하며, 이 계약의 증거로서 계약문서를 2통 작성하여 각 1통씩 보관한다.

붙임서류 : 1. 민간건설공사 도급계약 일반조건 1부
         2. 공사계약특수조건 1부
         3. 설계서 및 산출내역서 1부

                                              년   월   일

 도 급 인   수 급 인
   주소   주소
   성명   (인)   성명   (인)

민간건설공사 표준도급계약 일반조건

제1조(총칙) 도급인(이하 "갑"이라 한다)과 수급인(이하 "을"이라 한다)은 대등한 입장에서 서로 협력하여 신의에 따라 성실히 계약을 이행한다.

제2조(정의) 이 조건에서 사용하는 용어의 정의는 다음과 같다

1. "도급인"이라 함은 건설공사를 건설업자에게 도급하는 자를 말한다.

2. "도급"이라 함은 당사자 일방이 건설공사를 완성할 것으로 약정하고, 상대방이 그 일의 결과에 대하여 대가를 지급할 것을 약정하는 계약을 말한다.

3. "수급인"이라 함은 도급인으로부터 건설공사를 도급받는 건설업자를 말한다.

4. "하도급"이라 함은 도급받은 건설공사의 전부 또는 일부를 다시 도급하기 위하여 수급인이 제3자와 체결하는 계약을 말한다.

5. "하수급인"이라 함은 수급인으로부터 건설공사를 하도급받은 자를 말한다.

6. "설계서"라 함은 공사시방서, 설계도면(물량내역서를 작성한 경우 이를 포함한다) 및 현장설명서를 말한다.

7. "물량내역서"라 함은 공종별 목적물을 구성하는 품목 또는 비목과 동 품목 또는 비목의 규격ㆍ수량ㆍ단위 등이 표시된 내역서를 말한다.

8. "산출내역서"라 함은 물량내역서에 수급인이 단가를 기재하여 도급인에게 제출한 내역서를 말한다.

제3조(계약문서) ① 계약문서는 민간건설공사 도급계약서, 민간건설공사 도급계약 일반조건, 공사계약특수조건, 설계서 및 산출내역서로 구성되며, 상호 보완의 효력을 가진다.

② 이 조건이 정하는 바에 의하여 계약당사자간에 행한 통지문서 등은 계약문서로서의 효력을 가진다.

제4조(계약보증금) ① "을"은 계약상의 의무이행을 보증하기 위해 계약서에서 정한 계약보증금을 계약체결전까지 "갑"에게 현금 등으로 납부하여야 한다. 다만, "갑"과 "을"이 합의에 의하여 계약보증금을 납부하지 아니하기로 약정한 경우에는 그러하지 아니하다

② 제1항의 계약보증금은 다음 각 호의 기관이 발행한 보증서로 납부할 수 있다.

1. 건설산업기본법 제54조 제1항의 규정에 의한 각 공제조합 발행 보증서
2. 보증보험회사, 신용보증기금등 이와 동등한 기관이 발행하는 보증서
3. 금융기관의 지급보증서 또는 예금증서
4. 국채 또는 지방채

③ "을"은 제21조부터 제23조의 규정에 의하여 계약금액이 증액된 경우에는 이에 상응하는 금액의 보증금을 제1항 및 제2항의 규정에 따라 추가 납부하여야 하며, 계약금액이 감액된 경우에는 "갑"은 이에 상응하는 금액의 계약보증금을

"을"에게 반환하여야 한다.

제5조(계약보증금의 처리) ① 제34조제1항 각 호의 사유로 계약이 해제 또는 해지된 경우 제4조의 규정에 의하여 납부된 계약보증금은 "갑"에게 귀속한다. 이 경우 계약의 해제 또는 해지에 따른 손해배상액이 계약보증금을 초과한 경우에는 그 초과분에 대한 손해배상을 청구할 수 있다.

② "갑"은 제32조제1항 각 호의 사유로 계약이 해제 또는 해지되거나 계약의 이행이 완료된 때에는 제4조의 규정에 의하여 납부된 계약보증금을 지체없이 "을"에게 반환하여야 한다.

제6조(공사감독원) ① "갑"은 계약의 적정한 이행을 확보하기 위하여 스스로 이를 감독하거나 자신을 대리하여 다음 각 호의 사항을 행하는 자(이하 '공사감독원'이라 한다)를 선임할 수 있다.

1. 시공일반에 대하여 감독하고 입회하는 일
2. 계약이행에 있어서 "을"에 대한 지시·승낙 또는 협의하는 일
3. 공사의 재료와 시공에 대한 검사 또는 시험에 입회하는 일
4. 공사의 기성부분 검사, 준공검사 또는 공사목적물의 인도에 입회하는 일
5. 기타 공사감독에 관하여 "갑"이 위임하는 일

② "갑"은 제1항의 규정에 의하여 공사감독원을 선임한 때에는 그 사실을 즉시 "을"에게 통지하여야 한다.

③ "을"은 공사감독원의 감독 또는 지시사항이 공사수행에 현저히 부당하다고 인정할 때에는 "갑"에게 그 사유를 명시하여 필요한 조치를 요구할 수 있다.

제7조(현장대리인의 배치) ① "을"은 착공전에 건설산업기본법령에서 정한 바에 따라 당해공사의 주된 공종에 상응하는 건설기술자를 현장에 배치하고, 그중 1인을 현장대리인으로 선임한 후 "갑"에게 통지하여야 한다.

② 제1항의 현장대리인은 법령의 규정 또는 "갑"이 동의한 경우를 제외하고는 현장에 상주하여 시공에 관한 일체의 사항에 대하여 "을"을 대리하며, 도급받은 공사의 시공관리 기타 기술상의 관리를 담당한다.

제8조(공사현장 근로자) ① "을"은 해당 공사의 시공 또는 관리에 필요한 기술과 인력을 가진 근로자를 채용하여야 하며 근로자의 행위에 대하여 사용자로서의 모든 책임을 진다.

② "을"이 채용한 근로자에 대하여 "갑"이 해당 계약의 시공 또는 관리상 현저히 부적당하다고 인정하여 교체를 요구한 때에는 정당한 사유가 없는 한 즉시 교체하여야 한다.

③ "을"은 제2항에 의하여 교체된 근로자를 "갑"의 동의 없이 해당 공사를 위해 다시 채용할 수 없다.

제9조(착공신고 및 공정보고) ① "을"은 계약서에서 정한 바에 따라 착공하여야 하며, 착공 시에는 다음 각 호의 서류가 포함된 착공신고서를 "갑"에게 제출하여야 한다.

1. 건설산업기본법령에 의하여 배치하는 건설기술자 지정서

2. 공사예정공정표
3. 공사비 산출내역서 (단, 계약체결시 산출내역서를 제출하고 계약금액을 정한 경우를 제외한다)
4. 공정별 인력 및 장비 투입 계획서
5. 기타 "갑"이 지정한 사항

② "을"은 계약의 이행중에 제1항의 규정에 의하여 제출한 서류의 변경이 필요한 때에는 관련서류를 변경하여 제출하여야 한다.

③ "갑"은 제1항 및 제2항의 규정에 의하여 제출된 서류의 내용을 조정할 필요가 있다고 인정하는 때에는 "을"에게 이의 조정을 요구할 수 있다.

④ "갑"은 "을"이 월별로 수행한 공사에 대하여 다음 각 호의 사항을 명백히 하여 익월 14일까지 제출하도록 요청할 수 있으며, "을"은 이에 응하여야 한다.
1. 월별 공정률 및 수행공사금액
2. 인력·장비 및 자재현황
3. 계약사항의 변경 및 계약금액의 조정내용

제10조(공사기간) ① 공사착공일과 준공일은 계약서에 명시된 일자로 한다.

② "을"의 귀책사유 없이 공사착공일에 착공할 수 없는 경우에는 "을"의 현장 인수일자를 착공일로 하며, 이 경우 "을"은 공사기간의 연장을 요구할 수 있다.

③ 준공일은 '을"이 건설공사를 완성하고 "갑"에게 서면으로 준공검사를 요청한 날을 말한다. 다만, 제27조의 규정에 의하여 준공검사에 합격한 경우에 한 한다.

제11조(선금) ① "갑"은 계약서에서 정한 바에 따라 "을"에게 선금을 지급하여야 하며, "갑"이 선금 지급시 보증서 제출을 요구하는 경우 "을"은 제4조 제2항 각 호의 보증기관이 발행한 보증서를 제출하여야 한다.

② 제1항에 의한 선금지급은 "을"의 청구를 받은 날부터 14일이내에 지급하여야 한다. 다만, 자금사정등 불가피한 사유로 인하여 지급이 불가능한 경우 그 사유 및 지급시기를 "을"에게 서면으로 통지한 때에는 그러하지 아니하다.

③ "을"은 선금을 계약목적달성을 위한 용도이외의 타 목적에 사용할 수 없으며, 노임지급 및 자재확보에 우선 사용하여야 한다.

④ 선금은 기성부분에 대한 대가를 지급할 때마다 다음 방식에 의하여 산출한 금액을 정산한다.

$$선금 \ 정산액 \ = \ 선금액 \ \times \ \frac{기성부분의 \ 대가}{계약금액}$$

⑤ "갑"은 선금을 지급한 경우 다음 각 호의 1에 해당하는 경우에는 당해 선금 잔액에 대하여 반환을 청구할 수 있다.
1. 계약을 해제 또는 해지하는 경우
2. 선금지급조건을 위반한 경우

⑥ "갑"은 제5항의 규정에 의한 반환청구시 기성부분에 대한 미지급금액이 있는 경우에는 선금잔액을 그 미지급금액에 우선적으로 충당하여야 한다.

제12조(자재의 검사 등) ① 공사에 사용할 재료는 신품이어야 하며, 품질·품명 등은 설계도서와 일치하여야 한다. 다만, 설계도서에 품질·품명 등이 명확히 규정되지 아니한 것은 표준품 또는 표준품에 상당하는 재료로서 계약의 목적을 달성하는데 가장 적합한 것이어야 한다.

② 공사에 사용할 자재중에서 "갑"이 품목을 지정하여 검사를 요구하는 경우에는 "을"은 사용전에 "갑"의 검사를 받아야 하며, 설계도서와 상이하거나 품질이 현저히 저하되어 불합격된 자재는 즉시 대체하여 다시 검사를 받아야 한다.

③ 제2항의 검사에 이의가 있을 경우 "을"은 "갑"에게 재검사를 요구할 수 있으며, 재검사가 필요하다고 인정되는 경우 "갑"은 지체없이 재검사하도록 조치하여야 한다.

④ "을"은 자재의 검사에 소요되는 비용을 부담하여야 하며, 검사 또는 재검사 등을 이유로 계약기간의 연장을 요구할 수 없다. 다만, 제3항의 규정에 의하여 재검사 결과 적합한 자재인 것으로 판명될 경우에는 재검사에 소요된 기간에 대하여는 계약기간을 연장할 수 있다.

⑤ 공사에 사용하는 자재중 조립 또는 시험을 요하는 것은 "갑"의 입회하에 그 조립 또는 시험을 하여야 한다.

⑥ 수중 또는 지하에서 행하여지는 공사나 준공후 외부에서 확인할 수 없는 공사는 "갑"의 참여없이 시행할 수 없다. 다만, 사전에 "갑"의 서면승인을 받고 사진, 비디오 등으로 시공방법을 확인할 수 있는 경우에는 시행할 수 있다.

⑦ "을"은 공사수행과 관련하여 필요한 경우 "갑"에게 입회를 요구할 수 있으며, "갑"은 이에 응하여야 한다.

제13조(지급자재와 대여품) ① 계약에 의하여 "갑"이 지급하는 자재와 대여품은 공사예정공정표에 의한 공사일정에 지장이 없도록 적기에 인도되어야 하며, 그 인도장소는 시방서 등에 따로 정한 바가 없으면 공사현장으로 한다.

② 제1항의 규정에 의하여 지급된 자재의 소유권은 "갑"에게 있으며, "을"은 "갑"의 서면승낙없이 현장 외부로 반출하여서는 아니된다.

③ 제1항의 규정에 의하여 인도된 지급자재와 대여품에 대한 관리상의 책임은 "을"에게 있으며, "을"이 이를 멸실 또는 훼손하였을 경우에는 "갑"에게 변상하여야 한다.

④ "을"은 지급자재 및 대여품의 품질 또는 규격이 시공에 적당하지 아니하다고 인정할 때에는 즉시 "갑"에게 이를 통지하고 그 대체를 요구할 수 있다.

⑤ 자재 등의 지급지연으로 공사가 지연될 우려가 있을 때에는 "을"은 "갑"의 서면승낙을 얻어 자기가 보유한 자재를 대체 사용할 수 있다. 이 경우 "갑"은 대체 사용한 자재 등을 "을"과 합의된 일시 및 장소에서 현품으로 반환하거나 대체사용당시의 가격을 지체없이 "을"에게 지급하여야 한다.

⑥ "을"은 갑이 지급한 자재와 기계·기구 등 대여품을 선량한 관리자의 주의로 관리하여야 하며, 계약의 목적을 수행하는 데에만 사용하여야 한다.

⑦ "을"은 공사내용의 변경으로 인하여 필요없게 된 지급자재 또는 사용완료된 대여품을 지체없이 "갑"에게 반환하여야 한다.

제14조(안전관리 및 재해보상) ① "을"은 산업재해를 예방하기 위하여 안전시설의 설치 및 보험의 가입 등 적정한 조치를 하여야 하며, 이를 위해 "갑"은 계약금액에 안전관리비 및 산업재해보상 보험료 상당액을 계상하여야 한다.
② 공사현장에서 발생한 산업재해에 대한 책임은 "을"에게 있다. 다만, 설계상의 하자 또는 "갑"의 요구에 의한 작업으로 재해가 발생한 경우에는 "갑"에 대하여 구상권을 행사할 수 있다.

제15조(건설근로자의 보호) ① "을"은 도급받은 공사가 건설산업기본법, 임금채권보장법, 고용보험법, 국민연금법, 국민건강보험법 및 노인장기요양보험법에 의하여 의무가입대상인 경우에는 퇴직공제, 임금채권보장제도, 고용보험, 국민연금, 건강보험 및 노인장기요양보험에 가입하여야 한다. 다만, "을"이 도급받은 공사를 하도급한 경우로서 하수급인이 고용한 근로자에 대하여 고용보험, 국민연금, 건강보험 및 노인장기요양보험에 가입한 경우에는 그러하지 아니하다.
② "갑"은 제1항의 건설근로자퇴직공제부금, 임금채권보장제도에 따른 사업주부담금, 고용보험료, 국민연금보험료, 국민건강보험료 및 노인장기요양보험료를 계약금액에 계상하여야 한다.

제16조(응급조치) ① "을"은 재해방지를 위하여 특히 필요하다고 인정될 때에는 미리 긴급조치를 취하고 즉시 이를 "갑"에게 통지하여야 한다.
② "갑"은 재해방지 기타 공사의 시공상 부득이하다고 인정할 때에는 "을"에게 긴급조치를 요구할 수 있다. 이 경우 "을"은 즉시 이에 응하여야 하며, "을"이 "갑"의 요구에 응하지 않는 경우 "갑"은 제3자로 하여금 필요한 조치를 하게 할 수 있다.
③ 제1항 및 제2항의 응급조치에 소요된 경비는 실비를 기준으로 "갑"과 "을"이 협의하여 부담한다.

제17조(공사기간의 연장) ① "갑"의 책임있는 사유 또는 천재지변, 불가항력의 사태, 원자재 수급불균형 등으로 현저히 계약이행이 어려운 경우 등 "을"의 책임이 아닌 사유로 공사수행이 지연되는 경우 "을"은 서면으로 공사기간의 연장을 "갑"에게 요구할 수 있다.
② "갑"은 제1항의 규정에 의한 계약기간 연장의 요구가 있는 경우 즉시 그 사실을 조사·확인하고 공사가 적절히 이행될 수 있도록 계약기간의 연장 등 필요한 조치를 하여야 한다.
③ 제1항의 규정에 의거 공사기간이 연장되는 경우 이에 따르는 현장관리비 등 추가경비는 제23조의 규정을 적용하여 조정한다.
④ "갑"은 제1항의 계약기간의 연장을 승인하였을 경우 동 연장기간에 대하여는 지체상금을 부과하여서는 아니된다.

제18조(부적합한 공사) ① "갑"은 "을"이 시공한 공사중 설계서에 적합하지 아니한 부분이 있을 때에는 이의 시정을 요구할 수 있으며, "을"은 지체없이 이에 응하여야 한다. 이 경우 "을"은 계약금액의 증액 또는 공기의 연장을 요청할 수 없다.

② 제1항의 경우 설계서에 적합하지 아니한 공사가 "갑"의 요구 또는 지시에 의하거나 기타 "을"의 책임으로 돌릴 수 없는 사유로 인한 때에는 "을"은 그 책임을 지지 아니한다.

제19조(불가항력에 의한 손해) ① "을"은 검사를 마친 기성부분 또는 지급자재와 대여품에 대하여 태풍·홍수·악천후·전쟁·사변·지진·전염병·폭동 등 불가 항력에 의한 손해가 발생한 때에는 즉시 그 사실을 "갑"에게 통지하여야 한다.
② "갑"은 제1항의 통지를 받은 경우 즉시 그 사실을 조사·확인하고 그 손해의 부담에 있어서 기성검사를 필한 부분 및 검사를 필하지 아니한 부분 중 객관적인 자료(감독일지, 사진 또는 비디오테입 등)에 의하여 이미 수행되었음이 판명된 부 분은 "갑"이 부담하고, 기타 부분은 "갑"과 "을"이 협의하여 결정한다.
③ 제2항의 협의가 성립되지 않은 때에는 제41조의 규정에 의한다.

제20조(공사의 변경·중지) ① "갑"이 설계변경 등에 의하여 공사내용을 변경· 추가하거나 공사의 전부 또는 일부에 대한 시공을 일시 중지할 경우에는 변경계 약서 등을 사전에 "을"에게 교부하여야 한다.
② "갑"이 전항에 따른 공사내용의 변경·추가 관련 서류를 교부하지 아니한 때에는 "을"은 "갑"에게 도급받은 공사 내용의 변경·추가에 관한 사항을 서면으로 통지하여 확인을 요청할 수 있다.
③ "갑"의 지시에 의하여 "을"이 추가로 시공한 공사물량에 대하여서는 공사 비를 증액하여 지급하여야 한다.
④ "을"은 동 계약서에 규정된 계약금액의 조정사유 이외의 계약체결 후 계약 조건의 미숙지, 덤핑수주 등을 이유로 계약금액의 변경을 요구하거나 시공을 거 부할 수 없다.

제21조(설계변경으로 인한 계약금액의 조정) ① 설계서의 내용이 공사현장의 상태 와 일치하지 않거나 불분명, 누락, 오류가 있을 때 또는 시공에 관하여 예기하지 못한 상태가 발생되거나 사업계획의 변경 등으로 인하여 추가 시설물의 설치가 필요한 때에는 "갑"은 설계를 변경하여야 한다.
② 제1항의 설계변경으로 인하여 공사량의 증감이 발생한 때에는 다음 각 호의 기 준에 의하여 계약금액을 조정하며, 필요한 경우 공사기간을 연장하거나 단축한다.
 1. 증감된 공사의 단가는 제9조의 규정에 의한 산출내역서상의 단가를 기준으로 상호 협의하여 결정한다.
 2. 산출내역서에 포함되어 있지 아니한 신규비목의 단가는 설계변경 당시를 기 준으로 산정한 단가로 한다.
 3. 증감된 공사에 대한 일반관리비 및 이윤 등은 산출내역서상의 율을 적용한다.

제22조(물가변동으로 인한 계약금액의 조정) ① 계약체결후 90일이상 경과한 경우 에 잔여공사에 대하여 산출내역서에 포함되어 있는 품목 또는 비목의 가격 등의 변동으로 인한 등락액이 잔여공사에 해당하는 계약금액의 100분의3 이상인 때 에는 계약금액을 조정한다. 다만, 제17조제1항의 규정에 의한 사유로 계약이행 이 곤란하다고 인정되는 경우에는 계약체결일(계약체결후 계약금액을 조정한 경

우 그 조정일)부터 90일이내에도 계약금액을 조정할 수 있다.

② 제1항의 규정에 불구하고 계약금액에서 차지하는 비중이 100분의 1을 초과하는 자재의 가격이 계약체결일(계약체결후 계약금액을 조정한 경우 그 조정일)부터 90일이내에 100분의 15 이상 증감된 경우에는 '갑'과 '을'이 합의하여 계약금액을 조정할 수 있다.

③ 제1항 및 제2항의 규정에 의한 계약금액의 조정에 있어서 그 조정금액은 계약금액 중 물가변동기준일 이후에 이행되는 부분의 대가에 적용하되, 물가변동이 있는 날 이전에 이미 계약이행이 완료되어야 할 부분에 대하여는 적용하지 아니한다. 다만, 제17조제1항의 규정에 의한 사유로 계약이행이 지연된 경우에는 그러하지 아니하다.

④ 제1항의 규정에 의하여 조정된 계약금액은 직전의 물가변동으로 인하여 계약금액 조정기준일(조정 사유가 발생한 날을 말한다)부터 60일이내에는 이를 다시 조정할 수 없다.

⑤ 제1항의 규정에 의하여 계약금액 조정을 청구하는 경우에는 조정내역서를 첨부하여야 하며, 청구를 받은 날부터 30일 이내에 계약금액을 조정하여야 한다

⑥ 제5항의 규정에 의한 계약금액조정 청구내용이 부당함을 발견한 때에는 지체없이 필요한 보완요구 등의 조치를 하여야 한다. 이 경우 보완요구 등의 조치를 통보받은 날부터 그 보완을 완료한 사실을 상대방에게 통지한 날까지의 기간은 제4항의 규정에 의한 기간에 산입하지 아니한다.

제23조(기타 계약내용의 변동으로 인한 계약금액의 조정) ① 제21조 및 제22조에 의한 경우 이외에 계약내용의 변경으로 계약금액을 조정하여야 할 필요가 있는 경우에는 그 변경된 내용에 따라 계약금액을 조정하며, 이 경우 증감된 공사에 대한 일반관리비 및 이윤 등은 산출내역서상의 율을 적용한다.

② 제1항과 관련하여 "을"은 제21조 및 제22조에 규정된 계약금액 조정사유 이외에 계약체결후 계약조건의 미숙지 등을 이유로 계약금액의 변경을 요구하거나 시공을 거부할 수 없다.

제24조(기성부분금) ① 계약서에 기성부분금에 관하여 명시한 때에는 "을"은 이에 따라 기성부분에 대한 검사를 요청할 수 있으며, 이때 "갑"은 지체없이 검사를 하고 그 결과를 "을"에게 통지하여야 하며, 14일이내에 통지가 없는 경우에는 검사에 합격한 것으로 본다.

② 기성부분은 제2조 제8호의 산출내역서의 단가에 의하여 산정한다. 다만, 산출내역서가 없는 경우에는 공사진척율에 따라 "갑"과 "을"이 합의하여 산정한다.

③ "갑"은 검사완료일로부터 14일이내에 검사된 내용에 따라 기성부분금을 "을"에게 지급하여야 한다.

④ "갑"이 제3항의 규정에 의한 기성부분금의 지급을 지연하는 경우에는 제28조제3항의 규정을 준용한다.

제25조(손해의 부담) "갑"·"을" 쌍방의 책임 없는 사유로 공사의 목적물이나 제3자에게 손해가 생긴 경우 다음 각 호의 자가 손해를 부담한다.

1. 목적물이 갑에게 인도되기 전에 발생된 손해: 을

2. 목적물이 갑에게 인도된 후에 발생된 손해: 갑

3. 목적물에 대한 갑의 인수지연 중 발생된 손해: 갑

4. 목적물 검사기간 중 발생된 손해: 갑·을이 협의하여 결정

제26조(부분사용) ① "갑"은 공사목적물의 인도전이라 하더라도 "을"의 동의를 얻어 공사목적물의 전부 또는 일부를 사용할 수 있다.

② 제1항의 경우 "갑"은 그 사용부분에 대하여 선량한 관리자의 주의 의무를 다하여야 한다.

③ "갑"은 제1항에 의한 사용으로 "을"에게 손해를 끼치거나 "을"의 비용을 증가하게 한 때는 그 손해를 배상하거나 증가된 비용을 부담한다.

제27조(준공검사) ① "을"은 공사를 완성한 때에는 "갑"에게 통지하여야 하며 "갑"은 통지를 받은 후 지체없이 "을"의 입회하에 검사를 하여야 하며, "갑"이 "을"의 통지를 받은 후 10일 이내에 검사결과를 통지하지 아니한 경우에는 10일이 경과한 날에 검사에 합격한 것으로 본다. 다만, 천재·지변 등 불가항력적인 사유로 인하여 검사를 완료하지 못한 경우에는 당해 사유가 존속되는 기간과 당해 사유가 소멸된 날로부터 3일까지는 이를 연장할 수 있다.

② "을"은 제1항의 검사에 합격하지 못한 때에는 지체없이 이를 보수 또는 개조하여 다시 준공검사를 받아야 한다.

③ "을"은 검사의 결과에 이의가 있을 때에는 재검사를 요구할 수 있으며, "갑"은 이에 응하여야 한다.

④ "갑"은 제1항의 규정에 의한 검사에 합격한 후 "을"이 공사목적물의 인수를 요청하면 인수증명서를 발급하고 공사목적물을 인수하여야 한다.

제28조(대금지급) ① "을"은 "갑"의 준공검사에 합격한 후 즉시 잉여자재, 폐기물, 가설물 등을 철거, 반출하는 등 공사현장을 정리하고 공사대금의 지급을 "갑"에게 청구할 수 있다.

② "갑"은 특약이 없는 한 계약의 목적물을 인도 받음과 동시에 "을"에게 공사 대금을 지급하여야 한다.

③ "갑"이 공사대금을 지급기한내에 지급하지 못하는 경우에는 그 미지급금액에 대하여 지급기한의 다음날부터 지급하는 날까지의 일수에 계약서 상에서 정한 대가지급 지연이자율(시중은행의 일반대출시 적용되는 연체이자율 수준을 감안 하여 상향 적용할 수 있다)을 적용하여 산출한 이자를 가산하여 지급하여야 한다.

제29조(폐기물의 처리 등) "을"은 공사현장에서 발생한 폐기물을 관계법령에 의거 처리하여야 하며, "갑"은 폐기물처리에 소요되는 비용을 계약금액에 반영하여야 한다.

제30조(지체상금) ① "을"은 준공기한내에 공사를 완성하지 아니한 때에는 매 지체일수마다 계약서상의 지체상금율을 계약금액에 곱하여 산출한 금액(이하 '지체상금'이라 한다)을 "갑"에게 납부하여야 한다. 다만, "갑"의 귀책사유로 준공검사가 지체된 경우와 다음 각 호의 1에 해당하는 사유로 공사가 지체된 경우에는 그 해당일수에 상당하는 지체상금을 지급하지 아니하여도 된다.

1. 제19조에서 규정한 불가항력의 사유에 의한 경우
2. "을"이 대체하여 사용할 수 없는 중요한 자재의 공급이 "갑"의 책임 있는 사유로 인해 지연되어 공사진행이 불가능하게 된 경우
3. "갑"의 귀책사유로 착공이 지연되거나 시공이 중단된 경우
4. 기타 "을"의 책임에 속하지 아니하는 사유로 공사가 지체된 경우

② 제1항을 적용함에 있어 제26조의 규정에 의하여 "갑"이 공사목적물의 전부 또는 일부를 사용한 경우에는 그 부분에 상당하는 금액을 계약금액에서 공제한다.

③ "갑"은 제1항 및 제2항의 규정에 의하여 산출된 지체상금은 제28조의 규정에 의하여 "을"에게 지급되는 공사대금과 상계할 수 있다.

제31조(하자담보) ① "을"은 공사의 하자보수를 보증하기 위하여 계약서에 정한 하자보수보증금율을 계약금액에 곱하여 산출한 금액(이하 '하자보수보증금'이라 한다)을 준공검사후 그 공사의 대가를 지급할 때까지 현금 또는 제4조 제2항 각 호의 보증기관이 발행한 보증서로서 "갑"에게 납부하여야 한다.

② "을"은 "갑"이 전체목적물을 인수한 날과 준공검사를 완료한 날 중에서 먼저 도래한 날부터 계약서에 정한 하자담보 책임기간중 당해공사에 발생하는 일체의 하자를 보수하여야 한다. 다만, 다음 각 호의 사유로 발생한 하자에 대해서는 그러하지 아니하다.
1. 공사목적물의 인도 후에 천재지변 등 불가항력이나 "을"의 책임이 아닌 사유로 인한 경우
2. "갑"이 제공한 재료의 품질이나 규격 등의 기준미달로 인한 경우
3. "갑"의 지시에 따라 시공한 경우
4. "갑"이 건설공사의 목적물을 관계 법령에 따른 내구연한 또는 설계상의 구조내력을 초과하여 사용한 경우

③ "을"이 "갑"으로 부터 제2항의 규정에 의한 하자보수의 요구를 받고 이에 응하지 아니하는 경우 제1항의 규정에 의한 하자보수보증금은 "갑"에게 귀속한다.

④ "갑"은 하자담보책임기간이 종료한 때에는 제1항의 규정에 의한 하자보수보증금을 "을"의 청구에 의하여 반환하여야 한다. 다만, 하자담보책임기간이 서로 다른 공종이 복합된 공사에 있어서는 공종별 하자담보 책임기간이 만료된 공종의 하자보수보증금은 "을"의 청구가 있는 경우 즉시 반환하여야 한다.

제32조(건설공사의 하도급 등) ① "을"이 도급받은 공사를 제3자에게 하도급하고자 하는 경우에는 건설산업기본법 및 하도급거래공정화에관한법률에서 정한 바에 따라 하도급하여야 하며, 하수급인의 선정, 하도급계약의 체결 및 이행, 하도급 대가의 지급에 있어 관계 법령의 제규정을 준수하여야 한다.

② "갑"은 건설공사의 시공에 있어 현저히 부적당하다고 인정하는 하수급인이 있는 경우에는 하도급의 통보를 받은 날 또는 그 사유가 있음을 안 날부터 30일이내에 서면으로 그 사유를 명시하여 하수급인의 변경 또는 하도급 계약 내용의 변경을 요구할 수 있다. 이 경우 "을"은 정당한 사유가 없는 한 이에 응하여야 한다.

③ "갑"은 제2항의 규정에 의하여 건설공사의 시공에 있어 현저히 부적당한 하수급인이 있는지 여부를 판단하기 위하여 하수급인의 시공능력, 하도급 계약 금

액의 적정성 등을 심사할 수 있다.

제33조(하도급대금의 직접 지급) ① "갑"은 "을"이 제32조의 규정에 의하여 체결한 하도급계약중 하도급거래공정화에 관한법률과 건설산업기본법에서 정한 바에 따라 하도급대금의 직접 지급사유가 발생하는 경우에는 그 법에 따라 하수급인이 시공한 부분에 해당하는 하도급대금을 하수급인에게 지급한다.

② "갑"이 제1항의 규정에 의하여 하도급대금을 직접 지급한 경우에는 "갑"의 "을"에 대한 대금지급채무는 하수급인에게 지급한 한도안에서 소멸한 것으로 본다.

제34조("갑"의 계약해제 등) ① "갑"은 다음 각 호의 1에 해당하는 경우에는 계약의 전부 또는 일부를 해제 또는 해지할 수 있다.

1. "을"이 정당한 이유없이 약정한 착공기일을 경과하고도 공사에 착수하지 아니한 경우

2. "을"의 책임있는 사유로 인하여 준공기일내에 공사를 완성할 가능성이 없음이 명백한 경우

3. 제30조제1항의 규정에 의한 지체상금이 계약보증금 상당액에 도달한 경우로서 계약기간을 연장하여도 공사를 완공할 가능성이 없다고 판단되는 경우

4. 기타 "을"의 계약조건 위반으로 인하여 계약의 목적을 달성할 수 없다고 인정되는 경우

② 제1항의 규정에 의한 계약의 해제 또는 해지는 "갑"이 "을"에게 서면으로 계약의 이행기한을 정하여 통보한 후 기한내에 이행되지 아니한 때 계약의 해제 또는 해지를 "을"에게 통지함으로써 효력이 발생한다.

③ "을"은 제2항의 규정에 의한 계약의 해제 또는 해지 통지를 받은 때에는 다음 각 호의 사항을 이행하여야 한다.

1. 당해 공사를 지체없이 중지하고 모든 공사용 시설·장비 등을 공사현장으로부터 철거하여야 한다.

2. 제13조의 규정에 의한 지급재료의 잔여분과 대여품은 "갑"에게 반환하여야 한다.

제35조("을"의 계약해제 등) ① "을"은 다음 각 호의 1에 해당하는 경우에는 계약의 전부 또는 일부를 해제 또는 해지할 수 있다.

1. 공사내용을 변경함으로써 계약금액이 100분의 40이상 감소된 때

2. "갑"의 책임있는 사유에 의한 공사의 정지기간이 계약서상의 공사기간의 100분의 50을 초과한 때

3. "갑"이 정당한 이유없이 계약내용을 이행하지 아니함으로써 공사의 적정이행이 불가능하다고 명백히 인정되는 때

② 제1항의 규정에 의하여 계약을 해제 또는 해지하는 경우에는 제34조제2항 및 제3항의 규정을 준용한다.

제36조(계약해지시의 처리) ① 제34조 및 제35조의 규정에 의하여 계약이 해지된 때에는 "갑"과 "을"은 지체없이 기성부분의 공사금액을 정산하여야 한다.

② 제34조 및 제35조의 규정에 의한 계약의 해제 또는 해지로 인하여 손해가 발

생한 때에는 상대방에게 그에 대한 배상을 청구할 수 있다.

제37조(을의 동시이행 항변권) ① "갑"이 계약조건에 의한 선금과 기성부분금의 지급을 지연할 경우 "을"이 상당한 기한을 정하여 그 지급을 독촉하였음에도 불구하고 "갑"이 이를 지급치 않을 때에는 "을"은 공사중지기간을 정하여 갑에게 통보하고 공사의 일부 또는 전부를 일시 중지할 수 있다.
② 제1항의 공사중지에 따른 기간은 지체상금 산정시 공사기간에서 제외된다.
③ "갑"은 제1항의 공사중지에 따른 비용을 "을"에게 지급하여야 하며, 공사중지에 따라 발생하는 손해에 대해 "을"에게 청구하지 못한다.

제38조(채권양도) ① "을"은 이 공사의 이행을 위한 목적이외에는 이 계약에 의하여 발생한 채권(공사대금 청구권)을 제3자에게 양도하지 못한다.
② "을"이 채권양도를 하고자 하는 경우에는 미리 보증기관(연대보증인이 있는 경우 연대보증인을 포함한다)의 동의를 얻어 "갑"의 서면승인을 받아야 한다.
③ "갑"은 제2항의 규정에 의한 "을"의 채권양도 승인요청에 대하여 승인 여부를 서면으로 "을"과 그 채권을 양수하고자 하는 자에게 통지하여야 한다.

제39조(손해배상책임) ① "을"이 고의 또는 과실로 인하여 도급받은 건설공사의 시공관리를 조잡하게 하여 타인에게 손해를 가한 때에는 그 손해를 배상할 책임이 있다.
② "을"은 제1항의 규정에 의한 손해가 "갑"의 고의 또는 과실에 의하여 발생한 것인 때에는 "갑"에 대하여 구상권을 행사할 수 있다.
③ "을"은 하수급인이 고의 또는 과실로 인하여 하도급 받은 공사를 조잡하게 하여 타인에게 손해를 가한 때는 하수급인과 연대하여 그 손해를 배상할 책임이 있다.

제40조(법령의 준수) "갑"과 "을"은 이 공사의 시공 및 계약의 이행에 있어서 건설산업기본법 등 관계법령의 제규정을 준수하여야 한다.

제41조(분쟁의 해결) ① 계약에 별도로 규정된 것을 제외하고는 계약에서 발생하는 문제에 관한 분쟁은 계약당사자가 쌍방의 합의에 의하여 해결한다.
② 제1항의 합의가 성립되지 못할 때에는 당사자는 건설산업기본법에 따른 건설분쟁조정위원회에 조정을 신청하거나 중재법에 따른 상사중재기관 또는 다른 법령에 의하여 설치된 중재기관에 중재를 신청할 수 있다.

제42조(특약사항) 기타 이 계약에서 정하지 아니한 사항에 대하여는 "갑"과 "을"이 합의하여 별도의 특약을 정할 수 있다.

■ **참 고** ■

[1] 공사도급계약이 해제된 경우에 해제될 당시 공사가 상당한 정도로 진척되어 이를 원상회복하는 것이 중대한 사회적·경제적 손실을 초래하고 완성된 부분이 도급인에게 이익이 되는 경우에 도급계약은 미완성 부분에 대하여만 실효되고 수급인은 해제한 상태 그대로 공사물을 도급인에게 인도하며, 도급인은 특별한 사정이 없는 한 인도받은 공사물의 완성도나 기성고 등을 참작하여 이에 상응하는 보수를 지급하여야 하

는 권리의무관계가 성립한다.

[2] 수급인이 공사를 완공하지 못한 채 공사도급계약이 해제되어 기성고에 따른 공사비를 정산하여야 할 경우, 기성 부분과 미시공 부분에 실제로 들어가거나 들어갈 공사비를 기초로 산출한 기성고 비율을 약정 공사비에 적용하여 공사비를 산정하여야 한다. 기성고 비율은 공사대금 지급의무가 발생한 시점, 즉 수급인이 공사를 중단할 당시를 기준으로 이미 완성된 부분에 들어간 공사비에다 미시공 부분을 완성하는 데 들어갈 공사비를 합친 전체 공사비 가운데 완성된 부분에 들어간 비용이 차지하는 비율을 산정하여 확정하여야 한다(대법원 2017.12.28. 선고 2014다83890 판결).

건축물의 설계 표준계약서

1.건축물 명칭 :
2.대 지 위 치 :
3.설 계 내 용 : □신축 □증축 □개축 □재축 □이전 □대수선
             □용도변경 □기타
1) 대지면적 :　　　　　　　　m²
2) 용　　도 :
3) 구　　조 :
4) 층　　수 : 지하　　　층　지상　　　층
5) 건축면적 :　　　　　　m²
6) 연면적의 합계 :　　　　　　m²

4. 계 약 면 적 :　　　　　　m²
5. 계 약 금 액 : 일금　　　　　　원정(₩　　　　　): 부가세 별도

200　년　　　월　　　일

"갑"과 "을"은 상호 신의와 성실을 원칙으로 이 계약서에 의하여 설계계약을 체결하고 각1부씩 보관한다.

건축주 "갑"
상 호 / 성 명 :　　(서명 또 인)
사 업 자 등 록 번 호 / 주 민 등 록 번 호 :

주 소 :
전 화 / Fax :

설계자 "을"
상호/건축사 :　　　　(서명 또는 인)
사업자등록번호 :
주　　　　　소 :
전 화 / Fax :

제1조(총　　칙) 이 계약은 「건축법」 제15조에 따라 건축주(이하 "갑"이라 한다)가 「건축사법」 제23조제1항에 따라 업무신고한 건축사(이하 "을"이라 한다)에게 위탁한 설계업무의 수행에 필요한 상호간의 권리와 의무 등을 정한다.

제2조(계약면적 및 기간)
① 계 약 면 적 ("을"이 총괄하여 작성한 전체 설계면적) :　　　　　　m²
② 대 가 기 간 :　　　년　　월　　일 ~ 　　년　　월　　일

제3조(계약의 범위 등)
① 계약의 범위 등은 [별표1]의 "건축설계업무의 범위 및 품질기준표"를 참고

하여 결정한다.

② 공사완료도서 및 건축물관리대장 작성 등 설계업무를 위해 필요한 세부사항은 "갑"과 "을"이 협의하여 정한다.

제4조(대가의 산출 및 지불방법) ① 설계업무에 대한 대가의 산출기준 및 방법은 [별표2]를 참고하여 현장여건 및 설계조건에 따라 "갑"과 "을"이 협의하여 정한다.

② 설계업무의 대가는 일시불로 또는 분할하여 지불할 수 있다.

③ 대가를 분할하여 지불하는 경우에 그 지불시기 및 지불금액을 다음과 같이 정함을 원칙으로 하되, "갑"과 "을"이 협의하여 조정할 수 있다.

지불시기 및 기준비율(%)	조정비율(%)	지 불 금 액	비 고
계 약 시(20)		일금 원 (₩)	
계획설계도서 제출시(20)		일금 원 (₩)	건축심의 해당시 심의도서포함
중간설계도서 제출시(30)		일금 원 (₩)	건축허가도서포함
실시설계도서 제출시(30)		일금 원 (₩)	
계(100)		일금 원 (₩)	부가가치세별도

제5조(대가의 조정) ① 설계업무의 수행기간이 1년을 초과하는 경우에 이 기간 중 한국엔지니어링진흥협회가 「통계법」에 따라 조사·공포한 "노임단가의 변경"이 있을 때에는 「국가를당사자로하는계약에관한법률시행규칙」 제74조에 따라 "갑"과 "을"이 협의하여 대가를 조정할 수 있다.

② "갑"의 사유로 계약면적이 5%이상 증감되는 경우와 재료 및 시공방법의 변경 등으로 대가업무의 범위가 10%이상 증가된 경우에는 "갑"은 "을"에게 해당금액을 정산한다.

③ "을"의 사유로 계약면적이 5%이상 증감되는 경우, "을"은 "갑"에게 해당금액을 정산한다.

④ 대가의 증감분에 대한 정산은 최종지불 시 반영한다.

제6조(자료의 제공 및 성실의무) ① "갑"은 "을"이 설계업무를 수행하는데 필요한 다음 각 호의 자료를 요구할 때에는 지체 없이 제공하여야 하며 이때 "갑"은 제공해야할 자료의 수집을 "을"에게 위탁할 수 있다.

1. 건축물의 구체적 용도와 이에 관련된 요망 사항
2. 설계진행 및 건축허가에 필요한 제반서류(소유권 관계 등)
3. 토지이용에 관한 증빙서류(국토이용계획확인원, 지적도, 토지대장, 건축물 관리대장 등)
4. 대지측량도(현황 및 대지경계명시 측량도)

5. 지질조사서 및 지내력 검사서, 굴토설계도서, 그 밖에 토질구조 검토에 필요한 제반도서 등
6. 대지에 관한 급·배수, 전기, 가스등 시설의 현황을 표시하는 자료
7. 교통영향평가서, 환경영향평가서, 재해영향평가서, 지하철영향평가서 등 각종 평가서 및 검토서
8. 농지 및 임야 등의 형질변경 등에 관한 제반서류
9. 지구단위계획 제반도서
10. 그 밖의 업무수행에 필요한 자료

② "갑"이 제1항의 자료수집을 "을"에게 위탁한 경우에는 "갑"은 이에 소요되는 비용을 지불한다.

③ "갑"은 본인이 의도하는 바를 "을"에게 요구할 수 있으며, "을"은 "갑"의 요구내용을 반영하여 맡은바 업무를 성실히 수행하고, 설계도서에 대하여 "갑"에게 설명하며 자문하여야 한다.

제7조(건축재료의 선정 및 검사 등) ① "을"은 설계도서에 설계의도 및 품질확보를 위하여 건축재료의 품명 및 규격 등을 표기할 수 있다. 이 경우 "을"은 "갑"과 협의하여야 한다.

② "을"은 설계도서에서 표기한 건축재료를 선정하기 위하여 자재검사 및 품질시험을 관계전문기관에 의뢰할 수 있다.

③ "을"은 제1항의 검사 및 시험의뢰에 앞서 "갑"과 협의하여야 하며, "갑"은 협의된 검사 및 시험에 소요되는 비용을 지불한다.

제8조(설계도서의 작성·제출) ① "을"이 설계도서를 작성함에 있어서는 「건축법」 제23조제2항에 따라 국토해양부장관이 고시하는 설계도서 작성기준에 따른다.

② "을"은 완성된 설계도서(3부)를 "갑"에게 제출하여야 한다. 다만, "갑"이 결과물을 추가로 요청할 경우 "을"은 해당 비용을 "갑"에게 청구 할 수 있다.

③ 제2항에 의한 설계도서의 제출형식에 대해서는 "갑"과 "을"이 협의하여 정하도록 하며, 수록내용을 임의로 수정할 수 없도록 작성한다.

④ "갑"은 "을"이 제출한 결과물을 검토하여 설계오류 등의 명확한 사유가 있는 경우에는 "을"에게 그 보완을 요구할 수 있다.

제9조(관계기술협력업무의 종합조정) ① "갑"이 「건축법」 제67조에 따른 관계전문기술자와의 협력을 분리 수행하도록 하는 경우에 "을"은 그 협력 업무를 종합 조정한다.

② "갑"은 제1항에 따라 협력을 분리 수행하는 자로 하여금 "을"이 종합조정 업무를 수행할 수 있도록 필요한 조치를 하여야 한다.

③ "갑"은 "을"의 종합조정업무에 소요되는 경비를 제4조의 지불시기에 따라 "을"에게 지불하여야 하며, 그 금액은 별도 발주한 용역대가 금액에 비례하여 "갑"과 "을"이 협의하여 정한다.

제10조(계약의 양도 및 변경 등) ① "갑"과 "을"은 상대방의 승낙없이는 이 계약상의 권리·의무를 제3자에게 양도, 대여, 담보제공 등 그 밖의 처분행위를 할

수 없다.

② "갑"의 계획변경, 관계법규의 개·폐, 천재지변등 불가항력적인 사유의 발생으로 설계업무를 수정하거나 계약기간을 연장할 상당한 이유가 있는 때에는 "갑"과 "을"은 서로 협의하여 계약의 내용을 변경할 수 있다.

③ 제2항에 따라 이미 진행한 설계업무를 수정하거나 재설계를 할 때에는 이에 소요되는 비용은 [별표1]을 참고하여 산정하여 추가로 지불한다.

제11조(이행지체) ① "을"은 설계업무를 약정기간 안에 완료할 수 없음이 명백한 경우에는 이 사실을 지체없이 "갑"에게 통지한다.

② "을"이 약정기간 안에 업무를 완료하지 못한 경우에는 지체일수 매1일에 대하여 대가의 2.5/1000에 해당하는 지체상금을 "갑"에게 지불한다.

③ 천재지변 등 부득이한 사유 또는 "을"의 책임이 아닌 사유("갑"의 설계도서 검토, "갑"의 요구에 의한 설계도서 수정 등)로 인하여 이행이 지체된 경우에는 제2항의 규정에 따른 지체일수에서 제외한다.

④ "갑"은 "을"에게 지급하여야 할 대가에서 지체상금을 공제할 수 있다.

제12조(이행보증보험증서의 제출) ① "갑"과 "을"은 계약의 이행을 보증하기 위하여 계약체결시에 상대방에게 이행보증보험증서를 요구할 수 있다.

② 제1항의 규정에 의하여 이행보증보험증서를 제출받은 경우에는 이를 계약서에 첨부하여 보관한다.

제13조("갑"의 계약해제·해지) ① "갑"은 다음 각 호의 경우에 계약의 전부 또는 일부를 해제·해지할 수 있다.

1. "을"이 금융기관의 거래정지 처분, 어음 및 수표의 부도, 제3자에 따른 가압류·가처분·강제집행, 금치산·한정치산·파산선고 또는 회사정리의 신청 등으로 계약이행이 부가능한 경우

2. "을"이 상대방의 승낙없이 계약상의 권리 또는 의무를 양도한 경우

3. 사망, 실종, 질병, 기타 사유로 계약이행이 불가능한 경우

② 천재지변 등 부득이한 사유로 계약이행이 곤란하게 된 경우에는 상대방과 협의하여 계약을 해제·해지할 수 있다.

③ "을"은 제1항 각 호의 해제·해지 사유가 발생한 경우에는 "갑"에게 지체없이 통지한다.

④ "갑"은 제1항에 따라 계약을 해제·해지하고자 할 때에는 그 뜻을 미리 "을"에게 13일전까지 통지한다.

제14조("을"의 계약의 해제·해지) ① "을"은 다음 각 호의 경우에는 계약의 전부 또는 일부를 해제·해지할 수 있다.

1. "갑"이 "을"의 업무를 방해하거나 그 대가의 지불을 지연시켜 "을"의 업무가 중단되고 30일 이내에 이를 재개할 수 없다고 판단된 때

2. "갑"이 계약 당시 제시한 설계요구조건을 현저하게 변경하여 약정한 "을"의 업무수행이 객관적으로 불가능한 것이 명백할 때

3. "갑"이 상대방의 승낙없이 계약상의 권리 또는 의무를 양도한 경우

4. "갑"이 "을"의 업무수행상 필요한 자료를 제공하지 아니하여 "을"의 업
　　무수행이 곤란하게 된 경우
　　5. 사망, 실종, 질병, 기타 사유로 계약이행이 불가능한 경우
② 천재지변 등 부득이한 사유로 계약이행이 곤란하게 된 경우에는 상대방과 협의
　　하여 계약을 해제·해지할 수 있다.
③ "갑"은 제1항 각호의 해제·해지 사유가 발생한 경우에는 "을"에게 지체
　　없이 통지한다.
④ "을"은 제1항에 따라 계약을 해제·해지하고자 할 때에는 그 뜻을 미리
　　"갑"에게 14일전까지 통지한다.

제15조(손해배상)　"갑"과 "을"은 상대방이 제10조제2항에 따른 계약변경, 제
　　13조 및 제14조에 따른 계약의 해제·해지 또는 계약 위반으로 인하여 손해를
　　발생시킨 경우에는 상대방에게 손해배상을 청구할 수 있다.

제16조("을"의 면책사유)　"을"은 다음 각 호의 사항에 대하여는 책임을 지지
　　아니한다.
　　1. "갑"이 임의로 설계업무 대가의 지불을 지연시키거나 요구사항을 변경함으
　　　로써 설계업무가 지체되어 손해가 발생한 경우
　　2. 설계도서가 완료된 후 건축관계법령등이 개·폐되어 이미 작성된 설계도서 및
　　　문서가 못쓰게 된 경우
　　3. 천재지변등 불가항력적인 사유로 인하여 업무를 계속적으로 진행할 수 없는
　　　경우

제17조(설계업무 중단시의 대가지불)　① 제13조 및 제14조에 따라 설계업무의 전
　　부 또는 일부가 중단된 경우에는 "갑"과 "을"은 이미 수행한 설계업무에 대
　　하여 대가를 지불하여야 한다.
② "을"의 귀책사유로 인하여 설계업무의 전부 또는 일부가 중단된 경우에는
　　"갑"이 "을"에게 이미 지불한 대가에 대하여 이를 정산·환불한다.
③ 제1항 및 제2항에 따른 대가 지불 및 정산·환불은 제15조의 손해배상과는 별
　　도로 적용한다.

제18조(저작권 보호)　이 계약과 관련한 설계도서의 저작권은 "을"에게 귀속되며,
　　"갑"은 "을"의 서면동의 없이 이의 일부 또는 전체를 다른 곳에 사용하거나
　　양도할 수 없다.

제19조(비밀보장)　"갑"과 "을"은 업무수행중 알게 된 상대방의 비밀을 제3자에
　　게 누설하여서는 아니된다.

제20조(외주의 제한)　"을"은 「건축법」 제67조제1항에 따른 관계전문기술자의 협
　　력을 받아야 하는 경우를 제외하고는 "갑"의 승낙없이 제3자에게 외주를 주어
　　서는 아니된다.

제21조(분쟁조정)　①이 계약과 관련하여 업무상 분쟁이 발생한 경우에는 관계기관
　　의 유권 해석이나 관례에 따라 "갑"과 "을"이 협의하여 정한다.

② "갑"과 "을"이 협의하여 정하지 못한 경우에는 「건축법」제88조에 따른 "건축분쟁전문위원회"에 신청하여 이의 조정에 따른다.

③ 건축분쟁조정위원회의 결정에 불복이 있는 경우에는 "갑" 소재지의 관할법원의 판결에 따른다.

제22조(통지방법) ① "갑"과 "을"은 계약업무와 관련된 사항을 통지할 때에는 서면통지를 원칙으로 한다.

② 통지를 받은 날부터 7일 이내에 회신이 없는 경우에는 통지내용을 승낙한 것으로 본다.

③ 계약당사자의 주소나 연락방법의 변경시 지체 없이 서면으로 통지하여야 한다.

제23조(특약사항) 이 계약에서 정하는 사항 외에 "갑"과 "을"은 특약사항을 정할 수 있다.

건축물의 공사감리 표준계약서

1. 계 약 건 명 :
2. 대 지 위 치 :
3. 공 사 개 요 :
   1) 대 지 면 적 :   m²
   2) 건 축 면 적 :   m²
   3) 건 축 연 면 적 :   m²
   4) 용   도 :
   5) 층수 / 구조 : 지하   층, 지상   층 /
   6) 건 축 허 가 일 : 20   년   월   일(허가번호 제   호)
   7) 공 사 기 간 : 20   년   월   일(착공예정일)~20   년   월   일
4. 계 약 금 액 : 일금   원정(₩   ): 부가세 별도

20   년   월   일

"갑"과 "을"은 상호 신의와 성실을 원칙으로 이 계약서에 의하여 공사감리계약을 체결하고 각1부씩 보관한다.

건축주 "갑"   감리자 "을"
상 호 / 성 명 :   (서명 또는 인)   상호/ 감리자명 :   (서명 또는 인)
사업자등록번호/주민등록번호 :   사업자등록번호 :
주   소 :   주   소 :
전 화 / Fax :   전 화 / Fax :

제1조(총칙) 이 계약은 「건축법」 제15조에 따라 건축주(이하 "갑"이라 한다)가 공사감리자(이하 "을"이라 한다)에게 위탁한 공사감리업무의 수행에 필요한 상호간의 권리와 의무 등을 정한다.

제2조(업무기간) ① 공사감리 업무의 수행기간은 _____년____월____일부터 ____년___월___일까지(착공일부터 완공일)로 한다.
② "갑"의 사정에 의하여 공사가 일시 중지될 때에는 "갑"의 공사중지 통지 또는 "을"이 "갑"에게 서면확인 함으로서 공사 감리업무의 중지 효력이 발생하며 "을"은 이 기간 동안의 감리비용을 청구할 수 없다.

제3조(공사감리비의 산출 및 지불방법) ① 공사감리비의 산출기준 및 방법은 [별표 1]을 참고하여 현장여건 및 공사감리조건에 따라 "갑"과 "을"이 협의하여 정하며, 다중이용건축물의 감리대가는 건설기술관리법이 정하는 바에 의한다.

② 공사감리업무의 보수는 일시불로 또는 분할하여 지불할 수 있으며, 업무수행 중 업무기준이 변경된 기간의 감리비용은 공사금액 및 공사기간을 고려하여 정산한다.

③ 보수를 분할하여 지불하는 경우에 그 지불시기 및 지불금액은 다음과 같이 이행함을 원칙으로 하되, "갑"과 "을"이 협의하여 조정할 수 있다.

지불시기	지불금액	비 고
계약시	₩	20%
…	₩	
…	₩	
업무만료시	₩	100%
계	₩	부가가치세 별도

제4조(업무범위) ① 이 계약에서 정하는 업무범위는 「공사감리세부기준」의 업무범위에 따른다.

② 제1항의 업무범위 외에, "갑"과 "을"간의 특약이 있는 경우에는 이에 부수되는 개별계약을 추가로 체결할 수 있으며, 이에 소요되는 비용은 [별표1]을 참고하여 별도로 산정한다. 단, 토목·소방·통신·전기설비등 타 법령에 의하여 감리를 지정하게 되어있는 감리업무는 별도의 계약에 의한다.

제5조(보수의 조정) ① 공사감리업무의 수행기간이 1년을 초과하는 경우에 이 기간 중 한국엔지니어링진흥협회가 통계법에 의하여 조사·공포한 노임단가에 변경이 있을 경우 「국가를 당사자로 하는 계약에 관한 법률」시행규칙 제74조의 규정에 의하여 "갑"과 "을"이 협의하여 보수를 조정하여야 한다.

제6조(자료의 제공 및 성실 의무) ① "갑"은 공사감리 업무를 수행하는데 필요한 다음 각 호의 자료를 "을"이 요구할 때는 지체 없이 제공하여야하며 이때 "갑"은 "을"에게 자료수집을 위탁할 수 있다.

1. 건축허가 설계도서 및 공사계획 신고서
2. 공사도급계약서 및 현장관리인의 인적사항 관련자료
3. 시공계획서, 시공도면 및 공정표
4. 지적공사의 대지경계명시측량도 및 건축물의 현황측량도
5. 사용자재납품서 및 시험성적표
6. 지반 및 지질조사서
7. 보험가입증서, 산재보험가입 증서
8. 기타 공사감리업무수행에 필요한 자료

② "갑"이 제1항의 자료수집을 "을"에게 위탁한 경우에는 "갑"은 이에 소요되는 비용을 지불한다.

③ "갑"과 "을"은 신의와 성실의 관계를 유지하고 관계 법령을 준수하며, "을"은 건축물의 품질 향상을 위하여 노력한다.

제7조(업무의 착수시기) ① "갑"은 착공 3일전까지 "을"에게 착공 일자를 통지하고, "을"은 착공 일부터 공사감리업무를 착수한다.

② "갑"은 공사시공자에게 "을"의 인적 사항을 착공 전까지 통지한다.

제8조(업무의 수행) ① "을"은 관계법령이 정하는 바에 의하여 건축물이 설계도서의 내용대로 시공되는지의 여부를 확인하고 건축공사 감리세부기준 및 [별표2]와[별표3], [별표4]에 의하여 건축물의 규모에 따라 공사감리업무를 수행한다.

② "을"은 당해 공사가 설계도서대로 시행되지 아니하거나 관계 법령 및 이 규정에 의한 명령이나 처분에 위반된 사항을 발견한 경우에는 이를 "갑"에게 통보한 후 공사시공자에게 이를 시정 또는 재시공하도록 요청한다.

③ "을"은 제2항의 규정에 의한 요청에 대하여 공사시공자가 취한 조치의 결과를 확인한 후 이를 "갑"에게 통보한다.

④ "을"은 공사시공자가 제2항의 규정에 의한 요청에 응하지 아니하는 경우에는 당해 공사를 중지하도록 요청할 수 있다.

⑤ "을"은 공사시공자가 시정·재시공 또는 공사 중지 요청에 응하지 아니하는 경우에는 이를 시장·군수·구청장에게 보고한 후 "갑"에게 통보한다.

⑥ "갑"은 제2항·제4항 및 제5항의 규정에 의하여 위반사항에 대한 시정·재시공 또는 공사중지를 요청하거나 위반사항을 시장·군수·구청장에게 보고한 "을"에 대하여 이를 이유로 공사감리자의 지정을 취소하거나 보수의 지불을 거부 또는 지연시키는 등 불이익을 주어서는 아니된다.

⑦ "갑"은 공사시공자가 "을"의 시정·재시공 또는 공사중지 요청에 응하도록 협조한다.

제9조(현장지도확인) "을"은 다음 각호의 경우에 대하여는 현장에서 확인지도를 실시한 후에 공사 진행을 하게 한다.

1. 공사착공시
2. 건물의 배치, 수평보기, 기초 및 지하층 흙파기시
3. 기초 및 각층 철근배근과 거푸집 설치시
4. 외벽 등 주요구조부 공사시
5. 단열, 방수, 방습 및 주요취약부 공사시
6. 주요 설비 및 전기공사시
7. 기타 건축물의 규격 및 품질관리상 주요 부분의 공사시

제10조(주요 공정의 확인 점검) ① "을"은 공사의 주요 공정의 경우에는 그 적합성을 확인하고 서명한 후 "갑"에게 그 결과를 통보한다.

② 제1항의 규정에 의한 주요 공정은 설계도서에 따른 시공 여부의 확인과 건축물의 품질 향상을 위하여 필요한 공정으로서 건축물의 유형에 따라 "갑"과 "을"이 협의하여 다음과 같이 정한다.

1._____
2._____
3._____
4._____
5._____

6._____

제11조(상세시공도면의 작성 요청 등) ① "을"은 연면적의 합계가 5천제곱미터이상인 건축 공사의 경우에 공사시공자에게 상세시공도면을 작성하도록 요청할 수 있으며, 이 경우 "갑" 또는 공사시공자는 "을"에게 상세시공도면을 제출하여야 한다.

② "을"은 작성된 상세시공도면을 확인·검토하여 공사시공자에게 의견을 제시하고 "갑"에게 이를 통보한다.

제12조(공기 및 공법의 변경) ① "갑" 또는 공사시공자가 공기 및 공법을 변경할 때에는 7일 전까지 "을"에게 통보한다.

② "을"은 제1항의 규정에 의한 공법의 변경과 관련하여 공법의 안전성, 건축물의 품질 확보, 공사시공자의 기술력 확보 등에 대한 검토 의견을 제시할 수 있다.

제13조(감리보고서 등) ① "을"은 "갑"에게 감리결과를 매월 (   )일에 통보하되, 건축법시행령 제19조제3항에서 정한 진도에 다다른 때에는 감리중간보고서를, 공사를 완료한 때에는 감리완료보고서를 각각 작성하여 "갑"에게 제출한다.

② "을"은 감리일지를 기록·유지한다.

제14조(감리보조자 등) ① "을"을 대리하여 감리보조자가 공사감리업무를 수행하는 경우에는 "을"이 하는 것으로 본다.

② "을"은 감리보조자의 변경이 있는 경우에는 변경 후 3일 이내에 "갑"과 공사시공자에게 통지한다.

③ "을"은 공사감리업무에 참여하는 감리보조원의 신상명세, 자격 여부 등을 기록한 현황표를 공사 현장에 비치한다.

제15조(자재의 검사 등) ① "을"은 자재의 검사 및 품질시험을 "갑"과 협의하여 관련전문기관에 의뢰할 수 있으며, "갑"은 이에 소요되는 비용을 지불한다.

② "을"은 자재의 검사 및 품질시험의 결과를 확인·검토한다.

③ "갑" 또는 공사시공자가 자재의 검사 및 품질시험을 의뢰하는 경우에는 "갑"은 그 일시, 장소, 시험목록을 시험일 7일전까지 "을"에게 통지 한다.

④ "을"은 제3항의 규정에 의한 자재의 검사 및 품질시험에 입회할 수 있다.

제16조(계약의 양도 및 변경) ① "갑"과 "을"은 상대방의 승락없이는 이 계약상의 권리·의무를 제3자에게 양도, 대여, 담보 제공등 기타 처분행위를 할 수 없다.

② "갑"의 계획변경, 관계법규의 개·폐, 천재지변 등 불가항력적인 사유의 발생 기타 공사감리업무를 수정하거나 계약기간을 연장할 상당한 이유가 있는 때에는 "갑"과 "을"은 서로 협의하여 계약의 내용을 변경할 수 있다.

제17조(이행보증보험증서의 제출) ① "갑"과 "을"은 계약의 이행을 보증하기 위하여 계약체결시에 상대방에게 이행보증보험증서를 제출할 수 있다.

② 제1항의 규정에 의하여 이행보증보험증서를 제출받은 경우에는 이를 계약서에 첨부하여 보관한다.

제18조("갑"의 계약 해제·해지) ① "갑"은 다음 각 호의 경우에 계약의 전부

또는 일부를 해제·해지할 수 있다.

1. "을"이 관할 행정청으로부터 면허 또는 등록의 취소, 업무정지 등의 처분을 받은 경우
2. "을"이 금융기관의 거래정지 처분, 어음 및 수표의 부도, 제3자에 의한 가압류·가처분·강제집행, 금치산·한정치산·파산선고 또는 회사정리의 신청 등으로 계약이행이 곤란한 경우
3. "을"이 상대방의 승락없이 계약상의 권리 또는 의무를 양도한 경우
4. 사망, 실종, 질병, 기타 사유로 계약 이행이 불가능한 경우

② 천재지변등 부득이한 사유로 계약이행이 곤란하게 된 경우에는 상대방과 협의하여 계약을 해제·해지할 수 있다.

③ "을"은 제1항 각호의 해제·해지 사유가 발생한 경우에는 "갑"에게 지체없이 통지한다.

④ "갑"은 제1항의 규정에 의하여 계약을 해제·해지하고자 할 때에는 그 뜻을 미리 "을"에게 14일전까지 통지한다.

제19조("을"의 계약의 해제·해지) ① "을"은 다음 각 호의 경우에 계약의 전부 또는 일부를 해제·해지할 수 있다.

1. "갑"이 "을"의 업무를 방해하거나 그 보수의 지불을 지연시켜 "을"의 업무가 중단되고 30일 이내에 이를 재개할 수 없다고 판단된 때
2. "갑"이 계약 당시 제시한 설계요구조건을 현저하게 변경하여 그 실현이 객관적으로 불가능한 것이 명백할 때
3. "갑"이 상대방의 승낙없이 계약상의 권리 또는 의무를 양도한 경우
4. "갑"이 "을"의 업무수행상 필요한 자료를 제공하지 아니하여 "을"의 업무 수행이 곤란하게 된 경우
5. 사망, 실종, 질병, 기타 사유로 계약이행이 불가능한 경우

② 천재지변등 부득이한 사유로 계약이행이 곤란하게 된 경우에는 상대방과 협의하여 계약을 해제·해지할 수 있다.

③ "갑"은 제1항 각호의 해제·해지 사유가 발생한 경우에는 "을"에게 지체없이 통지한다.

④ "을"은 제1항의 규정에 의하여 계약을 해제·해지하고자 할 때에는 그 뜻을 미리 "갑"에게 14일전까지 통지한다.

제20조(손해배상) "갑"과 "을"은 상대방이 제16조제2항의 규정에 의한 계약변경, 제18조 및 제19조의 규정에 의한 계약의 해제·해지 또는 계약 위반으로 인하여 손해를 발생시킨 경우에는 상대방에게 손해배상을 청구할 수 있다.

제21조("을"의 면책사유) "을"은 다음 각 호의 경우에는 책임을 지지 아니한다.

1. "갑"이 임의로 공사감리업무에 대한 보수의 지불을 지연시켜 업무가 중단된 경우
2. 공사시공자의 공사 중단으로 인하여 손해가 발생한 경우
3. 공사시공자가 제8조의 규정에 의한 "을"의 요청에 응하지 아니하고 임의로 공사를 계속 진행하여 손해가 발생된 경우

4. 공사시공자가 제9조의 규정에 의한 현장 확인 지도를 받지 아니하고 공사를
      진행하여 손해가 발생한 경우
   5. 제2조제2항에 따라 공사 감리업무가 중지된 경우.

제22조(공사감리 업무 중단 시의 보수 지불) ① "갑"의 귀책사유로 인하여 공사감
   리 업무의 전부 또는 일부가 중단된 경우에는 "갑"은 "을"이 이미 수행한 공
   사감리 업무에 대하여 중단된 시점까지의 보수를 지불한다.
   ② 중단된 시점까지 수행한 업무에 대한 보수는 [별표1]을 참고하여 "갑"과
   "을"이 협의를 통해 산정한다.
   ③ "을"의 귀책사유로 인하여 공사감리 업무의 전부 또는 일부가 중단된 경우에
   는 "갑"이 "을"에게 이미 지불한 보수에 대하여 이를 정산·환불한다.
   ④ 제1항부터 제3항까지의 보수에 대한 정산은 제20조의 손해배상청구에 영향을
   미치지 아니한다.

제23조(기성공사비의 지불검토) ① "갑"은 "을"에게 공사시공자로부터 제출받
   은 기성공사비의 지불청구에 대한 검토·확인을 요구할 수 있다.
   ② "을"은 제1항의 규정에 의한 기성공사비의 지불청구에 대한 검토·확인결과
   를 "갑"에게 통보한다.

제24조(특정공사에 대한 확인점검) ① "갑"이 토목·소방·통신·전기설비 등의
   특정공사에 대하여 제3자에게 도급을 준 경우에는 "을"이 그 특정공사에 대하
   여 확인·점검할 수 있도록 보장한다.
   ② "갑"은 "을"이 토목·소방·통신·전기설비 등의 특정공사의 시공자에게
   공사감리에 필요한 자료를 제시 받을 수 있도록 보장한다.

제25조(비밀보장) "갑"과 "을"은 업무수행중 알게 된 상대방의 비밀을 제3자에
   게 누설하여서는 아니된다.

제26조(외주의 제한) ① "을"은 공사감리 업무의 전부를 "갑"의 승낙없이 제3
   자에게 외주를 주어서는 아니된다. 단, 토목·소방·통신·전기설비 등 타 법령에
   따른 감리는 "갑"과 협의하여 관계전문기술자에게 의뢰할 수 있다.

제27조(분쟁조정) ① 이 계약과 관련하여 업무상 분쟁이 발생한 경우에는 관계기관
   의 유권해석이나 관례에 따라 "갑"과 "을"이 협의하여 정한다.
   ② "갑"과 "을"이 협의하여 정하지 못한 경우에는 건축법 제88조의 규정에
   의한 건축분쟁조정위원회에 신청하여 이의 조정에 따른다.
   ③건축분쟁조정위원회의 결정에 불복이 있는 경우에는 "갑"의 소재지 관할법원
   의 판결에 따른다.

제28조(통지방법) ① "갑"과 "을"은 계약업무와 관련된 사항을 통지할 때에는
   서면으로 하는 것을 원칙으로 한다.
   ② 통지를 받은 날로부터 7일 이내에 회신이 없는 경우에는 통지내용을 승락한
   것으로 본다.
   ③계약당사자의 주소나 연락방법의 변경시 지체없이 서면으로 통지하여야 한다.

건설업 표준하도급계약서 (기본, 변경)

1. 발 주 자 :
   원도급공사명 :

2. 하도급공사명 :

3. 공 사 장 소 :

4. 공 사 기 간 : 착공   년   월   일
                   준공   년   월   일

5. 계 약 금 액 : 일금   원정 (₩   )
   ○공급가액   : 일금   원정 (₩   ) (노무비: 일금   원정)
                    * 건설산업기본법시행령 제84조 규정에 의한 노무비
   ○부가가치세 : 일금   원정 (₩   )
   ※ 변경전 계약금액 : 일금   원정 (₩   )

6. 대금의 지급
   가. 선급금
   (1) 계약체결후 ( )일 이내에 일금   원정 (₩   )
   (2) 발주자로부터 지급받은 날 또는 계약일로부터 15일이내 그 내용과 비율에 따름
   나. 기성부분금 : (1) 월 ( )회
                      (2) 목적물 수령일로부터 ( )일 이내
                      (3) 지급방법 : 현금   %, 어음   %
   다. 설계변경, 경제상황변동 등에 따른 대금조정 및 지급
   (1) 발주자로부터 조정받은 날로부터 (30)일이내 그 내용과 비율에 따라 조정
   (2) 발주자로부터 지급받은날로부터 15일이내 지급

7. 지급자재의 품목 및 수량 : 별도첨부

8. 계약보증금 :   원정 (₩   )

9. 하자보수보증금률 :   %

10. 하자담보책임기간 :

11. 지체상금률 :   %

　당사자는 위 내용과 별첨 공사하도급 계약조건, 설계도(　)장, 시방서(　) 책에
　의하여 이 공사하도급 계약을 체결하고 계약서 2통을 작성하여 각각 1통씩 가
　진다.

20○○ 년　　월　　일

＊ 원사업자
　　주소 :
　　상호 :
　　성명 :　　　　(인)

＊ 수급사업자
　　주소 :
　　상호 :
　　성명 :　　　　(인)

건설업 표준하도급계약서(본문)

제1조(기본원칙)

　① 원사업자 ○○○주식회사(이하 "갑"이라 한다)와 수급사업자 ○○○주식회사
(이하 "을"이라 한다)는 대등한 입장에서 서로 협력하여 신의에 따라 성실히
계약을 이행한다.

　② 갑과 을은 이 공사의 시공 및 이 계약의 이행에 있어서 건설산업기본법, 하도
급거래 공정화에 관한 법률 및 관계법령의 제 규정을 준수한다.

　③ 이 계약의 내용과 배치되는 타 계약에 대해서는 이 계약에 의한 내용을 우선하
여 적용한다. 다만, 제30조(특수조건)에 의거 이 계약에서 정하지 아니한 사항에
대하여 갑과 을이 대등한 지위에서 합의하여 특약으로 정한 내용은 그러하지 아
니한다.

제1조의2(하도급계약의 추정)

　① 갑이 건설위탁(추가 위탁을 포함한다)을 하면서 서면을 발급하지 아니한 경우
을은 위탁받은 작업의 내용, 하도급대금, 위탁받은 일시 등을 갑에게　서면으로
통지하여 위탁받은 내용의 확인을 요청 할 수 있다.

　② 갑은 제1항의 통지를 받은 날부터 15일 이내에 그 내용에 대한 인정 또는 부인
(否認)의 의사를 을에게 서면으로 회신하여야 하며, 이 기간내에 회신을 발송하지
아니한 경우에는 원래 을이 통지한 내용대로 위탁이 있었던 것으로 추정한다. 다

만, 천재나 그 밖의 사변으로 회신이 불가능한 경우에는 그러하지 아니하다.
③ 제1항 및 제2항의 규정에 의한 통지와 회신은 내용증명 우편이나 그 밖에 내용 및 수신여부를 객관적으로 확인할 수 있는 방법(전자우편은 제외)으로 하여야 한다.

제2조(원사업자의 협조)

① 갑은 하도급계약을 체결한 날로부터 30일이내에 하도급계약통보서(건설산업기본법 시행규칙 별지 제23호 서식)에 다음 각호의 1의 서류를 첨부하여 발주자에게 제출한다. 다만, 갑이 기한 내에 통지를 하지 아니한 경우에는 을이 발주자에게 이를 통지할 수 있다.

1. 하도급계약서(변경계약서를 포함한다) 사본
2. 공사량(규모)·공사단가 및 공사금액 등이 명시된 공사내역서
3. 예정공정표
4. 하도급대금지급보증서 사본(다만 하도급대금지급보증서 교부의무가 면제되는 경우에는 그 증빙서류)

② 갑은 을에게 이 공사 이행에 필요한 협조와 지원을 한다.

제3조(공사시공 등)

① 을은 이 계약조건과 설계도서(공사시방서, 설계도면 및 현장설명서를 포함한다. 다만, 총액단가계약의 경우는 산출내역서를 포함하며, 양식은 재정경제부 회계예규의 양식을 준용한다. 이하 같다)에 의하여 공사를 시공한다.

② 을은 공사예정공정표를 작성하여 계약체결 후 지체 없이 갑의 승인을 받아야 하며, 계약체결 후 지체 없이 갑에게 산출내역서를 제출하여야 한다.

제4조(관련공사와의 조정)

① 갑은 도급공사를 원활히 수행하기 위하여 이 공사와 관련이 있는 공사(이하 "관련공사"라 한다)와의 조정이 필요한 경우에 을과 협의하여 이 공사의 공사기간, 공사내용, 계약금액 등을 변경할 수 있다.

② 을은 관련공사의 시공자와 긴밀히 연락 협조하여 도급공사의 원활한 완성에 협력한다.

제4조의2(부당한 하도급대금의 결정 금지)

① 갑은 을에게 부당한 방법을 이용하여 목적물등과 같거나 유사한 것에 대하여 일반적으로 지급되는 대가보다 현저하게 낮은 수준으로 하도급대금을 결정(이하 "부당한 하도급대금의 결정"이라 한다)하거나 하도급 받도록 강요하여서는 아니된다.

② 다음 각 호의 어느 하나에 해당하는 갑의 행위는 부당한 하도급대금의 결정으로 본다.

1. 정당한 사유 없이 일률적인 비율로 단가를 인하하여 하도급대금을 결정하는 행위
2. 협조요청 등 어떠한 명목으로든 일방적으로 일정 금액을 할당한 후 그 금액을 빼고 하도급대금을 결정하는 행위
3. 정당한 사유 없이 특정 수급사업자를 차별 취급하여 하도급대금을 결정하는 행위

4. 을에게 발주량 등 거래조건에 대하여 착오를 일으키게 하거나 다른 사업자의 견적 또는 거짓 견적을 내보이는 등의 방법으로 을을 속이고 이를 이용하여 하도급대금을 결정하는 행위
5. 갑이 을과의 합의 없이 일방적으로 낮은 단가에 의하여 하도급대금을 결정하는 행위
6. 수의계약으로 하도급계약을 체결할 때 정당한 사유 없이 갑의 도급내역상의 재료비, 직접노무비 및 경비의 합계(다만, 경비 중 갑과 을이 합의하여 갑이 부담하기로 한 비목 및 갑이 부담하여야 하는 법정경비를 제외한다)보다 낮은 금액으로 하도급대금을 결정하는 행위
7. 경쟁입찰에 의하여 하도급계약을 체결할 때 정당한 사유 없이 최저가로 입찰한 금액보다 낮은 금액으로 하도급대금을 결정하는 행위

제5조(의견의 청취)
갑은 시공상 공정의 세부작업 방법 등을 정함에 있어 미리 을의 의견을 청취한다.

제6조(권리 · 의무의 양도)
① 갑 · 을은 이 계약으로부터 발생하는 권리 또는 의무를 제3자에게 양도하거나 승계하게 할 수 없다. 다만 상대방의 서면에 의한 승낙을 받았을 때에는 그러하지 아니하다.
② 을은 공사목적물 또는 공사현장에 반입하여 검사를 마친 공사자재를 제3자에게 매각, 양도 또는 대여하거나 담보목적으로 제공할 수 없다.

제7조(계약이행 및 공사대금지급보증)
① 갑과 을은 다음 각호의 1의 방법으로 계약이행 및 공사대금의 지급을 상호 보증한다.
1. 을이 갑에게 계약금액의 10%에 해당하는 금액의 계약이행 보증을 하는 방법
2. 갑이 을에게 다음 각목의 1에 해당하는 금액의 공사대금 지급보증을 하는 방법
  가. 공사기간이 4월 이하인 경우에는 계약금액에서 계약상 선급금을 제외한 금액
  나. 공사기간이 4월을 초과하는 경우로서 기성금지급 주기가 2월이내 이면 「(하도급계약금액－계약상 선급금)÷공사기간인 월수」에 4를 곱한 금액
  다. 공사기간이 4월을 초과하는 경우로서 기성금지급 주기가 2월을 초과하면 「(하도급계약금액－계약상 선급금)÷공사기간인 월수」에 기성금지급주기인 월수의 배수를 곱한 금액
② 다음 각호의 경우에는 제1항 규정을 적용하지 아니한다.
1. 갑이 을에게 건설위탁을 하는 경우로서 1건 공사의 공사금액이 4천만원 이하인 경우
2. 갑이 「신용정보의 이용 및 보호에 관한 법률」 제2조 제5호에 따른 신용정보회사(신용평가업무를 주된 사업으로 하는 자에 한한다)가 실시한 신용평가에서 공정거래위원회가 정하여 고시하는 기준 이상의 등급을 받은 경우
3. 발주자가 하도급대금을 직접 을에게 지급하기로 갑 · 을 및 발주자 간에 합의한 때 발주자가 하도급대금을 직접 지급하여야 하는 경우

③ 제1항의 규정에 의한 갑과 을 상호간의 보증은 현금의 납부 또는 다음 각호의 1에 의한 보증서의 교부에 의하되, 보증계약을 변경하거나 해지한 경우 상대방에게 즉시 통보하여야 한다.
 1. 건설공제조합, 전문건설공제조합 또는 보증보험회사, 신용보증기금등 이와 동등한 보증기관이 발행하는 보증서
 2. 국채 또는 지방채
 3. 금융기관의 지급보증서 또는 예금증서
④ 갑이 을에 대하여 제3항 제1호의 방법으로 공사대금지급보증서를 교부하는 경우 갑이 도급받은 공사의 공사기간 중 하도급 하는 모든 공사에 대한 공사대금 일괄지급보증서 또는 갑이 1 회계년도에 하도급 하는 모든 공사에 대한 공사대금 일괄지급보증서로 갈음할 수 있다.
⑤ 갑이 제20조의 규정에 의한 공사대금의 지급을 지체하여 을로부터 서면으로 지급독촉을 받고도 이를 지급하지 아니한 경우 을은 제3항 제1호의 보증기관에 공사대금 중 미지급액에 상당하는 보증금의 지급을 청구할 수 있다. 다만, 갑이 현금납부 또는 제3항 제2호 및 제3호의 증서를 교부한 경우에는 동 금액에서 공사대금 중 미지급액에 상당하는 금액을 을에게 귀속한다.
⑥ 을이 계약상 의무를 이행하지 아니하여 갑이 제25조 제1항의 규정에 의거 계약의 전부 또는 일부를 해제 또는 해지한 경우 갑은 제3항 제1호의 보증금에 대해 계약의 해제 또는 해지에 따른 손실에 상당하는 금액의 지급을 청구할 수 있다. 다만, 을이 현금납부 또는 제3항 제2호 및 제3호의 증서를 교부한 경우에는 손실액에 상당하는 금액은 갑에게 귀속된다.
⑦ 갑의 공사대금 미지급액 및 을의 계약불이행 등에 의한 손실액이 제1항의 규정에 의한 보증금올 초과하는 경우에는 갑과 을은 그 초과액에 대하여 상대방에게 청구할 수 있다
⑧ 갑과 을이 납부한 보증금은 계약이 이행된 후 계약상대방에게 지체없이 반환한다. 이 경우 갑이 을에게 공사대금을 어음으로 지급한 경우는 어음만기일을 공사대금 지급보증에 있어서의 계약이행완료일로 본다.
⑨ 을은 제1항제1호에 따른 계약이행보증을 함에 있어 장기계속공사인 경우 제1차 계약시 부기한 총공사 금액의 10%에 해당하는 금액의 계약이행보증을 하고, 갑은 연차별 계약이 완료된 때에는 당초의 계약보증금중 이행이 완료된 부분의 계약이행보증 효력은 상실하는 것으로 하며 당해 계약보증금액을 을에게 반환하여야 한다.

제8조 (감독원)
① 갑은 자기를 대리하는 감독원을 임명하였을 때에는 이를 서면으로 을에게 통지한다.
② 감독원은 다음과 같은 직무를 수행한다.
 1. 시공일반에 대하여 감독하고 입회하는 일
 2. 계약이행에 있어서 을 또는 을의 현장대리인에 대한 지시, 승낙 또는 협의하는 일
 3. 공사재료와 시공에 대한 검사 또는 시험에 입회하는 일
 4. 공사의 기성부분검사, 준공검사 또는 공사목적물의 인도에 입회하는일
③ 을이 갑 또는 감독원에 대하여 검사입회 등을 요구한 때에는 갑 또는 감독원은

지체없이 이에 응한다.

④ 을은 감독원의 감독 또는 관리에 있어서 그 처리가 현저히 부당하다고 인정될 때에는 갑에 대하여 그 사유를 명시한 서면으로써 필요한 지시를 요구할 수 있다.

제9조(현장대리인)

① 을은 현장대리인을 두며 이를 미리 갑에게 통지한다.

② 현장대리인은 법률에 의하여 3개 현장에 배치할 수 있는 경우를 제외하고는 공사현장에 상주해야 하며 을을 대리하여 일체의 사항을 처리한다.

③ 현장대리인이 건설산업기본법 시행령 제35조 별표5의 규정에 의한 건설기술자의 현장배치 기준에 적합한 기술자가 아닌 경우에는 을은 공사관리 기타 기술상의 관리를 위하여 적격한 건설기술자를 별도로 배치하고 갑에게 통지한다.

제10조(종업원 및 고용원)

① 을이 공사를 시공함에 있어서 종업원이나 고용원을 사용할 때에는 당해 공사의 시공 또는 관리에 관한 상당한 기술과 경험이 있는 자를 채용한다.

② 을은 그의 대리인, 안전관리책임자, 종업원 또는 고용원의 행위에 대하여 사용자로서의 모든 책임을 지며, 갑이 을의 대리인, 종업원 또는 고용원에 대하여 공사의 시공 또는 관리에 있어 현저히 부적당하다고 인정하여 이의 교체를 요구한 때에는 정당한 사유가 없는 한 지체 없이 이에 응한다.

③ 을은 제2항에 의하여 교체된 대리인, 종업원 또는 고용원을 갑의 동의없이 당해공사를 위하여 다시 채용할 수 없다.

제11조(공사재료의 검사)

① 공사에 사용할 재료는 신품이어야 하며, 품질, 품명 등은 반드시 설계도서와 일치하여야 한다. 다만, 설계도서에 품질·품명 등이 명확히 규정되지 아니한 것은 표준품 또는 표준품에 상당하는 재료로서 계약의 목적을 달성하는데 가장 적합한 것이어야 한다.

② 공사에 사용할 재료는 사용 전에 공사 감독원의 검사를 받아야 하며 불합격된 재료는 즉시 대체하여 다시 검사를 받아야 한다. 이 경우에 을은 이를 이유로 계약기간의 연장을 청구할 수 없다.

③ 검사결과 불합격품으로 결정된 재료는 공사에 사용할 수 없다. 다만, 감독원의 검사에 이의가 있을 때에는 을은 갑에 대하여 재검사를 요청할 수 있으며, 재검사의 필요가 있을 때에는 갑은 지체 없이 재심사하도록 조치한다.

④ 갑은 을로부터 공사에 사용할 재료의 검사를 요청받거나 제3항의 규정에 의한 재검사의 요청을 받은 때에는 정당한 사유 없이 검사를 지체할 수 없다

⑤ 을이 불합격된 재료를 즉시 이송하지 않거나 대품으로 대체하지 않을 경우에는 갑은 일방적으로 불합격된 재료를 제거하거나 대품으로 대체시킬 수 있으며, 그 비용은 을의 부담으로 한다.

⑥ 을은 재료의 검사를 받을 때에는 감독원의 지시에 따라야 하며, 검사에 소요되는 비용은 별도로 정한 바가 없으면 자재를 조달하는 자가 부담한다. 다만, 검사에 소요되는 비용을 발주자로부터 지급받았을 경우에는 갑이 이를 부담한다.

⑦ 공사에 사용하는 재료중 조합 또는 시험을 요하는 것은 감독원의 참여하에 그 조합 또는 시험을 한다.

⑧ 을은 공사현장내에 반입한 공사재료를 감독원의 승낙없이 공사현장 밖으로 반출하지 못한다.

⑨ 수중 또는 지하에 설치하는 공작물과 기타 준공후 외부로부터 검사할 수 없는 공작물의 검사는 감독원의 참여없이 시공할 수 없다.

제12조(지급재료 및 대여품)

① 계약에 의하여 갑이 지급하는 재료의 인도시기는 공사예정공정표에 의하고, 그 인도장소는 시방서에 따로 정한 바가 없으면 공사현장으로 한다.

② 제1항에 의하여 지급된 재료의 소유권은 갑에게 속하며 감독원의 서면 승낙없이 공사현장에 반입된 재료를 이동할 수 없다.

③ 을은 갑 또는 감독원이 지급재료가 비치된 장소에 출입하여 이를 검사하고자 할 때에는 이에 협조한다.

④ 갑은 목적물의 품질유지, 개선이나 기타 정당한 사유가 있는 경우 또는 을의 요청이 있는 때에 건설위탁과 관련된 기계·기구(이하 "대여품"이라 한다) 등을 대여할 수 있다. 이 경우 갑은 대여품을 지정된 일시와 장소에서 인도하며 인도후의 반송비는 을의 부담으로 한다.

⑤ 제1항의 지급재료와 제4항의 대여품을 지급한 후에 멸실 또는 훼손이 있을 때에는 을은 이에 대하여 책임을 진다. 다만 선량한 관리자의 주의의무를 다한 경우에는 그러하지 아니한다.

⑥ 갑이 지급한 재료와 기계, 기구 등은 계약의 목적을 수행하는데에만 사용한다.

⑦ 재료지급의 지연으로 공사가 지연될 우려가 있을 때에는 을은 갑의 서면승락을 얻어 자기가 보유한 재료를 대체 사용할 수 있다. 다만, 대체사용에 따른 경비는 갑이 부담한다.

⑧ 갑은 제7항의 규정에 의하여 대체사용한 재료를 그 사용당시의 가격에 의하여 그 대가를 공사기성금에 포함하여 을에게 지급하여야 한다. 다만 현품반환을 조건으로 하여 재료의 대체사용을 승인한 경우에는 그러하지 아니하다.

⑨ 감독원은 지급재료 및 대여품을 을의 입회하에 검사하여 인도한다.

⑩ 을은 공사내용의 변경으로 인하여 필요 없게 된 지급재료 또는 대여품을 지체없이 갑에 반환한다.

제12조의2(물품 등의 구매강제 금지)

갑은 을에게 그 목적물 등에 대한 품질의 유지·개선 등 정당한 사유가 있는 경우 외에는 그가 지정하는 물품·장비 또는 역무의 공급 등을 을에게 매입 또는 사용(이용을 포함한다.)하도록 강요하여서는 아니된다.

제13조(부적합한 공사)

① 갑은 을이 시공한 공사중 설계도서에 적합하지 아니한 부분이 있을 때에는 이에 대한 시정을 요청할 수 있으며, 을은 지체없이 이에 응한다. 이 경우 을은 계약금액의 증액 또는 공기의 연장을 요청할 수 없다.

② 제1항의 경우에 그 부적합한 시공이 갑의 요청 또는 시공에 의거나 기타 을의 책임으로 돌릴 수 없는 사유로 인한 때에는 을은 그 책임을 지지 아니한다.

제13조의2(부당한 위탁취소 금지)

갑은 건설위탁을 한 후 을의 책임으로 돌릴 사유가 없음에도 불구하고 다음 각호의 어느 하나에 해당하는 행위를 하여서는 아니된다.

1. 위탁을 임의로 취소하거나 변경하는 행위
2. 목적물 등의 납품에 대한 수령을 거부하거나 지연하는 행위

제14조(공사의 변경·중지)

① 갑은 발주자의 요청 혹은 자신의 설계변경 등에 의하여 공사내용을 변경·추가하거나 공사의 전부나 일부에 대한 시공을 일시 중지할 경우에는 변경계약서 등을 사전에 을에게 교부하여야 한다.

② 갑의 지시에 의하여 을이 추가로 시공한 공사물량에 대하여 갑은 발주자로부터 증액받지 못하였다 하더라도 을에게 증액 지급한다.

③ 을은 동 계약서에 규정된 계약금액의 조정사유 이외의 계약체결 후 계약조건의 미숙지, 덤핑 수주 등을 이유로 계약금액의 변경을 요구하거나 시공을 거부할 수 없다.

제14조의 2(설계변경으로 인한 계약금액의 변경)

① 갑은 발주자의 요청 혹은 자신의 설계변경 등에 의하여 공사량의 증감이 발생한 경우에는 당해 계약금액을 조정하여야 한다.

② 제1항의 규정에 의한 계약금액의 조정은 다음 각호의 기준에 의한다. 다만 발주자로부터의 설계변경의 경우 발주자로부터 조정 받은 범위내에서 그러하다.

1. 증감된 공사의 단가는 제3조제2항의 규정에 의한 산출내역서상의 단가 (이하 "계약단가" 라 한다)로 한다.
2. 계약단가가 없는 신규 비목의 단가는 설계변경 당시를 기준으로 산정한 단가에 낙찰률을 곱한 금액으로 한다.
3. 발주자가 설계변경을 요구한 경우에는 제1호 및 제2호의 규정에 불구하고 증가된 물량 또는 신규비목의 단가는 설계변경당시를 기준으로 하여 산정한 단가와 동 단가에 낙찰률을 곱한 금액을 합한 금액의 100분의 50이내에서 계약 당사자간에 협의하여 결정한다.

③ 계약금액의 증감분에 대한 일반관리비 및 이윤은 계약체결 당시의 율에 의한다.

④ 갑이 발주자로부터 설계변경에 따른 하도급대금의 조정을 받은 경우 하도급대금의 증액 또는 감액은 원사업자가 발주자로부터 증액 또는 감액을 받은날 부터 30일 이내에 하여야 한다.

⑤ 갑의 지시에 따라 공사량이 증감되는 경우 갑과 을은 공사시공 전에 증감되는 공사량에 대한 대금을 확정하여야 한다. 다만 긴급한 상황이나 사전에 대금을 정하기가 불가능할 경우에는 갑과 을은 서로 합의하여 시공완료 후 즉시 대금을 확정하여야 한다.

⑥ 발주자의 설계변경으로 인한 하도급계약금액의 조정에 있어 갑이 추가금액을

지급받은 날부터 15일을 초과하여 지급하는 경우에는 지연이자를, 추가금액을 어음으로 지급하는 경우에는 추가금액을 지급받은 날부터 15일을 초과한 날이후 만기일까지의 기간에 대한 할인료(공정거래위원회가 정하여 고시하는 할인료를 의미함. 이하 같음.)를 각각 지급한다.

제15조(물가변동으로 인한 계약금액의 조정)

① 을은 계약체결 후 90일 이상 경과하고 잔여 납품물량에 대하여 다음 각호에 해당하는 사유가 발생한 경우에는 계약금액의 조정을 신청할 수 있으며, 신청이 있은 날로부터 30일 이내에 상호 협의하여 계약금액을 조정한다.

다만, 원재료 가격이 급등하는 등 계약금액을 조정하지 않고서는 계약이행이 곤란하다고 인정되는 경우에는 을은 계약체결일(계약체결 후 계약금액을 조정한 경우 그 조정일)부터 90일 이내에도 계약금액의 조정을 신청할 수 있다.

   1. 산출내역서에 포함되어 있는 품목의 가격 또는 요금등의 변동으로 인한 등락액이 잔여납품물량에 해당하는 계약금액의 100분의 3 이상인 때
   2. 계약금액에서 차지하는 비중이 100분의 1 이상인 납품물량의 원재료 가격이 100분의 20 이상 증감된 경우

② 갑은 제1항에 따른 신청이 있은 날부터 10일 이내에 하도급대금 조정을 위한 협의를 개시하여야 하며, 정당한 사유 없이 협의를 거부하거나 게을리 하여서는 아니된다.

③ 제1항에 따른 신청이 있은 날부터 10일이 지난 후에도 갑이 하도급대금의 조정을 위한 협의를 개시하지 아니하거나 제1항에 따른 신청이 있은 날부터 30일 이내에 하도급대금 조정에 관한 합의에 도달하지 못한 경우에는 갑 또는 을은 하도급분쟁조정협의회에 조정을 신청할 수 있다.

④ 하도급계약금액의 조정을 요청하는 경우에는 조정요건에 해당하는 사유를 명시하여 증빙자료와 함께 서면(전자서면 포함)으로 요청하여야 한다.

⑤ 계약금액의 조정은 물가변동 기준일 이후에 반입한 재료와 제공된 역무의 대가에 적용하되, 시공 착수전에 제출된 납품예정공정표상 물가변동기준일 이전에 이미 계약이행이 완료되었어야 할 부분을 제외한 잔여부분의 대가에 대하여만 적용한다. 다만, 갑의 귀책사유 또는 천재지변 등 불가항력으로 인하여 지연된 경우에는 그러하지 아니하다.

제16조(응급조치)

① 을은 화재방지 등을 위하여 필요하다고 인정될 때에는 미리 응급조치를 취하고 즉시 이를 갑에게 통지한다.

② 갑 또는 감독원은 화재방지, 기타 공사의 시공상 긴급하고 부득이하다고 인정할 때에는 을에게 응급조치를 요구할 수 있다. 이경우에 을은 즉시 이에 응한다. 다만, 을이 요구에 응하지 아니할 때에는 갑은 제3자로 하여금 필요한 조치를 하게 할 수 있다.

③ 제1항 및 제2항의 응급조치에 소요된 경비에 대하여는 갑과 을이 협의하여 정한다. 다만, 응급조치 원인에 대한 책임이 을에게 있는 경우 을의 부담으로 한다.

제17조(검사 및 인도)

① 갑은 을로부터 기성부분 검사 또는 준공검사의 요청이 있는 때에는 갑과 을이 협의하여 납품 등을 한 목적물 등에 대하여 객관적이고 공정·타당하게 정한 검사 기준 및 방법에 따라 즉시 검사를 하여야 하며, 정당한 사유가 없는 한 10일 이내에 검사결과를 을에게 서면으로 통지하여야 한다. 갑이 10일 이내에 통지를 하지 아니하는 경우에는 검사에 합격한 것으로 본다.

② 제1항의 검사합격 통지시 갑에게 목적물이 인도된 것으로 보며, 갑은 즉시 이를 인수하여야 한다.

③ 을은 제1항의 검사에 합격하지 못한 때에는 지체 없이 이를 보수 또는 개조하여 다시 검사를 받아야 한다.

④ 을은 갑의 검사에 이의가 있을 때에는 갑에 대하여 재검사를 요구 할 수 있으며, 재검사의 요구가 있을 때에는 갑은 지체 없이 재검사를 한다.

⑤ 을은 공사를 완성하였을 때에는 모든 공사시설, 잉여자재, 폐물질 및 가설물 등을 공사현장으로 부터 즉시 철거, 반출하고 공사현장을 정돈한다.

제18조(손해의 부담)

① 공사의 목적물이 갑에게 인도되기 전에 갑·을 쌍방의 책임 없는 사유로 공사의 목적물이나 제3자에게 손해가 생긴 경우 이는 을이 부담한다, 단, 갑의 귀책사유가 있는 경우나 갑의 인수지연 중 갑·을 쌍방의 책임 없는 사유로 목적물 또는 제3자에게 손해가 생긴 경우 이는 갑이 부담한다.

② 공사목적물 검사기간 중 갑·을 쌍방의 책임 없는 사유로 공사의 목적물이나 제3자에게 손해가 생긴 경우 다른 약정이 없는 한 갑과 을이 협의하여 결정한다.

③ 갑에게 공사의 목적물이 인도된 후 갑·을 쌍방의 책임 없는 사유로 공사의 목적물이나 제3자에게 손해가 발생한 경우 이는 갑이 부담한다. 그리고 천재지변 기타 불가항력에 의하여 검사를 마친 기성부분에 손해가 발생한 때에는 을은 그 사실을 지체 없이 갑에게 통지한다.

④ 을은 고의·과실로 인하여 하도급받은 공사를 조잡하게 하여 타인에게 손해를 가한 때에는 그 손해를 배상한다.

⑤ 갑이 제4항의 규정에 의한 손해를 건설산업기본법 제44조 (건설업자의 손해배상책임) 제3항의 규정에 따라 배상한 때에는 을에게 구상권을 행사할 수 있다.

제19조(부분사용)

① 갑은 공사목적물의 인도전이라 하더라도 을의 동의를 얻어 공사목적물의 전부 또는 일부를 사용할 수 있다.

② 제1항의 경우 갑은 그 사용부분을 선량한 관리자의 주의로서 사용한다.

③ 갑은 제1항에 의한 사용으로 을에게 손해가 있거나 을의 비용을 증가하게 한 때에는 그 손해를 배상하거나 증가된 비용을 부담한다. 이 경우 배상액 또는 부담액은 갑과 을이 협의하여 정한다.

제20조(대금지급)

① 갑은 목적물인수일로부터 60일이내의 기한으로 정한 지급기일까지 을에게 대

금을 지급하여야 한다.

② 갑이 발주자로부터 준공금을 받은 때에는 하도급대금을, 기성금을 받은 때에는 을이 시공한 분에 상당한 금액을 그 지급받은 날로부터 15일(대금지급기일이 그 전에 도래한 경우에는 지급기일)이내에 을에게 지급하여야 한다.

③ 갑이 국가를 당사자로 하는 계약에 관한 법률 또는 지방자치단체를 당사자로 하는 계약에 관한 법률의 적용을 받는 기관이 발주하는 건설공사를 수주한 경우에는 위 ②항의 규정에도 불구하고 기성금을 월 1회 을에게 지급한다. 다만, 기성부분이 없거나 갑이 발주자에게 기성금의 지급을 신청하였음에도 발주자가 기성금을 지급하지 아니하는 등과 같이 갑이 기성금을 지급할 수 없는 정당한 사유가 있는 경우에는 그러하지 아니하다.

④ 갑이 대금을 어음으로 지급하는 경우에는 그 어음은 법률에 근거하여 설립된 금융기관에서 할인이 가능한 것이어야 하며, 어음을 교부한 날부터 어음의 만기일까지의 기간에 대한 할인료를 어음을 교부하는 날에 을에게 지급하여야 한다. 다만, 목적물인수일로부터 60일 (발주자로부터 준공금 또는 기성금을 받은 때에는 제2항에서 정한 기일을 말함. 이하 같음.) 이내에 어음을 교부하는 경우에는 목적물의 인수일로부터 60일을 초과한 날 이후 만기일까지의 기간에 대한 할인료를 목적물의 인수일로부터 60일 이내에 을에게 지급하여야 한다.

제20조의2(감액의 금지)

① 갑은 건설위탁을 할 때 정한 하도급대금을 감액하여서는 아니된다. 다만, 갑이 정당한 사유를 입증한 경우에는 그러하지 아니하다.

② 다음 각 호의 어느 하나에 해당하는 갑의 행위는 정당한 사유에 의한 행위로 보지 아니한다.

1. 위탁할 때 하도급대금을 감액할 조건 등을 명시하지 아니하고 위탁 후 협조 요청 또는 거래 상대방으로부터의 발주취소, 경제상황의 변동 등 불합리한 이유를 들어 하도급대금을 감액하는 행위
2. 을과 단가 인하에 관한 합의가 성립된 경우 그 합의 성립 전에 위탁한 부분에 대하여도 일방적으로 합의 내용을 소급하여 적용하는 방법으로 하도급대금을 감액하는 행위
3. 하도급대금을 현금으로 지급하거나 지급기일 전에 지급하는 것을 이유로 지나치게 하도급대금을 감액하는 행위
4. 갑에 대한 손해발생에 실질적 영향을 미치지 아니하는 을의 경미한 과오를 이유로 일방적으로 하도급대금을 감액하는 행위
5. 목적물 등의 시공 등에 필요한 물품 등을 자기로부터 사게 하거나 자기의 장비 등을 사용하게 한 경우에 적정한 구매대금 또는 적정한 사용대가 이상의 금액을 하도급대금에서 공제하는 행위
6. 하도급대금 지급 시점의 물가나 자재가격 등이 납품 등의 시점에 비하여 떨어진 것을 이유로 하도급대금을 감액하는 행위
7. 경영적자 등 불합리한 이유로 부당하게 하도급대금을 감액하는 행위
8. 「고용보험 및 산업재해보상보험의 보험료징수 등에 관한 법률」, 「산업안전보

건법」 등에 따라 갑이 부담하여야 하는 고용보험료, 산업안전보건관리비, 그 밖의 경비 등을 을에게 부담시키는 행위

③ 갑이 제1항 단서에 따라 감액할 경우에는 감액 사유와 기준, 감액대상이 되는 목적물 등의 물량, 감액금액, 공제 등 감액방법, 그 밖에 갑의 감액이 정당함을 입증할 수 있는 사항을 적은 서면을 을에게 미리 주어야 한다.

제20조의3(부당결제청구 등의 금지)

① 갑은 을에게 건설위탁에 필요한 물품 등을 자기로부터 사게 하거나 자기의 장비 등을 사용하게 한 경우에 정당한 이유 없이 당해 위탁에 대한 하도급대금의 지급기일에 앞서 구매대금이나 사용대가의 전부 또는 일부를 지급하게 하거나 자기가 구입사용 또는 제3자에게 공급하는 조건보다 현저하게 불리한 조건으로 지급하여서는 아니된다.

② 갑은 정당한 사유 없이 을에게 자기 또는 제3자를 위하여 금전, 물품, 용역 그 밖에 경제적 이익을 제공하도록 하는 행위를 하여서는 아니된다.

제20조의4(부당한 대물변제의 금지)

갑은 을의 의사에 반하여 하도급대금을 물품으로 지급하여서는 아니된다.

제20조의5(기술자료 제공 요구 금지 등)

① 갑은 을의 기술자료를 본인 또는 제3자에게 제공하도록 요구하여서는 아니된다. 다만, 갑이 정당한 사유를 입증한 경우에는 요구할 수 있다.

② 갑은 제1항 단서에 따라 을에게 기술자료 제공을 요구할 경우에는 요구목적, 요구일, 제공일, 제공방법, 요구대상 기술자료의 명칭 및 범위, 비밀유지에 관한 사항, 권리 귀속관계, 대가 및 대가의 지급방법, 그 밖에 갑의 기술자료 제공요구가 정당함을 입증할 수 있는 사항을 을과 미리 협의하여 정한 후 그 내용을 적은 서면을 을에게 주어야 한다.

③ 갑은 취득한 기술자료를 자기 또는 제3자를 위하여 유용하여서는 아니된다.

④ 갑이 제1항을 위반하여 기술자료 제공을 요구함으로써 을이 손해를 입은 경우에는 을에게 발생한 손해에 대하여 배상책임을 지며, 갑이 제3항을 위반하여 취득한 기술자료를 유용함으로써 을이 손해를 입은 경우에는 을에게 발생한 손해의 3배를 넘지 아니하는 범위에서 배상 책임을 진다. 다만, 갑이 고의 또는 과실이 없음을 입증한 경우에는 그러하지 아니한다.

제20조의6(보복조치의 금지)

① 갑은 을이 다음 각 호의 어느 하나에 해당하는 행위를 한 것을 이유로 을에 대하여 수주기회를 제한하거나 거래의 정지, 그 밖에 불이익을 주는 행위를 하여서는 아니된다.

1. 갑이 하도급법을 위반하였음을 관계기관 등에 신고한 행위
2. 원재료 가격 변동에 따라 을이 직접 또는 소속 협동조합을 통해 하도급대금을 조정 신청하거나 하도급분쟁조정협의회에 조정 신청한 행위

제21조(하도급대금의 직접지급청구)

① 건설산업기본법 등 관계법령에 의거 발주자가 하도급대금을 직접 지급할 수 있

는 사유에 해당하는 경우, 을은 발주자에게 하도급대금의 직접지급을 청구할 수 있다.

② 을이 제1항의 규정에 의하여 하도급대금의 직접지급을 청구하거나 발주자가 관계법령에 의하여 하도급대금을 을에게 직접 지급하고자 할 때에는 갑은 특별한 사유가 없는 한 그 지급의 방법 및 절차에 관하여 협조한다.

③ 발주자 및 갑과 을이 하도급대금 직접지급에 합의한 경우 을은 갑에게 하도급대금의 사용내역(자재·장비대금 및 임금, 보험료 등 경비에 한함)을 하도급대금 수령일로부터 20일 이내에 통보하여야 한다.

제22조(선급금)

① 갑은 계약서에 정한 바에 따라 선급금을 을에게 지급한다.

② 갑이 발주자로부터 선급금을 받은 때에는 을이 시공에 착수할 수 있도록 그가 받은 선급금의 내용과 비율에 따라 선급금을 지급받은 날(위탁을 하기 전에 선급금을 지급받은 경우에는 위탁을 한 날)로부터 15일이내의 범위 안에서 계약서에 정한 바에 따라 선급금을 을에게 지급한다.

③ 을이 선급금을 지급받고자 할 때에는 제23조제1항 각호의 1에 해당하는 증서를 갑에게 제출한다.

④ 선급금은 계약목적외에 사용할 수 없으며, 노임지급 및 자재확보에 우선 사용하도록 한다.

⑤ 선급금은 기성부분의 대가를 지급할 때마다 다음 산식에 의하여 산출한 금액을 정산한다.

$$\text{선급금 정산액} = \text{선급금액} \times \frac{\text{기성부분의 대가 상당액}}{\text{계약금액}}$$

⑥ 을은 선급금 사용 완료후 그 사용내역서를 갑에게 제출하여야 하며, 목적외 사용시 이를 반환한다.

제22조의2(부당한 경영간섭의 금지)

갑은 하도급거래량을 조절하는 방법 등을 이용하여 을의 경영에 간섭하여서는 아니된다.

제23조(하자담보)

① 을은 계약서에서 정한 하자보수 보증금율을 계약금액에 곱하여 산출한 금액(이하 "하자보수보증금"이라 한다)을 준공검사 후 그 공사의 대가를 지급받을 때까지 현금 또는 다음의 증서로써 갑에게 납부한다. 다만, 공사의 성질상 보증금의 납부가 필요하지 아니한 경우에는 그러하지 아니하다.

1. 건설공제조합, 전문건설공제조합, 설비공사공제조합, 전기공사공제조합 및 정보통신공제조합이 발행하는 보증서
2. 보증보험증권

3. 신용보증기금의 보증서

   4. 국채 또는 지방채

   5. 금융기관의 지급보증서

   6. 금융기관의 예금증서

② 을은 준공검사를 마친 날로부터 계약서에 정하는 하자보수의무기간중 을의 귀책사유로 하자가 발생한 것에 대하여는 이를 보수하여야 한다.

③ 을이 제2항의 하자보수의무기간 중 갑으로부터 하자보수의 요구를 받고 이에 응하지 아니하면 제1항의 하자보수보증금은 갑에게 귀속한다.

④ 제1항의 하자보수보증금은 하자보수의무기간이 종료한 후 을의 청구가 있는 날로부터 10일 이내에 반환하여야 한다.

⑤ 상기에도 불구하고 장기계속공사에 있어서는 연차계약별로 준공 검사 후 그 공사의 대가를 지급받을 때까지 납부하여야 하며, 연차계약별로 하자담보책임을 구분할 수 없는 공사인 경우에는 총공사의 준공검사 후 하자보수보증금을 납부하여야 한다. 또 갑은 연차계약별로 하자보수 의무기간이 종료한 후 을의 청구가 있는 날로부터 10일 이내에 하자보수보증금을 반환하여야 한다.

제24조(이행지체)

① 을이 계약서에서 정한 준공기한내에 공사를 완성하지 못하였을 때에는 계약금액에 계약서에 정한 지체상금율과 지체일수를 곱한 금액 (이하 "지체상금"이라 한다)을 갑에게 지급한다.

② 제1항의 경우 기성부분에 대하여 검사를 거쳐 이를 인수한 때에는 그 부분에 상당하는 금액을 계약금액에서 공제한 금액을 기준으로 지체상금을 계산한다. 이 경우 기성부분의 인수는 성질상 분할할 수 있는 공사의 완성부분으로서 인수하는 것에 한한다.

③ 다음 각 호의 1에 해당되는 사유로 공사가 지체되었다고 인정될 때에는 그 해당일수에 상당한 일수를 지체일수에 산입하지 아니한다.

   1. 태풍, 홍수, 기타 악천후, 전쟁 또는 사변, 지진, 화재, 폭동, 항만봉쇄, 방역 및 보안상 출입제한 등으로 인한 경우

   2. 갑이 지급키로 한 지급재료의 공급이 지연되어 공사진행이 불가능하였을 경우

   3. 갑의 귀책사유로 인하여 착공이 지연되거나 시공이 중단된 경우

   4. 을의 부도 등으로 연대보증인이 보증이행을 할 경우(부도 등이 확정된 날부터 갑이 보증이행을 지시한 날까지를 의미함)

   5. 을의 부도 등으로 보증기관이 보증이행업체를 지정하여 보증이행할 경우(갑으로부터 보증채무이행청구서를 접수한 날부터 보증이행개시일 전일까지를 의미함, 다만 30일이내에 한함)

   6. 기타 을의 책임에 속하지 아니하는 사유로 인하여 지체된 경우

④ 갑은 제1항의 지체상금을 을에게 지급하여야 할 공사비 또는 기타 예치금에서 합의 후 공제할 수 있다.

제25조(계약해제, 해지)

① 갑 또는 을은 다음 각호의 1에 해당하는 경우 서면으로 상당한 기간을 정하여

계약의 이행을 최고한 후 동 기간 내에 계약이 이행되지 아니하는 때에는 당해 계약의 전부 또는 일부를 해제 혹은 해지할 수 있다.

1. 갑 또는 을이 계약조건에 위반하여 그 위반으로 계약의 목적을 달성할 수 없다고 인정될 때
2. 부도·파산 등 을의 귀책사유로 공기 내에 공사를 완성할 수 없는 것이 명백히 인정될 때
3. 갑이 정당한 이유 없이 계약내용을 이행하지 아니하고 그 위반으로 공사를 완성하는 것이 불가능한 때
4. 을이 정당한 이유 없이 약정한 착공기간을 경과하고도 공사에 착공하지 아니한 때
5. 갑이 공사내용을 변경함으로써 계약금액이 40/100이상 감소한 때
6. 제14조 제1항에 의한 공사의 정지기간이 전체공사 기간의 50/100이상인 때
7. 갑이 정당한 이유 없이 제7조에 정한 대금지급보증을 하지 아니한 때
8. 을이 정당한 이유 없이 제7조에 정한 계약이행보증을 하지 아니한 때

② 제1항 각호의 사유로 계약을 해제 또는 해지한 경우 을은 기성부분 검사를 필한 부분에 대한 하자보수보증금을 제23조 제1항의 규정에 의거 갑에게 납부한다.

③ 을은 제2항의 하자보수보증금을 현금으로 납부한 경우 공사 준공검사 후 하자보수보증서로 대체할 수 있다.

④ 갑이 제1항 각호의 사유로 계약을 해제 또는 해지한 경우 을은 다음 각호의 사항을 이행한다.

1. 해약통지서를 받은 부분에 대한 공사를 지체없이 중지하고 모든 공사 관련시설 및 장비 등을 공사현장으로부터 철거한다.
2. 제12조에 의한 내여품이 있을 때에는 지체없이 갑에게 반환한다. 이 경우 당해 대여품이 을의 고의 또는 과실로 인하여 멸실 또는 파손되었을 때에는 원상회복 또는 그 손해를 배상한다.
3. 제12조에 의한 지급자재 중 공사의 기성부분으로서 인수된 부분에 사용한 것을 제외한 잔여재료는 갑에게 반환한다. 이 경우 당해재료가 을의 고의 또는 과실로 인하여 멸실 또는 파손되었거나 공사의 기성부분으로서 인수되지 아니한 부분에 사용된 때에는 원상으로 회복하거나 그 손해를 배상한다.

⑤ 갑 또는 을은 제1항에 의한 계약의 해제 또는 해지로 손해가 발생한 때에는 상대방에게 손해배상을 청구할 수 있다.

제25조의 2(공사의 중지)

① 갑이 계약조건에 의한 선급금과 기성부분의 지급을 하지 않는 경우로서 을이 상당한 기한을 정하여 그 지급을 독촉하였음에도 불구하고, 갑이 이를 지급하지 아니하면 을은 공사중지 기간을 정하여 갑에게 통보하고 공사의 전부 또는 일부를 일시 중지할 수 있다.

② 제1항의 공사중지에 따른 기간은 제24조의 지체상금 산정시 지체일수에서 제외한다.

제26조(서류제출)

을은 하도급공사의 임금, 산업재해보상보험금의 지급, 요양 등에 관한 서류에 대

하여 갑의 요구가 있을 때에는 이에 협조한다.

제27조(보험가입 등)

① 관계법령에 의하여 가입이 의무화된 고용보험, 산재보험 등은 갑이 가입하고 (다만, 을이 관련 공단으로부터 하도급사업자 승인을 얻은 경우에는 을이 가입) 국민연금보험, 국민건강보험은 갑과 을이 각각 가입함을 원칙으로 하며, 을은 시공에 있어서 재해방지를 위하여 만전을 기한다.

② 갑은 을이 관계 법령에 의하여 의무적으로 보험에 가입해야 하는 경우에는 을의 하도급내역을 기초로 산출된 보험가입에 필요한 금액을 별도로 계상하여 을에게 지급한다.

③ 갑은 제1항에 의해 보험 등에 가입한 경우에는 당해 사업장의 근로자가 보험금 등을 지급받아야할 사유가 발생한때에는 관계법령에 의한 보험금 등의 혜택을 받을 수 있도록 하여야 한다.

④ 갑은 재해발생에 대비하여 을에게 아래각호의 보험을 택일 또는 중복 가입토록 요구할 수 있고, 이 경우 동보험료 상당액을 지급한다.

1. 사용자 배상책임보험
2. 영업배상 책임보험
3. 공사보험

⑤ 갑이 산업재해보험에 일괄 가입하였을 경우 을이 책임이 있는 경우를 제외하고는 갑이 재해발생으로 인한 모든 책임을 져야 한다.

제28조(안전관리비)

① 갑은 건설공사 표준안전관리비계상 및 사용기준에 따라 안전관리비를 책정하여야 한다.

② 갑은 계상된 안전관리비의 범위안에서 을의 위험도 등을 고려하여 적정하게 지급하여 사용하게 할 수 있다.

③ 을은 계약체결 후 지체 없이 안전관리비 사용기준, 공사특성에 적합한 안전관리계획 및 안전관리비 사용계획을 작성, 갑에게 제출하고 이에 따라 안전관리비를 사용하여야 한다.

④ 을은 기성부분의 지급신청 및 공사완료시 제3항에 따라 사용한 안전관리비 사용내역을 갑에게 제출하여야 하며, 미사용 등에 따른 잔여 안전관리비는 갑에게 반환한다.

제29조(지적재산권 등)

① 을은 목적물 시공과 관련하여 갑으로부터 사용을 허락받은 특허권, 실용신안권, 디자인권, 저작권 기타 지적재산권 및 기술, 노하우(이하 "지적재산권 등"이라 한다)를 목적물 시공 외에는 사용하지 못하며, 갑의 승낙 없이 제3자에게 지적재산권 등을 사용하게 할 수 없다.

② 갑 또는 을은 목적물 시공과 관련하여 지적재산권 등과 관련한 분쟁이 발생한 경우 상대방에게 지체 없이 통지하여야 한다. 당사자 일방의 귀책사유로 인하여 분쟁이 발생한 경우 해당 당사자는 자신의 비용부담으로 분쟁해결을 위해 필요한

조치를 취하여야 하며 상대방에게 손해가 발생한 경우 이를 배상하여야 한다.

③ 갑과 을이 공동 연구하여 개발한 지적재산권 등의 귀속은 상호 협의하여 정하되, 다른 약정이 없는 한 공유로 한다.

제30조(특수조건)

이 계약에서 정하지 아니한 사항에 대하여는 갑과 을이 대등한 지위에서 합의하여 특약으로 정할 수 있다.

제31조(이의 및 분쟁의 해결)

① 갑과 을은 이 계약 및 개별계약에 명시되지 아니한 사항 또는 계약의 해석에 다툼이 있는 경우에는 기타 서면상의 자료에 따르며 자료가 없는 경우에는 상호 협의하여 해결한다.

② 제1항의 합의가 성립하지 못할 때는 건설산업기본법 제69조의 규정에 의한 건설분쟁조정위원회나 하도급거래 공정화에 관한 법률 제24조의 규정에 의한 하도급분쟁조정협의회 등에 조정을 신청하거나 다른 법령에 의하여 설치된 중재기관에 중재를 신청할 수 있다.

주택건설공사 감리용역 표준계약서(전문)

1. 사   업   명 :

2. 사업승인(사업시행인가) 신청접수일 :   년   월   일

3. 사업계획승인일(사업시행인가일) :   년   월   일

4. 착 공 예 정 일 :   년   월   일

5. 완 공 예 정 일 :   년   월   일

6. 용   도 :

7. 공 사 개 요
   가. 위   치 :
   나. 규   모 :   동   세대
   다. 대지면적 :   m²
   라. 건축면적 :   m²
   마. 연면적 :   m²
   바. 구   조 :

8. 시공자
   가. 상   호 :
   나. 주   소 :
   다. 대표자 :   (전화   )

9. 설계자
   가. 상   호 :
   나. 주   소 :
   다. 대표자 :   (전화   )

10. 감 리 형 태 : 주택법(도시 및 주거환경정비법)에 의한 공사감리

11. 계 약 금 액 : 일금   원정(₩   )

12. 감리용역착수일 :   년   월   일

13. 계 약 기 간 :   년 월 일부터   년 월 일까지

사업주체와 감리자는 상호 대등한 위치에서 이 계약서 및 첨부의 계약문서에 의하여 위 감리용역계약을 체결하고 신의에 따라 성실히 계약상의 의무를 이행할 것을 확약하며, 이 계약의 증거로서 계약서를 작성하여 계약당사자가 기명날인한 후 각각 1통씩 보관한다.

첨 부 : 주택건설공사감리용역계약조건 1부

년   월   일

계약당사자

    사업주체   상 호 :

                주 소 :

                대표자 :   (인)

                전화/fax :

    감리자   상 호 :

                주 소 :

                대표자 :   (인)

                전화/fax :

주택건설공사감리용역계약조건(전문)

제1조(총칙) 주택건설공사감리용역계약 (이하 "이 계약" 이라 한다)은 주택법 제24조 및 국토해양부에서 정한 주택건설공사감리업무세부기준(이하 "업무기준" 이라 한다) 등에 의하여 감리자가 공사감리업무를 수행함에 있어 사업주체와 감리자(이하 "계약당사자"라 한다) 상호간의 권리와 의무에 관한 사항을 정한다.

제2조(용역의 범위) 주택건설공사 감리용역의 범위는 주택법 제24조의 규정에 의하여 사업계획승인을 받아 건설하는 주택건설공사의 감리업무를 수행하는데 적용한다. (단서조항 삭제)

제3조(감리업무) ① 주택건설공사 감리용역 계약조건(이하 "이 조건"이라 한다)에서 정하는 바에 따라 감리자는 기본업무를 수행하고 사업주체의 요청에 따라 특별업무를 수행할 수 있다.

② 기본업무라 함은 다음 각호의 업무를 말한다.

  1. 시공계획·공정표 및 설계도서의 적정성 검토

  2. 시공자가 설계도서에 따라 적합하게 시공하는지 검토·확인

  3. 구조물의 위치·규격 등에 관한 사항의 검토·확인

  4. 사용자재의 적합성 검토·확인

  5. 품질관리시험의 계획·실시지도 및 시험성과에 대한 검토·확인

  6. 누수·방음 및 단열에 대한 시공성 검토·확인

  7. 재해예방 및 시공상의 안전관리

  8. 설계도서의 당해 지형에 대한 적합성 및 설계변경에 대한 적정성 확인

  9. 공사착공계, 임시사용 및 사용검사신청서 적정성 검토

10. 착공신고시 제출한 "건설폐자재 재활용 및 처리계획서"의 이행여부
11. 기타 관계법령에서 감리업무로 규정한 각종 신고·검사·시험·품질확인 및 그에 따른 보고 등의 업무

③ 특별업무라 함은 제2항의 규정에 의한 기본업무 이외에 사업주체가 그 수행을 요청한 업무로서 다음 각호의 업무를 말한다.

1. 사업주체 또는 시공자의 귀책사유로 인하여 추가되는 감리업무
2. 사업주체의 요청에 의한 특허·노하우 등의 사용, 모형제작, 현장계측, 외부 전문기술자의 자문등
3. 자재·장비등의 생산지검사를 위한 해외 및 원격지 출장
4. 사업주체의 요청에 의한 신규 주택건설사업 관련 설계도서의 검토
5. 기타 사업수행관련자(사업주체, 감리자, 시공자)가 협의하여 특별업무로 규정하는 업무

제4조(계약문서) ① 계약문서는 계약서 및 감리용역계약조건으로 구성되며, 상호 보완의 효력을 가진다.

② 사업주체는 계약체결 후 다음 각호의 문서 1질을 감리자에게 즉시 무상으로 제공하여야 한다.

1. 사업계획승인필증, 건축허가필증, 정비사업시행인가필증 중 관련 문서
2. 지장물 보상 및 철거등에 관한 자료
3. 주택의설계도서작성기준(국토해양부 고시)에 의한 설계도서
4. 공사계획서 및 공종별 시공계획서
5. 지반 및 지질 조사서
6. 공사착공신고서 일체
7. 공정률확인을 위한 관련서류(내역서 또는 공종별 보활 관련서류)
8. 기타 감리업무 수행에 필요한 사항

제5조(법령의 준수) ① 계약당사자는 계약과 관련된 법령(이하 "법령"이라 한다)을 준수하여야 한다. 법령의 위반으로 처벌을 받은 경우에도 이 계약에서 요구되는 책임과 의무가 면제되지 않는다.

② 이 계약의 이행과 관련하여, 이 조건에서 규정하고 있지 아니한 사항으로서 계약당사자에게 준수의무가 있는 법령의 규정은 이 조건에 포함된 것으로 간주한다.

제6조(통화) ① 이 계약상의 통화는 대한민국의 원화로 한다.

② 계약당사자는 원화의 가치가 변동된 경우에도 계약금액의 조정 또는 기타 추가비용을 상대방에게 청구할 수 없다.

제7조(통지 등) ① 계약당사자간의 통지·신청·청구·요청·회신·동의 등(이하 "통지 등"이라 한다)은 문서에 의함을 원칙으로 하며, 구두에 의할 경우에는 즉시 문서로 보완하여야 한다.

② 통지 등의 장소는 계약서에 기재된 주소로 하며, 주소를 변경하는 경우에는 이를 즉시 계약상대방에게 통지하여야 한다.

③ 통지 등의 효력은 계약문서에서 따로 정하는 경우를 제외하고는 계약상대방에

게 도달한 날부터 발생한다. 이 경우 도달일이 공휴일인 경우에는 그 다음날부터 효력이 발생한다.

④ 기간중의 휴일은 이를 기간에 포함한다.

제8조(채권양도) ① 계약당사자는 이 계약에 의하여 발생한 계약상대자에 대한 채권 기타의 권리를 제3자에게 양도하여서는 아니된다.

② 계약당사자가 이 계약에 의한 감리용역의 이행을 위한 목적으로 채권양도를 하고자 하는 경우에는 계약상대자의 서면동의를 받아야 한다.

제9조(계약이행보증) ① 계약당사자는 이 계약상의 의무이행을 보증하기 위하여 계약체결일로부터 7일이내에 계약금액의 10%에 상당하는 계약이행보증서를 상호교부토록 한다.

② 계약당사자는 계약조건의 변경에 의하여 계약금액이 10%이상 증감된 경우에는 증감된 날로부터 7일 이내에 제1항에서 규정한 계약이행 보증서의 금액을 증감하여야 한다.

③ 제1항의 규정에 의한 계약이행보증서의 보증기간은 감리용역의 착공예정일로부터 완공예정일에 1개월을 추가한 날까지로 한다.

④ 사업주체의 부득이한 사유로 사용검사를 지연한 경우 사업주체는 반드시 계약이행보증기간을 연장한 계약이행보증서를 감리자에게 제출하여야 한다.

제9조의2(감리비지급보증 등) 감리자가 요청하는 경우 사업주체는 보험 또는 보증관련 기관으로부터 감리비지급보증서를 발급받아 제출하여야 하며, 이때 보증서 발급에 소요되는 비용은 감리자가 부담하여야 한다.

제10조(손해배상책임) ① 계약당사자는 이 계약에서 규정히는 책임과 의무의 위반, 부주의한 행위 또는 과실 등으로 인하여 손해를 끼친 경우에는 감리용역 계약금액의 범위내에서 그 손해를 계약당사자에게 배상하여야 한다.

② 감리자는 제10조에 따른 손해배상책임을 보장하기 위하여 보험 또는 공제에 가입하여야 한다. 이 경우 사업주체는 보험 또는 공제 가입에 따른 비용을 용역비용에 계상하여야 한다.

③ 감리자는 해당 주택건설공사 감리용역계약을 체결할 때에 보험증서 또는 공제증서를 사업주체에게 제출하여야 한다.

제11조(감리원 배치) ① 감리자는 주택법령 등 관계법령과 감리자 입찰응모시 제출한 감리원 배치계획에 적합하게 감리원을 배치하여야 한다.

② 감리자는 감리원 중 감리자를 대표하여 현장에 상주하면서 당해 공사전반에 관한 감리업무를 총괄하는 자(이하 "총괄감리원" 이라 한다)를 지명하여야 한다.

제12조(편의시설의 제공) 사업주체는 감리업무의 수행에 필요로 하는 사무실(집기 및 비품을 제외한다), 수도, 전기를 감리자에게 무상으로 제공하여야 한다.

제13조(감리용역의 착수) ① 감리자는 계약서에서 정한 감리용역착수일에 사업주체와 협의하여 감리용역을 착수하여야 하며, 착수시에는 다음 각호의 사항이 포함된 착수신고서를 사업주체에게 제출하여야 한다.

1. 감리업무수행계획서
2. 감리원배치계획서

② 사업주체는 늦어도 계약서에서 정한 감리용역착수일 7일 이전에 감리자에게 감리용역착수를 지시하여야 한다. 다만 사업주체의 귀책사유로 감리자가 감리용역을 착수할 수 없는 경우에는 사업주체는 실제 감리용역에 착수일 날의 14일 이전에 실제 착수 시점 및 현장상주감리원 투입시기 등을 감리자에게 통보하여야 한다.

③ 감리자는 계약의 이행중에 과업내용의 변경등 기타 부득이한 사유로 제1항의 규정에 의하여 제출한 서류의 변경이 필요한 때에는 관련서류를 변경하여 사업계획승인권자 및 사업주체에게 제출하여야 한다.

④ 사업주체는 실제 감리용역의 착수일이 감리자의 책임없는 사유로 이 계약의 체결일로부터 30일을 초과함으로 인하여 완공예정일이 지연되는 경우에는 계약기간을 연장하여야 한다. 다만, 사업주체가 사업계획승인권자로부터 분할분양승인 등을 받은 경우에는 계약당사자간에 상호 협의하여 감리용역착수일을 변경할 수 있다.

제14조(선급금의 지급) ① 이 계약의 선급금은 계약금액의 10%로 한다.

② 사업주체는 감리자에게 계약시 선급금을 지급하여야 한다.

③ 제22조제4항 및 제5항의 규정은 선급금을 지급 기한내에 지급하지 못한 경우에 준용한다.

제15조(보고) ①감리자는 매 분기 익월 7일까지 사업계획승인권자와 사업주체에게 다음 각호의 사항이 포함된 감리업무수행사항을 보고하여야 한다.

1. 사업개요
2. 기술검토사항
3. 공정관리
4. 시공관리
5. 자재품질관리
6. 감리업무수행실적
7. 종합분석 및 감리추진계획
8. 기타사항

② 감리자는 다음 각호의 1에 해당하는 경우에는 적절한 임시조치를 취하고 그 경위 및 의견을 사업계획승인권자와 사업주체에게 보고하여야 한다.

1. 천재지변 및 기타사고 등 불가항력으로 공사진행에 지장이 있을 때
2. 시공자가 정당한 사유 없이 공사를 중단한 때
3. 시공자의 현장대리인이 사전통보 없이 시공현장에 상주하지 않을 때
4. 시공자가 계약에 따른 시공능력이 없다고 인정될 때
5. 시공자가 공사수행에 불성실하거나 감리자의 지시에 계속하여 2회 이상 응하지 아니할 때
6. 공사에 사용될 중요자재가 규격에 맞지 아니한 때
7. 기타 시공과 관련하여 중요하다고 인정되는 사항이 있을 때
8. 사업계획승인권자 또는 사업주체로부터 별도 보고의 지시가 있을 때

제16조(휴일 및 야간작업) ① 사업주체는 공사계약의 수행상 필요한 경우에는 감리자에게 휴일 또는 야간작업을 요청할 수 있으며, 감리자는 특별한 사유가 없는 한 이에 응하여야 한다.

② 사업주체는 감리자가 휴일 또는 야간작업을 하는 경우에는 근로기준법에 의한 추가비용을 감리자에게 지급하거나, 사업주체와 감리자가 협의하여 감리업무에 지장이 없는 범위내에서 대체 휴무등의 방법으로 조정할 수 있다.

제17조(계약사항의 변경) ① 사업주체는 계약의 목적을 이행하기 위하여 필요하다고 인정할 경우에는 다음 각호의 1을 감리자에게 요청할 수 있다.

　1. 제3조제3항의 규정에 의한 특별업무의 수행

　2. 감리용역계약기간의 변경

　3. 추가감리원의 배치

② 감리자는 계약의 기본방침에 대한 변동없이 계약사항을 변경함으로써 사업주체에 유리하다고 판단될 경우에는 제1항 각 호에 해당하는 제안을 할 수 있다. 이 경우 사업주체는 제안요청을 받은 날부터 14일 이내에 그에 대한 승인여부를 감리자에게 통지하여야 한다.

③ 제1항 및 제2항의 규정에 의한 계약사항의 변경은 상호 협의하여 결정하며, 감리원 추가배치에 의한 추가감리비는 당초 계약시 감리인·월수 대비 계약금액 기준으로 산정하며, 제3조제3항의 규정에 의한 특별업무의 경우는 실비정산가산 방식으로 정산한다.

④ 사업주체는 계약기간의 단축 또는 공사비가 절감된 경우에도 이 계약의 대가(계약금액)을 감액하여서는 아니된다. 다만, 국토해양부에서 정한 주택건설공사 감리비지급기준에 의한 감리인·월수는 충족되어야 한다.

⑤ 사업주체가 사업계획승인권자로부터 분할분양승인 등을 받아 순차적으로 분양하는 경우에는 감리자와 상호 협의하여 감리용역 착수일을 변경할 수 있으며, 이 경우 감리대가는 당초 계약시 감리인·월수와 감리비를 감안하여 적정하게 안분·조정할 수 있다.

⑥ 감리자는 제1항 또는 제2항의 규정에 의하여 계약사항의 변경이 결정된 경우에는 결정된 날로부터 7일 이내에 수정된 감리원배치계획서를 사업계획승인권자와 사업주체에게 제출하여야 한다.

제18조(설계변경의 제안) ① 감리자는 사업주체와 협의없이 시공자의 권리·의무사항을 증감시킬 수 없다.

② 감리자는 계약의 이행중 신기술·신공법 등을 적용함으로써 사업주체에게 유리하다고 인정되는 경우에는 공사계약에 대한 설계변경을 사업주체에게 제안할 수 있다.

제19조(계약기간의 연장) ① 감리자는 다음 각호의 1의 사유가 계약기간 내에 발생한 경우에는 사업주체에게 계약기간의 연장을 청구할 수 있다.

　1. 감리자의 책임없는 사유로 공사기간이 연장된 경우

　2. 사업주체 또는 시공자의 책임있는 사유로 감리용역의 착수가 30일을 초과함으로 인하여 완공예정일의 지연이 예상되는 경우

3. 사업주체 또는 시공자의 책임있는 사유로 공사의 수행이 중단되는 경우

4. 제21조에서 규정하는 불가항력의 사유로 공사기간이 연장된 경우

5. 제17조의 규정에 의한 계약사항의 변경으로 인하여 계약기간의 연장이 필요로 하는 경우

② 감리자는 제1항의 규정에 의하여 계약기간의 연장을 청구할 때에는 구체적인 사유를 기재한 계약기간연장신청서를 사업주체에게 제출하여야 한다.

③ 사업주체는 제2항의 규정에 의한 계약기간연장신청서를 접수한 때에는 지체없이 당해 용역이 적절히 수행될 수 있도록 계약기간의 연장 등 필요한 조치를 하여야 한다.

④ 제3항의 규정에 의한 계약기간을 연장한 경우에는 연장기간중의 업무에 대하여 제17조제3항의 규정을 준용한다.

제20조(검사) ① 감리자는 사업주체가 사용검사 또는 임시사용승인신청을 관계당국에 제출하는 때에는 공사의 적정시공 여부에 대하여 업무기준에서 규정하고 있는 사항을 확인한 후 감리의견서를 첨부하여야 한다.

② 감리자는 각종검사와 관련하여 시정할 사항이 있을 경우에는 이를 지체없이 사업주체에게 보고하고, 시공자로 하여금 보완 또는 재시공하도록 한 후 시정이 되지 않을 경우 사업계획승인권자와 사업주체에게 보고하여야 한다.

③ 제2항의 규정에 의한 보완 또는 재시공으로 인하여 이 계약의 목적달성이 지체되는 경우에는 제19조의 규정을 준용한다.

제21조(불가항력) 불가항력이라 함은 태풍·홍수 기타 악천후, 전쟁 또는 사변, 지진, 화재, 전염병, 폭동 기타 계약당사자의 통제범위를 초월하는 사태의 발생등의 사유(이하 "불가항력의 사유" 라 한다)로 인하여 계약당사자 누구의 책임에도 속하지 아니하는 경우를 말한다.

제22조(기성대가의 지급) ① 기성대가는 착수일로부터 매 3개월마다 정액으로 지급하는 것을 원칙으로 하되, 다음의 지급일정에 따른다. 다만, 사업주체는 사용검사신청서 또는 임시사용승인신청서에 감리자가 날인시까지 이미 지급된 선급금 및 기성대가를 포함하여 감리용역 계약금액의 95%이상을 감리자에게 지급되도록 하여야 한다.

차 수	금 액	지급 예정일
1차	원	. . .
2차	원	. . .
3차	원	. . .
4차	원	. . .
5차	원	. . .
6차	원	. . .
7차	원	. . .

② 감리자는 제1항에서 규정한 지급예정일 14일 이전에 해당차수에 대한 기성대

가 지급청구서를 사업주체에게 제출할 수 있다.

③ 사업주체는 해당차수 지급예정일에 해당차수의 기성대가를 감리자에게 지급하여야 한다.

④ 감리자는 해당 감리대상공사의 사용검사권자가 공사가 완료되었다고 인정하여 감리원 철수를 승인한 경우 민원 등으로 사용검사신청이 지연되더라도 당해 지연기간에 대한 추가 감리대가의 지급을 사업주체에게 요청할 수 없다.

⑤ 사업주체는 제2항 및 제3항의 규정에 의한 지급예정일 이내에 대가를 지급하지 못하는 경우에는 지체일수에 당해 미지급금액에 대하여 시중은행의 일반자금 대출시 적용되는 연체이자율을 곱하여 산출한 금액을 이자로 지급하여야 한다. 다만, 제21조에서 규정하는 불가항력의 사유로 인하여 대가를 지급할 수 없는 경우에는 당해 사유가 존속하는 기간은 지체일수에 산입하지 아니한다.

⑥ 제3항 및 제5항의 규정에 의한 대가 및 이자는 현금으로 지급하여야 한다.

제23조(최종대가의 지급) ① 최종대가라 함은 제14조의 규정에 의한 선급금과 제22조의 규정에 의한 기성대가를 제외한 금액으로서 이 조건이 정하는 바에 의하여 사업주체가 감리자에게 지급하여야 할 의무가 있는 모든 대가를 말한다.

② 사업주체는 사용검사필증 또는 임시사용승인(사업계획승인권자가 공사가 완료되었다고 인정한 경우)필증 교부일(이하 "감리용역의 완성일"이라한다)에 최종대가를 지급하여야 한다.

③ 제2항의 규정에 의하여 최종대가를 지급한 경우에는 그로부터 계약당사자간의 책임과 의무는 소멸된 것으로 간주한다. 다만, 제29조의 분쟁사항의 경우에는 그러하지 아니하다.

④ 제22조제5항 및 제6항의 규정은 최종대가의 지급의 경우에 이를 준용한다.

제24조(감리자의 책임있는 사유로 인한 계약의 해제 또는 해지) ① 사업주체는 감리자가 다음 각호의 1에 해당하는 경우에는 당해 계약의 전부 또는 일부를 해제 또는 해지할 수 있다. 다만, 제2호, 제3호의 경우에는 사업계획승인권자의 승인을 얻어야 한다.

1. 관계법령에 의하여 당해 사업계획승인권자가 감리자를 교체한 경우
2. 정당한 사유없이 제13조의 규정에 의한 착수기일을 경과하고도 감리업무의 수행에 착수하지 아니할 경우
3. 기타 계약조건을 위반하여 그 위반으로 인하여 계약의 목적을 달성할 수 없다고 인정될 경우

② 사업주체는 제1항의 규정에 의하여 계약을 해제 또는 해지한 경우에는 그 사실을 감리자, 시공자 및 계약이행보증기관에 통지하여야 한다.

③ 사업주체는 제1항의 규정에 의하여 계약을 해제 또는 해지한 경우에는 해제 또는 해지일(제1항의 규정에 의한 사업계획승인권자의 감리자교체일 또는 해지 승인일을 해지일로 한다. 이하 같다)로부터 14일 이내에 아래 산식에 의하여 미지급 기성대가를 정산지급하여야 한다. 이 경우 제9조의 규정에 의한 계약이행보증서를 동시에 반환하여야 한다.

* 미지급 기성대가=(감리용역 계약금액×공사공정률)-(기지급 기성대가+선급금)

제25조(감리자에 의한 계약의 해제 또는 해지) ① 감리자는 다음 각호의 1에 해당하는 사유가 발생한 경우에는 당해 계약을 해제 또는 해지할 수 있다.

　　1. 사업계획의 변경 등으로 인하여 계약금액이 100분의 40이상 감소되었을 때
　　2. 제26조의 규정에 의한 용역수행의 정지기간이 60일을 초과하는 경우
　　3. 사업주체의 부도 등으로 인하여 사업의 계속이 가능하지 아니한 경우

② 감리자는 제1항의 규정에 의하여 계약을 해제 또는 해지하고자 하는 경우에는 사업계획승인권자의 승인을 얻어야 하며, 그 사실을 사업주체·시공자 및 계약이행보증기관에 통지하여야 한다.

③ 사업주체는 제1항 및 제2항의 규정에 의하여 계약이 해제 또는 해지된 경우에는 다음 각호에 해당하는 금액을 해제 또는 해지일(사업계획승인권자에 의한 해지승인일)로부터 14일 이내에 감리자에게 지급하여야 한다. 이 경우 제9조의 규정에 의한 계약이행보증서를 동시에 반환하여야 한다.

1. 감리용역계약금액 × $\dfrac{\text{감리원배치계획에 의거 실투입한 감리인·월수}}{\text{감리원배치계획상의 총 감리인·월수}}$ − (기지급기성대가 + 선급금)

2. 전체용역의 완성을 위하여 이 계약의 해제 또는 해지일 이전에 투입된 인력 및 장비의 철수 비용

제26조(감리용역의 일시중지 요청) ① 사업주체는 다음 각호의 경우에는 감리용역의 전부 또는 일부의 일시수행중지를 감리자에게 요청할 수 있다.

　　1. 공사계약이 해제 또는 해지된 경우
　　2. 공사의 수행이 일시중지된 경우
　　3. 기타 사업주체 또는 시공자의 필요에 의하여 사업주체가 요청한 경우

② 사업주체는 제1항의 규정에 의하여 감리용역을 중지시킬 경우에는 그 일시수행중지일부터 30일 이전에 감리자에게 그 사유 및 기간을 통지하여야 한다.

③ 감리자는 감리용역의 중지기간이 60일을 초과하는 경우에는 사업주체에게 감리용역의 재개여부를 서면으로 확인하여야 한다. 이 경우 사업주체로부터 7일 이내에 재개에 대한 회신이 없는 경우에는 제25조의 규정에 따른다.

④ 감리자는 일시수행중지기간 중에는 영 제26조제3항제3호에 의한 총괄감리원을 배치하고, 감리비는 배치된 감리원에 따라 사업주체와 협의하여 정산한다.

⑤ 제1항 각호의 규정에 의하여 감리용역의 수행이 중지된 경우에는 사업주체에게 계약기간의 연장을 청구할 수 있다. 이 경우 제19조의 규정을 준용한다.

제27조(감리용역의 완성) 감리자는 사용검사신청서 또는 임시사용승인신청서에 날인한 후 14일 이내에 관계법령에 의한 최종보고서를 사업주체에게 제출하여야 한다.

제28조(기술지식의 이용 및 비밀엄수 의무) ① 사업주체는 이 조건의 규정에 의하여 감리자가 제출하는 각종보고서, 정보, 기타 자료 및 이에 의하여 얻은 기술지식의 전부 또는 일부를 이 계약이외의 목적으로 이용하고자 하는 경우에는 감리자의 사전승인을 받아야 한다.

② 감리자는 당해 계약을 통하여 얻은 정보 또는 자료를 계약이행의 전후를 막론하고 외부에 누설하여서는 아니된다.

③ 계약당사자는 제1항 또는 제2항의 규정을 위반하여 상대방에게 끼친 손해에 대하여 이를 배상하여야 한다.

제29조(분쟁의 해결) ① 계약의 수행중 계약당사자간에 발생하는 분쟁은 사업계획 승인권자의 조정에 의하여 해결함을 원칙으로 한다.

② 분쟁이 발생한 날로부터 60일 이내에 제1항의 규정에 의한 조정안이 제시되지 아니하거나, 제시된 조정안에 대하여 계약당사자중 일방이 불복하는 경우에는 법원에 소송을 제기할 수 있다.

③ 감리자는 제1항 및 제2항의 규정에 의한 분쟁기간중 용역의 수행을 중지하여서는 아니된다.

제30조(분쟁사항의 검토) ① 감리자는 사업주체와 시공자간의 분쟁에 대하여 사업주체가 요구하는 경우에는 분쟁사항에 대한 자신의 견해를 제시하여야 한다.

② 감리자는 사업주체가 요구하는 경우에는 제1항의 분쟁의 해결을 위한 조정회의 등에 참가하여 객관적인 의견을 개진하여야 한다.

③ 제1항 및 제2항의 경우에는 특별업무로 간주한다.

제31조(시공자에 대한 주지의무) 사업주체는 이 계약의 이행을 원활히 하기 위하여 이 조건의 내용을 시공자와 전력기술관리법령 및 기타관련 개별법령에 의한 해당분야 감리자에게 주지 시켜야 한다.

제32조(특약사항) 사업주체와 감리자는 이 조건에서 정한 사항 이외의 필요한 사항에 대하여는 계약당사자의 이익을 제한하지 아니하는 범위내에서 특약을 정할 수 있으며, 이 특약은 이 조건의 일부를 구성하는 것으로 간주한다.

내 용 증 명

발 신 인 ○ ○ ○
　　　　　주 소
수 신 인 ○ ○ ○
　　　　　주 소

계약해제 및 손해배상 청구

1. 본인은 20○○. ○. ○○. 본인 소유의 ○○시 ○○구 ○○길 ○○ 소재 ◎◎고시원 신축공사에 대하여 귀하와 아래와 같은 도급계약을 체결하였습니다.
   (1) 공 사 기 간 : 20○○. ○. ○○. 착공
   (2) 총　대　금 : 금 300,000,000원
   (3) 완　공　일 : 20○○. ○. ○○
   (4) 대금지급방법 : 공사착수시에 선급금으로 금 100,000,000원을 지급하고,
   　　　　　　　　　나머지는 공사가 끝나는 즉시 전액 지급하기로 함.

2. 본인은 위 계약에 따라 20○○. ○. ○○ 선급금으로 금 100,000,000원을 지급하였고, 귀하는 20○○. ○. ○○. 공사에 착수하였으나 같은 해 ○○. ○. 공사비가 없어 공사를 하지 못하니 나머지 공사대금을 달라고 사정하여 할 수 없이 본인은 귀하를 신뢰하고 나머지 공사대금 전액 200,000,000원 지급한 바 있습니다.

3. 그런데 귀하는 공사대금을 지급받은 후 며칠 동안은 공사를 착실히 하더니 이후 다른 곳의 일이 바쁘다며 공사를 미루기 시작하여 벌써 완공일로부터 6개월이나 지났고, 현재 공정율은 약 70%정도 밖에 되지 않고 있습니다.

4. 귀하도 주지하듯이 본인은 그간 수차에 걸쳐 계속 공사이행을 촉구하였으나 귀하는 매번 이런저런 핑계를 대며 조금만 기다려주면 바로 진행을 하겠다는 말만 되풀이 해 왔으나, 본인도 더 이상은 귀하를 신뢰할 수 없고 공사 지연으로 인한 피해를 마냥 방치할 수 없는 입장이기에 본 통지서로 귀하와의 공사도급계약을 해제합니다.

5. 아울러 본 계약 고시원건물을 신축하여 임대할 목적이었음은 귀하도 잘 알고 있듯이 귀하의 계약불이행에 따른 공사대금 반환뿐만 아니라 공사 지연으로 인한 임료 상당의 손해배상 등 본인이 입은 모든 피해에 대하여 추가로 청구할 것임을 분명히 밝혀 둡니다.

　　　　　　　　　　　　　20○○.　○.　○.
　　　　　　　　　　　　　위 발신인　○○○

[서식] 공사대금 청구(공사완료-내용증명)

내 용 증 명

발 신 인 ○ ○ ○
            주 소
수 신 인 ○ ○ ○
            주 소

공 사 대 금 청 구

1. 본인은 20○○. ○. ○○. 귀하 소유의 ○○시 ○○구 ○○길 ○○ 소재 ◎◎연립
   주택(25세대)의 도배 및 바닥공사에 대하여 아래와 같이 도급계약을 체결하였습
   니다.
   (1) 공 사 기 간 : 20○○. ○. ○○. 착공
   (2) 총   대   금 : 금 38,000,000원
   (3) 대금지급방법 : 공사착수시에 선급금으로 금 5,000,000원을 지급하고, 나
                       머지는 공사가 끝나는 즉시 전액 지급하기로 함.

2. 본인은 위 계약에 따라 선급금으로 금 5,000,000원을 받고, 20○○. ○. ○○.
   공사에 착수하여 같은 해 ○○. ○. 도배 및 바닥공사 일체를 완료하였는데, 귀
   하는 나머지 공사대금 33,000,000원을 지금까지 지급하지 않고 있습니다.

3. 따라서 본인은 귀하가 본 내용증명 우편을 받은 날로부터 1주일 이내에 위 공사
   대금 33,000,000원을 지불하지 않을 때는 민사상 손해배상 청구를 하겠으니 이
   점 양지하시기 바랍니다.

                          20○○. ○. ○.
                          위 발신인 ○○○

조정신청서

신 청 인 ○○○(주민등록번호)
　　　　　○○시 ○○구 ○○길 ○○(우편번호)
　　　　　전화·휴대폰번호:
　　　　　팩스번호, 전자우편(e-mail)주소:
피신청인 ◇◇◇(주민등록번호)
　　　　　○○시 ○○구 ○○길 ○○(우편번호)
　　　　　전화·휴대폰번호:
　　　　　팩스번호, 전자우편(e-mail)주소:

공사이행청구 등

신 청 취 지

1. 피신청인은 선택적으로, ○○ ○○군 ○○면 ○○리 ○○ 전 838㎡ 중 신청인 소유의 분묘부분 33㎡(별지도면 표시 ㄱ, ㄴ, ㄷ, ㄹ, ㄱ의 각 점을 차례로 연결한 선내 부분)가 무너지지 않도록 축대설치공사를 이행하라, 또는 신청인에게 금 27,070,751원 및 이에 대한 이 사건 조정성립일부터 다 갚는 날까지 연 15%의 비율에 의한 돈을 지급하라.
2. 조정비용은 피신청인의 부담으로 한다.
라는 조정을 구합니다.

신 청 원 인

1. 당사자의 신분관계
　　신청인은 20○○. ○. ○. 신청외 ●●●에게 ○○ ○○군 ○○면 ○○리 ○○ 전 838㎡(다음부터 '이 사건 토지'라 함)을 대금 ○○○원에 매도하면서 이 사건 토지 중 신청인의 선친의 분묘가 있는 부분인 별지도면 표시 ㄱ, ㄴ, ㄷ, ㄹ, ㄱ의 각 점을 차례로 연결한 부분 33㎡(다음부터 '이 사건 분묘부분'이라고 함)는 매매목적물에서 제외하기로 약정하였습니다(갑 제1호증의 1 매매계약서). 이후 신청외 ●●●는 20○○. ○. ○○. 피신청인에게 이 사건 토지를 대금 40,000,000원에 매도하면서 역시 매매목적물에서 이 사건 분묘부분을 제외하기로 약정하였습니다(갑 제1호증의 2 매매계약서, 갑 제2호증 부동산등기부등본).
2. 피신청인의 의무의 발생
　　그 뒤 피신청인이 이 사건 토지 위에 주택건축을 목적으로 중장비 등을 동원하여 땅파기 작업 및 터고르기 작업을 하면서 이 사건 분묘 주위가 무너질 상황에 처하였습니다(갑 제2호증의 1 내지 6 각 사진).

이에 신청인은 피신청인에게 위와 같은 피해상황에 대해 대책을 요구하였는바, 20○○. ○○. ○. 피신청인은 20○○. ○○. ○○.까지 이 사건 분묘 주위에 축대를 쌓아서 어떠한 피해도 발생하지 않도록 할 것이라고 약정하였습니다(갑 제3호증 서약서).

3. 축대공사비용

위와 같은 약정에도 불구하고 피신청인이 축대(옹벽)공사를 이행하지 않자, 신청인은 이 사건 분묘 주위에 축대(옹벽)설치공사비용에 대한 견적을 뽑아보니, 그 비용이 합계 금 27,070,751원에 이릅니다(갑 제6호증 견적서).

4. 결론

그렇다면 피신청인은 선택적으로, ○○ ○○군 ○○면 ○○리 ○○ 전 838㎡ 중 신청인 소유의 분묘 부분 33㎡(별지도면 표시 ㄱ, ㄴ, ㄷ, ㄹ, ㄱ의 각 점을 차례로 연결한 선내 부분)이 무너지지 않도록 축대설치공사를 이행하든지, 또는 신청인에게 축대설치공사대금 27,070,751원 및 이에 대한 이 사건 조정성립일로부터 다 갚는 날까지 소송촉진등에관한특례법에서 정한 연 15%의 비율에 의한 지연손해금을 지급할 의무가 있으므로 신청인은 위와 같은 조정을 신청하였습니다.

입 증 방 법

1. 갑 제1호증의 1, 2 　　　 각 매매계약서
1. 갑 제2호증 　　　 부동산등기사항증명서
1. 갑 제3호증의 1 내지 6 　 현장사진
1. 갑 제4호증 　　　 서약서
1. 갑 제5호증 　　　 지적도등본
1. 갑 제6호증 　　　 견적서

첨 부 서 류

1. 위 입증방법 　　　 각 1통
1. 신청서부본 　　　 1통
1. 송달료납부서 　　　 1통

20○○. ○○. ○○.
위 신청인 ○○○ (서명 또는 날인)

○○지방법원 ○○지원　귀중

조 정 신 청 서

접 수 인

신 청 일 20○○. ○○. ○○.
사 건 명 공사대금
신 청 인 ○○○(주민등록번호)
　　　　 ○○시○○구○○길○○(우편번호)
　　　　 전화 · 휴대폰번호:
　　　　 팩스번호, 전자우편(e-mail)주소:
피신청인 ◇◇◇(주민등록번호)
　　　　 ○○시○○구○○길○○(우편번호)
　　　　 전화 · 휴대폰번호:
　　　　 팩스번호, 전자우편(e-mail)주소:

20 . . .
조정기일소환장 통
위 서류를 영수함
20○○. ○. ○.
신청인○○○ (서 명 또는 날인)

조정신청사항가액	금 1,923,708원	인지대	금 1,000원	송 달 료	금 32,500원

(인지첩부란)

신 청 취 지

1. 피신청인은 신청인에게 금 1,923,708원 및 이에 대한 20○○. ○. ○.부터 이 사건 신청서부본 송달일까지는 연 5%의, 그 다음날부터 다 갚는 날까지는 연 15%의 각 비율에 의한 돈을 지급한다.
2. 조정비용은 피신청인의 부담으로 한다.
라는 조정을 구합니다.

신 청 원 인

1. 공사제공내역
  (1) 공사한 분야 : 신축건물의 미장공사(노임하도급)
  (2) 공사현장 : ○○시 ○○구 ○○길 ○○ 상가건물신축공사장
  (3) 공사제공기간 : 20○○. ○. ○.부터 20○○. ○. ○○.까지
  (4) 공사대금 : 금 1,923,708원
    (내역: 약정공사대금 5,000,000원 중 미지급 공사대금 1,923,708원)
  (5) 기타 약정 : 위 건물의 사용검사를 마치면 위 공사대금 잔액을 지급하기로
    하였음.
2. 기타
  피신청인은 위 건물의 사용검사를 마치면 위 총공사대금 5,000,000원 중 미지급
  된 공사대금 1,923,708원을 지급하기로 하고서도 위 건물의 사용검사가 끝난 지
  급까지 위 금 1,923,708원을 지급하지 않고 있음.

입 증 방 법

1. 갑 제1호증   공사계약서
1. 갑 제2호증   사실확인서(사용검사)

첨 부 서 류

1. 위 입증방법   각 1통
1. 신청서부본   1통
1. 송달료납부서   1통

20○○.   ○○.   ○○.
위 신청인 ○○○ (서명 또는 날인)

○○지방법원 귀중

12. 양도계약

양 도 담 보 계 약 서

채권자 ○○○과 채무자 ○○○은 별지 기재의 물건에 대하여 다음과 같이 계약한다.

제1조(목적) 채무자 ○○○은 양도담보의 목적으로 별지 물건을 금일 금○○○만원에 채권자 ○○○에게 매도하기로 하며, 위 담보물건의 소유권은 20○○년 ○월 ○일에 채권자 ○○○에게 이전됨을 확인한다.

제2조(대금지급방법) 채권자 ○○○은 채무자 ○○○에 대하여 제1조의 매매대금을 20○○년 ○월 ○일에 현금으로 채무자 ○○○의 주소지에서 지급하기로 한다.

제3조(사용권) ① 채무자 ○○○은 별지 물건을 사용할 수 있다.
② 채무자 ○○○이 별지 물건을 사용할 경우에는 사용료는 1개월에 금 ○○만원으로 하고 매월 말일 사용료를 채권자 ○○○에게 직접 지급하여야 한다.
③ 채무자 ○○○이 사용료의 지급을 2회 이상 연체하였을 경우 채권자 ○○○은 즉시 사용계약을 해제하고 별지 물건의 인도를 청구할 수 있으며, 채무자 ○○○은 채권자 ○ ○○의 인도청구를 받는 즉시 물건을 인도하여야 한다.

제4조(계약기간 등) ① 본 계약기간은 20○○년 ○월 ○일까지로 하며, 채무자 ○○○은 계약 기간내에 채무자 ○○○이 제1조의 매매대금을 현금으로 갑에게 반환하면 별지 물건에 대한 소유권은 그 즉시 다시 채무자 ○○○에게 귀속한다.
② 채무자 ○○○이 계약기간내에 위 매매대금을 채권자 ○ ○○에게 반환하지 못할 경우에는 별지 물건의 소유권은 확정적으로 채권자 ○○○에게 귀속되며 채무자 ○○○은 별지 물건을 다시 살 수 없으며 즉시 채권자 ○○○에게 별지 물건을 인도하여야 한다.

제5조(물건관리 등) ① 채무자 ○○○은 별지 물건을 사용함에 있어 선량한 관리자로서의 주의 의무를 다하여야 하고, 물건관리에 필요한 모든 비용은 채무자 ○○○이 부담하기로 한다.
② 채무자 ○○○은 위 ①항에 의한 물건관리를 함에 있어 발생할 지 모르는 사고에 대비하기 위하여 채무자 ○○○의 비용부담으로 갑이 지정하는 보험회사와 손해배상보험에 가입하기로 하며, 이 경우 채무자 ○○○은 보험금지급청구권에 대하여 채권자 ○○○을 권리자로 질권을 설정해 주어야 한다.
③ 채무자 ○○○은 본 계약기간동안 양도담보된 별지 물건에 대하여 채권자 ○ ○○의 동의나 승낙없이 제3자에 대한 또 다른 담보설정이나 임대 등의 일체의 처분행위를 하여서는 안 된다.

제6조(분쟁 및 관할) 채권자 ○○○과 채무자 ○○○ 사이에 체결된 본 계약에 없는 사항의 문제가 발생되었을 때에는 민법 등의 법령을 참작하여 서로 협의로써 해결함을 원칙으로 하고, 협의가 되지 않을 경우 그 관할법원은 채권자 ○○○의 주소지를 관할하는 법원으로 한다.

   채권자 ○○○과 채무자 ○○○은 이상과 같이 계약하고 본 계약서를 2통 작성하여 각 서명 · 날인한 후 공증하여 각 1통씩 이를 소유하기로 한다.

20○○년 ○월 ○일

채 권 자	주 소						
	성 명		인	주민등록번호	–	전 화 번 호	
채 무 자	주 소						
	성 명		인	주민등록번호	–	전 화 번 호	

[별지] **양 도 담 보 물 건**

연 번	물 건 명	제작회사(모델명)	제작 년도	비 고
1	CNC 선반	○○공업사(NP 1230)	1998	2대
2	프레스기계	○○기계산업사(Q-20)	2000	1대
3	대형에어컨	○○전자(SS-1100)	2000	3대
4	컴퓨터	○○컴퓨터(펜티엄IV,S9-880)	2001	5대

■ **참 고** ■

여러 개의 동산을 일괄하여 양도담보의 목적으로 하는 양도담보설정계약을 체결하면서 향후 일정 장소에 편입되는 동산에 대해서도 양도담보의 효력을 받는 것으로 약정한 경우에, 이를 특정된 동산들을 목적물로 한 양도담보로 볼 것인지, 일단의 증감 변동하는 동산을 하나의 물건으로 보아 이를 목적물로 한 이른바 유동집합동산 양도담보로 볼 것인지는 양도담보설정계약의 해석의 문제이다. 양도담보설정계약이 기계기구 또는 영업설비 등 내구연수가 장기간이고 가공 과정이나 유통 과정 중에 있지 아니한 여러 개의 동산을 목적으로 하고 있으며, 담보목적물마다 명칭, 성능, 규격, 제작자, 제작번호 등으로 특정하고 있는 경우에는, 원칙적으로 특정된 동산들을 일괄하여 양도담보의 목적물로 한 계약이라고 보아야 하므로 향후 편입되는 동산을 양도담보 목적으로 하기 위해서는 편입 시점에 제3자가 그 동산을 다른 동산과 구별할 수 있을 정도로 구체적으로 특정되어야 한다(대법원 2016.4.28. 선고 2015다221286 판결).

자 동 차 양 도 담 보 계 약 서

자동차의 표시 : 별 지

양도담보자 ○○○와 양도담보권리자 ○○○는 아래와 같이 자동차양도담보계약을 체결한다.

아 래

第1조 양도담보자 ○○○는 양도담보권리자 ○○○에게서 20○○년 ○월 ○일에 금 5,000,000원을 차용하고 변제기일은 20○○년 ○월 ○일로 이자는 연20% 로 약정하고 그 담보로 양도담보자 ○○○ 소유의 ○○가○○○○호 그랜저승용차의 소유권을 양도담보권리자 ○○○에게 이전하기로 한다.

第2조 양도담보권리자 ○○○에게 자용차의 소유권이 이전되더라도 변제기일까지는 양도담보자 ○○○이 계속 사용하기로 한다.

第3조 양도담보자 ○○○가 양도담보권리자 ○○○에게 차용금 금 5,000,000원을 변제기일인 20○○년 ○월 ○일에 반환하는 즉시 양도담보권리자 ○○○은 양도담보권자 ○○○에게 자동차의 소유권을 이전하기로 한다.

第4조 양도담보권리자 ○○○은 양도담보권자 ○○○에게서 소유권을 이전 받더라도 차량을 제3자에게 담보로 제공 하여서는 아니된다.

第5조 양도담보권리자 ○○○의 부채로 인하여 차량에 가압류 등이 되는 경우 양도담보권리자 ○○○이 책임지고 이를 해결하기로 한다. 만약 양도담보권리자 ○○○이 이를 해결하지 못하여 양도담보권자 ○○○이 피해를 입게 될 경우에는 양도담보권리자 ○○○이 이를 배상하기로 한다.

第6조 양도담보권자 ○○○이 변제기일인 20○○년 ○월 ○일이 지나도록 차용금을 변제하지 못할 경우에는 양도담보권자 ○○○은 20○○년 ○월 ○일에 양도담보권리자 ○○○에게 차량을 인계하고 양도담보권리자 ○○○은 차량을 임의처분하여 매매대금에서 대여금 및 이자를 공제하고 나머지를 양도담보권자 ○○○에게 지급하기로 한다.

第7조 본 자동차양도담보계약서에 의한 등록비용 및 등록세 등은 양도담보권자 ○○○이 부담하기로 한다.

위 자동차양도담보계약을 증명하기 위하여 본 계약서 2통을 작성하여 양도담보자 ○○○와 양도담보권리자 ○○○ 쌍방이 기명날인한 후 각 1통을 소지한다.

20○○년 ○월 ○일

양도담보설정자	주 소						
	성 명		인	주민등록번호	－	전화번호	
양도담보권자	주 소						
	성 명		인	주민등록번호	－	전화번호	

[별 지] 자동차의 표시

1. 자동차등록번호   ○○12가1234
1. 차   명   크레도스
1. 최 초 등 록 일   1999 － 01 － 01
1. 년   식   1996
1. 원 동 기 형 식   T8
1. 형 식 승 인 번 호   1-0462-004-003
1. 차 대 번 호   KNAGC2232TA163466
1. 사 용 본 거 지   ○○시 ○○구 ○○동 ○○
1. 소   유   자   △ △ △. 끝.

토 지 양 도 담 보 계 약 서

양도담보목적토지 : ○○도 ○○군 ○○면 ○○리 ○○
　　　　　　　　　　　답 1,000㎡

　채권자 ○○○과 채무자 ○○○은 을 소유의 위 양도담보목적토지(이하 담보토지라 함)를 양도담보로 하기로 하고 다음과 같이 계약한다.

제1조(금전소비대차) 채무자 ○○○은 금○○○만원을 채권자 ○○○으로부터 차용하면서 위 담보토지를 양도담보의 목적으로 하기로 약정하고, 금일 위 금액을 지급받음과 동시에 위 원금 및 그 이자의 지급을 담보하기 위하여 담보토지를 채권자 ○○○에게 양도하기로 한다.

제2조(변제기일 및 이자) 변제기일은 20○○년 ○월 ○일까지로 정하고, 이자는 매월 2%로 하며 이자의 지급기일은 매월 말일로 한다.

제3조(소유권이전등기 등) ① 채무자 ○○○은 본 계약의 성립과 동시에 담보토지의 소유권을 채권자 ○○○에게 이전하는 등기절차를 취하여야 한다.
　② 채권자 ○○○은 위 제①항의 소유권이전등기를 받은 후 즉시 채무자 ○○○을 위하여 매매예약의 소유권이전등기청구권의 가등기를 해주기로 한다.
　③ 위 각 항의 각 등기에 소요되는 비용은 채무자 ○○○이 부담하기로 한다.

제4조(담보토지의 사용권) 채무자 ○○○은 담보토지를 변제기일까지 무상으로 사용할 수 있다. 다만, 채무자 ○○○은 담보토지를 사용함에 있어 선량한 관리자로서 주의의무를 다하여야 하며, 사용기간 동안에 담보토지에 부과되는 세금 및 유지비 등 모든 경비는 채무자 ○○○이 부담하기로 한다.

제5조(담보토지의 귀속관계) ① 채무자 ○○○이 제2조에서 정한 변제기한 내에 원금과 이자의 지급을 완료했을 때에는 담보토지의 소유권은 당연히 채무자 ○○○에게 다시 귀속되며, 이 경우 채권자 ○○○은 채무자 ○○○의 비용부담으로 제3조 제②항에 의하여 채무자 ○○○에 대하여 경료된 소유권이전등기청구권의 가등기를 본등기로 하는데 적극 협력하여야 한다.
　② 채무자 ○○○이 제2조에서 정한 기한내 원금 및 이자의 지급을 하지 않거나, 이자의 지급을 2회 이상 연체하였을 경우 채권자 ○○○은 즉시 담보토지를 임의로 환가할 수 있다. (다만, 채권자 ○○○이 임의로 환가할 경우에는 당해년도의 공시지가액 미만으로는 환가하지 못한다.)
　③ 채권자 ○○○이 환가할 경우 환가대금은 원금과 이자의 지급에 충당하고, 나머지 잔액이 있을 경우 즉시 채무자 ○ ○○에게 지급하고, 부족할 경우에는 채무자 ○○○은 즉시 채권자 ○○○에게 부족금액을 지급하여야 한다.

제6조(분쟁 및 관할) 채권자 ○○○과 채무자 ○○○ 사이에 체결된 본 계약에 없는 사항의 문제가 발생되었을 때에는 민법 등의 법령을 참작하여 서로 협의로써 해결함을 원칙으로 하고, 협의가 되지 않을 경우 그 관할법원은 담보토지의 소재지를 관할하는 법원으로 한다.

　채권자 ○○○과 채무자 ○○○은 이상과 같이 계약하고 본 계약서를 2통 작성하여 각 서명·날인한 후 각 1통씩 이를 소유하기로 한다.

20○○년 ○월 ○일

채권자	주　소						
	성　명	인	주민등록번호		－	전　화 번　호	
채무자	주　소						
	성　명	인	주민등록번호		－	전　화 번　호	

[서식] 토지, 건물양도담보계약서

양 도 담 보 계 약 서

채권자 ○○주식회사와 채무자 △△주식회사는 다음과 같이 양도담보설정권계약을 체결한다.

제1조(목적) 채무자 △△주식회사는 20○○년 ○월 ○일자로 채권자 ○○주식회사와의 사이에 체결된 상품거래계약 (이하 기본계약이라함)에 의하여 현재 장래에 한하여 부담할 매매대금 기타 일체의 채무이행의 담보로서 양도담보권의 설정을 약정하고 채무자 △△주식회사가 소유하는 하기물건 (이하 본물건이라함)의 소유권을 채권자 ○○주식회사에게 이전하기로 한다.

물건의 표시
1) ○○도 ○○군 ○○면 ○○리 ○○ 대지 200평
2) 위지상건물 1동 50평

제2조(사용대차) 채권자 ○○주식회사는 본 물건을 무상으로 채무자 △△주식회사가 사용케 하도록 한다.
채무자 △△주식회사는 본 물건을 선량한 관리자의 주의로써 사용하여야 하고, 본 물건에 관한 통상의 필요비용은 채무자 △△주식회사의 부담으로 한다.

제3조(해제조항) 기본계약의 해제사유, 기타 이 계약의 이행에 대하여 채무자 △△주식회사의 불신행위가 있을 경우에는 전조의 사용대차는 당연히 해제되는 것으로 하고 채무자 △△주식회사는 사용중의 물건의 점유를 해제하고 즉시 이것을 채권자 ○○주식회사에게 반환 인도 하여야한다.

제4조(담보물의처분방법등) 전조의 경우 채권자 ○○주식회사는 즉시 물건을 임의로 매각하여 채무의 기한에 불구하고 임의의 순서방법에 의하여 변제에 충당할 수 있음은 물론, 그래도 부족할 때는 채무자 △△주식회사의 일반재산에 대하여 강제집행을 할 수 있다.

제5조(완제후반환절차) 채무자 △△주식회사가 채무를 완제하였을 때는 제2조에 정한 사용대차는 당연 해제에 의하여 소멸되고, 채권자 ○○주식회사는 양도담보 물건의 소유권을 채권자 ○○주식회사의 비용으로 채무자 △△주식회사에게 이전등기 한다.

제6조(담보제약) 채권자 ○○주식회사는 취득한 권리를 채무변제기전에 제3자에게 양도하거나, 동 담보의 목적을 초과하여 행사하지 못한다.

제7조(인도방법) 제1조, 제2조 및 제5조의 양도담보물건의 인도는 점유개정 및 간이인도방법에 의한다.

제8조(담보물훼멸의 처리) 을의 책임 있는 사유로 담보물건이 멸실 또는 훼손되었을 경우 채무자 △△주식회사는 채권자 ○○주식회사에게 다른 담보물을 제공하거나, 제3자로 하여금 연대보증하게 한다. 그러나 채무자 △△주식회사의 책임 없는 천재지변 또는 이에 준하는 사유일 때는 그러하지 아니하다.

제9조(관할법원) 본 계약에 의한 분쟁이 발생하였을 경우 관할법원은 물건 소재지 관할법원으로 한다.

제10조(규정외사항) 본 계약에 정함이 없는 사항은 채권자 ○○주식회사와 채무자 △△주식회사가 협의하여 결정한다.

　이상 본 계약을 증명하기 위하여 2통 작성하여 채권자 ○○주식회사, 채무자 △△주식회사 1통씩 보관한다.

20○○년 ○월 ○일

채권자 ○○주식회사	주　소						
	성　명	인	주민등록번호 (사업자등록번호)	－	전화번호	
채무자 △△주식회사	주　소						
	성　명	인	주민등록번호 (사업자등록번호)	－	전화번호	

채 권 양 도 계 약 서

채권자(양수인) ○○○와 채무자(양도인) ◇◇◇은, 채무자가 제3채무자 ○○물산주식회사에 대하여 가지는 채권을 채권자에게 매도하면서 이를 위한 채권양도 계약을 체결한다.

제1조 채무자는 제3채무자 ○○물산주식회사에 대하여 가지는 다음표시 채권을 채권자에게 금5,000,000원에 양도하고 채권자는 동 대금을 지급함으로써 이를 양수하였다.

- 다 음 -

20○○년 ○월 ○일부터 같은 해 ○. ○.까지의 사이에 봉제용품 임가공 계약에 근거한 임가공비청구채권 합계 금15,000,000원정
  내 용   1) 금5,000,000원정 20○○년 ○월 ○일 납품
          2) 금6,000,000원정 20○○년 ○월 ○일 납품
          3) 금4,000,000원정 20○○년 ○월 ○일 납품

제2조 채무자는 본 계약 체결 후 지체 없이 제3채무자에게 확정일자있는 증서로써 통지를 한다.

제3조 채무자는 제3채무자로부터 상계 그 밖의 항변사유 및 제3자로부터 압류 등의 제한이나 부담이 없음을 보증한다.

제4조 채무자는 이건 양도계약 체결이후 제3채무자가 채무자에게 위 채무를 변제제공할 때 이를 수령 후 지체없이 채권자에게 양도하여야 한다.

제5조 채무자는 채권자의 이건 양도채권에 대하여 행사하는 권리를 방해할 일체의 행위를 하지 않는다.

20○○년 ○월 ○일

채권자	주 소						
	성 명		인	주민등록번호	-	전 화 번 호	
채무자	주 소						
	성 명		인	주민등록번호	-	전 화 번 호	

채 권 양 도 계 약 서

1. 양도인(갑)은 양수인(을)이 제3채무자(병)에 대하여 가지는 대여금 채권 금 10,000,000원을 양수인에게 양도한다.
2. 양도인은 본 계약 체결 후 지체 없이 제3채무자에게 확정일자 있는 증서로써 통지를 한다.

> **[양수인이 양도인의 대리인으로 통지하는 경우는 아래 문구로 대체]**
> 2. 당사자간의 약정에 의하여 제3채무자에 대한 이 건 채권양도의 통지는 양도인의 위임에 의하여 양수인이 하기로 한다.

3. 양수인이 제3채무자로부터 양수금을 지급받는 경우 양도인의 양수인에 대한 대여금채무는 대등액으로 상계한다.

첨 부 서 류

1. 차용증 사본   1부.

20 . . .

양도인   갑 (-   )   (인)
　　　　　서울 ○○구 ○○동 ○○길 ○○

양수인   을 (-   )   (인)
　　　　　서울 ○○구 ○○동 57 ○○아파트 ○○동 ○○호

채 권 양 도 통 지 서

수 신 인 (–   )
　　　　○○도 ○○시 ○○동 ○○ ○○타워 ○○○○호

　양도인은 귀하에 대한 대여금 채권 금 10,000,000원을 아래의 사람에게 별지 채권양도계약서 사본과 같이 20○○년　○월 ○일 채권양도하였음을 통지하오니, 위 대여금을 양수인에게 지급하여 주시기 바랍니다.

아　　　래

　　　　　　　양수인　　을 (–   )
　　　　　　　　　주소 : 서울 ○○구 ○○동 57 ○○아파트 ○○동 ○○호

첨 부 : 채권양도계약서 사본　1부.

　　　　　　　　　　20 　 .　　 .　　 .

　　　　　　　양도인　　갑　(인)
　　　　주민등록번호 :　　　–
　　　　　　주소 : 서울 ○○구 ○○동 227

[양수인이 양도인의 대리인으로 통지하는 경우는 아래 문구로 대체]

양도인　　　　갑
　　　　주민등록번호 :　　　　–
　　　　주소 : 서울 ○○구 ○○동 227

양도통지대리인　　을　　　　(인)
　　　　　주민등록번호 :　　　　–
　　　서울 ○○구 ○○동 57 ○○아파트 ○○동 ○○○호

채 권 양 도 계 약 서

　　채권자 ○○○(이하 '갑'이라 함)와 채무자 ◇◇◇(이하 '을'이라 함)는 을이 20○○년 ○월 ○일 갑으로부터 금○○○원을 변제기일 20○○년 ○월 ○일, 이자 월○%, 지연손해금 원금의 연○○%의 조건으로 차용하면서, 그 변제의 담보로 을이 제3채무자 임대만(이하 '병'이라 함)에 대하여 가진 다음의 임차보증금반환청구채권을 갑에게 양도하기 위하여 갑과 을은 다음과 같이 계약하였다.

제1조(양도채권) 을은 병에 대하여 가진 다음의 채권을 갑에게 담보를 목적으로 양도하고, 갑은 이를 양수하였다.

– 다　　음 –

을이 병으로부터 ○○년 ○월 ○일 병 소유의 ○○시 ○○구 ○○로 ○번지 주택중 방2칸을 보증금 ○○원, 기한 2년으로 정하고 임차하면서 병에게 지급한 금○○원의 반환청구채권.

제2조(양도통지) 을은 본 계약 체결 후 지체 없이 병에게 확정일자가 있는 증서로서 채권양도의 통지를 하거나 병의 승낙을 받아야 한다.

제3조(담보책임) 을은 본 양도채권에 대하여 병의 명도항변이외 상계 기타 을에게 대항할 수 있는 사유 또는 제3자에 의한 압류 등 하자나 부담이 없는 것을 보증한다.

제4조(실행) 1) 을은 본 채권의 양도에도 불구하고 갑에 대한 그의 채무를 이행하여야 한다.

　2) 을이 이 채무를 이행하면 갑은 본 양도채권을 을에게 양도하여 반환하여야 한다.

제5조(충당) 1) 을이 갑에 대하여 변제기한 내 전부이행 하지 않을 시 갑은 양도받은 본 채권을 실행하여 을의 변제에 충당할 수 있다.

　2) 갑은 충당한 채권은 실행비용, 약정이자, 지연손해금, 원금의 순서로 충당하고 잔액은 즉시 을에게 반환하여야 한다.

　3) 을은 갑이 양도받은 본 채권의 실행에 대하여 일체의 권리방해의 행위를 하지 않는다.

이상 계약의 증명으로 이 계약서 2통을 작성하여 갑, 을이 날인 후 각 그 1통씩을 보관한다.

20○○년 ○월 ○일

채권자	주 소						
	성 명		인	주민등록번호	–	전 화 번 호	
채무자	주 소						
	성 명		인	주민등록번호	–	전 화 번 호	

13. 특허권 등 계약

[서식] 특허권의 통상실시권 설정계약서

특허권의 통상실시권 설정계약서

특허등록번호 제○○○호
발명의 명칭 <   >

상기 특허등록권(이하 상기특허권이라 한다)에 대하여 ○○○(이하 "갑"이라고 함)
과 △△△(이하 "을"이라고 함)은 다음과 같은 통상실시권 설정계약을 체결한다.

제1조(실시권의 허락) 갑은 을에 대하여 을이 상기특허권을 실시한 제품을 생산 또
는 판매하거나 기타의 처분을 하기 위한 상기특허권에 대한 통상실시권을 허락
한다. 본 실시권은 비독점적이며, 제3자에게 양도할 수 없고 담보에 제공할 수
없으며 재실시 허락 권한이 없는 것으로 한다.

제2조(실시기간) 상기특허권에 대한 통상 실시기간은 20○○년 ○월 ○일부터 20
○○년 ○월 ○일까지로 한다.

제3조(실시지역) 상기특허권에 대한 실시지역은 ○○지역을 제외한 전 지역으로 한다.

제4조(실시권의 설정등록) 갑은 을이 자기의 비용으로 본계약에 의해 허락된 실시
권을 설정 등록하는 것에 동의하고, 을의 청구에 따라 이에 필요한 서류를 무상
으로 을에게 제공하도록 한다.

제5조(실시료) 을은 상기특허권을 실시한 제품(이하 실시제품이라 한다)의 매출액
을 기준으로 하여 매분기별(또는 당사자간에 합의한 기간이나 회수) ○%에 해
당하는 실시료를 현금으로 갑에게 분기종료 ○일내에 지급하여야 하며 을이 실
시제품을 자기의 영업을 위하여 사용한 경우에는 그 사용개시 시에 제품이 판매
된 것으로 본다.

제6조(실시료의 산정) 전조의 실시료의 산정을 위하여 을은 매 분기별(또는 당사자
간에 합의한 기간을 기준으로 하여) 실시제품의 생산실적, 판매실적, 매출액, 재
고량 등에 관한 보고서를 갑에게 분기종료 ○일내에 제출하여야 한다. 갑은 필요
한 경우 필요한 자료의 열람을 을에게 청구할 수 있으며 을은 정당한 이유 없이
갑의 청구를 거절하여서는 아니된다.

제7조(실시료의 연체) 을은 제5조가 규정하고 있는 지급기한 내에 실시료를 지급
하지 않는 경우 지급기일 익일부터 월 ○%의 지연이자를 지급한다.

제8조(책임) 갑은 상기특허권의 실시 및 실시제품으로 인하여 을이 입은 손해에 대

하여 책임을 지지 아니하며 실시제품의 생산, 판매에서 발생하는 손해로 인하여 제3자가 을에 대하여 배상을 요구하는 경우에도 갑은 책임을 지지 아니한다. 단, 갑은 을에게 상기특허권의 실시 및 실시제품과 관련하여 제3자와의 소송 기타 법적분쟁이 발생하는 경우 그 해결을 위하여 을이 필요한 자료 및 정보의 제출을 문서로써 청구하는 경우 특별한 사유가 없는 한 을의 청구에 응하여야 한다.

제9조(실시료의 감액과 변경) 을이 실시제품의 생산, 판매에 있어 상기특허권에 대한 실시 이외에 제3자가 소유하고 있는 특허권을 실시하여야만 하는 경우에는 을은 갑에 대하여 실시료의 감액을 청구할 수 있다. 청구를 받은 갑은 을의 청구가 실시료의 부당한 감액을 목적으로 함을 이유로 을의 청구를 거절 할 수 있다. 이 경우 입증책임은 을에게 있다. 제5조 에서 정하고 있는 실시료는 경제사정의 급격한 변동 기타 특별한 사정이 있는 경우에는 갑과 을이 협의하여 변경할 수 있다.

제10조(해제, 해지) ① 갑과 을은 쌍방이 본 계약에서 정하고 있는 의무를 이행하지 않거나 정당한 이유 없이 이행을 거부하는 경우 계약을 해제할 수 있다. 해제의 의사표시는 확정일자 있는 문서로써 하며 해제의 효력은 그 의사표시가 상대방에게 송달된 때부터 발생한다.

② 갑과 을은 상당한 기간을 정하여 상대방에게 이행여부의 확답을 최고할 수 있으며 상대방이 상당한 기간 내에 확답을 하지 않는 경우에는 별도의 의사표시 없이 계약을 해제할 수 있다.

③ 갑과 을은 서로의 귀책사유에 의하지 않은 부득이한 사유로 인하여 더 이상 계약의 목적을 달성할 수 없게 되는 경우 상대방에게 손해를 배상하지 않고 계약을 해제할 수 있다. 단 입증책임은 그 사유를 주장하는 자에게 있다.

④ 계약 해지의 의사표시는 전조에서 규정하고 있는 기간만료일 6월 전까지 상대방에게 확정일자 있는 문서로 한다.

⑤ 갑과 을은 서로의 귀책사유에 의하지 않은 부득이한 사유로 인하여 더 이상 계약의 목적을 달성 할 수 없는 경우 상대방에게 손해를 배상하지 아니하고 계약을 해지할 수 있다. 단, 그 입증책임은 그 사유를 주장하는 자에게 있다.

제11조(침해의 배제) 을은 제3자가 상기특허권을 침해하거나 침해하려 하는 경우에는 그 사실을 안 때로부터 즉시 그 사실을 갑에게 통지하여야 한다.

제12조(특허표시) 을은 실시제품에 특허표시를 하여야 하며 갑의 사전동의를 얻어 실시제품에 본 제품이 갑의 실시권을 허락 받은 제품이라는 점을 표시할 수 있다.

제13조(협의) 갑과 을은 신의성실의 원칙에 따라 본 계약을 이행하여야 하며 본 계약의 해석에 다툼이 있는 경우에는 쌍방 협의에 의하여 정하되 협의가 이루어지지 않는 경우 상관습이 있으면 그에 의하고 관습이 없는 경우에는 관계 법령과 판례의 해석에 따른다.

제17조(준거법, 관할) 민사에 관하여 다툼이 있는 경우 준거법은 갑의 본점이 소재하고 있는 국가의 법으로 하며 법원의 관할은 갑의 본점소재지 관할 법원으로 한다.

본계약 체결의 증거로써 갑과 을은 본계약서 2통을 작성하여 쌍방이 서명(기명) · 날인한 후 각 1통씩 보관한다.

20○○년 ○월 ○일

등록권자	주 소					
	성 명 또 는 상 호	인	주민등록번호 또 는 사업자등록번호	-	전 화 번 호	
전용실시권자	주 소					
	성 명 또 는 상 호	인	주민등록번호 또 는 사업자등록번호	-	전 화 번 호	

소프트웨어개발 위탁계약서

○○주식회사(이하 "갑"이라 한다)와 △△대학교 기계기술연구소 (이하 "을"이라 한다)는 "○○○"에 대한 소프트웨어개발위탁계약을 다음과 같이 체결한다.

제1조(소프트웨어개발목적) 본 소프트웨어개발의 목적은 별첨 위탁 개발 계획서의 내용과 같다.

제2조(소프트웨어개발의 범위) 본 소프트웨어개발의 범위는 별첨 연구개발계획서의 연구개발내용에 의하며, "을"이 연구개발완료 후 소프트웨어개발 위탁자인 "갑"에게 제공하는 소프트웨어개발의 결과는 동 위탁 연구개발계획서의 내용에 기술되어 있는 사항에 한한다.

제3조(소프트웨어개발의 수행기간) 본 소프트웨어개발의 수행기간은 20○○년 ○월 ○일부터 20○○년 ○월 ○일 (12개월)로 한다.

제4조(소프트웨어개발비) 본 소프트웨어개발비는 一金이천오백만원정(₩25,000,000)으로 한다.

제5조(대금지불) "갑"은 "을"에게 다음과 같이 소프트웨어개발비를 지급한다.
  가. 1차 기성고 (일천만원) 연구계획서 접수 및 계약 체결 후 20일 이내 현금지급.
  나. 2차 기성고 (칠백오십만원) "을"이 "갑"에게 중간보고서 제출 후 20일이내 현금지급 (20○○년 ○월 ○일내 지급)
  다. 3차 기성고 (칠백오십만원) "을"이 "갑"에게 최종결과보고서 제출 후 20일이내 현금지급 (20○○년 ○월 ○일 이내 지급)

제6조(소프트웨어개발 결과의 귀속 및 보고서제출)
  1. (소프트웨어개발 결과의 귀속) 본 계약에 의하여 취득한 산업재산권과 기타 연구성과, 기술성과 및 시작품 등의 제반사항은 "갑"의 소유로 한다.
  2. (보고서제출) "을"은 중도금 신청시 소프트웨어개발진행사항 및 결과를 중간보고서 형태로 제출하며, 소프트웨어개발완료시 본 소프트웨어개발 결과에 관한 최종보고서 3부를 각각 "갑"에게 제출하여야 한다.

제7조(기술이전) "을"은 소프트웨어개발의 연구성과 및 과정에 대하여 연구 기간 중 "갑"이 별도의 보고에 대한 요청이 있을 경우에는 최대한 협조한다.

제8조(비밀보장) 소프트웨어개발위탁자 "갑"과 "을"은 본 계약과 관련된 일체의 기술적, 사업상의 제반사항에 대한 비밀을 유지하여야 하며, 본 소프트웨어개발로 인해 취득한 연구성과와 기술성과 등의 제반사항을 제3자에게 공개하거나 제공할 경우에는 사전에 반드시 "갑"의 서면 동의를 득하여야 한다.

제9조(신의성실 및 상호협조) ① (신의성실) "갑"과 "을"은 신의로써 본 계약의 각 조항을 성실히 이행하여야 한다.

② (상호협조) "을"은 전 개발과정을 통하여 "갑"의 요청이 있을 때는 수시로 개발내용에 관하여 "갑"과 협의하여야 하며, "갑" 또한 필요사항을 "을"에 적극 협조하여야 한다.

③ (개발결과의 보완) "을"은 본 소프트웨어개발을 목표에 도달시키고 산업화하기 위해 연구결과의 추가, 수정, 보완이 필요한 경우에는 적극적으로 보완한다.

제10조(산업재산권) 본 개발결과로써 취득하는 산업재산권(특허출원등)은 "갑"의 소유로 한다. 단, 이에 소요되는 제반적인 절차비용은 "갑"이 부담한다.

제11조 (권리양도의 제한)

"을"은 "갑"의 동의 없이 본 계약에 의한 소프트웨어개발결과로 취득하는 제반권리를 제3자에게 제공하거나 양도할 수 없다.

제12조(계약의 해지)

① ("갑"의 해지) "을"이 본 연구를 수행할 능력이 없다고 인정될 경우, "갑"은 해지실시일 1개월 전에 "을"에게 해지의사를 통보하여 협의 후 본 계약을 해지할 수 있다.

② ("을"의 해지) "갑"이 본 계약을 위배하여 원활한 소프트웨어개발 수행이 극히 곤란하다고 인정될 경우, "을"은 해지 실시일 1개월 전에 "갑"에게 이의 개선을 서면 통보한 후 그 기간 내에 "갑"의 현저한 개선사실이 없을 경우에는 본 계약을 혜지할 수 있다.

③ (해지조치) 본 조항 1항과 2항에 의하여 계약이 해지 될 경우에는 "을"은 해지된 날로부터 20일 이내에 해지시 까지의 소프트웨어개발집행정산서와 소프트웨어개발보고서 및 관련자료를 "갑"에게 제출하고, 기성부분에 한하여 개발비를 정산한다.

④ (기타) 기타 해지에 필요한 사항은 "갑"과 "을" 쌍방의 협의에 의한다.

제13조(계약의 변경) "갑"과 "을"은 서면합의에 의하여 본 계약을 변경할 수 있다.

제14조(계약의 효력) 본 계약은 쌍방이 서명 · 날인한 날로부터 유효하다.

제15조(해석) 본 계약서상에 명시되지 않은 사항 및 계약의 해석상 이의가 있을 경우 쌍방의 협의에 의해 결정한다.

제16조(기타사항) ① 본 계약과 관련하여 분쟁이 발생하는 경우에는 "갑"과 "을" 이 상호 합의하여 관할법원의 판결에 따른다.

② 본 계약의 수정 및 추가는 쌍방의 합의하에 합의서에 의해 할 수 있으며, 합의서는 본 계약과 동일한 효력을 갖는다.

본 계약서는 2부를 작성하여 "갑"과 "을"이 서명 · 날인한 후 각각 1부씩 보관한다.

유 첨   소프트웨어개발 계획서 1부 (17장)

20○○년 ○월 ○일

갑	주 소					
	성 명 또 는 상 호	인	주민등록번호 또 는 사업자등록번호	-	전 화 번 호	
을	주 소					
	성 명 또 는 상 호	인	주민등록번호 또 는 사업자등록번호	-	전 화 번 호	

기 술 제 휴 계 약 서

○○주식회사(특허발명권자, 이하 甲이라 한다)와 ○○공업주식회사(특허사용권자, 이하 乙이라 한다)는 甲의 소유인 특허권 제○○○호, 발명의 명칭○○○(이하 '특허 발명' 이라 한다)에 있어서 다음과 같은 기술제휴계약을 체결, 기술교류를 도모한다.

제1조(甲의 허락) 甲은 乙에게 특허발명을 독점적으로 실시하고 있는 ○○제품(이 하 제품이라 한다)을 사용, 판매 및 배포하는 것을 허락한다.

제2조(대가) 乙은 제1조의 허락에 대가로서 다음과 같은 선금 및 사용료를 현금으 로 甲에게 지급한다.
   1. 일시금
      가. 금   액 : 금 ○○○원
      나. 지급기간 : 본 계약을 체결한 날로부터 ○일 이내
   2. 사용료
      가. 금   액 : 乙이 판매하는 '제품' 의 매상금액 중 ○%
      나. 지급기간 : 본 계약의 유효기간중
      다. 지급방법 : 매년 6월 및 12월의 말일을 마감으로 해서 돌아오는 30일이내 에 당해 반년간 발생한 모든 특허의 사용료를 지급한다.
      라. 가.항의 매상이란 고객에 대한 총매상에서 수하물 포장비, 운임, 물품세 및 고객의 할인액에 제외한 액수이다.

제3조(계약의 효력 및 유효기간) 이 계약의 유효기간은 계약체결일로부터 만5년으 로 한다. 다만 甲 또는 乙이 계약기간만료 3개월까지 계약갱신 또는 계약의사를 표시하지 않는 한 이 계약은 동일한 조건으로 갱신된 것으로 본다.

제4조(금지행위) ① 乙은 특허발명의 사용권의 일부 혹은 전부를 제3자에게 재허 락 하거나 담보로 제공해서는 안 된다.
   ② 乙은 甲의 특허발명 또는 당해 특허발명과 관련해서 갑의 특허출원에 대해 직 접이나 간접으로도 분쟁을 제기할 수 없다.
   ③ 乙의 직원이나 피용자가 특허발명의 개량이나 확장에 관련된 신규발명 또는 고안을 했을 경우, 당해 발명 또는 고안에 관한 특허 및 실용신안등록을 받을 권 리는 甲과 乙이 공유하지 못한다.

제5조(장부검사) 乙은 이 계약 체결일 이후에 제조한 최종 제품의 생산, 수주 및 판매에 있어서 상세하게 기록한 장부를 구비해두어야 하며, 甲은 필요에 따라 당 해 장부를 검사할 수 있다.

제6조(통지의무) 乙은 제3자가 특허발명을 침해하거나 침해하려고 하는 사실을 알

았을 때, 지체 없이 甲에게 통보하고 甲과 협력해서 배제하도록 해야 한다.

제7조(계약의 해제 및 해지) ① 乙이 정당한 이유 없이 계약일로부터 ○개월 이내에 특허발명을 실시하지 않거나 또는 계속해서 ○개월 이상 특허발명을 실시하지 않을 경우에 甲은 전조의 규정과 상관없이 즉시 이 계약을 해제시킬 수 있다. ② 乙이 이 계약에서 규정하는 乙의 의무를 이행하지 않았을 경우, 甲은 ○○일의 예고기간을 거쳐 문서에 의한 사전 통보로써 계약을 해지하고 乙에게 피해보상을 청구할 수 있다. 단, 乙이 예고기간 내에 당해 의무를 이행한 경우에는 甲의 해지권 및 손해배상청구권은 소멸된다.

제8조(대가의 반환) 본 계약의 특허발명이 무효로 확정된 경우에는 본 계약에 따라 乙로부터 지급된 대가는 반환하는 것으로 한다. 이때 乙은 별도로 정해 놓은 양식에 의한 제조판매보고서에 의해 최종제품(특허 사용료 산정에 기초가 되는 최종 상품을 이른다. 이하 동일)에 관한 자가소비수량, 생산수량, 판매수량, 재고수량, 매상금액 등 기타 사항을 甲에게 보고해야 한다.

제9조(협의) 이 계약에서 정하지 않은 사항에 대해서는 甲, 乙 상호 간에 협의하여 해결한다.

제10조(관할) 이 계약에 관한 소송의 관할 법원은 "甲"과 "乙"이 합의하여 결정하는 관할법원으로 하며, "甲"과 "乙"간에 합의가 이루어지지 아니한 경우에는 甲의사무소 소재지를 관할하는 법원으로 한다.

본 계약을 증명하기 위하여 계약서 2통을 작성하여 甲, 乙 각각 1통씩 보관한다.

20○○년 ○월 ○일

특허발명권자	주 소						
	성 명 또 는 상 호		인	주민등록번호 또 는 사업자등록번호	－	전 화 번 호	
특허사용권자	주 소						
	성 명 또 는 상 호		인	주민등록번호 또 는 사업자등록번호	－	전 화 번 호	

14. 판매, 회사경영 등 관련 계약

[서식] 판매특약계약서(외국 기업과 판매독점 거래약정)

판 매 특 약 계 약 서

이 계약은 대한민국의 법에 의해 설립되고, 주된 영업소가 [대한민국 ○○시 ○○ 구 ○○로 ○○]인 X회사(이하 "제조업자"라 함)와 [미합중국 뉴욕주 뉴욕주법] 에 의하여 설립되고, 주된 영업소가 [미합중국 ○○시 ○○ ○○가 ○○]인 Y회사 (이하 "판매권자"라 함)간에 20○○년 ○월 ○일 체결되었다. 제조업자는 판매권자 를 미합중국 내에서 (후에 기술하는)제품을 독점판매하는 자로 선정하기를 희망하 고, 판매권자는 독점판매권자로서 선정되기를 원하여 당사자들은 다음과 같이 상호 약정한다.

제1조(정의) 이 계약에 달리 정하지 않은 한, 다음의 용어와 표현은 각각 다음과 같은 의미를 가진다.
① "계약제품"이란[첨부1에 언급한 제품들]을 의미한다.
② "계약지역"이란[미합중국]을 의미한다.

제2조(독점판매업자의 선정과 승락) ① 제조업자는 계약기간동안 이 계약에 명시되어 있는 조건에 따라 판매권자를 [미국지역]내에 계약제품을 판매하는 독점판매권자 로서 선정하고 판매권자는 동 선정을 승낙한다. 또 계약기간동안 제조업자는 판매 권자의 사전 동의 없이는 직접 또는 간접으로 계약지역에 제품을 판매하지 못한다.
② 판매권자는 계약지역 내에서 계약제품과의 경쟁제품 또는 유사제품의 구매, 수입수출, 판매, 유통, 광고 또는 기타 거래를 하지 못한다.

제3조(주문과 선적) ① 판매권자는 제조업자에게 주문을 함에 있어서는 필요한 제 품과 수량을 명백히 기재하여야 하며, 또 포장, 송장, 선적에 관한 정확한 지시 를 그 주문 속에 포함시켜야 한다. 주문은 제조업자의 재량에 따른 승낙이 없거 나 또 주문이 승낙될 때까지 구속력을 갖지 아니한다. 제조업자는 이 계약 제5 조에 규정한 최소 구매량의 구입을 이행할 수 있도록 판매권자에게 제품을 공급 하여야 한다. 제조업자는 위의 최소 구매량을 초과하여 판매권자가 제시하는 모 든 주문을 승낙할 수 있도록 최선의 노력을 경주한다.
② 제조업자는 해난으로 인한 경우를 제외하고 제품이 안전하고 손상되지 않은 채로 인도될 수 있는 정도의 포장의무를 부담한다.

제4조(가격과 대금지급) ① 계약제품의 가격은 이 계약에 첨부된 가격표에 의하여 결정되며, 동 가격표는 이 계약의 일부를 구성하며, 동 가격표는, 제조업자의 30 일전 사전통지를 통하여, 변경될 수 있다.

② 제조업자의 주문수락서를 접수한 후 30일 이내, 판매업자는 제조업자를 수익자로 하고 제조업자가 만족하는 제1급의 국제적인 은행이 발행한 취소불능신용장을 개설하여야 한다.

③ 지급통화는 미국통화(또는 한국통화)로 한다.

제5조(최소구매량) ① 판매권자는 제조업자로부터 FOB가격으로 다음 금액상당의 최소한도의 구매를 할 것을 보증한다.

  1. 1차년도: [미화 일십만불]

  2. 2차년도: [미화 이십만불]

  3. 3차년도: [미화 오십만불]이 조항의 적용에 있어서는 제조업자 계약제품을 선적한 때에는 동 제품이 구매된 것으로 간주한다.

② 판매권자가 제1항에서 규정된 최소 구매량을 구매한 경우에는 이 계약은 [3년간] 자동 연장된다. 추가되는 [3년간]의 최소 구매량은 적어도 [미화 일백팔십만불]이어야 하며, 동 기간 동안 연간 최소구매량은 최소한 [미화 사십만불]이어야 한다. 동 구매량은 위의 언급된 조건에 의한다. 이러한 구매량이 달성되는 한, 이 계약은 제13조의 작용을 조건으로 하여 계속하여 [3년간] 자동적으로 연장된다. 다만, 계속되는 계약기간동안 최소 구매량은 [10%] 씩 증가되어야 하는 것으로 한다.

③ 판매권자가 제5조 제1항에 규정된 최소 구매량을 구매하지 않은 경우에는 제조업자는 이 계약의 [3년]기간 만료 후 [1개월]이내에 제14조 제1항 제2호에 규정된 서면통지를 함으로써 이 계약을 종료시킬 수 있으며 이와 관련하여 판매권자는 어떠한 의무도 지지 않는다.

제6조(기술지원) ① 제조업자는 판매권자에게 정보자료 및 설명자료로써 필요한 기술지원을 제공하며 또 계약제품의 판매촉진 및 광고에 적합한 모든 자료를 제공한다.

② 제조업자는 신제품의 안내와 보다 나은 설비의 설치, 설비의 작동유지를 위하여 필요한 경우에는 양당사자의 동의하에 한국이나 계약지역에서 적당한 수의 기술 요원을 교육시킨다. 판매권자 또는 제조업자가 파견한 연수관련요원의 왕복여행비, 숙박비 및 기타비용은 판매권자가 부담한다.

③ 위의 기술지원에 사용하는 언어는 [영어]로 한다.

제7조(부속품) ① 판매권자는 효과적인 사후판매서비스를 제공키 위하여 충분한 양의 부속품을 유지하여야 한다. 제조업자는 판매권자에게 필요한 부속품을 공급하여야 하고 주문에 앞서 재고에 관하여 협의 및 상호 합의해야 한다.

② 제조업자는 판매권자가 이 계약의 조건에 따라 계약제품을 구매하는 한, 판매권자에게 계약제품의 부속품을 제공하여야 하며, 판매권자에게 최종선적일로부터 [2년] 동안의 부속품의 가격은 당사자 합의에 따른다.

③ 제조업자의 선택에 따라, 판매권자는 최종선적일후 [2년]동안 제조업자의 공급자로부터 직접 표준부속품을 구매할 수 있다.

제8조(검사와 보증) ① 판매권자는 계약제품 수령 후 즉시 검사하거나 또는 그의 대리인을 통하여 당사자가 서면으로 합의한 품질기준인지의 여부를 확인하여야

한다. 계약제품 또는 계약제품의 일부가 품질기준에 적합하지 않은 경우, 제조업자는 판매권자에게 품질기준에 맞지 않는 계약제품이나 계약제품의 일부를 무상으로 대체 공급하여야 하며 또는 판매권자가 입은 손실이나 손해에 대하여 배상하여야 한다.

② 제조업자는 선적 시 계약제품이 재료나 제조상의 하자가 없음을 보증한다. 이 보증은 계약제품을 오용, 부주의, 사고, 남용, 부적절한 개수, 변경사용, 제조업자의 지시에 반한 사용의 경우에까지 확대 적용되지 아니한다.

③ 계약제품의 하자에 관한 판매권자의 손해배상청구는 계약제품 수령 후 [1년] 이내에 상세한 명세가 기재된 서면으로 하여야 한다.

제9조(판매권자의 책임) ① 판매권자는 고객의 요구를 적시에 충족시키기 위하여 적절한 재고를 유지하여야 한다. 또한, 판매권자는 전 계약지역을 커버하는 대체부품의 재고확보와 설비완비, 기계수리공을 보유하고 있어야 하며, 고객에게 적절한 사후판매서비스를 제공하여야 한다.

② 판매권자는 자신의 비용으로 계약제품의 광고와 판매촉진 활동을 하여야 하며, 계약지역 내에서 계약제품의 판매량을 극대화하기 위하여 최선을 다하여야 한다.

③ 제조업자가 계약지역내의 도매상이나 고객으로부터 제기된 계약제품에 대한 불평의 처리를 판매권자에게 의뢰하는 경우에는 판매권자는 즉시 조사와 함께 적절한 조치를 취하여야 한다.

제10조(보고) 판매권자는 제조업자에게 제품판매량, 재고품, 부품, 시장의 일반 동향 및 기타 제조업자가 필요로 하는 사항을 매 [3개월]마다 보고하여야 한다.

제11조(상표) ① 판매권자는 계약제품과 관련한 상표, 상호, 디자인, 저작권, 기타 지적소유권(이하 "지적소유권" 이라 한다)은 제조업자의 전속적인 소유인 것을 인정한다. 다만, 판매권자는 제조업자의 동의하에 자신이 적법한 계약제품 판매권자로서의 자격을 상실하며 어느 경우에도 제조업자의 명의나 지적소유권 또는 이와 유사한 자료를 사용할 수 없다.

② 판매권자는 제조업자의 동의 없이는 계약제품에 부여되거나 부착된 상표, 일련번호, 모델번호, 상표, 제조업자의 상호 등을 변경하거나, 외관을 손상시키거나, 제거하거나, 덮어 가리거나, 일부 삭제하여서는 아니된다.

제12조(판매권자의 지위) ① 이 계약에 있어서는 어느 경우에도 제조업자와 판매권자 사이에 본인과 대리인의 관계가 발생하지 아니한다. 즉 어떠한 상황 아래서도 판매권자는 제조업자의 대리인으로 간주되지 않는다. 판매권자는 직접 또는 간접으로 제조업자의 대리인으로서 행위하거나, 행위하려 하거나, 대리하여서는 안되며, 혹은, 어떠한 방식으로도, 제조업자의 명의로 또는 제조업자를 대리하여, 어떠한 의무, 책임, 대리, 담보, 보증 등을 부담 또는 설정하거나 혹은 부담하려 하거나, 설정하려 하여서는 아니된다.

② 판매권자는 필요한 인가, 허가 또는 승인의 획득을 포함하여, 이 계약과 이 계약에 의한 판매권자의 이행 등과 관련하거나 영향을 미칠 수 있는 모든 적용법

규와 계약지역 또는 정치적 분할지역 정부의 명령을 항시 준수하여야 한다.

③ 판매권자는, 제조업자의 사전 서면동의 없이는, 제조업자로부터 직접 또는 간접으로 얻었거나, 제조업자와 거래하는 과정에서 알게 되었거나, 밝혀진 제품 또는 제조업자의 업무에 관한 모든 비밀정보(가격, 할인판매조건, 고객, 업무, 제품과 제품사양 등을 포함하며, 이에 한정되지 아니한다)를 제3자에게 공개하거나 또는 이 계약상의 의무이행 이외의 다른 목적에 사용하여서는 아니된다.

제13조(계약기간) ① 이 계약은 서명일로부터 발효되며, 제14조에 따라 조기에 종료되지 않는 한, 계약일로부터 [3년]간 계속하여 유효하며, 일방이 계약의 만료나 연장된 계약의 만료일 전 [3개월]이내에 종료의사표시를 상대방에게 서면으로 통지하지 않는 한, 연속하여 [3년]간 자동적으로 연장된다.

② 본조 제1항에 따라 이 계약이 연장되는 경우, 양 당사자는 연간 최소구매량을 재조정하며, 새로운 최소구매량은 계약기간이 새로이 개시되는 일자로부터 [2개월]이내에 상호 합의한다.

제14조(계약종료) ① 다음에 해당하는 경우, 제조업자는 그 선택에 따라 판매권자에게 [30일]전에 서면으로 계약종결을 통지함으로써 계약을 해지할 수 있다.
  1. 판매권자가 파산하거나, 지급불능인 경우, 자발적이든 아니든 간에 관리인, 관재인, 수탁자에게 영업관리를 위탁한 경우
  2. 판매권자가 연간 최소구매량을 달성하지 못하거나, 이 계약에 따른 의무를 이행하지 못한 경우
  3. 제조업자의 합리적인 판매에 비추어 보아, 판매권자가 계약제품과 경쟁상태에 있는 제품의 제조업자와 전부 또는 일부 관계를 맺고 있는 경우
  4. 판매권자가, 제조업자의 사전동의 없이, 계약 전부 또는 계약상의 권리의 일부를 양도하려 하는 경우
  5. 판매권자가 계속기업으로서의 기능 또는 정상적인 영업활동을 중지한 경우

② 계약이 종료된 경우에는, 판매권자의 제조업자에 대한 금전채무는 즉시 지급되어야 하며, 이 계약이 해제 또는 종료되었다고 하더라도 판매권자나 그 승계인 또는 양수인이 이 계약상의 의무를 면하는 것은 아니다.

제15조(불가항력) 어느 당사자도 전쟁, 혁명, 폭동, 파업 또는 기타 노동쟁의, 화재, 홍수, 정부의 조치, 기타 당사자가 통제할 수 없는 사유로 계약조건을 불이행하거나 이행을 지연한 경우에는, 상대방에 대하여 그로 인한 책임을 부담하지 않는다. 이와 같은 불가항력적인 사유가 발생한 경우에는, 그로 인하여 이행을 하지 못한 당사자는 상대방에게 진전 상황을 즉시 통보하여야 한다. 불가항력적 사유가 해소된 경우에는 그 즉시 신속하게 계약상의 의무를 이행하여야 한다.

제16조(준거법) 이 계약은 대한민국 법에 따라 해석되고 규율된다.

제17조(중재) 이 계약으로부터, 이 계약과 관련하여 또는 이 계약의 불이행으로 말미암아 당사자간에 발생하는 모든 분쟁, 논쟁 또는 의견차이는 대한민국 서울특별시에서 대한상사중재원의 중재규칙 및 대한민국법에 따라 중재에 의하여 최종적으로 해결한다. 중재인(들)에 의하여 내려지는 판정은 최종적인 것으로 당사자

쌍방에 대하여 구속력을 가진다.

제18조(기 타) ① 모든 통지는 서면으로 하여야 하며, 직접 수교하거나, 항공등기우편 또는 동일자 항공등기우편으로 확인된 전신, 모사전보, 텔렉스로 발송하여야 한다.

② 이 계약은 계약주체에 관하여 제조업자와 판매권자간의 완전합의를 구성하며, 계약조건의 변경 수정은 양 당사자간의 정당한 권한을 가진 대리인의 서명이 있는 서면에 의하지 아니하고는 할 수 없다.

③ 이 계약은 양당사자 및 그들의 각 승계인에 대하여 구속력을 가지며, 계약의 양도는 상대방의 사전 서면동의 없이는 무효이다.

④ 모든 권리의 포기는 서면에 의하여야 하며, 상대방에게 계약상의 어떠한 의무의 이행을 촉구하지 않았다 하여 추후 그 의무의 이행을 요구할 수 있는 권리에 영향을 미치지 아니한다. 이 계약상의 어느 조항의 위반에 대한 권리의 포기는 추후 계속되는 그 조항의 위반에 대한 권리의 포기 또는 그 조항의 변경으로 간주되지 아니한다.

⑤ 이 계약의 하나 또는 그 이상의 조항이 준거법에 의하여 무효, 부적법 혹은 집행 불능인 경우에도 이 계약의 잔여 조항의 유효, 적법성, 집행가능성은 그로 인하여 아무런 영향을 받지 않으며, 또는 이 경우에는 양 당사자는 새로이 유효, 적법한 조항을 설정함으로써 무효조항의 본래 의도된 목적을 달성할 수 있도록 하여야 한다.

⑥ 오로지 편의상 붙여진 각 조의 제목들은 이 계약의 해석에 아무런 영향을 주지 않는다.

증인 앞에서, 양당사자들은 각각 그들을 적법하게 대리하는 직원에 의하여 이 계약서를 작성하였다.

20○○년 ○월 ○일

제조업자	주 소					
	성 명 또 는 상 호	인	주민등록번호 또 는 사업자등록번호	–	전 화 번 호	
판매업자	주 소					
	성 명 또 는 상 호	인	주민등록번호 또 는 사업자등록번호	–	전 화 번 호	

※ 첨부물 생략

OEM 기본계약서

○○주식회사(이하 甲이라고 한다)와 ○○공업주식회사(이하 乙이라고 한다)는 에어컨(이하 '본 제품'이라고 한다)의 OEM거래와 관련해서 본 제품의 구조를 乙에게 위탁하고 완성한 제품을 乙에게서 구입하는 것에 대하여 다음과 같은 계약을 체결한다.

제1조(목적) 甲은 다음과 같은 조건을 정함에 있어서 본 제품의 구조를 乙에게 위탁하고 완성한 제품을 乙에게서 구입하는 것으로 한다.

제2조(기본원칙) ① 거래는 상호이익 존중 및 신의성실의 원칙에 따라 하여야 한다.
② 이 계약의 내용과 배치되는 개별계약 및 기타 부수 협정에 대해서는 이 계약에 의한 내용을 우선하여 적용한다.

제3조(개별계약) 본 계약은 본 제품의 각각에 있어서 거래계약에 공통으로 적용되며 개별계약은 甲이 乙에게 주문서를 발행하고 乙이 그것을 승낙하는 형식을 취한다. 단, 乙은 승낙 거부 의사가 있을 때에는 甲의 주문서를 접수한 날로부터 10일 이내에 거부의사 표시를 하여야 하며 이 기간 내에 거부의사 표시를 하지 않은 경우에는 계약이 성립한 것으로 한다.

제4조(개별계약의 내용) ① 개별계약에는 주문 년 월 일, 주문부품의 명칭, 수량, 단가, 납기, 납품장소, 검사방법 및 시기, 기타 주문조건 등을 정하여야 한다.
② 전항의 규정에 불구하고 개별계약의 내용의 일부를 甲과 乙이 협의하여 미리 부속협정서 등을 정할 수 있다.

제5조(개별계약의 효력) 본 계약이 해지 또는 기간만료에 의해서 종료한 경우에도 본 계약에 의거해서 체결한 개별계약에 있어서는 甲, 乙 어느 쪽에서도 별도의 의사표시가 없는 한, 본 계약은 유효하다.

제6조(사용법) ① 본 제품의 사용법은 별도로 甲이 승인한 제품사용 설명서에 의한 것이다. 다만 법령의 개정과 그 외의 사정에 의해 본 제품의 사용상의 변경이 요구 될 때는 甲과 乙이 협의하여 사용법을 변경할 수 있다.
② 전 항의 납품가격, 납기 등 계약조건을 변경할 필요가 있다고 인정될 때는 甲, 乙의 협의 하에 정할 수 있다.

제7조(상표) ① 乙은 본 제품 및 포장 등에 甲의 상표를 표시한다. 상표 표시의 형태 및 방법은 甲이 정한대로 을이 표시한다.
② 乙은 甲의 상표를 부착한 본 제품을 甲 이외의 제3자에게 판매하거나 甲의 상표를 본 계약의 목적 이외에 유용해서는 안 된다.

제8조(상표보증) 甲은 ○연도에 ○개 이상의 본 제품을 乙에게 발주하는 것을 증명

하고 乙은 이 발주 보증 개수에 대해 甲에 대한 발주 사실을 증명한다. ○년 이후의 발주 보증 개수에 대해서는 별도로 甲, 乙의 협의로 정한다.

제9조(납품가격) 본 제품의 납품가격은 포장비 및 甲이 지정한 납품장소까지의 운송비를 포함해서 별도로 甲, 乙의 협의 하에 정한다.

제10조(납품전조사) ① 乙은 본 제품의 납품 전에 甲, 乙간의 별도로 정한 조사기준에 의거하여 조사를 행한다.

② 甲은 乙과의 협의상 협력을 얻어 乙의 공장에서 본 제품의 검사를 하고 본 제품이 甲, 乙 간의 정한 규칙이나 기준에 합치되는가를 확인한다.

제11조(납품) ① 乙은 본 제품을 개별계약의 기준에 의거해서 甲이 지정하는 장소로 지정된 납기 안에 납품한다.

② 乙은 본 제품을 납기 안에 납품할 수 없는 경우가 발생하면 지체 없이 그 사실을 甲에게 통보하고 甲의 지시를 따른다.

제12조(납기) 납기란 개별계약에 의하여 발주부품을 甲이 지정하는 장소에 납품할 기일을 말하며 개별계약마다 甲과 乙이 협의하여 정한다.

제13조(납품) ① 乙은 발주부품을 甲과 乙이 협의하여 별도로 정하는 납품절차에 따라 甲이 정하는 수량을 납품하여야 한다.

② 乙은 납기의 선행, 지연 또는 수량의 과부족 등 이상납품이 발생한 경우 신속하게 갑의 지시를 받아 필요한 조치를 강구하여야 한다.

③ 乙은 제2항의 이상납품이 乙의 귀책사유로 인하여 발생된 때에는 甲이 입은 손해를 배상하여야 한다.

④ 甲은 乙에게 책임을 돌릴 사유가 없음에도 불구하고 乙의 납품에 대한 수령을 지연하거나 거부하여서는 아니 되며, 부당한 수령지연 및 거부로 인하여 乙이 손해를 입은 경우 이를 배상하여야 한다.

제14조(수입검사) ① 甲은 본 제품의 납품 후 ○일 이내에 별도로 합의한 것에 따라 수입검사를 실시하고 그 결과를 신속하게 乙에게 통보한다. 단, 제8조의 2항의 검사에 의거해서 외관 및 수입검사를 실시한다.

② 전 항의 수입검사에 합격하지 못한 경우, 乙은 지체 없이 대금을 납품하고 무상으로 수리를 해야 한다.

제15조(소유권이전) 본 제품의 소유권은 전 조에서 정한대로 수입조사 합격과 함께 甲에게로 이전된다.

제16조(위험부담) 본 제품의 수입검사 합격(또는 납입)까지는 본 제품의 전부 혹은 일부가 甲의 책임을 물릴 수 없는 사유에 의한 소실, 파손 또는 변질이 되었을 때는 乙이 그 손해를 배상한다.

제17조(지급) 乙은 제11조에서 정한 수입검사에 합격한 본 제품의 대금을 매월 말일까지 甲에게 청구하고 甲은 다음 달 말일까지 乙의 지정은행 계좌에 입금시켜야 한다.

제18조(하자담보책임) ① 甲은 본 제품의 수입검사 합격에서 1년 이내에 다른 하자가 발견되었을 때는 乙에게 부담시키며 상당기간 내에 수리 및 교환이나 대금 감액 및 하자에 기인한 손해배상 등의 책임을 진다.

② 전 항의 수리 및 교환은 甲이 제3자에게 출하한 후의 본 제품의 경우에는 甲이 부담하는 것으로 하고 乙은 이를 위한 교환부품이나 기술지도를 행한다.

③ 숨겨진 하자의 책임여부에 대해 甲과 乙이 합의하지 못하는 경우에는 공신력 있는 제3자의 판정 등 객관적으로 입증되는 절차와 방법에 따라 따르도록 한다.

제19조(애프터서비스) ① 甲 및 甲의 거래처에 있어서 본 제품의 애프터서비스는 전 조가 정한 것을 제외하고 甲의 책임 하에 진행한다. 단, 甲이 수선불능인 경우에는 乙로 하여금 유상의 수리를 의뢰할 수 있으며 상세한 것은 甲과 乙의 협의 하에 정한다.

② 乙은 전 항의 애프터서비스에 필요한 기술자료를 甲에게 제공함과 동시에 甲의 의뢰에 응해야 하며 서비스와 관련된 기술교육 및 기술지도를 실시한다.

③ 乙은 본 제품의 보수용 부품을 甲에게 최종 납품 후 ○년간 보유하고 있어야 하며, 甲이 보수를 위해서 필요로 할 때 유상으로 제공할 수 있도록 甲, 乙의 협의 하에 정한다.

제20조(제조물책임) ① 乙은 甲이 주문한 부품에 결함이 발생하지 않도록 최선을 다하여야 하며 제조물 책임에 관한 모든 의무에 다하여야 한다.

② 甲에게 납품한 본 제품이 제3자의 재산상이나 신체상의 피해를 입힐 것으로 예상되는 경우 을은 신속하게 甲에게 연락해서 甲과 협의 하에 처리, 해결한다.

③ 甲이 손해를 확인한 경우, 乙은 甲의 지시에 따라 甲의 처리, 해결에 협력하고 이들 처리, 해결에 드는 비용부담은 甲, 乙의 협의 하에 정한다.

제21조(공업소유권의 실시 및 출원) ① 본 제품과 관련, 제3자와의 사이에서 공업소유권상의 분쟁이 발생했을 경우, 乙은 그 책임을 지고 해결에 나서야 하며 이로 인해 甲이 손해를 입었을 경우는 乙이 그 손해를 배상한다. 단, 甲이 지정한 사용법이나 상표 등으로 인한 공업소유권의 분쟁은 甲이 책임진다.

② 본 계약을 이행할 때, 본 제품에 대해 갑이 제공한 기술정보에 기초해서 乙이 발명을 했을 경우는 그 발명에 관한 공업소유권의 출원을 할 것 인지의 여부, 혹은 출원할 경우 그 귀속을 어디로 할 것인지 甲, 乙의 협의 하에 정한다.

③ 본 조항의 규정은 본 계약 종료 후에도 유효하다.

제22조(비밀유지) ① 甲 및 乙은 본 계약 및 개별계약의 수행상 알게 된 상대방의 기술이나 업무상의 비밀을 상대방의 승낙이 없는 한 제3자에게 본 계약의 유효기간 중에는 물론이고 본 계약 종료 후 ○년 간 다른 곳에 누설해서는 안 된다.

② 甲과 乙은 이 규정에 위반하여 상대방에게 손해를 입힌 경우에는 이를 배상하여야한다.

제23조(생산중지) 乙이 본 제품을 상업적으로 생산하는 것이 현저하게 부진을 보이거나 불가능하다고 판단될 때, 그 사유를 생산중지 ○개월 전까지 甲에게 연락

해서 최종 발주량 및 이후의 대책에 대해 협의한다.

제24조(해지) 甲 또는 乙에게 다음과 같은 사유가 있을 시에는 상대방은 본 계약 및 개별계약의 전부 혹은 일부를 해지하고 이에 따른 손해배상을 청구 할 수 있다.

1. 본 계약 및 개별계약의 조항을 위반하고 상당기간에 거쳐 최고를 해도 위반사실이 시정되지 않을 때
2. 감독관청에서 영업정지 및 영업면허 또는 영업등록의 취소처분을 받았을 때
3. 가압류, 가처분, 강제집행, 담보권 실행 등으로 경매에 넘어가거나 파산, 화의, 회사정리 등에 놓여 있어 청산에 들어갔을 때
4. 지급정지, 지급불능 등의 사유가 발생했을 때

제25조(기한의 이익상실) 甲 또는 乙에게 전 조 각 조항에 해당하는 사유가 발생했을 때, 甲 또는 乙은 거래로 인해 발생하는 일체의 채무에 대해 기간 내의 이익을 상실한다.

제26조(계약의 유효기간) 본 계약의 유효기간은 본 계약 체결일로부터 ○년으로 한다. 단, 기간 만료 ○개월 전 까지 甲, 乙 어느 쪽으로부터 아무런 신청이 없는 경우에는 다시 1년간 연장하도록 하며, 그 이후는 이전과 동일하다.

제27조(협의사항) 본 계약에서 정하지 않은 사항이나 해석상의 이의를 불러일으키는 사항에 대해서는 甲, 乙이 우호적으로 협의하여 해결한다.

제28조(관할) 이 계약에 관한 소송의 관할 법원은 甲과 乙이 합의하여 결정하는 관할법원으로 하며, 甲과 乙간에 합의가 이루어지지 아니한 경우에는 甲사무소 소재지를 관할하는 법원으로 한다.

본 계약 성립의 증명으로써 본서 2통을 작성하고 甲, 乙이 기명·날인한 본서를 1통씩 보관한다.

20○○년 ○월○일

갑	주 소						
	성 명 또 는 상 호		인	주민등록번호 또 는 사업자등록번호	—	전 화 번 호	
을	주 소						
	성 명 또 는 상 호		인	주민등록번호 또 는 사업자등록번호	—	전 화 번 호	

부동산 컨설턴트 업무계약서

○○○(이하 甲이라 한다)과 ○○주식회사(이하 乙이라 한다)는 아래 표시의 부동산 (이하 '본 물건' 이라한다) 의 효율적 이용과 관련한 컨설턴트 업무(이하 '위탁업무' 라 한다)수행에 있어서 아래의 내용(조항)대로 합의한다.

[본 물건의 표시]
 - 생 략 -

제1조(위탁업무의 내용) ① 甲이 乙에게 위탁하는 업무내용은 다음과 같이 정한다.
  1. 본 물건의 개요 (공법상의 조사)
  2. 본 물건의 적정용도 및 건물의 적정한 규모
  3. 2.의 입주자 모집의 예정 및 인근의 상황
  4. 2.의 수지상 예상과 자금 회전의 예상
  5. 상속세 평가에 관한 조언
 ② 乙은 전 항의 의무를 수행함에 있어서 甲에게 서면으로 보고하지 않으면 안 된다.

제2조(계약기간) 본 계약의 기간은 20○○년 ○월 ○일부터 20○○년 ○월 ○일까지로 한다. 다만 甲 또는 乙이 계약기간만료 3개월까지 계약갱신 또는 계약의사를 표시하지 않는 한 이 계약은 동일한 조건으로 갱신된 것으로 본다.

제3조(부동산컨설턴트의 보수) 甲은 제1조의 위탁의무에 대한 보수로서 매월 20일에 금○○○원을 계약기간만료일까지 乙에게 지급한다.

제4조(시공책임 및 애프터서비스) 甲은 본물건과 관련된 건축 시공을 수주한 경우, 그 시공책임 및 애프터 서비스면에 있어서 최대한 성의를 갖고 수행할 것이며 이 건과 관련해서 고장이 발생했을 경우에도 모든 것을 甲이 책임지고 乙에게 일체의 불편을 주지 않는다.

제5조(고충처리) 제3조의 시공과 관련해서 주변 거주자의 불편사항 처리, 완공 지연에 따른 발주자의 손해배상, 발주자 또는 입주자와의 문제 등은 모두 甲이 책임지고 이를 해결해야 하며, 乙에게 일체의 부담이 가지 않아야 한다.

제6조(비밀유지) ① 甲과 乙은 서로 동의하지 않는 한 상대방에게 제시한 자료나 정보, 계약과 관련된 상대방의 기술상, 경영상의 비밀을 제3자에게 누설해서는 안 된다.
 ② 甲과 乙은 이 계약기간중은 물론 계약의 만료 또는 해제 후에도 제1항의 의무를 가지고 있으며, 이 규정에 위반하여 상대방에게 손해를 입힌 경우에는 이를 배상하여야 한다.

제7조(계약의 해제 및 해지) ① 乙이 정당한 이유 없이 제1조의 규정에 대한 위탁 업무를 성실히 이행하지 않을 경우에는 甲은 乙에게 ○○일의 예고기간을 거쳐 문서에 의한 사전 통보로써 계약을 해지하고 乙에게 피해배상을 청구할 수 있다. 단, 乙이 예고기간 내에 당해 의무를 이행한 경우에는 甲의 해지권 및 손해배상 청구권은 소멸된다.

제8조(계약외사항) 본 계약에서 체결되지 않은 사항에 있어서는 甲 및 乙은 성의를 가지고 협조하며 일을 해결해 나간다.

제9조(관할) 이 계약에 관한 소송의 관할 법원은 "甲"과 "乙"이 합의하여 결정하는 관할법원으로 하며, 합의가 이루어지지 아니한 경우에는 甲의 사무소 소재지를 관할하는 법원으로 한다.

본 계약을 증명하기 위해 본서 2통을 작성하여 甲과 乙이 각각 1통씩 보관한다.

20○○년 ○월 ○일

업무위탁자	주 소						
	성 명 또 는 상 호		인	주민등록번호 또 는 사업자등록번호	–	전 화 번 호	
업무수탁자	주 소						
	성 명 또 는 상 호		인	주민등록번호 또 는 사업자등록번호	–	전 화 번 호	

공 동 경 영 계 약 서

○○○(이하 갑이라 한다)와 ◇◇◇(이하 을이라 한다)는 물품을 제조하여 판매하는 영업을 경영하여 생기는 이익을 공동으로 분배키 위하여 다음과 같은 계약을 체결한다.

제1조(갑의 출자의무) 갑은 현금 5,000만원을 20○○년 ○월 ○일에 을에게 지급함으로써 출자 의무가 완료되고 그 증명은 을이 발생한 영수증에 의한다.

제2조(을의 현존재산) 을이 현재 위 영업을 위해 공여하고 있는 설비는 별지목록기재와 같은 바 그 가액은 금 3,000만원으로 갑, 을이 이의 없이 평가하였음을 확인한다. 단, 을의 현존 채권, 채무는 모두 평가되었다.

제3조(을의 영업경영의무) 을은 선량한 관리자의 주의로서 위 영업을 경영하고 재산을 관리해야 하여 갑에 대한 모든 의무를 성실히 이행하여야 한다.

제4조(을의 이익분배의무) 을은 20○○년 ○월 ○일부터 이 계약종료에 이르기까지 매월 이익중 50%에 해당하는 이익금을 갑에게 분배하여야 하며, 동시에 대차대조표를 갑에게 제시하여야 한다.

제5조(을의 대표의무) 위 영업을 경영함에 필요한 제3자와의 거래, 영업명의, 기타 영업에 부수되는 행위는 을이 이를 대표하여 권리, 의무를 을이 부담 취득한다.

제6조(을의 보증의무) 을은 갑에 대한 이익분배의무를 보증하기 위하여 갑이 추천하는 □□□를 경리부장으로 채용하여야 한다.

제7조(손실에 대한 을의 책임) 을이 위 영업의 경영으로 인하여 손실을 보았을 지라도 갑의 출자액에 대하여 월2푼에 해당하는 금액을 갑에게 지급하여야 한다.

제8조(갑의 영업에 대한 감시권) 을은 갑의 요구에 따라 언제든지 서면으로 경리에 관한 사항과 영업 및 거래에 관한 대차대조표를 제시하고 영업전반에 관한 사항을 보고하여야 한다.

제9조(계약의 존속기간) 본 계약은 특별한 사정이 없는 한 3년간 존속하며 기간만료의 경우 갑의 이의가 없으면 갑은 기간동안 위 계약은 연장된다.

제10조(갑의 계약해지권) 갑은 각호의 경우에 을에 대한 최고기간 없이 계약을 해지할 수 있다.
  1. 을이 제2조에 평가된 채권을 20○○년 ○월 ○일까지 회수하지 못하거나 이에 대체하는 현금을 출자하지 못하는 경우
  2. 을이 제4조, 제6조, 제7조, 제8조의 의무를 이행치 않을 경우
  3. 을이 영업으로 인하여 2월 이상 손실을 보고 있을 경우

20○○년 ○월 ○일

갑	주 소					
	성 명 또 는 상 호	인	주민등록번호 또 는 사업자등록번호	–	전 화 번 호	
을	주 소					
	성 명 또 는 상 호	인	주민등록번호 또 는 사업자등록번호	–	전 화 번 호	

※ [별지] 생략

대 리 점 계 약 서

○○○ (이하 "갑"이라 한다)와 대리점◇◇◇이하 "을"이라 한다)은 갑이 생산, 판매, 공급하는 제품(이하 "상품" 이라 한다)을 을이 판매하는 대리점 계약을 다음과 같이 한다.

제1조(목적) ① 이 계약은 갑, 을 간의 대리점 계약에 관한 전반적인 사항을 규정하고 상호간에 이 계약을 성실히 준수하여 공동의 번영과 발전에 이바지함을 그 목적으로 한다.

② 갑은 을을 갑이 판매하는 상품의 대리점으로 지정하고 을은 이를 수락하여 이 계약이 정하는 바에 따라 판매업무를 성실히 수행하여야 하며 임의로 상품의 외양이나 용도를 변경하여 판매할 수 없다.

③ 을은 자신의 영업장소를 갑에게 사전 통보하여, 갑의 승인을 득하여야 하며, 사업장 이전 시에도 이에 준한다.

제2조(상품종류, 규격) ① 을이 취급하는 상품의 종류, 규격은 갑의 사양에 의해 갑이 결정한다.

② 갑이 공급하는 물품의 종류 또는 규격에 관한 사양이 결정되거나 변경된 경우에는 사전에 을에게 통보한다.

③ 을은 갑이 공급하지 않는 상품을 취급하고자 할 때에는 갑과 사전에 합의하여야 한다.

제3조(상품의 수량) 상품의 수량은 을의 요청에 의하여 갑이 정하되 을이 갑의 물품을 주문할 시에는 갑이 정한 소정의 양식에 따라 주문하여야 하며, 갑은 을의 주문에 따라 그때의 공급능력, 영업상황, 기타 제반사정 등을 감안하여 을과 협의하여 공급수량을 적의 조정할 수 있다.

제4조(상품의 운송, 인도, 검수) ① 상품의 인도는 을의 영업장소에서 하며 이에 따른 운송비는 갑이 부담한다.

② 을이 갑으로부터 물품을 인도 받았을 때에는 인도일로부터 24시간 이내에 즉시 검수를 하여야 하며, 검수당시 수량 또는 품질에 하자가 있으면 갑에게 통보하여야 한다. 단, 검수 즉시 수량 및 품질에 대한 하자를 을이 통보하지 아니한 경우 갑은 책임을 지지 아니한다.

③ 출고된 상품에 대한 반품은 WARRANTY규정 이외의 경우에는 인정하지 않는다.

④ 을은 상품 인수 시 즉시 인수증을 갑에게 교부하여야 한다.

제5조(판매가격) 갑이 을에게 판매하는 상품의 판매가격은 갑이 정하고, 을이 판매하는 상품의 가격은 갑이 별도로 표준가격을 정하여 이를 권장할 수 있다.

제6조(대금결제) ① 상품대금은 상품인도와 동시에 지급한다.

② 을이 상품대금의 지급을 지체할 경우 갑은 지급기일로부터 00의 이율에 의한 지연손해금을 가산하여 을에게 청구할 수 있다

③ 상품대금에 대한 갑 을 간의 결제방법은 현금이나 자기앞수표 또는 당좌수표로 결제하는 것을 원칙으로 한다. 단, 갑의 승낙이 있을 경우 을은 약속어음으로 지급할 수 있으나 물품인도 일로부터 지급기일이 60일을 초과하여서는 안된다.

④ 전항의 약속어음 또는 당좌수표의 경우 그 금액이 현금으로 결제 되었을 때 대금이 지급완료된 것으로 한다.

⑤ 을은 갑에게 지불하여야 할 상품대금과 기타 채무의 변제를 연체할 경우 지급일자로부터 익일 00시까지 연장하며, 만일 지불되지 않을 시에는 담보에서 물품대금을 공제한다.

⑥ 을은 미결제된 부분에 대하여는 발생일로부터 20일 이내에 담보가액을 충당하여야 한다.

제7조(권리의무 양도금지) 갑 또는 을은 이 계약으로 인한 채권, 채무 기타 어떠한 권리나 의무도 타인에게 부여 또는 양도할 수 없다.

제8조(담보제공 및 재정보증) ① 을은 갑과의 거래에서 발생된 현재 채무 및 장래에 발생될 모든 채무를 담보할 수 있도록 월별 최소 판매수량에 해당하는 현금(₩_____)을 갑에게 제공한다. 단, 물품공급이 을의 요청으로 월별 최소 판매수량을 초과할 경우, 을은 갑에게 초과분에 대한 대금을 현금으로 지급한다.

② 을은 갑과 을의 공동 마케팅 및 홍보비용으로 일천만원(₩10,000,000)을 대리점 계약 시 갑에게 현금으로 제공하고 그 비용은 소멸됨을 인지한다.

③ 갑은 공동마케팅 및 홍보비용 일천만원(₩10,000,000)에 대하여는 분기별로 결산, 공고한다.

④ 갑은 을이 제공한 담보에 대하여는 반드시 합법적인 방법으로 실행한다.

제9조(지도육성 및 자료제공) ① 갑은 수시 을의 거래실적을 분석하여 지도 육성하고 상품판매에 필요한 참고자료를 제공한다.

② 을은 항시 상품수불 및 판매에 관한 증빙서류를 비치하고 영업상황, 기타 업무현황을 갑이 요구할 경우 이를 제공하여야 한다.

③ 갑, 을 양자는 상호 이 계약의 이행과정에서 인지한 상대방의 기술상 및 업무상의 자료, 기밀을 본 계약목적 이외의 용도로 사용하지 아니하며, 상대방의 허가 없이 제3자에게 누설되지 않도록 상호 기밀유지에 대한 책임을 져야한다. 본 기밀유지 의무는 계약기간 만료 또는 중도해지 이후에도 유효하게 존속한다.

제10조(After Service) ① 제품에 대한 무상보증기간은 제품판매 후 12개월로 하며 무상보증과 관련한 세부규정은 갑이 제정한 별도의 WARRANTY규정에 준거한다.

② 을은 소비자로부터 A/S를 요구받았을 경우 성실하게 이를 수행하여야 하며, 갑은 을에게 기술지도 및 A/S지원 방안을 제공한다.

③ 을은 소비자의 요구가 정당하다고 인정될 경우에는 지체 없이 상품을 교환하고 갑에게 통보하며, 갑의 승인을 받아야 한다.

④ 갑은 을의 A/S 소요제기 시 갑의 승인 하에 별도의 WARRANTY 규정에 따라 을에게 보상한다.

제11조(공고 및 전시) ① 갑은 을의 상품판매를 촉진시키기 위하여 다음 사항을 요청할 수 있으며 을은 갑의 요청에 최대한 협조하여야 한다.

　1. 을의 영업장 내/외부 장치, 간판 및 상품진열

　2. 판매촉진에 관한 사항

　3. 기타 갑이 판매를 수행함에 있어서 필요하다고 인정하는 사항

② 을이 단독 또는 연합광고를 하거나 갑 이외의 타인과의 공동광고를 할 경우 갑과 사전 협의 후 시행하여야 한다.

제12조(계약해지) ① 갑은 을에게 다음 각 호의 사유가 발생하였을 때에는 별도의 조치 없이 서면통지로서 본 계약을 즉시 해지할 수 있다.

　1. 을이 제3자로부터 가압류, 가처분, 강제집행 등을 받거나, 파산 또는 회사 정리절차가 개시된 경우

　2. 을이 감독관청으로부터 영업취소, 정지 등의 처분을 받았을 경우

　3. 을이 발행 또는 배서한 수표나 어음이 부도처리되거나, 을이 금융기관으로부터 거래정지처분을 받았을 경우

　4. 을의 갑과의 거래실적이 월별 최소판매량을 2개월 이상 이행하지 못했을 경우

　5. 을이 계약내용의 이행거절을 직, 간접적으로 표시하거나 또는 계약내용의 이행이 불가능한 경우

　6. 을이 제1조, 제2조, 제6조, 제7조, 제9조 등 본 계약의 주요사항을 위반하고 이의 시정을 촉구하는 갑의 서면 요구에도 불구하고 30일 이내에 이를 시정하지 아니하는 경우

　7. 기타 을이 영업권을 타인에게 향도하거나, 을이 법인일 경우 대표이사를 교체하면서 갑에게 사전 통보하지 않거나 갑의 채권보전에 필요한 보완조치를 취하지 아니한 경우

　8. 을이 갑의 권장가격을 현저히 위반하여 시장질서를 교란하였다고 갑이 판단할 경우

　9. 을의 관할지역외 타 대리점의 영역권을 갑과 사전협의 없이 침범하였을 경우

② 전항에 의한 해지의 경우, 을은 기한의 이익을 상실하고 채무액 전액을 즉시 갑에게 지급하여야 하고 본 계약에 따른 갑에 대한 모든 의무를 성실히 수행하여 계약해지에 따른 갑, 을 간의 업무를 종결시킨다. 본 계약해지는 갑의 을에 대한 손해배상청구권 행사에는 영향이 없다.

③ 기타 갑 또는 을이 부득이한 사정으로 본 계약을 중도에 해지하고자 할 때에는 상대방에게 1개월 전에 서면으로 통지하여야 한다. 단, 갑과 을은 상호 합의하여 언제라도 본 계약을 해지할 수 있다.

④ 을은 제8조 ①항에 의거, 담보로 제공된 금액이 소멸시점으로부터 10일 이내에 약정된 담보가액이 재입금되지 않을 시는 자동으로 계약은 중도 해지된다.

⑤ 여하한 사유로든 본 계약이 해지되거나 기타 기간만료 등으로 종료하는 경우, 을은 갑으로부터 수령한 모든 정보 및 자료(기밀사항, 기술자료 및 판매자료 등

을 포함)를 즉시 갑에게 반환하여야 하며, 갑이나 갑의 상품과 관련한 모든 상표, 상호 및 로고의 전시 사용을 중지하고, 더 이상 갑의 대리점으로 자처하지 아니한다.

제13조(손해배상) 을이 본 계약사항을 위배하여 갑에게 손해를 끼쳤을 경우 을은 이에 상응한 손실액을 갑에게 배상하여야 하며 배상방법은 갑에게 제공한 담보로 우선 조치키로 한다.

제14조(계약기간) 본 계약의 계약기간은 계약 체결일로부터 1년으로 하되 단, 기간 만료 1개월 전까지 어느 일방 당사자가 별도의 서면 통지를 상대방에게 하지 않는 한 만료일 익일부터 1년간 같은 조건으로 자동연장 되는 것으로 한다.

제15조(관할법원) 이 계약에 관한 일체의 분쟁에 관한 사항은 갑의 사업장 소재지를 관할하는 법원을 그 관할법원으로 한다.

제16조(기타사항) 본 계약의 해석에 의문이 있으시는 상호 협의하고 계속 불일치시는 관련 법령 및 상관례에 따른다.

위 계약을 확실히 증거하기 위하여 본 계약서를 2통 작성하여 상호 날인 후 갑과 을이 각 1부씩 소지한다.

20○○년 ○월 ○일

갑	주 소						
	성 명 또 는 상 호	인	주민등록번호 또 는 사업자등록번호	－	전 화 번 호	
을	주 소						
	성 명 또 는 상 호	인	주민등록번호 또 는 사업자등록번호	－	전 화 번 호	

■ 참 고 ■

상법 제87조는 일정한 상인을 위하여 상업사용인이 아니면서 상시 그 영업부류에 속하는 거래의 대리 또는 중개를 영업으로 하는 자를 대리상으로 규정하고 있는데, 어떤 자가 제조자나 공급자와 사이에 대리점계약이라고 하는 명칭의 계약을 체결하였다고 하여 곧바로 상법 제87조의 대리상으로 되는 것은 아니고, 그 계약 내용을 실질적으로 살펴 대리상에 해당하는지 여부를 판단하여야 한다(대법원 1999.2.5. 선고 97다26593 판결 참조)(대법원 2013.2.14. 선고 판결).

[서식] 프랜차이즈계약서

프랜차이즈(외식업) 표준약관

제1조(목 적) 이 표준약관은 가맹사업자와 가맹계약자 간의 공정한 가맹사업(프랜차이즈)의 계약체결을 위해 그 계약조건을 제시함을 목적으로 한다.

 ※ 중간가맹사업자(sub franchisor)가 가맹사업자로부터 대리권을 얻어 가맹계약자를 모집할 경우 이는 별도의 가맹사업계약으로 이 약관이 표준이 될 수 있음.

제2조(용어의 정의) ① 가맹사업자(franchisor)라 함은 가맹계약자에게 자기의 상호, 상표, 서비스표, 휘장 등을 사용하여 자기와 동일한 이미지로 상품판매의 영업활동을 하도록 허용하고 그 영업을 위하여 교육·지원·통제를 하며, 이에 대한 대가로 가입비(franchise fee), 정기납입경비(royalty) 등을 수령하는 자를 말한다.

 ② 가맹계약자(franchisee)라 함은 가맹사업자로부터 그의 상호, 상표, 서비스표, 휘장 등을 사용하여 그와 동일한 이미지로 상품판매의 영업활동을 하도록 허용받고 그 영업을 위하여 교육·지원·통제를 받으며, 이에 대한 대가로 가입비, 정기납입경비 등을 지급하는 자를 말한다.

제3조(권리의 부여) 가맹사업자는 그가 개발한 가맹사업을 영위하기 위하여 다음의 권리를 (별표)에 명시한 가맹계약자에게 부여한다.
 1. 상호, 상표, 서비스표, 휘장 등의 사용권
 2. 가맹사업과 관련하여 등기·등록된 권리
 3. 각종 기기를 대여 받을 권리
 4. 상품 또는 원·부자재(이하 '상품·자재'라 함)의 공급을 받을 권리
 5. 기술(know-how)의 이전 등 경영지원을 받을 권리
 6. 기타 가맹사업자가 정당하게 보유하는 권리로서 당사자가 협의하여 정한 사항
(별표) 가맹계약자의 표시
   (1) 점 포 명 :
   (2) 상호 및 대표자 :
   (3) 점포 소재지 :
   (4) 점 포 규 모 :   ㎡(평)
   (5) 영 업 지 역 : 첨부에 표시된 지역

제4조(영업지역) ① 가맹사업자는 영업지역을 구분하고 이를 가맹계약자가 선택한다.
 ② 가맹사업자는 가맹계약자의 동의를 얻어 영업지역을 변경할 수 있으며, 가맹계약자의 동의를 얻지 않고 한 영업지역의 변경은 효력이 없다.
 ③ 가맹사업자가 가맹계약자의 점포가 설치되어 있는 영업지역 내에 직영매장을 설치하거나 다른 가맹계약자의 점포의 설치를 허용하고자 하는 때에는 기존 가맹계약자의 동의를 얻어야 한다. 이 경우 가맹사업자는 기존 가맹계약자의 매출감소가 초래되지 않는다는 객관적 자료를 제시하여야 하며, 가맹계약자도 합리적인 사유없이 그 동의를 거부하여서는 아니된다.

316   제1편 각종 계약 서식

제5조(계약기간) ① 계약기간은 특약이 없는 한 3년 이상으로 한다.

② 가맹사업자 또는 가맹계약자가 계약을 종료하고자 하는 때에는 기간 만료 2개월 전에 상대방에 대하여 계약의 종료를 통지하여야 한다.

③ 제2항의 계약종료의 통지없이 계약기간을 경과한 때에는 계약이 전과 같은 조건으로 갱신된 것으로 본다.

제6조(계약의 해지) ① 가맹사업자 또는 가맹계약자는 다음의 경우에는 2주일 이상의 기간을 정하여 서면으로 이행 또는 시정을 최고하고 그 이행 또는 시정이 이루어지지 아니하면 계약을 해지할 수 있다.

1. 가맹계약자에게 제25조 제1항 각호의 사유가 있는 경우
2. 가맹사업자가 약정한 상품·자재의 공급, 경영지원 등을 정당한 이유없이 하지 않거나 지체하는 경우

② 가맹사업자 또는 가맹계약자는 다음의 경우에는 최고없이 즉시 계약을 해지할 수 있다.

1. 가맹계약자에게 제25조 제2항 제1호 내지 제3호의 사유가 있는 경우
2. 가맹계약자가 영업을 계속할 수 없는 객관적인 불가피한 사유가 있는 경우
3. 가맹사업자가 파산하는 경우
4. 가맹사업자가 발행한 어음·수표가 부도처리 되는 경우
5. 가맹사업자가 강제집행을 당하는 경우
6. 천재지변이 있는 경우

제7조(계약의 종료와 조치) ① 계약이 기간만료 또는 해지로 종료된 때에는, 가맹계약자는 계약이행보증금을 지급한 경우에는 가맹사업자로부터 제10조 제2항의 정산잔액과 정산서를 받은 때로부터(정산잔액이 없는 경우에는 정산서를 받은 때로부터), 계약이행보증보험증권이나 물적담보를 제공한 경우에는 잔존 채무·손해배상액의 통지서를 받은 때로부터, 즉시 상호·상표·서비스표·휘장·간판 등의 사용을 중단하고 이를 철거하여 원상으로 복구한다.

② 가맹사업자가 제8조 제3항에 의하여 가입비의 일부를 반환해야 하는 경우에는, 가맹계약자가 제1항의 상호 등의 사용중단·원상복구를 하기 위해서는 그 반환도 있어야 한다.

③ 제1항의 철거·원상복구의 비용은 계약이 가맹계약자의 귀책사유로 인해 종료되는 경우에는 가맹계약자가, 가맹사업자의 귀책사유로 인해 종료되는 경우에는 가맹사업자가 부담한다.

제8조(가입비) ① 가맹계약자는 계약체결시에 가입비를 일시급으로 지급한다. 다만, 가맹사업자의 동의를 얻어 분할지급할 수 있으며, 이 경우에는 (   )%의 이자를 가산한다.

② 가입비에는 점포개설에 따른 최초 훈련비·장소선정 지원비·가맹사업 운영매뉴얼 제공비·부가가치세 등을 포함하며, 가입비에 포함되는 사항은 가맹사업자와 가맹계약자가 협의하여 정한다.

③ 가맹계약자가 그의 책임없는 사유로 최초 계약기간 내에 영업을 중단하는 경

우에는, 가맹사업자는 가입비를 최초 계약기간 중의 미경과 일수에 따라 일할 계산하여 반환한다.

④ 가맹사업자가 제3항에 의해 가입비의 일부를 반환해야 하는 경우에는 가맹계약자의 청구가 있는 날로부터 10일 이내에 반환해야 한다.

제9조(정기납입경비[Royalty, 로얄티]) ① 가맹계약자는 가맹사업자의 상호·상표·서비스표·휘장 등의 사용 및 경영지원에 대한 대가로 정기납입경비를 每分期마다 가맹사업자에게 지급하며, 그 금액은 당해 분기 동안의 총매출액의 ( )%로 한다.

② 제1항의 분기는 ( )개월로 한다.

   ※ ( )개월은 3개월 이상이어야 함.

③ 가맹계약자는 다음 분기의 첫달의 말일까지 직전 분기의 총매출액을 가맹사업자에게 서면으로 통지하고 정기납입경비를 지급한다.

제10조(계약이행보증금) ① 가맹계약자는 상품·자재의 대금, 정기납입경비, 광고·판촉비(가맹계약자가 책임지기로 약정한 금액에 한함) 등의 채무액 또는 손해배상액의 지급을 담보하기 위하여 계약체결 시에 계약이행보증금으로 ( )원을 가맹사업자에게 지급하거나 이에 상당하는 계약이행보증보험증권 또는 물적담보를 제공한다.

② 계약이 기간만료 또는 해지로 종료된 때에는 가맹사업자는 기간만료일 또는 해지일로부터 10일 이내에 계약이행보증금으로 잔존 채무·손해배상액을 정산하여 잔액을 상환하고 정산서를 교부한다.

③ 물적담보가 제공된 경우에는 가맹사업자는 가맹계약자가 잔존 채무·손해배상액을 지급하는 즉시 물적담보의 말소에 필요한 서류를 교부하여야 한다.

제11조(교육 및 훈련) ① 가맹사업자가 정한 교육 및 훈련과정을 이수하지 아니하는 자는 가맹계약자의 점포 관리자로 근무할 수 없다.

② 교육은 개업시 교육, 정기교육, 특별교육으로 구분한다.

③ 정기교육은 이를 실시하기 1개월 전에 그 교육계획을 수립하여 가맹계약자에게 서면으로 통지한다.

④ 비정기교육은 이를 실시하기 1주일 전에 장소와 시간을 정하여 서면으로 통지한다.

⑤ 교육비용은 가맹사업자가 책정하고 가맹계약자에게 그 산출근거를 서면으로 통지한다.

⑥ 가맹계약자는 필요시 자신의 비용부담으로 가맹사업자에게 교육 및 훈련요원의 파견을 요청할 수 있다.

제12조(경영지도) ① 가맹사업자는 가맹계약자의 경영활성화를 위하여 경영지도를 할 수 있다.

② 가맹계약자는 자신의 비용부담으로 가맹사업자에게 경영지도를 요청할 수 있다.

③ 제2항의 요청을 받은 가맹사업자는 경영지도계획서를 가맹계약자에 제시하여야 한다.

④ 경영지도계획서에는 지도할 내용, 기간, 경영진단 및 지도할 자의 성명, 소요

비용 등을 기재하여야 한다.

⑤ 가맹사업자는 경영지도결과 및 개선방안을 가맹계약자에게 서면으로 제시하여야 한다.

제13조(감독·시정권) ① 가맹사업자는 가맹계약자의 점포 경영상태를 파악하기 위하여 월(주)( )회 점포를 점검하고 기준에 위반하는 결과에 대해 시정을 요구할 수 있다.

② 점포의 점검은 위생, 회계처리, 각종설비관리, 원·부자재관리 등의 상태를 점검한다.

③ 가맹사업자는 점포의 노후시설의 교체·보수를 명할 수 있다. 이 경우 가맹사업자는 가맹계약자와 협의하여 직접 교체·보수하거나 제3자에게 의뢰할 수 있다.

④ 가맹사업자는 첨부한 것과 같은 관리기준을 서면으로 가맹계약자에 제시해야 하고, 제시후 ( )일 후부터 이 기준에 의거하여 점검한다. 기준을 변경하는 경우에도 같다.

제14조(점포의 설치장소의 선정) ① 가맹사업자는 가맹계약자와 협의하여 점포를 설치할 장소를 선정한다.

② 장소의 선정은 통행인의 수·교통량 및 질·시장특성·통행인의 구매습성·주요한 근린시설·업종별 특성에 따른 매출성향 등을 항목별로 구분하여 종합적으로 판단한다.

③ 가맹사업자는 제2항의 분석결과에 대한 의견과 예상오차를 서면으로 가맹계약자에게 제시하여야 한다.

제15조(점포의 설비) ① 가맹계약자의 점포설비(인테리어)는 가맹사업 전체의 통일성과 독창성을 유지할 수 있도록 가맹사업자가 정한 사양에 따라 설계·시공한다.

② 가맹사업자는 가맹계약자의 의뢰가 있는 경우에 직접 시공할 수 있다.

③ 가맹계약자는 가맹사업자가 정한 사양에 따라 직접 시공하거나 가맹사업자가 지정한 업체를 선정하여 시공할 수 있다. 이 경우 가맹사업자는 공사의 원활한 진행을 위하여 직원을 파견할 수 있다.

④ 점포설비에 따른 제반 인·허가는 이 계약체결일로부터 ( )일 이내에 가맹계약자가 자신의 책임과 비용으로 취득하는 것으로 한다.

⑤ 가맹계약자는 청결한 점포환경을 유지하기 위하여 노후된 시설을 교체·보수한다.

⑥ 가맹사업자는 가맹사업의 개선을 위하여 필요한 때에는 점포의 실내장식, 시설, 각종의 기기를 교체·보수할 것을 요구할 수 있다. 이 경우 가맹사업자는 비용분담에 관해 가맹계약자와 협의하여야 한다.

제16조(주방기기의 설치 및 유지) ① 가맹계약자는 가맹사업자가 제시한 모델과 동일한 주방기기를 사용하여야 한다.

② 가맹사업자는 직접 주방기기를 공급할 수 있다.

③ 가맹계약자가 주방기기를 설치하는 경우에 공사의 원활한 진행을 위하여 가맹사업자는 직원을 파견할 수 있다.

④ 가맹계약자는 가맹사업자가 공급한 주방기기의 수리를 가맹사업자에 의뢰할

수 있다.

⑤ 제4항의 경우 가맹사업자는 수리비의 견적 및 수리에 소요되는 기간을 즉시 통지하여야 하고, 수리가 불가능한 때에는 이유를 명시하여 소정기일 내에 회수하여야 하며 이유없이 신품의 교체를 강요할 수 없다.

제17조(설비 및 기기의 대여) ① 가맹사업자는 가맹계약자의 요청이 있는 경우 설비·기기의 전부 또는 일부를 대여할 수 있다.

② 가맹사업자로부터 대여 받은 설비·기기의 소유권은 가맹사업자에게 있다.

③ 가맹계약자는 대여 받은 각종의 설비·기기를 매매, 담보제공 또는 질권설정의 목적으로 할 수 없다.

④ 가맹계약자는 대여 받은 설비·기기를 자신의 비용으로 보존·관리한다.

⑤ 가맹계약자는 대여 받은 설비·기기에 대하여 가맹사업자의 반환요구가 있으면 현물로 반환할 수 있다.

⑥ 가맹계약자가 대여 받은 설비·기기를 분실·훼손한 경우에는 구입가격에서 감가상각한 잔액으로 배상한다.

⑦ 가맹계약자는 월 ( )원의 사용료를 지급한다. 단 면제의 합의가 있으면 그에 따른다.

제18조(광　고) ① 가맹사업자는 가맹사업의 활성화를 위하여 전국규모 및 지역단위의 광고를 할 수 있다.

② 광고의 횟수·시기·매체 등에 관한 세부적 사항은 가맹사업 운영매뉴얼에서 정하는 바에 의한다. 단, 가맹사업자는 가맹사업의 원활한 운영과 필요에 따라 이를 조정할 수 있다.

③ 광고에 소요되는 비용은 가맹사업자가 ( )%, 가맹계약자측(전국규모의 광고의 경우에는 전국의 가맹계약자들, 지역단위의 광고의 경우에는 해당 지역의 가맹계약자들)이 ( )%씩 분담한다. 각 가맹계약자 간의 비용부담의 배분은 각각의 총매출액에 따른 비율에 의한다.

④ 가맹사업자는 매 분기 지출한 광고비 중에서 각 가맹계약자가 부담해야 할 광고비를 다음 분기 첫달의 말일까지 그 명세서를 첨부하여 통지하고, 가맹계약자는 그 통지를 받은 날로부터 2주일 이내에 지급한다.

제19조(판　촉) ① 가맹사업자는 가맹사업의 활성화를 위하여 전국규모 및 지역단위의 할인판매, 경품제공, 시식회, 이벤트 등과 같은 판촉활동을 할 수 있다.

② 판촉활동의 횟수·시기·방법·내용 등에 관한 세부적 사항은 가맹사업 운영매뉴얼에서 정하는 바에 의한다. 단, 가맹사업자는 가맹사업의 원활한 운영과 필요에 따라 이를 조정할 수 있다.

③ 가맹계약자가 직접 판매하는 상품의 할인비용이나 직접 제공하는 경품·기념품 등의 비용은 당해 가맹계약자가 부담하며, 판촉활동을 위한 통일적 팜플렛·전단·리플렛·카달로그의 제작비용 등은 가맹사업자가 부담한다.

④ 제3항에서 규정하지 아니하는 그 밖의 판촉행위에 소요되는 비용은 가맹사업자와 가맹계약자가 분담한다. 이 경우 가맹사업자는 산출근거를 서면으로 제시하

여 가맹계약자의 동의를 얻어야 한다.

⑤ 가맹계약자는 자기의 비용으로 자기 지역 내에서 판촉활동을 할 수 있다. 이 경우 가맹계약자는 가맹사업자와 협의하여야 한다.

제20조(영업양도 및 담보제공) ① 가맹계약자는 가맹사업자의 승인을 얻어 점포의 영업을 양도, 전대하거나 영업재산을 담보로 제공할 수 있다.

② 제1항의 승인은 2개월 전에 가맹사업자에 대하여 서면으로 청구하여야 한다.

③ 가맹사업자는 승인청구를 받은 날로부터 1개월 이내에 서면으로 승인 또는 거절을 하여야 한다. 단, 거절을 하는 경우에는 그 사유를 구체적으로 명시하여야 한다.

④ 양수인, 전차인은 가맹계약자의 가맹사업자에 대한 권리와 의무를 승계한다.

⑤ 양수인, 전차인에 대하여는 가입비가 면제된다. 단, 소정의 교육비는 부담한다.

⑥ 양수인이 요청하는 경우에는 가맹계약자의 잔여 계약기간 대신에 완전한 계약기간을 부여할 수 있다. 이 경우에는 신규계약으로 한다.

제21조(영업의 상속) ① 가맹계약자의 상속인은 가맹계약자의 영업을 상속할 수 있다.

② 상속인이 영업을 상속할 경우에는 가맹사업자에게 상속개시일로부터 3개월 이내에 상속사실을 통지하여야 한다.

③ 상속인에 대해서는 가입비를 면제한다. 단, 소정의 교육비는 부담한다.

제22조(지적소유권의 확보) ① 가맹사업자는 상호·상표·휘장 등에 대한 배타적 독점권을 확보하는데 필요한 절차를 갖춘다.

② 가맹사업자는 가맹계약자에게 상호·상표·휘장 등을 사용할 정당한 권한을 부여하였음을 증명하는 증서를 교부한다.

③ 가맹사업자는 가맹계약자에게 사용을 허가한 각종의 권리에 대하여 책임을 진다.

제23조(상품의 조달과 관리) ① 가맹사업자는 브랜드의 동일성을 유지하는데 필요한 상품·자재를 가맹계약자에게 공급한다. 단, 상품·자재 범위에 이견이 있는 경우에는 가맹사업자와 가맹계약자가 협의하여 결정한다.

② 가맹사업자가 정당한 사유 없이 공급을 중단하거나 공급하지 않는 상품·자재는 이를 가맹계약자가 직접 조달하고 판매할 수 있다. 이 경우 가맹계약자는 브랜드의 동일성을 해치지 않도록 하여야 한다.

③ 가맹계약자가 제2항에 의해 직접 조달하는 상품·자재에 대해서는 가맹사업자는 품질관리기준을 제시하고 그 품질을 검사할 수 있다. 이 경우 가맹계약자는 가맹사업자의 품질검사에 협조하여야 한다.

④ 가맹사업자와 가맹계약자는 식품위생법과 기타 관련법률의 규정에서 정한 설비와 장비를 갖추어 상품·자재의 성질에 적합한 방법으로 상품·자재를 운반·보관하여야 한다.

⑤ 가맹사업자는 가맹사업의 목적달성을 위한 필요한 범위를 벗어나서 가맹계약자에게 상품·자재를 자기 또는 자기가 지정한 자로부터만 구입하게 할 수 없다.

⑥ 가맹계약자는 가맹사업자의 허락 없이 공급받은 상품·자재를 타인에게 제공하거나 대여할 수 없다.

제24조(상품의 하자와 검사) ① 가맹계약자는 상품·자재를 공급받는 즉시 수량

및 품질을 검사한 후 그 하자 유무를 서면으로 가맹사업자에 통지하여야 한다.

② 상품·자재의 성질상 수령 즉시 하자를 발견할 수 없는 경우에는 6개월 이내에 이를 발견하여 통지하고 완전물로 교환을 청구할 수 있다.

③ 가맹계약자가 검사를 태만히 하여 손해가 발생한 경우에는 반품·수량보충·손해배상을 청구할 수 없다. 단, 가맹사업자가 하자 있음을 알면서 공급한 경우에는 가맹계약자는 제2항의 기간과 상관없이 가맹사업자에게 손해배상 등을 청구할 수 있다.

④ 가맹사업자는 그의 상표를 사용하여 공급한 상품·자재의 하자로 인하여 소비자나 제3자가 입은 손해에 대하여 책임을 진다. 그러나 가맹사업자는 그가 공급하지 않은 상품·자재를 가맹계약자가 판매하여 제3자에게 손해를 가한 경우에는 책임을 지지 않는다.

⑤ 계약이 기간만료, 해지로 인해 종료한 때에는 가맹계약자는 공급된 상품·자재 중에서 완전물을 가맹사업자에 반환하여야 하며, 이 경우 가맹사업자는 출고가격으로 상환한다. 그러나 하자물에 대해서는 그 상태를 감안하여 가맹사업자와 가맹계약자의 협의로 상환가격을 정한다.

제25조(상품공급의 중단)

① 가맹사업자는 다음의 경우에 1주일 전에 서면으로 예고한 후 가맹계약자에 대한 상품·자재의 공급을 중단할 수 있다. 이 경우 재공급조건을 지체 없이 가맹계약자에게 통지하여야 한다.

1. 가맹계약자가 ( )개월에 걸쳐 3회 이상 상품·자재의 대금지급을 연체하는 경우
2. 가맹계약자가 2회 이상 정기납입경비의 지급을 연체하는 경우
3. 가맹계약자가 정기납입경비의 산정을 위한 총매출액 또는 매출액 증가비율을 3회 이상 허위로 통지하는 경우
4. 가맹사업자의 품질관리기준을 3개월에 3회 이상 위반하는 경우
5. 가맹계약자의 채무액이 계약에서 정한 한도액을 초과하는 경우
6. 가맹계약자가 가맹사업자와의 협의 없이 점포 운영을 5일이상 방치하는 경우
7. 가맹계약자가 가맹사업자와 약정한 판매촉진활동을 이행하지 않는 경우
8. 가맹계약자가 노후된 점포설비의 교체·보수의 요청에 따르지 않는 경우
9. 가맹계약자의 종업원이 규정된 복장을 착용하지 않는 경우

② 가맹사업자는 다음의 경우에는 즉시 상품의 공급을 중단할 수 있다.

1. 가맹계약자가 파산하는 경우
2. 가맹계약자가 발행한 어음·수표가 부도처리되는 경우
3. 가맹계약자가 강제집행을 당하는 경우
4. 천재지변이 있는 경우

제26조(영 업) ① 가맹계약자는 주 ( )일 이상 월 ( )일 이상 개장하여야 하고 연속하여 ( )일 이상 휴업할 수 없다.

② 가맹계약자가 휴업할 경우에는 사전에 가맹사업자에 사유를 기재한 서면으로 통지하여야 한다.

제27조(복　장) ① 가맹계약자 및 종업원은 가맹사업자가 지정한 복장을 착용한다.
② 가맹사업자는 종업원의 복장을 지정한 경우에는 복장의 색깔, 규격을 서면으로 통지한다.
③ 가맹사업자는 가맹계약자의 청구에 따라 종업원의 복장을 공급할 수 있다.

제28조(보고의무) ① 가맹계약자는 년 (　)회 　매출상황과 회계원장 등을 가맹사업자에 서면으로 보고하여야 한다.
② 가맹계약자는 가맹사업자가 파견한 경영지도위원의 서면에 의한 요구가 있을 때에는 장부 등 서류를 제시하여야 한다.
③ 가맹계약자는 가맹사업자로부터 사용허가를 받은 상호, 상표, 서비스표, 특허권 등에 대한 침해를 이유로 제3자가 소를 제기한 경우에는 이를 가맹사업자에 보고하여야 한다.

제29조(보　험) ① 가맹사업자는 가맹계약자에게 그의 영업상의 과실, 상품의 하자, 점포의 화재로 인하여 소비자나 제3자가 입은 손해를 배상하기 위하여 보험 가입을 권유할 수 있다.
② 가맹계약자는 자신의 책임으로 보험업자, 보험의 종류, 피보험자를 정한다.

제30조(가맹계약자의 의무) ① 가맹계약자는 계약 및 경영상 알게 된 가맹사업자의 영업상의 비밀을 계약기간은 물론이고 계약종료 후에도 제3자에게 누설해서는 안 된다.
② 가맹계약자는 가맹사업자의 허락 없이 교육과 세미나자료, 편람의 내용 등을 인쇄 또는 복사할 수 없다.
③ 가맹계약자는 계약의 존속 중에 가맹사업자의 허락 없이 자기 또는 제3자의 명의로 가맹사업자의 영업과 동종의 영업을 하지 않는다.

제31조(가맹사업자의 의무) ① 가맹사업자는 가맹사업계약을 체결하는 과정에서 가맹희망자들이 가맹 여부를 적정하게 판단할 수 있도록 필요한 자료 및 정보를 충분히 공개하여야 한다.
② 가맹사업자는 가맹희망자들의 요구가 있을 때에는 다음의 자료 및 정보를 서면으로 제공하여야 한다.
　1. 가맹사업자의 재무상황, 등기부등본, 최근 5년간의 사업경력, 가맹사업과 관련하여 진행중인 소송
　2. 계약체결시 또는 계약체결후 부담해야 할 가입비, 정기납입경비(로얄티), 계약이행보증금, 기타 공과금 등의 금전에 관한 내용
　3. 상품·자재의 공급조건, 경영지원과 이에 대한 대가지급방법, 영업의 통제사항, 계약의 해제·해지
　4. 가맹희망자가 운영할 점포 인근지역의 가맹계약자현황, 가맹사업자가 제시한 예상 매출액 산정내역

제32조(지연이자) 제8조 제4항, 제10조 제2항 등에 의해 가맹사업자가 가맹계약자에게 금전을 지급해야 하는 경우나 제9조 제3항, 제18조 제4항 등에 의해 가맹

계약자가 가맹사업자에게 금전을 지급해야 하는 경우에, 그 지급기간을 경과하면 미지급액에 대하여 지급기간 경과일의 다음날로부터 지급하는 날까지 연 이율 ( )%의 지연이자를 가산한다.

제33조(재판의 관할) 이 계약에 관한 소송은 가맹계약자의 주소지나 점포소재지를 관할하는 법원으로 한다. 다만, 가맹사업자와 가맹계약자가 합의하여 관할법원을 달리 정할 수 있다.

20○○년 ○월 ○일

	주　소						
가맹 사업자	성　명 또　는 상　호		인	주민등록번호 또　　는 사업자등록번호	－	전　화 번　호	
	주　소						
가맹 계약자	성　명 또　는 상　호		인	주민등록번호 또　　는 사업자등록번호	－	전　화 번　호	

제 조 위 탁 계 약 서

○○합자회사(이하 '갑 "이라 한다)와 ○○유한회사(이하 ' 을 '이라 한다)는, 갑의 제품의 제조 등(이하 ' 제품 '이라 한다.)의 제조위탁 등에 관해 다음과 같이 계약한다.

제1조(목 적) 갑은 을에 대해 제품의 제조 및 그에 따른 가공, 포장, 보관, 운송업무를 을에게 위탁하고, 을은 이것을 인수할 것을 약정한다.

제2조(원재료 등의 공급) ① 갑은 제1조의 위탁업무에 필요한 일체의 원재료 및 포장재료를 을에게 공급한다.
② 을은 공급받은 원재료로서 해당 위탁업무를 수행한다.
③ 원재료의 비용, 포장재료, 잉여공급분의 취급에 대해서는 별도로 정한다.

제3조(업무지시) 갑은 ○월 ○일 까지 을에 대해 다음 달 제조 제품의 수량, 제품의 포장량, 포장모양, 보관량을 지시하고 그에 필요한 포장재료를 공급한다.

제4조(기술지도) 갑은 전문기술원을 파견하고, 을에 대해서 제품의 제조, 가공, 포장, 운송등에 관한 기술지도를 하는 것으로 한다.

제5조(자료제출의무) ① 을은 미리 갑의 지시보고서를 매월 ○ 일에 갑에게 제출하기로 한다.
② 갑의 요구가 있는 경우에 을은 즉시 그 장부를 열람할 수 있게 한다.

제6조(위탁료) 위탁료는 제품 1개당 금 ○○ 원으로 하고, 매월 ○○ 일에 마감한 을의 청구서에 의거 다음 달 ○○ 일까지 갑은 을에 대해 현금, 약속어음으로 지급하기로 한다.

제7조(비용부담) ①을은 을의 원료창고에서 갑이 공급한 원재료, 포장재료를 수령한 뒤 제품을 출고하기까지의 일체의 비용을 부담한다.
② 제 1항 이외의 부담은 갑의 부담으로 한다.

제8조(운송방법) 을이 제품의 운송업무를 이행함에 있어서, 제3자와 운송계약을 체결할 때는, 사전에 갑의 승인을 얻는 것으로 한다.

제9조(담보책임) 을이 제품의 품질, 규격, 양, 포장모양, 운송방법의 하자에 의해 제3자로부터 반품, 교환의 요구 등이 있을 경우, 그 손해는 일체 을의 부담으로 한다.

제10조(손해배상) 을이 갑이 지시한 납기에 맞추지 못하고 그외 그 계약상의 의무이행을 소홀히 한 경우는, 갑은 아무런 최고를 요하지 않고 즉시 그 계약을 해제하고 지급한 원재료 및 이에 따라 제조, 가공된 모든 것의 즉시반환을 요구할 수 있다.

제11조(보수의무) 사유여하를 불문하고 갑이 공급한 재료가 줄거나 없어지거나 또

는 훼손했을 때는, 을은 즉시 갑에 대해서 그 상황을 통지하고 갑의 지시에 따르기로 한다.

제12조(해제권의 유보) 갑이 시장경제의 변동 등에 의해, 그 제품의 제조를 정지하거나 제조에 제한을 가할 때는 을은 그 지시에 충실히 따르기로 한다.

제13조(비밀의 유지) ① 을은 이 계약의 수행으로 알게 된 갑의 비밀을 타인에게 누설해서는 안된다.

② 을이 전 항에 위반되는 행위가 있을 때는, 갑은 즉시 이 계약을 해제하고 손해배상을 청구할 수 있다.

제14조(지위 양도의 금지) 을은 이상과 같은 계약상의 지위를 제 3자에게 양도할 수 없다.

제15조(유효기간) 이 계약의 유효기간은 만 ○ 년으로 한다.

이 계약을 증명하기 위해 본 계약서 2통을 작성하여, 각자 서명하고 날인한 뒤에 1통씩 보관한다.

20○○년 ○월 ○일

제조위탁자	주 소						
	성 명 또는 상 호		인	주민등록번호 또 는 사업자등록번호	–	전 화 번 호	
제조수탁자	주 소						
	성 명 또는 상 호		인	주민등록번호 또 는 사업자등록번호	–	전 화 번 호	

컨설팅 업무 계약서

○○건설주식회사를 갑으로 하고 ○○○을 을로 해서 갑과 을간의 다음과 같은 계약에 합의하고, 본 계약서 2통을 작성하여 각자 1통씩 보관한다.

제1조(컨설팅) 을은 갑의 발전에 기여하며, 국내 및 해외의 경제정보 등 자료분석 및 제반 조사활동을 통해 갑의 경영, 기획 등에 있어서 컨설트한다.

제2조(보수) 갑은 을에 대해 컨설트에 대한 보수로써 1시간당 금 ○○○원을 지급 하며 매년 6월 15일과 12월 15일에 반씩 나눠 지급한다.

제3조(실비) 을이 갑으로 인해 컨설트 업무를 함으로써 지출한 교통비(해외 출장비 포함)는 갑이 인정하는 범위 내에서 을에게 실비로써 지급한다. 단, 세부 사항은 갑과 을의 별도 협의에 의해 정한다.

제4조(비밀유지) 을은 갑과 관련해서 컨설트 업무를 할 때 갑의 경영내용과 관련된 모든 정보는 이 계약의 유효기간 중에는 물론 계약기간 종료 후에도 갑 이외의 제3자에게 누설해서는 안 된다. 을이 위 사항을 위반하여 갑이 손해를 입었을 경우, 갑은 을에게 위 손해에 관한 청구를 할 수 있다.

제5조(계약기간) 계약기간은 20○○년 ○월 ○일부터 20○○년 ○월 ○일까지로 하며, 계약기간이 만료되기 1개월 전까지 담당자에게 계약종료의 의사표시를 하 지 않은 경우에는 계약기간이 자동적으로 1년간 연장된다.

20○○년 ○월 ○일

의뢰인	주 소					
	성 명 또 는 상 호	인	주민등록번호 또 는 사업자등록번호	–	전 화 번 호	
컨설턴트	주 소					
	성 명 또 는 상 호	인	주민등록번호 또 는 사업자등록번호	–	전 화 번 호	

비 밀 보 장 계 약 서

○○주식회사(이하 "갑"이라 함)와 ○○주식회사(이하 "을"이라 함)는 ○○의 연구개발(이하 「본 건 개발」이라 함)을 위해 갑이 을에게 개시하는 갑의 비밀사항 취급에 관해 다음과 같이 계약을 체결한다.

제1조(비밀사항) 본 계약에서 비밀사항이란 문서, 도면, 그 밖의 서류에 기재되거나 혹은 전자적 또는 광학적으로 기록된 갑이 보유한 갑의 기술상, 영업상 기타 갑의 업무상의 모든 지식 및 정보로 갑이 을에게 개시한 시점에서 갑이 비밀로써 취급하는 것을 말한다. 단, 다음의 각 호의 하나에 해당하는 것을 제외한다.
  1. 을이 갑으로부터 개시를 받은 시점에서 이미 공지로 되어있는 것
  2. 을이 갑으로부터 개시를 받은 후에 을의 고의 또는 과실에 의하지 않고 공지로 된 것을 을이 증명할 수 있는 것
  3. 을이 갑으로부터 개시를 받기 전에 을이 스스로 얻거나 정당한 권리를 가진 제3자로부터 정당한 수단으로 입수하였다는 것을 증명할 수 있는 것

제2조(비밀유지의무) ① 을은 비밀사항을 엄중히 지키며 사전에 갑으로부터 서면에 의한 승낙 없이 이것을 제3자에게 개시 혹은 누설해서는 안된다.
  ② 을은 앞 항의 갑의 승낙을 얻은 경우라도 해당 제3자가 계약상 을의 의무와 동등한 의무를 갑에게 지울 것을 확약하는 서면을 갑에게 제출하기까지는 해당 제3자에 대해 비밀사항을 개시해서는 안되며 해당 제3자에게 비밀사항을 개시한 후는 해당 제3자의 갑에 대한 의무이행에 대해 해당 제3자와 연대하여 책임을 진다.

제3조(사용목적) 을은 비밀사항을 본 건 개발목적을 위해서만 사용하고 그 밖의 목적으로 사용해서는 안된다.

제4조(개시범위) ① 을은 비밀사항을 본 건 개발에 종사하고 또한 해당 비밀사항을 알 필요가 있는 을의 담당자 또는 종업원에 한해 필요한 범위 내에서만 개시할 수가 있다. 단, 을은 해당 담당자 또는 종업원의 행위에 대해서 모든 책임을 지며 또한 해당 담당자 또는 종업원에 대해 본 계약상 을의 의무를 준수시켜야 한다.
  ② 을은 앞 항에 기초하여 을의 담당자 또는 종업원에 대해 비밀사항을 개시하려고 할 때는 사전에 해당 담당자 또는 종업원의 성명 및 해당 담당자 또는 종업원에게 개시할 비밀사항의 범위를 서면으로 갑에게 통지해야 한다. 갑에게 통지한 사항을 변경할 경우도 동일하다.

제5조(복사) ① 을은 비밀사항이 기재 또는 기록된 모든 문서, 도면, 기타 서류 또는 전자적, 광학적 기록매체를 사전에 갑으로부터 서면에 의한 승낙 없이 복사해서는 안 된다.
  ② 을은 본 건 개발이 완료하였을 때 또는 중지 혹은 중단되었을 때 혹은 갑의

청구가 있는 경우는 곧바로 비밀사항이 기재 또는 기록된 모든 문서, 도면, 기타 서류 혹은 전자적 또는 광학적 기록매체를 모든 복사물과 함께 갑에게 인도해야 한다.

제6조(조사권) 갑은 을의 영업시간중 언제라도 을의 사무소에 들러 을의 본 계약상의 의무이행상황을 조사할 수가 있다.

제7조(손해금액) 비밀사항이 제3자가 알게 된 경우에는 을은 갑에 대해서 일금 ○○○원을 손해금액으로 지불해야 한다. 단, 을이 본 계약상의 의무이행에 대해 나태하지 않았음을 증명하였을 때는 이에 해당되지 않는다.

제8조(유효기간) 본 계약은 본 건 개발이 완료하거나 중지 혹은 중단된 후라고 하더라도 ○년간은 효력을 갖는다.

  이상 본 계약의 성립을 증명하기 위해 본서 2통을 작성하고 갑·을 기명·날인 후 각각 1통씩을 보유한다.

20○○년 ○월 ○일

갑	주　소						
	성　명 또　는 상　호		인	주민등록번호 또　　　는 사업자등록번호	－	전 화 번 호	
을	주　소						
	성　명 또　는 상　호		인	주민등록번호 또　　　는 사업자등록번호	－	전 화 번 호	

할 부 판 매 계 약 서

단말기를 할부로 구입하는 구매자(이하 '갑'이라 한다.), 이동통신 서비스 제공자(이하 '을'이라 한다.), 단말기 판매자(이하 '병'이라 한다.), 할부구매자에 대한 신용제공자(이하 '정'이라 한다.)는 PCS단말기 할부판매와 관련하여 다음과 같이 약정을 체결합니다.

제1조(할부판매약정 및 할부채권양도) ① '갑'은 별지 단말기 할부계약서에 의하여 '병'으로부터 단말기를 구입하고 '병'은 단말기의 할부판매로 취득한 단말기 할부채권을 '을'에게 양도하며 '정'은 '갑'의 할부대금을 '을'에게 일시불로 지급하고 이에 대하여 '갑'은 승낙합니다.

② 본 약정은 '을'이 단말기의 할부판매, 할부금채권의 양도 등 약정사항을 직접 확인하는 등 소정의 절차를 거쳐 '갑'에게 할부채권의 양도를 통지하는 시점에서 성립합니다.

제2조(단말기 공급과 대금지급방법) '병'은 '갑'에게 단말기를 공급하고 '갑'은 소정의 선수금(계약금)을 제외한 나머지 할부대금을 '정'에게 납입하여야 합니다.

제3조(할부계약의 철회) ① '갑'은 할부단말기를 인도 받은 후 7일 이내에는 단말기의 할부구매를 철회할 수 있습니다.

② '갑'이 제①항에 의거하여 할부계약을 철회하고자 하는 때에는 철회의 의사표시가 기재된 서면을 발송하여야 합니다. 다만, '갑'의 책임 있는 사유로 단말기가 멸실 또는 훼손된 경우에는 할부계약을 철회할 수 없습니다.

제4조(소유권의 제한) '갑'은 할부대금을 완납하기 전에는 '을'의 승낙 없이 단말기를 타인에게 양도, 대여, 질권설정 등 임의처분을 할 수 없습니다.

제5조(구매자의 의무) ① '갑'은 할부대금을 완납하기 전에 주소를 변경할 경우 지체 없이 '을' 및 '정'에게 통보하여야 합니다.

② '을' 및 '정'이 '갑'의 최후 주소에 송달한 통지 등 송부서류는 '갑'에게 도달된 것으로 간주합니다.

③ '갑'은 제①항의 의무를 태만히 하여 '을' 및 '정'으로부터 통지 혹은 송부 서류 미도착 등으로 인한 불이익을 받은 것에 대하여 이의를 제기할 수 없습니다.

제6조(구매조건의 결정) 단말기할부판매는 '갑'이 '을'의 서비스에 가입하는 조건으로 이루어지며 '갑'은 단말기만의 구매를 위하여 할부판매방식을 이용할 수 없습니다.

제7조(할부대금납입방법) ① '갑'은 할부대금을 '정'이 지정한 납부기관에 납

부 하여야 합니다.

② '갑'이 납부하여야 할 월납입금은 '을'의 서비스에 가입한 월의 익일부터 납입하여야 합니다.

제8조(변제충당순서) '갑'이 납입한 금액이 납입일 현재 채무전액을 충당하기에 부족한 경우, '정'은 '갑'이 납입한 금액에 대하여 납기일 기준으로 먼저 도래한 채무액부터 우선 충당하기로 합니다.

제9조(기한의 이익상실) '갑'은 다음 각 호에 해당하는 경우 기한의 이익을 상실하고 '정'은 잔여 할부대금 전액에 대하여 '갑'에게 일시불 납입을 청구할 수 있습니다.

1. '갑'이 납입금의 납입을 연속하여 2회 이상 연체하고 그 연체금액이 할부금액의 10분의 1을 초과하는 경우

2. '갑'이 외국으로 이민하는 경우

제10조(약정의 해제) '갑'이 납입금을 연체하여 '정'이 14일 이상의 기간을 정하여 서면으로 최고하였으나 납입하지 아니할 경우에는 '정'은 본 약정을 해제하고 할부금액을 일괄 청구할 수 있습니다.

제11조(관할법원) 이 계약과 관련하여 '갑'과 '정' 사이에 소송의 필요가 발생할 때에는 제소 당시 '갑'의 주소지를, 주소가 없는 경우에는 거소를 관할하는 지방법원을 관할법원으로 합니다.

20○○년 ○월 ○일

갑	주 소					
	성 명	인	주민등록번호 (사업자번호)	-	전 화 번 호	
을	주 소					
	성 명	인	주민등록번호 (사업자번호)	-	전 화 번 호	
병	주 소					
	성 명	인	주민등록번호 (사업자번호)	-	전 화 번 호	
정	주소					
	성명	인	주민등록번호 (사업자번호)	-	전화 번호	

■ 참 고 ■ 할부·방문·통신·다단계판매계약서의 기재사항

구분		할부계약서	방문판매계약서	통신판매계약서	다단계판매계약서
기 재 사 항		○매도인, 매수인, 신용제공자의 성명·주소	○방문판매자의 상호·주소·전화번호	○통신판매업자의 성명·주소·전화번호	○조직개설자, 다단계 판매자의 성명·주소·전화
		○목적물의 종류·내용·인도시기	○좌동	○좌동	○좌동
		○현금가격, 할부가격	○판매가격	○판매가격	○판매가격
		○할부금액·지급·회수·시기	○대금의 지급 시기·방법	○좌동	○좌동
		○할부수수료의 시제 연간요율		○청약기간·기한	
		○목적물의 소유권 유보사항		○배달송달료	○일정한 이익·부담의 내용
		○철회권과 행사방법	○청약철회권의 행사방법		○청약철회권의 행사방법·효과
		○매도인의 계약해제 사항	○계약해제사유, 행사방법·효과		○계약해제사유, 행사방법·효과
		○매수인의 기한이익 상실사항			
		○계약금	○계약금		○계약금내용·금액
작 성 방 법		○사업소개시 9호이상 활자의 서면 작성 ○할부수수료는 소수점 1단위까지 ○소유권유보철회권, 계약해제, 기한이익 상실사항은 적색기재 및 테두리를 칠것 ○매수인의 철회권 행사를 위한 서식을 포함	○9호이상 활자의 서면작성 ○청약철회행사방법, 효과관련사항과 계약해제규정은 적색기재 및 테두리를 칠 것 ○매수인의철회권행사를 위한 서식을 포함	○청약광고방법 -상품인도시기를 기간·기한으로 표시 -상품이도시 송료는 금액으로 표시 ○승낙방법 -인도(제공자)시기를 기간·기한으로표시 -청약거절시에는 사유, 대금반환방법 통지	○9호이상 활자의 서면작성 ○청약철회, 일정한 이익부담의 내용, 계약해제사항은 적색기재 및 테두리 칠 것 ○매수인의청약철회권행사를 위한 서식을 포함

[서식] 할부계약의 청약 철회 통보서

(간접) 할부계약의 청약 철회 통보

수신인 :   1. 주식회사 ○○
               서울 ○○구 ○○로 ○○
               대표이사 ○○○

            2. ○○카드 주식회사
               서울 ○○구 ○○로 ○○가 ○○
               대표이사 ○○○

            3. ○○카드 주식회사
               서울 ○○구 ○○동 19 ○○빌딩 6층
               대표이사 ○○○

발신인 :   ○○○ (주민등록번호)
               서울 ○○구 ○○○
               (연락전화 010-****-****)

1. 최고인은 2013. 4. 11. 주식회사 ○○○과 최고인의 신한카드로 150만원을 12개월로, 우리카드로 100만원을 12개월로 각 할부로 결제한 바 있으나, 할부거래에 관한 법률 제8조 및 제9조의 규정에 따라 이 건 최고서로 청약철회를 통보하니 법에 따라 처리해 주시기 바랍니다(이하는 주식회사 ○○○과의 계약 내용 및 그에 대한 청약철회의 주장입니다).

2. 최고인은 2013. 4. 11. 귀사(주식회사 ○○○, 이하 같음)와 재회 프로젝트 계약을 체결하였고, 귀사는 4. 15. 계약서 제3조에 따른 귀사의 업무 중 일부인 최고인의 성향 파악 분석 MBTI를 시행한 바 있습니다.

3. 또한 귀사는 기획안을 18.(토)까지 작성하여 최고인에게 주기로 하였으나 귀사의 담당직원(성명조차 밝히지 않았습니다)은 다음 주로 연기하였고, 최고인의 요청에 따라 상담을 할 수 있다고 하였으나 상담을 위해 연락해 달라고 해도 연락하지 않았으며, 기획안이 완성되면 메일로 발송하기로 계약서에 기재되어 있으나 담당직원은 전화로만 알려준다고 하였고, 관련된 책자를 4. 12. 또는 13.까지 도착한다고 하였으나 최고인이 환불요청을 한 이후인 17. 도착한 사실이 있는 등 최고인은 귀사의 성의 없는 관리 및 업무처리, 담당자와 연락이 되지 않음에 대하여 고객센터로 연락하니 담당직원이 최고인에게 전화 와 그 사

실을 따지는 최고인은 더 이상 귀사를 신뢰할 수 없게 되었습니다.

4. 위와 같은 사유는 민법상 채무불이행에 따른 계약 해제 사유에 해당하고, 또한 할부거래에 관한 법률의 아래 각 규정에 따라 청약을 철회하니 2013. 4. 30.까지 위 계약금 250만원을 최고인의 계좌(우리은행 : ○○○-○○○○○○-○○ - ○○○ 예금주 : 이○○)로 반환하여 주실 것을 본 내용증명으로 정중히 요구합니다.

할부거래에 관한 법률
제8조(청약의 철회) ① 소비자는 다음 각 호의 기간(거래당사자가 그 보다 긴 기간을 약정한 경우에는 그 기간을 말한다) 이내에 할부계약에 관한 청약을 철회할 수 있다.
   1. 제6조제1항에 따른 계약서를 받은 날부터 7일. 다만, 그 계약서를 받은 날보다 재화 등의 공급이 늦게 이루어진 경우에는 재화 등을 공급받은 날부터 7일
④ 제1항에 따른 청약의 철회는 제3항에 따라 서면을 발송한 날에 그 효력이 발생한다.

---

5. 만약 위 기일까지 반환되지 않는다면 최고인은 어쩔 수 없이 법원에 소액심판을 청구할 수밖에 없으며, 소 제기의 경우는 귀사가 청약을 철회하는 서면을 수령한 날부터 3영업일 이후부터는 민법 소정의 연 5%의, 소장 부본 송달 다음날부터 다 갚는 날까지 소촉법 소정의 연 20%의 각 비율에 의한 지연손해금과 소송비용, 소장 대서비용 및 강제집행비용 등 제반 비용을 부담해야 할 것인바, 귀하가 반환할 금액도 많이 늘어나게 될 것임을 최고하니 위 기일까지 반드시 지급하여 주시기 바랍니다.

20○○.　○.　○.

위 최고인　이○○(서명)

할부계약의 청약 철회 통보

수신인 :　1.　○○○
　　　　　　　　서울 ○○구 ○○동 ○○○
　　　　　　2.　○○카드 주식회사 (110111-*******)
　　　　　　　　서울 ○○구 ○○로 ○○(○○로 2가)
　　　　　　　　대표이사 ○○○

발신인 :　○○○
　　　　　　서울 ○○구 ○○로 ○○길 ○○, ○○○호(○○동, ○○연립)
　　　　　　(연락전화 010-****-****)

1. 최고인은 2015. 7. 18. 수신인 1. ○○○에 전화하여 음경동맥 혈류 충전기(이하 '위 물품' 이라 함)를 80만원에 구입하되, 그 대금은 최고인의 삼성카드로 5개월 분할 납부하기로 약정한 바 있고, 최고인은 위 물품을 2015. 7. 21. 수령하였습니다.

2. 그런데 위 물품에 대한 계약은 할부거래에 관한 법률에서 정한 할부거래라 할 것이고, 최고인은 충동구매로 인하여 이를 철회하고자 하며, 아래 적시한 바와 같이 할부거래에 관한 법률 제8조 및 제9조의 규정에 따라 이 건 최고서로 청약철회를 통보하니(물품은 오늘 ○○○에 반송 처리하였습니다) 법에 따라 처리해 주시기 바랍니다.

> **할부거래에 관한 법률**
>
> **제8조(청약의 철회)** ① 소비자는 다음 각 호의 기간(거래당사자가 그 보다 긴 기간을 약정한 경우에는 그 기간을 말한다) 이내에 할부계약에 관한 청약을 철회할 수 있다.
> 　1. 제6조제1항에 따른 계약서를 받은 날부터 7일. 다만, 그 계약서를 받은 날보다 재화 등의 공급이 늦게 이루어진 경우에는 재화 등을 공급받은 날부터 7일
> ③ 소비자가 제1항에 따라 청약을 철회할 경우 제1항에 따른 기간 이내에 할부거래업자에게 청약을 철회하는 의사표시가 적힌 서면을 발송하여야 한다.
> ④ 제1항에 따른 청약의 철회는 제3항에 따라 서면을 발송한 날에 그 효력이 발생한다.
>
> **제9조(간접할부계약에서의 청약의 철회 통보)** ① 소비자가 할부거래업자에게 간접할부계약에 관한 청약을 철회한 경우 제8조제1항에 따른 기간 이내에 신용제공자에게 청약을 철회하는 의사표시가 적힌 서면을 발송하여야 한다.

20○○.　○.　○.
위 최고인　○○○(서명)

구 분	할 부 거 래	방 문 판 매	전화권유 판매	다 단 계 판 매
철회권 행사 기간	• 계약서를 교 부받은 날부 터 7일 이내 • 계약서를 교부받지 못 한 경우에는 목적물 인도 일부터 7일 이내	• 계약서를 교부받은 날부터 14일(방문판매법) • 계약서를 교부받지 못한 경우에는 주소를 안 날 또는 알 수 있었던 날부터 14일 • 재화의 내용이 표시·광고의 내용과 다르거나 계약내용과 • 다르게 이행된 경우 재화를 공급받은 날부터 3 월 이내, • 그 사실을 안 날 또는 알 수 있었던 날로부터 30일 이내		
철회제한	① 소비자에게 책임있는 사유로 재화등의 멸실·훼손(내용확인을 위하여 포장훼손은 제외) ② 재화등의 일부소비나 시간의 경과에 의하여 가치가 현저히 감소 ③ 복제가 가능한 재화등의 포장을 훼손			
효력발생시기	• 발송일			
계약서교부 상품인도에 대한사실 및 시기에 대한 입증책임자	• 할부판매 업자	• 방문판매업자	• 전화권유판매 업자	• 다단계판매업 자

[서식] 계약취소(미성년자 할부구입 책)

미성년자 할부구입 책

발 신 인 ○○○
　　　　주 소 서울 ○○구 ○○로 ○○길 ○○
수 신 인 ○○○
　　　　주 소 서울 ○○구 ○○로 ○○길 ○○

계약해지 통고

1. 귀하의 무궁한 발전을 기원합니다.
2. 다름이 아니오라 본인의 자 ○○○(만 13세)가 20○○년 ○월 ○일 학교 앞에서 문화서적시리즈 1세트를 월15,000원씩 20개월간 납입하기로 하고 귀하에게 구입하였습니다.
3. 그러나 본인의 자 ○○○는 미성년자로서, 민법상 행위무능력자가 책을 구입하는 법률행위를 할 경우에는 반드시 법정대리인인 부모의 동의를 얻어야 하는데, 위 경우 법정대리인의 동의 없이 물품을 구입하였으니 이를 취소합니다.
4. 또한,「방문판매 등에 관한 법률」의 규정에 따라 본인은 계약서를 교부받은 날로부터 14일 이내에 계약을 철회하며, 인도받은 서적을 반환하오니 양지하시기 바랍니다.

20○○.　○.　○.
위 발신인 ○○○ (서명)

미성년자가 체결한 계약의 취소 및 방문판매 등에 관한 법률 상의 청약 철회 최고서

수신　김○○
　　　서울 강동구 성내동 ○○○
발신　강○○ (주민등록번호)
　　　위 강○○는 미성년자이므로 법정대리인 모 ○○○
　　　서울 강동구 천호동 ○○○

1. 최고인은 2013. 3. 6. 귀하(또는 귀하의 피용자)가 최고인이 다니는 상지대학교를 방문하여 대학생정보화교육을 설명, 그에 대한 지원신청서를 작성하여 교부한 사실이 있고 귀하는 최고인에게 회원가입비 260,000원을 납부하도록 독촉하고 있습니다.

2. 그러나 최고인은 미성년자이므로 민법 제5조 및 제140조의 규정에 따라 취소하며, 또한 귀하의 용역 판매방식은 방문판매 등에 관한 법률 제2조에서 정하는 방문판매에 해당하고, 같은 법 제7조 제2항은 귀하에게 계약서 발급 의무를 부과하고 있으며, 제8조 제1항 제1호는 계약서를 받은 날로부터 14일 이내에 청약을 철회할 수 있도록 정하고 있고, 최고인은 귀하로부터 계약서를 교부받은 사실이 없으므로 이 건 최고로 청약 철회코자 하니 양해 바랍니다.

3. 또한 귀하가 계약서를 교부하지 않은 행위는 같은 법 제66조 제2항 제3호에 따라 500만원 이하의 과태료를 부과하는 행위이므로 이 건 최고서를 송달받은 후 이 건을 현명하게 처리하시기 바랍니다.

20○○.　○.　　○.

위 최고인　강○○
위 강○○는 미성년자이므로 법정대리인 모 ○○○

15. 분양 · 건설공사 등 관련 계약

[서식] 토지·건물분양계약서

토지 · 건물분양계약서

□ 재산의 표시
  소재지:
  건 물: ㎡ (평)
  대 지: ㎡ (평)
□ 입주예정일 :   년   월
  위 표시 재산을 분양함에 있어 매도인 ○○건설주식회사를 "甲"이라 칭하고 매수인 ○○○을 "乙"이라 칭하여 다음과 같이 분양계약을 체결한다.

제1조(분양금액) 위 표시 물건의 분양금액은 금   (₩   )원정(부가세   포함)으로 하고, "乙"은 아래의 납부방법에 의하여 甲이 지정하는 장소에 납부하여야 한다.
  ① 납부일시 및 금액 :
    ◎ 계 약 금 :   년   월   일   원
    ◎ 1회 중도금 :   년   월   일   원
    ◎ 2회 중도금 :   년   월   일   원
    ◎ 잔금(입주지정일) :   년   월   일   원
    (당초의 입주예정일이 변경될 경우에는 확정된 입주지정일을 추후 개별통보하기로 함.)
  ② 납 부 장 소 :

제2조(할인료, 연체료 및 지체상금)
  ① "甲"은 "乙"이 중도금과 잔금을 약정일 이전에 불입하는 경우에는 선납액에 대하여 년 ( )%의 할인율을 적용하여 선납일수에 따라 산정된 금액을 할인한다. 다만, 잔금에 대하여는 입주지정 최초일을 기준으로 하여 할인한다.
  ② "乙"은 중도금 및 잔금의 납부를 지연하였을 때에는 그 지연일수에 ( )%의 연체요율을 적용한 연체료를 납부하여야 한다. 다만, 연체요율은 시중은행 일반자금대출의 연체요율 범위를 초과할 수 없다.
  ③ "甲"이 "乙"로부터 받은 분양대금의 변제충당의 순서는 "乙"이 부담할 연체료, 선중도금, 잔금의 순으로 한다.
  ④ "甲"은 본 계약서 전문에서 정한 입주예정일을 지연하였을 경우 기납부한 대금에 대하여 제 2항에서 정한 연체요율을 적용한 금액을 지체상금으로 지급하거나 잔여대금에서 공제한다.
  ⑤ 천재지변 또는 "甲"의 귀책사유에 의하지 아니한 행정명령 등의 불가항력적

인 사유로 인하여 입주가 지연될 경우에는 "甲"은 이를 "乙"에게 통지하기로 하며, 이 경우 제4항을 적용하지 아니한다.

⑥ 입주예정일이 당초 입주예정일보다 앞당겨질 경우에는 미도래 중도금과 잔금을 납부하여야 입주할 수 있다.

제3조(소유권 이전) ① "甲"은 본 건물의 사용승인일로부터 60일 이내에 소유권 보존등기를 하여야 한다.

② 공부정리가 완료되면 즉시 "乙"에게 통지하고 "乙"은 소유권 이전신청이 가능한 날로부터 60일 이내에 소유권 이전을 "乙"의 비용으로 완료하여야 한다.

③ "乙"이 제1항의 소유권 이전절차를 지체함으로써 발생하는 부동산등기특별조치법에 의한 과태료 등 제반피해는 "乙"이 전액 부담하여야 한다.

제4조(제세공과금 등) ① 위 표시 재산에 대한 재산세 및 종합토지세는 과세기준일이 "甲"이 통보한 잔금납부지정일 이전인 경우에는 "甲"이 부담하고, 그 이후인 경우에는 "乙"이 부담한다.

② "乙"은 잔금 납부일로부터 30일 이내에 취득세를 납부하여야 한다. 단, 잔금납부일이 사용승인일 이전일 때에는 사용승인일(가사용 승인시는 그 승인일)을 기준으로 하여 30일 이내에 납부하여야 한다.

제5조(계약 해제) ① "乙"이 아래 각호의 1에 해당하는 행위를 하였을 경우에는 "甲"은 상당한 기간을 정하여 이행의 최고를 한 후 그 이행이 없을 경우 본 계약을 해제할 수 있다.

가) "乙"이 제1조에서 정한 분양대금 (중도금, 잔금)을 납부기일까지 지급하지 아니하여 "甲"이 14일 이상의 기간을 정하여 2회이상 최고하여도 "乙"이 납부치 않았을 때

나) "乙"이 상당한 이유없이 입주지정일 내에 입주하지 않을 때

② "乙"은 자신의 사정으로 인한 경우 스스로 본 계약을 해제할 수 있다. 다만, 중도금 납부 후에는 "甲"이 인정하는 경우에 한한다.

③ "乙"은 "甲"의 귀책사유로 인하여 입주가 당초 입주예정일로부터 3월을 초과하여 지연된 경우 또는 계약기간중 "甲"의 계약이행이 불능하게 된 때에는 본 계약을 해제할 수 있다.

④ 제 1항 내지 제3항에 해당하는 사유로 본 계약이 해제된 때에는 제1항 또는 제 2항의 경우에는 "乙"이, 제3항의 경우에는 "甲"이 각각 그 상대방에게 위약금으로 분양대금 총액의 10%를 지급하기로 한다.

제6조(하자담보책임) ① 갑이 위 조항에 의거 을에게 매매목적물을 인도할 때까지의 기간동안에 갑 또는 을의 책임이 아닌 사유로 상기 건물이 멸실 또는 심하게 훼손되었을 경우의 손실은 갑의 부담으로 하고, 본 계약은 당연 해제된 것으로 하며, 갑은 을에 대해 계약금을 포함한 기수령 매매대금을 반환한다.

② 위 ①항의 훼손의 정도가 경미할 경우에는 갑이 비용을 부담하여 수선하도록 한다.

제7조(하자보수) 갑은 을에 대해 상기 건물 및 부대설비에 대해 인도일로부터 만 1년간 품질 및 기능을 보증하고, 자연히 발생한 고장 및 파손을 수선하도록 한다.

제8조(기타) ① "乙"은 본 계약서상의 주소가 변경되었을 경우에는 10일 이내에 "甲"에게 서면으로 통보하여야 한다. 이를 이행하지 아니할 경우 "甲"의 "乙"에 대한 계약의 해제통고 등 제반통고는 종전 주소지로 발송후 7일이 경과함으로써 도달한 것으로 본다. 이에 대한 "乙"의 불이익은 "甲"이 책임지지 아니한다. 또한 계약서상의 주소가 부정확한 경우도 이와 같다.

② 표시재산의 지번 및 필지수는 토지의 합병, 분할 등으로 변경될 수 있다.

③ 본 계약에 관한 소송의 관할법원은 위 상가의 소재지를 관할하는 법원 또는 민사소송법에 의한 법원으로 한다.

④ 본 계약에 명시되지 않은 사항은 "甲"과 "乙"이 협의하여 결정하며 합의되지 아니한 사항은 관계법령 및 일반관례에 따른다.

본 계약의 내용을 증명하기 위하여 계약서 2통을 작성하여 "甲"과 "乙"이 각 1통씩 보관한다.

200○년 ○월 ○일

매수인	주 소						
	성 명 또 는 상 호		인	주민등록번호 또 는 사업자등록번호	-	전 화 번 호	
매도인	주 소						
	성 명 또 는 상 호		인	주민등록번호 또 는 사업자등록번호	-	전 화 번 호	

아 파 트 공 급 표 준 계 약 서

□ 재산의 표시

	m²
	(평형)

아파트   동   호

구 분		면 적	
		m²	평
건 물	전용면적	m²	평
	주거공용면적	m²	평
	공급면적	m²	평
	세대별기타공용면적 (초과 지하면적)	m² (m²)	평 (평)
	계약면적	m²	평
대 지	공유지분	m²	평

□ 부대시설(공용) : 이 아파트에 따른 전기 · 도로 · 상수도시설 및 기타 부대시설
    위 표시 재산을 공급함에 있어 매도인을 "갑"이라 칭하고 매수인을 "을"이
    라 칭하며 다음과 같이 계약을 체결한다.

□ 입주예정일 :   년   월(공정에 따라 다소 변경될 경우 추후 개별통보키로 함)

제1조(공급대금 및 납부방법) "갑"은 위 표시재산을 아래방법으로 공급하고
    "을"은 해당금액을 "갑"에게 납부하여야 한다.

구분	대지 가격	건물 가격	부 가 가치세	총공급 금 액	계 약 금	중 도 금						잔금 (입 주시)	계약자 선택날 인
						1회 ( )	2회 ( )	3회 ( )	4회 ( )	5회 ( )	6회 ( )		
기본형													(인)
선택형 (%)													(인)

제2조(계약의 해제) (1) "갑"은 "을"이 다음 각 호에 해당하는 행위를 하였을
    때에는 최고한 후 그 이행이 없을 경우 이 계약을 해제할 수 있다.
    ① 제1조에서 정한 중도금을 계속하여 3회 이상 납부하지 아니하여 14일 이상의
    유예기간을 정하여 2회 이상 최고하여도 납부하지 아니한 때(단, 주택공급에관

한규칙에서 이와 달리 정하는 경우에는 이 규칙에 따라 따로 정할 수 있다)
② 잔금을 약정 일로부터 3월 이내에 납부하지 아니하였을 때
③ "갑"의 보증에 의하여 융자가 알선되고 "을"이 이자 등을 납부하지 아니하여 금융기관에서 "갑"에게 대신이행을 청구하는 경우에 "갑"이 14일이상의 유예기간을 정하여 2회 이상 최고하여도 "을"이 금융기관에 그 이자 등을 납부하지 않을 때, 단, 최고시 「당해 유예기간이 지나도록 금융기관에 그 이자 등을 납부하지 아니하면 이 계약을 해제하며, 계약 해제시에는 이미 납부한 계약금과 중도금에서 대출원리금, 위약금을 공제한 후 나머지 금액을 반환한다」는 취지의 내용을 밝혀야 한다.
④ "을"이 청약저축등 입주자 저축을 타인명의로 가입하였거나, 가입한 자의 청약저축 등 입주자 저축을 사실상 양도받아 계약을 체결한 때
⑤ 기타 주택공급에 관한 규칙에 위배되는 행위를 하였을 때
(2) "을"은 자신의 사정으로 인한 경우 스스로 본계약을 해제할 수 있다. 다만, 중도금을 1회라도 납부한 후에는 "갑"이 인정하는 경우에 한한다.
(3) "을"은 "갑"의 귀책사유로 인해 입주예정일로부터 3월이내에 입주할 수 없게 되는 경우 이 계약을 해제할 수 있다.
(4) "을"은 주소변동이 있을 때에는 10일 이내에 "갑"에게 서면으로 통보하여야 한다. 이를 이행하지 아니할 경우 "갑"의 "을"에 대한 계약의 해제통고 등은 종전주소지로 발송하며 발송후 15일이 경과함으로써 그 효력이 발생하는 것으로 추정하며 이에 대한 "을"의 불이익은 "갑"이 책임지지 아니한다. 또한 계약서상의 주소가 부정확한 경우도 이와 같다.

제3조(위약금) (1) 제2조제1항 제1호 내지 제3호 및 제2조제2항에 해당하는 사유로 이 계약이 해제된 때에는 공급대금 총액의 10%는 위약금으로 "갑"에게 귀속된다.
(2) 제2조제3항에 해당하는 사유로 이 계약이 해제된 때에는 "갑"은 "을"에게 공급대금 총액의 10%를 위약금으로 지급한다.
(3) 제1항과 제2항의 경우 "갑"은 "을"이 이미 납부한 대금(단, 제1항의 경우에는 위약금을 공제한다)에 대하여는 각각 그 받은 날로부터 반환 일까지 연리 (   )%에 해당하는 이자를 가산하여 "을"에게 환급한다.

제4조(분양권 전매) (1) 분양권 전매는 "갑"의 승인을 득해야 한다.
(2) 제1항에 의한 분양권 전매는 승인신청시 "갑"에 대한 채무를 이행한 경우에 한하여, 또한 대출기관으로부터 위 표시재산을 대상으로 대출받은 자는 대출기관이 발행한 전매당사자간의 대출승계 증거서류를 "갑"에게 제출하여야 하며, 그러하지 아니할 경우에는 대출금을 상환하여야 한다.

제5조(할인료, 연체료 및 지체보상금) (1) "갑"은 "을"이 중도금을 약정일 이전에 납부하는 경우에는 선납금액에 대하여 년(   )%의 할인율을 적용하여 선납일수에 따라 산정된 금액을 할인한다. 단, 잔금에 대하여는 입주지정 최초일 기준으로 하여 할인하며 입주지정 최초일부터 종료일까지는 할인료 및 연체료 규

정을 적용하지 아니한다.

(2) "을"은 중도금 및 잔금의 납부를 지연하여 약정납부일이 경과하였을 때에는 그 경과일수에 대하여 한국주택은행 일반자금대출의 연체요율을 적용하여 산정된 연체료를 가산 납부하여야 한다. 단, 계획된 공사일정이 당초 중도금 납부일정보다 현저히 늦어지는 경우 "갑"과 "을"은 합의하여 위 중도금 납부일정을 조정할 수 있다.

(3) "갑"은 이 계약서 전문에서 정한 입주예정 기일에 입주를 시키지 못할 경우에는 이미 납부한 대금에 대하여 제2항에 의한 연체요율에 의거 "을"에게 지체보상금을 지급하거나 잔여대금에서 공제한다.

(4) 천재지변 또는 "갑"의 귀책사유가 아닌 행정명령 등의 불가항력적인 사유로 인하여 준공이 지연될 경우에는 "갑"은 이를 "을"에게 통보키로 하며 이 경우 제3항에서 정한 지체보상금을 지급하지 아니하기로 한다.

제6조(중도금 및 잔금납부) (1) 중도금 및 잔금의 납부장소는 "갑"이 지정·통보하는 은행으로 하며 "갑"은 중도금 납부일을 "을"에게 별도로 통보할 의무를 지지 않는다.

(2) 개인별로 은행에 신청하여 융자받은 중도금은 제1조에 명시된 중도금 납부일자에 "갑"에게 입금(납부)되어야 하며 납부일의 경과시는 이 계약서상의 연체요율에 의거 연체이자를 부담한다.

제7조(보증책임) "갑"이 파산 등의 사유로 분양계약을 이행할 수 없게 되는 경우 분양보증 또는 연대보증을 한 자가 보증내용에 따라 당해 주택의 분양(사용검사를 포함한다)의 이행 또는 납부한 입주금의 환급(입주자가 원하는 경우에 한한다)의 책임을 진다.

제8조(국민주택기금 대출이자의 부담) 국민주택기금으로 대체되는 잔금에 대한 이자는 입주여부에 관계없이 입주지정기간 만료일 다음날로부터 은행융자금이 "을"에게 지급(대환)되는 날까지 은행대출금리에 의하여 "갑"에게 납부하여야 한다.(단, 국민주택에 한함)

제9조(소유권 이전) (1) "갑"은 본 건물의 준공일로부터 60일 이내에 소유권 보존등기를 하도록 한다.

(2) "을"은 공급대금 및 기타 납부액을 완납하고 "갑"의 소유권 보존등기가 완료되는 날로부터 60일 이내에 "을"의 비용으로 소유권 이전등기를 필하여야 하며 "을"이 이전절차를 완료하지 않음으로써 발생하는 제피해 및 공과금은 "을"이 전액 부담하여야 한다.

(3) "갑"의 귀책사유가 아닌 천재지변이나 행정명령, 기타 택지개발사업 미준공, 공부 미정리등의 부득이한 사정으로 소유권 이전절차가 지연될 경우 "을"은 이에 대하여 이의를 제기하지 못한다.

(4) 이 계약서상의 공유대지는 전용면적비율에 의거 배분하여 공유지분으로 이전되며 "갑"은 "을"에게 위치를 지정 또는 할양하지 아니하며 "을"은 공유지분의 분할청구를 할 수 없다.

(5) 계약시 체결된 건물의 공급면적 및 대지의 공유지분은 공부정리 절차등의 부득이한 경우에 한해 법령이 허용하는 오차 범위내에서 증감이 있을 수 있으나 증감이 있을 때에는 계약서와 등기부상의 면적차이에 대하여 분양당시 가격을 기준으로 계산하여 소유권 이전등기시까지 상호 정산하기로 한다.

제10조(지번의 변경) 목적물의 지번은 필지분할 또는 합필에 의하여 변경될 수 있다.

제11조(제세공과금의 부담) 입주지정일 이후 발생하는 제세공과금에 대하여는 입주 및 잔금완납이나 소유권이전 유무에 관계없이 "을"이 부담한다. 단, "을"의 불이행으로 인해 "갑"이 입은 손해는 "을"이 배상한다.

제12조(공유물 및 부대시설의 공동사용) "을"은 공유시설물(기계실, 전기실, 관리사무소 지하주차장등)및 부대복리시설(공중변소, 노인정, 어린이놀이터 등)을 공동으로 이용하여야 한다.

제13조(관리) 건물 준공후의 관리는 주택건설촉진법 및 공동주택관리령에서 정하는 바에 따라 시행한다.

제14조(특별수선충당금의 적립) "갑" 또는 주택건설촉진법에 의하여 선정된 주택관리주체는 공동주택의 주요시설의 교체 및 하자보수를 위하여 주택건설촉진법 및 공동주택관리령의 규정에 의한 특별수선충당금을 "을"로부터 징수, 적립하여 필요시 사용토록 한다.

제15조(하자보수) (1) "갑"은 당해건물의 시공상 하자에 대하여는 공동주택관리령의 규정에 의하여 보수책임을 진다.
(2) "을"의 관리부실로 인하여 발생하는 당해건물의 제반 훼손부분은 "을"이 보수 유지한다.

제16조(화재보험) 화재로 인한 재해보상과 보험가입에 관한 법률에 의하여 "을"은 본 아파트를 인도받음과 동시에 집약관리를 위해 동법에서 지정하는 보험회사와 화재보험계약을 "을"의 부담으로 체결하여야 한다. 또한 화재보험에 가입하지 않음으로써 화재 기타 이와 유사한 재해등으로 발생하는 제반피해는 "을"이 책임진다.

제17조(입주절차) (1) "을"은 공급대금 및 연체료를 기일내에 완납하고 "갑"이 요구한 제반서류를 제출한 후 입주일이 명시된 입주증을 발급받아 입주하여야 한다.
(2) "을"은 입주시 관리예치금을 납부한다.
(3) "을"은 "갑"이 지정하는 입주지정기간 만료일 다음 날로부터 입주여부에 관계없이 관리비를 부담해야 한다. 단, 입주지정기간 만료일 이전에 입주시는 실입주일로부터 관리비를 부담해야 한다.
(4) 본 아파트의 입주일은 공사 진행결과에 따라 단축될 수 있으며, 이 경우 미도래된 중도금과 잔금은 실입주일 이전에 납부해야 한다.(단, 이경우 선납할인은 적용하지 아니한다)

제18조(기타사항) (1) 견본주택(모델하우스)내에 시공된 제품은 다른제품으로 변경될 수 없다. 단, "갑"의 귀책사유가 아닌 자재의 품절, 품귀등 부득이한 경우에 한하여 동질, 동가이상의 다른 제품으로 변경 시공될 수 있다.

(2) 견본주택(모델하우스)및 각종 인쇄물과 모형도상의 구획선 및 시설물의 위치, 설계도면 등의 표시가 계약체결일 이후 사업계획 변경승인 및 신고등에 따라 일부 변경될 경우에는 "갑"은 이를 "을"에게 통보키로 한다.(단, "갑"은 경미한 사항의 변경에 대해서는 6개월 이하의 기간마다 그 변경내용을 모아서 "을"에게 통보할 수 있다.)

(3) 이 계약에 관한 소송의 관할법원은 "갑"과 "을"이 합의하여 결정하는 관할법원으로 하며 "갑"과 "을"간의 합의가 이루어지지 아니한 경우에는 위 주택 소재지를 관할하는 법원 또는 민사소송법에 의한 법원으로 한다.

(4) 이 계약에 명시되지 아니한 사항은 "갑"과 "을"이 합의하여 결정하되 합의되지 아니한 사항은 관계법령 및 일반관례에 따른다.

이 계약의 내용을 증명하기 위하여 계약시 2통을 작성하여 "갑"과 "을"이 각 1통씩 보관한다.

20○○년 ○월 ○일

매도인	주 소						
	성 명 또 는 상 호		인	주민등록번호 또 는 사업자등록번호		전 화 번 호	
매수인	주 소						
	성 명 또 는 상 호		인	주민등록번호 또 는 사업자등록번호		전 화 번 호	

■ 참 고 ■

1. 분양공고

사업시행자는 사업시행인가의 고시가 있는 날(사업시행인가 이후 시공자를 선정한 경우에는 시공자와 계약을 체결한 날)부터 60일 이내에 개략적인 부담금 내역 및 분양신청기간 등 해당 사항을 토지 등 소유자에게 통지하고 분양의 대상이 되는 대지 또는 건축물의 내역 등을 해당 지역에서 발간되는 일간신문에 공고해야 합니다.

2. 분양신청

대지 또는 건축물에 대한 분양을 받으려 하는 토지 등 소유자는 분양신청기간 내에 분양신청서에 소유권의 내역을 명기하고, 그 소유의 토지 및 건축물에 관한 등기부등본 또는 환지예정지증명원을 첨부하여 사업시행자에게 제출하여 대지 또는 건축물에 대한 분양신청을 해야 합니다.

3. 잔여분 일반 분양

사업시행자는 분양신청을 받은 후 잔여분이 있는 경우에는 정관, 운영규약, 시장·군수 등이 작성한 시행규정 또는 사업시행계획이 정하는 목적을 위해 보류지(건축물 포함)로 정하거나 조합원 외의 자에게 분양할 수 있습니다.

(관련판례)

분양계약을 체결하는 과정에서 일조나 조망, 사생활의 노출 차단 등에 관한 상황에 대하여 일정한 기준에 이르도록 하기로 약정이 이루어졌다거나, 수분양자가 일조나 조망, 사생활의 노출 차단 등이 일정한 기준에 미치지 아니하는 사정을 알았더라면 그 분양계약을 체결하지 않았을 것임이 경험칙상 명백하여 분양자가 신의성실의 원칙상 사전에 수분양자에게 그와 같은 사정을 설명하거나 고지할 의무가 있음에도 이를 설명·고지하지 아니함에 따라 일조나 조망, 사생활의 노출 차단 등이 일정한 기준에 이를 것이라는 신뢰를 부여하였다고 인정할 만한 특별한 사정이 없는 한, 아파트 각 동·세대의 배치 및 구조, 아파트의 층수, 아파트 각 동·세대 사이의 거리 등에 관한 기본적인 계획(이하 '기본적인 건축 계획'이라 한다)에 의하여 결정되는 일조나 조망, 사생활의 노출 등에 관한 상황에 대하여 수분양자가 이를 예상하고 받아들여 분양계약에 이르렀다고 봄이 상당하다. 따라서 분양된 아파트가 건축관계법령 및 주택법상의 주택건설기준 등에 적합할 뿐만 아니라, 분양계약 체결 당시 수분양자에게 알려진 기본적인 건축 계획대로 건축된 경우에는 아파트 각 동·세대의 방위나 높이, 구조 또는 다른 동과의 인접 거리 등으로 인하여 일정 시간 이상의 일조가 확보되지 아니하고 조망이 가려지며 사생활이 노출된다고 하더라도, 위에서 본 바와 같은 특별한 사정이 있지 않는 한, 이를 가지고 위 아파트가 그 분양계약 당시 수분양자에게 제공된 기본적인 건축 계획에 관한 정보에 의하여 예상할 수 있었던 범위를 벗어나 분양계약의 목적물로서 거래상 통상 갖추어야 하거나 당사자의 특약에 의하여 보유하여야 할 품질이나 성질을 갖추지 못한 경우에 해당된다고 할 수 없다(대법원 2010.4.29. 선고 2007다9139 판결).

16. 국가, 지방자치단체 계약

① 국가기관

[서식] 입찰참가신청서

입찰참가신청서				처리기간
※ 아래 사항 중 해당되는 경우에만 기재하시기 바랍니다.				즉시
신청인	상호또는법인명칭		법인등록번호	
	주소		전화번호	
	대표자		주민등록번호	
입찰개요	입찰공고(지명)번호	제 호	입찰일자	. . .
	입찰건명			
입찰보증금	납부	· 보증금율 : % · 보증액 : 금 원정(₩) · 보증금납부방법 :		
	납부면제 및 지급확약	· 사유 : · 본인은 낙찰 후 계약미체결시 귀부(처·청)에 낙찰금액에 해당하는 소정의 입찰보증금을 현금으로 납부할 것을 확약합니다.		
대리인·사용인감	본 입찰에 관한 일체의 권한을 다음의 자에게 위임합니다. 성명_____ 주민등록번호_____		본 입찰에 사용할 인감을 다음과 같이 신고합니다. 사용인감 _____(인)	

본인은 위의 번호로 공고(지명통지)한 귀부(처·청)의 일반(제한·지명)경쟁입찰에 참가하고자 정부에서 정한 공사[물품구매(제조)·용역]입찰유의서 및 입찰공고사항을 모두 승낙하고 별첨서류를 첨부하여 입찰참가신청을 합니다.
 	
붙임서류:1. 입찰참가자격을 증명하는 서류 사본 1통
      2. 인감증명서 또는 본인서명사실확인서 1통
      3. 그 밖에 공고로서 정한 서류
 	
                            .   .   .
                                신청인   (인)
_____귀하				

세입세출외현금출납공무원 성명 : ㉑ 유가증권취급공무원 성명 : ㉑				

				처리기간	
경쟁입찰참가자격등록증				즉시	

신 청 인	상호또는법인명칭		법인등록번호	
	주소		전화번호	
	대표자		주민등록번호	
등록 사항	등록관서		등록일자	.　　.　　.
	유효기간	.　　.　.부터　　　.　.　.까지		
	등록종목(세부품목)			

상기인은 「국가를 당사자로 하는 계약에 관한 법률 시행규칙」 제15조의 규정에 의하여 경쟁입찰 유자격자로 귀부(처·청)에 등록되었음을 증명하여 주시기 바랍니다.

신청인　　　　(인)

_____귀하

위의 사실이 틀림없음을 증명합니다.

중앙관서의 장　　　　(인)

구비서류 : 없음	수수료	
	없음	

※ 주의사항
1. 이 증서는 해당 등록종목(세부품목)에 대한 입찰에 관하여 교부관서 및 다른 중앙
   관서에서 통용됩니다.
2. 이 증서내용의 변경은 교부관서의 정정인이 없는 경우에는 무효입니다.
3. 기재사항중 추가 또는 정정을 필요로 할 때에는 교부관서에 신청하여야 합니다.

	일반 (　제한　) 경쟁입찰참가통지서 지명			
입찰 참가 자	상호 또는 법인명칭		법인등록번호	
	주소		전화번호	
	대표자		주민등록번호	
입찰 내용	입찰건명			
	현장설명	일시 :	장소 :	
	입찰	일시 :	장소 :	
	입찰등록마감일시	년　　월　　일　　시 까지		
	서류제출처	(전화번호 :　　　　　　　)		

　　우리부(처·청)에서 집행하는 위 입찰에 귀사를 입찰참가자격자로 선정하여 통보하오니 소정의 절차를 마친 후 입찰에 참가하시기 바랍니다.

.　　　.　　　.

○○관서

중앙관서의 장 또는　　성명　　　　　　(인)
계약담당공무원

_____ 귀하

[서식] 입찰참가신청증

입찰참가신청증				처리기간
				즉시
입찰 개요	입찰공고(지명)번호		입찰일자	. . .
	입찰건명			
신청인	상호 또는 법인명칭		법인등록번호	
	주소		전화번호	
	대표자		주민등록번호	

　　귀하는 이번에 위의 번호로 공고(지명통지)한 우리 부(처·청)의 일반(제한·지명)경쟁입찰에 참가신청을 마친 자임을 증명합니다.

.   .   .

○○관서

중앙관서의 장 또는 성명　　(인)
계약담당공무원

_____ 귀하

입찰서

입찰내용	공고번호	제 호	입찰일자	. . .
	건명			
	금액	금	원정(₩)	
	준공(납품)연월일			
입찰자	상호 또는 법인명칭		법인등록번호	
	주소		전화번호	
	대표자		주민등록번호	

　본인은 「국가를 당사자로 하는 계약에 관한 법률 시행규칙」에 의한 공사[물품구매(제조)·용역]입찰유의서에 따라 응찰하여 이 입찰이 귀 기관에 의하여 수락되면 공사[물품구매(제조)·용역]계약일반조건·계약특수조건·설계서(물품규격서) 및 현장설명사항에 따라 위의 입찰금액으로 준공(납품·용역수행)기한 내에 공사(물품·용역)를 완성(제조·납품)할 것을 확약하며 입찰서를 제출합니다.
　붙임 : 산출내역서(100억원 이상 공사의 경우) 1부

.　　　.　　　.

입찰자　　　　　(인)

_____ 귀하

[서식] 공사도급표준계약서

공사도급표준계약서			계약번호 제 호
			공고번호 제 호

계약자	발주처	○○부(처, 청)중앙관서의 장 또는 계약담당공무원 성명	
	계약상대자	· 상호 또는 법인명칭 · 주소 · 대표자	· 법인등록번호 · 전화번호
	연대보증인	· 상호 또는 법인명칭 · 주소 · 대표자	· 법인등록번호 · 전화번호

계약내용	공사명	
	계약금액	금 　　　　　원정(₩ 　　　)
	총공사부기금액	금 　　　　　원정(₩ 　　　)
	계약보증금	금 　　　　　원정(₩ 　　　)
	현장	
	지체상금율	%
	물가변동계약 금액조정방법	． 　　 ． 　　 ．
	착공연월일	． 　　 ． 　　 ．
	준공연월일	
	기타사항	

하자담보책임(복합공종의 경우 공종별 구분 기재)			
공종	공종별 계약 금액	하자보수보증금율(%) 및 금액	하자담보책임기간
		(　)% 금 　　 원정	
		(　)% 금 　　 원정	
		(　)% 금 　　 원정	

　중앙관서의 장(계약담당공무원)과 계약상대자는 상호 대등한 입장에서 붙임의 계약문서에 의하여 위의 공사에 대한 도급계약을 체결하고 신의에 따라 성실히 계약상의 의무를 이행할 것을 확약하며, 연대보증인은 계약자와 연대하여 계약상의 의무를 이행할 것을 확약한다. 이 계약의 증거로서 계약서를 작성하여 당사자가 기명날인한 후 각각 1통씩 보관한다.

　붙임서류 : 1. 공사입찰유의서 1부
　　　　　　2. 공사계약일반조건 1부
　　　　　　3. 공사계약특수조건 1부
　　　　　　4. 설계서 1부
　　　　　　5. 산출내역서 1부

　　　　　　　　　　　　　　　． 　　 ．

　　중앙관서의 장 또는 계약담당공무원　　　(인)

　　　　계약상대자　　　　　(인)
　　　　연대보증인　　　　　(인)

물품구매표준계약서		계약번호 제 호
		공고번호 제 호

계약자	발주처	○○부(처, 청)중앙관서의 장 또는 계약담당공무원 성명	
	계약상대자	· 상호 또는 법인명칭 · 법인등록번호 · 주소 · 전화번호 · 대표자	
계약내용	물품명		
	계약금액	금 원정(₩)	
	총제조부기금액	금 원정(₩)	
	계약보증금	금 원정(₩)	
	지체상금율	%	
	물가변동계약 금액조정방법		
	납품일자	. . . ~ . . .	
	납품장소		
	기타사항		

중앙관서의 장(계약담당공무원)과 계약상대자는 붙임의 계약문서에 의하여 위 물품에 대한 구매계약을 체결하고 신의에 따라 성실히 계약상의 의무를 이행할 것을 확약하며, 이 계약의 증거로서 계약서를 작성하여 당사자가 기명날인한 후 각각 1통씩 보관한다.

붙임서류 : 1. 물품구매입찰유의서 1부

2. 물품구매계약일반조건 1부

3. 물품구매계약특수조건 1부

4. 규격 및 내용서 1부

5. 산출내역서 1부

. . .

중앙관서의 장 또는 계약담당공무원 (인)

계약상대자 (인)

물품내역서					
품명	규격	단위	수량	단가	금액

[서식] 용역표준계약서

용역표준계약서		계약번호 제 호
		공고번호 제 호

계약자	발주처	○○부(처, 청)중앙관서의 장 또는 계약담당공무원 성명	
	계약상대자	· 상호 또는 법인명칭 · 법인등록번호 · 주소 · 전화번호 · 대표자	

계약내용	용역명			
	계약금액	금	원정(₩)	
	총용역부기금액	금	원정(₩)	
	계약보증금	금	원정(₩)	
	지체상금율	%		
	계약기간	. . . ~ . . .		
	위치			
	기타사항			

중앙관서의 장(계약담당공무원)과 계약상대자는 상호 대등한 입장에서 붙임의 계약문서에 의하여 위 기술용역에 대한 도급계약을 체결하고 신의에 따라 성실히 계약상의 의무를 이행할 것을 확약하며, 이 계약의 증거로서 계약서를 작성하여 당사자가 기명날인한 후 각각 1통씩 보관한다.

붙임서류 : 1. 기술용역입찰유의서 1부

2. 기술용역계약일반조건 1부

3. 기술용역계약특수조건 1부

4. 과업내용서 1부

5. 산출내역서 1부

.   .   .

중앙관서의 장 또는 계약담당공무원   (인)

계약상대자   (인)

계약보증금납부서

입찰번호	제 호	입찰연월일	. . .
계약건명			
계약번호	제 호	계약(예정)연월일	. . .
계약금액	금 원정(₩)		
계약보증금액	금 원정(₩)		
보증금납부방법			
계약이행기간	년 월 일부터 년 월 일까지(년 개월)		

위의 금액을 계약보증금으로 납부합니다.

　　　　　　　　　　　　　　.　　　　　.

　　　　　상호 또는 법인명칭 :　　　　　　전화번호 :
　　　　　주소 :
　　　　　대표자 :　　　　　　　　　(인)
　　　　　주민(법인)등록번호 :

　　　　＿＿＿＿＿＿＿＿ 귀하

세입세출 외 현금출납공무원 성명 :　　　　　　　　　(인)
유가증권취급공무원 성명 :　　　　　　　　　(인)

입찰보증금의계약보증금대체납부신청서

입찰번호	제 호	입찰연월일	. . .
계약건명			
계약번호	제 호	계약(예정)연월일	. . .
계약금액	금 원정(₩)		
계약보증금액	금 원정(₩)		
보증금납부방법			
계약이행기간	년 월 일부터 년 월 일까지(년 개월)		

위의 금액을 계약보증금으로 납부합니다.

.   .   .

　　　　상호 또는 법인명칭 :　　　　전화번호 :
　　　　주소 :
　　　　대표자 :　　　　　　　(인)
　　　　주민(법인)등록번호 :

　　　　　　　　　귀하

세입세출 외 현금출납공무원 성명 :　　　　　　　(인)
유가증권취급공무원 성명 :　　　　　　　(인)

[서식] 하자보수보증금납부서

하자보수보증금납부서

입찰번호	제 호	입찰연월일	. . .
계약건명			
계약번호	제 호	준공연월일	. . .
계약금액	금 원정(₩)		

하자보수보증금 납부내역

공종	공종별 계약금액	하자보수보증금율(%) 및 금액	하자담보책임기간
	원정	( )% 금 원정	. . .~ . . .
	원정	( )% 금 원정	. . .~ . . .
	원정	( )% 금 원정	. . .~ . . .

보증금납부방법

위의 금액을 하자보수보증금으로 납부합니다.

.   .   .

상호 또는 법인명칭 :   전화번호 :
주소 :
대표자 :   (인)
주민(법인)등록번호 :

_____ 귀하

세입세출외 현금출납공무원   성명 :   (인)
유가증권취급공무원   성명: (인)

[서식] 각서

각서

「국가를 당사자로 하는 계약에 관한 법률 시행규칙」 제57조제1항의 규정에 의하여 보증금으로 정부보관유가증권 납입필통지서에 기재된 주식을 제출함에 있어 당해 주식이 위조가 아니며 만일 당해 주식의 진위에 관하여 앞으로 문제가 발생할 때에는 그에 관한 모든 책임을 본인이 지겠습니다.

.   .   .

상호 또는 법인명칭 :   전화번호 :
주소 :
대표자 :   (인)
주민(법인)등록번호 :
기관명 : _____

유가증권취급공무원 귀하

기관명

우편번호, 주소 :　　　　　　　　(전화번호)　　　　　　담당자 :

문서번호 :
발신일 :　　　　　.　　.　　.
수신 :
참조 :
제목 : 부정당업자제재확인서

부정당업자	상호 또는 법인명칭		사업자등록번호	
			법인등록번호	
	주소			
	대표자		주민등록번호	
	주소			
	영업종목 (세부품목)		면허·등록번호등	
제재내용	제재근거			
	해약연월일			
	제재연월일		만료연월일	
	제재기간	.　.　.　～　.　.　.		

(제재에 대한 구체적인 사유 및 보증금의 처리결과)
(기타 참고사항)

　　　　　　　　　　　　　중앙관서의 장　　　　　(인)

② 지방자치단체

[서식] 입찰참가신청서

입찰 참가신청서					처리기간
※ 아래 사항 중 해당란만 적으시기 바랍니다.					즉시
신청인	상호 또는 법인명		법인등록번호		
	주소		전화번호		
	대표자		주민등록번호		
입찰개요	입찰공고(지명)번호	제 호	입찰일	. . .	
	입찰건명				
입찰보증금	납부	・보증금률: % ・보증금: 금 원정(₩) ・보증금 납부방법:			
	납부 면제 및 지급확약	・사유: ・본인은 낙찰 후 계약을 체결하지 아니한 때에는 귀 자치단체에 입찰보증금에 해당하는 금액을 현금으로 납부할 것을 확약합니다.			
대리인		본 입찰에 관한 일체의 권한을 다음의 자에게 위임합니다. 성명: 주민등록번호:			

본인은 위의 번호로 공고(지명통지)한 귀 자치단체의 일반(제한・지명) 입찰에 참가하고자 공사(물품구매・기술용역) 입찰유의서 및 입찰공고 사항을 모두 승낙하고 구비서류를 첨부하여 입찰참가를 신청합니다.

년   월   일

신청인   (인)

귀하

구비서류	1. 입찰 참가자격을 증명하는 서류 사본 1통 2. 위임장 1부(위임한 경우만 해당한다) 3. 그 밖에 공고에서 제출하도록 한 서류	수수료
		없음
세입세출 외 현금출납원 성명: (인)		

입찰 참가신청증				처리기간	
				즉시	
입찰개요	입찰공고 (지명)번호		입찰일	. . .	
	입찰건명				
신청인	상호 또는 법인명		법인등록번호		
	주소		전화번호		
	대표자		주민등록번호		

　　귀하는 이번에 위의 번호로 공고(지명통지)한 우리 자치단체의 일반(제한·지명)
입찰에 참가신청을 마친 자임을 증명합니다.

. 　 . 　 .

○○관서

　　　　　　　　　　자치단체의 장 또는　　성명　　　　　　　(인)
　　　　　　　　　　　계약담당자

　　　　　　　귀하

[서식] 입찰참가자격등록증

입찰 참가자격 등록증				처리기간	
				즉시	
신청인	상호 또는 법인명		법인등록번호		
	주소		전화번호		
	대표자		주민등록번호		
등록사항	등록관서		등록일	. . .	
	유효기간	. . . 부터		. . . 까지	
	등록 종목 (세부 품목)				

위 자는 「지방자치단체를 당사자로 하는 계약에 관한 법률 시행규칙」 제15조에 따라 입찰 참가자격이 있는 자로 귀 발주기관(발주자)에 등록되었음을 증명하여 주시기 바랍니다.

. . .

신청인   (인)

귀하

위의 사실이 틀림없음을 증명합니다.

. . .

자치단체의 장   (인)

구비서류: 없음	수수료
	없음

※주의사항
1. 이 증서내용이 변경된 경우 발주기관의 정정인이 없는 경우에는 무효입니다.
2. 기재사항 중 추가 또는 정정이 필요할 때에는 발주기관에 신청하여야 합니다.

<table>
<tr><td colspan="5" align="center">**일반**
(제한)   **입찰 참가통지서**
지명</td></tr>
</table>

입찰참가자	상호 또는 법인명		법인등록번호	
	주소		전화번호	
	대표자		주민등록번호	
입찰내용	입찰건명			
	현장설명	일시:	장소:	
	입찰	일시:	장소:	
	입찰등록마감일시	년 월 일 시까지		
	서류제출처	(전화번호:)		

   우리 자치단체에서 집행하는 위 입찰에 귀사를 입찰참가적격자로 선정하여 통보하오니 법령에서 규정한 절차를 마친 후 입찰에 참가하시기 바랍니다.

                                      .   .   .

               OO관서

            자치단체의 장 또는

                             성명   (인)

            계약담당자

          귀하

[서식] 입찰서

<table>
<tr><td colspan="5" style="text-align:center">입찰서</td></tr>
<tr><td rowspan="4">입
찰
내
용</td><td>공고번호</td><td>제   호</td><td>입찰일</td><td>.   .   .</td></tr>
<tr><td>건명</td><td colspan="3"></td></tr>
<tr><td>금액</td><td colspan="3">금   원정(₩   )</td></tr>
<tr><td>준공(납품)연월일</td><td colspan="3"></td></tr>
<tr><td rowspan="3">입
찰
자</td><td>상호 또는 법인명</td><td></td><td>법인등록번호</td><td></td></tr>
<tr><td>주소</td><td></td><td>전화번호</td><td></td></tr>
<tr><td>대표자</td><td></td><td>주민등록번호</td><td></td></tr>
</table>

　본인은 「지방자치단체를 당사자로 하는 계약에 관한 법률 시행규칙」에 따른 공사(물품구매・용역) 입찰유의서에 따라 입찰에 응하여 이 입찰이 귀 기관에 의하여 수락되면 공사(물품구매・용역)계약의 일반조건, 특수조건, 설계서(물품규격서) 및 현장설명 사항에 따라 위의 입찰금액으로 준공(납품・용역수행)기한까지 공사(물품・용역)를 완성(제조・납품)할 것을 확약하며 입찰서를 제출합니다.

붙임: 산출내역서(「지방자치단체를 당사자로 하는 계약에 관한 법률 시행령」 제15조제6항 단서에 해당하지 않는 공사의 경우에만 제출한다) 1부

입찰자   (인)

　　　　귀하

공사도급 표준계약서			계약번호 제 호		
			공고번호 제 호		
계약자	발주처	○ ○ 자치단체의 장 또는 계약담당자 성명			
	계약상대자	· 상호 또는 법인명 · 법인등록번호 · 대표자 · 주소 · 전화번호			
계약내용	공사명				
	계약금액	금 원정(₩)			
	총공사부기금액	금 원정(₩)			
	계약보증금	금 원정(₩)			
	현장				
	지연배상금률	%			
	물가변동계약금액조정 방법	· · · ~ · · ·			
	착공연월일				
	준공연월일				
	그 밖의 사항				
하자담보책임(복합공종의 경우 공종별 구분 기재)					
공종	공종별 계약금액	하자보수보증금율(%) 및 금액		담보책임 존속기간	
		( )% 금 원정			
		( )% 금 원정			
		( )% 금 원정			

    자치단체의 장(계약담당자)과 계약상대자는 상호 대등한 입장에서 붙임의 계약문서에 의하여 위의 공사에 대한 도급계약을 체결하고 신의에 따라 성실히 계약상의 의무를 이행할 것을 확약한다. 이 계약의 증거로서 계약서를 작성하여 당사자가 기명날인한 후 각각 1통씩 보관한다.

    붙임서류: 1. 공사 입찰유의서 1부
                 2. 공사계약 일반조건 1부
                 3. 공사계약 특수조건 1부
                 4. 설계서 1부
                 5. 산출내역서 1부   ·   ·   ·

                             자치단체의 장 또는
                             계약담당자   (인)
                             계약상대자   (인)

[서식] 물품제조 · 구매 등 표준계약서

		계약번호 제 호
물품제조 · 구매 등 표준계약서		공고번호 제 호

계약서	발주처	○ ○ 자치단체의 장 또는 계약담당자 성명	
	계약상대자	· 상호 또는 법인명 · 주소 · 대표자	· 법인등록번호 · 전화번호

계약내용	물품명	
	계약금액	금 원정(₩)
	총제조부기금액	금 원정(₩)
	계약보증금	금 원정(₩)
	지연배상금률	%
	물가변동계약금액조정 방법	
	납품일	. . . ~ . . .
	납품장소	
	그 밖의 사항	

　자치단체의 장(계약담당자)과 계약상대자는 붙임의 계약문서에 의하여 위 물품에 대한 구매계약을 체결하고 신의에 따라 성실히 계약상의 의무를 이행할 것을 확약하며, 이 계약의 증거로서 계약서를 작성하여 당사자가 기명날인한 후 각각 1통씩 보관한다.

　붙임서류: 1. 물품구매 입찰유의서 1부
　　　　　 2. 물품구매계약 일반조건 1부
　　　　　 3. 물품구매계약 특수조건 1부
　　　　　 4. 규격 및 내용서 1부
　　　　　 5. 산출내역서 1부

.   .   .

자치단체의 장 또는
계약담당자　　　　　　　(인)
계약상대자　　　　　　　(인)

물품내역서

품명	규격	단위	수량	단가	금액

용역 표준계약서			계약번호　　제　　　호
			공고번호　　제　　　호

계약서	발주처	○ ○ 자치단체의 장 또는 계약담당자 성명	
	계약상대자	· 상호 또는 법인명 · 주소 · 대표자	· 법인등록번호 · 전화번호
계약내용	용역명		
	계약금액	금　　　　　　원정(₩　　　　　)	
	총용역부기금액	금　　　　　　원정(₩　　　　　)	
	계약보증금	금　　　　　　원정(₩　　　　　)	
	지연배상금률	%	
	계약기간	．　．　．　~　．　．　．	
	위치		
	그 밖의 사항		

　자치단체의 장(계약담당자)과 계약상대자는 상호 대등한 입장에서 붙임의 계약문서에 의하여 위 용역에 대한 도급계약을 체결하고 신의에 따라 성실히 계약상의 의무를 이행할 것을 확약하며, 이 계약의 증거로서 계약서를 작성하여 당사자가 기명날인한 후 각각 1통씩 보관한다.

　붙임서류 : 1. 용역 입찰유의서 1부
　　　　　　 2. 용역계약 일반조건 1부
　　　　　　 3. 용역계약 특수조건 1부
　　　　　　 4. 과업내용서 1부
　　　　　　 5. 산출내역서 1부　　　　　　　　　．　．　．

　　　　　　　　　　　　　　　　자치단체의 장 또는
　　　　　　　　　　　　　　　　　　계약담당자　　　　　　　(인)
　　　　　　　　　　　　　　　　　　계약상대자　　　　　　　(인)

계약보증금 납부서

입찰번호	제 호	입찰연월일	. . .
계약건명			
계약번호	제 호	계약(예정)연월일	
계약금액	금 원정(₩)		
계약보증금액	금 원정(₩)		
보증금 납부방법			
계약이행기간	년 월 일부터 년 월 일까지 (년 개월)		

위의 금액을 계약보증금으로 납부합니다.

. . .

상호 또는 법인명: 전화번호:
주소:
대표자: (인)
주민(법인)등록번호:

　　　　　귀하

세입세출 외 현금출납원   성명: (인)

입찰보증금의 계약보증금 대체납부신청서

입찰번호	제 호	입찰연월일	. . .
계약건명			
계약번호	제 호	계약(예정)연월일	
계약금액	금 원정(₩)		
계약보증금액	금 원정(₩)		
보증금 납부방법			
계약이행기간	년 월 일부터 년 월 일까지 (년 개월)		

위의 금액을 계약보증금으로 납부합니다.

.   .   .

상호 또는 법인명: 전화번호:

주소:

대표자: (인)

주민(법인)등록번호:

귀하

세입세출 외 현금출납원   성명: (인)

[서식] 하자보수보증금 납부서

하자보수보증금 납부서

입찰번호	제 호	입찰연월일	. . .
계약건명			
계약번호	제 호	준공연월일	
계약금액	금 원정(₩)		

<table>
<tr><td colspan="4" align="center">하자보수보증금 납부내역</td></tr>
<tr><td>공종</td><td>공종별 계약금액</td><td>하자보수보증금률(%) 및 금액</td><td>담보책임 존속기간</td></tr>
<tr><td></td><td>원정</td><td>(   )%금   원정</td><td>. . . ~   . . .</td></tr>
<tr><td></td><td>원정</td><td>(   )%금   원정</td><td>. . . ~   . . .</td></tr>
<tr><td></td><td>원정</td><td>(   )%금   원정</td><td>. . . ~   . . .</td></tr>
<tr><td>보증금
납부방법</td><td colspan="3"></td></tr>
</table>

위의 금액을 하자보수보증금으로 납부합니다.

　　상호 또는 법인명:　　　　　　전화번호:
　　주소:
　　대표자:　　　　　　　　　　(인)
　　주민(법인)등록번호:

　　　　　　귀하

세입세출 외 현금출납원   성명: (인)

[서식] **부정당업자 제재확인서**

기관명

우편번호·주소:　　　　　　　　(전화번호)　　　　　　담당자:

문서번호:
발신일:
수신:
참조:
제목:

부정당업자 제재확인서

			사업자등록번호	. . .
부정당업자	상호 또는 법인명		법인등록번호	
	주소			
	대표자		주민등록번호	
	주소			
	영업종목 (세부품목)		면허·등록번호 등	
제재내용	제재근거			
	해약연월일			
	제재연월일		만료연월일	
	제재기간	. . . ~ . . .		

(제재에 대한 구체적인 사유 및 보증금의 처리결과)
(그 밖의 참고사항)

자치단체의 장　　　　　　　(인)

[서식] 지방계약전문기관 지정신청서

지방계약전문기관 지정신청서

※ 색상이 어두운 난은 신청인이 적지 않습니다.

접수번호	접수일	처리기간

신청인	기관명		사업자등록번호	
	대표자 성명		전화번호	
	주소			

「지방자치단체를 당사자로 하는 계약에 관한 법률」 제39조제2항 및 같은 법 시행령 제123조의2제2항에 따라 지방계약전문기관의 지정을 신청합니다.

년   월   일

신청인(법인대표자)

(서명 또는 인)

행정안전부장관   귀하

첨부서류	1. 「지방자치단체를 당사자로 하는 계약에 관한 법률 시행령」 제123조의2제1항제1호 각 목의 업무를 수행할 조직 및 인력 현황에 관한 서류 2. 「지방자치단체를 당사자로 하는 계약에 관한 법률 시행령」 제123조의2제1항제1호 각 목의 업무와 관련된 분야에 대한 전문적인 조사·연구·평가 또는 상담·지원 등을 한 실적에 관한 서류	수수료 없음

제2편

계약 관련 소송 서식

1. 매매계약 관련 소송 서식

[서식] 매매대금청구의 소(토지임차인의 건물철거소송 패소 후)

소　　　장

원　　고　　○○○ (주민등록번호)
　　　　　　○○시 ○○구 ○○길 ○○(우편번호)
　　　　　　전화·휴대폰번호:
　　　　　　팩스번호, 전자우편(e-mail)주소:
피　　고　　◇◇◇ (주민등록번호)
　　　　　　○○시 ○○구 ○○길 ○○(우편번호)
　　　　　　전화·휴대폰번호:
　　　　　　팩스번호, 전자우편(e-mail)주소:

매매대금청구의 소

청 구 취 지

1. 피고는 원고에게 금 ○○○원 및 이에 대하여 이 사건 소장 부본 송달 다음날부터 판결선고일까지는 연 5%, 그 다음날부터 다 갚는 날까지는 연 15%의 각 비율에 의한 돈을 지급하라.
2. 소송비용은 피고가 부담한다.
3. 위 제1항은 가집행 할 수 있다.
라는 판결을 구합니다.

청 구 원 인

1. 원고는 피고로부터 별지1 목록기재 토지를 건물소유를 목적으로 임차료는 매월 금 ○○○원, 임차기한은 20○○. ○. ○.로 정하여 임차한 후, 별지1 목록기재 토지 위에 별지2 목록기재 건물을 건축하였습니다.
2. 그 후 피고는 20○○. ○. ○.로 위 임대차기간이 만료되기 1개월 전에 계약갱신 거절의사를 내용증명우편으로 통고하였으며, 임대차기간이 만료되자 원고를 상대로 ○○지방법원 20○○가단○○○ 토지인도 및 건물철거소송을 제기하여 원고 패소로 확정되었으며, 원고는 위 판결이 확정되었으므로 별지1 목록기재 토지 및 별지2 목록기재 건물을 피고에게 내주었는데, 피고는 별지2 목록기재 건물을 철거하지 않고 자기가 사용하고 있습니다.

3. 따라서 원고는 비록 ○○지방법원 20○○가단○○○ 토지인도 등 청구소송에서는 토지임차인으로서 민법 제643조 및 제283조에 따른 건물매수청구항변을 하지 못하고 패소하여 판결이 확정되었지만, 피고가 아직 별지2 목록기재 건물을 철거하지 않고 자기가 사용하고 있으므로, 이 사건 소장부본의 송달로써 별지2 목록기재 건물의 매수청구의사표시를 하고 청구취지와 같은 매매대금을 지급 받기 위하여 이 사건 소송제기에 이른 것입니다.

입 증 방 법

1. 갑 제1호증   임대차계약서
1. 갑 제2호증   부동산등기사항증명서

첨 부 서 류

1. 위 입증방법   각 1통
1. 소장부본   1통
1. 송달료납부서   1통

20○○. ○. ○.

위 원고   이○○ (서명 또는 날인)

○○지방법원 귀중

[별 지1]
부동산의 표시

○○시 ○○구 ○○동 ○○ 대 ○○○㎡. 끝.

[별 지2]
부동산의 표시

○○시 ○○구 ○○동 ○○ 대 ○○○㎡ 지상
 목조 기와지붕 단층주택 ○○○㎡. 끝.

■ 참 고 ■

1. 관 할

① 소(訴)는 피고의 보통재판적(普通裁判籍)이 있는 곳의 법원의 관할에 속하고, 사람의 보통재판적은 그의 주소에 따라 정하여지나, 대한민국에 주소가 없거나 주소를 알 수

없는 경우에는 거소에 따라 정하고, 거소가 일정하지 아니하거나 거소도 알 수 없으면 마지막 주소에 따라 정하여집니다.

② 부동산에 관한 소를 제기하는 경우에는 부동산이 있는 곳의 법원에 제기할 수 있습니다.

③ 따라서 위 사안에서 원고는 피고의 주소지를 관할하는 법원이나 부동산이 있는 곳의 관할 법원에 소를 제기할 수 있습니다.

2. 제출부수

소장원본 1부 및 피고 수만큼의 부본 제출

3. 불복절차 및 기간

- 항소(민사소송법 제390조)
- 판결서가 송달된 날부터 2주 이내(민사소송법 제396조 제1항)

4. 인지

소장에는 소송목적의 값에 따라 민사소송등인지법 제2조 제1항 각 호에 따른 금액 상당의 인지를 붙여야 합니다. 다만, 대법원 규칙이 정하는 바에 의하여 인지의 첩부에 갈음하여 당해 인지액 상당의 금액을 현금이나 신용카드·직불카드 등으로 납부하게 할 수 있는바, 현행 규정으로는 인지첩부액이 1만원 이상일 경우에는 현금으로 납부하여야 하고 또한 인지액 상당의 금액을 현금으로 납부할 수 있는 경우 이를 수납은행 또는 인지납부대행기관의 인터넷 홈페이지에서 인지납부대행기관을 통하여 신용카드 등으로도 납부할 수 있습니다.

5. 관련판례

① 민법 제622조 제1항은 '건물의 소유를 목적으로 하는 토지임대차는 이를 등기하지 아니한 경우에도 임차인이 그 지상건물을 등기한 때에는 제3자에 대하여 임대차의 효력이 생긴다.'고 규정하고 있는바, 이는 건물을 소유하는 토지임차인의 보호를 위하여 건물의 등기로써 토지임대차 등기에 갈음하는 효력을 부여하는 것일 뿐이므로 임차인이 그 지상건물을 등기하기 전에 제3자가 그 토지에 관하여 물권취득의 등기를 한 때에는 임차인이 그 지상건물을 등기하더라도 그 제3자에 대하여 임대차의 효력이 생기지 아니한다(대법원 2003.2.28. 선고 2000다65802, 65819 판결).

② 건물의 소유를 목적으로 하는 토지임대차에 있어서, 임대차가 종료함에 따라 토지임차인이 임대인에 대하여 건물매수청구권을 행사할 수 있음에도 불구하고 이를 행사하지 아니한 채, 토지임대인이 임차인에 대하여 제기한 토지인도 및 건물철거청구소송에서 패소하여 그 패소판결이 확정되었다고 하더라도, 그 확정판결에 의하여 건물철거가 집행되지 아니한 이상 토지임차인으로서는 건물매수청구권을 행사하여 별소로써 임대인에 대하여 건물매매대금의 지급을 구할 수 있습니다(대법원 1995.12.26. 선고 95다42195 판결).

소 장

원   고   이○○ (주민등록번호)
             ○○시 ○○구 ○○길 ○○(우편번호 ○○○-○○○)
             전화 · 휴대폰번호:
             팩스번호, 전자우편(e-mail)주소:

피   고   배◇◇ (주민등록번호)
             ○○시 ○○구 ○○길 ○○(우편번호 ○○○-○○○)
             전화 · 휴대폰번호:
             팩스번호, 전자우편(e-mail)주소:

매매대금청구의 소

청 구 취 지

1. 피고는 원고에게 금 14,030,800원을 지급하라.
2. 소송비용은 피고가 부담한다.
3. 위 제1항은 가집행 할 수 있다.
라는 판결을 구합니다.

청 구 원 인

1. 경기 ○○군 ○○면 ○○리 ○○ 대지 ○○○㎡는 원래 별지목록 기재 주택 등의 신축 당시 그 실질적인 소유자이던 피고의 부친인 소외 망 배◆◆가 소유 · 관리 해오던 밭(전)이었는데, 197○년경 원고의 부친인 소외 망 이◉◉가 소외 배◆◆로부터 별지목록 기재 주택 등을 짓기 위해 매년 쌀 7말씩(현재는 매년 두 가마니)을 임차료로 지급하기로 약정하고 임차한 후 온갖 정성과 비용을 들여 대지로 형질변경 하여 그 위에 별지목록 기재 주택 등을 신축한 것입니다.(증인 ◎◎의 증언 참조)
2. 그 후 원고의 부친인 소외 망 이◉◉와 원고는 피고측에서 요구하는 대로 인상된 임료를 지체함이 없이 지급해오면서 지금까지 약 24년 동안 별지목록 기재주택 등에서 살아 왔고, 199○. ○. ○경 원고의 부친인 소외 망 이◉◉의 사망 후 원고가 이를 상속받아 원고의 가족들이 거주하고 있습니다.
3. 그런데 최근에 피고가 원고 소유인 별지목록 기재 주택 등을 철거하고 대지를 인도하여 달라는 요청을 하는바, 원고로서는 생활의 터전인 별지목록 기재 주택 등

에 그대로 살 수 있도록 요청(계약의 갱신청구)하였으나 피고는 두 차례에 걸쳐 내용증명우편으로 이를 명백히 거절한 바 있습니다.

4. 위 대지 위에는 현재 주택 1동, 창고 1동, 축사 1동 등 시가 약 14,030,800원 상당의 별지목록 기재 건물이 현존하고 있는바, 원고는 부득이 피고에게 20○○. ○. ○○. 이의 매수를 청구하였으므로 피고는 시가 상당인 위 금액으로 이를 매수할 의무가 있습니다.

5. 따라서 원고는 피고로부터 별지목록 기재 주택 등에 대한 매매대금 14,030,800 원을 지급 받기 위하여 이 사건 소송제기에 이른 것입니다.

입 증 방 법

1. 갑 제1호증   시가감정서
1. 갑 제2호증   입증서(증인 ◎◎◎의 증언)
1. 갑 제3호증   통고서(내용증명우편)
1. 갑 제4호증   부동산등기사항증명서
1. 갑 제5호증   건축물대장등본

첨 부 서 류

1. 위 입증방법   각 1통
1. 소장부본   1통
1. 송달료납부서   1통

20○○. ○. ○.

위 원고   이○○ (서명 또는 날인)

○○지방법원 귀중

[별 지]

부동산의 표시

경기 ○○군 ○○면 ○○리 ○○ 대 ○○○㎡ 지상
철근콘크리트조 평슬래브지붕 단층주택 ○○㎡.
시멘블럭조 스레트지붕 창고 ○○㎡
시멘블럭조 스레트지붕 축사 ○○○㎡. 끝

■ 참 고 ■

① 건물의 소유를 목적으로 한 토지임대차계약의 기간이 만료함에 따라 지상건물 소유자가 임대인에 대하여 행사하는 민법 제643조 소정의 매수청구권은 매수청구의 대상이 되는 건물에 근저당권이 설정되어 있는 경우에도 인정된다. 이 경우에 그 건물의 매수가격은 건물 자체의 가격 외에 건물의 위치, 주변 토지의 여러 사정 등을 종합적으로 고려하여 매수청구권 행사 당시 건물이 현존하는 대로의 상태에서 평가된 시가 상당액을 의미하고, 여기에서 근저당권의 채권최고액이나 피담보채무액을 공제한 금액을 매수가격으로 정할 것은 아니다. 다만, 매수청구권을 행사한 지상건물 소유자가 위와 같은 근저당권을 말소하지 않는 경우 토지소유자는 민법 제588조에 의하여 위 근저당권의 말소등기가 될 때까지 그 채권최고액에 상당한 대금의 지급을 거절할 수 있다(대법원 2008.5.29. 선고 2007다4356 판결)

② 건물소유를 목적으로 한 토지임차인의 매수청구권은 임대차의 기간이 만료되어 그 지상에 건물이 현존하고 임대인이 계약의 갱신을 원하지 아니하는 경우에 임차인에게 부여된 권리로서, 재판상으로 뿐만 아니라 재판 외에서도 행사할 수 있고(대법원 2002.5.31. 선고 2001다42080 판결), 이러한 매수청구권은 토지소유자의 건물철거, 또는 토지인도 등 청구에 대하여 그 청구를 제한하기 위하여 소송의 과정에서 행하여지는 경우가 많지만, 토지소유자가 건물철거나 토지인도를 청구하지 않더라도 계약이 만료될 때 토지임차인의 계약갱신청구를 토지소유자인 임대인이 거절할 경우 토지임차인은 매수청구를 한 후 위 소장과 같은 대금지급을 청구할 수 있을 것으로 보입니다.

③ 토지임차인의 매수청구권행사로 지상건물에 대하여 시가에 의한 매매유사의 법률관계가 성립된 경우 임차인의 건물명도 및 그 소유권이전등기의무와 토지임대인의 건물대금지급의무는 서로 대가관계에 있는 채무가 되므로, 임차인이 임대인에게 매수청구권이 행사된 건물들에 대한 명도와 소유권이전등기를 마쳐주지 아니하였다면 임대인에게 그 매매대금에 대한 지연손해금을 청구할 수는 없습니다(대법원 1998.5.8. 선고 98다2389 판결).

소 장

원   고   ○○○ (주민등록번호)
          ○○시 ○○구 ○○길 ○○(우편번호)
          전화 · 휴대폰번호:
          팩스번호, 전자우편(e-mail)주소:
피   고   ◇◇◇ (주민등록번호)
          ○○시 ○○구 ○○길 ○○(우편번호)
          전화 · 휴대폰번호:
          팩스번호, 전자우편(e-mail)주소:

매매대금반환청구의 소

청 구 취 지

 돈을 지급하라
2. 소송비용은 피고가 부담한다.
3. 위 제1항은 가집행 할 수 있다.
라는 판결을 구합니다.

청 구 원 인

1. 원고는 피고로부터 ○○시 ○○구 ○○동 ○○번지 소재 대지 1,650㎡를 ㎡당 30만원에 매입하기로 하는 계약을 20○○. ○○. ○○. 체결하고 그 대금 495,000,000원을 20○○. ○. ○○.까지 전액 지급하였으며, 이에 따라 소유권 이전등기도 마쳤습니다. 그리고 위 계약
1. 피고는 원고에게 금 81,000,000원 및 이 사건 소장부본 송달된 다음날부터 다 갚을 때까지 연 15%의 비율에 의한 당시 실제 측량에 의해 면적에 차이가 있을 경우에는 정산을 하기로 하였습니다.
2. 원고는 위 대지 위에 전원주택 2동을 짓기 위해 20○○. ○. ○. ○○시 ○○구 ○○동 ○○번지 소재 '◉◉◉건축사 사무소' 에 설계를 위임하고 측량을 하였 던 바, 실제 면적은 1,380㎡로 270㎡가 부족하였습니다.
3. 따라서 원고는 피고에 대하여 내용증명우편으로 위 부족면적에 대한 금액의 반환을 요구하였으나 피고는 이에 응하지 않고 있으므로 청구취지와 같은 판결을 받고자 이 사건 소송을 제기하게 되었습니다.

입 증 방 법

1. 갑 제1호증   계약서
1. 갑 제2호증   부동산등기사항증명서
1. 갑 제3호증   지적측량도면

첨 부 서 류

1. 위 입증방법   각 1통
1. 소장부본   1통
1. 송달료납부서   1통

20○○. ○. ○.

위 원고 ○○○ (서명 또는 날인)

○○지방법원 귀중

■ 참 고 ■

① 위 사안은 측량에 의해 실제면적에 차이가 있을 경우 정산하기로 특약을 한 경우입니다.

② 특약이 없는 경우 : 민법은 수량을 지정한 매매의 목적물이 부족한 경우 그 부족을 알지 못한 매수인은 그 부분의 비율로 대금감액 등을 청구할 수 있다고 규정하고 있는데(민법 제572조 내지 제574조), 이 경우 '수량을 지정한 매매'란 당사자가 매매목적물이 일정수량을 가지고 있다는 데 주안을 두고 대금도 그 수량을 기준으로 정한 경우를 말하므로, 토지매매에서 목적물을 공부상 평수에 따라 특정하고 단위면적당 가액을 결정하여 단위면적당 가액에 공부상의 면적을 곱하는 방법으로 매매대금을 결정하였더라도 이러한 사정만으로 곧바로 그 토지매매를 '수량을 지정한 매매'라고 할 수는 없고, 만일 당사자가 그 지정된 구획을 전체로서 평가하였고 평수에 의한 계산이 하나의 표준에 지나지 아니하여 그것이 당사자들 사이에 대상 토지를 특정하고 대금을 결정하기 위한 방편이었다고 보일 때에는 '수량을 지정한 매매'가 아니고, 반면 매수인이 일정면적이 있는 것으로 믿고 매도인도 그 면적이 있는 것을 명시적 또는 묵시적으로 표시하고, 나아가 당사자들이 면적을 가격결정요소 중 가장 중요한 요소로 파악하고 그 객관적인 수치를 기준으로 가격을 정하였다면 그 매매는 '수량을 지정한 매매'라고 하여야 할 것입니다(대법원 1998.6.26. 선고 98다13914 판결).

[서식] 가등기의 본등기절차이행청구의 소(매매예약완결)

소 장

원 고   ○○○ (주민등록번호)
　　　　○○시 ○○구 ○○길 ○○(우편번호 ○○○-○○○)
　　　　전화 · 휴대폰번호:
　　　　팩스번호, 전자우편(e-mail)주소:
피 고   ◇◇◇ (주민등록번호)
　　　　○○시 ○○구 ○○길 ○○(우편번호 ○○○-○○○)
　　　　전화 · 휴대폰번호:
　　　　팩스번호, 전자우편(e-mail)주소:

가등기의 본등기절차이행청구의 소

청 구 취 지

1. 피고는 원고에게 별지목록 기재 부동산에 관하여 ○○지방법원 20○○. ○. ○○. 접수 제 ○○○○호로 마친 가등기에 기하여 20○○. ○○. ○○. 매매예약완결을 원인으로 한 소유권이전등기절차를 이행하라.
2. 소송비용은 피고가 부담한다.
라는 판결을 구합니다.

청 구 원 인

1. 원고는 20○○. ○. ○○. 피고에게 금 50,000,000원을 월 2.5%, 변제기 20○○. ○○. ○○.로 정하여 대여해 주면서, 만약 피고가 변제기까지 위 금원을 지급하지 아니하면 피고 소유의 별지기재 부동산에 대하여 원고명의로 소유권이전등기를 해 주기로 하고, 우선 위 부동산에 관하여 원고명의로 소유권이전청구권가등기를 해두기로 약정하였습니다(갑 제1호증 부동산매매예약서). 이에 별지목록 기재 부동산에 관하여 ○○지방법원 20○○. ○. ○○. 접수 제 ○○○○호로 원고명의의 가등기가 경료 되었습니다(갑 제2호증 부동산등기사항증명서).
2. 원고는 변제기인 20○○. ○○. ○○. 이후 피고에게 위 대여금에 대한 변제를 요구하였으나 피고는 이를 지급하지 않고 있습니다.
3. 그러므로 원고는 별지목록 기재 부동산에 관한 원고명의의 위 소유권이전청구권가등기에 기하여 20○○. ○○. ○○. 매매예약완결을 원인으로 한 소유권이전등기절차의 이행을 청구하기 위하여 이 사건 소를 제기하게 되었습니다.

입 증 방 법

1. 갑 제1호증　　　　　부동산매매예약서
1. 갑 제2호증　　　　　부동산등기사항증명서

첨 부 서 류

1. 위 입증방법　　　　　　　각 1통
1. 건축물대장등본　　　　　　1통
1. 토지대장등본　　　　　　　1통
1. 소장 부본　　　　　　　　1통
1. 송달료납부서　　　　　　　1통

20○○.　○.　○.
위 원고　○○○　(서명 또는 날인)

○○지방법원　귀중

[별　지]

부동산의 표시

1. ○○시 ○○구 ○○동 ○○
　[도로명주소] ○○시 ○○구 ○○로 ○○ 지상 연와조 스라브지붕 55.27㎡. 끝.

■ 참 고 ■

수인의 채권자가 각기 그 채권을 담보하기 위하여 채무자와 채무자 소유의 부동산에 관하여 수인의 채권자를 공동매수인으로 하는 1개의 매매예약을 체결하고 그에 따라 수인의 채권자 공동명의로 그 부동산에 가등기를 마친 경우, 수인의 채권자가 공동으로 매매예약완결권을 가지는 관계인지 아니면 채권자 각자의 지분별로 별개의 독립적인 매매예약완결권을 가지는 관계인지는 매매예약의 내용에 따라야 하고, 매매예약에서 그러한 내용을 명시적으로 정하지 않은 경우에는 수인의 채권자가 공동으로 매매예약을 체결하게 된 동기 및 경위, 그 매매예약에 의하여 달성하려는 담보의 목적, 담보 관련 권리를 공동 행사하려는 의사의 유무, 채권자별 구체적인 지분권의 표시 여부 및 그 지분권 비율과 피담보채권비율의 일치 여부, 가등기담보권 설정의 관행 등을 종합적으로 고려하여 판단하여야 하며(대법원 2012.2.16. 선고 2010다82530 전원합의체 판결), 甲이 乙에게 돈을 대여하면서 담보 목적으로 乙 소유의 부동산 지분에 관하여 乙의 다른 채권자들과 공동명의로 매매예약을 체결하고 각자의 채권액 비율에 따라 지분을 특정하여 가등기를 마친 경우 채권자가 각자의 지분별로 별개의 독립적인 매매예약완결권을 갖는 것으로, 甲이 단독으로 담보목적물 중 자신의 지분에 관하여 매매예약완결권을 행사할 수 있고, 이에 따라 단독으로 자신의 지분에 관하여 가등기에 기한 본등기절차의 이행을 구할 수 있습니다.

(관련판례)

부동산의 매매예약에 기하여 소유권이전등기청구권의 보전을 위한 가등기가 마쳐진 경우에 그 매매예약완결권이 소멸하였다면 그 가등기 또한 효력을 상실하여 말소되어야 할 것이나, 그 부동산의 소유자가 제3자와 사이에 새로운 매매예약을 체결하고 그에 기한 소유권이전등기청구권의 보전을 위하여 이미 효력이 상실된 가등기를 유용하기로 합의하고 실제로 그 가등기 이전의 부기등기를 마쳤다면, 그 가등기 이전의 부기등기를 마친 제3자로서는 언제든지 부동산의 소유자에 대하여 위 가등기 유용의 합의를 주장하여 가등기의 말소청구에 대항할 수 있고, 다만 그 가등기 이전의 부기등기 전에 등기부상 이해관계를 가지게 된 자에 대하여는 위 가등기 유용의 합의 사실을 들어 그 가등기의 유효를 주장할 수는 없다(대법원 2009.5.28. 선고 2009다4787 판결).

소　　장

원　　고　　○○○ (주민등록번호)
　　　　　　○○시 ○○구 ○○길 ○○(우편번호 ○○○-○○○)
　　　　　　전화 · 휴대폰번호:
　　　　　　팩스번호, 전자우편(e-mail)주소:
피　　고　　◇◇◇ (주민등록번호)
　　　　　　○○시 ○○구 ○○길 ○○(우편번호 ○○○-○○○)
　　　　　　전화 · 휴대폰번호:
　　　　　　팩스번호, 전자우편(e-mail)주소:

가등기의 본등기절차이행청구의 소

청　구　취　지

1. 피고는 원고에게 ○○시 ○○구 ○○길 ○○ 지상 시멘트 블록조 기와지붕 단층 주택 ○○○㎡에 관하여 ○○지방법원 20○○. ○. ○. 접수 제○○○○호로 마친 소유권이전청구권보전의 가등기에 기한 20○○. ○. ○. 매매예약완결을 원인으로 한 소유권이전등기절차를 이행하라.
2. 소송비용은 피고가 부담한다.
라는 판결을 구합니다.

청　구　원　인

1. 원고는 20○○. ○○. ○. 피고에게 금 30,000,000원을 이자는 월 2%, 변제기는 20○○. ○○. ○.로 정하여 대여하면서 그 날 그 담보의 목적으로 피고 소유의 청구취지 기재의 부동산에 관하여 ○○지방법원 접수 제○○○○호로 20○○. ○○. ○. 매매예약을 원인으로 한 소유권이전청구권보전을 위한 가등기를 원고 앞으로 마친 사실이 있습니다.
2. 그런데 피고는 변제기가 지났음에도 불구하고 위 차용금을 변제하지 아니하여 원고는 20○○. ○○. ○.자 서면으로 피고에 대하여 위 매매예약완결의 의사표시를 하였고, 이 의사표시는 그 날 피고에게 도달한 사실이 있습니다.
3. 그러므로 피고는 원고에게 20○○. ○○. ○.자 매매예약완결을 원인으로 하여 가등기에 기한 소유권이전의 본등기절차를 이행할 의무가 있다 할 것이어서 원고는 이 사건 청구에 이른 것입니다.

입 증 방 법

1. 갑 제1호증   차용증서
1. 갑 제2호증   매매예약서
1. 갑 제3호증   통고서(내용증명우편)
1. 갑 제4호증   배달증명
1. 갑 제5호증   건물등기사항증명서

첨 부 서 류

1. 위 입증방법   각 1통
1. 건축물대장   1통
1. 토지대장등본   1통
1. 소장 부본   1통
1. 송달료납부서   1통

20○○. ○. ○.
위 원고   ○○○   (서명 또는 날인)

○○지방법원 귀중

■ 관련판례 ■

① 민법 제564조가 정하고 있는 매매의 일방예약에서 예약자의 상대방이 매매예약 완결의 의사표시를 하여 매매의 효력을 생기게 하는 권리, 즉 매매예약의 완결권은 일종의 형성권으로서 당사자 사이에 행사기간을 약정한 때에는 그 기간 내에, 약정이 없는 때에는 예약이 성립한 때로부터 10년 내에 이를 행사하여야 하고, 그 기간을 지난 때에는 예약 완결권은 제척기간의 경과로 인하여 소멸한다. 한편 당사자 사이에 약정하는 예약 완결권의 행사기간에 특별한 제한은 없다(대법원 2017.1.25. 선고 2016다42077 판결).

② 부동산에 대한 매매계약을 체결하고 양도대금을 모두 지급받았다고 하더라도 매매계약의 이행과 관련한 분쟁으로 인하여 매매계약이 합의해제 되었다면, 위 매매계약은 그 효력이 소급하여 상실되었다고 할 것이므로 매도인에게 양도로 인한 소득이 있었음을 전제로 한 양도소득세부과처분은 위법하며, 과세관청의 부과처분이 있은 후에 계약해제 등 후발적 사유가 발생한 경우 이를 원인으로 한 경정청구제도가 있다 하더라도 이와는 별도로 그 처분 자체에 관하여 다툴 수 있다고 할 것이다(대법원 2002.9.27. 선고 2001두5972 판결 참조).

소　　장

원　　고　　○○○ (주민등록번호)
　　　　　　○○시 ○○구 ○○길 ○○(우편번호)
　　　　　　전화 · 휴대폰번호:
　　　　　　팩스번호, 전자우편(e-mail)주소:
피　　고　　◇◇◇ (주민등록번호)
　　　　　　○○시 ○○구 ○○길 ○○(우편번호)
　　　　　　전화 · 휴대폰번호:
　　　　　　팩스번호, 전자우편(e-mail)주소:

동산인도 청구의 소

청 구 취 지

1. 피고는 원고에게, 별지 목록 기재 동산을 인도하고, 위 동산의 인도집행이 불가능
   할 때에는 금 ○○○원 및 이에 대한 이 사건 소장부본 송달일 다음날부터 다
   갚을 때까지 연 15%의 비율에 의한 돈을 지급하라.
2. 소송비용은 피고의 부담으로 한다.
4. 위 제1항은 가집행 할 수 있다.
라는 판결을 구합니다.

청 구 원 인

1. 원고는 20○○. ○. ○. 피고로부터 피고 소유의 별지 목록 기재 동산을 금 ○○
   ○원에 매수하기로 약정하였습니다. 그리고 원고는 피고에게 계약당일 금 ○○○
   원을 지급하고, 다음날 위 동산을 피고로부터 인도 받기로 하였으나 피고는 아무
   런 이유 없이 위 동산의 인도를 거부하였습니다.
2. 따라서 원고는 피고에 대하여 별지 목록 기재 동산에 대한 매매계약에 따라 별지
   목록 기재 동산의 인도를 청구하고, 만약 별지 목록 기재 동산의 인도집행이 불
   가능한 경우에는 이행불능을 원인으로 하여 위 계약을 해제하고 매매대금 ○○
   ○원의 반환 및 이에 대한 소장부본 송달 다음날부터 다 갚을 때까지 연 15%의
   비율에 의한 지연손해금을 청구하고자 이 사건 소를 제기합니다.

입 증 방 법

1. 갑 제1호증　　　　　　　　　　매매계약서

첨 부 서 류

1. 위 입증방법　　　　　　　　2통
1. 소장부본　　　　　　　　　1통
1. 송달료납부서　　　　　　　1통

20○○.　○.　○.
위 원고　　○○○　(서명 또는 날인)

○○지방법원 귀중

[별 지]

목　　록(동산의 표시)

물 건 명 : 면직기
수　　량 : 3대
제작회사 : ○○정밀
소 재 지 :　○○시 ○○구 ○○길 ○○.　끝.

■ **관련판례** ■

동산매매의 경우에도 당사자 사이에 중도금이 수수되는 등으로 계약의 이행이 일정한 단계를 넘어선 때에는 매도인이 매매목적물을 타에 처분하는 행위는 배임죄로 처벌하는 것이 논리적으로 일관되고, 그와 달리 유독 동산을 다른 재산과 달리 취급할 아무런 이유를 찾아볼 수 없다. 다수의견은 본질적으로 유사한 사안을 합리적 근거 없이 달리 취급하는 것으로서 형평의 이념에 반하며, 재산권의 이중매매 또는 이중양도의 전반에 걸쳐 배임죄의 성립을 인정함으로써 거래상 신뢰관계의 보호에 기여하여 온 대법원판례의 의미를 크게 퇴색시키는 것이다(대법원 2011.1.20. 선고 2008도10479 전원합의체 판결).

매 도 위 임 장

1. 수임인
   성 명: ○   ○   ○
   주 소: ○○시 ○○구 ○○길 ○○
2. 상기인에게 위임인은 아래의 권한을 위임합니다.
   가. 위임인 소유의 ○○시 ○○구 ○○동 ○○ 토지 및 위 지상건물 매매에 관
       한 권한일체
   나. 위 가항과 관련한 부수적 권한 일체

20○○년 ○월 ○일

위임인   ○   ○   ○ (인)

소　　　장

원　　고　○○주식회사
　　　　　○○시 ○○구 ○○길 ○○(우편번호)
　　　　　대표이사　◉◉◉
　　　　　전화 · 휴대폰번호:
　　　　　팩스번호, 전자우편(e-mail)주소:

피　　고　◇◇◇　(주민등록번호)
　　　　　○○시 ○○구 ○○길 ○○(우편번호)
　　　　　전화 · 휴대폰번호:
　　　　　팩스번호, 전자우편(e-mail)주소:

물품대금청구의 소

청 구 취 지

1. 피고는 원고에게 금 ○○○원 및 이에 대하여 20○○. ○. ○○.부터 이 사건 소
   장부본 송달일까지는 연 6%의, 그 다음날부터 다 갚을 때까지는 연 15%의 각
   비율로 계산한 돈을 지급하라.
2. 소송비용은 피고의 부담으로 한다.
3. 위 제1항은 가집행 할 수 있다.
라는 판결을 구합니다.

청 구 원 인

1. 원고는 가구를 제작 · 판매하는 회사로서 20○○. ○. ○. 피고에게 원목침대를 금
   ○○○원에 판매하였습니다.
2. 그런데 피고는 위 침대의 판매대금 중 계약금 ○○○원을 제외한 나머지 대금 ○
   ○○원을 지금까지 지급하지 않고 있습니다.
3. 따라서 원고는 피고로부터 위 침대의 판매대금 중 계약금을 제외한 나머지 대금
   ○○○원 및 이에 대한 위 침대를 공급한 날의 다음날인 20○○. ○. ○○.부터
   이 사건 소장부본 송달일까지는 상법에서 정한 연 6%의, 그 다음날부터 다 갚
   을 때까지는 소송촉진등에관한특례법에서 정한 연 15%의 각 비율로 계산한 돈
   을 지급 받기 위하여 이 사건 청구에 이르렀습니다.

입 증 방 법

1. 갑 제1호증   거래명세표
1. 갑 제2호증   세금계산서
1. 갑 제3호증   인수증

첨 부 서 류

1. 위 입증방법   각 2통
1. 법인등기사항증명서   1통
1. 소장부본   1통
1. 송달료납부서   1통

20○○.　○.　○.

위 원고　○○주식회사
대표이사 ◉◉◉　(서명 또는 날인)

○○지방법원　귀중

■ 참 고 ■

1. 관할법원

① 소(訴)는 피고의 보통재판적(普通裁判籍)이 있는 곳의 법원의 관할에 속하고, 사람의 보통재판적은 그의 주소에 따라 정하여지나, 대한민국에 주소가 없거나 주소를 알 수 없는 경우에는 거소에 따라 정하고, 거소가 일정하지 아니하거나 거소도 알 수 없으면 마지막 주소에 따라 정하여 집니다.

② 재산권에 관한 소를 제기하는 경우에는 거소지 또는 의무이행지의 법원에 제기할 수 있습니다.

③ 따라서 사안에서 원고는 피고의 주소지를 관할하는 법원이나 의무이행지(특정물의 인도는 채권성립당시에 그 물건이 있던 장소에서 하여야 하지만, 그 밖의 채무변제는 채권자의 현주소에서 하여야 하므로 당사자간에 특별한 약정이 없는 한 채권자는 자기의 주소지를 관할하는 법원에 소를 제기할 수 있음 : 민법 제467조 제1항, 제2항) 관할 법원에 소를 제기할 수 있습니다.

2. 비용

소장에는 소송목적의 값에 따라 민사소송등인지법 제2조 제1항 각 호에 따른 금액 상당의 인지를 붙여야 합니다. 다만, 대법원 규칙이 정하는 바에 의하여 인지의 첩부에 갈음하여 당해 인지액 상당의 금액을 현금이나 신용카드·직불카드 등으로 납부하게 할 수 있는바, 현행 규정으로는 인지첩부액이 1만원 이상일 경우에는 현금으로 납부하여야 하고 또한 인지액 상당의 금액을 현금으로 납부할 수 있는 경우 이를 수납은행 또는 인지납부대행기관의 인터넷 홈페이지에서 인지납부대행기관을 통하여 신용카드 등으로도 납부할 수 있습니다(민사소송등인지규칙 제27조 제1항 및 제28조의 2 제1항).

3. 제출부수

소장원본 1부 및 피고 수만큼의 부본 제출

4. 불북절차 및 기간

- 항소(민사소송법 제390조)
- 판결서가 송달된 날부터 2주 이내(민사소송법 제396조 제1항)

5. 기타

금전채무를 이행하지 아니한 경우 그 손해배상액은 채권자가 그 손해를 증명할 필요 없이 특별히 정한 바가 없으면 법정이율에 의하게 되는 것인데(민법 제397조),상행위로 인한 채무의 법정이율은 연 6%입니다(상법 제54조).

소　　장

원　　고　　○○○ (주민등록번호)
　　　　　　○○시 ○○구 ○○길 ○○(우편번호)
　　　　　　전화 · 휴대폰번호:
　　　　　　팩스번호, 전자우편(e-mail)주소:

피　　고　　◇◇◇ (주민등록번호)
　　　　　　○○시 ○○구 ○○길 ○○(우편번호)
　　　　　　전화 · 휴대폰번호:
　　　　　　팩스번호, 전자우편(e-mail)주소:

물품대금청구의 소

청　구　취　지

1. 피고는 원고에게 금 ○○○원 및 이에 대한 20○○. ○○. ○○.부터 이 사건 소
   장부본을 송달받은 날까지는 연 6%의, 그 다음날부터 다 갚는 날까지는 연
   15%의 각 비율로 계산한 돈을 지급하라.
2. 소송비용은 피고의 부담으로 한다.
3. 위 제1항은 가집행 할 수 있다.
라는 판결을 구합니다.

청　구　원　인

1. 원고는 건축자재판매업자이고 피고는 주택건축업자인데, 원고와 피고는 20○○.
   ○. ○. 금 ○○○원 상당의 건축자재에 대하여 그 이행기일을 20○○. ○. ○○.
   로 하는 건축자재구매계약을 체결한 사실이 있습니다.
2. 이에 따라 원고는 20○○. ○. ○○. 위 건축자재를 피고에게 인도하였으나, 피고
   가 그 대금을 지급하지 않아 피고의 사무실을 방문하여 건축자재대금의 지급을
   요청하자 피고는 지급기일을 20○○. ○○. ○○.로 하는 지불각서를 작성하여
   주었습니다.
3. 그러나 피고는 지급기일인 20○○. ○○. ○○.에도 위 대금의 지급을 하지 아니
   한 채 지금까지 계속 미루기만 하고 있습니다.
4. 따라서 원고는 피고로부터 금 ○○○원의 물품대금과 이에 대하여 지불각서상의
   지불기일의 다음날인 20○○. ○○. ○○.부터 이 사건 소장부본을 송달받은 날

까지는 상법에서 정한 연 6%의, 그 다음날부터 다 갚는 날까지는 소송촉진등에 관한특례법에서 정한 연 15%의 각 비율로 계산한 돈을 지급 받기 위하여 이 사건 청구에 이른 것입니다.

<h2 align="center">입 증 방 법</h2>

1. 갑 제1호증   건축자재구매계약서
1. 갑 제2호증   지불각서
1. 갑 제3호증   거래장

<h2 align="center">첨 부 서 류</h2>

1. 위 입증방법   각 2통
1. 소장부본   1통
1. 송달료납부서   1통

20○○.　○.　○.

위 원고　○○○　(서명 또는 날인)

○○지방법원　귀중

■ 관련판례 ■

갑이 을 주식회사를 상대로 물품대금의 지급을 구하는 소를 제기하고, 을 회사는 갑을 상대로 채무부존재확인 등을 구하는 소를 제기하였는데, 소송 계속 중 갑과 을 회사가, 갑은 을 회사의 채무자인 병 주식회사 등으로부터 미지급 물품대금 액수에 해당하는 금액을 지급받고, 을 회사에 대한 나머지 청구를 포기하며, 이후 어떠한 이의도 제기하지 않기로 하는 등의 합의를 하면서 '모든 합의사항의 이행은 갑이 제3채무자들로부터 위 금액을 모두 지급받은 후 효력이 발생한다.'라고 정한 사안에서, '갑이 병 회사 등으로부터 위 금액을 모두 지급받는다.'는 사실이 발생해야 나머지 청구 포기와 부제소 특약이 포함된 합의서의 이행의무가 성립한다고 볼 수 있는데, 갑이 위 돈을 지급받는다는 것은 장래 발생 여부가 불확실한 사실로서 조건으로 볼 여지가 있고, 갑이 을 회사 등으로부터 미지급 물품대금 액수에 해당하는 금액을 변제받을 것이 확실시되었다는 등의 특별한 사정이 없는 상태에서 을 회사에 대한 물품대금 채권을 포기할 아무런 이유가 없다는 점에서도 위 합의는 정지조건부 합의로 볼 여지가 크며, 위 합의가 화해계약의 성격을 가진다고 하여 달리 볼 이유가 없는데도, 위 합의를 갑에게 부과된 이행의무의 기한을 정한 것으로 본 원심판단에 법리오해의 잘못이 있다(대법원 2018.6.28. 선고 2018다201702 판결).

소   장

원   고   ○○○ (주민등록번호)
            ○○시 ○○구 ○○로 ○○(우편번호)
            전화 · 휴대폰번호:
            팩스번호, 전자우편(e-mail)주소:

피   고   ◇◇◇ (주민등록번호)
            ○○시 ○○구 ○○로 ○○(우편번호)
            전화 · 휴대폰번호:
            팩스번호, 전자우편(e-mail)주소:

물품대금청구의 소

청 구 취 지

1. 피고는 원고에게 금 20,000,000원 및 이중 금 15,000,000원에 대하여는 20○
   ○. ○. ○○.부터, 금 5,000,000원에 대하여는 20○○. ○○. ○○.부터 각 이
   사건 소장부본 송달일까지는 연 6%의, 그 다음날부터 다 갚을 때까지는 연
   15%의 각 비율로 계산한 돈을 지급하라.
2. 소송비용은 피고의 부담으로 한다.
3. 위 제1항은 가집행 할 수 있다.
라는 판결을 구합니다.

청 구 원 인

1. 원고는 ○○시 ○○구 ○○로에서 ○○상회라는 상호로 과일도매업에 종사하고
   있고, 피고는 ○○시 ○○구 ○○로에서 ○○상회라는 상호로 과일소매업에 종사
   하고 있습니다.
2. 원고는 20○○. ○. ○.경부터 피고에게 과일을 외상으로 판매하여 매달 말일에
   결제를 하여 왔는데, 같은 해 ○. ○○.경부터 같은 해 ○○. ○○.까지의 1개월
   분 외상대금 15,000,000원, 같은 해 ○. ○○.경부터 같은 해 ○○. ○○.까지의
   1개월분 외상대금 5,000,000원 합계 금 20,000,000원을 지금까지 받지 못하고
   있습니다.
3. 따라서 원고는 피고로부터 과일의 외상대금 20,000,000원 및 이중 금 15,000,000
   원에 대하여는 20○○. ○. ○○.부터, 금 5,000,000원에 대하여는 20○○. ○○.

○○.부터 각 이 사건 소장부본 송달일까지는 상법에서 정한 연 6%의, 그 다음날부터 다 갚을 때까지는 소송촉진등에관한특례법에서 정한 연 15%의 각 비율로 계산한 지연손해금을 지급 받기 위하여 이 사건 청구에 이르렀습니다.

입 증 방 법

1. 갑 제1호증   거래명세표
1. 갑 제2호증   세금계산서
1. 갑 제3호증   인수증

첨 부 서 류

1. 위 입증방법   각 2통
1. 소장부본   1통
1. 송달료납부서   1통

20○○.　○.　○.

위 원고　○○○ (서명 또는 날인)

○○지방법원　귀중

■ **관련판례** ■

가맹사업거래의 공정화에 관한 법률상 가맹본부인 갑 주식회사가 을 주식회사와, 을 회사가 직접 갑 회사의 지사 또는 가맹점으로부터 주문을 받고, 갑 회사가 선정한 병 주식회사 등 식자재 제조·생산업체로부터 식자재를 납품받아 갑 회사의 지사 또는 가맹점에 운송하며, 물품대금을 을 회사가 자신의 책임으로 직접 갑 회사의 지사 또는 가맹점으로부터 회수한 후 판매이익의 일정 비율을 갑 회사에 수수료로 지급하기로 하는 내용의 계약을 체결하였는데, 병 회사가 갑 회사의 이행보조자인 을 회사를 통해 갑 회사의 지사 또는 가맹점에 식자재를 납품하였다며 갑 회사를 상대로 미지급 물품대금의 지급을 구한 사안에서, 병 회사와 식자재 납품계약을 체결한 당사자를 갑 회사로 보아, 갑 회사가 병 회사에 미지급 물품대금을 지급할 의무가 있다고 판단한 원심판결에는 법리오해 등 잘못이 있다(대법원 2018.1.25. 선고 2016다238212 판결).

소   장

원   고   ○○○ (주민등록번호)
          ○○시 ○○구 ○○길 ○○(우편번호)
          전화 · 휴대폰번호:
          팩스번호, 전자우편(e-mail)주소:

피   고   ◇◇◇ (주민등록번호)
          ○○시 ○○구 ○○길 ○○(우편번호)
          전화 · 휴대폰번호:
          팩스번호, 전자우편(e-mail)주소:

물품대금청구의 소

청 구 취 지

1. 피고는 원고에게 금 ○○○원 및 이에 대한 20○○. ○○. ○○.부터 이 사건 소
   장부본 송달일까지는 연 6%의, 그 다음날부터 다 갚을 때까지는 연 15%의 각
   비율로 계산한 돈을 지급하라.
2. 소송비용은 피고의 부담으로 한다.
3. 위 제1항은 가집행 할 수 있다.
라는 판결을 구합니다.

청 구 원 인

1. 원고는 벽돌 및 시멘트 등을 취급하는 건축자재판매업자이고 피고는 개인주택건
   축업자인데, 원고와 피고는 20○○. ○. ○. 서울 ○○구 ○○동 ○○번지 소재
   원고의 사무실에서 20○○. ○. ○.부터 20○○. ○. ○○.까지 금 ○○○원 상
   당의 벽돌 및 시멘트 공급계약을 체결한 사실이 있습니다.
2. 이에 따라 원고는 20○○. ○. ○○.까지 금 ○○○원 상당의 벽돌 및 시멘트를
   피고에게 공급하였으나 피고는 20○○. ○. ○○. 그 대금 중 일부인 금 ○○○
   원만을 지급한 채 나머지 금 ○○○원을 계속 미루어 지급하지 아니하고 현재에
   이르고 있는 것입니다.
3. 따라서 원고는 피고로부터 금 ○○○원의 나머지 물품대금과 이에 대한 벽돌 및
   시멘트를 마지막으로 공급한 날의 다음날인 20○○. ○○. ○○.부터 이 사건 소
   장부본 송달일까지는 상법에서 정한 연 6%의, 그 다음날부터 다 갚을 때까지는

소송촉진등에관한특례법에서 정한 연 15%의 각 비율로 계산한 지연손해금을 지급 받기 위하여 이 사건 청구에 이른 것입니다.

입 증 방 법

1. 갑 제1호증   건축자재매매계약서
1. 갑 제2호증   거래장
1. 갑 제3호증   인수증

첨 부 서 류

1. 위 입증방법   각 2통
1. 소장부본   1통
1. 송달료납부서   1통

20○○.   ○.   ○.

위 원고   ○○○   (서명 또는 날인)

○○지방법원   귀중

소   장

원   고   ○○주식회사
          ○○시 ○○구 ○○로 ○○(우편번호)
          대표이사 ◉◉◉
          전화 · 휴대폰번호:
          팩스번호, 전자우편(e-mail)주소:

피   고   ◇◇주식회사
          ○○시 ○○구 ○○로 ○○(우편번호)
          대표이사 ◆◆◆
          전화 · 휴대폰번호:
          팩스번호, 전자우편(e-mail)주소:

물품대금청구의 소

청 구 취 지

1. 피고는 원고에게 금 ○○○원 및 이에 대하여 20○○. ○. ○○.부터 이 사건 소
   장부본 송달일까지는 연 6%의, 그 다음날부터 다 갚을 때까지는 연 15%의 각
   비율로 계산한 돈을 지급하라.
2. 소송비용은 피고의 부담으로 한다.
3. 위 제1항은 가집행 할 수 있다.
라는 판결을 구합니다.

청 구 원 인

1. 원고는 가구를 제작 · 판매하는 회사로서 피고에게 사무용 책상 100개 및 의자 200
   개를 20○○. ○. ○. 주문 받아 계약금으로 금 ○○○원을 받고, 납품기일인 20○
   ○. ○. ○○.에 공급하였으나, 잔금 ○○○원을 지금까지 받지 못하고 있습니다.
2. 따라서 원고는 피고로부터 책상 및 의자의 판매대금 중 계약금을 제외한 나머지
   대금 ○○○원 및 이에 대하여 책상 및 의자를 공급한 날의 다음날인 20○○.
   ○. ○○.부터 이 사건 소장부본 송달일까지는 상법에서 정한 연 6%의, 그 다음
   날부터 다 갚을 때까지는 소송촉진등에관한특례법에서 정한 연 15%의 각 비율
   로 계산한 돈을 지급 받기 위하여 이 사건 청구에 이르렀습니다.

입 증 방 법

1. 갑 제1호증   거래명세표
1. 갑 제2호증   세금계산서
1. 갑 제3호증   인수증

첨 부 서 류

1. 위 입증방법   각 2통
1. 법인등기사항증명서   2통
1. 소장부본   1통
1. 송달료납부서   1통

20○○.   ○.   ○.

위 원고   ○○주식회사
대표이사 ◉◉◉   (서명 또는 날인)

○○지방법원   귀중

소 장

원 고   ○○○ (주민등록번호)
       ○○시 ○○구 ○○길 ○○(우편번호)
       전화·휴대폰번호:
       팩스번호, 전자우편(e-mail)주소:
피 고   ◇◇◇ (주민등록번호)
       ○○시 ○○구 ○○길 ○○-○○(우편번호)
       전화·휴대폰번호:
       팩스번호, 전자우편(e-mail)주소:

물품대금청구의 소

청 구 취 지

1. 피고는 원고에게 금 5,000,000원 및 이에 대하여 20○○. ○○. ○○.부터 이 사건 소장부본 송달일까지는 연 5%의, 그 다음날부터 다 갚을 때까지는 연 15%의 각 비율로 계산한 돈을 지급하라.
2. 소송비용은 피고의 부담으로 한다.
3. 위 제1항은 가집행 할 수 있다.
라는 판결을 구합니다.

청 구 원 인

1. 원고는 20○○. ○. ○. 피고에게 중고 노트북컴퓨터 1대를 금 ○○○원에 팔면서 계약금 ○○원만을 지급 받고 나머지 대금 ○○○원은 15일 뒤인 20○○. ○. ○○.까지 지급하기로 하는 지불각서를 받았습니다.
2. 그런데 피고는 위 나머지 대금 ○○○원을 지불기일에 지급하지 않고 계속 미루기만 하면서 지금에 이르렀습니다.
3. 따라서 원고는 피고로부터 금 ○○○원 및 이에 대하여 위 지불기일 다음날인 20○○. ○○. ○○.부터 이 사건 소장부본 송달일까지는 민법에서 정한 연 5%의, 그 다음날부터 다 갚을 때까지는 소송촉진등에관한특례법에서 정한 연 15%의 각 비율로 계산한 지연손해금을 지급 받고자 이 사건 소제기에 이른 것입니다.

입 증 방 법

1. 갑 제1호증   지불각서

첨 부 서 류

1. 위 입증방법   1통
1. 소장부본   1통
1. 송달료납부서   1통

20○○. ○. ○.

위 원고   ○○○   (서명 또는 날인)

○○지방법원 귀중

소   장

원   고   ○○○ (주민등록번호)
　　　　　○○시 ○○구 ○○로 ○○(우편번호)
　　　　　전화 · 휴대폰번호:
　　　　　팩스번호, 전자우편(e-mail)주소:

피   고   ◇◇◇ (주민등록번호)
　　　　　○○시 ○○구 ○○로 ○○(우편번호)
　　　　　전화 · 휴대폰번호:
　　　　　팩스번호, 전자우편(e-mail)주소:

물품대금청구의 소

청 구 취 지

1. 피고는 원고에게 금 15,000,000원 및 이중 금 6,000,000원에 대하여는 20○○.
　○. ○.부터, 금 5,000,000원에 대하여는 20○○. ○○. ○.부터, 금 4,000,000원
　에 대하여는 20○○. ○○. ○.부터 각 이 사건 소장부본 송달일까지는 연 6%의,
　그 다음날부터 다 갚을 때까지는 연 15%의 각 비율로 계산한 돈을 지급하라.
2. 소송비용은 피고의 부담으로 한다.
3. 위 제1항은 가집행 할 수 있다.
라는 판결을 구합니다.

청 구 원 인

1. 원고는 ○○시 ○○구 ○○로에서 ○○상회라는 상호로 생선도매업에 종사하고
　있고, 피고는 ○○시 ○○구 ○○로에서 ○○상회라는 상호로 생선소매업에 종사
　하고 있습니다.
2. 원고는 20○○. ○. ○.경부터 피고에게 생선을 외상으로 판매하여 매달 말일에
　결제를 하여 왔는데, 같은 해 ○. ○○.경부터 같은 해 ○○. ○○.까지의 1개월
　분 외상대금 6,000,000원, 같은 해 ○. ○○.경부터 같은 해 ○○. ○○.까지의
　1개월분 외상대금 5,000,000원, 같은 해 ○. ○○.경부터 같은 해 ○○. ○○.까
　지의 1개월분 외상대금 4,000,000원, 합계 금 15,000,000원을 지금까지 받지
　못하고 있습니다.
3. 따라서 원고는 피고로부터 생선의 외상대금 15,000,000원 및 이중 금 6,000,000

원에 대하여는 20○○. ○. ○.부터, 금 5,000,000원에 대하여는 20○○. ○○. ○.부터, 금 4,000,000원에 대하여는 20○○. ○○. ○.부터 각 이 사건 소장부본 송달일까지는 상법에서 정한 연 6%의, 그 다음날부터 다 갚을 때까지는 소송촉진 등에관한특례법에서 정한 연 15%의 각 비율로 계산한 지연손해금을 지급 받기 위하여 이 사건 청구에 이르렀습니다.

입 증 방 법

1. 갑 제1호증   거래명세표
1. 갑 제2호증   세금계산서
1. 갑 제3호증   인수증

첨 부 서 류

1. 위 입증방법   각 2통
1. 소장부본   1통
1. 송달료납부서   1통

20○○.　○.　○.
위 원고　○○○　(서명 또는 날인)

○○지방법원　귀중

소 장

원 고   ○○○ (주민등록번호)
         ○○시 ○○구 ○○로 ○○(우편번호)
         전화 · 휴대폰번호:
         팩스번호, 전자우편(e-mail)주소:

피 고   ◇◇◇ (주민등록번호)
         ○○시 ○○구 ○○로 ○○-○○(우편번호)
         전화 · 휴대폰번호:
         팩스번호, 전자우편(e-mail)주소:

물품대금청구의 소

청 구 취 지

1. 피고는 원고에게 금 5,000,000원 및 이에 대하여 20○○. ○○. ○○.부터 이 사건 소장부본 송달일까지는 연 6%의, 그 다음날부터 다 갚을 때까지는 연 15%의 각 비율로 계산한 돈을 지급하라.
2. 소송비용은 피고의 부담으로 한다.
3. 위 제1항은 가집행 할 수 있다.
라는 판결을 구합니다.

청 구 원 인

1. 원고는 ○○시 ○○구 ○○로 ○○에서 '○○상회' 라는 상호로 식료품판매업을 하고 있으며, 피고는 ○○시 ○○구 ○○로 ○○-○○에서 ○○식당을 경영하고 있는 사람인데, 피고는 원고로부터 20○○. ○. ○.부터 20○○. ○. ○○.까지 위 식당운영에 필요한 각종 식료품을 현금 또는 외상으로 구입하여 갔습니다.
2. 그러나 피고는 위 주소지에서 식당을 그만두게 되었고, 원고 및 피고는 20○○. ○. ○.부터 20○○. ○. ○○.까지의 외상물품대금을 정산한 결과 미수된 외상물품대금이 금 5,000,000원이므로 피고는 위 돈을 20○○. ○○. ○○.까지 지급해 주기로 구두상 약정하고 원고의 장부에 미수된 외상물품대금 5,000,000원을 확인해준 사실이 있습니다. 그런데 피고는 위 약정기일이 지나도 위 돈을 지급해 주지 않고 있습니다.
3. 따라서 원고는 피고로부터 금 5,000,000원 및 이에 대하여 위 지급기일 다음날

인 20○○. ○○. ○○.부터 이 사건 소장부본 송달일까지는 상법에서 정한 연 6%의, 그 다음날부터 다 갚을 때까지는 소송촉진등에관한특례법에서 정한 연 15%의 각 비율로 계산한 지연손해금을 지급 받고자 이 사건 소제기에 이른 것입니다.

입 증 방 법

1. 갑 제1호증의 1, 2   거래장부 표지 및 내용

첨 부 서 류

1. 위 입증방법   각 2통
1. 소장부본   1통
1. 송달료납부서   1통

20○○.   ○.   ○.

위 원고   ○○○   (서명 또는 날인)

○○지방법원   귀중

소　　　장

원　　고　　○○○ (주민등록번호)
　　　　　　○○시 ○○구 ○○로 ○○(우편번호)
　　　　　　전화·휴대폰번호:
　　　　　　팩스번호, 전자우편(e-mail)주소:

피　　고　　◇◇◇ (주민등록번호)
　　　　　　○○시 ○○구 ○○로 ○○(우편번호)
　　　　　　전화·휴대폰번호:
　　　　　　팩스번호, 전자우편(e-mail)주소:

물품대금청구의 소

청 구 취 지

1. 피고는 원고에게 금 2,700,000원 및 이에 대한 20○○. ○. ○.부터 이 사건 소장
   부본 송달일까지는 연 6%의, 그 다음날부터 다 갚는 날까지는 연 15%의 각 비율
   로 계산한 돈을 지급하라.
2. 소송비용은 피고의 부담으로 한다.
3. 위 제1항은 가집행 할 수 있다.
라는 판결을 구합니다.

청 구 원 인

1. 원고는 ○○시 ○○구 ○○로 ○○○에서 '○○중고자동차매매상사'를 운영하는 자
   이고, 피고는 20○○. ○. ○. 원고로부터 199○년식 ○○승용차를 금 3,000,000원
   에 매수하기로 하는 계약을 체결한 사람인데, 피고는 위 계약일자에 계약금으로 금
   300,000원을 지급하면서, 나머지 잔금 2,700,000원은 같은 달 ○○일에 위 승용차
   를 인도 받으면서 지급하기로 약정하였으나, 20○○. ○. ○○. 피고의 사정으로 잔금
   은 그 다음날 지급 받기로 하고, 위 승용차를 인도한 사실이 있습니다.
2. 그러나 피고는 원고와의 위 약속을 어겼을 뿐만 아니라, 이후 원고의 여러 차례에
   걸친 변제 독촉에도 불구하고 지금까지 이를 이행치 않고 있습니다.
3. 따라서 피고는 원고에게 금 2,700,000원 및 이에 대하여 잔금지급 약정일의 다음날
   부터 이 사건 소장부본 송달일까지는 상법에서 정한 연 6%의, 그 다음날부터 다
   갚는 날까지는 소송촉진등에관한특례법에서 정한 연 15%의 각 비율로 계산한 지

연손해금을 지급할 의무가 있다 할 것이므로 그 지급을 구하고자 이 사건 청구에 이른 것입니다.

입 증 방 법

1. 갑 제1호증   매매계약서
1. 갑 제2호증   통고서(내용증명우편)

첨 부 서 류

1. 위 입증방법   각 2통
1. 소장부본   1통
1. 송달료납부서   1통

20○○. ○. ○.

위 원고   ○○○   (서명 또는 날인)

○○지방법원 귀중

[서식] 물품대금청구의 소(철강 H빔 판매대금)

<h1 style="text-align:center">소   장</h1>

원   고   ○○공업주식회사
              ○○시 ○○구 ○○로 ○○(우편번호)
              대표이사   ◉◉◉
              전화·휴대폰번호:
              팩스번호, 전자우편(e-mail)주소:

피   고   ◇◇공업주식회사
              ○○시 ○○구 ○○로 ○○(우편번호)
              대표이사   ◈◈◈
              전화·휴대폰번호:
              팩스번호, 전자우편(e-mail)주소:

물품대금청구의 소

<h2 style="text-align:center">청 구 취 지</h2>

1. 피고는 원고에게 금 ○○○원 및 이에 대하여 20○○. ○○. ○○.부터 이 사건 소장 부본 송달일까지는 연 6%의, 그 다음날부터 다 갚을 때까지는 연 15%의 각 비율로 계산한 돈을 지급하라.
2. 소송비용은 피고의 부담으로 한다.
3. 위 제1항은 가집행 할 수 있다.
라는 판결을 구합니다.

<h2 style="text-align:center">청 구 원 인</h2>

1. 원고는 철강H빔을 만들어 피고회사에 납품하는 회사로서, 20○○. ○. ○.경부터 피고에게 철강H빔을 공급해오던 중 20○○. ○○. ○. 납품한 철강H빔의 대금 ○○○원을 지금까지 지급 받지 못하고 있습니다.
2. 따라서 원고는 피고에 대하여 위 철강H빔의 대금 ○○○원 및 이에 대한 위 철강H빔을 납품한 날의 다음날인 20○○. ○○. ○○.부터 이 사건 소장부본 송달일까지는 상법에서 정한 연 6%의, 그 다음날부터 다 갚을 때까지는 소송촉진등에관한특례법에서 정한 연 15%의 각 비율로 계산한 지연손해금을 지급 받기 위하여 이 사건 청구에 이르렀습니다.

입 증 방 법

1. 갑 제1호증   거래명세표
1. 갑 제2호증   세금계산서
1. 갑 제3호증   인수증

첨 부 서 류

1. 위 입증방법   각 2통
1. 법인등기사항증명서   2통
1. 소장부본   1통
1. 송달료납부서   1통

20○○.　○.　○.

위 원고　　○○공업주식회사

대표이사 ◈◈◈　(서명 또는 날인)

○○지방법원　귀중

소　　장

원　고　○○○ (주민등록번호)
　　　　○○시 ○○구 ○○로 ○○(우편번호)
　　　　전화·휴대폰번호:
　　　　팩스번호, 전자우편(e-mail)주소:

피　고　◇◇◇ (주민등록번호)
　　　　○○시 ○○구 ○○로 ○○(우편번호)
　　　　전화·휴대폰번호:
　　　　팩스번호, 전자우편(e-mail)주소:

물품대금청구의 소

청 구 취 지

1. 피고는 원고에 대하여 금 8,500,000원 및 이에 대하여 20○○. ○○. ○○.부터 이 사건 소장부본 송달일까지는 연 6%의, 그 다음날부터 다 갚을 때까지는 연 15%의 각 비율로 계산한 돈을 지급하라.
2. 소송비용은 피고의 부담으로 한다.
3. 위 제1항은 가집행 할 수 있다.
라는 판결을 구합니다.

청 구 원 인

1. 원고는 ○○시 ○○구 ○○로 ○○번지에서 화훼농장을 경영하는 자이고, 피고는 화훼생산자들로부터 화훼를 매수하여 서울 등 도시에 판매하는 자입니다.
2. 원고는 20○○. ○. ○.부터 20○○. ○○. ○.까지 피고에게 장미 등을 외상으로 판매하였으며, 그 대금은 최종 공급일에 정산하여 지급 받기로 하였습니다. 그런데 피고는 20○○. ○○. ○○.까지 공급받은 화훼의 대금 8,500,000원을 원고의 여러 차례에 걸친 독촉에도 불구하고 지금까지 지급하지 않고 계속 미루기만 하고 있습니다.
3. 따라서 원고는 피고에 대하여 위 화훼의 대금 8,500,000원 및 이에 대하여 화훼의 최종공급일의 다음날인 20○○. ○○. ○○.부터 이 사건 소장부본 송달일까지는 상법에서 정한 연 6%의, 그 다음날부터 다 갚을 때까지는 소송촉진등에관한특례법에서 정한 연 15%의 각 비율로 계산한 지연손해금을 지급 받기 위하여 부득이 이 사건 청구에 이른 것입니다.

입 증 방 법

1. 갑 제1호증   거래장부
1. 갑 제2호증   지불각서

첨 부 서 류

1. 위 입증방법   각 2통
1. 소장부본   1통
1. 송달료납부서   1통

20○○.　○.　○.

위 원고　○○○　(서명 또는 날인)

○○지방법원 ○○지원　귀중

소　　장

원　　고　　○○○ (주민등록번호)
　　　　　　○○시 ○○구 ○○길 ○○(우편번호 ○○○-○○○)
　　　　　　전화·휴대폰번호:
　　　　　　팩스번호, 전자우편(e-mail)주소:

피　　고　　◇◇◇ (주민등록번호)
　　　　　　○○시 ○○구 ○○길 ○○(우편번호 ○○○-○○○)
　　　　　　전화·휴대폰번호:
　　　　　　팩스번호, 전자우편(e-mail)주소:

소유권이전등기청구의 소

청 구 취 지

1. 피고는 원고에게 서울 ○○구 ○○동 ○○ 대 ○○○㎡에 관하여 20○○. ○. ○. 매매를 원인으로 한 소유권이전등기절차를 이행하라.
2. 소송비용은 피고의 부담으로 한다.
라는 판결을 구합니다.

청 구 원 인

1. 원고는 20○○. ○. ○. 피고로부터 서울 ○○구 ○○동 ○○ 대 ○○○㎡(다음부터 이 사건 토지라고 함)를 매매대금 ○○○만원에 매수함에 있어서 계약금 ○○○만원은 계약당일 지급하고, 중도금 ○○○만원은 같은 해 ○. ○○.에 지급한 바 있으며, 잔금은 같은 해 ○○. ○○. 지급하기로 약정하였습니다.
2. 그런데 원고가 위 중도금 및 잔금을 각 지급기일에 지급하여 매매대금 전액이 지급되었음에도 피고는 이 사건 토지를 원고에게 인도하였을 뿐이고, 지금까지 원고에게 이 사건 토지에 대한 소유권이전등기절차에 협력하지 않고 있습니다.
3. 따라서 원고는 피고에 대하여 이 사건 토지에 관하여 위 매매계약을 원인으로 한 소유권이전등기절차의 이행을 청구하기 위하여 이 사건 소송을 제기합니다.

입 증 방 법

1. 갑 제1호증　　　　　　　토지등기사항증명서

1. 갑 제2호증   토지매매계약서
1. 갑 제3호증의 1, 2   각 영수증

첨 부 서 류

1. 위 입증방법   각 1통
1. 토지대장등본   1통
1. 소장부본   1통
1. 송달료납부서   1통

20○○. ○. ○.

위 원고   ○○○   (서명 또는 날인)

○○지방법원 귀중

■ 관련판례 ■

토지의 매수인이 아직 소유권이전등기를 받지 아니하였다 하여도 매매계약의 이행으로 그 토지를 인도받은 때에는 매매계약의 효력으로서 이를 점유·사용할 권리가 있다고 보아야 한다(대법원 1996.6.25. 선고 95다12682, 12699 판결 등 참조). 또한 일부 공유자가 공유토지 중 특정 부분을 배타적으로 점유·사용하고 있더라도 공유자들 간에 그 부분을 점유하고 있는 공유자의 단독소유로 하기로 하는 공유물분할협의가 성립한 경우에는 특별한 약정이 없는 한 그 공유자가 공유물분할협의결과에 따른 공유지분 이전절차를 이행하는 과정에서도 이를 배타적으로 점유·사용할 권리가 있다(대법원 2016.8.24. 선고 2016다221245 판결).

소　　장

원　　고　　○○○ (주민등록번호)
　　　　　　○○시 ○○구 ○○길 ○○(우편번호 ○○○-○○○)
　　　　　　전화·휴대폰번호:
　　　　　　팩스번호, 전자우편(e-mail)주소:
피　　고　　◇◇◇ (주민등록번호)
　　　　　　○○시 ○○구 ○○길 ○○(우편번호 ○○○-○○○)
　　　　　　전화·휴대폰번호:
　　　　　　팩스번호, 전자우편(e-mail)주소:

소유권이전등기청구의 소

청 구 취 지

1. 피고는 원고에게 별지목록 기재의 부동산에 관하여 20○○. ○. ○. 매매를 원인으로 한 소유권이전등기절차를 이행하라.
2. 소송비용은 피고의 부담으로 한다.
라는 판결을 구합니다.

청 구 원 인

1. 원고는 20○○. ○. ○. 피고로부터 별지목록 기재의 부동산을 매매대금 ○○○만원에 매수하기로 매매계약을 체결하면서 그 계약금으로 ○○만원을 계약당일 지급하고, 중도금 ○○만원은 같은 해 ○. ○○.에 지급하였으며, 잔금 ○○만원은 같은 해 ○○. ○○.까지 소유권이전등기신청서류와 상환으로 지급하기로 약정하였습니다.
2. 그런데 피고는 원고가 위와 같은 약정 내용에 따라 중도금지급기일에 중도금을 지급하고 잔금지급기일인 20○○. ○○. ○○. 잔금 ○○만원을 변제제공하고 소유권이전등기에 필요한 서류를 요구하였으나, 피고는 그 요구에 응하지 않으므로 ○○지방법원 공탁공무원에게 변제공탁으로 위 잔금을 공탁하였음에도 불구하고, 피고는 별지목록 기재 부동산의 소유권이전등기절차를 이행하지 않고 있습니다.
3. 따라서 원고는 피고에게 별지목록 기재의 부동산에 관하여 20○○. ○. ○. 매매를 원인으로 한 소유권이전등기를 받고자 이 사건 청구에 이른 것입니다.

입 증 방 법

　　　　1. 갑 제1호증의 1, 2　　　　　　각 부동산등기사항증명서

1. 갑 제2호증 　　　　　　　　 매매계약서
1. 갑 제3호증 　　　　　　　　 중도금영수증
1. 갑 제4호증 　　　　　　　　 변제공탁서

첨 부 서 류

1. 위 입증방법 　　　　　　　　 각 1통
1. 토지대장등본 　　　　　　　　 1통
1. 건축물대장등본 　　　　　　　 1통
1. 소장부본 　　　　　　　　　　 1통
1. 송달료납부서 　　　　　　　　 1통

20○○.　 ○.　 ○.

위 원고　 ○○○　 (서명 또는 날인)

○○지방법원　 귀중

■ 관련판례 ■

부동산매매계약에서 매도인과 매수인은 서로 동시이행관계에 있는 일정한 의무를 부담하므로 이행과정에 신뢰관계가 따른다. 특히 매도인으로서는 매매대금 지급을 위한 매수인의 자력, 신용 등 매수인이 누구인지에 따라 계약유지 여부를 달리 생각할 여지가 있다. 이러한 이유로 매매로 인한 소유권이전등기청구권의 양도는 특별한 사정이 없는 이상 양도가 제한되고 양도에 채무자의 승낙이나 동의를 요한다고 할 것이므로 통상의 채권양도와 달리 양도인의 채무자에 대한 통지만으로는 채무자에 대한 대항력이 생기지 않으며 반드시 채무자의 동의나 승낙을 받아야 대항력이 생긴다.

그러나 취득시효완성으로 인한 소유권이전등기청구권은 채권자와 채무자 사이에 아무런 계약관계나 신뢰관계가 없고, 그에 따라 채권자가 채무자에게 반대급부로 부담하여야 하는 의무도 없다. 따라서 취득시효완성으로 인한 소유권이전등기청구권의 양도의 경우에는 매매로 인한 소유권이전등기청구권에 관한 양도제한의 법리가 적용되지 않는다(대법원 2018.7.12. 선고 2015다36167 판결).

소　　장

원　　고　　1. 김○○ (주민등록번호)
　　　　　　　○○시 ○○구 ○○길 ○○(우편번호 ○○○-○○○)
　　　　　　　전화·휴대폰번호:
　　　　　　　팩스번호, 전자우편(e-mail)주소:

　　　　　　2. 박①○ (주민등록번호)
　　　　　　　○○시 ○○구 ○○길 ○○(우편번호 ○○○-○○○)
　　　　　　　전화·휴대폰번호:
　　　　　　　팩스번호, 전자우편(e-mail)주소:

　　　　　　3. 박②○ (주민등록번호)
　　　　　　　○○시 ○○구 ○○길 ○○(우편번호 ○○○-○○○)
　　　　　　　전화·휴대폰번호:
　　　　　　　팩스번호, 전자우편(e-mail)주소:

　　　　　　4. 박③○ (주민등록번호)
　　　　　　　○○시 ○○구 ○○길 ○○(우편번호 ○○○-○○○)
　　　　　　　전화·휴대폰번호:
　　　　　　　팩스번호, 전자우편(e-mail)주소:

피　　고　　◇◇◇ (주민등록번호)
　　　　　　○○시 ○○구 ○○길 ○○(우편번호 ○○○-○○○)
　　　　　　전화·휴대폰번호:
　　　　　　팩스번호, 전자우편(e-mail)주소:

소유권이전등기청구의 소

청 구 취 지

1. 피고는 원고들에게 별지 제1목록 기재 부동산에 대한 별지 제2목록 기재 각 해당지분에 관하여 20○○. ○. ○. 매매를 원인으로 한 소유권이전등기절차를 이행하라.
2. 소송비용은 피고의 부담으로 한다.
라는 판결을 구합니다.

청 구 원 인

1. 소외 망 ◉◉◉는 별지 제1목록 기재 부동산을 그 소유권자인 피고로부터 20○○. ○. ○. 매매대금 ○○○만원에 매수하기로 하는 계약을 하고 계약내용에 따라 계약금, 중도금, 잔금을 20○○. ○○. ○.까지 모두 지불하였습니다.
2. 그런데 소외 망 ◉◉◉는 피고에게 위 매매대금을 모두 지급하고서도 소유권이전등기를 받지 못한 채 20○○. ○○. ○○. 사망하였고, 그 상속인들인 원고들이 별지 제1목록 기재 부동산을 공동 상속하여 그 상속지분은 별지 제2목록 기재와 같습니다.
3. 따라서 피고는 별지 제1목록 기재 부동산에 관하여 원고들에게 별지 제2목록 기재 각 상속지분의 비율에 따라 20○○. ○. ○. 매매를 원인으로 한 소유권이전등기절차를 각 이행할 의무가 있으나 이를 이행하지 아니 하므로 원고들은 이 사건 소유권이전등기를 청구하는 것입니다.

입 증 방 법

1. 갑 제1호증	부동산매매계약서
1. 갑 제2호증의 1, 2	각 영수증
1. 갑 제3호증	기본증명서
	(단, 2007.12.31. 이전 사망한 경우 제적등본)
1. 갑 제4호증	가족관계증명서
	(또는, 상속관계를 확인할 수 있는 제적등본)
1. 갑 제5호증	부동산등기사항증명서

첨 부 서 류

1. 위 입증방법	각 1통
1. 토지대장등본	1통
1. 소장부본	1통
1. 송달료납부서	1통

20○○.　○.　○.

위 원고　1. 김○○　(서명 또는 날인)
　　　　　2. 박①○　(서명 또는 날인)

                              3. 박②○ (서명 또는 날인)
                              4. 박③○ (서명 또는 날인)

　○○지방법원　귀중

■ **관련판례** ■
　토지의 매수인이 아직 소유권이전등기를 마치지 않았더라도 매매계약의 이행으로 토지를
인도받은 때에는 매매계약의 효력으로서 이를 점유·사용할 권리가 있으므로, 매도인이 매
수인에 대하여 그 점유·사용을 법률상 원인이 없는 이익이라고 하여 부당이득반환청구를
할 수는 없다. 이러한 법리는 대물변제 약정 등에 의하여 매매와 같이 부동산의 소유권
을 이전받게 되는 사람이 이미 부동산을 점유·사용하고 있는 경우에도 마찬가지로 적용
된다(대법원 2016.7.7. 선고 2014다2662 판결).

[서식] 소유권이전등기청구의 소(매매잔금 지급과 동시에 하는 경우)

소   장

원   고   ○○○ (주민등록번호)
          ○○시 ○○구 ○○길 ○○(우편번호 ○○○-○○○)
          전화·휴대폰번호:
          팩스번호, 전자우편(e-mail)주소:

피   고   ◇◇◇ (주민등록번호)
          ○○시 ○○구 ○○길 ○○(우편번호 ○○○-○○○)
          전화·휴대폰번호:
          팩스번호, 전자우편(e-mail)주소:

소유권이전등기청구의 소

청 구 취 지

1. 피고는 원고로부터 45,000,000원을 지급 받음과 동시에 원고에게 별지목록 기재 부동산에 관하여 20○○. ○. ○. 매매를 원인으로 하는 소유권이전등기절차를 이행하고, 별지목록 기재 부동산을 인도하라.
2. 소송비용은 피고의 부담으로 한다.
3. 위 제1항 중 부동산인도부분은 가집행 할 수 있다.
라는 판결을 구합니다.

청 구 원 인

1. 원고는 20○○. ○. ○. 피고로부터 피고의 소유인 별지목록 기재 부동산을 매매대금 1억 원에 매수하기로 하는 매매계약을 체결하고, 그 계약내용에 따라 계약금 1,000만원은 계약당일에 지급하고, 같은 해 ○. ○○.에 중도금 4,500만원을 지급하였습니다.
2. 그런데 원고가 별지목록 기재 부동산의 매매대금 중 잔금 4,500만원을 그 지급기일인 20○○. ○○. ○○.에 피고에게 지급제시하고 별지목록 기재 부동산의 소유권이전에 필요한 서류의 교부와 별지목록 기재 부동산의 명도를 요구였으나, 피고는 별지목록 기재 부동산을 싸게 팔았다는 이유로 잔금의 수령을 거절하고 현재까지 별지목록 기재 부동산의 소유권이전등기절차를 이행하지 않고, 별지목록 기재 부동산의 명도도 이행하지 않고 있습니다.
3. 따라서 원고는 피고에 대하여 금 4,500만원을 지급 받음과 동시에 원고에게 별지목록 기재 부동산에 관하여 20○○. ○. ○. 매매를 원인으로 하는 소유권이전등기절차의 이행과 별지목록 기재 부동산의 명도를 구하기 위하여 이 사건 소송제기에 이

른 것입니다.

입 증 방 법

1. 갑 제1호증   부동산등기사항증명서
1. 갑 제2호증   매매계약서
1. 갑 제3호증의 1, 2   각 영수증

첨 부 서 류

1. 위 입증방법   각 1통
1. 토지대장등본   1통
1. 건축물대장등본   1통
1. 소장부본   1통
1. 송달료납부서   1통

20○○.　○.　○.

위 원고　○○○　(서명 또는 날인)

○○지방법원　귀중

[별 지]

부동산의 표시

1동의 건물의 표시
　　○○시 ○○구 ○○동 ○○○ ○○○아파트
　　　　제 ○○○동
　　[도로명주소] ○○시 ○○구 ○○길 ○○
　　전유부분의 건물의 표시
　　건물번호 : ○○○ - 5 - 508
　　구　　조 : 철근콘크리트조
　　면　　적 : 5층 508호 ○○.○○㎡
　　대지권의 목적인 토지의 표시
　　1. ○○시 ○구 ○○동 ○○○　　대 ○○○○○.○㎡
　　2. ○○시 ○구 ○○동 ○○○-2　대　○○○○.○○㎡
　　대지권의 종류 : 소유권
　　대지권의 비율 : ○○○○○.○○분의 ○○.○○. 끝.

[서식] 소유권이전등기말소청구의 소(매수인의 상속인들을 상대로)

소   장

원   고   ○○○ (주민등록번호)
　　　　　　○○시 ○○구 ○○길 ○○(우편번호 ○○○-○○○)
　　　　　　전화·휴대폰번호:
　　　　　　팩스번호, 전자우편(e-mail)주소:

피   고   1. ◇◇◇ (주민등록번호)
　　　　　　　　○○시 ○○구 ○○길 ○○(우편번호 ○○○-○○○)
　　　　　　　전화·휴대폰번호:
　　　　　　　팩스번호, 전자우편(e-mail)주소:
　　　　　　2. ◇①◇ (주민등록번호)
　　　　　　　　○○시 ○○구 ○○길 ○○(우편번호 ○○○-○○○)
　　　　　　　전화·휴대폰번호:
　　　　　　　팩스번호, 전자우편(e-mail)주소:
　　　　　　3. ◇②◇ (주민등록번호)
　　　　　　　　○○시 ○○구 ○○길 ○○(우편번호 ○○○-○○○)
　　　　　　　전화·휴대폰번호:
　　　　　　　팩스번호, 전자우편(e-mail)주소:

소유권이전등기말소청구의 소

청 구 취 지

1. 피고들은 원고에게 별지목록 기재 부동산에 관하여 ○○지방법원 ○○지원 20○○. ○. ○. 접수 제○○○○호로 마친 소유권 이전등기의 말소등기절차를 이행하라.
2. 소송비용은 피고들의 부담으로 한다.
라는 판결을 구합니다.

청 구 원 인

1. 매매계약
　가. 원고는 20○○. ○. ○.경 소외 망 ◆◆◆와 원고 소유의 별지목록 기재 부동산을 금 50,000,000에 매도하는 계약을 체결하고, 같은 해 20○○. ○. ○. 소외 망 ◆◆◆로부터 계약금 및 중도금의 합계 금 40,000,000원을 받았습니다.
　나. 그런데 소외 망 ◆◆◆는 원고에게 별지목록 기재 부동산에 대해 미리 소유권이전등기를 해주면 그 부동산을 담보로 융자를 받아 잔대금을 20○○. ○. ○○.까지

지급하겠다고 하여, 원고는 20○○. ○. ○. 소외 망 ◆◆◆에게 소유권이전등기에 필요한 서류 일체를 건네 주었습니다.

다. 그 뒤 소외 망 ◆◆◆는 별지목록 기재 부동산에 대하여 ○○지방법원 ○○지원 20○○. ○. ○. 접수 제○○○○호로 소유권이전등기를 마쳤습니다.

2. 매매계약의 해제

가. 소외 망 ◆◆◆가 별지목록 기재 부동산을 담보로 융자를 받고 나서도 계속 잔대금의 지급을 지체하여, 원고는 20○○. ○. ○. 소외 망 ◆◆◆에게 (통고서 수령일로부터) 7일 이내에 잔대금을 지급하지 않으면 위 매매계약을 해제하니, 그 때는 소유권이전등기말소등기절차를 이행하라는 통고서를 발송하였습니다.

나. 소외 망 ◆◆◆은 원고로부터 위 매매계약해제의 통고서를 수령하고도, 7일 내에 잔대금을 지급하지도 않았고 별지목록 기재 부동산에 대한 소외 망 ◆◆◆명의의 소유권이전등기말소등기절차에 협력하지도 않고 있었습니다.

3. 상 속

그러던 중 소외 망 ◆◆◆가 20○○. ○. ○. 사망하여, 같은 날 소외 망 ◆◆◆의 배우자인 피고 ◇◇◇와 소외 망 ◆◆◆의 아들인 피고 ◇①◇, 소외 망 ◆◆◆의 딸인 피고 ◇②◇이 공동재산상속인이 되었습니다.

4. 변제공탁

가. 원고는 피고들에게 소외 망 ◆◆◆로부터 이미 지급 받은 계약금 및 중도금을 현실제공하면서, 소외 망 ◆◆◆명의의 소유권이전등기말소등기를 요구하자, 피고들은 모르는 일이라고 할 뿐입니다.

나. 그래서 원고는 소외 망 ◆◆◆로부터 지급 받은 계약금 및 중도금의 합계 금 40,000,000원을 소외 망 ◆◆◆의 상속인들인 피고들에게 각 상속지분의 비율로 ○○지방법원 ○○지원에 각 변제공탁을 하였습니다.

5. 결론

따라서 원고는 별지목록 기재 부동산에 관하여 ○○지방법원 ○○지원 20○○. ○. ○. 접수 제○○○○호로서 마친 소외 망 ◆◆◆명의의 소유권이전등기말소등기절차의 이행을 구하기 위하여 이 사건 청구에 이른 것입니다.

입 증 방 법

1. 갑 제1호증	부동산매매계약서
1. 갑 제2호증	부동산등기사항전부증명서
1. 갑 제3호증	토지대장등본
1. 갑 제4호증	건축물대장등본
1. 갑 제5호증	기본증명서
	(단, 2007.12.31. 이전 사망한 경우 제적등본)
1. 갑 제6호증의 1 내지 3	각 가족관계증명서
	(또는, 상속관계를 확인할 수

있는 제적등본)
1. 갑 제7호증   계약해제통고서
1. 갑 제8호증   공탁서

첨 부 서 류

1. 위 입증방법   각 1통
1. 소장부본   3통
1. 송달료납부서   1통

20○○.   ○.   ○.
위 원고   ○○○   (서명 또는 날인)

○○지방법원 ○○지원 귀중

소   장

원   고   1. ○①○ (주민등록번호)
　　　　　　○○시 ○○구 ○○길 ○○(우편번호 ○○○-○○○)
　　　　　　전화·휴대폰번호:
　　　　　　팩스번호, 전자우편(e-mail)주소:
　　　　　 2. ○②○ (주민등록번호)
　　　　　　○○시 ○○구 ○○길 ○○(우편번호 ○○○-○○○)
　　　　　　전화·휴대폰번호:
　　　　　　팩스번호, 전자우편(e-mail)주소:
　　　　　 3. ○③○ (주민등록번호)
　　　　　　○○시 ○○구 ○○길 ○○(우편번호 ○○○-○○○)
　　　　　　전화·휴대폰번호:
　　　　　　팩스번호, 전자우편(e-mail)주소:
피   고   ◇◇◇ (주민등록번호)
　　　　　　○○시 ○○구 ○○길 ○○(우편번호 ○○○-○○○)
　　　　　　전화·휴대폰번호:
　　　　　　팩스번호, 전자우편(e-mail)주소:

소유권이전등기말소청구의 소

청 구 취 지

1. 피고는 원고들에게 별지목록 기재 부동산에 관하여 ○○지방법원 ○○지원 20○○.
   ○. ○. 접수 제○○○○호로 마친 소유권이전등기의 말소등기절차를 이행하라.
2. 소송비용은 피고의 부담으로 한다.
라는 판결을 구합니다.

청 구 원 인

1. 매매계약
　가. 소외 망 ◉◉◉는 20○○. ○. ○.경 피고와 소외 망 ◉◉◉ 소유의 별지목록 기
　　　재 부동산을 금 50,000,000에 매도하는 계약을 체결하고, 같은 해 20○○. ○.
　　　○. 피고로부터 계약금 및 중도금 합계 금 40,000,000원을 받았습니다.
　나. 그런데 피고가 소외 망 ◉◉◉에게 별지목록 기재 부동산에 대해 미리 소유권이
　　　전등기를 해주면 그 부동산을 담보로 융자를 받아 20○○. ○. ○.까지 잔대금을
　　　지급하겠다고 하여, 소외 망 ◉◉◉는 20○○. ○. ○. 피고에게 소유권이전등기
　　　에 필요한 서류 일체를 건네주었습니다.

다. 그 뒤 피고는 별지목록 기재 부동산에 대하여 ○○지방법원 ○○지원 20○○. ○. ○. 접수 제○○○○호로 소유권이전등기를 마쳤습니다.

2. 매매계약의 해제

가. 피고가 별지목록 기재 부동산을 담보로 융자를 받고 나서도 계속 잔대금의 지급을 지체하여, 소외 망 ◉◉◉은 20○○. ○. ○. 피고에게 (통고서 수령일로부터) 7일 이내에 잔대금을 지급하지 않으면 위 매매계약을 해제하니 그 때는 소유권이전등기말소등기절차를 이행하라는 내용의 통고서를 발송하였습니다.

나. 피고는 소외 망 ◉◉◉로부터 위 매매계약해제 통고서를 수령하고도, 7일 내에 잔대금을 지급하지도 않았고 별지목록 기재 부동산에 대한 피고 명의의 소유권이전등기말소등기절차에 협력하지도 않고 있었습니다.

3. 상 속

가. 그러던 중 소외 망 ◉◉◉가 20○○. ○. ○. 사망하여, 같은 날 소외 망 ◉◉◉의 배우자인 원고 ○①○와 소외 망 ◉◉◉의 아들인 원고 ○②○, 소외 망 ◉◉◉의 딸인 원고 ○③○가 공동재산상속인이 되었습니다.

나. 소외 망 ◉◉◉의 공동상속인들인 원고들이 피고에게 이미 지급 받은 계약금 및 중도금 40,000,000원을 현실 제공하면서, 피고 명의의 소유권이전등기 말소등기를 요구하였음에도, 피고는 전혀 이행을 하고 있지 않습니다.

4. 변제공탁

그래서 원고들은 소외 망 ◉◉◉가 피고로부터 지급 받은 계약금 및 중도금 40,000,000원을 ○○지방법원 ○○지원에 변제공탁을 하였습니다.

5. 맺음말

따라서 원고는 별지목록 기재 부동산에 관하여 ○○지방법원 ○○지원 20○○. ○. ○. 접수 제○○○○호로서 마친 피고 명의의 소유권이전등기의 말소등기 절차의 이행을 구하기 위하여 이 사건 청구에 이른 것입니다.

입 증 방 법

1. 갑 제1호증	부동산매매계약서
1. 갑 제2호증	부동산등기사항전부증명서
1. 갑 제3호증	토지대장등본
1. 갑 제4호증	기본증명서
	(단, 2007.12.31. 이전 사망한 경우 제적등본)
1. 갑 제5호증의 1 내지 3	각 가족관계증명서
	(또는, 상속관계를 확인할 수

있는 제적등본)

1. 갑 제6호증　　　　　　　　계약해제통고서
1. 갑 제7호증　　　　　　　　공탁서

첨 부 서 류

1. 위 입증방법　　　　　　　　각 1통
1. 소장부본　　　　　　　　　　1통
1. 송달료납부서　　　　　　　　1통

20○○.　 ○.　 ○.

위 원고　 1. ○①○　 (서명 또는 날인)
　　　　　 2. ○②○　 (서명 또는 날인)
　　　　　 3. ○③○　 (서명 또는 날인)

○○지방법원 ○○지원 귀중

[서식] 소유권이전등기청구의 소(매도인이 매수인을 상대로)

소　　장

원　　고　　○○○ (주민등록번호)
　　　　　　○○시 ○○구 ○○길 ○○(우편번호 ○○○-○○○)
　　　　　　전화·휴대폰번호:
　　　　　　팩스번호, 전자우편(e-mail)주소:

피　　고　　◇◇◇ (주민등록번호)
　　　　　　○○시 ○○구 ○○길 ○○(우편번호 ○○○-○○○)
　　　　　　전화·휴대폰번호:
　　　　　　팩스번호, 전자우편(e-mail)주소:

소유권이전등기청구의 소

청 구 취 지

1. 피고는 원고로부터 별지목록 기재의 부동산에 관하여 20○○. ○. ○. 매매를 원인
으로 한 소유권이전등기절차를 인수하라.
2. 소송비용은 피고의 부담으로 한다.
라는 판결을 구합니다.

청 구 원 인

1. 원고는 20○○. ○. ○. 피고에게 별지목록 기재의 부동산을 매매대금 ○○○만원에 매
도하기로 하는 매매계약을 체결하고서 피고로부터 계약금으로 ○○만원을 계약당일 지
급 받고, 중도금 ○○만원은 같은 해 ○. ○○.에 지급 받았으며, 잔금 ○○만원은
같은 해 ○○. ○○. 지급 받고 피고에게 별지목록 기재 부동산의 인도와 소유권이
전등기신청에 필요한 서류 모두를 교부하였습니다.
2. 그러나 피고는 원고로부터 별지목록 기재 부동산을 인도 받고 소유권이전등기신청
에 필요한 서류 모두를 교부받은 뒤 1년이 다 지나가도록 별지목록 기재 부동산의
소유권을 이전해가지 않음으로 인하여 별지목록 기재의 부동산에 대한 각종 세금
이 원고에게 부과될 뿐만 아니라, 원고의 국민건강보험료산정에 있어서도 별지목록
기재 부동산이 원고소유재산으로 고려되는 등 각종 불이익을 받고 있습니다. 그러
므로 원고는 피고에게 여러 차례에 걸쳐 별지목록 기재 부동산의 소유권이전등기
절차의 인수를 요구하였으나 피고는 계속 미루기만 하고 별지목록 기재 부동산의
소유권이전을 해가지 않고 있습니다.

3. 그런데 매매계약에 따른 등기의무자가 등기권리자에 대하여 매매부동산에 관하여 소유권이전등기를 인수할 것을 청구할 수 있는지에 관하여 살펴보면 ①통상의 채권채무관계에서는 채권자가 수령을 지체하는 경우 채무자는 공탁 등에 의한 방법으로 채권채무관계에서 벗어날 수 있으나, 등기에 관한 채권채무관계에 있어서는 이러한 방법을 사용할 수 없어 등기의무자가 자기 명의로 있어서는 안 될 등기가 자기명의로 있기 때문에 사회생활상, 공법상 불이익(각종 조세의 부담 등) 내지 사법상 불이익(민법 제758조에 의한 소유자책임 등)을 입을 우려가 있는 점, ②채권채무관계는 권리·의무의 엄격한 대립관계가 아니고 사회생활상의 공동목적달성을 위한 유기적 관계로 파악하여야 한다는 점, ③등기제도는 단순한 사법(私法)관계의 보조적 기능을 넘어 진정한 등기부의 유지라는 공익과 관련된 공적 제도로 형성되어 있다고 보아야 할 것이고, 따라서 진실한 권리관계에 합치하지 않는 등기가 있는 경우 그 등기의 당사자 일방은 타방 당사자에 대하여 등기가 진실에 합치하도록 함을 내용으로 하는 등기청구권을 갖는 동시에 타방 당사자는 그 등기청구에 응하여 이에 협력할 의무가 있는 점, ④부동산등기법 제29조는 "판결에 의한 등기는 승소한 등기권리자 또는 등기의무자만으로 이를 신청할 수 있다."라고 규정하여 등기인수청구를 인용하는 판결에 의한 등기의무자의 단독등기신청이 가능한 점 등을 종합하여 보면, 등기의무자도 등기권리자에 대하여 소유권이전등기를 구할 수 있는 등기인수청구권 내지 등기수취청구권을 행사할 수 있다고 봄이 상당하다고 할 것입니다.
4. 따라서 원고는 피고에게 등기인수청구권을 행사하여 별지목록 기재 부동산에 관하여 20○○. ○. ○. 매매를 원인으로 한 소유권이전등기절차의 인수를 구하지 위하여 이 사건 소송제기에 이른 것입니다.

입 증 방 법

1. 갑 제1호증의 1, 2   부동산등기사항전부증명서
1. 갑 제2호증   부동산매매계약서
1. 갑 제3호증의 1 내지 3   세금납입고지서

첨 부 서 류

1. 위 입증방법   각 1통
1. 토지대장등본   1통
1. 건축물대장등본   1통
1. 소장부본   1통
1. 송달료납부서   1통

20○○. ○. ○.

위 원고　○○○ (서명 또는 날인)

○○지방법원 귀중

[별 지]
부동산의 표시

1. ○○시 ○○구 ○○동 ○○-○○ 대 157.4㎡

1. 위 지상 벽돌조 평슬래브 지붕 2층 주택
   1층 74.82㎡
   2층 74.82㎡
   지층 97.89㎡. 끝.

소   장

원   고   ○○○ (주민등록번호)

　　　　　○○시 ○○구 ○○길 ○○(우편번호 ○○○-○○○)

　　　　　전화·휴대폰번호:

　　　　　팩스번호, 전자우편(e-mail)주소:

피   고   1. ◇●◇ (주민등록번호)

　　　　　　○○시 ○○구 ○○길 ○○(우편번호 ○○○-○○○)

　　　　　　전화·휴대폰번호:

　　　　　　팩스번호, 전자우편(e-mail)주소:

　　　　　2. ◇①◇ (주민등록번호)

　　　　　　○○시 ○○구 ○○길 ○○(우편번호 ○○○-○○○)

　　　　　　등기부상 주소 ○○시 ○○구 ○○길 ○○

　　　　　　전화·휴대폰번호:

　　　　　　팩스번호, 전자우편(e-mail)주소:

　　　　　3. ◇②◇ (주민등록번호)

　　　　　　○○시 ○○구 ○○길 ○○(우편번호 ○○○-○○○)

　　　　　　전화·휴대폰번호:

　　　　　　팩스번호, 전자우편(e-mail)주소:

　　　　　4. ◇③◇ (주민등록번호)

　　　　　　○○시 ○○구 ○○길 ○○(우편번호 ○○○-○○○)

　　　　　　전화·휴대폰번호:

　　　　　　팩스번호, 전자우편(e-mail)주소:

　　　　　5. ◇④◇ (주민등록번호)

　　　　　　○○시 ○○구 ○○길 ○○(우편번호 ○○○-○○○)

　　　　　　전화·휴대폰번호:

　　　　　　팩스번호, 전자우편(e-mail)주소:

　　　　　6. ◇⑤◇ (주민등록번호)

　　　　　　○○시 ○○구 ○○길 ○○(우편번호 ○○○-○○○)

　　　　　　전화·휴대폰번호:

　　　　　　팩스번호, 전자우편(e-mail)주소:

　　　　　7. ◇⑥◇ (주민등록번호)

　　　　　　○○시 ○○구 ○○길 ○○(우편번호 ○○○-○○○)

　　　　　　전화·휴대폰번호:

　　　　　　팩스번호, 전자우편(e-mail)주소:

　　　　　8. ◆◆◆ (주민등록번호)

　　　　　　○○시 ○○구 ○○길 ○○(우편번호 ○○○-○○○)

전화·휴대폰번호:

팩스번호, 전자우편(e-mail)주소:

9. ◈◈◈ (주민등록번호)

○○시 ○○구 ○○길 ○○(우편번호 ○○○-○○○)

전화·휴대폰번호:

팩스번호, 전자우편(e-mail)주소:

소유권이전등기청구의 소

청 구 취 지

1. 피고 ◈◈◈에게, 별지목록 기재 부동산 중

 가. 피고 ◇●◇는 3/15지분에 관하여,

 나. 피고 ◇①◇, 피고 ◇②◇, 피고 ◇③◇, 피고 ◇④◇, 피고 ◇⑤◇, 피고 ◇⑥◇
  는 각 2/15지분에 관하여

 각 1973. 11. 13. 매매를 원인으로 한 소유권이전등기절차를 이행하고,

2. 피고 ◈◈◈는 피고 ◈◈◈에게 별지목록 기재 부동산에 관하여 1978. 11. 30. 매
  매를 원인으로 한 소유권이전등기절차를 이행하고,

3. 피고 ◈◈◈는 원고에게 별지목록 기재 부동산에 관하여 1982. 12. 29. 매매를 원
  인으로 한 소유권이전등기절차를 이행하라.

4. 소송비용은 피고들의 부담으로 한다.

라는 판결을 구합니다.

청 구 원 인

1. 피고 ◈◈◈는 1973. 11. 23. 소외 망 ◉◉◉로부터 별지목록 기재 부동산(다음부
  터 "이 사건 부동산"이라고 함)을 매수하였습니다.

2. 당시 소외 망 ◉◉◉는 이 사건 부동산을 비롯하여 주위의 대부분의 토지를 소유하고
  있었던 바, 그 소유권의 일부는 자신의 명의로 하고 있었으나 일부는 동생인 소외
  ◎◎◎ 명의로 하고 있었습니다. 그런데 소외 망 ◉◉◉는 ○○ ○○군 ○○면 ○
  ○리 ○○-2에서 분할된 이 사건 부동산에 관한 자신 명의의 진정한 등기의 존재를
  알지 못한 채, 같은 리 ○○-3에서 분할된 것으로 잘못 등기된 원인무효의 소외 ◎
  ◎◎ 명의의 등기를 진정한 등기로 알고 그에 터 잡아 피고 ◈◈◈ 명의의 소유권
  이전등기를 하여 주었습니다.

3. 그 뒤 피고 ◈◈◈는 이 사건 부동산을 경작하여 오다가 1978. 11. 30. 피고 ◈◈
  ◈에게, 피고 ◈◈◈는 자신 명의의 등기를 하지 아니하고 1982. 12. 29. 원고에게
  각 이 사건 부동산을 매도하였습니다.

4. 그리고 위 원인무효인 피고 ◆◆◆ 명의의 소유권이전등기에 터 잡아 1986. 8. 4. 원고 명의의 소유권이전등기가 되었습니다.

5. 한편, 소외 망 ◎◎◎는 1991. 3. 27. 사망하여 피고 ◇●◇, 피고 ◇①◇, 피고 ◇②◇, 피고 ◇③◇, 피고 ◇④◇, 피고 ◇⑤◇, 피고 ◇⑥◇가 이 사건 부동산을 청구취지 기재 해당지분만큼씩 각 공동상속 하여 권리, 의무를 승계 하였습니다.

6. 그러므로 이 사건 부동산에 관하여 피고 ◇●◇, 피고 ◇①◇, 피고 ◇②◇, 피고 ◇③◇, 피고 ◇④◇, 피고 ◇⑤◇, 피고 ◇⑥◇는 청구취지 기재 각 해당지분만큼씩 피고 ◆◆◆에게, 피고 ◆◆◆는 피고 ◆◆◆에게, 피고 ◆◆◆는 원고에게 각 소유권이전등기를 하여 줄 의무가 있다고 할 것인데, 피고들은 현재 이를 거절하고 있습니다.

7. 그렇다면 원고는 이 사건 부동산이 원고 소유의 다른 토지와 함께 같은 리 249 토지로 환지됨으로써 환지등기를 하기 위하여 소외 망 ◎◎◎의 상속인들을 상대로 한 중복등기말소소송을 제기하여 재판이 진행되는 과정에서 자신 명의의 등기가 원인무효인 중복등기임을 발견하여 위 소송을 취하하고 피고들을 상대로 부득이 이 사건 소송을 제기하게 된 것입니다.

입 증 방 법

1. 갑 제1호증   제적등본
                                         (단, 2008. 1. 1. 이후 사망한 경우 기본증명서)
1. 갑 제2호증   상속관계를 확인할 수 있는 제적등본
                                         (또는, 가족관계등록사항에 관한 증명서)
1. 갑 제3호증의 1 내지 4   각 부동산등기사항증명서
1. 갑 제4호증의 1, 2   각 폐쇄등기부등본
1. 갑 제5호증의 1 내지 4   각 토지대장등본
1. 갑 제6호증   지적도등본

첨 부 서 류

1. 위 입증방법   각 1통
1. 소장부본   9통
1. 송달료납부서   1통

20〇〇.　〇.　〇.

위 원고　〇〇〇　(서명 또는 날인)

〇〇지방법원　귀중

[별   지]

부동산의 표시

○○ ○○군 ○○면 ○○리 ○○ 답 ○○○○㎡. 끝.

소 장

원 고   ○○○ (주민등록번호)
          ○○시 ○○구 ○○길 ○○(우편번호 ○○○-○○○)
          전화·휴대폰번호:
          팩스번호, 전자우편(e-mail)주소:
피 고   ◇◇◇ (주민등록번호)
          ○○시 ○○구 ○○길 ○○(우편번호 ○○○-○○○)
          전화·휴대폰번호:
          팩스번호, 전자우편(e-mail)주소:

소유권이전등기청구의 소

청 구 취 지

1. 피고는 원고에게 별지목록 기재 부동산에 관하여 20○○. ○. ○. 매매를 원인으로 한 소유권이전등기절차를 이행하라.
2. 소송비용은 피고의 부담으로 한다.
라는 판결을 구합니다.

청 구 원 인

1. 원고는 20○○. ○. ○. 피고로부터 별지목록 기재 부동산을 매매대금 ○○○만원에 매수함에 있어서 계약금 ○○○만원은 계약당일 지급하고, 중도금 ○○○만원은 같은 해 ○. ○○.에 지급한 바 있으며, 잔금은 같은 해 ○○. ○○. 지급하기로 약정하였습니다.
2. 그런데 원고가 위 중도금 및 잔금을 각 지급기일에 지급하여 매매대금 전액이 지급되었음에도 피고는 별지목록 기재 부동산을 원고에게 인도하였을 뿐이고, 지금까지 원고에게 별지목록 기재 부동산에 대한 소유권이전등기절차에 협력하지 않고 있습니다.
3. 따라서 원고는 피고에 대하여 별지목록 기재 부동산에 관하여 위 매매계약을 원인으로 한 소유권이전등기절차의 이행을 청구하기 위하여 이 사건 소송을 제기합니다.

입 증 방 법

1. 갑 제1호증   부동산등기사항증명서
1. 갑 제2호증   임야매매계약서
1. 갑 제3호증의 1, 2   각 영수증

첨 부 서 류

1. 위 입증방법   각 1통
1. 임야대장등본   1통
1. 공시지가확인원   1통
1. 소장부본   1통
1. 송달료납부서   1통

20○○.   ○.   ○.
위 원고   ○○○   (서명 또는 날인)

○○지방법원   귀중

[별 지]

부동산의 표시

1. ○○ ○○군 ○○면 ○○동 산 ○○ 임야 1,500㎡
1. ○○ ○○군 ○○면 ○○동 산 ○○-○○ 임야 1,000㎡
1. ○○ ○○군 ○○면 ○○동 산 ○○-○ 임야 1,600㎡. 끝.

<h1 style="text-align:center">소　　　장</h1>

원　　고　　○○○ (주민등록번호)

　　　　　　○○시 ○○구 ○○길 ○○(우편번호 ○○○-○○○)

　　　　　　전화·휴대폰번호:

　　　　　　팩스번호, 전자우편(e-mail)주소:

피　　고　　1. 김◇◇ (주민등록번호)

　　　　　　　○○시 ○○구 ○○길 ○○(우편번호 ○○○-○○○)

　　　　　　　전화·휴대폰번호:

　　　　　　　팩스번호, 전자우편(e-mail)주소:

　　　　　　2. 박①◇ (주민등록번호)

　　　　　　　○○시 ○○구 ○○길 ○○(우편번호 ○○○-○○○)

　　　　　　　전화·휴대폰번호:

　　　　　　　팩스번호, 전자우편(e-mail)주소:

　　　　　　3. 박②◇ (주민등록번호)

　　　　　　　○○시 ○○구 ○○길 ○○(우편번호 ○○○-○○○)

　　　　　　　전화·휴대폰번호:

　　　　　　　팩스번호, 전자우편(e-mail)주소:

　　　　　　4. 박③◇ (주민등록번호)

　　　　　　　○○시 ○○구 ○○길 ○○(우편번호 ○○○-○○○)

　　　　　　　전화·휴대폰번호:

　　　　　　　팩스번호, 전자우편(e-mail)주소:

소유권이전등기청구의 소

<h2 style="text-align:center">청　구　취　지</h2>

1. 피고들은 원고에게 별지 제1목록 기재 부동산에 대한 별지 제2목록 기재 각 피고별 해당지분에 관하여 20○○. ○. ○. 매매를 원인으로 한 소유권이전등기절차를 이행하라.
2. 소송비용은 피고들의 부담으로 한다.
라는 판결을 구합니다.

<h2 style="text-align:center">청　구　원　인</h2>

1. 원고는 별지 제1목록 기재 부동산의 소유권자인 소외 망 ◆◆◆와 20○○. ○. ○. 금 ○○○만원에 매수하기로 하는 계약을 맺고 계약금, 중도금, 잔금을 20○○. ○○.

○.까지 모두 지불하였습니다.

2. 그러나 소외 망 ◈◈◈는 잔금을 지급 받고 소유권이전등기절차를 마치지 아니한 채 20○○. ○○. ○○. 사망하였고, 그 상속인들인 피고인들이 위 부동산을 공동 상속하여 그 상속지분은 별지 제2목록 기재 상속지분의 표시와 같습니다.

3. 따라서 피고들은 원고에게 별지 제2목록 기재 각 상속지분에 의한 각 지분에 대하여 20○○. ○. ○. 매매를 원인으로 한 소유권이전등기를 해주어야 할 의무가 있으나 이를 이행하지 아니 하므로, 원고는 이 사건 소유권이전등기절차이행청구의 소를 제기하게 되었습니다.

입 증 방 법

1. 갑 제1호증   부동산매매계약서
1. 갑 제2호증의 1 내지 3   각 영수증
1. 갑 제3호증   기본증명서
                          (단, 2007.12.31. 이전 사망한 경우 제적등본)
1. 갑 제4호증   가족관계증명서
                          (또는, 상속관계를 확인할 수 있는 제적등본)
1. 갑 제5호증   부동산등기사항증명서

첨 부 서 류

1. 위 입증방법   각 1통
1. 토지대장등본   1통
1. 소장부본   4통
1. 송달료납부서   1통

20○○. ○. ○.

위 원고   ○○○   (서명 또는 날인)

○○지방법원 귀중

소 장

원 고   ○○○ (주민등록번호)
         ○○시 ○○구 ○○로 ○○(우편번호 ○○○-○○○)
         전화·휴대폰번호:
         팩스번호, 전자우편(e-mail)주소:
피 고   ◇◇◇ (주민등록번호)
         ○○시 ○○구 ○○로 ○○(우편번호 ○○○-○○○)
         전화·휴대폰번호:
         팩스번호, 전자우편(e-mail)주소:

토지거래허가절차 이행청구의 소

청 구 취 지

1. 피고는 원고에게, 원고와 피고 사이에 20○○. ○. ○. 체결된 별지 목록 기재 토지의 매매계약에 관하여 토지거래허가 신청절차를 이행하라.
2. 소송비용은 피고의 부담으로 한다.
라는 판결을 구합니다.

청 구 원 인

1. 원고는 20○○. ○. ○. 피고로부터 토지거래허가구역 내에 있는 피고소유의 별지목록 기재 토지를 토지거래허가를 받을 것을 전제로 하여 매매대금 ○억 ○○○만원에 매수하기로 하는 토지매매계약을 체결하면서, 같은 날 계약금 ○○○만원을 지급하고 20○○. ○. ○○. 중도금 ○억 ○○만원을 지급하였으며, 20○○. ○○. ○○. 나머지 매매대금 ○억 ○○만원을 지급하였습니다.
2. 그러나 피고는 별지목록 기재 토지의 매매대금을 모두 수령한 뒤에도 계속 미루기만 하고 서울 ○○구청장에 대한 토지거래허가신청절차에 협력하지 않고 있습니다.
3. 그런데 토지거래허가구역 내의 토지에 관하여 관할관청의 허가 없이 체결된 매매계약이라 하더라도 거래당사자 사이에는 계약이 효력이 있는 것으로 완성될 수 있도록 서로 협력할 의무가 있어 매매계약의 쌍방 당사자는 공동으로 관할관청의 허가를 신청할 의무가 있고, 이러한 의무에 위배하여 허가신청절차에 협력하지 않는 당사자에 대하여 상대방은 협력의무의 이행을 구할 수 있다고 할 것입니다.
4. 따라서 원고는 피고에 대하여 청구취지와 같은 판결을 구하기 위하여 이 사건 청구

에 이른 것입니다.

입 증 방 법

1. 갑 제1호증   토지매매계약서
1. 갑 제2호증의 1 내지 3   각 영수증

첨 부 서 류

1. 위 입증방법   각 2통
1. 소장부본   1통
1. 송달료납부서   1통

20○○.   ○.   ○.
위 원고   ○○○   (서명 또는 날인)

○○지방법원   귀중

소   장

원   고   ○○○ (주민등록번호)
　　　　　 ○○시 ○○구 ○○길 ○○(우편번호 ○○○-○○○)
　　　　　 전화·휴대폰번호:
　　　　　 팩스번호, 전자우편(e-mail)주소:
피   고   ◇◇◇ (주민등록번호)
　　　　　 ○○시 ○○구 ○○길 ○○(우편번호 ○○○-○○○)
　　　　　 전화·휴대폰번호:
　　　　　 팩스번호, 전자우편(e-mail)주소:

무허가건물소유명의인변경등록 청구의 소

청 구 취 지

1. 피고는 원고에게 별지 목록 기재 건물에 관하여 19○○. ○○. ○○. 매매를 원인
   으로 한 서울 ○○○구청에 보관된 무허가건물대장상의 소유자명의변경 등록절차를
   이행하라.
2. 소송비용은 피고의 부담으로 한다.
라는 판결을 구합니다.

청 구 원 인

1. 원고는 피고가 1977. ○. ○. 신축한 별지 목록 기재 무허가건물을 매매대금 ○○
   ○원에 매수하기로 하고 19○○. ○. ○. 위 매매대금 전부를 지급하고 별지목록 기
   재 부동산을 인도 받아 지금까지 거주하고 있습니다. 그리고 별지 목록 기재 무허
   가건물은 1979년도 무허가건물 전수조사시 확인·등재되어 무허가건물대장에 등재되
   어 있는 건물이고, ○○○구 지방자치단체의 조례는 무허가건물대장에 등재된 건물
   에 대하여 공익사업에 따른 철거시 철거보상금을 지급하도록 규정하고 있습니다.
2. 그런데 피고는 별지 목록 기재 무허가건물을 원고에게 인도하기는 하였지만, 서울
   ○○○구청에 보관된 무허가건물대장상의 소유자명의는 계속 미루기만 하고 지금
   까지도 원고의 명의로 변경해주지 않고 있습니다.
3. 따라서 원고는 별지 목록 기재 무허가건물에 관하여 19○○. ○○. ○○. 매매를 원
   인으로 한 서울 ○○○구청에 보관된 무허가건물대장상의 소유자명의를 원고 명의로
   변경 등록하는 절차를 이행하도록 하기 위하여 이 사건 청구에 이르게 된 것입니다.

입 증 방 법

1. 갑 제1호증　　　　　　　　　무허가건물확인서
1. 갑 제2호증　　　　　　　　　주민등록등본
1. 갑 제3호증　　　　　　　　　통고서

첨 부 서 류

1. 위 입증방법　　　　　　　　각 2통
1. 소장부본　　　　　　　　　　1통
1. 송달료납부서　　　　　　　　1통

20○○.　　○.　　○.
위 원고　　○○○　　(서명 또는 날인)

○○지방법원　귀중

[별 지]

부동산의 표시

서울 ○○○구 ○○동 ○○의 ○ 지상 시멘트벽돌조 스레트지붕
　　1층 ○○.○○㎡
　　2층 ○○.○○㎡
(서울 ○○○구청에 보관된 무허가건물대장상 기재)
소 재 지　　　서울 ○○○구 ○○동 ○○의 ○
건　　평　　　○○.○○㎡
대지면적　　　○○.○○㎡
가옥구조　　　주거겸용
건물번호　　　제○○○호. 끝

■　**관련판례**　■

① 민법 제548조 제1항 단서에서 규정하는 제3자라 함은 해제된 계약으로부터 생긴 법률적 효과를 기초로 하여 새로운 이해관계를 가졌을 뿐 아니라 등기·인도 등으로 완전한 권리를 취득한 사람을 지칭하는 것이다. 그런데 미등기 무허가건물의 매수인은 소유권이전등기를 마치지 않는 한 건물의 소유권을 취득할 수 없고, 소유권에 준하는 관습상의 물권이 있다고도 할 수 없으며, 현행법상 사실상의 소유권이라고 하는 포괄적인 권리 또는 법률상의 지위를 인정하기도 어렵다. 또한, 무허가건물관리대장은 무허가건물에 관한 관리의 편의를 위하여 작성된 것일 뿐 그에 관한 권리관계를 공시할

목적으로 작성된 것이 아니므로 무허가건물관리대장에 소유자로 등재되었다는 사실만으로는 무허가건물에 관한 소유권 기타의 권리를 취득하는 효력이 없다. 따라서 미등기 무허가건물에 관한 매매계약이 해제되기 전에 매수인으로부터 해당 무허가건물을 다시 매수하고 무허가건물관리대장에 소유자로 등재되었다고 하더라도 건물에 관하여 완전한 권리를 취득한 것으로 볼 수 없으므로 민법 제548조 제1항 단서에서 규정하는 제3자에 해당한다고 할 수 없다(대법원 2014.2.13. 선고 2011다64782 판결).

② 민법 제548조 제1항 단서에서 규정하는 제3자라 함은 해제된 계약으로부터 생긴 법률적 효과를 기초로 하여 새로운 이해관계를 가졌을 뿐 아니라 등기·인도 등으로 완전한 권리를 취득한 사람을 지칭하는 것이다. 그런데 미등기 무허가건물의 매수인은 소유권이전등기를 마치지 않는 한 건물의 소유권을 취득할 수 없고, 소유권에 준하는 관습상의 물권이 있다고도 할 수 없으며, 현행법상 사실상의 소유권이라고 하는 포괄적인 권리 또는 법률상의 지위를 인정하기도 어렵다. 또한, 무허가건물관리대장은 무허가건물에 관한 관리의 편의를 위하여 작성된 것일 뿐 그에 관한 권리관계를 공시할 목적으로 작성된 것이 아니므로 무허가건물관리대장에 소유자로 등재되었다는 사실만으로는 무허가건물에 관한 소유권 기타의 권리를 취득하는 효력이 없다. 따라서 미등기 무허가건물에 관한 매매계약이 해제되기 전에 매수인으로부터 해당 무허가건물을 다시 매수하고 무허가건물관리대장에 소유자로 등재되었다고 하더라도 건물에 관하여 완전한 권리를 취득한 것으로 볼 수 없으므로 민법 제548조 제1항 단서에서 규정하는 제3자에 해당한다고 할 수 없다(대법원 2014.2.13. 선고 2011다64782 판결).

소   장

원   고   ○○○ (주민등록번호)
            ○○시 ○○구 ○○길 ○○(우편번호 ○○○-○○○)
            전화·휴대폰번호:
            팩스번호, 전자우편(e-mail)주소:
피   고   ◇◇◇ (주민등록번호)
            ○○시 ○○구 ○○길 ○○(우편번호 ○○○-○○○)
            전화·휴대폰번호:
            팩스번호, 전자우편(e-mail)주소:

자동차소유권이전등록절차이행청구의 소

청 구 취 지

1. 피고는 원고에게 별지목록 기재 자동차에 관하여 20○○. ○. ○. 매매를 원인으로 하여 소유자 명의를 원고에서 피고로 하는 소유권이전등록절차를 이행하라.
2. 소송비용은 피고가 부담한다.
라는 판결을 구합니다.

청 구 원 인

1. 원고는 피고와 20○○. ○. ○. 원고소유의 별지목록 기재 자동차에 대하여 금 6,500,000원에 매매계약을 체결한 사실이 있는바, 잔금 지급기일인 20○○. ○. ○. 잔금을 모두 지급 받고 자동차의 인도와 함께 자동차이전등록에 필요한 서류일체를 교부한 바 있습니다.
2. 그러나 피고는 자동차이전등록에 관한 서류일체를 교부받았으면서도 등록명의를 이전하지 않고 있으며, 자동차를 운행하면서 각종 교통법규를 위반하여 별첨 자동차등록원부와 같이 ○○시 등에서 압류등록까지 되었습니다.
3. 그러므로 원고는 피고에게 여러 차례에 걸쳐 피고 자신명의로 명의이전등록절차를 이행하라는 통보를 하였으나, 피고는 계속 미루고 명의이전등록절차를 이행하지 아니하고 있습니다.
4. 따라서 원고는 피고에 대하여 부득이 청구취지와 같은 판결을 구하고자 이 사건 소송에 이른 것입니다.

입 증 방 법

1. 갑 제1호증   자동차매매계약서
1. 갑 제2호증   통고서(내용증명우편)
1. 갑 제3호증   자동차등록원부

첨 부 서 류

1. 위 입증방법   각 1통
1. 소장부본   1통
1. 송달료납부서   1통

20○○. ○. ○.
위 원고 ○○○ (서명 또는 날인)

○○지방법원 ○○지원 귀중

[별 지]

자동차의 표시

1. 자동차등록번호: 서울○○다○○○○호
1. 형식승인번호: ○-○○○○-005-006
1. 차   명: ○ ○
1. 차   종: 승용자동차
1. 차 대 번 호: ○○
1. 원 동 기 형 식: ○○
1. 등 록 연 월 일: 1997
1. 최 종 소 유 자: △ △ △
1. 사 용 본 거 지: ○○시 ○○구 ○○길 ○○. 끝.

■ **관련판례** ■

① 갑이 자동차에 관하여 근저당권을 설정하고 주식회사 을 상호저축은행에서 대출을 받았는데 그 후 병이 갑의 대출금을 갚고 위 자동차를 인도받자 병을 상대로 자동차소유권 이전등록절차의 인수를 구한 사안에서, 을 은행이 담보권자로서 갑에게서 처분권한을 위임받아 병에게 위 자동차를 양도하였다고 볼 여지가 충분함에도 갑과 병 사이에 자동차에 관한 양도약정이 있었다는 사실을 인정하기 부족하다는 이유로 갑의 주장을 배척한 원심판결에 법리오해 등의 위법이 있다(대법원 2014.3.13. 선고

2012다24361 판결).

② 갑이 을 주식회사로부터 자동차를 매수하여 인도받은 지 5일 만에 계기판의 속도계가 작동하지 않는 하자가 발생하였음을 이유로 을 회사 등을 상대로 신차 교환을 구한 사안에서, 위 하자는 계기판 모듈의 교체로 큰 비용을 들이지 않고서도 손쉽게 치유될 수 있는 하자로서 하자수리에 의하더라도 신차구입이라는 매매계약의 목적을 달성하는 데에 별다른 지장이 없고, 하자보수로 자동차의 가치하락에 영향을 줄 가능성이 희박한 반면, 매도인인 을 회사에 하자 없는 신차의 급부의무를 부담하게 하면 다른 구제방법에 비하여 을 회사에 지나치게 큰 불이익이 발생되어서 오히려 공평의 원칙에 반하게 되어 매수인의 완전물급부청구권의 행사를 제한함이 타당하므로, 갑의 완전물급부청구권 행사가 허용되지 않는다(대법원 2014.5.16. 선고 2012다72582 판결).

③ 민법 제548조 제2항은 계약해제로 인한 원상회복으로 반환할 금전에는 그 받은 날부터 이자를 가산하여야 한다고 규정하고 있는바, 매매계약이 매수인의 귀책사유로 해제되어 매매대금 중 일부가 위약금으로 몰취되는 경우에는 매도인은 그 위약금에 대하여는 매수인에게 원상회복으로 반환할 의무가 없으므로, 위약금에 대한 이자상당액을 지급할 의무도 없다고 보아야 한다(대법원 2015.12.10. 선고 2015다207679,207686,207693 판결).

소유권이전등기신청(매매)

접 수	년 월 일 제 호	처 리 인	접 수	기 입	교 합	각종 통지

① 부동산의 표시
1동의 건물의 표시 　　　서울특별시 서초구 서초동 100 　　　서울특별시 서초구 서초동 101　　　샛별아파트 가동 　　　[도로명주소] 서울특별시 서초구 서초대로 88길 10 전유부분의 건물의 표시 　　　건물의 번호　1-101 　　　구　　　　조　철근콘크리트조 　　　면　　　　적　1층 101호 86.03㎡ 대지권의 표시 　　　토지의 표시 　　　1. 서울특별시 서초구 서초동 100　　　　　　　대 1,400㎡ 　　　2. 서울특별시 서초구 서초동 101　　　　　　　대 1,600㎡ 　　　대지권의 종류　소유권 　　　대지권의 비율 1,2 : 3,000분의 500 거래신고일련번호 : 12345-2006-4-1234560　　　거래가액 : 350,000,000원 　　　　　　　　　　　　이　　　　　　　　　　상

② 등기원인과 그 연월일	2013년 5월 1일 매매
③ 등 기 의 목 적	소 유 권 이 전
④ 이 전 할 지 분	

구분	성 명 (상호·명칭)	주민등록번호 (등기용등록번호)	주 소 (소 재 지)	지 분 (개인별)
⑤ 등 기 의 무 자	이 대 백	XXXXXX-XXXXXXX	서울특별시 서초구 서초대로 88길 20 (서초동)	
⑥ 등 기 권 리 자	김 갑 동	XXXXXX-XXXXXXX	서울특별시 서초구 서초대로 88길 10, 가동 101호(서초동, 샛별아파트)	

⑦ 시가표준액 및 국민주택채권매입금액		
부동산 표시	부동산별 시가표준액	부동산별 국민주택채권매입금액
1. 주 택	금 ○○,○○○,○○○원	금 ○○○,○○○ 원
2.	금 원	금 원
3.	금 원	금 원
⑦ 국 민 주 택 채 권 매 입 총 액		금 ○○○,○○○ 원
⑦ 국 민 주 택 채 권 발 행 번 호		○ ○ ○

⑧ 취득세(등록면허세) 금○○○,○○○원	⑧ 지방교육세 금 ○○,○○○원
	⑧ 농어촌특별세 금 ○○,○○○원

⑨ 세 액 합 계	금 ○○○,○○○ 원
⑩ 등 기 신 청 수 수 료	금 15,000 원
	납부번호 : ○○-○○-○○○○○○○○○-○
	일괄납부 : 건 원

⑪ 등기의무자의 등기필정보		
부동산고유번호	1102-2006-002095	
성명(명칭)	일련번호	비밀번호
이대백	Q77C-LO71-35J5	40-4636

⑫ 첨 부 서 면			
·매매계약서	1통	·토지대장등본	2통
·취득세(등록면허세)영수필확인서	1통	·집합건축물대장등본	1통
·등기신청수수료 영수필확인서	1통	·주민등록표등(초)본	각1통
·등기필증	1통	·부동산거래계약신고필증	1통
~~·매매목록~~	~~통~~	·인감증명서 또는	본인서명사실
~~·위임장~~	~~통~~	·확인서	1통
		〈기 타〉	

2013년   5월   1일

⑬ 위 신청인   이   대   백   ㉑   (전화 : 200-7766)
                         김   갑   동   ㉑   (전화 : 300-7766)
       (또는)위 대리인   (전화 :   )

서울중앙 지방법원   등기국 귀중

- 신청서 작성요령 -

* 1. 부동산표시란에 2개 이상의 부동산을 기재하는 경우에는 부동산의 일련번호를 기재하여야
   합니다.
  2. 신청인란등 해당란에 기재할 여백이 없을 경우에는 별지를 이용합니다.

▣ 매매로 인한 소유권이전등기란

부동산매매계약에 의하여 소유권을 이전하는 등기로, 이 신청에서는 매수인을 등기권리자, 매도인을 등기의무자라고 합니다.

▣ 등기신청방법

① 공동신청

매매계약서에 의한 등기신청인 경우에는 매도인과 매수인이 본인임을 확인할 수 있는 주민등록증 등을 가지고 직접 등기소에 출석하여 공동으로 신청함이 원칙입니다.

② 단독신청

판결에 의한 등기신청인 경우에는 승소한 등기권리자 또는 등기의무자가 단독으로 신청할 수 있습니다.

③ 대리인에 의한 신청

등기신청은 반드시 신청인 본인이 하여야 하는 것은 아니고 대리인이 하여도 됩니다. 등기권리자 또는 등기의무자 일방이 상대방의 대리인이 되거나 쌍방이 제3자에게 위임하여 등기신청을 할 수 있으나, 변호사 또는 법무사가 아닌 자는 신청서의 작성이나 그 서류의 제출대행을 업(業)으로 할 수 없습니다.

▣ 등기신청서 기재요령

※ 신청서는 한글과 아라비아 숫자로 기재합니다. 부동산의 표시란이나 신청인란 등이 부족할 경우에는 별지를 사용하고, 별지를 포함한 신청서의 각 장 사이에는 간인(신청서에 서명을 하였을 때에는 각 장마다 연결되는 서명)을 하여야 합니다.

① 부동산의 표시란

매매목적물을 기재하되, 등기기록상 부동산의 표시와 일치하여야 합니다.

㉠ 1동의 건물의 표시

1동의 건물 전체의 소재, 지번, 건물명칭 및 번호, 도로명주소(등기기록 표제부에 기록되어 있는 경우)를 기재합니다.

㉡ 전유부분의 건물의 표시

건물의 번호, 구조, 면적을 기재합니다.

㉢ 대지권의 표시

대지권의 목적인 토지의 표시, 대지권의 종류, 비율을 기재합니다.

(ⅰ) 대지권의 목적인 토지의 표시는 토지의 일련번호, 토지의 소재, 지번, 지목, 면적을,

(ⅱ) 대지권의 종류는 소유권, 지상권, 전세권, 임차권 등 권리의 종류에 따라 기재하며,

(ⅲ) 대지권의 비율은 대지권의 목적인 토지에 대한 지분비율을 기재합니다.

㉣ 부동산거래계약신고필증에 기재된 거래신고일련번호와 거래가액을 기재 합니다.

㉤ 만일 등기기록과 토지·집합건축물대장의 부동산표시가 다른 때에는 먼저 부동

산표시변경(또는 경정)등기를 하여야 합니다.

② 등기원인과 그 연월일란

등기원인은 " 매매 " 로, 연월일은 매매계약서상 계약일을 기재합니다.

③ 등기의 목적란

소유권 전부이전의 경우에는 " 소유권이전 " 으로, 소유권 일부이전의 경우에는 " 소유권 일부이전 " 으로 기재합니다.

④ 이전할 지분란

소유권 일부이전의 경우에만 그 지분을 기재합니다.

(예) "○○○지분 전부" 또는 "○번 ○○○지분 ○중 일부(○분의 ○)"

⑤ 등기의무자란

매도인의 성명, 주민등록번호, 주소를 기재하되, 등기기록상 소유자 표시와 일치하여야 합니다. 그러나 매도인이 법인인 경우에는 상호(명칭), 본점(주사무소 소재지), 등기용등록번호 및 대표자의 성명과 주소를 기재하고, 법인 아닌 사단이나 재단인 경우에는 상호(명칭), 본점(주사무소 소재지), 등기용등록번호 및 대표자(관리인)의 성명, 주민등록번호, 주소를 각 기재합니다.

⑥ 등기권리자란

매수인을 기재하는 란으로, 그 기재방법은 등기의무자란과 같습니다.

⑦ 시가표준액 및 국민주택채권매입금액, 국민주택채권매입총액란, 국민주택채권발행번호란

㉮ 부동산별 시가표준액란은 취득세(등록면허세)납부서(OCR용지)에 기재된 시가표준액을 기재하고 부동산별 국민주택채권매입금액란에는 시가표준액의 일정비율에 해당하는 국민주택채권매입금액을 기재합니다.

㉯ 부동산이 2개 이상인 경우에는 각 부동산별로 시가표준액 및 국민주택채권매입금액을 기재한 다음 국민주택채권 매입총액을 기재합니다.

㉰ 국민주택채권발행번호란에는 국민주택채권 매입시 국민주택채권사무취급기관에서 고지하는 채권발행번호를 기재하며, 하나의 신청사건에 하나의 채권발행번호를 기재하는 것이 원칙이며, 동일한 채권발행번호를 수 개 신청사건에 중복 기재할 수 없습니다.

⑧ 취득세(등록면허세)·지방교육세·농어촌특별세란

취득세(등록면허세)영수필확인서에 의하여 기재하며, 농어촌특별세는 납부액이 없는 경우 기재하지 않습니다.

⑨ 세액합계란

취득세(등록면허세)액, 지방교육세액, 농어촌특별세액의 합계를 기재합니다.

⑩ 등기신청수수료란

㉮ 부동산 1개당 15,000원의 등기신청수수료 납부액을 기재하며, 등기신청수수료를 은행 현금납부, 전자납부, 무인발급기 납부 등의 방법에 따라 납부한 후 등기신청서에 등기신청수수료 영수필확인서를 첨부하고 납부번호를 기재하여 제출합니다.

㉯ 여러 건의 등기신청에 대하여 수납금융기관에 현금으로 일괄납부하는 경우 첫번째 등기신청서에 등기신청수수료 영수필확인서를 첨부하고 해당 등기신청수

수료, 납부번호와 일괄납부 건수 및 일괄납부액을 기재하며, 나머지 신청서에는 해당 등기신청수수료와 전 사건에 일괄 납부한 취지를 기재합니다(일괄납부는 은행에 현금으로 납부하는 경우에만 가능함).

⑪ **등기의무자의 등기필정보란**

㉮ 소유권 취득에 관한 등기를 완료하고 등기필정보를 교부받은 경우, 그 등기필정보 상에 기재된 부동산고유번호, 성명, 일련번호, 비밀번호를 각 기재(등기필정보를 제출하는 것이 아니며 한번 사용한 비밀번호는 재사용을 못함)합니다. 다만 교부받은 등기필정보를 멸실한 경우에는 부동산등기법 제51조에 의하여 확인서면이나 확인조서 또는 공증서면 중 하나를 첨부합니다.

㉯ 등기신청서에 등기필증이나 확인서면 등을 첨부한 경우 이 란은 기재할 필요가 없습니다.

⑫ **첨부서면란**

등기신청서에 첨부한 서면을 각 기재합니다.

⑬ **신청인등란**

㉮ 등기의무자와 등기권리자의 성명 및 전화번호를 기재하고, 각자의 인장을 날인하되, 등기의무자는 그의 인감을 날인하거나 본인서명사실확인서에 기재한 서명을 합니다. 그러나 신청인이 법인 또는 법인 아닌 사단이나 재단인 경우에는 상호(명칭)와 대표자(관리인)의 자격 및 성명을 기재하고, 법인이 등기의무자인 때에는 등기소의 증명을 얻은 그 대표자의 인감, 법인 아닌 사단이나 재단인 경우에는 대표자(관리인)의 개인인감을 날인하거나 본인서명사실확인서에 기재한 서명을 합니다.

㉯ 대리인이 등기신청을 하는 경우에는 그 대리인의 성명, 주소, 전화번호를 기재하고 대리인의 인장을 날인 또는 서명합니다.

■ **등기신청서에 첨부할 서면**

< 신청인 >

① **위임장**

등기신청을 법무사 등 대리인에게 위임하는 경우에 첨부합니다.

② **등기필증**

등기의무자의 소유권에 관한 등기필증으로서 등기의무자가 소유권 취득시 등기소로부터 교부받은 등기필증을 첨부합니다. 단, 소유권 취득의 등기를 완료하고 등기필정보를 교부받은 경우에는 신청서에 그 등기필정보 상에 기재된 부동산고유번호, 성명, 일련번호, 비밀번호를 각 기재(등기필정보를 제출하는 것이 아니며 한번 사용한 비밀번호는 재사용을 못함)함으로써 등기필증 첨부에 갈음합니다.

다만, 등기필증(등기필정보)을 멸실하여 첨부(기재)할 수 없는 경우에는 부동산등기법 제51조에 의하여 확인서면이나 확인조서 또는 공증서면 중 하나를 첨부합니다.

③ **매매계약서**

계약으로 인한 소유권이전등기를 신청하는 경우에는 그 계약서에 기재된 거래금액이 1,000만원을 초과하는 경우에는 일정액의 정부수입인지를 붙여야 합니다. 단, 계약서에 기재된 거래금액이 1억원 이하인 주택의 경우 정부수입인지를 붙이지 않아도 됩니다.

④ **매매목록**

거래신고의 대상이 되는 부동산이 2개 이상인 경우에 작성하고, 그 매매목록에는 거래가액과 목적 부동산을 기재합니다. 단, 거래되는 부동산이 1개라 하더라도 여러 사람의 매도인과 여러 사람의 매수인 사이의 매매계약인 경우에는 매매목록을 작성합니다.

< 시·구 ·군청, 읍·면 사무소, 동 주민센터 >

① **부동산거래계약신고필증**

2006. 1. 1. 이후 작성된 매매계약서를 등기원인증서로 하여 소유권이전등기를 신청하는 경우에는 관할 관청이 발급한 거래계약신고필증을 첨부하여야 합니다.

② **취득세(등록면허세)영수필확인서**

시장, 구청장, 군수 등으로부터 취득세(등록면허세)납부서(OCR용지)를 발급받아 납세지를 관할하는 해당 금융기관에 세금을 납부한 후 취득세(등록면허세)영수필확인서와 영수증을 교부받아 영수증은 본인이 보관하고 취득세(등록면허세)영수필확인서만 신청서의 취득세(등록면허세)액표시란의 좌측상단 여백에 첨부하거나, 또는 지방세인터넷납부시스템에서 출력한 시가표준액이 표시되어 있는 취득세(등록면허세)납부확인서를 첨부합니다.

③ **토지·집합건축물대장등본**

등기신청대상 부동산의 토지·집합건축물대장등본(발행일로부터 3월 이내)을 첨부합니다.

④ **인감증명서 또는 본인서명사실확인서**

부동산매수자란에 매수인의 성명(법인은 법인명), 주민등록번호(부동산등기용등록번호) 및 주소가 기재되어 있는 매도인의 부동산매도용 인감증명서(발행일로부터 3월 이내)를 첨부하거나, 인감증명을 갈음하여 『본인서명사실 확인 등에 관한 법률』에 따라 발급된 본인서명사실확인서를 첨부할 수 있습니다.

⑤ **주민등록표등(초)본**

등기의무자 및 등기권리자의 주민등록표등본 또는 초본(각, 발행일로부터 3월 이내)을 첨부합니다.

< 대한민국법원 인터넷등기소, 금융기관 등 >

등기신청수수료

'대한민국법원 인터넷등기소'를 이용하여 전자적인 방법(신용카드, 계좌이체, 선불형지급수단)으로 납부하고 출력한 등기신청수수료 영수필확인서를 첨부하거나, 법원행정처장이 지정하는 수납금융기관 또는 신청수수료 납부기능이 있는 무인발급기에 현금으로 납부한 후 발급받은 등기신청수수료 영수필확인서를 첨부합니다.

< 등기과·소 >

법인등기사항전부(일부)증명서

신청인이 법인인 경우에는 법인등기사항전부증명서 또는 법인등기사항일부증명서(각,

발행일로 부터 3월 이내)를 첨부합니다.

< 기   타 >

① 신청인이 재외국민이나 외국인 또는 법인 아닌 사단 또는 재단인 경우에는 신청서의
기재사항과 첨부서면이 다르거나 추가될 수 있으므로, '대법원 종합법률정보'의 규칙
/예규/선례에서 「외국인 및 재외국민의 국내 부동산 처분 등에 따른 등기신청절차,
등기예규 제1393호」 및 「법인 아닌 사단의 등기신청에 관한 업무처리지침, 등기예규
제1435호」 등을 참고하시고, 기타 궁금한 사항은 변호사, 법무사 등 등기와 관련된
전문가나 등기과·소의 민원담당자에게 문의하시기 바랍니다.

② 제3자의 허가, 동의 또는 승낙을 증명하는 서면 등, 즉 부동산이 농지인 경우에는
농지취득자격증명(시, 읍, 면사무소 발급), 토지거래허가구역인 경우에는 토지거래
허가증(시, 군, 구청 발급) 등을 첨부하여야 합니다.

▣ 등기신청서류 편철순서

신청서, 취득세(등록면허세)영수필확인서, 등기신청수수료 영수필확인서, 매매목록, 위
임장, 인감증명서 또는 본인서명사실확인서, 주민등록표등(초)본, 토지·집합건축물대장
등본, 부동산거래계약신고필증, 매매계약서, 등기필증 등의 순으로 편철해 주시면 업
무처리에 편리합니다.

2. 증여계약 관련 소송 서식

[서식] 증여계약 취소로 인한 사해행위취소 등 청구의 소

소　장

원　　고　　○○○ (주민등록번호)
　　　　　　○○시 ○○구 ○○로 ○○(우편번호 ○○○-○○○)
　　　　　　전화·휴대폰번호:
　　　　　　팩스번호, 전자우편(e-mail)주소:
피　　고　　◇◇◇ (주민등록번호)
　　　　　　○○시 ○○구 ○○로 ○○(우편번호 ○○○-○○○)
　　　　　　전화·휴대폰번호:
　　　　　　팩스번호, 전자우편(e-mail)주소:

사해행위취소 등 청구의 소

청 구 취 지

1. 피고와 소외 ◆◆◆ 사이에 별지목록 기재 부동산에 관하여 20○○. ○○. ○. 체결된 증여계약을 취소한다.
2. 피고는 소외 ◆◆◆에게 위 부동산에 관하여 ○○지방법원 ○○지원 ○○등기소 20○○. ○○. ○○. 접수 제○○○○○호로 마친 소유권이전등기의 말소등기절차를 이행하라.
3. 소송비용은 피고의 부담으로 한다.
라는 판결을 구합니다.

청 구 원 인

1. 원고와 소외 ◆◆◆는 중학교 때 친구로 평소 친하게 지내다 소외 ◆◆◆의 남편이 교통사고를 당해서 돈이 급하게 필요하다고 해서 20○○. ○. ○. 소외 ◆◆◆에게 금 30,000,000원을 빌려주었습니다. 그런데 소외 ◆◆◆는 위 돈의 변제를 계속 미루기만 하여 원고는 부득이 소외 ◆◆◆를 상대로 ○○지방법원 ○○지원 20○○가단 ○○○○호 대여금청구소송을 제기해 20○○. ○. ○○. 승소판결을 받았습니다.(갑 제1호증-소장, 갑 제2호증-집행력있는 판결문)
2. 한편, 소외 ◆◆◆는 위 판결이 선고된 직후인 20○○. ○○. ○. 자신의 유일한 재산인 별지목록 기재 부동산을 그 아들인 피고에게 증여하고 같은 날 피고의 명의로 소유권이전등기를 마쳤습니다.(갑 제3호증-부동산등기부등본)

---

3. 채무자인 소외 ◆◆◆의 위와 같은 증여는 채권자인 원고를 해함을 알고 한 법률행위로서 사해행위에 해당함이 명백합니다.

4. 따라서 원고는 사해행위인 피고와 소외 ◆◆◆와의 위 부동산에 관한 증여계약을 취소하고, 사해행위 결과에 대한 원상회복으로 위 부동산에 관한 피고명의의 소유권이전등기의 말소등기절차의 이행을 구하기 위하여 이 사건 소를 제기합니다.

입 증 방 법

1. 갑 제1호증	소장
1. 갑 제2호증	집행력있는 판결문
1. 갑 제3호증	부동산등기사항전부증명서
1. 갑 제4호증	토지대장등본
1. 갑 제5호증	건축물대장등본

첨 부 서 류

1. 위 입증방법	각 1통
1. 소장부본	1통
1. 송달료납부서	1통

20○○. ○. ○.
위 원고 ○○○ (서명 또는 날인)

○○지방법원 ○○지원 귀중

[별 지]

부동산의 표시

1동의 건물의 표시
  ○○시 ○○구 ○○동 ○○ ○○○아파트 제6동
  [도로명주소] ○○시 ○○구 ○○로 ○○
전유부분 건물의 표시
  건물의 번호 : 6-1-103
  구   조 : 철근콘크리트조
  면   적 : 1층 103호 35.0㎡
대지권의 표시
  토지의 표시 : ○○시 ○○구 ○○동 ○○ 대 4003㎡
  대지권의 종류 : 위 토지의 소유권
  대지권의 비율 : 4003분의 36.124. 끝.

[서식] 공유지분 증여계약 취소로 인한 사해행위취소 등 청구의 소

소   장

원   고   ○○○ (주민등록번호)
　　　　 ○○시 ○○구 ○○로 ○○(우편번호 ○○○-○○○)
　　　　 전화·휴대폰번호:
　　　　 팩스번호, 전자우편(e-mail)주소:
피   고   ◇◇◇ (주민등록번호)
　　　　 ○○시 ○○구 ○○로 ○○(우편번호 ○○○-○○○)
　　　　 전화·휴대폰번호:
　　　　 팩스번호, 전자우편(e-mail)주소:

사해행위취소 등 청구의 소

청   구   취   지

1. 피고와 소외 ◆◆◆ 사이에 ○○시 ○○구 ○○동 ○○ 임야 12,853㎡ 중 5분의 1 소유지분에 관하여 20○○. ○○. ○. 체결된 증여계약을 취소한다.
2. 피고는 소외 ◆◆◆(주소:○○시 ○○구 ○○동 ○○)에게 위 부동산 중 위 지분에 관하여 ○○지방법원 ○○등기소 20○○. ○○. ○. 접수 제○○○호로 마친 소유권이전등기의 말소등기절차를 이행하라.
3. 소송비용은 피고의 부담으로 한다.
라는 판결을 구합니다.

청   구   원   인

1. 원고는 20○○. ○.경 소외 ◆◆◆에게 금 20,000,000원을 빌려주었습니다. 소외 ◆◆◆는 당시 원고에게 발행·교부하여 준 당좌수표의 부도로 인하여 수사를 받던 중 원고에게 합의금 일부로 금 10,000,000원을 변제하였고, 나머지 금 10,000,000원은 20○○. ○. ○.까지 갚겠으며 이를 어길 경우 월 2%에 해당하는 지연이자를 지급하기로 약정하였습니다. 그런데도 소외 ◆◆◆는 원고의 지급요청에도 별다른 이유 없이 지금까지 지급을 거절하고 있습니다.
   따라서 소외 ◆◆◆는 원고에게 나머지 차용금 10,000,000원 및 이에 대하여 변제기일 다음날인 20○○. ○. ○○.부터 다 갚는 날까지 연 24%의 비율에 의한 지연손해금을 지급할 의무가 있다고 할 것입니다.
2. 그런데, 소외 ◆◆◆는 20○○. ○○. ○. 자신의 딸인 피고에게 ○○시 ○○구 ○○동 ○○ 임야 12,853㎡(다음부터 이 사건 부동산이라 함) 중 자신의 5분의 1 소유

지분을 증여하면서 같은 날 ○○지방법원 ○○등기소 접수 제○○○호로 증여에 의한 소유권이전등기까지 마쳤습니다.

원고는 위와 같은 사실을 20○○. ○○. ○○. 이 사건 부동산의 등기등본발급신청 을 하였다가 발견하게 되었습니다.

3. 소외 ◆◆◆는 위 증여 당시 원고에게 나머지 차용금 10,000,000원에 대한 원리금 을 갚을 의무가 있었고, 이미 채무초과의 상태에 있음에도 불구하고 자신의 유일한 재산인 이 사건 부동산에 대한 소유지분을 피고에게 증여했던 것입니다.

위와 같이 채무초과 상태에 있던 소외 ◆◆◆가 자신의 유일한 재산인 이 사건 부 동산에 대한 소유지분을 증여할 하등의 이유가 없는 딸인 피고에게 증여한 행위는 조만간 원고로부터 들이닥칠 강제집행을 면탈하기 위하여 이루어진 것이라 할 것 이므로 소외 ◆◆◆의 소유지분에 대한 위 증여계약은 채권자인 원고를 해하는 사 해행위라고 할 것이고 따라서 마땅히 취소되어야 할 것입니다.

4. 따라서 원고는 위 사해행위로 이루어진 피고와 소외 ◆◆◆간의 이 사건 부동산 중 소외 ◆◆◆의 5분의 1지분에 관한 20○○. ○○. ○.자 증여계약의 취소를 구하고 그 원상회복으로서 이를 원인으로 이루어진 소유권이전등기의 말소를 구하기 위하 여 이 사건 청구에 이른 것입니다.

<h2 style="text-align:center">입 증 방 법</h2>

1. 갑 제1호증	현금 차용증
1. 갑 제2호증	부동산등기사항전부증명서
1. 갑 제3호증	임야대장등본

<h2 style="text-align:center">첨 부 서 류</h2>

1. 위 입증방법	각 1통
1. 소장부본	1통
1. 송달료납부서	1통

20○○. ○. ○.

위 원고   ○○○ (서명 또는 날인)

○○지방법원 귀중

소　　장

원　　고　　○○○ (주민등록번호)
　　　　　　○○시 ○○구 ○○로 ○○(우편번호 ○○○-○○○)
　　　　　　전화·휴대폰번호:
　　　　　　팩스번호, 전자우편(e-mail)주소:
피　　고　　◇◇◇ (주민등록번호)
　　　　　　○○시 ○○구 ○○로 ○○(우편번호 ○○○-○○○)
　　　　　　전화·휴대폰번호:
　　　　　　팩스번호, 전자우편(e-mail)주소:

사해행위취소 등 청구의 소

청 구 취 지

1. 피고와 소외 ◇◇◇ 사이에 별지목록 기재 부동산에 관하여 20○○. ○○. ○. 체결된 증여계약을 취소한다.
2. 피고는 소외 ◇◇◇에게 위 부동산에 관하여 서울○○지방법원 ○○등기소 20○○. 3. 3. 접수 제1234호로 마친 소유권이전등기의 말소등기절차를 이행하라.
3. 소송비용은 피고의 부담으로 한다.
라는 판결을 구합니다.

청 구 원 인

1. 원고와 소외 ◇◇◇는 중학교 때부터 친구로 가깝게 지내던 사이인 바, 원고는 20○○. ○. ○. 경 위◇◇◇로부터 '남편이 교통사고를 당해서 돈이 급하게 필요하다. 1달 안에 갚겠다'는 이야기를 듣고 20○○. ○. ○. 위 ◇◇◇에게 금 30,000,000원을 변제기 20○○. ○. ○.까지로 정하여 빌려주었습니다. 그런데 위 ◇◇◇는 위 변제기가 지나도록 계속 돈을 갚지 않았고, 이에 원고는 부득이 소외 ◇◇◇를 상대로 ○○지방법원 ○○지원 20○○가단○○○○호 대여금청구소송을 제기하여 20○○. ○. ○○. 승소판결을 받았습니다.
2. 한편, 소외 ◇◇◇는 위 판결이 선고된 직후인 20○○. ○○. ○. 자신의 유일한 재산인 별지목록 기재 부동산을 그 아들인 피고에게 증여하고 같은 날 피고의 명의로 소유권이전등기를 마쳤습니다.
3. 그런데 채무자인 소외 ◇◇◇의 위와 같은 증여는 채권자인 원고를 해함을 알고서 한 법률행위로서 사해행위에 해당함이 명백하다고 할 것이고, 피고도 소외 ◇◇◇의

아들로서 위와 같은 사해행위임을 알고 있었음이 명백하다고 할 것입니다.

4. 따라서 원고는 사해행위인 피고와 소외 ◆◆◆와의 위 부동산에 관한 증여계약을 취소하고, 사해행위 결과에 대한 원상회복을 원인으로 피고에 대하여 소외 ◆◆◆ 앞으로의 소유권이전등기절차의 이행을 구하기 위하여 이 사건 소를 제기합니다.

입 증 방 법

1. 갑 제1호증   집행력있는 판결문
1. 갑 제2호증   부동산등기사항전부증명서
1. 갑 제3호증   토지대장등본
1. 갑 제4호증   건축물대장등본

첨 부 서 류

1. 위 입증방법   각 1통
1. 소장부본   1통
1. 송달료납부서   1통

20○○. ○. ○.

위 원고   ○○○ (서명 또는 날인)

○○지방법원 귀중

[별 지]

부동산의 표시

1동의 건물의 표시
　○○시 ○○구 ○○동 ○○ ○○○아파트 제5동
　[도로명주소] ○○시 ○○구 ○○로 ○○
전유부분 건물의 표시
　건물의 번호 : 5-2-203
　구　　　조 : 철근콘크리트조
　면　　　적 : 2층 203호 56.19㎡
대지권의 표시
　토지의 표시 : ○○시 ○○구 ○○동 ○○ 대 4003㎡
　대지권의 종류 : 위 토지의 소유권
　대지권의 비율 : 4003분의 36.124. 끝.

[서식] 소유권이전등기청구의 소(토지, 증여를 원인으로)

소   장

원   고   ○○○ (주민등록번호)
            ○○시 ○○구 ○○길 ○○(우편번호 ○○○-○○○)
            전화·휴대폰번호:
            팩스번호, 전자우편(e-mail)주소:

피   고   ◇◇◇ (주민등록번호)
            ○○시 ○○구 ○○길 ○○(우편번호 ○○○-○○○)
            전화·휴대폰번호:
            팩스번호, 전자우편(e-mail)주소:

소유권이전등기청구의 소

청 구 취 지

1. 피고는 원고에게 ○○시 ○○구 ○○동 ○○ - ○○ 대 2,070㎡에 대하여 20○○. ○. ○. 증여를 원인으로 하는 소유권이전등기절차를 이행하라.
2. 소송비용은 피고의 부담으로 한다.
라는 판결을 구합니다.

청 구 원 인

1. 피고는 20○○. ○. ○. 원고에게 ○○시 ○○구 ○○동 ○○ - ○○ 대 2,070㎡를 아무런 부담 또는 조건 없이 증여하겠다고 하는 증여계약의 체결을 요구하여 원고는 피고와 위와 같은 증여계약을 체결하였습니다.
2. 그런데 피고는 피고의 재산상태가 현저히 변경되어 위와 같은 증여계약의 이행으로 인하여 피고의 생계에 중대한 영향을 미칠 수 있다든지, 또는 원고의 피고 등에 대한 망은행위 등 증여계약의 해제사유가 전혀 없는데도 위와 같은 증여계약에 따라 원고에게 위 부동산의 소유권이전등기절차를 이행해주지 않고 계속 미루기만 하고 있습니다.
3. 따라서 원고는 피고에 대하여 ○○시 ○○구 ○○동 ○○ - ○○ 대 2,070㎡에 관하여 20○○. ○. ○. 증여를 원인으로 하는 소유권이전등기절차의 이행을 청구하고자 이 사건 소송을 제기하게 된 것입니다.

입 증 방 법

1. 갑 제 1호증   부동산증여계약서
1. 갑 제 2호증   부동산등기사항증명서

첨 부 서 류

1. 위 입증방법   각 1통
1. 토지대장등본   1통
1. 소장부본   1통
1. 송달료납부서   1통

20○○. ○. ○.
위 원고   ○○○ (서명 또는 날인)

○○지방법원 귀중

■ 참 고 ■

① 증여는 당사자일방이 무상으로 재산을 상대방에 수여하는 의사를 표시하고 상대방이 이를 승낙함으로써 그 효력이 생기는 계약인데(민법 제554조), 증여의 의사가 서면으로 표시되지 아니한 경우에는 각 당사자는 이를 해제할 수 있고(민법 제555조), 수증자가 증여자 또는 그 배우자나 직계혈족에 대한 범죄행위가 있는 때, 증여자에 대하여 부양의무 있는 경우에 이를 이행하지 아니하는 때에는 증여자가 그 증여를 해제할 수 있으며(이 경우 해제원인 있음을 안 날로부터 6월을 경과하거나 증여자가 수증자에 대하여 용서의 의사를 표시한 때에는 해제권이 소멸됨. 민법 제556조), 증여계약 후에 증여자의 재산상태가 현저히 변경되고 그 이행으로 인하여 생계에 중대한 영향을 미칠 경우에는 증여자는 증여를 해제할 수 있으나(민법 제557조), 다만 이미 이행한 부분에 대해서는 그렇지 않습니다(민법 제558조).

② 민법 제555조에서 서면에 의한 증여에 한하여 증여자의 해제권을 제한하고 있는 입법취지는 증여자가 경솔하게 증여하는 것을 방지함과 동시에 증여자의 의사를 명확히 하여 후일에 분쟁이 생기는 것을 피하려는 데 있다 할 것인바, 비록 서면의 문언 자체는 증여계약서로 되어 있지 않더라도 그 서면의 작성에 이르게 된 경위를 아울러 고려할 때 그 서면이 바로 증여의사를 표시한 서면이라고 인정되면 위 서면에 해당하고, 나아가 증여 당시가 아닌 그 이후에 작성된 서면에 대해서도 마찬가지로 볼 수 있다 할 것이나, 이러한 서면에 의한 증여란 증여계약 당사자 사이에 있어서 증여자가 자기의 재산을 상대방에게 준다는 취지의 증여의사가 문서를 통하여 확실히 알

수 있는 정도로 서면에 나타난 것을 말하는 것으로, 이는 수증자에 대하여 서면으로 표시되어야 합니다(대법원 2009.9.24. 선고 2009다37831 판결).

③ 민법 제557조 소정의 증여자의 재산상태변경을 이유로 한 증여계약의 해제는 증여자의 증여 당시의 재산상태가 증여 후의 그것과 비교하여 현저히 변경되어 증여 목적 부동산의 소유권을 수증자에게 이전하게 되면 생계에 중대한 영향을 미치게 될 것이라는 등의 요건이 구비되어야 합니다(대법원 1996.10.11. 선고 95다37759 판결).

소   장

원 고   ○○○ (주민등록번호)
          ○○시 ○○구 ○○길 ○○(우편번호 ○○○-○○○)
          전화·휴대폰번호:
          팩스번호, 전자우편(e-mail)주소:

피 고   ◇◇◇ (주민등록번호)
          ○○시 ○○구 ○○길 ○○(우편번호 ○○○-○○○)
          전화·휴대폰번호:
          팩스번호, 전자우편(e-mail)주소:

소유권이전등기 등 청구의 소

청 구 취 지

1. 피고는 원고에게 별지기재 제1목록 토지에 관하여 20○○. ○. ○. 증여를 원인으로
한 소유권이전등기절차를 이행하라.
2. 피고는 원고에게,
 가. 별지기재 제2목록 건물을 철거하고,
 나. 별지기재 제1목록 토지를 인도하라.
3. 소송비용은 피고의 부담으로 한다.
4. 위 제2항은 가집행 할 수 있다.
라는 판결을 구합니다.

청 구 원 인

1. 증여계약의 체결
 가. 피고는 20○○. ○. ○. 원고에게 원고가 소외 김◉◉를 향후 1년간 보살펴주는
    조건으로 별지기재 제1목록 토지를 증여하기로 하는 내용의 증여계약을 체결
    하였습니다(갑 제1호증 증여계약서 참조).
 나. 원고는 위 증여계약에 따라 소외 김◉◉에 대한 학비를 제공하는 등 증여계약상의
    부담을 성실히 이행하고 있습니다(갑 제2호증의 1 내지 20 각 영수증, 갑 제3
    호증 재학증명서 각 참조).
 다. 그럼에도 피고는 현재까지 별지기재 제1목록 토지의 소유권을 원고에게 이전해
    주고 있지 아니한바, 피고는 위 증여계약에 따른 소유권이전등기의무를 부담

한다 할 것입니다.

2. 토지인도청구와 관련하여

가. 피고는 위 증여계약에 따른 소유권이전등기의무를 부담함에도 불구하고 별지기재 제1목록 토지 위에 20○○. ○. ○.경 별지기재 제2목록 건물을 건축하여 별지기재 제1목록 토지를 점유하고 있습니다.

나. 피고는 원고에게 위에서 본 바와 같이 20○○. ○. ○. 별지기재 제1목록 토지를 증여하였는바, 위 증여계약에 따라 흠 없는 재산권을 이전할 의무를 부담하며, 원고는 소유권이전등기절차이행청구권 이외에 재산점유이전청구권도 행사할 수 있는 지위에 있다 할 것입니다.

다. 따라서 피고는 별지기재 제1목록 토지의 소유권자이나, 원고와의 관계에 있어 증여계약에 따라 이를 점유할 권원없이 별지기재 제1목록 토지를 점유하고 있다 할 것이므로, 별지기재 제2목록 건물을 철거하고 별지기재 제1목록 토지를 인도할 의무를 부담한다 할 것입니다.

3. 맺음말

원고는 피고에게 증여계약에 따라 별지기재 제1목록 토지에 관한 소유권이전등기절차의 이행과 위 토지의 인도를 구하기 위하여 이 사건 소를 제기하기에 이른 것입니다.

입 증 방 법

1. 갑 제1호증   증여계약서
1. 갑 제2호증의 1 내지 20 각 영수증
1. 갑 제3호증   재학증명서
1. 갑 제4호증   부동산등기사항증명서
1. 갑 제5호증의 1 내지 5   각 사진

첨 부 서 류

1. 위 입증방법   각 1통
1. 토지대장등본   1통
1. 소장부본   1통
1. 송달료납부서   1통

20○○. ○. ○.
위 원고 ○○○ (서명 또는 날인)

○○지방법원 귀중

부동산의 표시

1. ○○시 ○○구 ○○동 ○○ 대 187㎡
2. 위 지상 시멘트블록조 스레트지붕 단층건물 건평 75㎡(가건물). 끝.

소 장

원 고   ○○○ (주민등록번호)
          ○○시 ○○구 ○○길 ○○(우편번호 ○○○-○○○)
          전화·휴대폰번호:
          팩스번호, 전자우편(e-mail)주소:

피 고   ◇◇◇ (주민등록번호)
          ○○시 ○○구 ○○길 ○○(우편번호 ○○○-○○○)
          전화·휴대폰번호:
          팩스번호, 전자우편(e-mail)주소:

소유권이전등기청구의 소

청 구 취 지

1. 피고는 원고에게 별지목록 기재 부동산에 관하여 20○○. ○. ○. 사인증여를 원인
   으로 한 소유권이전등기절차를 이행하라.
2. 소송비용은 피고의 부담으로 한다.
라는 판결을 구합니다.

청 구 원 인

1. 원고와 소외 망 ◉◉◉와의 관계 및 약정
   원고는 소외 망 ◉◉◉와 19○○. ○. ○.부터 10여년을 동거하였으나, 혼인신고를
   하지 않은 사실혼관계에 있었는바, 소외 망 ◉◉◉는 20○○. ○. ○. 피고가 같이
   있는 자리에서 소외 망 ◉◉◉의 재산 중 별지목록 기재 아파트를 원고에게 무상으
   로 주기로 하되, 그 효력은 소외 망 ◉◉◉가 사망함으로 인하여 발생하는 것으로
   하겠다고 하여 원고도 이에 동의하였으며, 위와 같은 내용으로 원고가 작성한 약정
   서를 소외 망 ◉◉◉가 읽어 본 뒤 원고가 기재한 소외 망 ◉◉◉의 이름 옆에 소
   외 망 ◉◉◉가 인감도장을 날인한 사실이 있습니다.
2. 소외 망 ◉◉◉의 사망과 피고의 별지목록 기재 아파트 상속
   그런데 소외 망 ◉◉◉는 원고와 위와 같은 약정을 체결한 뒤 20○○. ○○. ○○.
   사망하였으며, 그의 유일한 상속인인 피고가 별지목록 기재 아파트를 포함한 소외
   망 ◉◉◉의 재산을 모두 상속받았습니다.
3. 피고의 약정이행의 거절

그러므로 원고는 피고에 대하여 위와 같은 약정을 이유로 별지목록 기재 아파트의 소유권을 원고에게 이전해줄 것을 요구하였으나, 피고는 유언의 요건을 갖추지 못한 위와 같은 약정서에 따른 원고의 요구를 받아들일 수 없다고 거절하고 있습니다.

4. 사인증여

그러나 민법 제562조에서 사인증여에 관하여는 유증에 관한 규정을 준용하도록 규정하고 있지만, 유증의 방식에 관한 민법 제1065조 내지 제1072조는 그것이 단독행위임을 전제로 하는 것이어서 계약인 사인증여에는 적용되지 아니하므로, 소외 망 ◉◉◉와 원고의 위와 같은 약정이 비록 유언의 방식을 갖추지 못하였다고 하여도 사인증여계약으로서의 효력을 가지는 것에는 문제가 없다고 할 것입니다.

5. 결론

따라서 원고는 피고에 대하여 별지목록 기재 부동산에 관하여 20○○. ○. ○. 사인증여를 원인으로 한 소유권이전등기절차의 이행을 구하기 위하여 이 사건 청구에 이른 것입니다.

입 증 자 료

1. 갑 제1호증	약정서
1. 갑 제2호증	부동산등기사항증명서
1. 갑 제3호증	기본증명서
	(단, 2007.12.31. 이전 사망한 경우 제적등본)
1. 갑 제4호증	가족관계증명서
	(또는, 상속관계를 확인할 수 있는 제적등본)

첨 부 서 류

1. 위 입증방법	각 1통
1. 토지대장등본	1통
1. 건축물대장	1통
1. 소장부본	1통
1. 송달료납부서	1통

20○○. ○. ○.
위 원고   ○○○ (서명 또는 날인)

○○지방법원 귀중

[별 지]

부동산의 표시

1동의 건물의 표시
　○○시 ○○구 ○○동 ○○
　[도로명주소] ○○시 ○○구 ○○길 ○○
　철근콘크리트조 슬래브지붕 10층 아파트
　제609동
　1층　1,097㎡
　2층　1,097㎡
　3층　1,097㎡
　4층　1,097㎡
　5층　1,097㎡
　6층　1,097㎡
　7층　1,097㎡
　8층　1,097㎡
　9층　1,097㎡
　10층 1,097㎡
　지층 1,097㎡
전유부분의 건물의 표시
　구　　조　철근콘크리트조
　건물번호　506호
　면　　적　99㎡
대지권의 목적인 토지의 표시
　○○시 ○○구 ○○동 ○○ 대 1,258㎡
대지권의 종류 : 소유권
대지권의 비율 : 1,258분의 46.5125. 끝.

■ 참 고 ■

민법 제562조는 사인증여에 관하여는 유증에 관한 규정을 준용하도록 규정하고 있지만, 유증의 방식에 관한 민법 제1065조 내지 제1072조는 그것이 단독행위임을 전제로 하는 것이어서 계약인 사인증여에는 적용되지 아니합니다(대법원 2001.9.14. 선고 2000다66430 판결, 1996.4.12. 선고 94다37714, 37721 판결).

[서식] 소유권이전등기청구의 소(다세대주택, 특정유증을 원인으로)

소 장

원   고   ○○○ (주민등록번호)
          ○○시 ○○구 ○○길 ○○(우편번호 ○○○-○○○)
          전화·휴대폰번호:
          팩스번호, 전자우편(e-mail)주소:

피   고   ◇◇◇ (주민등록번호)
          ○○시 ○○구 ○○길 ○○(우편번호 ○○○-○○○)
          전화·휴대폰번호:
          팩스번호, 전자우편(e-mail)주소:

소유권이전등기청구의 소

청 구 취 지

1. 피고는 원고에게 별지목록 기재 부동산에 관하여 20○○. ○. ○. 유증을 원인으로
   한 소유권이전등기절차를 이행하라.
2. 소송비용은 피고의 부담으로 한다.
라는 판결을 구합니다.

청 구 원 인

1. 원고와 소외 망 ◉◉◉와의 관계 및 유증
   원고는 소외 망 ◉◉◉와 19○○. ○. ○.부터 10여년을 동거하였으나, 혼인신고를
   하지 않은 사실혼관계에 있었는바, 소외 망 ◉◉◉는 20○○. ○. ○. 소외 망 ◉◉
   ◉의 재산 중 별지목록 기재 아파트를 원고에게 무상으로 주기로 하는 유언공증을
   하였습니다.
2. 소외 망 ◉◉◉의 사망과 피고의 별지목록 기재 아파트 상속
   그런데 소외 망 ◉◉◉는 위와 같은 유언공증을 한 뒤 20○○. ○○. ○○. 사망하
   였으며, 소외 망 ◉◉◉의 유일한 상속인인 피고는 원고가 병원에 입원하여 거동을
   할 수 없는 틈을 타서 별지목록 기재 아파트를 포함한 소외 망 ◉◉◉의 재산을 모
   두 상속받아 상속등기를 마쳤습니다.
3. 피고의 유증이행청구의 거절
   그러므로 원고는 피고에 대하여 위와 같은 유증을 이유로 별지목록 기재 아파트의 소
   유권을 원고에게 이전해줄 것을 요구하였으나, 피고는 그 이행을 거절하고 있습니다.
4. 결론

따라서 원고는 피고에 대하여 별지목록 기재 부동산에 관하여 20○○. ○. ○. 유증을 원인으로 한 소유권이전등기절차의 이행을 구하기 위하여 이 사건 청구에 이른 것입니다.

입 증 방 법

1. 갑 제1호증   유언공정증서
1. 갑 제2호증   부동산등기사항증명서
1. 갑 제3호증   기본증명서
                          (단, 2007.12.31. 이전 사망한 경우
                          제적등본)
1. 갑 제4호증   가족관계증명서
                          (또는, 상속관계를 확인할 수 있는
                          제적등본)

첨 부 서 류

1. 위 입증방법   각 1통
1. 토지대장등본   1통
1. 건축물대장   1통
1. 소장부본   1통
1. 송달료납부서   1통

20○○.   ○.   ○.
위 원고   ○○○   (서명 또는 날인)

○○지방법원 귀중

[별 지]

부동산의 표시

1동의 건물의 표시
  ○○시 ○○구 ○○동 ○○
  [도로명주소] ○○시 ○○구 ○○길 ○○
  철근콘크리트조 슬래브지붕 3층 다세대주택 제102동
  1층 ○○○.○㎡
  2층 ○○○.○㎡
  3층 ○○○.○㎡
  지층 ○○○.○㎡

전유부분의 건물의 표시
　구　　　조　철근콘크리트조
　건물번호　201호
　면　　　적　○○.○㎡

대지권의 목적인 토지의 표시 : ○○시 ○○구 ○○동 ○○ 대 ○,○○○㎡
대지권의 종류 : 소유권
대지권의 비율 : ○,○○○분의 ○○.○. 끝.

■ **관련판례** ■

민법 제1085조는 "유증의 목적인 물건이나 권리가 유언자의 사망 당시에 제3자의 권리의 목적인 경우에는 수증자는 유증의무자에 대하여 그 제3자의 권리를 소멸시킬 것을 청구하지 못한다."라고 규정하고 있다. 이는 유언자가 다른 의사를 표시하지 않는 한 유증의 목적물을 유언의 효력발생 당시의 상태대로 수증자에게 주는 것이 유언자의 의사라는 점을 고려하여 수증자 역시 유증의 목적물을 유언의 효력발생 당시의 상태대로 취득하는 것이 원칙임을 확인한 것이다. 그러므로 유증의 목적물이 유언자의 사망 당시에 제3자의 권리의 목적인 경우에는 그와 같은 제3자의 권리는 특별한 사정이 없는 한 유증의 목적물이 수증자에게 귀속된 후에도 그대로 존속하는 것으로 보아야 한다(대법원 2018.7.26. 선고 2017다289040 판결).

[서식] 소유권이전등기신청(증여)

소유권이전등기신청(증여)

접 수	년 월 일 제 호	처 리 인	접 수	기 입	교 합	각종 통지

① 부동산의 표시
1. 서울특별시 서초구 서초동 100 　　　　대 300㎡ 2. 서울특별시 서초구 서초동 100 　[도로명주소] 서울특별시 서초구 서초대로 88길 10 　시멘트 벽돌조 슬래브지붕 2층 주택 　　　1층 100㎡ 　　　2층 100㎡ 　　　　　　　　이　　　　　　　상

② 등기원인과 그 연월일	2013년 5월 1일 증여
③ 등 기 의 목 적	소 유 권 이 전
④ 이 전 할 지 분	

구분	성 명 (상호·명칭)	주민등록번호 (등기용등록번호)	주 소 (소 재 지)	지 분 (개인별)
⑤ 등 기 의 무 자	이 대 백	XXXXXX-XXXXX XX	서울특별시 서초구 서초대로 88길 20 (서초동)	
⑥ 등 기 권 리 자	김 갑 동	XXXXXX-XXXXX XX	서울특별시 중구 다동길 96 (다동)	

⑦ 시가표준액 및 국민주택채권매입금액		
부동산 표시	부동산별 시가표준액	부동산별 국민주택채권매입금액
1. 주 택	금 ○○,○○○,○○○원	금 ○○○,○○○ 원
2.	금 원	금 원
3.	금 원	금 원
⑦ 국 민 주 택 채 권 매 입 총 액		금 ○○○,○○○ 원
⑦ 국 민 주 택 채 권 발 행 번 호		○ ○ ○

⑧ 취득세(등록면허세) 금○○○,○○○원	⑧ 지 방 교 육 세 금 ○○,○○○원
	⑧ 농어촌특별세 금 ○○,○○○원

⑨ 세 액 합 계	금 ○○○,○○○ 원
⑩ 등 기 신 청 수 수 료	금 30,000 원
	납부번호 : ○○-○○-○○○○○○○○-○
	일괄납부 : 건 원

⑪ 등기의무자의 등기필정보		
부동산 고유번호	1102-2006-002095	
성명(명칭)	일련번호	비밀번호
이대백	Q77C-LO71-35J5	40-4636

⑫ 첨 부 서 면			
·증여계약서(검인)	1통	·토지·임야·건축물대장등본	각1통
·취득세(등록면허세)영수필확인서	1통	·주민등록표등(초)본	각1통
·등기신청수수료 영수필확인서	1통	·인감증명서 또는 본인서명사실	
·위임장	통	·확인서	1통
·등기필증	1통	〈기 타〉	

2013년 5월 1일

⑬ 위 신청인   이   대   백 ㉑ (전화 : 200-7766)
　　　　　　　　 김   갑   동 ㉑ (전화 : 300-7766)

　　(또는)위 대리인　　　　　　　　　(전화 :   )

　　서울중앙 지방법원　　　　　　　등기국 귀중

- 신청서 작성요령 -

* 1. 부동산표시란에 2개 이상의 부동산을 기재하는 경우에는 부동산의 일련번호를 기재하여야 합니다.
  2. 신청인란등 해당란에 기재할 여백이 없을 경우에는 별지를 이용합니다.

▣ **증여로 인한 소유권이전등기란**

부동산증여계약에 의하여 소유권을 이전하는 등기로, 이 신청에서는 수증자(증여받는 자)를 등기권리자, 증여자(증여하는 자)를 등기의무자라고 합니다.

▣ **등기신청방법**

① **공동신청**

증여계약서에 의한 등기신청인 경우에는 증여자와 수증자가 본인임을 확인할 수 있는 주민등록증 등을 가지고 직접 등기소에 출석하여 공동으로 신청함이 원칙입니다.

② **단독신청**

판결에 의한 등기신청인 경우에는 승소한 등기권리자 또는 등기의무자가 단독으로 신청할 수 있습니다.

③ **대리인에 의한 신청**

등기신청은 반드시 신청인 본인이 하여야 하는 것은 아니고 대리인이 하여도 됩니다. 등기권리자 또는 등기의무자 일방이 상대방의 대리인이 되거나 쌍방이 제3자에게 위임하여 등기신청을 할 수 있으나, 변호사 또는 법무사가 아닌 자는 신청서의 작성이나 그 서류의 제출대행을 업(業)으로 할 수 없습니다.

▣ **등기신청서 기재요령**

※ 신청서는 한글과 아라비아 숫자로 기재합니다. 부동산의 표시란이나 신청인란 등이 부족할 경우에는 별지를 사용하고, 별지를 포함한 신청서의 각 장 사이에는 간인(신청서에 서명을 하였을 때에는 각 장마다 연결되는 서명)을 하여야 합니다.

① **부동산의 표시란**

증여로 이전하고자 하는 부동산을 기재하되, 등기기록상 부동산의 표시와 일치하여야 합니다. 부동산이 토지(임야)인 경우에는 토지(임야)의 소재와 지번, 지목, 면적을 기재하고, 건물인 경우에는 건물의 소재와 지번, 도로명주소(등기기록 표제부에 기록되어 있는 경우), 구조, 면적, 건물의 종류, 건물의 번호가 있는 때에는 그 번호, 부속건물이 있는 때에는 그 종류, 구조와 면적을 기재하면 됩니다. 만일 등기기록과 토지(임야)·건축물대장의 부동산표시가 다른 때에는 먼저 부동산표시변경(또는 경정)등기를 하여야 합니다.

② **등기원인과 그 연월일란**

등기원인은 "증여"로, 연월일은 증여계약서상 계약일을 기재합니다.

③ **등기의 목적란**

소유권 전부이전의 경우에는 "소유권이전"으로, 소유권 일부이전의 경우에는 "소유권 일부이전"으로 기재합니다.

④ **이전할 지분란**

소유권 일부이전의 경우에만 그 지분을 기재합니다.

(예) "○○지분 전부" 또는 "○번 ○○○지분 ○분의 ○중 일부(○분의 ○)"

⑤ **등기의무자란**

증여자의 성명, 주민등록번호, 주소를 기재하되, 등기기록상 소유자 표시와 일치하여야 합니다. 그러나 증여자가 법인인 경우에는 상호(명칭), 본점(주사무소 소재지), 등기용등록번호 및 대표자의 성명과 주소를 기재하고, 법인 아닌 사단이나 재단인 경우에는 상호(명칭), 본점(주사무소 소재지), 등기용등록번호 및 대표자(관리인)의 성명, 주민등록번호, 주소를 각 기재합니다.

⑥ 등기권리자란

수증자를 기재하는 란으로, 그 기재방법은 등기의무자란과 같습니다.

⑦ **시가표준액 및 국민주택채권매입금액, 국민주택채권매입총액란, 국민주택채권발행번호란**

㉮ 부동산별 시가표준액란은 취득세(등록면허세)납부서(OCR용지)에 기재된 시가표준액을 기재하고 부동산별 국민주택채권매입금액란에는 시가표준액의 일정비율에 해당하는 국민주택채권매입금액을 기재합니다.

㉯ 부동산이 2개 이상인 경우에는 각 부동산별로 시가표준액 및 국민주택채권매입금액을 기재한 다음 국민주택채권 매입총액을 기재합니다.

㉰ 국민주택채권발행번호란에는 국민주택채권 매입시 국민주택채권사무취급기관에서 고지하는 채권발행번호를 기재하며, 하나의 신청사건에 하나의 채권발행번호를 기재하는 것이 원칙이며, 동일한 채권발행번호를 수 개 신청사건에 중복 기재할 수 없습니다.

⑧ **취득세(등록면허세)·지방교육세·농어촌특별세란**

취득세(등록면허세)영수필확인서에 의하여 기재하며, 농어촌특별세는 납부액이 없는 경우 기재하지 않습니다.

⑨ **세액합계란**

취득세(등록면허세)액, 지방교육세액, 농어촌특별세액의 합계를 기재합니다.

⑩ **등기신청수수료란**

㉮ 부동산 1개당 15,000원의 등기신청수수료 납부액을 기재하며, 등기신청수수료를 은행 현금납부, 전자납부, 무인발급기 납부 등의 방법에 따라 납부한 후 등기신청서에 등기신청수수료 영수필확인서를 첨부하고 납부번호를 기재하여 제출합니다.

㉯ 여러 건의 등기신청에 대하여 수납금융기관에 현금으로 일괄납부하는 경우 첫 번째 등기신청서에 등기신청수수료 영수필확인서를 첨부하고 해당 등기신청수수료, 납부번호와 일괄납부 건수 및 일괄납부액을 기재하며, 나머지 신청서에는 해당 등기신청수수료와 전 사건에 일괄 납부한 취지를 기재합니다(일괄납부는 은행에 현금으로 납부하는 경우에만 가능함).

⑪ **등기의무자의 등기필정보란**

㉮ 소유권 취득에 관한 등기를 완료하고 등기필정보를 교부받은 경우, 그 등기필정보 상에 기재된 부동산고유번호, 성명, 일련번호, 비밀번호를 각 기재(등기필정보를 제출하는 것이 아니며 한번 사용한 비밀번호는 재사용을 못함)합니다. 다만 교부받은 등기필정보를 멸실한 경우에는 부동산등기법 제51조에 의하여 확인서면이나 확인조서 또는 공증서면 중 하나를 첨부합니다.

㉯ 등기신청서에 등기필증이나 확인서면 등을 첨부한 경우 이 란은 기재할 필요가

없습니다.

⑫ **첨부서면란**

등기신청서에 첨부한 서면을 각 기재합니다.

⑬ **신청인등란**

㉮ 등기의무자와 등기권리자의 성명 및 전화번호를 기재하고, 각자의 인장을 날인하되, 등기의무자는 그의 인감을 날인하거나 본인서명사실확인서에 기재한 서명을 합니다. 그러나 신청인이 법인 또는 법인 아닌 사단이나 재단인 경우에는 상호(명칭)와 대표자(관리인)의 자격 및 성명을 기재하고, 법인이 등기의무자인 때에는 등기소의 증명을 얻은 그 대표자의 인감, 법인 아닌 사단이나 재단인 경우에는 대표자(관리인)의 개인인감을 날인하거나 본인서명사실확인서에 기재한 서명을 합니다.

㉯ 대리인이 등기신청을 하는 경우에는 그 대리인의 성명, 주소, 전화번호를 기재하고 대리인의 인장을 날인 또는 서명합니다.

■ **등기신청서에 첨부할 서면**

< 신청인 >

① **위임장**

등기신청을 법무사 등 대리인에게 위임하는 경우에 첨부합니다.

② **등기필증**

등기의무자의 소유권에 관한 등기필증으로서 등기의무자가 소유권 취득시 등기소로부터 교부받은 등기필증을 첨부합니다. 단, 소유권 취득의 등기를 완료하고 등기필정보를 교부받은 경우에는 신청서에 그 등기필정보 상에 기재된 부동산고유번호, 성명, 일련번호, 비밀번호를 각 기재(등기필정보를 제출하는 것이 아니며 한번 사용한 비밀번호는 재사용을 못함)함으로써 등기필증 첨부에 갈음합니다.

다만, 등기필증(등기필정보)을 멸실하여 첨부(기재)할 수 없는 경우에는 부동산등기법 제51조에 의하여 확인서면이나 확인조서 또는 공증서면 중 하나를 첨부합니다.

③ **증여계약서**

계약으로 인한 소유권이전등기를 신청하는 경우에는 그 계약서를 첨부하며, 인지세법이 정하는 인지를 붙이지 않아도 됩니다.

< 시·구·군청, 읍·면 사무소, 동 주민센터 >

① **검인**

위 증여계약서에 부동산소재지를 관할하는 시장, 구청장, 군수 또는 군수로부터 위임을 받은 자(읍·면·동장)로부터 검인을 받아야 합니다.

② **취득세(등록면허세)영수필확인서**

시장, 구청장, 군수 등으로부터 취득세(등록면허세)납부서(OCR용지)를 발급받아 납세지를 관할하는 해당 금융기관에 세금을 납부한 후 취득세(등록면허세)영수필확인서와 영수증을 교부받아 영수증은 본인이 보관하고 취득세(등록면허세)영수필확인서만 신청서의 취득세(등록면허세)액표시란의 좌측상단 여백에 첨부하거나, 또는 지방세인터넷납부시스템에서 출력한 시가표준액이 표시되어 있는 취득세(등록면허세)납부확인서를 첨부합니다.

③ 토지(임야)·건축물대장등본

등기신청대상 부동산의 종류에 따라 토지(임야)대장등본, 건축물대장등본(각, 발행일로부터 3월 이내)을 첨부합니다.

④ 인감증명서 또는 본인서명사실확인서

등기의무자의 인감증명서(발행일로부터 3월 이내)를 첨부하거나, 인감증명을 갈음하여 『본인서명사실 확인 등에 관한 법률』에 따라 발급된 본인서명사실확인서를 첨부할 수 있습니다.

⑤ 주민등록표등(초)본

등기의무자 및 등기권리자의 주민등록표등본 또는 초본(각, 발행일로부터 3월 이내)을 첨부합니다.

< 대한민국법원 인터넷등기소, 금융기관 등 >

등기신청수수료

대한민국법원 인터넷등기소(http://www.iros.go.kr/PMainJ.jsp를 이용하여 전자적인 방법(신용카드, 계좌이체, 선불형지급수단)으로 납부하고 출력한 등기신청수수료 영수필확인서를 첨부하거나, 법원행정처장이 지정하는 수납금융기관 또는 신청수수료 납부기능이 있는 무인발급기에 현금으로 납부한 후 발급받은 등기신청수수료 영수필확인서를 첨부합니다.

< 등기과 ·소 >

법인등기사항전부(일부)증명서

신청인이 법인인 경우에는 법인등기사항전부증명서 또는 법인등기사항일부증명서(각, 발행일로 부터 3월 이내)를 첨부합니다.

< 기   타 >

① 신청인이 재외국민이나 외국인 또는 법인 아닌 사단 또는 재단인 경우에는 신청서의 기재사항과 첨부서면이 다르거나 추가될 수 있으므로, "대법원 종합법률정보(http://glaw.scourt.go.kr)"의 규칙/예규/선례에서『외국인 및 재외국민의 국내 부동산 처분 등에 따른 등기신청절차, 등기예규 제1393호』및『법인 아닌 사단의 등기신청에 관한 업무처리지침, 등기예규 제1435호』등을 참고하시고, 기타 궁금한 사항은 변호사, 법무사 등 등기와 관련된 전문가나 등기과·소의 민원담당자에게 문의하시기 바랍니다.

② 제3자의 허가, 동의 또는 승낙을 증명하는 서면 등, 즉 부동산이 농지인 경우에는 농지취득자격증명(시, 읍, 면사무소 발급) 등을 첨부하여야 합니다.

▣ **등기신청서류 편철순서**

신청서, 취득세(등록면허세)영수필확인서, 등기신청수수료 영수필확인서, 위임장, 인감증명서 또는 본인서명사실확인서, 주민등록표등(초)본, 토지(임야)대장등본, 건축물대장등본, 증여계약서, 등기필증 등의 순으로 편철해 주시면 업무처리에 편리합니다.

소유권이전등기신청							
접 수	년 월 일		처 리 인	접 수	기 입	교 합	각종통지
	제 호						
부 동 산 의 표 시	1동의 건물의 표시 　　　○○시 ○○구 ○○동 ○○ 　　　[도로명주소] ○○시 ○○구 ○○길 ○○ 　전유부분의 건물의 표시 　　　건물의 번호 : 111-4-404 　　　구　　　조 : 철근콘크리트벽식조 　　　면　　　적 : 4층 404호 84.99 ㎡						
등기원인과그연월일	20○○년　　○월　　○○일　증여						
등기의 목적	소유권이전						
구분	성　　　　명 (상 호 · 명 칭)	주 민 등 록 번 호 (등기용등록번호)	주　　　　　　　소 (소　　재　　지)				지분
등 기 의 무 자	망　홍 □□ 상속인 홍 △△	111111-1111111 111111-1111111	○○시 ○○구 ○○길 ○○				
등 기 권 리 자	○○○	111111-1111111	○○시 ○○구 ○○길 ○○				

시가표준액 및 국민주택채권매입금액		
부동산 표시	부동산별 시가표준액	부동산별 국민주택채권매입금액
1. 토 지	금○○○원 (개별공시지가×☞적용비율)	금○○○원 (토지시가표준액×☞매입적용률)
2. 건 물	금○○○원 (☞건물시가표준액산출방법)	금○○○ 원 (건물시가표준액×☞매입적용률)
3.	금 원	금 원
국 민 주 택 채 권 매 입 총 액		금○○○ 원
국 민 주 택 채 권 발 행 번 호		

취득세(등록면허세) 금 원	지방교육세 금 원
	농어촌특별세 금 원

세 액 합 계	금○○○원

등 기 신 청 수 수 료	금 원
	납부번호 :
	일괄납부 : 건 원

첨 부 서 면	
· 검인계약서(증여계약서) 1통	· 개별공시지가확인서 1통
· 취득세(등록면허세)영수필확인서 1통	· 기본증명서(상속인) 1통
· 국민주택채권매입필증 1통	· 가족관계증명서(피상속인) 1통
· 인감증명서 또는 본인서명사실	· 주민등록등(초)본 각1통
확인서 1통	· 신청서부본 2통
· 등기필증 1통	· 위임장(위임한 경우) 1통
· 등기신청수수료 영수필 확인서 1통	· 말소자초본 1통
· 토지 임야 건축물대장 각1통	

20○○년   ○월   ○○일

위 신청인   ○○○ ㊞ (전화 : ○○○-○○○○)

                             홍△△ ㊞ (전화 : ○○○-○○○○)

(또는)위 대리인   ㊞ (전화 : ○○○-○○○○)

○○**지방법원 등기과 귀중**

3. 계약금, 계약 해지 · 해제 관련 서식

[서식] 계약금반환청구의 소(계약금반환 및 계약합의해제)

소   장

원   고   ○○○ (주민등록번호)
　　　　　○○시 ○○구 ○○길 ○○(우편번호)
　　　　　전화·휴대폰번호:
　　　　　팩스번호, 전자우편(e-mail)주소:
피   고   ◇◇◇ (주민등록번호)
　　　　　○○시 ○○구 ○○길 ○○(우편번호)
　　　　　전화·휴대폰번호:
　　　　　팩스번호, 전자우편(e-mail)주소:

계약금반환청구의 소

청 구 취 지

1. 피고는 원고에게 금 3,000,000원 및 이에 대한 이 사건 소장부본이 송달된 다음날부터 다 갚을 때까지 연 15%의 비율에 의한 돈을 지급하라.
2. 소송비용은 피고가 부담한다.
3. 위 제1항은 가집행 할 수 있다.
라는 판결을 원합니다.

청 구 원 인

1. 당사자들의 지위
   피고는 소외 ◉◉◉ 소유 ○○도 ○○○시 ○○읍 ○○길 ○○○의 ○ 소재 3층 건물 중 3층 방1칸을 임차하여 살고 있던 임차인이고, 원고는 피고와 위 건물에 대한 전대차계약을 체결했던 자입니다.
2. 원고는 20○○. ○. ○○. 피고와의 사이에 보증금 15,000,000원에 위 방1칸에 대하여 전대차계약을 체결하면서 일단 계약금으로 금 3,000,000을 지급했고, 잔금은 1개월 뒤 입주할 때에 지급하기로 약속한 사실이 있습니다.
3. 그러나, 계약 바로 뒤에 원고측에 피치 못할 사정이 생겨 같은 날 피고를 찾아가 계약의 해제를 요청했고, 피고도 불과 몇 시간만에 계약해제를 요구한 점, 원고가 경제적으로 어려운 상황이라는 점 등을 고려했는지 선선히 이에 응했고, 계약금으

로 받은 돈 3,000,000원은 일단 써버렸으니 당장은 줄 수 없고 나중에 돌려주겠노
라고 약속한 사실이 있습니다.

4. 그 뒤 원고는 기회 있을 때마다 계약금을 돌려줄 것을 요청했으나, 피고는 그 반
환을 차일피일 미루어 오다, 20○○. ○. ○○. 계약금 중 금 2,000,000원은 같은 해
○. ○○.까지 반환할 것이고, 나머지 금 1,000,000원은 새 임차인이 조만간 들어올
것이니 그때 반환하겠다는 내용의 확인서를 작성하여 원고에 교부한 바 있습니다.

5. 그러나 피고는 약속과 달리 같은 해 ○. ○○.에 금 2,000,000원을 반환하지 않았음은
물론이고, 20○○. ○○. ○. 소외 ◎◎가 새 임차인으로 들어왔는데도 불구하고
아직까지도 위 금 3,000,000원을 반환하지 않고 있습니다.

6. 사정이 위와 같으므로 원고로서는 부득이 금 3,000,000원 및 이에 대한 이 사건 소
장부본이 송달된 다음날부터 다 갚을 때까지 소송촉진 등에 관한 특례법 소정 연
15%의 비율에 의한 지연손해금을 받고자 이 사건 청구에 이른 것입니다.

<h2 style="text-align:center">입 증 방 법</h2>

    1. 갑 제1호증   확인서

<h2 style="text-align:center">첨 부 서 류</h2>

    1. 위 입증방법   1통
    1. 소장부본   1통
    1. 송달료납부서   1통

20○○. ○. ○.
위 원고   ○○○ (서명 또는 날인)

○○지방법원 귀중

■ **관련판례** ■

부동산 매매계약에서 계약금만 지급된 단계에서는 어느 당사자나 계약금을 포기하거나
그 배액을 상환함으로써 자유롭게 계약의 구속력에서 벗어날 수 있다. 그러나 중도금이
지급되는 등 계약이 본격적으로 이행되는 단계에 이른 때에는 계약이 취소되거나 해제되
지 않는 한 매도인은 매수인에게 부동산의 소유권을 이전해 줄 의무에서 벗어날 수 없
다. 따라서 이러한 단계에 이른 때에 매도인은 매수인에 대하여 매수인의 재산보전에 협
력하여 재산적 이익을 보호·관리할 신임관계에 있게 된다. 그때부터 매도인은 배임죄에서
말하는 '타인의 사무를 처리하는 자'에 해당한다고 보아야 한다. 그러한 지위에 있는 매
도인이 매수인에게 계약 내용에 따라 부동산의 소유권을 이전해 주기 전에 그 부동산을

제3자에게 처분하고 제3자 앞으로 그 처분에 따른 등기를 마쳐 준 행위는 매수인의 부동산 취득 또는 보전에 지장을 초래하는 행위이다. 이는 매수인과의 신임관계를 저버리는 행위로서 배임죄가 성립한다(대법원 2018.5.17. 선고 2017도4027 전원합의체 판결).

소 장

원 고   ○○○ (주민등록번호)
　　　　○○시 ○○구 ○○길 ○○(우편번호)
　　　　전화·휴대폰번호:
　　　　팩스번호, 전자우편(e-mail)주소:

피 고   ◇◇◇ (주민등록번호)
　　　　○○시 ○○구 ○○길 ○○(우편번호)
　　　　전화·휴대폰번호:
　　　　팩스번호, 전자우편(e-mail)주소:

계약금반환청구의 소

청 구 취 지

1. 피고는 원고에게 금 5,000,000원 및 이에 대하여 20○○. ○. ○○.부터 이 사건 소장부본 송달일까지는 연 5%, 그 다음날부터 다 갚을 때까지는 연 15%의 비율에 의한 돈을 지급하라.
2. 소송비용은 피고가 부담한다.
3. 위 제1항은 가집행 할 수 있다.
라는 판결을 구합니다.

청 구 원 인

1. 원고는 20○○. ○. ○. 피고와의 사이에 피고 소유인 ○○시 ○○동 ○○번지 대지 100평을 대금 50,000,000원에 매수하기로 하는 매매계약을 체결하고 같은 날 원고는 피고에게 계약금 5,000,000원을 지급하였습니다.
2. 원고는 위 대지에 공장을 건축하여 김치제조업을 경영할 목적으로 위 대지를 매수한 것이었으나, 위 대지의 일부가 ○○시의 도시계획사업으로 인하여 토지구획정리의 도로용지에 해당하여 조만간 도시계획사업이 실시되면 위 대지의 서쪽 약 1/3가량의 부분이 도로에 편입되어 공장을 건축할 수도 없고 또한 건축허가도 나오지 않을 것이라는 사실을 알게 되었습니다.
3. 그런데 원고는 피고에게 계약체결 전에 피고의 토지를 구입하는 목적을 명확히 말하였으며, 피고는 원고에게 공장을 건축하는데 아무런 문제가 없다고 확약한 사실이 있고, 원고는 위 대지에 공장을 신축할 수 없다면 위 대지를 매수할 이유가 없으므로 위

매매계약을 해제하기로 하고 20○○. ○. ○○. 내용증명우편으로 피고에게 매매계약 해지의 의사표시를 하였습니다. 그러므로 피고는 위 계약해제에 의한 원상회복의무의 이행으로 원고가 교부한 계약금 5,000,000원을 반환할 의무가 있다할 것입니다.

4. 따라서 피고는 원고에게 계약금 5,000,000원 및 이에 대하여 20○○. ○. ○○.부터 이 사건 소장부본 송달일까지는 민법 소정의 연 5%, 그 다음날부터 다 갚을 때까지는 소송촉진 등에 관한 특례법 소정의 연 15%의 각 비율에 의한 지연손해금을 지급할 의무가 있다고 할 것이므로 이 사건 청구에 이른 것입니다.

입 증 방 법

1. 갑 제1호증   매매계약서
1. 갑 제2호증   계약금 영수증
1. 갑 제3호증   토지대장등본
1. 갑 제4호증   도시계획사실확인원
1. 갑 제5호증   통고서(내용증명우편)

첨 부 서 류

1. 위 입증방법   각 1통
1. 소장부본   1통
1. 송달료납부서   1통

20○○. ○. ○.

위 원고   ○○○   (서명 또는 날인)

○○지방법원 귀중

■ 관련판례 ■

동기의 착오가 법률행위의 내용의 중요부분의 착오에 해당함을 이유로 표의자가 법률행위를 취소하려면 그 동기를 당해 의사표시의 내용으로 삼을 것을 상대방에게 표시하고 의사표시의 해석상 법률행위의 내용으로 되어 있다고 인정되면 충분하고 당사자들 사이에 별도로 그 동기를 의사표시의 내용으로 삼기로 하는 합의까지 이루어질 필요는 없지만, 그 법률행위의 내용의 착오는 보통 일반인이 표의자의 입장에 섰더라면 그와 같은 의사표시를 하지 아니하였으리라고 여겨질 정도로 그 착오가 중요한 부분에 관한 것이어야 함. 매매대상 토지 중 20~30평가량만 도로에 편입될 것이라는 중개인의 말을 믿고 주택신축을 위하여 토지를 매수하였고 그와 같은 사정이 계약체결 과정에서 현출되어 매도인도 이를 알고 있었는데, 실제로는 전체면적의 약 30%에 해당하는 197평이 도로에 편입된 경우, 동기의 착오를 이유로 매매계약의 취소를 인정한 사례(대법원 2000.5.12. 선고 2000다12259 판결).

소 장

원   고   ○○○ (주민등록번호)
　　　　　○○시 ○○구 ○○길 ○○(우편번호)
　　　　　전화·휴대폰번호:
　　　　　팩스번호, 전자우편(e-mail)주소:
피   고   ◇◇◇ (주민등록번호)
　　　　　○○시 ○○구 ○○길 ○○(우편번호)
　　　　　전화·휴대폰번호:
　　　　　팩스번호, 전자우편(e-mail)주소:

계약금반환청구의 소

청 구 취 지

1. 피고는 원고에게 금 2,000,000원 및 이에 대한 이 사건 소장부본이 송달된 다음날
   부터 다 갚을 때까지 연 15%의 각 비율에 의한 돈을 지급하라.
2. 소송비용은 피고가 부담한다.
3. 위 제1항은 가집행 할 수 있다.
라는 판결을 원합니다.

청 구 원 인

1. 원고는 20○○. ○. ○. 피고와의 사이에 피고소유 ○○시 ○○구 ○○길 ○○○의
   ○○ 소재 점포에 대하여 임대차보증금 5,000,000원, 월세 금 1,300,000원, 계약기간
   을 20○○. ○. ○○.부터 12개월로 하는 점포임대차계약을 체결하고 같은 날 계약
   금으로 금 2,000,000원을 지급하였고 잔금은 20○○. ○. ○○.에 지급하기로 약정
   하였습니다.
2. 원고가 위 잔금지급기일에 금 3,000,000원을 준비하여 피고에게 잔금을 지급하려
   하였으나 피고는 시세보다 너무 싼 가격에 점포가 임대되었으니 임대차보증금을
   3,000,000원 더 증액하여 주지 않으면 점포를 임대해줄 수 없다며 잔금 수령을 거
   부하였습니다.
3. 원고가 피고에게 여러 차례 계약내용대로 이행할 것을 주장하였으나 피고가 요지부동
   이라 할 수 없이 피고에게 계약해제통지를 하고 계약금 2,000,000원의 반환을 요구하
   였으나 피고는 오히려 원고가 잔금지급기일을 어겼다며 계약금을 반환치 않고 있습니다.
4. 사정이 위와 같으므로 원고로서는 부득이 금 2,000,000원 및 이에 대한 이 사건 소
   장부본이 송달된 다음날부터 다 갚을 때까지 소송촉진 등에 관한 특례법에서 정한
   연 15%의 비율에 의한 지연손해금을 받고자 이 사건 청구에 이른 것입니다.

입 증 방 법

1. 갑 제1호증　　　　　　　　　임대차계약서
1. 갑 제2호증　　　　　　　　　내용증명통고서
1. 갑 제3호증　　　　　　　　　확인서

첨 부 서 류

1. 위 입증방법　　　　　　　　각 1통
1. 소장부본　　　　　　　　　　1통
1. 송달료납부서　　　　　　　　1통

20○○.　○.　○.
위 원고　○○○　(서명 또는 날인)

○○지방법원　귀중

■ **관련판례** ■

매도인이 '계약금 일부만 지급된 경우 지급받은 금원의 배액을 상환하고 매매계약을 해제할 수 있다'고 주장한 사안에서, '실제 교부받은 계약금'의 배액만을 상환하여 매매계약을 해제할 수 있다면 이는 당사자가 일정한 금액을 계약금으로 정한 의사에 반하게 될 뿐 아니라, 교부받은 금원이 소액일 경우에는 사실상 계약을 자유로이 해제할 수 있어 계약의 구속력이 약화되는 결과가 되어 부당하기 때문에, 계약금 일부만 지급된 경우 수령자가 매매계약을 해제할 수 있다고 하더라도 해약금의 기준이 되는 금원은 '실제 교부받은 계약금'이 아니라 '약정 계약금'이라고 봄이 타당하므로, 매도인이 계약금의 일부로서 지급받은 금원의 배액을 상환하는 것으로는 매매계약을 해제할 수 없다(대법원 2015.4.23. 선고 2014다231378 판결).

[서식] 준비서면(계약금 등 반환, 원고)

준 비 서 면

사　건　20○○가단○○○○ 계약금 등 반환
원　고　○○○
피　고　◇◇◇

위 사건에 관하여 원고는 다음과 같이 변론을 준비합니다.

다　　　　　음

1. 중도금수령거절
   피고는 원고가 중도금을 약정한 시기에 지급하지 아니하므로 계약해제 할 수밖에 없었다고 주장하나 이는 사실이 아닙니다.
   원고와 피고는 20○○. ○. ○. 피고 소유의 ○○시 ○○동 ○○ 대 166㎡ 및 지상주택을 대금 1억 2,000만원에 매매하기로 계약하고, 원고는 같은 날 피고에게 계약금 1,000만원을 지급하였고 같은 해 ○. ○○. 약속대로 피고의 집을 방문하여 중도금 5,000만원을 지급하려 하였으나 집이 비어있는 관계로 중도금을 지급하지 못하였고, 피고의 처 소외 ◇◇◇가 운영하는 같은 동 소재 ○○갈비집으로 찾아가 중도금의 지급의사를 밝혔으나 피고의 처 소외 ◇◇◇는 피고가 중도금을 수령하지 말라고 했다면서 수령을 거부하였습니다.

2. 계약금의 반환
   피고는 20○○. ○○. ○. 원고에게 전화로 부동산가격이 올랐으므로 매매가격을 조정할 것을 요청하였으며, 원고가 이에 대한 거부의사를 표시하자 원고가 중도금을 제 때 지급하지 아니한다는 이유로 20○○. ○○. ○○. 계약금 중 금 500만원을 반환하며 계약해제의 의사표시를 하였습니다.

3. 위약금의 지급책임
   이 사건 매매계약해제의 원인이 원고가 중도금을 약정된 시기에 지급하지 아니 하였기 때문이라는 피고의 주장은 사실과 다르므로 부인합니다. 피고는 원고와는 무관하게 일방적으로 부동산가격의 상승을 이유로 중도금의 수령을 거부하고 계약해제통지를 하였으므로 피고가 이 사건 부동산매매계약의 해제로 인한 위약의 책임을 부담하여야 하며 위약의 책임범위는 피고가 지급 받은 계약금 1,000만원 중 원고에게 반환하지 아니한 금 500만원 이외에도 계약서상 명시된 대로 매도인이 계약해제한 경우에 지급하기로 되어있는 계약금에 해당하는 금 1,000만원을 위약금으로 추가 지급하여야 할 것입니다

20○○. ○. ○.
위 원고　○○○ (서명 또는 날인)

○○지방법원 제○민사단독　귀중

[서식] 권리금반환청구의 소(계약기간내 계약해지할 때 권리금반환특약)

소   장

원   고   ○○○ (주민등록번호)
          ○○시 ○○구 ○○로 ○○(우편번호)
          전화·휴대폰번호:
          팩스번호, 전자우편(e-mail)주소:
피   고   ◇◇◇ (주민등록번호)
          ○○시 ○○구 ○○로 ○○(우편번호)
          전화·휴대폰번호:
          팩스번호, 전자우편(e-mail)주소:

권리금반환청구의 소

청 구 취 지

1. 피고는 원고에게 ○○○만원 및 이에 대하여 20○○. ○. ○.부터 이 사건 소장부본 송달일까지는 연 5%, 그 다음날부터 다 갚는 날까지는 연 15%의 각 비율로 계산한 돈을 지급하라.
2. 소송비용은 피고가 부담한다.
3. 위 제1항은 가집행 할 수 있다.
라는 판결을 구합니다.

청 구 원 인

1. 원고는 20○○. ○. ○. 피고와 ○○시 ○○구 ○○로 ○○에 있는 건물의 점포 40 ㎡에 대하여 임대차보증금 ○○○만원, 월임차료 ○○○만원, 임대차기간 1년, 권리금 ○○○만원으로 하는 임대차계약을 체결하고, 위 임차기간의 만료 전에 임대인인 피고의 사정으로 계약을 해지하여 위 건물을 인도할 경우에는 권리금전액을 반환할 것을 약정하였습니다.
2. 위 임차기간 만료 전에 피고의 사정으로 계약을 합의해지하고, 피고에게 위 건물을 인도하였습니다.
3. 그러나 피고는 원고에게 위 권리금을 반환하지 않고 계속 미루고 지금까지 지급하지 않고 있습니다.
4. 따라서 원고는 피고로부터 위 권리금 ○○○만원 및 이에 대하여 원고가 위 건물임차부분을 명도한 다음날인 20○○. ○. ○.부터 이 사건 소장부본 송달일까지는 민법에서 정한 연 5%, 그 다음날부터 다 갚을 때까지는 소송촉진 등에 관한 특례법에서 정한 연 15%의 각 비율로 계산한 지연손해금을 지급받고자 이 사건 청구에 이

르게 된 것입니다.

입 증 방 법

1. 갑 제1호증   임대차계약서

첨 부 서 류

1. 위 입증방법   1통
1. 소장부본   1통
1. 송달료납부서   1통

20○○.   ○.   ○.
위 원고   ○○○   (서명 또는 날인)

○○지방법원 귀중

■ **관련판례** ■

갑이 여성병원과 산후조리원을 을 등과 공동으로 운영하다가 개원 후 약 3년 만에 동업
관계에서 탈퇴한 다음 동업계약에 따른 지분의 환급을 청구하였는데, 동업계약서에서 개
원 후 5년 이내에 동업관계에서 탈퇴할 때에는 '지분에 해당되는 만큼만 가지고 나갈 수
있도록 한다. 단, 권리금을 포기한다.'라고 정한 사안에서, 병원이나 산후조리원처럼 영업
권을 갖는 사업체가 거래의 객체가 되는 경우에 당연히 그 부분에 대한 대가를 주고받을
것으로 예상할 수 있으므로 지분의 시세나 시가에는 영업권의 평가가 포함된다고 보는
것이 자연스러운 해석인 점 등에 비추어 동업계약서에서 조합원들이 영업권을 '권리금'의
산정대상에 포함시킴으로써 '지분'의 평가에서 제외하기로 약정한 것이라고 보기 어려운
데도, 위 '지분'에 영업권이 포함되지 않는다고 보아 영업권을 제외하고 갑의 지분을 평
가한 원심판결에 법리오해의 잘못이 있다(대법원 2017.7.18. 선고 2016다254740 판결).

[서식] 소유권이전등기말소청구의 소(토지, 계약불이행에 의한 계약해제)

소　　　장

원　고　○○○ (주민등록번호)
　　　　○○시 ○○구 ○○길 ○○(우편번호 ○○○-○○○)
　　　　전화·휴대폰번호:
　　　　팩스번호, 전자우편(e-mail)주소:
피　고　◇◇◇ (주민등록번호)
　　　　○○시 ○○구 ○○길 ○○(우편번호 ○○○-○○○)
　　　　전화·휴대폰번호:
　　　　팩스번호, 전자우편(e-mail)주소:

소유권이전등기말소청구의 소

청 구 취 지

1. 피고는 원고에게 ○○시 ○○구 ○○동 ○○ 대 158.5㎡에 관하여 ○○지방법원 ○○등기소 20○○. ○. ○. 접수 제○○○○○호로 마친 소유권이전등기의 말소등기절차를 이행하라.
2. 소송비용은 피고의 부담으로 한다.
라는 재판을 구합니다.

청 구 원 인

1. 원고는 20○○. ○. ○. 피고에게 원고 소유의 ○○시 ○○구 ○○동 ○○ 대 158.5㎡(다음부터 이 사건 토지라 함)를 금 380,000,000원에 매도하고 매매대금중 금 100,000,000원의 변제에 갈음하여 피고 소유의 ○○시 ○○구 ○○동 ○○ ○○빌라 비동 ○○○호를 양도받았으며 나머지 매매대금의 변제를 위하여 액면 합계금 280,000,000원의 약속어음 5매를 교부받은 뒤, 피고에게 이 사건 토지에 관하여 ○○지방법원 ○○등기소 20○○. ○. ○. 접수 제○○○○○호로 소유권이전등기를 마쳐 주었으나 위 약속어음들이 모두 지급 거절되었습니다.
2. 이에 원고는 피고를 상대로 ○○지방법원 20○○가합○○○○○호로 계약해제를 원인으로 하여 이 사건 토지에 관한 피고 명의의 소유권이전등기의 말소등기를 청구하는 소를 제기하였습니다.
3. 그런데 피고는 원고에게 이 사건 토지의 매매대금으로 주식회사 ◎◎상사 대표이사 ⦿●● 발행의 액면 금 280,000,000원, 지급기일 20○○. ○. ○. 지급장소 ○○은행인 약속어음 1매를 교부하면서 위 약속어음은 지급 거절될 염려가 없으니 이로서

이 사건 토지의 매매대금의 변제에 충당하고 소를 취하하여 달라고 사정하여 이를 믿은 원고는 기한유예를 하여 주는 뜻에서 위 사건의 판결이 선고되기 바로 전인 20○○. ○. ○. 소를 취하하였습니다.

4. 그러나 주식회사 ◎◎상사가 발행한 다른 어음 등이 모두 지급 거절되어 은행거래가 중단되어 원고가 피고로부터 교부받은 약속어음 역시 지급기일에 지급되리라는 것을 전혀 기대할 수 없습니다.

5. 그렇다면 원고는 피고 명의의 소유권이전등기의 말소등기를 청구할 수 있다 할 것입니다.

입 증 방 법

1. 갑 제1호증	약속어음(주식회사 ◎◎상사 발행)
1. 갑 제2호증	매매계약서
1. 갑 제3호증	부동산등기사항증명서

첨 부 서 류

1. 위 입증방법	각 1통
1. 토지대장등본	1통
1. 소장부본	1통
1. 송달료납부서	1통

20○○. ○. ○.

위 원고   ○○○   (서명 또는 날인)

○○지방법원   귀중

■ **관련판례** ■

갑 주식회사가 을 등과 부동산 매매계약을 체결하고 소유권이전등기를 선이행 받은 후 매매계약을 합의해제 하였고, 그에 따른 원상회복의 방법으로 을 등은 갑 회사를 상대로 진정명의회복을 원인으로 한 소유권이전등기청구 소송을 제기하여 승소 확정판결을 받았는데, 과세관청이 위 합의해제 후에 병이 갑 회사 발행주식을 모두 취득하여 과점주주가 되었다는 이유로 병에게 구 지방세법(2007. 12. 31. 법률 제8835호로 개정되기 전의 것, 이하 '구 지방세법'이라 한다) 제105조 제6항 등의 취득세 등 부과처분을 한 사안에서, 병이 갑 회사의 발행주식을 모두 취득하여 과점주주가 된 당시 위 부동산에 관한 소유권은 이미 을 등에게 원상태로 복귀되어 갑 회사 소유의 부동산에 해당하지 아니하게 되었으므로, 위 부동산에 대하여 구 지방세법 제105조 제6항 본문에서 정한 간주취득세의 과세요건을 충족하지 못하였다고 보아야 함에도 이와 달리 본 원심판결에 법리오해의 잘못이 있다(대법원 2015.1.15. 선고 2011두28714 판결).

[서식] 소유권이전등기말소등기신청(매매계약해제에 의한)

<table>
<tr><td rowspan="2">접
수</td><td colspan="2">년 월 일</td><td rowspan="2">처리인</td><td>접 수</td><td>기 입</td><td>교 합</td><td>각종 통지</td></tr>
<tr><td colspan="2">제   호</td><td></td><td></td><td></td><td></td></tr>
</table>

매매계약해제에 의한
소유권 이전등기 말소등기 신청

부 동 산 의 표 시
○○군 ○○읍 ○○동 ○○ 　　　　대 300 ㎡.　끝.

등기원인과 그연월일	20○○년 ○월 ○○일 매매계약 해제
등 기 의 목 적	소유권 말소
말 소 할 등 기	20○○년 ○월 ○○일 접수 제 ○○○호로 경료한 소유권이전등기

구분	성 명 (상호·명칭)	주민등록번호 (등기용등록번호)	주 소 (소재지)	지 분 (개인별)
등 기 의 무 자	△△△	111111-1111111	○○군 ○○읍 ○○길 ○○	
등 기 권 리 자	○○○	111111-1111111	○○군 ○○읍 ○○길 ○○	

시가표준액 및 국민주택채권매입금액		
부동산 표시	부동산별 시가표준액	부동산별 국민주택채권매입금액
1. 주 택	금○○○원	금○○○원
2.	금 원	금 원
3.	금 원	금 원
국 민 주 택 채 권 매 입 총 액		금○○○원
국 민 주 택 채 권 발 행 번 호		○○○

취득세(등록면허세) 금○○○원	지방교육세 금○○○원
	농어촌특별세 금○○○원

세 액 합 계	금○○○원
등 기 신 청 수 수 료	금○○○원(☞부동산등기신청수수료액)
	납 부 번 호: ○○-○○-○○○○○○○○-○
	일 괄 납 부: 건 원

첨   부   서   면

· 해지증서   1통
· 취득세(등록면허세)영수필확인서 1통
· 등기필증
· 신청서 부본   1통
· 위임장(위임한 경우)   1통

20○○년   ○월   ○○일

위 신청인   ○○○ ㊞ (전화 : ○○○-○○○○)

○○○ ㊞ (전화 : ○○○-○○○○)

(또는)위 대리인   ㊞ (전화 : ○○○-○○○○)

○○ **지방법원 등기과 귀중**

4. 교환계약 관련 소송 서식

[서식] 소유권이전등기청구의 소(토지, 교환)

소　　　　장

원　　고　　○○○ (주민등록번호)
　　　　　　경기 ○○군 ○○면 ○○길 ○○ (우편번호 ○○○-○○○)
　　　　　　전화·휴대폰번호:
　　　　　　팩스번호, 전자우편(e-mail)주소:
피　　고　　◇◇◇ (주민등록번호)
　　　　　　경기 ○○군 ○○면 ○○길 ○○ (우편번호 ○○○-○○○)
　　　　　　전화·휴대폰번호:
　　　　　　팩스번호, 전자우편(e-mail)주소:

소유권이전등기청구의 소

청 구 취 지

1. 피고는 원고로부터 경기 ○○군 ○○면 ○○리 19의 3 전 98㎡에 관하여 1992.
   11. 12. 교환을 원인으로 한 소유권을 이전 받음과 동시에 원고에게 경기 ○○군
   ○○면 ○○리 18 전 129㎡에 관하여 같은 날짜 교환을 원인으로 한 소유권이전등
   기절차를 이행하라.
2. 소송비용은 피고의 부담으로 한다
라는 재판을 구합니다.

청 구 원 인

1. 피고는 1991년경 그 소유인 경기 ○○군 ○○면 ○○리 20의 2 전 3,524㎡(다음부
   터 이 사건 20의 2 토지라고 함) 지상에 주택을 신축하려고 계획하였는데, 이 사건
   20의 2 토지는 좌우로 성명불상자 소유의 위 같은 리 20의 7 토지 및 원고 소유의
   위 같은 리 19의 1 전 3,124㎡(다음부터 분할 전 19의 1 토지라고 함) 등에 의하
   여, 앞으로는 소외 이◆◆ 소유의 같은 리 18 전 184㎡(다음부터 분할 전 18 토지
   라고 함)에 의하여 둘러싸인 맹지였기 때문에 주택신축을 위해서는 분할 전 18 토
   지의 일부와 분할 전 19의 1 토지의 일부를 진입도로로 사용하여야 하였습니다.
2. 이에 피고는 분할 전 18 토지의 소유자인 소외 이◆◆와 분할 전 19의 1 토지의
   소유자인 원고로부터 위 각 토지 중 진입도로부지로 필요한 토지 부분에 관한 토지

사용승낙서를 첨부하여 관할관청인 ○○군에 주택건축허가를 신청하여 건축허가를 받았습니다.

3. 피고는 원고로부터 원고 소유인 분할 전 19의 1 토지 중 진입도로부지에 해당하는 토지 부분에 관한 토지사용승낙을 받음에 있어서 원고와 사이에, 분할 전 19의 1 토지 중 진입도로부지로 사용할 부분의 토지{나중에 위 같은 리 19의 3 전 98㎡(다음부터 이 사건 19의 3 토지라고 함)로 분할됨}를 원고로부터 소유권이전 받는 대신 피고는 소외 이◆◆로부터 분할 전 18 토지를 매수한 뒤 그 일부를 진입도로로 사용하고(그 부분은 나중에 위 같은 리 18의 3 전 55로 분할되었음) 진입도로로 사용하지 아니하는 나머지 부분{나중에 위 같은 리 18 전 129㎡(다음부터 이 사건 18 토지라고 함)로 분할되었음}을 원고에게 소유권이전하기로 구두 약정하였습니다.

4. 이에 피고는 1991. 12. 28. 소외 이◆◆로부터 분할 전 18 토지를 매수한 다음, 같은 달 30. 피고 명의로 소유권이전등기를 마쳤습니다.

5. 원고는 1992. 11. 12. 피고와 사이에 위 구두약정에 따라, 원고는 분할 전 19의 1 토지(합의서에는 위 같은 리 19의 2로 기재되어 있으나, 이는 19의 1의 잘못된 기재임) 중 분할 전 18 토지와 피고 소유인 이 사건 20의 2 토지를 연결하는 폭 4m의 진입도로 부분(=이 사건 19의 3 토지)을 피고에게 이전하고, 피고는 그 대가로 피고 소유인 분할 전 18 토지 중 폭 4m의 진입도로 부분을 제외한 나머지 토지(=이 사건 18 토지)를 원고에게 이전하기로 하는 내용의 교환계약(다음부터 이 사건 교환계약이라고 함)을 체결하였습니다.

6. 피고는 이 사건 교환계약의 체결 후 소외 백◆◆에게 원·피고간에 상호 교환하기로 한 부분의 분할측량을 의뢰하였고, 소외 백◆◆는 즉시 대한지적공사 ○○도 지사 ○○군 지부에 이 사건 교환계약에 따른 현황측량을 의뢰하여 1992. 11. 27. 측량이 이루어졌습니다.

7. 그런데 피고는 측량 후에 갑자기 이 사건 20의 2 토지 인근에 있는 위 같은 리 18의 1 구거(다음부터 이 사건 구거라고 함)를 복개하여 진입도로로 사용하기로 하고, 복개공사비의 견적을 산출하였으나, 복개공사비가 무려 금 65,000,000원 정도 소요되는 것으로 나오자, 복개공사비 부담이 너무 크다고 판단한 피고는 마지막으로 1994. 4.경 원고에게 이 사건 교환계약을 이행하자는 제안을 하였습니다.

8. 원고는 이 사건 교환계약이행을 요구했는데도 피고는 갑자기 이 사건 구거를 복개하여 진입도로로 사용하기로 하고, 1994. 9. 12. 관할관청인 ○○군으로부터 이 사건 구거를 복개한 시설물의 소유권을 국가에 기부 채납하는 것을 조건으로 공작물설치허가를 받은 뒤, 같은 해 12. 8. 합계 금 65,000,000원의 공사비를 들여 이 사건 구거의 일부를 복개하여 현재까지 이를 이 사건 20의 2 토지의 진입도로로 사용하고 있습니다.

9. 그렇다면 피고는 특별한 사정이 없는 한 이 사건 교환계약에 따라 원고로부터 경기 ○○군 ○○면 ○○리 19의 3 전 98㎡에 관하여 1992. 11. 12. 교환을 원인으로 한 소유권을 이전 받음과 동시에 원고에게 경기 ○○군 ○○면 ○○리 18 전 129㎡에 관하여 같은 날짜 교환을 원인으로 한 소유권이전등기절차를 이행할 의무가 있다 할 것이므로 이 사건 청구에 이른 것입니다.

입 증 방 법

1. 갑 제1호증   교환계약서
1. 갑 제2호증   사실확인서
1. 갑 제3호증의 1, 2   각 부동산등기사항증명서
1. 갑 제4호증의 1, 2   각 토지대장등본
1. 갑 제5호증   현황측량도

첨 부 서 류

1. 위 입증방법   각 1통
1. 법인등기사항증명서   1통
1. 소장부본   1통
1. 송달료납부서   1통

20○○.   ○.   ○.
위 원고   ○○○   (서명 또는 날인)

○○지방법원   귀중

소　　장

원　　고　　○○○ (주민등록번호)
　　　　　　○○시 ○○구 ○○길 ○○(우편번호)
　　　　　　전화·휴대폰번호:
　　　　　　팩스번호, 전자우편(e-mail)주소:
피　　고　　◇◇◇ (주민등록번호)
　　　　　　○○시 ○○구 ○○길 ○○(우편번호)
　　　　　　전화·휴대폰번호:
　　　　　　팩스번호, 전자우편(e-mail)주소:

소유권이전등기말소청구의 소

청　구　취　지

1. 피고는 원고에게,
 가. 경기 ○○군 ○○면 ○○리 275의 5 전 1,471㎡에 관하여 ○○지방법원 ○○등기소
　　20○○. ○. ○. 접수 제○○호로 마친 소유권이전등기의 말소등기절차를 이행하고,
 나. 금 500,000원 및 이에 대하여 이 사건 소장부본 송달 다음날부터 다 갚을 때까지
　　연 15%의 비율에 의한 돈을 지급하라.
2. 소송비용은 피고의 부담으로 한다.
3. 위 제1의 나.항은 가집행 할 수 있다.
라는 판결을 구합니다.

청　구　원　인

1. 경기 ○○군 ○○면 ○○리 275의 5 전 1,471㎡(다음부터 이 사건 부동산이라고 함)는
　원래 원고 소유의 부동산이었으나, 20○○. ○. ○.경 피고의 아들인 소외 ◆◆◆가
　원고를 찾아와 원고 소유의 이 사건 부동산(등기부상 면적 1471㎡)이 필요하니 피고
　소유의 경기 ○○군 ○○면 ○○리 산 ○○ 토지(등기부상 면적 1488㎡)와 교환하
　자고 제의하였습니다.
2. 이에 원고는 소외 ◆◆◆의 제의에 동의하였고, 원고가 교환 받는 토지의 등기부상
　의 면적이 약 17㎡정도 더 커 소외 ◆◆◆에게 금 500,000원을 지급하고 20○○.
　○. ○. 위 각 부동산에 관하여 교환계약에 의한 소유권이전등기절차를 각 이행하였
　습니다{갑 제1호증의 1, 2(각 부동산등기사항증명서) 각 참조}.
3. 원고는 20○○. ○. ○. 피고로부터 교환 받은 토지의 면적이 의심스러워 측량을 해

본 결과 그 **실제면적이 623㎡(등기부상에는 면적이 1488㎡로 되어 있음)밖에 되지 않는다는 것을** 알게 되었습니다{갑 제2호증(측량성과도) 참조}. 한편, 위 교환계약은 수량을 지정한 교환계약에 해당한다고 할 것이고, 원고는 피고로부터 교환 받은 토지의 면적이 위와 같았음을 교환계약 당시에 알고 있었더라면 교환계약을 체결하지 아니하였을 것입니다.

4. 따라서 원고는 민법 제567조, 제574조, 제572조 제2항에 따라 이 사건 소장부본 송달로서 위와 같이 체결하였던 교환계약을 해제하는 바입니다.

5. 그렇다면 피고는 원고에게 이 사건 부동산에 관하여 ○○지방법원 ○○등기소 20○○. ○. ○. 접수 제○○호로 마친 소유권이전등기의 말소등기절차를 이행할 의무가 있고, 원고가 피고에게 이 사건 교환 부동산의 등기부상의 면적 차이에 대한 대가로서 지급한 금 500,000원 및 이에 대하여 이 사건 소장부본 송달 다음날부터 다 갚을 때까지 소송촉진등에관한특례법에서 정한 연 15%의 비율에 의한 지연손해금을 지급할 의무가 있다 할 것입니다.

입 증 방 법

1. 갑 제1호증의 1, 2   각 등기사항전부증명서
1. 갑 제2호증의 1, 2   각 토지대장등본
1. 갑 제3호증   측량성과도

첨 부 서 류

1. 위 입증방법   각 1통
1. 소장부본   1통
1. 송달료납부서   1통

20○○. ○. ○.

위 원고 ○○○ (서명 또는 날인)

○○지방법원 ○○지원 귀중

소유권이전등기신청(교환)

접 수	년 월 일	처 리 인	접 수	기 입	교 합	각종 통지
	제 호					

① 부동산의 표시

1. 서울특별시 서초구 서초동 100

    　대 300㎡

2. 서울특별시 서초구 서초동 100

    [도로명주소] 서울특별시 서초구 서초대로 88길 10

    시멘트 벽돌조 슬래브지붕 2층 주택

    　1층 100㎡

    　2층 100㎡

　　　　　　　　　　　이　　　　　　　상

② 등기원인과 그 연월일	2013년 5월 1일 교환
③ 등 기 의 목 적	소 유 권 이 전

구분	성 명 (상호·명칭)	주민등록번호 (등기용등록번호)	주 소 (소 재 지)	지 분 (개인별)
④ 등 기 의 무 자	이 대 백	XXXXXX-XXXXX XX	서울특별시 서초구 서초대로 88길 20 (서초동)	
⑤ 등 기 권 리 자	김 갑 동	XXXXXX-XXXXX XX	서울특별시 중구 다동길 96 (다동)	

⑥ 시가표준액 및 국민주택채권매입금액		
부동산 표시	부동산별 시가표준액	부동산별 국민주택채권매입금액
1. 주 택	금 ○○,○○○,○○○원	금 ○○○,○○○ 원
2.	금 원	금 원
3.	금 원	금 원
⑥ 국 민 주 택 채 권 매 입 총 액		금 ○○○,○○○ 원
⑥ 국 민 주 택 채 권 발 행 번 호		○ ○ ○

⑧ 취득세(등록면허세) 금 ○○○,○○○원	⑧ 지 방 교 육 세 금 ○○,○○○원
	⑧ 농어촌특별세 금 ○○,○○○원

⑧ 세 액 합 계	금 ○○○,○○○ 원
⑨ 등 기 신 청 수 수 료	금 30,000 원
	납부번호 : ○○-○○-○○○○○○○○-○
	일괄납부 : 건 원

⑩ 등기의무자의 등기필정보		
부동산고유번호	1102-2006-002095	
성명(명칭)	일련번호	비밀번호
이대백	Q77C-LO71-35J5	40-4636

⑪ 첨 부 서 면	
·교환계약서(검인) 1통 ·등기필증 1통 ~~·위임장 통~~ ·인감증명서 또는 본인서명사실 확인서 1통	·토지·임야·건축물대장등본 각1통 ·주민등록표등(초)본 각1통 ·취득세(등록면허세)영수필확인서 1통 ·등기신청수수료 영수필확인서 1통 〈기 타〉

2013년   5월   1일

⑫ 위 신청인   이   대   백   ㉑ (전화 : 200-7766)
                         김   갑   동   ㉑ (전화 : 300-7766)
          (또는)위 대리인   (전화 :   )

          서울중앙 지방법원   등기국 귀중

- 신청서 작성요령 -
* 1. 부동산표시란에 2개 이상의 부동산을 기재하는 경우에는 부동산의 일련번호를 기재하여야 합니다.
  2. 신청인란등 해당란에 기재할 여백이 없을 경우에는 별지를 이용합니다.

5. 임대차 계약 관계 소송 서식

[서식] 토지임차권 확인의 소

소   장

원   고   ○○○ (주민등록번호)
　　　　　○○시 ○○구 ○○로 ○○(우편번호 ○○○-○○○)
　　　　　전화·휴대폰번호:
　　　　　팩스번호, 전자우편(e-mail)주소:
피   고   ◇◇◇ (주민등록번호)
　　　　　○○시 ○○구 ○○로 ○○(우편번호 ○○○-○○○)
　　　　　전화·휴대폰번호:
　　　　　팩스번호, 전자우편(e-mail)주소:

토지임차권확인의 소

청 구 취 지

1. 원고와 피고 사이의 20○○. ○. ○.자 임대차계약에 기해 ○○시 ○○동 ○○○ 대 300㎡에 대하여 월임료 금 1,000,000원, 임차기간 20○○. ○. ○.부터 20○○. ○. ○.까지 ○년간으로 하는 임차권이 존재함을 확인한다.
2. 소송비용은 피고의 부담으로 한다.
라는 판결을 구합니다.

청 구 원 인

1. 원고는 ○○시 ○○동 ○○ 원고 소유 건물에서 식당을 경영하고 있는데 위 식당을 찾는 고객의 주차장이 없었으므로, 20○○. ○. ○. 피고의 아버지 소외 망 ◉◉◉가 관리하는 피고 소유의 같은 동 ○○○ 대 300㎡를 월차임 금 100만원, 기간은 20○○. ○. ○.부터 20○○. ○○. ○○.까지 ○년간 임차하여 주차장으로 사용하되 별다른 의사표시가 없으면 같은 조건으로 갱신되는 것으로 하는 토지임대차계약을 피고의 대리인 소외 망 ◉◉◉와 맺은 사실이 있습니다.
2. 그런데 피고의 아버지 소외 망 ◉◉◉가 지난 20○○. ○. ○○. 사망한 뒤로 그의 외아들인 피고는 원고가 경영하는 위 식당에서 음식냄새가 난다, 손님들 차량으로 피고의 주거에 통행하기가 불편하다는 등의 불만을 토로하다가 위 임대차계약이 20○○. ○○. ○○. 종료하였다고 주장하며 원고에게 위 토지를 주차장으로 사용하지

말 것을 요구하고 있습니다.

3. 그러므로 원고의 위 토지에 대한 임대차권리관계에 법적인 불안, 위험이 있고 그 불안, 위험을 제거함에 있어서 확인판결을 받는 것이 가장 유효, 적절한 법적인 수단이라 할 것이어서 이 사건 소를 제기하게 된 것입니다.

입 증 방 법

1. 갑 제1호증   토지임대차계약서
1. 갑 제2호증   부동산등기사항전부증명서
1. 갑 제3호증   기본증명서(망 ◉◉◉)
                         (단, 2007.12.31. 이전 사망한 경우 제적등본)
1. 갑 제4호증   가족관계증명서(망 ◉◉◉)
                         (또는, 상속관계를 확인할 수 있는 제적등본)

첨 부 서 류

1. 위 입증방법   각 1통
1. 소장부본   1통
1. 송달료납부서   1통

20○○. ○. ○.
위 원고 ○○○ (서명 또는 날인)

○○지방법원 ○○지원 귀중

■ 참 고 ■

확인의 소는 원고의 권리 또는 법률상의 지위에 현존하는 불안·위험이 있고, 확인판결을 받는 것이 그 분쟁을 근본적으로 해결하는 가장 유효·적절한 수단일 때에 허용됩니다(대법원 2002.6.28. 선고 2001다25078 판결).

소　　장

원　　고　　○○○ (주민등록번호)
　　　　　　○○시 ○○구 ○○길 ○○(우편번호 ○○○-○○○)
　　　　　　전화·휴대폰번호:
　　　　　　팩스번호, 전자우편(e-mail)주소:
피　　고　　1. 김◇◇ (주민등록번호)
　　　　　　　○○시 ○○구 ○○길 ○○(우편번호 ○○○-○○○)
　　　　　　　전화·휴대폰번호:
　　　　　　　팩스번호, 전자우편(e-mail)주소:
　　　　　　2. 이◇◇ (주민등록번호)
　　　　　　　○○시 ○○구 ○○길 ○○(우편번호 ○○○-○○○)
　　　　　　　전화·휴대폰번호:
　　　　　　　팩스번호, 전자우편(e-mail)주소:

토지임차권존재확인 등 청구의 소

청 구 취 지

1. 원고와 피고 김◇◇와의 사이에 별지 목록 1 기재 토지에 대하여 임대인 피고 김◇◇, 임차인 원고, 월 임료 금 ○○○원, 임대차기간 20○○. ○. ○.부터 20○○. ○○. ○○.까지 5년으로 하는 임대차계약이 존재함을 확인한다.
2. 피고 이◇◇는 별지 목록 2 기재 건물을 철거하고 별지목록 1 기재 토지를 원고에게 인도하라.
3. 소송비용은 피고들의 부담으로 한다.
4. 위 제2항은 가집행 할 수 있다.
라는 판결을 구합니다.

청 구 원 인

1. 소외 망 ◉◉◉는 20○○. ○. ○. 별지 목록 1 기재 토지에 관하여, 피고 김◇◇로부터 임료 월 금 ○○○원으로 매월 말일에 지급하고 기간은 20○○. ○. ○.부터 20○○. ○○. ○○.까지 5년간 건물소유를 목적으로 하는 임대차계약을 체결하고 임차권설정등기를 마친 뒤 그 지상에 건물을 소유하고 있었던 바, 20○○. ○. ○○. 홍수로 인하여 위 건물이 소실되었습니다. 한편, 원고는 위 망 ◉◉◉의 아들로서 유일한 상속인인 바, 망 ◉◉◉는 20○○. ○○. ○. 사망하였고 원고는 상속에 의하여 망 ◉◉◉

의 권리의무를 승계하였다고 할 것입니다.

2. 그런데 피고 김◇◇는 위 건물이 소실된 이후 임의로 위 토지를 피고 이◇◇에게 대여하였고, 피고 이◇◇ 는 20○○. ○.경 위 토지 위에 목조 시멘트기와지붕 단층주택을 건축하였습니다. 그래서 원고가 피고들에 대하여 위 토지에 대하여 20○○. ○. ○.까지 원고의 임차권이 존재함을 주장하자, 위 피고 이◇◇는 피고 김◇◇에게 책임을 전가시키고 있고, 피고 김◇◇는 자기의 이해만을 주장하여 전혀 토지임대인으로서의 의무를 이행하지 않고 있습니다.

3. 그러므로 원고는 부득이 피고 김◇◇에 대하여 원고의 위 토지임차권존재의 확인을 구하고, 피고 이◇◇는 법률상의 권한이 없음에도 불구하고 건물소유 때문에 위 토지를 사용하고 있으므로 위 토지의 지상에 있는 위 주택을 철거하여 위 토지를 원고에게 인도할 의무가 있으므로 이 사건 소를 제기하는 것입니다.

입 증 방 법

1. 갑 제1호증   임대차계약서
1. 갑 제2호증의 1, 2   각 부동산등기사항전부증명서
1. 갑 제3호증   토지대장등본
1. 갑 제4호증   건축물대장등본

첨 부 서 류

1. 위 입증방법   각 1통
1. 소장부본   2통
1. 송달료납부서   1통

20○○.   ○.   ○.
위 원고   ○○○   (서명 또는 날인)

○○지방법원 ○○지원 귀중

소   장

원   고   ○○○ (주민등록번호)
　　　　　 ○○시 ○○구 ○○길 ○○(우편번호 ○○○-○○○)
　　　　　 전화·휴대폰번호:
　　　　　 팩스번호, 전자우편(e-mail)주소:
피   고   ◇◇◇ (주민등록번호)
　　　　　 ○○시 ○○구 ○○길 ○○(우편번호 ○○○-○○○)
　　　　　 전화·휴대폰번호:
　　　　　 팩스번호, 전자우편(e-mail)주소:

임차권존재확인청구의 소

청 구 취 지

1. 원고와 피고 사이에 별지 목록 기재 부동산에 관하여 피고를 임대인, 원고를 임차인으로 하고 보통건물의 소유를 목적으로, 임대차기간 20○○. ○. ○.부터 20년간, 월 차임 금 500,000원으로 하는 임차권이 존재함을 확인한다.
2. 소송비용은 피고의 부담으로 한다.
라는 판결을 구합니다.

청 구 원 인

1. 원고는 피고 소유에 관하여 20○○. ○. ○. ○○시 ○○구 ○○동 ○○ 대 200㎡(다음부터 이 사건 대지라 함)에 관하여, 피고로부터 보통건물 소유의 목적으로 기간 20년, 월 차임은 금 500,000원으로 정하여 임차하였는 바, 20○○. ○. ○. 위 대지를 인도 받아 같은 해 5. 1.부터 그 지상에 건물을 신축하고 있습니다.
2. 그런데 피고는 20○○. ○. ○○. 원고에 대하여 원고가 이 사건 대지를 소외 ◉◉◉에게 전대하였다고 주장하며 위 임대차계약을 해지한다는 통고를 한 바 있습니다. 그러나 원고는 이 사건 대지를 소외 ◉◉◉에게 전대한 사실이 전혀 없고, 계속하여 적법하게 점유, 사용하고 있으므로, 피고가 주장하는 위 임대차계약의 해지사유는 없다고 할 것입니다.
3. 그럼에도 불구하고, 피고는 위와 같은 주장을 계속하며 대지의 인도를 요구하고 있으므로, 원고는 피고에 대하여 현재 원고에게 이 사건 대지에 대한 임차권이 존재한다는 사실의 확인을 구하고자 이 사건 소를 제기하기에 이르렀으니 이건 청구를 인용하여 주시기 바랍니다.

입 증 방 법

1. 갑 제1호증   임대차계약서
1. 갑 제2호증   사실확인서

첨 부 서 류

1. 위 입증방법   각 1통
1. 소장부본   1통
1. 송달료납부서   1통

20○○.   ○.   ○.
위 원고   ○○○   (서명 또는 날인)

○○지방법원   귀중

■ **관련판례** ■

건물 등의 소유를 목적으로 하는 토지 임대차에서 임대차 기간이 만료되거나 기간을 정
하지 않은 임대차의 해지통고로 임차권이 소멸한 경우에 임차인은 민법 제643조에 따라
임대인에게 상당한 가액으로 건물 등의 매수를 청구할 수 있다. 임차인의 지상물매수청
구권은 국민경제적 관점에서 지상 건물의 잔존 가치를 보존하고 토지 소유자의 배타적
소유권 행사로부터 임차인을 보호하기 위한 것으로서, 원칙적으로 임차권 소멸 당시에
토지 소유권을 가진 임대인을 상대로 행사할 수 있다. 임대인이 제3자에게 토지를 양도
하는 등으로 토지 소유권이 이전된 경우에는 임대인의 지위가 승계되거나 임차인이 토지
소유자에게 임차권을 대항할 수 있다면 새로운 토지 소유자를 상대로 지상물매수청구권
을 행사할 수 있다(대법원 2017.4.26. 선고 2014다72449, 72456 판결).

소 장

원 고   ○○○ (주민등록번호)
          ○○시 ○○구 ○○길 ○○(우편번호)
          전화·휴대폰번호:
          팩스번호, 전자우편(e-mail)주소:
피 고   ◇◇◇ (주민등록번호)
          ○○시 ○○구 ○○길 ○○(우편번호)
          전화·휴대폰번호:
          팩스번호, 전자우편(e-mail)주소:

권리금반환청구의 소

청 구 취 지

1. 피고는 원고에게 금 15,000,000원 및 이에 대하여 20○○. ○. ○.부터 이 사건 소장부본 송달일까지는 연 5%의, 그 다음날부터 다 갚을 때까지는 연 15%의 각 비율에 의한 돈을 지급하라.
2. 소송비용은 피고의 부담으로 한다.
3. 위 제1항은 가집행 할 수 있다.
라는 판결을 구합니다.

청 구 원 인

1. 원고는 20○○. ○. ○. 피고와 ○○광역시 ○○구 ○○길 ○○번지에 소재한 건물의 점포 330㎡에 대하여 임대차보증금 250,000,000원, 임대차기간 3년, 권리금 45,000,000원으로 하는 임대차계약을 체결하고, 위 임대차보증금 및 권리금을 지급하고 위 점포를 인도 받았습니다.
2. 그런데 피고는 위 임대차계약기간이 1년이나 남아 있는 상태에서 위 건물을 소외 ◉◉◉에게 매도하고 소유권이전등기까지 마쳐주었으며, 소외 ◉◉◉는 원고에게 위 점포의 명도를 요구하여 원고는 어쩔 수 없이 위 점포를 소외 ◉◉◉에게 명도하였습니다. 그럼에도 불구하고 피고는 원고에게 위 임대차보증금 250,000,000원만을 반환하고서, 위 권리금은 단 한푼도 반환하지 못하겠다고 합니다.
3. 그러나 원고와 피고의 위 점포에 대한 임대차계약은 피고가 위 건물을 소외 ◉◉◉에게 매도함으로써 중도에 해지되어 원고는 보장된 임대차계약기간 3년 중 1년간은 위 점포를 사용하지 못하게 되었으므로, 피고는 원고에게 위 권리금을 반환하여

야 마땅하고, 그 반환하여야 하는 권리금의 범위는 원고가 피고에게 지급한 권리금을 경과기간(2년)과 잔존기간(1년)에 대응하는 것으로 나누어 잔존기간에 대응하는 부분을 반환하여야 마땅할 것입니다.

4. 따라서 원고는 피고로부터 잔존기간에 대응하는 권리금 15,000,000원(45,000,000원 ×1/3) 및 이에 대하여 원고가 위 점포를 명도한 다음날인 20○○. ○. ○.부터 이 사건 소장부본 송달일까지는 민법에서 정한 연 5%의, 그 다음날부터 다 갚을 때까지는 소송촉진등에관한특례법에서 정한 연 15%의 각 비율에 지연손해금을 지급 받고자 이 사건 청구에 이르게 된 것입니다.

입 증 방 법

1. 갑 제1호증   임대차계약서
1. 갑 제2호증   부동산등기사항전부증명서

첨 부 서 류

1. 위 입증방법   1통
1. 소장부본   1통
1. 송달료납부서   1통

20○○. ○. ○.

위 원고　○○○　(서명 또는 날인)

○○지방법원　귀중

■ 참 고 ■

영업용 건물의 임대차에 수반되어 행하여지는 권리금의 지급은 임대차계약의 내용을 이루는 것은 아니고 권리금 자체는 거기의 영업시설·비품 등 유형물이나 거래처, 신용, 영업상의 노하우(know-how) 혹은 점포 위치에 따른 영업상의 이점 등 무형의 재산적 가치의 양도 또는 일정 기간 동안의 이용대가라고 볼 것인바, 권리금이 그 수수 후 일정한 기간 이상으로 그 임대차를 존속시키기로 하는 임차권 보장의 약정하에 임차인으로부터 임대인에게 지급된 경우에는, 보장기간 동안의 이용이 유효하게 이루어진 이상 임대인은 그 권리금의 반환의무를 지지 아니하며, 다만 임차인은 당초의 임대차에서 반대되는 약정이 없는 한 임차권의 양도 또는 전대차 기회에 부수하여 자신도 일정기간 이용할 수 있는 권리를 다른 사람에게 양도하거나 또는 다른 사람으로 하여금 일정기간 이용케 함으로써 권리금 상당액을 회수할 수 있을 것이지만, 반면 임대인의 사정으로 임대차계약이 중도 해지됨으로써 당초 보장된 기간 동안의 이용이 불가능하였다는 등의 특별한 사

정이 있을 때에는 임대인은 임차인에 대하여 그 권리금의 반환의무를 진다고 할 것이고, 그 경우 임대인이 반환의무를 부담하는 권리금의 범위는, 지급된 권리금을 경과기간과 잔존기간에 대응하는 것으로 나누어, 임대인은 임차인으로부터 수령한 권리금 중 임대차계약이 종료될 때까지의 기간에 대응하는 부분을 공제한 잔존기간에 대응하는 부분만을 반환할 의무를 부담한다(대법원 2002.7.26. 선고 2002다25013 판결).

소　　　장

원　고　○○○ (주민등록번호)
　　　　○○시 ○○구 ○○길 ○○(우편번호)
　　　　전화·휴대폰번호:
　　　　팩스번호, 전자우편(e-mail)주소:
피　고　◇◇◇ (주민등록번호)
　　　　○○시 ○○구 ○○길 ○○(우편번호)
　　　　전화·휴대폰번호:
　　　　팩스번호, 전자우편(e-mail)주소:

권리금반환청구의 소

청 구 취 지

1. 피고는 원고에게 ○○○만원 및 이에 대하여 20○○. ○. ○.부터 이 사건 소장 부본 송달일 까지는 연 5%, 그 다음날부터 다 갚는 날까지는 연 15%의 각 비율로 계산한 돈을 지급하라.
2. 소송비용은 피고가 부담한다.
3. 위 제1항은 가집행 할 수 있다.
라는 판결을 구합니다.

청 구 원 인

1. 원고는 피고로부터 20○○. ○. ○. ○○시 ○○구 ○길 ○○번지에 소재한 피고 소유 벽돌조 건물의 1층 ○○㎡를 임대차기간 20○○. ○. ○.부터 20○○. ○. ○.까지, 매월 임대료 금 ○○○만원으로, 권리금 ○○○만원으로 정하고 임차한 사실이 있습니다(갑 제1호증 임대차계약서 참조).
2. 계약당시 원고와 피고는 동 임대차 계약기간 만료이후 원고의 임차부분을 임대인인 피고가 동일업종의 영업장소로 사용하는 경우에는 원고가 피고에게 지급한 권리금을 원고에게 다시 반환하여 주기로 하는 특약을 하였습니다.
3. 20○○. ○. ○. 계약이 만료되어 원고는 당일 건물 임차부분을 피고에게 명도완료 하였고 피고는 원고가 명도 완료한 이후 원고의 임차부분을 원고가 운영하던 당시의 동일 업종의 영업장소로 사용하고 있는 상태인바, 피고는 원고와의 약속을 이행하지 않고 원고의 계속적인 독촉에도 불구하고 위 권리금 ○○○만원을 반환하지 않고 있습니다.

4. 사정이 위와 같으므로, 피고는 당사자의 약정대로 마땅히 원고에게 금 ○○○만원을 반환하여줄 의무가 있다고 할 것이므로, 청구취지 기재와 같이 권리금 ○○○만원 및 이에 대하여 원고가 위 건물임차부분을 명도한 다음날인 20○○. ○. ○.부터 이 사건 소장 부본 송달일 까지는 민법에서 정한 연 5%, 그 다음날부터 다 갚는 날까지는 소송촉진등에관한특례법에서 정한 연 15%의 각 비율로 계산한 지연손해금을 지급 받고자 이 사건 청구에 이르게 된 것입니다.

입 증 방 법

　　1. 갑 제1호증　　　　　　　임대차계약서

첨 부 서 류

　　1. 위 입증방법　　　　　　　1 통
　　1. 소장부본　　　　　　　　1 통
　　1. 송달료납부서　　　　　　1 통

20○○.　○.　○.
위 원고　　○○○　(서명 또는 날인)

○○지방법원　귀중

소　　　장

원　　고　　○○○ (주민등록번호)
　　　　　　○○시 ○○구 ○○로 ○○(우편번호)
　　　　　　전화·휴대폰번호:
　　　　　　팩스번호, 전자우편(e-mail)주소:
피　　고　　◇◇◇ (주민등록번호)
　　　　　　○○시 ○○구 ○○로 ○○(우편번호)
　　　　　　전화·휴대폰번호:
　　　　　　팩스번호, 전자우편(e-mail)주소:

권리금반환청구의 소

청 구 취 지

1. 피고는 원고에게 ○○○만원 및 이에 대하여 20○○. ○. ○.부터 이 사건 소장부본 송달일까지는 연 5%, 그 다음날부터 다 갚는 날까지는 연 15%의 각 비율로 계산한 돈을 지급하라.
2. 소송비용은 피고가 부담한다.
3. 위 제1항은 가집행 할 수 있다.
라는 판결을 구합니다.

청 구 원 인

1. 원고는 20○○. ○. ○. 피고와 ○○시 ○○구 ○○로 ○○에 있는 건물의 점포 40㎡에 대하여 임대차보증금 ○○○만원, 월임차료 ○○○만원, 임대차기간 1년, 권리금 ○○○만원으로 하는 임대차계약을 체결하고, 위 임차기간의 만료 전에 임대인인 피고의 사정으로 계약을 해지하여 위 건물을 인도할 경우에는 권리금전액을 반환할 것을 약정하였습니다.
2. 위 임차기간 만료 전에 피고의 사정으로 계약을 합의해지하고, 피고에게 위 건물을 인도하였습니다.
3. 그러나 피고는 원고에게 위 권리금을 반환하지 않고 계속 미루고 지금까지 지급하지 않고 있습니다.
4. 따라서 원고는 피고로부터 위 권리금 ○○○만원 및 이에 대하여 원고가 위 건물임차부분을 명도한 다음날인 20○○. ○. ○.부터 이 사건 소장부본 송달일까지는 민법에서 정한 연 5%, 그 다음날부터 다 갚을 때까지는 소송촉진 등에 관한 특례법

에서 정한 연 15%의 각 비율로 계산한 지연손해금을 지급받고자 이 사건 청구에 이르게 된 것입니다.

입 증 방 법

1. 갑 제1호증   임대차계약서

첨 부 서 류

1. 위 입증방법   1통
1. 소장부본   1통
1. 송달료납부서   1통

20○○.   ○.   ○.
위 원고   ○○○   (서명 또는 날인)

○○지방법원 귀중

[서식] 건물인도청구의 소(임대차기간 만료, 아파트)

소 장

원 고   ○○○ (주민등록번호)
　　　　○○시 ○○구 ○○길 ○○(우편번호 ○○○-○○○)
　　　　전화·휴대폰번호:
　　　　팩스번호, 전자우편(e-mail)주소:
피 고   ◇◇◇ (주민등록번호)
　　　　○○시 ○○구 ○○길 ○○(우편번호 ○○○-○○○)
　　　　전화·휴대폰번호:
　　　　팩스번호, 전자우편(e-mail)주소:

건물인도청구의 소

청 구 취 지

1. 피고는 원고로부터 120,000,000원을 지급받음과 동시에 원고에게 별지목록 기재 건물을 인도하라.
2. 소송비용은 피고가 부담한다.
3. 위 제1항은 가집행 할 수 있다.
라는 판결을 구합니다.

청 구 원 인

1. 원고는 피고에게 19○○. ○. ○○. 별지목록 기재 건물을 임대차보증금 120,000,000 원, 임대차기간 24개월로 정하여 임대하였습니다.
2. 위 임대차기간이 만료되기 6개월 전부터 1개월 전인 20○○. ○.경 원고는 피고와 위 건물의 임대차기간 연장문제에 관하여 논의를 하였고, 당시 우리나라가 국제통화기금(IMF)관리체제가 끝나 주변 전세시세가 다소 오른 시점이라 다시 그 기간을 연장하되 금액을 올려달라고 요청하였습니다.
3. 그런데 피고는 금 10,000,000원 이상 그 임차보증금을 올려줄 수 없다고 하여 원고는 위 임대차계약을 갱신하지 않고 그 기간이 만료하는 대로 위 건물을 비워달라고 하였으나, 피고는 이사갈 곳이 없다는 이유로 아직까지 이를 인도하지 않고 있습니다.
4. 따라서 원고는 피고로부터 위 건물을 인도 받기 위하여 이 사건 소송제기에 이른 것입니다.

입 증 방 법

1. 갑 제1호증   전세계약서
1. 갑 제2호증   부동산등기사항증명서
1. 갑 제3호증의 1, 2   각 통고서
1. 갑 제4호증   사실확인서

첨 부 서 류

1. 위 입증방법   각 1통
1. 건축물대장등본   1통
1. 토지대장등본   1통
1. 소장부본   1통
1. 송달료납부서   1통

20○○.   ○.   ○.
위 원고   ○○○   (서명 또는 날인)

○○지방법원   귀중

[별   지]
부동산의 표시

1동의 건물의 표시
        ○○시 ○○구 ○○동 ○○○ ○○아파트 가동
        [도로명주소] ○○시 ○○구 ○○로 ○○
        철근콘크리트조 슬래브지붕 7층 아파트
            1층 ○○○.○○㎡
            2층 ○○○.○○㎡
            3층 ○○○.○○㎡
            4층 ○○○.○○㎡
            5층 ○○○.○○㎡
            6층 ○○○.○○㎡
            7층 ○○○.○○㎡
        지층 ○○○.○○㎡
전유부분 건물의 표시
        건물의 번호 가-5-505
        구조 철근콘크리트조
        면적 5층 505호 ○○.○㎡
대지권의 표시
        대지권의 목적인 토지의 표시 ○○시 ○○구 ○○동 ○○ 대 ○○○○㎡
        대지권의 종류 소유권
        대지권의 비율 ○○○○분지 ○○.○○㎡. 끝.

■ **관련판례** ■

갑이 을에게서 건물을 임차하였다가 임대차계약상 의무 위반 등을 주장하면서 임차보증금 반환 등을 구하는 소를 제기하여 조정이 성립하였는데, 갑이 조정 성립을 전후하여 건물에서 퇴거하면서 을이 아닌 병에게 건물의 열쇠를 건네주어 건물을 점유·사용케 하였고, 이에 을이 갑을 상대로 조정 성립 다음 날부터 건물 인도 완료일까지 부당이득 또는 손해배상의 지급을 구한 사안에서, 갑이 을이 아닌 병에게 건물의 열쇠를 건네주어 점유·사용케 함으로써 을은 건물을 인도받지 못하여 차임에 해당하는 손해를 입고 있는데, 병이 갑의 양해를 얻어 건물을 점유한 이래 건물 인도를 거부하고 있고 갑이 여전히 을에게 건물에 대한 인도의무를 부담하고 있는 이상, 갑의 불법행위로 인한 을의 손해는 건물을 인도받을 때까지 계속해서 발생할 것이 확정적으로 예정되어 있다고 볼 여지가 있는데도, 병이 건물을 직접 점유하고 있어 갑의 의사와 관계없이 을의 손해 발생이 중단될 수도 있으므로 을의 손해가 계속 발생할 것이 확정적으로 예정되어 있지 않다는 이유로 원심 변론종결 다음 날부터 건물 인도 완료일까지 부당이득 또는 손해배상의 지급을 구하는 부분은 장래의 이행을 명하는 판결을 하기 위한 요건을 갖추지 못한 것으로서 부적법하다고 본 원심판단에 법리오해의 잘못이 있다(대법원 2018.7.26. 선고 2018다227551 판결).

소   장

원   고   ○○○ (주민등록번호)
          ○○시 ○○구 ○○길 ○○(우편번호 ○○○-○○○)
          전화·휴대폰번호:
          팩스번호, 전자우편(e-mail)주소:

피   고   ◇◇◇ (주민등록번호)
          ○○시 ○○구 ○○길 ○○(우편번호 ○○○-○○○)
          전화·휴대폰번호:
          팩스번호, 전자우편(e-mail)주소:

건물인도청구의 소

청 구 취 지

1. 피고는 원고에게 별지목록 기재 건물 중 별지도면 표시 1, 2, 6, 5, 1의 각 점을 차례로 연결하는 선내 (ㄱ)부분 ○○.○㎡를 인도하라.
2. 소송비용은 피고가 부담한다.
3. 위 제1항은 가집행할 수 있다.
라는 판결을 구합니다.

청 구 원 인

1. 원고는 피고에게 20○○. ○. ○○. 별지목록 기재 건물 ○○○.○㎡ 중 별지도면 표시 1, 2, 6, 5, 1의 각 점을 차례로 연결하는 선내 (ㄱ)부분 ○○.○㎡를 임대차보증금 2,500만원, 임대차기간 24개월, 월세 금 150만원으로 정하여 임대하였습니다.
2. 그러나 피고는 월세의 지급기일을 번번이 지키지 않았을 뿐만 아니라 3개월분의 월세를 연체하기도 하였으므로, 원고는 위 임대차계약기간이 끝나면 계약갱신을 거절할 작정이었습니다.
3. 그런데 피고는 위 임대차기간이 끝나기 1개월 전에 위 임대차계약을 갱신해 줄 것을 요청해 왔으며, 원고가 계약갱신거절의 의사표시를 피고에게 내용증명우편으로 통고하였음에도 임대차기간이 끝난 뒤 2개월이 지난 지금까지 별지목록 기재 건물 ○○○.○㎡ 중 별지도면 표시 1, 2, 6, 5, 1의 각 점을 차례로 연결하는 선내 (ㄱ)부분 ○○.○㎡를 점유·사용하고 원고에게 인도하지 않고 있습니다.
4. 따라서 원고는 임대차기간이 끝났음을 이유로 피고로부터 별지목록 기재 건물 ○○

○.○㎡ 중 별지도면 표시 1, 2, 6, 5, 1의 각 점을 차례로 연결하는 선내 (ㄱ)부분 ○○.○㎡를 인도받기 위하여 이 사건 소송제기에 이른 것입니다.

입 증 방 법

1. 갑 제1호증   임대차계약서
1. 갑 제2호증   부동산등기사항증명서
1. 갑 제3호증   건축물대장등본
1. 갑 제4호증   통고서(내용증명)

첨 부 서 류

1. 위 입증방법   각 1통
1. 토지대장등본   1통
1. 소장부본   1통
1. 송달료납부서   1통

20○○. ○. ○.
위 원고 ○○○ (서명 또는 날인)

○○지방법원 귀중

소　　장

원　　고　　○○○ (주민등록번호)
　　　　　　○○시 ○○구 ○○길 ○○(우편번호 ○○○-○○○)
　　　　　　전화·휴대폰번호:
　　　　　　팩스번호, 전자우편(e-mail)주소:

피　　고　　◇◇◇ (주민등록번호)
　　　　　　○○시 ○○구 ○○길 ○○(우편번호 ○○○-○○○)
　　　　　　전화·휴대폰번호:
　　　　　　팩스번호, 전자우편(e-mail)주소:

건물인도청구의 소

청 구 취 지

1. 피고는 원고로부터 95,000,000원을 지급받음과 동시에 원고에게 별지목록 기재 건물을 인도하라.
2. 소송비용은 피고가 부담한다.
3. 위 제1항은 가집행할 수 있다.
라는 판결을 구합니다.

청 구 원 인

1. 원고는 피고에게 19○○. ○. ○. 별지목록 기재 건물을 전세보증금 95,000,000원, 임차기간 24개월로 정하여 임대하였습니다.
2. 위 임차기간이 만료되기 6개월 전부터 1개월 전인 20○○. ○.경 원고는 피고와 위 임대기간 연장문제에 관하여 논의를 하였고, 당시 우리나라가 국제통화기금(IMF)관리체제가 끝나 전세시세가 다소 오른 시점이라 다시 그 기간을 연장하되 전세보증금액을 올려달라고 요청하였습니다.
3. 그런데 피고는 느닷없이 보일러가 고장났다는 둥, 지붕에 비가 샌다는 둥 엉뚱한 구실을 붙여 전세보증금 95,000,000원과 수리비용 등 7,500,000원을 청구하면서 위와 같은 돈을 모두 주기 전까지는 집을 비워줄 수 없다고 억지를 부리고 있습니다.
4. 따라서 원고는 피고로부터 위 건물을 인도받기 위하여 이 사건 소송제기에 이른 것입니다.

입 증 방 법

1. 갑 제1호증   전세계약서
1. 갑 제2호증   부동산등기사항증명서
1. 갑 제3호증   건축물대장등본
1. 갑 제4호증의 1, 2   각 통고서
1. 갑 제5호증   사실확인서

첨 부 서 류

1. 위 입증방법   각 1통
1. 토지대장등본   1통
1. 소장부본   1통
1. 송달료납부서   1통

20○○. ○. ○.

위 원고   ○○○   (서명 또는 날인)

○○지방법원 귀중

소   장

원   고   ○○○ (주민등록번호)
             ○○시 ○○구 ○○길 ○○(우편번호 ○○○-○○○)
             전화·휴대폰번호:
             팩스번호, 전자우편(e-mail)주소:
피   고   ◇◇◇ (주민등록번호)
             ○○시 ○○구 ○○길 ○○(우편번호 ○○○-○○○)
             전화·휴대폰번호:
             팩스번호, 전자우편(e-mail)주소:

건물인도청구의 소

청 구 취 지

1. 피고는 원고로부터 25,000,000원을 지급받음과 동시에 원고에게 별지목록 기재 건물을 인도하라.
2. 소송비용은 피고가 부담한다.
3. 위 제1항은 가집행할 수 있다.
라는 판결을 구합니다.

청 구 원 인

1. 원고는 피고에게 20○○. ○. ○. 별지목록 기재 건물을 전세보증금 25,000,000원, 임대차기간 24개월로 정하여 임대였고, 피고는 20○○. ○. ○○. 위 건물에 입주하여 현재까지 거주하고 있습니다.
2. 그런데 원고는 위 건물을 원고가 직접 사용하여야 할 사정이 생겨서 위 임대차계약이 갱신되는 것을 원하지 않았으므로 위 임대차기간이 끝나기 2개월 전(20○○. ○. ○○.)에 원고와 피고의 위 임대차계약을 갱신하지 않겠으니 계약기간이 끝나면 위 건물을 인도하여 줄 것을 내용증명우편으로 통고하였습니다.
3. 그러므로 원고와 피고의 위 임대차계약은 주택임대차보호법 제6조 제1항에 비추어 위 임대차기간이 끝나는 날로 종료되었다고 하여야 할 것인데, 피고는 위 임대차기간이 끝나고 6개월이 지난 지금까지 원고의 여러 차례에 걸친 인도요구에도 불구하고 타당한 이유 없이 위 건물의 인도를 거부하고 있습니다.
4. 따라서 원고는 피고로부터 위 건물을 인도 받기 위하여 이 사건 소송제기에 이른 것입니다.

입 증 방 법

1. 갑 제1호증   전세계약서
1. 갑 제2호증   건축물대장등본
1. 갑 제3호증   통고서

첨 부 서 류

1. 위 입증방법   각 1통
1. 토지대장등본   1통
1. 소장부본   1통
1. 송달료납부서   1통

20○○. ○. ○.
위 원고 ○○○ (서명 또는 날인)

○○지방법원 귀중

[별 지]
부동산의 표시

1동의 건물의 표시
  ○○시 ○○구 ○○동 ○○ ◎◎빌라 나동
  [도로명주소] ○○시 ○○구 ○○길 ○○
  철근콘크리트 스라브지붕 4층 다세대주택
  1층 ○○○.○○㎡
  2층 ○○○.○○㎡
  3층 ○○○.○○㎡
  4층 ○○○.○○㎡
  지층 ○○.○○㎡
전유부분건물의 표시
  건물의 번호 나-1-103
  구조 철근콘크리트조
  면적 1층 103호 ○○.○㎡
대지권의 표시
  대지권의 목적인 토지의 표시 ○○시 ○○구 ○○동 ○○ 대 ○○○○㎡
  대지권의 종류 소유권
  대지권의 비율 ○○○○분지 ○○.○○㎡. 끝.

소　　장

원　　고　　○○○ (주민등록번호)
　　　　　　○○시 ○○구 ○○길 ○○(우편번호 ○○○-○○○)
　　　　　　전화·휴대폰번호:
　　　　　　팩스번호, 전자우편(e-mail)주소:
피　　고　　◇◇◇ (주민등록번호)
　　　　　　○○시 ○○구 ○○길 ○○(우편번호 ○○○-○○○)
　　　　　　전화·휴대폰번호:
　　　　　　팩스번호, 전자우편(e-mail)주소:

건물인도청구의 소

청 구 취 지

1. 피고는 원고에게 별지목록 기재 건물을 인도하라.
2. 소송비용은 피고가 부담한다.
3. 위 제1항은 가집행할 수 있다.
라는 판결을 구합니다.

청 구 원 인

1. 원고는, 별지목록 기재 건물 및 그 대지에 대한 각 제1번 근저당권자인 신청외 주식회사 ◉◉은행이 신청한 서울지방법원 20○○타경○○○ 부동산경매사건에서 매수신고를 하여 ○○○만원에 매수인으로 매각허가결정을 받아, 20○○. ○. ○. 위 매각대금을 모두 냄으로써 별지목록 기재 건물 및 그 대지의 소유권을 취득하였습니다.
2. 그리고 위 건물의 등기부상으로는 제1번 근저당권자에 앞서는 용익물권자가 전혀 없고, 갑구에도 위 제1번 근저당권 설정일 이전의 가등기·가처분 등이 전혀 없었으므로, 원고는 위 매각대금을 다 냄으로써 위 각 부동산에 대하여 어떠한 제한도 없는 완전한 소유권을 취득하였습니다.
3. 그런데 피고는 20○○. ○. ○. 별지목록 기재 건물(주택)을 당시 소유자인 소외 ◆◆◆으로부터 임차하여 주민등록전입신고를 하지 않고 거주하고 있는 자로서 위 경매절차의 매수인인 원고에게 대항할 수 없는 주택임차인임이 분명함에도 이사할 곳이 없다는 이유로 위 건물의 인도를 거부하고 있습니다.
4. 따라서 원고는 피고로부터 별지목록 기재 건물을 인도 받기 위하여 이 사건 소송제기에 이르게 되었습니다.

입 증 방 법

1. 갑 제1호증의 1, 2   각 등기사항증명서
1. 갑 제2호증   건축물대장등본
1. 갑 제3호증   매각허가결정문사본
1. 갑 제4호증   매각대금납입영수증
1. 갑 제5호증   임대차관계조사서서사본

첨 부 서 류

1. 위 입증방법   각 1통
1. 토지대장등본   1통
1. 소장부본   1통
1. 송달료납부서   1통

20○○.   ○.   ○.
위 원고   ○○○   (서명 또는 날인)

○○지방법원   귀중

소   장

원   고   ○○○ (주민등록번호)
　　　　　○○시 ○○구 ○○길 ○○(우편번호 ○○○-○○○)
　　　　　전화·휴대폰번호:
　　　　　팩스번호, 전자우편(e-mail)주소:

피   고   ◇◇◇ (주민등록번호)
　　　　　○○시 ○○구 ○○길 ○○(우편번호 ○○○-○○○)
　　　　　전화·휴대폰번호:
　　　　　팩스번호, 전자우편(e-mail)주소:

건물인도 등 청구의 소

청 구 취 지

1. 피고는 원고로부터 25,000,000원에서 20○○. ○. ○.부터 별지목록 기재 건물 1층 ○○○.○㎡ 중 별지 1층 평면도 표시 1, 2, 6, 5, 1의 각 점을 차례로 연결하는 선내 (ㄱ)부분 ○○.○㎡의 인도일까지 월 500,000원의 비율에 의한 금액을 공제한 나머지 돈을 지급받음과 동시에 원고에게 위 (ㄱ)부분을 인도하라.
2. 소송비용은 피고가 부담한다.
3. 위 제1항은 가집행할 수 있다.
라는 판결을 구합니다.

청 구 원 인

1. 원고는 피고에게 19○○. ○. ○. 별지목록 기재 건물 1층 ○○○.○㎡ 중 별지 1층 평면도 표시 1, 2, 6, 5, 1의 각 점을 차례로 연결하는 선내 (ㄱ)부분 ○○.○㎡를 임차보증금 25,000,000원, 임차기간 24개월, 차임 월 500,000원으로 정하여 임대하였습니다.
2. 그런데 피고는 임대 첫 달부터 위 월세를 제대로 내지 않고 차일피일 미루더니, 20○○. ○.분부터는 아예 한 푼도 월세를 내지 않았으며, 원고가 밀린 5개월분 월세의 지급을 여러 차례 내용증명우편으로 독촉하면서 위 건물의 임차부분을 비워달라고 하였으나, 피고는 현재까지도 밀린 월세의 지급은 물론 위 건물의 임차부분의 인도도 이행하지 않고 있습니다.
3. 따라서 원고는 피고로부터 임차보증금에서 밀린 월세 등을 공제하고 별지목록 기재

건물 1층 ○○○.○㎡ 중 별지 1층 평면도 표시 1, 2, 6, 5, 1의 각 점을 차례로 연결하는 선내 (ㄱ)부분 ○○.○㎡를 인도 받기 위하여 이 사건 소송제기에 이른 것입니다.

입 증 방 법

1. 갑 제1호증   임대차계약서
1. 갑 제2호증   부동산등기사항증명서
1. 갑 제3호증   건축물대장등본
1. 갑 제4호증의 1, 2   각 통고서

첨 부 서 류

1. 위 입증방법   각 1통
1. 토지대장등본   1통
1. 소장부본   1통
1. 송달료납부서   1통

20○○. ○. ○.

위 원고   ○○○ (서명 또는 날인)

○○지방법원 귀중

소 장

원 고   ○○○ (주민등록번호)
　　　　○○시 ○○구 ○○길 ○○(우편번호 ○○○-○○○)
　　　　전화·휴대폰번호:
　　　　팩스번호, 전자우편(e-mail)주소:
피 고   ◇◇◇ (주민등록번호)
　　　　○○시 ○○구 ○○길 ○○(우편번호 ○○○-○○○)
　　　　전화·휴대폰번호:
　　　　팩스번호, 전자우편(e-mail)주소:

건물인도 등 청구의 소

청 구 취 지

1. 피고는 원고에게 별지목록 기재 건물 중 별지도면 표시 3, 4, 5, 6, 3의 각 점을 차례로 연결한 선내 (가)부분 20㎡를 인도하고, 900,000원 및 20○○. ○. ○○.부터 인도일까지 월 300,000원의 비율에 의한 돈을 지급하라.
2. 소송비용은 피고가 부담한다.
3. 위 제1항은 가집행할 수 있다.
라는 판결을 구합니다.

청 구 원 인

1. 원고는 20○○. ○. ○. 별지목록 기재의 단층주택 50㎡중 별지도면 표시 3, 4, 5, 6, 3의 각 점을 차례로 연결한 방1칸 20㎡를 임대차보증금 10,000,000원, 임차료 월 300,000원(지급일 매월 말일), 임대차기간을 2년으로 하여 피고에게 임대하였습니다.
2. 그런데 피고는 매월 말일에 임차료를 지급해오다가 20○○. ○. ○. 이후 임대료를 지급하지 아니하여 3개월분의 임차료가 연체되었습니다. 그러므로 원고는 피고에게 20○○. ○. ○○.자 내용증명우편으로 연체된 임차료를 20○○. ○. ○○. 까지 지급하지 않으면 원고와 피고 사이의 임대차계약을 해지하겠다는 통고를 하였으나, 피고는 위 임대차보증금에서 공제하면 될 것 아니냐고 할 뿐 연체된 임차료를 현재까지 지급하지 않고 있습니다.
3. 그러나 건물의 임대차에서 임차인의 임차료 연체액이 2기(期)의 임차료액에 달하는 때에는 임대인이 계약을 해지할 수 있고(민법 제640조 참조), 이러한 경우 임대차계약의 해지에는 임대인의 최고절차도 필요하지 않을 뿐만 아니라(대법원 1962. 10. 11. 선고 62다496 판결 참조), 임차인이 임대차계약을 체결할 당시 임대인에게 지급

한 임대차보증금으로 연체된 임차료 등 임대차관계에서 발생하는 임차인의 모든 채무가 담보된다고 하여 임차인이 그 임대차보증금의 존재를 이유로 임차료의 지급을 거절하거나 그 연체에 따른 채무불이행책임을 면할 수는 없으므로(대법원 1994. 9. 9. 선고 94다4417 판결), 피고의 연체된 임차료를 위 임대차보증금에서 공제하면 된다는 주장은 이유없다 할 것입니다.

4. 따라서 원고는 위 임대차의 종료를 이유로 피고에 대하여 별지목록 기재 건물 중 별지도면 표시 3, 4, 5, 6, 3의 각 점을 차례로 연결한 선내 (가)부분 20㎡의 인도를 구하고, 아울러 20○○. ○. ○○.부터 20○○. ○. ○○.까지의 임차료 합계 900,000원 및 불법점유를 이유로 20○○. ○. ○○.부터 인도일까지 매월 300,000원의 비율에 의한 임차료 상당의 손해배상금을 지급 받기 위하여 이 사건 소송을 제기하는 것입니다.

입 증 방 법

1. 갑 제1호증   임대차계약서
1. 갑 제2호증   부동산등기사항증명서
1. 갑 제3호증   통고서
1. 갑 제4호증   건축물대장등본

첨 부 서 류

1. 위 입증방법   각 1통
1. 토지대장등본   1통
1. 소장부본   1통
1. 송달료납부서   1통

20○○.   ○.   ○.
위 원고   ○○○   (서명 또는 날인)

○○지방법원 ○○○지원 귀중

소   장

원   고   ○○○ (주민등록번호)
　　　　　○○시 ○○구 ○○길 ○○(우편번호 ○○○-○○○)
　　　　　전화·휴대폰번호:
　　　　　팩스번호, 전자우편(e-mail)주소:
피   고   ◇◇◇ (주민등록번호)
　　　　　○○시 ○○구 ○○길 ○○(우편번호 ○○○-○○○)
　　　　　전화·휴대폰번호:
　　　　　팩스번호, 전자우편(e-mail)주소:

건물인도청구의 소

청 구 취 지

1. 피고는 원고에게 별지목록 기재 건물을 인도하라.
2. 소송비용은 피고가 부담한다.
3. 위 제1항은 가집행할 수 있다.
라는 판결을 구합니다.

청 구 원 인

1. 원고는 소외 ◆◆◆에게 20○○. ○. ○○. 별지목록 기재 건물을 임차보증금 2,000만원, 월 임차료 100만원, 기간 24개월로 정하여 임대하였습니다.
2. 위 임차기간이 만료되기 6개월 전부터 1개월 전인 20○○. ○.경 원고는 소외 ◆◆◆ 와 위 임대차기간의 연장문제에 관하여 논의를 하였고, 전세시세가 다소 오른 시점 이라 다시 그 기간을 연장하되 금액을 올려달라고 요청하였습니다.
3. 그런데 소외 ◆◆◆는 그 임차보증금을 올려주지 않았을 뿐만 아니라, 친구인 피고 에게 별지목록 기재 건물에 대한 임차권을 무단으로 양도하여 별지목록 기재 건 물에는 현재 피고가 거주하고 있으므로, 원고는 소외 ◆◆◆에게 위 임대차계약의 해지를 통지하면서 피고에게는 별지목록 기재 건물을 비워줄 것을 요구하였으나, 피고는 소외 ◆◆◆에게 금 5,000만원의 임차보증금을 지불하였다며 별지목록 기 재 건물의 인도를 거절하고 있습니다.
4. 따라서 원고는 피고에게서 별지목록 기재 건물을 인도받기 위하여 이 사건 소송제 기에 이른 것입니다.

입 증 방 법

1. 갑 제1호증   임대차계약서
1. 갑 제2호증   부동산등기사항증명서
1. 갑 제3호증의 1, 2   각 통고서

첨 부 서 류

1. 위 입증방법   각 1통
1. 건축물대장등본   1통
1. 소장부본   1통
1. 송달료납부서   1통

20○○.　○.　○.

위 원고　○○○　(서명 또는 날인)

○○지방법원　귀중

[별　지]

부동산의 표시

1동의 건물의 표시
　서울 ○○구 ○○동 ○○○-○○
　[도로명주소] ○○시 ○○구 ○○길 ○○
　철근콘크리트조 슬래브 위 아스팔트슁글지붕4층 다세대주택(명칭: ○○빌라)
　1층 내지 4층 : 각 ○○○.○○㎡
　옥탑 : ○.○○㎡
　지층 : 주차장 ○○.○○㎡, 주거 ○○.○○㎡
전유부분의 건물의 표시
　건물번호 : 1층 101호
　구　　조 : 철근콘크리트조
　면　　적 : ○○.○○㎡
대지권의 표시
　대지권의 목적인 토지의 표시 : 서울 ○○구 ○○동 ○○○-○○ ○○○.○○㎡
　대지권의 종류 : 소유권
　대지권의 비율 : ○○○.○○분의 ○○.○○. 끝.

소   장

원   고   ○○○ (주민등록번호)
　　　　　○○시 ○○구 ○○길 ○○(우편번호 ○○○-○○○)
　　　　　전화·휴대폰번호:
　　　　　팩스번호, 전자우편(e-mail)주소:
피   고   ◇◇◇ (주민등록번호)
　　　　　○○시 ○○구 ○○길 ○○(우편번호 ○○○-○○○)
　　　　　전화·휴대폰번호:
　　　　　팩스번호, 전자우편(e-mail)주소:

건물인도청구의 소

청 구 취 지

1. 피고는 원고에게 별지목록 기재 건물을 인도하라.
2. 소송비용은 피고가 부담한다.
3. 위 제1항은 가집행 할 수 있다.
라는 판결을 구합니다.

청 구 원 인

1. 원고는 소외 ◈◈◈에게 20○○. ○. ○. 별지목록 기재 상가건물을 임차보증금 9,500만원, 월 임차료 150만원, 임차기간 24개월로 정하여 임대하였습니다.
2. 위 상가건물은 원고가 이를 매수하여 약국으로 운영하던 것으로서, 원고의 남편이 지방에 전근을 가게 되어 소외 ◈◈◈에게 이를 임대하였던 것입니다.
3. 원고의 남편은 위 임차기간이 만료되는 시점에 다시 서울로 올라올 예정이어서 이를 소외 ◈◈◈에게도 알려주면서 절대로 이를 타에 전대하거나 양도하지 말 것을 계약내용에 명시하였고, 그 때문에 소외 ◈◈◈로부터 별도의 권리금도 받지 않았습니다.
4. 그런데 소외 ◈◈◈는 이를 임대 받은 지 약 2개월도 채 안되어 위 상가건물을 피고에게 권리금 2,500만원을 붙여 이를 넘겨버렸습니다.
5. 따라서 원고는 소외 ◈◈◈에게 위 임대차계약의 해지를 통지하고, 소유권자로서 피고에게 위 건물을 비워 줄 것을 요구하였으나, 피고는 자신이 이 사건 건물을 수리하면서 지출한 비용이 3,000여 만원에 이른다며 적어도 위 권리금 상당의 돈을 받아야겠다고 주장하는 등 원고의 요구를 거부하고 있으므로 위 건물의 인도를 구하기 위하여 이 사건 소송제기에 이른 것입니다.

입 증 방 법

1. 갑 제1호증	임대차계약서
1. 갑 제2호증	부동산등기사항증명서
1. 갑 제3호증	건축물대장등본
1. 갑 제4호증의 1, 2	각 통고서
1. 갑 제5호증	사실확인서

첨 부 서 류

1. 위 입증방법	각 1통
1. 토지대장등본	1통
1. 소장부본	1통
1. 송달료납부서	1통

20○○. ○. ○.

위 원고   ○○○ (서명 또는 날인)

○○지방법원 귀중

소   장

원 고   ○○○ (주민등록번호)
             ○○시 ○○구 ○○길 ○○(우편번호 ○○○-○○○)
             전화·휴대폰번호:
             팩스번호, 전자우편(e-mail)주소:
피 고   1. 김◇◇ (주민등록번호)
             ○○시 ○○구 ○○길 ○○(우편번호 ○○○-○○○)
             전화·휴대폰번호:
             팩스번호, 전자우편(e-mail)주소:
         2. 이◇◇ (주민등록번호)
             ○○시 ○○구 ○○길 ○○(우편번호 ○○○-○○○)
             전화·휴대폰번호:
             팩스번호, 전자우편(e-mail)주소:
         3. 박◇◇ (주민등록번호)
             ○○시 ○○구 ○○길 ○○(우편번호 ○○○-○○○)
             전화·휴대폰번호:
             팩스번호, 전자우편(e-mail)주소:

건물인도청구의 소

청 구 취 지

1. 가. 피고 김◇◇은 원고로부터 95,000,000원을 지급 받음과 동시에 원고에게 별지목
      록 기재 건물을 인도하라.
   나. 피고 이◇◇은 원고에게 별지목록 기재 건물 1층 ○○○㎡ 중 별지도면 표시 1, 2, 5,
      4, 1의 각 점을 차례로 연결하는 선내 (가)부분 ○○.○㎡에서 퇴거하라.
   다. 피고 박◇◇은 원고에게 별지목록 기재 건물 1층 ○○○㎡ 중 별지도면 표시 2,
      3, 6, 5. 2의 각 점을 차례로 연결하는 선내 (나)부분 ○○.○㎡에서 퇴거하라.
2. 소송비용은 피고들이 부담한다.
3. 위 제1항은 가집행 할 수 있다.
라는 판결을 구합니다.

청 구 원 인

1. 원고는 피고 김◇◇에게 20○○. ○. ○. 별지목록 기재 건물을 전세보증금
   95,000,000원, 임차기간 24개월로 정하여 임대하였습니다.

2. 위 건물은 지하 1층, 지상 2층의 주거용 건물로서 원고가 거주하다가 지방에 전근을 가게 되어 피고 김◇◇에게 이를 임대하였던 것이며, 원고는 위 임차기간이 만료되는 시점에 다시 서울로 올라올 예정이어서 이러한 사실을 피고 김◇◇에게도 알려주면서 절대로 별지목록 기재 건물을 다른 사람에게 전대하거나 임차권양도를 하지 말 것을 계약내용에 명시하였습니다.

3. 그런데 피고 김◇◇는 이를 임차한 후 2개월도 채 안되어 별지목록 기재 건물 1층의 (가)부분을 피고 이◇◇에게 임차보증금 20,000,000원에 월세 200,000원, 별지목록 기재 건물 1층의 (나)부분을 피고 박◇◇에게 임차보증금 10,000,000원에 월세 150,000원에 세를 내주었고, 그러한 사실을 알게 된 원고가 피고 김◇◇에게는 민법 제629조 제2항에 따라 위 임대차계약의 해지를 통지하고 별지목록 기재 건물의 인도를, 피고 이◇◇에게는 별지목록 기재 건물 1층 (가)부분에서의 퇴거를, 피고 박◇◇에게는 별지목록 기재 건물 (나)부분에서의 퇴거를 요구하였으나, 피고들은 모두 원고의 위와 같은 요구를 거부하고 있습니다.

4. 따라서 원고는 피고 김◇◇로부터는 별지목록 기재 건물을 인도 받고, 피고 이◇◇를 별지목록 기재 건물 1층 ○○○㎡ 중 별지도면 표시 1, 2, 5, 4, 1의 각 점을 차례로 연결하는 선내 (가)부분 ○○.○㎡에서 퇴거시키고, 피고 박◇◇를 별지목록 기재 건물 1층 ○○○㎡ 중 별지도면 표시 2, 3, 6, 5, 2의 각 점을 차례로 연결하는 선내 (나)부분 ○○.○㎡에서 퇴거시키고자 이 사건 소송제기에 이른 것입니다.

입 증 방 법

1. 갑 제1호증   전세계약서
1. 갑 제2호증   부동산등기사항증명서
1. 갑 제3호증   건축물대장등본
1. 갑 제4호증의 1, 2, 3   각 통고서

첨 부 서 류

1. 위 입증방법   각 1통
1. 토지대장등본   1통
1. 소장부본   3통
1. 송달료납부서   1통

20○○. ○. ○.
위 원고   ○○○ (서명 또는 날인)

○○지방법원 귀중

소   장

원   고   ○○○ (주민등록번호)
            ○○시 ○○구 ○○길 ○○(우편번호 ○○○-○○○)
            전화·휴대폰번호:
            팩스번호, 전자우편(e-mail)주소:
피   고   1. 정◇◇ (주민등록번호)
               ○○시 ○○구 ○○길 ○○(우편번호 ○○○-○○○)
               전화·휴대폰번호:
               팩스번호, 전자우편(e-mail)주소:
            2. 김◇◇ (주민등록번호)
               ○○시 ○○구 ○○길 ○○(우편번호 ○○○-○○○)
               전화·휴대폰번호:
               팩스번호, 전자우편(e-mail)주소:

건물인도청구의 소

청 구 취 지

1. 가. 피고 정◇◇은 원고로부터 95,000,000원을 지급 받음과 동시에 원고에게 별지목
       록 기재 건물을 인도하라.
   나. 피고 김◇◇은 원고에게 별지목록 기재 건물 1층 ○○㎡ 중 별지도면 표시 1, 2, 5,
       4, 1의 각 점을 차례로 연결하는 선내 (가)부분 ○○.○㎡에서 퇴거하라.
2. 소송비용은 피고들이 부담한다.
3. 위 제1항은 가집행 할 수 있다.
라는 판결을 구합니다.

청 구 원 인

1. 원고는 피고 정◇◇에게 20○○. ○. ○. 별지목록 기재 건물을 임차보증금
   95,000,000원, 월세 1,000,000원, 임차기간 24개월로 정하여 임대하였습니다.
2. 그런데 피고 정◇◇는 원고로부터 별지목록 기재 건물을 임차하여 운영한지 2개월도
   채 안되어 원고에게는 한 마디의 상의도 없이 별지목록 기재 건물의 일부를 자신의
   친구인 피고 김◇◇에게 월세 1,500,000원에 다시 세를 놓았습니다.
3. 그러므로 원고는 피고 정◇◇에게 원고의 동의 없이 위와 같이 임차물을 전대차 한
   것을 이유로 민법 제629조 제2항에 따라 원고와 피고 정◇◇ 사이의 별지목록 기
   재 건물에 대한 임대차계약을 해지함과 아울러 별지목록 기재 건물을 인도 해줄

것을 통고하고, 피고 김◇◇에게는 피고 정◇◇로부터 전차하여 점유하는 별지목록 기재 건물 1층 ○○㎡ 중 별지도면 표시 1, 2, 5, 4, 1의 각 점을 차례로 연결하는 선내 (가)부분 ○○.○㎡에서 퇴거할 것을 요청하는 통지를 하였으나, 피고 정◇◇와 피고 김◇◇ 모두 원고의 요청을 거절하고 있습니다.

4. 따라서 원고는 피고 정◇◇로부터는 별지목록 기재 건물을 인도 받고, 피고 김◇◇를 별지목록 기재 건물 1층 ○○㎡ 중 별지도면 표시 1, 2, 5, 4, 1의 각 점을 차례로 연결하는 선내 (가)부분 ○○.○㎡에서 퇴거시키기 위하여 이 사건 소송제기에 이른 것입니다.

입 증 방 법

1. 갑 제1호증   임대차계약서
1. 갑 제2호증   부동산등기사항증명서
1. 갑 제3호증   건축물대장등본
1. 갑 제4호증의 1, 2   각 통고서

첨 부 서 류

1. 위 입증방법   각 1통
1. 토지대장등본   1통
1. 소장부본   1통
1. 송달료납부서   1통

20○○.　○.　○.
위 원고　○○○　(서명 또는 날인)

○○지방법원　귀중

■ **관련판례** ■

갑이 을에게서 건물을 임차하였다가 임대차계약상 의무 위반 등을 주장하면서 임차보증금 반환 등을 구하는 소를 제기하여 조정이 성립하였는데, 갑이 조정 성립을 전후하여 건물에서 퇴거하면서 을이 아닌 병에게 건물의 열쇠를 건네주어 건물을 점유·사용케 하였고, 이에 을이 갑을 상대로 조정 성립 다음 날부터 건물 인도 완료일까지 부당이득 또는 손해배상의 지급을 구한 사안에서, 갑이 을이 아닌 병에게 건물의 열쇠를 건네주어 점유·사용케 함으로써 을은 건물을 인도받지 못하여 차임에 해당하는 손해를 입고 있는데, 병이 갑의 양해를 얻어 건물을 점유한 이래 건물 인도를 거부하고 있고 갑이 여전히 을에게 건물에 대한 인도의무를 부담하고 있는 이상, 갑의 불법행위로 인한 을의 손해는 건물을 인도받을 때까지 계속해서 발생할 것이 확정적으로 예정되어 있다고 볼 여지가 있는데도,

병이 건물을 직접 점유하고 있어 갑의 의사와 관계없이 을의 손해 발생이 중단될 수도 있으므로 을의 손해가 계속 발생할 것이 확정적으로 예정되어 있지 않다는 이유로 원심 변론종결 다음 날부터 건물 인도 완료일까지 부당이득 또는 손해배상의 지급을 구하는 부분은 장래의 이행을 명하는 판결을 하기 위한 요건을 갖추지 못한 것으로서 부적법하다고 본 원심판단에 법리오해의 잘못이 있다(대법원 2018.7.26. 선고 2018다227551 판결).

[서식] 건물인도 등 청구의 소(임차인의 상속인들을 상대로, 주택)

소 장

원 고 　○○○ (주민등록번호)
　　　　○○시 ○○구 ○○길 ○○(우편번호 ○○○-○○○)
　　　　전화·휴대폰번호:
　　　　팩스번호, 전자우편(e-mail)주소:

피 고 　1. 김◇◇ (주민등록번호)
　　　　2. 이◇◇ (주민등록번호)
　　　　3. 이◆◆ (주민등록번호)
　　　　　위 피고들 주소 ○○시 ○○구 ○○길 ○○
　　　　　　　　　　(우편번호 ○○○-○○○)
　　　　　위 피고 2, 3은 미성년자이므로
　　　　　법정대리인 친권자 모 김◇◇
　　　　　전화·휴대폰번호:
　　　　　팩스번호, 전자우편(e-mail)주소:

건물인도 등 청구의 소

청 구 취 지

1. 피고들은 원고에게 별지목록 기재 건물 2층 180㎡ 중 별지도면 표시 1, 2, 3, 6, 1
   의 각 점을 차례로 연결한 선내 (가)부분 80㎡를 인도하라.
2. 피고들은 연대하여 20○○. ○. ○.부터 위 명도일까지 매월 금 300,000원을 지급
   하라
3. 소송비용은 피고들이 부담한다.
4. 위 제1, 2항은 가집행 할 수 있다.
라는 판결을 구합니다.

청 구 원 인

1. 원고는 199○. ○. ○. 망 이◆◆와 ○○시 ○○구 ○○길 ○○ 지상에 있는 원고 소
   유의 별지목록 기재 건물 2층주택 180㎡ 중 별지도면 표시 1, 2, 3, 6, 1의 각 점
   을 차례로 연결한 선내 (가)부분 80㎡를 임차보증금 20,000,000원, 월세 금
   300,000원(매월 1일 지급), 임대차기간을 인도일부터 24개월로 하는 주택임대차계
   약을 체결하였고, 199○. ○. ○. 임차보증금을 지급 받음과 동시에 주택을 망 이◆

◆에게 인도하였습니다.

2. 그런데 원고는 20○○. ○. ○.자 내용증명 우편으로 망 이◆◆에게 재계약의사가 없음을 통지하였고 이 우편은 20○○. ○. ○. 망 이◆◆에게 도달하였습니다. 그 후 망 이◆◆는 교통사고로 20○○. ○. 사망하였고, 상속인인 처 피고 김◇◇ 및 아들인 피고 이◇◇, 피고 이◆◆가 망 이◆◆의 임차인으로서의 지위 및 월세지급 의무를 그들의 상속지분별로 상속하였습니다. 그러나 피고들은 임대차기간 만료일인 20○○. ○. ○.에 원고에게 별지도면 표시 주택 80㎡를 인도하지 아니한 채 현재 까지 별지도면 표시 주택 80㎡를 점유하면서 사용하고 있습니다.

3. 따라서 원고는 피고들에게 주택임대차계약의 기간만료를 근거로 별지도면 표시 선 내 (가)부분 80㎡의 인도를 구하고, 아울러 법률상 원인 없는 점유를 이유로 한 20 ○○. ○. ○.부터 인도일까지 월세상당의 부당이득금을 지급 받기 위하여 이 사건 소송을 제기하는 것입니다.

입 증 방 법

1. 갑 제1호증	임대차계약서
1. 갑 제2호증	부동산등기사항증명서
1. 갑 제3호증	통고서
1 .갑 제4호증	건축물대장
1. 갑 제5호증	기본증명서(망 이◆◆)
1. 갑 제6호증	가족관계증명서(망 이◆◆)

첨 부 서 류

1. 위 입증방법	각 1통
1. 토지대장등본	1통
1. 소장부본	1통
1. 송달료납부서	1통

20○○. ○. ○.
위 원고   ○○○   (서명 또는 날인)

○○지방법원 ○○지원 귀중

■ **관련판례** ■

근저당권자가 담보로 제공된 건물에 대한 담보가치를 조사할 당시 대항력을 갖춘 임차인 이 임대차 사실을 부인하고 건물에 관하여 임차인으로서의 권리를 주장하지 않겠다는 내 용의 무상임대차 확인서를 작성해 주었고, 그 후 개시된 경매절차에 무상임대차 확인서가 제출되어 매수인이 확인서의 내용을 신뢰하여 매수신청금액을 결정하는 경우와 같이, 임차인이 작성한 무상임대차 확인서에서 비롯된 매수인의 신뢰가 매각절차에 반영되었다고 볼 수 있는 사정이 존재하는 경우에는, 비록 매각물건명세서 등에 건물에 대항력 있는 임대차 관계가 존재한다는 취지로 기재되었더라도 임차인이 제3자인 매수인의 건물인도청구에 대하여 대항력 있는 임대차를 주장하여 임차보증금반환과의 동시이행의 항변을 하는 것은 금반언 또는 신의성실의 원칙에 반하여 허용될 수 없다(대법원 2016.12.1. 선고 2016다228215 판결).

소　　장

원　　고　　1. 김○○ (주민등록번호)
　　　　　　2. 이○○ (주민등록번호)
　　　　　　3. 이○○ (주민등록번호)
　　　　　　　위 원고들 주소 ○○시 ○○구 ○○길 ○○
　　　　　　　　　　　　(우편번호 ○○○-○○○)
　　　　　　　위 원고 2, 3은 미성년자이므로
　　　　　　　법정대리인 친권자 모 : 김○○
　　　　　　　전화·휴대폰번호:
　　　　　　　팩스번호, 전자우편(e-mail)주소:
피　　고　　◇◇◇ (주민등록번호)
　　　　　　○○시 ○○구 ○○길 ○○(우편번호 ○○○-○○○)
　　　　　　전화·휴대폰번호:
　　　　　　팩스번호, 전자우편(e-mail)주소:

건물인도청구의 소

청　구　취　지

1. 피고는 원고들에게 별지목록 기재 건물을 인도하라.
2. 소송비용은 피고가 부담한다.
3. 위 제1항은 가집행 할 수 있다.
라는 판결을 구합니다.

청　구　원　인

1. 피고는 20○○. ○. ○. 당시 별지목록 기재 부동산(다음부터 아파트라 한다)의 소유자인 망 이◉◉와 임대차보증금 5,000만원, 임대차기간을 인도일로부터 24개월로 하는 임대차계약을 체결하고 20○○. ○. ○.부터 위 아파트를 인도 받아 현재까지 점유하며 사용하고 있습니다.
2. 그런데 위 아파트의 소유자이던 망 이◉◉가 20○○. ○. ○.에 사망하여, 상속인인 원고들은 위 아파트에 대하여 재산상속을 원인으로 하여 법정상속비율로 상속등기를 하였습니다. 임대인의 지위를 승계한 원고들은 20○○. ○. ○. 내용증명우편으로 피고에게 재계약의사가 없음을 통지하였고 이 통고서는 20○○. ○. ○. 피고에게 도달하였으나, 피고는 임대차기간 종료일인 20○○. ○. ○.이후에도 원고들의 위 아파트 인

도요구에 응하지 아니한 채 현재까지 위 아파트를 점유하면서 사용하고 있습니다.

3. 따라서 원고들은 임대차기간이 끝났음을 이유로 피고로부터 위 아파트를 인도 받기 위하여 이 사건 소송을 제기하는 것입니다.

입 증 방 법

1. 갑 제1호증	임대차계약서
1. 갑 제2호증	부동산등기사항증명서
1. 갑 제3호증	건축물대장등본
1 .갑 제4호증	통고서
1. 갑 제5호증	기본증명서
	(단, 2007.12.31. 이전 사망한 경우 제적등본)
1. 갑 제6호증	가족관계증명서
	(또는, 상속관계를 확인 할 수 있는 제적등본)

첨 부 서 류

1. 위 입증방법	각 1통
1. 토지대장등본	1통
1. 소장부본	1통
1. 송달료납부서	1통

20○○. ○. ○.
위 원고 1. 김○○ (서명 또는 날인)
2. 이○○
3. 이○○
원고 2, 3은 미성년자이므로
법정대리인 친권자 모 김○○(서명 또는 날인)

○○지방법원 ○○지원 귀중

[별 지]

부동산의 표시

1동의 건물의 표시

○○시 ○○구 ○○동 ○○○ ○○아파트 가동

[도로명주소] ○○시 ○○구 ○○길 ○○

철근콘크리트조 슬래브지붕 7층 아파트

　　1층 ○○○.○○㎡

　　2층 ○○○.○○㎡

　　3층 ○○○.○○㎡

　　4층 ○○○.○○㎡

　　5층 ○○○.○○㎡

　　6층 ○○○.○○㎡

　　7층 ○○○.○○㎡

　지층 ○○○.○○㎡

전유부분 건물의 표시

　　건물의 번호 가-5-505

　　구조 철근콘크리트조

　　면적 5층 505호 ○○.○㎡

대지권의 표시

　　대지권의 목적인 토지의 표시 ○○시 ○○구 ○○동 ○○ 대 ○○○○㎡

　　대지권의 종류 소유권

　　대지권의 비율 ○○○○분지 ○○.○○. 끝.

[서식] 건물인도청구의 소(갱신거절의 경우, 상가)

소 장

원   고   ○○○ (주민등록번호)
            ○○시 ○○구 ○○길 ○○(우편번호 ○○○-○○○)
            전화·휴대폰번호:
            팩스번호, 전자우편(e-mail)주소:

피   고   ◇◇◇ (주민등록번호)
            ○○시 ○○구 ○○길 ○○(우편번호 ○○○-○○○)
            전화·휴대폰번호:
            팩스번호, 전자우편(e-mail)주소:

건물인도청구의 소

청 구 취 지

1. 피고는 원고에게 별지목록 기재 건물 1층 96.6㎡ 중 별지도면 표시 1, 2, 3, 6, 1의 각 점을 차례로 연결한 선내 (가)부분 48㎡를 인도하라.
2. 소송비용은 피고가 부담한다.
3. 위 제1항은 가집행 할 수 있다.
라는 판결을 구합니다.

청 구 원 인

1. 원고는 20○○. ○. ○에. 별지목록 기재의 건물 1층 96.6㎡ 중 별지도면 표시 1, 2, 3, 6, 1의 각 점을 차례로 연결한 선내 (가)부분 48㎡를 임대차보증금 5,000,000원, 월임차료 금 500,000원, 임대차기간을 1년으로 하여 피고에게 임대하였습니다.
2. 그런데 원고는 별지목록 기재의 건물이 낡았으므로 철거한 뒤 다시 건축하여야 할 형편이므로 위 임대차기간이 끝나기 2개월 전에 그러한 사유를 들어 위 임대차계약을 갱신하지 않겠다는 갱신거절의 통지를 피고에게 내용증명우편으로 하였습니다.
3. 그러나 피고는 원고로부터 위와 같은 통지를 받고서도 계약기간이 끝나고 여러 달이 지난 지금까지도 점포를 이전할 곳을 찾지 못하였다고 하면서 별지목록 기재의 건물 1층 96.6㎡ 중 별지도면 표시 1, 2, 3, 6, 1의 각 점을 차례로 연결한 선내 (가)부분 48㎡의 인도를 거부하고 있으므로, 원고로서는 별지목록 기재 건물의 재건축계획을 여러 차례 수정하여야 하는 등 그 손해가 막심합니다.

4. 따라서 원고는 피고로부터 별지목록 기재의 건물 1층 96.6㎡ 중 별지도면 표시 1, 2, 3, 6, 1의 각 점을 차례로 연결한 선내 (가)부분 48㎡를 인도 받기 위하여 이 사건 소송을 제기하는 것입니다.

입 증 방 법

1. 갑 제1호증	임대차계약서
1. 갑 제2호증	부동산등기사항증명서
1. 갑 제3호증	건축물대장등본
1 .갑 제4호증	통고서
1. 갑 제5호증	설계도면(재건축예정인 건물)

첨 부 서 류

1. 위 입증방법	각 1통
1. 토지대장등본	1통
1. 소장부본	1통
1. 송달료납부서	1통

20○○. ○. ○.

위 원고   ○○○ (서명 또는 날인)

○○지방법원 ○○지원 귀중

[서식] 건물인도 등 청구의 소(묵시적 갱신후 임대차 기간만료, 주택)

소   장

원   고   ○○○ (주민등록번호)
　　　　　○○시 ○○구 ○○길 ○○(우편번호 ○○○-○○○)
　　　　　전화·휴대폰번호:
　　　　　팩스번호, 전자우편(e-mail)주소:
피   고   ◇◇◇ (주민등록번호)
　　　　　○○시 ○○구 ○○길 ○○(우편번호 ○○○-○○○)
　　　　　전화·휴대폰번호:
　　　　　팩스번호, 전자우편(e-mail)주소:

건물인도 등 청구의 소

청 구 취 지

1. 피고는 원고에게 별지목록 기재 건물을 인도하고, 20○○. ○. ○.부터 인도일까지 매월 금 200,000원의 돈을 지급하라.
2. 소송비용은 피고가 부담한다.
3. 위 제1항은 가집행 할 수 있다.
라는 판결을 구합니다.

청 구 원 인

1. 원고는 199○. ○. ○.에 별지목록 기재 건물(주택)을 임대차보증금 25,000,000원, 월세 금 200,000원(매월말일 지급), 임대차기간을 인도일로부터 24개월로 하는 주택임대차계약을 체결하고, 199○. ○. ○. 임대차보증금을 지급 받음과 동시에 별지목록 기재 주택을 피고에게 인도하였습니다.
2. 그 후 피고는 약정한 주택임대차기간이 만료될 당시 원고에게 재계약여부 등 별도의 의사표시가 없었으며, 이로 인하여 주택임대차계약 기간이 2년으로 묵시적 갱신된 상태에서 피고는 현재까지 주택을 점유하면서 사용하고 있습니다.
3. 그런데 원고는 199○. ○. ○.자 내용증명우편으로 묵시적으로 갱신된 주택임대차기간의 만료일인 20○○. ○. ○.에 임대차보증금을 반환 받음과 동시에 주택을 인도해 달라는 주택임대차계약해지의 의사를 피고에게 표시하였으며, 이 우편은 20○○. ○. ○. 피고에게 도달하였습니다. 하지만 피고는 임대차기간이 만료된 20○○. ○. ○.에 원고에게 별지목록 기재 주택을 인도하지 아니한 채 지금까지 별지목록 기재 주택을 점유하여 사용하면서, 임대차기간이 만료된 20○○. ○. ○. 이후로는 월세 상당의 돈도

지급하지 않고 있습니다.

4. 따라서 원고는 피고에 대하여 묵시적으로 갱신된 주택임대차계약의 기간만료를 근거로 피고에 대하여 별지목록 기재 주택의 인도를 청구하고, 아울러 법률상 원인 없는 점유를 이유로 한 20○○. ○. ○.부터 인도일까지 차임상당의 부당이득금을 지급 받기 위하여 이 사건 소송을 제기하는 것입니다.

입 증 방 법

1. 갑 제1호증   임대차계약서
1. 갑 제2호증   부동산등기사항증명서
1. 갑 제3호증   건축물대장등본
1 .갑 제4호증   통고서

첨 부 서 류

1. 위 입증방법   각 1통
1. 토지대장등본   1통
1. 소장부본   1통
1. 송달료납부서   1통

20○○.   ○.   ○.
위 원고   ○○○   (서명 또는 날인)

○○지방법원 ○○지원 귀중

[서식] 건물인도 등 청구의 소(임대차기간 만료시 원상회복과 인도청구)

소 장

원 고   ○○○ (주민등록번호)
　　　　○○시 ○○구 ○○길 ○○(우편번호 ○○○-○○○)
　　　　전화·휴대폰번호:
　　　　팩스번호, 전자우편(e-mail)주소:
피 고   ◇◇◇ (주민등록번호)
　　　　○○시 ○○구 ○○길 ○○(우편번호 ○○○-○○○)
　　　　전화·휴대폰번호:
　　　　팩스번호, 전자우편(e-mail)주소:

건물인도 등 청구의 소

청 구 취 지

1. 피고는 원고에게 별지목록 기재 건물 중 별지도면 표시 1, 2, 5, 4, 1,의 각 점을 차례로 연결하는 선내 (ㄱ)부분 ○○㎡를 원상회복하고, 별지목록 기재 건물을 인도하라.
2. 소송비용은 피고가 부담한다.
3. 위 제1항은 가집행 할 수 있다
라는 판결을 구합니다.

청 구 원 인

1. 원고는 20○○. ○. ○. 피고에게 별지목록 기재 건물(단층주택)을 임차보증금 30,000,000원, 임대차기간을 12개월로 하여 임대한 사실이 있습니다.
2. 그런데 피고는 20○○. ○. ○. 원고의 동의 없이 임의로 별지목록 기재 주택 중 별지도면 표시 (ㄱ)부분 ○○㎡를 오락실로 개조하여 오락실 영업을 하고 있으며, 위 임대차계약은 20○○. ○. ○.자로 계약기간이 만료되었습니다.
3. 따라서 원고는 피고에게 별지목록 기재 주택 중 별지도면 표시 (ㄱ)부분 ○○㎡의 원상회복 및 별지목록 기재 주택의 인도를 청구하기 위하여 이 사건 소송제기에 이르렀습니다.

입 증 방 법

　　1. 갑 제1호증　　　　　　　　건물등기사항증명서
　　1. 갑 제2호증　　　　　　　　건축물대장

1. 갑 제3호증   임대차계약서
1. 갑 제4호증   내용증명통고서

첨 부 서 류

1. 위 입증방법   각 1통
1. 토지대장등본   1통
1. 소장부본   1통
1. 송달료납부서   1통

20○○.   ○.   ○.
위 원고   ○○○   (서명 또는 날인)

○○지방법원 ○○지원 귀중

[서식] 건물인도청구의 소(임대차기간 만료, 상가)

소   장

원   고   ○○○ (주민등록번호)
　　　　 ○○시 ○○구 ○○길 ○○(우편번호 ○○○-○○○)
　　　　 전화·휴대폰번호:
　　　　 팩스번호, 전자우편(e-mail)주소:
피   고   ◇◇◇ (주민등록번호)
　　　　 ○○시 ○○구 ○○길 ○○(우편번호 ○○○-○○○)
　　　　 전화·휴대폰번호:
　　　　 팩스번호, 전자우편(e-mail)주소:

건물인도청구의 소

청 구 취 지

1. 피고는 원고에게 별지목록 기재 건물 1층 중 별지도면 표시 점 "마, 바, 자, 차, 마"의 각 점을 차례로 연결한 선내의 (ㄱ)부분 점포 26.4㎡를 인도하라.
2. 소송비용은 피고가 부담한다.
3. 위 제1항은 가집행 할 수 있다.
라는 판결을 구합니다.

청 구 원 인

1. 이 사건 별지목록 기재의 건물은 원고가 20○○. ○. ○. 소외 ◆◆◆로부터 매수하여 소유권이전등기를 마친 원고 소유의 건물입니다.
2. 원고는 20○○. ○. ○. 피고에게 별지목록 기재의 건물 1층 중 별지도면 표시 점 "마, 바, 자, 차, 마"의 각 점을 차례로 연결한 선내의 (ㄱ)부분 점포 26.4㎡를 임차보증금 20,000,000원, 월 임대료 금 500,000원, 기간은 2년으로 각각 약정하여 임대하였으며 피고는 이를 인도 받아 현재까지 점유·사용해오고 있습니다.
3. 그런데 피고가 점유·사용하는 별지목록 기재의 건물 1층의 위 점포에 대한 임대차계약은 20○○. ○. ○. 약정한 2년이 경과하였으므로 종료되었으며, 원고는 임대차기간 만료 3개월 전에 피고에게 재계약을 원하지 않는다는 취지의 임대차계약해지의 통지를 하였으며, 피고는 이전할 다른 점포를 물색하던 중이었으므로 위 임대차기간이 만료될 때까지 원고에게 계약갱신의 요구를 한 바가 없습니다.
4. 그러나 피고는 위 임대차기간이 만료된 후 2개월이 지난 후에서야 이전할 점포를 구하지 못하였다는 이유로 별지목록 기재의 건물 1층의 위 점포의 인도를 거부하고

있습니다.
5. 따라서 원고는 위 임대차기간의 만료를 이유로 피고로부터 별지목록 기재의 건물 1
   층 중 별지도면 표시 점 "마, 바, 자, 차, 마"의 각 점을 차례로 연결한 선내의 (ㄱ)
   부분 점포 26.4㎡를 인도 받기 위하여 이 사건 소송제기에 이른 것입니다.

입 증 방 법

1. 갑 제1호증	임대차계약서
1. 갑 제2호증	부동산등기사항증명서
1. 갑 제3호증	건축물대장등본
1. 갑 제4호증	임대차해지통고서

첨 부 서 류

1. 위 입증방법	각 1통
1. 건축물대장등본	1통
1. 토지대장등본	1통
1. 소장부본	1통
1. 송달료납부서	1통

20○○. ○. ○.
위 원고   ○○○ (서명 또는 날인)

○○지방법원 ○○지원 귀중

※ 별지 생략

소 장

원 고   ○○○ (주민등록번호)
         ○○시 ○○구 ○○길 ○○(우편번호 ○○○-○○○)
         전화·휴대폰번호:
         팩스번호, 전자우편(e-mail)주소:

피 고   ◇◇◇ (주민등록번호)
         ○○시 ○○구 ○○길 ○○(우편번호 ○○○-○○○)
         전화·휴대폰번호:
         팩스번호, 전자우편(e-mail)주소:

건물철거 및 대지인도 청구의 소

청 구 취 지

1. 피고는 원고에게 별지목록(1)기재 건물을 철거하고 별지목록(2)기재 대지를 인도하며, 20○○. ○. ○.부터 위 대지인도 완료일까지 매월 말일에 금 300,000원을 지급하라.
2. 소송비용은 피고가 부담한다.
3. 위 제1항은 가집행 할 수 있다.
라는 판결을 원합니다.

청 구 원 인

1. 별지목록(2)기재 토지의 소유자인 원고는 20○○. ○. ○ 피고와 임차료는 월 금 300,000원, 보증금은 없이, 기간은 20○○. ○. ○ 까지 정하여 위 토지를 임대하는 계약을 체결하였습니다.
2. 그런데 피고는 원고의 승낙 없이 위 토지에 건물을 짓고 사용해오고 있으며, 계약기간 만료전인 20○○. ○. ○ 원고는 내용증명우편으로 피고에게 재계약의사가 없음을 통고하고 위 건물의 철거 및 대지의 인도를 청구한 바 있으나, 피고는 계약기간이 만료한 이후에도 법률상 원인 없이 이 토지를 점유하여 이득을 취하고 있고 원고는 이로 인하여 월 금 300,000원의 손해를 입고 있습니다.
3. 따라서 원고는 피고에 대하여 임대차계약의 종료로 인한 목적물의 원상회복청구로서 또는 소유권에 기한 반환청구 내지 방해배제청구로서 이 토지의 원상회복 및 반환을 청구하고, 아울러 부당이득을 이유로 계약기간 만료 다음날부터 이 토지의 인도 완료일까지 임차료 상당의 부당이득금의 반환을 청구하고자 이 사건 청구에 이르게 된 것입니다.

입 증 방 법

1. 갑 제1호증   임대차계약서
1. 갑 제2호증   내용증명통고서
1. 갑 제3호증   부동산등기사항증명서

첨 부 서 류

1. 위 입증방법   각 1통
1. 토지대장등본   1통
1. 건축물대장등본   1통
1. 소장부본   1통
1. 송달료납부서   1통

20○○. ○. ○.
위 원고   ○○○   (서명 또는 날인)

○○지방법원 ○○지원 귀중

※별지 생략

[서식] 원상회복 및 건물인도청구의 소(계약기간 만료에 따른)

<h1 align="center">소 장</h1>

원 고   ○○○ (주민등록번호)
　　　　○○시 ○○구 ○○로 ○○(우편번호 ○○○-○○○)
　　　　전화·휴대폰번호:
　　　　팩스번호, 전자우편(e-mail)주소:

피 고   ◇◇◇ (주민등록번호)
　　　　○○시 ○○구 ○○로 ○○(우편번호 ○○○-○○○)
　　　　전화·휴대폰번호:
　　　　팩스번호, 전자우편(e-mail)주소:

원상회복 및 건물인도청구의 소

<h2 align="center">청 구 취 지</h2>

1. 피고는 원고에게 별지목록 기재 부동산 중 별지도면 표시 1, 2, 5, 4, 1의 각 점을 차례로 연결하는 (ㄱ)부분의 방 1칸 9.9㎡를 원상회복하고 별지목록 기재 부동산을 인도하라.
2. 소송비용은 피고가 부담한다.
3. 위 제1항은 가집행 할 수 있다
라는 판결을 원합니다.

<h2 align="center">청 구 원 인</h2>

1. 원고는 20○○. ○. ○. 피고에게 별지목록 기재 부동산을 임차보증금 20,000,000원, 기한은 24개월로 하는 임대차계약을 체결하고 별지목록 기재 부동산을 임대한 사실이 있습니다(갑 제3호증 참조).
2. 그런데 피고는 20○○. ○. ○○. 임대인인 원고의 승낙도 받지 않고 임의로 별지도면 표시 1, 2, 5, 4, 1의 각 점을 차례로 연결하는 (ㄱ)부분 방 1칸 9.9㎡를 식당으로 개조하여 분식점영업을 하고 있습니다.
3. 그 뒤 20○○. ○○. ○○. 위 임대차계약기간이 만료되었으므로 원고가 피고에게 위 개조된 방의 원상회복과 별지목록 기재 부동산의 인도를 요구하였으나, 피고는 지금까지도 이를 이행하지 않고 있습니다.
4. 따라서 원고는 피고에 대하여 별지목록 기재 부동산 중 별지도면 표시 1, 2, 5, 4, 1의 각 점을 차례로 연결하는 (ㄱ)부분의 방 1칸 9.9㎡의 원상회복 및 별지목록 기재 부동산의 인도를 구하기 위하여 이 사건 청구에 이른 것입니다.

입 증 방 법

1. 갑 제1호증   건물등기사항증명서
1. 갑 제2호증   건축물대장등본
1. 갑 제3호증   임대차계약서
1. 갑 제4호증   내용증명통고서

첨 부 서 류

1. 위 입증방법   각 1통
1. 토지대장등본   1통
1. 소장부본   1통
1. 송달료납부서   1통

20○○.　○.　○.

위 원고　○○○　(서명 또는 날인)

○○지방법원 ○○지원　귀중

※별지 생략

[서식] 반소장(건물인도에 대하여 임차보증금청구)

반 소 장

사　　　건　　　20○○가단○○○ 건물인도
피고(반소원고)　◇◇◇ (주민등록번호)
　　　　　　　　○○시 ○○구 ○○길 ○○(우편번호)
　　　　　　　　전화·휴대폰번호:
　　　　　　　　팩스번호, 전자우편(e-mail)주소:
원고(반소피고)　○○○ (주민등록번호)
　　　　　　　　○○시 ○○구 ○○길 ○○(우편번호)
　　　　　　　　전화·휴대폰번호:
　　　　　　　　팩스번호, 전자우편(e-mail)주소:

위 사건에 관하여 피고(반소원고)는 다음과 같이 반소를 제기합니다.

임차보증금반환청구의 소

반 소 청 구 취 지

1. 원고(반소피고)는 피고(반소원고) 에게 금 21,000,000원 및 이에 대한 이 사건 반소장 부본 송달 다음날부터 다 갚는 날까지 연 15%의 비율에 의한 돈을 지급하라.
2. 소송비용은 원고(반소피고)가 부담한다.
3. 위 제1항은 가집행 할 수 있다.

라는 판결을 구합니다.

반 소 청 구 원 인

1. 원고(반소피고)(이하 '원고'라 합니다.)가 20○○. ○○. ○.자로 ○○지방법원 20○○타경○○○호 근저당권실행을 위한 경매절차에서 이 사건 주택을 매수하여 20○○. ○○. ○○. 매각대금을 완납하고 소유자가 된 사실은 인정합니다.
2. 그러나 피고(본소원고)(이하 '피고'라 합니다)는 20○○. ○. ○. 소외 ◈◈◈와 그의 소유 이 사건 주택에 대해 임차보증금 21,000,000원, 임대차기간은 2년으로 하는 주택임대차계약을 체결하고 같은 해 ○○. ○. 이 사건 주택의 지번으로 주민등록을 전입하여 대항력을 취득한 뒤 현재까지 거주하고 있습니다.
3. 피고가 임대차계약을 체결하고 주민등록을 전입할 당시 이 사건 주택에는 어떠한 담보물권, 가처분, 가압류 등이 설정된 사실이 없었으므로 피고는 주택임대차보호법상의 완전한 대항력을 취득하였다고 할 것인바, 이 사건 부동산을 경매절차에서 매수

하여 소유권을 취득한 원고라 할지라도 위 임차보증금 21,000,000원을 반소원고에게 지급하기 전에는 이 사건 주택의 인도를 요구할 권리가 없음은 물론입니다.

4. 한편, 피고는 위 임대차기간이 만료되었고 분양 받은 아파트에 입주하여야 할 형편이므로 이 사건 주택을 비워두고 열쇠만 채워둔 상태인바, 이 사건 반소장부본의 송달로써 인도이행제공통지에 갈음하고자 합니다.

5. 따라서 피고는 원고에 대하여 위 임차보증금 21,000,000원 및 이에 대한 이 사건 반소장부본 송달 다음날부터 다 갚는 날까지 연 15%의 비율에 의한 지연손해금을 지급 받고자 이 사건 반소에 이르게 된 것입니다.

입 증 방 법

1. 을 제1호증   임대차계약서
1. 을 제2호증   주민등록표등본
1. 을 제3호증   부동산등기사항증명서

첨 부 서 류

1. 위 입증방법   각 1통
1. 반소장부본   1통
1. 송달료납부서   1통

20○○.   ○.   ○.

위 피고(본소원고) ◇◇◇ (서명 또는 날인)

○○지방법원 ○○지원 제○○민사단독 귀중

준 비 서 면

사 건 20○○가단○○○○ 건물인도
원 고 ○○○
피 고 ◇◇◇

위 사건에 관하여 피고는 다음과 같이 변론을 준비합니다.

다 음

1. 이 사건의 쟁점
    원고가 이 사건 건물의 인도를 구하는 이 사건에서 피고가 점유하고 있는 임대차목적물의 용도가 주거용인지 비주거용인지가 쟁점이라 할 것입니다.
2. 피고는 이 사건 임대차목적물을 주거용으로 사용하고 있습니다.
 가. 피고가 이 사건 임대차목적물을 임차한 목적
    피고는 19○○. ○. ○. 당시 이 사건 건물의 소유자였던 소외 이◉◉와 이 사건 임대차목적물에 관하여 임대차계약을 체결하였는바, 그 계약서상에 임차목적물이 '점포, 방'으로 기재되어 있을 뿐만 아니라 임대인은 준공검사 후 부엌을 해주기로 하는 약정이 있습니다{을 제1호증의 1(부동산전세계약서) 참조}. 위와 같은 약정은 이 사건 임대차목적물이 주거용으로 사용하기 위하여 임차된 것이라는 것을 입증하는 것이라 할 것입니다.
    또한, 피고는 현재 이 사건 임대차목적물에서 문방구를 운영하고 있지만 위 문방구를 개업한 시기는 19○○. ○. ○.이고{을 제5호증(사업자등록증) 참조}, 피고가 이 사건 임대차목적물을 처음 임차한 시기는 19○○. ○. ○.입니다{을 제1호증의 1(부동산전세계약서) 참조}. 이는 피고가 문방구를 운영하기 위하여 이 사건 임대차목적물을 임차한 것이 아니고 위에서 본 바와 같이 주거용으로 사용하기 위하여 임차하였다가 부업으로 문방구를 운영하게 된 것이라는 것을 입증하는 것이라 할 것이므로, 피고가 현재 문방구를 운영하고 있다는 사실만으로 이 사건 임대차목적물이 주거용 건물이 아니라고 볼 수는 없을 것입니다.
 나. 이 사건 건물의 공부상의 용도
    이 사건 건물의 용도는 공부상 지층, 1층의 일부는 근린생활시설이고, 1층의 일부와 2층, 3층은 다가구주택으로 되어 있습니다{갑 제2호증(건축물대장등본) 참조}. 즉, 피고가 임차하고 있는 부분은 이 사건 건물의 1층 부분인바, 피고가 임차하고 있는 부분의 용도는 일부는 근린생활시설이고 일부는 다가구주택이라고 할 것이므로 공부상의 용도만을 보더라도 이 사건 건물의 전체적인 용도는 주거용이라 할 것이고 이 사건 임대차목적물은 단지 일반 상가로 사용되기 위하여 건축된 것이라고는 볼 수 없다 할 것입니다.

다. 이 사건 임대차목적물의 구조 및 이용관계

원고가 준비서면에 첨부한 현황측량도를 보면 이 사건 임대차목적물이 점포와 방만으로 구성되어 있는 것으로 되어 있으나, 실제로는 이 사건 임대차목적물의 방 뒷편으로는 주거생활에 필요한 부엌과 피고 가족이 사용하는 화장실이 설치되어 있을 뿐만 아니라 문방구로 사용하는 면적과 주거생활을 하는 방과 부엌을 합한 면적은 비슷합니다(증인 ◎◎◎의 증언 참조).

또한, 피고는 이 사건 임대차목적물 이외에는 다른 거처가 없어 그 곳에서 피고의 유일한 가족인 딸과 함께 주거생활을 영위한 지가 약 8년 정도 되었고 이 사건 임대차 목적물의 일부인 살림방에는 TV, 피고의 딸이 사용하는 학생용 책상, 장롱 등 일상생활에 필요한 가구들이 비치되어 있으며 피고의 딸도 이 사건 임대차목적물이 위치하고 있는 곳과 가까운 ○○초등학교에 다니고 있습니다(위 증인의 증언 참조).

라. 이 사건 건물의 주변상황

이 사건 건물의 주변상황은 노면을 따라 한산한 상권이 이루어져 있고 후면은 학교 및 주택지역이며{을 제7호증의 7(감정평가서) 참조}, 이 사건 건물이 위치하고 있는 지역의 용도는 일반주거지역{갑 제4호증(토지이용계획확인원) 참조}인 점에 비추어 보더라도 이 사건 임대차목적물이 주거용으로 사용되었음을 알 수 있을 것입니다.

마. 경매절차에서의 피고의 임대차관계에 대한 평가

이 사건 건물 및 대지는 귀원 20○○타경○○호 부동산경매사건으로 경매신청되어 감정가 금 278,195,000원으로 평가되었고 소외 ◆◆◆가 20○○. ○. ○. 금 195,550,000원에 매수하여 같은 날 원고에게 그 소유권을 이전해주었습니다. 이 사건 건물 및 대지에 관하여 경매절차가 진행될 당시 경매지에서는 피고를 이 사건 건물의 대항력 있는 임차인으로 평가하고 있고{을 제6호증의 1, 2(경매지 표지 및 내용) 참조}, 귀원에서 작성한 이해관계인표에서도 피고가 주민등록전입신고는 19○○. ○. ○.에, 확정일자는 19○○. ○. ○○.에 받아 피고에게 배당을 할 수는 없으나 대항력 있는 임차인에 해당한다는 표시를 하고 있습니다{을 제7호증의 9 (이해관계인표) 참조}.

바. 원고가 제출한 참조판례에 관하여

원고는 원고의 주장을 뒷받침하기 위하여 대법원 1996. 3. 12. 선고 95다51953 판결을 참조판례로 제출하고 있는바, 위 판결의 사실관계는 임대차계약서상에 용도 다방, 유익비 청구 포기 등의 약정이 있고 위 사건의 임차인은 사건 건물에 항시 거주하였던 것이 아니었다는 것인바, 이는 이 사건의 사실관계와 현격히 다른 점이 있다 할 것이므로 이 사건에 적용할 만한 판례가 아니라 할 것입니다.

오히려 대법원 1988. 12. 27. 선고 87다카2024 판결에 의하면, 임차목적물의 용도가 공부상 근린생활시설 및 주택용 4층 건물이고 주거 및 상업 목적으로 사용하기 위하여 자녀를 데리고 입주하였으며 사건 건물의 소유자는 건물의 뒷편에 가건물로 부엌을 설치하여 주었고 장독대와 공동으로 사용하고 있는 화장실이 있는 경우 임차인이 임차하고 있는 건물은 주거용 건물에 해당한다고 판시하고 있습니다. 위 판례는 이 사건 사실관계와 아주 흡사한 경우로서 이 사건에 있어서도 적용될 수 있다고 할 것입니다.

3. 결 어

위에서 본 바와 같이 피고는 이 사건 임대차목적물을 주거용으로 사용하고 있어 주택임대차보호법상의 대항력 있는 임차인이라 할 것이므로, 피고는 임차보증금 33,000,000원(피고가 지급한 임차보증금은 금 36,000,000원이지만 금 3,000,000원은 이 사건 건물에 대한 경매절차를 통하여 배당 받은 제1순위 근저당권이 설정된 뒤에 증액된 것이어서 금 33,000,000원만이 대항력을 가진 임차보증금이라 할 것입니다)을 반환 받지 않는 이상 피고가 임차하고 있는 이 사건 임대차목적물을 원고에게 인도 할 의무가 없다 할 것입니다.

첨 부 서 류

1. 참고판례(대법원 1988. 12. 27. 선고 87다카2024 판결)

20○○. ○. ○.

위 피고   ◇◇◇ (서명 또는 날인)

○○지방법원 제○민사단독 귀중

답 변 서

사　　건　　20○○가단○○○○ 건물인도
원　　고　　○○○
피　　고　　◇◇◇

위 사건에 관하여 피고는 아래와 같이 답변합니다.

청구취지에 대한 답변

1. 원고의 청구를 기각한다.
2. 소송비용은 원고의 부담으로 한다.
라는 판결을 구합니다.

청구원인에 대한 답변

1. 원고의 주장
　원고는 ○○시 ○○구 ○○길 ○○ 지상 주택(다음부터 '이 사건 주택'이라 함)의 소유자로서, 피고가 이 사건 주택 중 2층을 무단점유하고 있으므로 인도 해줄 것을 주장하고 있습니다.

2. 주택임대차계약의 체결
　그러나 아래와 같이 피고는 이 사건 주택을 점유할 권원이 있습니다. 즉, 피고는 20○○. ○. ○. 소외 ◉◉◉와의 사이에 소외인의 소유인 이 사건 주택 중 2층 전부에 관하여 임차보증금 4,500만원으로, 임차기간은 인도일로부터 2년으로 하는 주택임대차계약을 체결하고, 20○○. ○. ○○. 보증금 4,500만원을 지급하고 입주하면서 주민등록전입신고를 하고 지금까지 거주하고 있습니다.

3. 임대인 지위 승계
　가. 원고는 위 소외인으로부터 이 사건 주택을 매수하여 ○○지방법원 등기과 20○○. ○○. ○. 접수 제12345호 소유권이전등기를 마침으로써 이 사건 주택의 소유권을 취득하였습니다.
　나. 피고는 위 제1항의 기재와 같이 주택임대차보호법 제3조 제1항 소정의 대항력을 취득한 주택임차인이고 원고는 같은 법 제3조 제3항 소정의 임차주택 양수인으로 위 소외인이 가지는 임대인의 지위를 승계한 자입니다.

4. 따라서 피고는 임대차기간 만료일까지는 적법한 임차인으로서 이 사건 주택 2층을 점유할 수 있으므로 무단점유임을 전제로 한 원고의 이 사건 청구는 기각되어야 할 것입니다.

20○○.   ○.   ○.
위 피고   ◇◇◇ (서명 또는 날인)

○○지방법원 제○○민사단독   귀중

소　　　장

원　　고　　○○○ (주민등록번호)
　　　　　　○○시 ○○구 ○○로 ○○(우편번호 ○○○-○○○)
　　　　　　전화·휴대폰번호:
　　　　　　팩스번호, 전자우편(e-mail)주소:

피　　고　　◇◇◇ (주민등록번호)
　　　　　　○○시 ○○구 ○○로 ○○(우편번호 ○○○-○○○)
　　　　　　전화·휴대폰번호:
　　　　　　팩스번호, 전자우편(e-mail)주소:

건설기계인도 청구의 소

청 구 취 지

1. 피고는 원고에게 별지 목록 기재 건설기계를 인도하라.
2. 소송비용은 피고의 부담으로 한다.
3. 위 제1항은 가집행 할 수 있다.
라는 판결을 구합니다.

청 구 원 인

1. 원고는 20○○. ○. ○. 피고에게 별지 목록 기재 건설기계를 월임차료 금 ○○○원, 임차기간 20○○. ○○. ○○.까지로 정하여 임대하였습니다.
2. 그런데 피고는 별지 목록 기재 건설기계의 임대기간인 20○○. ○○. ○○.이 지난 지금까지 별지목록 기재 건설기계를 반환하지 않고 있습니다.
3. 따라서 원고는 피고에 대하여 별지목록 기재 건설기계를 인도받기 위하여 이 사건 청구에 이른 것입니다.

입 증 방 법

　　　　1. 갑 제1호증　　　　　　　　건설기계임대차계약서
　　　　1. 갑 제2호증　　　　　　　　건설기계등록원부

첨 부 서 류

1. 위 입증방법   각 2통
1. 소장부본   1통
1. 송달료납부서   1통

20○○.   ○.   ○.
위 원고   ○○○   (서명 또는 날인)

○○지방법원   귀중

[별 지]
건설기계목록

등록번호   : 경기 ○○-○○○○
건설기계명   : 덤프트럭
형식   : ○○○○○○○
규격   : 15톤
중기차대번호   : ○○○○○
원동기명 및 형식 : ○○○○. 끝.

소　　　장

원　　고　　○○○ (주민등록번호)
　　　　　　○○시 ○○구 ○○길 ○○(우편번호 ○○○-○○○)
　　　　　　전화·휴대폰번호:
　　　　　　팩스번호, 전자우편(e-mail)주소:
피　　고　　◇◇◇ (주민등록번호)
　　　　　　○○시 ○○구 ○○길 ○○(우편번호 ○○○-○○○)
　　　　　　전화·휴대폰번호:
　　　　　　팩스번호, 전자우편(e-mail)주소:

건설기계인도 청구의 소

청 구 취 지

1. 피고는 원고에게 별지 목록 기재 건설기계를 인도하고, 위 건설기계의 인도집행이
　　불가능 할 때에는 금 ○○○원을 지급하라.
2. 소송비용은 피고의 부담으로 한다.
3. 위 제1항은 가집행 할 수 있다.
라는 판결을 원합니다.

청 구 원 인

1. 별지 목록 기재 건설기계의 소유자인 원고는 20○○. ○. ○. 피고와 사용료 월 금
　　○○○만원, 기간 3개월로 하고, 기간 만료시 위 건설기계를 피고가 원고에게 인도
　　한다는 특약이 있는 임대차계약을 체결하고 피고에게 별지 목록 기재 건설기계를
　　인도하였습니다.
2. 위 계약 기간이 만료한 20○○. ○○. ○○. 원고는 위 약정에 따라 피고에게 별지
　　목록 기재 건설기계의 인도를 요청했으나, 피고는 별지 목록 기재 건설기계를 계
　　속 점유하고 이를 원고에게 인도하지 않고 있습니다. 그리고 위 건설기계의 시가는
　　금 ○○○원 상당입니다.
3. 따라서 원고는 피고에 대하여 별지 목록 기재 건설기계의 인도를 청구하고, 만일
　　별지 목록 기재 건설기계를 인도할 수 없을 때에는 그 이행에 대신하는 손해배상
　　으로서 금 ○○○원의 지급을 청구하고자 이 사건 소제기에 이르게 된 것입니다.

입 증 방 법

1. 갑 제1호증   건설기계임대차계약서

첨 부 서 류

1. 위 입증방법   2통
1. 소장부본   1통
1. 송달료납부서   1통

20○○. ○. ○.
위 원고   ○○○ (서명 또는 날인)

○○지방법원 ○○지원 귀중

[별 지]

건 설 기 계 목 록

품 명	수 량(개)	제작회사	고유번호
전기용접기	5	○○○	○○○
산소용접기	5	○○○	○○○
그라인다	2	○○○	○○○

물건소재지 : ○○시 ○○구 ○○길 ○○번지 ○○공장 내. 끝.

6. 대여금 계약 관련 소송 서식

[서식] 대여금청구의 소(계금을 계주에게 대여하고 변제 받지 못한 경우)

소   장

원   고   ○○○ (주민등록번호)
　　　　　　 ○○시 ○○구 ○○로 ○○(우편번호)
　　　　　　 전화·휴대폰번호:
　　　　　　 팩스번호, 전자우편(e-mail)주소:

피   고   ◇◇◇ (주민등록번호)
　　　　　　 ○○시 ○○구 ○○로 ○○(우편번호)
　　　　　　 전화·휴대폰번호:
　　　　　　 팩스번호, 전자우편(e-mail)주소:

대여금청구의 소

청   구   취   지

1. 피고는 원고에게 ○○○원 및 이에 대한 20○○. ○○. ○○.부터 다 갚는 날까지 연 25%의 비율로 계산한 돈을 지급하라.
2. 소송비용은 피고가 부담한다.
3. 위 제1항은 가집행 할 수 있다.
라는 판결을 구합니다.

청   구   원   인

1. 원고는 20○○. ○. ○. 피고가 계주인 13개월 짜리 계금 ○○○원의 계에 가입하여 매월 ○○○원씩 12회 불입하고 13회째 계금 ○○○원을 수령할 차례가 되었습니다.
2. 그런데 피고는 원고가 수령할 위 계금 ○○○원을 이자는 연 25%, 갚을 날짜는 20○○. ○○. ○○.로 정하여 빌려주면 어김없이 갚겠다고 간청하여 위 계금을 피고에게 빌려주기로 하고 위와 같은 내용이 담긴 차용증을 받았습니다.
3. 그러나 피고는 원고의 여러 차례에 걸친 독촉에도 불구하고 갚을 날짜까지의 이자만 지급하고 지금까지 위 돈을 갚지 않고 있습니다.
4. 따라서 원고는 피고로부터 위 대여금 ○○○원 및 이에 대한 20○○. ○○. ○○.부터 다 갚을 때까지 약정이율 연 25%의 비율로 계산한 지연손해금을 지급 받기 위하여

이 사건 청구에 이르게 된 것입니다.

입 증 방 법

1. 갑 제1호증   차용증

첨 부 서 류

1. 위 입증서류   1통
2. 소장부본   1통
3. 송달료납부서   1통

20○○.   ○.   ○.
위 원고   ○○○   (서명 또는 날인)

○○지방법원   귀중

■ 참 고 ■

당사자쌍방이 소비대차에 의하지 아니하고 금전 기타의 대체물을 지급할 의무가 있는 경우에 당사자가 그 목적물을 소비대차의 목적으로 할 것을 약정한 때에는 소비대차의 효력이 생기는데, 이것을 준소비대차라고 하며(민법 제605조), 금전소비대차계약으로 인한 채무를 대여금채무라고 하므로 위 사안의 경우에도 계금채무가 준소비대차계약(차용계약)으로 대여금채무가 된 것입니다.

[서식] 대여금청구의 소(근저당권실행으로 일부변제 받고 잔여금청구)

소   장

원   고   ○○○ (주민등록번호)
            ○○시 ○○구 ○○로 ○○(우편번호)
            전화·휴대폰번호:
            팩스번호, 전자우편(e-mail)주소:

피   고   ◇◇◇ (주민등록번호)
            ○○시 ○○구 ○○로 ○○(우편번호)
            전화·휴대폰번호:
            팩스번호, 전자우편(e-mail)주소:

대여금청구의 소

청 구 취 지

1. 피고는 원고에게 ○○○원 및 이에 대한 20○○. ○. ○.부터 이 사건 소장부본 송
   달일까지는 연 15%, 그 다음날부터 다 갚는 날까지는 연 15%의 각 비율로 계산한
   돈을 지급하라.
2. 소송비용은 피고가 부담한다.
3. 위 제1항은 가집행 할 수 있다.
라는 판결을 원합니다.

청 구 원 인

1. 원고는 피고에게 20○○. ○. ○. ○○○원을 다음과 같은 약정으로 대여하였습니다.
   (1) 변 제 기   20○○. ○. ○.
   (2) 이   율   연 15%
2. 위 채권을 담보하기 위하여 20○○. ○. ○. 피고 소유의 주택과 대지에 근저당권
   을 설정한 사실이 있고, 이를 행사하여 20○○. ○. ○. 그 때까지의 이자인 ○○
   ○원과 원금의 일부인 ○○○원을 변제 받은 사실이 있습니다.
3. 따라서 원고는 피고에 대하여 나머지 원금인 ○○○원 및 이에 대한 20○○. ○.
   ○.부터 이 사건 소장부본 송달일까지는 연 15%, 그 다음날부터 다 갚는 날까지는
   연 15%의 각 비율로 계산한 돈을 지급 받기 위하여 이 사건 청구에 이른 것입니다.

입 증 방 법

1. 갑 제1호증   차용증서
1. 갑 제2호증   배당표사본
1. 갑 제3호증   토지등기사항증명서
1. 갑 제4호증   건물등기사항증명서

첨 부 서 류

1. 위 입증방법   각 1통
1. 소장부본   1통
1. 송달료납부서   1통

20○○. ○. ○.
위 원고   ○○○ (서명 또는 날인)

○○지방법원 귀중

■ **관련판례** ■

갑이 제기한 대여금청구소송에 을이 응소하여 그 이행의무의 존부와 범위에 관하여 항쟁한 결과 제1심에서 갑의 청구가 모두 기각되었고, 그 후 갑이 항소심인 원심에서 제1심 청구를 주위적 청구로 유지하면서 을의 무권대리 및 불법행위를 원인으로 한 손해배상청구를 예비적 청구로 추가하였는데, 원심이 주위적 청구에 대한 항소를 기각하고 예비적 청구 중 일부만 인용하면서 인용금액에 대하여 소장부본 송달 다음날부터 완제일까지 소송촉진 등에 관한 특별법 제3조 제1항에서 정한 연 20%의 지연손해금의 지급을 명한 사안에서, 예비적 청구에 관한 을의 원심까지의 항쟁을 상당한 것으로 보아야 함에도 위와 같이 연 20%의 지연손해금 지급을 명한 원심판결에는 법리오해의 위법이 있다(대법원 2011.11.10. 선고 2011다67743 판결).

소   장

원   고   ○○○ (주민등록번호)
　　　　　　○○시 ○○구 ○○로 ○○(우편번호)
　　　　　　전화·휴대폰번호:
　　　　　　팩스번호, 전자우편(e-mail)주소:

피   고   1. 박◇◇ (주민등록번호)
　　　　　　　○○시 ○○구 ○○로 ○○(우편번호)
　　　　　　　전화·휴대폰번호:
　　　　　　　팩스번호, 전자우편(e-mail)주소:
　　　　　　2. 김◇◇ (주민등록번호)
　　　　　　　○○시 ○○구 ○○로 ○○(우편번호)
　　　　　　　전화·휴대폰번호:
　　　　　　　팩스번호, 전자우편(e-mail)주소:
　　　　　　3. 이◇◇ (주민등록번호)
　　　　　　　○○시 ○○구 ○○로 ○○(우편번호)
　　　　　　　전화·휴대폰번호:
　　　　　　　팩스번호, 전자우편(e-mail)주소:

대여금 청구의 소

청 구 취 지

1. 피고들은 연대하여 원고에게 금 ○○○원 및 이에 대한 20○○. ○. ○.부터 이 사건 소장부본 송달일까지는 연 12%의, 그 다음날부터 다 갚을 때까지는 연 15%의 각 비율에 의한 돈을 지급하라.
2. 소송비용은 피고들의 부담으로 한다.
3. 위 제1항은 가집행 할 수 있다.
라는 판결을 구합니다.

청 구 원 인

1. 피고 박◇◇는 원고와 먼 친척지간으로 시제 참석 등의 만날 기회가 있을 때마다 자기가 하는 사업이 평소 전망이 좋고 자금을 투자하면 수익을 확실히 보장해줄 수

있다는 등의 말로써 원고를 현혹하여 20○○. ○. ○.에 자신의 사업장 사무실에서 원고로부터 금 ○○○원을 차용기간을 1년, 이자는 월 1%로 약정하여 차용하였습니다(갑 제1호증 차용증사본 참조). 한편, 피고 박◇◇의 사업체 직원인 피고 김◇◇와 피고 이◇◇는 피고 박◇◇의 위 채무에 대하여 각 연대보증인으로서 연대보증각서를 작성하여 원고에게 교부하였습니다(갑 제2호증 연대보증각서사본 참조).

2. 그런데 피고 박◇◇는 채무상환기일인 20○○. ○. ○.이 되자 위 채무의 상환기일을 6개월만 연장해달라고 간청하여 그 기간을 연장해주었으나, 연장해준 기간이 지나고서도 위 채무를 상환하지 아니하고 계속 미루기만 하고 있습니다. 그래서 원고가 연대보증인인 피고 김◇◇와 피고 이◇◇에게 여러 차례 보증채무를 이행하라고 독촉하였으나, 피고 김◇◇와 피고 이◇◇는 원고가 연대보증인들의 동의도 받지 않고 위 채무의 상환기일을 연장해주었으므로 그들은 책임이 없다고만 하고 있습니다.

3. 그러나 채무가 특정되어 있는 확정채무에 대하여 보증한 연대보증인으로서는 자신의 동의 없이 피보증채무의 이행기를 연장해주었느냐의 여부에 상관없이 그 연대보증채무를 부담하는 것이므로(대법원 2002. 6. 14. 선고 2002다14853 판결), 피고 김◇◇와 피고 이◇◇의 위와 같은 항변으로 보증책임을 면할 수 없다고 할 것입니다.

4. 따라서 원고는 피고들로부터 금 ○○○원 및 20○○. ○. ○.부터 이 사건 소장부본 송달일까지는 약정이율인 연 12%의, 그 다음날부터 다 갚을 때까지는 소송촉진등에관한특례법에서 정한 연 15%의 각 비율에 의한 지연손해금을 연대하여 지급 받기 위하여 이 사건 소제기에 이르렀습니다.

입 증 방 법

1. 갑 제1호증　　　　　　차용증
1. 갑 제2호증　　　　　　연대보증각서

첨 부 서 류

1. 위 입증방법　　　　　　　　　각 4통
1. 소장부본　　　　　　　　　　3통
1. 송달료납부서　　　　　　　　1통

20○○. ○. ○.
위 원고　　○○○　(서명 또는 날인)

○○지방법원　귀중

소 장

원　　고　　○○○ (주민등록번호)
　　　　　　○○시 ○○구 ○○로 ○○(우편번호)
　　　　　　전화·휴대폰번호:
　　　　　　팩스번호, 전자우편(e-mail)주소:
피　　고　　◇◇◇ (주민등록번호)
　　　　　　○○시 ○○구 ○○로 ○○(우편번호)
　　　　　　전화·휴대폰번호:
　　　　　　팩스번호, 전자우편(e-mail)주소:

대여금청구의 소

청 구 취 지

1. 피고는 원고에게 ○○○원 및 이에 대한 20○○. ○○. ○○.부터 이 사건 소장부본
   송달일까지는 연 5%, 그 다음날부터 다 갚는 날까지는 연 15%의 비율로 계산한
   돈을 지급하라.
2. 소송비용은 피고가 부담한다.
3. 위 제1항은 가집행 할 수 있다.
라는 판결을 구합니다.

청 구 원 인

1. 원고와 피고는 같은 고향의 선·후배 관계에 있었습니다.
2. 피고는 다니던 직장을 그만두고 조그마한 체인점을 개설하는데 자금이 모자란다면
   서 사정이 어려운 원고에게 찾아와 돈을 빌려달라고 사정을 하여, 마침 적금도 만
   기가 되었고 체인점에 대한 인식도 좋아 피고에게 연 5%의 이자를 지급 받기로 하
   고 20○○. ○. ○.에 금 ○○○원을 빌려주었습니다.
3. 피고는 평생 은인으로 생각하겠다고 하면서 위 금액을 빌려가 체인점을 차리고 영
   업을 시작하자 하루가 다르게 영업이 번창하기 시작하였습니다. 이렇게 되자 피고
   는 기일의 어김이 없이 이자를 보내 왔습니다. 원고도 특별히 돈이 필요한 사정은
   아니었으므로 변제의 최고 없이 이자로만 만족을 하면서 언젠가는 변제를 하겠지
   하고 생각하고 있었습니다.
4. 그 뒤 원고의 자금사정이 악화되어 피고에게 찾아가 빌려 간 돈을 갚아 줄 것을 요
   구하자 피고는 정색을 하면서 갚으면 될 것 아니냐면서 오히려 큰 소리로 고함을

지르고 원고를 무안하게 하였으므로, 원고는 하도 괘씸하여 법률상담소에서 상담을 한 뒤 변제의 최고를 하는 통고서를 내용증명우편으로 20○○. ○○. ○.에 송달하자 피고는 기분이 나쁘다면서 아직까지 위 돈을 변제하지 않고 있습니다.

5. 따라서 원고는 피고로부터 대여금 금○○○원 및 이에 대해 20○○. ○○. ○○.부터 이 사건 소장부본 송달일까지는 약정이율 연 5%, 그 다음날부터 다 갚을 때까지는 소송촉진 등에 관한 특례법에서 정한 연 15%의 이자 및 지연손해금을 지급받기 위하여 부득이 이 사건 청구를 하기에 이른 것입니다.

입 증 방 법

1. 갑 제1호증   차용증
1. 갑 제2호증   통고서

첨 부 서 류

1. 위 입증방법   각 1통
1. 소장부본   1통
1. 송달료납부서   1통

20○○. ○. ○.

위 원고   ○○○ (서명 또는 날인)

○○지방법원 귀중

[서식] 대여금청구의 소(변제기 전에 일방적으로 일부 변제공탁한 경우)

소   장

원   고   ○○○ (주민등록번호)
　　　　　○○시 ○○구 ○○로 ○○(우편번호 ○○○-○○○)
　　　　　전화·휴대폰번호:
　　　　　팩스번호, 전자우편(e-mail)주소:
피   고   ◇◇◇ (주민등록번호)
　　　　　○○시 ○○구 ○○로 ○○(우편번호 ○○○-○○○)
　　　　　전화·휴대폰번호:
　　　　　팩스번호, 전자우편(e-mail)주소:

대여금 청구의 소

청 구 취 지

1. 피고는 원고에게 금 30,000,000원 및 이에 대하여 20○○. ○. ○.부터 다 갚을 때까지 연 25%의 비율에 의한 돈을 지급하라.
2. 소송비용은 피고의 부담으로 한다.
3. 위 제1항은 가집행 할 수 있다.
라는 판결을 구합니다.

청 구 원 인

1. 원고는 20○○. ○. ○. 피고에게 금 30,000,000원을 이자 연 25%, 변제기 20○○. ○○. ○○.로 정하여 대여한 사실이 있습니다.
2. 그런데 피고는 20○○. ○○. ○. 변제기가 6개월 이상 남아 있는 상태에서 그 때까지의 이자와 원금만을 변제하겠다고 하여 원고로서는 변제기가 6개월 이상 남아 있음을 이유로 수령거절하자 피고는 그 때까지의 이자와 원금만을 ○○지방법원 20○○금제○○○호로 변제공탁 하였습니다. 그러나 피고로서는 기한의 이익을 포기할 수는 있지만 원고의 이익을 해하지 못하므로(민법 제153조 제2항), 원고는 위 공탁금의 수령을 거절하였습니다. 그 후 피고는 변제기까지의 이자를 추가로 공탁하거나 지급한 사실 없이 변제기가 지나 지금에 이르렀습니다.
3. 따라서 원고는 피고로부터 위 대여금 30,000,000원 및 이에 대한 위 돈을 차용해 간 다음날인 20○○. ○. ○.부터 다 갚을 때까지 약정이율 연 25%의 비율에 의한 돈을 지급 받기 위하여 이 사건 청구에 이른 것입니다.

입 증 방 법

1. 갑 제1호증   차용증

첨 부 서 류

1. 위 입증방법   2통
1. 소장부본   1통
1. 송달료납부서   1통

20○○.   ○.   ○.
위 원고   ○○○   (서명 또는 날인)

○○지방법원   귀중

■ 참 고 ■

변제공탁이 유효하려면 채무전부에 대한 변제의 제공 및 채무전액에 대한 공탁이 있음을 요하고 채무전액이 아닌 일부에 대한 공탁은 그 부분에 관하여서도 효력이 생기지 않습니다(대법원 1998.10.13. 선고 98다17046 판결). 다만, 채권자가 공탁금을 채권의 일부에 충당한다는 유보의 의사표시를 하고 이를 수령한 때에는 그 공탁금은 채권의 일부의 변제에 충당되고(대법원 1996.7.26. 선고 96다14616 판결), 채권자에 대한 변제자의 공탁금액이 채무의 총액에 비하여 아주 근소하게 부족한 경우에는 당해 변제공탁은 신의칙상 유효한 것이라고 보게 될 뿐입니다(대법원 2002.5.10. 선고 2002다12871 판결).

[서식] 대여금청구의 소(변제기까지 이자면제, 지연손해금은 청구)

소　　　장

원　　고　　○○○ (주민등록번호)
　　　　　　○○시 ○○구 ○○로 ○○(우편번호)
　　　　　　전화·휴대폰번호:
　　　　　　팩스번호, 전자우편(e-mail)주소:
피　　고　　1. 김◇◇ (주민등록번호)
　　　　　　　○○시 ○○구 ○○로 ○○(우편번호)
　　　　　　　전화·휴대폰번호:
　　　　　　　팩스번호, 전자우편(e-mail)주소:
　　　　　　2. 박◇◇ (주민등록번호)
　　　　　　　○○시 ○○구 ○○로 ○○(우편번호)
　　　　　　　전화·휴대폰번호:
　　　　　　　팩스번호, 전자우편(e-mail)주소:

대여금 청구의 소

청　구　취　지

1. 피고들은 연대하여 원고에게 금 20,000,000원 및 이에 대하여 20○○. ○. ○.부터 이 사건 소장부본 송달일까지는 연 5%의, 그 다음날부터 다 갚을 때까지는 연 15%의 각 비율에 의한 돈을 지급하라.
2. 소송비용은 피고들의 부담으로 한다.
3. 위 제1항은 가집행 할 수 있다.
라는 판결을 구합니다.

청　구　원　인

1. 원고는 부부 사이인 피고 김◇◇, 피고 박◇◇를 연대채무자로 하여 20○○. ○. ○. 금 20,000,000원을 이자 월 3%, 변제기 20○○. ○. ○.로 정하여 대여하였습니다.
2. 그런데 피고들은 집안형편이 어렵다고 변제기를 1개월 연기해달라고 하면서 연기된 변제기까지의 이자를 면제해줄 것을 요청하였습니다. 이에 원고도 원금이라도 연기된 변제기까지 지급 받는 것이 좋겠다고 판단하여 그렇게 하기로 하는 차용증서를 다시 작성하였으나, 피고들은 연기된 변제기인 20○○. ○○. ○○.이 지난 지금까지 위 대여금 20,000,000원을 지급하지 않고 있습니다.
3. 따라서 원고는 피고들로부터 연대하여 위 대여원금 20,000,000원 및 이에 대한 연

기된 변제기인 20○○. ○○. ○○.부터 이 사건 소장부본 송달일까지는 민법에서 정한 연 5%의, 그 다음날부터 다 갚을 때까지는 소송촉진등에관한특례법에서 정한 연 15%의 각 비율에 의한 돈을 지급 받고자 이 사건 청구에 이른 것입니다.

입 증 방 법

1. 갑 제1호증   차용증서(최초)
1. 갑 제2호증   차용증서(이자면제, 변제기연장)

첨 부 서 류

1. 위 입증방법   각 3통
1. 소장부본   2통
1. 송달료납부서   1통

20○○.   ○.   ○.
위 원고   ○○○   (서명 또는 날인)

○○지방법원 귀중

소 장

원 고   ○○○ (주민등록번호)
　　　　○○시 ○○구 ○○로 ○○(우편번호)
　　　　전화·휴대폰번호:
　　　　팩스번호, 전자우편(e-mail)주소:
피 고   ◇◇◇ (주민등록번호)
　　　　○○시 ○○구 ○○로 ○○(우편번호)
　　　　전화·휴대폰번호:
　　　　팩스번호, 전자우편(e-mail)주소:

대여금청구의 소

청 구 취 지

1. 피고는 원고에게 ○○○원 및 이에 대한 20○○. ○. ○.부터 다 갚는 날까지 연 24%의 비율로 계산한 돈을 지급하라.
2. 소송비용은 피고가 부담한다.
3. 위 제1항은 가집행 할 수 있다.
라는 판결을 원합니다.

청 구 원 인

1. 원고는 피고에게 다음과 같은 돈을 대여하였다.
   (1) 대여금액　금 ○○○원
   (2) 대여일자　20○○. ○. ○.
   (3) 변 제 기　20○○. ○. ○.
   (4) 이　　자　월 2%
2. 피고는 변제기일이 지나도 위 대여금을 지급하지 않으므로 원고는 피고에 대하여 대여금 ○○○원 및 이에 대한 변제기 다음날 인 20○○. ○. ○.부터 다 갚을 때까지 연 24%의 비율로 계산한 이자 및 지연손해금의 지급을 구하기 위하여 이 사건 청구에 이른 것입니다.

입 증 방 법

　　　　1. 갑 제1호증　　　　　　　　　　차용증서

첨 부 서 류

1. 위 입증방법   1통
1. 소장부본   1통
1. 송달료납부서   1통

20○○.　○.　○.

위 원고　○○○　(서명 또는 날인)

○○지방법원　귀중

소   장

원   고   ○○○ (주민등록번호)
           ○○시 ○○구 ○○길 ○○(우편번호)
           전화·휴대폰번호:
           팩스번호, 전자우편(e-mail)주소:
피   고   ◇◇◇ (주민등록번호)
           ○○시 ○○구 ○○길 ○○(우편번호)
           전화·휴대폰번호:
           팩스번호, 전자우편(e-mail)주소:

대여금청구의 소

청 구 취 지

1. 피고는 원고에게 ○○○원 및 이에 대한 20○○. ○. ○.부터 다 갚는 날까지 연 25%의 비율로 계산한 돈을 지급하라.
2. 소송비용은 피고가 부담한다.
3. 위 제1항은 가집행 할 수 있다.
라는 판결을 원합니다.

청 구 원 인

1. 원고는 피고에게 다음과 같은 돈을 대여하였습니다.
   (1) 대여금액   ○○○원
   (2) 대여일자   20○○. ○. ○.
   (3) 변 제 기   20○○. ○. ○.
   (4) 이   자   월 3%
2. 피고는 변제기일이 지나도 위 대여금을 지급하지 않으므로 원고는 피고에 대하여 ○○○원 및 이에 대한 20○○. ○. ○.부터 다 갚을 때까지 연 25%(이자제한법상 이자율로 감액)의 비율로 계산한 돈의 지급을 구하기 위하여 이 사건 청구에 이른 것입니다.

입 증 방 법

1. 갑 제1호증   차용증서

첨 부 서 류

1. 위 입증방법   1통
1. 소장부본   1통
1. 송달료납부서   1통

2000.   ○.   ○.
위 원고   ○○○   (서명 또는 날인)

○○지방법원 귀중

소   장

원   고   ○○○ (주민등록번호)
          ○○시 ○○구 ○○로 ○○(우편번호)
          전화·휴대폰번호:
          팩스번호, 전자우편(e-mail)주소:
피   고   ◇◇◇ (주민등록번호)
          ○○시 ○○구 ○○로 ○○(우편번호)
          전화·휴대폰번호:
          팩스번호, 전자우편(e-mail)주소:

대여금청구의 소

청 구 취 지

1. 피고는 원고에게
 가. ○○○원 및 이에 대하여 20○○. ○. ○.부터 이 사건 소장부본을 송달일까지는
     연 12%, 그 다음날부터 다 갚는 날까지는 연 15%의 각 비율로 계산한 돈을,
 나. ○○○원 및 이에 대하여 20○○. ○. ○.부터 다 갚는 날까지는 연 18%의 비율
     로 계산한 돈을 지급하라.
2. 소송비용은 피고가 부담한다.
3. 위 제1항은 가집행 할 수 있다.
라는 판결을 구합니다.

청 구 원 인

1. 원고는 피고로부터 돈을 빌려달라는 요청을 받고 아래와 같은 내역으로 합계 금 ○
   ○○원을 피고에게 빌려준 사실이 있습니다.
   (1) 대 여 금 : 금 ○○○원
       대 여 일 : 20○○. ○. ○.
       변제기일 : 20○○. ○. ○.
       약정이자 : 월 1%.
   (2) 대 여 금 : 금 ○○○원
       대 여 일 : 20○○. ○. ○.
       변제기일 : 20○○. ○. ○.
       약정이자 : 월 1.5%.

(3) 대 여 금 : 금 ○○○원
　　　　대 여 일 : 20○○. ○. ○.
　　　　변제기일 : 20○○. ○. ○.
　　　　약정이자 : 월 2%.
2. 피고는 원고로부터 위 돈을 각각 빌려갈 때는 변제기일을 위와 같이 약정하였지만 가급적 빠른 시일 내에 갚아준다고 하며 빌려갔으나, 20○○. ○.경 이자가 제일 높은 위 세번째의 차용금만을 변제하고는 나머지 돈에 대해서는 이자는커녕 원금조차 갚을 생각을 하지 않고 있습니다.
3. 원고는 원고의 생활이 어려워져 피고에게 여러 차례 찾아가 빨리 돌려달라고 독촉도 하고, 또한 2회에 걸쳐 내용증명우편으로 통고서까지 발송하였으나 그때마다 피고는 "지금은 당장 돈이 없으니 조금만 기다리라."고 하기에 이를 믿고 지금까지 기다려 왔으나 더 이상은 피고를 믿을 수가 없는 상황에 이르렀습니다.
4. 따라서 원고는 피고로부터 위 청구취지와 같은 돈 및 이에 대한 지연손해금을 지급받기 위하여 이 사건 청구에 이른 것입니다.

입 증 방 법

　　1. 갑 제1호증의 1내지 3　　　　　차용증
　　1. 갑 제2호증의 1, 2　　　　　　통고서(내용증명서)

첨 부 서 류

　　1. 위 입증방법　　　　　　　　　각 1통
　　1. 소장부본　　　　　　　　　　　1통
　　1. 송달료납부서　　　　　　　　　1통

　　　　　20○○. ○. ○.
　　　위 원고　　○○○　(서명 또는 날인)

○○지방법원　귀중

소 장

원 고　1. 이◎◎ (주민등록번호)
　　　　2. 김○○ (주민등록번호)
　　　　3. 김○○ (주민등록번호)
　　　　4. 김○○ (주민등록번호)
　　　　원고들 주소지 ○○시 ○○구 ○○로 ○○(우편번호)
　　　　원고 2, 3, 4는 미성년자이므로 법정대리인 친권자 모 이◎◎
　　　　전화·휴대폰번호:
　　　　팩스번호, 전자우편(e-mail)주소:
피 고　◇◇◇ (주민등록번호)
　　　　○○시 ○○구 ○○로 ○○(우편번호)
　　　　전화·휴대폰번호:
　　　　팩스번호, 전자우편(e-mail)주소:

대여금청구의 소

청 구 취 지

1. 피고는 원고 이◎◎에게 ○○○○원, 원고 김○○, 같은 김○○, 같은 김○○에게 각
　○○○원 및 이에 대한 20○○. ○. ○.부터 이 사건 소장부본 송달일까지는 연 5%,
　그 다음날부터 다 갚는 날까지는 연 15%의 각 비율로 계산한 돈을 각 지급하라.
2. 소송비용은 피고가 부담한다.
3. 위 제1항은 가집행 할 수 있다.
라는 판결을 구합니다.

청 구 원 인

1. 소외 망 김●●는 원고 이◎◎의 남편이자, 나머지 원고들의 아버지로서 20○○. ○.
　○. 피고에게 ○○○○원을 이자 약정없이, 변제기는 20○○. ○. ○.로 정하여 대
　여하였는데, 소외 망 김●●는 20○○. ○○. ○. 사망하였고 원고들은 소외 망 김●
　●의 재산상속인들입니다.
2. 그런데 피고는 위 돈을 갚을 때가 지났음에도 불구하고 말로만 계속 갚겠다고 미루
　면서 지금까지 위 돈을 갚지 않고 있습니다.
3. 따라서 원고들은 피고로부터 위 돈에 대한 법정상속지분에 따라 원고 이◎◎는 ○
　○○원(○○○○원×3/9), 원고 김○○, 같은 김○○, 같은 김○○는 각 ○○○원(○
　○○○원×2/9) 및 이에 대한 20○○. ○. ○.부터 이 사건 소장부본 송달일까지는

민법에서 정한 연 5%, 그 다음날부터 다 갚는 날까지는 소송촉진 등에 관한 특례법에서 정한 연 15%의 각 비율로 계산한 돈을 각 지급 받기 위하여 이 사건 청구에 이른 것입니다.

입 증 방 법

1. 갑 제1호증   현금보관증
1. 갑 제2호증   인감증명서
1. 갑 제3호증   기본증명서
                         (단, 2007.12.31.이전 사망의 경우
                         제적등본)
1. 갑 제4호증   가족관계증명서
                         (또는, 상속관계를 확인할 수 있는
                         제적등본)

첨 부 서 류

1. 위 입증방법   각 1통
1. 소장부본   1통
1. 송달료납부서   1통

20○○. ○. ○.

위 원고 1. 이◎◎ (서명 또는 날인)
2. 김○○
3. 김○○
4. 김○○
원고 2, 3, 4는 미성년자이므로
법정대리인 친권자
모 이◎◎ (서명 또는 날인)

○○지방법원 ○○지원 귀중

소　　장

원　　고　　○○○ (주민등록번호)
　　　　　　○○시 ○○구 ○○로 ○○(우편번호)
　　　　　　전화·휴대폰번호:
　　　　　　팩스번호, 전자우편(e-mail)주소:
피　　고　　1. 김◇◇ (주민등록번호)
　　　　　　○○시 ○○구 ○○로 ○○(우편번호)
　　　　　　전화·휴대폰번호:
　　　　　　팩스번호, 전자우편(e-mail)주소:
　　　　　　2. 이◇◇ (주민등록번호)
　　　　　　○○시 ○○구 ○○로 ○○(우편번호)
　　　　　　전화·휴대폰번호:
　　　　　　팩스번호, 전자우편(e-mail)주소:

대여금청구의 소

청 구 취 지

1. 피고들은 연대하여 원고에게 ○○○원 및 이에 대한 20○○. ○. ○.부터 소장부본 송달일까지는 연 15%, 그 다음날부터 다 갚는 날까지는 연 15%의 각 비율로 계산한 돈을 지급하라.
2. 소송비용은 피고들이 부담한다.
3. 위 제1항은 가집행 할 수 있다.
라는 판결을 원합니다.

청 구 원 인

1. 피고 김◇◇는 아들 소외 김◆◆의 병원입원비와 대학등록금으로 사용하기 위하여 원고로부터 20○○. ○. ○. ○○○원을 이자는 연 15%, 변제기일은 20○○. ○○. ○.로 정하여 차용한 사실이 있습니다.
2. 피고 김◇◇는 위 차용금 중 ○○○원은 20○○. ○. ○. 소외 김◆◆의 병원 입원비로 사용하였으며, 나머지 ○○○원은 20○○. ○. ○○. 소외 김◆◆의 대학등록금으로 사용하였습니다.
3. 그렇다면 위 채무관계는 일상가사로 인하여 발생한 것이므로 민법 제827조 및 제832조에 의하여 부부간인 피고들은 연대하여 책임을 부담하여야 할 것이고, 원고는

피고들에게 위 대여금 및 이자금의 지급을 여러 차례에 걸쳐 요구하였으나, 피고들은 이에 응하지 않고 있습니다.

4. 따라서 원고는 피고들에게 연대하여 위 대여금 ○○○원 및 20○○. ○. ○.부터 소장부본 송달일까지는 약정이율인 연 15%, 그 다음날부터 다 갚는 날까지는 연 15%의 각 비율로 계산한 돈의 지급을 구하기 위하여 이 사건 청구에 이른 것입니다.

입 증 방 법

1. 갑 제1호증   차용증서
1. 갑 제2호증   가족관계증명서
1. 갑 제3호증   주민등록등본

첨 부 서 류

1. 위 입증방법   각 1통
1. 소장부본   2통
1. 송달료납부서   1통

20○○. ○. ○.

위 원고   ○○○   (서명 또는 날인)

○○지방법원   귀중

소   장

원   고   ○○○ (주민등록번호)
　　　　　○○시 ○○구 ○○로 ○○(우편번호)
　　　　　전화·휴대폰번호:
　　　　　팩스번호, 전자우편(e-mail)주소:
피   고   ◇◇◇ (주민등록번호)
　　　　　○○시 ○○구 ○○로 ○○(우편번호)
　　　　　전화·휴대폰번호:
　　　　　팩스번호, 전자우편(e-mail)주소:

대여금청구의 소

청 구 취 지

1. 피고는 원고에게 ○○○원 및 이에 대한 20○○. ○. ○.부터 이 사건 소장부본 송달일까지는 연 6%, 그 다음날부터 다 갚는 날까지 연 15%의 비율로 계산한 돈을 지급하라.
2. 소송비용은 피고가 부담한다.
3. 위 제1항은 가집행 할 수 있다.
라는 판결을 구합니다.

청 구 원 인

1. 당사자들의 관계
　원고는 ○○전자상가인 ○○상가에서 각종의 전자부품을 취급하는 ○○전자라는 상호로 도매업을 하고 있으며, 피고는 같은 전자상가 내에서 컴퓨터조립업체인 ◎◎ 컴퓨터라는 소매업체를 각 운영하면서 3년 전부터 거래를 시작하여 원고는 피고가 필요로 하는 각 부품을 외상으로 공급하여 주고 매월 이를 결제 받는 등 같은 업계에서 사업을 하면서 알게 된 사이로 서로 친하게 지내던 친구 같은 사이입니다.
2. 금전의 대여경위
　원고는 피고가 자신의 사업운용에 있어서 자금이 부족하다고 원고에게 돈을 빌려줄 것을 요청해와 20○○. ○. ○.에 이자는 정하지 않고 변제기를 20○○. ○○. ○○.로 정하여 금 ○○○원을 빌려 준 사실이 있습니다. 그런데 피고는 원고에게 위 차용금채무에 대한 담보조로 자신의 사업을 위하여 발행한 다음과 같은 내용의 약속어음 1매를 작성하여 교부하였습니다.

1. 액 면 : 금 ○○○원
2. 만 기 : 20○○. ○○. ○○.
3. 지급지 : ○○시
4. 지급장소: ○○중앙회 ○○지점
5. 발행일 : 20○○. ○. ○.
6. 발행지 : ○○시
7. 발행인 : ◇◇◇

3. 대여금채무의 상환불이행

피고는 위 돈을 빌려간 뒤 원고의 여러 차례에 걸친 변제독촉에도 불구하고 20○○. ○. ○.경부터는 영업장을 폐쇄한 채 영업을 중단하였고, 20○○. ○.경에는 아예 행방을 감춘 뒤 지금까지 위 돈을 변제하지 않고 있습니다. 그리고 원고는 위 약속어음을 소지하고 있던 중 지급기일인 20○○. ○○. ○○.에 지급장소인 ○○중앙회 ○○지점에 지급제시 하였으나 예금부족을 이유로 지급거절을 당하였습니다.

4. 결 론

따라서 원고는 피고에게 주위적 청구로서 대여금채무의 채무자로서 대여금 ○○○원 및 이에 대한 20○○. ○. ○.부터 이 사건 소장부본 송달받은 날까지는 상법에서 정한 연 6%, 그 다음날부터 다 갚을 때까지 소송촉진 등에 관한특례법에서 정한 연 15%의 비율로 계산한 지연손해금의 지급을 구하고자 하며, 만약 위 대여금 채권이 성립하지 않는다면 예비적으로 피고는 원고에게 위 약속어음의 발행인으로서 원고에 대하여 청구취지기재와 같이 돈을 변제할 책임이 있으므로 이를 구하기 위하여 이 사건 소제기에 이르렀습니다.

입 증 방 법

1. 갑 제1호증의 1, 2   약속어음앞면 및 뒷면
1. 갑 제2호증   사업자등록증

첨 부 서 류

1. 위 입증방법   각 1통
1. 소장부본   1통
1. 송달료납부서   1통

20○○. ○. ○.
위 원고   ○○○ (서명 또는 날인)

○○지방법원 귀중

소   장

원   고   ○○○ (주민등록번호)
　　　　○○시 ○○구 ○○로 ○○(우편번호)
　　　　전화·휴대폰번호:
　　　　팩스번호, 전자우편(e-mail)주소:
피   고   ◇◇◇ (주민등록번호)
　　　　○○시 ○○구 ○○로 ○○(우편번호)
　　　　전화·휴대폰번호:
　　　　팩스번호, 전자우편(e-mail)주소:

대여금 청구의 소

청 구 취 지

1. 피고는 원고에게 금 2,650,000원 및 이에 대한 2003. 7. 10부터 2004. 1. 24까지
   는 연 5%의, 2004. 1. 25부터 다 갚는 날까지는 연 20% 각 비율로 계산한 돈을
   지급하라
2. 소송비용은 피고가 부담한다.
3. 제1항은 가집행할 수 있다.
라는 판결을 구합니다.

청 구 원 인

1. 대여금채권에 의한 원고의 채무명의
   원고는 피고에 금원을 대여한 후 변제기일이 지나도록 금원을 지급받지 못하여
   2004. 2. 17. ○○지방법원 ○○지원 98가소 828 대여금 청구사건에 의하여 채무
   명의를 가지고 있는바, 채무자는 위 채무명의에 기한 판결금을 지금까지 지급치 않
   고 있습니다.
2. 판결에 의한 채무명의의 소멸시효임박
   원고는 피고로부터 위 채무명의에 기한 판결금을 지금까지 지급받지 못하였으나 민
   법제165조 1항에 의하여 판결에 의한 채권은 10년으로 소멸하므로 원고의 판결에
   의한 채권은 곧 소멸시효의 완성에 이르는 시기에 도래하게 되었으므로 원고는 위
   채권의 소멸시효를 중단할 필요가 있습니다.
3. 결 론
   따라서 원고는 피고로부터 지급받지 못한 금2,650,000원 및 이에 대하여 지연손해
   금을 지급받고자 이 건 소송에 이르게 되었습니다.

입 증 방 법

1. 갑 제1호증   판결문사본1통

첨 부 서 류

1. 위 입증방법   각 1부
1. 소장부본   1부
1. 송달료납부서   1부

20○○.   ○ .   ○.

위 원 고 ○ ○ ○   (서명 또는 날인)

○○지방법원 ○○지원 귀중

소 장

원 고 ○○○ (주민등록번호)
　　　　○○시 ○○구 ○○로 ○○(우편번호)
　　　　전화·휴대폰번호:
　　　　팩스번호, 전자우편(e-mail)주소:

피 고 ◇◇◇ (주민등록번호)
　　　　○○시 ○○구 ○○로 ○○(우편번호)
　　　　전화·휴대폰번호:
　　　　팩스번호, 전자우편(e-mail)주소:

대여금 청구의 소

청 구 취 지

1. 피고는 원고에게 금 ○○○원 및 그 중 금 ○○○원에 대하여는 20○○. ○. ○.부터, 금 ○○○원에 대하여는 20○○. ○. ○.부터, 금 ○○○원에 대하여는 20○○. ○. ○.부터 각 이 사건 소장부본 송달일까지는 연 5%의, 그 다음날부터 다 갚을 때까지는 연 15%의 각 비율에 의한 돈을 지급하라.
2. 소송비용은 피고의 부담으로 한다.
3. 위 제1항은 가집행 할 수 있다.
라는 판결을 구합니다.

청 구 원 인

1. 피고는 원고에게 금 ○○○원에 대한 채무가 있었는데, 소외 주식회사 ◆◆산업 대표 ◆◆◆가 발행한 다음과 같은 내용의 수표를 차용증에 갈음하여, 원고에게 배서·양도하여 원고는 그 수표들의 최후 소지인이 되었습니다.

다 음

종 류	금 액	지 급 지	발 행 일
가계수표	○○○원	(주) ○○은행 ○○지점	20○○.○.○.
가계수표	○○○원	(주) ○○은행 ○○지점	20○○.○.○.
당좌수표	○○○원	(주) ○○은행 ○○지점	20○○.○.○.

당좌수표   ○○○원   (주) ○○은행 ○○지점   20○○.○.○.

2. 원고는 지급기일에 지급지 은행에 위 수표를 제시하였으나, 무거래라는 이유로 지급이 거절되었습니다.

3. 따라서 원고는 피고로부터 위 대여금 ○○○원 및 그 중 금 ○○○원에 대하여는 20○○. ○. ○.부터, 금 ○○○원에 대하여는 20○○. ○. ○.부터, 금 ○○○원에 대하여는 20○○. ○. ○.부터 각 이 사건 소장부본 송달일까지는 민법이 정한 연 5%의, 그 다음날부터 다 갚을 때까지는 소송촉진등에관한특례법이 정한 연 15%의 각 비율에 의한 돈을 지급 받기 위하여 이 사건 청구에 이른 것입니다.

입 증 방 법

1. 갑 제1호증의 1, 2   가계수표앞면 및 뒷면
1. 갑 제2호증의 1, 2   당좌수표앞면 및 뒷면

첨 부 서 류

1. 위 입증방법   각 2통
1. 소장부본   1통
1. 송달료납부서   1통

20○○. ○. ○.
위 원고   ○○○   (서명 또는 날인)

○○지방법원 귀중

[서식] 대여금 청구의 소(회사 주채무자, 개인 연대보증)

소　　장

원　　고　　○○○ (주민등록번호)
　　　　　　　○○시 ○○구 ○○로 ○○(우편번호 ○○○-○○○)
　　　　　　　전화·휴대폰번호:
　　　　　　　팩스번호, 전자우편(e-mail)주소:

피　　고　　1. ◇◇운수 주식회사
　　　　　　　　○○시 ○○구 ○○로 ○○(우편번호 ○○○-○○○)
　　　　　　　　대표이사 ◈◈◈
　　　　　　　　전화·휴대폰번호:
　　　　　　　　팩스번호, 전자우편(e-mail)주소:
　　　　　　　2. ◇◇◇ (주민등록번호)
　　　　　　　　○○시 ○○구 ○○로 ○○(우편번호 ○○○-○○○)
　　　　　　　　전화·휴대폰번호:
　　　　　　　　팩스번호, 전자우편(e-mail)주소:

대여금 청구의 소

청 구 취 지

1. 피고들은 연대하여 원고에게 금 ○○○원 및 이에 대한 20○○. ○. ○.부터 이 사건 소장부본 송달일까지는 연 12%의, 그 다음날부터 다 갚을 때까지는 연 15%의 각 비율에 의한 돈을 지급하라.
2. 소송비용은 피고들의 부담으로 한다.
3. 위 제1항은 가집행 할 수 있다.
라는 판결을 구합니다.

청 구 원 인

1. 피고 ◇◇운수 주식회사는 이 대여금 청구의 채무자이고, 피고 ◇◇◇는 원고와 피고 ◇◇운수 주식회사 사이의 대여금채무에 대한 연대보증인입니다.
2. 피고 ◇◇운수 주식회사는 여객운송을 주업무로 하고 있는 회사입니다. 원고는 피고 ◇◇운수 주식회사의 전무로 재직하던 중 당시 대표이사였던 피고 ◇◇◇로부터 회사의 운영자금이 부족하니 일부자금을 대여해주면 회사사정이 나아지는 대로 약정이자와 함께 즉시 상환하겠다는 부탁을 받았습니다. 이에 원고는 20○○. ○. ○.에 사장실에서 금 ○○○원을 차용기간을 1년, 약정이율 월 1%로 하고 피고 ◇◇

운수 주식회사를 채무자, 당시 대표이사인 ◇◇◇를 연대보증인으로 하여 빌려 준 사실이 있습니다(갑 제1호증 차용증사본 참조).

3. 그런데 피고 ◇◇운수 주식회사는 원고의 자금대여 후에도 계속해서 자금사정이 악화되고 노조가 회사측의 부당한 대우에 파업을 하는 등으로 인하여 20○○. ○.경부터는 직원들의 급여도 지급할 수 없는 지경에 이르게 되었습니다. 이에 부득이 원고는 20○○. ○. ○.자로 회사를 퇴직하였고 피고 ◇◇운수 주식회사 및 피고 ◇◇◇(현재는 대표이사가 아님)에게 원고의 채권을 해결하여 달라고 여러 차례에 걸쳐 구두로 요구하였으나, 변제하겠다는 답변만을 했을 뿐 위 채무금의 일부도 변제한 사실이 없습니다.

4. 따라서 피고들은 연대하여 원고에게 금 ○○○원 및 20○○. ○. ○부터 이 사건 소장부본 송달일까지는 연 12%의, 그 다음날부터 다 갚을 때까지 소송촉진등에관한특례법에서 정한 연 15%의 각 비율에 의한 돈을 지급 받기 위하여 이 사건 소제기에 이르렀습니다.

입 증 방 법

1. 갑 제1호증   차용증

첨 부 서 류

1. 위 입증방법   3통
1. 법인등기사항증명서   1통
1. 소장부본   2통
1. 송달료납부서   1통

20○○.   ○.   ○.

위 원고   ○○○   (서명 또는 날인)

○○지방법원   귀중

[서식] 대여금채무 부존재확인청구의 소(채무면제로 인한 채무소멸)

소   장

원   고   ○○○ (주민등록번호)
          ○○시 ○○구 ○○로 ○○(우편번호 ○○○-○○○)
          전화·휴대폰번호:
          팩스번호, 전자우편(e-mail)주소:

피   고   ◇◇◇ (주민등록번호)
          ○○시 ○○구 ○○로 ○○(우편번호 ○○○-○○○)
          전화·휴대폰번호:
          팩스번호, 전자우편(e-mail)주소:

대여금채무부존재확인청구의 소

청 구 취 지

1. 원고와 피고 사이의 20○○. ○. ○.자 금전소비대차계약에 의한 원금 10,000,000원 및 이에 대한 이자 기타 일체의 채무는 존재하지 아니함을 확인한다.
2. 소송비용은 피고의 부담으로 한다.
라는 판결을 구합니다.

청 구 원 인

1. 피고는 원고에 대하여 20○○. ○. ○. 금 10,000,000원을 이자는 월 2%, 변제기는 20○○. ○○. ○.로 정하여 대여한 사실이 있습니다.
2. 그런데 원고는 사업에 실패하여 숙식을 해결할 형편도 되지 못하자, 피고는 위 채무 중 금 5,000,000원만을 변제하면 위 채무 모두를 면제하겠다고 하여 친척으로부터 가까스로 빌린 금 5,000,000원을 20○○. ○○. ○○. 소외 ◉◉◉가 입회한 상태에서 피고에게 지급하였습니다.
3. 그러나 피고는 위 금 5,000,000원을 지급 받자 위와 같은 면제사실을 부정하면서 다시 위 채무의 이행을 요구하고 있습니다.
4. 따라서 원고와 피고 사이의 20○○. ○. ○.자 금전소비대차계약에 의한 원금 10,000,000원 및 이에 대한 이자 기타 일체의 채무는 원고의 일부변제 및 피고의 면제로 인하여 소멸하고 존재하지 않으므로 원고는 피고에 대하여 이의 확인을 구하기 위하여 이 사건 소를 제기합니다.

입 증 방 법

1. 갑 제1호증   금전소비대차계약서
1. 갑 제2호증   사실확인서(소외 ◉◉◉)
1. 갑 제3호증   녹취서

첨 부 서 류

1. 위 입증방법   각 1통
1. 소장부본   1통
1. 송달료납부서   1통

20○○.   ○.   ○.
위 원고   ○○○   (서명 또는 날인)

○○지방법원   귀중

준 비 서 면

사 건   20○○가합○○○○ 대여금
원 고   ○○○
피 고   ◇◇◇

위 사건에 관하여 원고는 다음과 같이 변론을 준비합니다.

다   음

1. 사실관계의 정리

가. 대여금 액수에 대하여

피고는 ○○구 ○○동에서 '○횟집'을 운영하였습니다. 그러던 중, 피고는 원고로부터 19○○년경 금 2,500만원, 19○○년경 금 3,500만원 합계 금 6,000만원을 빌렸습니다.

나. 다툼 없는 사실의 정리

피고는 19○○년경 금 2,500만원을 빌렸다는 것을 인정하고 있으나, 19○○년경 금 3,500만원을 빌렸다는 사실은 이를 부인하고 있으며, 피고가 오히려 원고에게 금 80,919,000원을 원금과 이자 조로 변제하였다고 주장하고 있습니다.

다. 따라서 이 사건의 쟁점은 피고가 19○○년경 금 3,500만원을 빌린 사실이 있는지, 피고가 원고에게 이자 및 원금의 상환조로 준 돈이 얼마인지라고 하겠습니다.

2. 금 3,500만원의 대여여부에 관하여

가. 피고의 주장

피고는 원고가 19○○년경 위 횟집의 전세보증금으로 투자한 금 2,800만원과 권리금 1,000만원을 합한 금액에서 금 300만원을 뺀 금 3,500만원에 이 사건 횟집을 인수하기로 피고와 합의하였으나 이를 이행하지 않았으므로, 결과적으로 피고는 채무를 지지 않고 있다는 것입니다.

나. 피고 주장의 부당성

원고는 피고가 먼저 빌려간 금 2,500만원의 원금은커녕 이자의 지급마저 게을리하고 있자, 이를 독촉하던 차에 피고가 자신에게 금 3,500만원을 추가로 빌려준다면 소외 ◉◉◉에게 들고 있던 계금 5,400만원의 명의를 원고에게 이전시켜 주겠다고 기망하였습니다. 이에 원고는 소외 ◉◉◉로부터 피고가 위 계원으로 있는지 확인(수사기록 78면, 진술조서)을 하였고, 기존에 빌려주었던 금 2,500만원까지 확보하겠다는 욕심에 친구로부터 금 4,000만원을 차용하여 피고에게 금 3,500만원을 빌려 주었던 것입니다.

그러나 피고는 위 계금을 성실히 납부하지 않았고 원고는 빌려준 금 3,500만원을 위 계금으로 충당하지 못하게 된 것입니다.

3. 피고가 이자 및 원금상당의 금원을 변제하였는지

가. 피고의 주장

피고는 19○○. ○.경부터 19○○. ○.경까지 총액 금 80,919,000원을 갚았고 이것으로 이자뿐만이 아니라 원금까지 변제되었다고 주장하고 있습니다.

나. 피고 주장의 부당성

그러나 피고는 증거로 장부를 제출하고도 도대체 어느 부분이 피고의 주장 사실에 부합하는지 특정도 하지 않았으며, 게다가 위 장부와 사실확인서는 객관성도 없습니다. 원고는 총액 금 1,500여만원 정도를 피고로부터 받은 사실은 있으나 이는 어디까지나 이자조로 받은 것이지 원금이 상환된 것도 아닙니다. 이것은 각서상으로도 분명히 인정되고 있습니다.

4. 결 론

결국 피고의 주장은 어느 것도 이를 인정할 만한 정도로 입증되지 않은 허위의 진술에 지나지 않습니다. 오히려 원고는 금 6,000만원이나 되는 거금을 빌려주고도 6년이 지난 현재까지 원금은커녕 이자도 제대로 받지 못하였습니다. 특히 원고가 빌려준 금 3,500만원은 원고가 친구인 소외 ◎◎◎로부터 차용한 돈입니다. 원고는 친구의 빚 독촉에 못 이겨 동생 소외 ■■■의 집을 저당 잡혀 위 돈을 변제한 상태이며(수사기록 45면, 금전소비대차약정서), 생활고로 하루하루 어려운 생활을 하던 중 자살까지 기도하였습니다. 따라서 원고의 권리회복을 위해 조속히 원고의 청구를 인용하여 주시기 바랍니다.

20○○.   ○.   ○.
위 원고   ○○○ (서명 또는 날인)

○○지방법원 제○○민사부   귀중

[서식] 답변서(대여금청구에 대한 부인)

답 변 서

사　건　20○○가단○○○○ 대여금
원　고　○○○
피　고　◇◇◇

　위 사건에 관하여 피고는 다음과 같이 답변합니다.

다　　　음

1. 기초적인 사실관계
　가. 원고는 20○○. ○. ○. 피고에게 금 30,000,000원을 대여하였다고 주장하며 그
　　돈의 지급을 구하고 있으나 이는 사실과 다릅니다.
　나. 원고와 피고는 평소 잘 알고 지내던 사이로서 소외 ◉◉◉는 피고의 매형입니다.
　　소외 ◉◉◉는 20○○. ○.경 사업문제로 인하여 급전이 필요하다고 하여 피고에
　　게 돈을 빌릴 만한 사람이 없느냐고 물어왔고 피고는 잘 알고 있던 원고에게 혹
　　시 여유 있는 돈이 있느냐고 물었더니 가능하다고 하여 피고는 원고를 소외 ◉◉
　　◉에게 소개하여 주었던 것입니다.
　다. 그 뒤 소외 ◉◉◉가 위 가항 일시에 원고로부터 금 30,000,000원을 차용한 것
　　은 사실입니다.
2. 피고의 책임
　비록 원고가 피고의 소개로 인하여 소외 ◉◉◉를 알게 되어 소외 ◉◉◉에게 돈
　을 대여하였다고는 하나 이는 피고와는 직접적인 관련은 없는 것으로서 피고가 위
　대여금의 지급을 보증한 적은 없습니다. 원고는 피고가 위 대여일시에 동석하였다
　는 이유만으로 피고가 책임을 져야 한다는 취지로 주장하나 이는 타당하다고 볼
　수 없으며, 어떠한 형태로든 피고가 위 지급의 보증의사를 표시한 적이 없으므로
　피고가 이를 책임질 이유는 없다 할 것입니다.
3. 결론
　원고는 소외 ◉◉◉로부터 대여금을 지급 받지 못하자 피고에게 소를 제기한 것으
　로서 위와 같이 원고의 청구는 타당하지 않으므로 이를 기각하여 주시기 바랍니다.

20○○.　○.　○.
위 피고　　◇◇◇ (서명 또는 날인)

○○지방법원 제○○민사단독　귀중

■ 참고 ■

① 피고가 원고의 청구를 다투는 경우에는 소장의 부본을 송달 받은 날부터 30일 이내에 답변서를 제출하여야 함. 다만, 피고가 공시송달의 방법에 따라 소장의 부본을 송달 받은 경우에는 그러하지 아니함(민사소송법 제256조 제1항). 법원은 피고가 민사소송법 제256조 제1항의 답변서를 제출하지 아니한 때에는 청구의 원인이 된 사실을 자백한 것으로 보고 변론 없이 판결할 수 있음. 다만, 직권으로 조사할 사항이 있거나 판결이 선고되기까지 피고가 원고의 청구를 다투는 취지의 답변서를 제출한 경우에는 그러하지 아니합니다(민사소송법 제257조 제1항).

② 상고심에서 피상고인은 상고인의 상고이유서를 송달 받은 날부터 10일 이내에 답변서를 제출할 수 있습니다(민사소송법 제428조 제2항).

③ 당사자가 공시송달에 의하지 아니한 적법한 소환을 받고도 변론기일에 출석하지 아니하고 답변서 기타 준비서면마저 제출하지 아니하여 상대방이 주장한 사실을 명백히 다투지 아니한 때에는 그 사실을 자백한 것으로 간주하도록 되어 있으므로, 그 결과 의제자백(자백간주) 된 피고들과 원고의 주장을 다툰 피고들 사이에서 동일한 실체관계에 대하여 서로 배치되는 내용의 판단이 내려진다고 하더라도 이를 위법하다고 할 수 없습니다(대법원 1997.2.28. 선고 96다53789 판결).

7. 도급계약 관련 소송 서식

[서식] 공사대금청구의 소(건축도중 부도, 기성고에 대한)

소 장

원 고   ○○○ (주민등록번호)
　　　　○○시 ○○구 ○○길 ○○(우편번호)
　　　　전화·휴대폰번호:
　　　　팩스번호, 전자우편(e-mail)주소:
피 고   ◇◇◇ (주민등록번호)
　　　　○○시 ○○구 ○○길 ○○(우편번호)
　　　　전화·휴대폰번호:
　　　　팩스번호, 전자우편(e-mail)주소:

공사대금청구의 소

청 구 취 지

1. 피고는 원고에게 금 30,000,000원 및 이에 대한 이 사건 소장부본 송달 다음날부터 다 갚을 때까지 연 15%의 비율에 의한 돈을 지급하라.
2. 소송비용은 피고가 부담한다.
3. 위 제1항은 가집행 할 수 있다.
라는 판결을 구합니다.

청 구 원 인

1. 원고는 피고로부터 건물신축공사를 다음과 같이 하도급 받아 공사를 50% 완성하였습니다.
 가. 원고는 20○○. ○. 하순경 피고와 사이에 ○○시 ○○구 ○○길 ○○의 ○ 소재 신축주택 100㎡의 공사하도급계약을 체결하고 도급금액은 ㎡당 금 600,000원 합계 금 60,000,000원(100㎡ × 600,000원)으로, 공사기간은 20○○. ○.부터 같은 해 ○. ○○.까지로 약정하였습니다.
 나. 그런데 피고는 원고에게 위 공사의 하도급을 맡긴 이후인 20○○. ○. ○○.경 피고가 발행한 가계수표와 은행에 돌아온 약속어음을 결재하지 못하여 부도를 맞게 되었습니다.
 다. 원고는 당시 위 가항의 공사계약에 따라 성실히 공사를 수행하고 있었는데, 피고가 부도를 낼 즈음에는 총 공사의 약 50%를 완성하였습니다.

2. 원고가 피고의 부도사실을 알고 피고에게 이 사건 공사를 계속 진행할 의사가 있는지 여부 및 원고의 위 공사에 대한 기성금의 지급을 청구하였으나 피고는 답변을 차일피일 미루던 중 급기야 원고와 연락을 끊고 행방이 묘연해졌습니다. 그러므로 원고는 피고에게 내용증명우편으로 공사대금을 지급해줄 것을 최고하였으나 아무런 답변이 없습니다.

3. 원고는 피고와의 하도급계약에 따라 성실히 공사를 진행하여 공정대로 총공사의 50%를 진행하였는바, 원고와 피고의 하도급계약에 의하면 공사대금은 금30,000,000원(60,000,000원 × 50% = 30,000,000원)이라 할 것입니다. 또한, 위에서 보는 바와 같이 원고가 공사를 계속 진행한다고 하여도 피고는 공사대금의 지급능력이 없으므로 원고로서는 더 이상 공사를 진행할 수 없는 입장입니다. 따라서 원고는 이 사건 소장부본의 송달로 위 하도급계약의 해지통보에 갈음하고, 아울러 원고가 피고와의 계약에 따라 공사를 진행한 기성부분에 대한 공사대금을 청구하고자 합니다.

4. 그러므로 원고는 피고에 대하여 위 기성공사대금 30,000,000원 및 이에 대한 이 사건 소장부본 송달 다음날부터 다 갚을 때까지 소송촉진등에관한특례법 소정의 연 15%의 비율에 의한 지연손해금을 지급 받고자 이 사건 청구에 이른 것입니다.

입 증 방 법

1. 갑 제1호증   하도급 계약서
1. 갑 제2호증   최고서
1. 갑 제3호증   진술서
1. 갑 제4호증 1 내지 3   각 확인서

첨 부 서 류

1. 위 입증방법   각 1통
1. 소장부본   1통
1. 송달료납부서   1통

20○○. ○. ○.
위 원고   ○○○ (서명 또는 날인)

○○지방법원 귀중

■ 참 고 ■

수급인이 공사를 완성하지 못한 채 공사도급계약이 해제되어 기성고에 따른 공사비를 정산하여야 할 경우, 특별한 사정이 없는 한 그 공사비는 약정된 총공사비에서 막바로 미시공부분의 완성에 실제로 소요될 공사비를 공제하여 산정 할 것이 아니라, 기성부분과 미시공부분에 실제로 소요되거나 소요될 공사비를 기초로 산출한 기성고비율을 약정공사비에 적용하여 산정하여야 하고, 기성고비율은 이미 완성된 부분에 소요된 공사비에다가 미시공 부분을 완성하는 데 소요될 공사비를 합친 전체 공사비 가운데 이미 완성된 부분에 소요된 비용이 차지하는 비율입니다(대법원 1995.6.9. 선고 94다29300, 94다29317 판결).

[서식] 공사대금청구의 소(공사잔대금에 대한)

소   장

원 고   ○○○ (주민등록번호)
　　　　　○○시 ○○구 ○○길 ○○(우편번호)
　　　　　전화·휴대폰번호:
　　　　　팩스번호, 전자우편(e-mail)주소:
피 고   ◇◇주식회사
　　　　　○○시 ○○구 ○○길 ○○(우편번호)
　　　　　대표이사 ◈◈◈
　　　　　전화·휴대폰번호:
　　　　　팩스번호, 전자우편(e-mail)주소:

공사대금청구의 소

청 구 취 지

1. 피고는 원고에게 금 30,000,000원 및 이에 대하여 20○○. ○. ○○.부터 이 소장 부본 송달일까지는 연 5%의, 그 다음날부터 다 갚을 때까지는 연 15%의 각 비율에 의한 돈을 지급하라.
2. 소송비용은 피고가 부담한다.
3. 위 제1항은 가집행 할 수 있다.
라는 판결을 구합니다.

청 구 원 인

1. 원고는 20○○. ○. ○. 피고와 사이에 피고가 건축중인 ○○시 ○○구 ○○길 ○○ 소재 ○○빌라주택(30세대)의 타일 및 미장공사를 아래와 같이 하도급 받는 계약을 체결하였습니다.
 (1) 공사기간 : 20○○. ○. ○○. 착공
 (2) 총 대 금 : 금 50,000,000원
 (3) 대금지급방법 : 공사가 끝나는 즉시 전액
2. 원고는 위 계약에 따라 20○○. ○. ○○. 공사에 착수하여 20○○. ○. ○○. 타일 및 미장공사 일체를 완료하여 주었는바, 피고가 위 공사대금 50,000,000원 중 20○○. ○. ○○. 20,000,000원만 지급하고 나머지 공사대금 30,000,000원을 지급하지 않고 있습니다.
3. 원고는 피고에게 위 나머지 공사대금 30,000,000원을 지급할 것을 여러 차례 독촉

하였는데도 피고는 차일피일 미루고만 있습니다.

4. 따라서 원고는 피고로부터 위 나머지 공사대금 30,000,000원 및 그에 대한 공사 완공 다음날부터 이 사건 소장부본 송달일까지는 민법 소정의 연 5%의, 그 다음날부터 다 갚을 때까지는 소송촉진등에관한특례법 소정의 연 15%의 각 비율에 의한 지연손해금을 지급 받고자 이 사건 청구에 이른 것입니다.

입 증 방 법

1. 갑 제1호증   건설공사표준도급(하도급) 계약서

첨 부 서 류

1. 위 입증방법	1통
1. 법인등기사항증명서	1통
1. 소장부본	1통
1. 송달료납부서	1통

20○○. ○. ○.

위 원고   ○○○ (서명 또는 날인)

○○**지방법원 귀중**

■ **관련판례** ■

갑 건설회사가 을에게서 노인복지타운 신축 공사 중 토공사와 부대토목공사를 도급받아 가시설공사를 진행하다가 중단하였고, 공사 중단 당시 가시설공사 중 터파기 공사에 해당하는 부분은 대체로 마무리된 반면 흙막이 공사 부분은 이루어지지 않았으나, 암발파 방법에 의한 오픈컷(Open Cut) 공사가 이루어진 것과 유사한 외관을 띄고 있어 이에 따라 굳이 흙막이 공사를 하지 않아도 되는 상태인데, 갑 회사가 을을 상대로 제기한 공사대금청구소송에서 공사 중단 당시의 기성고 비율이 문제 된 사안에서, 가시설공사 중 흙막이 공사 부분은 현장의 지반여건 변화에 따라 설계도면에 따른 터파기 공사와 흙막이 공사의 방법이 아닌 암발파 오픈컷 방법으로 시공된 것으로 보이는데, 갑 회사의 암발파 방법에 의한 오픈컷 공사가 이루어져서 굳이 흙막이 공사를 하지 않아도 되는 상태이고, 이와 같은 상황에서 흙막이 공사가 없더라도 가시설공사가 예정한 목적과 기능이 달성될 수 있어 후속 공정을 진행하는 데 별다른 문제나 장애가 없다면, 흙막이 공사 부분이 미완성 부분으로서 공정률에서 제외되어야 한다고 보기 어려우므로, 이와 같은 경우 공사의 시공 부분과 미시공 부분을 구별하여 이미 완성된 부분에 든 공사비와 미완성 부분을 완성하는 데

들어갈 공사비를 각각 산출한 다음 기성고를 산정하여야 하는데도, 공사 중단 당시 물리적으로 흙막이 공사가 이루어지지 않았다는 이유만으로 흙막이 공사 부분을 기성고 산정의 공정률에서 제외하고, 가시설공사의 공사계약금액에서 단순히 흙막이 공사에 해당하는 공사계약금액을 뺀 나머지 공사금액을 기준으로 기성고를 산정한 원심판단에 법리오해의 잘못이 있다(대법원 2017.12.28. 선고 2014다83890 판결).

소　　장

원　　고　　○○○ (주민등록번호)
　　　　　　○○시 ○○구 ○○길 ○○(우편번호)
　　　　　　전화·휴대폰번호:
　　　　　　팩스번호, 전자우편(e-mail)주소:
피　　고　　◇◇◇ (주민등록번호)
　　　　　　○○시 ○○구 ○○길 ○○(우편번호)
　　　　　　전화·휴대폰번호:
　　　　　　팩스번호, 전자우편(e-mail)주소:

공사대금청구의 소

청　구　취　지

1. 피고는 원고에게 금 ○○○만원 및 이에 대한 소장부본 송달 다음날부터 다 갚을 때까지 연 15%의 비율에 의한 돈을 지급하라.
2. 소송비용은 피고가 부담한다.
3. 위 제1항은 가집행 할 수 있다.
라는 판결을 구합니다.

청　구　원　인

1. 원고는 피고의 노무수급인이고, 피고는 소외 ◆◆◆ 소유인 ○○시 ○○구 ○○길 ○○ 소재 건물에 대한 지상 7층 바닥 미장공사를 원고에게 하도급한 도급인입니다.
2. 원고와 피고는 20○○. ○. ○○. 위 건물 지상 7층 바닥 미장공사의 일부분인 30㎡의 공사를 금 ○○○만원으로 하는 노무수급계약을 체결하였으며, 원고는 위 계약에 따라 미장공사에 착수하여 노무를 제공하고 20○○. ○. ○○. 위 공사를 완성하였습니다.
3. 그런데 피고는 그의 공사대금을 그의 도급인으로부터 모두 지급받았음에도 불구하고 공사준공 뒤 곧바로 지급하기로 한 원고의 공사대금 ○○○만원을 지금까지 지급하지 않고 있는 실정입니다.
4. 따라서 원고는 피고로부터 원고의 위 미장공사대금 ○○○만원 및 이에 대한 소장 부본 송달 다음날부터 다 갚을 때까지 소송촉진등에관한특례법 소정의 연 15%의 비율에 의한 돈을 지급 받기 위하여 이 사건 청구에 이른 것입니다.

입 증 방 법

1. 갑 제1호증   공사도급계약서

첨 부 서 류

1. 위 입증방법   1통
1. 소장부본   1통
1. 송달료납부서   1통

20○○.　○.　○.
위 원고　○○○　(서명 또는 날인)

○○지방법원　귀중

■ **관련판례** ■

갑 등이 을 주식회사와 갑 등 소유의 토지 위에 아파트를 신축하되 일부 세대를 공사대금 명목으로 을 회사에 대물변제하기로 약정하고, 아파트 개별 세대에 관하여 갑 등 각자를 1/5 지분 소유권자로 하여 소유권보존등기를 마친 상태에서 을 회사로부터 아파트를 분양받아 점유하고 있는 병을 상대로 소유권에 기한 방해배제청구로서 건물인도를 구하는 소(이하 '제1차 인도소송'이라 한다)를 제기하였으나, 병이 분양에 관한 처분권한을 가진 을 회사와 매매계약을 체결하여 아파트를 매수하였으므로 이를 점유할 정당한 권원이 있다는 이유로 패소판결이 선고되어 확정되었는데, 그 후 을 회사가 병을 상대로 매매계약의 무효 확인을 구하는 소(이하 '무효확인 소송'이라 한다)를 제기하여 매매계약이 을 회사를 대리할 정당한 권한이 있는 사람에 의하여 체결되었다는 증거가 없어 무효라는 취지의 판결이 선고되어 확정되자, 다시 갑 등이 병을 상대로 공유물에 대한 보존행위로서 건물인도를 구하는 소(이하 '제2차 인도소송'이라 한다)를 제기한 사안에서, 제1차 인도소송과 제2차 인도소송의 소송물은 모두 소유권에 기한 방해배제를 구하는 건물인도 청구권으로 동일하고, 매매계약이 정당한 권한이 있는 사람에 의하여 체결되어 병이 아파트를 점유할 정당한 권원이 있는지는 제1차 인도소송의 변론종결 전에 존재하던 사유로 갑 등이 제1차 인도소송에서 공격방어방법으로 주장할 수 있었던 사유에 불과하고 그에 대한 법적 평가가 담긴 무효확인 소송의 확정판결이 제1차 인도소송의 변론종결 후에 있었더라도 이를 변론종결 후에 발생한 새로운 사유로 볼 수도 없으므로, 제2차 인도소송은 제1차 인도소송의 확정판결의 기판력에 저촉되어 허용될 수 없다(대법원 2016.8.30. 선고 2016다222149 판결).

[서식] 공사대금청구의 소(도급인의 공사방해로 인한 계약해제 및 기성고에 대한)

소   장

원   고   ○○○ (주민등록번호)
             ○○시 ○○구 ○○길 ○○(우편번호)
             전화·휴대폰번호:
             팩스번호, 전자우편(e-mail)주소:

피   고   ◇◇◇ (주민등록번호)
             ○○시 ○○구 ○○길 ○○(우편번호)
             전화·휴대폰번호:
             팩스번호, 전자우편(e-mail)주소:

공사대금청구의 소

청 구 취 지

1. 피고는 원고에게 금 25,000,000원 및 이에 대하여 20○○. ○. ○○.부터 이 사건 소장부본 송달일까지는 연 5%의, 그 다음날부터 다 갚을 때까지는 연 15%의 각 비율에 의한 돈을 지급하라.
2. 소송비용은 피고가 부담한다.
3. 위 제1항은 가집행 할 수 있다.
라는 판결을 구합니다.

청 구 원 인

1. 원·피고의 신분관계
   원고는 ○○시 ○○구 ○○동 ○○ 대지 150㎡ 위 지상 3층 지하 1층 주택신축공사의 도급계약에 있어서 수급인이고, 피고는 위 신축주택의 건축주이며 위 공사의 도급인입니다.
2. 원고는 20○○. ○. ○. 피고와 위 주택신축공사의 총공사대금을 ○억원으로 정한 도급공사계약을 체결하고 공사기간은 20○○. ○. ○.부터 20○○. ○○. ○○까지 공사 완성하기로 각 약정하고 공사도급계약서를 작성하였습니다.
3. 원고는 위 주택신축공사도급계약의 내용에 따라 20○○. ○. ○.부터 시공자재 및 현장인부를 투입하여 설계도에 의한 위 주택신축공사를 시공하였습니다.
4. 그런데 피고는 위 공사를 성실히 시공하고 있는 원고에게 20○○. ○. 초순에 위 공사를 그만둘 것을 요구하고 원고가 이를 거부하자 20○○. ○. ○○.부터 인부를 고용하여 원고가 고용한 현장인부를 공사장에서 축출하는 등 원고로 하여금 공사

를 더 이상 진행시킬 수 없도록 공사를 방해하고, 피고가 잘 알고 있는 공사업자 소외 ◆◆◆와 위 주택신축공사도급계약을 다시 체결하여 소외 ◆◆◆에게 위 주택신축공사를 완성하도록 한 사실이 있습니다.

5. 그러므로 원고는 20○○. ○. ○○. 피고에게 피고의 공사방해로 인하여 더 이상 도급계약을 이행할 수 없는 지경에 이른 것이므로 위 도급계약의 해제통고를 내용증명우편으로 발송하였고, 원고와 피고 사이의 위 주택신축공사도급계약은 원고의 해제의사의 내용증명통고서가 피고에게 도달된 20○○. ○. ○○.에 정당하게 해제되었다 할 것이고, 위 도급계약은 피고의 귀책사유로 해제된 것이므로 피고는 원고의 모든 손해를 배상하여 줄 의무가 있다 할 것입니다.

6. 따라서 원고는 피고에 대하여 피고의 공사방해로 인한 도급계약해제된 위 주택신축공사의 기성고 금 20,000,000원과 기타 기대손해 금 5,000,000원의 합계 금 25,000,000원 및 이에 대하여 원고의 해제의사의 내용증명통고서가 피고에게 도달된 20○○. ○. ○○.부터 이 사건 소장부본 송달일까지는 민법 소정의 연 5%의, 그 다음날부터 다 갚을 때까지는 소송촉진등에관한특례법 소정의 연 15%의 각 비율에 의한 지연손해금을 지급 받기 위하여 이 사건 청구에 이른 것입니다.

입 증 방 법

1. 갑 제1호증   주택신축공사계약서
1. 갑 제2호증   공사설계도
1. 갑 제3호증   공사자재영수증
1. 갑 제4호증   인건비 지출내역서
1. 갑 제5호증   통고서

첨 부 서 류

1. 위 입증방법   각 1통
1. 소장부본   1통
1. 송달료납부서   1통

20○○.   ○.   ○.

위 원고   ○○○   (서명 또는 날인)

○○지방법원   귀중

■ **관련판례** ■

당사자 사이에 계약의 해석을 둘러싸고 다툼이 있어 처분문서에 나타난 당사자의 의사해석이 문제 되는 경우에는 문언의 내용, 약정이 이루어진 동기와 경위, 약정으로 달성하

려는 목적, 당사자의 진정한 의사 등을 종합적으로 고찰하여 논리와 경험칙에 따라 합리적으로 해석하여야 한다.

발주자가 하도급대금을 직접 하수급인에게 지급하기로 발주자, 수급인, 하수급인 사이에 합의하는 경우에도 같은 법리가 적용된다. 이때 발주자, 수급인, 하수급인 사이의 직접 지급합의 후에 수급인과 하수급인의 별개 계약에 따라 추가적인 공사대금이 발생한 경우 그 부분에 대해서도 직접 지급합의의 효력이 미치는지는 신중하게 판단하여야 한다(대법원 2018.6.15. 선고 2016다229478 판결).

[서식] 공사대금청구의 소(도장부분 하수급인이 바로 위 도급인을 상대로)

소　　　장

원　　고　　○○○ (주민등록번호)
　　　　　　○○시 ○○구 ○○길 ○○(우편번호)
　　　　　　전화·휴대폰번호:
　　　　　　팩스번호, 전자우편(e-mail)주소:

피　　고　　◇◇◇ (주민등록번호)
　　　　　　○○시 ○○구 ○○길 ○○(우편번호)
　　　　　　전화·휴대폰번호:
　　　　　　팩스번호, 전자우편(e-mail)주소:

공사대금청구의 소

청　구　취　지

1. 피고는 원고에게 금 25,000,000원 및 이에 대하여 20○○. ○. ○○.부터 이 사건 소장부본 송달일까지는 연 5%의, 그 다음날부터 다 갚을 때까지는 연 15%의 각 비율에 의한 돈을 지급하라.
2. 소송비용은 피고가 부담한다.
3. 위 제1항은 가집행 할 수 있다.
라는 판결을 구합니다.

청　구　원　인

1. 원·피고의 신분관계
　　원고는 피고와 건축도장공사의 하도급 계약을 체결하고 도장공사를 수행한 자이고, 피고는 원고에게 위 하도급대금을 지급하지 않고 있는 자입니다.
2. 원고는 20○○. ○. ○○. 피고와 ○○시 ○○구 ○○길 ○○소재 ○○오피스텔신축공사(건축주 ◈◈◈) 중 건물외벽 및 내벽의 도장공사를 공사대금 ㎡당 금100,000원, 총면적 500㎡, 공사기간 20○○. ○. ○○. - 20○○. ○○. ○○.까지로 하는 도장공사하도급계약을 체결하였습니다.
3. 원고는 위 하도급계약의 내용대로 20○○. ○. ○○.부터 도장공사를 시작하여 성실히 공사를 진행한 끝에 예정일인 20○○. ○○. ○○. 도장공사를 모두 완료하였습니다. 그런데 피고는 원고에게 도장공사의 하도급대금을 지급하지 않고 있어 급기야 원고는 피고에게 변제를 요구하는 등 여러 차례 변제최고를 하였으나 피고는 변

번이 지급하겠다는 말뿐이므로 원고는 위 공사완료이후인 20○○. ○○. ○○. 피고에게 내용증명우편으로 최고한 바 있습니다. 피고는 이에 대하여 답변서를 보내왔는데, 건축주로부터 공사대금을 지급 받지 못하여 부득이 원고에게 공사대금을 지급하지 못하고 있다는 것이었습니다. 그러나 원고가 건축주에게 알아본 바로는 공사대금은 위 오피스텔 분양이 모두 끝난 이후인 20○○. ○○. ○○. 피고에게 공사대금을 모두 지급하였다는 것입니다.

4. 따라서 원고는 피고로부터 위 도장공사대금 25,000,000원 및 이에 대하여 위 도장공사완료 다음날인 20○○. ○. ○○.부터 이 사건 소장부본 송달일까지는 민법 소정의 연 5%의, 그 다음날부터 다 갚을 때까지는 연 15%의 각 비율에 의한 지연손해금을 지급 받기 위하여 이 사건 청구에 이른 것입니다.

입 증 방 법

1. 갑 제1호증   건물도장하도급 계약서
1. 갑 제2호증   최고서
1. 갑 제3호증   답변서
1. 갑 제4호증   확인서

첨 부 서 류

1. 위 입증방법   각 1통
1. 소장부본   1통
1. 송달료납부서   1통

20○○.   ○.   ○.
위 원고   ○○○ (서명 또는 날인)

○○지방법원 ○○지원 귀중

[서식] 공사대금청구의 소(미장부분 하수급인이 바로 위 도급인을 상대로)

소　　장

원　　고　　○○○ (주민등록번호)
　　　　　　○○시 ○○구 ○○길 ○○(우편번호)
　　　　　　전화·휴대폰번호:
　　　　　　팩스번호, 전자우편(e-mail)주소:
피　　고　　◇◇◇ (주민등록번호)
　　　　　　○○시 ○○구 ○○길 ○○(우편번호)
　　　　　　전화·휴대폰번호:
　　　　　　팩스번호, 전자우편(e-mail)주소:

공사대금청구의 소

청 구 취 지

1. 피고는 원고에게 금 15,750,000원 및 이에 대하여 20○○. ○. ○○.부터 이 사건 소장부본 송달일까지는 연 5%의, 그 다음날부터 다 갚을 때까지는 연 15%의 각 비율에 의한 돈을 지급하라.
2. 소송비용은 피고가 부담한다.
3. 위 제1항은 가집행 할 수 있다.
라는 판결을 구합니다.

청 구 원 인

1. 당사자들 관계
　　피고는 ○○시 ○○구 ○○길 ○○ 소재 ○○빌라 1동의 신축공사에 대한 도급업자이고, 원고는 미장을 전문으로 하는 미장업자입니다.
2. 공사하도급계약의 체결 및 공사대금채권의 발생
　가. 원고는 20○○. ○. ○. 피고와의 사이에 ㎡당 금 45,000원에 총 350㎡의 위 ○○빌라 1동의 내·외 바닥 미장공사를 하여 주기로 하는 내용의 하도급계약을 체결하여 위 미장공사를 20○○. ○. ○○.까지 모두 완료하였습니다.
　나. 따라서 피고는 원고에게 위 하도급계약의 약정내용대로 금 15,750,000원(45,000원 × 350㎡)의 공사대금을 지급할 의무가 있다 할 것이고, 원고는 피고에 대해 위 금원 상당의 공사대금채권이 있다 할 것입니다.
3. 결 론
　　그러므로 원고는 피고로부터 위 공사대금 15,750,000원 및 이에 대하여 위 미장공사의 완료 다음날인 20○○. ○. ○○.부터 이 사건 소장부본 송달일까지는 민법 소정의 연 5%의, 소장부본 송달 다음날부터 다 갚을 때까지는 소송촉진등에관한특례법 소정의 연 15%의 각 비율에 의한 지연손해금을 지급 받고자 이 사건 청구에 이르렀습니다.

<h2 style="text-align:center">입 증 방 법</h2>

1. 갑 제1호증   하도급계약서
1. 갑 제2호증   통고서(내용증명우편)

<h2 style="text-align:center">첨 부 서 류</h2>

1. 위 입증방법   각 1통
1. 소장부본   1통
1. 송달료납부서   1통

20○○. ○. ○.

위 원고 ○○○ (서명 또는 날인)

○○지방법원 ○○지원 귀중

소　　　장

원　　고　　○○○ (주민등록번호)
　　　　　　○○시 ○○구 ○○길 ○○(우편번호)
　　　　　　전화·휴대폰번호:
　　　　　　팩스번호, 전자우편(e-mail)주소:
피　　고　　◇◇◇ (주민등록번호)
　　　　　　○○시 ○○구 ○○길 ○○(우편번호)
　　　　　　전화·휴대폰번호:
　　　　　　팩스번호, 전자우편(e-mail)주소:

공사대금청구의 소

청 구 취 지

1. 피고는 원고에게 금 25,000,000원 및 이에 대하여 20○○. ○. ○.부터 이 사건 소
   장부본 송달일까지는 연 5%의, 그 다음날부터 다 갚을 때까지는 연 15%의 각 비율에
   의한 돈을 지급하라.
2. 소송비용은 피고가 부담한다.
3. 위 제1항은 가집행 할 수 있다.
라는 판결을 구합니다.

청 구 원 인

1. 원고는 ○○시 ○○구 ○○동 ○○ 대지 300㎡ 위에 지상 5층 지하 2층 ○○빌딩신축
   공사의 도급계약을 체결한 수급인이고, 피고는 위 공사계약의 도급인인바, 원고는 20
   ○○. ○. ○. 피고와 위 빌딩의 신축공사를 총공사금 ○억원에 도급공사를 체결하
   고 공사기간은 20○○. ○. ○.부터 20○○. ○○. ○○.까지 완료하기로 약정하고
   공사도급계약서를 작성하였습니다.
2. 원고는 위 빌딩 도급계약대로 20○○. ○. ○.부터 신축공사를 하기 위하여　시공
   자재 및 현장인부를 투입하여 설계도에 의한 공사를 시공하였는데, 피고는 20○○.
   ○. ○○.에 최초의 공사설계도에는 없는 승강기를 설치하고자 설계를 변경한 후
   원고에게 추가공사에 대한 공사대금은 공사가 완료된 뒤 정산하여 지급하겠다고 구
   두상으로 약속하였으므로 원고는 이것을 믿고서 이미 시공한 건물의 일부를 철거하고
   승강기설치를 위한 공사를 추가로 하게 되었습니다.
3. 그런데 20○○. ○○. ○○. 원고가 성실히 위 빌딩의 신축공사를 완료하여 신축빌
   딩을 피고에게 인도하고, 승강기설치를 위한 설계변경으로 추가 투입된 현장장인부
   의 비용 금 12,000,000원과 추가공사의 자재대금 13,000,000원의 합계 금

25,000,000원의 지급을 청구하였으나, 피고는 원고에게 승강기설치의 설계변경에 따른 추가공사금을 정산하여 지급하기로 구두상 약속을 하였음에도 불구하고 처음 약정한 공사대금 ○억원만 지급하고 추가공사금에 대하여는 계약서가 없다는 구실로 지급하지 못하겠다고 하다가, 원고가 계속 추가공사금의 정산을 요구하자 지금에 와서는 추가공사금 중 추가공사로 인하여 추가로 소요된 공사비의 10분의 1에도 못 미치는 2,500,000원만 지급하겠다고 억지를 부리고 있습니다.

4. 따라서 원고는 피고로부터 추가공사대금 25,000,000원 및 위 신축빌딩을 피고에게 인도한 다음날인 20○○. ○○. ○○.부터 이 사건 소장부본 송달일까지는 민법 소정의 연 5%의, 그 다음날부터 다 갚을 때까지는 소송촉진등에관한특례법 소정의 연 15%의 각 비율에 의한 지연손해금을 지급 받기 위하여 이 사건 청구에 이른 것입니다.

입 증 방 법

1. 갑 제1호증   빌딩도급 계약서
1. 갑 제2호증의 1, 2   각 공사설계도
1. 갑 제3호증   준공확인서
1. 갑 제4호증   추가공사 인건비지출내역서
1. 갑 제5호증   추가공사 자재대금지불영수증

첨 부 서 류

1. 위 입증방법   각 1통
1. 소장부본   1통
1. 송달료납부서   1통

20○○.   ○.   ○.
위 원고   ○○○   (서명 또는 날인)

○○지방법원 귀중

[서식] 공사대금청구의 소(조적부분 하수급인이 바로 위 도급인을 상대로)

소 장

원　　고　　○○○ (주민등록번호)
　　　　　　○○시 ○○구 ○○길 ○○(우편번호)
　　　　　　전화·휴대폰번호:
　　　　　　팩스번호, 전자우편(e-mail)주소:
피　　고　　◇◇◇ (주민등록번호)
　　　　　　○○시 ○○구 ○○길 ○○(우편번호)
　　　　　　전화·휴대폰번호:
　　　　　　팩스번호, 전자우편(e-mail)주소:

공사대금청구의 소

청 구 취 지

1. 피고는 원고에게 금 25,000,000원 및 이에 대하여 20○○. ○. ○○.부터 이 사건 소장부본 송달일까지는 연 5%의, 그 다음날부터 다 갚을 때까지는 연 15%의 각 비율에 의한 돈을 지급하라.
2. 소송비용은 피고가 부담한다.
3. 위 제1항은 가집행 할 수 있다.
라는 판결을 구합니다.

청 구 원 인

1. 원·피고의 신분관계
　원고는 ○○시 ○○구 ○○동 ○○ 대지 200㎡ 위 지상 7층 지하 1층 빌딩신축공사 중 조적부분공사의 하도급계약에 있어서 하수급인이고, 피고는 위 신축빌딩공사를 수급한 원고의 바로 위 도급인입니다.
2. 원고는 20○○. ○. ○○. 피고와 위 빌딩신축공사의 조적공사를 공사대금 ㎡당 60,500원, 공사기간은 계약일로부터 20○○. ○○. ○○.까지 완료하기로 하는 공사 하도급계약을 체결하고 계약서를 작성하였으며, 원고는 위 하도급계약 대로 20○○. ○. ○.부터 조적공사를 하기 위하여 시공자재 및 현장인부를 투입하여 설계도에 의한 공사를 시공하였습니다.
3. 그런데 원고가 위 공사기간 내에 조적공사를 완료하였음에도 불구하고 피고는 건축주로부터 공사대금 일부를 받지 못하였다는 이유로 원고의 공사대금 25,000,000원의 지급을 차일피일 미루고 있습니다.

4. 따라서 원고는 피고로부터 조적공사대금 25,000,000원 및 이에 대하여 위 조적공사 완료 다음날인 20○○. ○. ○.부터 이 사건 소장부본 송달일까지는 민법 소정의 연 5%의, 그 다음날부터 다 갚을 때까지는 소송촉진등에관한특례법 소정의 연 15%의 비율에 의한 지연손해금을 지급 받기 위하여 이 사건 청구에 이른 것입니다.

입 증 방 법

1. 갑 제1호증   공사계약서
1. 갑 제2호증   작업일지
1. 갑 제3호증   완공확인서
1. 갑 제4호증   통고서
1. 갑 제5호증   답변서

첨 부 서 류

1. 위 입증방법   각 1통
1. 소장부본   1통
1. 송달료납부서   1통

20○○. ○. ○.
위 원고   ○○○ (서명 또는 날인)

○○지방법원 귀중

소　　장

원　　고　　○○○ (주민등록번호)
　　　　　　○○시 ○○구 ○○길 ○○(우편번호)
　　　　　　전화·휴대폰번호:
　　　　　　팩스번호, 전자우편(e-mail)주소:

피　　고　　◇◇◇ (주민등록번호)
　　　　　　○○시 ○○구 ○○길 ○○(우편번호)
　　　　　　전화·휴대폰번호:
　　　　　　팩스번호, 전자우편(e-mail)주소:

공사대금청구의 소

청 구 취 지

1. 피고는 원고에게 1,000,000원 및 이에 대한 20○○. ○. ○.부터 이 사건 소장부본 송달일까지는 연 15%, 그 다음날부터 다 갚는 날까지는 연 15%의 각 비율로 계산한 돈을 지급하라.
2. 소송비용은 피고가 부담한다.
3. 위 제1항은 가집행 할 수 있다.
라는 판결을 구합니다.

청 구 원 인

1. 원고는 가정 하수도 수리를 업으로 하는 자입니다.
2. 20○○. ○. ○. 경 원고와 피고는 아래와 같은 하수도 수리공사계약을 체결하였습니다.
　　(1) 공사내용 : 낡은 하수도관을 중등품질의 하수도관으로 교체
　　(2) 공사 기간 : 20○○. ○. ○. - 20○○. ○. ○.
　　(3) 공 사 대 금 : 금 1,000,000원
　　(4) 대금지급기일 : 공사 완료 일자인 20○○. ○. ○.
　　(5) 지연손해금 　: 공사대금의 연 15%의 비율에 의한 금원
3. 위와 같은 공사계약에 따라서 원고는 피고의 가정 내 하수도관을 공사 완료 일자인 20○○. ○. ○.에 전부 교체하여 공사를 완료하였습니다. 그러나 피고는 지금까지 위와 같이 약정한 공사대금을 지급하지 않고 있습니다.

4. 따라서 원고는 피고로부터 공사완료 다음날인 20○○. ○. ○○.부터 이 사건 소장부본 송달일까지는 위 공사계약상 약정한 연 15%, 그 다음날부터 다 갚는 날까지는 소송촉진등에관한특례법 소정의 연 15%의 각 비율로 계산한 돈을 지급 받기 위하여 이 사건 청구에 이른 것입니다.

입 증 방 법

1. 갑 제1호증   공사계약서

첨 부 서 류

1. 위 입증방법   1통
1. 소장부본   1통
1. 송달료납부서   1통

20○○. ○. ○.

위 원고   ○○○   (서명 또는 날인)

○○지방법원 ○○지원 귀중

[서식] 공사대금청구의 소(잔금에 대해)

소   장

원   고   ○○○ (주민등록번호)
            ○○시 ○○구 ○○길 ○○(우편번호)
            전화·휴대폰번호:
            팩스번호, 전자우편(e-mail)주소:
피   고   ◇◇종합건설주식회사
            ○○시 ○○구 ○○로 ○○(우편번호)
            대표이사   ◈◈◈
            전화·휴대폰번호:
            팩스번호, 전자우편(e-mail)주소:

공사대금청구의 소

청 구 취 지

1. 피고는 원고에게 금 33,00,000원 및 이에 대하여 20○○. ○. ○○.부터 이 사건 소장부본 송달일까지는 연 5%의, 그 다음날부터 다 갚을 때까지는 연 15%의 각 비율에 의한 돈을 지급하라.
2. 소송비용은 피고가 부담한다.
3. 위 제1항은 가집행 할 수 있다.
라는 판결을 원합니다.

청 구 원 인

1. 원고는 20○○. ○. ○○. 피고와 사이에 피고가 건축중인 ○○시 ○○구 ○○로 ○○ 소재 ◎◎연립주택(25세대)의 도배 및 바닥공사에 대하여 아래와 같이 도급계약을 체결하였습니다.
 (1) 공 사 기 간 : 20○○. ○. ○○. 착공
 (2) 총   대   금 : 금 38,000,000원
 (3) 대금지급방법 : 공사착수시에 선급금으로 금 5,000,000원을 지급하고, 나머지는 공사가 끝나는 즉시 전액 지급하기로 함.
2. 원고는 위 계약에 따라 선급금으로 금 5,000,000원을 받고, 20○○. ○. ○○. 공사에 착수하여 같은 해 ○○. ○. 도배 및 바닥공사 일체를 끝내었는데, 피고가 나머지 공사대금 33,000,000원을 지금까지 지급하지 않고 있습니다.
3. 따라서 원고는 피고로부터 공사대금 33,000,000원 및 공사완공 다음날인 20○○.

○○. ○.부터 이 사건 소장부본 송달일까지는 민법 소정의 연 5%의, 그 다음날부터 다 갚을 때까지는 소송촉진등에관한특례법 소정의 연 15%의 각 비율에 의한 지연손해금을 지급 받고자 이 사건 청구에 이른 것입니다.

입 증 방 법

1. 갑 제1호증	건설공사표준도급계약서
1. 갑 제2호증	통고서(내용증명우편)

첨 부 서 류

1. 위 입증방법	각 1통
1. 법인등기사항증명서	1통
1. 소장부본	1통
1. 송달료납부서	1통

20○○. ○. ○.

위 원고   ○○○ (서명 또는 날인)

○○지방법원 귀중

반 소 장

사　　건(본소)　　20○○가단○○○ 공사대금
피고(반소원고)　　◇◇◇ (주민등록번호)
　　　　　　　　　○○시 ○○구 ○○길 ○○(우편번호 ○○○-○○○)
　　　　　　　　　전화·휴대폰번호:
　　　　　　　　　팩스번호, 전자우편(e-mail)주소:
원고(반소피고)　　○○○ (주민등록번호)
　　　　　　　　　○○시 ○○구 ○○길 ○○(우편번호 ○○○-○○○)
　　　　　　　　　전화·휴대폰번호:
　　　　　　　　　팩스번호, 전자우편(e-mail)주소:

위 사건에 관하여 피고(반소원고)는 다음과 같이 반소를 제기합니다.

하자보수 등 청구의 소

반 소 청 구 취 지

1. 원고(반소피고)는 피고(반소원고)에게 20○○. ○. ○.까지 별지 제1목록 기재 건물에 관하여 별지 제2목록 도면표시 선 내 빗금 친 부분 (가),(나),(다),(라),(마),(바),(사),(아) 지점에 별지 제3목록 기재 규격 철근콘크리트 기둥을 세우는 공사를 이행하라.
2. 원고(반소피고)는 피고(반소원고)에게 20○○. ○. ○.부터 위 공사를 완료할 때까지 월 금 2,000,000원의 비율에 의한 돈을 지급하라.
3. 소송비용은 원고(반소피고)가 부담한다.
4. 위 제2항은 가집행 할 수 있다
라는 판결을 구합니다.

반 소 청 구 원 인

1. 원고(반소피고, 다음부터 원고라고만 함)가 이 사건 건물을 수급 받아 완공한 사실은 인정합니다.
2. 피고(반소원고, 다음부터 피고라고만 함)가 이 사건 건물 완공에 따른 공사대금 잔금의 지급을 거절하고 있는 사실도 인정합니다.
3. 그러나 원고는 공사계약에 따른 공사를 함에 있어 건물이 설계도면과 달리 조적조로 시공되어 구조안전 측면에서 보강공사가 필요하여 현재는 공사가 완공되었음에도 불구하고 전혀 사용하지 못하고 있는 상태입니다. 위 하자보수 공사를 하지

않을 때에는 건물 붕괴의 우려가 있어 이는 매우 중대한 하자이며, 각 층마다 별지3 기재 규격의 철근콘크리트 기둥 4개를 세운다면 안전에 문제가 없을 것으로서 이는 하자 보수에 과다한 비용을 요하는 것은 아닙니다.

4. 따라서 피고는 민법 제667조에 근거하여 하자보수청구권이 인정된다 할 것이므로 원고는 피고에게 완공된 건물에 있는 하자의 보수 의무가 있고, 건물에 생긴 하자 및 보수의무의 지연으로 인하여 건물을 사용하지 못하여 건물 임대료 상당의 손해가 발생함이 명백하다 할 것입니다.

5. 그러므로 피고(반소원고)는 원고(반소피고)의 공사잔대금청구에 대하여 위 하자보수 청구와의 동시이행을 주장함과 동시에 위 건물의 하자보수를 청구하고 위 건물의 하자보수가 20○○. ○. ○.까지 이루어지지 않을 때에는 이로 인한 손해배상을 청구하기 위하여 이 사건 반소청구에 이른 것입니다.

입 증 방 법

1. 을 제1호증	공사도급계약서
1. 을 제2호증의 1, 2	각 하자부분 사진
1. 을 제3호증	설계도면
1. 을 제4호증	공사시방서

첨 부 서 류

1. 위 입증방법	각 1통
1. 반소장부본	1통
1. 송달료납부서	1통

20○○. ○. ○.

위 피고(반소원고) ◇◇◇ (서명 또는 날인)

○○지방법원 제○민사단독 귀중

반 소 장

사   건   20○○가단○○○○ 물품대금
피고(반소원고)   ◇◇◇ (주민등록번호)
                        ○○시 ○○구 ○○길 ○○(우편번호)
                              전화·휴대폰번호:
                              팩스번호, 전자우편(e-mail)주소:
원고(반소피고)   ○○○ (주민등록번호)
                        ○○시 ○○구 ○○길 ○○(우편번호)
                              전화·휴대폰번호:
                              팩스번호, 전자우편(e-mail)주소:

위 사건에 관하여 피고(반소원고)는 다음과 같이 반소를 제기합니다.

하자보수비청구의 반소

반 소 청 구 취 지

1. 원고(반소피고)는 피고(반소원고)에게 금 5,000,000원 및 이에 대한 이 사건 반소장 부본 송달 다음날부터 다 갚는 날까지 연 15%의 비율에 의한 돈을 지급하라.
2. 소송비용은 원고(반소피고)가 부담한다.
3. 위 제1항은 가집행 할 수 있다.
라는 판결을 구합니다.

반 소 청 구 원 인

1. 원고(반소피고)가 20○○. ○. ○.자로 이 사건 공작기계를 제작, 납품하여 이에 따른 물품대금 20,000,000원 중에서 피고(반소원고)가 금 10,000,000원을 지급하고 나머지 금10,000,000원의 물품대금에 대하여 원고(반소피고)가 이를 청구함에 대하여
2. 피고(반소원고)는 20○○. ○. ○.자로 이 사건 공작기계를 납품 받아 피고(반소원고)의 공장에 설치하여 가동한 바, 잦은 고장으로 인하여 무려 10여 차례의 수리를 하였고 더욱이 피고(반소원고)의 고장수리 요청을 원고(반소피고)가 응하지 않은 관계로 다른 업체에 맡겨 수리한 수리비용이 금 5,000,000원이 됩니다.
3. 또한, 피고(반소원고)는 이 사건 공작기계의 잦은 고장으로 인하여 수출용 부품제조에 막대한 차질이 생겨 다른 업체의 공작기계를 임차하여 사용한 바, 그 임차비용으로 금 10,000,000원을 지출하는 손해를 입었습니다.

4. 따라서 피고(반소원고)는 이 사건 공작기계의 하자로 인하여 합계 금 15,000,000원의 재산상 손실을 입었으므로 원고(반소피고)가 청구하는 물품대금의 잔여금액 금 10,000,000원을 지급할 의무가 없으며 오히려 피고(반소원고)가 입은 재산상의 손해 금 5,000,000원의 지급을 구하고자 이 사건 반소청구에 이르게 된 것입니다.

입 증 방 법

1. 을 제1호증	공작기계제작·납품계약서
1. 을 제2호증의 1 내지 10	각 수리비영수증
1. 을 제3호증	공작기계 임대차 계약서

첨 부 서 류

1. 위 입증방법	각 1통
1. 반소장부본	1통
1. 송달료납부서	1통

20○○. ○. ○.

위 피고(반소원고) ◇◇◇ (서명 또는 날인)

○○지방법원 제○민사단독 귀중

소　　　장

원　　고　　○○○ (주민등록번호)
　　　　　　○○시 ○○구 ○○길 ○○(우편번호)
　　　　　　전화·휴대폰번호:
　　　　　　팩스번호, 전자우편(e-mail)주소:
피　　고　　◇◇주식회사
　　　　　　○○시 ○○구 ○○길 ○○(우편번호)
　　　　　　대표이사 ◈◈◈
　　　　　　전화·휴대폰번호:
　　　　　　팩스번호, 전자우편(e-mail)주소:

임가공료청구의 소

청　구　취　지

1. 피고는 원고에게 금 10,000,000원 및 위 금액 중 금 5,000,000원에 대하여는 20○
   ○. 9. 1.부터, 금 5,000,000원에 대하여는 20○○. 10. 1.부터 각 이 사건 소장부
   본 송달일까지는 연 5%의, 그 다음날부터 다 갚는 날까지는 연 15%의 각 비율에
   의한 돈을 지급하라.
2. 소송비용은 피고의 부담으로 한다.
3. 위 제1항은 가집행 할 수 있다.
라는 판결을 구합니다.

청　구　원　인

1. 원고는 섬유제품의 염색 및 날염(捺染)가공업 등을 영업으로 하는 사람이고, 피고는
   섬유제품의 제조, 판매 및 수출입업 등을 영업으로 하는 회사인데, 원고는 피고로
   부터 공급받은 수출용 생원단(生原緞)을 염색·가공하여 납기 내에 피고가 지정하는
   날염공장이나 봉제공장에 납품하고, 피고는 원고가 생원단을 가공하여 납품한 1개
   월씩을 단위로 매월 말일에 임가공료를 정산하여 그로부터 60일 이내에 이를 지급
   하기로 하는 임가공계약을 체결한 후 계속적 거래관계를 유지하여 왔습니다.
2. 그런데 피고는 원고와 거래를 시작한 때부터 처음 3, 4개월 간은 위 약정대로 월말
   정산 후 60일 내에 매월 임가공료를 지급하다가 20○○. 5.분 임가공료는 정산 후
   70일 내지 120일 후에 지급하고, 같은 해 6월분 임가공료 금 5,000,000원을 원고
   의 여러 차례에 걸친 변제요구에도 불구하고 계약상의 이행기일인 20○○. 8. 31.

까지 지급해주지 않았고, 같은 해 7월분 임가공료 금 5,000,000원도 계약상의 이행기일인 20○○. 9. 30.까지 지급하지 않고 있습니다.

3. 따라서 원고는 피고로부터 위 임가공료 합계 금 10,000,000원 및 위 금액 중 금 5,000,000원에 대하여는 20○○. 9. 1.부터, 금 5,000,000원에 대하여는 20○○. 10. 1.부터 각 이 사건 소장부본 송달일까지는 민법에서 정한 연 5%의, 그 다음날부터 다 갚는 날까지는 소송촉진등에관한특례법에서 정한 연 15%의 각 비율에 의한 지연손해금을 지급 받고자 이 사건 청구에 이른 것입니다.

입 증 방 법

1. 갑 제1호증   임가공계약서
1. 갑 제2호증   거래명세서
1. 갑 제3호증   통고서

첨 부 서 류

1. 위 입증방법   각 1통
1. 법인등기사항증명서   1통
1. 소장부본   1통
1. 송달료납부서   1통

20○○. ○. ○.
위 원고 ○○○ (서명 또는 날인)

○○지방법원 ○○지원 귀중

[서식] 임가공료청구의 소(의류제품)

소   장

원   고   ○○○ (주민등록번호)
            ○○시 ○○구 ○○길 ○○(우편번호)
            전화·휴대폰번호:
            팩스번호, 전자우편(e-mail)주소:

피   고   ◇◇◇ (주민등록번호)
            ○○시 ○○구 ○○길 ○○(우편번호)
            전화·휴대폰번호:
            팩스번호, 전자우편(e-mail)주소:

임가공료청구의 소

청 구 취 지

1. 피고는 원고에게 금 1,500,000원 및 이에 대한 20○○. ○○. ○.부터 이 사건 소장 부본 송달일까지는 연 5%의, 그 다음날부터 다 갚는 날까지는 연 15%의 각 비율 에 의한 돈을 지급하라.
2. 소송비용은 피고의 부담으로 한다.
3. 위 제1항은 가집행 할 수 있다.
라는 판결을 원합니다.

청 구 원 인

1. 원고는 피고와 사이에 20○○. ○. ○.경 피고로부터 공급받은 의류제품의 마무리 작업 을 하여 피고가 지정하는 ◎◎창고에 납품하고, 피고는 원고가 마무리 작업한 의류 1벌 납품에 따라 금 1,000원씩 계산하여 매월 말일에 임가공료를 정산해주기로 하 는 임가공계약을 체결하였습니다.
2. 원고는 위 계약에 의해 피고로부터 공급받은 의류제품을 마무리하여 피고가 지정한 ◎◎창고에 납품하였으나, 피고는 20○○. ○. ○.부터 20○○. ○. ○○.까지의 임가 공료 금 1,500,000원(=1,500벌×1,000원)을 지급하지 않고 있습니다.
3. 따라서 원고는 피고로부터 임가공료 금 1,500,000원 및 이에 대한 위 임가공제품을 납품한 달 말일의 다음날인 20○○. ○○. ○.부터 이 사건 소장부본 송달일까지는 민법에서 정한 연 5%의, 그 다음날부터 다 갚는 날까지는 소송촉진등에관한특례법 에서 정한 연 15%의 각 비율에 의한 지연손해금의 지급을 구하고자 이 사건 청구

에 이른 것입니다.

입 증 방 법

1. 갑 제1호증   임가공계약서
1. 갑 제2호증   인수증

첨 부 서 류

1. 위 입증방법   각 1통
1. 소장부본   1통
1. 송달료납부서   1통

20○○.   ○.   ○.
위 원고   ○○○   (서명 또는 날인)

○○지방법원 귀중

소 장

원 고   ○○건설주식회사
         ○○시 ○○구 ○○로 ○○(우편번호 ○○○-○○○)
         대표이사 ◉◉◉
         전화·휴대폰번호:
         팩스번호, 전자우편(e-mail)주소:

피 고   대한민국
         위 법률상 대표자 법무부장관 ◇◇◇

입찰유효확인청구의 소

청 구 취 지

1. 원고가 20○○. ○. ○. 피고의 ◇◇세무서 별관건물신축공사 공사자선정입찰절차에서 한 입찰은 유효임을 확인한다.
2. 소송비용은 피고의 부담으로 한다.
라는 판결을 구합니다.

청 구 원 인

1. 피고는 20○○. ○. ○. ◇◇세무서 별관건물신축공사를 하기로 하고, 그 계약자 선정 방법은 국가를당사자로하는계약에관한법률 제7조, 같은 법 시행령 제10조에 의하여 경쟁입찰방식에 의할 것을 같은 법 제8조의 규정에 의하여 공고하였습니다. 원고는 건설교통부장관에게 건설산업기본법 상의 건설업등록을 적법하게 마친 자로서 위 입찰에 참가하게 되었습니다(갑 제1호증 입찰공고서, 갑 제2호증 입찰참가신청서 참조).
2. 그런데 당시 건설경기가 전반적으로 좋지 않았고 과도하게 낮은 입찰액을 입찰표에 기재하여 입찰에 응할 경우 공사 중에 회사가 도산할 염려가 있고 부실공사의 위험도 따르게 되므로, 원고와 위 입찰에 참여하기로 한 다른 여러 건설업체들(다음부터 소외회사들이라고 함)의 대표들은 무모한 출혈경쟁을 방지하기 위하여 위 공사에 예상되는 원가를 적정히 평가하여 통상적이고 합리적인 범위 내에서 입찰에 응하기로 구두합의를 하였습니다.
3. 원고는 입찰기일인 20○○. ○. ○. 위 약정의 범위 내의 입찰가격으로 위 입찰에 참가하였고, 개찰 결과 원고가 최저가 입찰인으로 판정되어 위 공사계약의 낙찰자로 선정될 지위가 발생하게 되었습니다. 그러나 위 계약의 상대방으로 낙찰되지 못한

소외 ◆◆건설주식회사가 위와 같은 합의가 담합행위라고 하여 피고에게 이의를 제기하였고, 피고는 이를 받아들여 위 입찰절차를 무효로 선언하고, 재입찰을 실시할 것을 공고하기에 이르렀습니다(갑 제3호증 입찰표, 갑 제4호증 재입찰공고서 참조).

4. 이와 같은 경위로 20○○. ○. ○. 재입찰된 입찰절차에서 원고는 다시 입찰을 신청한 상태이지만, 원고는 피고에게 종전의 입찰절차가 여전히 유효임을 주장하고 있고, 이를 전제로 하여 위 재입찰에 참가한 상태입니다. 원고는 종전의 입찰절차보다 높은 금액의 가격으로 재입찰에 참가할 수밖에 없었는바, 원고는 종전의 위 입찰이 유효하다는 것이 판결에 의하여 확정이 되면 종전의 입찰에 기하여 이 사건 건설공사계약의 상대방으로 지정될 수 있는 지위를 회복한다고 할 것입니다.

5. 원고와 소외회사들과의 약정이 국가를당사자로하는계약에관한법률과 재정경제부장관령인 계약사무처리규칙이 금지하는 담합행위가 된다고 할 수는 없다고 할 것입니다. 왜냐하면 위 법령들이 입찰무효의 사유로 인정하는 담합이라 함은, 입찰자가 입찰을 함에 즈음하여 실질적으로는 단독입찰인 것을 그로 인한 유찰을 방지하기 위하여 경쟁자가 있는 것처럼 제3자를 시켜 형식상 입찰을 하게 하는 소위 들러리를 세운다거나 입찰자들끼리 특정한 입찰자로 하여금 낙찰 받게 하거나 당해 입찰에 있어서 입찰자들 상호 간에 가격경쟁을 하는 경우 당연히 예상되는 적정한 가격을 저지하고 특정입찰자에게 부당한 이익을 주고 입찰실시자에게 그 상당의 손해를 입히는 결과를 가져올 정도로 싼 값으로 낙찰되도록 하기 위한 사전협정으로서 그 어느 경우이건 최저가입찰자가 된 입찰자에게 책임을 돌릴 수 있는 경우를 말하고, 단지 기업이윤을 고려한 적정선에서 무모한 출혈경쟁을 방지하기 위하여 일반거래통념상 인정되는 범위 내에서 입찰자 상호 간에 의사의 타진과 절충을 한 것에 불과한 경우는 위의 담합에 포함되지 않는다고 할 것이기 때문입니다.

6. 위에서 살펴본 바와 같이 원고가 소외회사들과 입찰가액에 관하여 신사협정을 맺게 된 것은 공사의 부실화와 공사 중의 도산위험을 방지하기 위한 것으로서 적정선에서 무모한 출혈경쟁을 방지하기 위한 것으로서 담합에 해당한다고 할 수 없을 것입니다. 따라서 피고가 무효라고 주장하는 이 사건 입찰절차는 유효하다고 할 것이어서 그 확인을 청구합니다.

입 증 방 법

1. 갑 제1호증	입찰공고서
1. 갑 제2호증	입찰참가신청서
1. 갑 제3호증	입찰표
1. 갑 제4호증	재입찰공고서
1. 갑 제5호증	재입찰참가신청서

첨 부 서 류

| 1. 위 입증방법 | 각 1통 |

1. 법인등기사항증명서   1통
1. 소장부본   1통
1. 송달료납부서   1통

20○○.   ○.   ○.

위 원고   ○○건설주식회사

　　　　대표이사 ◉◉◉ (서명 또는 날인)

○○지방법원   귀중

8. 조합계약 관련 소송 서식

[서식] 계금반환청구의 소(낙찰계 파계의 경우 계주에 대하여 ①)

소 장

원　　고　　○○○ (주민등록번호)

　　　　　　○○시 ○○구 ○○길 ○○(우편번호)

　　　　　　전화·휴대폰번호:

　　　　　　팩스번호, 전자우편(e-mail)주소:

피　　고　　◇◇◇ (주민등록번호)

　　　　　　○○시 ○○구 ○○길 ○○(우편번호)

　　　　　　전화·휴대폰번호:

　　　　　　팩스번호, 전자우편(e-mail)주소:

계금반환청구의 소

청 구 취 지

1. 피고는 원고에게 금 3,000,000원 및 이에 대하여 이 사건 소장부본 송달 다음날부터 다 갚을 때까지 연 15%의 비율에 의한 돈을 지급하라.
2. 소송비용은 피고가 부담한다.
3. 위 제1항은 가집행 할 수 있다.

라는 판결을 구합니다.

청 구 원 인

1. 피고는 20○○. ○. ○. 계금 5,000,000원, 50구좌, 1구좌당 월불입금 100,000원으로 된 낙찰계를 조직한 계주이고, 원고는 위 계의 3구좌에 가입한 계원입니다.
2. 피고는 매월 5일 피고의 집에서 계를 개최하였으며 원고는 20○○. ○. ○.부터 위 계모임에 직접 참석하거나 계주인 피고의 은행계좌로 온라인 송금하는 방법으로 위 계의 3구좌에 대한 월불입금 300,000원을 매월 납입하였습니다. 그러나 피고는 계금의 미수금이 8,000,000원에 이르는 등 더 이상 계를 운영할 수 없게 되자 20○○. ○. ○. 계모임을 끝으로 계모임을 개최하지 않아 위 계는 사실상 파계되었습니다.
3. 그런데 낙찰계는 계주가 자기의 개인사업으로 계를 조직·운영하는 것이라 할 것이고, 계금 및 계불입금 등의 계산관계는 오직 계주와 각 계원 사이에 개별적으로 존재하는 것이므로, 피고는 위 낙찰계와 관련하여 책임 있는 계주로서 계원들의 계금

에 대한 정산의무가 있다 할 것입니다. 그러므로 원고는 피고에게 원고가 불입한 계금 3,000,000원(300,000×10회)을 원고에게 반환할 것을 여러 차례에 걸쳐 독촉하였으나 곧 해결해준다는 말만 반복하며 차일피일 미루고만 있습니다.

4. 따라서 원고는 피고로부터 원고가 피고가 불입한 금 3,000,000원 및 이에 대한 이 사건 소장부본 송달 다음날부터 소송촉진등에관한법률 소정의 연 15%의 비율에 의한 지연손해금을 지급 받기 위하여 이 사건 청구에 이른 것입니다.

입 증 방 법

1. 갑 제1호증   계납입금 내역서
1. 갑 제2호증   온라인송금 영수증

첨 부 서 류

1. 위 입증방법   각 1통
1. 소장부본   1통
1. 송달료납부서   1통

20○○.　○.　○.
위 원고　○○○　(서명 또는 날인)

○○지방법원　귀중

■ 참 고 ■

계주가 자기의 개인사업으로 이른바 낙찰계를 조직·운영하는 경우의 계불입금 및 계급부금 등의 계산관계는 오직 계주와 각 계원사이에 개별적으로 존재하는 것이므로 계주는 다른 계원의 계금납입여부에 불구하고 법률상 당연히 낙찰금의 교부 또는 계금의 반환 등의 책임을 면할 수 없고, 계주가 자기의 개인사업으로서 이른바 낙찰계를 조직·운영하는 경우에 있어서 계의 정산방법은 최소한 계주와 개개의 미낙찰 계원간의 합의에 의하여 결정되어야 할 것이지 계주가 파계를 선언하였다고 하여 계주의 계원에 대한 계금지급의무가 소멸되는 것은 아니며, 낙찰계에 있어서 낙찰이 있은 후 계주의 낙찰선언은 누가 최저의 입찰금액을 써넣었는가를 확인하는 선언적 의미 이외에 별다른 효과가 있는 것은 아니므로 어떻든 최저입찰자가 확인되는 경우에는 계주와 계원간의 계금납부관계가 성립되며, 계주의 형식적 낙찰선언이 없었다 하여 이를 달리 볼 것은 아닙니다(대법원 1983.3.22. 선고 82다카1686 판결).

소 장

원 고 ○○○ (주민등록번호)
　　　 ○○시 ○○구 ○○길 ○○(우편번호)
　　　 전화·휴대폰번호:
　　　 팩스번호, 전자우편(e-mail)주소:
피 고 ◇◇◇ (주민등록번호)
　　　 ○○시 ○○구 ○○길 ○○(우편번호)
　　　 전화·휴대폰번호:
　　　 팩스번호, 전자우편(e-mail)주소:

계금청구의 소

청 구 취 지

1. 피고는 원고에게 금 4,125,000원 및 이에 대한 이 사건 소장부본 송달 다음날부터 다 갚는 날까지 연 15%의 비율에 의한 돈을 지급하라.
2. 소송비용은 피고가 부담한다.
3. 위 제1항은 가집행 할 수 있다.
라는 판결을 구합니다.

청 구 원 인

1. 피고는 20○○. ○○. ○. 계금 5,000,000원, 50구좌, 1구좌당 월불입금 100,000원으로 된 낙찰계를 조직하였는데, 위 낙찰계는 계주가 자기 책임 아래에 계원을 모집하여 계를 구성하고, 계원들은 서로간의 신용상태는 알지 못한 채 계주인 피고의 신용과 능력만 믿고 가입하였으며, 제1회 곗날에는 계주를 제외한 나머지 계원들이 1구좌당 금 100,000원씩을 계주에게 지급하고, 제2회부터는 계금을 타려고 하는 계원들이 금 5,000,000원의 한도 내에서 입찰금액을 써넣고 그 중 최저금액을 써넣은 자로부터 차례로 높은 금액을 써넣은 계원의 낙찰금액의 합계가 5,000,000원에 미달하면 모두 낙찰이 되는 것으로 하여 위 낙찰계는 반드시 제50회에 이르러서야 종료되는 것은 아니고, 낙찰 받은 계원은 그 곗날에 계불입금을 내지 않으나 그 다음 회부터는 계가 끝날 때까지 매회 1구좌당 금 100,000원씩 불입하여야 되며, 미낙찰계원은 당해 낙찰금에서 기낙찰계원들의 불입금액을 공제한 나머지를 균분하여 불입하게 되어 있고, 계불입금과 계급부금은 계주와 당해 계원 사이에서만 주고, 받으며 곗날에 계원들이 모이기는 하나 전부 다 모이는 것도 아니고 특히 기

낙찰자는 매월 금 100,000원씩의 불입금을 낼 의무만 있을 뿐, 계모임에는 관심이 없으며 미낙찰계원 중에서도 당일 낙찰을 희망하는 계원 이외에는 그 날 계가 얼마에 낙찰되는가와 그에 따라 할당되는 계불입금의 액수에만 관심이 있을 뿐 계원 서로간에 잘 알지도 못하는 사이이며 계급부금도 반드시 그 자리에서 바로 낙찰된 계원에게 교부되는 것이 아니고 모자라는 계금은 계주가 채워 넣어서 낙찰된 계원과 계주가 따로 만나서 이를 주고, 받기도 하는 형태로 운영되었습니다.

2. 그런데 원고는 위 낙찰계의 3구좌에 가입하여 9회째인 20○○. ○. ○.에 금 2,260,000원을, 15회째인 20○○. ○. ○.에 금 2,695,000원을 각 낙찰을 보아 각 그 낙찰금을 지급 받았는데, 위 낙찰계는 20○○. ○.초부터 일부 계원들이 월불입금을 잘 내지 아니하였고 피고는 같은 해 ○. ○. 제44회까지 겨우 운영을 해왔으나 그 간 계원들로부터 미수금된 계금이 금 19,200,000원이나 되어 위 계를 더 이상 운영할 수 없게 되어 20○○. ○. ○.에 있은 제45회 계모임에서 위 계가 수금이 안되어 더 이상 운영할 수 없음을 설명하고 파계를 선언하였습니다. 그러나 참석계원 중 피고를 제외한 참석자전원은 이에 반대하여 그들이 스스로 일방적으로 입찰을 강행하여 그 중 금 4,125,000원으로 입찰을 본 원고를 낙찰자로 정하였습니다.

3. 계는 다 같이 금전을 급부물로 하는 것이라도 그것을 조직한 목적과 방법, 급부물의 급여방법과 급부 전·후의 계금지급방법, 계주의 유무 및 계주와 계 또는 계원 상호간의 관계가 어떠한 지와 기타의 점에 관한 태양이 어떠한지에 따라 그 법률적 성질을 달리하는 것이라 할 것인데, 위 낙찰계는 위와 같은 여러 가지 점을 종합적으로 고려할 때 각 계원이 조합원으로서 상호 출자하여 공동사업을 경영하는 민법상 조합계약의 성격을 띠고 있는 것이 아니라, 계주인 피고가 자기의 개인사업으로서 계를 조직·운영하는 것으로서 상호저축은행법 제2조 소정의 신용계업무에 유사한 무명계약의 하나라 할 것으로서, 이러한 성질의 계에 있어서는 계불입금 및 계급부금 등의 계산관계는 오직 계주와 각 계원사이에 개별적으로 존재하는 것이므로, 계주인 피고는 다른 계원의 계금납입여부에 불구하고 법률상 당연히 낙찰금의 교부 또는 계금의 반환 등의 책임을 면할 수 없다고 할 것이고 미낙찰계원의 합의 또는 동의가 없는 한 이를 이유로 일방적으로 계를 해산(속칭 파계)시킬 수 없다고 할 것입니다. 그러므로 청산방법은 최소한 계주와 개개의 미낙찰계원간의 합의에 의하여 결정되어야 할 것이지, 계주인 피고가 파계를 선언하였다 하여 계주의 계원에 대한 계금지급의무가 소멸되는 것은 아니라 할 것이고, 매월 5일 계를 개최하여 왔고 피고가 파계를 선언한 날에도 미낙찰계원들이 모인 가운데 낙찰절차를 행하였으며 더구나 피고가 참석하였으므로, 당일의 계모임은 정당하게 진행되었다 할 것이고, 낙찰이 있은 후에 계주의 낙찰선언이란 누가 최저의 입찰금액을 써넣었는가를 확인하는 문자 그대로의 선언적인 의미 이외에 별다른 효과가 있는 것은 아니므로 어떻든 최저입찰자가 확인되는 경우에는 위와 같은 계주와 계원간의 계금납부관계가 성립된다 할 것이고, 계주의 형식적인 낙찰선언이 없었다 하여 이와 달리 볼 것은 아니라고 할 것입니다.

4. 따라서 피고는 위 낙찰금 4,125,000원 및 소송촉진등에관한특례법 소정의 지연손해금을 원고에게 지급할 의무가 있으므로 이 사건 청구에 이른 것입니다.

입 증 방 법

1. 갑 제1호증   계불입금영수증
1. 갑 제2호증의 1, 2   각 사실확인서

첨 부 서 류

1. 위 입증방법   각 1통
1. 소장부본   1부
1. 송달료납부서   1부

20○○.　○.　○.

위 원고　　○○○　(서명 또는 날인)

○○지방법원　귀중

소   장

원   고   ○○○ (주민등록번호)
　　　　　○○시 ○○구 ○○길 ○○(우편번호)
　　　　　전화·휴대폰번호:
　　　　　팩스번호, 전자우편(e-mail)주소:

피   고   ◇◇◇ (주민등록번호)
　　　　　○○시 ○○구 ○○길 ○○(우편번호)
　　　　　전화·휴대폰번호:
　　　　　팩스번호, 전자우편(e-mail)주소:

계금청구의 소

청 구 취 지

1. 피고는 원고에게 금 4,000,000원 및 이에 대하여 20○○. ○○. ○.부터 이 사건 소장부본 송달일까지는 연 5%, 그 다음날부터 다 갚을 때까지 연 15%의 각 비율에 의한 돈을 지급하라.
2. 소송비용은 피고가 부담한다.
3. 위 제1항은 가집행 할 수 있다.
라는 판결을 구합니다.

청 구 원 인

1. 피고는 20○○. ○. ○. 계금 5,000,000원, 50구좌, 1구좌당 월 불입금 100,000원으로 된 낙찰계를 조직한 계주이고, 원고는 위 계의 3구좌에 가입한 계원입니다.
2. 피고는 매월 5일 피고의 집에서 계를 개최하였으며 원고는 20○○. ○. ○.부터 위 계모임에 직접 참석하거나 계주인 피고의 은행계좌로 온라인 송금하는 방법으로 위 계의 3구좌에 대한 월 불입금 300,000원을 매월 납입하였습니다.
3. 그러던 중 원고는 10회째인 20○○. ○. ○○. 금 4,000,000원을 입찰하여 낙찰되었으나 계주인 피고는 계원들의 계불입금이 적어 원고의 낙찰금을 다음날인 20○○. ○. ○○. 지급하기로 약속하고 확인서를 작성하여 주었습니다. 그러나 피고는 다음날 연락도 없이 약속을 이행하지 않았으며 원고가 다시 독촉하자 며칠만 기다려 달라고 사정을 하였습니다. 원고는 피고가 재산도 많고 평소 신용도 좋아 이를 믿고 기다렸으나 현재까지도 피고는 차일피일 미루면서 원고의 계금 4,000,000원을 지급

하지 않고 있습니다.

4. 그러므로 피고는 원고에게 계금 4,000,000원 및 이에 대하여 20○○. ○. ○○.부터 이 사건 소장부본 송달일까지는 민법 소정의 연 5%, 그 다음날부터 다 갚을 때까지는 소송촉진등에관한특례법 소정의 연 15%의 비율에 의한 지연손해금을 지급할 의무가 있다고 할 것이므로 이 사건 청구에 이른 것입니다.

입 증 방 법

1. 갑 제1호증   확인서

첨 부 서 류

1. 위 입증방법   1통
1. 소장부본   1통
1. 송달료납부서   1통

20○○. ○. ○.
위 원고   ○○○ (서명 또는 날인)

○○지방법원 귀중

[서식] 계금청구의 소(순번계의 경우)

소 장

원 고   ○○○ (주민등록번호)
           ○○시 ○○구 ○○로 ○○(우편번호)
           전화·휴대폰번호:
           팩스번호, 전자우편(e-mail)주소:
피 고   ◇◇◇ (주민등록번호)
           ○○시 ○○구 ○○로 ○○(우편번호)
           전화·휴대폰번호:
           팩스번호, 전자우편(e-mail)주소:

계금청구의 소

청 구 취 지

1. 피고는 원고에게 금 5,000,000원 및 이에 대한 20○○. ○. ○.부터 이 사건 소장부 본 송달일까지는 연 5%, 그 다음날부터 다 갚는 날까지 연 15%의 비율에 의한 돈을 지급하라.
2. 소송비용은 피고의 부담으로 한다.
3. 위 제1항은 가집행 할 수 있다.
라는 판결을 구합니다.

청 구 원 인

1. 원고는 피고가 계주가 되어 조직한 순번계의 마지막 20번 계원으로 가입하였으며, 20○○. ○. ○. 20번으로 계금을 수령할 순번에 계금 5,150,000원을 타도록 되어 있습니다. 위 순번계는 계원들이 매월 계불입금을 계주인 피고에게 피고의 통장으로 무통장입금시키는 방법으로 지급하고, 계주인 피고는 계원들로부터 위 계불입금을 받아들이어서 그 달의 순번에 해당하는 계원에게 계금을 급부하여 주는 형태로 운영되는 계입니다.
2. 그런데 피고는 원고가 위 계금을 받을 순번이 된 20○○. ○. ○.이 지난 지금까지도 위 계금 5,150,000원을 지급하지 않고 있어 원고가 각 계원에게 문의해본 결과 계원 전원이 계불입금을 피고의 통장에 입금시켰음이 확인되었습니다.
3. 따라서 원고는 피고로부터 위 계금 5,150,000원 및 이에 대하여 20○○. ○. ○.부터 이 사건 소장부본 송달일까지는 연 5%, 그 다음날부터 다 갚을 때까지는 연 15%의 비율에 의한 지연손해금을 지급 받기 위하여 이 사건 소송제기에 이른 것입니다.

■ 참 고 ■

① 위 사안의 경우에는 순번계가 파계된 것이 아니고, 단순히 계주가 계금지급의무를 이행하지 않는 경우에 관한 것입니다.

② 순번계가 중도에 파계된 경우에 관하여는 순번계는 특별히 약정한 바가 없으면 하나의 조합계약으로 보는데, 계가 민법상 조합이라면 계가 해산한(파계된) 경우 계를 중심으로 하는 채권채무를 포함한 재산은 각 계원의 합유에 속한 것이므로, 당사자 사이의 어떠한 특약이 없다면 민법규정에 따라서 청산절차를 밟아야 할 것이며, 그 청산결과에 따라서 각 계원에게 귀속하게 된 채권에 관하여 비로소 각 계원은 이를 원인으로 하여 각자가 그 청구소송을 제기할 수 있을 뿐이고, 이러한 절차를 밟을 때까지는 계를 중심으로 한 채권채무관계는 각 계원의 합유에 속하므로 계원 각 개인은 이를 단독으로 청구하는 소송을 제기할 수 없습니다.

[서식] 계금청구의 소(파계에 의한 정산금)

소　　장

원　　고　　○○○ (주민등록번호)
　　　　　　○○시 ○○구 ○○길 ○○(우편번호)
　　　　　　전화·휴대폰번호:
　　　　　　팩스번호, 전자우편(e-mail)주소:
피　　고　　◇◇◇ (주민등록번호)
　　　　　　○○시 ○○구 ○○길 ○○(우편번호)
　　　　　　전화·휴대폰번호:
　　　　　　팩스번호, 전자우편(e-mail)주소:

계금청구의 소

청　구　취　지

1. 피고는 원고에게 금 37,700,000원 및 이에 대한 20○○. ○. ○.부터 소장부본 송달
   일까지는 연 5%의, 그 다음날부터 다 갚을 때까지는 연 15%의 각 비율에 의한 돈
   을 지급하라.
2. 소송비용은 피고가 부담한다.
3. 위 제1항은 가집행 할 수 있다.
라는 판결을 구합니다.

청　구　원　인

1. 원고가 납부한 계불입금 내역
가. 원고는 20○○. ○. 30.부터 피고가 시작한 계(34구좌, 1구좌당 매월 금 300,000원씩
   불입하고 계금을 타는 달에는 계금을 불입하지 않으며 계금을 탄 후에는 매월 금
   400,000원씩 불입, 최초로 타는 계금은 금 9,800,000원이고 매달 타는 계금이 10만
   원씩 증가하며 계를 타는 순서는 뽑기로 결정함, 다음부터 30.자 계라 함)에 8구
   좌를 가입하여 20○○. ○. ○.까지 23개월 동안 매월 계금을 불입하여 합계 금
   60,700,000원을 불입하고 20○○. ○. ○. 1구좌(계금 9,900,000원), 20○○. ○. ○. 1구
   좌(계금 10,200,000원), 20○○. ○. ○. 1구좌(계금 10,500,000원), 20○○. ○. ○.
   1구좌(계금 10,700,000원) 합계 금 41,300,000원을 계금으로 수령하였습니다.
나. 원고는 또한 20○○. ○○. 25.부터 피고가 시작한 계(34구좌, 계불입금 및 계금을
   타는 방법은 위와 동일함, 다음부터 25.자 계라 함)에 8구좌를 가입하여 20○○.
   ○. ○.까지 21개월 동안 매월 계금을 불입하여 합계 금 51,600,000원을 불입하

고 20○○. ○. ○. 1구좌(계금 10,800,000원), 20○○. ○. ○. 1구좌(계금 11,000,000원), 20○○. ○. ○. 1구좌(계금 11,500,000원), 합계 금 33,300,000원을 수령하였습니다.

다. 위 계들은 20○○. ○.경 계주인 피고가 모임에 참석하지 않는 등의 사유로 파계되었고 정산방식에 관하여 원·피고간에 특별한 약정이 존재하지 아니하므로 원·피고 사이에 오고 간 계금 또는 계불입금은 모두 그 원금을 기준으로 정산함이 상당하다고 보여집니다.

2. 원고가 받아야 할 정산금

가. 30.자 계

(1) 원고가 20○○. ○. ○. 수령한 1구좌에 관하여는 원고가 수령한 계금 9,900,000원에서 원고의 계불입금 합계액인 금 8,700,000원(300,000원 + 400,000원 × 21회)이 정산되어 원고가 피고에게 나머지 금 1,200,000원(9,900,000원 - 8,700,000원)을 지급하는 것으로,

(2) 원고가 20○○. ○. ○. 수령한 1구좌에 관하여는 원고가 수령한 계금 10,200,000원에서 원고의 계불입금 합계액인 금 8,400,000원(300,000원 ×4회 + 400,000원 × 18회)이 정산되어 원고가 피고에게 나머지 금 1,800,000원(10,200,000원 - 8,400,000원)을 지급하는 것으로,

(3) 원고가 20○○. ○. ○. 수령한 1구좌에 관하여는 원고가 수령한 계금 10,500,000원에서 원고의 계불입금 합계액인 금 8,100,000원(300,000원 ×7회 + 400,000원 × 15회)이 정산되어 원고가 피고에게 나머지 금 2,400,000원(10,500,000원 - 8,100,000원)을 지급하는 것으로,

(4) 원고가 20○○. ○. ○. 수령한 1구좌에 관하여는 원고가 수령한 계금 10,700,000원에서 원고의 계불입금 합계액인 금 7,900,000원(300,000원 ×9회 + 400,000원 × 13회)이 정산되어 원고가 피고에게 나머지 금 2,800,000원(10,700,000원 - 7,900,000원)을 지급하는 것으로,

(5) 나머지 4구좌에 대하여는 피고가 원고에게 계불입금 합계액인 금 27,600,000원(300,000원 × 4구좌 × 23회)을 지급하는 것으로 정산되어 최종적으로 **30.자 계**에 관하여 원고가 피고에게 지급하여야 하는 위 금 8,200,000원(1,200,000원 + 1,800,000원 + 2,400,000원 + 2,800,000원)과 피고가 원고에게 지급하여야 위 금 27,600,000원이 상호 정산되어 피고는 원고에게 금 19,400,000원(27,600,000원 - 8,200,000원)을 반환할 의무가 있습니다.

나. 25.자 계

(1) 원고가 20○○. ○. ○. 수령한 1구좌에 관하여는 원고가 수령한 계금 10,800,000원에서 원고의 계불입금 합계액인 금 7,000,000원(300,000원 × 10회 + 400,000원 × 10회)이 정산되어 원고가 피고에게 나머지 금 3,800,000원(10,800,000원 - 7,000,000원)을 지급하는 것으로,

(2) 원고가 20○○. ○. ○. 수령한 1구좌에 관하여는 원고가 수령한 계금 11,000,000원에서 원고의 계불입금 합계액인 금 6,800,000원(300,000원 ×12회 + 400,000원 × 8회)이 정산되어 원고가 피고에게 나머지 금 4,200,000원(11,000,000원 -

6,800,000원)을 지급하는 것으로,

(3) 원고가 20○○. ○. ○. 수령한 1구좌에 관하여는 원고가 수령한 계금 11,500,000원에서 원고의 계불입금 합계액인 금 6,300,000원(300,000원 ×17회 + 400,000원 × 3회)이 정산되어 원고가 피고에게 나머지 금 5,200,000원(11,500,000원 - 6,300,000원)을 지급하는 것으로,

(4) 나머지 5구좌에 대하여는 피고가 원고에게 계불입금 합계액인 금 31,500,000원(300,000원 × 5구좌 × 21회)을 지급하는 것으로 정산되어 최종적으로 **25.자 계**에 관하여 원고가 피고에게 지급하여야 할 위 금 13,200,000원(3,800,000원 + 4,200,000원 + 5,200,000원)과 피고가 원고에게 지급하여야 할 위 금 31,500,000원이 상호 정산되어 피고는 원고에게 금 18,300,000원(31,500,000원 - 13,200,000원)을 반환하여야 할 의무가 있습니다. 한편 각 정산금 반환채무는 파계시점인 20○○. ○. ○.경에 모두 변제기에 도달하였다고 할 것입니다.

3. 따라서 피고는 원고에게 정산금반환으로 합계 금 37,700,000원(19,400,000원 + 18,300,000원) 및 이에 대한 변제기 이후인 20○○. ○. ○.부터 이 사건 소장 부본 송달일까지는 민법 소정의 연 5%의, 그 다음날부터 다 갚을 때까지는 소송촉진 등에 관한 특례법 소정의 연 15%의 각 비율에 의한 지연손해금을 지급할 의무가 있으므로 이 사건 청구에 이른 것입니다.

입 증 방 법

1. 갑 제1호증의 1, 2   각 계장부 사본

첨 부 서 류

1. 위 입증방법   1부
1. 소장부본   1부
1. 송달료납부서   1부

20○○. ○. ○.

위 원고   ○○○   (서명 또는 날인)

○○지방법원 귀중

소　　장

원　　고　　○○○ (주민등록번호)
　　　　　　○○시 ○○구 ○○길 ○○(우편번호 ○○○-○○○)
　　　　　　전화·휴대폰번호:
　　　　　　팩스번호, 전자우편(e-mail)주소:
피　　고　　◇◇◇ (주민등록번호)
　　　　　　○○시 ○○구 ○○길 ○○(우편번호 ○○○-○○○)
　　　　　　전화·휴대폰번호:
　　　　　　팩스번호, 전자우편(e-mail)주소:

동업관계 및 부동산공유관계확인의 소

청　구　취　지

1. 원고와 피고 사이에 2010. 8. 20.자 동업계약은 유효함을 확인한다.
2. 별지 목록 기재 부동산에 관하여, 원고가 3분의 2, 피고 각 3분의 1의 각 지분비율
　로 공유하고 있음을 확인한다.
2. 소송비용은 피고의 부담으로 한다.
라는 판결을 구합니다.

청　구　원　인

1. 동업관계존재확인청구부분
가 원고와 피고의 동업관계 성립
　　원고와 피고는 2010. 8. 20.자부터 건축공사를 도급 받아 각자 자금을 출자하고 공
　동으로 공사를 시공하여 그 이익을 반분하기로 하되, 원고는 공사시공과 관련된 일
　을 맡고 피고는 자금관리와 대외적 업무처리를 맡기로 하는 동업약정을 하고(갑 제
　1호증 동업약정서 참조), 위와 같이 건축공사를 동업으로 시공함에 있어 그 때마다
　편의에 따라 원·피고 일방의 명의로 도급 받아 동업으로 시공하고, 공사완료 후 건
　축주로부터 지급 받은 공사대금에서 각자 출자한 공사자금을 공제하고 원·피고 중
　공사자금을 더 많이 출자한 어느 일방에게 그 차액에 대한 월 3% 상당의 이자를
　가산지급하고 남은 이익금을 반분하는 방식으로 동업을 운영하여 왔습니다.

나. 이 사건 사업의 경위
　(1) ○○시 ○○구 ○○길에 있는 ○○교회의 목사로 있던 소외 김◆◆는 서울시로

부터 위 같은 구 ○○동 택지개발사업지구 내 종교용지 826㎡(다음부터 이 사건 토지라 함)를 불하받았으나 그 불하대금을 납부할 자력이 없어 소외 박◆◆에게 이를 양도하였고, 소외 박◆◆는 1998. 8. 29. 소외 이◆◆와 사이에 이 사건 토지 위에 지하 1층, 지상 3층의 건물(다음부터 이 사건 건물이라 함)을 신축하는 도급계약을 체결하였습니다. 그리고 그 뒤 소외 이◆◆가 소외 김◆◆ 명의로 이 사건 건물에 대한 건축허가를 받아 다시 그 일부 공사를 소외 정◆◆에게 하도급을 주었는데, 원·피고는 소외 정◆◆로부터 위 공사 중 골조공사를 다시 하도급 받아 종전과 같은 동업방식으로 이를 시공하기로 하고 같은 해 11. 18. 원고 명의로 골조공사 하도급계약을 체결하였습니다.

(2) 그러나 소외 정◆◆가 자금부족 등의 문제로 인하여 위 공사를 포기하자 원·피고는 원수급인인 소외 이◆◆의 하수급인으로서 공사를 계속하기로 하여 1999. 3.경 3층까지의 골조공사를 완공하였으나, 소외 이◆◆마저 그 무렵 공사를 포기하기에 이르자 원·피고는 원도급인인 소외 박◆◆로부터 위 신축공사 전부를 직접 도급 받기로 하고 같은 달 28. 피고의 명의로 소외 박◆◆와 사이에 이 사건 건물을 지하 1층, 지상 4층 연면적 572평으로 평당 공사대금 825,000원에 건축하기로 하는 도급계약을 체결하였습니다(갑 제2호증 도급계약서 참조).

이에 따라 원·피고는 공사비용 중 일부는 각자의 부동산을 처분하는 등의 방법으로 마련한 자금으로 지불하고 나머지는 이 사건 건물을 임대하여 임차인으로부터 받은 임대보증금으로 지불하여 같은 해 7.경 유리공사 등 마무리 공사를 제외한 전체 공정의 약 95%를 완공하였으나, 소외 박◆◆가 공사대금 중 일부를 지급하지 아니하자, 피고가 소송당사자가 되어 소외 김◆◆과 소외 박◆◆를 상대로 ○○지방법원 ○○가합 ○○○호로 이 사건 건물에 대한 소유권확인소송을 제기하였습니다.

소외 김◆◆는 위 소송에서 피고의 청구를 인낙한 뒤(소외 박◆◆에 대하여는 피고가 1999. 9. 27. 승소판결을 받았음) 여러 차례 절충 끝에 1999. 11. 1. 피고와 사이에 피고가 이 사건 건물을 완공하면 금 472,000,000원을 투자한 것으로 계산하고, 자신이 이 사건 토지의 대금을 서울시에 완납하고 소외 박◆◆와의 양도계약을 해약하면 금 337,500,000원을 투자한 것으로 계산하여 위 투자비율에 따라 이 사건 토지와 건물을 공동 관리하기로 하고, 건축주 명의 및 등기명의도 공동으로 마치기로 합의하였고, 같은 해 12. 1. 소외 박◆◆와 사이에 소외 박◆◆는 금 20,000,000원을 지급 받는 대신 이 사건 토지 및 건물에 대한 권리를 포기하기로 합의하였습니다(갑 제3호증 청구인낙서, 갑 제4호증 판결정본, 갑 제5호증 약정서 참조).

(3) 그 뒤 원·피고는 위 신축공사를 완료하여 2000. 3. 14. 이 사건 건물에 대한 준공검사를 받았고, 이 사건 건물에 관하여 ○○교회 명의의 소유권보존등기를 거쳐 같은 해 4. 1. 피고와 소외 김◆◆ 사이에 합의된 지분비율에 따라 2/5지분은 피고 명의로, 3/5지분은 소외 김◆◆ 명의로 소유권이전등기를 마쳤습니다(갑 제6호증 등기부등본 참조).

다. 피고의 정산요구거부

　원고와 피고는 위와 같은 동업약정에 의하여 사업을 하여 왔으므로, 원고와 피고의 동업관계는 민법상의 조합에 해당한다고 할 것이므로 이익을 반분하기로 한 약정에 비추어 원고는 피고에게 피고 명의로 되어 있는 지분 중 1/2에 해당하는 부분에 대한 합유지분이 있다고 할 것입니다. 그리하여 원고는 피고에게, 피고가 위와 같이 마친 소유권이전등기 중 원고의 지분에 상당하는 부분에 대하여 원고에게 등기를 하여 줄 것을 요구하였지만, 피고는 현재 원고의 정산요구를 거부하고 있습니다. 또한, 피고는 이 사건 사업이 진행되어 위와 같이 피고 앞으로 이전등기가 될 무렵부터 소외 박◆◆와의 도급계약 체결시에도 원고와의 동업관계는 숨긴 채 피고 단독으로 사업을 영위하고 있는 것처럼 행동하는 등 원고와의 동업관계를 부인하는 듯한 태도를 보여 왔습니다. 반면, 피고는 아직 원고에게는 명시적으로 동업관계를 부정하지는 않고 있는바, 원고도 아직 피고와의 동업관계가 유효한 것으로 신뢰하고 있습니다. 이에 원고는 이 사건에 있어서 피고는 원고와 동업관계에 있음의 확인을 구하는 바입니다.

2. 부동산공유관계확인청구 부분

　가. 원고와 피고는 위와 같이 동업관계를 유지하던 중인 2000. 1. 12.경 사업과는 관계없이 원고와 피고가 개인적으로 사용하기 위한 주택을 신축하기 위하여 소외 최◆◆로부터 ○○시 ○○구 ○○동 ○○ 대 200㎡를 대금 300,000,000원에 매수하기로 하였습니다. 그리고 원고와 피고 내부적으로 위 토지의 지분은 원고 2/3, 피고 1/3로 정하기로 하고 원고는 금 200,000,000원을, 피고는 금 100,000,000원을 각 분담하기로 하였습니다. 그리하여 원고와 피고가 공동매수인으로서 소외 최◆◆로부터 위 토지를 매수하였습니다(갑 제7호증 부동산매매계약서 참조).

　나. 그런데 위 매매계약에 기한 원고와 피고 명의로의 소유권이전등기 신청시 등기신청서에 원고와 피고의 공유지분을 표시하지 않고 단순히 공유자로서 등기신청을 한 이유로 인하여 등기부에도 원고와 피고의 공유지분이 등기되지 않아 원고와 피고가 균등지분을 공유하는 것으로 추정되게 되었습니다. 그러나 별문제 없이 지내오다가 원고와 피고는 도시계획의 변경으로 위 토지를 처분하기로 하였는바, 이제 와서 피고는 위 토지에 대한 1/2지분을 주장하고 있습니다. 이에 원고는 청구취지와 같은 공유지분확인청구에 이르게 된 것입니다.

3. 결론

　앞에서 살펴본 바와 같이 피고는 원고와 동업관계에 있다고 할 것이고, 제2항에서 살펴본 바와 같이 원고와 피고가 동업중인 사업과는 관계없이 매수한 토지는 원고 2/3, 피고 1/3의 지분비율에 의한 공유관계에 있다고 할 것입니다. 위와 같은 이유로 귀 원은 원고의 각 확인청구를 인용하여 주시기 바랍니다.

입 증 방 법

1. 갑 제1호증	동업약정서
1. 갑 제2호증	도급계약서
1. 갑 제3호증	청구인낙서
1. 갑 제4호증	판결정본
1. 갑 제5호증	약정서
1. 갑 제6호증	등기사항전부증명서
1. 갑 제7호증	부동산매매계약서
1. 갑 제8호증	입금표

첨 부 서 류

1. 위 입증방법	각 1통
1. 소장부본	1통
1. 송달료납부서	1통

20○○. ○. ○.
위 원고 ○○○ (서명 또는 날인)

○○지방법원 귀중

소　　장

원　　고　　○○○ (주민등록번호)
　　　　　　○○시 ○○구 ○○길 ○○(우편번호)
　　　　　　전화·휴대폰번호:
　　　　　　팩스번호, 전자우편(e-mail)주소:
피　　고　　◇◇◇ (주민등록번호)
　　　　　　○○시 ○○구 ○○길 ○○(우편번호)
　　　　　　전화·휴대폰번호:
　　　　　　팩스번호, 전자우편(e-mail)주소:

동업자금반환 청구의 소

청 구 취 지

1. 피고는 원고에게 금 ○○○원 및 이에 대한 20○○. ○. ○.부터 이 사건 소장부본 송달일까지는 연 5%의, 그 다음날부터 다 갚을 때까지는 연 15%의 각 비율에 의한 돈을 지급하라.
2. 소송비용은 피고의 부담으로 한다.
3. 위 제1항은 가집행 할 수 있다.
라는 판결을 구합니다.

청 구 원 인

1. 원고는 20○○. ○. ○. 피고와 의족, 의수 등 제작업체를 동업으로 경영하기로 하고 같은 날 동업자금으로 금 ○○○만원, 같은 달 ○. 금 ○○○만원, 20○○. ○. ○. 금 ○○○만원 합계 금 ○○○만원을 피고에게 투자하고, 수익금의 40%를 지급 받기로 하는 동업계약을 체결하고 20○○. ○. ○.부터 20○○. ○. 중순경까지 위 제작업체를 피고와 공동으로 경영한 사실이 있습니다.
2. 그런데 피고는 20○○. ○.경부터 원고를 전적으로 배제하고 위 제작업체의 경영하면서 경영자금 및 수익금을 임의로 횡령하여 원고와 피고는 잦은 다툼이 있었고, 원고는 20○○. ○○. ○○. 위 동업계약에서 탈퇴하고 위 제작업체의 경영에서 물러난 사실이 있습니다.
3. 따라서 원고는 피고로부터 원고가 출자한 동업자금 ○○○원과 20○○. ○.부터 20○○. ○.까지의 수익금 중 40%에 해당하는 금 ○○○원 합계 금 ○○○원 및 이에 대한 20○○. ○○. ○○.부터 이 사건 소장부본 송달일까지는 민법에서 정한 연

5%의, 그 다음날부터 다 갚을 때까지는 소송촉진등에관한특례법에서 정한 연 15%의 각 비율에 의한 돈을 지급 받기 위하여 이 사건 청구에 이르게 되었습니다.

입 증 방 법

1. 갑 제1호증   동업계약서
1. 갑 제2호증   지불증
1. 갑 제3호증   수익금지불증

첨 부 서 류

1. 위 입증방법   각 2통
1. 소장부본   1통
1. 송달료납부서   1통

20○○.   ○.   ○.
위 원고   ○○○   (서명 또는 날인)

○○지방법원   귀중

■ 참 고 ■

두 사람으로 된 동업관계 즉, 조합관계에 있어 그 중 1인이 탈퇴하면 조합관계는 해산됨이 없이 종료되어 청산이 뒤따르지 아니하며 조합원의 합유에 속한 조합재산은 남은 조합원의 단독소유에 속하고, 탈퇴자와 남은 자 사이에 탈퇴로 인한 계산을 하여야 하며, 동업자 중 1인이 약정에 따른 출자금을 출자한 후 당사자간의 불화대립으로 곧바로 동업관계가 결렬되어 그 이후 위 출자의무를 이행한 조합원이 동업관계에서 전적으로 배제된 채 나머지 조합원에 의하여 당초의 업무가 처리되어 온 경우, 부득이한 사유로 인한 해산청구가 가능하며 출자의무를 이행한 조합원은 탈퇴로 인한 계산으로서 자기가 출자한 금원의 반환을 구할 수도 있습니다.

소 장

원 고   ○○○ (주민등록번호)
　　　　○○시 ○○구 ○○길 ○○(우편번호)
　　　　전화·휴대폰번호:
　　　　팩스번호, 전자우편(e-mail)주소:
피 고   ◇◇◇ (주민등록번호)
　　　　○○시 ○○구 ○○길 ○○(우편번호)
　　　　전화·휴대폰번호:
　　　　팩스번호, 전자우편(e-mail)주소:

지분금청구의 소

청 구 취 지

1. 피고는 원고에게 1,500,000원 및 이에 대한 이 사건 소장 부본 송달일 다음날부터 다 갚는 날까지 연 15%의 비율에 의한 금원을 지급하라.
2. 소송비용은 피고의 부담으로 한다.
3. 위 제1항은 가집행 할 수 있다.
라는 판결을 구합니다.

청 구 원 인

1. 원고는 20○○. ○. ○. 이웃 친구인 피고와 함께 1,500,000원씩을 출자하여 커피 자판기를 공동 구입하여 버스정류소 앞 빌딩 현관에 설치하고 운영하여 왔습니다.
2. 원고와 피고는 1주일씩 교대로 위 자판기를 관리하여 왔으며, 구청에는 피고가 그 관리자로 신고 되어 있었는데, 피고가 이를 관리하던 20○○. ○. ○. 덤프트럭 1 대가 인도로 돌진하여 위 자판기를 충격 하는 사고가 발생하여 위 자판기가 모두 파손되었습니다.
3. 피고는 같은 해 ○. ○. 위 덤프트럭의 차주인 소외 ◆◆◆로부터 위 자판기파손에 대한 손해배상금 3,000,000원을 지급 받았음에도 새로운 자판기를 다시 구입하지도 않고 위 손해배상금을 임의로 사용하였습니다. 그리고 원고와 피고의 위 동업관계에 관련하여 청산할 다른 채권이나 채무는 전혀 없습니다. 그러므로 원고는 피고에 대하여 위 동업관계의 파기 및 동업재산인 위 손해배상금 3,000,000원에 대한 원고의 지분 1/2에 해당하는 1,500,000원의 지급을 구하는 의사를 20○○. ○. ○○. 내용증명우편으로 통고하였으며, 그 통고서는 20○○. ○○. ○. 피고에게

도달되었습니다.

4. 따라서 원고는 피고로부터 동업재산인 위 손해배상금 3,000,000원에 대한 원고의 지분 1/2에 해당하는 1,500,000원 및 이에 대한 이 사건 소장부본 송달일 다음부터 다 갚는 날까지 연 15%의 비율에 의한 지연손해금을 지급 받기 위하여 이 사건 청구에 이른 것입니다.

입 증 방 법

1. 갑 제1호증   영수증
1. 갑 제2호증   교통사고사실확인원
1. 갑 제3호증   합의서
1. 갑 제4호증   사실확인서

첨 부 서 류

1. 위 입증방법   각 1통
1. 소장부본   1통
1. 송달료납부서   1통

20○○.　○.　○.
위 원고　○○○　(서명 또는 날인)

○○지방법원　귀중

소 장

원 고   ○○○ (주민등록번호)
         ○○시 ○○구 ○○길 ○○(우편번호)
         전화·휴대폰번호:
         팩스번호, 전자우편(e-mail)주소:
피 고   ◇◇◇ (주민등록번호)
         ○○시 ○○구 ○○길 ○○(우편번호)
         전화·휴대폰번호:
         팩스번호, 전자우편(e-mail)주소:

청산금청구의 소

청 구 취 지

1. 피고는 원고에게 23,197,745원 및 이에 대한 20○○. ○○. ○○.부터 이 사건 소장 부본 송달일까지는 연 5%의, 그 다음날부터 다 갚는 날까지는 연 15%의 각 비율에 의한 금원을 지급하라.
2. 소송비용은 피고의 부담으로 한다.
3. 위 제1항은 가집행 할 수 있다.
라는 판결을 구합니다.

청 구 원 인

1. 천마재배 동업계약의 체결
 가. 원고와 피고는 20○○. ○. ○.경 피고 소유의 ○○ ○○군 ○○면 ○○리 ○○○의 ○ 답 952㎡ 및 같은 리 ○○ 전 2,770㎡에 동업으로 천마를 재배하기로 구두로 약정하였습니다.
 나. 원고와 피고는 우선 천마를 식재하는데 소요되는 9,420,000원을 반분하여 각 4,710,000원을 출연하여 출자를 하였고, 피고는 천마재배에 관해서 특별한 기술이 없는 반면 토지를 소유하고 있어 위 토지를 제공하고, 원고는 천마재배기술이 있어 재배기술 및 특수농기계조달 등을 부담하여 이를 각 출자하면서 이러한 천마재배로 인한 모든 이익과 손실을 절반씩 나누기로 하고서 위 토지에 천마를 식재하여 재배하기 시작하였습니다.
2. 동업계약의 종료 및 작물보상금 수령
 가. 그 뒤 천마를 재배하는 도중에 피고 소유의 위 2필지의 토지가 댐건설(수몰)지역으로 지정되었고, 20○○. ○. ○○.경 최종적으로 국가로 협의 취득되었습니다. 이로 인하여 원·피고 사이의 이 사건 천마재배 동업계약은 그 목적 달성불능의

상태가 되어 이 무렵 종료되었습니다.

나. 그런데 국가로의 협의취득과정에서 위 토지에 대한 보상금(토지보상금은 피고가 수령)과는 별도로 작물보상금이 책정되었는바, 피고는 천마를 자신이 단독으로 재배한 것 같이 허위로 작물보상금 신청을 하여 20○○. ○○. ○. 위 토지에 식재된 천마에 관한 작물보상금 66,395,490원을 수령하였습니다.

3. 동업계약에 따른 손익 상황 및 청산의무 불이행

가. 원고와 피고 사이의 이 사건 동업계약이 종료될 당시 위 계약에 따른 손익은 결국 위 작물보상금만이 남았고, 위 동업계약의 이익의 범위에는 비단 천마를 재배해서 직접적으로 얻는 소득뿐만 아니라 기타 보상금과 같은 일체의 이익도 포함되었으므로 동등한 지분을 가지는 원고와 피고는 위 작물보상금을 각 33,197,745원씩 분배하여 위 동업계약을 청산해야 할 것입니다.

나. 그러나 피고는 자신이 단독으로 위 보상금을 수령한 뒤 이에 대하여 각 지분에 따른 청산을 하여야 함에도 불구하고, 원고에게 10,000,000원만 지급한 뒤 나머지 돈을 지급하지 않고 있습니다.

4. 결론

그렇다면 피고는 원고에게 이 사건 동업계약 종료에 따른 청산금 중 미지급한 23,197,745원 및 이에 대하여 작물보상금 수령 다음날인 20○○. ○○. ○○.부터 이 사건 소장부본 송달일까지는 민법에서 정한 연 5%의, 그 다음날부터 다 갚는 날까지는 소송촉진등에관한특례법에서 정한 연 15%의 각 비율에 의한 지연손해금을 지급할 의무가 있으므로 이의 이행을 구하기 위하여 이 사건 청구에 이른 것입니다.

입 증 방 법

1. 갑 제1호증   천마경작사실확인서
1. 갑 제2호증   사실확인서
1. 갑 제3호증   예금통장
1. 갑 제4호증의 1, 2   부동산등기사항증명서

첨 부 서 류

1. 위 입증방법   각 1통
1. 소장부본   1통
1. 송달료납부서   1통

20○○.　○.　○.

위 원고　○○○　(서명 또는 날인)

○○지방법원　귀중

9. 계약불이행에 따른 손해배상 청구 소송 서식

[서식] 위약금청구의 소(계약불이행에 따른 위약금)

소 장

원 고   ○○○ (주민등록번호)
　　　　 ○○시 ○○구 ○○길 ○○(우편번호)
　　　　 전화·휴대폰번호:
　　　　 팩스번호, 전자우편(e-mail)주소:
피 고   ◇◇◇ (주민등록번호)
　　　　 ○○시 ○○구 ○○길 ○○(우편번호)
　　　　 전화·휴대폰번호:
　　　　 팩스번호, 전자우편(e-mail)주소:

위약금청구의 소

청 구 취 지

1. 피고는 원고에게 금 10,000,000원 및 이에 대한 20○○. ○○. ○.부터 이 사건 소장부본 송달일까지는 연 5%의, 그 다음날부터 다 갚는 날까지는 정한 연 15%의 각 비율에 의한 돈을 지급하라.
2. 소송비용은 피고가 부담한다.
3. 제1항은 가집행 할 수 있다.
라는 판결을 구합니다.

청 구 원 인

1. 매매계약의 체결
   원고는 20○○. ○. ○. 피고로부터 피고 소유인 ○○시 ○○구 ○○동 ○○ 대지 및 건물(다음부터 '이 사건 부동산'이라고만 함)을 매매대금 50,000,000원에 매수하기로 하는 계약을 체결하고, 피고에게 계약금 5,000,000원은 계약 당일 지급하고 잔금 45,000,000원은 20○○. ○○. ○○. 지급하기로 하였습니다.
2. 피고의 이행불능
   그런데 피고는 20○○. ○○. ○. 부동산가격이 올랐다는 이유로 이 사건 부동산을 원고에 대한 매도사실을 알지 못하는 소외 ◇◇◇에게 이중으로 매매하고 소외 ◇◇◇에게 이 사건 부동산의 소유권이전등기를 해주었습니다.

3. 손해배상액의 예정

한편, 원고와 피고는 계약당시에 매도인인 피고가 계약을 불이행할 경우에는 계약금의 배액을 지급하기로 약정을 하였음에도 불구하고 피고는 위와 같은 이중매도를 하였으므로 피고의 귀책사유로 인한 계약불이행이 분명하므로 피고는 원고에게 약정된 금 1,000만원을 지급할 의무가 있다고 할 것입니다.

4. 따라서 원고는 피고로부터 위약금 10,000,000원 및 이에 대한 위 부동산의 소유권이 소외 ◈◈◈에게 이전됨으로써 이행불능이 된 20○○. ○○. ○.부터 이 사건 소장부본 송달일까지는 민법에서 정한 연 5%의, 그 다음날부터 다 갚는 날까지는 소송촉진등에관한특례법에서 정한 연 15%의 각 비율에 의한 지연손해금을 지급 받고자 이 사건 청구에 이른 것입니다.

입 증 방 법

1. 갑 제1호증   부동산매매계약서
1. 갑 제2호증   부동산등기사항증명서

첨 부 서 류

1. 위 입증방법   각 1통
1. 소장부본   1통
1. 송달료납부서   1통

20○○.   ○.   ○.
위 원고   ○○○   (서명 또는 날인)

○○지방법원 ○○지원 귀중

■ 참 고 ■

① 매매목적물에 관하여 이중으로 제3자와 매매계약을 체결하였다는 사실만 가지고는 매매계약이 법률상 이행불능이라고 할 수 없고, 채무의 이행이행 불능이라는 것은 단순히 절대적, 물리적으로 불능인 경우가 아니라 사회생활에 있어서의 경험법칙 또는 거래상의 관념에 비추어 볼 때 채권자가 채무자의 이행의 실현을 기대할 수 없는 경우를 말함(대법원 1996.7.26. 선고 96다14616 판결).

② 채무불이행으로 인한 손해배상액의 예정이 있는 경우에는 채권자는 채무불이행 사실만 증명하면 손해의 발생 및 그 액을 증명하지 아니하고 예정배상액을 청구할 수 있음(대법원 2000.12.8. 선고 2000다50350 판결).

③ 민법 제398조 제2항에서는 "손해배상의 예정액이 부당히 과다한 경우에는 법원은 적당히 감액할 수 있다."라고 규정하고 있음.

④ 법원이 손해배상 예정액이 부당히 과다하다 하여 감액하려면, 채권자와 채무자의 경제적 지위, 계약의 목적과 내용, 손해배상액을 예정한 경위(동기), 채무액에 대한 예정액의 비율, 예상 손해액의 크기, 그 당시의 거래관행과 경제상태, 채무자가 계약을 위반한 경우 등을 두루 참작한 결과, 손해배상 예정액의 지급이 채권자와 채무자 사이에 공정을 잃는 결과를 초래한다고 인정되는 경우라야 함(대법원 1997.6.10. 선고 95다37094 판결).

소   장

원   고   ○○○ (주민등록번호)
　　　　　○○시 ○○구 ○○길 ○○(우편번호)
　　　　　전화·휴대폰번호:
　　　　　팩스번호, 전자우편(e-mail)주소:
피   고   ◇◇◇ (주민등록번호)
　　　　　○○시 ○○구 ○○길 ○○(우편번호)
　　　　　전화·휴대폰번호:
　　　　　팩스번호, 전자우편(e-mail)주소:

위약금청구의 소

청 구 취 지

1. 피고는 원고에게 금 6,000,000원 및 이에 대한 20○○. ○○. ○○.부터 이 사건 소장부본 송달일까지는 연 5%의, 그 다음날부터 다 갚는 날까지는 연 15%의 각 비율에 의한 돈을 지급하라.
2. 소송비용은 피고가 부담한다.
3. 위 제1항은 가집행 할 수 있다.
라는 판결을 구합니다.

청 구 원 인

1. 원고는 20○○. ○. ○. 피고로부터 ○○시 ○○구 ○○길 ○○-○○ 소재 원고소 유인 벽돌조 평슬래브지붕 단층주택 ○○㎡를 건축하는데 필요한 금 60,000,000원 상당의 건축자재를 같은 해 ○○. ○.부터 공급받기로 하는 내용의 계약을 체결하면서 만약 피고가 위 약정을 위반하는 경우에는 금 6,000,000원의 위약금을 지급하기로 하였습니다(갑 제1호증 참조).
2. 그런데 피고는 위 약정기일에 건축자재를 공급하지 못하였고 원고가 15일의 유예기간을 주었음에도(갑 제2호증 참조) 역시 위 건축자재를 공급하지 못하였으므로, 원고는 다른 건축자재상으로부터 건축자재를 공급받아 공사를 하였으나 건축공사기간이 연장되는 등의 손해를 입게 되었습니다.
3. 따라서 피고는 원고에게 위와 같은 위약금 6,000,000원 및 이에 대하여 유예기간이 끝나는 날의 다음날인 20○○. ○○. ○○.부터 이 사건 소장부본 송달일까지는 민법에서 정한 연 5%의, 그 다음날부터 다 갚는 날까지는 소송촉진등에관한특례법

에서 정한 연 15%의 각 비율에 의한 지연손해금을 지급할 의무가 있는바, 원고는
위 위약금을 지급받기 위하여 이 사건 소를 제기합니다.

입 증 방 법

1. 갑 제1호증   건축자재공급약정서
1. 갑 제2호증   통고서(내용증명우편)
1. 갑 제3호증   우편물배달증명서

첨 부 서 류

1. 위 입증방법   각 1통
1. 소장부본   1통
1. 송달료납부서   1통

20○○.　○.　○.
위 원고　○○○　(서명 또는 날인)

○○지방법원　귀중

■ 참 고 ■

① 위약금은 민법 제398조 제4항에 의하여 손해배상액의 예정으로 추정되므로, 위약금이
위약벌(당사자 일방이 계약위반시 상대방에게 손해배상책임을 지는 것과는 별도로 이
를 상대방에게 귀속시킴으로써 계약위반자에게 제재를 가함과 동시에 계약위반자의
계약이행을 간접적으로 강제하는 작용을 하는 성질을 가진 것)로 해석되기 위하여는
특별한 사정이 주장·입증되어야 함(대법원 2001.9.28. 선고 2001다14689 판결).

② 손해배상 예정액이 부당하게 과다한 경우에는 법원은 당사자의 주장이 없더라도 직권
으로 이를 감액할 수 있고, 지연손해금의 과다여부는 그 대상채무를 달리할 경우에는
별도로 판단할 수 있으며, 민법 제398조 제2항은 손해배상의 예정액이 부당히 과다
한 경우에는 법원이 이를 적당히 감액할 수 있다고 규정하고 있는바, 여기서 「부당히
과다한 경우」라고 함은 채권자와 채무자의 각 지위, 계약의 목적 및 내용, 손해배상
액을 예정한 동기, 채무액에 대한 예정액의 비율, 예상 손해액의 크기, 그 당시의 거
래관행 등 모든 사정을 참작하여 일반 사회관념에 비추어 그 예정액의 지급이 경제
적 약자의 지위에 있는 채무자에게 부당한 압박을 가하여 공정성을 잃는 결과를 초
래한다고 인정되는 경우를 뜻하는 것으로 보아야 하고, 한편 위 규정의 적용에 따라
손해배상의 예정액이 부당하게 과다한지 및 그에 대한 적당한 감액의 범위를 판단하

는 데 있어서는 법원이 구체적으로 그 판단을 하는 때 즉, 사실심의 변론종결 당시를 기준으로 하여 그 사이에 발생한 위와 같은 모든 사정을 종합적으로 고려하여야 할 것임(대법원 2000.7.28. 선고 99다38637 판결).

소 　 장

원　　고　　의료법인 ○○재단
　　　　　　　○○시 ○○구 ○○길 ○○ (우편번호)
　　　　　　　대표자 이사장 ○○○
　　　　　　　전화·휴대폰번호:
　　　　　　　팩스번호, 전자우편(e-mail)주소:
피　　고　　◇◇생약협동조합
　　　　　　　○○시 ○○구 ○○길 ○○ (우편번호)
　　　　　　　대표이사 ◇◇◇
　　　　　　　전화·휴대폰번호:
　　　　　　　팩스번호, 전자우편(e-mail)주소:

손해배상(기)청구의 소

청 구 취 지

1. 피고는 원고에게 금 10,000,000원 및 이에 대한 2000. 10. 1.부터 이 사건 소장부본 송달일까지는 연 5%의, 그 다음날부터 다 갚는 날까지 연 15%의 각 비율에 의한 돈을 지급하라.
2. 소송비용은 피고의 부담으로 한다.
3. 위 제1항은 가집행 할 수 있다.
라는 판결을 구합니다.

청 구 원 인

1. 원고재단은 ○○한방병원 등을 설립·경영하는 의료법인으로서 2000. 1. 30. 원고재단은 피고조합과 한약재 공급계약을 체결한바 있는데, 그 내용은 원고가 필요로 하는 한약재의 생산·채집 및 공급을 피고가 책임지기로 하고, 그 연간 생산계약과 공급가격 및 품질검사방법에 관하여는 매년 상호합의하에 결정하기로 하는 것이었습니다.
　　구체적으로 원고재단 사무국장인 소외 박○○는 원고재단의 대표자를 대리하여 피고조합의 위 계약에 기한 구체적인 한약재 수요공급계약을 체결한바 있는데, 그 주요내용은 피고조합은 2000. 8. 30.까지 한약재 5,000근을 근당 가격 금 10,000원에 원고재단에게 공급하기로 하고, 원고재단은 피고조합에게 계약금으로 금 5,000,000원을 지급하고, 정당한 이유 없이 원고재단이 계약을 위약하면 계약금을 포기하고 피고조합이 위약할 때에는 계약금의 배액을 손해배상액으로 지급하기로 하였습니다.

2. 그 뒤 피고조합은 아무런 정당한 이유 없이 공급하기로 한 약정기일인 2000. 8. 30.까지 위 한약재를 공급하지 않고 있어 원고재단은 2000. 9. 30.까지 약정 공급 수량인 5,000근의 한약재를 공급하지 않으면 2000. 10. 1. 위 계약이 해제될 것임을 통고하였음에도 불구하고 피고조합은 위 한약재의 공급을 이행하지 않았으므로 위 계약은 2000. 10. 1. 해제되었다 할 것입니다.

3. 따라서 원고재단은 피고조합에 대하여 계약불이행으로 인한 손해배상으로 계약서상 약정된 계약금의 배액인 금 10,000,000원 및 이에 대한 2000. 10. 1.부터 이 사건 소장부본 송달일까지는 민법에서 정한 연 5%의, 그 다음날부터 다 갚는 날까지는 소송촉진등에관한특례법에서 정한 연 15%의 각 비율에 의한 지연손해금의 지급을 구하기 위하여 이 사건 청구에 이른 것입니다.

입 증 방 법

1. 갑 제1호증　　　　　　　　공급계약서
1. 갑 제2호증　　　　　　　　통고서(내용증명)

첨 부 서 류

1. 위 입증방법　　　　　　　각 1통
1. 법인등기사항증명서　　　　1통
1. 소장부본　　　　　　　　　1통
1. 송달료납부서　　　　　　　1통

20○○.　○.　○.
위 원고　의료법인 ○○재단
이사장 ○○○(서명 또는 날인)

○○지방법원　귀중

소 　 장

원　고　　○○○ (주민등록번호)
　　　　　○○시 ○○구 ○○로 ○○(우편번호 ○○○-○○○)
　　　　　전화·휴대폰번호:
　　　　　팩스번호, 전자우편(e-mail)주소:
피　고　　◇◇◇ (주민등록번호)
　　　　　○○시 ○○구 ○○로 ○○(우편번호 ○○○-○○○)
　　　　　전화·휴대폰번호:
　　　　　팩스번호, 전자우편(e-mail)주소:

손해배상(기)청구의 소

청 구 취 지

1. 피고는 원고에게 금 ○○○원 및 이에 대한 20○○. ○○. ○○.부터 이 사건 소
   장부본 송달일까지는 민법에서 정한 연 5%의, 그 다음날부터 다 갚는 날까지는
   연 15%의 각 비율에 의한 돈을 지급하라.
2. 소송비용은 피고의 부담으로 한다.
3. 위 제1항은 가집행 할 수 있다.
라는 판결을 구합니다.

청 구 원 인

1. 손해배상책임의 발생
 가. 원고는 20○○. 5. 5. 소외 ◎◎운수주식회사로부터 화물자동차 1대를 매매대금
    20,000,000원에 매수함에 있어서, 당일 계약금으로 금 2,000,000원, 같은 해 5.
    15. 금 5,000,000원을, 같은 해 5. 30. 잔금 13,000,000원을 지급하여 완납한
    뒤 같은 해 소외 조◎◎를 운전기사로 고용하여 관리·운영하였습니다.
 나. 그런데 소외 ◎◎운수주식회사 대표 김◎◎와 소외 조◎◎는 상호 공모하여 원
    고 모르게 20○○. 7. 30. 위 화물자동차를 소외 유◎◎에게 금 10,000,000원에
    매각처분 함으로 인하여 원고는 위 자동차를 운행함으로 얻을 수 있는 수익금
    2,000,000원과 위 불법행위로 인한 손해를 합한 금 22,000,000원을 청구하는
    소송을 위 소외인 등을 상대로 하여 ○○지방법원 20○○가단○○호로서 제기
    함에 있어 변호사인 피고를 원고의 소송대리인으로 위임하게 되었는데, 이때 원
    고는 피고에게 재판만을 해달라는 것이었을 뿐 구체적으로 피고 마음대로 소외

◎◎운수주식회사 등과 화해하거나 소의 취하, 청구의 포기 등을 할 수 있는 권한까지 위임한 사실이 전혀 없고 피고 사무소에 비치된 인쇄된 부동문자의 위임장에 위임인의 날인을 해준 바는 있습니다. 그럼에도 불구하고 피고는 20○○. 9. 30. 원고와 사전에 합의하거나 원고의 승낙 없이 원고의 의사에 반하여 소외 ◎◎운수주식회사 대표인 김◎◎와 위 민사소송사건에 관하여 금 12,000,000원을 받고 이후 민사소송을 제기하지 않기로 하는 법정외 화해계약을 체결하고 20○○. 10. 1. 위 민사소송의 소취하서를 제출하여 위 사건은 소취하로 종결되었습니다.

다. 그러나 위 사건이 취하로 종결된 것은 피고의 수권범위를 벗어난 배임행위로 인한 것이며, 이러한 사정을 잘 아는 소외 김◎◎와의 사이에 이루어진 화해이므로 원고는 위 화해가 무효임을 주장하여 소외 ◎◎운수주식회사를 상대로 다시 20○○. 10. 30.경 ○○지방법원에 손해배상청구의 소를 제기하였던 바, 위 법정외 화해계약 때문에 원고는 패소하였고, ○○고등법원에 항소하였으나(20○○나○○○호), 그 항소심에서도 소외 ◎◎운수주식회사는 원고에게 손해배상의무가 있음은 명백하지만 원고의 소송대리인인 피고가 법정외 화해하고 민사소송을 재차 제기하지 아니 하기로 하여 소취하 한 것이니 원고의 청구는 이유 없다 하여 항소기각 되었습니다.

라. 그렇다면 피고는 원고의 수임인으로서 민법 제681조에 따라 위임의 본래의 내용에 따라 선량한 관리자의 주의로써 위임사무를 처리하여야 할 것임에도 불구하고 위와 같은 배임행위를 함으로써 원고에게 손해를 끼쳤으므로 그로 인한 원고의 모든 손해를 배상할 책임이 있다 할 것입니다.

2. 손해배상의 범위

위에서 살펴본 바와 같은 이유로 원고가 입은 손해액은 원고가 ○○지방법원에 제소한 위 민사소송사건에 있어서 피고가 소송대리인으로서 마음대로 법정외 화해를 하지 아니하고 소취하를 하지 아니하였더라면 원고는 금22,000,000원의 승소판결을 얻을 수 있었을 것인데 이에 상당한 손해를 입게 되었는바, 이 손해액 중 원고는 피고의 위 배임행위에 의한 합의로 피고를 통하여 금 12,000,000원을 넘겨받았으므로 나머지 금 10,000,000원과, 위 민사소송 제기시 소장에 첩용한 인지 금 ○○원과 피고에게 지급한 착수금 ○○원, ○○지방법원에 소외 ◎◎운수주식회사를 상대로 다시 제기한 손해배상청구사건에서의 제1, 2심 소송비용 및 변호사선임비용 금 ○○○원이 소요되었으니 총합계 금 ○○○원인바, 이것은 모두 피고의 배임행위로 인하여 원고가 입은 손해로서 피고가 배상하여야 할 것입니다.

3. 결론

따라서 원고는 피고로부터 위 손해배상금 ○○○원 및 이에 대한 위 화해계약이 무효임을 들어 제기한 소송의 항소심판결이 확정된 20○○. ○○. ○○.부터 이 사건 소장부본 송달일까지는 민법에서 정한 연 5%의, 그 다음날부터 다 갚는 날까지는 소송촉진등에관한특례법에서 정한 연 15%의 각 비율에 의한 지연손해금을 배상 받기 위하여 이 사건 청구에 이른 것입니다.

입 증 방 법

1. 갑 제1호증   판결정본
1. 갑 제2호증   취하서
1. 갑 제3호증   합의서

첨 부 서 류

1. 위 입증방법   각 1통
1. 소장부본   1통
1. 송달료납부서   1통

20○○.   ○.   ○.
위 원고   ○○○ (서명 또는 날인)

○○지방법원 귀중

소　　　장

원　　고　　○○주식회사
　　　　　　○○시 ○○구 ○○로 ○○ (우편번호)
　　　　　　대표이사 ○○○
　　　　　　전화·휴대폰번호:
　　　　　　팩스번호, 전자우편(e-mail)주소:
피　　고　　1. ◇◇◇ (주민등록번호)
　　　　　　　　○○시 ○○구 ○○로 ○○(우편번호)
　　　　　　　　전화·휴대폰번호:
　　　　　　　　팩스번호, 전자우편(e-mail)주소:
　　　　　　2. ◆◆◆ (주민등록번호)
　　　　　　　　○○시 ○○구 ○○로 ○○(우편번호)
　　　　　　　　전화·휴대폰번호:
　　　　　　　　팩스번호, 전자우편(e-mail)주소:

손해배상(기)청구의 소

청　구　취　지

1. 피고들은 연대하여 원고에게 금 35,000,000원 및 이에 대한 2002. 9. 30.부터 이 사건 소장부본 송달일까지는 연 5%의, 그 다음날부터 다 갚는 날까지는 연 15% 의 각 비율에 의한 돈을 지급하라.
2. 소송비용은 피고들이 부담한다.
3. 위 제1항은 가집행 할 수 있다.
라는 판결을 구합니다.

청　구　원　인

1. 원고회사는 각종 식류품 및 세제류의 유통업체이고, 피고 ◇◇◇는 2000. 1. 15. 원고회사에 입사하여 창고관리업무에 종사하다가 2002. 3. 1. 다른 창고업무종사 자들을 감독하며 물품의 출납과 재고관리 및 장부관리를 총괄하는 직책인 창고장 에 취임하여 2002. 9. 30.까지 동일한 업무를 수행하였으며, 피고 ◆◆◆는 피고 ◇◇◇의 원고회사에 입사함에 있어서 신원보증을 한 사람입니다.
2. 그런데 2002. 9. 30. 피고 ◇◇◇가 원고회사를 퇴직하여 창고장직을 그만둔 뒤 피고 ◇◇◇가 창고장의 직무를 인수할 당시의 실제 재고량에 그 후 새로이 입고

된 총물량을 더한 다음 거기에서 피고 ◇◇◇의 창고장 직무수행기간 중의 총출고량을 공제한 수량과 후임자에게 인계할 당시의 실제 재고량과의 차이를 피고 ◇◇◇의 책임아래 작성된 장부상의 기재내용과 따져 본 결과 금 35,000,000원 상당의 물품이 부족한 사실이 발견되었습니다.

3. 피고 ◇◇◇의 원고회사 창고장으로서의 책무는 입·출고시 물품의 수량 및 하자유무를 확인하고 물품이 훼손되지 않도록 다른 창고업무 종사자들을 지휘·감독하여 보관 중인 물품이 도난당하거나 멸실되지 않도록 보관상의 주의의무를 다하고, 이에 부수하여 재고관리 및 장부정리 등을 하는 것임에도 불구하고 피고 ◇◇◇는 원고회사의 창고장으로서 선량한 관리자의 주의의무를 게을리 함으로 인하여 원고회사에게 위와 같은 손해를 끼친 것이므로 피고는 원고회사의 위와 같은 손해를 전부 배상하여야 할 것이며, 피고 ◆◆◆는 피고 ◇◇◇의 신원보증인으로서 원고회사의 위와 같은 손해를 전부 부담하여야 할 것입니다.

4. 그렇다면 원고회사에게 피고들은 연대하여 부족한 물품에 대한 손해배상금 35,000,000원 및 이에 대한 손해발생 이후로서 손해발생을 확인한 2002. 9. 30.부터 이 사건 소장부본 송달일까지는 민법에서 정한 연 5%의, 그 다음날부터 다 갚는 날까지는 소송촉진등에관한특례법에서 정한 연 15%의 각 비율에 의한 지연손해금을 지급하여야 할 것이므로 이 사건 청구에 이른 것입니다.

입 증 방 법

1. 갑 제1호증의 1 내지 30   각 일일재고현황표
1. 갑 제2호증의 1 내지 30   각 출·입고의뢰서
1. 갑 제3호증   인수인계서

첨 부 서 류

1. 위 입증방법   각 1통
1. 소장부본   1통
1. 송달료납부서   1통

20○○.   ○.   ○.

위 원고   ○○주식회사

대표이사 ○○○ (서명 또는 날인)

○○지방법원 귀중

소　　장

원　　고　　○○○ (주민등록번호)
　　　　　　○○시 ○○구 ○○길 ○○(우편번호)
　　　　　　전화·휴대폰번호:
　　　　　　팩스번호, 전자우편(e-mail)주소:

피　　고　　◇◇◇ (주민등록번호)
　　　　　　○○시 ○○구 ○○길 ○○(우편번호)
　　　　　　전화·휴대폰번호:
　　　　　　팩스번호, 전자우편(e-mail)주소:

임대료 및 손해배상청구의 소

청 구 취 지

1. 피고는 원고에게 20○○. ○○. ○○.부터 이 사건 소장부본 송달일까지는 연 5%의, 그 다음날부터 다 갚는 날까지는 연 15%의 각 비율에 의한 돈을 지급하라.
2. 소송비용은 피고의 부담으로 한다.
3. 위 제1항은 가집행 할 수 있다.
라는 판결을 구합니다.

청 구 원 인

1. 원·피고의 신분관계
　　원고는 ○○시 ○○구 ○○길 ○○ 소재 1층 상가 30㎡의 상가임대차계약에 있어서 임대인이고, 피고는 위 상가의 임차인입니다.
2. 원고는 20○○. ○. ○. 피고와 ○○시 ○○구 ○○길 ○○ 소재 상가 1층 30㎡를 임대차보증금 5,000,000원, 월임대료를 금 1,000,000원, 20○○. ○. ○.부터 임차기간을 12개월로 각 약정하고 상가임대차계약을 부동산중개사무소에게 체결하였습니다.
3. 피고는 위 상가 입주일에 임대차보증금 5,000,000원을 지급하고 입주하여 ◎◎이라는 상호로 농수산물도소매를 하면서 20○○. ○. ○.까지는 월임대료를 제때에 지급하다가 피고가 도박에 빠지자 가게문을 제대로 열지도 아니하는 등 불성실한 영업으로 인하여 매출이 격감하여 20○○. ○. ○○.부터 월임대료를 연체하기 시작하였습니다.
4. 피고는 원고에게 월임대료를 지급할 수 없게 되자 원고에게 임대차보증금에서 월임대료를 공제하고 임대차보증금이 소진될 때 상가를 원고에게 명도하여 주겠다는 피

고의 약속을 믿고 원고는 부득이 이에 동의를 하였으나 피고는 임대차보증금 5,000,000원을 모두 소진한 뒤에도 계속 명도를 거부하다가 겨우 20○○. ○○. ○. 위 상가를 원고에게 명도 하였습니다.

5. 또한, 피고는 상가를 임차한 임차인으로 상가건물을 통상 용도에 맞게 사용하여야 함에도 불구하고 피고는 무단으로 대형창문을 폐쇄하고 벽돌막음 공사를 하여 영업을 하였는바, 피고는 명도시 이를 원상회복 하여 원고에 명도 하여야 함에도 불구하고 그대로 방치된 상태로 명도 하였으므로, 원고는 부득이 금 1,000,000원을 들여 이를 원상회복 하였습니다.

6. 따라서 피고는 월임대료 금 4,000,000원과 상가시설훼손에 따른 손해금 1,000,000원 합계 금 5,000,000원을 원고에게 지급할 의무가 있다 할 것입니다.

7. 그렇다면 피고는 원고에게 금 5,000,000원 및 이에 대한 위 상가건물 명도일의 다음날인 20○○. ○○. ○○.부터 이 사건 소장부본 송달일까지는 민법에서 정한 연 5%의, 그 다음날부터 다 갚는 날까지는 소송촉진등에관한특례법에서 정한 연 15%의 각 비율에 의한 지연손해금을 지급할 의무가 있으므로 원고는 이를 지급 받기 위하여 이 사건 청구에 이른 것입니다.

입 증 방 법

1. 갑 제1호증　　　　　　　　임대차계약서
1. 갑 제2호증　　　　　　　　견적서
1. 갑 제3호증　　　　　　　　영수증
1. 갑 제4호증　　　　　　　　통고서
1. 갑 제5호증　　　　　　　　답변서

첨 부 서 류

1. 위 입증방법　　　　　　　　각 1통
1. 소장부본　　　　　　　　　　1통
1. 송달료납부서　　　　　　　　1통

20○○. ○. ○.

위 원고　　○○○　(서명 또는 날인)

○○지방법원　귀중

소 장

원   고   ○○○ (주민등록번호)
　　　　 ○○시 ○○구 ○○길 ○○(우편번호)
　　　　 전화·휴대폰번호:
　　　　 팩스번호, 전자우편(e-mail)주소:

피   고   ◇◇◇ (주민등록번호)
　　　　 ○○시 ○○구 ○○길 ○○(우편번호)
　　　　 전화·휴대폰번호:
　　　　 팩스번호, 전자우편(e-mail)주소:

손해배상(기)청구의 소

청 구 취 지

1. 피고는 원고에게 금 ○○○원 및 이에 대한 20○○. ○. ○.부터 이 사건 소장부본
   송달일까지는 연 5%의, 그 다음날부터 다 갚는 날까지는 연 15%의 각 비율에 의
   한 돈을 지급하라.
2. 소송비용은 피고의 부담으로 한다.
3. 위 제1항은 가집행 할 수 있다.
라는 판결을 구합니다.

청 구 원 인

1. 손해배상책임의 발생
(1) 당사자의 관계
    원고는 20○○. ○. ○. 피고와 사이에 ○○ ○○시 ○○○길 ○○○-○○ 소재 ○
    ○세차장(사업자등록증에 자동차전문수리업으로 되어 있고, 카센터 건물 및 대지는
    신청외 ◉◉◉의 소유임)에 관하여 영업양도양수계약을 체결하고, 동 카센터(영업
    권 및 그 영업시설)를 대금 2,300만원(권리금 2,000만원, 보증금 300만원)에 원고
    가 양수하였습니다.
    당시 피고는 자신의 어머니가 계주를 하다가 파계되어 빚쟁이들이 가계로 몰려와
    돈을 내놓으라고 하면서 소란스럽게 하는 바람에 영업을 할 수 없으니 가계를 넘
    기고 자신은 어머니와 음식장사나 하겠다고 하기에 권리금으로 금 2,000만원이나
    지급하고 위 가계를 인수하였습니다. 결국, 피고는 원고에게 위 가계를 넘긴 뒤에

는 인근에서 카센터 동종영업을 하지 않기로 약정을 한 것입니다.

(2) 손해배상책임의 발생

그러나 피고는 위 약정을 어기고 위 계약을 체결한 뒤 약 1년이 지난 20○○. ○.
○.경부터 원고가 인수한 위 카센터로부터 약 5㎞ 떨어진 ○○시 ○○○길 ○○-○
에서 다시 ○○○카센터를 설립하여 영업을 시작하였습니다.

피고는 ○○시 ○○○길에서 초, 중, 고등학교를 졸업하고 지금까지 살아온 소위
토박이로서 인근에 아는 사람이 많아 기존의 고객이 많을 뿐더러, ○○세차장과 불
과 300m 정도 떨어진 ○○중앙교회의 집사로서 그 교회 신도들 등 고객이 많습니
다. 피고는 위 ○○○카센터 내에서만 영업을 하는 것이 아니라, 자신이 다니는 위
○○중앙교회 운동장에서 출장수리를 하는 등 영업을 하고 있습니다. 장애인인 원
고가 위 가계를 인수한 것은 그러한 고객선이 있었기 때문에 이를 시작하게 된 것
이었지만, 피고가 다시 영업을 개시한 이후로는 수입이 급감하였습니다.

한편, 원고는 최근 피고를 상대로 영업금지가처분신청을 하여 위 ○○○카센터영업
을 하여서는 아니된다는 결정을 받았으나(피고는 위 영업금지가처분심문기일에 자
신이 영업하고 있다는 사실을 인정하였습니다), 피고는 위 ○○○카센터의 사업자
명의를 자신의 동생인 ◆◆◆로 변경하고는 위 영업을 계속하고 있습니다.

결국 피고는 위 영업금지약정 또는 상법 제41조에 기하여 원고와 인근에서 동종영
업을 하지 아니할 의무가 있음에도 불구하고 이에 위반하여 영업을 함으로써 원고
에게 손해를 입혔다고 할 것입니다.

2. 손해배상의 범위

원고는 피고로부터 위 가계를 인수한 직후인 20○○. ○. ○.경 총수입 금 8,442,000
원에서 각종 비용을 공제한 금 2,200,000원의 순수익을 올리는 것을 비롯하여, 20○
○. ○.에는 금 2,500,000원을, 20○○. ○.에는 금 2,200,000원의 순수익을 올리는
등 월 평균 최소 금 2,200,000원 이상의 순수익을 올렸으나, 피고가 다시 영업을 시
작한 이후로는 수입이 급감하더니 최근 20○○. ○.경에는 순수익이 아닌 총수입이
불과 금 1,410,000원, 20○○. ○.에는 금 555,000원, 20○○. ○.에는 금 1,195,000
원에 불과한 총수입을 얻었고 여기에 월 임대료 등을 공제하면 실제로 순수익은 거
의 없습니다. 원고는 수입이 급감하여 직원(기사)를 해고하면서 근근히 가계를 꾸려
나갔지만 결국은 도저히 가계운영이 어려워 20○○. ○. ○.경에는 아예 폐업을 하고
말았습니다.

따라서 피고의 경업금지의무위반으로 인하여 원고는 월수입 금 1,500,000원 이상
의 손해를 입었으므로 피고가 다시 카센터 영업을 시작한 20○○. ○. ○.부터 원고
가 카센타영업을 폐업한 20○○. ○. ○.경까지 약 ○개월 동안 금 ○○○원(금
1,500,000원×○개월) 상당의 재산상의 손해를 입었고, 그 동안 원고는 엄청난 심
리적인 고통을 입었다고 할 것이므로 위 금액과 함께 상당한 위자료를 청구할 수
있다고 할 것이지만, 원고도 어느 정도 손해를 감수하고자 위 금액 중 금 ○○○원
을 청구하고자 합니다.

3. 결 론

 따라서 피고는 원고에게 금 ○○○원 및 이에 대한 원고의 카센타영업 폐업일인 20○○. ○. ○.부터 이 사건 소장부본 송달일까지는 민법에서 정한 연 5%의, 그 다음날부터 다 갚는 날까지는 소송촉진등에관한특례법에서 정한 연 15%의 각 비율에 의한 지연손해금을 지급 받기 위하여 이 사건 청구에 이른 것입니다.

입 증 방 법

1. 갑 제1호증   계약서
1. 갑 제2호증   사업자등록증
1. 갑 제3호증   채무자발행의 영수증
1. 갑 제4호증   동의내역서
1. 갑 제5호증의 1 내지 12   각 사진
1. 갑 제6호증의 1 내지 2   각 거래명세서
1. 갑 제7호증   영업금지가처분결정문

첨 부 서 류

1. 위 입증방법   각 1통
1. 소장부본   1통
1. 송달료납부서   1통

20○○.   ○.   ○.
위 원고   ○○○ (서명 또는 날인)

○○지방법원 ○○지원 귀중

제3편

계약 관계 상담사례

1. 계약일반에 대한 상담사례

■ 계약을 성립하려면 꼭 계약서의 작성이 필요한지요?

Q 甲은 乙에게 甲 소유의 집을 팔기로 구두로 약속을 하고 그에 따라 소유권 등기 이전에 필요한 서류를 모두 준비하였으나 乙은 위 약속에 대하여 계약서가 작성되지 않았으므로 계약이 성립되지 않았다며 그 이행을 거부하고 있습니다. 이 경우 甲은 계약 성립을 주장하며 乙에게 약속의 이행을 요구할 수 있는지요?

A 계약에 의한 법률관계의 형성은 법의 제한에 부딪히지 않는 한 계약 당사자의 자유에 맡겨져 있는데, 여기에는 계약체결에 일정한 방식이 요구되지 않는 자유 즉 방식의 자유도 포함됩니다. 계약은 둘 이상의 계약당사자의 의사표시의 일치에 의하여 성립하므로 당사자 사이에 의사표시가 일치하는 한 계약서가 작성되지 않았다고 하더라도 계약의 성립에는 지장이 없습니다. 다만 우리 대법원에 의하면 "계약이 성립하기 위하여는 당사자 사이에 의사의 합치가 있을 것이 요구되고 이러한 의사의 합치는 당해 계약의 내용을 이루는 모든 사항에 관하여 있어야 하는 것은 아니나 그 본질적 사항이나 중요사항에 관하여는 구체적으로 의사의 합치가 있거나 적어도 장래 구체적으로 특정할 수 있는 기준과 방법 등에 관한 합의는 있어야 한다."고 하므로(대법원 2001.3.23. 선고 2000다51650호), 구두에 의한 합의의 경우에도 단지 사고파는 데 대한 합의뿐만 아니라 매매의 객체나 대금 등에 관한 합의는 이루어져야 할 것입니다. 위와 같이 계약의 성립에 계약서의 작성은 요건이 아니나 추후 이와 관련된 분쟁이 발생할 경우를 대비하여 계약서를 작성하는 것이 좋습니다.

Q 갑은 을에게 갑 소유의 집을 팔겠다는 의사를 표시하며 을이 이를 살 것인지에 대한 확답을 2016. 12. 15.까지 해 줄 것을 요청하였습니다. 을은 갑 소유의 집을 사기로 결정하고 그러한 의사표시를 우편을 통해 보냈는데, 갑은 그 우편을 2016. 12. 17.이 되어서야 받게 되었습니다. 이후 을이 매매대금을 치르며 집의 소유권을 넘겨줄 것을 요구하는데, 갑은 여기에 응하여야 하는지요?

A 이 사건에서 집을 팔겠다는 갑의 의사표시는 청약에, 집을 사겠다는 을의 의사표시는 승낙에 각 해당합니다. 그리고 이와 같이 승낙의 기간을 정한 계약의 청약은 그 기간 내에 승낙의 토지를 받지 못한 때에는 그 효력을 잃게 됩니다(민법 제528조 제1항). 따라서 갑의 청약은 효력을 잃게 되어 갑과 을 사이의 매매계약은 성립되지 않습니다. 그러나 승낙의 통지가 위 기간 후에 도달한 경우에 보통 그 기간 내에 도달할 수 있는 발송인 때에는 청약자는 지체없이 상대방에게 연착의 통지를 하여야 하고(민법 제528조 제2항 본문), 이를 하지 않을 경우 승낙의 통지가 연착되지 않은 것으로 봅니다(민법 제528조 제3항). 이 사건의 경우 을이 승낙의 우편을 뒤늦게 보냈다면 청약은 효력을 잃고 계약은 성립하지 않으나, 당연이 2016. 12. 15.까지 도달할 것으로 예상하고 2016. 12. 10.경 우편을 보냈으나 우체국의 사정 등으로 인해 2016. 12. 17.에 도달한 것이라면 갑은 을에게 승낙의 통지가 연착되었다는 통지를 하여야 하며, 이 통지를 하지 않을 경우 매매계약은 성립됩니다. 만일 갑이 위 승낙이 연착되었다는 통지를 한 경우 갑은 을의 승낙의 의사표시를 새로운 청약으로 보아 이에 대한 승낙 여부를 결정할 수 있습니다(민법 제530조). 이 경우 갑의 선택에 따라서 매매계약 성립 여부가 결정될 것입니다.

■ 선이행 의무가 이행되지 않던 중 상대방 의무의 이행기가 도달한 경우 양 의무의 관계는 어떻게 되는지요?

Q 갑은 을 소유의 주택을 매수하고자 을과 매매계약을 체결하고, 위 매매계약에 따라 계약금을 지급하였으나 중도금은 정해진 날짜에 지급하지 아니하였습니다. 그러던 중 잔금 지급기일이 돌아오자 을은 갑이 중도금을 지급하지 않았으므로 중도금을 먼저 지급하여야 잔금을 지급받음과 동시에 소유권이전등기 관련 서류를 교부하겠다고 주장합니다. 갑이 을 소유의 주택에 대한 소유권을 이전받기 위해서는 중도금을 먼저 지급하여야 하는지요?

A 매매계약에서 매수인의 중도금 지급의무는 원칙적으로 매도인의 소유권이전의무에 앞서 이행하여야 하는 선이행의무입니다. 이 경우에는 민법 제536조에서 규정한 동시이행의 항변권이 적용되지 않습니다.

그러나 선이행의무의 경우에도, 선이행의무자가 이행하지 않고 있는 동안에 상대방의 채무의 변제기가 된 때에는 선이행의무자였던 자에게 동시이행의 항변권을 인정합니다. 우리 대법원은 "매수인이 선이행하여야 할 중도금 지급을 하지 아니한 채 잔대금 지급일을 경과한 경우에는 매수인의 중도금 및 이에 대한 지급일 다음날부터 잔대금 지급일까지의 지연손해금과 잔대금의 지급채무는 매도인의 소유권이전등기의무와 특별한 사정이 없는 한 동시이행관계에 있다"고 판시하였습니다(대법원 1991.3.27. 90다19930).

따라서 이 사건의 경우 을은 갑에게 먼저 중도금을 지급할 의무는 없으며, 갑의 중도금 지급의무는 잔금 지급의무와 함께 을의 부동산 소유권이전의무와 동시이행관계에 있게 됩니다. 여기서 유의할 점은 갑의 중도금 지급기일부터 잔금 지급기일까지 중도금을 지급하지 않은 책임은 부담하여야 하므로 을은 위 기간 중의 지연손해금을 갑에게 지급하여야 하며, 그 지급의무 역시 을의 부동산 소유권이전의무와 동시이행관계에 서게 된다는 점입니다.

Q 갑은 을에게 갑 소유 주택을 팔기로 하는 계약을 체결하였으나 위 계약의 체
결 이후 원인을 알 수 없는 화재로 인하여 위 주택이 소실되었습니다. 이 때
을은 위 계약에 따라 주택의 매수대금을 갑에게 지급하여야 하는지요?

A 계약의 각 당사자가 서로 대가적인 의미를 가지는 채무를 부담하는 계약을
쌍무계약이라고 하는데, 이러한 쌍무계약에 있어서 당사자 일방의 채무가
당사자 쌍방의 책임없는 사유로 이행할 수 없게 된 때에는 채무자는 상대
방의 이행을 청구하지 못합니다(민법 제537조). 즉 계약이 성립한 이후 계
약 당사자 쌍방 모두의 고의나 과실이 개입되지 않은 사유로 당사자 일방
의 채무를 이행할 수 없는 때에는 그 당사자 일방은 상대방에게 상대방의
채무를 이행할 것을 청구하지 못하는 것입니다. 따라서 쌍방 급부가 없었
던 경우에는 계약관계는 소멸하고 이미 이행한 급부는 법률상 원인 없는
급부가 되어 부당이득의 법리에 따라 반환청구할 수 있습니다(대법원 2009.
5. 28. 선고 2008다98655, 98662).

이 사건의 경우 갑은 갑 소유 주택의 소실로 주택인도의무를 면하지만, 아
울러 을에게 매매대금의 지급을 청구하지 못하게 되며 을 또한 매매대금
지급 채무를 부담하지 않습니다. 이 경우 을이 계약체결 후 갑 소유 주택
소실 전 계약금이나 대금의 일부를 지급하였거나, 갑 소유 주택 소실 후
그 사실을 모르고 대금을 지급하였다면 을은 갑에 대하여 위 지급한 돈을
부당이득으로 반환청구할 수 있습니다. 혹 을이 계약 이후 갑 소유 주택
소실 전 위 주택을 인도받아 사용하고 있었다면 그 때까지 위 주택을 점
유, 사용함으로써 취득한 임료 상당의 부당이득 또한 반환하여야 합니다.

■ 계약이 부당하게 중도파기된 경우에 손해배상을 청구할 수 있는지요?

Q 사단법인 甲협회는 협회의 부지 내에 甲협회의 공적을 알리는 조형물을 설치하기로 하여 5명의 작가를 500만원씩을 지급하고 시안 제작을 의뢰한 후 최종적으로 1개의 시안을 선정한 다음, 그 선정된 작가와 조형물 제작, 납품 및 설치계약(15억원 상당)을 체결하기로 하였습니다. 이에 甲협회는 乙작가가 당선되고, 계약을 체결할 것이라는 사실을 통보하였으나, 甲협회는 제작비, 설치기간, 설치장소 등을 정한 계약을 체결하지 않고 3년이 지난 후에 乙작가에게 조형물 설치를 취소한다는 통보를 하였습니다. 乙작가는 甲협회에게 손해배상 청구를 할 수 있을까요? 할 수 있다면 그 액수는 어느 정도일까요?

A 계약자유의 원칙은 계약을 체결하지 않을 자유를 포함하고 있으므로 계약을 체결하지 않은 계약 교섭단계에서 계약이 체결되지 않더라도 상대방에게 책임을 물을 수 없는 것이 원칙입니다. 하지만 계약 교섭이 장기간에 걸쳐 이루어지고 계약이 확실하게 체결되리라는 정당한 기대 내지 신뢰를 부여하여 상대방이 그 신뢰에 따라 행동하였음에도 교섭을 부당하게 파기한 자는 불법행위에 대한 책임을 집니다(대법원 2001.6.15. 선고 99다40418 판결 참조).

대법원은 위와 같은 사안에서 원칙적으로 위와 같은 손해배상에서 손해는 '신뢰손해로 계약의 성립을 기대하고 지출한 계약준비비용과 같이 그러한 신뢰가 없었더라면 통상 지출하지 아니하였을 비용상당의 손해라고 말하고, 이와 같은 행위가 인격적 법익을 침해함으로써 상대방에게 정신적 고통을 초래하였다고 인정되는 경우라면 그러한 정신적 고통에 대한 손해에 대하여는 별도로 배상을 구할 수 있다고 할 것이다'고 하여 위자료 청구를 인정하였습니다. 다만 乙 작가가 실제로 계약을 체결하였다면 받을 대금, 시안을 제작하는데 드는 비용은 신뢰손해로 인정하지 않았습니다(대법원 2003.4.11. 선고 2001다53059 판결).

■ **과장, 허위의 분양광고를 보고 아파트를 계약 한 이후 손해배상청구를 할 수 있는지요?**

Q 아파트를 분양받았는데 아파트가 실제 분양광고(아파트 주변에 호텔·컨벤션센터, 콘도·워터파크, 광장·쇼핑몰·씨푸드레스토랑 등으로 구성된 해양공원이 조성될 것)와 다른 내용의 아파트가 지어진 경우 손해배상 청구를 할 수 있을까요?

A 위 사례에서 광고는 일반적으로 청약의 유인에 해당하여 계약의 내용이 되지 않으므로 손해배상 청구를 할 수 없습니다.

판례는 아파트 분양광고에 있어서 '채무불이행에 기한 분양계약의 해제 주장 또는 손해배상청구에 ○○아파트 분양광고의 내용 중 구체적인 거래조건, 즉 아파트의 외형·재질·구조 등에 관한 것으로서 사회통념에 비추어 수분양자가 분양자에게 계약의 내용으로서 이행을 청구할 수 있다고 보이는 사항에 관한 것은 수분양자가 이를 신뢰하고 분양계약을 체결하는 것이고 분양자도 이를 알고 있었다고 보아야 할 것이므로, 분양계약을 할 때에 달리 이의를 유보하였다는 등의 특별한 사정이 없는 한 이러한 사항은 분양자와 수분양자 사이의 묵시적 합의에 의하여 분양계약의 내용으로 된다고 할 것이지만, 이러한 사항이 ○○아파트 분양광고의 내용은 일반적으로 청약의 유인으로서의 성질을 가지는 데 불과하므로 이를 이행하지 아니하였다고 하여 분양자에게 계약불이행의 책임을 물을 수는 없다고 판시한 바 있습니다(대법원 2007.6.1.선고 2005다5812,5829,5836판결 등 참조). 이에 의하면 해양광고를 조성하겠다는 광고는 아파트의 외형·재질·구조 등에 관한 것이 아니므로 계약의 내용이 될 수 없습니다.

다만 해양공원이 조성될 것처럼 그 실현가능성과 완공시기를 부풀려 광고하고 홍보한 것은 소비자를 속이거나 잘못 알게 할 우려가 있는 표시·광고행위로서 공정한 거래질서를 저해할 우려가 있는 허위·과장 광고에 해당할 뿐만 아니라, 아파트 거래에 있어서 중요한 사항에 관하여 구체적인 사실을 신의성실의 의무에 비추어 비난받을 정도의 방법으로 허위로 고지한 경우에 해당한다고 할 것이므로 표시·광고의 공정화에 관한 법률 제10조 제1항 및 민법 제750조의 불법행위책임에 의하여 허위 또는 과장광고로 인한 손해배상 책임으로 위자료를 인정하였습니다(부산고등법원 2011.11.8. 선고 2009나11501 판결).

Q 甲은 乙회사에서 분양하는 아파트를 분양받았으나 乙회사는 아파트 인근에 쓰레기매립장이 건설될 예정임을 甲에게 고지하지 않았습니다. 甲이 자신의 손해를 배상받을 수 있을까요?

A 부동산 거래에 있어 거래 상대방이 일정한 사정에 관한 고지를 받았더라면 그 거래를 하지 않았을 것임이 경험칙상 명백한 경우에는 신의성실의 원칙상 사전에 상대방에게 그와 같은 사정을 고지할 의무가 있으며, 그와 같은 고지의무의 대상이 되는 것은 직접적인 법령의 규정뿐 아니라 널리 계약상, 관습상 또는 조리상의 일반원칙에 의하여도 인정될 수 있습니다.

사안에서 乙회사는 쓰레기 매립장이 건설될 예정이라는 사실을 분양계약자에게 고지할 신의칙상 의무를 부담합니다(대법원 2006.10.12. 선고 2004다 48515 판결). 따라서 甲은 乙회사에게 기망을 이유로 분양계약을 취소하고 분양대금의 반환을 구할 수도 있고, 분양계약의 취소를 원하지 않을 경우 그로 인한 손해배상만을 청구할 수도 있습니다.

■ 채권자의 책임있는 사유로 계약을 이행할 수 없었을 경우에 약정금을 청구할 수 있을까요?

Q 영상물제작 전문회사인 甲회사는 乙회사의 의뢰로 기업홍보 영상물을 제작, 공급하기로 하였습니다. 하지만 乙회사는 일방적으로 계약 해계를 통보하자, 甲회사는 약정한 기일 내에 영상물을 제작할 수 있다고 통보하였으나 乙회사는 일체의 협상을 단절하였습니다. 甲회사는 약정금을 청구할 수 있을까요?

A 민법 제538조 제1항은 쌍무계약의 당사자 일방의 채무가 채권자의 책임있는 사유로 이행할 수 없게 된 때에는 채무자는 상대방의 이행을 청구할 수 있다고 규정하고 있습니다.

판례는 영상물 제작공급계약상 수급인의 채무가 도급인과 협력하여 그 지시감독을 받으면서 영상물을 제작하여야 하므로 도급인의 협력 없이는 완전한 이행이 불가능한 채무이고, 한편 그 계약의 성질상 수급인이 일정한 기간 내에 채무를 이행하지 아니하면 계약의 목적을 달성할 수 없는 정기행위인 사안에서, 도급인의 영상물제작에 대한 협력의 거부로 수급인이 독자적으로 성의껏 제작하여 납품한 영상물이 도급인의 의도에 부합되지 아니하게 됨으로써 결과적으로 도급인의 의도에 부합하는 영상물을 기한 내에 제작하여 납품하여야 할 수급인의 채무가 이행불능케 된 경우, 이는 계약상의 협력의무의 이행을 거부한 도급인의 귀책사유로 인한 것이므로 수급인은 약정대금 전부의 지급을 청구할 수 있다고 하였습니다(대법원 1996.7.9. 선고 96다14364, 14371 판결). 위 사안에서 甲회사는 乙회사에게 약정대금 전부의 지급을 청구할 수 있습니다.

■ **양 당사자 사이의 책임없는 사유로 계약을 이행할 수 없게 된 경우 서로에게 어떤 청구를 할 수 있을까요?**

Q 甲은 乙에게 甲소유인 부동산을 매도하기로 계약하였습니다. 乙이 甲에게 계약금만을 지급한 상황에서 甲과 乙 모두에게 책임이 없는 사유로 인하여 甲의 부동산이 경매되어 甲이 乙에게 부동산을 매도할 수 없게 되었습니다. 이 경우 甲과 乙은 서로에게 어떤 청구를 할 수 있을까요?

A 민법 제537조 는 '쌍무계약의 당사자 일방의 채무가 당사자 쌍방의 책임없는 사유로 이행 할 수 없게 된 때에는 채무자는 상대방의 이행을 청구하지 못한다.'라고 규정하여 채무자는 급부의무를 면함과 더불어 반대급부도 청구하지 못하는 것이 원칙입니다.

따라서 이 경우 乙은 甲에게 부동산을 인도해달라고 청구하지 못하는 한편 甲도 乙에게 잔금을 청구할 수 없고 이미 지급한 계약금은 乙에게 부당이득으로 반환하여야 합니다. 한편, 매매계약 체결 후 위 부동산이 경락되기 전에 乙이 甲 소유의 부동산을 점유하여 사용하였다면, 乙은 甲에게 그 기간의 차임상당액의 부당이득금을 반환하여야 할 것입니다(대법원 2009.5.28. 선고 2008다98655 판결).

■ 가맹점사업자의 동의 없는 광고비 비용분담 약정은 유효한 것일까요?

Q 저는 퇴직 후 치킨집을 창업하기 위하여 乙회사와 가맹점계약을 체결하였습니다. 가맹점계약 제20조에서 乙회사가 가맹점사업자와 협의 없이 가맹점사업자의 영업지역에서 광고전단지의 배포를 결정할 수 있도록 되어 있고, 그 비용을 합리적인 기준에 따라 분담하도록 약정되어 있었습니다. 이에 乙회사는 전국적인 판매촉진행사를 진행하며 25억 5,400만원은 乙회사가 부담하고 나머지 5,482만원은 저를 비롯한 다른 가맹점사업자들의 부담으로 하였습니다. 이러한 가맹점사업자의 동의 없는 비용분담 약정은 유효한 것일까요?

A 약관의 규제에 관한 법률 제6조 제2항 제1호에서는 고객에 대하여 부당하게 불리한 조항은 공정을 잃은 것으로 추정하여 효력이 없다고 규정하고 있습니다. 그렇다면 乙회사의 가맹점계약 제20조은 고객에 대하여 부당하게 불리한 조항인지가 문제가 됩니다.

이에 관하여 대법원 판례는 가맹사업은 가맹본부와 가맹점사업자 사이의 상호의존적 사업방식으로서 신뢰관계를 바탕으로 가맹점사업자의 개별적인 이익보호와 가맹점사업자를 포함한 전체적인 가맹조직의 유지발전이라는 공동의 이해관계를 가지고 있으며, 가맹사업에 있어서의 판매촉진행사는 비록 전국적인 것이라고 하더라도 1차적으로는 가맹점사업자의 매출증가를 통한 가맹점사업자의 이익향상에 목적이 있고, 그로 인하여 가맹점사업자에게 공급하는 원·부재료의 매출증가에 따른 가맹본부의 이익 역시 증가하게 되어 가맹본부와 가맹점사업자가 모두 이익을 얻게 된다고 하여, 사례와 같은 조항은 고객에 대하여 부당하게 불리한 조항이라고 볼 수 없다고 판단하였습니다(대법원 2005.6.9. 선고 2003두7484 판결).

■ 제3자를 위한 계약에서 매매계약이 확정적으로 무효가 되었을 경우 매수인은 매매대금을 반환해 달라고 요구할 수 있을까요?

Q 매도인 甲과 매수인 乙이 토지거래허가구역 내 토지의 지분에 관한 매매계약을 체결하면서 매매대금을 丙에게 지급하기로 하는 제3자를 위한 계약을 체결하고 그 후 매수인 乙이 그 매매대금을 丙에게 지급하였는데, 위 매매계약이 확정적으로 무효가 되었습니다. 매수인인 乙은 丙에게 매매대금을 반환해 달라고 요구할 수 있을까요?

A 민법 제539조 제1항은 계약에 의하여 당사자일방이 제3자에게 이행할 것을 약정한 때에는 그 제삼자는 채무자에게 직접 그 이행을 청구할 수 있다고 규정하고 있습니다. 이 경우 제3자의 권리는 그 제3자가 채무자에 대하여 계약의 이익을 받을 의사를 표시한 때에 생깁니다.

제3자를 위한 계약관계에서 낙약자와 요약자 사이의 법률관계(이른바 기본관계)를 이루는 계약이 무효이거나 해제된 경우 그 계약관계의 청산은 계약의 당사자인 낙약자와 요약자 사이에 이루어져야 하므로, 특별한 사정이 없는 한 낙약자가 이미 제3자에게 급부한 것이 있더라도 낙약자는 계약해제 등에 기한 원상회복 또는 부당이득을 원인으로 제3자를 상대로 그 반환을 구할 수 없습니다(대법원 2010.8.19. 선고 2010다31860 판결).

따라서 사안에서 乙은 매매계약의 당사자인 甲에게 매매대금을 반환받아야 할 것이며 丙에게는 매매대금 반환을 청구할 수는 없을 것입니다.

■ 계약 해제 시 사업자가 반환할 금전에 대한 이자 지급을 배제하는 약관 조항의 효력은?

Q 오피스텔 분양자인 甲 주식회사가 乙 등과 분양계약을 체결하면서 '계약 해제에 따른 원상회복으로 甲 회사가 이미 받은 분양대금을 반환할 경우 이자 지급을 배제한다.'는 취지의 약관을 둔 다음 乙 등 명의로 대출을 받아 중도금에 충당하면서 대신 대출이자를 납부하였는데, 그 후 분양계약을 해제되자 乙 등이 이미 납부한 분양대금과 이에 대하여 민법 제548조 제2항에서 정한 이자의 반환을 청구하였습니다. 甲 회사는 약관의 내용을 들어 이자 지급을 거절할 수 있는지요?

A 약관의 규제에 관한 법률에서는 계약의 해제·해지에 관하여 정하고 있는 약관의 내용 중 다음 각 호의 1에 해당되는 내용을 정하고 있는 조항은 이를 무효로 한다."라고 규정하고, 같은 조 제4호는 "계약의 해제·해지로 인한 사업자의 원상회복의무나 손해배상의무를 부당하게 경감하는 조항"을 두고 있습니다. 판례는 민법 제548조 제2항은 계약이 해제된 경우 반환할 금전에 그 받은 날로부터 이자를 가산하여야 한다고 규정하고 있으므로, 계약해제로 인하여 사업자가 이미 받은 금전을 반환함에 있어 이자의 반환의무를 배제하는 약관조항은 고객에게 부당하게 불리하여 공정을 잃은 것으로 추정되어 이를 정당화할 합리적인 사유가 없는 한 무효라고 보아야 한다고 판시하고 있습니다(대법원 2008.12.24. 선고 2008다75393 판결, 대법원 2012.4.12, 선고, 2010다21849, 판결 참조).

따라서 甲 회사는 무효인 약관의 내용을 들어 이자 지급을 거절할 수 없고, 乙은 분양대금과 이에 대하여 민법 제548조 제2항에서 정한 이자의 반환을 청구할 수 있습니다.

Q 부동산의 매매계약에 있어 매도인 甲과 매수인 乙 쌍방당사자가 모두 특정의
A토지를 계약의 목적물로 삼았으나 그 목적물의 지번 등에 관하여 착오를 일
으켜 계약을 체결함에 있어서는 계약서상 그 목적물을 A 토지와는 별개인 B
토지로 표시하였고, B 토지에 관하여 위 매매계약을 원인으로 하여 매수인
乙 명의로 소유권이전등기가 경료 되었다면 이는 원인이 없이 경료 되었습니
다. B 토지에 대하여 매매계약이 체결된 것이고, B 토지에 대한 乙 명의의
소유권이전등기는 유효한 등기인지요?

A 계약이 성립하기 위해서는 쌍방당사자의 의사의 합치가 이루어져야 합니다.
판례는 계약의 해석에 있어서는 형식적인 문구에만 얽매여서는 아니되고 쌍
방당사자의 진정한 의사가 무엇인가를 탐구하여야 하는 것이므로, 부동산의
매매계약에 있어 쌍방당사자가 모두 특정의 A 토지를 계약의 목적물로 삼았
으나 그 목적물의 지번 등에 관하여 착오를 일으켜 계약을 체결함에 있어서
는 계약서상 그 목적물을 갑 토지와는 별개인 B 토지로 표시하였다 하여도
위 A 토지에 관하여 이를 매매의 목적물로 한다는 쌍방당사자의 의사합치가
있는 이상 위 매매계약은 A 토지에 관하여 성립한 것으로 보아야 할 것이고
B 토지에 관하여 매매계약이 체결된 것으로 보아서는 안 될 것이며, 만일 B
토지에 관하여 위 매매계약을 원인으로 하여 매수인 명의로 소유권이전등기
가 경료 되었다면 이는 원인이 없이 경료된 것으로써 무효라고 하지 않을 수
없다고 판시하였습니다[대법원 1993.10.26. 선고 93다2629,2636(병합) 판결].
따라서 甲과 乙이 계약서상 B 토지라고 표시하였다 하더라도 A 토지에 관
하여 이를 매매의 목적물로 한다는 쌍방당사자의 의사합치가 있으므로 매
매계약은 A 토지에 관하여 성립한 것으로 보아야 하고, B 토지에 관하여
乙 명의로 경료 된 소유권이전등기는 원인 없이 경료된 것으로 무효라고
할 것입니다.

Q 근로자 甲은 자신이 근무하는 A 회사에게 사직서를 작성하는 계출하는 방식
으로 근로계약의 해지를 통고하였습니다. 이러한 사직의 의사표시가 A 회사에
도달한 이후 甲은 사직의 의사표시를 철회할 수 있는지요?

A 근로자가 사직원을 제출하여 근로계약관계의 해지를 청약하는 경우 그에 대
한 사용자의 승낙의사가 형성되어 그 승낙의 의사표시가 근로자에게 도달하
기 이전에는 그 의사표시를 철회할 수 있고, 다만 근로자의 사직 의사표시
철회가 사용자에게 예측할 수 없는 손해를 주는 등 신의칙에 반한다고 인정
되는 특별한 사정이 있는 경우에 한하여 그 철회가 허용되지 않는다는 것이
판례의 태도입니다(대법원 1992.4.10. 선고 91다43138 판결, 1994.8.9. 선고 94
다14629 판결 참조).

그러나 이는 합의해지의 청약의 경우이고, 사직의 의사표시는 특별한 사정이
없는 한 당해 근로계약을 종료시키는 취지의 해약고지로 볼 것인바, 사직서
의 기재내용, 사직서 작성·제출의 동기 및 경위, 사직 의사표시 철회의 동기
기타 여러 사정을 참작하여 원고의 사직서 제출이 원칙적 형태로서의 근로계
약의 해지를 통고한 것이라고 볼 수 있을 경우에는, 근로계약의 합의해지를
청약한 것으로 볼 것은 아니며, 이와 같은 경우 사직의 의사표시가 참가인에
게 도달한 이상 원고로서는 참가인의 동의 없이는 비록 민법 제660조 제3항
소정의 기간이 경과하기 전이라 하여도 사직의 의사표시를 철회할 수 없다
할 것이라고 판시하였습니다(대법원 2000.9.5. 선고 99두8657 판결 참조).

따라서 甲이 A회사에게 한 사직의 의사표시는 근로계약의 해지를 통고한
것으로 볼 수 있으므로 이러한 의사표시가 A 회사에 도달한 이상 A 회사
의 동의 없이는 사직의 의사표시를 철회할 수는 없습니다.

■ 도급인의 하자보수에 갈음하는 손해배상채권과 동시이행의 관계에 있는 수급인의 공사잔대금채권의 범위는 어디까지 입니까?

Q 甲과 乙이 건물도급계약을 체결하면서 도급인 甲은 기성고에 따라 공사비를 지급하기로 하고, 수급인 乙은 건물을 시공하였습니다. 건물 완공 후 시공된 건물에 하자가 존재하자 도급인 甲은 수급인 乙을 상대로 하여 하자보수에 갈음하는 손해배상을 청구하였습니다. 이때 甲은 하자보수에 갈음하는 손해배상 청구를 하면서 미지급한 기성공사금액 전부에 대하여 동시이행의 항변을 주장할 수 있는지요?

A 민법 제536조 제1항에서는 쌍무계약의 당사자 일방은 상대방이 그 채무이행을 제공할 때 까지 자기의 채무이행을 거절할 수 있다. 그러나 상대방의 채무가 변제기에 있지 아니하는 때에는 그러하지 아니하다고 하여 동시이행의 항변권을 규정하고 있습니다.

판례는 甲이 공사의 기성고에 따라 지급하여야 할 공사대금은 금65,574,878원이고, 甲이 乙에 대하여 금 12,723,205원의 하자보수에 갈음하는 손해배상채권을 가지고 있는 사실을 인정한 다음, 도급인이 하자의 보수에 갈음하여 손해배상을 청구한 경우 도급인은 그 손해배상의 제공을 받을 때까지 손해배상액에 상당하는 보수액의 지급만을 거절할 수 있는 것이고 그 나머지 보수액의 지급은 이를 거절할 수 없는 것이라고 보아야 할 것이므로 甲의 12,723,205원의 손해배상채권과 동시이행관계에 있는 채권은 乙의 공사잔대금 65,574,878원의 채권 중 금 12,723,205원뿐이고 그 나머지 공사잔대금 채권은 위 손해배상채권과 동시이행관계에 있다고 할 수 없을 것이라고 판시하였습니다(대법원 1990.5.22. 선고 90다카230 판결 참조). 따라서 甲은 하자보수에 갈음하는 손해배상청구를 하면서 미지급한 기성공사금액 전부에 대하여 동시이행의 항변을 주장할 수는 없고, 손해배상의 제공을 받을 때까지 손해배상액에 상당하는 보수액의 지급만을 거절할 수 있다고 할 것입니다.

■ 매매대금 지급에 갈음하여 대출원리금 채무를 인수키로 하였으나, 아직 소유권이전등기나 점유이전이 이루어지지 않은 상태에서 동시이행관계에 있다고 볼 수 있는지요?

Q 甲이 乙과의 사이에 이 사건 부동산을 대금 6억 9,500만 원에 매수하기로 하는 내용의 계약을 체결하고, 매매대금 중 4억 5,000만 원은 乙이 이 사건 부동산을 담보로 농업협동조합중앙회 A지점에 지고 있던 대출금 채무를 甲이 인수하는 것으로 갈음하기로 약정하고, 이에 따라 甲은 乙에게 위 4억 5,000만 원을 제외한 나머지 매매대금을 모두 지급하였습니다. 甲과 乙은 위 매매계약 체결시 위 대출금의 채무자 명의를 甲으로 변경하기로 약정하였는데, 채권자인 농업협동조합중앙회 A지점의 담당 직원은 법인인 甲이 대출금 채무를 인수하게 되면 임금우선채권 등으로 인하여 이 사건 부동산의 담보가치가 떨어지기 때문에 채무자 명의를 甲으로 변경하는 것은 불가능하다고 답변하였고, 이에 따라 채무자 명의변경에 관하여 위 지점의 승낙을 얻지 못하였습니다. 그 후 甲은 위 대출금 채무를 미리 상환하여 이 사건 부동산에 설정된 근저당권을 말소하려고 하였다가 甲·乙 사이에 위 대출금의 기한 전 상환에 따른 위약금의 부담 문제로 분쟁이 발생함에 따라 위 대출금 채무를 변제하지 못하였고, 이에 乙은 甲에게 위 대출금 채무의 변제 또는 대출금 채무자 명의변경절차의 이행을 최고한 다음 그 불이행을 이유로 위 매매계약을 해제한다는 의사표시를 하였습니다.

乙이 위 대출금의 이자를 지급해온 경우 甲은 그 이자 상당액을 상환할 의무를 부담하는지요? 그러한 甲의 손해배상채무 또는 구상채무는 甲이 매매대금 지급채무에 갈음하여 인수한 대출금 채무의 변형으로서 乙의 소유권이전등기 의무와 동시이행관계에 있다고 볼 수 있는지요?

A 민법 제536조 제1항에서는 쌍무계약의 당사자 일방은 상대방이 그 채무이행을 제공할 때 까지 자기의 채무이행을 거절할 수 있다. 그러나 상대방의 채무가 변제기에 있지 아니하는 때에는 그러하지 아니하다고 하여 동시이행의 항변권을 규정하고 있습니다.

판례는 위 사안에서 "甲은 위 매매계약 체결 당시 乙과의 사이에 그 때부터 위 대출금의 이자를 甲이 부담하기로 약정하였음을 알 수 있는바, 이에 따르면 甲이 매매대금의 지급에 갈음하여 인수하기로 한 乙의 채무는 대출원금에 한정하는 것이 아니라 이자를 포함한 대출금 채무 전체이어서 甲이 대출금의 이자 채무를 부담하는 것은 매매계약 체결 당시부터 매매대금의 지급방법으로서 예정되어 있던 것이므로, 甲 앞으로 이 사건 부동산에 관한 소유권이전등기가 마쳐지지 않았다거나 乙이 이 사건 부동산을 사용·수익하고 있다고 하더라도 乙이 위 대출금의 이자를 지급한 이상 甲은 그 이자 상당액을 상환할 의무를 부담한다고 봄이 상당하고, 그러한 甲의 손해배상채무 또는 구상채무는 甲이 매매대금 지급채무에 갈음하여 인수한 대출금 채무의 변형으로서 乙의 소유권이전등기의무와 이행상 견련관계에 있다."고 판시하였습니다(대법원 2005.12.23.선고 2005다40877 판결).

따라서 乙이 위 대출금의 이자를 지급해온 경우 甲은 그 이자 상당액을 상환할 의무를 부담하는지요? 그러한 甲의 손해배상채무 또는 구상채무는 甲이 매매대금 지급채무에 갈음하여 인수한 대출금 채무의 변형으로서 乙의 소유권이전등기의무와 동시이행관계에 있다고 할 것입니다.

Q 분할합병에 있어서, 처분문서인 계약서에 부채를 제외한 전기공사업면허 등을 분할합병의 방식으로 이전한다는 취지가 명시되어 있었습니다. 이 때 일방 당사자甲이 분할합병의 방식에 의할 경우 상대방 乙의 채무를 부담할 가능성이 있다는 점을 알지 못한 채 그 채무를 부담할 위험 없이 면허 등만을 양수하는 것으로 믿고 계약을 체결하였습니다. 이 경우 계약은 유효한지요?

A 판례는, 처분문서인 계약서에 부채를 제외한 전기공사업면허 등을 분할합병의 방식으로 이전한다는 취지가 명시되어 있는 이상, 비록 분할합병의 경우 존립회사가 분할합병 전 회사의 채무를 승계하지 않기로 하는 내용의 합의가 상법 제530조의9에 위배되어 채권자에 대한 관계에서 효력이 없더라도, 계약의 당사자 사이에서는 그 계약서에 기재된 대로 부채를 제외한 전기공사업면허 등을 분할합병의 방식으로 이전하는 의사의 합치가 있었다고 보아야 하고, 설령 일방 당사자가 분할합병의 방식에 의할 경우 상대방의 채무를 부담할 가능성이 있다는 점을 알지 못한 채 그 채무를 부담할 위험 없이 위 면허 등만을 양수하는 것으로 믿고 계약을 체결하였다고 하더라도, 이는 분할합병의 법률효과에 관한 착오에 불과하다고 판시한 바 있습니다(대법원 2009.4.23. 선고 2008다96291,96307 판결).

또한 부채를 제외한 전기공사업면허 등만을 분할합병의 방식으로 이전받기로 계약한 당사자가 그 계약에 의해 채무의 승계 없이 면허 등만을 양수하는 것으로 믿었더라도, 이는 분할합병의 법률효과에 관한 착오에 불과하며, 분할합병계약의 체결로 그 계약 상대방의 전자의 채무까지 부담할 가능성을 생각하지 못한 것이 분할합병의 법률효과와 관련된 동기의 착오에 해당한다고 하더라도, 계약 체결 과정에서 상대방에게 표시되지 않아 계약의 내용이 되지 못하였고, 그 착오가 법률행위의 내용의 중요 부분에 관한 것이라고도 단정할 수 없다고 판시하였습니다.

따라서 계약서에 의해 계약을 체결하였으나 계약으로 인한 법률효과를 제대로 알지 못한 경우라 하더라도 계약은 일단 성립하고 착오의 문제만 될 뿐입니다.

■ **제3자를 위한 계약에 있어서 수익자의 계약해제권 또는 해제를 원인으로 한 원상회복을 청구할 수 있는지요?**

Q 대한민국이 甲 시를 위하여 A 회사와의 사이에 쓰레기처리장 건설공사계약을 체결하였습니다. 위 쓰레기처리시설의 건설이 甲 시의 사업으로서 그 기본계획의 입안, 부지의 선정 및 제공, 입찰안내서의 작성, 공사비의 지출, 관리비의 지출 등 계약체결을 제외한 모든 것이 실질적으로 甲 시에 의하여 이루어졌을 뿐 아니라 완성된 시설 또한 甲 시에 귀속되었습니다. 甲 시는 위 계약을 해제하거나 해제를 원인으로 한 원상회복을 청구할 수 있는지요?

A 제3자를 위한 계약이란 계약에 의하여 당사자 일방이 제삼자에게 이행할 것을 약정하는 계약으로 그 제3자는 채무자에게 직접 그 이행을 청구할 수 있습니다 (민법 제539조).

판례는 대한민국이 원고 甲시를 위하여 A 건설주식회사와의 사이에 체결한 이 사건 쓰레기처리장 건설공사계약의 당사자는 나라와 A 건설이고, 서울특별시는 위 계약상의 수익자에 해당한다고 보았습니다. 따라서 위 쓰레기처리시설의 건설이 甲시의 사업으로서 그 기본계획의 입안, 부지의 선정 및 제공, 입찰안내서의 작성, 공사비의 지출, 관리비의 지출 등 계약체결을 제외한 모든 것이 실질적으로 甲시에 의하여 이루어졌을 뿐 아니라 완성된 시설 또한 甲시에 귀속된다고 하여 甲시가 이 사건 쓰레기처리장 건설공사계약의 당사자가 되는 것은 아니라고 판시하였습니다(대법원 1994.8.12. 선고 92다41559 판결).

따라서 甲 시가 이 사건 쓰레기처리장 건설공사계약의 당사자가 아니므로 甲 시는 위 계약의 해제권이나 해제를 원인으로 한 원상회복청구권이 있다고 볼 수 없습니다.

■ **아파트 동호수 지정계약을 체결한 것이 분양계약을 체결한 것으로 볼 수 있는지요?**

Q 갑은 을 아파트회사와 장차 분양받을 아파트의 동?호수만을 미리 지정하기로 하고 목적물만을 특정하는 계약(동?호수 지정계약)을 체결했고, 그 밖에 분양대금의 액수, 목적물의 인도 시기 등은 정하지 아니하였습니다. 이 경우 아파트의 분양계약이 체결된 것으로 볼 수 있을까요?

A 대법원 2017. 5. 30. 선고 2015다34437 판결은 "[1] 계약이 성립하기 위해서는 당사자 사이에 계약의 내용에 관한 의사의 합치가 있어야 한다. 이러한 의사의 합치는 계약의 내용을 이루는 모든 사항에 관하여 있어야 하는 것은 아니고, 본질적 사항이나 중요 사항에 관하여 구체적으로 의사가 합치되거나 적어도 장래 구체적으로 특정할 수 있는 기준과 방법 등에 관한 합의가 있으면 충분하다. 한편 당사자가 의사의 합치가 이루어져야 한다고 표시한 사항에 대하여 합의가 이루어지지 않은 경우에는 특별한 사정이 없는 한 계약은 성립하지 않은 것으로 보는 것이 타당하다.

[2] 아파트 등을 분양하기로 하는 계약이 성립하기 위해서는 분양 목적물 외에 분양대금의 액수, 목적물의 인도와 소유권이전등기 시기 등 계약의 중요 사항이 정해져 있거나 장래 구체적으로 특정할 수 있는 기준과 방법 등에 관한 합의가 있어야 한다. 아파트의 동·호수만을 지정하는 계약에 목적물만 특정되어 있을 뿐 그 밖에 분양대금의 액수, 목적물의 인도 시기 등 계약의 중요 사항이 정해져 있지 않고 나아가 장래에 이를 특정할 수 있는 기준과 방법 등에 관하여 구속력이 있는 합의가 있다고 보기 어려운 경우에는 위 계약을 분양계약이라고 할 수는 없고, 나중에 분양계약을 체결한 경우 동·호수만을 확보하는 의미가 있을 뿐이다."라고 판시하였습니다.

즉, 아파트 동·호수만을 지정하는 내용만 계약에 포함되어 있을 뿐, 아파트 분양에 관한 중요한 내용인 분양대금의 액수, 목적물의 인도 시기 등을 정하지 않았다면 이는 분양계약이 체결된 것이 아니라 장차 체결될 분양계약의 동·호수만을 지정한 계약이 체결된 것이라고 보아야 할 것입니다.

■ 청약자가 미리 정한 기간 내에 이의를 하지 아니하면 승낙한 것으로 간주한 다는 뜻을 청약시 표시한 경우 화해계약이 성립된 것으로 볼 수 있는지요?

Q 甲은 그 소유의 승용차에 관하여 A보험회사와 사이에 자동차종합보험계약을 체결한 후 승용차를 운전하여 고속도로 상행선을 진행하다가 시동이 꺼지자 추돌사고 방지를 위한 안전조치를 취하지 아니한 채 1차로를 가로막고 정차한 사고 승용차에 그대로 머물러 있었습니다. 그 상태에서 乙회사의 종업원인 丙이 B보험회사의 자동차종합보험에 가입한 乙 소유의 트럭을 운전하고 오다가 정차중인 사고 승용차를 뒤늦게 발견하여 추돌함으로써 사고 승용차에 동승하고 있던 피해자에게 각각 상해를 입혔습니다.

B 보험회사는 사고 트럭의 보험자로서 피해자들에게 합계 손해배상금을 지급하는 한편, 1996. 12. 11. A보험회사에게 사고 트럭과 사고 승용차의 과실비율을 80:20으로 정하면서 7일 이내에 이의가 없으면 B 회사가 정한 과실비율에 따라 손해배상금을 부담하는데 동의한 것으로 간주하겠다는 내용의 1차 통보를 하였다가, 甲 측으로부터 아무런 이의 제기가 없는 상태에서 1997. 4. 29.에 이르러 사고 트럭과 사고 승용차의 과실비율을 1차 통보상의 비율과는 역으로 20:80으로 정정하는 2차 통보를 하였으나, 甲은 다음날인 같은 달 30. B 회사에 1차 통보상의 과실비율에 동의한다는 통보를 하였습니다. A보험회사와 B보험회사 사이에 이 사건 교통사고에 대한 손해분담비율에 관하여 甲와 乙회사 사이에 화해계약이 성립된 것으로 볼 수 있는지요?

A 민법 제527조, 제528조 제1항 및 상법 제52조의 규정에 의하면, 각기 다른 보험회사의 보험에 가입한 피보험차량들이 일으킨 교통사고로 제3의 피해자가 손해를 입어 어느 한 보험회사가 손해 전액을 배상한 경우에 그 보험회사가 함께 손해배상책임을 부담하는 다른 피보험차량의 운행자나 그 보험회사와 사이에 쌍방의 손해분담비율에 관하여 화해계약을 체결하기 위한 청약을 함에 있어서도 그 청약은 원칙적으로 철회하지 못하는 것입니다. 그러나 청약시 승낙기간을 정한 경우에는 그 승낙기간, 그렇지 아니한 경우에는 상당한 기간이 도과하면 그 청약은 실효되고, 이 때의 상당한 기간은 청약이 상대방에게 도달하여 상대방이 그 내용을 받아들일지 여부를 결정하여 회신을 함에 필요한 기간을 가리키는 것으로, 이는 구체적인 경우에 청약과 승낙의 방법, 계약 내용의 중요도, 거래상의 관행 등의 여러 사정을 고려하여 객관적으로 정하여지는 것이라고 할 수 있다. 그리고 청약이 상시거래관계

에 있는 자 사이에 그 영업부류에 속한 계약에 관하여 이루어진 것이어서 상법 제53조가 적용될 수 있는 경우가 아니라면, 청약의 상대방에게 청약을 받아들일 것인지 여부에 관하여 회답할 의무가 있는 것은 아니므로, 청약자가 미리 정한 기간 내에 이의를 하지 아니하면 승낙한 것으로 간주한다는 뜻을 청약시 표시하였다고 하더라도 이는 상대방을 구속하지 아니하고 그 기간은 경우에 따라 단지 승낙기간을 정하는 의미를 가질 수 있을 뿐이라는 것이 판례의 태도입니다(대법원 1999.1.29, 선고, 98다48903, 판결).

위에서 본 법리에 비추어 보면, B 회사가 1차 통보시 7일 이내에 이의하지 아니하면 승낙한 것으로 간주한다는 뜻을 표시하였다고 하더라도 상법 제53조가 적용될 수 있는 경우가 아닌 한 甲에 대하여 아무런 구속력을 가질 수 없고, 따라서 甲이 승낙 혹은 거절의 의사를 표시하지 아니한 이상 계약의 성부는 확정될 수 없고, 그 7일의 기간은 승낙기간을 정한 것으로 볼 여지가 있어 그 기간이 도과하면 오히려 청약이 실효되어 그에 따른 계약이 성립할 수 없게 된다고 할 것입니다. 따라서 A보험회사와 B보험회사 사이에 이 사건 교통사고에 대한 손해분담비율에 관하여 원고 회사와 피고들 사이에 화해계약이 성립된 것으로 볼 수 없다고 할 것입니다.

■ 양 당사자 사이의 책임없는 사유로 계약을 이행할 수 없게 된 경우에 서로에게 어떤 청구를 할 수 있을까요?

Q 甲은 乙에게 甲소유인 부동산을 매도하기로 계약하였습니다. 乙이 甲에게 계약금만을 지급한 상황에서 甲과 乙 모두에게 책임이 없는 사유로 인하여 甲의 부동산이 경매되어 甲이 乙에게 부동산을 매도할 수 없게 되었습니다. 이 경우 甲과 乙은 서로에게 어떤 청구를 할 수 있을까요?

A 민법 제537조 는 '쌍무계약의 당사자 일방의 채무가 당사자 쌍방의 책임없는 사유로 이행 할 수 없게 된 때에는 채무자는 상대방의 이행을 청구하지 못한다'라고 규정하여 채무자는 급부의무를 면함과 더불어 반대급부도 청구하지 못하는 것이 원칙입니다. 따라서 이 경우 乙은 甲에게 부동산을 인도해달라고 청구하지 못하는 한편 甲도 乙에게 잔금을 청구할 수 없고 이미 지급한 계약금은 乙에게 부당이득으로 반환하여야 합니다. 한편, 매매계약 체결 후 위 부동산이 경락되기 전에 乙이 甲 소유의 부동산을 점유하여 사용하였다면, 乙은 甲에게 그 기간의 차임상당액의 부당이득금을 반환하여야 할 것입니다(대법원 2009.5.28. 선고 2008다98655 판결).

■ 소실된 주택을 매수하려고 한 경우 상대방에게 손해배상책임을 물을 수 있는지요?

Q 갑은 을로부터 을 소유 주택을 매수하기 위하여 매매계약을 체결하였으나 위 매매계약이 체결되기 일주일 전 이미 위 주택이 화재로 인해 소실되어 위 주택을 매수할 수 없는 상태였습니다. 이 때 갑은 을에 대하여 손해배상책임을 물을 수 있는지요?

A 법률행위의 목적의 실현가능성이 법률행위의 성립 당시에 이미 불능인 경우를 원시적 불능이라고 하는데, 우리 민법은 계약이 무효로 되는 경우 일정한 요건 하에 계약체결상의 과실이라는 이름하에 배상책임을 인정하고 있습니다. 즉 민법 제535조 제1항은 "목적이 불능한 계약을 체결할 때에 그 불능을 알았거나 알 수 있었을 자는 상대방이 그 계약의 유효를 믿었음으로 인하여 받은 손해를 배상하여야 한다."고 규정하고 있습니다. 따라서 이 사건의 경우 갑은 을에게 을이 위 매매계약의 유효를 믿었음으로 인하여 받은 손해를 배상하여야 합니다. 다만 이 경우 을이 그 불능을 알았거나 알 수 있었다면 갑은 배상책임을 지지 않게 됩니다(민법 제535조 2항). 위에서 갑이 배상책임을 지는 경우 갑의 배상책임 범위는 계약이 유효함으로 인하여 생길 이익액을 넘지 못합니다(민법 제535조 제1항 단서).

■ 타인의 이름으로 계약을 체결한 경우에 누구에게 책임을 물어야 하는지요?

Q 甲은 사업을 하다가 약속어음부도를 내고 조세를 체납하는 등 자신의 명의로 사업을 계속할 수 없게 되자, 종전직장 동료였던 乙의 승낙을 받아 乙명의로 새로이 사업자등록을 하고, 대외적으로는 乙의 이름으로 종전영업을 계속해왔는데, 丙은 이러한 사정을 알지 못하고서 기계 1대를 제작하여 납품하기로 하는 제작물공급계약을 체결하였습니다. 그런데 甲은 어음부도 및 조세문제 등이 해결되자 乙명의의 영업을 포괄적으로 양도받는 형식을 취하고 乙명의 사업자등록의 폐업신고를 한 후 종전과 같은 상호로 자신을 대표자로 새로이 사업자등록을 하였고, 甲은 丙에게 위 기계공급계약을 그대로 이행할 의사를 밝혔고, 丙 또한 종전 사업자등록 명의자인 乙이 기계제작기술자로서 甲의 직원으로 甲의 사업장에 계속 근무하면서 위 기계의 제작·설치작업에 참여하는 것으로 알았기 때문에, 별다른 인수계약 등을 체결하지는 않았습니다. 위 계약이 불이행된 경우 丙이 누구에게 책임을 물어야 하는지요?

A 행위자가 타인의 이름으로 계약을 체결한 경우, 계약당사자의 확정방법에 관하여 판례를 보면, 계약을 체결하는 행위자가 타인의 이름으로 법률행위를 한 경우에 행위자 또는 명의인 가운데 누구를 계약당사자로 볼 것인가에 관해서는, 우선 행위자와 상대방의 의사가 일치한 경우에는 그 일치한 의사대로 행위자 또는 명의인을 계약당사자로 확정해야 하고, 행위자와 상대방의 의사가 일치하지 않는 경우에는 그 계약의 성질·내용·목적·체결경위 등 그 계약체결 전후의 구체적인 제반사정을 토대로 상대방이 합리적인 사람이라면 행위자와 명의자 중 누구를 계약당사자로 이해할 것인가에 의하여 당사자를 결정하여야 한다고 하였으며(대법원 2011.2.10. 선고 2010다83199, 83205 판결), 행위자가 타인의 이름으로 계약을 체결한 후 그 타인의 사업자등록명의를 자기 앞으로 변경한 경우 그 타인의 채무를 중첩적으로 인수한 것으로 본 경우가 있습니다(대법원 2001.5.29. 선고 2000다3897 판결).

그리고 제3자에게 자기명의로 계약을 체결하도록 승낙한 경우 그 계약의 법률상 효과의 귀속관계에 관한 판례를 보면, 제3자에게 자기명의로 계약을 체결하도록 승낙하여 그에 따라 계약이 체결되었다면 그 계약체결에 따른 법률상의 효과를 자신에게 귀속시키지 아니하겠다는 의사로 승낙을 하였고, 그 계약의 상대방도 그와 같은 점에 대하여 양해하고 계약을 체결하였다는 등의 특별한 사정이 없는 한 그 계약의 법률상 효과는 승낙을 한 본인에게 귀속된다고 하였습니다(대법원 1999.5.11. 선고 98다56874 판결). 그렇다면 위 사안에서 위 기계의 제작·설치에 관한 계약의 당사자는 乙로 볼 수 있을 것이나, 甲은 乙의 丙에 대한 채무를 중첩적으로 인수한 것으로 볼 수 있을 듯합니다. 따라서 丙은 甲·乙에게 연대하여 채무불이행으로 인한 책임을 부담할 것을 요구할 수 있을 것으로 보입니다.

2. 계약의 해지, 해제 관련 상담사례

■ 매매목적물이 가압류된 사유로 매매계약을 해제할 수 있는지요?

Q 저는 甲소유 대지를 6,000만원에 매수하기로 매매계약을 체결하고 계약금 및 중도금을 지급하고 잔금을 지급하기 전에 위 토지의 등기사항증명서를 열람해 본 결과 甲의 채권자 乙이 위 토지에 가압류를 해두었으므로, 이 경우 위 계약을 해제할 수 있는지요?

A 민법 제546조에서 채무자의 책임 있는 사유로 이행이 불능하게 된 때에는 채권자는 계약을 해제할 수 있다고 규정하고 있는데, 여기서 '채무의 이행이 불능이라는 것'은 단순히 절대적·물리적으로 불능인 경우가 아니라 사회생활에 있어서의 경험법칙 또는 거래상의 관념에 비추어 볼 때 채권자가 채무자의 이행의 실현을 기대할 수 없는 경우를 말합니다(대법원 2010.12.9. 선고 2009다75321 판결).

그런데 위 사안과 같이 매매목적물에 가압류 또는 가처분이 된 경우 그것이 위 규정의 이행불능사유에 해당하여 계약해제가 가능할 것인지 판례를 보면, 매수인은 매매목적물에 대하여 가압류집행이 되었다고 하여 매매에 따른 소유권이전등기가 불가능한 것도 아니므로, 이러한 경우 매수인으로서는 신의칙 등에 의해 대금지급채무이행을 거절할 수 있음은 별론으로 하고, 매매목적물이 가압류되었다는 사유만으로 매도인의 계약위반을 이유로 매매계약을 해제할 수는 없다고 하였으며(대법원 1999.6.11. 선고 99다11045 판결), 매매목적물에 대하여 가압류 또는 처분금지가처분집행이 되어 있다고 하여 매매에 따른 소유권이전등기가 불가능한 것은 아니며, 이러한 법리는 가압류 또는 가처분집행의 대상이 매매목적물자체가 아니라 매도인이 매매목적물의 원소유자에 대하여 가지는 소유권이전등기청구권 또는 분양권인 경우에도 마찬가지이라고 하였으며, 매도인의 소유권이전등기청구권이 가압류되어 있거나 처분금지가처분이 있는 경우에는 그 가압류 또는 가처분의 해제를 조건으로 하여서만 소유권이전등기절차이행을 명받을 수 있는 것이어서, 매도인은 그 가압류 또는 가처분을 해제하지 아니하고서는 매도인명의의 소유권이전등기를 마칠 수 없고, 매수인 명의의 소유권이전등기도 마쳐 줄 수 없다고 할 것이므로, 매도인이 그 가압류 또는 가처분집행을 모두 해제할 수 없는 '무자력의 상태'에 있다고 인정되는 경우에는 매수인이 매도인의 소유권이전등기의무가 이행불능임을 이유로 매매계약을 해제할 수 있다고 하였습니다(대법원 2006.6.16.선고 2005다39211 판결).

또한, 가압류로 인한 손해배상청구사건에 있어서, 매매목적물인 부동산에 대하여 가압류집행이 되어 있다고 해서 매매에 따른 소유권이전등기가 불가능한 것도 아니고, 다만 가압류채권자가 본안소송에서 승소하여 매매목적물에 대하여 경매가 개시되는 경우에는 매매목적물의 매각으로 인하여 매수인이 소유권을 상실할 수 있으나 이는 담보책임 등으로 해결할 수 있고, 경우에 따라서는 신의칙 등에 의해 대금지급채무이행을 거절할 수 있음에 그치므로, 매매목적물이 가압류되는 것을 매매계약해제 및 위약금 지급사유로 삼기로 약정하지 아니한 이상, 매수인으로서는 위 가압류집행을 이유로 매도인이 계약을 위반하였다고 하여 위 매매계약을 해제할 수는 없는 노릇이어서, 매도인이 받은 계약금배액을 매수인에게 지급하였더라도 그것은 매매계약에 의거한 의무에 의한 것이라고는 볼 수 없고 호의적인 지급이거나 지급의무가 없는데도 있는 것으로 착각하고 지급한 것이라고 보일 뿐이어서 그 위약금지급과 위 가압류집행 사이에는 법률적으로 상당인과관계가 없다고 하였습니다(대법원 2008.6.26. 선고 2006다84874 판결).

따라서 귀하도 매매목적물이 가압류된 상태만으로는 계약을 해제할 수 없을 것이고, 다만 잔금지급을 거절할 수는 있을 것입니다. 그러나 甲이 위 가압류집행을 해제할 수 없는 '무자력의 상태'에 있다는 것을 증명하여 그것이 인정된다면 甲의 소유권이전등기의무가 이행불능임을 이유로 매매계약을 해제할 수 있을 것입니다.

Q 저는 1년 전 甲의 부동산을 1억원에 매수하는 매매계약을 체결하면서 계약금 1,000만원과 중도금 4,000만원까지 모두 지급하였으나, 저의 사정상 잔금지급약정일로부터 1주일이 경과한 뒤에야 잔금을 제공하였더니, 매매계약체결 후 부동산가격의 폭등을 기화로 甲은 계약서상 '잔금지급기일에 잔금을 지급치 아니하면 자동적으로 계약이 해제된다.'는 약정이 있으므로 이미 계약은 해제되었다고 주장하면서 잔금수령을 거부하고 있습니다. 저는 위 부동산을 꼭 취득하고 싶은데 방법이 없는지요?

A 부동산매매계약의 경우 매수인이 잔대금을 지급기일까지 지급하지 못하면 그 계약이 자동해제 된다는 취지의 약정이 있는 경우에 관한 판례를 보면, 부동산매매계약에 있어서 매수인이 잔대금지급기일까지 그 대금을 지급하지 못하면 그 계약이 자동적으로 해제된다는 취지의 약정이 있더라도 특별한 사정이 없는 한 매수인의 잔대금지급의무와 매도인의 소유권이전등기의무는 동시이행관계에 있으므로 매도인이 잔대금지급기일에 소유권이전등기에 필요한 서류를 준비하여 매수인에게 알리는 등 이행제공을 하여 매수인으로 하여금 이행지체에 빠지게 하였을 때에 비로소 자동적으로 매매계약이 해제된다고 보아야 하고, 매수인이 그 약정기한을 도과하였더라도 이행지체에 빠진 것이 아니라면 대금미지급으로 계약이 자동해제 된 것으로 볼 수 없다고 한 바 있으나(대법원 1998. 6. 12. 선고 98다505 판결, 같은 취지로 甲이 乙과 토지매매계약을 체결하면서 매매대금이 지급되지 않을 경우 매매계약을 무효로 하는 내용의 자동실효특약을 두었는데 매매대상 토지들 가운데 일부가 경매되거나 수용되었고, 乙이 일부 매매대금의 지급을 위하여 발행·교부한 약속어음이 지급거절된 사안에서, 乙이 일부 토지들에 대한 소유권 취득이 불가능하게 됨에 따라 잔금지급의무 불이행에 따른 이행지체책임을 부담하지 않게 되었으므로, 위 특약을 그대로 적용하여 乙이 잔금을 지급하지 않았다는 이유만으로 매매계약이 무효가 되는 것은 아니라고 한 대법원 2013. 9. 27. 선고 2011다110128 판결), 부동산매매계약에 있어서 매수인이 잔대금지급기일까지 그 대금을 지급하지 못하면 그 계약이 자동적으로 해제된다는 취지의 약정이 있더라도 매도인이 이행제공을 하여 매수인을 이행지체에 빠뜨리지 않는 한 그 약정기일의 도과 사실만으로는 매매계약이 자동해제된 것으로 볼 수 없으나, 매수인이 여러

차례에 걸친 채무불이행에 대하여 책임을 느끼고 잔금지급기일의 연기를 요청하면서 새로운 약정기일까지는 반드시 계약을 이행할 것을 확약하고 불이행시에는 매매계약이 자동적으로 해제되는 것을 감수하겠다는 내용의 약정을 한 특별한 사정이 있다면, 매수인이 잔금지급기일까지 잔금을 지급하지 아니함으로써 그 매매계약은 자동적으로 실효된다고 하였습니다(대법원 2010.7.22. 선고 2010다1456 판결). 다만, 매매계약이 자동적으로 실효된 후 매도인과 매수인 사이에 매도인이 매수인으로부터 이행지체에 따른 지연손해배상금을 지급받고 잔금지급기일 등 일부 계약조건을 변경하기로 하는 합의까지 이루어졌다면 이로써 실효된 매매계약을 부활시키기로 하는 새로운 약정이 성립하였다고 볼 수 있을 것입니다. 이때 종전의 매매계약에 포함된 자동해제약정도 함께 부활시킨 것으로 볼 수 있다면 그 후 매수인이 변경된 계약조건에 따른 잔금지급의무 등을 이행하지 아니할 경우 특별한 사정이 없는 이상 부활한 매매계약은 다시 자동적으로 실효되고, 매도인이 매수인의 채무불이행을 이유로 매매계약을 해제하기 위하여 반대채무의 이행제공이나 새로운 이행의 최고가 필요하다고 볼 것은 아니라고 하였습니다(대법원 2014.2.13. 선고 2012다71930, 71947 판결). 이 경우 매도인의 '이행제공'이란 매도인이 소유권이전등기에 소요되는 서류를 준비하여 매수인에게 알리는 등의 이행제공을 말합니다.

따라서 甲이 소유권이전등기에 필요한 서류를 준비하여 귀하에게 이러한 사실을 알리는 등의 방법으로 이행제공을 하지 않았고 위 판례와 같은 특별한 사정이 없다면, 귀하와 甲의 매매계약은 자동해제 되지 않고 아직 유효한 상태이므로, 甲이 잔금수령을 거부한다면 잔금을 법원에 변제공탁하고 甲을 상대로 소유권이전등기청구소송을 제기하면 될 것으로 보입니다.

Q 저는 甲에게 저의 아파트를 매도하면서 계약금 및 중도금은 받았으나, 잔금은 甲의 형편상 지급기일이 10일 후인 약속어음으로 받았는데, 불안하여 여러 방면으로 알아보니 약속어음지급기일에 위 약속어음의 지급불능이 예상되는 바, 지급기일 전에 잔금이행을 최고하고 이행되지 않을 경우 위 부동산매매계약을 해제할 수 있는지요?

A 이행지체와 해제에 관하여 민법에서 당사자일방이 그 채무를 이행하지 아니하는 때에는 상대방은 상당한 기간을 정하여 그 이행을 최고하고 그 기간 내에 이행하지 아니한 때에는 계약을 해제할 수 있으나, 채무자가 미리 이행하지 아니한 의사를 표시한 경우에는 최고를 요하지 아니한다고 규정하고 있습니다(민법 제544조).

그런데 기존채무이행을 위하여 제3자발행의 어음이나 수표를 교부한 경우의 법률관계에 관하여 판례를 보면, 기존채무이행에 관하여 채무자가 채권자에게 어음을 교부할 때의 당사자의 의사는 ①기존원인채무의 '지급에 갈음하여' 즉, 기존원인채무를 소멸시키고 새로운 어음채무만을 존속시키려고 하는 경우와, ②기존원인채무를 존속시키면서 그에 대한 지급방법으로서 이른바 '지급을 위하여' 교부하는 경우 및 ③단지 기존채무의 지급담보의 목적으로 이루어지는 이른바 '담보를 위하여' 교부하는 경우로 나누어 볼 수 있는데, 어음상의 주채무자가 원인관계상의 채무자와 동일하지 아니한 때에는 제3자인 어음상의 주채무자에 의한 지급이 예정되어 있으므로 이는 '지급을 위하여' 교부된 것으로 추정되지만, '지급에 갈음하여' 교부된 것으로 볼 만한 특별한 사정이 있는 경우에는 그러한 추정은 깨진다고 하였으며(대법원 2010.12.23. 선고 2010다44019 판결), 기존채무의 '지급을 위하여' 교부된 것으로 추정할 경우, 특별한 사정이 없는 한 기존원인채무는 소멸하지 아니하고 어음이나 수표상의 채무와 병존한다고 보아야 한다고 하였습니다(대법원 1997.3.28. 선고 97다126, 133 판결).

그리고 매매대금채무 이행방법으로 제3자발행의 어음을 교부한 경우, 매매대금채무의 이행기에 관하여 판례를 보면, 어음이 '지급을 위하여' 교부된 것으로 추정되는 경우 채권자는 어음채권과 원인채권 중 어음채권을 먼저 행사하여 만족을 얻을 것을 당사자가 예정하였다고 할 것이어서 채권자로서는 어음채권을 우선행사하고 그에 의하여 만족을 얻을 수 없는 때 비로소 채무자에 대하여 기존원인채권을 행사할 수 있는 것이므로, 채권자가 기존채무의 변제기보다 후의 일자가 만기로 된 어음을 교부받은 때에는 특별한 사정이 없는 한 기존채무지급을 유예하는 의사가 있었다고 하였으며(대법원 2001.2.13. 선고 2000다5961 판결), 매수인이 물품대금지급을 위하여 매도인에게 지급기일이 물품공급일자 이후로 된 약속어음을 발행·교부한 경우 물품대금지급채무의 이행기는 그 약속어음지급기일이고, 그 약속어음이 발행인의 지급정지사유로 그 지급기일 이전에 지급거절 되었더라도 물품대금지급채무가 그 지급거절 된 때에 이행기에 도달하는 것은 아니라고 하였습니다(대법원 2000.9.5. 선고 2000다26333 판결, 대법원 2014.6.26. 선고 2011다101599 판결).

또한, 대금지급방법으로 교부받은 어음이 부도될 것이 예상되는 경우, 이행기도래 전에 이행지체를 원인으로 계약해제 가능한지 판례를 보면, 계약해제권의 발생사유인 이행지체란 채무이행이 가능한 데도 채무자가 그 이행기를 도과한 것을 말하고 그 이행기도래 전에는 이행지체란 있을 수 없으므로, 채무이행방법으로 교부한 어음이 지급기일에 지급불능이 예상되더라도 대금이행기일이 경과하지 않은 이상 기한의 이익을 보유하고 있다고 할 것이므로 바로 대금지급을 최고하고 계약을 해제할 수 없다고 하였습니다(대법원 1982.12.14. 선고 82다카861 판결).

따라서 위 사안에서도 어음지급기일을 잔금이행기일로 보아야 할 것이므로, 위 어음이 지급기일에 지급불능이 예상된다 하더라도 그러한 사유만으로 귀하가 바로 잔금지급을 최고하고 계약을 해제할 수는 없다고 할 것입니다. 만일, 잔금이행기일이 지나서도 甲이 잔금지급채무를 이행하지 않는다면 귀하는 선택적으로 어음금청구를 하거나, 그 원인이 되는 잔금지급을 甲에게 최고한 후 잔금지급채무불이행을 이유로 매매계약의 해제를 할 수 있다고 할 것입니다(대법원 1972.3.28. 선고 72다119 판결).

■ 계약을 위반한 당사자도 계약해제의 효과를 주장할 수 있는지요?

Q 甲은 乙의 아파트를 매수하기로 하는 계약을 체결하고 계약금을 지급하였으나, 중도금을 지급하지 못하였고, 乙은 내용증명우편으로 여러 차례에 걸쳐 중도금지급을 청구하다가 계약이 해제되었다는 통지를 하였는데, 乙은 최근에 다시 중도금 및 잔금의 지급을 청구하고 있습니다. 이 경우 비록 甲의 계약위반으로 인하여 위 매매계약이 해제되었더라도 甲이 위 계약이 해제되었음을 주장하여 乙의 청구를 거절할 수는 없는지요?

A 계약해제권에 관하여 민법에서 계약 또는 법률의 규정에 의하여 당사자의 일방이나 쌍방이 해지 또는 해제의 권리가 있는 때에는 그 해지 또는 해제는 상대방에 대한 의사표시로 하고, 이러한 의사표시는 철회하지 못한다고 규정하고 있으며(민법 제543조), 해제의 효과에 관해서는 당사자일방이 계약을 해제한 때에는 각 당사자는 그 상대방에 대하여 원상회복의 의무가 있으나, 제3자의 권리를 해하지 못하고, 이 경우에 반환할 금전에는 그 받은 날로부터 이자를 가산하여야 한다고 규정하고 있습니다(민법 제548조). 그런데 당사자일방의 계약위반을 이유로 계약이 해제된 경우, 계약을 위반한 당사자도 계약해제의 효과를 주장할 수 있는지 판례를 보면, 계약해제권은 일종의 형성권으로서 당사자의 일방에 의한 계약해제의 의사표시가 있으면 그 효과로서 새로운 법률관계가 발생하고 각 당사자는 그에 구속되는 것이므로, 일방당사자의 계약위반을 이유로 한 상대방의 계약해제의 의사표시에 의하여 계약이 해제되었음에도 상대방이 계약이 존속함을 전제로 계약상 의무이행을 청구하는 경우 계약을 위반한 당사자도 당해계약이 상대방의 해제로 소멸되었음을 들어 그 이행을 거절할 수 있는 것이고, 다른 특별한 사정이 없는 한 그러한 주장이 신의칙이나 금반언의 원칙에 위배된다고 할 수도 없다고 하였습니다(대법원 2008.10.23. 선고 2007다54979 판결).

따라서 위 사안에 있어서도 甲은 계약해제로 인한 손해배상 등의 문제는 별론으로 하고 乙의 계약이행청구는 거절할 수 있을 것으로 보입니다.

■ 이행인수와 인수채무 불이행할 경우 매매계약해제가 가능한지요?

Q 甲은 乙에게 甲의 건물 및 대지를 매도하는 매매계약을 체결하였고, 乙은 甲에게 계약금 및 중도금을 지급하면서 그 부동산에 관한 근저당권의 피담보채무를 乙이 인수하고, 나머지 잔금을 소유권이전등기서류와 상환하여 지급하기로 하였으나, 乙이 위 피담보채무변제를 게을리 함으로써 위 건물이 근저당권실행으로 경매개시 되었습니다. 甲은 경매절차진행을 막기 위해 피담보채무를 변제하였는데, 이 경우 甲은 乙에게 매매계약을 해제할 수 있는지요?

A 위 사안에서 매수인 乙이 부동산에 관한 근저당권의 피담보채무를 인수하면서 그 채무액을 매매대금에서 공제하기로 약정하였는데, 그 약정의 성질이 무엇이고, 乙이 매매대금에서 그 채무액을 공제한 나머지를 지급함으로써 잔금지급의무를 다하게 되는 것인지, 乙이 피담보채무 변제를 게을리한 경우 매도인 甲이 매매계약을 해제할 수 있는지 등이 문제됩니다.

그런데 부동산매수인이 매매목적물에 관한 채무를 인수하고 그 채무액을 매매대금에서 공제하기로 약정한 경우, 그 인수의 법적성질, 매수인이 인수채무를 이행하지 아니하였을 때 계약해제권 발생요건과 그 판단기준에 관한 판례를 보면, 부동산매수인이 매매목적물에 관한 채무를 인수하는 한편, 그 채무액을 매매대금에서 공제하기로 약정한 경우, 그 인수는 특별한 사정이 없는 한 매도인을 면책시키는 채무인수가 아니라 이행인수{매수인은 채무이행책임을 채권자에 대해서가 아니라 채무자(매도인)에게만 부담하는 것임}로 보아야 하고, 매수인은 매매계약을 할 때 인수한 채무를 현실적으로 변제할 의무를 부담하는 것은 아니며, 특별한 사정이 없는 한 매수인이 매매대금에서 그 채무액을 공제한 나머지를 지급함으로써 잔금지급의무를 다하였다 할 것이므로, 설사 매수인이 위 채무를 현실적으로 변제하지 아니하였더라도 그러한 사정만으로는 매도인은 매매계약을 해제할 수 없는 것이지만, 매수인이 인수채무를 이행하지 아니함으로써 매매대금일부를 지급하지 아니한 것과 동일하다고 평가할 수 있는 특별한 사유가 있을 때에는 계약해제권이 발생하고, 그러한'특별한 사정'이 있는지는, 매매계약의 당사자들이 그러한 내용의 매매계약에 이르게 된 경위, 매수인의 인수채무불이행으로 인하여 매도인이 입게 되는 구체적인 불이익의 내용과 그 정도 등 제반사정을 종합적으로 고려하여 '매매대금의 일부를 지급하지 아니한 것과 동일하다고 평가할 수 있는 경우'에 해당하는지 여부를 판단하여야 한다고 하였으며(대법원 2007.9.21. 선고 2006다69479, 69486 판결), 채무인수인이 인수채무의 일부인 근저당권의 피담보채무의 변제를 게을리 함으로써 매매목적물에 관하여 근저당권실행으로 임의경매절차가 개시되고 매도인이 경매절차진행을 막기 위하여 피담보채무를 변제하였다면, 매도인은 채무인수인에 대하여 손해배상채권을 취득하는 이외에 이 사유를 들어 매매계약을 해제할 수 있다고 하였습니다(대법원 2004.7.9.선고 2004다13083판결).

따라서 위 사안의 경우 甲과 乙의 위와 같은 근저당권피담보채무 인수약정은 채권자의 승낙을 받거나, 채권자에게 그 사실을 통지한 바도 전혀 없다면, 그 약정은 이행인수로 보아야 할 듯하고, 甲은 乙이 위 피담보채무의 변제를 게을리 함으로써 경매절차가 개시되고 甲이 경매절차진행을 막기 위하여 그 피담보채무를 변제하였으므로 매매계약을 해제할 수 있을 것으로 보입니다.

■ 착오를 이유로 계약의 일부 취소 또는 사정변경으로 인한 계약의 일부 해지를 할 수 있나요?

Q 甲회사가 온라인연합복권 운영기관인 乙은행과 사이에서 온라인연합복권 시스템 구축 및 운영 용역을 제공하는 대가로 乙은행에게서 온라인연합복권 매회 매출액의 일정 비율에 해당하는 수수료를 지급받기로 하는 내용의 계약을 체결했습니다. 그런데 甲회사가 乙회사가 예상했던 금액을 훨씬 초과하는 수수료를 지급받게 되었다면, 乙은행은 착오를 이유로 위 계약의 일부 취소 또는 사정변경으로 인한 계약의 일부 해지를 할 수 있나요?

A 사정변경으로 인한 계약해지는, 계약 성립 당시 당사자가 예견할 수 없었던 현저한 사정변경이 발생하였고 그러한 사정변경이 해제권을 취득하는 당사자에게 책임 없는 사유로 생긴 것으로서, 계약 내용대로 구속력을 인정한다면 신의칙에 현저히 반하는 결과가 생기는 경우에 계약준수 원칙의 예외로서 인정됩니다.

위와 같이 甲회사가 온라인연합복권 운영기관인 乙은행과, 甲회사가 온라인연합복권 시스템 구축 및 운영 용역을 제공하는 대가로 乙은행이 온라인연합복권 매회 매출액의 일정 비율에 해당하는 수수료를 지급하기로 하는 내용의 계약을 체결한 사안에서, 乙은행이 회계법인의 검토에 따른 예상매출액을 토대로 수수료율 등 계약 내용을 정하였고 실제 매출액이 예상매출액보다 현저하게 많이 발생하였더라도 이는 계약 당시를 기준으로 장래의 미필적 사실의 발생에 대한 기대나 예상이 빗나간 것에 불과하고, 乙은행이 예상매출액이 그대로 실현될 것이라고 확신하였다고 보기도 어렵습니다.

따라서 乙은행이 계약을 체결하면서 장래의 매출액에 관하여 착오를 일으켰다고 할 수 없고, 한편 온라인연합복권 판매액이 예상매출액을 훨씬 초과하게 되어 판매액에 비례한 수수료를 지급받는 甲회사가 결과적으로 예상액을 훨씬 초과하는 수수료를 지급받게 되었다는 점만으로 신의칙에 반하는 결과가 초래되었다고 볼 수 없으므로, 착오를 이유로 한 계약의 일부 취소 또는 사정변경으로 인한 계약의 일부 해지를 인정할 수 없다고 보아야 할 것입니다(대법원 2011.6.24. 선고 2008다44368 판결 참조).

그러므로 乙은행은 착오를 이유로 甲회사와 체결한 계약의 일부 취소 또는 사정변경으로 인한 계약의 일부 해지를 할 수 없습니다.

■ 임차인의 행위를 이유로 임대차계약을 해지할 수 있나요?

Q 저는 백화점 내 임차점포에서 다른 도매상으로부터 구입한 굴비를 영광 현지에서 제조된 것인 것처럼 속이고 판매하다가 적발되어 유죄판결을 받고 언론에 보도까지 되었습니다. 이에 백화점 측은 약정내용에 따라 명예와 신용이 손상되었음을 이유로 임대차계약을 해지한다고 합니다. 위 계약의 해지는 정당한지요?

A 백화점 내 점포에서 건어물 판매영업을 하던 중 서울 중부시장 굴비도매상으로부터 구입한 굴비를 영광현지에서 직접 제조된 굴비인 것처럼 영광굴비 품질보증서를 붙여 놓고 소비자들에게 판매하다가 이와 같은 사실이 수사기관에 적발되어 사기 및 부정경쟁방지법위반죄로 유죄판결이 선고되고, 이와 같은 사실이 그 무렵 언론에 보도된 사실이 있고, 나아가 점포는 백화점의 경우 동일한 건물의 구분된 점포에서 각 점포가 유기적인 관련 하에 다양한 종류의 상품을 판매함으로써 그 자체로 독립된 신용과 명예를 형성하고 백화점 내의 각 점포는 그 백화점의 일부로 인식되는 것이 일반적이므로, 단순한 상가의 집합과는 달리 백화점 내의 어느 한 점포의 영업과 관련한 사유는 다른 점포는 물론 그 백화점 자체의 명예와 신용에 직접적인 영향을 미칠 수 있는 것이므로, 상대방이 원고의 명예와 신용이 손상되었음을 이유로 이 사건 임대차계약을 해지한 것은 정당다고 할 것입니다.

■ 근저당권을 설정해주 않을 경우 이를 이유로 전대차계약을 해지할 수 있는지요?

Q 乙은 甲로부터 A부동산을 임차한 임차인입니다. 임차인이자 전대인 乙은 10. 8. 전차인 丙과 사이에 A부동산에 관하여 전대차계약을 체결했습니다. 이후 乙과 丙은 10. 18. 전차보증금의 반환을 담보하기 위하여 乙이 11. 5.까지 乙소유의 부동산에 丙의 근저당권을 설정하여 주기로 추가적으로 약정했습니다. 그런데 乙이 11. 30.까지 위 근저당권을 설정해주 않을 경우, 丙은 이를 이유로 전대차계약을 해지할 수 있는지요?

A 계약관계를 해제할 수 있는 채무불이행이 있다고 하기 위해서는 계약의 목적달성에 필요불가결한 급부에 대한 불이행이 있어야 합니다. 따라서 부수적 의무의 불이행만으로는 원칙적으로 그 요건이 갖추어졌다고 볼 수 없습니다(대결 1997.4.7. 97마575 참조).

다만 외관상 부수의무이더라도 실질적으로 그것을 불이행함으로써 계약의 목적을 달성할 수 없게 된다면, 그 불이행이 해제권을 발생시킬 수도 있다. 위 사안처럼 전대차계약을 체결한 후 뒤늦게 전차보증금의 반환을 담보하기 위하여 전대인이 그 소유 부동산에 근저당권을 설정하여 주기로 약정한 경우, 근저당권설정약정이 이미 전대차계약이 체결된 후에 이루어진 점에서 전대인의 근저당권설정약정이 없었더라면 전차인이 전대인과 사이에 전대차계약을 체결하지 않았으리라고 보기 어려울 뿐 아니라, 전대인의 근저당권설정등기의무가 전대차계약의 목적달성에 필요불가결하다거나 그 의무의 이행이 없으면 전대차계약의 목적을 달성할 수 없다고 볼 만한 사정을 찾아볼 수 없으므로 전대인의 근저당권설정등기의무가 전대차계약에서의 주된 의무라고 보기 어렵고, 따라서 전차인은 전대인이 약정대로 근저당권을 설정하지 않았음을 이유로 전대차계약을 해지할 수 없다고 할 것입니다(대판 2001.11.13. 선고 2001다20394 판결 참조). 따라서 丙은 乙과의 전대차계약을 해지할 수 없습니다.

■ 아무런 이의 없이 공탁금을 수령한 경우에 매매계약은 묵시적 합의해제가 되는지요?

Q 매수인 甲과 매도인 乙은 부동산매매계약을 체결했습니다. 그런데 乙이 잔금기일만 남겨두고, 위 매매계약을 해제하고 싶어 甲으로부터 이미 지급받은 계약금과 중도금을 공탁하고, 甲에게 계약해제의 의사표시를 하였습니다. 이후 甲은 乙에게 아무런 이의 없이 위 공탁금을 수령한 경우, 위 매매계약은 묵시적 합의해제가 되는지요?

A 계약의 합의해제 또는 해제계약이라 함은 해제권의 유무를 불문하고 계약당사자 쌍방이 합의에 의하여 기존의 계약의 효력을 소멸시켜 당초부터 계약이 체결되지 않았던 것과 같은 상태로 복귀시킬 것을 내용으로 하는 새로운 계약으로서, 계약이 합의해제되기 위하여는 일반적으로 계약이 성립하는 경우와 마찬가지로 계약의 청약과 승낙이라는 서로 대립하는 의사표시가 합치될 것을 그 요건으로 하는바, 이와 같은 합의가 성립하기 위하여는 쌍방당사자의 표시행위에 나타난 의사의 내용이 객관적으로 일치하여야 되는 것입니다.

묵시적 합의해제는 원칙적으로 당사자의 법률행위 해석의 문제인 바, 판례는 당사자 쌍방이 계약을 이행하지 않고 장기간 방치한 것만으로는 묵시적 합의해제를 인정하지 않고 당사자 쌍방의 계약을 실현하지 아니할 의사가 일치되는지 여부를 기준으로 합니다(대판 1998.8.21. 선고 98다17602 판결 참조). 이때, 당사자의 의사는 계약체결 후의 제반사정을 고려해서 구체적으로 판단합니다(대판 1993.7.27. 선고 93다19030 판결 참조).

그러므로 위 사안에서 乙이 이미 지급받은 계약금과 중도금을 공탁하였는데 甲이 아무런 이의 없이 이를 수령한 경우, 당사자 사이의 매매계약은 묵시적으로 합의해제 되었다고 볼 수 있을 것입니다(대판 1979.10.10. 선고 79다1457판결 참조).

Q 갑은 고급 휘트니스 클럽의 회원으로 퇴회 희망이 없을 경우는 매년 연회비를 납부함으로써 회원권을 지속한다고 약정하였습니다. 한편 휘트니스 클럽은 점차 매출이 감소하는 반면 물가상승에 따라 지출이 증가하여 적자상태에 이르게 되었고, 이에 갑에게 이용계약 해지통보를 하였습니다. 이 경우 휘트니스 클럽의 해지가 가능할까요?

A 판례는 "계약 성립의 기초가 된 사정이 현저히 변경되고 당사자가 계약의 성립 당시 이를 예견할 수 없었으며, 그로 인하여 계약을 그대로 유지하는 것이 당사자의 이해에 중대한 불균형을 초래하거나 계약을 체결한 목적을 달성할 수 없는 경우에는 계약준수 원칙의 예외로서 사정변경을 이유로 계약을 해제하거나 해지할 수 있다(대법원 2007.3.29. 선고 2004다31302 판결, 대법원 2013.9.26. 선고 2012다13637 전원합의체 판결 등 참조)."고 하여 사정변경의 원칙에 따라 계속적 계약의 해지가 가능하다고 보고 있습니다. 한편, 경제상황 등의 변동으로 당사자에게 손해가 생기더라도 합리적인 사람의 입장에서 사정변경을 예견할 수 있었다면 사정변경을 이유로 계약을 해제할 수 없다고도 판단하여 위와 같은 사안에서 휘트니스 클럽의 적자운영이 계약당시 예견할 수 없었던 현저한 사정변경이라 보기 어렵다고 보고 일방적인 계약의 해지는 할 수 없다고 판단하였습니다(대법원 2017.6.8. 선고 2016다249557 판결).

■ 약관상 계약해제 제한이 있는 경우 계약의 해제가 가능한지요?

Q 갑이 을 주식회사와 상조계약을 체결하고 계약금액을 할부로 납입한 후, 상조서비스를 제공받지 않은 상태에서 상조계약의 해제를 통지하고 기납입금의 환급을 요구하자, 을 회사가 약관조항을 들어 '갑은 상조계약을 해제할 수 없고 계약이 해제되었다고 하더라도 약관에 따른 해약환급금만 지급할 의무가 있다'고 주장하면서 납입금의 환급을 거절하였습니다. 갑은 납입금을 환급받을 수 있을까요?

A 약관의 규제에 관한 법률 제8조는 "고객에게 부당하게 과중한 지연 손해금 등의 손해배상 의무를 부담시키는 약관 조항은 무효로 한다"고 정하고 있고 동법 제9조는 제1호는 "법률에 따른 고객의 해제권 또는 해지권을 배제하거나 그 행사를 제한하는 조항"에 대하여 무효라고 정하고 있습니다. 한편 할부거래에 관한 법률 제25조 제1항에 따르면 "소비자가 선불식 할부계약을 체결하고, 그 계약에 의한 재화등의 공급을 받지 아니한 경우에는 그 계약을 해제할 수 있다"고 하여 소비자의 계약 해제권을 정하고 있는 바, 이에 따라 을 주식회사의 계약은 약관의 규제에 관한 법률에 따른 약관에 해당한다고 할 것이고, 위 법률들에 의하여 을 주식회사가 주장하는 해제 제한의 규정은 무효라 봄이 상당합니다.

■ 약정 해지·해제권을 근거로 계약을 해제하면서 손해배상을 청구하였을 경우에 손해배상책임이 있을까요?

Q 갑과 을은 공사도급계약을 체결하면서, 약정 해지·해제권을 유보하여 두는 한편, 이와 같은 약정된 사유가 발생한 경우 손해배상을 청구할 수 있는 내용의 계약을 체결하였습니다. 이후 을은 불가항력적인 사유로 인하여 공사에 차질이 발생하였고, 갑은 약정 해지·해제권을 근거로 계약을 해제하면서 손해배상을 청구하였습니다. 을은 갑에게 손해배상책임이 있을까요?

A 민법 제551조에 따르면 계약 상대방의 채무불이행을 이유로 한 계약의 해지 또는 해제는 손해배상의 청구에 영향을 미치지 아니하지만, 민법 제390조 단서에 따르면 상대방에게 고의 또는 과실이 없을 때에는 배상책임을 지지 아니한다고 하고 있으며, 다른 특별한 사정이 없는 한 민법 제551조에 따른 손해배상책임 역시 채무불이행으로 인한 손해배상책임과 동일하게 인정하고 있습니다. 그렇다면 약정 해지·해제권과 이에 따른 손해배상을 정하여 둔 경우라도 고의 또는 과실이 없는 경우라면 채무불이행에 따른 손해배상 역시 부정된다고 볼 수 있습니다. 판례는 "상대방의 채무불이행과 상관없이 일정한 사유가 발생하면 계약을 해지 또는 해제할 수 있도록 하는 약정해지·해제권을 유보한 경우에도 마찬가지이고 그것이 자기책임의 원칙에 부합한다"고 하여 약정해지·해제권을 유보한 경우에도 자기책임의 원칙에 기초하여 손해배상책임을 부정한바 있습니다. 다만, "귀책사유와 상관없이 손해배상책임을 지기로 한 것이 계약 내용이라고 해석하려면, 계약의 내용과 경위, 거래관행 등에 비추어 그렇게 인정할 만한 특별한 사정이 있어야 한다"고도 하여 무과실책임에 대한 약정을 하는 것도 가능하여 이에 따른 손해배상의 책임이 인정될 수도 있다고 하였습니다(대법원 2016.4.15. 선고 2015다59115 판결).

Q 갑은 을과 공사도급계약을 체결하고 선급금을 지급하기로 하였습니다. 갑은 을의 공사기간 지연 등을 이유로 계약을 해지하고 기왕의 지급하였던 선급금의 반환을 구하였습니다. 을은 선급금은 계약에 따라 지급받은 것이기 때문에 이를 반환할 의무가 없다고 항변하며 반환을 거절하였습니다. 갑은 선급금을 반환 받을 수 있을까요?

A 선급금이라 함은 구체적인 기성고와 관련하여 지급되는 것이 아니라 전체 공사와 관련하여 지급되는 공사대금의 일부라고 볼 것입니다. 그렇다면 선급금을 지급한 공사도급계약이 해제 또는 해지되는 경우 특별한 사유가 없는 한 기성고의 비율에 따라 공사대금에 충당하고 만일 선급금이 공사대금을 초과하는 경우라면 이를 반환하여야 할 것입니다. 판례는 "공사도급계약에 따라 주고받는 선급금은 일반적으로 구체적인 기성고와 관련하여 지급되는 것이 아니라 전체 공사와 관련하여 지급되는 공사대금의 일부이다. 도급인이 선급금을 지급한 후 도급계약이 해제되거나 해지된 경우에는 특별한 사정이 없는 한 별도의 상계 의사표시 없이 그때까지 기성고에 해당하는 공사대금 중 미지급액은 당연히 선급금으로 충당되고 공사대금이 남아 있으면 도급인은 그 금액에 한하여 지급의무가 있다. 거꾸로 선급금이 미지급 공사대금에 충당되고 남는다면 수급인이 남은 선급금을 반환할 의무가 있다"고 하여 선급금이 기성고에 따른 공사대름을 초과하는 경우 반환의무를 인정한바 있습니다(대법원 2017.1.12. 선고 2014다11574, 11581 판결). 그렇다면 위 사안의 공사도급계약에 있어 총 공사대금에서 기성고의 비율만큼은 선급금에서 충당되는 것이고, 선급금이 위 기성고 비율만큼의 공사대금을 초과하는 경우라면 을은 위 초과분을 갑에게 반환하여야 할 것입니다.

■ 2기의 차임연체를 이유로 임대차계약 해지시 전차인에게 통지해야 하는지요?

Q 갑은 임대인으로서 임차인인 을에게 2기의 차임연체를 이유로 임대차계약을 해지하였습니다. 이에 임대차목적물을 전차하여 사용수익하고 있던 병은 전차인인 자신에 대하여서 임대차계약의 해지통지가 없었다는 이유로 임대차관계의 존속을 주장하였습니다. 전차인인 병의 존재에도 불구하고, 갑의 을에 대한 임대차계약의 해지는 적법할까요?

A 판례는 "민법 제638조 제1항,제2항 및 제635조 제2항 에 의하면 임대차계약이 해지 통고로 인하여 종료된 경우에 그 임대물이 적법하게 전대되었을 때에는 임대인은 전차인에 대하여 그 사유를 통지하지 아니하면 해지로써 전차인에게 대항하지 못하고, 전차인이 통지를 받은 때에는 토지, 건물 기타 공작물에 대하여는 임대인이 해지를 통고한 경우에는 6월, 임차인이 해지를 통고한 경우에는 1월, 동산에 대하여는 5일이 경과하면 해지의 효력이 생긴다고 할 것이지만 민법 제640조에 터 잡아 임차인의 차임연체액이 2기의 차임액에 달함에 따라 임대인이 임대차계약을 해지하는 경우에는 전차인에 대하여 그 사유를 통지하지 않더라도 해지로써 전차인에게 대항할 수 있고, 해지의 의사표시가 임차인에게 도달하는 즉시 임대차관계는 해지로 종료된다"라고 판단하였습니다(대법원 2012.10.11. 선고 2012다55860 판결). 일반적으로 적법하게 임대차목적물이 적법하게 전대된 상황에서는 전차인에게도 해지의 통지를 하여야 하지만, 민법 제640조에 기초하여 차임액이 2기에 달한 경우라면, 전차인에게 그 통지를 하지 않더라도 임차인에게 해지의 의사표시가 도달하는 즉시 임대차관계가 종료된다고 할 것입니다. 따라서 갑과 을의 임대차관계는 전차인의 병은 존재에도 불구하고 갑의 을에 대한 해지의 통지로 종료되었다고 할 것입니다.

Q 갑과 을은 갑 소유 아파트에 관하여 분양계약을 체결하였으나 사정이 생겨 계약을 해제하기로 합의하였습니다. 그러나 매수인 을은 매매계약금만을 납부한 상태에서 그 피분양권리를 병에게 전매하였습니다. 갑과 을 사이의 계약이 합의해제됨에 따라 병이 자신의 권리를 상실하는지요?

A 대법원 1991. 4. 12. 선고 91다2601 판결은 "계약의 합의해제에 있어서도 민법 제548조의 계약해제의 경우와 같이 이로써 제3자의 권리를 해할 수 없으나, 그 대상 부동산을 전득한 매수자라도 완전한 권리를 취득하지 못한 자는 위 제3자에 해당하지 아니한다."고 하였습니다. 즉 당사자가 계약을 합의해제하면 제3자의 권리를 해하지 못하는 것이 민법 제548조 제1항의 규정이 적용되나, 여기서 '제3자'란, 해제 전의 계약으로부터 생긴 법률효과를 기초로 하여 새로운 이해관계를 가지게 되고 등기, 인도 등으로 완전한 권리를 취득한 제3자라고 할 것이므로(대법원 2004.7.8. 선고 2002다73203 판결), 단순히 분양받을 권리만을 을로부터 매수한 병은 민법 제548조 제1항이 보호하는 '제3자'에 해당하지 않는다고 할 것입니다. 따라서 갑과 을의 분양계약이 합의해제되는 경우, 병은 보호받는 제3자에 해당하지 않아 분양받을 권리를 상실하게 됩니다.

■ 동시이행관계에 있는 쌍무계약의 해제에서 매매계약을 해제할 수 있는지요?

Q 부동산 매매계약을 체결하여 매매대금 지급의무가 있는 매수인 甲이, 매매잔대금이 예치되어 있는 예금통장의 사본을 매도인 乙에게 제시한 것을 적법한 이행의 계공이라고 보아 매도인 乙을 상대로 매매계약을 해제할 수 있는지요?

A 유사한 사안을 다룬 하급심 판결에서 재판부는, "동시이행의 관계에 있는 쌍무계약에 있어서 상대방의 채무불이행을 이유로 계약을 해제하려고 하는 자는 동시이행관계에 있는 자기 채무의 이행을 제공하여야 하고, 그 채무를 이행함에 있어 상대방의 행위를 필요로 할 때에는 언제든지 현실로 이행을 할 수 있는 준비를 완료하고 그 뜻을 상대방에게 통지하여 그 수령을 최고하여야만 상대방으로 하여금 이행지체에 빠지게 할 수 있는 것이며 단순히 이행의 준비태세를 갖추고 있는 것만으로는 안 된다(대법원 2008.4.24. 선고 2008다3053, 3060 판결 등 참조). 또, 매수인이 매매잔대금이 예치되어 있는 예금통장의 사본을 제시한 것은 그 준비에 불과한 뿐 적법한 이행 제공이라고 할 수 없다(대법원 2004.12.9. 선고 2004다49525 판결 참조)."고 판시한 다음 "이 사건으로 돌아와 살피건대, 우선 위 금 2억 3,200만 원의 이행 제공 여부에 관하여 보면, 앞서 본 바와 같이 원고가 자신의 계좌에 매매잔대금 상당의 금원을 입금한 후 피고에게 위 통장사본을 제시한 것은 잔금의 준비에 불과하여 적법한 이행 제공이라고 할 수 없다"고 판시하였습니다(부산지방법원 2010.3.31. 선고 2009가합17403).

이에 따르면, 甲은 乙의 소유권이전등기 의무와 동시이행관계에 있는 매매대금 지급의무가 있는데, 乙에게 통장사본을 제시한 것만으로는 적법한 이행의 제공이 있었다고 볼 수 없으므로 乙에게 계약의 해제를 주장할 수 없을 것입니다.

■ 과다한 이행최고를 터잡아 계약이 해제되었음을 주장할 수가 있는지요?

Q 매수인 甲과 매도인 乙은 부동산매매계약을 체결하면서, 계약금 2,000만 원은 9. 1.에, 중도금 3,000만 원은 10. 1.에, 잔금 6억원은 12. 1.에 각 지급하기로 약정하였습니다. 甲이 乙에게 10. 1. 중도금 3,000만원을 지급하려 하자, 매도인 乙은 위 수령을 거절하고, 지금은 돈이 급하지 않으니 잔금 중 2억원과 함께 중도금 3,000만 원, 총 합계 2억 3,000만 원을 10. 15.에 지급해 달라고 했습니다. 이후에 甲이 10. 15. 乙에게 중도금 잔액 및 잔금의 일부라 하여 액면 6,000만 원인 당좌수표를 제공하자, 乙은 이를 거절하고 11. 1, 11. 15. 2회에 걸쳐 甲에게 2억 3,000만 원을 지급하라는 최고를 하였습니다. 乙은 위 최고에 터잡아 계약이 해제되었음을 주장할 수가 있는지요?

A 최고는 채권자가 채무자에 대하여 채무의 이행을 촉구하는 것을 뜻하며, 민법 제387조 제2항의 '이행의 청구'와 같은 의미로 이해됩니다. 최고를 함에 있어서는 채권자가 적시한 채무에 대하여 채무자가 계약의 내용으로서 인식할 수 있는 동일성이 존재하여야 합니다.

채권자의 이행최고가 본래 이행하여야 할 채무액을 초과하는 '과다최고'의 경우에는 채무의 동일성이 인정되는 한, 본래 급부하여야 할 수량과의 차이가 비교적 적거나 채권자가 급부의 수량을 잘못 알고 과다한 최고를 한 것으로서 과다하게 최고한 진의가 본래의 급부를 청구하는 취지라면 본래 급부의 범위 내에서 최고의 효력이 인정됩니다. 다만, 과도한 정도가 현저하고 채권자가 청구한 금액을 제공하지 않으면 그것을 수령하지 않을 것이라는 의사가 분명한 경우에는 그 최고는 부적법하고, 이러한 최고에 터 잡은 계약해제는 그 효력이 없다고 할 것입니다(대판 1994.5.10. 선고 93다47615 판결 참조).

위 사안의 경우, 乙의 최고는 지급기일이 도래하지 아니한 잔금 2억원을 포함한 과다최고로서 그 정도가 현저할 뿐만 아니라, 甲의 이행의 제공에도 불구하고 이를 수령하지 아니한 전후 사정에 비추어 甲이 이미 변제기가 도래한 3,000만원의 이행제공을 하였다고 하여도 매도인 乙이 이를 수령하지 아니하였을 것으로 보여 지는 이 사건에 있어 그 최고는 전체로서 부적법하다고 아니할 수 없고, 甲이 본래 급부하여야 할 중도금 3,000만원에 대한 최고로서도 효력이 없다고 보아야 할 것입니다. 따라서 乙의 위 최고는 부적법하고, 이러한 최고에 터잡은 계약해제는 그 효력이 없다고 볼 수 있습니다.

■ 재계약상 지급의무 불이행을 이유로 원계약에 대한 해제합의를 해제할 수 있는지요?

Q 매수인 甲과 매도인 乙이 토지매매계약(이하 '원계약'이라고 합니다)을 체결했습니다. 이후 甲과 乙은 甲의 사정으로 '원계약을 해제한다.'는 내용과 동시에 '乙이 위 토지를 다시 매수한다.'는 내용의 약정을 했는데, 乙이 甲에게 재계약에 따른 매매대금 지급의무를 이행하지 않았습니다. 그렇다면 甲은 이를 이유로 원계약에 대한 해제합의를 해제할 수 있는지요?

A 원계약은 재계약시의 해제합의에 따라 합의해제 되었습니다. 원계약에 기한 乙의 甲에 대한 소유권이전등기의무는 소멸되었고, 재계약상의 해제합의는 이행의 문제가 발생될 여지가 없으므로, 원계약이 해제됨으로써 그 효과는 완결됩니다. 그렇다면 乙이 재계약상의 매매대금 지급의무를 불이행하였다고 하더라도, 甲은 이를 이유로 위 원계약에 대한 해제합의를 해제할 수는 없다고 할 것입니다.

■ 매도인의 귀책사유로 해제됨으로 말미암아 설계비 또는 공사계약금을 날려버렸을 경우에 설계비 또는 공사계약금 상당의 손해를 배상 받을 수 있는지요?

Q 토지를 매수한 甲은 건물을 신축할 목적으로 설계비 또는 공사계약금을 지출하였는데, 위 토지매매계약이 매도인 乙의 귀책사유로 해제됨으로 말미암아 설계비 또는 공사계약금을 날려버렸습니다. 甲은 乙을 상대로 설계비 또는 공사계약금 상당의 손해를 배상 받을 수 있는지요?

A 계약해제의 효과는 손해배상의 청구에 영향을 미치지 않습니다(민법 제551조). 여기에서 말하는 손해배상은 채무불이행으로 인한 손해배상이고, 그 범위도 원칙적으로 '이행이익'의 배상입니다.

대법원은 계약의 이행을 믿고 지출한 비용의 배상(신뢰이익)은 이행이익의 범위를 초과할 수 없고, 또 비용의 배상을 청구하든지 아니면 이행이익의 배상을 청구하든지 양자를 선택해서 행사할 수 있다고 합니다.

위 사안에서 매매대금을 완불하지 않은 토지의 매수인이 그 토지상에 건물을 신축하기 위하여 설계비 또는 공사계약금을 지출하였다가 계약이 해제됨으로 말미암아 이를 회수하지 못 하는 손해를 입게 되었다 하더라도 이는 이례적인 사정에 속하는 것으로서, 설사 토지의 매도인이 매수인의 취득 목적을 알았다 하더라도 마찬가지라 할 것이므로, 토지의 매도인으로서는 소유권이전의무의 이행기까지 최소한 매수인이 설계계약 또는 공사도급계약을 체결하였다는 점을 알았거나 알 수 있었을 때에 한하여 그 배상책임을 부담합니다(대판 1996.2.13. 선고 95다47619 판결 참조).

그러므로 甲의 손해는 '신뢰이익'의 손해에 해당되지만, 이는 특별한 사정으로 인한 '특별손해'에 해당하여 乙이 이행기까지 알았거나 알 수 있었을 때에 한하여 그 배상책임을 부담한다고 할 것입니다.

■ 여행사의 환불 제한 약정의 효력은 어디까지 입니까?

Q 갑은 신혼여행을 위해 을 여행사의 여행상품을 구매하였으나, 배우자의 급작스런 병환으로 인해 계약해제의 의사표시를 하였습니다. 을 여행사는 '여행 출발 14일 전부터 출발 당일까지 계약을 취소하면 환불을 받지 못한다'는 약정을 들어 환불을 거절하였습니다. 한편 '신체이상으로 3일 이상 병원에 입원하여 여행 출발 전까지 퇴원이 곤란한 경우에는 여행자는 손해배상을 하지 않고 여행계약을 해제할 수 있다'는 내용의 약정도 있었습니다. 갑은 환불을 받을 수 있을까요?

A 신혼부부가 부부 일방의 사유로 인해 여행사와의 계약을 해제한 사안에서 하급심은 "회사가 '신혼여행상품의 경우 여행 출발 14일 전부터 출발 당일까지 계약을 취소하면 환불을 받지 못한다'는 내용의 약관 조항 등을 들어 대금 중 항공료 부분만 반환한 사안에서, 약관 조항은 계약 해제에 따른 사업자의 원상회복의무를 부당하게 경감하는 조항으로서 약관의 규제에 관한 법률 제9조 제5호에 따라 무효"라고 판단하였습니다. 이에 더하여 "'신체이상으로 3일 이상 병원에 입원하여 여행 출발 전까지 퇴원이 곤란한 경우에는 여행자는 손해배상을 하지 않고 여행계약을 해제할 수 있다'는 내용의 약관 조항에 따라 계약이 적법하게 해제되었다."라고 하여 여행사는 대금의 환불을 해주어야 한다고 판단하였습니다(서울서부지방법원 2015.7.17. 선고 2014나7159 판결). 그렇다면 위와 사안에서의 을의 환불제한 약정은 무효라고 할 것이고, 갑은 적법하게 계약을 해제하여 대금의 환불을 받을 수 있을 것입니다.

Q 갑과 을은 도급계약을 체결하면서 '을이 계약을 위반하여 기간 내에 제작을 완료할 수 없는 경우'에는 계약을 해제할 수 있다고 정하였습니다. 갑은 을의 채무불이행을 이유로 계약 해제를 통보하였고, 을은 법정해제권을 행사하기 위해서는 이행의 최고를 하여야 함을 이유로 계약이 해제되지 않았다고 주장하였습니다. 갑이 이행의 최고 없이 한 계약해제는 적법할까요?

A 판례는 위와 같이 채무불이행을 계약해제 사유로 둔 약정과 관련하여, "계약에 특별히 해제권 관련 조항을 둔 경우 이는 법정해제권을 주의적으로 규정한 것이거나 약정해제권을 유보한 것 등 다양한 의미가 있을 수 있다. 약정해제권을 유보한 경우에도 계약 목적 등을 고려하여 특별한 해제사유를 정해 두고자 하는 경우가 있고, 해제절차에 관하여 상당한 기간을 정한 최고 없이 해제할 수 있도록 한 경우 등도 있다. 당사자가 어떤 의사로 해제권 조항을 둔 것인지는 결국 의사해석의 문제로서, 계약체결의 목적, 해제권 조항을 둔 경위, 조항 자체의 문언 등을 종합적으로 고려하여 논리와 경험법칙에 따라 합리적으로 해석하여야 한다. 다만 해제사유로서 계약당사자 일방의 채무불이행이 있으면 상대방은 계약을 해제할 수 있다는 것과 같은 일반적인 내용이 아니라 계약에 특유한 해제사유를 명시하여 정해 두고 있고, 더구나 해제사유가 당사자 쌍방에 적용될 수 있는 것이 아니라 일방의 채무이행에만 관련된 것이라거나 최고가 무의미한 해제사유가 포함되어 있는 등의 사정이 있는 경우에는 이를 당사자의 진정한 의사를 판단할 때 고려할 필요가 있다"고 하여 계약당사자의 의사 해석의 문제로 보고 있습니다(대법원 2016.12.15. 선고 2014다14429, 14436 판결).

결국 이 사안에서 갑과 을이 채무불이행을 계약해제 사유로 약정한 것이 법정해제사유를 주의적으로 규정한 것인지 약정해제권을 유보하여둔 것인지에 따라 갑의 계약해제가 적법한지 여부를 판단하게 될 것입니다. 갑으로서는 위 약정은 약정해제사유의 유보라 주장·입증하는 경우 적법한 계약의 해제가 되었다고 할 수 있을 것입니다.

Q 甲은 乙에게 토지를 5,500만원에 매도하는 계약을 체결하고, 그 계약금 및 중도금으로 4,500만원을 지급받고 토지는 인도하지 않았지만, 소유권이전등기를 해주었는데, 乙은 잔금지급기일이 지났음에도 불구하고 매매잔금 1,000만원을 지급하지 않고 있으므로 상당기간을 정하여 매매잔금이행을 청구하였으나 乙은 계속 미루기만 하고 매매잔금지급을 이행하지 않고 있습니다. 그러므로 甲은 그 계약을 해제하고 소유권이전등기말소청구소송을 제기하여 원상회복을 청구하려고 합니다. 이 경우 乙이 지급한 계약금 및 중도금 중 손해배상액예정으로 정해진 계약금을 공제한 잔액에 대해서는 이자도 반환하여야 한다고 하는데, 그 이자는 어떠한 비율로 정해지는지요?

A 계약해제효과에 관하여 민법에서 당사자일방이 계약해제한 때에 각 당사자는 그 상대방에 대하여 원상회복의무가 있고, 다만, 제3자의 권리를 해하지 못하며, 이 경우 반환할 금전에는 그 받은 날로부터 이자를 더해야 한다고 정하고 있습니다(민법 제548조).

이에 관련된 판례를 보면, 법정해제권행사의 경우 당사자일방이 그 수령한 금전반환에 그 받은 때로부터 법정이자를 가산함을 요구하는 것은 민법 제548조 제2항이 정하는 것으로서, 이것은 원상회복범위에 속하는 것이며 일종의 부당이득반환이고 반환의무이행지체로 인한 것이 아니므로, 부동산매매계약이 해제된 경우 매도인의 매매대금반환의무와 매수인의 소유권이전등기말소등기 절차이행의무가 동시이행관계에 있는지와 관계없이 매도인이 반환해야 할 매매대금에 대해서는 그 받은 날로부터 민법에서 정한 법정이율인 연 5%의 비율에 의한 법정이자를 가산하여 지급해야 하고, 이러한 법리는 약정해제권행사의 경우라고 달라지는 것은 아니며(대법원 2000.6.9. 선고 2000다9123 판결) 또한, 이러한 이자반환은 원상회복의무범위에 속하는 것으로 일종의 부당이득반환의 성질을 가지는 것이지 반환의무이행지체로 인한 손해배상은 아니고, 소송촉진 등에 관한 특례법 제3조 제1항은 금전채무의 전부 또는 일부의 이행을 명하는 판결을 선고할 경우 금전채무불이행으로 인한 손해배상액산정기준이 되는 법정이율에 관한 특별규정이므로, 그 이자에는 소송촉진 등에 관한 특례법 제3조 제1항에 의한 이율을 적용할 수 없다고 하였습니다(대법원 2000.6.23. 선고 2000다16275, 16282 판결).

그러므로 위 사안에서 甲이 제기하는 소유권이전등기말소등기 절차이행청구소송에서 乙이 甲에게 지급한 계약금 및 중도금 중 손해배상액예정으로 정해진 계약금을 공제한 잔액에 대해서 동시이행항변을 할 경우 甲은 연 5%의 비율에 의한 이자를 가산하여 반환하면 될 것으로 보입니다.

참고로 원상회복의무이행으로 금전반환을 청구하는 소송이 제기된 경우 채무자는 그 소장을 송달받은 다음날부터는 반환의무이행지체로 인한 지체책임을 지게 되므로, 그처럼 원상회복의무이행으로 금전반환을 명하는 판결을 선고할 경우에는 금전채무불이행으로 인한 손해배상액산정기준이 되는 법정이율에 관한 특별규정인 소송촉진 등에 관한 특례법 제3조 제1항에 의한 이율이 적용될 것입니다(대법원 2003.7.22. 선고 2001다76298 판결).

■ 위약금특약이 없는 경우 매매계약해제와 손해배상의 범위는?

Q 저는 甲 소유 대지를 5,000만원에 매수하기로 하는 계약을 체결하고 계약금 500만원을 지급하였는데, 甲은 중도금 지급기일 이전에 위 대지를 너무 싼값에 계약하였다고 하면서 위 계약을 해제하겠다고 합니다. 계약서에는 위약할 경우 위약금 등에 관한 약정이 전혀 없는데, 이러한 경우 저는 甲으로부터 계약금의 배액을 받을 수 없는지요?

A 계약금은 계약을 체결할 때 당사자일방이 상대방에게 교부하는 금전 기타 유가물을 말하고, 매매는 낙성계약(합의만에 의하여 성립하는 계약)이므로 계약금의 지급이 계약의 성립요건은 아니며, 계약금계약은 금전 기타 유가물의 교부를 요건으로 하는 요물계약(물건의 인도 기타 급부를 하여야만 성립하는 계약)이고, 매매 기타의 계약에 부수된 계약입니다. 그리고 계약금은 ①단순한 계약성립의 증거인 증약금, ②해제권유보로서의 해약금(민법 제565조), ③채무불이행의 경우 교부자는 그것을 몰수당하고, 교부받은 자는 그 배액을 상환하여야 하는 위약금으로서의 성질을 가지는 경우(위약벌과 손해배상액의 예정이 있음)가 있습니다.

그런데 해약금에 관하여 민법에서 매매의 당사자일방이 계약당시 금전 기타 물건을 계약금, 보증금 등의 명목으로 상대방에게 교부한 때에는 당사자 사이에 다른 약정이 없는 한, 당사자일방이 이행에 착수할 때까지 교부자는 계약금을 포기하고, 수령자는 그 배액을 상환하여 매매계약을 해제할 수 있고, 이 경우 별도의 손해배상청구권은 발생하지 않는다고 규정하고 있습니다(민법 제565조 제1항, 제2항). 여기서 계약당시 계약금이 수수되고 계약금 교부자가 위약하였을 경우는 계약금을 포기하고 계약금을 교부받은 자가 위약하였을 경우는 그 배액을 상환한다는 특약이 있는 경우와 없는 경우를 비교해 볼 필요가 있습니다.

첫째, 위약금의 특약이 없는 경우에도 계약금은 민법 제565조의 해약금으로서의 성질은 가지게 되므로(대법원 1994.8.23. 선고 93다46742 판결), 당사자일방이 계약이행에 착수할 때까지 교부자는 계약금을 포기하고, 수령자는 그 배액을 상환하고 계약을 해제할 수 있습니다. 이 경우에 별도의 손해배상청구권은 발생하지 않습니다.

그러나 당사자일방이 계약이행에 착수한 후에는 비록 계약금이 교부되었더라도 계약금이나 계약금배액의 지급으로 당연히 계약을 해제할 수 없고,

여기에서 이행에 착수한다는 것은 객관적으로 외부에서 인식할 수 있는 정도로 채무이행행위의 일부를 행하거나 또는 이행을 하는데 필요한 전제행위를 하는 것을 말하는 것으로서 단순히 이행준비만으로는 부족하나, 반드시 계약내용에 들어맞는 이행제공의 정도에까지 이르러야 하는 것은 아니고(대법원 1994.11.11. 선고 94다17659 판결), 또한, 여기에서 말하는 '당사자일방'이란 '매매쌍방 중 어느 일방'을 지칭하는 것이고 상대방이라 국한하여 해석할 것이 아니므로, 비록 상대방인 매도인이 매매계약이행에는 전혀 착수한 바가 없다 하더라도 매수인이 중도금을 지급하여 이미 이행에 착수한 이상 매수인은 민법 제565조에 의하여 계약금을 포기하고 매매계약을 해제할 수 없으며(대법원 2000.2.11. 선고 99다62074 판결), 계약내용대로 이행하지 않는 자는 계약내용대로의 이행을 청구당하거나, 실제로 발생된 손해배상 및 계약금반환 등의 원상회복을 청구당하게 되며, 또한 계약금이나 계약금배액이 당연히 상대방에게 귀속되는 것도 아닙니다. 이에 관련된 판례를 보면, 유상계약을 체결함에 있어서 계약금 등 금원이 수수되었더라도 이를 위약금으로 하기로 하는 특약이 있는 경우에 한하여 민법 제398조 제4항에 의하여 손해배상액예정으로서의 성질을 가진 것으로 볼 수 있을 뿐이고, 그러한 특약이 없는 경우에는 그 계약금 등을 손해배상액예정으로 볼 수 없다고 하였으며(대법원 1996.6.14. 선고 95다11429 판결), 유상계약에 있어서 계약금이 수수된 경우 계약금은 해약금의 성질을 가지고 있어서, 이를 위약금으로 하기로 하는 특약이 없는 이상 계약이 당사자일방의 귀책사유로 인하여 해제되었더라도 상대방은 계약불이행으로 입은 실제손해만을 배상받을 수 있을 뿐 계약금이 위약금으로서 상대방에게 당연히 귀속되는 것은 아니라고 하였습니다(대법원 2010.4.29. 선고 2007다24930 판결).

둘째, 위약금특약이 있는 경우(계약금에 대하여 매수인이 위약하였을 때에는 이를 무효로 하고, 매도인이 위약하였을 때에는 그 배액을 상환할 뜻의 약정이 있는 경우)에는 계약금이 해약금, 손해배상액예정인 위약금의 성질을 겸하여 가지게 되므로(대법원 1992.5.12. 선고 91다2151 판결), 당사자일방이 계약이행에 착수하기 전에는 위와 마찬가지이지만, 당사자일방이 계약이행에 착수한 후 당사자일방이 계약불이행으로 위약하였을 경우에도 교부자는 계약금을 포기하고 수령자는 그 배액을 상환함으로써 계약불이행에 대한 책임을 면할 수 있습니다. 따라서 이 경우 계약불이행이 있게 되면 손해배상예정액은 당연히 상대방에게 귀속되고 특약이 없는 한 통상손해는 물론 특별손해까지도 예정액에 포함되며, 손해가 예정액을 초과하여도 그 초과부분을 따로 청구할 수는 없으나(대법원 2010.7.15. 선고 2010다10382 판결), 손해배상예정액이 부당히 과다한 경우는 법원은 적당히 감액할 수 있습니다(민법 제398조 제2항).

그리고 손해배상액예정은 이행청구나 계약해제에 영향을 미치지 아니하므로(민법 제398조 제3항), 계약당사자일방의 위약이 있을 경우 상대방은 손해배상예정액을 자기에게 귀속시킴은 물론이고, 그와는 별도로 계약이행 청구가 가능할 뿐만 아니라 계약을 해제할 수도 있습니다.

그런데 귀하의 경우에는 계약금을 위약금으로 한다는 특약이 없는 경우이며, 민법 제565조에 의하여 그 계약금을 해약금으로 볼 수 있기 때문에, 甲은 귀하가 계약이행에 착수하기 전까지는 계약금배액을 상환하고 계약을 해제할 수 있으나, 甲이 계약금만 반환하고 계약을 해제하겠다고 할 경우에는 계약금배액의 이행제공이 있다고 볼 수 없으므로 계약은 해제되지 않은 상태이며(대법원 1992.7.28. 선고 91다33612 판결), 이 경우 귀하는 계약 내용대로의 이행을 청구할 수 있을 뿐만 아니라, 상대방이 계약을 계속 이행하지 않으면 채무불이행책임을 물어 계약해제와 함께 실질적으로 발생된 손해배상을 청구할 수도 있을 것입니다.

참고로 매매당사자 사이에 계약금을 수수하고 계약해제권을 유보한 경우, 매도인이 계약금배액을 상환하고 계약을 해제하려면 계약해제 의사표시 이외에 계약금배액의 이행의 제공이 있으면 충분하고 상대방이 이를 수령하지 아니한다 하여 이를 공탁하여야 유효한 것은 아닙니다(대법원 1992.5.12. 선고 91다2151 판결). 그리고 매매계약서 등에 "매수인이 매도인에게 중도금을 주기 전까지(중도금을 정하지 않은 경우에는 잔금을 주기 전까지)는, 매도인은 매수인에게 계약금의 2배를 주고 이 계약을 해제할 수 있고, 매수인은 계약금을 포기하고 이 계약을 해제할 수 있다."는 조항이 있을 경우 이것은 위약금특약이 아니고, 해약금에 관한 것임을 유의해야 할 것입니다.

■ 위약금특약이 있는 경우 매매계약해제와 손해배상의 범위는?

Q 저는 甲소유 논을 매수하는 매매계약을 체결하면서 매매대금을 5,000만원으로 하되 계약당일 계약금 1,000만원, 1개월 후 중도금 2,000만원, 2개월 후 잔금 2,000만원을 각 지불하기로 하였으나, 甲은 계약일로부터 수일이 지난 시점에서 '더 비싼 가격에 토지를 매수하겠다는 사람이 있어 계약을 해약하니 계약금 1,000만원과 매매대금의 10%에 해당하는 해약금 500만원만을 반환받아가라.'는 일방적인 통보를 해왔습니다. 매매계약서상에는 매도인이 위약할 경우에는 계약금의 배액에 상당하는 금액을 매수인에게 지급하고, 매수인이 위약할 경우에는 계약금을 포기하기로 되어 있는데, 甲의 주장이 정당한지요?

A 계약을 체결하면서 당사자 사이에 주고받는 계약금은 다양한 의미를 가질 수 있는데, 계약체결증거가 될 수도 있고(증약금), 위약시 손해배상액을 예정한 것으로 볼 수도 있으며(위약금), 해제권을 유보시키는 대가로서의 의미를 가질 수도 있습니다(해약금).

위 사안과 같이 매매계약서상 매도인이 위약할 경우 계약금배액에 상당하는 금액을 매수인에게 지급하고, 매수인이 위약할 경우 계약금을 포기하기로 되어 있는 경우 계약금은 해약금의 성질과 손해배상액예정의 성질을 함께 가지게 됩니다(대법원 1992.5.12. 선고 91다2151 판결). 따라서 당사자일방이 계약이행에 착수하기 전까지 교부자는 계약금을 포기하고, 수령자는 그 배액을 상환하여 매매계약을 해제할 수 있습니다.

그리고 부동산거래상 매매대금의 10%를 계약금으로 주고받는 것이 일반적이지만, 계약당사자가 계약의 구속력을 강화시키거나 약화시키려는 의도에서 계약시 그 금액을 얼마든지 가감할 수 있는 것이므로, 매도인이 일방적으로 매매대금의 10%상당액만을 해약금으로 교부하고 해제의 의사표시를 하여도 해제효과는 발생하지 않습니다. 그러므로 甲이 매매대금의 10%만 반환하겠다고 하면서 중도금지급기일이 될 때까지도 계약금배액을 제공하지 않을 경우라면 귀하는 중도금 및 잔금을 지급하고(수령하지 않을 경우에는 변제공탁 할 수 있을 것임) 위 논의 소유권이전을 청구할 수 있고, 이에 응하지 않을 경우 이행지체를 이유로 계약을 해제할 수도 있습니다.

또한, 손해배상액예정으로 약정한 경우 증명책임에 관한 판례를 보면, 채무불이행으로 인한 손해배상액예정이 있는 경우에는 채권자는 채무불이행사실만 증명하면 손해의 발생 및 그 금액을 증명하지 아니하고 예정배상액을 청구할 수 있으며(대법원 2009.2.26. 선고 2007다19051 판결), 계약금이 손해배상예정액의 성질도 아울러 지니기 때문에 귀하가 잔금을 지급할 때까지도 위와 같은 주장만을 되풀이한다면 소유권이전등기청구나 계약해제와 별도로 실제손해의 발생 및 손해액을 입증할 필요 없이 그 예정액(계약금의 배액)을 청구할 수 있고, 다른 특약이 없는 한 채무불이행으로 인하여 입은 통상손해는 물론 특별손해까지도 예정액에 포함되고, 채권자의 손해가 예정액을 초과하더라도 초과부분을 따로 청구할 수 없습니다(대법원 2010.7.15. 선고 2010다10382 판결). 다만, 민법 제398조 제2항에서 손해배상예정액이 부당히 과다한 경우에는 법원은 적당히 감액할 수 있다고 규정하고 있고, 손해배상예정액이 부당하게 과다한 경우에는 법원은 당사자의 주장이 없더라도 직권으로 이를 감액할 수 있고, 여기서의 '부당히 과다한 경우'란 손해가 없다든가 손해액이 예정액보다 적다는 것만으로는 부족하고, 채무자의 지위, 계약의 목적과 내용, 손해배상액을 예정한 동기, 채무액에 대한 예정액의 비율, 예상손해액의 크기, 그 당시의 거래관행 등 제반 사정을 참작하여 일반사회 관념에 비추어 그 예정액의 지급이 경제적 약자의 지위에 있는 채무자에게 부당한 압박을 가하여 공정성을 잃은 결과를 초래한다고 인정되는 경우를 의미하는데, 손해배상예정액이 부당하게 과다한지 및 그에 대한 적당한 감액의 범위를 판단하는데 있어서는 법원이 구체적으로 그 판단을 하는 때 즉, 사실심의 변론종결 당시를 기준으로 하여 그 사이에 발생한 위와 같은 모든 사정을 종합적으로 고려하여야 할 것이며(대법원 2009.11.26. 선고 2009다58692 판결), 이 경우에 실제 발생할 것으로 예상되는 손해액의 크기를 참작하여 손해배상액예정액이 부당하게 과다한지 여부 내지 그에 대한 적당한 감액범위를 판단함에 있어서는 실제의 손해액을 구체적으로 심리·확정할 필요는 없으나, 기록상 실제의 손해액 또는 예상손해액을 알 수 있는 경우에는 이를 그 예정액과 대비하여 볼 필요는 있다고 할 것이고(대법원 2010.7.15. 선고 2010다10382 판결), 손해배상 예정으로 인정되어 이를 감액함에 있어서 채무자가 계약을 위반한 경위 등 제반사정이 참작되므로 손해배상액감경에 앞서 채권자의 과실 등을 들어 따로 감경할 필요는 없다고 할 것입니다(대법원 2002.1.25. 선고 99다57126 판결). 또한, '손해배상의 예정액'이란 문언상 배상비율 자체를 말하는 것이 아니라 그 비율에 따라 계산한 예정배상액의 총액을 의미합니다(대법원 2000.7.28. 선고 99다38637 판결).

따라서 비록 예정액이 거래관행상 인정되고 있는 매매대금의 10%의 범위를 초과한 경우라 할지라도 반드시 민법 제398조 제2항의 부당히 과다한 경우에 해당된다고만 할 수는 없을 것이고, 위 관례의 기준에 따라서 감액 여부가 결정될 것으로 보입니다.

참고로 위약벌은 채권관계에서 채무불이행의 경우에 채무자에게 상당한 배상금을 지급해야 하도록 함으로써 심리적 경고를 주어 채무이행을 확보하는 기능만을 가지고 있고, 이러한 위약벌은 제재금이기 때문에 이와는 별도로 손해배상을 청구할 수 있는데, 위약금은 민법 제398조 제4항에 의하여 손해배상액예정으로 추정되므로 위약금이 위약벌로 해석되기 위해서는 특별한 사정이 주장·입증되어야 하고(대법원 2009.12.24. 선고 2009다60169, 60176 판결), 위약벌의 약정은 채무이행을 확보하기 위하여 정해지는 것으로서 손해배상예정과는 그 내용이 다르므로 손해배상예정에 관한 민법 제398조 제2항을 유추 적용하여 그 금액을 감액할 수는 없는 것이고, 다만 그 의무의 강제에 의하여 얻어지는 채권자의 이익에 비하여 약정된 벌이 과도하게 무거울 때에는 그 일부 또는 전부가 공서양속에 반하여 무효로 될 것입니다(대법원 2005.10.13. 선고 2005다26277 판결).

Q 저는 甲의 주택을 임차하기로 하는 계약을 체결하면서 계약금 300만원을 지급하기로 하였으나, 계약당시 수중에 돈이 없어 위 300만원을 그 다음날 지급하기로 약정하였는데, 그 다음날 위 주택보다 더 좋은 주택이 있어 위 계약을 해제하고자 하는바, 이러한 경우에도 甲에게 300만원을 지급하여야 계약을 해제할 수 있는지요?

A 계약금은 증약금, 해약금, 손해배상액예정인 위약금으로서의 성질을 가지는 경우 등이 있는데, 해약금에 관하여 민법에서 매매의 당사자일방이 계약당시 금전 기타 물건을 계약금, 보증금 등의 명목으로 상대방에게 교부한 때에는 당사자 사이에 다른 약정이 없는 한, 당사자일방이 이행에 착수할 때까지 교부자는 계약금을 포기하고, 수령자는 그 배액을 상환하여 매매계약을 해제할 수 있다고 하면서, 이 경우 별도의 손해배상청구권은 발생하지 않도록 규정하고 있습니다(민법 제565조).

이러한 계약금계약은 금전 기타 물건의 교부를 요건으로 하는 요물계약인데, 계약금의 교부는 현실로 행하여지는 것이 보통이나 상대방에게 현실의 교부와 동일한 이익을 부여하는 것이라도 무방합니다. 예컨대 매수인이 매도인에 대해 가지는 채권과의 상계에 의하여 현실의 교부에 갈음할 수 있습니다.

계약금 교부와 관련된 판례를 보면, 매매계약을 맺을 때 매수인 사정으로 실제로는 그 다음날 계약금을 지급하기로 하면서도 형식상 매도인이 계약금을 받아서 이를 다시 매수인에게 보관한 것으로 하여 매수인이 매도인에게 현금보관증을 작성·교부하였다면, 위 계약금은 계약해제권유보를 위한 해약금의 성질을 갖는다 할 것이고 당사자 사이에는 적어도 그 다음날까지는 계약금이 현실로 지급된 것과 마찬가지의 구속력을 갖게 된 것이라고 할 것이어서 당사자는 약정된 계약금의 배액상환 또는 포기 등에 의하지 아니하는 한 계약을 해제할 수 없기로 약정한 것으로 보는 것이 상당하다고 한 바 있습니다(대법원 1999.10.26. 선고 99다48160 판결). 이러한 판례는 매우 제한적인 요건에서 적어도 계약금교부의무자가 상대방에게 일단 교부하였다가 이를 되돌려 받아 보관하고 있는 것으로 하여 현금보관증을 작성하여 교부할 정도로 요물성에 준하는 조치를 요하는 듯합니다.

그러나 계약금계약요건 및 계약금지급약정만 한 단계에서 민법 제565조 제1항의 계약해제권이 발생하는지 판례를 보면, 계약이 일단 성립한 후에는 당사자일방이 이를 마음대로 해제할 수 없는 것이 원칙이고, 다만 주된 계약과 더불어 계약금계약을 한 경우에는 민법 제565조 제1항의 규정에 따라 임의해제를 할 수 있기는 하나, 계약금계약은 금전 기타 유가물의 교부를 요건으로 하므로 단지 계약금을 지급하기로 약정만 한 단계에서는 아직 계약금으로서의 효력, 즉 위 민법규정에 의해 계약해제를 할 수 있는 권리는 발생하지 않는다고 할 것이며, 당사자가 계약금일부만을 먼저 지급하고 잔액은 나중에 지급하기로 약정하거나 계약금전부를 나중에 지급하기로 약정한 경우, 교부자가 계약금잔금이나 전부를 약정대로 지급하지 않으면 상대방은 계약금지급의무이행을 청구하거나 채무불이행을 이유로 계약금약정을 해제할 수 있고, 나아가 그 약정이 없었더라면 주계약을 체결하지 않았을 것이라는 사정이 인정된다면 주계약도 해제할 수 있을 것이나, 교부자가 계약금잔금 또는 전부를 지급하지 않는 한 계약금계약은 성립하지 아니하므로 당사자가 임의로 주계약을 해제할 수는 없다고 하였습니다 (대법원 2008.3.13. 선고 2007다73611 판결).

그렇다면 위 사안에서 귀하는 계약을 체결하면서 계약금을 지급하기로 하였으나 돈이 없었던 관계로 그 지급을 단지 그 다음날 주기로 약정한 경우로서, 계약금계약이 성립되지 않았다고 하여야 할 것이므로, 귀하가 민법 제565조 제1항의 규정에 따라 임의해제를 할 수 없을 것으로 보입니다. 다만, 상대방은 계약금지급의무이행을 청구하거나 채무불이행을 이유로 계약금약정을 해제할 수 있고, 나아가 그 약정이 없었더라면 주계약을 체결하지 않았을 것이라는 사정이 인정된다면 주계약도 해제할 수도 있을 것이고, 채무불이행으로 인한 손해는 상대방에게 실제로 발생된 손해를 배상하게 될 것입니다.

■ **중도금 지급기일 전에 중도금을 지급한 경우 매도인의 계약해제가 가능한지요?**

Q 甲은 乙과 그의 토지를 매수하기로 계약을 체결하고 계약금을 지급하였는데, 중도금 지급기일이 한 달 정도 남은 상태에서 乙의 토지가 있는 지역에 대한 고도계한조치완화 방침이 발표되자 乙이 甲에게 매매대금증액을 요청하였고, 甲은 이에 대해 답을 하지 않았습니다. 그 후 甲은 중도금 지급기일 한 달 전에 乙의 사무실을 방문하여 중도금에 해당하는 액수의 수표를 乙에게 제공하였으나 乙은 이를 받지 않았습니다. 甲은 乙에게 중도금을 받을 것을 촉구하는 내용증명을 보냈고, 乙은 甲이 중도금을 지급하려 한 때부터 5일 후에 계약금배액을 공탁하면서 토지매매계약을 해계하겠다고 하였습니다. 이 경우 계약의 효력이 어떻게 되는지요?

A 계약금은 당사자 사이에 다른 약정이 없으면 해약금으로 추정되므로(민법 제565조 제1항), 계약금을 받은 사람은 그 배액을 상환하여 계약을 해제할 수 있습니다. 계약을 해제할 수 있는 기간은 '당사자의 일방이 이행에 착수할 때'까지이고, 이행에 착수한다는 것은 이행행위 자체에 착수하는 것을 말합니다. 중도금의 지급, 목적물의 인도와 같이 채무이행행위의 일부를 하거나 이행에 필요한 전제행위를 하는 것이 해당합니다.

그런데 매매계약당사자가 정한 매매대금의 중도금 지급기일이 되기 전에 매수인이 중도금을 지급하려 한 경우에도 당사자의 일방이 이행에 착수한 것으로 보아야 하는지 판례를 보면, 민법 제565조가 해제권행사의 시기를 당사자일방이 이행에 착수할 때까지로 제한한 것은 당사자일방이 이미 이행에 착수한 때에는 그 당사자는 그에 필요한 비용을 지출하였을 것이고, 또 그 당사자는 계약이 이행될 것으로 기대하고 있는데 만일 이러한 단계에서 상대방으로부터 계약이 해제된다면 예측하지 못한 손해를 입게 될 우려가 있으므로 이를 방지하고자 함에 있고, 이행기약정이 있는 경우라 하더라도 당사자가 채무이행기 전에는 착수하지 아니하기로 하는 특약을 하는 등 특별한 사정이 없는 한 이행기 전에 이행에 착수할 수 있다고 하면서, 매매계약체결 이후 시가상승이 예상되자 매도인이 구두로 구체적인 금액의 제시 없이 매매대금증액요청을 하였고, 매수인은 이에 대하여 확답하지 않은 상태에서 중도금을 이행기 전에 제공하였는데, 그 이후 매도인이 계약금배액을 공탁하여 해제권을 행사한 사안에서, 시가상승만으로 매매계약의 기초적 사실관계가 변경되었다고 볼 수 없어 '매도인을 당초의 계약에 구속시키는 것이 특히 불공평하다'거나 '매수인에게 계약내용 변경요청의 상당성이 인정된다.'고 할 수 없고, 이행기 전의 이행착수가 허용되어서는 안 될 만한 불가피한 사정이 있는 것도 아니므로 매도인은 위의 해제권을 행사할 수 없다고 하였습니다(대법원 2006.2.10. 선고 2004다11599 판결).

그리고 중도금지급 등과 같은 이행행위 그 자체를 하는 경우, 이행기는 채무자의 이익을 위한 것으로 추정되고, 채무자는 상대방의 이익을 해하지 않으면 기한이익을 포기할 수 있다고 규정하고 있는 민법 제153조나, 당사자의 특별한 의사표시가 없으면 변제기 전이라도 채무자는 변제할 수 있다고 규정하는 민법 제468조 등에 비추어 보면, 이행기약정이 있는 경우에도 그 이행기로써 바로 이행착수여부를 정하는 결정적 기준으로 삼아 형식적으로 판단할 것은 아니므로 이행기 전의 이행행위도 적법한 이행의 착수가 될 수 있다고 할 것입니다.

따라서 위 사안에서 甲이 원래 정한 중도금지급기일이 되기 전에 미리 중도금을 지급하겠다고 매도인인 乙에게 밝힌 것은 당사자일방이 이행에 착수한 것에 해당하므로, 乙이 그 후 계약금배액을 공탁하였더라도 토지매매계약이 해제되지 않을 것으로 보입니다.

■ 매매계약해제 전 목적물에 가압류한 채권자에게 대항할 수 있는지요?

Q 저는 부동산매도인으로서 대금을 모두 지급받지 못한 상태에서 부동산등기를 매수인 甲에게 넘겨주었는데, 甲이 대금을 완납하지 아니하므로 채무불이행을 이유로 매매계약을 해제하려고 하였으나, 등기사항증명서를 열람해보니 甲의 채권자 乙이 그 부동산에 가압류한 상태입니다. 제가 매매계약해제하고 가압류해제를 청구할 수 있는지요?

A 계약해제의 효과에 관하여 민법에서 당사자일방이 계약을 해제한 때에는 각 당사자는 그 상대방에 대하여 원상회복의 의무가 있으나, 제3자의 권리를 해하지 못한다고 규정하고 있습니다(민법 제548조 제1항). 그리고 민법 제548조 제1항 단서에서 말하는 제3자란 일반적으로 그 해제된 계약으로부터 생긴 법률효과를 기초로 하여 해제 전에 새로운 이해관계를 가졌을 뿐 아니라 등기, 인도 등으로 완전한 권리를 취득한 자를 말하는데(대법원 2007.12.27. 선고 2006다60229 판결), 계약을 체결한 이후 해제의 의사표시 이전에 가압류가 된 경우 가압류를 한 자를 위에서 말하는 제3자에 해당한다고 볼 수 있을 것인지가 문제됩니다.

이에 관하여 판례를 보면, 민법 제548조 제1항 단서에서 말하는 제3자란 일반적으로 해제된 계약으로부터 생긴 법률효과를 기초로 별개의 새로운 권리를 취득한 자를 말하는 것인데, 해제된 계약에 의하여 채무자의 책임재산이 된 계약목적물을 가압류한 가압류채권자는 그 가압류에 의하여 당해 목적물에 대하여 잠정적으로 그 권리행사만을 제한하는 것이나 종국적으로는 이를 환가하여 그 대금으로 피보전채권의 만족을 얻을 수 있는 권리를 취득하는 것이므로, 그 권리를 보전하기 위해서는 위 조항 단서에서 말하는 제3자에는 위 가압류채권자도 포함된다고 하였습니다(대법원 2005.1.14. 선고 2003다33004 판결). 또한, 계약해제 전에 그 해제와 양립되지 않는 법률관계를 가진 제3자가 그 계약이 해제될 가능성을 알았거나 알 수 있었던 경우에 관한 판례를 보면, 계약당사자일방이 계약을 해제한 경우 그 계약해제 전에 그 해제와 양립되지 아니하는 법률관계를 가진 제3자에 대해서는 계약해제에 따른 법률효과를 주장할 수 없고, 이는 제3자가 그 계약해제 전에 계약이 해제될 가능성이 있다는 것을 알았거나 알 수 있었더라도 달라지지 아니한다고 하였습니다(대법원 2010.12.23. 선고 2008다57746 판결). 따라서 귀하의 경우 매매계약을 해제하는 것은 별론으로 하더라도 채무불이행을 이유로 한 해제로 인한 효과를 가압류권자인 乙에게 주장하기는 어려워 보입니다.

Q 저는 한 달 전 甲에게 저의 주택을 1억원에 매도하기로 계약을 하면서 계약당일 계약금 1,000만원을 받았고, 중도금 3,000만원은 계약 10일 후, 잔금은 계약 25일 후에 소유권이전 및 주택인도와 동시에 지급받기로 하였으나, 甲은 중도금만 지급하고 잔금지급기일에 이르러, 당초 자기의 주택을 매도하여 저에게 지급할 잔금을 마련하려고 했는데 개인사정이 생겨 당장 잔금을 지급키 어렵다면서 저에게 기다려 달라고만 하고 있습니다. 계약서상으로는 甲이 위약하면 계약금을 몰수당하고 제가 위약하면 교부받은 계약금배액을 상환하기로 하는 특약을 하였습니다. 저도 급히 돈이 필요하여 주택을 매도하기로 한 것이라 난감한 상태인데, 이 경우 제가 취할 수 있는 구제방법은 무엇인지요?

A 위 사안에서 甲의 이행지체로 인한 계약해제 또는 잔금지급청구가 문제됩니다. 계약해제란 계약효력을 소급적으로 소멸시켜 계약이 처음부터 존재하지 않았던 상태로 복귀시키는 것을 말하고, 계약해제권은 당사자가 계약에 의해 해제권을 유보하는 약정해제권과 법률규정에 의해 발생하는 법정해제권의 두 가지가 있는데, 이행지체로 인한 해제권은 계약일반의 공통적인 법정해제권이며, 이는 계약당사자일방이 채무를 이행하지 않을 경우에 상대방에게 계약의 구속을 받게 함은 부당하므로 계약을 파기해서 그 구속으로부터 벗어나게 하는데 의의가 있는 것입니다.

따라서 귀하는 甲의 잔금이행지체를 이유로 계약을 해제하고 다른 사람에게 다시 매도할 수 있습니다. 여기서 잔금지급기일에 그 이행이 없다고 하여 바로 계약을 해제할 수 있는 것은 아니고, 귀하는 상당기간을 정하여 甲에게 잔금이행의 최고를 하고 甲이 그 기간 내에 이행하지 아니하면 계약을 해제할 수 있는 것입니다(민법 제544조). 최고방법에는 특별한 제한이 없고, 채무의 동일성을 표시하여 일정한 시일 또는 일정한 기간 내에 이행할 것을 요구하는 것으로 충분한데, 향후 이러한 최고여부가 당사자 사이에 다툼이 될 경우를 대비하여 그 증거로 삼기 위해 배달증명부 내용증명우편을 보내는 경우가 많습니다. 그리고 여기서 '상당기간'이란 채무자가 이행을 준비하고 또 이를 이행하는데 필요한 기간으로, 채무의 내용·성질 기타 객관적 사정을 토대로 결정하고 채무자의 주관적 사정은 고려되지 않습니다. 최고에서 정한 기간이 상당하지 아니한 때에도 최고로서 유효하며, 다만 상당한 기간이 경과한 후에 해제권이 발생할 뿐입니다. 또한, 기간을 전혀 정하지 않고 단지 추상적으로 상당한 기간 내에 이행하라는 식으로 한 최고도 역시 유효합니다(대법원 1979.9.25. 선고 79다1135, 1136 판결).

예외적으로 최고가 필요하지 않은 경우도 있는데, 채무자가 미리 이행하지 아니할 의사를 표시한 경우(민법 제544조 단서), 정기행위(계약의 성질 또는 당사자의 의사표시에 의하여 일정한 시일 또는 일정기간 내에 이행하지 않으면 계약목적을 달성할 수 없는 것으로서 각종 초대장의 주문, 결혼식에 착용하기 위한 예복의 주문 등)의 이행지체로 해제하는 경우(민법 제545조), 당사자 사이에 최고를 필요로 하지 않는다는 특약을 한 경우가 그렇고, 나아가 최고를 하여도 채무자가 이행할 의사가 없으리라는 것이 명백하다면 현실로 채무자의 불이행의 의사표시가 없더라도 최고 없이 해제할 수 있습니다(대법원 1963.3.7. 선고 62다684 판결). 또한, 부동산매매계약에서 매수인이 잔금지급기일까지 그 대금을 지급하지 못하면 매도인이 그 계약을 해제할 수 있다는 취지의 약정을 하였더라도 매도인이 이행제공을 하여 매수인을 이행지체에 빠뜨리지 않는 한 그러한 해제통지만으로는 매매계약이 해제된 것으로 볼 수 없으나, 그러한 약정이 매도인이 소유권이전등기 등 소요서류를 갖추었는지를 묻지 않고 매수인의 지급기한 도과 및 매도인의 해제통지만으로 계약을 해제시키기로 하는 특약이라고 볼 특별한 사정이 있는 경우에는 매수인의 지급기한 도과 및 매도인의 해제통지로써 위 매매계약은 해제된다고 보아야 할 것입니다(대법원 2007.11.29. 선고 2007다576 판결).

귀하의 이행최고에도 불구하고 甲이 잔금을 지급하지 않아 귀하가 매매계약을 해제하면 계약효력은 소급적으로 소멸하여 계약이 처음부터 존재하지 않았던 것과 같은 상태로 복귀되며, 원상회복의무(민법 제548조) 및 손해배상청구권(민법 제551조)이 발생합니다. 즉, 귀하는 위약금으로 약정한 계약금 1,000만원을 제외한 중도금 3,000만원 및 그 받은 날로부터의 이자를 더하여 甲에게 반환해야 합니다. 계약해제는 손해배상청구에 영향을 미치지 아니하고(민법 제551조), 이행지체의 경우에 채권자는 이행에 갈음한 손해배상을 청구할 수 있으나(민법 제395조), 귀하와 甲간에 계약금을 수수하면서 위약금약정을 하였고, 위약금약정은 손해배상액예정으로 추정되므로(민법 제398조 제4항), 甲의 이행지체로 인한 손해액이 이미 지급받은 계약금 1,000만원을 초과하여도 그 초과액을 청구할 수 없으며(대법원 2007.7.27. 선고 2007다18478 판결), 마찬가지 이유로 귀하는 실제 손해액을 증명할 필요없이 계약금을 위약금으로 몰수할 수 있는 것입니다(대법원 2007.8.23. 선고 2006다15755 판결).

한편, 귀하는 계약을 해제하지 않고 甲을 상대로 소유권이전과 상환으로 잔금을 지급하라는 소송을 제기하여 승소판결을 얻은 뒤 강제집행을 하면 본래의 매매계약목적을 달성할 수도 있습니다.

■ 계약 성립 후 24시간 이내에 해제할 수 있는지요?

Q 저는 甲의 단독주택을 8억원에 매수하기로 계약을 체결하고 계약금 8천만원을 교부하였는데, 저의 남편의 반대로 다음날 오전 甲에게 계약해제를 통고하고 계약금반환을 요구하였으나 거절하였습니다. 계약 후 24시간 이내에 계약을 해제하면 계약금을 돌려받을 수 없는 것인지요?

A 계약이 일단 성립한 후에는 당사자의 일방이 이를 마음대로 해제할 수 없는 것이 원칙이고(대법원 2008.3.13. 선고 2007다73611 판결), 계약의 해제, 해지에 관하여 민법에서 계약 또는 법률의 규정에 의하여 당사자의 일방이나 쌍방이 해지 또는 해제의 권리가 있는 때에는 그 해지 또는 해제는 상대방에 대한 의사표시로 한다고 규정하고 있으므로(민법 제543조 제1항), 계약을 해제할 수 있는 것은 당사자가 해제권을 가지는 경우에 한정됩니다. 그런데 계약의 해약금에 관하여 민법에서 매매의 당사자일방이 계약당시에 금전 기타 물건을 계약금, 보증금 등의 명목으로 상대방에게 교부한 때에는 당사자 사이에 다른 약정이 없는 한 당사자의 일방이 이행에 착수할 때까지 교부자는 이를 포기하고 수령자는 그 배액을 상환하여 매매계약을 해제할 수 있다고 규정하고 있습니다(민법 제565조 제1항).

그러므로 계약을 할 때 당사자 사이에 계약금을 주고받은 경우 당사자 사이에 다른 약정이 없는 한 당사자의 일방이 이행에 착수하기 전까지는 계약금을 교부한 측에서는 교부액을 포기함으로써, 계약금을 수령한 측에서는 그 배액을 상환함으로써 계약을 해제할 수 있을 것입니다.

귀하도 계약상의 구속력에서 벗어나기 위해서는 귀하가 교부한 계약금을 전부 포기할 수밖에 없다고 보입니다.

다만, 계약 성립시로부터 24시간 이내에는 해약할 수 있다거나 남편의 동의를 얻는 것을 계약의 성립조건으로 한다는 등 특별히 약정한 사실이 있다면 이를 입증하여 계약금을 반환받을 여지는 있다고 할 것입니다.

Q 저는 음식점운영계획을 가지고, 매수당시 개발제한구역에 속해 있었으나 곧 개발제한구역이 해제된다는 소문이 있는 토지를 甲지방자치단체로부터 시가보다 비싸게 매수하였는데, 그 토지를 매수한 후 그 토지는 공공공지로 지정되어 건축개발이 불가능해지고, 공공공지개발계획에 따라 토지가 수용될 처지에 이르렀습니다. 이러한 상황은 제가 매매계약당시 예상하지도 않았고 예상할 수도 없었으므로 현저한 사정변경을 이유로 甲지방자치단체에게 매매계약을 해제한다는 내용증명우편을 보냈는데, 甲지방자치단체에서는 제가 매수한 토지는 일반 매수예상자들을 대상으로 한 공개매각절차에서 이루어졌고, 공개매각조건에는 이 토지가 개발제한구역에 속해 있으며, 게다가 매각 후 행정상의 제한 등이 있을 경우 甲지방자치단체에서 책임을 지지 않는다는 내용이 매매계약서에 명시되었음을 이유로 사정변경을 이유로 한 계약해제는 부적법하다고 답변을 해왔습니다. 저는 계약을 해제하고 매수대금을 돌려받을 수 없는지요?

A 사정변경으로 인한 계약해지 또는 해제가 인정되는 경우에 관한 판례를 보면, 사정변경으로 인한 계약해지는, 계약 성립당시 당사자가 예견할 수 없었던 현저한 사정변경이 발생하였고 그러한 사정변경이 해제권을 취득하는 당사자에게 책임 없는 사유로 생긴 것으로서, 계약내용대로 구속력을 인정한다면 신의칙에 현저히 반하는 결과가 생기는 경우에 계약준수원칙의 예외로서 인정된다고 하였으며(대법원 2011.6.24. 선고 2008다44368 판결), 이것은 계약의 해제에 있어서도 동일하고, 여기에서 말하는 '사정'이란 계약의 기초가 되었던 객관적인 사정으로서, 일방당사자의 주관적 또는 개인적인 사정을 의미하는 것은 아니라 할 것이고, 또한, 계약의 성립에 기초가 되지 아니한 사정이 그 후 변경되어 일방당사자가 계약당시 의도한 계약목적을 달성할 수 없게 됨으로써 손해를 입게 되었더라도 특별한 사정이 없는 한 그 계약내용의 효력을 그대로 유지하는 것이 신의칙에 반한다고 볼 수도 없다고 하였습니다(대법원 2007.3.29. 선고 2004다31302 판결). 그리고 이러한 법리는 계속적 계약관계에서 사정변경을 이유로 계약의 해지를 주장하는 경우에도 마찬가지로 적용됩니다(대법원 2013.9.26. 선고 2012다13637 전원합의체 판결, 대법원 2013.9.26. 선고 2013다26746 전원합의체 판결 참조).

또한, 지방자치단체로부터 매수한 토지가 공공공지에 편입되어 매수인이

의도한 음식점 등의 건축이 불가능하게 되었더라도 이는 매매계약을 해제할 만한 사정변경에 해당하지 않고, 매수인이 의도한 주관적인 매수목적을 달성할 수 없게 되어 손해를 입었더라도 매매계약을 그대로 유지하는 것이 신의칙에 반한다고 볼 수 없다고 한 사례가 있습니다(대법원 2007.3.29. 선고 2004다31302 판결).

그렇다면 위 사안에서 귀하는 개발제한구역지정이 해제된다는 소문을 믿고 甲지방자치단체로부터 시가보다 비싸게 주고 토지를 매수한 것이고, 또한 공개매각 당시에 귀하가 매수한 토지는 개발제한구역에 속해 있었으며, 매각된 이후 행정상의 제한 등이 있을 경우 甲지방자치단체에서 책임을 지지 아니한다는 내용이 매매계약서에 명시되어 있었다면, 귀하가 비록 음식점을 운영하기 위해서 토지를 매수한 후 행정기관으로부터 공공공지로 지정되어 토지가 수용될 처지에 있다고 하더라도 이는 귀하의 주관적 또는 개인적인 사정에 불과하므로, 귀하는 사정변경을 이유로 계약을 해제하기 어렵고, 또한 그러한 상태에서 甲지방자치단체와의 매매계약을 그대로 유지한 것이 신의칙에 반한다고 할 수도 없으므로, 귀하는 계약해제를 하기 어려워 보입니다. 그러나 만약 甲지방자치단체에서 개발제한구역의 지정이 곧 해제되거나 행정상 건물신축에 아무런 제한이 없다는 것을 전제로 하여 위 토지를 공개매각을 하였거나 또는 그 토지가 나대지로 당연히 건물신축이 예정되어 있는 등의 사정 속에서 공개매수 하였다는 등의 특별한 사정을 입증한다면 귀하는 계약을 해제하고 매수대금을 돌려받을 여지도 있다고 할 것입니다.

Q 甲건설회사는 2005년 2월경 택지개발지구에 건축할 13층 아파트 7개동 500세대를 2006년 5월을 입주예정일로 정하여 분양하면서, 乙 등과 위 아파트분양계약을 체결하였습니다. 당시 계약서에는 乙 등의 수분양자들이 중도금(6회 분할) 및 잔금의 지급을 지체할 경우 그 경과일수에 대한 연체료를 가산하여 지급하기로 하였고, 분양계약에 명시되지 아니한 사항은 당사자간의 합의로 결정하되 합의되지 아니한 사항은 일반관례에 따르기로 약정하였습니다. 甲건설회사는 택지보상문제의 타결지연과 공기의 지연 등으로 공사기간이 늦어질 것 같아 수분양자들에게 당초 입주예정일 2006년 5월을 같은 해 9월로 변경하고, 그 대신 4차중도금(76일 뒤) 및 5차중도금(105일 뒤), 6차중도금(135일 뒤)의 지급일을 각 연기한다고 통지하였고, 이에 乙 등의 수분양자들은 위 변경된 중도금 및 잔금 기일에 따라 중도금 및 잔금을 모두 지급하였습니다. 그런데 乙 등의 수분양자들은 2006년 8월 29일에 이르러서야 위 아파트에 입주하면서 입주지연에 따른 지체상금을 청구하였으며, 甲건설회사는 중도금 지급일자도 연기하였으므로 입주지연일수에서 이를 공제해야 한다고 주장하고 있습니다. 甲의 주장이 정당한지요?

A 아파트분양계약의 경우 주택건설업자가 약정기일에 수분양자를 입주시키지 못하는 경우 지체상금을 지급하기로 하는 약정은 손해배상의 예정으로서 당사자 사이에 그에 관한 특약이 있는 경우에는 청구할 수 있을 것이며, 그 명시적 약정이 없는 경우에는 위 일반관례조항 등에 의하여 청구해볼 수 있을 것입니다.

위 사안과 같이 입주지연지체상금을 산정할 때 중도금연기일수를 공제할 수 있는지 판례를 보면, 주택건설업자가 당초 아파트분양계약을 할 때 정해진 중도금납부기일을 연기해주어 수분양자들이 연기된 기일에 중도금을 납부한 경우, 중도금납부기일의 연기가 주택건설업자의 귀책에 의한 입주지연으로 말미암은 것이더라도 수분양자들로서는 연기된 기간만큼 중도금에 대한 이자상당액의 이득은 보게 되는 것이므로 입주지연지체상금의 산정에 있어 이를 고려하는 것이 형평에 맞을 것이고, 구 주택공급에 관한 규칙(1995. 11. 6. 건설교통부령 제39호로 개정되기 전의 것) 제27조 제3항, 제4항과 같이 수분양자들이 이미 납부한 입주금에 대하여 수분양자들의 입주금납부지체의 경우에 적용되는 연체료율을 입주지연기간에 적용하는 방식으로 입주지연지체상금을 산정하는 때에는 그 고려의 한 방법으로 중도금연기일수를 입주지연일수에서 공제하는 방식도 수긍할 수 있을 것이나(대법원 2000.10.27. 선고 99다10189 판결), 반드시 그러한 방식으로 고려해야만 하는 것은 아니고, 예정된 지체상금액을 감액하는 방식으로 고려하더라도 경험칙과 공평의 원칙에 비추어 현저히 불합리하지 않는 한 이를 위법하다고 볼 수는 없다고 하였습니다(대법원 2007.8.23. 선고 2005다59475, 59482, 59499 판결).

따라서 아파트분양계약에 있어서 입주지연지체상금을 산정하는 경우 중도금연기일수를 공제해야 한다는 甲건설회사의 주장도 위 판례에서 보듯이 형평의 원칙에 비추어 부당한 것은 아닐 것으로 보입니다.

Q 갑은 을과 계약하면서 계약이 해제 및 해지되는 어떠한 경우에도 상대방의 손해에 대한 배상을 하여야 한다는 약정을 체결하였습니다. 이후 갑은 계약을 해제하면서 을에게 손해배상을 청구하였으나, 을은 자신의 귀책사유 없음을 들어 항변하였습니다. 갑의 손해배상청구는 인용될 수 있을까요?

A 판례는 당사자의 고의 또는 과실과 무관한 약정 해제사유가 있는 경우, "계약의 내용이 통상의 경우와 달리 어느 일방에게 무거운 책임을 부과하게 하는 경우에는 계약 문언은 엄격하게 해석하여야 하므로, 당사자의 고의 또는 과실과 무관한 사유를 약정해지 또는 해제사유로 정한 경우에 그 사유로 계약을 해지 또는 해제하면서 귀책사유와 상관없이 손해배상책임을 지기로 한 것이 계약 내용이라고 해석하려면, 계약의 내용과 경위, 거래관행 등에 비추어 그렇게 인정할 만한 특별한 사정이 있어야 한다."라고 판단하였습니다. 한편, "계약 상대방의 채무불이행을 이유로 한 계약의 해지 또는 해제는 손해배상의 청구에 영향을 미치지 아니하지만(민법 제551조), 다른 특별한 사정이 없는 한 그 손해배상책임 역시 채무불이행으로 인한 손해배상책임과 다를 것이 없으므로, 상대방에게 고의 또는 과실이 없을 때에는 배상책임을 지지 아니한다(민법 제390조).이는 상대방의 채무불이행과 상관없이 일정한 사유가 발생하면 계약을 해지 또는 해제할 수 있도록 하는 약정해지 · 해제권을 유보한 경우에도 마찬가지이고 그것이 자기책임의 원칙에 부합한다(대법원 2016.4.15. 선고 2015다59115 판결)고도 하여 특별한 사유가 없다면 무과실책임이 인정되기 어렵지만 계약의 내용과 경위, 거래관행 등에 비추어 무과실책임으로 인정할만한 사유가 있다면 그 효력을 인정하고 있습니다. 갑이 만일 위와 같이 특별한 사정의 존재를 입증한다면 갑의 손해배상청구는 인용될 수 있을 것입니다.

■ **계약금의 일부만을 지급한 상황에서 그 배액의 지급으로 계약의 해제가 가능한지요?**

Q 갑은 을로부터 부동산을 매수하면서 계약금계약을 체결하였고, 계약금의 일부를 지급하였습니다. 이후 을은 지급받은 일부 계약금의 배액을 갑에게 돌려주면서 계약의 해제를 통지하였습니다. 을의 계약해제는 적법할까요?

A 판례는 이와 유사한 사례에서 "매도인이 '계약금 일부만 지급된 경우 지급받은 금원의 배액을 상환하고 매매계약을 해제할 수 있다'고 주장한 사안에서, '실제 교부받은 계약금'의 배액만을 상환하여 매매계약을 해제할 수 있다면 이는 당사자가 일정한 금액을 계약금으로 정한 의사에 반하게 될 뿐 아니라, 교부받은 금원이 소액일 경우에는 사실상 계약을 자유로이 해제할 수 있어 계약의 구속력이 약화되는 결과가 되어 부당하기 때문에, 계약금 일부만 지급 된 경우 수령자가 매매계약을 해제할 수 있다고 하더라도 해약금의 기준이 되는 금원은 '실제 교부받은 계약금'이 아니라 '약정 계약금'이라고 봄이 타당하므로, 매도인이 계약금의 일부로서 지급받은 금원의 배액을 상환하는 것으로는 매매계약을 해제할 수 없다"고 판단하였습니다(대법원 2015.4.23. 선고 2014다231378 판결). 그렇다면 을은 계약해제를 위해서는 약정된 계약금의 배액을 상환하여야 한다고 할 것이며, 갑이 일부만을 지급하였다고 하여 그 배액을 상환하는 것만으로는 적법하게 계약의 해제가 되었다고 볼 수 없다고 할 것입니다.

■ 쌍무계약에 관하여 채무자와 그 상대방이 모두 회생절차개시 당시에 일부 이행하였을 때 관리인은 전체 계약을 해제할 수 있는지요?

Q 갑은 을 회사의 주주로서 반대주식매수 청구권을 행사하였고, 이로 인해 주식 매매계약이 성립한 상태에서 을 회사의 회생절차가 개시되었습니다. 당시 을 회사는 주식대금의 일부를 이미 갑에게 지급한 상태였는데, 을 회사의 관리인 병은 이행이 완료되지 않았음을 이유로 주식매매계약을 해제하였습니다. 병의 주식매매계약해제는 적법할까요?

A 채무자 회생 및 파산에 관한 법률(이하 '채무자회생법'이라고 한다) 제119 조 제1항 은 "쌍무계약에 관하여 채무자와 그 상대방이 모두 회생절차개시 당시에 아직 그 이행을 완료하지 아니한 때에는 관리인은 계약을 해제 또 는 해지하거나 채무자의 채무를 이행하고 상대방의 채무이행을 청구할 수 있다."라고 규정하고 있습니다. 한편 판례는 "채무자회생법 제119조 제1항 의 '그 이행을 완료하지 아니한 때'에는 채무의 일부를 이행하지 아니한 것 도 포함되고 이행을 완료하지 아니한 이유는 묻지 아니하므로, 주식매수청 구권 행사 후 회사의 귀책사유로 주식대금 지급채무의 일부가 미이행되었 다고 하더라도, 일부 미이행된 부분이 상대방의 채무와 서로 대등한 대가관 계에 있다고 보기 어려운 경우가 아닌 이상 관리인은 일부 미이행된 부분 뿐만 아니라 계약의 전부를 해제할 수 있다"고 하여 특별한 사유가 없는 한 일부 미이행된 경우라도 계약의 전부를 해제할 수 있다고 보았습니다(대법 원 2017.4.26. 선고 2015다6517, 6524, 6531 판결). 그렇다면 특별한 사유가 없는 한, 갑이 매매대금의 일부를 지급받았다 하더라도 병은 아직 그 이행 이 완료되지 않았음을 이유로 계약의 해제를 할 수 있다고 할 것입니다.

■ 인터넷 중고거래 사이트를 통한 상품권 거래시 상대방의 이용기간 미고지에 따른 매매계약의 해제가 가능한지요?

Q 갑과 을은 인터넷 중고거래 사이트를 통해 상품권을 매매하는 매매계약을 체결하였는데, 매수인 을이 상품권을 사용하려고 보니 매매시 고지받지 못한 사용기간이 존재하였고, 이 기간이 지나 사용할 수 없게 되었습니다. 매매계약을 해제하고 대금을 돌려받을 수 있을까요?

A 이용권을 구매하는 과정에서 그 이용권 사용기간에 관한 내용을 고지하지 않아 매수인이 그 이용권을 사용할 수 없게 되었다면, 이는 매도인의 담보책임(민법 제580조 제1항, 제575조 제1항)규정에 의하여 계약을 해제할 수 있다고 할 것입니다. 매도인이 상품에 대하여 사용기간 표시를 하지 않았다면, 이는 상대방의 귀책으로 인한 이용 불가라고 할 것이어서 상대방에게 해제의 의사표시를 통해 계약을 해제하고, 환불을 해 주지 않는다면 지급명령 또는 소송을 통해 대금을 돌려받아야 할 것입니다.

■ 계약의 합의해제가 제3자의 권리의무에 미치는 영향은?

Q 갑과 을은 갑 소유 아파트에 관하여 분양계약을 체결하였으나 사정이 생겨 계약을 해제하기로 합의하였습니다. 그러나 매수인 을은 매매계약금만을 납부한 상태에서 그 피분양권리를 병에게 전매하였습니다. 갑과 을 사이의 계약이 합의해제됨에 따라 병이 자신의 권리를 상실하는지요?

A 대법원 1991. 4. 12. 선고 91다2601 판결은 "계약의 합의해제에 있어서도 민법 제548조의 계약해제의 경우와 같이 이로써 제3자의 권리를 해할 수 없으나, 그 대상 부동산을 전득한 매수자라도 완전한 권리를 취득하지 못한 자는 위 제3자에 해당하지 아니한다."고 하였습니다. 즉 당사자가 계약을 합의해제하면 제3자의 권리를 해하지 못하는 것이 민법 제548조 제1항의 규정이 적용되나, 여기서 '제3자'란, 해제 전의 계약으로부터 생긴 법률효과를 기초로 하여 새로운 이해관계를 가지게 되고 등기, 인도 등으로 완전한 권리를 취득한 제3자라고 할 것이므로(대법원 2004.7.8. 선고 2002다73203 판결), 단순히 분양받을 권리만을 을로부터 매수한 병은 민법 제548조 제1항이 보호하는 '제3자'에 해당하지 않는다고 할 것입니다. 따라서 갑과 을의 분양계약이 합의해제 되는 경우, 병은 보호받는 제3자에 해당하지 않아 분양받을 권리를 상실하게 됩니다.

■ 임대인이 임대차계약의 특약을 이행하지 않는 경우 임대차계약을 해제 할 수 있는지요?

Q 주택에 대한 임대차계약을 체결하면서 임대인 乙이 임차인 甲으로부터 받는 임대차보증금으로 기존에 있던 전세권설정등기 등을 말소하여 주기로 약정하였음에도 이를 이행하지 않은 경우, 임차인 甲은 계약을 해제할 수 있나요?

A 유사한 사안을 다룬 하급심 판결에서 재판부는 "원고는 이 사건 임대차계약 당시 이 사건 부동산을 목적으로 한 고액의 전세권 및 전세권부 근저당권이 설정되어 있는 점을 알고 있었던 사실, 원고는 종전에도 임대차보증금 회수 문제로 큰 어려움을 겪은 경험이 있어 피고에게 이 사건 특약을 추가할 것을 요구하였고, 피고는 원고의 위와 같은 요구를 수용하여 이 사건 임대차 계약서의 특약사항란에 일부러 이 사건 특약을 추가한 사실, 이 사건 임대차계약서에는 임대인 또는 임차인이 계약상의 내용에 대하여 불이행할 경우 상대방은 불이행한 자에 대하여 서면으로 최고하고 계약을 해제할 수 있으며, 이에 따른 손해배상을 청구할 수 있다는 규정이 있는 사실(다만 원고가 서면으로 최고한 것은 아니므로 이 규정에 의하여 계약이 해제되는 것은 아니다)을 인정할 수 있는바, 위 인정사실 및 기초사실에 의하면 이 사건 특약에 따른 피고의 의무는 단순한 부수적 채무가 아니라 이 사건 특약이 없었더라면 원고가 이 사건 임대차계약을 체결하지 아니하였을 것이라고 여겨질 정도의 주된 채무라고 볼 것이고, 이와 같은 점에 대하여 원고와 피고 사이에 의사의 합치가 있었다고 봄이 상당하다."고 판시하였습니다(대전지방법원 2014.5.23. 선고 2014나77 판결). 이에 따르면 임대인 乙의 전세권설정등기 말소 의무는 임대차계약의 주된 채무라고 할 것이어서, 임차인 甲은 임대인 乙의 주된 채무에 대한 이행지체를 이유로 임대차계약을 해제할 수 있을 것입니다.

Q 부동산중개업자인 甲이 중개한 식당의 시설과 영업권 등의 양도, 양수계약이 해제된 경우, 甲은 여전히 중개수수료를 받을 수 있나요?

A 유사한 사안을 다룬 하급심 판결에서 재판부는 "이 사건 용역수수료(중개수수료) 지급약정에 의하면 이 사건 양도양수계약이 해제되는 경우에도 중개인인 원고의 고의나 과실이 없으면 중개인에게 용역수수료를 지급하기로 약정하였는바, 이는 이 사건 양도양수계약이 무효 또는 취소되는 경우에도 마찬가지로 적용된다고 보아야 하고, 이 사건 양도양수계약과 이 사건 용역수수료 지급약정은 별개의 계약이므로, 특별한 사정이 없는 한 피고는 원고에게 이 사건 용역수수료 지급약정에 따른 수수료를 지급할 의무가 있다."고 판시한바 있습니다. 이러한 판결의 입장에 따르면, 부동산 양도양수계약과 용역수수료 지급약정은 별개의 계약이고, 양도양수계약이 실효된 데에 중개인인 甲의 과실이 개입된 바 없다면, 甲은 여전히 중개수수료를 받을 권리가 있다고 할 것입니다. 다만, 공인중개사 甲과 중개의뢰인 사이의 법률관계는 민법상의 위임관계이므로 보수액이 지나치게 과다하여 신의성실의 원칙이나 형평의 원칙에 어긋나면 감액이 가능하다고 할 것입니다.

■ 명도일보다 먼저 건물을 인도해주지 않는다는 사유로 건물 매매계약을 해제할 수 있는지요?

Q 건물 매도인 乙은 매수인 甲에게 인테리어 공사를 위해 명도일보다 먼저 건물을 인도해주기로 약정하였는데도 불구하고, 이를 이행하지 않고 있습니다. 매수인 甲은 매도인 乙이 명도일보다 먼저 건물을 인도해주지 않는다는 사유로 건물 매매계약을 해제할 수 있는지요?

A 유사한 사안을 다룬 하급심 판결에서 재판부는 "민법 제544조에 의하여 채무불이행을 이유로 계약을 해제하려면, 당해 채무가 계약의 목적 달성에 있어 필요불가결하고 이를 이행하지 아니하면 계약의 목적이 달성되지 아니하여 채권자가 그 계약을 체결하지 아니하였을 것이라고 여겨질 정도의 주된 채무이어야 하고 그렇지 아니한 부수적 채무를 불이행한 데에 지나지 아니한 경우에는 계약을 해제할 수 없다. 또한 계약상의 의무 가운데 주된 채무와 부수적 채무를 구별함에 있어서는 급부의 독립된 가치와는 관계없이 계약을 체결할 때 표명되었거나 그 당시 상황으로 보아 분명하게 객관적으로 나타난 당사자의 합리적 의사에 의하여 결정하되, 계약의 내용?목적?불이행의 결과 등의 여러 사정을 고려하여야 한다(대법원 1997.4.7.자 97마575 결정, 2001.11.13 선고 2001다20394, 2001다20400 판결 등 참조)."고 판시한 다음 "원고와 피고가 당초 약정된 인도일인 '2011. 11. 15.'보다 빠른 '2011. 10. 18'까지 피고가 시설물철거를 완료하고 이를 인도하기로 약정하였다고 하더라도 이는 특약사항과 같이 '잔금일 이전에 임차인의 임대물 수선에 협조한다'는 의미로서 그러한 피고의 의무는 이 사건 임대차계약에 따른 부수적인 의무라고 봄이 상당하다. 피고가 위와 같은 부수적의무의 이행을 지체함으로써 임대차계약의 목적을 달성할 수 없다거나 피고가 이를 위반할 경우 이 사건 임대차계약을 해제할 수 있다고 약정하였음을 인정할 증거가 없는 이상, 이와 다른 전제에서 나온 원고의 주장은 받아들일 수 없다."고 판시하였습니다(울산지방법원 2013.12.11. 선고 2013나2627판결). 이에 따르면, 甲과 乙 사이에 명도일보다 먼저 부동산을 인도해주기로 하는 약정은, 부동산 매매계약의 부수적 의무에 불과하다고 할 것이어서, 甲은 乙이 명도일보다 먼저 부동산을 인도하지 않는다는 이유만으로 위 매매계약을 해제할 수는 없을 것으로 보입니다.

■ 실제보다 낮은 가격의 매매계약서를 작성한 후, 거래당사자 일방이 실제 가격을 매매대금으로 기재한 매매계약서의 작성을 거부하는 경우 매매계약을 해제할 수 있는지요?

Q 매매계약의 당사자가 실제로 거래한 가액을 매매대금으로 기재하지 아니하고 그보다 낮은 금액을 매매대금으로 기재한 매매계약서를 작성한 뒤 거래당사자 일방이 상대방에게 실제 거래가격을 매매대금으로 기재한 매매계약서 작성을 요구하고 상대방이 이를 거부하였을 경우 매매계약을 해제할 수 있는지요?

A 유사한 사안을 다룬 하급심 판결에 의하면, "매매계약의 당사자가 실제로 거래한 가액을 매매대금을 기재하지 아니하고 그보다 낮은 금액을 매매대금으로 기재한 매매계약서를 작성하였더라도 매매계약은 실제 거래가격대로 유효하게 성립한 것이고, 매매계약서는 매매계약 체결 사실을 증명하는 증거방법의 하나이며, 공인중개사의 업무 및 부동산 거래신고에 관한 법률에 따르면 거래 당사자는 부동산거래에 있어 실제 거래가격을 신고할 의무는 있지만 부동산 실거래가 신고의무를 이행하기 위하여 실거래가 매매계약서가 반드시 필요한 것이 아니며, 거래 상대방이 실거래가 신고를 거부하더라도 거래 당사자 일방은 단독으로 부동산 실제 거래가격을 신고할 수 있으므로 매매계약 거래 당사자에게 매매계약상 의무로서 실거래가 계약서 작성의무가 있음을 인정할 법적 근거는 없는 것이어서, 이를 거부하는 것을 이유로 상대방이 매매계약을 해제할 수는 없다"고 판시하였습니다(대전지방법원 2008.5.13. 선고 2007가단76334 판결 참조).이에 따르면, 거래 상대방이 부동산의 실거래가가 기재된 매매계약서의 작성을 거부한다고 하여도 이를 이유로 이미 성립된 부동산의 매매계약을 해제할 수는 없을 것입니다.

■ 매매계약 중 잔금지급의무에 갈음하여 가압류 채무금을 인수하기로 한 부분만을 분리하여 일부해제할 수 있는지요?

Q 매수인 乙은 매도인 甲과 부동산 매매계약을 체결하면서, 잔금지급의무에 갈음하여 甲의 丙에 대한 가압류 채무금을 인수하기로 약정하였는데, 甲은 乙이 위 가압류 채무금을 변제하지 않는다는 이유로 '매매계약 중 잔금지급의무에 갈음하여 가압류 채무금을 인수하기로 한 부분'만을 분리하여 일부해제 할 수 있는지요?

A 유사한 사안을 다룬 하급심 판결에서 재판부는 "피고가 ▽▽▽의 ○○공사에 대한 이 사건 가압류 채무금을 승계하기로 하는 내용으로 해석될 뿐이므로, 피고가 이 사건 가압류 채무금 중 일부를 변제하지 아니하였다고 하더라도 이 사건 약정에 의하여 곧바로 ▽▽▽이 피고를 상대로 직접 이 사건 가압류 채무금 중 미변제 채무금 상당액에 대하여 이 사건 매매 잔금 명목으로 지급을 구할 어떠한 계약상 권원이 있다고 볼 수는 없다."고 판시한 다음 "본래 계약은 전체로서 성립하여 그 전체가 효력이 발생하며 우리 민법도 매매계약의 해제에 관하여 전부해제를 전제로 규정하고 있는바, 매매계약의 일부해제는 결국 당사자 사이에 별도의 약정이 없는 이상 허용되지 않는다고 보아야 할 것이므로, 이 사건 매매계약 중 잔금지급의무에 갈음하여 이 사건 가압류 채무금을 인수하기로 한 부분만을 따로 분리하여 일부해제할 수는 없다고 할 것이다." 판시하였습니다. 이에 따르면 甲과 乙사이에 가압류 채무금을 인수하기로 한 부분만을 따로 분리하여 일부해제 할 수 있다는 특약이 존재하지 않는 이상, 甲은 乙이 위 가압류 채무금을 변제하지 않는다는 이유로 '매매계약 중 잔금지급의무에 갈음하여 가압류 채무금을 인수하기로 한 부분'만을 분리하여 일부해제 할 수는 없을 것입니다.

Q 부동산 매매계약을 체결하면서, "중도금 지급 전까지는 매도인은 계약금의 배액을 지급하고, 매수인은 계약금을 포기하고 본 계약을 해제할 수 있다는 약정해제권 유보조항" 외에 "공장신설승인 신청 후 불통과시 이 사건 매매계약을 무효화 하고 2개월 내 계약금을 반환한다'는 내용의 특약이 있는 경우, 중도금을 지급한 이후에도 위 특약을 이유로 계약을 해제할 수 있는지요?

A 유사한 사례를 다룬 하급심 판결에서 재판부는 "이 사건 매매계약에는 '매수인이 매도인에게 중도금(중도금이 없을 때에는 잔금)을 지불하기 전까지, 매도인은 계약금의 배액을 상환하고, 매수인은 계약금을 포기하고 본 계약을 해제할 수 있다'는 약정해제권 유보조항이 있고, 또한 '이 사건 토지 중 일부에 대하여 공장심의회에(공장신설승인) 신청 후 불통과시 이 사건 매매계약을 무효화 하고 2개월 내 계약금을 반환한다.'는 내용의 특약사항이 있는 사실, 매도인 겸 선정자의 대리인인 피고가 계약금의 배액인 2,400만 원을 원고에게 공탁함과 아울러 같은 날 원고에게 약정해제권에 기하여 이 사건 매매계약을 해제한다는 취지의 내용증명을 보낸 사실은 당사자 사이에 다툼이 없거나 갑 제1호증, 을 제6호증의 각 기재에 변론 전체의 취지를 더하면 인정할 수 있으므로, 결국 이 사건 매매계약은 계약시에 유보된 위 약정해제권에 기하여 적법하게 해제되었다"고 판시한 다음, "매매계약 체결 시 별도로 해제의 사유를 정하여 해제권유보 조항을 둔 경우 그 해제권유보조항에 정한 해제사유의 발생을 이유로 해제권을 행사하는 데 있어서는 민법 제565조 제1항의 위와 같은 해제권의 존속시한에 관한 제한이 적용되는 것이 아니므로(대법원 2006.5.11. 선고 2005다58571 판결 참조)"라고 판시하였습니다.

이에 따르면, 매매계약 체결 시 별도로 해제권 유보 조항을 둔 경우, 그 해제권 유보조항에 정한 해제사유가 발생한 경우, 민법 565조 제1항의 해제권 존속시한에 상관없이 계약의 해제를 주장할 수 있을 것입니다.

■ 하자담보책임이 있을 경우에 계약을 해제할 수 있나요?

Q 甲은 건물을 건축하려고 乙로부터 임야를 분양받았는데, 이 사건 임야가 절개지를 포함하고 있거나 경사면으로 이루어져 있어 건물부지로 사용될 수 없는 경우 분양계약을 해제할 수 있나요?

A 유사한 사안을 다룬 하급심 판결에서 재판부는, "하자담보책임에 따른 해제 주장에 관하여 살피건대, 민법 제580조, 제575조 제1항은 '매매의 목적물에 하자가 있는 때에는 그로 인하여 계약의 목적을 달성할 수 없는 경우에 한하여 매수인은 계약을 해제할 수 있다'고 규정하고 있고, 이 때 '하자'라 함은 매매의 목적물이 거래통념상 기대되는 객관적 성질, 성능을 결여하거나 당사자가 예정 또는 보증한 성질을 결여한 경우를 뜻하며, 건축을 목적으로 매수한 토지에 대하여 건축허가를 받을 수 없어 건축이 불가능한 경우 등과 같이 법률적 제한 내지 장애로 말미암아 매매목적물을 계약 당시에 의도했던 일정한 목적으로는 사용할 수 없는 경우도 하자에 해당한다(대법원 2000.1.18. 선고 98다18506 판결 참조)."고 판시한 다음, "원고들과 피고 사이에 이 사건 각 임야는 펜션 등 건축물을 건축할 수 있어 투자가치가 있다는 점에 관한 합의가 있었던 것으로 보이는 점...생략...원고들은 민법 제580조에 의하여 이 사건 각 매매계약을 해제할 수 있고, 이 사건 각 매매계약은 원고들의 해제의 의사표시가 기재된 이 사건 소장부본이 피고에게 송달된 2012. 9. 5. 적법하게 해제되었다. 나아가 해제로 인한 원상회복 및 손해배상의 액수에 관하여 보면, 원고들은 이 사건 각 매매계약에 의하여 아래 표 기재와 같은 내역의 돈을 지출하였는바, 피고는 원고들이 이 사건 각 분양계약에 따라 피고에게 지급한 매매대금을 원상회복으로서 반환하고, 원고들이 이 사건 각 매매계약에 따라 이 사건 토지를 취득함으로써 지출하게 된 세금, 법무사비용 등을 손해로서 배상할 의무가 있다."고 판시하였습니다(울산지방법원 2014.2.13. 선고 2012가합6130 판결 참조).

이에 따르면, 甲 또한 건물 신축을 위하여 乙과 분양계약을 체결한 것이고 이러한 사정을 乙도 알고 있었다면, 甲은 민법 제580조에 근거하여 이 사건 분양계약을 해제하고, 분양계약에 따라 소요된 비용을 손해배상으로 청구할 수 있을 것입니다.

■ **사용대차 계약이 경과한 경우에 사용대차계약을 해지할 수 있나요?**

Q 甲과 乙사이 甲의 토지에 관한 사용대차계약이 체결된 후, 乙이 甲의 토지 위에 컨테이너 창고를 축조하여 사용·수익한 기간이 15년이 경과한 상황이라면, 갑은 위 사용대차계약을 해지할 수 있나요?

A 유사한 사안을 다룬 하급심 판결에서 재판부는 "원고의 피고에 대한 사용대차계약 해지의 적법성에 관하여 보면 일반적으로 사용대차에 있어서 그 존속기간을 정하지 아니한 경우에는, 차주는 계약 또는 목적물의 성질에 의한 사용수익이 종료한 때에 목적물을 반환하여야 하나, 현실로 사용수익이 종료하지 아니한 경우라도 사용수익에 충분한 기간이 경과한 때에는 대주는 언제든지 계약을 해지하고 그 차용물의 반환을 청구할 수 있는 것인바, 그 사용수익에 충분한 기간이 경과하였는지의 여부는 사용대차계약 당시의 사정, 차주의 사용기간 및 이용 상황, 대주가 반환을 필요로 하는 사정 등을 종합적으로 고려하여 공평의 입장에서 대주에게 해지권을 인정하는 것이 타당한가의 여부에 의하여 판단하여야 할 것이다.(대법원 2001.7.24. 선고 2001다23669 판결 참조)"라고 판시한 다음 "피고가 무상으로 사용한 기간이 약 15년에 달하는 점, 피고가 축조한 건물은 조립식 판넬조와 컨테이너 창고로서 견고한 건물로 보기 어려운 점, 차주인 피고가 대주인 원고에게 무상사용 허락에 대한 감사의 뜻이나 호의를 표시하기는커녕 오히려 이 사건 제1토지 중 일부 지분에 관한 권리를 주장하는 민사소송을 제기하여 항소심에 이르기까지 다툼을 계속하는 상황에 이를 정도로 신뢰관계가 허물어진 점 등을 고려하면 원고가 위 소유권이전등기 소송이 제기된 이후에 피고에 대하여 한 이 사건 사용대차계약의 해지는 적법한 것으로 봄이 형평의 원칙에 부합한다."고 판시하였습니다(수원지방법원 2009.8.18. 선고 2008나25210 판결 참조).

이에 따르면, 乙이 甲의 토지를 사용한 기간이 15년이 달하고, 乙이 축조한 건물이 창고로서 견고한 건물이 아닌 상황이라면, 甲은 乙과의 사용대차 계약을 해지할 수 있을 것이고, 乙에게 사용대차 계약이 해지된 날 이후부터 임료상당의 부당이득반환도 청구할 수 있을 것입니다.

■ 매매대금에 관한 법원의 화해권고결정 이후 매매계약을 해제할 수 있나요?

Q 법원의 화해권고결정을 통하여 상대방의 매매대금 지급의무가 확정되었음에도, 상대방이 매매대금을 지급하지 않는 경우 매매계약을 해제할 수 있나요?

A 유사한 사안을 다룬 하급심 판결에서 재판부는, "주택법 제18조의2에서 규정하고 있는 매도청구권의 행사에 따라 매매계약이 성립된 경우에 일방 당사자가 위 매매계약에 기하여 부담하는 채무를 이행하지 아니하는 때에는 상대방은 그 채무불이행을 이유로 계약의 해제에 관한 일반법리에 좇아 위 매매계약을 해제할 수 있다고 할 것이다. 이는 매도청구권자가 매도인을 상대로 매도청구권의 행사에 기한 매매계약상의 의무에 관하여 이행청구소송을 제기하여 확정판결을 받았으나 그 후 자신이 위 매매계약상의 의무를 이행하지 아니하는 경우에도 다를 바 없다(대법원 2013.3.26.자 2012마1940 결정 참조)."고 판시한 다음 "원고가 피고에게 여러 차례 이 사건 화해권고결정에 기한 매매대금의 지급을 최고하였음에도 불구하고 피고 조합이 매매대금을 지급하지 않았고, 원고는 적법한 이행제공과 함께 내용증명에 의한 계약해제의 의사표시를 하는 등 채무를 이행하지 않은 것이 객관적으로 명백한 경우 이행을 지체한 책임을 이유로 계약을 해제할 수 있으므로 원고의 적법한 이행제공과 해제 의사표시에 의해 화해권고결정에 기한 매매계약은 해제됐으므로 강제집행은 불허돼야 한다."고 판시하였습니다(창원지방법원 2013.8.22. 선고 2013가단10348 판결 참조).

이에 따르면 매수인인 상대방이 화해권고결정에서 정하여진 매매대금을 지급하지 않는 경우, 매도인은 적법한 이행제공과 함께 내용증명에 의한 계약해제의 의사표시를 하는 방법 등으로, 상대방의 이행지체를 원인으로 하는 매매계약의 해제를 주장할 수 있을 것입니다.

Q 甲은 乙의 지입차량매매 및 운송 사업에 투자하고 위 사업을 같이 진행하여 그 부분에 관한 수익금을 배분하는 내용의 동업계약을 체결하였는데, 甲은 위 동업계약을 해제하면서 그 원상회복의 명목으로 투자금 전액의 반환을 구할 수 있는지요?

A 유사한 사안을 다룬 하급심 판결에서 재판부는, "이 사건 각 약정은 원고들이 피고의 지입차량매매 및 운송사업에 투자하고 위 사업을 같이 진행하여 그 부분에 관한 수익금을 배분하는 내용의 동업계약이라고 볼 수 있고, 원고들이 피고에게 이 사건 각 약정에 따라 지급한 돈의 반환을 요구하는 취지의 내용증명 우편이 피고에게 도달한 때에 원고들은 동업관계에서 탈퇴하였다고 봄이 상당하다."고 판시한 다음, "원고들이 피고에게 이 사건 각 약정에 따라 지급한 돈의 반환을 요구하는 취지의 내용증명 우편이 피고에게 도달한 때에 원고들은 동업관계에서 탈퇴하였다고 봄이 상당하며, 나아가 피고가 원고들로부터 이 사건 각 약정에 따라 지급받은 돈이 신원보증 성격의 보증금임을 인정할 아무런 증거가 없으며, 오히려 원고들이 피고에게 지급한 돈은 투자금인 사실이 인정될 뿐인데, 동업계약의 경우 동업관계의 종료에 따른 청산절차를 거쳐 출자지분의 반환을 구함은 별론으로 하고, 직접 위 동업계약을 해제하면서 그 원상회복의 명목으로 투자금 전액의 반환을 구할 수는 없다."고 판시하였습니다(서울고등법원 2015.11.6. 선고 2014나52362 판결 참조).이에 따르면, 乙이 동업계약 약정에 따른 수익분배를 제대로 하지 않는 등의 채무불이행이 있었다는 사실이 인정되지 않는 이상, 甲은 위 동업계약을 해제할 수 없으므로 그 원상회복의 명목으로 투자금 전액의 반환을 구할 수 없을 것으로 보입니다. 다만 甲은 동업관계의 종료에 따른 청산절차를 거쳐 출자지분의 반환을 구할 수는 있을 것으로 판단됩니다.

■ 중도금까지 받은 부동산 매도인이 이중매매를 한 경우 어떤 구제방법을 취할 수 있는지요?

Q 저는 甲으로부터 건물과 대지를 8,500만원에 매수하기로 하는 매매계약을 체결하고 계약금과 중도금을 지급하였습니다. 그 후 잔금지급일에 잔금을 지급하러 갔더니 甲은 저에게 팔기로 한 건물과 대지를 더 비싼 값으로 乙에게 매도하였다면서 잔금수령을 거절하고 제가 이미 지급한 계약금과 중도금만 반환하겠다고 합니다. 저는 어떤 구제방법을 취할 수 있는지요?

A 위 사안의 경우 부동산소유권등기명의가 아직 甲명의로 되어 있느냐, 아니면 이미 乙앞으로 이전되어 있느냐에 따라 권리구제방법이 다르게 됩니다. 먼저 부동산소유권등기명의가 아직 甲으로 되어 있는 경우에 관하여 살펴보면, 계약이 일단 성립한 후에는 당사자일방이 이를 마음대로 해제할 수 없는 것이 원칙이고(대법원 2008.3.13. 선고 2007다73611 판결), 계약의 해제, 해지에 관하여 민법에서 계약 또는 법률의 규정에 의하여 당사자의 일방이나 쌍방이 해지 또는 해제의 권리가 있는 때에는 그 해지 또는 해제는 상대방에 대한 의사표시로 한다고 규정하고 있으므로(민법 제543조 제1항), 계약을 해제할 수 있는 것은 당사자가 해제권을 가지는 경우에 한정됩니다. 다만, 민법 제565조 제1항에서 매매의 당사자일방이 계약당시에 금전 기타 물건을 계약금, 보증금 등의 명목으로 상대방에게 교부한 때에는 당사자 사이에 다른 약정이 없는 한 당사자일방이 이행에 착수할 때까지 교부자는 이를 포기하고 수령자는 그 배액을 상환하여 매매계약을 해제할 수 있다고 해약금에 관하여 규정하여 계약금만 주고받은 단계에서는 당사자 누구라도 계약금을 포기 또는 계약금배액을 상환하면 계약을 해제할 수 있으나, 이 경우에도 당사자일방이 이미 이행에 착수한 경우(위 사안과 같이 중도금을 지급한 경우도 이에 포함됨)에는 그 상대방은 일방적으로 계약을 해제할 수 없습니다. 그러므로 귀하로서는 甲이 수령을 거부하는 매매잔대금을 우선 변제공탁 한 후 관할법원에 소명자료를 갖추어 부동산처분금지가처분신청을 하고, 아울러 소유권이전등기절차 이행청구소송을 제기하여 승소판결이 확정되면 이를 토대로 귀하명의로 소유권이전등기를 하는 방법으로 권리를 실현할 수 있습니다.

그리고 부동산소유권등기명의가 乙앞으로 이전되어 있는 경우에는 특별한 사정이 없는 한, 귀하는 위 부동산에 대한 소유권을 취득할 수 없게 되었다

할 것이고, 이는 甲의 책임 있는 사유로 이행이 불능하게 된 때에 해당되므로 귀하는 계약을 해제할 수 있고(민법 제546조), 계약이 해제되면 귀하와 甲은 서로 원상회복의무를 지게 되는데(민법 제548조 제1항), 이 경우 甲은 귀하에게 계약금과 중도금에 이를 받은 날로부터의 이자를 가산하여 반환하여야 합니다(민법 제548조 제2항). 여기서 이자반환의 법적성질에 관한 판례를 보면, 민법 제548조 제2항은 계약해제로 인한 원상회복의무이행으로 반환하는 금전에는 그 받은 날로부터 이자를 가산하여야 한다고 하고 있는데, 그 이자의 반환은 원상회복의무의 범위에 속하는 것으로 일종의 부당이득반환의 성질을 가지는 것이지 반환의무의 이행지체로 인한 손해배상은 아니라고 할 것이고, 소송촉진 등에 관한 특례법 제3조 제1항은 금전채무의 전부 또는 일부의 이행을 명하는 판결을 선고할 경우에 있어서 금전채무불이행으로 인한 손해배상액산정의 기준이 되는 법정이율에 관한 특별규정이므로, 위 이자에는 소송촉진 등에 관한 특례법 제3조 제1항에 의한 이율을 적용할 수 없다고 하였고, 다만, 계약해제로 인한 원상회복의무이행으로 금전반환을 청구하는 소송이 제기된 경우 채무자는 그 소장을 송달받은 다음날부터 반환의무의 이행지체로 인한 지체책임을 지게 되므로 그와 같이 원상회복의무이행으로 금전반환을 명하는 판결을 선고할 경우에는 금전채무불이행으로 인한 손해배상액산정의 기준이 되는 법정이율에 관한 특별규정인 소송촉진 등에 관한 특례법 제3조 제1항에 의한 이율을 적용하여야 한다고 하였습니다(대법원 2003.7.22. 선고 2001다76298 판결).

그리고 귀하는 甲에 대하여 계약의 해제로 인하여 입은 손해의 배상을 청구할 수 있음은 물론입니다(민법 제551조). 참고로 귀하로부터 중도금까지 지급받은 甲이 乙에게 재차 목적물을 매도하여 乙명의의 소유권이전등기까지 경료하게 한 행위는 형사적으로 배임죄를 구성할 수 있을 것으로 보입니다(대법원 1988.12.13. 선고 88도750 판결, 2008.7.10. 선고 2008도3766 판결).

■ **계약당사자의 일방이 계약해지에 관한 조건을 제시한 경우 그 조건에 관한 합의까지 이루어져야 합의해지가 성립하는지요?**

Q 지하철공사 乙과 甲은 지하철 내 광고대행계약을 체결했습니다. 그러나 甲이 乙에게 이 사건 광고대행계약에 따른 사업권을 반납하고자 한다고 통지했습니다. 乙은 甲에게 甲의 위 사업권반납에 따른 계약불이행을 사유로 계약을 해지하고 이에 따라 계약보증금을 乙에게 귀속시키겠다는 통지를 한 경우, 합의해지가 성립한 것으로 볼 수 있나요?

A 계약이 합의해지 되기 위하여는 일반적으로 계약이 성립하는 경우와 마찬가지로 계약의 청약과 승낙이라는 서로 대립하는 의사표시가 합치될 것을 요건으로 하는바, 이와 같은 합의가 성립하기 위하여는 쌍방 당사자의 표시행위에 나타난 의사의 내용이 객관적으로 일치하여야 하므로 계약당사자의 일방이 계약해지에 관한 조건을 제시한 경우 그 조건에 관한 합의까지 이루어져야 합의해지가 성립됩니다(대법원 2007.11.30. 선고 2005다21647, 21654 판결 등 참조). 위 사안의 경우 甲이 乙에게 광고수주의 어려움으로 인한 누적적자의 증가 등을 이유로 이 사건 광고대행계약에 따른 사업권을 반납하고자 한다고 통지한 것을 甲의 주장과 같이 그 합의해지에 관한 청약의 의사표시로 볼 수 있습니다. 이에 대하여 乙에 甲에게 보낸 계약해지의 통지는 [甲의 위 사업권반납에 따른 계약불이행을 사유로 계약을 해지하고 이에 따라 계약보증금을 乙에게 귀속시키겠다.]는 내용이므로, 甲과 乙 사이에 객관적으로 그 해지의 조건에 관한 합의가 이루어졌다고 볼 수 없을 것입니다.

■ 매도인이 계약해제를 원인으로 공탁한 금원을 매수인이 이의 없이 수령한 경우 매매계약이 합의해제되었다고 볼 수 있는지요?

Q 매도인 甲과 매수인 乙은 A 부동산에 관하여 매매계약을 체결했습니다. 甲은 계약해제를 원인으로 금원을 공탁했고, 乙은 위 금원을 이의 없이 수령한 경우, 위 매매계약이 합의해제 되었다고 볼 수 있는지요?

A 계약이 합의해제 되기 위하여는 일반적으로 계약이 성립하는 경우와 마찬가지로 계약의 청약과 승낙이라는 서로 대립하는 의사표시가 합치될 것을 그 요건으로 하는 것이지만, 계약의 합의해제는 명시적인 경우뿐만 아니라 묵시적으로도 이루어질 수 있는 것이므로 계약 후 당사자 쌍방의 계약 실현 의사의 결여 또는 포기가 쌍방 당사자의 표시행위에 나타난 의사의 내용에 의하여 객관적으로 일치하는 경우에는, 그 계약은 계약을 실현하지 아니할 당사자 쌍방의 의사가 일치됨으로써 묵시적으로 해제되었다고 해석하여야 할 것입니다(대법원 2002.1.25. 선고 2001다63575 판결 참조).

그러므로 위 사안의 경우처럼 매도인 甲이 잔대금 지급기일 경과 후 계약해제를 주장하여 이미 지급받은 계약금과 중도금을 반환하는 공탁을 하였을 때, 매수인 乙이 아무런 이의 없이 그 공탁금을 수령하였다면 위 매매계약은 특단의 사정이 없는 한 합의해제된 것으로 보아야 할 것입니다(대법원 1979.7.24. 선고 79다643 판결 , 1979.10.10. 선고 79다1457 판결 , 1979.10.30. 선고 79다1455 판결 등 참조).

■ 계약의 목적 달성에 있어 필요불가결하고 이를 이행하지 아니하면 계약의 목적이 달성되지 아니하여 계약을 맺지 아니하였을 것이라고 여겨질 정도의 주된 채무인지요?

Q 초등학교 乙은 수산물판매업자 甲에게 급식소에서 사용할 명란을 공급해 줄 것을 요청했고, 이에 甲이 乙에게 러시아산 명란을 기재한 견적서를 제출했습니다. 이후 甲은 乙과 명란을 공급하기로 하는 식품공급계약을 체결했습니다. 한편, 甲이 乙에게 명란을 공급할 당시 러시아산 명란의 재고물량이 없자 甲은 乙에게 미국산 명란을 가공하여 공급하면서 거래명세서와 포장용기에는 여전히 러시아 산 명란이라고 표기하였습니다. 뒤늦게 이 사실을 안 乙은 甲이 미국산 명란을 러시아산인 것처럼 원산지를 표시하여 공급하여 계약을 위반하였다는 이유로 甲과의 식품공급계약을 해지할 수 있는지요?

A 계약 위반을 이유로 계약을 해지하려면 위반한 계약상 의무가 계약의 목적 달성에 있어 필요불가결하고 이를 이행하지 아니하면 이 사건 계약의 목적이 달성되지 아니하여 상대방이 계약을 맺지 아니하였을 것이라고 여겨질 정도의 주된 채무이어야 할 것입니다(대법원 1997.4.7.자 97마575 결정 참조). 위 사안의 경우, 甲이 공급한 명란으로 乙이 학교급식을 차질 없이 실시된 점, 乙은 甲으로부터 러시아산 명란을 공급하겠다는 견적서를 제출받고 이 사건 계약을 맺었을 뿐 명란을 러시아산으로 특정하여 공급해달라고 요구하지는 않은 점, 乙이 甲과의 이 사건 계약을 해지한 이후 丙과 사이에 러시아산 명란과 같은 가격에 미국산 명란도 공급받기로 하는 계약을 맺은 점 등에 비추어 甲이 명란을 러시아산으로 공급하여야 할 의무는 그 위반을 이유로 이 사건 계약을 해지할 수 있을 정도로 주된 채무라고 보기 어렵다고 판시한 바 있습니다(인천지방법원 2006.1.12. 선고 2005가합12625 판결 참조). 그렇다면 乙은 甲이 미국산 명란을 러시아산인 것처럼 원산지를 표시하여 공급하였다는 이유로 식품공급계약을 해지할 수 없습니다.

■ 상당한 기간을 정하지 않고 최고를 한 경우 계약해제권을 행사할 수 있나요?

Q 매수인 甲이 매도인 乙에게 매매계약에 의한 잔대금을 그 지급기일 경과 후에도 지급하지 않았습니다. 乙은 지급기일 1달 경과 후 甲에게 잔대금지급채무를 그 날 당장 이행하라고 최고했을 뿐, 상당한 기간을 정하여 최고하지는 않았습니다. 그럼에도 甲이 잔대금을 지급하지 않자, 乙은 甲을 상대로 소장 부본 송달로써 위 계약해제의 의사표시를 했습니다. 乙은 민법 제544조에 따라 계약해제권을 행사할 수 있나요?

A 채무의 이행지체를 이유로 하는 계약해제에 있어서 그 전제요건인 이행최고는 반드시 미리 일정한 기간을 명시하여 최고하여야 하는 것은 아니고, 최고한 때로부터 상당한 기간이 경과하면 해제권이 발생한다고 볼 것입니다(대법원 1990.03.27. 자 89다카14110 결정 참조). 위와 같은 취지에서 판례는 채권자가 정한 기간이 '상당한 기간'보다 짧은 경우에도 최고는 유효하며, 다만 '상당한 기간'이 경과한 뒤에 해제권이 생긴다고 새겨야 한다고 판시한 바 있습니다(대판 1979. 9. 25. 79다1135 판결 참조).

한편, 민법 제544조의 이행지체를 이유로 한 해제에 있어 '상당한 기간'은 채무자가 이행을 준비하고 이행을 하는 데 필요한 기간이며, 채무자의 여행·질병 등의 주관적은 사정은 고려되지 않습니다. 위 사안의 경우, 乙이 상당한 기간을 정하지 않고서 최고를 하였더라도 그로부터 상당한 기간이 경과하면 해제권이 발생한다고 보아야 합니다. 따라서 乙은 甲을 상대로 민법 제544조에 따른 계약해제권을 행사할 수 있습니다.

■ 신의칙상 해제권을 행사하는 것이 제한되는 경우는?

Q 甲이 乙주식회사에 자신이 운영하던 공장의 모든 생산설비, 자재, 특허권 등을 양도하고 乙회사에서 3년 이상 근무하기로 하는 계약을 체결하면서, 위 특허권을 이용하여 제조하는 기계에 대한 로열티를 생산제조원가에 따른 비율로 계산하여 나중에 지급받기로 약정했습니다. 그런데 甲이 乙주식회사에서 3년 이상 근무하지 않고 중간에 퇴사한 후, 乙주식회사를 상대로 그 동안 제작한 기계에 대한 로열티 지급을 최고하고 그에 관한 소송을 제기했습니다. 위 소송에서 로열티 액수에 관하여 다투던 중 甲이 乙주식회사를 상대로 로열티 지급의무를 불이행했다는 이유로 해제권을 행사할 수 있는지요?

A 최고기간이 지나도록 채무자가 이행을 하지 않으면 해제권이 발생하지만, 최고를 요하지 않는 경우에는 이행지체가 있으면 곧바로 해제권이 발생합니다. 그러나 해제권이 발생할 뿐이고, 그에 의하여 당연히 계약이 해소되는 것은 아니므로, 해제권을 행사하기 전에 채무자가 이행 또는 이행제공을 하면 해제권은 소멸합니다. 이 경우 지체로 인하여 손해가 생긴 경우에는 그 손해도 아울러 배상하여야 합니다. 다만 '이행의 최고를 한 채무의 액수에 대해 불확정적인 부분이 있는 경우'와 같이 이행하지 않는 것에 정당한 사유가 있는 경우에는 '신의칙상' 해제권을 행사하는 것이 제한될 수 있습니다(대판 2013.6.27. 선고 2013다14880 판결 참조).

위 사안의 경우 로열티는 생산제조원가를 알 수 있는 甲만이 정확히 계산할 수 있는 점, 乙주식회사가 이를 정확하게 계산하는 데 한계가 있는 점 등을 고려하면 乙주식회사가 최고기간 또는 상당한 기간 내에 이행하지 아니한 데에 정당한 사유가 있으므로, 甲이 해제권을 행사하는 것이 신의칙상 제한될 수 있습니다(대판 2013.6.27. 선고 2013다14880 판결 참조).

■ **피보험자가 고지의무를 위반한 경우 보험자의 계약 해지는 인정되는지요?**

Q 갑은 고혈압 진단을 받아 투약 중에 있었지만, 을 보험회사의 보험을 가입하면서 위와 같은 사실을 알리지 않았습니다. 이후 갑은 백혈병에 걸려 을 보험회사에 보험료 지급을 청구하였으나, 을 보험회사는 고지의무 위반을 이유로 보험계약을 해지하고 보험료 지급을 거절하였습니다. 갑은 보험료를 지급받을 수 있을까요?

A 상법 제651조 본문에는 "보험계약 당시에 보험계약자 또는 피보험자가 고의 또는 중대한 과실로 인하여 중요한 사항을 고지하지 아니하거나 부실의 고지를 한 때에는 보험자는 그 사실을 안 날로부터 1월내에, 계약을 체결한 날로부터 3년 내에 한하여 계약을 해지할 수 있다."라고 규정하고 있고, 이에 대하여 판례는 "상법 제651조에 의하여 고지의무 위반을 이유로 계약을 해지할 수 있다고 해석함이 상당한 점, 고지의무에 위반한 사실과 보험사고 발생 사이의 인과관계가 인정되지 않는다고 하여 상법 제651조에 의한 계약해지를 허용하지 않는다면, 보험사고가 발생하기 전에는 상법 제651조에 따라 고지의무 위반을 이유로 계약을 해지할 수 있는 반면, 보험사고가 발생한 후에는 사후적으로 인과관계가 없음을 이유로 보험금액을 지급한 후에도 보험계약을 해지할 수 없고 인과관계가 인정되지 않는 한 계속하여 보험금액을 지급하여야 하는 불합리한 결과가 발생하는 점, 고지의무에 위반한 보험계약은 고지의무에 위반한 사실과 보험사고 발생 사이의 인과관계를 불문하고 보험자가 해지할 수 있다"고 판단하였습니다. 다만, 위와 같이 보험계약의 해지가 가능한 경우라도 "보험자는 고지의무에 위반한 사실과 보험사고 발생 사이의 인과관계가 인정되지 않아 상법 제655조 단서에 의하여 보험금액 지급책임"을 질 수도 있다고 하여(대법원 2010.7.22. 선고 2010다25353 판결) 갑은 제한적으로 보험료 지급을 구할 수는 있을 것으로 여겨집니다.

■ 야구선수계약을 체결한 선수가 메디컬체크 결과를 이유로 선수계약을 해지한 구단에 대하여 계약해지의 무효를 주장할 수 있는지요?

Q 甲은 乙구단과 야구선수계약을 체결하였는데, 甲의 메디컬체크 결과를 이유로 선수계약을 해지한 乙구단에 대하여 계약해지의 무효를 주장할 수 있는지요?

A 유사한 사안을 다룬 하급심 판결에서 재판부는, 프로야구선수계약을 체결한 외국인 용병이 메디컬체크 결과를 이유로 선수계약을 해지한 프로야구 구단에 대하여 계약해지의 무효를 주장하며 보수금을 청구한 사안에서, 선수계약서에 단순히 '원고는 피고의 신체검사 요구에 응할 의무가 있고, 신체검사 결과 문제 발생시 계약해지의 권리는 피고에게 있음', '구단은 계약 전에 구단이 지정하는 병원에서 신체검사를 요구할 수 있으며, 신체검사 후 신체적 또는 정신적 결함이 발견시 계약을 무효화할 수 있다.'고만 규정이 되어 있을 뿐 메디컬체크 결과 프로야구선수로 활동할 수 있을지 여부를 판정할 기관이나 계약해지를 하기 위한 부상의 정도에 대하여는 아무런 규정을 두고 있지 않은 이상, 메디컬체크 결과 질병이 존재하는 것으로 판정된 경우 메디컬체크 결과 이상이 발견된 경우 그로 인한 잠재적인 부상의 위험성이나 기량 저하 등을 감수하고서라도 계약을 유지할 것인지, 아니면 계약을 해지하고 새로운 선수를 찾을 것인지를 판단하는 것은 결국 구단이 될 수밖에 없으므로 그것을 이유로 선수계약을 해지할지 여부를 결정하는 것은 구단의 재량이라고 판시한 바 있습니다(대구지방법원 2012.9.28. 선고 2011가합10529 선고).

이에 따르면, 구체적인 상황에 따라 달리 판단될 여지는 있으나, 甲과 乙구단 사이에, 메디컬체크 결과 프로야구선수로 활동할 수 있을지 여부를 판정할 기관이나 계약해지를 하기 위한 부상의 정도에 대하여는 아무런 규정을 두고 있지 않는 이상, 甲이 메디컬체크 결과를 이유로 선수계약을 해지한 乙구단에 대하여 계약해지의 무효를 주장하기는 어려울 것으로 보입니다.

■ 임대차 계약기간을 "임차인 자신 소유 주택을 마련할 때까지"로 정한 경우 임대차계약을 해지할 수 있는지요?

Q 임대인 갑이 임차인 을과 임대차계약을 체결하면서, 임대차 기간을 "임차인 자신 소유 주택을 마련할 때까지"로 정한 경우, 임대인 갑은 임대차 계약을 언제 해지할 수 있는지요?

A 유사한 사안을 다룬 하급심 판결에서 재판부는 "이 사건 임대차계약은 임차인인 피고가 자신 소유의 주택을 마련할 때까지를 임대기간으로 정하였는바, 이는 별다른 사정이 없는 한 장래 기간의 도래 여부가 매우 불확실한 경우에 해당하므로 이 사건 임대차계약은 기간의 정함이 없는 임대차라고 봄이 상당하다고 할 것이다."라고 판시한 다음, "따라서, 이 사건 임대차계약의 임대인의 지위를 승계한 원고는 언제든지 위 임대차계약해지의 통고를 할 수 있는 것이고 통고 후 6월이 경과하면 해지의 효력이 생기는 것인바, 결국 이 사건 임대차계약은 원고의 2006. 9. 27. 임대차계약 해지 통고 의사표시에 따라 그로부터 6개월이 경과한 2007. 3. 27. 적법하게 해지되었다고 할 것이다."라고 판시하였습니다(대구지방법원 2007.10.19. 선고 2006가단124144 판결).

이에 따르면, 甲과 乙 사이 임대차 기간을 "임차인 자신 소유 주택을 마련할 때까지"로 정한 임대차계약은 기간의 정함이 없는 계약이라 할 것이어서, 갑은 을에게 해지통고를 하면 그로부터 6개월이 경과한 시점에 임대차계약이 적법하게 해지된다고 볼 수 있을 것입니다(민법 제635조).

■ 임대차 계약의 신의칙상 해지권을 주장할 수 있는 범위는?

Q 살인사건이 발생한 후 1달이 지나 그러한 사실을 알지 못하고 오피스텔을 임차한 임차인 甲은 임대차 계약을 해지할 수 있는지요?

A 유사한 사안을 다룬 하급심 판결에서 재판부는 "부동산 거래에 있어 거래 상대방이 일정한 사정에 관한 고지를 받았더라면 그 거래를 하지 않았을 것임이 경험칙상 명백한 경우에는 신의성실의 원칙상 사전에 상대방에게 그와 같은 사정을 고지할 의무가 있으며, 그와 같은 고지의무의 대상이 되는 것은 직접적인 법령의 규정뿐 아니라 널리 계약상, 관습상 또는 조리상의 일반원칙에 의하여도 인정될 수 있다(대법원 2006.10.12. 선고 2004다 48515 판결 참조). 고지의무 위반은 부작위에 의한 기망행위에 해당하므로 거래상대방으로서는 기망을 이유로 계약을 취소하고 분양대금의 반환을 구할 수도 있고 계약의 취소를 원하지 않을 경우 그로 인한 손해배상만을 청구할 수도 있다(대법원 2006.10.12. 선고 2004다48515 판결 참조). 또한, 당초에 정하여졌던 계약의 내용을 그대로 유지하고 강제하는 것이 신의칙과 공평에 반하는 부당한 결과를 가져오는 경우 당사자가 그 법률행위의 효과를 신의, 공평에 맞도록 변경하거나 폐기할 수도 있는데, 임대차계약과 같은 계속적 계약의 경우에는 당사자가 계약취소를 원하지 않고 장래를 향하여 계약의 구속력으로부터 벗어나기를 원한다면, 이를 허용하여 신의칙상의 계약해지권을 인정함이 상당하다."고 판시한 다음 "이 사건의 경우, 이 사건 오피스텔에서 살인사건이 일어났다는 사실은 원고가 특히 젊은 여성이라는 점을 감안할 때 계약체결시 반드시 고지해야 할 중요한 사실이라고 보아야 하고, 피고가 이를 고지하지 않은 이상 원고는 고지의무 위반을 이유로 계약을 취소하거나 계약을 해지할 수 있다. 따라서 원고의 2010. 4. 28.자 계약해지통보에 의하여 이 사건 임대차계약은 해지되었다."고 판시하였습니다(부산지방법원 2010.11.23. 선고 2010가소219998 판결 참조).

이에 따르면, 살인사건의 발생여부는 임대차 계약체결시 반드시 고려해야 할 중요한 사실에 해당하고, 이러한 고지를 하지 않아 임대차 계약을 체결한 甲에게는 신의칙상 계약해지권이 인정된다고 할 것이므로, 甲은 위 임대차계약을 해지할 수 있을 것입니다.

Q 아파트 매매계약 체결 직후 아파트 가격이 급등하자 매수인 乙이 잔금지급기일 이전에 매도인 甲의 계좌로 잔금을 송금하였다면 매도인 甲은 매매계약을 해제할 수 없는지요?

A 유사한 사안을 다룬 하급심 판결에서 재판부는 "민법 제565조가 해제권 행사의 시기를 당사자의 일방이 이행에 착수할 때까지로 제한한 것은 당사자의 일방이 이미 이행에 착수한 때에는 그 당사자는 그에 필요한 비용을 지출하였을 것이고, 또 그 당사자는 계약이 이행될 것으로 기대하고 있는데 만일 이러한 단계에서 상대방으로부터 계약이 해제된다면 예측하지 못한 손해를 입게 될 우려가 있으므로 이를 방지하고자 함에 있고, 이행기의 약정이 있는 경우라 하더라도 당사자가 채무의 이행기 전에는 착수하지 아니하기로 하는 특약을 하는 등 특별한 사정이 없는 한 이행기 전에 이행에 착수할 수 있는바(대법원 2006.2.10. 선고 2004다11599 판결 참조), 이 사건 계약에 있어 잔금의 지급을 그 기일 전에 착수하지 아니하기로 특약이 있었다는 점을 인정할 만한 증거가 없으므로 매도인은 계약을 해제할 수 없다."고 판시하여, 아파트 가격이 급등하자 매수인이 잔금지급기일 이전에 잔금을 송금하였다면, 매도인 갑은 일방적으로 계약을 해제할 수 없다고 하였습니다(의부지방법원 2007.8.17. 선고 2006가단78251 판결 참조). 이에 따르면, 매수인 乙이 잔금지급 기일 이전에 잔금을 지급한 것은 자신의 잔금 지급의무를 성실히 이행한 것에 불과하고, 잔금의 지급을 그 기일 전에 착수하지 아니하기로 특약이 존재하지 않는 이상, 매도인 甲이 매수인 을의 잔금 지급 이후 계약을 해제할 수는 없을 것으로 보입니다.

3. 매매계약 관련 상담사례

> ■ 건물이 위법건축물이라는 사실을 알리지 않고 매매계약을 체결한 매도인에게 책임을 물을 수 있나요?

Q 甲은 乙로부터 건물을 매수하여 소유권이전등기를 마쳤는데 甲이 취득한 건물 중 일부(합계 12㎡의 면적에 건축된 부분)에 건축법령에 위배된 건축물이 존재하고 있었고, 서울특별시 은평구청장은 수차례에 걸쳐 甲에게 위 위법건축물을 자진시정(철거 등)할 것과 이를 이행하지 않을 경우 이행강제금이 부과된다는 것을 예고하는 통보서를 보냈습니다. 乙은 건물을 甲에게 매도하면서 위와 같이 위법건축물이 존재한다는 사실을 알리지 않았는데, 甲이 乙을 상대로 책임을 물을 수 있나요?

A 甲은 건물에 관한 매매계약 체결 시 乙이 건물에 위법건축물이 존재한다는 사실을 甲에게 알리지 않음으로써 甲이 위법건축물 부분을 자진 철거하거나 이행강제금을 납부해야 하는 손해를 입게 되었으므로, 乙은 甲에게 불법행위로 인한 손해배상 내지 민법 제580조에 정한 하자담보책임으로써 甲의 재산상 손해를 지급할 의무가 있습니다.

乙이 이 사건 건물에 관한 매매계약 체결 시 위법건축물이 존재한다는 사정을 甲에게 알리지 않은 것은 계약당사자로서의 고지의무를 다하지 않은 것이라 할 것이므로, 乙은 甲에게 그로 인한 손해를 배상할 의무가 있습니다.

■ 매매계약 후 허가가 나오지 않아 목적을 달성하지 못한 경우에 매매계약을 해제한 뒤 매매대금을 반환받을 수 있는지요?

Q 甲은 乙과 사이에 乙로부터 임야에 식재된 느티나무 전체와 오엽송 10주(이하 '이 사건 나무들')를 1,750만원에 매수하기로 하는 계약을 체결하고 乙에게 매매대금으로 1,750만원을 모두 지급하였습니다. 甲은 매매계약 당시 乙과 2017. 12. 31.까지 이 사건 나무들을 굴취하기로 하였는데, 甲이 위 기간까지 이 사건 나무들을 굴취하지 못하는 경우에는 모든 권리를 포기하기로 약정하였습니다. 그런데 위 기한까지 관할 관청에서 굴취허가가 나오지 않았고, 甲은 결과적으로 한그루도 굴취하지 못하였습니다. 甲이 乙을 상대로 착오를 이유로 매매계약을 해제한 뒤 매매대금을 반환받을 수 있는지요?

A 민법 제109조 제1항은 "의사표시는 법률행위의 내용의 중요부분에 착오가 있는 때에는 취소할 수 있다. 그러나 그 착오가 표의자의 중대한 과실로 인한 때에는 취소하지 못한다."고 규정하고 있습니다.

민법 제109조의 의사표시에 착오가 있다고 하려면 법률행위를 할 당시에는 실제로 없는 사실을 있는 사실로 잘못 깨닫거나 실제로 있는 사실을 없는 것으로 잘못 생각하듯이 표의자의 인식과 그 대조사실이 어긋나는 경우라야 할 것이므로, 표의자가 행위를 할 당시에 장래에 있을 어떤 사항의 발생이 미필적임을 알아 그 발생을 예기한 데 지나지 않는 경우는, 표의자의 심리상태에 있어 인식과 대조의 불일치가 있다고 할 수 없어 착오로 다룰 수는 없다 할 것입니다(대법원 1972.3.28. 선고 71다2193 판결, 대법원 2010.5.27. 선고 2009다94841 판결 등 참조).

甲이 이 사건 나무들 전부를 일시에 굴취하는 것이 가능할 것으로 생각하였다고 하더라도 이는 장래에 대한 기대에 지나지 않는 것이므로, 그러한 기대가 이루어지지 아니하였다고 하여 이를 착오가 있었다고 보기는 어려워 보입니다. 이 사건 나무들의 굴취에 일부 제한이 있다고 하더라도 그것이 법률행위 내용의 중요부분에 대하여 착오가 발생하였다고 보기도 어렵습니다.

게다가, 혹 乙이 이 사건 나무들의 굴취에 필요한 동의서 등을 제출하지 않았다고 하더라도, 이는 이 사건 매매계약 체결 후에 발생한 사유와 관련된 것으로서, 위 매매계약 체결 당시 존재하던 사실에 관한 착오가 있다고 볼 수도 없습니다. 따라서 甲의 착오취소 주장은 어느 모로 보나 이유가 없어 보입니다.

■ 중도금을 지급한 후에도 사업승인이 나오지 않아 결국 계약을 해제하고
지급한 돈을 반환받고자 하는데, 반환받을 수 있는지요?

Q 건설회사인 甲은 아파트 건설 사업을 하기 위해 乙 소유의 토지에 관하여 매매대금 323,540,000원으로 하는 매매계약을 체결하면서 계약금 10%는 계약 당일, 잔금 90%는 사업승인 후 7일 이내에 지급하기로 약정하고, 계약 당일 계약금 32,354,000원을 지급하였습니다. 그런데 사업승인이 나오지 않았고, 甲과 乙은 매매대금을 343,540,000원으로 증액하고 중도금 1억 원을 바로 지급하되, 잔금 지급기일을 넉넉하게 연기하기로 하고 甲이 잔금지급기일을 지키지 못하면 중도금을 몰취하는 약정을 체결하였습니다. 그런데, 중도금을 지급한 후에도 사업승인이 나오지 않아 결국 甲은 계약을 해제하고 지급한 돈을 반환받고자 하는데, 반환받을 수 있는지요?

A 민법 제398조 제2항이 규정하고 있는 손해배상예정액의 감액은 계약자유의 원칙에 대한 제한의 한 가지 형태이고, 계약자유의 원칙은 사적 소유권 절대의 원칙 및 과실책임 원칙과 더불어 근대사법의 기초를 이루고 있으나 계약자유의 무제한한 허용은 경제적 약자의 지위에 있는 계약 당사자를 부당하게 압박하여 가혹한 결과를 초래할 수 있으므로 국가는 당사자 사이의 실질적 불평등을 제거하고 공정성을 보장하기 위하여 계약의 체결 또는 그 내용에 간섭할 필요가 생기는 것이므로, 계약자유의 원칙의 제한은 민법의 지배 원리인 신의성실의 원칙의 바탕 위에서 공정성 보장을 위하여 필요한 한도 내에서 이루어져야 한다는 점을 감안하면, 민법 제398조 제2항에 의하여 법원이 예정액을 감액할 수 있는 "부당히 과다한 경우"라 함은 손해가 없다든가 손해액이 예정액보다 적다는 것만으로는 부족하고, 계약자의 경제적 지위, 계약의 목적, 손해배상액 예정의 경위 및 거래 관행 기타 제반 사정을 고려하여 그와 같은 예정액의 지급이 경제적 약자의 지위에 있는 채무자에게 부당한 압박을 가하여 공정성을 잃은 결과를 초래한다고 인정되는 경우를 뜻하는 것으로 보아야 할 것입니다(대법원 1991.3.27. 선고 90다14478 판결 참조).
이 사건 손해배상 예정액인 계약금 및 중도금 합계는 전체 매매대금의 38.53%에 달하여 통상 매매대금의 1할이 손해배상예정액으로 정하여지는 점에 비추어보면 일응 부당히 과다한 경우에 해당한다고 볼 여지가 있으나, 한편 건설회사인 甲이 乙의 관계에서 경제적 약자로 보기 어려운 점, 甲은 이 사건 사업시행 과정에서 예상하지 못한 사업성 악화로 사업승인이

지연되었다고 주장하더라도 사업상의 지장은 통상 사업주체인 甲이 감수하여야 할 위험부담에 해당하고, 甲의 수익성을 이유로 상대방 당사자인 토지소유자들에게 무한한 수인의무를 부담하게 할 수는 없는 점, 이 사건 매매계약은 甲의 일방적인 잔금지급기일 연기요구와 거듭된 의무 불이행 등 甲의 채무불이행을 원인으로 적법하게 해제되었으므로 변경계약의 특약사항인 '잔금지급기일 도과시 계약금 및 중도금 일체 포기'약정에 따라 계약금 및 중도금 일체는 乙에게 귀속된다 할 것이므로, 甲이 이 사건 '계약금 및 중도금 포기 약정'이 손해배상예정으로서 부당히 과다한 경우에 해당한다고 주장하여 계약금, 잔금을 반환받기는 어려워 보입니다.

Q 甲은 재건축정비사업조합인데, 토지의 공유자들 중 유독 乙만 작고 쓸모없는 땅이지만 이를 매수하지 아니하면 착공신고를 할 수 없는 등 건축 추진할 수 없는 소규모의 토지를 매도하지 않고 있었고, 甲은 착공신고가 지연됨에 따라 시공사에게 막대한 비용을 지급하여야 하는 등 매우 궁박한 상태에 있었습니다. 乙은 애초부터 속칭 '알박기'를 할 의도로 위와 같은 사정을 잘 알면서도 이를 악용하여, 甲에게 그 지분을 자신들의 매수대금인 각 190,000,000원의 약 5배인 각 900,000,000원에 매도함으로써 현저한 폭리를 취하였습니다. 甲은 乙을 상대로 적절한 매매대금을 넘는 나머지 금액의 반환을 청구할 수 있는지요?

A 민법 제104조 의 불공정한 법률행위는 피해 당사자가 궁박, 경솔 또는 무경험의 상태에 있고 상대방 당사자가 그와 같은 피해 당사자측의 사정을 알면서 이를 이용하려는 폭리 행위의 악의를 가지고 객관적으로 급부와 반대급부 사이에 현저한 불균형이 존재하는 법률행위를 한 경우에 성립합니다(대법원 2002. 10. 22.선고 2002다38927판결 참조). 여기서 '궁박'이란 '급박한 곤궁'을 의미하고, 당사자가 궁박 상태에 있었는지 여부는 당사자의 신분과 상호관계, 피해 당사자가 처한 상황의 절박성의 정도, 계약의 체결을 둘러싼 협상과정 및 거래를 통한 피해 당사자의 이익, 피해 당사자가 그 거래를 통해 추구하고자한 목적을 달성하기 위한 다른 적절한 대안의 존재 여부 등 여러 상황을 종합하여 구체적으로 판단하여야 합니다(대법원 2009.1.15.선고 2008도8577판결 참조). 또한 급부와 반대급부 사이의 '현저한 불균형'은 단순히 시가와의 차액 또는 시가와의 배율로 판단할 수 있는 것은 아니고 구체적·개별적 사안에 있어서 일반인의 사회통념에 따라 결정하여야 합니다(대법원 2006.9.8.선고 2006도3366판결 참조). 그 판단에 있어서는 피해 당사자의 궁박·경솔·무경험의 정도가 아울러 고려되어야 하고, 당사자의 주관적 가치가 아닌 거래상의 객관적 가치에 의하여야 합니다.

매매계약이 약정된 매매대금의 과다로 말미암아 민법 제104조 에서 정하는 '불공정한 법률행위'에 해당하여 무효인 경우에도 무효행위의 전환에 관한 민법 제138조 가 적용될 수 있습니다. 따라서 당사자 쌍방이 위와 같은 무효를 알았더라면 대금을 다른 액으로 정하여 매매계약에 합의하였을 것이라고 예외적으로 인정되는 경우에는, 그 대금액을 내용으로 하는 매매계약이 유효하게 성립한다고 할 것입니다. 이때 당사자의 의사는 매매계약이 무효임을 계약 당시에 알았다면 의욕하였을 가정적(假定的)효과의사로서, 당사자 본인이 계약 체결시와 같은 구체적 사정 아래 있다고 상정하는 경우에 거래관행을 고려하여 신의성실의 원칙에 비추어 결단하였을 바를 의미합니다(대법원 2010.7.15. 선고 2009다50308 판결)

따라서 甲은 을로부터 매수한 토지의 매매대금 중 정당한 금액을 초과하는 부분이 무효라고 주장하면서 나머지 부분 즉, 위 정당한 금액을 매매대금으로 하여 이 사건 계약을 유지하였을 것이라고 인정되므로, 결국 매매 계약 중 정당한 매매대금을 초과하는 부분만 민법 제104조 에 의하여 무효라고 주장하고 나머지 매매대금의 반환을 청구할 수 있습니다.

■ 매매 목적물의 하자에 대한 책임을 물어 손해배상과 위자료 청구를 할 수 있는지요?

Q 甲은 乙로부터 아파트를 매수하였는데, 천장과 거실마룻바닥에 누수가 나타났고, 마룻바닥이 들뜨는 현상도 일어났습니다. 甲은 乙을 상대로 손해배상과 위자료 청구를 할 수 있는지요?

A 민법 제580조 제1항은 "매매의 목적물에 하자가 있는 때에는 제575조제1항의 규정을 준용한다. 그러나 매수인이 하자있는 것을 알았거나 과실로 인하여 이를 알지 못한 때에는 그러하지 아니하다."고 규정하고 있고, 민법 제575조 제1항은 "매매의 목적물이 지상권, 지역권, 전세권, 질권 또는 유치권의 목적이 된 경우에 매수인이 이를 알지 못한 때에는 이로 인하여 계약의 목적을 달성할 수 없는 경우에 한하여 매수인은 계약을 해제할 수 있다. 기타의 경우에는 손해배상만을 청구할 수 있다."고 규정하고 있습니다. 甲이 매수한 아파트에는 누수라는 하자가 있으므로, 甲은 민법 제580조 제1항, 제575조 제1항에 따라 하자담보책임으로서 손해배상을 청구할 수 있습니다. 이러한 하자담보책임은 무과실책임으로 乙에게 고의나 과실이 있는지를 묻지 않습니다.

손해배상의 액수에 관해서 보면, 우선 하자 보수 공사비용이 인정될 수 있고, 위자료의 경우 일반적으로 계약상 채무불이행으로 인하여 재산적 손해가 발생한 경우, 그로 인하여 계약 당사자가 받은 정신적인 고통은 재산적 손해에 대한 배상이 이루어짐으로써 회복된다고 보아야 할 것이므로, 재산적 손해의 배상만으로는 회복될 수 없는 정신적 고통을 입었다는 특별한 사정이 있고, 상대방이 이와 같은 사정을 알았거나 알 수 있었을 경우에 한하여 정신적 고통에 대한 위자료를 인정할 수 있는 것입니다(대법원 2004.11.12. 선고 2002다53865 판결).

따라서 乙의 불완전 이행으로 인해 甲이 받은 정신적인 고통은 재산적 손해에 대한 배상이 이루어짐으로써 회복된다고 보아야 하므로, 특별한 사정이 없는 한 재산적 손해배상 외에 위자료 청구는 인정되기 어렵습니다.

■ 수입자동차의 결함으로 인한 신차로 교환해 줄 것을 청구하고 싶은데, 가능한지요?

Q 甲은 럭셔리 수입자동차 회사 乙에게 1억을 지급하고 최신 수입 중형 세단을 매수하였는데, 인도 받은지 3일 만에 속도계가 전혀 작동하지 않는 결함이 발견되었습니다. 甲은 새 차 핸들과 대시보드를 모두 뜯고 수리하는 것이 꺼림칙해서 신차로 교환해 줄 것을 청구하고 싶은데, 가능한지요?

A 종류물의 하자로 인한 매도인의 담보책임에 관한 민법 제581조 제1항, 제2항, 제580조 제1항, 제575조 제1항의 각 규정에 의하면, 종류물 매매에 있어서 매수인은 특정된 목적물에 있는 하자로 인하여 계약의 목적을 달성할 수 없는 경우 계약을 해제 할 수 있고, 그 밖의 경우, 즉 그 하자로 인하여 계약의 목적을 달할 수 없는 정도에 이르지 아니한 경우에는 손해배상만을 청구할 수 있되, 다만 이러한 계약의 해제 또는 손해배상의 청구 대신 하자 없는 물건을 청구할 수 있는 권리를 갖습니다. 이와 같은 민법 규정에 의할 때 원칙적으로 매수인은 계약해제권, 손해배상청구권, 완전물 급부청구권만을 갖는다고 하는 점(대금감액청구권, 하자보수청구권 등의 권리는 법문상 매수인에게 인정되지 아니합니다), 매수인이 계약목적 달성 여부에 따라 계약해제권 또는 손해배상청구권을 행사할 수 있되, 그에 대신하여 완전물 급부청구권을 행사할 수 있다는 점, 계약해제나 손해배상청구 대신 완전물 급부청구권을 행사할 것인지 여부에 관한 선택권은 매수인에게 주어져 있다는 점, 완전물 급부청구권을 행사하는 경우에는 계약 목적 달성 여부를 문제삼지 아니한다는 점은 법문상 명백합니다.

속도계 결함이 민법상의 하자에 해당하는지 여부에 관하여 살펴보면, 물품을 제조하여 판매하는 제조자는 제품의 구조, 품질, 성능 등에 있어서 현대의 기술수준과 경제성에 비추어 기대 가능한 범위 내의 안전성과 내구성을 갖춘 제품을 제조하여야 할 책임이 있고, 그 물품이 이러한 통상의 품질이나 성능 또는 안전성과 내구성을 갖추지 못한 경우 이를 민법상 매도인의 하자담보책임에서 요구되는 결함 또는 하자라고 할 것인바(대법원 1992.11.24. 선고 92다18139 판결 등 참조), 이 사건의 경우 甲이 이 사건 자동차를 인도받은 지 5일 만에 속도계의 속도 표시 기능이 전혀 작동하지 않았으므로 위와 같은 결함의 내용과 발생 시기 등을 고려하여 보면 통상적으로 자동차에 요구되는 품질이나 성능, 안전성 및 내구성을 갖추지 못한 것에 해당한다고 할 것이므로, 이 사건 결함은 민법상 하자에 해당한다 할 것입니다. 나아가 이 사건 결함의 중대성 여부를 살피건대, 하자의 중대성 여부는 하자 그 자체를 객관적으로 보아 전체 매매 목적물에서 당해 하자가 있다는 구성 부분이 담당하고 있는 기능의 내용과 중요성 정도, 당해 하자로 말미암은 하자 부분의 기능 저하나 상실 때문에 매매목적물 전체가 원래 가져야 하는 기능이나 효용의 감소나 상실에 미치는 영향력 정도를 고려하여 결정할 것이고, 나아가 거래 당사자가 상호간에 명시 또는 묵시적으로 양해한 당해 거래의 구체적 내용과 사정, 즉 실제로 구매한 목적물이 거래에서 제시된 설명서나 샘플과 근본적으로 다른 점이 있어 실질적으로 사용 용도에 적합하지 않거나 구매자가 그 물건의 구매로써 얻게 될 기대와 만족감에 현저한 손상을 초래함으로써 매수인이 당해 하자를 알았다면 그 물건을 구매하지 않았을 것인지 여부 등 당해 거래에서 외부적으로 표현된 매수인의 주관적인 의사까지도 포함한 구체적 사정도 아울러 종합적으로 고려하여야 합니다.

따라서 종류물인 이 사건 자동차에 내재한 이 사건 결함과 같은 하자는 비록 중대한 것이기는 하나 계약의 목적을 달성할 수 없는 정도의 것은 아니라 할 것이고 이런 경우 甲으로서는 乙에 대하여 계약해제가 아닌 손해배상만을 청구할 수 있다고 할 것인데 다만 민법 제581조 제2항의 규정에 따라 손해배상 대신 완전물의 급부를 청구할 수 있는 권리를 행사할 수도 있다고 보입니다.

■ 분양회사를 상대로 시설물의 철거 혹은 손해배상을 받을 수 있는지요?

Q 甲은 건설회사 乙로부터 주상복합건물 중 상가를 분양받았는데, 乙회사가 분양계약 당시 甲에게 제시한 평면도에는 존재하지 아니하던 대형 환풍구와 화단 및 기념비를 甲이 분양받을 상가 옆에 설치하였습니다. 甲은 분양자 乙를 상대로 시설물의 철거 혹은 손해배상을 받을 수 있는지요?

A 시설물의 철거와 관련해서는, 다른 의사표시가 없는 한 채무불이행으로 인한 손해는 금전으로 배상하고(민법 제394조) 당사자들 사이에 다른 특약이 있는 경우에만 원상회복 기타의 방법으로 손해를 배상할 수 있습니다. 甲과 乙 사이에 계약위반에 따른 손해배상으로서 이 사건 시설물을 철거를 하기로 약정하였음을 인정할 증거가 없다면, 시설물의 철거는 힘들 것입니다. 다만, 손해배상은 받을 수 있을 것으로 보입니다. 일반적으로 건물이 완공되기 전에 몇 개의 평형별로 유형화된 대량의 상가 분양계약을 체결함에 있어서 수분양자들은 계약목적물의 실제 현황을 확인할 수는 없고 결국 분양회사가 제시한 평면도를 기준으로 계약을 체결할 수밖에 없으며, 상가 주위에 설치되는 기둥이나 시설물은 상가에 대한 분양계약의 체결 여부에 중대한 영향을 미치는 요소임을 고려할 때, 이 사건 계약 당시 乙이 甲에게 제시한 이 사건 건물의 1층 평면도는 위 계약 내용의 일부가 되었다고 봄이 상당하고, 따라서 乙은 위 평면도대로 상가를 시공할 의무가 있는바 위 의무에 위반하여 이 사건 시설물을 설치하였다면 甲에게 채무불이행에 따른 손해를 배상할 의무가 있기 때문입니다.

단, 사안에 따라서 시설물을 甲의 점포 전면에 설치한 행위가 채무불이행에 해당하지 않을 정도로 거래계에서 용인되는 경미한 부대시설 위치변경에 불과하다고 보이는 경우라면 채무불이행 책임의 성립에 장애가 될 수 있고, 甲에게 이 사건 시설물 설치에 대한 수인의무가 있다고 볼 수 있는 경우도 있을 것입니다.

■ **침수차량임을 고지하지 않고 중고차량을 판매한 자에게 책임을 물을 수 있는지요?**

Q 甲은 인터넷 중고차 매매중개사이트인 '보***'에 자동차가 정식출고되어 리스 승계가 가능한 무사고차량이라는 내용의 광고를 게시하였습니다. 乙은 위 광고를 보고 甲으로부터 이 사건 자동차를 매수하였는데, 나중에 알고 보니 침수차량이었습니다. 乙이 甲을 상대로 차량대금의 환불을 청구할 수 있는지요?

A 자동차관리법 제29조 제1항이 '자동차는 대통령령으로 정하는 구조 및 장치가 안전 운행에 필요한 성능과 기준에 적합하지 아니하면 운행하지 못한다'라고 규정하고 있기는 하나, 위 법규정이 이 사건 자동차와 같은 경위로 전손처리된 차량을 수리하여 운행할 것을 전제로 매매하는 것까지 금지하는 취지라고 보기는 어려우므로 甲이 법률 또는 사회상규를 위반하여 이 사건 자동차를 판매하였다고 보기는 어렵습니다.

다만 통상 침수차량은 이를 수리하지 않은 경우 무사고차량과 같은 정도의 안전성과 운행 성능을 가질 수 없는 사실을 인정할 수 있고, 이에 비추어 보면, 乙은 이 사건 자동차가 침수차량으로서 수리가 되지 아니한 사실을 알았더라면 이를 매수하지 않았을 것으로 보입니다. 그렇다면 이는 법률행위의 중요부분에 착오가 있는 때에 해당하므로, 甲이 위 매매계약을 취소한다는 의사표시를 하면 매매계약은 취소된다고 할 것입니다. 또한, 매매계약 당시 매도인인 甲도 이 사건 자동차가 침수차량으로서 수리가 되지 아니한 것이라는 사실을 몰라서 乙이 동일한 착오에 빠져 있었다 하더라도, 매수인인 乙이 이 사건 자동차가 침수차량이라는 것을 전제로 더 낮은 가격으로 매매계약을 체결하였을 것이라고 인정할 만한 사정은 보이지 아니하므로, 乙이 매매계약의 내용의 중요부분에 착오가 있다는 이유로 이를 취소할 수 있음은 다름이 없습니다(대법원 1994.6.10. 선고 93다24810 판결 참조).

한편, 甲의 매매대금의 반환의무와 이 사건 자동차의 인도의무는 동시이행관계에 있으므로 甲은 乙로부터 이 사건 자동차를 인도받음과 동시에 乙에게 매매대금을 반환하여야 할 것입니다.

■ 잘못 표시된 대지면적 만큼의 차액분 상당의 손해배상을 청구하는 것이 가능한가요?

Q 甲은 乙로부터 아파트를 매수하였고, 계약서상 대지지분 면적은 65㎡으로 기재되어 있었습니다. 계약서에는 "등기상 평수와 분양 평수는 약간의 차이가 있어도 매수인은 이를 인정한다."는 문구가 기재되어 있었고, 甲은 계약서에 표시된 대지면적에 관하여 아무런 의심을 품지 아니하였습니다. 그런데 뒤늦게 아파트의 등기부등본을 확인하여 보니 대지면적이 39㎡으로 기재되어 있는 사실을 확인할 수 있었습니다. 현재 위 아파트는 甲의 명의로 소유권이전등기가 마쳐진 상태입니다. 甲이 乙을 상대로 잘못 표시된 대지면적 만큼의 차액분 상당의 손해배상을 청구하는 것이 가능한가요?

A 민법 제574조에 의하면, 수량을 지정한 매매의 목적물이 부족한 경우와 매매목적물의 일부가 계약당시에 이미 멸실된 경우에는 매수인은 대금감액을 청구할 수 있다고 정하고 있습니다. 이에 관하여 대법원에서는 "'수량을 지정한 매매'라 함은 당사자가 매매의 목적인 특정물이 일정한 수량을 가지고 있다는 데 주안을 두고 대금도 그 수량을 기준으로 하여 정한 경우를 말하는 것이므로, 토지의 매매에 있어 목적물을 등기부상의 면적에 따라 특정한 경우라도 당사자가 그 지정된 구획을 전체로서 평가하였고 면적에 의한 계산이 하나의 표준에 지나지 아니하여 그것이 당사자들 사이에 대상 토지를 특정하고 그 대금을 결정하기 위한 방편이었다고 보일 때에는 이를 가리켜 수량을 지정한 매매라 할 수 없다(대법원 2003.1.24. 선고 2002다65189 판결)."고 판시하여, 수량지정매매에 해당하는지 여부는 매매계약 당사자의 의사해석의 문제로 판단하고 있습니다.

이 사건 甲과 乙사이의 매매계약은 아파트가 완공되고 위 아파트에 관한 부동산등기부가 작성되어 그 현황을 확인할 수 있는 상태에서 체결된 점, 위 계약서에 등기부상 평수와 계약 평수는 약간의 차이가 있어도 매수인은 이를 인정한다는 문구가 기재되어 있었던 점, 매매계약 당시 대지면적을 갖출 것에 주안점을 두고 매매계약이 체결하였다거나 대지면적에 따라 매매대금을 결정하였다고 보기 어렵기 때문에 수량을 지정한 매매에 해당된다고 보기는 어렵습니다. 따라서 민법 제574조에 근거한 감액청구는 어렵다고 할 것입니다.

■ 토지의 전전매수인이 전전매도인에게 토지 지하 쓰레기 매립에 따른 손해
배상 청구를 할 수 있는지요?

Q 저는 매도인으로부터 공장부지(이하 'X 토지'라 합니다)를 매수하였습니다.
그런데 X토지를 인도받아 사용하던 중 토지 지하에 불법 폐기물들이 매립되어
있었고, 이로 인해 저에게는 X토지에 대한 정화비용과 매립된 폐기물들의 처
리비용 등의 추가 비용이 발생하였습니다. 매도인 乙은 종전 토지 소유자였던
甲으로부터 X토지를 매수하였고, 매도인 乙에게 항의하였더니 자신도 모르는
일이라며 甲에게 직접 손해배상청구를 하라고 주장합니다. 乙은 물론 甲에게
도 채무불이행 또는 하자담보책임에 따른 손해배상을 청구할 수 있나요? 아니
면 불법행위 손해배상이라도 청구하고 싶은데 가능한지요?

A 매매의 목적물에 하자가 있는 경우 매도인은 매수인에게 민법 제580조 제
1항에 따른 하자담보책임을 질 수 있는 바, 이 경우 매수인은 "매매의 목
적물에 하자가 있는 것을 알았거나 과실로 인하여 이를 알지 못한 경우"가
아니어야 합니다. 또한 매도인은 하자담보책임 외에도 계약의 당사자로서
민법 제390조의 채무불이행에 따르는 손해배상책임도 질 수 있습니다.
문의하신 내용의 사실관계에 비추어 볼 때, 귀하와 매도인 乙 사이에 체결
된 매매계약의 매매의 목적물인 X토지에 하자가 있었던 바, 乙은 매도인으
로서 민법 제580조 제1항에 따라 하자담보책임을 진다고 할 것입니다. 따라
서 귀하께서 X토지에 하자가 있는 것을 알았거나 과실로 인하여 이를 알지
못한 것이 아닌 한, 매도인 乙에게 하자담보책임에 기한 손해배상청구를 할
수 있을 것으로 판단됩니다. 나아가 계약의 당사자인 乙은 불법폐기물이 매
립된 토지를 인도함으로써 채무를 불완전이행 하였다 할 것입니다. 따라서
乙은 민법 제390조의 채무불이행에 따른 손해배상책임 역시 지는 바, 판례
에 따르면 하자담보책임과 손해배상책임은 경합적으로 인정되므로, 하자담
보책임 특칙을 통해 채무불이행책임을 배제하기로 하는 합의가 있는 경우가
아닌 한, 채무불이행에 따른 손해배상책임도 질 수 있습니다(2015다215717).
종전의 토지 소유자 甲과 귀하 사이에는 직접적인 법률관계가 없어, 민법
제580조 제1항의 매도인의 하자담보책임이나 민법 제390조의 채무불이행
에 따르는 손해배상책임을 묻기는 어렵다고 판단됩니다. 다만 甲에 대하여
전전매수인인 귀하가 직접 민법 제750조의 불법행위책임에 따르는 손해배
상책임을 청구할 수 있는지에 관하여, 종래 대법원은 쓰레기 매립행위가 제

3자에 대한 위법행위가 아니라고 전제 하에 직접 불법행위책임을 물을 수는 없다고 판시한 바 있습니다(대법원 2002.1.11. 선고 99다16460 판결). 그러나 최근 대법원의 다수견해에 따르면 토양오염을 유발하고 불법매립 후 정화절차를 거치지 아니한 채 토지를 거래하여 유통시킨 경우에는 제3자에 대한 위법행위에 해당한다고 판시하며 종래의 판례를 변경하였습니다(대법원 2016.5.19. 선고 2009다66549 전원합의체). 여기서 제3자란 토지의 거래상대방 및 전전취득한 현재의 소유자도 포함된다고 보아야 하며, 대법원은 이와 같은 논지에 따라 전전취득한 현재의 소유자가 지출한 오염토양의 정화비용 및 폐기물처리비용 등은 불법행위에 따른 손해에 해당한다고 판시하였습니다. 종래에는, 오염토지 전전매도의 경우 종전의 토지소유자와 전전매수인 사이에 직접적인 법률관계가 없어 채무불이행에 따른 손해배상청구 및 매도인에 대한 하자담보책임 등을 물을 수 없는 것에 더하여 직접적인 불법행위책임도 물을 수 없었던 것에 반해, 본 전원합의체 판결에 따라 전전매수인인 귀하께서는 직접 종전 소유자였던 甲에게 불법행위 손해배상책임을 청구할 수 있게 되었습니다. 따라서 문의하신 내용과 관련해서, 귀하께서 직접 甲에게 채무불이행 또는 하자담보책임에 따른 손해배상은 청구하지 못하더라도, 불법행위에 따른 손해배상은 청구할 수 있습니다.

Q 甲과 乙은 아파트 매매계약을 체결하면서 실거래가가 15억임에도 계약서에 10억만 쓰기로 약정하고 계약금을 주고받았습니다. 그런데 매수인인 甲은 아파트를 너무 비싸게 산 것 아닌가하는 생각에 잠을 이루지 못하다가, 이와 같은 다운계약서는 법위반이므로, 이를 이유로 매매계약 해제를 주장하고자 합니다. 다운계약서임을 이유로 매매계약을 해제할 수 있는지요?

A 계약해제라 함은 당사자 일방의 채무불이행을 이유로 유효하게 성립된 계약의 효력을 당사자 일방의 의사표시에 의하여 그 계약이 처음부터 존재하지 아니한 것과 같은 상태로 회복시키는 것을 말합니다. 甲과 乙은 이 사건 매매계약 당시 실제 거래 가격보다 낮은 가액을 매매대금으로 기재한 매매계약서를 작성하였는데 과연 계약 당사자들에게 매매 계약이나 다른 법규에 의하여 실제 거래가격에 의한 매매계약서를 작성할 의무가 있는지가 이 사건의 쟁점입니다.

그런데 매매는 일방 당사자가 어떤 재산권을 상대방에게 이전할 것을 약정하고, 상대방은 이에 대하여 대금을 지급할 것으로 약정함으로써 성립하는 것으로 당사자의 의사표시의 합치만으로 성립하고 특별한 방식을 요하지 아니하며 계약서는 계약의 성립 사실을 증명하는 하나의 방법에 불과한 것이므로, 매매계약의 효력으로서 매도인은 매수인에게 재산권이전의무를 부담하고 매수인은 대금지급의무가 발생할 뿐 매매계약 당사자에게 매매계약의 효력으로서 어떤 계약서 작성의무가 발생한다고 볼 수 없습니다.

부동산 거래신고 등에 관한 법률을 종합적으로 살펴보면, 거래당사자에게 부과한 의무는 실제 거래가격 신고의무이지 실제 거래가격 계약서 작성의무는 아니며, 법 규정들에 의거하여 乙에게 어떤 계약서 작성의무가 있다고 보기도 어렵습니다. 부동산 거래의 투명성 확보와 실거래 가격 확보를 통한 부동산 투기 방지 및 공평과세라는 입법 목적에 따라 위 법은 거래당사자에게 실제 거래가격을 신고하도록 의무를 부과하고 있는 점과 분쟁의 방지라는 공익상 견지에서 매매계약의 당사자는 계약서를 작성하는 경우 실제 거래가격을 매매대금으로 기재한 계약서를 작성하는 것이 바람직함은 이의가 있을 수 없다고 보입니다. 그러나 甲이 주장하는 실거래가 계약서 작성의무라는 것은 법적 근거가 없어 이를 인정할 수 없는 것이므로, 乙에게 매매계약의 효력으로서 실거래가 매매계약서 작성의무가 있음을 전제로 한 甲의 매매계약 해제 주장은 이유가 없다고 보입니다.

■ 할부거래에서 하자있는 물건이 양도된 경우에 할부금의 지급을 거절할 수 있는지요?

Q 甲은 오락기계 공급업을 영위하는 乙로부터 오락기계 1대를 매수하였고, 매매대금에 대하여 할부거래계약을 체결하였습니다. 甲이 위 기계를 인도받아 사용하기 위하여 확인해 보니, 기계의 기동과 회전 작동이 불규칙한 하자를 발견하였습니다. 甲은 乙에게 수차례 새로운 오락기계의 인도를 청구하였으나, 乙은 법원에 할부금 지급명령을 신청하였습니다. 이 경우 甲이 할부금의 지급을 거절할 수 있는지요?

A 할부거래에 관한 법률 제16조 제1항에서는 할부거래업자가 하자담보책임을 이행하지 아니한 경우 소비자는 할부금의 지급을 거절할 수 있다고 규정하고 있고, 민법 제581조 제2항에서는 종류물 매매의 경우 계약의 해제 또는 손해배상의 청구를 하지 아니하고 하자 없는 물건을 청구할 수 있다고 정하고 있습니다.

이 사안에서 甲은 대체가능한 상품인 오락기계인 종류물을 매수하였고, 乙은 하자있는 물건을 인도하였습니다. 甲은 민법 제581조 제2항에 의하여 乙에게 하자없는 물건의 인도를 구하는 하자담보책임을 물었으나 乙은 하자담보책임을 이행하지 않고 있습니다. 이 경우 甲은 할부거래에 관한 법률 제16조 제1항에서 정하는 항변권을 행사하여 할부금의 지급을 거절할 수 있습니다. 따라서 甲은 乙의 지급명령 신청에 대하여 이의신청을 함으로써 乙의 지급명령 신청에 대응할 수 있을 것입니다.

Q 甲은 공장 건물을 신축하기 위해 토지를 매입하였는데, 공인중개사인 乙이 매매 토지에 쓰레기가 매립되어 있다는 사실을 매수인인 甲에게 제대로 설명하지 않고 매매계약서에도 이를 기재하니 않은 경우, 甲은 乙에 대하여 손해배상을 청구할 수 있는지요?

A 부동산중개업자와 중개의뢰인과의 법률관계는 민법상의 위임관계와 같으므로 민법 제681조에 의하여 중개업자는 중개의뢰의 내용에 따라 선량한 관리자의 주의로써 의뢰받은 중개업무를 처리하여야 할 의무가 있고, 공인중개사의 업무 및 부동산 거래신고에 관한 법률은 중개의뢰를 받은 중개업자는 당해 중개대상물의 상태, 입지 및 권리관계, 법령의 규정에 의한 거래 또는 이용제한사항, 그 밖에 대통령령이 정하는 사항을 확인하여 이를 당해 중개대상물에 관한 권리를 취득하고자 하는 중개의뢰인에게 성실, 정확하게 설명하고 토지대장 등본, 등기사항증명서 등 설명의 근거자료를 제시하여야 할 의무가 있음을 명시하면서, 중개업자는 확인·설명을 위하여 필요한 경우에는 중개대상물의 매도의뢰인에게 당해 중개대상물의 상태에 관한 자료를 요구할 수 있음을 규정하고 있으며, 중개업자가 중개행위를 함에 있어서 고의 또는 과실로 인하여 거래당사자에게 재산상의 손해를 발생하게 한 때에는 그 손해를 배상할 책임이 있음을 규정하고 있습니다.

매매계약서에도 이 사건 토지에 쓰레기 등이 매립되어 있다는 문구가 기재되어 있지 않고, 이 사건 매매 당시 교부된 '중개대상물 확인설명서'의 어느 부분에도 이 사건 토지에 쓰레기 등이 매립되어 있다는 문구는 기재되어 있지 않은 점, 甲은 공장 건물을 신축하기 위해 이 사건 토지를 매수한 것이므로, 이 사건 토지 지상에 건물을 신축하는 데 장애가 될 만한 사정이 있는지는 중요한 사항이었던 점, 乙은 이 사건 토지에 다량의 쓰레기 등이 매립되어 있다는 사정을 알면서도 이를 甲에게 제대로 설명하지 않음으로써 쓰레기 등 처리작업 없이 이 사건 토지 지상에 공장 건물을 신축할 수 있다고 착각한 甲으로 하여금 이 사건 매매계약 체결에 이르게 한 것이고, 이는 乙이 공인중개사의 업무 및 부동산 거래신고에 관한 법률 등에 따라 업무상 부담하는 선량한 관리자의 주의의무를 가지고 성실하게 중개행위를 하여야 할 중개업자의 의무를 위반한 행위라고 봄이 상당합니다.

따라서 乙은 甲에게 위와 같은 주의의무 위반으로 인하여 甲이 입은 손해를 배상할 책임이 있습니다.

Q 甲은 乙 주식회사와 매매 계약을 체결하면서 乙 주식회사와 동일한 대표이사 丙이 재직 중인 다른 丁 주식회사로부터 교부받은 위임장을 제시하는 대리인과 계약을 체결하였습니다. 甲이 乙 주식회사에게 매매 계약이 유효함을 주장할 수 있는지요?

A 특별한 사정이 없다면 丙이 위임받은 권한의 범위가 계약체결에 대한 전면적·포괄적 권한이라고 보기는 어렵고, 최종교섭단계에 이르기 전까지의 계약교섭권에 불과하다고 봄이 상당하므로, 丙이 乙 주식회사와 丁 주식회사 모두로부터 전면적·포괄적 대리권을 수여받았음을 인정할 만한 증거가 없는 이상, 甲이 유권대리를 주장하여 매매 계약의 유효성을 인정받기는 어려워 보입니다.

민법 제125조는 "제3자에 대하여 타인에게 대리권을 수여함을 표시한 자는 그 대리권의 범위 내에서 행한 그 타인과 그 제3자간의 법률행위에 대하여 책임이 있다. 그러나 제3자가 대리권 없음을 알았거나 알 수 있었을 때에는 그러하지 아니하다"라고 규정하고 있는데, 이 경우 이 사건 매매계약 체결 당시에 계약서에 날인된 인영과 乙 주식회사 법인 인감증명서의 그것이 서로 다르다는 점에 비추어 보면 丙이 乙 주식회사로부터 대리권을 수여받아 이 사건 매매계약을 체결하였다고 믿을 만한 정당한 이유가 있다고 보기는 어려워 보입니다.

■ 매매계약 체결 후 땅값의 상승으로 매도를 거부한 경우에 위약금을 청구할 수 있나요?

Q 甲은 乙로부터 토지와 그 지상 건물을 33억 원에 매수하기로 하면서 계약금 3억 3,000만 원을 교부하였는데, 매매계약 후 땅값이 상승하자, 乙은 계약이 무효라고 주장하면서 이미 받은 계약금 3억 3,000만 원을 甲에게 반환하였는데, 이 경우 甲은 乙에게 위약금을 청구할 수 있나요?

A 매매계약은 낙성·불요식 계약이므로 그 계약서 등의 형식상의 흠결과 상관없이 그 중요내용 즉 매매목적물과 매매대금에 관하여 당사자 사이에 의사합치가 있는 이상 성립한다 할 것인바, 甲과 乙 사이에 매매계약 당시 매매목적물과 매매대금에 관하여 합의가 이루어졌으므로, 매매계약은 성립하였습니다. 그런데 乙이 이 사건 매매계약을 이행할 의사가 없음을 분명히 하면서 계약금 3억 3,000만 원을 을 반환한 이상, 甲은 이행의 최고 없이 곧바로 계약을 해제할 수 있다 할 것이고, 甲의 해제 의사표시가 되면, 매매계약은 적법하게 해제되는 것입니다.

나아가 이 사건 매매계약서 등에서 계약당사자가 위약금 약정을 하였다면, 이는 손해배상예정을 한 것으로 봄이 상당하므로, 특별한 사정이 없는 한 乙은 甲에게 甲이 반환받은 계약금 330,000,000원을 제외한 위약금 330,000,000원 및 이에 대한 지연손해금을 지급할 의무가 있습니다.

■ 매매계약 후 허가가 나오지 않아 목적을 달성하지 못한 경우 매매계약을 해제한 뒤 매매대금을 반환받을 수 있는지요?

Q 甲은 乙과 사이에 乙로부터 임야에 식재된 느티나무 전체와 오엽송 10주(이하 '이 사건 나무들')를 1,750만원에 매수하기로 하는 계약을 체결하고 乙에게 매매대금으로 1,750만원을 모두 지급하였습니다. 甲은 매매계약 당시 乙과 2017. 12. 31.까지 이 사건 나무들을 굴취하기로 하였는데, 甲이 위 기간까지 이 사건 나무들을 굴취하지 못하는 경우에는 모든 권리를 포기하기로 약정하였습니다. 그런데 위 기한까지 관할 관청에서 굴취허가가 나오지 않았고, 甲은 결과적으로 한그루도 굴취하지 못하였습니다. 甲이 乙을 상대로 착오를 이유로 매매계약을 해제한 뒤 매매대금을 반환받을 수 있는지요?

A 민법 제109조 제1항은 "의사표시는 법률행위의 내용의 중요부분에 착오가 있는 때에는 취소할 수 있다. 그러나 그 착오가 표의자의 중대한 과실로 인한 때에는 취소하지 못한다."고 추정하고 있습니다.

민법 제109조의 의사표시에 착오가 있다고 하려면 법률행위를 할 당시에는 실제로 없는 사실을 있는 사실로 잘못 깨닫거나 실제로 있는 사실을 없는 것으로 잘못 생각하듯이 표의자의 인식과 그 대조사실이 어긋나는 경우라야 할 것이므로, 표의자가 행위를 할 당시에 장래에 있을 어떤 사항의 발생이 미필적임을 알아 그 발생을 예기한 데 지나지 않는 경우는, 표의자의 심리상태에 있어 인식과 대조의 불일치가 있다고 할 수 없어 착오로 다룰 수는 없다 할 것입니다(대법원 1972.3.28. 선고 71다2193 판결, 대법원 2010.5.27. 선고 2009다94841 판결 등 참조).

甲이 이 사건 나무들 전부를 일시에 굴취하는 것이 가능할 것으로 생각하였다고 하더라도 이는 장래에 대한 기대에 지나지 않는 것이므로, 그러한 기대가 이루어지지 아니하였다고 하여 이를 착오가 있었다고 보기는 어려워 보입니다. 이 사건 나무들의 굴취에 일부 제한이 있다고 하더라도 그것이 법률행위 내용의 중요부분에 대하여 착오가 발생하였다고 보기도 어렵습니다.

게다가, 혹 乙이 이 사건 나무들의 굴취에 필요한 동의서 등을 제출하지 않았다고 하더라도, 이는 이 사건 매매계약 체결 후에 발생한 사유와 관련된 것으로서, 위 매매계약 체결 당시 존재하던 사실에 관한 착오가 있다고 볼 수도 없습니다. 따라서 甲의 착오취소 주장은 어느 모로 보나 이유가 없어 보입니다.

■ **매수인이 매매잔대금이 예치되어 있는 예금통장의 사본을 제시한 후 그 불이행을 이유로 매매계약을 해제할 수 있나요?**

Q 甲은 乙과 사이에 부동산을 대금 6억 원에 매수하되, 계약금 1억 원 및 중도금 2억 원은 계약 당일, 잔금 3억 원은 2017. 6. 30. 지급하기로 하는 매매계약을 체결하였습니다. 그런데 乙이 계약을 파기하겠다는 언사를 반복함에 따라 甲은 공인중개사 사무실에 부동산 매도용 인감증명, 매매계약서, 위임장, 등기부등본 등 부동산의 소유권이전등기에 필요한 서류와 금 3억 원이 입금되어 있는 甲 명의의 은행 통장 사본을 보관시키고, 乙에게 그 뜻을 통지하여 1월 이내에 부동산에 관한 소유권이전등기절차의 이행을 최고하였습니다. 매수인인 甲이 매매잔대금이 예치되어 있는 예금통장의 사본을 乙에게 제시한 후 그 불이행을 이유로 매매계약을 해제할 수 있나요?

A 채권자가 미리 변제받기를 거절하는 경우 구두의 제공만으로 적법한 이행 제공이 있었다고 보아야 하고(민법 제460조 단서), 쌍무계약에 있어서 채무자가 채무를 이행하지 아니할 의사를 명백히 표시한 경우에 채권자는 자신의 채무의 이행 제공 없이 계약을 해제하거나 손해배상을 청구할 수 있고, 채무자가 채무를 이행하지 아니할 의사를 명백히 표시하였는지 여부는 채무 이행에 관한 당사자의 행동과 계약 전후의 구체적인 사정 등을 종합적으로 살펴서 판단하여야 합니다(대법원 2008.10.23. 선고 2007다54979 판결, 대법원 2007.9.20. 선고 2005다63337 판결 등 참조).

동시이행의 관계에 있는 쌍무계약에 있어서 상대방의 채무불이행을 이유로 계약을 해제하려고 하는 자는 동시이행관계에 있는 자기 채무의 이행을 제공하여야 하고, 그 채무를 이행함에 있어 상대방의 행위를 필요로 할 때에는 언제든지 현실로 이행을 할 수 있는 준비를 완료하고 그 뜻을 상대방에게 통지하여 그 수령을 최고하여야만 상대방으로 하여금 이행지체에 빠지게 할 수 있는 것이며 단순히 이행의 준비태세를 갖추고 있는 것만으로는 안 됩니다(대법원 2008.4.24. 선고 2008다3053, 3060 판결 등 참조). 또, 매수인이 매매잔대금이 예치되어 있는 예금통장의 사본을 제시한 것은 그 준비에 불과할 뿐 적법한 이행 제공이라고 할 수 없습니다(대법원 2004.12.9. 선고 2004다49525 판결 참조).

따라서 甲이 자신의 계좌에 매매잔대금 상당의 금원을 입금한 후 乙에게 위 통장사본을 제시한 것은 잔금의 준비에 불과하여 적법한 이행 제공이라고 할 수 없고, 달리 적법한 이행 제공이 있었다는 점을 인정할 증거가 없으므로, 이러한 매매계약 해제는 효력이 없다고 보입니다,

■ 자동차 매매계약의 대상차량을 인도받지도 못하였을 경우에 할부대금을 지급해야 하는지요?

Q 甲은 수입자동차 乙 회사 소속 딜러 丙으로부터 乙 회사가 수입하여 판매하는 자동차를 할부금융액 33,460,000원, 약정이자 연 9%(지연이자 연 25%), 대출기간 36개월, 지급일 매월 말일로 정하여 할부 형식으로 매입하였는데, 丙은 금융회사들로부터 차량대금을 지급받은 다음, 차량을 인도하지 아니한 채 잠적하였고, 甲은 자동차 매매계약의 대상차량을 인도받지도 못하였습니다. 甲은 乙 회사에 할부대금을 지급해야 하는지요?

A 할부거래법 제16조 제1항 제3, 5호에 의하면 간접할부계약의 소비자는 재화의 전부 또는 일부가 소비자에게 공급되지 아니하거나, 할부거래업자의 채무불이행으로 인하여 할부계약의 목적을 달성할 수 없는 경우 신용제공자에게 할부금 지급을 거절할 수 있다고 규정하고 있는바, 이는 할부거래에 있어서 물품구매계약과 할부금융약정이 그 성립·이행 및 존속에 있어서 서로 밀접한 의존관계에 있음을 감안할 때 할부거래업자가 약정시기까지 매수인에게 거래목적물을 인도하지 않고 있음에도 할부거래의 일방 당사자인 매수인에게만 신용제공자에 대한 할부금의 지급을 강제하는 것이 형평의 이념에 반하므로, 매수인으로 하여금 신의칙에 반하지 아니한 범위 내에서 매도인에 대한 항변사유를 들어 신용제공자에게도 할부금의 지급을 거절할 수 있는 권능을 부여하려는데 있습니다. 또한 할부거래법 제16조 제3항에 따르면, 소비자가 같은 법 제16조 제1항에 따라 할부금 지급을 거절할 수 있는 금액은 할부금의 지급을 거절할 당시 소비자가 신용제공자에게 지급하지 아니한 나머지 할부금입니다.

甲이 매매목적물인 자동차를 인도받지 못하였으므로 할부금융약정이 유효하게 존속하고 있다고 하더라도 甲은 할부거래법이 정하는 바에 따른 소비자의 항변권을 행사하여 할부금의 지급을 거절할 수 있을 것으로 보입니다. 甲은 자동차 미인도를 이유로 할부거래법에서 정한 항변권을 행사하여 乙에 대하여 할부금융약정에 기한 할부금 지급을 거절할 수 있는 것입니다.

■ 매매계약 체결시보다 상승한 현재의 시가로 계산한 손해액을 배상 받고자 하는데 이것이 가능한가요?

Q 甲은 1년여 전 乙로부터 원주시 소재의 토지를 3천만 원에 매수하는 계약을 체결하였고, 체결당일 위 매매대금을 모두 지급하였습니다. 매매계약 체결 당시 이 토지는 아파트 단지를 건설할 계획이 확정되어 있었고, 甲과 乙은 매매대금을 향후 지가상승을 반영한 3천만 원으로 정하였습니다. 그러던 중 위 토지의 진정한 소유자가 제기한 소유권이전등기말소청구 사건의 판결이 확정된 결과로 甲은 위 토지의 소유권을 취득할 수 없게 되었습니다. 甲은 매매계약 체결시보다 상승한 현재의 시가로 계산한 손해액을 배상 받고자 하는데 이것이 가능한가요?

A 매매의 목적이 된 권리가 타인에게 속한 경우에는 매도인은 그 권리를 취득하여 매수인에게 이전하여야 하고(민법 제570조), 매도인이 그 권리를 취득하여 매수인에게 이전할 수 없는 때에는 매수인은 계약을 해제할 수 있고, 나아가 매수인이 계약당시 그 권리가 매도인에게 속하지 아니함을 몰랐던 경우에는 민법상 매도인의 담보책임을 물어 손해의 배상을 청구할 수 있습니다(민법 제570조). 한편 매수인이 그 권리가 타인에게 속하는 사실을 알았던 경우에는 일반 채무불이행책임을 물어 매도인에게 귀책사유가 있음을 증명하여 손해를 배상받을 수 있습니다(대법원 1970.12.29. 선고 70다2449). 이 경우 손해배상액은 소유권취득이 불가능하게 된 당시의 시가를 표준으로 하여 계약이 이행된 것과 동일한 경제적 이익의 범위로 산정됩니다. 즉 손해배상액은 매매계약 당시 토지의 장래 예정되어진 형상이며 이행불능 당시 아파트 부지로 조성중인 상태를 기준으로 산정하여야지 위 매매계약에서의 매매대금으로 한정된다고 볼 수도 없습니다(대법원 2004.12.9. 선고 2002다 33557 판결).

결국 甲은 매도인 乙을 상대로 손해배상을 청구할 수 있고, 배상액의 범위는 이행불능 당시의 시점을 기준으로 하여 산정됩니다.

Q 甲 회사는 공장용지로 사용하기 위하여 乙로부터 토지를 매수하였고, 위 토지를 인도받아 그 소유권이전등기를 마친 때로부터 1년이 경과한 후에야 甲은 위 토지에 토양 오염 등의 하자가 있음을 알게 되었고, 이 사실을 乙에게 토양 오염 등의 하자가 있음을 통지하였습니다. 甲은 오염된 토양의 정화에 필요한 비용 상당의 손해배상을 청구하고자 하는데 이것이 가능한가요?

A 상법 제69조 제1항에서는 상인 간의 매매에서 매수인이 목적물을 수령한 때에는 지체 없이 이를 검사하여 하자 또는 수량의 부족을 발견한 경우에는 즉시, 즉시 발견할 수 없는 하자가 있는 경우에는 6개월 내에 매수인이 매도인에게 그 통지를 발송하지 아니하면 그로 인한 계약해제, 대금 감액 또는 손해배상을 청구하지 못하도록 규정하고 있습니다. 甲은 토지를 인도받은 이후 6개월이 경과한 이후 乙에게 하자를 통지하였으므로, 위 규정에 의하여 손해배상청구권이 제한되는 것은 아닌지 문제됩니다.

이에 관하여 대법원에서는 "상법 제69조 제1항은 민법상 매도인의 담보책임에 대한 특칙으로서, 채무불이행에 해당하는 이른바 불완전이행으로 인한 손해배상책임을 묻는 청구에는 적용되지 않는다(대법원 2015.6.24. 선고 2013다522 판결)."고 판시한바 있습니다. 따라서 甲은 乙에게 오염된 토양을 정화하지 않은 채 토지를 인도한 불완전이행에 대한 책임을 물어 손해배상을 청구할 수 있습니다.

■ 경계를 침범하여 건축된 건물 매도인을 상대로 손해배상을 청구하는 것이 가능한가요?

Q 甲은 乙로부터 토지와 지상 건물을 매수하였습니다. 매수당시 이웃 토지와의 경계로 울타리가 설치되어 있었으나, 지적공부상의 경계와는 다르게 설치되어 있었던 것으로 드러났고, 이를 알게 된 이웃 토지의 소유자 丙은 甲을 상대로 건물의 철거와 토지의 인도를 구하는 소송을 제기하였습니다. 이로 인해 甲은 건물의 일부를 철거하고 丙에게 토지를 인도하게 되었습니다. 이 경우 甲이 乙을 상대로 손해배상을 청구하는 것이 가능한가요?

A 매매계약에서 건물과 그 대지가 계약의 목적물인데 건물의 일부가 경계를 침범하여 이웃 토지 위에 건립되어 있는 경우에 매도인이 그 경계 침범의 건물 부분에 관한 대지부분을 취득하여 매수인에게 이전하지 못하는 때에는 매수인은 매도인에 대하여 민법 제572조를 유추적용하여 담보책임을 물을 수 있습니다(대법원 2009.7.23. 선고 2009다33570 판결). 한편 이웃 토지의 소유자가 소유권에 기하여 그와 같은 방해상태의 배제를 구하는 소를 제기하여 승소의 확정판결을 받았으면, 다른 특별한 사정이 없는 한 매도인은 그 대지부분을 취득하여 매수인에게 이전할 수 없게 되었다고 볼 수 있습니다. 따라서 甲은 乙을 상대로 매매대금의 감액 또는 손해배상을 청구할 수 있습니다.

■ 매매계약에 관하여 의사의 합치가 없는 경우 계약금 반환을 구할 수 있는 지요?

Q 甲은 화훼농원을 이전하기 위하여 매수할 토지를 알아보던 중 공인중개사 사무소 직원 乙로부터 丙 소유의 이 사건 토지를 추천받고, 매매계약서 작성일, 잔금 지급방법 등 중요부분에 관한 합의도 없이 丙의 계좌로 500만 원을 송금하였습니다. 그런데 위 토지는 진입로가 없는 맹지여서 화훼농원을 이전할 수 없다는 것을 뒤늦게 알게 되었습니다. 甲은 丙에게 계약금의 반환을 청구할 수 있는지요?

A 계약이 성립하기 위하여는 당사자 사이에 의사의 합치가 있을 것이 요구되고 이러한 의사의 합치는 당해 계약의 내용을 이루는 모든 사항에 관하여 있어야 하는 것은 아니나 그 본질적 사항이나 중요 사항에 관하여는 구체적으로 의사의 합치가 있거나 적어도 장래 구체적으로 특정할 수 있는 기준과 방법 등에 관한 합의는 있어야 하며, 한편 당사자가 의사의 합치가 이루어져야 한다고 표시한 사항에 대하여 합의가 이루어지지 아니한 경우에는 특별한 사정이 없는 한 계약은 성립하지 아니한 것으로 보는 것이 상당하다고 할 것입니다(대법원 2001.3.23. 선고 2000다51650 판결).

甲이 이 사건 토지의 매수를 위하여 乙에게 500만 원을 송금한 사실은 인정할 수 있으나, 甲과 丙 사이에 매매계약에 있어서 그 본질적 사항인 매매대금에 관하여 구체적으로 의사의 합치가 있거나 장래 구체적으로 특정할 수 있는 기준과 방법 등에 관하여 합의가 있었음을 인정하기에 부족하고 달리 이를 인정할 증거가 없으므로, 甲과 丙 사이에 이 사건 토지에 관한 매매계약이 성립되었다고 보기 어렵습니다.

따라서 丙은 甲에게 부당이득으로서 甲으로부터 지급받은 500만 원을 지급할 의무가 있습니다.

■ 쌍방의 착오로 인한 법률행위임을 주장하며 매매계약을 취소하고 그 원상
  회복으로 매매대금의 반환을 청구할 수 있는지요?

Q 세법에 문외한인 甲과 乙은, 甲이 乙의 회사 보통주식 10,000주를 주당 5천
원으로 하여 5천만 원에 매수하기로 하는 주식양수도계약을 체결하였고, 계약
당일 乙에게 5천만 원을 지급하고 명의개서도 마쳤습니다. 그런데 세무서장은
甲에게 "이 사건 주식의 주당가액을 264,940원으로 평가하고, 甲과 乙의 위
주식거래를 저가 양도에 따른 이익의 증여에 해당한다고 보아, 증여세
1,049,634,936원을 과세예고 한다."는 과세예고통지를 하였고, 甲에게 증여
세 1,049,634,930원을 부과결정 하였습니다. 甲은 쌍방의 착오로 인한 법률
행위임을 주장하며 매매계약을 취소하고 그 원상회복으로 매매대금의 반환을
청구할 수 있는지요?

A 민법 제107조 제1항은 "의사표시는 법률행위의 내용의 중요부분에 착오가
있는 때에는 취소할 수 있다. 그러나 그 착오가 표의자의 중대한 과실로
인한 때에는 취소하지 못한다."고 규정하고 있습니다.
　이 사건 계약 당시 乙이 甲에게 세금은 증권거래세 이외에는 크게 나오지 않
을 것이라고 말한 사실에 비추어 보면, 乙은 급한 자금의 마련을 위하여 평소
에 알고 지내던 甲에게 이 사건 주식의 매수를 권유하여 이 사건 계약을 체결
하게 된 사실을 인정할 수 있으며 甲에게 고액의 증여세가 부과되지 않을 것이
라는 착오가 있지 않았다면 이 사건 계약을 체결하지 않았거나 적어도 동일
한 내용으로 계약을 체결하지 않았을 것임이 명백하고, 나아가 증여세 부과에
대하여 乙도 동일한 착오에 빠져 있었다고 봄이 상당하므로 甲의 위와 같은
착오는 계약의 내용의 중요 부분에 관한 것에 해당한다고 볼 수 있습니다.
　甲은 착오를 이유로 이 사건 계약을 취소한다는 의사표시를 하면 매매계약
은 적법하게 취소되었다고 할 것이고, 乙은 甲에게 그 원상회복으로서 甲
으로부터 지급받은 매매대금을 반환하여야 할 것입니다.

■ 의사무능력자가 한 매매 계약은 무효를 주장할 수 있나요?

Q 甲은 심각한 치매로 의사능력이 없는 상태인데, 조카 乙은 이를 이용하여 甲으로부터 위임장 등을 교부받아 甲 명의의 부동산을 丙에게 매도하였습니다. 뒤늦게 정신이 돌아 온 甲이 매매계약의 무효를 주장할 수 있나요?

A 의사능력이란 자신의 행위의 의미나 결과를 정상적인 인식력과 예기력을 바탕으로 합리적으로 판단할 수 있는 정신적 능력 내지는 지능을 말하는 것으로서, 의사능력의 유무는 구체적인 법률행위와 관련하여 개별적으로 판단되어야 합니다. 특히 어떤 법률행위가 그 일상적인 의미만을 이해하여서는 알기 어려운 특별한 법률적인 의미나 효과가 부여되어 있는 경우에는 그 행위의 일상적인 의미뿐만 아니라 법률적인 의미나 효과에 대하여도 이해할 수 있어야 의사능력이 인정됩니다(대법원 2009.1.15. 선고 2008다58367 판결 등 참조).

위임약정서와 위임장 작성 당시 甲은 의사무능력 상태에 있었으므로, 甲이 조카 乙에게 이 사건 토지와 건물 처분 등에 관한 권한을 위임한 행위는 무효입니다. 따라서 乙은 甲을 대리하여 이 사건 토지와 건물을 매도할 권한이 없으므로, 이 사건 매매계약은 무권대리행위로서 무효입니다. 위와 같은 甲의 정신상태, 이 사건 위임약정서 및 위임장 작성 경위, 그 내용, 그 무렵 작성된 이 사건 유언공정증서의 내용 등에 비추어, 만일 甲이 이 사건 위임약정서 및 위임장의 법률적 의미와 효과를 이해하고 있었다면, 이를 작성하였을 리가 없다고 보입니다.

따라서 이 사건 매매계약은 甲에 대하여 효력이 없고, 이에 따른 이 사건 소유권이전등기 역시 원인무효의 등기이므로, 丙은 이 사건 토지와 건물의 소유자인 甲에게 이 사건 소유권이전등기의 말소등기절차를 이행할 의무가 있습니다.

■ 불량품을 납품받은 경우 매매 계약을 해제하고 계약금의 반환을 구할 수 있을지요?

Q 甲은 청바지를 제조, 수출하는 자이고, 乙은 덤핑 원단 판매업체를 운영하는 자입니다. 甲은 乙부터 덤핑 판매하는 청지원단(데님) 8만 야드를 1야드당 1,500원으로 계산하여 총 대금 1억 2,000만 원에 매수하였고 당일 계약금으로 乙에게 2,000만 원을 지급하였습니다. 甲은 계약시 청지원단이 전량 A급 정품이라고 하여 계약하였으나 계약 후 수출 선적을 하려고 상품을 확인하자 모두 불량품인 것을 확인하고 수출 선적을 하지 못하였습니다. 甲이 계약관계를 종료하고 계약금의 반환을 구할 수 있을지요?

A 민법 제580조의 하자의 존재 여부는 당사자가 계약에 정한 특별한 기준이 있으면 그 기준에 의하여 결정하여야 하나, 그렇지 않으면 물건이 일반적으로 그 종류의 것으로서 통상 갖출 것으로 기대되는 품질, 기능, 성상, 외관, 안전성 등 물건의 교환가치나 사용가치에 영향을 미칠 일체의 요소를 대상으로 판단하며, 통상적으로 기대되는 성질을 갖추고 있지 못하면 물건에 하자가 존재하는 것이 됩니다.

한편, 상법 제69조 제1항에 의하면, 상인간의 매매에 있어서는 매수인은 목적물을 수령한 때에는 지체없이 이를 검사하여야 하고, 하자를 발견한 경우에는 즉시 매도인에게 그 통지를 발송하지 않으면 이로 인한 계약해제, 대금감액 또는 손해배상을 청구하지 못하는바, 상법 제69조는 상인 간의 매매에 있어서는 매수인의 매매목적물에 대한 검사와 하자통지의무를 매수인이 매도인에 대하여 매매목적물에 관한 하자담보책임을 묻기 위한 전제요건으로 삼고 있음이 분명하므로 그와 같은 하자담보책임의 전제요건, 즉 매수인이 목적물을 수령한 때에 지체 없이 그 목적물을 검사하여 즉시 매도인에게 그 하자를 통지한 사실, 만약 매매의 목적물에 즉시 발견할 수 없는 하자가 있는 경우에는 6월내에 이를 발견하여 즉시 통지한 사실 등에 관한 입증책임은 매수인에게 있습니다(대법원 1990.12.21. 선고 90다카28498 판결).

따라서 甲은 통상 갖출 것으로 기대되는 품질, 기능, 성상, 외관, 안전성 등에 하자가 있음을 주장하여 목적물을 수령한 때로부터 6개월 내에 乙을 상대로 계약 해제 및 계약금 반환을 청구할 수 있습니다.

■ 계약금이 아직 수수되지 않은 경우에도 계약을 이행해야 하나요?

Q 甲은 乙과 사이에 甲 소유의 아파트를 매도하되 계약금을 1억으로 약정하는 매매계약을 체결하였으나, 실제로 계약금을 지급받지는 않았습니다. 그 후 甲은 아내와 상의한 뒤 아파트를 매도하지 않기로 결정하였고, 이러한 사실을 乙에게 내용증명우편으로 통지하였습니다. 그럼에도 乙은 계약금을 일방적으로 갑의 예금계좌에 입금한 뒤 계약 이행을 촉구하고 있습니다. 甲은 계약을 이행해야 하나요?

A 계약금은 연혁적으로 계약 체결의 증거로서의 성질을 가질 뿐만 아니라 계약에 구속력을 부여하는 수단으로서 기능하여 온 점, 민법 제565조도 계약 당시에 계약금이 교부된 경우에 원칙적으로 계약해제권 유보를 위한 해약금의 성질을 가지는 것으로 규정하고 있는 점 등을 감안할 때, 당사자 사이에 매매계약을 체결함에 있어서 매수인이 매도인에게 계약금을 지급하기로 약정하였음에도 미처 이를 교부하거나 실제로 그와 동일한 이익을 받은 단계에 나아가지 못한 상태라면, 계약금계약은 요물계약이기 때문에 아직 성립하였다고 볼 수 없음은 물론, 약정에 따른 계약금이 지급되기 전까지는 계약 당사자의 어느 일방이든 그 계약에 구속되지 않고 자유로이 이를 파기할 수 있도록 계약해제권이 유보되어 있다고 봄이 상당하고, 이 때 그 해제를 위하여 매수인이 미처 지급하지 못한 계약금을 매도인에게 지급할 의무를 여전히 부담한다거나 그 해제에 대한 책임으로 매도인이 매수인에게 약정한 계약금의 배액을 지급할 의무가 생긴다고 볼 수는 없을 것이고, 이러한 법리는 계약금에 관하여 위약금 약정이 있는 경우에도 마찬가지입니다.

그렇다면 乙이 계약금 명목의 돈을 甲의 예금계좌에 송금할 때에는 甲에 대한 관계에서도 이 사건 매매계약이 이미 적법하게 해제된 후이므로 계약금 지급의 효력이 발생할 수 없다고 할 것입니다. 따라서 甲은 乙에게 계약금으로 입금된 돈을 반환하면 계약을 이행하지 않아도 될 것으로 보입니다.

■ **매수인이 계약 불이행의 의사를 명백히 하는 경우 계약 해제를 위한 매도 인의 적절한 행동은 무엇인지요?**

Q 갑은 2017. 3. 2. 乙과 사이에, 乙 소유의 아파트에 관하여 매매대금을 247,000,000원으로 정하되, 그 중 계약금 30,000,000원은 계약 당일에, 중도 금 90,000,000원은 2017. 4. 1.에, 잔대금 127,000,000원은 2017. 9. 1. 乙에게서 소유권이전등기에 필요한 서류를 건네받음과 동시에 乙에게 지급하여 이 사건 부동산을 인도받기로 하는 내용의 매매계약을 체결하고, 같은 날 계약 금 60,000,000원을, 2005. 8. 17. 계좌이체 방식으로 중도금 90,000,000원 을 각 乙에게 지급하였습니다. 그런데 2017. 9. 1.이 임박하여 乙이 잔금을 지 급받기 위해 甲과 약속을 잡으려 해도 甲은 "집을 사지 않겠다."는 말을 반복해 서 하며 乙을 피하고 있습니다. 이 때 乙의 적절한 행동은 무엇인지요?

A 부동산매매계약에 있어 매수인의 잔대금 지급의무와 매도인의 소유권이전 등기서류 교부의무가 동시이행의 관계에 있는 경우, 매도인이 매수인에게 이행지체의 책임을 지워 매매계약을 해제하기 위해서는 원칙적으로 매수인 이 약정기일에 잔대금을 지급하지 아니한 것만으로는 부족하고, 매도인이 소유권이전등기신청에 필요한 일체의 서류를 충분한 정도로 준비하여 그 뜻을 상대방에게 통지하는 방법으로 수령을 최고함으로써 이를 제공하고, 또 상당한 기간을 정하여 매수인에게 잔대금의 지급을 최고하였음에도 매 수인이 이에 응하지 아니한 사정이 있어야 하겠으나, 한편 이와 같이 매도 인이 하여야 할 이행제공의 정도를 지나치게 엄격하게 요구하면 오히려 불 성실한 매수인에게 구실을 주게 될 수도 있으므로, 매수인이 매매계약의 이 행에 비협조적인 태도를 취하면서 잔대금의 지급을 미루는 등 소유권이전 등기서류를 수령할 준비를 아니 할 때에는 신의성실의 원칙상 매도인으로 서도 그에 상응한 정도의 이행준비를 하면 족한 것으로 보아야 합니다(대법 원 1992.7.14. 선고 92다5713 판결, 2001.12.11. 선고 2001다36511 판결 등).

따라서 乙로서는 부동산매도용 인감증명서를 발급받아 두어, 잔금의 수령 과 동시에 변호사 등에게 위임하여 소유권이전등기신청행위에 필요한 서류 를 작성할 수 있도록 준비하고 다시 甲에게 잔금을 지급을 최고하면, 일단 그 이행의 제공을 하였다고 볼 수 있을 것입니다. 이 때 인감증명서를 발 급받기 위하여 인감도장이 있어야 함은 당연하며, 등기권리증은 특별한 사 정이 없는 한 乙이 소지하고 있을 수밖에 없고, 위임장 등의 서류는 그 용지에 인감도장을 날인함으로써 쉽게 작성할 수 있는 것이며, 또 이 사건의 경우 乙이 소유권이전등기서류를 제공하지 않았다는 이유를 내세워 甲이 잔금을 지급하지 않은 것도 아니어서, 乙이 잔금의 지급을 최고함에 있어 소유권이전등기서류를 수령하라는 뜻을 반복해서 통지하지 않았다는 사유만으로는 이행제공이 없었다고 볼 수는 없을 것입니다.

Q 甲은 乙로부터 국도가 신설되는 토지라는 설명을 듣고 그 인접 토지를 매수하였습니다. 그런데 국도의 선로가 변경되어 주유소와 떨어진 곳에 새로운 도로가 신설되는 내용의 도로변경계획이 결정, 고시되었습니다. 甲은 乙이 甲에게 주유소와 주유소 부지를 매도하면서 이러한 상황을 고지하지 아니하였다는 이유로 매매계약을 취소하고 싶은데, 가능한지요?

A 의사표시는 법률행위의 내용의 중요부분에 착오가 있는 때에는 취소할 수 있는데(민법 제109조 제1항), 여기에서 법률행위의 중요 부분의 착오라 함은 표의자가 그러한 착오가 없었더라면 그 의사표시를 하지 않으리라고 생각될 정도로 중요한 것이어야 하고 보통 일반인도 표의자의 처지에 섰더라면 그러한 의사표시를 하지 않았으리라고 생각될 정도로 중요한 것이어야 합니다(대법원 1996.3.26. 선고 93다55487 판결 등 참조).

또한, 일반거래의 경험칙상 상대방이 그 사실을 알았더라면 당해 법률행위를 하지 않았을 것이 명백한 경우에는 신의칙에 비추어 그 사실을 고지할 법률상 의무가 인정되는 것이므로(대법원 2006.2.23. 선고 2005도8645 판결 등 참조), 매수인이 그러한 사실을 알았더라면 당해 매매계약을 체결하지 아니하였을 것이 명백한 사정을 매도인이 매수인에게 고지하지 않음으로써 매수인이 착오에 빠진 상태에서 당해 매매계약을 체결한 경우 매수인은 착오를 이유로 당해 매매계약을 취소할 수 있다고 할 것입니다.

이 사건에서 보면 주유소의 경우 인근에 도로가 신설되는지 여부는 그 매출과 직결되는 사항으로서 이는 甲뿐만 아니라 보통 일반인도 그러한 사실을 알았더라면 이 사건 매매계약을 체결하지 아니하였을 것으로 보이는 중요한 사항이므로, 乙은 신의칙상 甲에게 이 사건 주유소 앞 국도의 선로가 변경되어 인근에 새로운 도로가 신설된다는 사실을 고지할 의무를 부담한다고 할 것이고 乙이 이를 고지하지 아니함으로써, 甲이 이를 알지 못하는 등 착오에 빠진 상태에서 이 사건 매매계약을 체결하였다면 甲은 그 착오를 이유로 이 사건 매매계약을 취소할 수 있다고 할 것입니다.

Q 甲은 시가지에 A대지를 소유하고 있었고, 乙은 교외의 B대지를 소유하고 있었는데, 甲과 乙사이의 계약으로 A·B대지를 교환하였습니다. 乙은 얼마 후 A대지를 丙에게 매각하고 그 등기를 마쳤습니다. 그 후 甲은 B대지 위에 주택을 건축하기 위하여 건축업자에게 문의한 결과, B대지는 법률상의 제한이 있어서 주택을 건축할 수 없다고 합니다. 이 경우 甲·乙·丙 3자간의 법률관계는 어떻게 되는지요?

A 「민법」에서는 매매목적인 재산권에 하자가 있어서 이로 말미암아 그 재산권의 전부 또는 일부를 이전할 수 없거나, 또는 그 재산권의 객체인 물건에 하자있는 것을 급부한 경우, 매도인에게 일정한 담보책임을 인정하고, 제570조 내지 제584조에서 이에 관하여 자세히 규정하고 있습니다.

위 사안과 관련하여 구체적으로 담보책임에 관한 규정 중 어느 규정의 적용을 받느냐와 담보책임이 인정된다 하더라도 그밖에 착오를 이유로 취소 또는 채무불이행책임을 물을 수 있느냐는 점이 문제됩니다. 매도인의 담보책임은 권리의 하자에 대한 담보책임과 물건의 하자에 대한 담보책임의 둘로 나눌 수 있습니다. 벌채의 목적으로 매수한 산림이 보안림구역이어서 벌채하지 못하게 된 경우, 또는 공장부지로 매수한 토지가 「하천법」의 적용구역이어서 공장을 세울 수 없는 경우 등에 있어 현재 다수설은 권리의 하자로 보아 용익적 권리에 의하여 제한되어 있는 경우인 「민법」제575조를 적용합니다. 이에 따르면 매수인이 선의인 경우에 한하여 그 사실을 안 날로부터 1년 이내에 손해배상을 청구할 수 있고, 그러한 제한으로 인해 계약목적을 달성할 수 없는 경우에는 계약을 해제할 수 있습니다.

법률적 장애가 매매목적물의 하자에 해당하는지 판례를 보면, 매매의 목적물이 거래통념상 기대되는 객관적 성질·성능을 결여하거나, 당사자가 예정 또는 보증한 성질을 결여한 경우에 매도인은 매수인에 대하여 그 하자로 인한 담보책임을 부담한다 할 것이고, 한편 건축을 목적으로 매매된 토지에 대하여 건축허가를 받을 수 없어 건축이 불가능한 경우, 위와 같은 법률적 제한 내지 장애 역시 매매목적물의 하자에 해당한다 할 것이나, 다만 위와 같은 하자의 존부는 매매계약 성립시를 기준으로 판단하여야 할 것이라고 하였습니다(대법원 2000.1.18. 선고 98다18506 판결).

위 사안의 경우와 같은 교환계약은 유상계약이므로 매매에 관한 규정이 준용되며, 법률상의 제한으로 주택을 신축할 수 없는 것은 다수설이 인정하는 권리의 하자로 보이고, 甲은 법률상의 제한으로 주택을 신축할 수 없다는 사실을 교환계약 후에 알게 되었으므로 선의라고 여겨지는바, 주택을 건축할 수 없다는 사실을 안 날로부터 1년 이내에 乙을 상대로 손해배상을 청구할 수 있고, 또 대지에 건축을 할 수 없다고 하는 것은 중대한 제한이므로 계약을 해제할 수 있다고 봅니다. 다만, 계약의 해제는 제3자의 권리를 해하지 못하므로 丙으로부터 A대지를 반환받을 수는 없습니다. 결국, 甲은 乙을 상대로 손해배상청구 및 A대지의 반환불능에 따른 전보배상(塡補賠償)을 청구할 수 있습니다. 물론, 그에 대응하여 甲은 乙에게 그 대지를 인도하여야 하고, 양자는 동시이행의 관계에 서게 된다고 할 것입니다.

Q 甲은 乙회사로부터 농업용 난로를 공급받아 비닐하우스에 설치하였으나, 그 농업용 난로의 난방기능이 저하되어 甲의 비닐하우스 내 재배작물이 냉해를 입게 되었는데, 甲은 위 난로를 설치하여 가동해본 결과 난방효과가 제품의 설명서에 표시된 대로 나타나지 않음을 알았지만, 새로이 설치한 난로이므로 시간이 지나면 정상가동 될 것으로만 믿고서 乙회사에 점검 및 수리를 요구하지 않고 사용하다가 위와 같은 피해를 입었습니다. 甲이 乙회사에 위 난로의 하자로 인하여 甲이 입은 피해의 배상을 청구할 경우 甲의 과실도 고려되어 과실상계가 될 수 있는지요?

A 「민법」 제580조 제1항에서 매매의 목적물에 하자가 있는 때에는 「민법」 제575조 제1항의 규정을 준용하여 그로 인하여 계약목적을 달성할 수 없는 경우에는 매수인은 계약을 해제할 수 있고, 기타의 경우에는 손해배상만을 청구할 수 있다고 '매도인의 하자담보책임'을 규정하고 있습니다. 그리고 과실상계에 관하여 「민법」 제396조에서 채무불이행에 관하여 채권자에게 과실이 있는 때에는 법원은 손해배상의 책임 및 그 금액을 정함에 이를 참작하여야 한다고 규정하고 있습니다.

그러므로 매도인의 하자담보책임에서도 위와 같은 채무불이행에 관한 과실상계규정이 유추적용 될 수 있을 것인지가 문제됩니다. 이에 관하여 판례를 보면, 「민법」 제581조, 제580조에 기초한 매도인의 하자담보책임은 법이 특별히 인정한 무과실책임으로서 여기에 「민법」 제396조의 과실상계규정이 준용될 수는 없다 하더라도, 담보책임이 「민법」의 지도이념인 공평의 원칙에 입각한 것인 이상 하자발생 및 그 확대에 가공한 매수인의 잘못을 참작하여 손해배상범위를 정함이 상당하고, 하자담보책임으로 인한 손해배상사건에 있어서 배상권리자에게 그 하자를 발견하지 못한 잘못으로 손해를 확대시킨 과실이 인정된다면 법원은 손해배상범위를 정함에 있어서 이를 참작하여야 하며, 이 경우 손해배상책임을 다투는 배상의무자가 배상권리자의 과실에 따른 상계항변을 하지 않더라도 소송에 나타난 자료에 의하여 그 과실이 인정되면 법원은 직권으로 이를 심리·판단하여야 한다고 하였습니다(대법원 1995.6.30. 선고 94다23920 판결). 따라서 위 사안에 있어서도 甲이 乙회사에 대하여 매도인의 담보책임을 물어 손해배상을 청구할 경우 甲의 과실이 인정된다면 법원은 직권으로 그 과실을 참작하여 손해배상의 범위를 정할 것으로 보입니다.

■ 매매목적물에 법률적 장애가 있는 경우에 하자담보책임을 물어 계약을 해제하고, 대금의 반환을 구할 수 있는 가요?

Q 甲은 乙로부터 주택건설을 위하여 토지를 매수하였고, 甲은 그러한 사정을 잘 알고 있었습니다. 매매계약의 대금지급과 소유권이전등기가 각각 완료된 이후, 위 토지는 도시계획변경결정으로 건축이 불가능한 토지로 변경되었습니다. 이 경우 甲은 乙에게 하자담보책임을 물어 계약을 해제하고, 대금의 반환을 구할 수 있는 가요?

A 건축을 목적으로 매매된 토지에 대하여 건축허가를 받을 수 없어 건축이 불가능하다는 법률적 장애가 존재하는 경우 민법 제580조에서 정하고 있는 하자담보책임에 의하여, 매수인은 계약을 해제하고 대금의 반환 및 기타 손해배상을 청구할 수 있습니다. 그런데 그와 같은 하자 유무에 관한 판단의 기준시가 문제될 수 있습니다.

판례는 "매매의 목적물이 거래통념상 기대되는 객관적 성질·성능을 결여하거나, 당사자가 예정 또는 보증한 성질을 결여한 경우에 매도인은 매수인에 대하여 그 하자로 인한 담보책임을 부담한다 할 것이고, 한편 건축을 목적으로 매매된 토지에 대하여 건축허가를 받을 수 없어 건축이 불가능한 경우, 위와 같은 법률적 제한 내지 장애 역시 매매목적물의 하자에 해당한다 할 것"이라고 하면서, 그 판단 기준시에 관하여 "매매계약 성립시를 기준으로 판단"하고 있습니다(대법원 2000.1.18. 선고 98다18506 판결). 따라서 甲과 乙사이에 매매계약을 체결할 당시 건축제한 등 법률상의 제한이 존재하지 않았으나, 그 이후 도시계획의 변경으로 제한이 발생한 경우에는 甲은 乙에게 하자담보책임을 물을 수 없습니다.

Q 甲은 乙로부터 아파트를 매수하였고, 甲 앞으로 소유권이전등기를 마쳤습니다. 그런데 그 직후 아파트의 천장과 거실마룻바닥에서 누수가 발생하였습니다. 甲은 아파트의 분양사에 하자보수를 요청하였고, 분양사는 천장 도배와 거실마룻바닥 교체공사를 실시하였습니다. 그러나 그 후 다시 누수가 발생하여 아파트의 천장에 얼룩 및 들뜸 현상과 거실마룻바닥에 변색 및 들뜸 현상이 나타났고, 甲의 비용을 들여 하자보수공사를 실시하였습니다. 甲은 이 사건으로 하자보수공사 비용은 물론 정신적인 손해를 입었습니다. 甲이 乙을 상대로 손해배상을 청구할 수 있는지요?

A 민법 제580조 제1항에서는 매매의 목적물에 하자가 있는 때에는 민법 제575조 제1항을 준용하도록 정하고 있고, 위 제575조 제1항에 의하면, 하자로 인하여 매매계약의 목적을 달성할 수 없다고 인정되는 경우에는 매수인은 계약을 해제할 수 있고, 기타의 경우에는 손해배상만을 청구할 수 있습니다. 이러한 하자담보책임은 매도인에게 하자발생에 대한 귀책사유가 없다고 하더라도 물을 수 있는 무과실 책임입니다. 따라서 甲은 분양사의 수선공사 이후에도 계속 존재하는 하자로 인하여 발생한 손해에 대해서, 매도인 乙에게 하자 발생에 관한 귀책사유가 있는지 여부와 관계없이 乙을 상대로 하자보수공사 비용 상당의 손해배상을 청구할 수 있습니다. 한편 乙에게 일정한 귀책사유가 있는 경우에는 불완전이행으로서 채무불이행으로 인한 손해배상을 청구할 수도 있습니다.

정신적인 고통에 대한 위자료에 관하여 보면, 일반적으로 계약상 채무불이행으로 인하여 재산적 손해가 발생한 경우 재산적 손해에 대한 배상이 이루어짐으로써 계약 당사자가 받은 정신적인 고통의 회복이 이루어진다고 보아, 재산적 손해의 배상만으로는 회복될 수 없는 정신적 고통을 입었다는 특별한 사정이 있고, 상대방이 이와 같은 사정을 알았거나 알 수 있었을 경우에 한하여 정신적 고통에 대한 위자료가 인정될 수 있습니다(대법원 2004.11.12. 선고 2002다53865 판결). 그러므로 하자의 발생에 관해 매도인 乙에게 귀책사유가 있는지 여부는 별론으로 하고, 특별한 사정이 없는 한 재산적 손해의 배상에 더하여 위자료 청구는 인정되기 어렵습니다.

■ 잔금지급기일 이전에 잔금을 송금한 경우 이행의 착수에 해당하는지요?

Q 甲과 乙이 아파트 매매계약 체결 직후 아파트 가격이 급등하자 매수인 乙이 잔금지급기일 이전에 매도인 甲의 계좌로 잔금 2,000만원을 을 송금하였습니다. 매도인 甲은 민법 제565조에 의하여 매매계약을 해제할 수 있는지요?

A 민법 제565조가 해제권 행사의 시기를 당사자의 일방이 이행에 착수할 때까지로 제한한 것은 당사자의 일방이 이미 이행에 착수한 때에는 그 당사자는 그에 필요한 비용을 지출하였을 것이고, 또 그 당사자는 계약이 이행될 것으로 기대하고 있는데 만일 이러한 단계에서 상대방으로부터 계약이 해제된다면 예측하지 못한 손해를 입게 될 우려가 있으므로 이를 방지하고자 함에 있고, 이행기의 약정이 있는 경우라 하더라도 당사자가 채무의 이행기 전에는 착수하지 아니하기로 하는 특약을 하는 등 특별한 사정이 없는 한 이행기 전에 이행에 착수할 수 있습니다(대법원 2006.2.10. 선고 2004다11599 판결 참조). 따라서 이 사건 계약에 있어 잔금의 지급을 그 기일 전에 착수하지 아니하기로 특약이 있었다는 점을 인정할 만한 증거가 없다면, 매수인 乙이 잔금지급기일 이전에 매도인 甲의 계좌로 잔금 2,000만원을 을 송금한 이상, 매도인 甲은 더 이상 계약을 해제할 수 없을 것으로 보입니다(甲은 乙이 잔금지급기일 이전에 甲의 의사와 무관하게 일방적으로 甲의 통장에 금 2,000만원을 입금시키는 것은 乙이 甲의 계약해제를 방해하고자 입금시킨 것으로 이는 신의칙에 반한다고 주장할 여지도 있어 보이나, 자신의 잔금지급의무를 이행하는 행위를 신의칙에 반한다고는 할 수 없어 보입니다).

4. 임대차 계약 관련 상담사례

■ 매수인이 매매 목적물에 관한 임대차보증금 반환채무 등을 인수하면서 그 채무액을 매매대금에서 공제하기로 한 경우, 임대차보증금반환을 청구할 수 있을지요?

Q 저는 A로부터 주택을 임차하여 대항력을 갖추지 못한 채 거주하던 중, A가 B에게 저의 임대차보증금을 매매대금에서 공제하기로 하면서 주택의 소유권을 이전하였고, 그 이후 B는 자신이 설정해 준 근저당권의 피담보채무를 변제하지 못하여 주택에 대한 경매가 개시되었습니다. 저는 A에게 임대차보증금반환을 청구할 수 있을지요?

A 부동산의 매수인이 매매목적물에 관한 임대차보증금 반환채무 등을 인수하는 한편 그 채무액을 매매대금에서 공제하기로 약정한 경우, 그 인수는 특별한 사정이 없는 이상 매도인을 면책시키는 면책적 채무인수가 아니라 이행인수로 보아야 하고, 면책적 채무인수로 보기 위해서는 이에 대한 채권자 즉 임차인의 승낙이 있어야 합니다(대법원 1995.8.11. 선고 94다58599 판결, 대법원 1997.6.24. 선고 97다1273 판결, 대법원 2001.4.27. 선고 2000다69026 판결, 대법원 2006.9.22. 선고 2006다135 판결 참조). 이 경우 임차인의 승낙은 반드시 명시적 의사표시에 의하여야 하는 것은 아니고 묵시적 의사표시에 의하여서도 가능하다고 할 것이나, 주택의 임차인이 제3자에 대한 대항력을 갖추기 전에 임차주택의 소유권이 양도되어 당연히 양수인이 임대차보증금 반환채무를 면책적으로 인수한 것으로 볼 수 없는 경우 주택임차인의 어떠한 행위를 임대차보증금 반환채무의 면책적 인수에 대한 묵시적 승낙의 의사표시에 해당한다고 볼 것인지 여부는 그 행위 당시 임대차보증금의 객관적 회수가능성 등 제반 사정을 고려하여 신중하게 판단하여야 합니다.

따라서 B가 주택을 매수한 후 설정한 근저당권 피담보채무의 불이행으로 인해 임의경매절차가 개시됨으로써 위 근저당권 설정 이후에 대항력을 취득하고 임대차계약서에 확정일자를 받은 원고의 임대차보증금 반환채권의 경매절차에서의 회수가능성이 의문시되는 상황이라면 원고가 임차인으로서 그 경매절차에서 배당요구를 하였다고 하더라도 이를 에 대해서 보증금 반환청구를 할 수 있으리라 판단됩니다(대법원 2008.9.11. 선고 2008다39663 판결).

■ 임차인에게 월 차임연체시 과다한 연체료를 부담시킨 계약조항의 효력을 부인할 수 있을런지요?

Q 저는 지하 2층, 지상 5층의 패션쇼핑타운의 시행자 겸 분양자인 A로부터 상가 중 1층에 있는 점포 하나를 임차하였는데, 상가임대차계약서에는 임차인이 월 차임을 연체할 경우 월 5%의 연체료를 부담시키기로 하고, 임차인의 월차임 연체로 계약이 해지되는 경우 보증금의 10%를 위약금으로 지급하도록 부동문 자로 기재되어 있습니다. 저는 위 기재사항의 효력을 부인할 수 있을런지요?

A 일단 위 임대차계약서는 상대방이 계약을 체결하기 위해 미리 마련한 문서 로 보아 약관에 해당할 여지가 있으며, 약관이라고 판단되는 경우 약관의 규제에 관한 법률 제6조 및 제8조의 적용 대상이 됩니다.

임차인의 월차임 연체에 대하여 월 5%(연 60%)의 연체료를 부담시킨 계 약조항 및 임차인의 월차임 연체 등을 이유로 계약을 해지한 경우 임차인 에게 임대차보증금의 10%를 위약금으로 지급하도록 한 계약조항은, 임차인 에게 부당하게 불리한 조항으로서 공정을 잃은 것으로 추정되어 신의성실 의 원칙에 반하거나 부당하게 과중한 지연손해금 등의 손해배상의무를 부 담시키는 약관조항으로서 약관의 규제에 관한 법률 제6조, 제8조에 의하여 무효가 될 수 있을 것으로 보입니다(대법원 2009.8.20. 선고 2009다20475).

■ 공동임대인의 경우 임차인에게 해지의 의사표시를 전원에게 해야 하는지요?

Q 저는 A와 A소유의 101호, 102호 건물에 대해 하나의 임대차계약을 체결하고, 하나의 사업장으로 사용하면서 영업을 하던 중, 102호가 경매로 B에게 소유권이 이전되었습니다. 제가 차임을 연체하자 B는 저에게 차임연체를 이유로 계약 해지 통지를 하였는데, B의 통지로 임대차계약이 적법하게 해지된 것인지요?

A 민법 제547조 제1항은 "당사자의 일방 또는 쌍방이 수인인 경우에는 계약의 해지나 해제는 그 전원으로부터 또는 전원에 대하여 하여야 한다."라고 규정하고 있으므로, 여러 사람이 공동임대인으로서 임차인과 사이에 하나의 임대차계약을 체결한 경우에는 민법 제547조 제1항의 적용을 배제하는 특약이 있다는 등의 특별한 사정이 없는 한 공동임대인 전원의 해지의 의사표시에 의하여 임대차계약 전부를 해지하여야 합니다. 이러한 법리는 임대차계약의 체결 당시부터 공동임대인이었던 경우뿐만 아니라 임대차목적물 중 일부가 양도되어 그에 관한 임대인의 지위가 승계됨으로써 공동임대인으로 되는 경우에도 마찬가지로 적용됩니다. 따라서 B는 A로부터 임대인의 지위를 승계함으로써 공동임대인이 되었으므로, 민법 제547조 제1항의 적용을 배제하는 약정이 있다는 등의 특별한 사정이 인정되지 아니하는 한, B는 임대차계약 중 자신의 소유인 102호 부분만을 분리하여 해지할 수는 없고, A와 B 전원의 해지의 의사표시에 의하여 임대차계약 전부를 해지할 수 있을 뿐입니다(대법원 2015.10.29. 선고 2012다5537 판결). 따라서 B가 단독으로 행사한 해지의 의사표시는 효력이 없는 것으로 보입니다.

Q 저는 건물을 짓기 위하여 토지 소유자인 甲과 임대차 계약을 체결하고 그 등기는 하지 않은 채 건물의 건축을 시작하였습니다. 그러던 중 임대인인 甲은 제3자인 乙에게 토지를 매도하게 되었고, 저는 그 후에 제가 지은 건물에 관한 등기를 하게 되었습니다. 그렇다면, 저는 토지의 새로운 소유자인 乙에 대하여 위 甲과의 임대차계약의 효력을 주장할 수 있나요?

A 주장할 수 없습니다. 민법 제622조 제1항은 '건물의 소유를 목적으로 하는 토지임대차는 이를 등기하지 아니한 경우에도 임차인이 그 지상건물을 등기한 때에는 제3자에 대하여 임대차의 효력이 생긴다.'고 규정하고 있습니다. 하지만, 이는 건물을 소유하는 토지임차인의 보호를 위하여 건물의 등기로써 토지임대차 등기에 갈음하는 효력을 부여하는 것일 뿐이므로 임차인이 그 지상건물을 등기하기 전에 제3자가 그 토지에 관하여 물권취득의 등기를 한 때에는 임차인이 그 지상건물을 등기하더라도 그 제3자에 대하여 임대차의 효력이 생기지 않습니다. 따라서 새로운 소유자인 제3자와 새로운 임대차계약을 체결하지 않는 한 임대차의 존재를 주장할 수 없습니다.

■ 임대인의 지위 양도와 임차인은 임대차계약을 해지할 수 있을까요?

Q 저는 甲으로부터 토지를 임차한 임차인입니다. 그런데, 甲이 乙에게 토지를 매도하고, 임대인의 지위를 양도하였습니다. 그런데, 乙은 제가 토지를 이용하는 목적에 대해서, 甲과는 다른 입장이었고 乙이 임차인이 될 경우 향후, 제가 목적물을 이용하는 데 있어 장애가 있을 수 있기에 저는 甲의 임대인 지위의 양도를 원하지 않았습니다. 그렇다면, 甲의 위 승계에 이의하여 임대차계약을 해지할 수 있을까요?

A 해지할 수 있습니다. 임대차계약에 있어 임대인의 지위의 양도는 임대인의 의무의 이전을 수반하는 것이지만 임대인의 의무는 임대인이 누구인가에 의하여 이행방법이 특별히 달라지는 것은 아니고, 목적물의 소유자의 지위에서 거의 완전히 이행할 수 있으며, 임차인의 입장에서 보아도 신 소유자에게 그 의무의 승계를 인정하는 것이 오히려 임차인에게 훨씬 유리할 수도 있으므로 임대인과 신 소유자와의 계약만으로써 그 지위의 양도를 할 수 있습니다. 그러나 이 경우 임차인이 원하지 아니하면 임대차의 승계를 임차인에게 강요할 수는 없는 것이어서 스스로 임대차를 종료시킬 수 있어야 한다는 공평의 원칙 및 신의성실의 원칙에 따라 임차인이 곧 이의를 제기함으로써 승계되는 임대차관계의 구속을 면할 수 있고, 임대인과의 임대차관계도 해지할 수 있습니다(대법원 1998.9.2. 자 98마100 결정 참조).

■ 임차인의 2기 차임이 연체되었다면 이것을 이유로 임대차계약을 해지할 수 있나요?

Q 저는 A건물의 임차인으로, 임대인 甲은 위 A건물을 乙에게 매도하였습니다. 위 매매계약으로 인하여 임대인의 지위가 목적물을 양수한 乙에게 승계되는 경우, 승계 이전에 이미 제가 甲에게 2기 이상의 차임이 연체되었다면 乙은 이것을 이유로 저와의 임대차계약을 해지할 수 있나요?

A 해제할 수 없습니다. 임대인 지위가 양수인에게 승계된 경우 이미 발생한 연체차임채권은 따로 채권양도의 요건을 갖추지 않는 한 승계되지 않았습니다. 따라서 양수인 乙이 별도로 이전 임대인 甲이 임차인에게 갖는 연체차임채권을 양수받지 않은 이상 승계 이후에 발생한 연체차임액이 2기 이상의 차임액에 달하여야만 비로소 임대차계약을 해지할 수 있는 것입니다 (대법원 2008.10.9. 선고 2008다3022 판결 참조). 따라서 양수인은 양수 이후 연체차임액이 발생하여야만 임대차계약을 해지할 수 있습니다.

■ 임차인의 2기 이상의 차임연체를 이유로 갱신된 임대차계약을 해지하겠다고 통보하였는데, 위 대차계약은 해지되는 것 인가요?

Q 저는 임차인으로, 임대차 계약을 갱신하기 전부터 차임을 연체하기 시작하여 갱신 후에도 차임을 연체하여 차임연체액이 2기의 차임액에 이르렀습니다. 임대인은 저에게 2기 이상의 차임연체를 이유로 갱신된 임대차계약을 해지하겠다고 통보하였는데, 위 대차계약은 해지되는 것인가요?

A 네, 해지됩니다. 임차인이 갱신 전부터 차임을 연체하기 시작하여 갱신 후에 차임연체액이 2기의 차임액에 이른 경우에도 임대차계약의 해지사유인 '임차인의 차임연체액이 2기의 차임액에 달하는 때'에 해당합니다. 즉, 이러한 경우 특별한 사정이 없는 한 임대인은 2기 이상의 차임연체를 이유로 갱신된 임대차계약을 해지할 수 있습니다(대법원 2014.7.24. 선고 2012다28486 판결 참조).

Q 저는 甲으로부터 점포를 임차하여 치과병원을 경영하던 중, 위 점포와 인접한 乙금속회사 창고 내에서 화재가 발생하여 제가 사용하던 치과 점포의 일부 및 점포에 있던 가구, 가전제품, 비품 등이 연소되었습니다. 제가 위 화재로 인하여 의료행위를 할 수 없게 되자 甲은 위 점포와 비슷한 평수의 인접 사무실에서 임시로 진료를 할 수 있게 해주었지만 저는 이 역시 여의치 않아 다른 장소로 치과를 이전하였습니다. 그렇다면, 저는 甲에게 화재발생으로 인접 사무실에서 임시로 진료를 했던 기간 동안의 임대료를 줘야 하는 것인가요?

A 일부를 지급해야 합니다. 임대차계약에 있어서 목적물을 사용·수익하게 할 임대인의 의무와 임차인의 차임지급의무는 상호 대응관계에 있습니다. 만약, 임대인이 목적물을 사용·수익하게 할 의무를 불이행하여 임차인이 목적물을 전혀 사용할 수 없을 경우에는 임차인은 차임 전부의 지급을 거절할 수 있으나 목적물의 사용·수익이 부분적으로 지장이 있는 상태인 경우에는 그 지장의 한도 내에서 차임의 지급을 거절할 수 있을 뿐 그 전부의 지급을 거절할 수 없습니다. 화재 후 甲이 내어 준 인접 사무실에서 치과진료를 함으로써 질문자는 임차목적과 같은 사용·수익에 부분적으로 지장을 받았을지언정 사용·수익을 전혀 할 수 없는 것이 아니었다면, 甲에게 차임의 일부를 지급해야 합니다(대법원 1997.4.25. 선고 96다44778 판결).

■ 소송 중에 소송비용이 발생하였는데, 이 소송비용도 제가 상대방에게 지급해야할 임대차보증금에서 공제할 수 있을까요?

Q 저는 임차인인 甲이 차임을 연체하여 甲에게 해지를 통지하였고, 그 후에도 임차목적물을 반환하지 아니하여 목적물의 인도와 연체차임의 지급을 구하는 소를 제기하였고 승소하였습니다. 위 소송 중에 소송비용이 발생하였는데, 이 소송비용도 제가 상대방에게 지급해야할 임대차보증금에서 공제할 수 있을까요?

A 공제할 수 있습니다. 부동산임대차에서 임차인이 임대인에게 지급하는 임대차보증금은 임대차관계가 종료되어 목적물을 반환하는 때까지 임대차관계에서 발생하는 임차인의 모든 채무를 담보하는 것입니다. 임대인이 임차인을 상대로 차임연체로 인한 임대차계약의 해지를 원인으로 임대차목적물인 부동산의 인도 및 연체차임의 지급을 구하는 소송비용은 임차인이 부담할 원상복구비용 및 차임지급의무 불이행으로 인한 것이어서 임대차관계에서 발생하는 임차인의 채무에 해당하므로 이를 반환할 임대차보증금에서 당연히 공제할 수 있습니다(대법원 2012.9.27. 선고 2012다49490 판결 참조).

■ 건물에 등기를 한 경우 새로운 소유자인에 대하여 전 소유자와의 임대차 계약의 효력을 주장할 수 있나요?

Q 저는 건물을 짓기 위하여 토지 소유자인 甲과 임대차 계약을 체결하고 그 등기는 하지 않은 채 건물의 건축을 시작하였습니다. 그러던 중 임대인인 甲은 제3자인 乙에게 토지를 매도하게 되었고, 저는 그 후에 제가 지은 건물에 관한 등기를 하게 되었습니다. 그렇다면, 저는 토지의 새로운 소유자인 乙에 대하여 위 甲과의 임대차계약의 효력을 주장할 수 있나요?

A 주장할 수 없습니다. 민법 제622조 제1항은 '건물의 소유를 목적으로 하는 토지임대차는 이를 등기하지 아니한 경우에도 임차인이 그 지상건물을 등기한 때에는 제3자에 대하여 임대차의 효력이 생긴다.'고 규정하고 있습니다. 하지만, 이는 건물을 소유하는 토지임차인의 보호를 위하여 건물의 등기로써 토지임대차 등기에 갈음하는 효력을 부여하는 것일 뿐이므로 임차인이 그 지상건물을 등기하기 전에 제3자가 그 토지에 관하여 물권취득의 등기를 한 때에는 임차인이 그 지상건물을 등기하더라도 그 제3자에 대하여 임대차의 효력이 생기지 않습니다. 따라서 새로운 소유자인 제3자와 새로운 임대차계약을 체결하지 않는 한 임대차의 존재를 주장할 수 없습니다.

■ 임대인인 제가 하자를 수선해야 할 의무가 있는 건가요?

Q 저는 임대인으로서 甲에게 목적물을 인도하였습니다. 그런데, 인도 당시에 이미 존재하고 있었던 하자가 있었고, 저는 그 사실을 몰랐습니다. 이럴 경우에도 임대인인 제가 위 하자를 수선해야할 의무가 있는 건가요?

A 수선의무가 있습니다. 민법 제623조는 "임대인은 목적물을 임차인에게 인도하고 계약 존속 중 그 사용, 수익에 필요한 상태를 유지하게 할 의무를 부담한다."라고 규정하고 있고, 여기서 '인도'는 단순한 인도가 아니라 '목적물을 임대차의 목적에 따라 사용・수익하기에 적합한 상태로의 인도를 뜻합니다. 한편, 목적물에 파손 또는 장해(이하 '하자')가 생긴 경우 그것이 임차인이 별 비용을 들이지 아니하고도 손쉽게 고칠 수 있을 정도의 사소한 것이어서 임차인의 사용・수익을 방해할 정도의 것이 아니라면 임대인은 수선의무를 부담하지 않지만(대법원 1994.12.9. 선고 94다34692, 34708 판결 등 참조), 그것을 수선하지 아니하면 임차인이 임대차의 목적에 따라 사용・수익하는 것을 방해받을 정도의 것이라면 임대인은 수선의무를 부담합니다(대법원 2012.3.29. 선고 2011다107405 판결 참조). 그렇다면, 임대인의 수선의무의 대상이 되는 하자는 임대차기간 중에 드러난 하자를 의미하는 것으로서 임대차기간 중에 비로소 발생한 하자에 한정되지 않고 이미 임대인이 임차인에게 목적물을 인도할 당시에 존재하고 있었던 하자도 포함된다고 봄이 타당합니다(서울중앙지방법원 2014.6.20. 선고 2014나13609 판결 참조).

■ 임차인이 임대인에게 부속물의 매수를 청구할 수 있을까요?

Q 저는 甲으로부터 5층 건물 중 1층과 2층 점포를 임차하였고, 공부상 음식점으로 기재되어 있는 위 점포에서 대중음식점을 영업하였다가, 임대차 기간이 만료되어 임대인에게 위 점포를 명도해야 하는 상황에 이르렀습니다. 그런데, 제가 임대차계약 체결 후 음식점 영업을 위해 실내장식, 주방, 화장실, 전기시설 기타 각종시설을 설치하였습니다. 점포를 양도하면서 제가 설치한 위 시설들을 임대인 甲에게 매수하도록 청구할 수 있을까요?

A 청구할 수 있습니다. 민법 제646조 제1항은 건물 기타 공작물의 임차인이 그 사용의 편익을 위하여 임대인의 동의를 얻어 이에 부속한 물건이 있는 때에는 임대차의 종료 시에 임대인에 대하여 그 부속물의 매수를 청구할 수 있다고 규정하고 있으며, 동조가 규정하는 건물임차인의 매수청구권의 대상이 되는 부속물이라 함은 건물에 부속된 물건으로 임차인의 소유에 속하고, 건물의 구성부분이 되지 아니한 것으로서 건물의 사용에 객관적인 편익을 가져오게 하는 물건을 뜻합니다(대법원 1993.2.26. 선고 92다41627 판결 참조). 우리 대법원은 5층 건물 중 공부상 용도가 음식점인 1, 2층을 임차하여 대중음식점을 경영하면서 음식점영업의 편익을 위하여 한 시설물이 건물의 사용에 객관적인 편익을 가져오게 하는 것이라고 본 사례가 있습니다(대법원 1993.2.26. 선고 92다41627 판결 참조).

■ 사정변경으로 인하여 임차인에게 차임의 증액을 청구할 수 있나요?

Q 저는 A토지의 임대인으로 차임에 갈음하여 위 토지 임차인 甲으로부터 A토지 상에서 甲이 운영하고 있는 B매점의 운영권을 인수받기로 약정하였습니다. 이후, 최초 계약일로부터는 19년, 매점운영권 인수일로부터는 9년이 지나 A토지의 차임이 2배 가까이 증가하였고 지가상승에 따른 공과부담이 증가한 반면, B매점의 독점적 지위가 상실되어 매점의 운영수입이 2분의 1 이상 감소함으로써 결국 매점의 운영수입이 부동산 차임의 2분의 1 정도에 불과하게 되었습니다. 이런 사정의 변동으로 인하여 임차인에게 차임의 증액을 청구할 수 있나요?

A 가능할 수 있습니다. 임차인이 이 사건 부동산의 차임에 갈음하여 임대인에게 매점의 운영권을 주기로 하면서 운영권 이외에 별도의 차임을 정하지 아니함으로써 일종의 차임불증액의 특약을 한 것으로 보더라도, 그 후 특약을 그대로 유지시키는 것이 신의칙에 반한다고 인정될 정도의 사정변경이 있는 경우에는 형평의 원칙상 임대인에게 차임증액청구를 인정할 수 있기 때문입니다(대법원 1996.11.12. 선고 96다34061 판결 참조). 따라서 임대인으로서는 위 매점의 운영수입이 차임의 2분의 1에 불과하게 되었음에도, 임대인으로서는 토지를 계속 임차인에게 임대해야 한다면, 임대인이 차임에 갈음하여 운영권을 받기로 한 특약을 그대로 유지시키는 것이 신의칙에 반한다고 주장할 수 있습니다.

■ 임차인이 2기 차임을 연체한 경우 임대인은 임차인과의 계약을 해지할 수 없는 것인가요?

Q 저는 상가건물 A를 甲에게 임대하였습니다. 이 상황에서 임차인이 차임연체액이 2기의 차임에 이른 경우, 민법 제640조에 의하여 해지할 수 있는 것인가요? 아니면 상가건물임대차보호법 제10조 제1항 제1호에 의해서 임대인의 임차인과의 계약을 해지할 수 없는 것인가요?

A 민법 제640조에 의해 해지 가능합니다. 상가건물 임대차보호법 제10조 제1항에서 규정한 임대인의 갱신요구거절권은 계약해지권과 행사시기, 효과 등이 서로 다를 뿐만 아니라, 민법 제640조에서 정한 계약해지에 관하여 별도로 규정하고 있지 아니하므로, 상가건물 임대차보호법의 위 규정은 민법 제640조에 대한 특례에 해당한다고 할 수 없습니다. 따라서 상가건물 임대차보호법의 적용을 받는 상가건물의 임대차에도 민법 제640조가 적용되고, 상가건물의 임대인이라도 임차인의 차임연체액이 2기의 차임액에 이르는 때에는 임대차계약을 해지할 수 있습니다. 그리고 같은 이유에서 민법 제640조와 동일한 내용을 정한 약정이 상가건물 임대차보호법의 규정에 위반되고 임차인에게 불리한 것으로서 위 법 제15조에 의하여 효력이 없다고 할 수 없습니다.

■ 토지임대차에서 그 지상 임차인소유 비닐하우스에 대한 매수를 청구할 수는 없는지요?

Q 저는 甲소유 토지를 임차하여 상당한 비용을 들여 쇠파이프골격 비닐하우스를 축조하고 채소를 재배하였는데, 임차계약기간이 만료되자 甲은 계약갱신을 거절하고 위 비닐하우스의 철거 및 토지의 인도를 청구하고 있습니다. 이 경우 제가 甲에게 위 비닐하우스의 매수를 청구할 수는 없는지요?

A 「민법」 제643조에서 건물 기타 공작물의 소유 또는 식목, 채염, 목축을 목적으로 한 토지임대차의 기간이 만료한 경우에 건물, 수목 기타 지상시설이 현존한 때에는 같은 법 제283조의 규정을 준용한다고 규정하고 있으며, 같은 법 제283조에서는 지상권이 소멸한 경우에 건물 기타 공작물이나 수목이 현존한 때에는 지상권자는 계약의 갱신을 청구할 수 있고, 지상권설정자가 계약의 갱신을 원하지 아니하는 때에는 지상권자는 상당한 가격으로 위의 공작물이나 수목의 매수를 청구할 수 있다고 규정하고 있습니다. 이러한 규정의 입법취지는 임대차계약이 종료된 때에 계약목적대지 위에 존재하는 지상물의 잔존가치를 보존하자는 국민경제적 요청과 아울러 토지소유자의 배타적 소유권행사로 인해 희생당하기 쉬운 임차인을 보호하기 위해서 임대차계약을 위반하지 않고, 계약을 성실하게 지켜온 임차인에게는 임대차계약이 종료된 때에 계약갱신요구권을 부여하고, 임대인이 굳이 위 요구를 벗어나 자신의 뜻대로 토지를 사용하고자 할 때에는 계약목적 토지위에 임차인이 설치한 건물 등 지상물을 매입하게 강제함으로써 비로소 위와 같은 제한으로부터 벗어날 수 있게 하고자 지상물매수청구권을 둔 것입니다(대법원 1996.3.21. 선고 93다42634 전원합의체 판결). 따라서 토지임차인의 지상물매수청구권을 인정하기 위해서는 그 지상물의 설치가 임차목적에 위배되지 않아야 할 것이며, 그 가치를 보존할 경제적 가치가 동시에 인정될 것이 요청됩니다. 참고로 판례를 보면, 임차인이 화초의 판매용지로 임차한 토지에 설치한 비닐하우스가 화훼판매를 위하여 필요한 시설물이라 하더라도 그 자체의 소유가 그 임대차의 주된 목적은 아니었을 뿐 아니라, 비용이 다소 든다고 하더라도 주구조체인 철재파이프를 토지로부터 쉽게 분리·철거해낼 수 있는 점 등에 비추어 비닐하우스를 철거할 경우 전혀 쓸모가 없어진다거나 사회경제적으로 큰 손실을 초래하지 않는다면서, 임차인의 매수청구권을 부정한 사례가 있습니다(대법원 1997.2.14. 선고 96다46668 판결). 따라서 위 사안에 있어서 쇠파이프골격 비닐하우스는 토지임차인의 지상물매수청구의 대상이 되기 어렵다고 할 것입니다.

■ 무허가건물에 대하여도 토지임차인의 매수청구권이 인정되는지요?

Q 저는 수년 전 계약기간을 정함이 없이 甲으로부터 토지를 임차하여 주택을 건축하였으나, 그 당시는 건축허가를 받아야 한다는 것을 알지 못하여 무허가건물이 되었는데, 甲은 6개월 전 계약해지통지를 한 후 건물의 철거 및 토지인도청구소송을 하겠다고 하는바, 이 경우 제가 위 주택의 매수를 청구할 수 없는지요?

A 건물 기타 공작물의 소유를 목적으로 한 토지임대차가 기간의 만료로 종료된 경우, 건물 등 지상시설이 현존하는 때에는 계약의 갱신을 청구할 수 있고, 임대인이 계약의 갱신을 원하지 아니하면 임차인은 상당한 가액으로 건물 등의 매수를 청구할 수 있으며(민법 제643조, 제283조). 이에 위반한 약정으로서 임차인이나 전차인에게 불리한 것은 그 효력이 없습니다(민법 제652조). 또한, 토지임차인의 지상물매수청구권은 기간의 정함 없는 임대차에 있어서 임대인에 의한 해지통고에 의하여 그 임차권이 소멸된 경우에도, 임차인의 계약갱신 청구의 유무에도 불구하고 인정됩니다(대법원 1995.7.11. 선고 94다34265 판결, 1995.12.26. 선고 95다42195 판결).

그리고 무허가건물의 경우에도 매수청구권이 인정되는지 판례를 보면,「민법」제643조가 정하는 건물소유를 목적으로 하는 토지임대차에 있어서 임차인이 가지는 건물매수청구권은 건물의 소유를 목적으로 하는 토지임대차계약이 종료되었음에도 그 지상건물이 현존하는 경우에 임대차계약을 성실하게 지켜온 임차인이 임대인에게 상당한 가액으로 그 지상건물의 매수를 청구할 수 있는 권리로서 국민경제적 관점에서 지상건물의 잔존가치를 보존하고, 토지소유자의 배타적 소유권행사로 인하여 희생당하기 쉬운 임차인을 보호하기 위한 제도이므로, 임대차계약 종료시에 경제적 가치가 잔존하고 있는 건물은 그것이 토지의 임대목적에 반하여 축조되고 임대인이 예상할 수 없을 정도의 고가의 것이라는 등의 특별한 사정이 없는 한, 비록 행정관청의 허가를 받은 적법한 건물이 아니더라도 임차인의 건물매수청구권의 대상이 될 수 있으나, 건물매수청구권행사로 인하여 토지소유자가 임차인에게 지급하여야 할 건물의 시가를 산정함에 있어서 그 건물에서 임차인이 영업을 하면서 얻고 있었던 수익까지 고려하여야 할 것은 아니라고 하였습니다(대법원 1997.12.23. 선고 97다37753 판결). 따라서 위 주택이 토지의 임대목적에 반하여 축조되고, 임대인이 예상할 수 없을 정도의 고가의 것이라는 등의 특별한 사정이 없는 한, 귀하는 무허가건물일지라도 위 주택의 매수를 甲에게 청구해볼 수 있을 것으로 보입니다.

■ 임차인의 건물매수청구권을 포기하기로 한 약정이 유효한지요?

Q 저는 甲이 건물소유를 목적으로 乙소유 토지를 임차하여 신축한 미등기건물을 위 임차권을 포함하여 甲으로부터 매수하였습니다. 그런데 乙은 자기의 동의 없이 위 토지임차권을 무단양도 하였다는 이유로 甲에게 계약해지를 통고하였으므로 甲과 저는 乙에게 사정하여 3년 후에는 위 건물을 철거하겠다는 조건으로 乙과 제가 임대차계약을 체결하였습니다. 그런데 민법상 건물매수청구권에 관한 임차인에게 불리한 약정은 효력이 없다고 하는바, 3년이 만료된 후 제가 위 건물의 매수청구를 할 수 없는지요?

A 「민법」 제652조에서 건물소유를 목적으로 한 토지임차인의 건물매수청구권에 관한 같은 법 제643조의 규정에 위반한 약정으로 임차인이나 전차인에게 불리한 것은 효력이 없다고 규정하고 있으며, 같은 법 제629조에서는 임차인은 임대인의 동의 없이 그 권리를 양도하거나 임차물을 전대하지 못하며 임차인이 이를 위반한 때에는 임대인은 계약을 해지할 수 있다고 규정하고 있습니다. 그런데 임차인의 매수청구권에 관한 「민법」 제643조를 위반하는 약정으로서 임차인 등에게 불리한 것인지에 관한 판단기준에 관한 판례를 보면, 임차인의 매수청구권에 관한 「민법」 제643조는 강행규정이므로 이를 위반하는 약정으로서 임차인이나 전차인에게 불리한 것은 효력이 없는데, 임차인 등에게 불리한 약정인지는 우선 당해계약의 조건자체에 의하여 가려져야 하지만, 계약체결경위와 제반사정 등을 종합적으로 고려하여 실질적으로 임차인 등에게 불리하다고 볼 수 없는 특별한 사정을 인정할 수 있을 때에는 강행규정에 저촉되지 않는 것으로 보아야 한다고 하였습니다(대법원 2011.5.26. 선고 2011다1231 판결). 그리고 무단양도 등으로 토지를 점유할 권원이 없어 건물을 철거하여야 할 처지에 있는 건물소유자에게 토지소유자가 은혜적으로 명목상 차임만을 받고 토지의 사용을 일시적으로 허용하는 취지에서 토지임대차계약이 체결된 경우라면, 임대인의 요구시 언제든지 건물을 철거하고 토지를 인도한다는 특약이 임차인에게 불리한 약정에 해당되지 않는다고 하였습니다(대법원 1997.4.8. 선고 96다45443 판결, 2002.5.31. 선고 2001다42080 판결).

따라서 위 사안의 경우 커하도 乙에 대하여 위 주택의 매수청구권을 행사하기 어렵다고 할 것입니다. 참고로 임차인의 매수청구권포기약정에 관한 사례를 보면, 건물이 경제적 가치가 별로 없었던 것으로서 건물의 전소유자의 조건 없는 철거약정이 있었고, 또한 건물소유자가 법정지상권이 없으면 건물을 철거할 수밖에 없는 처지에서 대지에 법정지상권이 없으면 건물을 철거하기로 약정하고 대지를 임차하였다면 그와 같은 철거약정은 대지임차인에게 일방적으로 불리한 약정이라고 볼 수 없으므로 대지소유자에 대하여 「민법」 제643조에서 정한 건물매수청구권을 행사할 수 없다고 한 사례도 있습니다(대법원 1993.12.28. 선고 93다26687 판결).

■ 토지소유자 변경된 경우 토지임차인의 지상물매수청구권의 상대방은 누구입니까?

Q 저는 7년 전 甲소유 토지를 기간을 정하지 않고 임차하여 甲의 승낙을 받아 집을 짓고 등기 한 후 살고 있었는데, 7개월 전 甲이 위 토지를 매도하겠다는 이유로 해지통고서를 보내오더니, 최근에는 토지소유명의가 乙에게 이전되었고, 乙은 저에게 위 집의 철거와 토지의 인도를 청구하고 있습니다. 이 경우에도 위 집의 매수청구권을 행사할 수 있는지, 만일 청구가 가능하다면 누구에게 매수청구를 하여야 하는지요?

A 「민법」 제643조에서 같은 법 제283조를 준용하여 토지임차인의 건물매수청구권에 관하여 규정하고 있으며, 같은 법 제652조에서는 위 규정에 위반한 약정으로서 임차인에게 불리한 것은 그 효력이 없다고 규정하고 있습니다. 또한, 같은 법 제622조 제1항에서 건물소유를 목적으로 한 토지임대차는 이를 등기하지 아니한 경우에도 임차인이 그 지상건물을 등기한 때에는 제3자에 대하여 임대차의 효력이 생긴다고 규정하고 있습니다.

그러나 위 사안에서는 현재 토지의 소유자가 임대인 甲으로부터 乙로 변경되었고, 귀하의 임차권은 민법 제635조에 따라 甲의 해지통고 후 6개월이 지난 때에 이미 소멸되었다고 할 것이므로, 이러한 경우에도 위 규정에 의한 매수청구권을 행사할 수 있는지 문제됩니다. 이에 관하여 판례를 보면, 건물소유를 목적으로 한 토지임차인의 건물매수청구권행사의 상대방은 통상의 경우 기간의 만료로 인한 임차권소멸 당시의 토지소유자인 임대인일 것이지만, 임차권소멸 후 임대인이 그 토지를 제3자에게 양도하는 등으로 그 소유권이 이전되었을 때에는 제3자에 대하여 대항할 수 있는 토지임차권을 가지고 있던 토지임차인은 그 신소유자에게 대하여도 위 매수청구권을 행사할 수 있다고 봄이 상당하다고 하였습니다(대법원 1977.4.26. 선고 75다348 판결, 1996.6.14. 선고 96다14517 판결).

따라서 귀하는 현재의 소유자인 乙의 건물철거 및 토지인도청구에 대응하여 위 건물의 매수를 乙에게 청구하여야 할 것으로 보입니다. 그리고 판례를 보면, 건물소유를 목적으로 하는 토지임차인의 건물매수청구권행사의 상대방은 원칙적으로 임차권소멸 당시의 토지소유자인 임대인이고, 임대인이 임차권소멸 당시에 이미 토지소유권을 상실한 경우에는 그에게 지상건물의 매수청구권을 행사할 수는 없으며, 이는 임대인이 임대차계약의 종료 전에 토지를 임의로 처분하였다하여 달라지는 것은 아니라고 하였으므로(대법원 1994.7.29. 선고 93다59717, 59724 판결), 위 사안에서 이미 소유권을 상실한 甲에 대해서는 위 건물의 매수청구를 할 수 없을 것으로 보입니다.

■ 토지가 양도된 경우 등기하지 않은 토지임차권은 보호되는지요?

Q 저는 6년 전 甲의 토지를 임차하여 그 위에 건물 3동을 짓고 살면서 그 중 1동을 丙에게 임차보증금 2,000만원으로 하여 임대해주었는데, 최근 甲이 저도 모르게 위 토지를 乙에게 매도하였고 乙은 저에게 건물 3동의 철거를 요구하고 있습니다. 甲은 위 토지임대차계약체결 당시 저에게 '토지 위로 도로가 개설될 때까지 계속 사용하라.'면서 약속을 하였고, 아직까지 도로가 개설되지 않았습니다. 또한, 위 토지는 도시계획상 도로부지로 지정되었기 때문에 위 건물 3동은 건축허가가 나지 않아 현재까지 무허가미등기건물입니다. 저는 약속을 믿고 1년 전 5,000만원을 투자하여 위 건물 3동을 증·개축까지 하였는데, 甲의 요구대로 철거를 해야 하는지, 그렇다면 증·개축비는 누구에게 받아야 하며 또한 건물에 대한 매수청구권을 행사할 수는 없는지, 그리고 丙의 임차보증금은 제가 반환해야 하는지요?

A 일반적으로 임차권은 채권에 불과하므로 그 임차권을 등기하지 아니한 경우에는 매수인에게 대항할 수 없습니다. 다만, 주택임대차에 한해서는 등기를 하지 않았더라도 입주와 주민등록전입신고의 요건을 갖추면 매수인에게 대항할 수 있는 것입니다.

위 사안은 토지임대차이므로 대항력을 취득하기 위해서는 임차권등기를 마쳐야 하나, 귀하는 토지임차권에 대하여 등기를 하지 않았기 때문에 비록 전입신고(주민등록)와 입주를 하고 토지를 점유하고 있더라도 새로운 소유자인 乙에게 대항할 수 없는 것이고, 건물을 철거하고 토지를 인도해주어야 합니다. 다만, 「민법」 제622조 제1항에서 건물소유를 목적으로 한 토지임대차는 이를 등기하지 아니한 경우에도 임차인이 그 지상건물을 등기한 때에는 제3자에 대하여 임대차의 효력이 생긴다고 규정하고 있기 때문에 만약 귀하가 이 사건 토지가 매매되기 전에 건물 3동에 대한 보존등기를 하였더라면 비록 토지에 대해 임차권등기를 하지 않았더라도 대항력이 있어 토지임대차기간동안 즉, 토지에 도로가 개설될 때까지 甲에게 토지를 인도해주지 않아도 될 것입니다.

그런데 귀하는 건물에 대한 보존등기도 하지 않았기 때문에 乙에게 대항력을 주장할 수 없다고 할 것이고, 따라서 증·개축비 5,000만원에 대한 반환청구권, 건물에 대한 지상물매수청구권도 乙에게 행사할 수 없다고 하겠습니다. 물론 丙의 임차보증금도 귀하가 반환할 책임을 부담하여야 할 것입니다. 다만, 甲이 도로가 개설되기도 전에 아무런 이유 없이 일방적으로 임대차계약을 해지하였기 때문에 이는 임대차계약의 채무불이행에 해당한다고 할 것이고, 따라서 귀하는 甲에게 그로 인한 손해배상을 청구할 수 있을 것으로 보입니다. 그러므로 토지의 임차인인 경우에는 반드시 임대차의 등기를 해야만(지상물을 등기하는 경우에도 토지임차권의 대항력 발생) 그 임차권이 보호받을 수 있음을 유념하시기 바랍니다.

Q 저는 주택소유를 목적으로 甲의 토지를 임차하고, 약 1,000만원을 들여 신축한 주택을 등기한 뒤, 매년 쌀 두 가마를 임료로 지급하여 왔으나, 甲은 임대차계약기간이 종료하자 저를 상대로 건물철거 및 토지인도청구소송을 제기하였습니다. 저는 甲의 청구를 받아들일 수밖에 없는지요?

A 위와 같이 건물 기타 공작물의 소유를 목적으로 한 토지임대차가 기간의 만료로 종료된 경우, 건물 등 지상시설이 현존하는 때에는 계약의 갱신을 청구할 수 있고, 임대인이 계약의 갱신을 원하지 아니하면 임차인은 상당한 가액으로 건물 등의 매수를 청구할 수 있으며(민법 제643조, 제283조), 이에 위반한 약정으로서 임차인이나 전차인에게 불리한 것은 그 효력이 없습니다(민법 제652조). 또한, 토지임차인의 지상물매수청구권은 기간의 정함이 없는 임대차에 있어서 임대인에 의한 해지통고에 의하여 그 임차권이 소멸된 경우에도 마찬가지로 인정됩니다(대법원 1995.7.11. 선고 94다34265 판결). 그리고 토지임대인과 임차인 사이에 임대차기간 만료시에 임차인이 지상건물을 양도하거나 이를 철거하기로 하는 약정은 특별한 사정이 없는 한, 「민법」 제643조에서 정한 임차인의 지상물매수청구권을 배제하기로 하는 약정으로서 임차인에게 불리한 것이므로 「민법」 제652조의 규정에 의하여 무효라고 보아야 하며, 토지임차인의 매수청구권행사로 지상건물에 대하여 시가에 의한 매매유사의 법률관계가 성립된 경우에는 임차인의 건물명도 및 그 소유권이전등기의무와 토지임대인의 건물대금지급의무는 서로 대가관계(동시이행의 관계)에 있는 채무가 됩니다(대법원 1998.5.8. 선고 98다2389 판결). 그러므로 甲이 계약의 갱신을 원하지 않는다면 귀하는 甲에게 매수청구를 할 수 있다고 할 것입니다.

그러나 공작물의 소유 등을 목적으로 하는 토지임대차에 있어서 임차인의 채무불이행을 이유로 계약이 해지된 경우에는 임차인은 임대인에 대하여 「민법」 제283조, 제643조에 의한 매수청구권을 가지지 아니하므로(대법원 2003.4.22. 선고 2003다7685 판결), 토지임대차에 있어서 토지임차인의 차임연체 등 채무불이행을 이유로 그 임대차계약이 해지되는 경우에는 토지임차인으로서 토지임대인에 대하여 그 지상건물의 매수를 청구할 수 없으며(대법원 1997.4.8. 선고 96다54249, 54256 판결), 주택이 멸실(滅失)한 때에도 매수청구권을 주장하지 못할 것으로 보입니다.

참고로 임차인의 매수청구권에 관한 「민법」 제643조를 위반하는 약정으로서 임차인 등에게 불리한 것인지에 관한 판단기준에 관한 판례를 보면, 임차인의 매수청구권에 관한 「민법」 제643조는 강행규정이므로 이를 위반하는 약정으로서 임차인이나 전차인에게 불리한 것은 효력이 없는데, 임차인 등에게 불리한 약정인지는 우선 당해계약의 조건자체에 의하여 가려져야 하지만, 계약체결경위와 제반사정 등을 종합적으로 고려하여 실질적으로 임차인 등에게 불리하다고 볼 수 없는 특별한 사정을 인정할 수 있을 때에는 강행규정에 저촉되지 않는 것으로 보아야 한다고 하면서, 甲지방자치단체와 임차인 乙이 대부계약(실질은 식목을 목적으로 하는 토지임대차)을 체결하면서 한 지상물매수청구권 포기약정이 乙에게 불리한 것인지 문제된 사안에서, 대부계약의 경우 대부료는 엄격히 법이 정한대로 징수하게 할 뿐 아니라 대부료가 저렴한 경우가 일반적인 점, 공유재산은 언제든지 행정목적이 변경됨에 따라 다른 용도로 사용될 수 있기 때문에 대부계약에서는 공용·공공용 또는 공익사업에 필요할 때 언제든지 대부계약을 해지할 수 있다는 조항을 두는 것이 통상적이고 대부계약의 해제 및 원상회복의무와 「민법」 제203조 또는 제626조의 적용배제에 관한 약정도 그러한 취지에서 포함된 것으로 보이는 점, 수목의 경우 지상건물과 달리 이식으로 인한 가치저하가 적고, 乙은 이를 이식해 당초 자신의 사업대로 활용할 수 있으나 甲지방자치단체는 활용하기 어려운 점 등을 종합해보면 위 지상물매수청구권 포기약정이 전체적으로 보아 반드시 일방적으로 乙에게 불리한 것이었다고 단정할 수 없다고 한 사례가 있습니다(대법원 2011.5.26. 선고 2011다1231 판결).

■ 임대인에게 임차 목적물을 반환할 때 임차목적물에 지출한 각종 유익비의 상환청구권을 행사할 수 있을까요?

Q 저는 甲으로부터 A건물을 임차하면서 "임차인은 임대인의 승인하에 개축 또는 변조할 수 있으나, 부동산의 반환기일 전에 임차인의 부담으로 원상복구키로 한다."라고 약정하였습니다. 이 경우, 저는 임대인 甲에게 위 임차 목적물을 반환할 때 임차목적물에 지출한 각종 유익비의 상환청구권을 행사할 수 있을까요?

A 행사할 수 없습니다. 비용상환청구권에 관한 민법 제626조 제2항은 임차인이 유익비를 지출한 경우에는 임대인은 임대차 종료시에 그 가액의 증가가 현존한 때에 한하여 임차인의 지출한 금액이나 그 증가액을 상환하여야 한다고 규정하고 있으나, 이는 강행규정이 아니므로 당사자 사이의 특약으로 이를 포기하거나 제한하는 것이 가능합니다. 한편, 임차인이 임대인에게 임차목적물을 반환할 때 일체비용을 부담하여 원상복구하기로 하는 약정은 임차인의 유익비상환청구권을 배제하기로 하는 약정에 해당하므로(대법원 1995.6.30. 선고 95다12927 판결 참조) 임차인은 임대인에게 유익비상환청구권을 행사할 수 없습니다.

■ 기간을 정하지 않은 사용대차에서 사용수익에 충분한 기간은 언제까지 인지요?

Q 甲은 그의 아버지의 권유에 따라서 동생인 乙에게 甲소유의 토지를 사용기간을 정하지 않은 채 무상으로 사용하도록 허락하였으며, 乙은 그 토지위에 벽돌조건물인 주택을 신축하여 사용하고 있었는데, 40년이 지난 지금 甲은 직장에서 정리해고를 당하여 위 토지를 매도하여 사업자금을 마련하고자 하지만, 乙이 위 토지의 인도를 거부하고 있습니다. 이 경우 乙에게 위 토지의 인도를 청구할 수 있는지요?

A 「민법」 제609조에서 사용대차는 당사자일방이 상대방에게 무상으로 사용, 수익하게 하기 위하여 목적물을 인도할 것을 약정함으로써 상대방은 이를 사용, 수익한 후 그 물건을 반환할 것을 약정함으로써 그 효력이 생긴다고 하였습니다. 그리고 차용물의 반환시기에 관하여 같은 법 제613조에서는 차주는 약정시기에 차용물을 반환하여야 하고, 시기약정이 없는 경우에는 차주는 계약 또는 목적물의 성질에 의한 사용, 수익이 종료한 때에 반환하여야 하며, 다만 사용, 수익에 충분한 기간이 경과한 때에는 대주는 언제든지 계약을 해지할 수 있다고 하였습니다. 또한, 차주의 원상회복에 관하여 같은 법 제615조에서는 차주가 차용물을 반환하는 때에는 이를 원상에 회복하여야 하며, 이에 부속시킨 물건은 철거할 수 있다고 하였습니다.

그런데 「민법」 제613조 제2항에서 정한 사용·수익에 충분한 기간이 경과하였는지의 판단 기준에 관하여 판례를 보면, 「민법」 제613조 제2항에 의하면, 사용대차에 있어서 그 존속기간을 정하지 아니한 경우에는, 차주는 계약 또는 목적물의 성질에 의한 사용·수익이 종료한 때에 목적물을 반환하여야 하나, 현실로 사용·수익이 종료하지 아니한 경우라도 사용·수익에 충분한 기간이 경과한 때에는 대주는 언제든지 계약을 해지하고 그 차용물의 반환을 청구할 수 있는 것인바, 「민법」 제613조 제2항에서 정한 사용·수익에 충분한 기간이 경과하였는지는 사용대차계약 당시의 사정, 차주의 사용기간 및 이용 상황, 대주가 반환을 필요로 하는 사정 등을 종합적으로 고려하여 공평의 입장에서 대주에게 해지권을 인정하는 것이 타당한가의 여부에 의하여 판단해야 할 것이라고 하였습니다(대법원 2001.7.24. 선고 2001다23669 판결, 2009.7.9. 선고 2007다83649 판결).

따라서 위 사안의 경우 乙이 위 토지를 40년간 무상으로 사용·수익하였고, 현재 甲이 정리해고로 실직하여 생활이 곤궁해진 상황 등을 고려할 때 甲은 乙에게 위 토지의 인도를 청구해볼 수 있을 것으로 보입니다.

Q 저는 A에게 건물을 임대하였는데, A는 B에게 임대차보증금반환채권을 양도하였고, 저는 이의를 보류함이 없이 채권양도를 승낙하였습니다. 그런데 저는 A와 임대차계약을 체결할 당시 A가 개조한 목적물의 원상회복비용 보증금조로 1000만원을 지급받기로 약정한 사실이 있는데, 저는 계약의 종료시에 B에게 위 1000만원을 공제하고 보증금을 반환하여도 되는지요?

A 부동산임대차에 있어서 임차인이 임대인에게 지급하는 임대차보증금은 임대차관계가 종료되어 목적물을 반환하는 때까지 그 임대차관계에서 발생하는 임차인의 모든 채무를 담보하는 것으로서, 임대인의 임대차보증금 반환의무는 임대차관계가 종료되는 경우에 그 임대차보증금 중에서 목적물을 반환받을 때까지 생긴 연체차임 등 임차인의 모든 채무를 공제한 나머지 금액에 관하여서만 비로소 이행기에 도달하는 것이므로(대법원 1987.6.23. 선고 87다카98 판결 참조), 그 임대차보증금 반환 채권을 양도함에 있어서 임대인이 아무런 이의를 보류하지 아니한 채 채권양도를 승낙하였어도 임차 목적물을 개축하는 등 하여 임차인이 부담할 원상복구비용 상당의 손해배상액은 반환할 임대차보증금에서 당연히 공제할 수 있다 할 것이나, 임대인과 임차인 사이에서 장래 임대목적물 반환시 위 원상복구비용의 보증금 명목으로 지급하기로 약정한 금액은, 임대차관계에서 당연히 발생하는 임차인의 채무가 아니라 임대인과 임차인 사이의 약정에 기하여 비로소 발생하는 채무에 불과하므로, 반환할 임대차보증금에서 당연히 공제할 수 있는 것은 아니라 할 것이어서, 임대차보증금 반환 채권을 양도하기 전에 임차인과 사이에 이와 같은 약정을 한 임대인이 이와 같은 약정에 기한 원상복구비용의 보증금 청구 채권이 존재한다는 이의를 보류하지 아니한 채 채권양도를 승낙하였다면 민법 제451조 제1항이 적용되어 그 원상복구비용의 보증금 청구 채권으로 채권양수인에게 대항할 수 없다 할 것입니다(대법원 2002.12.10. 선고 2002다52657).

따라서 실제로 소요되었거나 소요될 원상복구 비용이 아니라, A와의 약정에 의한 원상복구비용의 보증금이라면, 임대차보증금에서 당연히 공제될 수는 없는 것이고, 다만 약정금 채권으로서 상계 주장을 할 수 있을 뿐인데, 위 약정에 관한 이의를 보류하지 아니한 채 채권양도를 승낙하였으므로, 민법 제451조 제1항에 따라 이의를 보류하지 아니한 채권양도 승낙의 효과로서 위 원상복구비용과 관련된 공제에 관한 사유로써 양수인인 B에게 대항할 수는 없게 되었다 할 것이어서, B에게 보증금을 반환할 때 위 금액을 보증금에서 공제할 수는 없으리라 보입니다.

> **■ 임대인이 목적물을 사용·수익하게 할 의무를 불이행하여 임차인이 목적물을 전혀 사용할 수 없을 경우, 임차인이 차임 전부의 지급을 거절할 수 있는지요?**

Q 저는 A로부터 점포를 임차하여 골프전문매장으로 사용하면서 매년 계약을 갱신하여 오던 중, 경영악화로 월차임을 지급하지 못하였습니다. 그러자 A는 이 사건 점포에 시정장치를 하여 저의 출입을 막고 있는데, 저는 A에게 차임의 지급을 거절할 수 있나요?

A 임대차계약에 있어서 목적물을 사용·수익하게 할 임대인의 의무와 임차인의 차임지급의무는 상호 대응관계에 있으므로 임대인이 목적물을 사용·수익하게 할 의무를 불이행하여 임차인이 목적물을 전혀 사용할 수 없을 경우에는 임차인은 차임 전부의 지급을 거절할 수 있습니다(대법원 1989.6.13. 선고 88다카13332, 13349 판결, 대법원 1997.4.25. 선고 96다44778, 44785 판결 등 참조).

따라서 A가 점포에 시정장치를 함으로써 임차인으로 하여금 이 사건 점포를 사용·수익할 수 없게 하였다면, 그 기간 동안의 차임 지급을 거절할 수 있다고 할 것입니다.

■ 임차인의 매수청구권에 관한 약정이 민법 제643조를 위반하는 약정인지에 대한 판단기준은?

Q 저는 식목을 목적으로 지방자치단체의 토지를 임차하는 대부계약을 체결하였는데, 대부료가 저렴하고 대부기간이 장기간인 반면, 지방자치단체가 공익사업에 필요할 때 언제든지 대부계약을 해지할 수 있고 임차인이 지상물매수청구권을 행사하지 못하는 내용으로 임대차 계약을 체결하였습니다. 저는 계약의 종료시 지상물매수청구권을 행사할 수 있을런지요?

A 임차인의 매수청구권에 관한 민법 제643조는 강행규정이므로 이를 위반하는 약정으로서 임차인이나 전차인에게 불리한 것은 효력이 없는데, 임차인 등에게 불리한 약정인지는 우선 당해 계약의 조건 자체에 의하여 가려져야 하지만 계약체결 경위와 제반 사정 등을 종합적으로 고려하여 실질적으로 임차인 등에게 불리하다고 볼 수 없는 특별한 사정을 인정할 수 있을 때에는 강행규정에 저촉되지 않는 것으로 보아야 합니다.

대부계약의 경우 대부료는 엄격히 법이 정한대로 징수하게 할 뿐 아니라 대부료가 저렴한 경우가 일반적인 점, 공유재산은 언제든지 행정목적이 변경됨에 따라 다른 용도로 사용될 수 있기 때문에 대부계약에서는 공용 또는 공익사업에 필요할 때 언제든지 대부계약을 해지할 수 있다는 조항을 두는 것이 통상적이고 대부계약의 해제 및 원상회복의무와 민법 제203조 또는 제626조의 적용 배제에 관한 약정도 그러한 취지에서 포함된 것으로 보이는 점, 수목의 경우 지상 건물과 달리 이식으로 인한 가치 저하가 적고, 임차인이 이를 이식해 당초 자신의 사업대로 활용할 수 있으나 지방자치단체는 활용하기 어려운 점 등을 종합해 보면 지상물매수청구권 포기 약정이 전체적으로 보아 반드시 일방적으로 임차인에게 불리한 것이었다고 단정할 수 없다고 보입니다. 따라서 특별한 사정이 없는한 민법 제643조의 규정에도 불구하고 매수청구권을 행사하기 어려워 보입니다(대법원 2011.5.26. 선고 2011다1231).

■ 임대차기간 중의 해제 해지 의사표시에 어떠한 제한이 따르는 경우, 기간 만료로 인한 임대차계약의 종료시에도 적용되는지요?

Q 저는 소유하고 있는 건물을 A에게 임차하였고 A는 건물을 임차하여 대형쇼핑몰을 운영하기로 하면서, 특약사항으로 수분양자 과반수의 결의 및 통보가 있는 경우에만 계약을 해지할 수 있다는 문구를 기재하였습니다. 제가 임대차기간이 만료되어 해지하는 경우에도 위 조항이 적용되는지요?

A 민법 제211조는 '소유자는 법률의 범위 내에서 그 소유물을 사용, 수익, 처분할 권리가 있다.'고 규정하고 있습니다. 소유자의 위와 같은 소유권 행사에는 다양한 공법상 또는 사법상 제한이 따를 수 있고, 소유자 스스로의 의사에 기한 임차권 등 용익권의 설정에 의하여 소유권 행사가 제한될 수도 있습니다. 그러나 임대차기간 등 용익권 설정계약의 기간이 경과한 후에는 소유자가 용익권 설정으로 인한 제한으로부터 벗어나 자유롭게 소유권을 행사할 수 있는 권리가 보장되어야 할 것이므로, 임대차기간 중의 해제?해지 의사표시에 어떠한 절차가 요구되거나 제한이 따른다고 하여 임대차기간 만료에 의한 임대차계약의 종료 시에도 당연히 그와 같은 제한이 적용된다고 확대해석 하여서는 안 되고, 기간만료로 인한 임대차계약의 종료에 어떠한 제한이 따른다고 하기 위해서는 그러한 내용의 법률 규정이나 당사자 사이의 별도의 명시적 또는 묵시적 약정이 있어야 한다는 것이 판례의 입장입니다(대법원 2014.6.26. 선고 2014다1412).

따라서 임대차계약서상 해제, 해지의 경우에는 수분양자 과반수의 의결 및 통보를 통하여야 한다고 규정하고 있는 경우 임대차기간 만료에도 위 절차를 거쳐야 한다는 법률의 규정 또는 약정이 있지 않는 한, 수분양자 과반수의 의결 및 통보를 요하는 것은 임대차계약의 의무이행과 관련되는 해제, 해지에 한정해야 할 것이고, 기간만료로 인한 종료 시에까지 그러한 제약을 인정할 수는 없다고 보입니다.

Q 저는 A에게 제 소유의 공장을 임대하였는데, A가 저의 동의 없이 B에게 공장을 전대하였습니다. 저는 B에게 불법점유를 이유로 한 차임상당 손해배상청구나 부당이득반환청구를 할 수 있을런지요?

A 임차인이 임대인의 동의를 받지 않고 제3자에게 임차권을 양도하거나 전대하는 등의 방법으로 임차물을 사용·수익하게 하더라도, 임대인이 이를 이유로 임대차계약을 해지하거나 그 밖의 다른 사유로 임대차계약이 적법하게 종료되지 않는 한 임대인은 임차인에 대하여 여전히 차임청구권을 가지므로, 임대차계약이 존속하는 한도 내에서는 제3자에게 불법점유를 이유로 한 차임상당 손해배상청구나 부당이득반환청구를 할 수 없습니다(대법원 2008.2.28. 선고 2006다10323). 따라서 A에게 동의 없는 전대차를 이유로 임대차계약을 해지할 수는 있으나, 계약을 해지 않은 상태에서 B에게 불법점유를 이유로 한 손해배상청구나 부당이득반환청구를 할 수는 없을 것이리라 보입니다.

■ 가장 임대차의 경우 주택임대차보호법상의 대항력을 주장할 수 있는지요?

Q 저는 A로부터 대여금을 받지 못하여, 대여금을 우선변제 받을 목적으로 A와 주택임대차계약을 체결하면서 임대차보증금을 대여금으로 갈음하기로 약정하고, 주택을 인도받아 주민등록을 마쳤으나, 실제 주택에 거주하고 있지는 않습니다. 저는 주택임대차보호법상 대항력을 주장할 수 있는지요?

A 임대차는 임차인으로 하여금 목적물을 사용·수익하게 하는 것이 계약의 기본 내용이므로(민법 제618조 참조), 채권자가 주택임대차보호법상의 대항력을 취득하는 방법으로 기존 채권을 우선변제 받을 목적으로 주택임대차계약의 형식을 빌려 기존 채권을 임대차보증금으로 하기로 하고 주택의 인도와 주민등록을 마침으로써 주택임대차로서의 대항력을 취득한 것처럼 외관을 만들었을 뿐 실제 주택을 주거용으로 사용·수익할 목적을 갖지 아니한 계약은 주택임대차계약으로서는 통정허위표시에 해당되어 무효라고 할 것입니다. 따라서 임대차계약을 체결하고 인도받은 목적이 단지 주택임대차보호법에 따라 대항력을 취득하는 방법으로 채권을 담보하기 위하여 외견상 주택임대차보호법에서 정한 임대차계약의 체결과 주택의 인도라는 형식만을 갖추기 위한 데 있을 뿐이고 실제로 주택의 사용·수익을 위한 것이 아니라면, 위 법 소정의 대항력을 주장할 수 없습니다(대법원 2002.3.12. 선고 2000다24184).

Q 저는 A에게 건물을 임대하였는데, A가 차임을 3년 이상 연체하였습니다. 제가 A에게 차임 연체를 이유로 계약을 해지하면서 미지급 월차임 및 차임상당 부당이득금 청구소송을 제기하자, A는 소 제기일로부터 소급하여 3년 이전에 발생한 월차임 지급채권은 소멸시효가 완성되어 소멸하였다고 주장하고 있는데, 소멸시효가 완성된 월차임을 보증금에서 공제하고 지급할 수는 없는 것인지요?

A 임대차보증금이 임대인에게 교부되어 있더라도 임대인은 임대차관계가 계속되고 있는 동안에는 그 임대차보증금에서 연체차임을 충당할 것인지 여부를 자유로이 선택할 수 있으므로(대법원 2005.5.12. 선고 2005다459, 466 판결 등 참조), 임대차계약 종료 전에는 연체차임이 공제 등의 별도의 의사표시 없이 임대차보증금에서 당연히 공제되는 것이 아닙니다(대법원 2013.2.28. 선고 2011다49608 판결 등 참조). 월차임 지급채권은 민법 제163조 제1호가 정한 1년 이내의 기간으로 정한 금전의 지급을 목적으로 한 채권에 해당하여 3년의 단기소멸시효가 적용되므로, 소 제기일로부터 소급하여 3년 이전에 발생한 월차임 지급채권은 소멸시효가 완성된 것으로 보입니다.

그런데 판례에 의하면, 임대차보증금은 차임의 미지급, 목적물의 멸실이나 훼손 등 임대차 관계에서 발생할 수 있는 임차인의 모든 채무를 담보하는 것이므로, 차임의 지급이 연체되면 장차 임대차 관계가 종료되었을 때 임대차보증금으로 충당될 것으로 생각하는 것이 당사자의 일반적인 의사이고, 임대차보증금의 액수가 차임에 비해 상당히 큰 금액인 경우가 많은 우리 사회의 실정에 비추어 보면, 차임 지급채무가 상당기간 연체되고 있음에도, 임대인이 임대차계약을 해지하지 아니하고 임차인도 연체차임에 대한 담보가 충분하다는 것에 의지하여 임대차관계를 지속하는 경우에는, 임대인과 임차인 모두 차임채권이 소멸시효와 상관없이 임대차보증금에 의하여 담보되는 것으로 신뢰하고, 나아가 장차 임대차보증금에서 충당 공제되는 것을 용인하겠다는 묵시적 의사를 가지고 있는 것이 일반적이라고 할 수 있습니다. 따라서 임대차 존속 중 차임이 연체되고 있음에도 임대차보증금에서 연체차임을 충당하지 않고 있었던 임대인의 신뢰와 차임연체 상태에서 임대차관계를 지속해 온 임차인의 묵시적 의사를 감안하면 연체차임은 민법 제495조의 유추적용에 의하여 임대차보증금에서 공제할 수 있다고 할 것입니다(대법원 2016.11.25. 선고 2016다211309 판결).

Q 저는 임대인과 임대차계약을 체결하면서 임대차계약서의 단서 조항에 '모든 권리금을 인정함'이라는 기재를 하였는데, 위 조항을 근거로 임대인에게 권리금을 청구할 수 있을지요?

A 판례에 의하면, 통상 권리금은 새로운 임차인으로부터만 지급받을 수 있을 뿐이고 임대인에 대하여는 지급을 구할 수 없는 것이므로 원고가 임대차계약서의 단서 조항에 '모든 권리금을 인정함'이라는 기재를 하였다고 하여 임대차 종료시 피고에게 권리금을 반환하겠다고 약정하였다고 볼 수는 없고, 단지 피고가 나중에 임차권을 승계한 자로부터 권리금을 수수하는 것을 원고가 용인하고, 나아가 원고가 정당한 사유 없이 명도를 요구하거나 점포에 대한 임대차계약의 갱신을 거절하고 타에 처분하면서 권리금을 지급받지 못하도록 하는 등으로 피고의 권리금 회수 기회를 박탈하거나 권리금 회수를 방해하는 경우에 원고가 피고에게 직접 권리금 지급을 책임지겠다는 취지로 해석해야 할 것입니다(대법원 1994.9.9. 선고 94다28598 판결 참조). 따라서 특별한 사정이 없는 한, 권리금을 인정한다는 문구만으로 임대인에게 권리금을 청구하기는 어려워 보입니다.

■ 관리비는 별도라고 규정한 임대차계약조항의 효력은?

Q 저는 A에게 상가건물을 임대하면서 특약사항으로 '관리비는 별도로 한다'는 조항을 두었고, A는 건물관리업체에 관리비를 직접 지급하면서 상가를 임차하여 사용하던 중 차임을 연체하였고, 저는 A에게 차임 연체를 이유로 계약을 해지하였습니다. 저는 연체된 관리비를 보증금에서 공제하고 반환하여도 될런지요?

A 계약당사자 사이에 어떠한 계약 내용을 처분문서인 서면으로 작성한 경우에 문언의 객관적인 의미가 명확하다면 특별한 사정이 없는 한 문언대로의 의사표시의 존재와 내용을 인정하여야 하고, 그 문언의 객관적인 의미가 명확하게 드러나지 않는 경우에는 그 문언의 내용과 계약이 이루어지게 된 동기 및 경위, 당사자가 계약에 의하여 달성하려고 하는 목적과 진정한 의사, 거래의 관행 등을 종합적으로 고찰하여 사회정의와 형평의 이념에 맞도록 논리와 경험의 법칙, 그리고 사회일반의 상식과 거래의 통념에 따라 계약 내용을 합리적으로 해석하여야 합니다(대법원 2011.6.24. 선고 2008다44368 판결 등 참조). 임대차계약서의 "관리비는 별도로 한다."는 특약사항은, 임차인이 임대인에게 월 차임을 지급하는 것 이외에 집합건물 관리규약이 정하는 바에 따라 건물 관리업체에 별도의 관리비를 납부하여야 한다는 의미로 해석할 여지가 충분하므로, A에게 연체된 관리비를 공제하고 보증금을 반환할 수 있으리라 보입니다.

■ 임대인의 보증금미반환으로 새로운 임대차계약의 계약금을 몰취당한 경우 손해배상청구가 가능한지요?

Q 저는 A로부터 주택을 임차하여 거주하다가, 계약기간이 종료하기 수 개월 전부터 A에게 '계약을 갱신하지 않을 것이며 계약기간 만료일까지 주택을 인도할 것이니 인도일까지 보증금을 반환하여 달라'는 요청을 하였습니다. 저는 계약기간이 만료할 무렵 새로 이사 갈 집을 구하여 B와 임대차계약을 체결하면서 A와의 계약기간 만료일에 잔금을 지급하기로 하고, 만약 지급의무를 이행하지 않으면 계약금을 몰취할 수 있다고 약정하였고, 이 사실을 A에게 알렸습니다. 그런데 A가 계약기간이 만료하였음에도 불구하고 새로운 임차인을 구하지 못하였다는 이유로 보증금을 반환하지 않아, 저는 B로부터 계약금을 몰취당하였는데, A에게 손해배상청구를 할 수 있는지요?

A A가 임대차보증금 반환의무의 이행을 지체함으로써 B로부터 계약금을 몰취당하는 손해를 입었다면, 위 손해는 A의 채무불이행으로 인한 통상손해로 봄이 상당하고, 설령 위 손해를 통상손해로 볼 수 없다고 하더라도 A로서는 자신이 보증금반환의무의 이행을 지체할 경우 B에게 보증금을 지급하지 못하게 됨으로써 계약금을 몰취당할 것이라는 사정을 충분히 알고 있었다고 할 것이어서 A는 민법 제393조 제2항에 따라 손해를 배상할 의무가 있다고 할 것입니다(서울서부지방법원 2007.12.20. 선고 2007나6127). 따라서 A에게 손해배상청구를 할 수 있으리라 보입니다.

5. 대여금 등 계약 관련 상담사례

■ **준소비대차계약에 기하여 대물변제의 약정을 한 경우, 민법 제607조 , 제608조에 따라 무효라고 할 수 있나요?**

Q 甲은 2017. 9. 15. 乙 소유의 A토지를 금 1억5천만원에 매수하기로 하며 5천만원은 계약 시 지급하였고, 2017. 10. 15. 중도금으로 5천만원을 지급하며 잔금 5천만원에 대해서는 변제기를 2018. 9. 15.로 이자는 월2%로 하여 빌려주는 것으로 하되, 만일 甲이 위 변제기까지 위 금원을 지급하지 아니할 때에는 위 금원의 지급에 갈음하여 甲이 매수한 위 토지의 소유권이전등기청구권으로 대물변제하기로 약정하였습니다. 위 약정을 민법 제608조와 제607조에 따라 무효라고 할 수 있나요?

A 甲이 乙에게 잔대금의 일부로 금 5천만 원만을 지급하면서, 나머지 잔대금 5천만 원은 乙이 甲에게 변제기를 2018. 9. 15., 이자를 월 2%으로 정하여 빌려주기로 약정한 것이라면, 이는 기존의 매매대금채무를 소멸시키고 소비대차에 기한 차용금채무를 새로이 성립시키는 계약으로서 특별한 사정이 없는 한 준소비대차에 해당한다고 보아야 할 것이고, 그 변제기까지 甲이 위 금원을 지급하지 아니할 때에는 위 금원의 지급에 갈음하여 甲이 매수한 위 지분에 대한 소유권이전등기청구권으로 대물변제하기로 한 약정은 대물반환의 예약을 한 것이라고 할 것이므로 민법 제607조 , 제608조는 이 사건의 경우와 같이 준소비대차계약에 의하여 차주가 반환할 차용물에 관하여도 그 적용이 있는 것입니다. 따라서 위 대물반환의 예약은 차주에게 불리한 약정인바 민법 제608조, 제607조에 따라 무효입니다(대법원 1997.3.11. 선고 96다50797 판결참조).

■ 변제기와 이자를 약정하지 않은 대여금도 상사이율 상당의 이자를 받을 수 있는지요?

Q 甲은 같은 상가에서 점포를 운영하는 乙에게 3,000만원을 변제기와 이자에 대한 약정을 하지 않은 채 대여하였고 차용증서에도 위 금원을 乙에게 대여한다고만 기재하였습니다. 甲은 대여일로부터 3년이 지난 시점에서 위 금원을 반환받고자 하는데 변제기를 정하지 않은 경우 반환을 청구하는 방법과 이자약정이 없더라도 상사이율 상당의 이자를 받을 수 있는지요?

A 금전을 대여하면서 반환시기를 정하지 않은 경우에 대주는 민법 제603조 제2항에 따라 차주에게 상당한 기간을 정하여 반환을 최고한 뒤 상당한 기간이 지난 뒤 대여사실과 상당기간을 정하여 최고한 사실, 상당한 기간이 도과한 사실을 주장·입증하여 대여금의 반환을 청구할 수 있습니다. 민사상 대여금계약의 경우 이자의 약정이 없으면 원칙적으로 이자를 청구할 수 없습니다. 다만 변제기가 지나서 채무자의 이행지체 상태가 되면 법정지연손해금(민법 제397조)을 청구할 수 있는데, 이러한 손해는 민법 제379조에 의한 법정이율로 산정하기 때문에 결국 변제기 후에는 이자의 약정과는 무관하게 연 5%의 지연손해금을 청구할 수 있습니다. 다만 상인이 영업에 관하여 금전을 대여한 경우에는 상법 제55조 제1항에 따라 상사이율 6%가 적용됩니다. 그리고 상법 제47조 제1항은 상인이 영업을 위하여 하는 행위는 상행위로 본다고 규정하고, 제2항은 상인의 행위는 영업을 위하여 하는 것으로 추정한다고 규정하고 있습니다. 따라서 상인이 금전을 차용하는 것은 상행위에 추정되므로 상인이 위 추정을 번복하지 못하는 경우 당사자 간에 이자 약정이 없다 하더라도 상법 제55조 제1항에 따라 상사이율 6%가 적용됩니다. 위 사안의 경우 甲과 乙은 상가에서 점포를 운영하는 자인바 상법상 상인이라 할 것이고, 상법 제47조 규정에 따라 甲과 乙의 행위는 상행위로 추정되므로 甲과 乙 간의 위 대여금계약에 이자약정이 부존재하더라도 甲은 乙에게 대여한 날로부터 연6%의 이자를 청구할 수 있습니다.

■ 부동산이 경락되고 그 대금이 배당되어 채무의 일부 변제에 충당될 때까지 채무자가 아무런 이의를 제기하지 않는 경우 채무를 묵시적으로 승인하여 시효의 이익을 포기한 것으로 보아야 하는지요?

Q 甲은 A은행으로부터 금1억원을 변제기를 1년 뒤로하여 대출받으면서 甲 소유의 부동산에 채권최고액 1억 3,000만원, 채무자 甲, 근저당권자 A은행으로 하는 근저당권설정등기를 마쳐주었습니다. 甲은 변제기에 변제를 하지 않았는바 위 대출금 채무의 소멸시효가 진행되었는데 A은행은 변제일로부터 상사 채권의 시효인 5년이 경과한 뒤에야 위 근저당권의 목적부동산에 대한 경매신청이 있었으므로 대출금 채권은 소멸시효 완성으로 소멸되었다고 주장합니다. 그러나 위 경매신청에 대해 甲은 이의를 신청하지 않아 경매가 진행되어 경락되었고, 배당이 이뤄져 A은행은 4,500만원을 배당받아 대출금 채무의 일부에 충당하였습니다. 이에 A은행은 甲이 경매절차에 대해 이의를 하지 아니한 것은 채무를 묵시적으로 승인하여 시효의 이익을 포기한 것이라고 주장하며 소멸시효가 완성되지 않았다고 주장합니다. 甲의 대출금채무는 시효로 소멸하는 것인가요?

A 채무자가 소멸시효 완성 후 채무를 일부 변제한 때에는 그 액수에 관하여 다툼이 없는 한 그 채무 전체를 묵시적으로 승인한 것으로 보아야 하고(대법원 1993.10.26. 선고 93다14936 판결 , 1996.1.23. 선고 95다39854 판결 등 참조), 이 경우 시효완성의 사실을 알고 그 이익을 포기한 것으로 추정되므로(대법원 1992.5.22. 선고 92다4796 판결 참조), 소멸시효가 완성된 채무를 피담보채무로 하는 근저당권이 실행되어 채무자 소유의 부동산이 경락되고 그 대금이 배당되어 채무의 일부 변제에 충당될 때까지 채무자가 아무런 이의를 제기하지 아니하였다면, 경매절차의 진행을 채무자가 알지 못하였다는 등 다른 특별한 사정이 없는 한, 채무자는 시효완성의 사실을 알고 그 채무를 묵시적으로 승인하여 시효의 이익을 포기한 것으로 보아야 합니다(대법원 2001.6.12. 선고 2001다3580 판결참조). 위 사안의 경우 A은행의 신청으로 이 사건 부동산에 관하여 임의경매절차가 개시되어 배당기일에서 원고가 그 경락대금 중 4,500만원을 배당받아 甲에 대한 채권의 변제에 충당하였음이 인정되므로, 甲이 경매절차의 진행사실을 알고도 아무런 이의를 제기하지 아니하였다면, 그 채무를 묵시적으로 승인하여 시효의 이익을 포기한 것으로 봄이 합당합니다. 따라서 갑의 대출금채무의 소멸시효는 완성되지 않았습니다.

Q 甲은 2015. 7. 1. 乙로부터 100만 원을 연 30%, 변제기 2016. 6. 30.으로 하여 빌렸습니다. 甲은 위 원본과 이자를 모두 갚아야 하나요?

A 2015. 7. 1. 당시의 이자제한법 및 이자제한법 제2조제1항의 최고이자율에 관한 규정상 최고이자율은 연 25퍼센트입니다. 계약상의 이자로서 위 최고이자율을 초과하는 부분은 무효이므로, 이자율은 연 25%까지만 유효합니다. 따라서, 甲은 2016. 6. 30. 乙에게 원본 100만 원과 이자 25만 원을 더한 125만 원만을 갚으면 됩니다.

참고로, 다른 법률에 따라 인가·허가·등록을 마친 금융업 및 대부업과 「대부업 등의 등록 및 금융이용자 보호에 관한 법률」 제9조의4에 따른 미등록대부업자에 대하여는 이자제한법을 적용하지 않습니다. 위 사례는 乙이 이자제한법의 적용을 받는 자임을 전제로 한 것입니다.

■ 예금계약에서 당사자의 판단기준은?

Q 甲의 남편인 乙이 2005. 9. 8. 甲을 대리하여 은행에서 甲 명의로 정기예금 계좌를 개설하고 3,000만 원을 예치하였는데, 위 예금계좌를 만들 때 작성된 예금거래신청서의 신청인란에는 甲의 성명과 주민등록번호가 기재되어 있고 甲의 주민등록증 사본이 붙어 있으며, 이 사건 예금계좌의 통장 등은 甲 명의로 발급되었습니다. 이 경우, 위 예금 계약의 당사자는 甲과 乙 중 누구입니까?

A 판례는 "본인인 예금명의자의 의사에 따라 예금명의자의 실명확인 절차가 이루어지고 예금명의자를 예금주로 하여 예금계약서를 작성하였음에도 불구하고, [중략] 예금명의자가 아닌 출연자 등을 예금계약의 당사자라고 볼 수 있으려면, 금융기관과 출연자 등과 사이에서 실명확인 절차를 거쳐 서면으로 이루어진 예금명의자와의 예금계약을 부정하여 예금명의자의 예금반환청구권을 배제하고, 출연자 등과 예금계약을 체결하여 출연자 등에게 예금반환청구권을 귀속시키겠다는 명확한 의사의 합치가 있는 극히 예외적인 경우로 제한되어야 할 것이고, 이러한 의사의 합치는 금융실명법에 따라 실명확인 절차를 거쳐 작성된 예금계약서 등의 증명력을 번복하기에 충분할 정도의 명확한 증명력을 가진 구체적이고 객관적인 증거에 의하여 매우 엄격하게 인정하여야 한다."고 하는바, 甲이 예금계약의 당사자로 인정될 가능성이 큽니다(대법원 2009.3.19. 선고 2008다45828 전원합의체 판결 참조).

Q 저는 甲에게 1,000만원을 1년 후에 받기로 하고 대여하려고 하는데, 그 돈을 1년 후 갚을 날짜에 확실하게 받을 수 있는 방법은 어떠한 것이 있는지요?

A 금전거래에서 채무자가 갚을 날짜에 갚지 않을 경우, 채권자는 법원에 소송을 제기하여 승소확정판결을 받아 강제집행을 하여야 하는데 많은 시간과 비용이 들고, 채무자의 재산이 없으면 돈을 받지 못하는 경우가 많이 있습니다. 그러나 사회생활상 빈번히 발생하는 금전거래는 피할 수 없는 것이므로 돈을 빌려주는 경우의 채권확보방법으로는, ①채무자 甲의 부동산에 저당권을 설정하는 방법(민법 제356조), ②담보가등기를 설정하는 방법(가등기담보 등에 관한 법률 제1조), ③甲의 동산이나 부동산에 양도담보를 설정하는 방법, ④甲의 부동산에 대하여 대물반환예약을 하는 방법(민법 제607조), ⑤금전소비대차계약공정증서(민사집행법 제56조 제4호) 또는 약속어음공정증서(공증인법 제56조의2)를 작성하는 방법 등이 있는데, 위 방법 중에서 저당권설정, 담보가등기, 부동산양도담보, 대물반환예약의 경우에는 당사자 사이에 설정계약을 한 후 등기를 하여야 하고, 동산양도담보 및 금전소비대차계약공증, 약속어음공증의 경우에는 공증인사무소에서 공증의뢰를 하면 될 것입니다.

그런데 위 방법에 따른 구체적인 실행절차에 대해서 간단히 살펴보면, ①저당권자는 저당물의 경매를 청구할 수 있으며, 저당권순위에 따른 우선변제권이 있고, ②담보가등기(재산의 예약 당시 가액이 차용액과 이자를 합산한 액수를 초과하는 경우, 민법 제608조에 의해서 무효가 되는 대물반환의 예약, 양도담보도 포함됨)는 청산을 하여 소유권을 취득하거나, 경매를 청구할 수 있으며, 경매절차에서는 담보가등기를 저당권으로 보게 되며, 담보가등기순위에 따른 우선변제권이 있고, ③양도담보는 채권담보목적으로 소유권 기타 재산권을 채권자에게 이전하여 대외적 관계에서는 채권자가 소유자가 되고, 채권자와 채무자 사이의 대내적 관계에서는 채무자가 소유권을 보유하며, 채무자가 채무를 이행하는 경우에는 목적물을 그 소유자에게 반환하고, 채무자가 채무를 이행하지 않는 경우 채권자가 확정적으로 소유권을 취득하기 위해서는 청산을 하여 청산금을 채무자에게 지급하여야 하는 담보제도이고, ④대물반환예약은 그 재산의 예약당시의 가액이 차용액 및 이자의 합산액을 넘지 못하여야 하고, 그렇지 않으면 무효가 되며(부동산양도담보와 대물반환예약은 가등기담보 등에 관한 법률이 적용되는 경우가 있음), ⑤금전소비대차계약공정증서 또는 약속어음공정증서는 강제집행을 할 수 있는 집행권원이 되지만 우선변제권은 없으며, 소멸시효 기간도 판결 확정된 경우와 다르게 원인채권의 소멸시효기간이 적용됩니다 (금전소비대차의 경우 10년, 약속어음의 경우 3년 등).

그러므로 귀하는 이러한 방법들 중에서 여러 가지 사정을 고려하여 어떤 방법을 선택할 것인지 결정하여야 할 것입니다.

■ 대출금 채무자로서 명의를 빌려준 자는 그 채무의 변제를 이행할 책임이 있나요?

Q 甲은 A주식회사의 대표이사인데 A주식회사의 명의, 본인 명의 모두 대출한도액을 초과하여 더 이상 대출이 불가능해지자 A주식회사의 직원인 乙과 丁을 형식상 대출 채무자로 하고 甲 본인은 연대보증인으로 하여 1억원을 대출받았습니다. 이 과정에서 乙과 丁의 동의가 있었으며, 대출기관도 甲이 乙과 丁을 형식상 채무자로 하여 대출을 신청한 사실을 알았습니다. 이 경우에 乙과 丁은 위 대출금채무의 변제를 이행할 책임이 있나요?

A 이 사안의 경우 乙과 丁이 대출기관과 체결한 대출계약에서 채무자로명의를 빌려준 행위가 대출금채무자로서 채무를 부담한다는 의사가 없는 것으로 보아 을과 정에게 위 계약이 무효로 되는지가 문제됩니다.

우리 민법 제107조 제1항은 의사표시는 표의자가 진의 아님을 알고 한 것이라도 그 효력이 있다. 그러나 상대방이 표의자의 진의 아님을 알았거나 알 수 있었을 경우에는 무효로 한다고 규정하고 있습니다. 또한 민법 제108조 제1항은 상대방과 통정한 허위의 의사표시는 무효로 한다고 규정하고 있습니다. 위 사안과 같은 경우에 법원은 "법률상 또는 사실상의 장애로 자기 명의로 대출받을 수 없는 자를 위하여 대출금채무자로서의 명의를 빌려준 자에게 그와 같은 채무부담의 의사가 없는 것이라고는 할 수 없으므로 그 의사표시를 비진의표시에 해당한다고 볼 수 없고, 설령 명의대여자의 의사표시가 비진의표시에 해당한다고 하더라도 그 의사표시의 상대방인 상호신용금고로서는 명의대여자가 전혀 채무를 부담할 의사 없이 진의에 반한 의사표시를 하였다는 것까지 알았다거나 알 수 있었다고 볼 수도 없다고 보아, 그 명의대여자는 표시행위에 나타난 대로 대출금채무를 부담한다."고 판시한바 있습니다(대법원 1996.9.10. 선고 96다18182 판결참조).따라서 위 사안에서 乙과 丁이 대출계약 체결 시 형식적으로 채무자명의를 대여한 것이 채무부담의사가 전혀 없는 것이라고는 할 수 없으며, 금융기관이 위 사정을 알았다는 것만으로 명의상 채무자인 乙과 丁이 채무를 부담할 의사가 없이 진의에 반한의사표시를 하였다는 것까지 알았다거나 알 수 있었다고 볼 수 없다고 해석해야 합니다. 즉, 乙과 丁은 대출계약의 채무자로서 채무를 변제할 책임을 지게 됩니다.

■ 대여금계약의 목적이나 내용이 위법한 경우 대여금을 불법원인급여로 보아 반환을 청구할 수 없는지요?

Q 甲은 건설업자이고 乙은 00시 @@구 **동 주택재건축조합으로부터 재건축사업 전반에 대해 용역도급계약을 체결한 회사이고 丙은 乙회사의 대표이사입니다. 甲은 乙로부터 **동 주택재건축과 관련한 정보를 얻어 위 재건축시 건설계약을 유치할 목적으로 9억 원을 무이자로 대여하였고 丙은 이를 연대보증하였습니다. 丙은 이 사건 대여와 관련하여 9억 원의 이자 상당액의 뇌물을 받은 것으로 인정되어 유죄판결을 받았습니다. 乙과 丙은 위 대여금 상당액이 불법원인급여라고 주장하며 반환을 거부하고 있습니다. 甲은 대여금을 반환받을 권리가 있는 건가요?

A 민법 제746조는 "불법의 원인으로 인하여 재산을 급여하거나 노무를 제공한 때에는 그 이익의 반환을 청구하지 못한다."라고 규정하고 있습니다. 부당이득의 반환청구가 금지되는 사유로 민법 제746조 가 규정하는 불법원인이라 함은 그 원인되는 행위가 선량한 풍속 기타 사회질서에 위반하는 경우를 말하는 것으로서, 법률의 금지에 위반하는 경우라 할지라도 그것이 선량한 풍속 기타 사회질서에 위반하지 않는 경우에는 이에 해당하지 않습니다. 위 사실관계를 앞서 본 법리에 비추어 살펴보면, 甲이 재건축 공사의 수주에 도움을 받기 위하여 乙회사에게 9억 원을 대여한 것이 건설공사의 수주 및 시공과 관련하여 금품을 수수하는 것을 금지하는 도시 및 주거환경정비법이나 건설산업기본법의 입법취지와 시공사 선정의 공정성, 염결성, 투명성이 훼손될 수 있다는 점에서 반사회적 요소가 있다고 하더라도, 甲은 乙회사에게 9억 원을 반환받을 의사 없이 무상으로 교부한 것이 아니라 반환받을 의사로 대여한 것이고, 다만 무이자로 대여함으로써 乙회사에게 이자 상당의 금융이익을 제공한 것이어서, 대여금 9억 원의 지급을 선량한 풍속 기타 사회질서에 위반되는 민법 제746조 소정의 불법원인급여에 해당한다고 볼 수 없습니다. 따라서 甲 은 대여금을 반환받을 권리가 있습니다(대법원 2011.1.13. 선고 2010다77477판결 참조).

Q 甲은 8년 전 식당에서 아르바이트를 하던 중 일수대출을 부업으로 하는 사용자인 사장 乙로부터 금 100만원을 변제기를 6개월로, 이자는 월2%로 하여 빌렸습니다. 甲은 50만원에 대해서는 상환을 완료하였으나 아르바이트를 그만둔 후로는 원리금을 반환하지 않았습니다. 그로부터 6년이 지난 후 乙로부터 원금 100만원 및 지연손해금 3,000만원 총 3,100만원의 대여금반환청구의 소장을 송달받았습니다. 갑은 위 금원을 지급해야 할 의무가 있나요?

A 채권의 소멸시효가 완성되면 소멸시효의 기산점으로 소급하여 채권이 소멸되는바 채권자는 채권의 존재를 근거로 이행을 청구할 수 없습니다. 민법 제162조 제1항은 "채권은 10년간 행사하지 아니하면 소멸시효가 완성한다."고 규정하고 있습니다. 그리고 상법 제64조는 "상행위로 인한 채권은 본법에 다른 규정이 없는 때에는 5년간 행사하지 아니하면 소멸시효가 완성한다."고 규정하고 있습니다. 위 사안의 경우 변제를 중단한 때로부터 6년이 경과한 시점에 대여금청구의 소가 접수되었는바 민법 제162조와 상법 제64조 중 어느 규정이 적용되는지 문제됩니다. 상법 제64조가 적용되기 위해서는 대상채권이 '상행위로 인한 채권'이어야 합니다. '상행위로 인한 채권'이란 당사자 일방이 상인으로서 상법 제46조에 규정된 행위를 하는 경우(기본적 상행위)와 상법 제47조에 따라 상인이 영업을 위하여 하는 행위로 인해 발생한 채권을 의미합니다. 위 사안에서 乙은 소위 일수대출을 부업으로 하는 자인바 위 대여금채권은 상인인 乙이 상법 제46조 8호 '수신·여신·환 기타의 금융거래'에 해당하는 기본적 상행위로 인해 발생한 채권인바 상법 제64조에 따라 5년의 소멸시효가 적용됩니다. 따라서 변제를 중단한 시점으로부터 6년이 지난 시점에서 위 대여금채권은 소멸시효가 완성되어 소멸하였는바 乙은 甲에게 대여금의 반환을 청구할 권리가 없습니다.

■ 변제기 후의 이자약정(지연손해금)이 없는 경우 당사자의 의사해석방법은?

Q 甲은 乙에게 금 1,000만원을 변제기를 2017. 9. 1.로, 이자는 연8%로 약정하여 대여하였습니다. 乙이 변제기가 지났음에도 대여금을 변제하지 않고 있는 경우 甲은 변제기 다음날부터 다 갚는 날까지의 이자를 청구할 수 없나요?

A 대여금계약에 있어 그 변제기 후의 이자약정이 없는 경우에는 특별한 의사표시가 없는 한 그 변제기가 지난 후에도 당초의 이자를 지급하기로 한 것으로 보는 것이 대차관계에 있어서의 당사자의 의사라고 할 것입니다(대법원 1970.3.10. 선고 69다2269 판결 참조). 따라서 을은 갑에게 변제기 후에도 연8%의 비율에 의한 지연손해금을 청구할 수 있습니다.(대여금반환청구의 소를 제기하는 경우, 변제기 다음날부터 소장 부본송달일까지는 8%, 그 다음날부터 다 갚는 날까지는 소송 촉진등에 관한 특례법에 따라 연15%의 비율에 의한 지연손해금을 청구할 수 있습니다.)

■ 대부업법상 최고이자율을 초과하는 이자약정의 효력 및 이미 지급한 이자를 부당이득으로 반환받을 수 있는지요?

Q 甲은 2015년에 대부업자 乙로부터 금 1,000만원을 변제기는 1년 후로, 이자는 월 5%로 약정하여 차용하였습니다. 甲은 위 차용금 약정에 따라 乙에게 매 월 50만원의 이자를 12개월간 지급하였으나, 이후 경제적으로 어려움을 겪으며 이자를 지급하지 못하고 있습니다. 乙은 변제기로부터 12개월이 지난 시점에서 원금과 이자 및 지연손해금으로 1,600만원과 이에 대하여 다 갚을 때까지 연60%의 비율에 의한 금원을 지급할 것을 청구하였습니다. 甲은 乙의 청구대로 위 금액을 지급해야 하나요?

A 위 사안에서는 차용금약정 시 이자 약정 부분에 대하여 대부업 등의 등록 및 금융이용자보호에 관한 법률(이하 '대부업법'이라 함)의 이자제한 규정을 넘어서는 약정의 효력과 이미 지급한 이자에 대한 처리방법이 문제됩니다.

대부업법 제8조 제1항 및 동법 시행령 제5조는 대부업자가 개인이나 소기업에 해당하는 법인에 대부를 하는 경우 그 이자율은 연 100분의 27.9의 비율을 초과할 수 없다고 규정하고 있습니다. 또한 동법 제3조는 대부업자가 위 이자제한 규정을 위반하여 대부계약을 체결한 경우 제1항에 따른 이자율을 초과하는 부분에 대한 이자계약은 무효로 한다고 규정하고 있고, 제4항은 채무자가 대부업자에게 제1항에 따른 이자율을 초과하는 이자를 지급한 경우 그 초과 지급된 이자 상당금액은 원본(元本)에 충당되고, 원본에 충당되고 남은 금액이 있으면 그 반환을 청구할 수 있다고 규정하고 있습니다. 위 사안의 차용금약정의 이자약정은 연 60%인데 이는 대부업법 제8조 제1항 및 동법 시행령 제5조의 이자제한규정을 초과하는 것인바 동법 제3조에 따라 연 27.9%를 초과하는 부분에 대한 이자계약은 무효입니다. 또한 이미 지급한 이자 600만원 중 이자제한규정을 초과하는 비율에 의한 돈인 321만원은 원본에 충당됩니다. 따라서 甲은 679만원 및 이에 대하여 변제기 다음날부터 다 갚는 날까지 연 27.9%의 비율에 의한 지연손해금을 지급할 의무가 있습니다. 참고로, 개정 대부업법 시행령에 따라, 2018년 2월 8일 이후 계약을 체결 또는 갱신하거나 연장하는 분부터는 최고이자율이 연 24%로 인하됩니다.

■ **채권자 또는 변제수령권자가 누구인지 알 수 없는 경우의 변제방법(변제공탁)은?**

Q 甲은 乙로부터 금 1억 원을 이자는 연10%로 하며 채권양도를 금지한다는 약정을 하여 차용하였습니다. 그러나 乙은 위 대여금채권을 丙에게 양도하였고, 丙의 채권자인 丁의 신청에 의해 위 대여금채권에 가압류 결정이 내려졌습니다. 이후 양수인 丙은 채무자 甲에게 2달의 기간을 정하여 반환을 최고하였는데, 甲은 위 대여금계약상 채권자인 乙과 양수인 丙, 가압류권자 丁 중 누구에게 변제해야 하는지 알 수 없어 변제를 못하고 있습니다. 甲은 지연손해금의 부담을 덜기 위해 빨리 변제를 하고자 하는데 어떻게 해야 하나요?

A 민법 제487조는 변제자가 과실 없이 채권자를 알 수 없는 경우에도 변제자는 채권자를 위하여 변제의 목적물을 공탁하여 그 채무를 면할 수 있다고 규정하고 있습니다. 여기서 '변제자가 과실 없이 채권자를 알 수 없는 경우'라 함은 객관적으로 채권자 또는 변제수령권자가 존재하고 있으나 채무자가 선량한 관리자의 주의를 다하여도 채권자가 누구인지를 알 수 없는 경우를 말합니다. 대법원은 채권양도금지특약에 반하여 채권양도가 이루어진 경우, 그 양수인이 양도금지특약이 있음을 알았거나 중대한 과실로 알지 못하였던 경우에는 채권양도는 효력이 없게 되고, 반대로 양수인이 중대한 과실 없이 양도금지특약의 존재를 알지 못하였다면 채권양도는 유효하게 되어 채무자로서는 양수인에게 양도금지특약을 가지고 그 채무이행을 거절할 수 없게 되어 양수인의 선의, 악의 등에 따라 양수채권의 채권자가 결정되는바, 이와 같이 양도금지의 특약이 붙은 채권이 양도된 경우에 양수인의 악의 또는 중과실에 관한 입증책임은 채무자가 부담하지만, 그러한 경우에도 채무자로서는 양수인의 선의 등의 여부를 알 수 없어 과연 채권이 적법하게 양도된 것인지에 관하여 의문이 제기될 여지가 충분히 있으므로 특별한 사정이 없는 한 민법 제487조 후단 의 채권자 불확지를 원인으로 하여 변제공탁을 할 수 있다고 판시한바 있습니다. 위 사안의 경우 乙은 채권양도금지특약에 반하여 소정의 절차를 거치지 않고 丙에게 위 대여금채권을 양도하였는데, 丙의 채권자인 丁이 위 채권에 대하여 가압류 결정을 받았는데 채무자 甲에게 양수인인 丙의 악의 또는 중과실에 관해 입증하여 丙의 청구에 대항할 수 있는 것은 별론으로 하더라도 진정한 채권자가 누구인지 판단하여야 할 주의의무를 부담한다고 볼 수 없으므로 민법 제487조 후단

의 채권자 불확지를 원인으로 하는 변제공탁사유가 발생하였다고 할 것이므로 甲은 법원에 피공탁자를 乙, 丙으로 하여 대여원리금 및 공탁일까지의 지연손해금을 공탁하면 위 대여금채무에서 벗어날 수 있습니다.

- **대여금계약 체결 시 대여금반환을 담보할 목적으로 인도받은 차량에 저당권을 설정하지 않은 경우 대주의 점유할 권리의 범위는?**

Q 甲은 乙에게 돈 1,000만원을 대여하면서 위 대여금을 담보할 목적으로 乙 소유의 차량과 소유권이전등록에 필요한 서류를 인도받았습니다. 그러나 乙은 위 대여금 중 600만원에 대해 이행을 하지 않고 있으면서 위 차량의 반환을 청구하는 소를 제기하였습니다. 甲은 위 차량을 질권이나 유치권을 근거로 점유할 수 없나요?

A 을이 위 차량의 자동차등록원부상 소유자이고 갑이 이를 점유하고 있는 상황에서 갑에게 위 자동차를 점유할 특별한 사정이 없는 한 甲에게 이 사건 자동차를 인도할 의무가 있습니다. 갑이 위 대여금의 담보 목적으로 질권이나 유치권을 주장하며 위 차량을 점유할 수 있는지 살펴보겠습니다.

1) 甲이 질권을 근거로 위 차량을 점유할 수 있는지 여부자동차는 구 자동차저당법(2009.3.25.법률 제9525로 폐지되기 전의 것)제7조 및 자동차 등 특정동산 저당법 제9조 에 의하여 저당권의 목적이 될 수 있을 뿐 채권의 담보를 위하여 그 점유를 확보하는 내용의 물권인 질권의 목적이 될 수는 없습니다. 이러한 규정은 자동차는 등록으로 공시되는 것으로서 그에 관한 권리의 득실변경은 등록하여야만 효력을 발생하므로 점유를 공시방법으로 삼는 질권보다는 저당권이 더욱 적절한 금융수단이 될 뿐만 아니라 질권을 설정할 경우 그 유치적 효력으로 생활수단의 기능이 사장되어 사회 경제적 손실이 초래되는 것을 방지하기 위한 것입니다. 따라서 위 자동차를 채권자인 甲으로 하여금 점유하게 함으로써 차용금채무를 담보하기로 하는 甲과 乙 사이의 약정은 무효이고, 甲이 위 차량에 관한 소유권이전등록을 마치지 아니한 이상 위 차량에 대한 양도담보권이 설정되었다고 볼 수도 없으므로, 甲은 질권을 근거로 위 차량을 점유할 수 없습니다.

2) 甲이 유치권을 근거로 위 차량을 점유할 수 있는지 여부민법 제320조 제1항은 "타인의 물건을 점유한 자는 그 물건에 관하여 생긴 채권이 변제기에 있는 경우에는 변제를 받을 때까지 그 물건을 유치할 권리가 있다." 고 규정하고 있습니다. 여기서 '그 물건에 관하여 생긴 채권'은 유치권 제도 본래의 취지인 공평의 원칙에 특별히 반하지 않는 한 채권이 목적물 자체로부터 발생한 경우는 물론이고 채권이 목적물의 반환청구권과 동일한 법률관계나 사실관계로부터 발생한 경우도 포함합니다(대법원 2007.9.7.선고

2005다16942판결 등 참조). 그런데 甲의 乙에 대한 대여금채권이 위 차량 자체로부터 발생한 경우가 아닌 것은 명백합니다. 또한 甲의 대여금채권과 乙의 자동차인도청구권은 대여 약정과 담보제공 약정이라는 다른 법률관계로부터 발생한 경우에 해당합니다. 따라서 갑은 유치권을 위 차량을 점유할 수 없습니다(대구지방법원 2013.6.20. 선고 2012나21575판결 참조).

■ **대여금채권을 회수하기 위해 채무자와 가장임대차계약을 체결하는 방식의 담보효과의 범위는?**

Q 甲은 乙에게 5,000만원을 대여하였는데 乙이 변제를 하지 않고 있습니다. 이에 甲은 乙에 대한 대여금채권을 담보하기 위해 대여금의 일부인 2,000만원을 임대차보증금으로 대체하기로 하고 乙 소유의 **아파트에 관하여 임대차계약을 체결하고 전입신고를 마친 후 확정일자를 받는 방식으로 하여 대여금의 회수 수단을 마련하고자 합니다. 이후 1순위 근저당권자가 근저당권 실행으로 임의경매신청을 하여 경매가 이뤄진다면 甲에게 임대차보호법상 우선변제권이 인정되어 법정 최우선변제금액만큼을 배당받을 권리가 발생하는 것인가요?

A 주택임대차보호법(이하 '법'이라 한다)의 입법목적은 주거용건물에 관하여 민법에 대한 특례를 규정함으로써 국민의 주거생활의 안정을 보장하려는 것이고(제1조), 법 제3조 제1항에서 임대차는 그 등기가 없는 경우에도 임차인이 주택의 인도와 주민등록을 마친 때에는 그 익일부터 제3자에 대하여 효력이 생기고, 여기에 더하여 법 제3조의2 제2항에서 제3조 제1항의 대항요건과 임대차계약서상의 확정일자를 갖춘 임차인에게 경매나 공매 시 후순위권리자 기타 채권자보다 우선하여 변제를 받을 수 있도록 한 것은, 사회적 약자인 임차인을 보호하려는 사회보장적 고려에서 나온 것으로서 민법의 일반규정에 대한 예외규정인바, 그러한 입법목적과 제도의 취지 등을 고려할 때, 채권자가 채무자 소유의 주택에 관하여 채무자와 임대차계약을 체결하고 전입신고를 마친 다음 그곳에 거주하여 형식적으로 주택임대차로서의 대항력을 취득한 외관을 갖추었다고 하더라도 임대차계약의 주된 목적이 주택을 사용수익하려는 것에 있는 것이 아니고, 실제적으로는 대항력 있는 임차인으로 보호받아 후순위권리자 기타 채권자보다 우선하여 채권을 회수하려는 것에 있었던 경우에는 그러한 임차인을 주택임대차보호법이 정하고 있는 소액임차인으로 보호할 수 없습니다(대법원 2007.12.13. 선고 2007다55088 판결 참조). 따라서 위 사안의 甲과 乙간의 임대차계약의 주된 목적이 주택을 사용·수익하려는 것이 아니라 대여금의 회수를 위한 것이라면 갑은 소액임차인으로서의 외관을 갖추고 있다고 하더라도 우선변제권이 인정될 수 없으므로 대여금채권의 담보를 위한 방편으로는 부적절합니다.

■ **공정증서가 주채무자의 기존의 구상금채무 등에 관한 준소비대차계약의 공정증서였던 경우, 보증인의 착오가 연대보증계약의 중요 부분의 착오인지요?**

Q 갑은 을로부터 세 차례에 걸쳐 총 3,000만원을 빌렸습니다. 을은 대여금의 반환을 담보하기 위해 갑에게 기존의 채무에 대하여 기간을 정하여 매달 분할하여 반환하기로 하며, 위 지급을 지체할 경우 갑은 강제집행을 받더라도 이의가 없음을 인낙하는 취지의 공정증서를 작성할 것과 연대보증인을 한 명 세울 것을 요구했습니다. 갑은 대학동창인 병에게 3,000만원을 빌리는 대여금계약에 연대보증 계약을 체결해 달라고 부탁하였고, 병은 '채무변제(준소비대차)계약공정증서'라는 제목의 이 사건 공정증서에 연대보증인으로 서명·날인하였습니다. 이후 병은 갑의 기존채무에 대한 준소비대차계약의 공정증서임을 알게 되었고, 이를 알았다면 연대보증을 하지 않았을 것이라고 주장하며 보증계약은 기망행위 또는 착오로 인한 것이므로 취소한다고 주장하고 있습니다. 병의 연대보증계약은 효력이 있는 건가요?

A 법률행위의 내용의 중요 부분에 착오가 있는 때에는 의사표시를 취소할 수 있는바, 착오가 법률행위 내용의 중요 부분에 있다고 하기 위해서는 표의자에 의하여 추구된 목적을 고려하여 합리적으로 판단하여 볼 때 표시와 의사의 불일치가 객관적으로 현저하여야 하고, 만일 그 착오로 인하여 표의자가 무슨 경제적인 불이익을 입은 것이 아니라고 한다면 이를 법률행위 내용의 중요 부분의 착오라고 할 수 없습니다(대법원 1999.2.23. 선고 98다47924 판결 등 참조). 소비대차계약과 준소비대차계약의 법률효과는 동일한 것이어서, 비록 丙이 이 사건 준소비대차계약 공정증서를 읽지 않거나 올바르게 이해하지 못한 채 서명·날인을 하였다고 하더라도 그 공정증서가 丙의 의사와 다른 법률효과를 발생시키는 내용의 서면이라고 할 수는 없으므로 표시와 의사의 불일치가 객관적으로 현저한 경우에 해당하지 않을 뿐만 아니라, 丙은 甲이 乙에게 부담하는 3,000만 원의 차용금반환채무를 연대보증할 의사를 가지고 있었던 이상, 그 차용금이 공정증서 작성 후에 비로소 甲에게 교부되는 것이 아니라 甲이 乙에게 지급하여야 할 차용금을 소비대차의 목적으로 삼은 것이라는 점에 대하여 丙이 착오를 일으켰다고 하더라도 그로 인해 丙이 무슨 경제적인 불이익을 입었거나 장차 불이익을 당할 염려가 있는 것은 아니므로, 위와 같은 착오는 이 사건 연대보증계약의 중요 부분에 관한 착오라고 할 수 없습니다(그러한 착오는 이른바 동기

의 착오에 해당한다고 할 것인데, 설령 丙이 이 사건 연대보증계약에 이르게 된 동기가 상대방인 에게 표시되고 의사표시의 해석상 법률행위의 내용으로 되어 있음이 인정된다고 해도 그것이 연대보증계약의 중요 부분의 착오로 될 수 없음은 마찬가지입니다). 따라서 병은 이 사건 연대보증계약을 착오나 기망으로 취소할 수 없고, 연대보증인으로서 보증채무를 이행할 의무가 있습니다(대법원 2006.12.7. 선고 2006다41457 판결 참조).

■ 연인사이에 교제 중 지급한 금원에 대해 이별 후 반환청구가 가능한지요?

Q 甲은 乙과 연인사이로 교제를 하는 동안 乙과 결혼까지 생각하며 가족모임에 수차례 동반하였고, 명품 구두 및 가방 등을 여러 차례 선물하였으며, 여러 차례에 나누어 총 3,000여만원을 乙 명의 계좌로 입금하는 방식으로 지급하였습니다. 그러나 乙이 다른 남자를 만난다는 이유로 헤어지게 되었는데, 甲은 乙 명의의 지불이행각서 사본을 증거로 제시하며 3,000만원은 乙에게 대여한 금원인바 이의 반환을 청구하였고, 乙은 위 금원은 갑이 자신에게 생활비 등으로 지급한 것이며 증거로 제시한 지불이행각서는 甲이 자신의 인감도장을 절취하여 작성한 위조문서라고 주장하며 甲의 주장을 부인했습니다. 乙은 甲에게 3,000만원을 대여금으로써 반환할 의무가 있나요?

A 민사소송법 제355조 제1항에 따르면 문서는 원본·정본 또는 인증있는 등본을 제출하는 것이 원칙이나, 사본을 원본에 갈음하여 또는 사본 그 자체를 원본으로서 제출할 수도 있다고 할 것인바, 상대방이 원본의 존재나 성립을 인정하고 사본으로써 원본에 갈음하는 것에 대하여 이의가 없는 경우에는 사본을 원본에 갈음하여 제출할 수 있고, 이와 같은 경우에는 그 원본이 제출된 경우와 동일한 효과가 생긴다고 할 것입니다. 반면에 사본을 원본으로서 제출하는 경우에는 그 사본이 독립한 서증이 된다고 할 것이나 원본이 제출된 것과 같은 효력이 발생하기 위해서는 증거에 의하여 사본과 같은 원본이 존재하고 또 그 원본이 진정하게 성립하였음이 인정되어야 합니다 (대법원 1999.11.12. 선고 99다38224 판결 , 대법원 2002.8.23. 선고 2000다66133 판결 등 참조). 甲이 증거로 제출한 乙 명의의 지불이행각서에 찍혀있는 乙의 인영은 지불이행각서 작성일 이전에 분실한 인감도장의 인영이고, 위 도난 사실은 乙이 주민센터에 제출한 인감변경신고서로 확인되는 점 등을 고려할 때, 위 지불이행각서 사본은 그 원본의 존재 및 진정성립을 인정하기에 부족하고 달리 이를 인정할 증거가 없기 때문에 甲의 대여금반환청구의 소의 적법한 증거로 채용할 수 없습니다. 나아가 위 지불이행각서가 乙의 의사에 따라 작성된 것이라고 하더라도 ①甲은 乙과 결혼을 생각할 정도로 깊은 호감을 느껴 자족 모임에 을을 자주 동반하였고, ②甲은 위 금원 외에도 명품 가방, 구두, 악세사리 등 고가의 선물을 사 주었으며, ③乙은 甲으로부터 지급받은 금원의 대부분을 성형수술비, 학원등록비, 차량유지비, 오피스텔 관리비, 핸드폰 요금, 기타 생활비 등 단순 소비자금으로 사

용한 점, ④甲은 위 금원의 반환을 청구하지 않다가 乙이 다른 남자를 만나는 문제로 다툰 뒤에 위 자필각서를 받고 이를 근거로 대여금 청구소송을 제기하였다가 바로 소를 취하한 사정 등을 비추어 볼 때, 甲은 乙에게 위 금원을 대여한 것이 아니라 호의에 의한 증여로 봄이 상당하다 할 것입니다. 따라서 甲의 대여사실 주장은 받아들여질 수 없는바 을은 3,000만원을 반환할 의무가 없습니다(수원지방법원 2011.1.13. 선고 2010가합5973 판결 참조)

Q 甲은 乙로부터 세 차례에 걸쳐 총 3,000만원을 차용하였습니다. 乙은 甲이 원리금의 지급을 연체하자 대여원리금 3,500만원을 지급할 것과 이를 甲의 아내인 丙이 연대보증을 하는 내용의 지불각서를 작성할 것 및 위 지불각서에 관하여 공증을 받기 위한 위임장을 작성해줄 것을 요구하였고 甲은 이를 작성·교부하였는데, 이율에 대해서는 아무런 기재가 없고 변제기란은 공란으로 되어 있었습니다. 乙은 공증인가 00법무법인에 방문하여 위 위임장에 근거하여 채권자 겸 채무자의 대리인으로서 공정증서의 작성을 촉탁하면서 위임장에 공란으로 있던 부분 중 대여일은 2015. 8. 31. 이자 및 연체이자는 40%로, 변제기한은 2016. 8. 31.이라고 기재하였고, 위 기재내용대로 공정증서가 작성되었습니다. 그렇다면 甲은 위 공정증서에 기재된 내용에 따라 차용금을 반환할 의무가 있나요?

A 우선 이 사건 위임장의 기재 내용 중 '대차일'(이자 약정이 있었다면 이는 이자발생의 개시일이 된다)과 이율 및 변제기한 등을 乙이 사후에 보충하여 기재한 것으로 인정되는데, 甲과 乙 사이에 그러한 내용의 사전 합의가 있었다거나 그와 같은 내용으로 보충 기재할 권한을 위임받았다는 점은 乙이 증명할 책임이 있다 할 것입니다.뿐만 아니라 이 사건 위임장은 금전소비대차계약에 관한 공정증서의 작성을 채권자가 쌍방대리의 방식으로 촉탁하기 위한 목적으로 작성된 것임을 감안하면, 특별한 사정이 없는 한 그 위임장을 작성해 준 甲과 丙이 이율이나 변제기 등 공증대상인 채무의 내용에 관해서 까지 채권자인 乙이 임의로 정할 수 있도록 대리권 또는 백지보충권을 위임했다고 쉽게 인정할 수 없다고 보아야 합니다. 이 사안의 경우 지불각서 상 기재가 없었던 이자 및 연체이자를 채권자인 乙이 연40%로 보충하였는데 대여금계약 시 이자약정은 매우 중요한 부분인 점, 연40%의 이자는 매우 이례적이며 이자제한법상 이자제한규정을 초과하는 약정인 점을 고려할 때, 甲과 丙이 乙에게 위임장의 내용을 보충할 권한을 수여하였다고 보는 것은 경험칙에 반한다고 할 것입니다. 따라서 乙은 甲과 丙으로부터 위임장의 공란 및 미기재 부분에 대한 백지보충권을 수여받았다는 점을 입증하지 못하는 한 甲과 丙에게 위 공정증서의 내용대로 채무를 이행할 것을 강제할 수 없습니다.

■ 주식회사가 타인으로부터 돈을 빌리면서 차용금액의 일부 또는 전부를 액면가에 따라 주식으로 전환할 수 있는 권한을 대여자에게 부여하는 내용의 계약조항을 둔 경우, 그 조항의 효력은?

Q 甲은 주식회사 乙에게 1억원을 이자 연10%, 변제기 2017. 9. 15.로 정하여 빌려주면서 "甲이 위 변제기까지 대여금액의 전부 또는 일부를 乙 회사의 주식으로 전환받기를 원하는 경우 乙 회사는 언제나 주식을 액면가(1주당 5,000원)로 발행하여 甲에게 이를 교부한다. 그리고 乙 회사는 甲의 동의를 받지 않고는 증자를 실시하지 않는다"는 약정을 하였습니다. 甲은 변제기 전에 대여금 1억 전액을 乙 회사의 주식으로 전환해줄 것을 청구할 수 있나요?

A 이 사건 약정은 소비대차의 형식을 띄고 있으나 실질적으로는 원고에게 위 대여금을 주식으로 전환할 수 있는 권리를 부여한 것으로 사실상의 전환사채발행약정에 해당한다고 할 것이다. 주식회사가 타인으로부터 돈을 빌리는 소비대차계약을 체결하면서 "채권자는 만기까지 대여금액의 일부 또는 전부를 회사 주식으로 액면가에 따라 언제든지 전환할 수 있는 권한을 갖는다."는 내용의 계약조항을 둔 경우, 달리 특별한 사정이 없는 한 이는 전환의 청구를 한 때에 그 효력이 생기는 형성권으로서의 전환권을 부여하는 조항이라고 보아야 하는바, 신주의 발행과 관련하여 특별법에서 달리 정한 경우를 제외하고 신주의 발행은 상법이 정하는 방법 및 절차에 의하여만 가능하다는 점에 비추어 볼 때, 위와 같은 전환권 부여조항은 상법이 정한 방법과 절차에 의하지 아니한 신주발행 내지는 주식으로의 전환을 예정하는 것이어서 효력이 없습니다(대법원 2007.2.22. 선고 2005다73020 판결 참조). 따라서 甲은 乙 회사에게 위 약정에 따라 대여금을 乙 회사의 주식으로 전환하여 줄 것을 청구할 수 없습니다.

Q 갑은 의사인 친구 을에게 의료사업자금 명목으로 1억원을 대여하였는데 이를 증명하기 위한 약정서의 제목은 '금전투자약정서'이고, 그 내용에 있어서는 제1조 (목적)에 '투자를 하는 것에 관련된 제반 권리의무사항을 규율'하는 것이라고 하며, 제2조 (투자방식)에도 투자액, 수익분배 및 투자기간등을 명확히 기재하였으며, 제5조 (최소보장금)에서는 원고에게 지급되는 수익금은 '원금에 대한 연 22%이상'의 금액이 되도록 보증한다고 규정하고 있습니다. 원고는 위 약정서 외에는 대여금의 반환을 담보할 어떠한 조치도 해두지 않았습니다. 이후 갑은 을에게 위 대여금의 반환을 청구하였으나 을은 위 약정은 대여금 약정이 아니라 투자약정인데, 의사가 아닌 자의 의료기관 개설을 금지하는 의료법을 위반하여 체결된 것인바 무효라고 항변하고 있습니다. 갑은 위 금원을 반환받을 수 없나요?

A 1. 위 약정의 법적 성격

가. 법률행위의 해석은 당사자가 표시행위에 부여한 객관적인 의미를 명백하게 확정하는 것으로서, 당사자가 표시한 문언에 의하여 객관적인 의미가 명확하게 드러나지 아니하는 경우에는 문언 내용과 법률행위가 이루어지게 된 동기 및 경위, 당사자가 법률행위에 의하여 달성하려고 하는 목적과 진정한 의사, 거래관행 등을 종합적으로 고찰하여 사회정의와 형평의 이념에 맞도록 논리와 경험의 법칙 그리고 사회일반의 상식과 거래의 통념에 따라 합리적으로 해석하여야 합니다(대법원 2012.7.26. 선고 2010다37813 판결 등 참조).

나. 위 사안의 경우 ①약정서의 제목이 금전투자약정서이고 약정서의 내용에 투자, 투자액, 수익분배, 투자기간등의 용어가 용례에 맞게 기술되어 있는 점, ②갑은 을소유의 토지와 건물에 근저당을 설정하는 등의 담보설정행위를 하지 않은 것은 금전을 대여하는 채권자로서는 이례적인 점, ③을은 병원의 운영이 어려워지자 갑에게 투자원금 1억원 및 미지급 수익금을 지급할 수 없다는 취지의 통보를 한 사실을 바탕으로 甲과 乙 사이의 계약내용을 해석하면 위 약정은 대여금 약정이 아니라 금전투자약정으로 보아야 합니다.

2. 위 투자금약정의 효력

의료법 제33조 제2항은 의료인이나 의료법인 등 비영리법인이 아닌 자의 의료기관 개설을 원천적으로 금지하고, 제87조 제1항 제2호에서 이를 위반하는 경우 5년 이하의 징역 또는 5천만 원 이하의 벌금에 처하도록 규정하고 있습니다. 위 금지규정의 입법취지는 의료기관 개설자격을 의료전문성을 가진 의료인이나 공적인 성격을 가진 자로 엄격히 제한함으로써 건전한 의료질서를 확립하고, 영리 목적으로 의료기관을 개설하는 경우에 발생할지도 모르는 국민 건강상의 위험을 미리 방지하고자 하는 데에 있다고 보이는 점, 의료인이나 의료법인 등이 아닌 자가 의료기관을 개설하여 운영하는 행위는 형사처벌의 대상이 되는 범죄행위에 해당할 뿐 아니라, 거기에 따를 수 있는 국민보건상의 위험성에 비추어 사회통념상으로 도저히 용인될 수 없는 정도로 반사회성을 띠고 있다는 점, 위와 같은 위반행위에 대하여 단순히 형사 처벌하는 것만으로는 의료법의 실효를 거둘 수 없다고 보이는 점 등을 종합하여 보면, 위 규정은 의료인이나 의료법인 등이 아닌 자가 의료기관을 개설하여 운영하는 경우에 초래될 국민 보건위생상의 중대한 위험을 방지하기 위하여 제정된 이른바 강행법규에 속하는 것으로서 이에 위반하여 이루어진 약정은 무효라고 할 것입니다[대법원 2003.4.22. 선고 2003다2390 판결(사안은 구 의료법(2007. 4. 11. 법률 제8366호로 전부개정되기 전의 것) 제30조 제2항, 제66조 제3호) 등 참조].

3. 결론

甲과 乙 사이의 투자금약정계약은 무효이므로 甲은 대여금반환청구 또는 투자금반환청구를 통해 위 금원을 돌려받을 수 없습니다. 그러나 乙은 법률상 원인 없이 1억원을 지급받을 것이므로 乙은 甲이 지급받은 수익금을 공제한 나머지 금원을 부당이득으로 반환할 의무가 있다고 할 것입니다.

Q 甲은 乙에게 다가구주택을 2억원에 매도하기로 하며 계약금 2천만원은 계약일에, 잔금 1억 8천만원은 갑이 새마을금고로부터 대출받은 5천만원의 채무와 기왕의 임차인 A, B, C에 대한 임차보증금반환채권 8천만원을 乙이 인수하기로 함에 따라 나머지 잔금 5천만원을 2017. 9. 15.에 지급받기로 하였습니다. 위 계약에 따라 乙은 잔금지급일에 5천만원을 지급하려고 하였으나 잔금지급일 전에 A, B, C에게 임차보증금을 반환한 사실을 알게 되었습니다. 이에 乙은 甲으로부터 8천만원을 차용하는 것으로 하되 변제기는 1년 뒤로, 이자는 월 1%로 하기로 하고, 위 금원의 지급을 담보하기 위하여 변제기까지 8천만원을 변제하지 않으면 甲이 이 사건 다세대 주택의 이층 부분을 임의처분 할 수 있도록 약정하였습니다. 이후 甲은 위 이층에 대하여 임대차보증금을 8천만원으로 하여 임대차계약서를 작성한 뒤 가재도구 등을 옮겨두고 거주하기 시작하였습니다. 乙은 이자를 꾸준히 지급하며 이 사건 다세대 주택을 수리하여 임대하기 위해 노력하였으나 甲은 乙이 위 대여금을 변제하기 전까지는 퇴거할 수 없다고 주장하여 임대하지 못하게 되자 이후의 이자지급을 거절하고 있습니다. 甲은 乙에게 위 이자지급을 주장할 수 있는지요?

A 이 사안에서는 위 담보의 의미 속에 원고가 임대차계약서의 내용대로 이 사건 임차 부분을 사용·수익할 권한까지 포함되어 있는지 여부, 그 명도시까지 이자 및 지연손해금을 청구할 수 있는지 여부가 문제됩니다. 살피건대, 위 차용금은 甲이 乙로부터 지급받을 매매잔대금을 소비대차의 목적으로 하기로 한 약정에 따른 것인데, 통상적인 매매에 있어 매매목적물의 인도전에는 매매대금 미지급에 대한 지연손해금이 발생하지 않는 점, 만약 사용·수익권까지 주는 것으로 해석하게 된다면 甲은 위 차용금에 대한 이자 외에 이 사건 점유 부분의 사용·수익에 따른 이득(목적물의 점유·사용으로 인한 이득은 임대차보증금의 이자 상당이다)까지 얻게 되어 부당하고, 또한 위 차용금의 변제기까지 변제하지 못할 때에는 甲이 담보물건을 임의로 처분(타에 임대하는 것을 뜻함)하여 차용금을 임의로 회수할 수 있도록 약정하였는데 채무불이행에 대한 제재가 그 불이행 전보다 乙에게 오히려 가볍다고 볼 수 있는 점, 甲은 乙이 이 사건 점유 부분을 빨리 임대

하여 그 보증금으로 이 사건 차용금을 변제할 수 있도록 협력하여야 할 의무가 있는데도 위 차용금 약정 당시 비어 있던 이 사건 점유 부분을 乙이 수리하고 임대하려고 하자 그 무렵 입주하여 사용함으로써 이를 임대하는 데 어려움을 겪게 한 점 등을 종합하여 보면, 위 차용금을 담보하기 위하여 甲을 임차인으로 한 임대차계약서를 작성한 것은 乙이 돈이 없는 것을 감안하여 乙에게 당시 비어 있던 이 사건 점유 부분의 각 부분을 다른 사람에게 임대하여 차용금을 변제할 수 있는 편의를 주는 한편 甲에게는 그 임대시까지 열쇠를 관리하면서 乙이 임대시에 그 승낙을 하는 권한을 주는 의미에서 작성한 것으로 해석할 것이지 甲으로 하여금 이 사건 점유 부분을 사용·수익할 권한까지 준 것으로 해석할 수는 없는 것이고, 나아가 甲이 이 사건 점유 부분을 사용·수익하면서 위 차용금에 대한 이자 또는 지연손해금까지 구하는 것은 신의성실의 원칙상 부당하다 할 것이므로, 적어도 甲이 이 사건 점유 부분을 사용·수익하고 있는 동안에는 위 차용금에 대한 이자 및 지연손해금을 구할 수 없다 할 것입니다.

6. 도급 계약 관련 상담사례

■ **사정변경을 이유로 도급공사대금을 증액하여 청구할 수 있는지요?**

Q 甲은 乙로부터 건축물신축공사를 도급받아 공사대금을 1억 원으로 하여 공사를 진행하던 중, 인건비, 건축자재비 등의 가격상승으로 총공사비로 1억 3천만 원을 들여 건물을 완공하였는데, 이 경우 甲은 乙에게 공사대금의 증액청구가 가능한지요?

A 도급인은 수급인에 대하여 보수를 지급할 의무가 있으며, 도급인의 이 채무는 수급인의 일의 완성채무와 대가관계에 서게 됩니다. 이 경우 보수의 종류에는 제한이 없으므로 금전에 한하지 않습니다. 보수가 금전으로 정해지는 경우에도 그 결정방법은 다양한 바, 보통은 일의 완성에 필요한 재료, 노동력 기타 비용의 산출액에 적당한 이윤을 포함시켜서 견적한 총액을 보수로 합니다{정액도급(定額都給)}. 그러나 특별한 경우에는 보수액을 미리 확정하지 않고, 그 개산액만을 정하는 경우{개산도급(概算都給)}, 또는 보수의 금액을 정하지 않고 후에 지급할 단계에 이르러서 결정하게 되는 경우도 있습니다.

보수액이 정해진 때에는 원칙적으로 정액도급으로 보아야 할 것인바, 계약사항을 변경하는 때에는 공사대금을 증감한다는 특약이 있더라도 역시 정액도급으로 볼 것입니다. 이 경우에는 약정액 이상의 비용이 필요하게 되더라도 수급인은 증액을 청구하지 못하며, 반대로 약정액보다 훨씬 적은 비용을 지출하였더라도 반환할 필요가 없습니다.

그러나 도급의 목적에 따라서는 일의 완성까지 상당히 긴 기간을 필요로 하는 수가 있으며, 그 동안에 당사자가 전혀 예상하지 못한 경제사정의 급변이 있는 때에는 당초에 약정한 보수액을 가지고 일을 완성할 것을 강제하는 것이 대단히 공평하지 못한 경우가 있을 수 있으므로, 이러한 경우에 사정변경의 원칙을 적용하여 수급인에게 상당한 증액을 청구할 권리 혹은 계약의 해제권을 인정할 것이냐가 문제됩니다. 이에 관하여 판례를 보면, 계약체결 당시에 미리 실공사비를 추산하여 그 견적액에 이윤을 더하여 공사대금을 확정하는, 이른바 정액도급에 의한 공사도급계약의 경우에 있어서는 수급인으로서는 그의 신용, 자력, 기술 등을 이용하여 가능한 적은 비용으로 수주한 공사를 완성함으로써 도급금액과의 차액분을 이득 하려고 꾀할 것임은 당연한 이치이므로, 공사의 완성결과 실공사비가 당초의 공사도급금액의 견적 당시 예상하였던 것보다 적게 소요되었다고 하여 도급인이 그 도급금액의 감액을 주장할 수 없고, 나아가 그 차액분이 수급인의 부당이득이 된다고 볼 수도 없다고 하였습니다(대법원 1995.2.10. 선고 94다44774, 44781 판결).

그러므로 위 사안의 경우와 같이 보수액이 정해진 때에는 원칙적으로 정액도급으로 보아야 할 것이며, 위 판례에서 보듯이 사정변경의 원칙을 인정하지 않고 있으므로 공사대금증액청구는 인정되기 어려울 것으로 보입니다.

참고로 개산도급의 경우에는 다시 그 개산액이 ①최고액으로 정하여져 있는 때, ②최저액으로 정하여져 있는 때, ③특별한 제한 없이 단순한 개산액으로서 정하여져 있는 때가 있습니다. ①의 경우에는 실제비용이 개산액보다 적은 때에는 상당한 감액을 하게 됩니다. 반면, 실제비용이 개산액을 초과하는 때에는 정액도급의 경우와 같게 다루면 될 것입니다. ②의 경우에는 실제비용이 개산액 보다 고액인 때에는 상당한 증액을 하게 되고, ③의 경우에는 실제비용에 따라서 상당한 증액 또는 감액을 하게 됩니다. 마지막으로 보수액을 정하지 않는 경우에는 거래관행에 따라서 실지로 필요한 비용에 상당한 이윤을 포함시킨 액을 보수액으로 하여야 할 것입니다. 이러한 경우에는 사정변경의 원칙을 적용할 필요가 생기지 않습니다.

■ 도급인의 하수급인에 대한 공사대금 직접지급약정의 효력은?

Q 저는 甲으로부터 건물건축공사를 도급받은 乙로부터 그 공사를 하도급 받아 공사진행 중 乙의 부도로 공사가 중단되어, 甲·乙과 제가 모두 모여 제가 위 공사를 마무리하고 乙로부터 받을 공사대금을 甲으로부터 직접 지급받기로 합의하였으나, 甲은 공사완성 후 乙에게만 위 공사대금을 지급하겠다고 하는바, 이러한 경우 제가 직접 甲에게 공사대금청구를 할 수 없는지요?

A 「민법」 제450조에서는, 지명채권양도는 양도인이 채무자에게 통지하거나, 채무자가 승낙하지 아니하면 채무자 기타 제3자에게 대항하지 못하고, 이러한 통지나 승낙은 확정일자 있는 증서에 의하지 아니하면 채무자 이외의 제3자에게 대항하지 못한다고 규정하고 있습니다.

그러므로 위 사안에서 귀하와 甲, 乙이 모두 모여 위 공사대금을 甲이 귀하에게 직접 지급하기로 약정한 것이 乙의 甲에 대한 공사대금채권을 귀하에게 양도한 것으로 볼 수 있는지 문제되는데 이에 관한 판례를 보면, 건축공사가 수급인의 부도로 중단된 후 도급인, 수급인 및 하수급인 3자 사이에 하수급인이 시공한 부분의 공사대금채권에 대하여 도급인이 이를 하수급인에게 직접 지급하기로 하고 이에 대하여 수급인이 아무런 이의를 제기하지 않기로 합의한 경우, 그 실질은 수급인이 도급인에 대한 공사대금채권을 하수급인에게 양도하고 그 채무자인 도급인이 이를 승낙한 것이라고 봄이 상당하다고 하였습니다(대법원 2000.6.23. 선고 98다34812 판결).

따라서 위 사안의 경우 귀하는 乙로부터 乙의 甲에 대한 공사대금채권을 양도받고 그에 대하여 甲이 승낙한 것으로 보이므로, 귀하가 甲에게 직접 위 공사대금을 청구할 수 있을 것으로 보입니다.

참고로 도급인, 원수급인과 하수급인이 '공사대금은 도급인이 원수급인의 입회하에 하수급인에게 직접 지급하고, 원수급인에게는 지급하지 않는 것'으로 약정한 경우, 도급인이 원수급인의 공사대금채권에 대한 압류채권자에게 대항할 수 있는지 판례를 보면, 공사도급계약 및 하도급계약을 함께 체결하면서 도급인, 원수급인과 하수급인이 '공사대금은 도급인이 원수급인의 입회하에 하수급인에게 직접 지급하고, 원수급인에게는 지급하지 않는 것'으로 약정한 경우, 당사자들의 의사가 위 도급계약 및 하도급계약에 따른 공사가 실제로 시행 내지 완료되었는지 여부와 상관없이 원수급인의 도급인에 대한 공사대금채권자체를 하수급인에게 이전하여 하수급인이 도급인에게 직접 그 공사대금을 청구하고 원수급인은 공사대금청구를 하지 않기로 하는 취지라면 이는 실질적으로 원수급인이 도급인에 대한 공사대금채권을 하수급인에게 양도하고 그 채무자인 도급인이 이를 승낙한 것이라고 봄이 상당하고, 이러한 경우 위와 같은 채권양도에 대한 도급인의 승낙이 확정일자 있는 증서에 의하여 이루어지지 않는 이상, 도급인은 위와 같은 채권양도와 그에 기한 채무의 변제를 들어서 원수급인의 위 공사대금채권에 대한 압류채권자에게 대항할 수 없으며 반면, 당사자들의 의사가 하수급인이 위 각 하도급계약에 기초하여 실제로 공사를 시행 내지 완료한 범위 내에서는 도급인은 하수급인에게 그 공사대금을 직접 지급하기로 하고 원수급인에게 그 공사대금을 지급하지 않기로 하는 취지라면, 압류명령의 통지가 도급인에게 도달하기 전에 하수급인이 위 공사를 실제로 시행 내지 완료하였는지 여부나 그 기성고 정도 등에 따라 도급인이 원수급인의 위 공사대금채권에 대한 압류채권자에게 하수급인의 시공부분에 상당하는 하도급대금의 범위 내에서 대항할 수 있는지 여부 및 그 범위가 달라진다고 하였습니다(대법원 2008.2.29. 선고 2007다54108 판결).

또한, 전부명령에 의하여 피전부채권은 동일성을 유지한 채로 집행채무자로부터 집행채권자에게 이전되고 제3채무자는 채권압류 전에 피전부채권자에 대하여 가지고 있었던 항변사유로서 전부채권자에게 대항할 수 있으므로, 도급인과 수급인 사이에 도급인이 수급인에게 지급하여야 할 공사대금을 수급인의 근로자들에게 임금지급조로 직접 지급하기로 약정하였다면, 도급인은 수급인의 근로자들에 대한 임금상당의 공사대금에 대하여는 수급인에게 그 지급을 거부할 수 있고, 따라서 전부채권자에 대해서도 위와 같은 항변사유를 가지고 대항할 수 있다고 한 바 있습니다(대법원 2000.5.30. 선고 2000다2443 판결).

■ 수급인의 하자담보책임청구의 경우 도급인 과실을 참작할 수 있는지요?

Q 甲은 乙에게 3층 건물의 신축공사를 도급하였는데, 건물을 인도받아 1년이 채 지나지 않아서 위 건물의 1층 방과 벽 사이에 균열이 생기고, 2층 및 3층 옥상부분에도 균열이 심하여 乙에게 하자보수를 청구하였으나, 乙이 형식적인 보수만을 하여 균열이 확대되고 있으므로 손해배상청구소송을 하려고 합니다. 그런데 乙은 甲이 건물공사에 있어서 기초의 견고성을 알아보지도 않고 1층의 공사가 끝날 무렵에서야 3층 및 탑층의 증축을 요구하여 추가공사계약을 체결하였으며, 甲이 건물을 인도받은 후 균열 등의 하자를 발견하였음에도 즉시 乙에게 보수를 요청하지 않아서 손해가 확대되었고, 건물인수 후 얼마 되지 않아서 옥상에 철계선전탑을 건립하면서 바닥에 구멍을 뚫어 그 진동 및 중압에 의하여 피해가 확대되었으므로 그에 대하여 과실상계가 되어야 한다고 주장합니다. 이 경우 수급인의 하자담보책임에 있어서도 과실상계가 되는지요?

A 수급인의 담보책임에 관하여 「민법」 제667조 제1항 및 제2항에서 완성된 목적물 또는 완성전의 성취된 부분에 하자가 있는 때에는 도급인은 수급인에 대하여 상당한 기간을 정하여 그 하자의 보수를 청구할 수 있고, 다만 하자가 중요하지 아니한 경우에 그 보수에 과다한 비용을 요할 때에는 그렇지 않으며, 도급인은 하자의 보수에 갈음하여 또는 보수와 함께 손해배상을 청구할 수 있다고 규정하고 있습니다. 그리고 채무불이행으로 인한 손해배상에 있어서 과실상계에 관하여 같은 법 제396조에서는 채무불이행에 관하여 채권자에게 과실이 있는 때에는 법원은 손해배상의 책임 및 그 금액을 정함에 이를 참작하여야 한다고 규정하고 있습니다.

그러므로 수급인의 하자담보책임으로서의 손해배상범위를 정함에 있어서도 도급인의 과실을 참작할 수 있는지 문제됩니다. 이에 관하여 판례를 보면, 수급인의 하자담보책임에 관한 「민법」 제667조에 의하면 법이 특별히 인정한 무과실책임으로서 여기에 「민법」 제396조의 과실상계규정이 준용될 수는 없다 하더라도, 담보책임이 민법의 지도이념인 공평의 원칙에 입각한 것인 이상 하자발생 및 그 확대에 가공한 도급인의 잘못을 참작하여 손해배상범위를 정함이 상당하고, 하자담보책임으로 인한 손해배상사건에 있어서는 배상권리자에게 그 하자를 발견하지 못한 잘못으로 손해를 확대시킨 과실이 인정된다면 법원은 손해배상범위를 정함에 있어서 이를 참작하여야 하며, 이 경우 손해배상책임을 다투는 배상의무자가 배상권리자의 과실에 따른 상계항변을 하지 아니하더라도 소송에 나타난 자료에 의하여 그 과실이 인정되면 법원은 직권으로 이를 심리·판단해야 한다고 하였습니다(대법원 1999.7.13. 선고 99다12888 판결, 2004.8.20. 선고 2001다70337 판결).
따라서 위 사안에서도 甲에게 위와 같은 과실이 있다면 乙의 손해배상책임의 배상액을 정함에 있어서 참작이 될 수 있을 것으로 보입니다.

Q 甲은 乙로부터 건물신축공사를 도급 받았는데, 甲이 乙의 토지위에 乙명의로 건축허가를 받아 甲의 노력과 재료를 들여 공사를 완성한 후 乙명의로 사용검사를 받은 후 乙에게 인도하기로 하였습니다. 그런데 乙은 甲이 공사를 완성하여 사용검사를 마치고 乙명의로 소유권보존등기까지 마쳤음에도 불구하고 공사대금의 잔금을 지급하지 않았으므로, 甲은 위 신축건물의 열쇠를 乙에게 인도를 거부하였습니다. 그러자 乙은 甲에게 위 건물의 명도청구의 소송을 제기하였습니다. 이 경우 甲이 위 공사대금의 잔금을 교부받을 때까지 위 건물의 명도를 거부할 수는 없는지요?

A 건물도급계약에 있어서 그 건물의 소유권을 도급인에게 귀속시키기로 약정한 경우가 아니고, 수급인이 자기의 노력과 재료로 건물을 완성하여 수급인이 원시적으로 그 건물의 소유권을 취득하는 경우에 관하여 판례를 보면, 유치권은 타물권인 점에 비추어 볼 때 수급인의 재료와 노력으로 건축되었고 독립한 건물에 해당되는 기성부분은 수급인의 소유라 할 것이므로, 수급인은 공사대금을 지급받을 때까지 이에 대하여 유치권을 가질 수 없다고 하였으나(대법원 1993.3.26. 선고 91다14116 판결), 일반적으로 자기의 노력과 재료를 들여 건물을 건축한 사람은 그 건물의 소유권을 원시취득 하는 것이고, 다만 도급계약에 있어서는 수급인이 자기의 노력과 재료를 들여 건물을 완성하더라도 도급인과 수급인 사이에 도급인 명의로 건축허가를 받아 소유권보존등기를 하기로 하는 등 완성된 건물의 소유권을 도급인에게 귀속시키기로 합의한 것으로 보일 경우에는 그 건물의 소유권은 도급인에게 원시적으로 귀속된다고 하였습니다(대법원 2010.1.28. 선고 2009다66990 판결). 그러므로 위 사안의 경우에도 신축된 건물의 소유권은 도급인 乙에게 귀속시키기로 합의한 것으로 볼 수 있을 듯합니다.

그런데 수급인 甲이 공사대금의 잔금을 교부받을 때까지 위 건물의 인도를 거부할 수 있을 것인지에 관하여 살펴보면, 「민법」 제320조 제1항에서 타인의 물건 또는 유가증권을 점유한 자는 그 물건이나 유가증권에 관하여 생긴 채권이 변제기에 있는 경우에는 변제를 받을 때까지 그 물건 또는 유가증권을 유치할 권리가 있다고 규정하고 있으며, 같은 법 제321조에서는 유치권자는 채권전부의 변제를 받을 때까지 유치물 전부에 대하여 그 권리를 행사할 수 있다고 규정하고 있습니다.

그리고 도급계약에서 수급인이 신축건물에 대하여 유치권을 가지는 경우에 관한 판례를 보면, 주택건물의 신축공사를 한 수급인이 그 건물을 점유하고 있고, 또 그 건물에 관하여 생긴 공사대금채권이 있다면, 수급인은 그 채권을 변제받을 때까지 건물을 유치할 권리가 있다고 할 것이고, 이러한 유치권은 수급인이 점유를 상실하거나 피담보채무가 변제되는 등 특단의 사정이 없는 한 소멸되지 않는다고 하였습니다(대법원 1995.9.15. 선고 95다16202, 95다16219 판결). 따라서 위 사안에서 甲은 공사대금잔금을 지급받을 때까지 위 건물의 인도를 거부할 수 있을 것으로 보입니다.

참고로 건물신축공사를 도급받은 수급인이 사회통념상 독립한 건물이 되지 못한 정착물을 토지에 설치한 상태에서 공사가 중단된 경우, 그 정착물 또는 토지에 대하여 유치권을 행사할 수 있는지 판례를 보면, 건물신축공사를 한 수급인이 그 건물을 점유하고 있고 또 그 건물에 관하여 생긴 공사금채권이 있다면, 수급인은 그 채권을 변제받을 때까지 건물을 유치할 권리가 있는 것이지만, 건물의 신축공사를 도급받은 수급인이 사회통념상 독립한 건물이라고 볼 수 없는 정착물을 토지에 설치한 상태에서 공사가 중단된 경우에 위 정착물은 토지의 부합물에 불과하여 이러한 정착물에 대하여 유치권을 행사할 수 없는 것이고, 또한 공사를 중단할 때까지 발생한 공사대금채권은 토지에 관하여 생긴 것이 아니므로, 그 공사대금채권에 기초하여 토지에 대하여 유치권을 행사할 수도 없는 것이라고 하였습니다(대법원 2008.5.30. 자 2007마98 결정).

■ 수급인이 제3자를 사용하여 일을 완성시킬 수 있는지요?

Q 甲은 乙에게 자신의 A토지를 평탄화하는 작업을 의뢰하였습니다. 계약 당시 乙은 평탄화 작업을 실제로 누가 진행할 지에 대해서는 전혀 언급이 없었고, 단지 작업의 대상이 되는 토지의 면적과 작업 기간 및 보수 등에 관하여만 약정을 하였습니다. 계약 후 며칠 뒤 甲은 당연히 평탄화 작업을 乙이 진행하고 있을 것이라 생각하고 현장에 가 보았는데, 평탄화 작업은 乙이 아닌 丙이 진행하고 있었습니다. 이러한 경우 甲은 乙의 계약 위반을 이유로 계약을 해제하거나, 乙의 기망을 이유로 계약을 취소할 수 있는지요?

A 대법원 판례는 "공사도급계약에 있어서 당사자 사이에 특약이 있거나 일의 성질상 수급인 자신이 하지 않으면 채무의 본지에 따른 이행이 될 수 없다는 등의 특별한 사정이 없는 한 반드시 수급인 자신이 직접 일을 완성하여야 하는 것은 아니고, 이행보조자 또는 이행대행자를 사용하더라도 공사도급계약에서 정한 대로 공사를 이행하는 한 계약을 불이행하였다고 볼 수 없다(대법원 2002.4.12. 선고 2001다82545 판결)"고 판시한 바 있고, "수급인이 제3자를 이용하여 공사를 하더라도 공사약정에서 정한 내용대로 그 공사를 이행하는 한 공사약정을 불이행한 것이라고 볼 수 없으므로, 수급인이 그의 노력으로 제3자와의 사이에 공사에 관한 약속을 한 후 도급인에게 그 약속 사실을 알려주지 않았다고 하더라도 이를 도급인에 대한 기망행위라고 할 수 없다(대법원 2002.4.12. 선고 2001다82545 판결)"고 판시한 바 있습니다.

위와 같은 대법원 판례를 볼 때, 乙이 자신이 직접 A토지의 평탄화 작업을 진행하지 않고 丙에게 평탄화 작업을 진행하게 하더라도 丙이 원래 계약내용대로 평탄화 작업을 이행하는 한 乙이 계약을 불이행하였다고 볼 수 없으므로 甲은 계약 위반을 이유로 계약을 해제하거나, 乙의 기망행위를 이유로 계약을 취소할 수 없습니다.

다만, A토지의 평탄화 작업이 성질상 乙 본인이 직접 하지 않으면 제대로 이행이 될 수 없다는 등의 특별한 사정이 있다면 甲은 예외적으로 계약 위반을 이유로 계약을 해제하거나, 기망을 이유로 계약을 취소할 수 있을 것입니다.

■ 목적물의 하자로 인해 도급인이 받은 정신적 고통도 배상하여야 하는지요?

Q 甲과 乙은 주택건물신축 도급계약을 체결하였고, 계약에 따라 甲이 乙에게 건물을 신축하여 인도하였습니다. 그런데 甲이 신축한 건물에 콘크리트 강도가 부족하고 시공에 하자가 있어 乙은 甲에게 하자 보수 혹은 하자보수에 갈음한 손해배상을 청구하였고, 이와 함께 乙은 甲이 안전성이 현저하게 떨어지는 주택을 신축하여 乙에게 인도하여 자신의 수명이 단축되었으며 회복될 수 없는 정신적 고통을 입었다고 주장하며 위자료까지 청구하였습니다. 乙의 甲에 대한 위자료 청구는 인정될 수 있는지요?

A 대법원 판례는 "일반적으로 건물신축 도급계약에 있어서 수급인이 신축한 건물에 하자가 있는 경우에, 이로 인하여 도급인이 받은 정신적 고통은 하자가 보수되거나 하자보수에 갈음한 손해배상이 이루어짐으로써 회복된다고 봄이 상당하고, 도급인이 하자의 보수나 손해배상만으로는 회복될 수 없는 정신적 고통을 입었다면 이는 특별한 사정으로 인한 손해로서 수급인이 이와 같은 사정을 알았거나 알 수 있었을 경우에 한하여 정신적 고통에 대한 위자료를 인정할 수 있다"라고 판시한 바 있습니다(대법원 1996.6.11. 선고 95다12798 판결).

위와 같은 대법원 판례를 고려할 때, 이 사안에서 乙이 甲으로부터 위자료를 배상받기 위해서는 ① 건물의 콘크리트 강도 미달 및 시공 하자가 건물의 안전성에 미치는 영향이 상당하여 乙이 甲의 하자 보수나 손해배상만으로는 회복될 수 없는 정신적 고통을 입었다는 특별한 사정과 ② 甲이 이와 같은 사정을 알았거나 알 수 있었다는 점을 입증하여야 할 것입니다.

위와 같은 요건을 도급인이 입증하기 어려운 경우가 대부분이어서 실제로 도급인의 수급인에 대한 위자료청구는 많이 인정되지는 않습니다.

■ 하수급인은 도급인에게 하수급대금의 직접지급을 청구할 수 없게 되는지요?

Q 도급인이 수급인에게 선급금을 지급하기로 하면서 하도급대금을 하수급인에게 직접 지급하기로 약정하였는데, 수급인과의 도급계약을 해제하게 된 경우 위 선급금이 수급인에게 지급할 기성공사대금에서 공제되어 그 범위에서 하수급인은 도급인에게 하수급대금의 직접지급을 청구할 수 없게 되는지요?

A 하도급거래 공정화에 관한 법률 제14조 제1항은 각호의 사유가 있는 경우 수급사업자(하수급인)가 발주자(도급인)에게 하도급대금의 직접지급을 청구하면 발주자가 수급사업자에게 하도급대금을 직접지급 할 것을 규정하고 있습니다. 그리고 그 범위에 관하여 동법 제4항은 발주자가 수급사업자에게 하도급대금을 직접 지급하는 때에 발주자가 원사업자(수급인)에게 이미 지급한 하도급대금은 빼고 지급한다고 규정하며 동법 시행령 제9조 제3항은 발주자는 원사업자에 대한 대금지급의무의 범위에서 하도급대금 직접지급의무를 부담한다고 하고 있습니다. 그렇다면 도급인은 하수급인에게 하도급대금을 경우에 따라 직접지급 해야 하는 경우가 있되 그 범위는 하도급대금에서 도급인이 수급인에게 지급한 도급대금 중 하도급대금에 해당하는 부분을 공제한 잔액으로 보아야 할 것입니다(대법원 2011.7.14.선고 2011다12194판결). 즉 기성공사대금 중 도급인이 미지급한 금원에 대하여 하수급인은 도급인에게 직접지급을 청구할 수 있습니다.

한편 공사도급계약에 있어서 수수되는 이른바 선급금은 자금 사정이 좋지 않은 수급인으로 하여금 자재 확보·노임 지급 등에 어려움이 없이 공사를 원활하게 진행할 수 있도록 하기 위하여 도급인이 장차 지급할 공사대금을 수급인에게 미리 지급하여 주는 것으로서, 구체적인 기성고와 관련하여 지급된 공사대금이 아니라 전체 공사와 관련하여 지급된 공사대금에 해당합니다. 선급금을 지급한 후 계약이 해제 또는 해지되는 등의 사유로 수급인이 도중에 선급금을 반환하여야 할 사유가 발생하였다면, 특별한 사정이 없는 한 별도의 상계 의사표시 없이도 그때까지의 기성고에 해당하는 공사대금 중 미지급액은 선급금으로 충당되고 도급인은 나머지 공사대금이 있는 경우 그 금액에 한하여 지급할 의무를 부담하게 됩니다(대법원 1999.12.7.선고 99다55519판결). 이때 선급금의 충당 대상이 되는 기성공사대금의 내역을 어떻게 정할 것인지는 도급계약 당사자의 약정에 따라야 하고(대법원 2004.6.10.선고 2003다69713판결), 도급인이 하수급인에게 하도급대금을 직접 지급하는 사유가 발생한 경우에 이에 해당하는 금원을 선급금 충당의 대상이 되는 기성공사대금의 내역에서 제외하기로 하는 예외적 정산약정을 한 때에는 도급인은 선급금이 기성공사대금에 충당되었음을 이유로 하여 하수급인에게 부담하는 하도급대금 지급의무를 면할 수 없게 됩니다(대법원 2010.5.13.선고 2007다31211판결).

그러나 이러한 정산약정 역시 특별한 사정이 없는 한 도급인에게 도급대금채무를 넘는 새로운 부담을 지우지 않는 범위 내에서 하수급인을 수급인에 우선하여 보호하려는 약정이라고 보아야 하므로, 도급인이 하도급대금을 직접 지급하는 사유가 발생하기 전에 선급금이 기성공사대금에 충당되어 도급대금 채무가 모두 소멸한 경우에는 도급인은 더 이상 하수급인에 대한 하도급대금 지급의무를 부담하지 않게 됩니다(대법원 2014.1.23. 선고 2013다214437 판결).

따라서 하수급인이 도급인에게 직접지급 사유가 발생하여 직접지급을 청구하기 전에 도급계약에 해제되고 선급금이 기성공사대금에 충당된 경우에는 하수급인은 더 이상 도급인에게 하수급대금의 직접지급을 청구할 수 없습니다.

■ **공동수급체의 경우에 부담할 지체상금은 일방이 담당한 부분으로 한정되는 것인지 아니면 전체 공사대금을 기준으로 정해지는 것인지요?**

Q 甲과 乙은 지하차도 확장공사를 국가로부터 도급받아 甲은 포장을 제외한 전체 공사를 乙은 포장공사를 각 나누어 책임지기로 하였습니다. 甲이 자신의 공사를 완공기한까지 완료하지 못하는 경우 甲이 부담할 지체상금은 甲이 담당한 부분으로 한정되는 것인지 아니면 전체 공사대금을 기준으로 정해지는 것인지요?

A 공동수급체가 부담할 지체상금은 계약의 내용에 따라 개별 구성원의 지분에 따른 금액이 될 수도 있으며 전체 공사대금액을 기준으로 산정한 금액이 될 수도 있습니다. 한편 공동수급체가 일을 완성하는 방법에는 공동이행방식과 분담이행방식이 있는데 공동이행방식은 각 수급체의 투자비율에 의해 손익이 분배되고 다른 구성원의 동의 없이 하도급이 불가능하며 계약에 관해 연대하여 이행책임을 지는 형태를 의미합니다. 그리고 분담이행방식은 분담공사별로 손익을 부담하되 공통비용은 분담공사 금액비율에 따라 배분하고 각자의 책임 하에 하도급이 가능하며 계약에 관해 분담내용에 따라 각자의 책임을 지는 형태입니다.

각 방식에 따른 지체상금의 부담 범위에 관해 판례는 다음과 같이 판시하고 있습니다. 공동이행방식의 경우 도급인의 입장에서 보면 각 수급인이 담당하는 공사는 전체로서 하나의 시설공사를 이루고 있는 것이고 甲이 자신이 맡은 공사를 위 준공기간 내에 하지 못함으로써 지체상금을 부담하는 경우 그 지체상금의 기준이 되는 계약금액은 甲이 맡은 부분에 해당하는 공사대금뿐만 아니라 전체 공사대금으로 보아야 한다(대법원 1994.3.25. 선고 93다42887판결). 그리고 분담이행방식의 경우에는 공사의 성질상 어느 구성원의 분담 부분 공사가 지체됨으로써 타 구성원의 분담 부분 공사도 지체될 수밖에 없는 경우라도, 특별한 사정이 없는 한 공사 지체를 직접 야기한 구성원만 분담 부분에 한하여 지체상금의 납부의무를 부담한다고 합니다(대법원 1998.10.2. 선고 98다 33888).

따라서 甲은 계약의 해석에 따라 乙과의 공동수급 방식이 어떤 유형에 해당하는지에 따라 지체상금의 범위가 달리 판단될 것인데, 甲이 포장공사를 제외한 나머지 부분을 시공하면 乙이 포장공사를 마무리 짓는 것을 일의 완성으로 하였다는 점을 감안할 때 이는 공동이행방식으로 보아야할 것이고 그렇다면 甲은 전체 공사대금을 기준으로 하여 지체상금을 부담하는 것이 타당합니다.

■ **부실공사라 하더라도 손해배상액은 지체상금약정을 초과하는 손해배상을 할 수 없다고 주장하고 있는바, 이러한 주장은 타당한가요?**

Q 甲은 도급인으로, 乙은 수급인으로 공사도급계약을 체결하였고, 계약내용에 일반적인 계약의 해제 및 해지로 인한 손해배상약정과 공사지연을 대비한 지체상금약정을 도급계약의 내용으로 포함시켰습니다. 乙은 약정일에 맞추어 공사를 완료하여 甲에게 물건을 인도하였으나, 甲은 부실공사로 乙의 의무가 이행되지 않았다고 주장하며 도급계약을 해제하고 이로 인한 손해의 배상을 구하고 있습니다. 乙은 설령 부실공사라 하더라도 손해배상액은 지체상금약정을 초과하는 손해배상을 할 수 없다고 주장하고 있는바, 이러한 乙의 주장은 타당한가요?

A 대법원은 "공사도급계약을 체결하면서 건설교통부 고시 '민간건설공사 표준도급계약 일반조건'을 계약의 일부로 편입하기로 합의하였고, 위 일반조건에서 지체상금에 관한 규정과 별도로 계약의 해제·해지로 인한 손해배상청구에 관한 규정을 두고 있는 경우, 채무불이행에 관한 손해배상액의 예정은 당사자의 합의로 행하여지는 것으로서, 그 내용이 어떠한가, 특히 어떠한 유형의 채무불이행에 관한 손해배상을 예정한 것인가는 무엇보다도 당해 약정의 해석에 의하여 정하여지는바, 위 일반조건의 지체상금약정은 수급인이 공사완성의 기한 내에 공사를 완성하지 못한 경우에 완공의 지체로 인한 손해배상책임에 관하여 손해배상액을 예정하였다고 해석할 것이고, 수급인이 완공의 지체가 아니라 그 공사를 부실하게 한 것과 같은 불완전급부 등으로 인하여 발생한 손해는 그것이 그 부실공사 등과 상당인과관계가 있는 완공의 지체로 인하여 발생한 것이 아닌 한 위 지체상금약정에 의하여 처리되지 아니하고 도급인은 위 일반조건의 손해배상약정에 기하여 별도로 그 배상을 청구할 수 있다. 이 경우 손해배상의 범위는 민법제393조 등과 같은 그 범위획정에 관한 일반법리에 의하여 정하여지고, 그것이 위 지체상금약정에 기하여 산정되는 지체상금액에 제한되어 이를 넘지 못한다고 볼 것이 아니다(대법원 2010.1.28. 선고 2009다41137 판결)."라고 판시한 바 있습니다. 이러한 판례태도에 따르면 甲은 별도의 특약이 없는 한 乙의 공사지연과 관계없이 乙의 불완전의무이행으로 인한 계약의 해제 및 해지와 손해배상청구를 할 수 있고 이는 지체상금약정과 별개의 것으로 볼 수 있습니다.

Q 甲은 도급인으로, 乙은 수급인으로 공사도급계약을 체결하였고 정해진 이행기에 乙은 물건을 甲에게 인도하였습니다. 그러나 甲은 건설의 완성도가 미흡하다며 막무가내로 공사대금의 지불을 거절하고 있습니다. 乙은 甲에게 공사대금의 지급을 구하는 소송을 제기하면 승소할 수 있는가요?

A 민법 제665조 제1항은 "보수는 그 완성된 목적물의 인도와 동시에 지급하여야 한다. 그러나 목적물의 인도를 요하지 아니하는 경우에는 그 일을 완성한 후 지체없이 지급하여야 한다."와 같이 규정하고 있습니다. 또한 대법원 판례는 "제작물공급계약에서 보수의 지급시기에 관하여 당사자 사이의 특약이나 관습이 없으면 도급인은 완성된 목적물을 인도받음과 동시에 수급인에게 보수를 지급하는 것이 원칙이고, 이때 목적물의 인도는 완성된 목적물에 대한 단순한 점유의 이전만을 의미하는 것이 아니라 도급인이 목적물을 검사한 후 그 목적물이 계약내용대로 완성되었음을 명시적 또는 묵시적으로 시인하는 것까지 포함하는 의미이다(대법원 2006.10.13. 선고 2004다21862 판결)."와 같이 판시하고 있습니다.

결국 당사자 사이에 법적 분쟁이 생겨서 소송이 진행되는 결과가 발생한다면, "도급계약에 있어 일의 완성에 관한 주장·입증책임은 일의 결과에 대한 보수의 지급을 구하는 수급인에게 있으므로, 도급인이 도급계약상의 공사 중 미시공 부분이 있다고 주장한 바가 없다고 하더라도 그 공사의 완성에 따른 보수금의 지급을 구하는 수급인으로서는 공사의 완성에 관한 주장·입증을 하여야 한다(대법원 1994.11.22. 선고 94다26684 판결)."와 같은 대법원 판례에 따를 때, 수급인이 목적물을 완성하였고 상대방에게 인도하였다는 점을 주장·증명하여야 할 것입니다.

■ 도급계약을 체결하여 공사가 완공된 후 하자가 발생하여 상당한 기간이 지났는데 손해의 배상을 청구할 수 있을까요?

Q 甲은 도급인으로, 乙은 수급인으로 정화조 설치에 관한 도급계약을 체결하였고, 乙은 정화조의 설치를 완성하였고 甲은 乙에게 대금을 지급하였습니다. 7개월 뒤에 정화조에 하자가 발생하여 집 주변에 악취가 풍기고 있습니다. 상당한 기간이 지났는데 甲은 乙에게 손해의 배상을 청구할 수 있을까요?

A 민법 제667조는 "①완성된 목적물 또는 완성전의 성취된 부분에 하자가 있는 때에는 도급인은 수급인에 대하여 상당한 기간을 정하여 그 하자의 보수를 청구할 수 있다. 그러나 하자가 중요하지 아니한 경우에 그 보수에 과다한 비용을 요할 때에는 그러하지 아니하다. ②도급인은 하자의 보수에 갈음하여 또는 보수와 함께 손해배상을 청구할 수 있다. ③전항의 경우에는 제536조의 규정을 준용한다."와 같이 규정하고 있으며, 제668조는 "도급인이 완성된 목적물의 하자로 인하여 계약의 목적을 달성할 수 없는 때에는 계약을 해제할 수 있다. 그러나 건물 기타 토지의 공작물에 대하여는 그러하지 아니하다."라고 규정하고 있고, 제670조는 "①전3조의 규정에 의한 하자의 보수, 손해배상의 청구 및 계약의 해제는 목적물의 인도를 받은 날로부터 1년 내에 하여야 한다. ②목적물의 인도를 요하지 아니하는 경우에는 전항의 기간은 일의 종료한 날로부터 기산한다."와 같이 규정하고 있습니다. 도급은 유상계약이므로 민법 제567조 이하 담보책임규정이 적용되나, 민법 제667조 이하에서 도급계약에서의 담보책임을 별도로 규정하고 있습니다. 즉 甲은 완성된 목적물인 정화조의 하자에 대하여 보수 또는 손해배상청구 및 해제권을 목적물을 인도받은 때로부터 1년 내에 행사할 수 있습니다.

■ 도급계약이 해제된 경우 완성된 건물을 철거하고 지급받은 기성고를 반환하여야 하는가요?

Q 甲은 도급인으로, 乙은 수급인으로 건물공사도급계약을 체결하였고, 약 80% 정도 공사가 완료되었습니다. 그러나 乙의 귀책사유로 공사도급계약이 해계되었고, 甲은 건설된 부분을 철거 및 그동안 지급한 건설한 부분에 대한 기성고를 반환할 것을 청구하였습니다. 이 경우 乙은 甲의 주장에 따라 80%나 완성된 건물을 철거하고 지급받은 기성고를 반환하여야 하는가요?

A 일의 완성 전에 도급계약이 해제된 경우에 대법원 판례는 "다만 공사중단 당시 공사가 상당한 정도로 진척되어 이를 철거하여 원상회복하는 것이 상당한 경제적 손실을 초래하게 되고 또한 이미 완성한 공사부분이 도급인에게 이익이 된다면, 민법 제668조 단서의 취지나 신의칙에 비추어 도급인은 수급인에게 그 기성고에 상응하는 보수지급의무가 있다(대법원 1994.8.12, 선고, 93다42320, 판결)."와 같이 판시한 바 있습니다.

위 사안의 경우 도급계약목적물이 건물이고 완성도가 80%에 이른점을 볼 때 이를 원상회복을 한다면 오히려 상당한 경제적 손싱르 초래하게 되고 현재까지 완성된 부분이 甲에게 이익이 되는 점, 민법 제668조 단서가 건물 기타 토지의 공작물에 대하여는 수급인의 담보책임 중 도급인의 해제권이 인정되지 않는 점, 신의성실의 원칙 등에 따라 도급계약은 미완성된 부분에 대해서만 해제가 된다고 할 것이고, 완서된 부분에 대하여는 도급인과 수급인 상호간에 보수지급의무와 완성물인도의무가 여전히 존재한다고 할 것입니다.

■ 여러 차례의 단계적 도급에 있어서 직상수급인의 임금지급책임은?

Q 저는 甲회사로부터 전기부문공사를 하수급 한 乙회사에서 전공으로 일하였고, 공사가 완공되었지만 甲회사가 별다른 이유 없이 공사대금을 乙회사에 지급하지 않고 있어서 소규모업체인 乙회사는 근로자에게 임금을 지급하지 못할 상태에 처하였는데, 제가 임금을 甲회사에 직접 청구할 수 있는지요?

A 먼저 도급사업에 대한 임금지급에 관하여 「근로기준법」 제44조에서는, 사업이 여러 차례의 도급에 따라 행하여지는 경우에 하수급인이 직상수급인의 귀책사유로 근로자에게 임금을 지급하지 못한 경우에는 그 직상수급인은 그 수급인과 연대하여 책임을 지고, 위의 직상수급인의 귀책사유 범위는 대통령령으로 정한다고 규정하고, 「근로기준법시행령」 제24조에서는 ① 정당한 사유 없이 도급계약에서 정한 도급금액지급일에 도급금액을 지급하지 아니한 경우, ②정당한 사유 없이 도급계약에서 정한 원자재공급을 늦게 하거나 공급을 하지 아니한 경우, ③정당한 사유 없이 도급계약의 조건을 이행하지 아니하여 하수급인이 도급사업을 정상적으로 수행하지 못한 경우를 위의 직상수급인의 귀책사유범위로 정하고 있습니다. 따라서 귀하는 乙회사와 고용계약을 체결하였으므로 乙회사에 임금지급을 청구해야 함이 원칙일 것이나, 甲회사에게 위 규정과 같은 귀책사유가 있는 경우에는 위 규정에 의하여 고용관계가 없는 甲회사에도 직접 임금지급을 청구해볼 수 있을 것입니다.

다음으로 건설업에서의 임금지급연대책임에 관하여 「근로기준법」 제44조의2에서는, 건설업에서 사업이 2차례이상 「건설산업기본법」 제2조 제11호에 따른 도급(원도급, 하도급, 위탁 등 명칭에 관계없이 건설공사를 완성할 것을 약정하고, 상대방이 그 공사의 결과에 대하여 대가를 지급할 것을 약정하는 계약)이 이루어진 경우에 「건설산업기본법」 제2조 제7호에 따른 건설업자(건설산업기본법 또는 다른 법률에 따라 등록 등을 하고 건설업을 하는 자)가 아닌 하수급인(예 : 십장 등)이 그가 사용한 근로자에게 임금(해당 건설공사에서 발생한 임금으로 한정)을 지급하지 못한 경우에는 그 직상수급인은 하수급인과 연대하여 하수급인이 사용한 근로자의 임금을 지급할 책임을 지고, 위의 직상수급인이 「건설산업기본법」 제2조 제7호에 따른 건설업자가 아닌 때에는 그 상위수급인 중에서 최하위의 같은 호에 따른 건설업자를 직상수급인으로 본다고 규정하고 있습니다. 따라서 위 사안의 경우 乙회사가 「건설산업기본법」 제2조 제7호에 따른 건설업자가 아니라면 甲회사에서 乙회사에 도급금액을 지급하지 않는 정당한 이유가 있다 하더라도 귀하는 직접 甲회사에 대하여 임금지급청구를 할 수 있을 것입니다.

그리고 이와는 별도로 건설업의 공사도급에 있어서의 임금에 관한 특례로서 「근로기준법」 제44조의3에서는 공사도급이 이루어진 경우로서 ①직상수급인이 하수급인을 대신하여 하수급인이 사용한 근로자에게 지급하여야 하는 임금을 직접 지급할 수 있다는 뜻과 그 지급방법 및 절차에 관하여 직상수급인과 하수급인이 합의한 경우, ②「민사집행법」 제56조 제3호에 따른 확정된 지급명령, 하수급인의 근로자에게 하수급인에 대하여 임금채권이 있음을 증명하는 「민사집행법」 제56조 제4호에 따른 집행증서, 「소액사건심판법」 제5조의7에 따라 확정된 이행권고결정, 그 밖에 이에 준하는 집행권원이 있는 경우, ③하수급인이 그가 사용한 근로자에 대하여 지급하여야 할 임금채무가 있음을 직상수급인에게 알려주고, 직상수급인이 파산 등의 사유로 하수급인이 임금을 지급할 수 없는 명백한 사유가 있다고 인정하는 경우의 어느 하나에 해당하는 때에는 직상수급인은 하수급인에게 지급하여야 하는 하도급대금채무의 부담범위에서 그 하수급인이 사용한 근로자가 청구하면 하수급인이 지급하여야 하는 임금(해당건설공사에서 발생한 임금으로 한정)에 해당하는 금액을 근로자에게 직접 지급하여야 하고, 「건설산업기본법」 제2조 제10호에 따른 발주자(건설공사를 건설업자에게 도급하는 자 다만, 수급인으로서 도급받은 건설공사를 하도급 하는 자는 제외)의 수급인(원수급인)으로부터 공사도급이 2차례이상 이루어진 경우로서 하수급인(도급받은 하수급인으로부터 재하도급 받은 하수급인을 포함)이 사용한 근로자에게 그 하수급인에 대한 위의 집행권원이 있는 경우에는 근로자는 하수급인이 지급하여야 하는 임금(해당건설공사에서 발생한 임금으로 한정)에 해당하는 금액을 원수급인에게 직접 지급할 것을 요구할 수 있고, 원수급인은 근로자가 자신에 대하여 「민법」 제404조에 따른 채권자대위권을 행사할 수 있는 금액의 범위에서 이에 따라야 하며, 직상수급인 또는 원수급인이 위 규정에 따라 하수급인이 사용한 근로자에게 임금에 해당하는 금액을 지급한 경우에는 하수급인에 대한 하도급대금채무는 그 범위에서 소멸한 것으로 본다고 규정하고 있습니다.

결론적으로 귀하는 甲회사가 자신의 귀책사유로 공사대금을 지급하지 못한 경우나, 乙회사가 「건설산업기본법」 제2조 제7호에 따른 건설업자가 아닌 경우에는, 甲회사에 대하여 직접 임금지급을 청구하여 볼 수 있을 것이고, 甲회사가 귀책사유가 없고 乙회사가 「건설산업기본법」 제2조 제7호에 따른 건설업자로 등록되어 있더라도 근로기준법 제44조의3의 규정의 각 사유가 있는 경우라면 甲회사에 대하여 직접 임금지급을 청구하여 볼 수 있을 것입니다.

■ 도급인의 하수급인에 대한 공사대금 직접지급약정의 효력은?

Q 저는 甲으로부터 건물건축공사를 도급받은 乙로부터 그 공사를 하도급 받아 공사진행 중 乙의 부도로 공사가 중단되어, 甲·乙과 제가 모두 모여 제가 위 공사를 마무리하고 乙로부터 받을 공사대금을 甲으로부터 직접 지급받기로 합의하였으나, 甲은 공사완성 후 乙에게만 위 공사대금을 지급하겠다고 하는바, 이러한 경우 제가 직접 甲에게 공사대금청구를 할 수 없는지요?

A 「민법」 제450조에서는, 지명채권양도는 양도인이 채무자에게 통지하거나, 채무자가 승낙하지 아니하면 채무자 기타 제3자에게 대항하지 못하고, 이러한 통지나 승낙은 확정일자 있는 증서에 의하지 아니하면 채무자 이외의 제3자에게 대항하지 못한다고 규정하고 있습니다.

그러므로 위 사안에서 귀하와 甲, 乙이 모두 모여 위 공사대금을 甲이 귀하에게 직접 지급하기로 약정한 것이 乙의 甲에 대한 공사대금채권을 귀하에게 양도한 것으로 볼 수 있는지 문제되는데 이에 관한 판례를 보면, 건축공사가 수급인의 부도로 중단된 후 도급인, 수급인 및 하수급인 3자 사이에 하수급인이 시공한 부분의 공사대금채권에 대하여 도급인이 이를 하수급인에게 직접 지급하기로 하고 이에 대하여 수급인이 아무런 이의를 제기하지 않기로 합의한 경우, 그 실질은 수급인이 도급인에 대한 공사대금채권을 하수급인에게 양도하고 그 채무자인 도급인이 이를 승낙한 것이라고 봄이 상당하다고 하였습니다(대법원 2000.6.23. 선고 98다34812 판결).

따라서 위 사안의 경우 귀하는 乙로부터 乙의 甲에 대한 공사대금채권을 양도받고 그에 대하여 甲이 승낙한 것으로 보이므로, 귀하가 甲에게 직접 위 공사대금을 청구할 수 있을 것으로 보입니다.

참고로 도급인, 원수급인과 하수급인이 '공사대금은 도급인이 원수급인의 입회하에 하수급인에게 직접 지급하고, 원수급인에게는 지급하지 않는 것'으로 약정한 경우, 도급인이 원수급인의 공사대금채권에 대한 압류채권자에게 대항할 수 있는지 판례를 보면, 공사도급계약 및 하도급계약을 함께 체결하면서 도급인, 원수급인과 하수급인이 '공사대금은 도급인이 원수급인의 입회하에 하수급인에게 직접 지급하고, 원수급인에게는 지급하지 않는 것'으로 약정한 경우, 당사자들의 의사가 위 도급계약 및 하도급계약에 따른 공사가 실제로 시행 내지 완료되었는지 여부와 상관없이 원수급인의 도급인에 대한 공사대금채권자체를 하수급인에게 이전하여 하수급인이 도급인에게 직접 그 공사대금을 청구하고 원수급인은 공사대금청구를 하지 않기로 하는 취지라면 이는 실질적으로 원수급인이 도급인에 대한 공사대금채권을 하수급인에게 양도하고 그 채무자인 도급인이 이를 승낙한 것이라고 봄이 상당하고, 이러한 경우 위와 같은 채권양도에 대한 도급인의 승낙이 확정일자 있는 증서에 의하여 이루어지지 않는 이상, 도급인은 위와 같은 채권양도와 그에 기한 채무의 변제를 들어서 원수급인의 위 공사대금채권에 대한 압류채권자에게 대항할 수 없으며 반면, 당사자들의 의사가 하수급인이 위 각 하도급계약에 기초하여 실제로 공사를 시행 내지 완료한 범위 내에서는 도급인은 하수급인에게 그 공사대금을 직접 지급하기로 하고 원수급인에게 그 공사대금을 지급하지 않기로 하는 취지라면, 압류명령의 통지가 도급인에게 도달하기 전에 하수급인이 위 공사를 실제로 시행 내지 완료하였는지 여부나 그 기성고 정도 등에 따라 도급인이 원수급인의 위 공사대금채권에 대한 압류채권자에게 하수급인의 시공부분에 상당하는 하도급대금의 범위 내에서 대항할 수 있는지 여부 및 그 범위가 달라진다고 하였습니다(대법원 2008.2.29. 선고 2007다54108 판결).

또한, 전부명령에 의하여 피전부채권은 동일성을 유지한 채로 집행채무자로부터 집행채권자에게 이전되고 제3채무자는 채권압류 전에 피전부채권자에 대하여 가지고 있었던 항변사유로서 전부채권자에게 대항할 수 있으므로, 도급인과 수급인 사이에 도급인이 수급인에게 지급하여야 할 공사대금을 수급인의 근로자들에게 임금지급조로 직접 지급하기로 약정하였다면, 도급인은 수급인의 근로자들에 대한 임금상당의 공사대금에 대하여는 수급인에게 그 지급을 거부할 수 있고, 따라서 전부채권자에 대해서도 위와 같은 항변사유를 가지고 대항할 수 있다고 한 바 있습니다(대법원 2000.5.30. 선고 2000다2443 판결).

Q 저는 甲에게 건물신축공사를 도급하면서 그 하자담보책임기간을 2년으로 약정하였습니다. 그런데 위 건물은 완공되어 제가 인수한지 2년 6월이 경과된 시점에서 지붕의 일부가 내려앉아 원인을 알아본 결과 甲이 재료를 설계도와 달리 시공함으로 인하여 그러한 하자가 발생된 사실이 밝혀졌는바, 이러한 경우에도 약정된 담보책임기간이 경과되어 하자의 보수 및 손해배상을 청구할 수 없는지요?

A 「민법」 제670조에서는 같은 법 제667조, 제668조, 제669조의 규정에 의한 하자의 보수, 손해배상의 청구 및 계약의 해제는 목적물의 인도를 받은 날로부터 1년 내에 하여야 한다고 규정하고 있으며, 같은 법 제671조 제1항에서는 토지, 건물 기타 공작물의 수급인은 목적물 또는 지반공사의 하자에 대하여 인도 후 5년간 담보의 책임이 있고, 다만 목적물이 석조, 석회조, 연와조, 금속 기타 이와 유사한 재료로 조성된 것인 때에는 그 기간을 10년으로 한다고 규정하고 있습니다. 그리고 판례를 보면, 「민법」 제671조에 의하면 토지, 건물 기타 공작물 수급인의 담보책임에 대하여는 「민법」 제670조의 제척기간에 대한 특칙으로 그 제척기간을 공작물의 종류에 따라 5년 또는 10년을 규정하고 있어 건물수급인에 대하여 담보책임을 묻는 하자보수청구권에 대해서는 1년간의 제척기간을 규정한 민법 제670조가 적용되지 않는다고 하였습니다(대법원 1997.2.14. 선고 96다44242, 44259 판결).

따라서 위 사안의 경우 특약이 없었다면 건물신축공사의 수급인의 담보책임기간이 5년 내지 10년이었을 것인데도 귀하와 甲은 그 하자담보책임기간을 2년으로 정한 것입니다.

그런데 「민법」 제672조에서는 수급인은 「민법」 제667조(수급인의 담보책임), 「민법」 제668조(도급인의 해제권)의 담보책임이 없음을 약정한 경우에도 알고 고지(告知)하지 아니한 사실에 대하여는 그 책임을 면하지 못한다고 규정하고 있는바, 위 사안과 같이 수급인의 담보책임기간을 단축하는 경우에도 그 기간경과 후 발생된 하자에 대하여 수급인이 알고 고지하지 아니한 사실이 있을 경우 그 책임을 면하지 못한다고 보아야 할 것인지 문제됩니다. 이에 관하여 판례를 보면, 「민법」 제672조가 수급인이 담보책임이 없음을 약정한 경우에도 알고 고지하지 아니한 사실에 대하여는 그 책임을 면하지 못한다고 규정한 취지는 그와 같은 경우에도 담보책임을 면하게 하는 것은 신의성실의 원칙에 위배된다는데 있으므로, 담보책임을 면제하는 약정을 한 경우뿐만 아니라 담보책임기간을 단축하는 등 법에 규정된 담보책임을 제한하는 약정을 한 경우에도, 수급인이 알고 고지하지 아니한 사실에 대하여 그 책임을 제한하는 것이 신의성실의 원칙에 위배된다면 그 규정의 취지를 유추하여 그 사실에 대하여는 담보책임이 제한되지 않는다고 보아야 한다고 하면서, 수급인이 도급받은 아파트신축공사 중 지붕배수로 상부부분을 시공함에 있어 설계도에 PC판으로 시공하도록 되어 있는데도 합판으로 시공하였기 때문에 도급계약시 약정한 2년의 하자담보책임기간이 경과한 후에 합판이 부식되어 기와가 함몰되는 손해가 발생한 경우, 그러한 시공상의 하자는 외부에서 쉽게 발견할 수 없는 것이고, 하자로 인한 손해가 약정담보책임기간이 경과한 후에 발생하였다는 점을 감안하면, 도급인과 수급인 사이에 하자담보책임기간을 준공검사일부터 2년간으로 약정하였더라도 수급인이 그와 같은 시공상의 하자를 알고 도급인에게 고지하지 않은 이상, 약정담보책임기간이 경과하였다는 이유만으로 수급인의 담보책임이 면제된다고 보는 것은 신의성실의 원칙에 위배된다고 볼 여지가 있고, 이 경우 「민법」 제672조를 유추적용 하여 수급인은 그 하자로 인한 손해에 대하여 담보책임을 면하지 못한다고 하였습니다(대법원 1999.9.21. 선고 99다19032 판결).

따라서 위 사안의 경우 甲이 설계도에 시공하도록 되어 있는 재료를 사용하지 않고 다른 재료를 사용함으로써 발생된 하자에 대해서는 그 책임을 면하지 못한다고 하여야 할 것인바, 귀하는 甲에 대하여 위 하자보수 및 손해배상청구를 할 수 있을 것입니다.

■ 수급인이 제3자를 사용하여 일을 완성시킬 수 있는지요?

Q 甲은 乙에게 자신의 A토지를 평탄화하는 작업을 의뢰하였습니다. 계약 당시 乙은 평탄화 작업을 실제로 누가 진행할 지에 대해서는 전혀 언급이 없었고, 단지 작업의 대상이 되는 토지의 면적과 작업 기간 및 보수 등에 관하여만 약정을 하였습니다. 계약 후 며칠 뒤 甲은 당연히 평탄화 작업을 乙이 진행하고 있을 것이라 생각하고 현장에 가 보았는데, 평탄화 작업은 乙이 아닌 丙이 진행하고 있었습니다. 이러한 경우 甲은 乙의 계약 위반을 이유로 계약을 해제하거나, 乙의 기망을 이유로 계약을 취소할 수 있는지요?

A 대법원 판례는 "공사도급계약에 있어서 당사자 사이에 특약이 있거나 일의 성질상 수급인 자신이 하지 않으면 채무의 본지에 따른 이행이 될 수 없다는 등의 특별한 사정이 없는 한 반드시 수급인 자신이 직접 일을 완성하여야 하는 것은 아니고, 이행보조자 또는 이행대행자를 사용하더라도 공사도급계약에서 정한 대로 공사를 이행하는 한 계약을 불이행하였다고 볼 수 없다(대법원 2002.4.12. 선고 2001다82545 판결)"고 판시한 바 있고,

"수급인이 제3자를 이용하여 공사를 하더라도 공사약정에서 정한 내용대로 그 공사를 이행하는 한 공사약정을 불이행한 것이라고 볼 수 없으므로, 수급인이 그의 노력으로 제3자와의 사이에 공사에 관한 약속을 한 후 도급인에게 그 약속 사실을 알려주지 않았다고 하더라도 이를 도급인에 대한 기망행위라고 할 수 없다(대법원 2002.4.12. 선고 2001다82545 판결)"고 판시한 바 있습니다.

위와 같은 대법원 판례를 볼 때, 乙이 자신이 직접 A토지의 평탄화 작업을 진행하지 않고 丙에게 평탄화 작업을 진행하게 하더라도 丙이 원래 계약내용대로 평탄화 작업을 이행하는 한 乙이 계약을 불이행하였다고 볼 수 없으므로 甲은 계약 위반을 이유로 계약을 해제하거나, 乙의 기망행위를 이유로 계약을 취소할 수 없습니다. 다만, A토지의 평탄화 작업이 성질상 乙본인이 직접 하지 않으면 제대로 이행이 될 수 없다는 등의 특별한 사정이 있다면 甲은 예외적으로 계약 위반을 이유로 계약을 해제하거나, 기망을 이유로 계약을 취소할 수 있을 것입니다.

Q 甲은 도급인으로, 乙은 수급인으로 아파트건물공사도급계약을 체결하였고, 담보책임기간을 2년으로 약정하였습니다. 乙은 공사과정에서 기존 설계 내용과 다른 재료를 사용하여 공사를 진행하였으며, 甲은 이 사실을 5년 뒤에 알게 되었습니다. 이에 甲은 민법 제671조에 의하면 건물의 경우 담보책임기간이 10년이므로 乙이 보수를 해주어야 한다고 주장하지만, 乙은 담보책임기간을 2년으로 줄였으므로 2년이 훨씬 지난 이 시점에서 더 이상 하자보수는 해줄 수 없다고 주장하고 있습니다. 甲은 乙에게 하자보수청구를 할 수 없는 것인가요?

A 민법 제672조는 "수급인은 제667조, 제668조의 담보책임이 없음을 약정한 경우에도 알고 고지하지 아니한 사실에 대하여는 그 책임을 면하지 못한다."라고 규정하고 있으며, 담보책임이 없음을 약정한 경우에 관하여 대법원 판례는 "민법 제672조가 수급인이 담보책임이 없음을 약정한 경우에도 알고 고지하지 아니한 사실에 대하여는 그 책임을 면하지 못한다고 규정한 취지는 그와 같은 경우에도 담보책임을 면하게 하는 것은 신의성실의 원칙에 위배된다는 데 있으므로, 담보책임을 면제하는 약정을 한 경우뿐만 아니라 담보책임기간을 단축하는 등 법에 규정된 담보책임을 제한하는 약정을 한 경우에도, 수급인이 알고 고지하지 아니한 사실에 대하여 그 책임을 제한하는 것이 신의성실의 원칙에 위배된다면 그 규정의 취지를 유추하여 그 사실에 대하여는 담보책임이 제한되지 않는다고 보아야 한다(대법원 1999.9.21, 선고, 99다19032, 판결)."라고 판시하였는바, 이러한 판례의 태도에 따르면 단순히 담보책임이 없음을 약정한 경우뿐만 아니라 책임기간을 단축한 경우에도 제672조가 적용될 것입니다. 따라서 이 경우 민법 제672조가 적용되어 乙은 여전히 담보책임을 부담합니다.

Q 甲은 도급인으로, 乙은 수급인으로 공사도급계약을 체결하였고, 乙은 공사를 50%정도 진행해왔습니다. 그러던 중 甲은 경계사정의 악화로 회생절차에 돌입하였습니다. 민법에는 제674조 제1항에 "도급인이 파산선고를 받은 때에는 수급인 또는 파산관재인은 계약을 해제할 수 있다. 이 경우에는 수급인은 일의 완성된 부분에 대한 보수 및 보수에 포함되지 아니한 비용에 대하여 파산재단의 배당에 가입할 수 있다."와 같이 규정되어 있는 점을 확인하여 도급인이 파산한 경우 대응방안을 알게 되었으나, 이러한 규정이 회생절차에서도 적용이 되는가요?

A 대법원 판례는 "도급인이 파산선고를 받은 경우에는 민법 제674조 제1항에 의하여 수급인 또는 파산관재인이 계약을 해제할 수 있고, 이 경우 수급인은 일의 완성된 부분에 대한 보수와 보수에 포함되지 아니한 비용에 대하여 파산재단의 배당에 가입할 수 있다. 위와 같은 도급계약의 해제는 해석상 장래에 향하여 도급의 효력을 소멸시키는 것을 의미하고 원상회복은 허용되지 아니하므로, 당사자 쌍방이 이행을 완료하지 아니한 쌍무계약의 해제 또는 이행에 관한 채무자 회생 및 파산에 관한 법률(이하 '채무자회생법'이라고 한다) 제337조가 적용될 여지가 없다. 한편 회생절차는 재정적 어려움으로 파탄에 직면해 있는 채무자에 대하여 채권자 등 이해관계인의 법률관계를 조정하여 채무자 또는 사업의 효율적인 회생을 도모하는 것을 목적으로 하는 반면, 파산절차는 회생이 어려운 채무자의 재산을 공정하게 환가·배당하는 것을 목적으로 한다는 점에서 차이가 있기는 하다. 그러나 이러한 목적을 달성하기 위하여 절차개시 전부터 채무자의 법률관계를 합리적으로 조정·처리하여야 한다는 점에서는 공통되고, 미이행계약의 해제와 이행에 관한 규정인 채무자회생법 제121조와 제337조의 규율 내용도 동일하므로, 파산절차에 관한 특칙인 민법 제674조 제1항은 공사도급계약의 도급인에 대하여 회생절차가 개시된 경우에도 유추 적용할 수 있다.

따라서 도급인의 관리인이 도급계약을 미이행쌍무계약으로 해제한 경우 그 때까지 일의 완성된 부분은 도급인에게 귀속되고, 수급인은 채무자회생법 제121조 제2항에 따른 급부의 반환 또는 그 가액의 상환을 구할 수 없고 일의 완성된 부분에 대한 보수청구만 할 수 있다. 이때 수급인이 갖는 보수청구권은 특별한 사정이 없는 한 기성비율 등에 따른 도급계약상의 보수에 관한 것으로서 주요한 발생원인이 회생절차개시 전에 이미 갖추어져 있다고 봄이 타당하므로, 이는 채무자회생법 제118조 제1호의 회생채권에 해당한다(대법원 2017.6.29, 선고, 2016다221887, 판결).”라고 판시한 바 있어, 민법 제674조 제1항은 파산절차에서 적용되고, 회생절차에서 유추적용된다고 보고 있습니다.

■ 공사도급계약의 도급인에 대하여 회생절차가 개시되어 관리인이 도급계약을 미이행쌍무계약으로 해제한 경우, 수급인이 법률에 따른 급부의 반환 또는 가액의 상환을 구할 수 있는지요?

Q 도급인인 회생회사의 관리인 乙이 이 사건 하도급계약을 미이행쌍무계약으로 해제하자, 수급인인 甲은 그때까지의 기성부분에 대한 하도급공사대금이 채무자회생법 제121조 제2항에 따라 가액상환의 대상이 되고 이는 공익채권에 해당한다고 주장하면서 그 지급을 구하였습니다. 이러한 甲의 직접 이행의 소 제기는 적법한가요?

A 도급인이 파산선고를 받은 경우에는 민법 제674조 제1항에 의하여 수급인 또는 파산관재인이 계약을 해제할 수 있고, 이 경우 수급인은 일의 완성된 부분에 대한 보수와 보수에 포함되지 아니한 비용에 대하여 파산재단의 배당에 가입할 수 있습니다. 위와 같은 도급계약의 해제는 해석상 장래에 향하여 도급의 효력을 소멸시키는 것을 의미하고 원상회복은 허용되지 아니하므로, 당사자 쌍방이 이행을 완료하지 아니한 쌍무계약의 해제 또는 이행에 관한 채무자 회생 및 파산에 관한 법률(이하, '채무자회생법'이라고 한다) 제337조가 적용될 여지가 없습니다(대법원 2002.8.27. 선고 2001다13624 판결 참조). 한편, 회생절차는 재정적 어려움으로 파탄에 직면해 있는 채무자에 대하여 채권자 등 이해관계인의 법률관계를 조정하여 채무자 또는 그 사업의 효율적인 회생을 도모하는 것을 목적으로 하는 반면, 파산절차는 회생이 어려운 채무자의 재산을 공정하게 환가·배당하는 것을 목적으로 한다는 점에서 차이가 있기는 합니다. 그러나 이러한 목적을 달성하기 위하여 절차개시 전부터 채무자의 법률관계를 합리적으로 조정·처리하여야 한다는 점에서는 공통되고, 미이행계약의 해제와 이행에 관한 규정인 채무자회생법 제121조와 제337조의 규율 내용도 동일하므로, 파산절차에 관한 특칙인 민법 제674조 제1항은 공사도급계약의 도급인에 대하여 회생절차가 개시된 경우에도 유추 적용할 수 있습니다.

따라서 乙이 이 사건 하도급계약을 미이행쌍무계약으로 해제함에 따라 그때까지 甲회사가 이행한 부분은 도급인인 회생회사에게 귀속되고, 수급인인 甲은 이행한 부분에 대한 하도급공사대금 채권을 가지는데 이는 회생채권이므로, 이에 대하여 회생절차에 의하지 않고 직접 이행의 소를 제기하는 것은 부적법하다고 판단하여 대법원은 상고를 기각하였습니다(대법원

2017.6.29. 선고 2016다221887 판결).

수급인 甲이 갖는 보수청구권은 특별한 사정이 없는 한 기성비율 등에 따른 도급계약상의 보수에 관한 것으로서 그 주요한 발생원인이 회생절차개시 전에 이미 갖추어져 있다고 봄이 타당하므로, 이는 채무자회생법 제118조 제1호의 회생채권에 해당한다고 할 것인바 회생절차에 참가해야 합니다.

Q 甲은 乙과 乙 소유 토지 위에 3층 상가건물을 건축하기로 하는 도급계약을 체결하고, 계약에 따라 건물을 완공하였습니다. 그런데 건물이 완공되고 乙이 건물을 인도받아 사용한 지 3개월 지난 시점에 甲의 배선공사상 과실로 인해 건물에 화재가 발생하여 건물의 30% 정도가 훼손되었고, 그 외에도 화재 진압과정에서 물의 유입으로 추가적으로 20% 정도가 훼손되었습니다. 이로 인해 乙은 甲에게 손해배상을 청구하였는데, 甲은 乙에게 화재로 인해 훼손된 부분은 배상할 수 있으나, 화재 진압과정에서 유입된 물로 인해 훼손된 부분은 배상할 수 없다고 주장합니다. 甲의 주장은 타당한지요?

A 대법원 판례는 "수급인은 목적물이 하자로 인하여 훼손된 경우 그 훼손된 부분을 철거하고 재시공하는 등 복구하는 데 드는 비용 상당액의 손해를 배상할 의무가 있는 것이고, 공사도급계약의 목적물인 건물에 하자가 있어 이로부터 화재가 발생한 경우 그 화재 진압시 사용한 물이 유입됨으로써 훼손된 부분을 복구하는 데 드는 비용 상당액도 하자와 상당한 인과관계가 있는 손해에 해당한다고 할 것이다."라고 판시한 바 있습니다(대법원 1996.9.20. 선고 96다4442 판결).

위와 같은 대법원 판례를 고려할 때, 이 사안에서 甲의 배선공사상 과실로 인해 건물에 화재가 발생하였으므로 甲은 화재로 인해 훼손된 건물의 30% 정도를 철거하고 재시공하는 등 복구하는 데 드는 비용 상당액의 손해를 乙에게 배상할 의무가 있고, 그 외에도 화재 진압시 사용한 물이 유입됨으로써 훼손된 건물의 20% 정도를 복구하는 데 드는 비용 상당액도 배상할 의무가 있습니다. 따라서 화재 진압과정에서 유입된 물로 인해 훼손된 부분은 배상할 수 없다고 하는 甲의 주장은 타당하지 않다고 할 것입니다.

Q 저는 甲으로부터 건물 신축공사를 도급받아 甲이 제공한 설계도대로 건물 공사를 진행하여 사소한 부분을 제외한 모든 공정을 완료한 상태입니다. 그런데 甲이 건축물이 이격거리 규정을 지키지 않아 사용승인이 나오지 않았다는 이유로 공사대금의 지급을 거부하고 있습니다. 공사대금을 받을 수 있을까요?

A 도급은 당사자일방이 어느 일을 완성할 것을 약정하고 상대방이 그 일의 결과에 대하여 보수를 지급할 것을 약정함으로써 그 효력이 생기고(민법 제664조), 보수는 그 완성된 목적물의 인도와 동시에 지급하여야 합니다(민법 제665조). 그러므로 수급인이 일을 완성하고 목적물을 인도하는 때에는 도급인은 보수를 지급해야 합니다.

여기서 일의 완성은 노무에 의한 일정한 결과의 발생을 의미하는 것으로 "완성되었으나 하자가 있는 경우"와 "미완성된 경우"를 구분하여야 합니다. 이에 관해 판례는 다음과 같이 양자를 구별합니다. 즉 공사가 도중에 중단되어 예정된 최후의 공정을 종료하지 못한 경우에는 공사가 미완성된 것이나, 당초 예정된 최후의 공정까지 일단 종료하고 그 주요 구조부분이 약정된 대로 시공되어 사회통념상 건물로서 완성되었고 다만 그것이 불완전하여 보수를 요하는 경우에는 공사가 완성되었으나 목적물에 하자가 있는 경우에 불과합니다(대법원 1997.12.23. 선고 97다44768 판결).

그렇다면 사소한 공사를 마치지 못했다고 해도 주요부분의 공정은 모두 이뤄졌다면 건물로서 완성되었다고 보아야 하고, 사용승인이 나지 않는 것은 甲이 제공한 설계도면을 따른 것으로 발생된 하자에 지나지 않으므로 귀하는 甲에게 건물 완성에 따른 공사대금지급을 청구할 수 있습니다.

■ 다른 채권자가 자신의 채권보전을 위하여 건설한 건물을 도급인의 소유라
고 생각하여 압류를 하려고 하는 경우 압류가 가능할까요?

Q 甲은 도급인으로, 乙은 수급인으로 건물공사도급계약을 체결하였으며, 주 재
료는 수급인인 乙이 공급하였으며, 건축허가명의는 도급인인 甲으로 되어있습
니다. 도급계약내용에는 甲이 공사대금을 미지급할 때에는 미지급금액에 대하
여 완성된 건물로 대물변제하거나 또는 수급인에게 완성되니 건물의 소유권에
대한 가등기를 해주기로 하는 약정이 되어 있었습니다. 그러나 甲의 형편이
어려워져 乙에게 보수를 지급하지 못하고 있는 상황이었습니다. 이 때 甲의
다른 채권자 丙이 자신의 채권보전을 위하여 乙이 건설한 건물을 甲소유라고
생각하여 압류를 하려고 하는 바, 압류가 가능할까요?

A 도급 완성물의 소유권귀속은 별도의 특약이 없는 경우 주재료를 도급인이
공급하였다면 도급인의 소유로, 주재료를 수급인이 공급하였다면 수급인의
소유로 우선 귀속하게 됩니다. 수급인 소유로 귀속하게 된 경우 도급인이
대금을 지급하고 목적물을 인도받은 때에 도급인소유로 귀속되게 됩니다.
그러나 특약이 있는 경우 특약에 따라 소유권이 귀속여부가 달라지게 됩니
다. 다만 특약은 도급인 또는 수급인에게 완성물의 소유권을 귀속한다고
명시적으로 나타내지 않더라도, 도급계약내용 등에서 도급인 또는 수급인
일방이 완성된 건물의 소유권을 취득함을 전제로 하는 약정이 있었다면 이
를 근거로 도급인 또는 수급인 일방에게 소유권을 귀속시키기로 하는 특약
이 있었다고 볼 수 있습니다.
판례는 "건물 신축공사에 있어서 그 건축허가 명의가 도급인측으로 되어
있고, 공사도급계약상 도급인이 공사대금을 미지급할 때에는 그 미지급한
금액에 대하여 완성된 건물로 대물변제하거나 또는 수급인에게 그 건물 소
유권에 대한 가등기를 하여 주기로 하는 등 도급인이 완성된 건물의 소유
권을 취득함을 전제로 한 약정이 있다면 수급인이 그의 노력과 재료를 들
여 위 공사를 80% 가량 진행하고 중단할 당시 사회통념상 독립한 건물의
형태를 갖추고 있었다 하더라도 그 건물의 원시적 소유권은 그 인도 여부
나 공사대금의 지급 여부에 관계없이 도급인에게 귀속시키기로 합의한 것
(대법원 1992.3.27. 선고 91다34790 판결)."과 같이 판시한 바 있습니다.
이러한 내용에 따르면 위 사안의 경우 소유권은 甲에게 귀속되어 甲의 채
권자는 건물을 압류할 수 있습니다.

■ 노무도급계약상의 채무불이행 외에 불법행위로 인한 손해배상을 청구할 수 있는지요?

Q 甲은 건축공사의 일부인 천장석고보드공사를 도급받은 乙로부터 재료와 설비를 공급받으면서 시공 부분만을 담당하기로 하고 乙의 지시에 따라 건설현장에 임하여 전기드릴을 임시로 가설된 콘센트에 연결하여 시험가동하다 전기누전에 의한 감전으로 사망하였습니다. 이 경우 甲이 乙에게 노무도급계약상의 채무불이행 외에 불법행위로 인한 손해배상을 청구할 수 있는지요?

A 본래 도급은 고용과 달리 수급인이 도급인과 대등한 계약당사자로서 일을 완성하는 것이지 수급인이 도급인의 지배에 복종하는 것이 아닙니다. 하지만 거래의 현실을 보면 도급인과 수급인의 관계를 사용자와 노무자의 관계처럼 다뤄야 할 경우가 적지 않습니다. 즉 도급받은 자가 구체적인 지휘·감독권을 유보한 채 재료와 설비는 자신이 공급하면서 시공 부분만을 시공기술자에게 하도급하는 노무도급의 경우에, 도급인과 수급인의 관계는 실질적으로 사용자와 피용자의 관계와 다를 바가 없으므로 도급인이 수급인의 생명·신체에 대한 보호의무를 부담해야하는지가 문제됩니다.

이에 관하여 판례는 위와 같은 노무도급의 경우 도급인은 수급인이 노무를 제공하는 과정에서 생명 신체 건강을 해치는 일이 없도록 물적 환경을 정비하고 필요한 조치를 강구할 보호의무를 부담하며, 이러한 보호의무는 실질적인 고용계약의 특수성을 고려하여 신의칙상 인정되는 부수적 의무로서 구 산업안전보건법시행령(1995.10.19. 대통령령 제14787호로 개정되기 전의 것) 제3조 제1항 에 의하여 사업주의 안전상 조치의무를 규정한 산업안전보건법 제23조 가 적용되지 아니하는 사용자일지라도 마찬가지로 인정된다고 할 것이고, 만일 실질적인 사용관계에 있는 노무도급인이 고의 또는 과실로 이러한 보호의무를 위반함으로써 그 노무수급인의 생명 신체를 침해하여 손해를 입힌 경우 그 노무도급인은 노무도급계약상의 채무불이행책임과 경합하여 불법행위로 인한 손해배상책임을 부담한다고 하고 있습니다 (대법원 1997.4.25. 선고 96다53086 판결).

따라서 甲은 乙이 작업현장에 물기가 많아 감전의 위험이 있었음에도 이에 대한 조치를 적절히 취하지 않았다든가, 전기시설에 이상이 있었음을 부주의한 까닭에 발견하지 못했다든가 하는 사정을 주장하여 보호의무 위반에 따른 손해배상을 청구할 수 있을 것으로 사료됩니다. 한편 산업안전보건법 제23조는 사업주가 위험을 예방하기 위해 필요한 조치들을 규정하며 이를 위반하여 근로자를 사망에 이르게 한 때에는 7년 이하의 징역 또는 1억원 이하의 벌금에 처할 수 있다는 벌칙규정을 두고 있습니다(동법 제66조의2).

■ 자기의 비용과 재료로 건물을 신축한 수급인은 건물의 소유권을 주장할 수는 없는지요?

Q 甲은 乙로부터 상가신축공사를 도급받아 甲의 노력과 재료로써 공정 90%를 완성하였는데, 마무리공사를 남겨두고 자금사정이 어려워져 공사를 지연하고 있던 사이에 도급인 乙은 계약위반을 이유로 계약을 해제하고는 스스로 잔여 공사를 완성하였습니다. 그런데 甲은 아직도 공사대금을 전혀 받지 못하고 있고, 甲의 비용·재료로 건물을 거의 완성하였으므로, 甲이 건물의 소유권을 주장할 수는 없는지요?

A 수급인의 비용과 재료로 신축한 건물의 소유권에 관하여 판례를 보면, 신축건물의 소유권은 원칙적으로 자기의 노력과 재료를 들여 이를 건축한 사람이 원시적으로 취득하는 것이나, 건물신축도급계약에서 수급인이 자기의 노력과 재료를 들여 건물을 완성하더라도 도급인과 수급인 사이에 도급인 명의로 건축허가를 받아 소유권보존등기를 하기로 하는 등 완성된 건물의 소유권을 도급인에게 귀속시키기로 합의한 경우에는 그 건물의 소유권은 도급인에게 원시적으로 귀속되고, 이때 신축건물이 집합건물로서 여러 사람이 공동으로 건축주가 되어 도급계약을 체결한 것이라면, 그 집합건물의 각 전유부분 소유권이 누구에게 원시적으로 귀속되느냐는 공동건축주들 사이의 약정에 따라야 한다고 하였습니다(대법원 2010.1.28. 선고 2009다66990 판결). 따라서 위 사안에서도 甲과 乙이 체결한 도급계약내용에 따라서 소유권귀속여부가 결정될 것입니다.

그리고 공사도급계약이 중도해제 된 경우 기성고부분 공사비의 산정방법에 관하여 판례를 보면, 수급인이 공사를 완공하지 못한 채 공사도급계약이 해제되어 기성고에 따른 공사비를 정산하여야 할 경우, 기성부분과 미시공부분에 실제로 소요되거나 소요될 공사비를 기초로 산출한 기성고비율을 약정공사비에 적용하여 그 공사비를 산정하여야 하고, 기성고비율은 이미 완성된 부분에 소요된 공사비에다가 미시공부분을 완성하는 데 소요될 공사비를 합친 전체공사비 가운데 이미 완성된 부분에 소요된 공사비가 차지하는 비율이라고 할 것이고, 만약 공사도급계약에서 설계 및 사양의 변경이 있는 때에는 그 설계 및 사양의 변경에 따라 공사대금이 변경되는 것으로 특약하고, 그 변경된 설계 및 사양에 따라 공사가 진행되다가 중단되었다면 설계 및 사양의 변경에 따라 변경된 공사대금에 기성고비율을 적용하는 방법으로 기성고에 따른 공사비를 산정하여야 한다고 하였습니다(대법원 2003.2.26. 선고 2000다40995 판결). 따라서 위 사안에서 특별한 사정이 없다면 甲은 공사기성고 비율에 해당하는 보수를 지급받을 수 있다고 보입니다. 그러나 도급인 乙이 甲에게 공사지연으로 인한 손해배상을 청구해 올 수는 있을 것이며, 만일 위 도급계약이 합의해제 되었을 경우, 손해배상을 하기로 하는 특약이 없었고, 손해배상청구는 별도로 문제제기 하겠다는 등으로 손해배상청구를 유보하는 의사표시를 한 사실이 없었다면, 甲은 乙에게 별도의 손해배상을 지급하지 않아도 될 것으로 보입니다(대법원 1989.4.25. 선고 86다카1147, 1148 판결).

■ 소프트웨어 개발·공급계약이 중도에 해제된 경우 수급인의 보수청구는 기성고율 만큼의 계약대금청구를 할 수 있는지요?

Q 甲회사는 乙회사에게 甲회사 본사와 공장 간 체계적인 업무처리를 위한 업무처리프로그램을 개발?공급해줄 것을 의뢰하였고, 乙회사는 프로그램을 제작하여 甲회사에 공급하였습니다. 그러나 공급된 프로그램에는 결함이 있어 甲회사는 프로그램 전체를 사용할 수 없었고, 이에 乙회사는 프로그램 보완을 해 주겠다고 하였으나 甲회사는 이를 거절하고 소프트웨어 개발공급계약을 해제하겠다고 乙회사에 통보하였습니다. 해제 당시 소프트웨어의 완성도는 87.87%였는데, 이 경우 乙회사는 甲회사에 기성고율 만큼의 계약대금청구를 할 수 있는지요?

A 대법원 판례는 "소프트웨어 개발·공급계약은 일종의 도급계약으로서 수급인은 원칙적으로 일을 완성하여야 보수를 청구할 수 있으나, 도급인 회사에 이미 공급되어 설치된 소프트웨어 완성도가 87.87%에 달하여 약간의 보완을 가하면 업무에 사용할 수 있으므로 이미 완성된 부분이 도급인 회사에게 이익이 되고, 한편 도급인 회사는 그 프로그램의 내용에 대하여 불만을 표시하며 수급인의 수정, 보완 제의를 거부하고 ... 계약해제의 통보를 하였다면, 그 계약관계는 도급인의 해제통보로 중도에 해소되었고 수급인은 당시까지의 보수를 청구할 수 있다"라고 판시한 바 있습니다(대법원 1996.7.30. 선고 95다7932 판결).

위와 같은 대법원 판례를 볼 때, 乙회사가 甲회사에 공급한 소프트웨어가 약간의 보완을 가하면 업무에 사용할 수 있고 이미 완성된 부분이 甲회사의 이익이 되는 경우, 乙회사는 甲회사에게 계약대금 중 기성고율인 87.87%에 해당하는 부분의 청구를 할 수 있을 것입니다.

■ '전세금 또는 대출금으로 공사대금을 지불한다.'는 공사도급계약의 효력은?

Q 甲은 乙에게 건물신축공사를 도급하면서 공사도급계약서상 '건축주는 공사가 끝난 뒤 전세금을 빼서 시공자에게 공사비로 주고 그래도 모자라는 액수는 신축건물을 담보로 은행 및 신용금고에서 대출을 받아 건축주는 시공자에게 지불한다.'고 약정하였는데, 乙은 그 건물이 준공되자 곧바로 공사대금을 피보전권리로 하여 그 건물에 대하여 부동산가압류신청을 하여 가압류결정에 따라 그 건물에 대하여 甲명의의 소유권보존등기 및 부동산가압류기입등기가 이루어졌습니다. 이 경우 甲은 乙이 가압류를 함으로써 건물의 임대나 건물을 담보로 한 대출이 어려워 공사대금을 지급하지 못한 것이므로 공사대금의 이행지체책임을 면하여 지연손해금(지연이자)은 지급하지 않아도 되는지요?

A 채무불이행에 대한 손해배상에 관해서 민법에서 채무자가 채무내용에 따른 이행을 하지 아니한 때에는 채권자는 손해배상을 청구할 수 있고, 다만 채무자의 고의나 과실 없이 이행할 수 없게 된 때에는 그러하지 아니하다고 규정하고 있으며(민법 제390조), 도급계약에 있어서 보수지급시기에 관해서는 보수는 그 완성된 목적물인도와 동시에 지급하여야 하고, 다만 목적물인도를 요하지 아니하는 경우에는 그 일을 완성한 후 지체 없이 지급하여야 한다고 규정하고 있습니다(민법 제665조 제1항). 사안에서는 甲이 공사대금을 지급하지 못한 것이 乙의 가압류로 인한 것이므로, 甲의 고의나 과실 없이 이행하지 못한 것으로 보아 甲이 乙에게 손해배상을 하지 않아도 되는지가 문제입니다.

그런데 공사도급계약상 신축건물의 전세금 또는 이를 담보로 한 대출금으로 공사대금을 지불한다는 약정이 있는 경우, 공사수급인이 건물의 준공 직후 이를 가압류함으로써 건물임대나 이를 담보로 한 은행대출이 사실상 어렵게 되었다는 사정을 들어 건축주가 이행지체책임을 면할 수 있는지 판례를 보면, 전세금 또는 대출금으로 공사대금을 지불한다는 공사도급계약 약정은, 건물을 임대하거나 이를 담보로 대출을 받아야만 공사대금을 지급한다는 이른바 공사대금지급기한을 정한 것이라고 볼 수 없고, 나아가 건축주나 수급인에게 건물임대나 이를 담보로 한 은행대출을 받음에 관하여 어떠한 권리를 부여하거나 의무를 부과하는 내용이라고 볼 수도 없는 것이므로, 수급인이 그 부동산을 가압류함으로써 일정한 범위 내에서 건물임대나 이를 담보로 한 은행대출이 사실상 어렵게 되었더라도, 수급인이 자신의 채권을 보전하기 위한 필요에서 한 위 가압류를 들어 공사대금채무지체에 관한 건축주책임을 부정할 수는 없다고 하였습니다(대법원 2001.1.30. 선고 2000다60685 판결). 따라서 위 사안에서 비록 乙이 건물이 완공되자마자 그 건물에 가압류를 하였더라도 甲은 공사대금의 지급지체책임을 면할 수 없으므로 지연손해금을 지급해야 할 것으로 보입니다.

7. 여행계약 관련 상담사례

■ 기획여행업자가 여행자에게 부담하는 안전배려의무의 범위는?

Q 대부분의 여행자들이 알코올버너를 이용한 중국식 샤브샤브 식사를 처음 접하였거나 익숙하지 않은 상태에서, 기획여행업자 A회사의 현지인솔자 甲은 여행자들에게 알코올버너의 사용방법, 위험성 등에 대하여 아무런 고지, 설명을 하지 아니한 채 분리된 장소에서 따로 식사를 하였습니다. 그러다가 여행자 乙이 불이 켜진 상태였던 알코올버너에 알코올을 직접 주입하려다 옆에서 식사를 하고 있던 다른 여행자인 丙에게 화상을 입히는 사고가 발생하였습니다. A회사에게 화상으로 인한 책임이 있나요?

A 판례에 따르면, "기획여행업자는 통상 여행 일반은 물론 목적지의 자연적·사회적 조건에 관하여 전문적 지식을 가진 자로서 우월적 지위에서 행선지나 여행시설 이용 등에 관한 계약 내용을 일방적으로 결정하는 반면, 여행자는 안전성을 신뢰하고 기획여행업자가 제시하는 조건에 따라 여행계약을 체결하는 것이 일반적이다. 이러한 점을 감안할 때, 기획여행업자는 여행자의 생명·신체·재산 등의 안전을 확보하기 위하여 여행목적지·여행일정·여행행정·여행서비스기관의 선택 등에 관하여 미리 충분히 조사·검토하여 여행계약 내용의 실시 도중에 여행자가 부딪칠지 모르는 위험을 미리 제거할 수단을 강구하거나, 여행자에게 그 뜻을 고지함으로써 여행자 스스로 위험을 수용할지에 관하여 선택할 기회를 주는 등 합리적 조치를 취할 신의칙상 안전배려의무를 부담한다(대법원 2011.5.26. 선고 2011다1330 판결 등 참조)."고 보고 있습니다. 따라서 기획여행업자인 A회사는 위 화상으로 인한 손해에 대한 배상책임을 질 가능성이 큽니다.

■ 부득이한 사유가 있는 경우에 여행계약을 해지할 수 있는지요?

Q 유럽 패키지여행 중이던 甲은 아버지의 부고를 전해듣고 더 이상 여행을 진행하지 않고 귀국하려했으나, 乙여행사로부터 甲에게 여행 취소는 불가능하고 거액의 위약금을 물어야 한다는 답변을 들었습니다. 甲은 여행 취소가 불가능한가요?

A 2015. 2. 3. 공포된 개정 민법(법률 제13125호)이 공포 후 1년이 경과한 2016. 2. 4.부터 시행되고 있습니다. 개정 민법(법률 제13125호)은 민법 계약의 한 유형으로 여행계약을 신설(제3편 제2장 제9절의2)하고, '계약 사전해제권', '계약 위반에 대한 시정 또는 감액청구권' 등 여행자 보호에 필요한 여행자의 권리를 강행규정으로 정하여서, 민법에 반하여 여행자에게 불리한 계약은 효력을 상실토록 하였습니다.

민법 제674조의4 제1항은 '부득이한 사유가 있는 경우에는 각 당사자는 계약을 해지할 수 있다. 다만, 그 사유가 당사자 한쪽의 과실로 인하여 생긴 경우에는 상대방에게 손해를 배상하여야 한다.'고 규정하고 있습니다.

따라서 甲은 아버지의 부고라는 부득이한 사유가 있는 경우이므로 이를 이유로 여행계약을 중도에 해지할 수 있습니다.

Q 유럽 패키지여행 중이던 甲은 아버지의 부고를 전해듣고 더 이상 여행을 진행하지 않고 乙여행사에 부득이한 사유에 의한 여행계약의 해지를 요청하였습니다. 바로 귀국을 하고자하는 甲은 乙여행사에 귀국하기 위한 항공권 등의 확보를 요청할 수 있나요?

A 민법 제674조의4 제2항은 '제1항에 따라 계약이 해지된 경우에도 계약상 귀환운송(歸還運送) 의무가 있는 여행주최자는 여행자를 귀환운송할 의무가 있다.'고 규정하고 있습니다. 甲은 아버지의 부고라는 부득이한 사유로 인하여 여행계약이 중도에 해지된 경우이고, 乙여행사와의 여행계약상 귀환운송(歸還運送) 의무가 여행주최자인 乙여행사에 있다면, 乙여행사는 여행자인 甲을 귀환운송할 의무가 있다고 할 것입니다.

따라서 甲은 비록 부득이한 사유로 여행계약을 중도해지 했지만, 계약상 귀환운송 의무가 있는 乙여행사에 귀국을 위한 항공권을 확보해달라고 당연히 요청할 수 있습니다.

■ 체결한 여행계약과 다르게 여행에 하자가 있는 경우 여행자는 여행사에 책임을 물을 수 있는지요?

Q 甲은 친구와 함께 乙여행사를 통해서 해외여행을 떠났는데, 乙여행사가 설명했던 내용과 다르게 다른 비행기로 온 여행객 22명과 합쳐서 한 팀으로 구성하고, 관람이 예정되어있던 서커스도 갑자기 취소되었다고 현지가이드로부터 일방적인 통보를 받았습니다. 甲은 乙여행사에 책임을 물을 수 있는지요?

A 민법 제674조의6 제1항은 "여행에 하자가 있는 경우에는 여행자는 여행주최자에게 하자의 시정 또는 대금의 감액을 청구할 수 있다. 다만, 그 시정에 지나치게 많은 비용이 들거나 그 밖에 시정을 합리적으로 기대할 수 없는 경우에는 시정을 청구할 수 없다."고 규정하고 있습니다.

여행계약에 있어 처음 고지한 인원수와 다르게 여행을 한다든가, 일정 중 일부가 현지사정으로 변경된다든가 하는 사정은 여행에 하자가 있는 경우라고 할 것입니다. 甲은 여행주최자의 하자담보책임에 따라 시정·대금감액·손해배상을 청구할 수 있습니다. 다만, 그 시정이 이루어지지 않거나 불가능할 경우에는 해당 하자가 중대한 하자인 경우에 한하여 여행 계약의 해지도 가능합니다.

■ 여행계약 중도해지시 귀환운송비용 등 추가로 발생하는 비용은 누가 부담하는지요?

Q 유럽 패키지여행 중이던 甲은 여행지에 지진 등 천재지변이 발생하여 더 이상 여행을 진행할 수 없어 乙여행사에 부득이한 사유에 의한 여행계약의 해지를 요청하였습니다. 바로 귀국을 하고자하는 甲은 乙여행사에 귀국 항공권 요청하였는바, 귀환운송비용 등 추가로 발생하는 비용은 누가 부담하나요?

A 민법 제674조의4 제3항은 "제1항의 해지로 인하여 발생하는 추가 비용은 그 해지 사유가 어느 당사자의 사정에 속하는 경우에는 그 당사자가 부담하고, 누구의 사정에도 속하지 아니하는 경우에는 각 당사자가 절반씩 부담한다."고 규정하고 있습니다. 甲의 경우에 지진과 같은 천재지변으로 인하여 부득이한 사유가 발생한 것이므로, 민법 제674조의4 제1항에 따라 여행계약의 해지가 가능하고, 그 해지 사유가 어느 누구의 사정에도 속하지 아니하는 경우에 해당한다고 할 것입니다.

따라서 甲의 귀환운송비용 등 해지로 인하여 발생하는 추가비용은 여행계약의 당사자인 甲과 乙여행사가 각각 절반씩 부담하여야 합니다.

Q 甲은 乙여행사와 유럽 30일 패키지여행상품에 대하여 계약을 하고 여행을 떠나고자 합니다. 甲은 장기간의 단체해외여행을 가는 것이라 乙여행사가 여행중 일정이나 숙박지의 임의변경, 추가요금의 부당청구 등의 문제가 생길까 걱정이고, 이러한 문제들에 대하여 乙여행사가 여행사에게 일방적으로 유리한 약관을 제정해 계약을 할까 걱정하고 있습니다. 이러한 부당한 약관이 있는 경우에 여행자 甲은 법적으로 보호받을 수 있나요?

A 2015. 2. 3. 공포된 개정 민법(법률 제13125호)이 공포 후 1년이 경과한 2016. 2. 4.부터 시행되고 있습니다. 개정 민법(법률 제13125호)은 민법 계약의 한 유형으로 여행계약을 신설(제3편 제2장 제9절의2)하고, '계약 사전해제권', '계약 위반에 대한 시정 또는 감액청구권' 등 여행자 보호에 필요한 여행자의 권리를 강행규정으로 정하여서, 민법에 반하여 여행자에게 불리한 계약은 효력을 상실토록 하였습니다.

새로운 계약 형태로서 법적 규율의 필요성이 요청되던 '여행계약'을 15번째 전형계약으로 신설한 것은 민법 제정('58년)?시행('60년) 이후, 민법 재산편에서 '절(節)'이 신설된 최초의 개정이고, 전형계약 등 주요한 내용의 민법 재산편 개정을 기준으로 볼 때에도 31년 만의 주요 개정입니다.

종래에는 여행계약의 내용이 여행사의 약관에 따라 사실상 일방적으로 결정되었기에, 해외여행과 관련하여 ① 계약취소 거부, ② 여행일정 임의 변경, ③ 추가요금(팁 등) 부당청구 등 다수의 피해사례가 발생하고 있음에도, 여행계약을 규율하는 법률이 없이 표준 약관의 가이드라인에만 의존하여 많은 여행자들이 보호의 사각지대에 놓여 있었습니다.

물론 개정 민법에 따른 여행계약 법률규정의 신설에도 불구하고, 甲이 우려하는바와 같이 여행사들이 여행사에게 일방적으로 유리한 약관을 제정해 계약하거나, 계약내용이 여행자에게 불리하다는 사실을 모르고 계약을 체결하는 경우도 있을 수 있습니다. 그러나 개정민법에서 규정하고 있는 여행계약에 관한 주요 법률규정은 강행규정이므로, 이를 위반하는 계약은 효력이 없다고 할 것입니다. 즉, 여행사가 여행개시 전 여행자의 계약해지를 거부하거나 여행도중 발생한 여행하자의 시정을 거부하고 하자로 인한 계약해지를 거부하는 것은 모두 무효입니다.

따라서 甲은 강행규정인 여행계약 민법규정에 반하여 여행자에게 불리한 계약에 대하여는 설령 약관이 있더라도 무효라고 주장할 수 있습니다.

■ 여행을 떠나기 전에 여행계약을 취소할 수 있는지요?

Q 甲은 2주 후 여행이 예정되어 있었으나, 갑작스럽게 여행일정 중 업무상 중요한 회의 일정이 잡혔음을 확인하고 미리 여행계약을 취소하려 했으나, 예약했던 乙여행사로부터 여행계약은 원칙적으로 취소할 수 없고, 취소한다고 해도 거액의 위약금을 물어야 한다는 답변을 들었습니다. 甲은 위 여행계약을 취소할 수 없는지요?

A 2015. 2. 3. 공포된 개정 민법(법률 제13125호)이 공포 후 1년이 경과한 2016. 2. 4.부터 시행되고 있습니다. 개정 민법(법률 제13125호)은 민법 계약의 한 유형으로 여행계약을 신설(제3편 제2장 제9절의2)하고, '계약 사전해제권', '계약 위반에 대한 시정 또는 감액청구권' 등 여행자 보호에 필요한 여행자의 권리를 강행규정으로 정하여서, 민법에 반하여 여행자에게 불리한 계약은 효력을 상실토록 하였습니다. 민법 제674조의3은 '여행자는 여행을 시작하기 전에는 언제든지 계약을 해제할 수 있다. 다만, 여행자는 상대방에게 발생한 손해를 배상하여야 한다.'고 규정하고 있습니다. 따라서 甲은 여행자의 사전해제권을 乙여행사에 행사하여 여행계약을 원칙적으로 취소할 수 있습니다. 단, 甲의 개인적인 업무상 일정 등과 무관하게 여행은 가능할 경우라면, 甲은 취소로 인하여 乙여행사에 발생한 손해를 배상하여야 할 것입니다.

■ 여행업자의 손해배상 책임범위는?

Q 甲은 신혼여행계약 체결 후 그 신행여행 일정에 따른 여행 도중, 현지 가이드가 甲 부부에게 호텔 밖에 있는 맥주집의 위치를 가르쳐주면서 심심하면 다녀오라고 하여 甲 부부가 위 맥주집에 갔다가 돌아오는 도중에 칼을 든 강도를 만나 甲이 강도에게 가방을 빼앗기지 않기 위해 저항하다가 칼에 오른손을 베이고, 바닥에 머리를 부딪쳐 외상을 입게 되었습니다. 甲은 호텔 주변에 소매치기가 많고 위험하다는 점을 알려주지 않은 데 대해 여행업자를 상대로 손해배상 책임을 물을 수 있는지요?

A 여행업자는 통상 여행 일반은 물론 목적지의 자연적·사회적 조건에 관하여 전문적 지식을 가진 자로서 우월적 지위에서 행선지나 여행시설의 이용 등에 관한 계약 내용을 일방적으로 결정하는 반면 여행자는 그 안전성을 신뢰하고 여행업자가 제시하는 조건에 따라 여행계약을 체결하게 되는 점을 감안할 때, 여행업자는 기획여행계약의 상대방인 여행자에 대하여 기획여행계약상의 부수의무로서, 여행자의 생명·신체·재산 등의 안전을 확보하기 위하여, 여행목적지·여행일정·여행행정·여행서비스기관의 선택 등에 관하여 미리 충분히 조사·검토하여 전문업자로서의 합리적인 판단을 하고, 또한 그 계약 내용의 실시에 관하여 조우할지 모르는 위험을 미리 제거할 수단을 강구하거나 또는 여행자에게 그 뜻을 고지하여 여행자 스스로 그 위험을 수용할지 여부에 관하여 선택의 기회를 주는 등의 합리적 조치를 취할 신의칙상의 주의의무를 진다고 할 것이고, 여행업자가 내국인의 국외여행 시에 그 인솔을 위하여 두는 관광진흥법 제16조의3 소정의 국외여행인솔자는 여행업자의 여행자에 대한 이러한 안전배려의무의 이행보조자로서 당해 여행의 구체적인 상황에 따라 여행자의 안전을 확보하기 위하여 적절한 조치를 강구할 주의의무를 진다고 할 것이고, 한편 여행업자가 사용한 여행약관에서 그 여행업자의 여행자에 대한 책임의 내용 및 범위 등에 관하여 규정하고 있다면 이는 앞서 본 안전배려의무를 구체적으로 명시한 것으로 보아야 할 것입니다(대법원 1998.11.24. 선고 98다25061 판결 등 참조).

이러한 판례의 입장에 따르면 여행업자 또는 그 고용인인 현지 가이드가 여행자들인 甲의 생명, 신체 등의 안전을 확보하기 위해 필요한 조치를 취할 주의의무를 부담함에도 불구하고, 그 의무를 게을리한 채 甲에게 호텔 주변의 위험을 고지하지 아니하고 오히려 호텔 밖에 있는 맥주집을 소개함으로써 그 주의의무를 위반하여 甲이 강도에 의해 피해를 당하게 하였다고 보이므로, 특별한 사정이 없는 한, 여행업자는 甲이 입은 손해를 배상할 책임이 있습니다.

Q 甲은 乙여행사와 여행계약을 체결하면서 특급호텔에서 숙박을 하고, 최고급 식사를 제공할 것이라는 설명을 들었습니다. 그러나 甲이 가족들과 현지에 도착하니 乙여행사가 설명했던 것과 다르게 숙박시설도 저급호텔로 변경되었으며, 제공되는 음식도 수준이 매우 낮았습니다. 또한 여행일정도 사전에 고지한 것과는 전혀 달랐습니다. 甲은 乙여행사에 책임을 물을 수 있는지요?

A 민법 제674조의7 제1항은 "여행자는 여행에 중대한 하자가 있는 경우에 그 시정이 이루어지지 아니하거나 계약의 내용에 따른 이행을 기대할 수 없는 경우에는 계약을 해지할 수 있다."고 규정하고 있습니다.

여행계약에 있어 숙박시설의 등급, 식사의 질, 여행일정 등은 중요사실에 해당된다고 할 것인바, 甲의 경우는 중요사실에 대한 부실고지로 여행에 중대한 하자가 있는 경우라고 할 것입니다. 甲은 여행주최자의 하자담보책임에 따라 시정·대금감액·손해배상을 청구할 수 있고, 시정이 이루어지지 않거나 불가능할 경우에는 여행 계약의 해지도 가능합니다. 계약이 해지된 경우에는 여행주최자는 대금청구권을 상실한다고 할 것이고, 다만 여행자가 실행된 여행으로 이익을 얻은 경우에는 그 이익을 여행주최자에게 상환하여야 할 것입니다(민법 제674조의7 제2항).

■ 해외여행 자유시간 중 바나나보트 뒤집혀 사망한 경우 여행사가 어느 정도 책임지는지요?

Q 甲은 가족과 함께 乙여행사가 제공하는 동남아 5일 여행상품을 구입해 현지로 떠났습니다. 甲은 여동생과 함께 여행중 자유시간을 이용해 묵고 있던 리조트의 해양스포츠 시설에서 바나나보트를 탔습니다. 그런데 바나나보트가 뒤집히면서 두 사람은 물에 빠졌고, 뒤이어 모터보트가 이들을 충격하면서 甲은 현장에서 사망했습니다. 사고 당시 바나나보트 운전자는 동력수상 레저기구 조종면허를 가지고 있지 않았으며, 운전자의 부주의한 운전으로 사고가 발생한 것으로 조사되었습니다. 甲의 유족은 乙여행사에 손해배상청구를 하여 인정받을 수 있을까요?

A 이와 유사한 사례에서 甲의 유족들은 상대방인 乙여행사에 甲의 죽음에 대하여 여행계약 약관에 따라 현지 리조트의 귀책사유에 의한 사고를 책임지라고 하면서 손해배상청구 소송을 제기하였고, 乙여행사측은 바나나보트 탑승은 여행계약의 내용에 포함되어 있는 사항이 아니며, 甲 등은 바나나보트를 탑승하기 전에 위험인수 동의서에 스스로 서명도 하였다고 반박을 하였습니다. 乙여행사가 공정거래위원회 제시 해외여행표준약관에 따라 작성한 약관에는 '여행사는 여행사나 그 고용인, 현지여행업자나 그 고용인이 여행자에게 고의나 과실로 손해를 가한 경우 책임을 진다'는 내용이 담겨 있었습니다.

해당 사례에서 재판부는 '甲 등이 여행상품을 선택할 때 자유시간 동안 리조트 내에 있는 해양스포츠 활동을 할 수 있다는 점이 중요한 요소로 작용했을 것으로 보았고, 乙여행사는 당시 조종면허를 갖고 있지 않았던 보트 운전자의 부주의로 사고가 발생한 점을 종합하면 리조트의 해양스포츠 시설이 관계 법령을 준수하지 않고 안전성이 결여된 기계를 이용하고 있다는 사실을 조사·검토해 甲 등이 바나나보트를 타면서 겪을지도 모를 위험을 미리 제거 또는 대비할 수 있도록 조치할 신의칙상 안전배려의무가 있음(예컨대 위 사항을 조사한 뒤 여행일정표에 해양스포츠 안내를 하거나 상품 홍보영상에 포함)에도 이를 게을리했다.'는 점을 인정하면서, 甲 등이 바나나보트에 탑승하기 전 위험인수 동의서에 서명한 사실만으로 여행자가 모든 사고의 위험을 인수했다고 해석할 수도 없으며 해양스포츠 시설이 법을 준수하지 않아 발생한 사고도 위험을 인수하겠다는 취지로 볼 수 없다'고 설명하였습니다(서울중앙지방법원 2016가합547164 판결).

다만 甲 등이 이용한 여행상품은 자유일정이 포함돼 다른 여행상품에 비해 저렴했고 乙여행사가 자유일정을 보내는 여행자들에게 개인안전에 유의해 달라고 부탁한 점이 인정된다고 하여 乙여행사의 배상책임을 20%로 제한했습니다.

■ 여행 도중에 중대한 하자가 있는 경우 계약해지가 가능한지요?

Q 甲은 乙여행사와 여행계약을 체결하면서 특급호텔에서 숙박을 하고, 최고급 식사를 제공할 것이라는 설명을 들었습니다. 그러나 甲이 가족들과 현지에 도착하니 乙여행사가 설명했던 것과 다르게 숙박시설도 저급호텔로 변경되었으며, 제공되는 음식도 수준이 매우 낮았습니다. 또한 여행일정도 사전에 고지한 것과는 전혀 달랐습니다. 甲은 乙여행사에 책임을 물을 수 있는지요?

A 민법 제674조의7 제1항은 '여행자는 여행에 중대한 하자가 있는 경우에 그 시정이 이루어지지 아니하거나 계약의 내용에 따른 이행을 기대할 수 없는 경우에는 계약을 해지할 수 있다.'고 규정하고 있습니다.

여행계약에 있어 숙박시설의 등급, 식사의 질, 여행일정 등은 중요사실에 해당된다고 할 것인바, 甲의 경우는 중요사실에 대한 부실고지로 여행에 중대한 하자가 있는 경우라고 할 것입니다. 甲은 여행주최자의 하자담보책임에 따라 시정·대금감액·손해배상을 청구할 수 있고, 시정이 이루어지지 않거나 불가능할 경우에는 여행 계약의 해지도 가능합니다. 계약이 해지된 경우에는 여행주최자는 대금청구권을 상실한다고 할 것이고, 다만 여행자가 실행된 여행으로 이익을 얻은 경우에는 그 이익을 여행주최자에게 상환하여야 할 것입니다(민법 제674조의7 제2항).

Q 甲은 乙여행사와 동남아 패키지여행상품을 계약하고, 여행을 떠났습니다. 그런데 본래 일정에 따르면, 2일차 저녁에 식사 후 야시장 구경이 예정되어 있었으나, 현지가이드 丙이 이를 취소하고 숙소에서 식사를 제공하였습니다. 丙은 甲에게 숙소 주변 맥주집 위치를 가르쳐주면서 심심하면 다녀오라고 하였으나 그 주변에 소매치기가 많고 위험할 수 있다는 점은 알려주지 않았습니다. 그에 따라 甲은 맥주집에 갔다가 9시경 숙소로 돌아오는 도중 칼을 든 강도를 만났고, 가방을 뺏기지 않으려고 저항하다가 칼에 오른손을 베었으며, 바닥에 머리를 부딪쳐 외상성 경막밑출혈 등 상해를 입었습니다. 이러한 강도피해를 이유로 甲은 乙여행사와 여행업자책임보험계약을 체결한 丁보험사를 상대로 손해배상청구가 가능한지요?

A 여행업자는 통상 여행 일반은 물론 목적지의 자연적·사회적 조건에 관하여 전문적 지식을 가진 자로서 우월적 지위에서 행선지나 여행시설의 이용 등에 관한 계약 내용을 일방적으로 결정하는 반면 여행자는 그 안전성을 신뢰하고 여행업자가 제시하는 조건에 따라 여행계약을 체결하게 되는 점을 감안할 때, 여행업자는 기획여행계약의 상대방인 여행자에 대하여 기획여행계약상의 부수의무로서, 여행자의 생명·신체·재산 등의 안전을 확보하기 위하여, 여행목적지·여행일정·여행행정·여행서비스기관의 선택 등에 관하여 미리 충분히 조사·검토하여 전문업자로서의 합리적인 판단을 하고, 또한 그 계약 내용의 실시에 관하여 조우할지 모르는 위험을 미리 제거할 수단을 강구하거나 또는 여행자에게 그 뜻을 고지하여 여행자 스스로 그 위험을 수용할지 여부에 관하여 선택의 기회를 주는 등의 합리적 조치를 취할 신의칙상의 주의의무를 진다고 할 것이고, 여행업자가 내국인의 국외여행 시에 그 인솔을 위하여 두는 관광진흥법 제16조의3 소정의 국외여행인솔자는 여행업자의 여행자에 대한 이러한 안전배려의무의 이행보조자로서 당해 여행의 구체적인 상황에 따라 여행자의 안전을 확보하기 위하여 적절한 조치를 강구할 주의의무를 진다고 할 것이고, 한편 여행업자가 사용한 여행약관에서 그 여행업자의 여행자에 대한 책임의 내용 및 범위 등에 관하여 규정하고 있다면 이는 앞서 본 안전배려의무를 구체적으로 명시한 것으로 보아야 할 것입니다(대법원 1998.11.24.선고 98다25061판결 등 참조).

한편 판례는 '현지여행업자 또는 그 고용인인 현지가이드 丙은 여행자인 甲의 생명, 신체 등의 안전을 확보하기 위해 필요한 조치를 취할 주의의무를 부담함에도 불구하고, 그 의무를 게을리한 채 甲에게 숙소 주변의 위험을 고지하지 않았고, 오히려 숙소 주변 맥주집을 소개함으로써 그 주의의무를 위반하여 甲이 강도에 의해 피해를 당하게 하였다'고 판단하였습니다. 그러므로 현지가이드 丙의 사용자인 乙여행사와 보험계약을 체결한 丁보험사는 그 손해를 배상할 책임이 있습니다. 단, 丙이 맥주집을 甲에게 소개하기는 했지만, 甲이 사전에 丙에게 알리지 않고 맥주집을 찾아간 점, 비교적 늦은 시간에 맥주집에서 산책을 하며 숙소로 돌아오다가 강도를 만난 점 등을 고려하여, 乙여행사와 丁보험사의 책임 범위는 60%로 제한되었다고 보았습니다(인천지방법원 2016.6.15. 선고 2015가단203218 판결).

그러므로 패키지 여행(여행사가 미리 여행의 목적지, 숙박시설, 운송 및 요금 등에 대해 계획을 수립하고 이에 참가하는 여행자를 모집하여 실시하는 기획여행)에서 발생한 사고에 대해서는 여행사와 그 고용인 현지가이드가 여행의 구체적인 상황에 따라 예상되는 위험 등을 고지하고 위험을 수용할지 여부에 대해 선택할 기회를 주는 등 합리적 조치를 취하지 않는다면 여행사 또는 여행사와 보험계약을 체결한 보험사가 손해배상책임을 부담한다고 할 것입니다.

■ 해외여행 중 테러로 인하여 사망시 여행사에게 불법행위에 따른 손해배상 책임이 있는지요?

Q 甲이 여행업자인 乙 주식회사와 국외여행계약을 체결하고 출국하여 이집트 국경지대에서 성명불상 외국인의 폭탄 공격으로 사망하자, 甲의 유족들이 乙 회사를 상대로 손해배상을 구한 사안에서, 乙 회사에게 불법행위에 따른 손해배상책임이 있는지요?

A 여행업자는 통상 여행 일반은 물론 목적지의 자연적·사회적 조건에 관하여 전문적 지식을 가진 자로서 우월적 지위에서 행선지나 여행시설의 이용 등에 관한 계약 내용을 일방적으로 결정하는 반면 여행자는 그 안전성을 신뢰하고 여행업자가 제시하는 조건에 따라 여행계약을 체결하게 되는 점을 감안할 때, 여행업자는 기획여행계약의 상대방인 여행자에 대하여 기획여행계약상의 부수의무로서, 여행자의 생명·신체·재산 등의 안전을 확보하기 위하여, 여행목적지·여행일정·여행행정·여행서비스기관의 선택 등에 관하여 미리 충분히 조사·검토하여 전문업자로서의 합리적인 판단을 하고, 또한 그 계약 내용의 실시에 관하여 조우할지 모르는 위험을 미리 제거할 수단을 강구하거나 또는 여행자에게 그 뜻을 고지하여 여행자 스스로 그 위험을 수용할지 여부에 관하여 선택의 기회를 주는 등의 합리적 조치를 취할 신의칙상의 주의의무를 진다 할 것이고(대법원 1998.11.24.선고 98다25061 판결 등 참조), 여행업자가 상대방의 의사결정에 영향을 줄 수 있는 위와 같은 고지를 하지 아니하고 여행계약을 체결하는 것은 민법상의 불법행위를 구성한다 할 것입니다.

판례는 甲이 여행업자인 乙 주식회사와 국외여행계약을 체결하고 출국하여 이집트 국경지대에서 성명불상 외국인의 폭탄 공격으로 사망하자, 甲의 유족들이 乙 회사를 상대로 손해배상을 구한 사안에서, 당시 이집트는 여행자의 안전에 대한 위험이 발생할 가능성이 상당한 곳이었으므로, 乙 회사로서는 甲의 안전을 확보하고 이에 대한 위험을 예방하기 위하여 필요한 조치를 취할 주의의무가 있었고, 구체적인 주의의무의 일환으로 여행 대상국의 치안 수준 및 테러 발생 가능성, 외교부가 발령한 여행경보의 수준 및 구체적 의미 등에 관하여 미리 충분히 조사·검토하여 여행자에게 고지함으로써 여행자 스스로 위험을 수용할지에 관하여 선택의 기회를 부여할 주의의무가 있었는데도, 고지의무의 이행을 다하였다고 인정할 수 없으므로 乙 회사에게 불법행위에 따른 손해배상책임이 있다고 한 다음, 위 사고가 제3자의 의도적·계획적인 폭탄 공격으로 발생한 것이어서 乙 회사가 예견하거나 예방하는 것이 현저히 곤란하였던 점 등을 참작하여 乙 회사의 책임을 10%로 제한하였습니다(청주지방법원 2015.5.14.선고 2014가합25815판결).

甲과 같이 해외여행 중 테러로 사망한 경우에도 乙여행사는 주의의무 및 고지의무가 있다고 할 것이고, 이를 위반한 불법행위책임을 지며, 다만 책임비율이 제한될 수 있습니다.

8. 위임계약 관련 상담사례

> **■ 위임계약에서 약정보수액이 부당하게 과다하여 신의성실의 원칙이나 형평의 원칙에 반하는 경우 위 약정이 무효인지요?**

Q 乙은 甲과 행정청에서 하는 乙토지의 형질변경신청을 처리하는 내용의 위임계약을 체결하였습니다. 만약 형질변경이 되면 乙은 甲에게 乙 토지 중 일부를 甲에게 양도하기로 약정하였습니다. 위 약정이 무효인지요?

A 위임계약에서 보수액에 관하여 약정한 경우에 수임인은 원칙적으로 약정보수액을 전부 청구할 수 있는 것이 원칙이지만, 그 위임의 경위, 위임업무 처리의 경과와 난이도, 투입한 노력의 정도, 위임인이 업무 처리로 인하여 얻게 되는 구체적 이익, 기타 변론에 나타난 제반 사정을 고려할 때 약정보수액이 부당하게 과다하여 신의성실의 원칙이나 형평의 원칙에 반한다고 볼 만한 특별한 사정이 있는 때에는 예외적으로 상당하다고 인정되는 범위 내의 보수액만을 청구할 수 있습니다(대법원 2012.4.12. 선고 2011다107900 판결 등 참조) 어떠한 위임계약이 행정청의 허가 등을 목적으로 하는 신청행위를 대상으로 하는 경우에 그 신청행위 자체에는 전문성이 크게 요구되지 않고 허가에는 공무원의 재량적 판단이 필요하며, 그 신청과 관련된 절차에 필수적으로 필요한 비용은 크지 않은 데 반하여 약정보수액은 지나치게 다액이라면 그 위임계약은 반사회질서적 성질을 띠고 있어 민법 제103조에 의하여 무효로 보아야 합니다. 만약 수임인이 위 허가를 얻기 위하여 공무원의 직무 관련 사항에 관하여 특별한 청탁을 하면서 뇌물공여 등 로비를 하는 자금이 그 보수액에 포함되어 있다고 볼 만한 특수한 사정이 있는 때에도 민법 제103조에 의하여 무효입니다.

이 사안에서 乙이 이전해 주기로 한 토지의 가액이 지나치게 다액이라면 그 위임계약은 반사회질서적 성질을 띠고 있어 민법 제103조에 의하여 무효로 보아야 할 것입니다.

Q 乙은 甲과 丙주식회사의 인수에 관한 사무를 처리하기로 하는 내용의 계약을 체결하였습니다. 그런데 乙은 甲이 丙주식회사를 인수하는 것은 형법상 배임, 공정거래법위반 문제가 발생할 가능성이 있어 위 사무처리계약을 해지하였습니다. 甲은 계약 해지를 원인으로 손해배상을 청구했다. 甲의 청구는 타당한지요?

A 위임계약의 각 당사자는 민법 제689조 제1항에 따라 특별한 이유 없이도 언제든지 위임계약을 해지할 수 있습니다. 따라서 위임계약의 일방 당사자가 타방 당사자의 채무불이행을 이유로 위임계약을 해지한다는 의사표시를 하였으나 실제로는 채무불이행을 이유로 한 계약 해지의 요건을 갖추지 못한 경우라도, 특별한 사정이 없는 한 의사표시에는 민법 제689조 제1항에 따른 임의해지로서의 효력이 인정됩니다.

민법상의 위임계약은 유상계약이든 무상계약이든 당사자 쌍방의 특별한 대인적 신뢰관계를 기초로 하는 위임계약의 본질상 각 당사자는 언제든지 해지할 수 있고 그로 말미암아 상대방이 손해를 입는 일이 있어도 그것을 배상할 의무를 부담하지 않는 것이 원칙이며, 다만 상대방이 불리한 시기에 해지한 때에는 해지가 부득이한 사유에 의한 것이 아닌 한 그로 인한 손해를 배상하여야 하나, 배상의 범위는 위임이 해지되었다는 사실로부터 생기는 손해가 아니라 적당한 시기에 해지되었더라면 입지 아니하였을 손해에 한합니다. 그리고 수임인이 위임받은 사무를 처리하던 중 사무처리를 완료하지 못한 상태에서 위임계약을 해지함으로써 위임인이 사무처리의 완료에 따른 성과를 이전받거나 이익을 얻지 못하게 되더라도, 별도로 특약을 하는 등 특별한 사정이 없는 한 위임계약에서는 시기를 불문하고 사무처리 완료 전에 계약이 해지되면 당연히 위임인이 사무처리의 완료에 따른 성과를 이전받거나 이익을 얻지 못하는 것으로 계약 당시에 예정되어 있으므로, 수임인이 사무처리를 완료하기 전에 위임계약을 해지한 것만으로 위임인에게 불리한 시기에 해지한 것이라고 볼 수는 없습니다(대법원 2015.12.23. 선고 2012다71411 판결).

위 사안에서 乙의 주장이 타당하지 않더라도 민법 제689조 제1항에서 정한 임의해지로 인정될 수 있고 乙이 위임사무를 완료하기 전에 해지했더라도 그것만으로 위임인인 甲이 불리한 시기에 해지한 것으로 볼 수 없으므로 甲의 손해배상청구는 부당합니다.

Q 갑은 을과 자신의 사무처리를 위임하는 위임계약을 체결하였고, 을이 위 계약에 따른 이행을 하지 않았음을 이유로 계약해지통보를 하였습니다. 그러나 을에게 달리 채무불이행을 한 바 없었고, 이를 이유로 갑의 계약해지가 부당하다고 주장하였습니다. 갑의 위임계약해지는 효력이 있을까요?

A 판례에 따르면, "위임계약의 각 당사자는 민법 제689조 제1항에 따라 특별한 이유 없이도 언제든지 위임계약을 해지할 수 있다. 따라서 위임계약의 일방 당사자가 타방 당사자의 채무불이행을 이유로 위임계약을 해지한다는 의사표시를 하였으나 실제로는 채무불이행을 이유로 한 계약 해지의 요건을 갖추지 못한 경우라도, 특별한 사정이 없는 한 의사표시에는 민법 제689조 제1항에 따른 임의해지로서의 효력이 인정된다."고 하여 채무불이행을 이유로 위임계약을 해지하는 경우라 할지라도 특별한 사정이 없는 한 민법 제689조 제1항에 따른 임의해지로서의 효력이 인정된다고 하고 있습니다(대법원 2015.12.23. 선고 2012다71411 판결). 민법 제689조 제1항에 따르면 위임계약은 각 당사자가 언제든지 해지할 수 있다고 하고 있고, 제2항에 따르면 부득이한 사유없이 상대방에게 불리한 시기에 계약을 해지하는 경우 손해배상의 책임을 인정하고 있습니다. 이에 따르면 갑의 위임계약의 해지 통보는 비록 채무불이행 요건을 충족하지 못하였다고 하더라도 임의 해지로서의 효력이 있어 유효하게 계약이 해지되었다고 할 수 있습니다.

■ 소송위임계약이 중도에 종료하거나 소제기가 불필요하게 된 경우 착수금을 반환받을 수 있는지요?

Q 甲은 乙에게 소송대리를 위임하면서 착수금으로 3,000,000원을 지급하였고 청구의 포기, 인낙, 화해가 있는 경우에는 승소에 준해 성공보수를 지급하기로 하였습니다. 그런데 당초의 예상과 달리 분쟁이 조기 종결되어 소송으로 나아갈 필요가 없어졌습니다. 이 경우 乙에게 지급한 착수금을 반환받을 수 있는지요?

A 우리 민법은 제686조에서 수임인은 특별한 약정이 있어야 보수를 청구할 수 있음을 규정하고, 수임인은 원칙적으로 위임사무를 완료한 후에 보수를 청구해야 하고 예외적으로 기간으로 보수를 정한 때에는 그 기간이 경과한 후에 이를 청구할 수 있다고 합니다. 또한 동법은 수임인이 위임사무를 처리하는 중에 수임인의 책임 없는 사유로 인하여 위임이 종료된 때에는 수임인은 이미 처리한 사무의 비율에 따른 보수를 청구할 수 있다고 정하고 있습니다.

그리고 소송을 위임하면서 지급하는 착수금의 성격에 관해 판례는 위임사무의 처리비용 외에 보수금 일부(이 경우의 보수금은 위임사무인 소송 사건의 성공여부와 관계없이 지급되는 것이 보통이다)의 선급금조로 지급받는 성질의 금원으로 보는 것이 일반적입니다(대법원 1982.9.14. 선고 82다125 판결).

그렇다면 민법 제686조의 해석 및 보수금의 일부의 선급금적 성격을 가지는 착수금의 특성상 위임계약이 종료되더라도 그 종료가 수임인의 책임 없는 사유라면 수임인은 이미 처리한 사무에 대하여는 보수금을 청구할 수 있는 것이 타당합니다. 판례도 이와 같은 취지로 소송위임계약과 관련하여 위임사무 처리 도중에 수임인의 귀책사유로 계약이 종료되었다 하더라도, 위임인은, 수임인이 계약종료 당시까지 이행한 사무처리 부분에 관해서 수임인이 처리한 사무의 정도와 난이도, 사무처리를 위하여 수임인이 기울인 노력의 정도, 처리된 사무에 대하여 가지는 위임인의 이익 등 제반사정을 참작하여 상당하다고 인정되는 보수 금액 및 상당하다고 인정되는 사무처리 비용을 청구할 수 있고, 다만 위 금원을 벗어나는 착수금은 위임인에게 반환해야 한다고 합니다(대법원 2008.12.11. 선고 2006다32460 판결).

따라서 사안의 경우 甲은 乙에게 착수금의 일부 상환을 주장해볼 수 있을 것입니다. 다만 대법원 1982. 9. 14. 선고 82다125 판결은 민사사건의 소송 대리 업무를 위임받은 변호사가 그 소송 제기 전에 상대방에 채무 이행을 최고하고 형사고소를 제기하는 등의 사무를 처리함으로써 사건위임인과

상대방 사이에 재판 외의 화해가 성립되어 결과적으로 소송제기를 할 필요
가 없게 된 경우에, 사건본인 과 변호사 사이에 소제기에 의하지 아니한
사무처리에 관하여 명시적인 보수의 약정을 한바 없다고 하여도 특단의 사
정이 없는 한 사건위임인은 변호사에게 위 사무처리에 들인 노력에 상당한
보수를 지급할 의무가 있다고 하여 착수금 전액이 수임인에게 귀속된다고
판시하였는바, 사건의 난이도, 수임인의 노력 및 기여도등 구체적인 제반
사정에 따라 그 반환의 정도는 달리 판단될 수 있습니다.

■ 매도를 위임받은 수임인의 반환 범위는?

Q 甲은 乙로부터 신탁 받은 X토지에 관해 매도사무를 대신 처리해주기로 하였습니다. 그 후 甲은 丙과 X토지 매매계약을 체결하였는데 매매계약이 해제조건의 성취로 실효되었고 그 후 丁과 현저히 저가로 매매계약을 체결하고 매매대금을 모두 지급 받았습니다. 甲은 丁으로부터 실제 지급 받은 매매대금을 乙에게 반환하려고 하는데 乙은 그 대금에 이의가 있는 상황입니다. 乙이 甲이 丁으로부터 지급 받은 대금 이상의 금원을 반환 받을 수 있는지요?

A 민법 제681조 제1항은 수임인은 위임사무의 처리로 인하여 받은 금전 기타의 물건 및 그 수취한 과실을 위임인에게 인도하여야 한다고 하여 수임인의 취득물인도청구권을 인정하고 있습니다. 판례는 위탁의 신뢰관계를 깨뜨린다고 사회통념상 생각되는 것은 모두 위임인에게 인도해야 한다고 합니다.

한편 위 질문과 같은 사건에서 대법원 2010. 5. 27. 선고 2010다4561 판결은 피고가 원고의 위임에 따라 첫 번째 매매계약을 체결할 당시부터 단서조항에 따라 매매계약의 효력이 소멸할 수 있도록 약정되어 있었고 이 사건 토지의 등기명의인인 피고가 계약당사자가 되어 이 사건 토지에 대한 매매계약을 체결하였던 만큼 원고는 매수인을 상대로 직접적인 권리행사를 할 수는 없는 상태여서 원고가 이 사건 토지를 처분하여 얻을 수 있는 이익은 전적으로 수임인인 피고의 행위에 의존해야 되는 관계에 있었던 점, 피고는 종전 매매계약의 효력이 상실된 이후 매매계약을 새로이 체결함으로써 종국적으로는 원고의 위임에 따라 이 사건 토지를 처분하는 결과가 되었던 점 등을 모두 종합하여, 원고(위임인)는 1차 매매계약이 그 효력을 상실함으로써 새로운 매매계약을 체결할 경우에는 그 당시의 "정당한 시가"에 따라 매도하여 줄 것을 피고에게 위임하였다고 보는 것이 당사자의 의사 및 위임의 본지에 부합한다고 하였습니다. 나아가 위 매매대금은 수임인인 피고가 위임사무의 처리를 빙자하여 취득한 것으로서 그 중 이 사건 토지의 정당한 시가에 상응하는 금원을 수임인인 피고가 그대로 보유하는 것은 사회통념상 위임의 신임관계를 해하는 것으로 봄이 상당하므로, 피고는 이 사건토지의 정당한 시가에 상응하는 금원을 민법 제684조 제1항의 규정에 따라 위임인인 원고에게 반환하여야 한다고 했습니다.

그렇다면 甲은 乙에게 丁으로부터 실제로 받은 금원이 아니라 丁과의 매매계약 체결 당시 정당한 시가에 의하여 받을 수 있었던 금원을 반환해야 할 것입니다.

■ 항소에 관하여 별도로 조언을 해주지 않은 변호사에게 책임을 물을 수 있을까요?

Q 甲은 乙과 민사분쟁이 발생하여 丙변호사와 변호사선임계약을 체결하였고 소송을 진행하였습니다. 1심판결에서 甲은 일부승소판결을 받았고, 丙변호사는 이정도면 충분한 결과라고 하여 별도로 甲에게 항소와 관련된 안내를 하지 않았습니다. 乙은 1심판결에 불복하여 항소를 제기하였고, 이에 甲은 부대항소를 제기하여 항소심 심리가 진행중 乙이 항소심을 취하하여 부대항소가 효력을 잃게 되었습니다. 그러나 항소심 진행 중 甲은 1심판결 중 원고 패소부분에 대하여 전부승소를 할 수 있을 것이라는 확신이 들게 되었으나, 乙의 항소 취하로 인하여 더 이상 甲은 1심판결에 대하여 불복할 수 없는 상황입니다. 이에 甲은 항소에 관하여 별도로 조언을 해주지 않은 丙변호사에게 책임을 물을 수 있을까요?

A 변호사와 의뢰인 사이의 선임계약은 민법에서 정하고 있는 위임계약에 해당합니다. 민법 제681조는 "수임인은 위임의 본지에 따라 선량한 관리자의 주의로써 위임사무를 처리하여야 한다."고 규정하고 있는바, 소송대리를 위임받은 변호사에게도 전문적인 법률지식과 경험에 의한 설명 및 조언을 할 의무가 있다고 할 것입니다.

대법원 판례 역시 "일반적으로 수임인은 위임의 내용에 따라 선량한 관리자의 주의의무를 다하여야 하고, 특히 소송대리를 위임받은 변호사는 그 수임사무를 수행함에 있어 전문적인 법률지식과 경험에 기초하여 성실하게 의뢰인의 권리를 옹호할 의무가 있으며, 구체적인 위임사무의 범위는 변호사와 의뢰인 사이의 위임계약의 내용에 의하여 정하여지는 것이지만, 위임사무의 종료단계에서 패소판결이 있었던 경우에는 의뢰인으로부터 상소에 관하여 특별한 수권이 없는 때에도 그 판결을 점검하여 의뢰인에게 불이익한 계산상의 잘못이 있다면 의뢰인에게 그 판결의 내용과 상소하는 때의 승소가능성 등에 대하여 구체적으로 설명하고 조언하여야 할 의무가 있다(대법원 2004.5.14, 선고, 2004다7354, 판결)."라고 판시한 바 있습니다.

다만 손해배상액에 관하여 "소송대리를 위임받은 변호사의 선관주의의무 위반으로 인하여 패소 부분에 대한 항소권이 소멸한 후 부대항소를 제기하였으나 상대방이 항소를 취하함으로써 부대항소가 효력을 잃게 되어 판결이 확정된 경우, 의뢰인이 항소를 통하여 얻을 수 있었던 금원 상당이 변호사의 선관주의의무 위반과 상당인과관계가 있는 통상손해에 해당한다는 원심의 판단을 수긍한 사례(대법원 2004.5.14, 선고, 2004다7354, 판결)."라고 판시한 바, 甲이 丙변호사에게 손해배상청구를 하더라도 丙이 甲의 소송대리인으로 진행한 사건의 항소심에서 승소할 가능성이 객관적으로 존재해야 할 것으로 보이는바, 항소심 사건에서 현출된 새로운 사실관계 내지 증거들을 종합하여 판단해야 할 것으로 보입니다.

■ 위임계약의 약정 보수액이 과다한 경우에 기 지급한 보수를 돌려받을 수 있는지요?

Q 甲은 노인인 乙소유 토지의 지목변경절차를 대신 해주기로 하고 거액의 보수를 받았습니다. 그런데 乙소유 토지는 소관청에 과거 및 현재의 토지이용현황을 증명하고 용역비용, 수수료를 납부하는 것으로 쉽게 지목변경허가를 받을 수 있는 경우였습니다. 甲은 지목변경의 난이도와, 투입한 노력을 고려할 때 乙이 과다한 보수를 수령했다고 생각하는데 기 지급한 보수를 돌려받을 수 있는지요?

A 위임계약의 내용은 당사자 사이의 합의로 정해지고 위임은 무보수가 원칙이며 보수약정이 있는 경우에만 보수를 지급하는 것이므로 위임에서 보수액에 관하여 약정한 경우에 수임인은 원칙적으로 약정보수액을 전부 청구할 수 있는 것이 원칙입니다. 하지만 판례는 위임의 경위, 위임업무 처리의 경과와 난이도, 투입한 노력의 정도, 위임인이 업무 처리로 인하여 얻게 되는 구체적 이익, 기타 변론에 나타난 제반 사정을 고려할 때 약정보수액이 부당하게 과다하여 신의성실의 원칙이나 형평의 원칙에 반한다고 볼 만한 특별한 사정이 있는 때에는 예외적으로 상당하다고 인정되는 범위 내의 보수액만을 청구할 수 있다고 하여 보수액을 제한합니다.

위 질문과 같은 사실관계에서 대법원은 어떠한 위임계약이 행정청의 허가 등을 목적으로 하는 신청행위를 대상으로 하는 경우에 신청행위 자체에는 전문성이 크게 요구되지 않고 허가에는 공무원의 재량적 판단이 필요하며, 신청과 관련된 절차에 필수적으로 필요한 비용은 크지 않은 데 반하여 약정보수액은 지나치게 다액인 경우에는 상당하다고 인정되는 보수액만을 청구할 수 있다고 하였습니다(대법원 2016.2.18. 선고 2015다35560 판결).

따라서 사안의 경우도 甲은 乙과의 위임의 경우, 업무 난이도, 투입한 노력의 정도, 위임인의 이익 등을 기초로 하여 乙이 받은 보수액이 과다하다고 주장한다면 어느 정도 보수액을 돌려받는 것이 가능할 것으로 사료됩니다.

참고로 대법원 2009. 7. 9. 선고 2009다21249 판결은 변호사가 법률사무에 관한 위임사무의 처리에 대하여 보수를 받는 것은 법률상 위임계약의 성질을 갖는 것이기 때문에 그 보수의 결정도 수임인인 변호사와 위임인인 의뢰인의 자유로운 합의에 의하여 결정되는 것이 원칙이라 할 것이라고 하면서, 변호사는 기본적 인권을 옹호하고 사회정의를 실현함을 사명으로 하고 그 사명에 따라 성실히 직무를 수행하고 사회질서 유지와 법률제도 개선에 노력하여야 하는 공공성을 지닌 법률 전문직으로서의 지위에 있기 때문에(변호사법 제1조 , 제2조) 그 직무의 수행에 대한 보수도 제한 없이 사적자치의 영역에 방치될 수는 없는 것이고, 공익적 차원에서 이를 합리적으로 조정, 규제할 당위성을 갖게 되는 것이라고 하여 변호사 보수도 신의성실의 원칙이나 형평의 원칙에 의해 제한될 수 있음을 선언하였습니다.

■ 투자일임계약에 의하여 고객의 자산을 관리하는 투자자문회사가 고객에 대하여 부담하는 손해를 배상할 책임이 있는지요?

Q 甲은 투자자로 乙회사에 1억원을 지급하고 주가지수 옵션 상품에 주로 투자하는 것을 내용으로 하는 투자일임계약을 체결하였는데, 乙의 설명과 달리 5,000만원의 손실을 보았습니다. 乙회사는 손해를 배상할 책임이 있는지요?

A 투자일임계약에 의하여 고객의 자산을 관리하는 투자자문회사는 고객에 대하여 부담하는 선관주의의무의 당연한 내용으로서 우선 고객의 투자목적·투자경험·위험선호의 정도 및 투자예정기간 등을 미리 파악하여 그에 적합한 투자방식을 선택하여 투자하여야 하고, 조사된 투자목적에 비추어 볼 때 과도한 위험을 초래하는 거래행위를 감행하여 고객의 재산에 손실을 가한 때에는 그로 인한 손해를 배상할 책임이 있으나, 고객의 투자목적 등은 지극히 다양하므로, 어느 특정한 상품에 투자하거나 어떠한 투자전략을 채택한 데에 단지 높은 위험이 수반된다는 사정만으로 일률적으로 선관주의의무를 위반한 것이라고 단정할 수는 없습니다. 즉, 고객이 감수하여야 할 위험과 예상되는 수익은 당연히 비례하기 마련인데, 주식은 물론 가격 등락이 극심한 파생상품 투자에서 가격변동에 따른 위험은 불가피한 것으로서 포트폴리오의 구성에 의하여 예상 가능한 모든 혹은 대부분의 위험을 분산하거나 전가하는 데에는 한계가 있을 뿐 아니라 설령 그것이 가능하다 하여도 수익률의 희생이 수반될 수밖에 없으므로, 예상 가능한 모든 위험에 완벽하게 대처하면서 동시에 높은 수익률이 실현될 것을 기대할 수는 없는 것이고, 투자목적 등에 비추어 상대적으로 높은 수익률을 기대하거나 요구하면서 동시에 가격 등락에 따른 불가피한 손실로부터 자유로울 것을 기대할 수는 없습니다. 결국, 어느 특정한 투자방식을 채택한 것이 선관주의의무 위반으로 평가되는지 여부는 고객이 투자목적 등에 비추어 어느 정도의 위험을 감수할 것인가 하는 측면과 투자일임을 받은 회사의 투자가 어느 정도의 위험을 내포하고 있는 것인가 하는 측면을 비교·검토하여 조사된 고객의 투자목적 등에 비추어 볼 때 과도한 위험을 초래하는 거래행위에 해당하는지 아닌지에 따라 가려져야 합니다(대법원 2008.9.11. 선고 2006다53856 판결).

따라서 이 사안에서 만약 乙회사가 甲으로부터 자금을 받아 투자를 할 때 고객인 甲의 투자목적에 비추어 과도한 위험을 초래하였다면 乙회사는 甲에 대하여 손해배상책임을 지게 될 것입니다.

Q 지입회사 甲은 지입차주 乙과 계약기간을 5년으로 정하여 지입계약을 체결하였습니다. 그런데 위 지입계약에는 지입차주에게는 계약기간 중의 임의해지를 명시적으로 인정하면서 위약금으로 일정금액을 지입회사에 지급하도록 한 반면 지입회사가 임의로 해지할 수 있는 명시적 규정은 없었습니다. 이 경우 지입회사가 계약기간 중 계약을 해지하고 지입된 차량의 소유권이전등기인수청구를 할 수 있는지요?

A 화물자동차 소유자와 화물자동차 운송사업자 사이에 대외적으로는 화물자동차 소유자(이하 '지입차주'라 합니다)가 그 소유의 차량명의를 화물자동차 운송사업자(이하 '지입회사'라 합니다)에게 신탁하여 그 소유권과 운행관리권을 지입회사에 귀속시키되, 대내적으로는 위 지입차량의 운행관리권을 위탁받아 자신의 독자적인 계산 아래 운행하면서 지입회사에 일정액의 관리비를 지급하기로 하는 내용의 이른바 '지입계약'을 체결하는 경우, 이러한 지입계약은 그 성질상 명의신탁과 위임의 요소가 혼합된 형태의 계약에 해당합니다(대법원 2010.2.11. 선고 2009다71534, 71541 판결). 한편 지입차주와 지입회사 사이의 구체적인 법률관계는 사적자치의 원칙에 따라 당사자 사이에 체결된 지입계약에 의하여 확정되는 것이므로, 지입차주와 지입회사는 지입계약 내용에 따라 지입계약의 해지사유에 관하여 임의로 정할 수 있으며, 그와 같이 정하여진 지입계약의 해지사유가 명백하지 아니할 때에는 의사해석의 문제로 귀착되는 것으로서, 이러한 당사자의 의사를 해석함에 있어서는 지입계약이 체결된 동기 및 경위, 당사자가 계약을 통해 달성하려고 하는 목적과 진정한 의사 등을 종합적으로 고찰하여 사회정의와 형평의 이념에 맞도록 논리와 경험의 법칙, 그리고 사회일반의 상식과 거래의 통념에 따라 합리적으로 해석하여야 합니다.

이 사안의 지입계약에는 지입차주인 乙에게는 계약기간 중의 임의해지를 명시적으로 인정하면서 위약금을 지입회사인 甲에게 지급하도록 규정하고 있는 반면, 지입회사인 甲가 계약기간 중에 지입계약을 임의로 해지할 수 있는지에 대하여는 명시적인 규정을 두고 있지 아니한 점, 지입차주인 乙의 채무불이행이나 감차처분 등 일정한 해지사유가 있을 경우에 한하여 지입회사인 甲이 일방적으로 계약을 해지할 수 있도록 규정하고 있는 점 등에 비추어 볼 때, 지입회사인 甲으로서는 계약기간 중에는 계약에 규정된 해지

사유가 있을 경우에 한하여 계약을 해지할 수 있고 그러한 해지사유가 없을 경우에는 계약기간 중에 임의로 계약을 해지할 수 없다고 보는 것이 위 계약조항에 대한 합리적인 의사해석이라 할 것입니다(대법원 2011.3.10. 선고 2010다78586 판결 참조). 그러므로 甲이 계약기간 중 임의로 계약을 해지하고 지입된 차량의 소유권이전등기인수청구를 할 수는 없을 것입니다.

Q 甲은 기관지내시경을 이용한 폐종양 조직검사를 받던 중 심정지가 발생하였고 이로 인해 식물인간이 되었습니다. 그 후 甲은 보존적 치료만을 받고 있는 상태입니다. 甲의 자녀들은 연명치료장치제거를 청구하는 소송을 제기하였고 이에 승소하여 2009. 6. 23. 甲에게 부착된 인공호흡기가 제거되었고 甲은 2010. 1. 10. 사망하였습니다. 이 경우 판결 확정으로 인공호흡기를 제거한 2009. 6. 23. 이후부터 사망할 때까지의 상급병실 사용료를 포함한 진료비를 지급할 의무가 있는지요?

A 대법원은 2009년에 이르러 연명치료의 중단을 허용했습니다. 연명치료는 원인이 되는 질병의 호전을 목적으로 하는 것이 아니라 질병의 호전을 사실상 포기한 상태에서 오로지 현 상태를 유지하기 위하여 이루어지는 치료에 불과하므로, 그에 이르지 아니한 경우와는 다른 기준으로 진료중단 허용 가능성을 판단하여야 한다고 하면서, 연명치료 중단이 회복이 불가능한 사망의 단계에 이른 후에 환자가 인간으로서의 존엄과 가치 및 행복추구권에 기초하여 자기결정권을 행사하는 것으로 인정되는 경우에는 특별한 사정이 없는 한 연명치료의 중단이 허용될 수 있다고 하였습니다(대법원 2009.5.21.선고 2009다17417 전원합의체 판결 참조). 한편 위 판결은 환자가 생전에 치료중단에 대한 의사를 밝힌 경우 외에도 평소 가치관이나 신념에 비추어 객관적으로 연명치료 중단에 관한 환자의 의사를 추정할 수 있는 경우에는 연명치료 중단이 가능하다고 판시했습니다. 이처럼 甲의 연명치료중단을 구하는 판단을 받는 것이 가능한데 여기서 연명치료 중단 판결과 함께 甲과 병원의 의료 위임계약이 종료되는지 문제됩니다. 만일 연명치료 중단으로 의료계약이 종료된다면 병원은 연명치료중단이후의 치료비에 관하여는 적어도 의료계약에 근거하여 청구할 수 없을 것입니다.

이에 관한 대법원 2016. 1. 28. 선고 2015다9769 판결은 환자가 의료인과 사이에 의료계약을 체결하고 진료를 받다가 미리 의료인에게 자신의 연명치료 거부 내지 중단에 관한 의사(이하 '사전의료지시'라 함)를 밝히지 아니한 상태에서 회복이 불가능한 사망의 단계에 진입하였고, 환자 측이 직접 법원에 연명치료 중단을 구하는 소를 제기한 경우에는, 특별한 사정이 없는 한 연명치료 중단을 명하는 판결이 확정됨으로써 그 판결의 주문에서 중단을 명한 연명치료는 더 이상 허용되지 아니하지만 환자와 의료인

사이의 기존 의료계약은 판결 주문에서 중단을 명한 연명치료를 제외한 나머지 범위 내에서는 유효하게 존속한다고 합니다.

따라서 위 사안에서 연명치료 중단을 명하는 판결의 확정에도 불구하고 甲과 병원 간의 의료계약은 여전히 유효하므로, 甲은 판결이 선고되고 인공호흡기가 제거된 이후의 입원비, 진료비도 수임인인 병원에게 지급해야 할 의무가 있습니다.

9. 조합관계 계약 상담사례

■ **2인으로 구성된 조합에서 1인이 탈퇴한 경우, 조합채권자가 잔존 조합원에 대하여 조합채무 전부의 이행을 청구할 수 있는지요?**

Q 甲과 乙이 동업하는 나이트클럽에서 저는 乙과 웨이터로 근무하면서 고객의 외상대금을 수금하지 못하면 그 대금 상당액을 대납하는 대신 매출액의 일부를 보수로 지급받되, 위 채무 이행을 담보하기 위하여 보증금을 선납하고, 근로관계가 종료되면 위 채무와 정산한 나머지 보증금을 반환받기로 하는 근로계약을 체결하였는데, 위 근로계약이 해지 후 乙은 동업관계에서 탈퇴하였습니다. 저는 甲에게 보증금을 반환받을 수 있나요?

A 조합채무는 조합원들이 조합재산에 의하여 합유적으로 부담하는 채무이고, 두 사람으로 이루어진 조합관계에 있어 그 중 1인이 탈퇴하면 탈퇴자와의 사이에 조합관계는 종료된다 할 것이나 특별한 사정이 없는 한 조합은 해산되지 아니하고, 조합원들의 합유에 속한 조합재산은 남은 조합원에게 귀속하게 되므로(대법원 1997.10.14. 선고 95다22511, 22528 판결 참조), 이 경우 조합채권자는 잔존 조합원에게 여전히 그 조합채무 전부에 대한 이행을 청구할 수 있다고 봄이 상당합니다(대법원 1999.5.11. 선고 99다1284 판결). 대법원도 피고는 1995. 1. 12. 소외 김상국과 출자지분을 50:50으로 하여 속초시 동명동 소재 나이트클럽 웨이브를 공동으로 경영하기로 하는 내용의 동업계약을 체결하고, 금전출납 등의 회계업무는 위 김상국이 담당하기로 약정한 사실, 원고는 1996. 10. 중순경 위 동업관계를 대표한 김상국과, 원고가 위 웨이브에서 웨이터로 근무하면서 고객관리 및 외상대금의 수금업무에 종사하고, 고객의 외상대금을 수금하지 못하면 그 대금 상당액을 대납하는 대신 매출액의 14%를 보수로 지급받되, 위 채무 이행을 담보하기 위하여 보증금 40,000,000원을 선납하고, 근로관계가 종료되면 원고의 위 채무와 정산한 나머지 보증금을 반환받기로 하는 내용의 근로계약을 체결한 사실, 원고는 위 근로계약에 따라 위 김상국에게 1996. 10. 23. 금 20,000,000원, 같은 해 12. 9. 금 10,000,000원, 같은 해 12. 10. 금 10,000,000원의 합계 금 40,000,000원을 보증금으로 지급한 사실, 원고는 위 웨이브에서 웨이터로 근무하다가 1996. 12. 말경 위 웨이브를 그만 두면서 위 근로계약을 해지한 사실, 위 김상국은 1997. 8.경 피고에게 위 웨

이브에 대한 자신의 출자지분을 모두 포기하고 동업관계에서 탈퇴한 사실을 인정하고, 동업관계에서 발생한 원고에 대한 이 사건 보증금반환채무는 위 김상국의 동업관계 탈퇴로 인하여 피고가 단독으로 부담하게 되었다고 판시하였다(대법원 1999.5.11. 선고 99다1284 판결). 그러므로 귀하는 甲에게 조합채무인 이 사건 보증금 전액의 반환을 청구할 수 있다고 할 것입니다.

■ 조합계약에서 개괄적으로 조합원 지분의 양도를 인정하고 있는 경우, 그 지분 일부의 양도도 허용되는지요?

Q 저는 甲조합의 조합계약에 '동업지분은 제3자에게 양도할 수 있다'는 약정이 있어 그 약정에 따라 조합원乙로부터 乙의 조합원 지분 중의 일부를 양도받았으나, 다른 조합원들이 위 양도를 반대하고 있는데 위 지분의 일부 양도가 효력이 있나요?

A 대법원은 "조합계약에 '동업지분은 제3자에게 양도할 수 있다'는 약정(이하 '이 사건 약정')을 두고 있는 것과 같이 조합계약에서 개괄적으로 조합원 지분의 양도를 인정하고 있는 경우 조합원은 다른 조합원 전원의 동의가 없더라도 자신의 지분 전부를 일체로써 제3자에게 양도할 수 있으나, 그 지분의 일부를 제3자에게 양도하는 경우까지 이 사건 약정에 의하여 당연히 허용되는 것은 아니다. 왜냐하면, 민법 제706조에 따라 조합원 수의 다수결로 업무집행자를 선임하고 업무집행방법을 결정하게 되어 있는 이 사건 조합에 있어서는 조합원 지분의 일부가 제3자에게 양도되면 조합원 수가 증가하게 되어 당초의 조합원 수를 전제로 한 조합의 의사결정구조에 변경이 생기고 나아가 소수의 조합원이 그 지분을 다수의 제3자들에게 분할·양도함으로써 의도적으로 그 의사결정구조에 왜곡을 가져올 가능성도 있으므로, 조합원 지분의 일부 양도를 명시적으로 허용한 것이 아니라 단지 조합원 지분의 양도가능성을 개괄적으로 인정하고 있을 뿐인 이 사건 약정만으로 조합계약 당시 조합원들이 위와 같은 의사결정구조의 변경 또는 왜곡의 가능성을 충분히 인식하고 이를 용인할 의사로써 그 지분 일부의 양도까지 허용하였다고 볼 수는 없기 때문이다. 따라서 이 사건 조합의 조합원은 다른 조합원 전원의 동의가 있는 등 특별한 사정이 있어야만 그 지분의 일부를 제3자에게 유효하게 양도할 수 있다고 보아야 하고, 이와 같이 조합원 지분의 일부가 적법하게 양도된 경우에 한하여 양수인은 그 양도비율에 따른 자익권(이익분배청구권, 잔여재산분배청구권 등) 외에 양도인이 보유하는 공익권과 별개의 완전한 공익권(업무집행자선임권, 업무집행방법결정권, 통상사무전행권, 업무·재산상태검사권 등)도 취득하게 된다."고 판시하였습니다(대법원 2009.4.23. 선고 2008다4247 판결). 그러므로 귀하에 대한 조합원乙의 조합원 지분 중의 일부 양도는 다른 조합원 전원의 동의가 없어 효력이 없습니다.

■ 조합 해산 사유와 청산 방법에 대해 별도 약정을 한 경우에도 청산 절차를 거쳐야 하나요?

Q 저는 동업 계약을 하면서 "일정기간 내 출자의무를 전부 이행하지 아니하면 동업계약은 해제되고 남은 재산은 이행을 한 동업자의 소유로 한다"는 약정을 하였는데 이 경우에도 청산 절차를 거쳐야 하나요?

A 민법의 조합의 해산사유와 청산에 관한 규정은 그와 내용을 달리하는 당사자의 특약까지 배제하는 강행규정이 아니므로 당사자가 민법의 조합의 해산사유와 청산에 관한 규정과 다른 내용의 특약을 한 경우 그 특약은 유효한 것으로 보아야 할 것입니다(대법원 1965.8.31. 선고 65다560 판결, 대법원 1985.2.26. 선고 84다카1921 판결). 따라서 이러한 경우에는 별도의 청산절차를 거치지 않아도 됩니다.

■ 2인 이상의 조합원 제명은 이들을 제외한 나머지 조합원들만 결의를 하면 되는 것인가요?

Q 조합원 중 2인이 조합재산을 횡령하여 제명하고자 하는데 어떤 절차를 거쳐야 하나요? 이들을 제외한 나머지 조합원들만 결의를 하면 되는 것인가요?

A 민법 제718조 제1항 에 따르면, 조합원의 제명은 정당한 사유가 있는 때에 한하여 다른 조합원의 일치된 합의로 할 수 있습니다. 그런데 조합원 2인 이상을 제명시키기 위해서는 제명결의의 대상이 되는 조합원 1인마다 그 조합원을 제외한 다른 조합원 전원의 일치에 의한 결의가 이루어져야 하고, 이와 달리 한꺼번에 2인 이상의 조합원의 제명결의를 하면서 이들 조합원들의 의결권을 박탈한 채 나머지 조합원들만의 일치된 의견으로 제명결의를 할 수는 없습니다(대법원 2012.2.9. 선고 2010다93806 판결).

■ 출자한 부동산에 대하여 아직 조합의 재산으로 등기절차를 완료하지 않은 경우 제3자에 대한 소유권 행사가 가능한지요?

Q 저는 A, B와 함께 식당을 공동으로 운영하기로 하고, 각자 점포마련을 위한 자금을 출자하기로 하였습니다. 저는 소유하고 있던 점포를 이 사업에 출자하기로 하였습니다. 동업계약에 따른 사업이 운영되고 있지만 아직 소유권이전등기를 하지 않은 경우 해당 부동산은 누구의 소유에 해당하는지요?

A 부동산의 소유자가 동업계약(조합계약)에 의하여 부동산의 소유권을 투자하기로 하였으나 아직 조합원의 합유로 등기되어 있지 않다면, 그 동업계약을 이유로 조합계약 당사자 아닌 사람에 대한 관계에서 그 부동산이 조합원의 합유에 속한다고 할 근거는 없으므로, 조합원이 아닌 제3자에 대하여는 여전히 소유자로서 그 소유권을 행사할 수 있습니다(대법원 2002.06.14. 선고 2000다30622 판결). 다만 부동산 소유자와 조합 사이에서 소유권을 이전해야 할 의무와 혹은 해당사업에 부동산 사용을 인용할 의무가 등기여부와 상관없이 여전히 있다고 할 수 있습니다.

■ 조합이 해산된 후 청산절차 종료 전 일부 조합원이 다른 조합원들의 동의를 얻지 아니한 채 조합재산인 채권을 타인에게 양도한 행위가 효력이 있나요?

Q 저와 甲이 동업하던 중 조합이 해산되고, 청산절차를 거쳐 저에게 조합재산을 분배하기 전에 甲이 제 동의없이 조합채권을 乙에게 양도하였습니다. 이 채권양도가 효력이 있나요?

A 조합이 해산된 경우에도, 청산절차를 거쳐 조합재산을 조합원에게 분배하지 아니하는 한, 조합재산은 계속하여 조합원의 합유이고, 청산이 종료할 때까지 조합은 존속하는바(대법원 1980.6.24. 선고 80다861 판결 참조), 대법원은 가사 위 조합이 해산되었다 하더라도 이 사건 채권을 비롯한 조합재산의 청산절차를 거쳐 위 소외인들에게 분배하였다는 자료가 전혀 없으므로, 이 사건 채권은 여전히 양인의 합유로 남아 있고, 그렇다면 소외 백안수가 다른 조합원인 소외 정대철의 동의를 얻지 아니한 채 이를 원고에게 양도한 행위는 무효라고 할 것이라고 판시하였으므로(대법원 1992.10.9. 선고 92다28075 판결) 甲의 乙에 대한 채권양도는 무효입니다.

Q 저는 덤프트럭의 차주로서 甲, 乙, 丙이 공동으로 경영하고 있는 丁골재와 위 덤프트럭의 임대차계약을 체결하였으나, 임대료를 지급하지 않고 있는데, 甲, 乙, 丙 모두에게 임대료를 청구할 수 있을까요?

A 대법원은 동업체인 조합의 채무가 조합원 전원을 위하여 상행위가 되는 행위로 인하여 부담하게 된 것이라면 그 채무에 관하여 조합원들에 대하여 상법 제57조 제1항을 적용하여 연대책임을 인정함이 마땅하므로(대법원 1991.11.22. 선고 91다30705 판결 참조), 같은 견지에서 동업체인 위 신진종합골재의 상행위로 인한 채무인 이 사건 임대료 채무에 대하여 피고에게 연대책임을 인정한 원심의 조치는 정당하다고 판시하였습니다(대법원 1995.8.11. 선고 94다18638 판결). 그러므로 甲, 乙, 丙이 연대하여 임대료를 귀하에게 지급할 의무가 있습니다.

■ 조합의 업무집행자가 업무처리 중 자기의 이름으로 취득한 부동산에 관하여 조합원 중 1인이 조합원들 명의의 합유등기청구를 할 수 있는지요?

Q 저와 甲이 각자 자금을 출자하고 공동으로 공사를 시공하여 그 이익을 반분하기로 하되 저는 공사시공과 관계되는 일을 맡고 甲은 자금관리와 대외적 업무처리를 맡기로 하는 내용의 동업약정을 맺고 위와 같은 동업관계를 유지하면서 건물의 신축공사를 진행하던 중 甲이 조합의 대외적 업무처리를 하면서 자기의 이름으로 건물에 관한 공유지분을 취득하였습니다. 제가 甲이 취득한 공유지분을 조합 앞으로 이전할 것을 청구할 수 있나요?

A 대법원은 2인 이상이 상호출자하여 공동사업을 경영할 것을 약정함으로써 효력이 생기는 조합에 있어서는 조합계약이나 조합원의 3분의 2 이상의 찬성으로써 업무집행자를 정할 수 있고(민법 제706조 제1항), 조합의 업무를 집행하는 조합원은 조합업무의 처리로 인하여 받은 금전 기타의 물건 및 그 수취한 과실을 조합에 인도하여야 하고, 조합을 위하여 자기의 명의로 취득한 권리는 조합에게 이전하도록 되어 있는바(민법 제707조, 제684조), 원심이 적법하게 확정한 사실관계에 의하면, 원고와 피고는 각자 자금을 출자하고 공동으로 공사를 시공하여 그 이익을 반분하기로 하되 원고는 공사시공과 관계되는 일을 맡고 피고는 자금관리와 대외적 업무처리를 맡기로 하는 내용의 동업약정을 맺고 위와 같은 동업관계를 유지하면서 이 사건 건물의 신축공사를 진행하였다는 것이므로, 피고는 적어도 자금관리와 대외적 업무처리에 관한 한 원·피고로 구성된 조합의 업무집행자라고 할 것이고, 조합의 업무집행자인 피고가 조합의 대외적 업무처리를 하면서 자기의 이름으로 이 사건 건물에 관한 위 공유지분을 취득하였다면 그것은 조합의 업무집행자로서의 권리취득이 되어 특약이 없는 한 위 공유지분을 조합 앞으로 이전하여 줄 의무가 있으며, 조합원 중의 1인인 원고로서도 원·피고 사이의 조합계약에 기하여 조합의 업무집행자인 피고가 취득한 위 공유지분을 조합 앞으로 이전할 것을 청구할 수 있다고 보아야 할 것이라고 판시하였습니다(대법원 1997.5.30. 선고 95다4957 판결). 그러므로 귀하의 이 사건 건물의 공유지분에 관한 귀하와 甲의 합유등기청구는 위와 같은 조합계약상의 조합원의 권리를 행사하는 취지로 볼 수 있으므로 업무집행자인 甲은 귀하와 甲으로 구성된 조합에 대하여 그 조합재산에 속하여야 할 위 공유지분에 관하여 합유자 귀하와 甲으로 한 소유권이전등기절차를 이행할 의무가 있다고 할 것입니다.

■ 조합계약 당사자 사이에 조합계약을 해제하고, 그로 인한 원상회복을 주장할 수 있는지요?

Q 저는 甲, 乙과 동업계약을 체결하고, 乙에게 출자금을 출자하였는데 위 금원을 회수하기 위하여 위 동업계약을 해제하고 乙에게 원상회복으로서 투자금의 전액을 반환 청구할 수 있나요?

A 대법원은 원고는 당초 그 친구인 소외 이세연과 함께 피고 회사와의 사이에 서로 금 60,000,000원씩을 출자하고 피고가 기왕 하도급 받은 이 사건 가스시설공사에 관한 사업을 공동으로 경영하여 그 완공에 따라 생기게 될 공사대금채권을 각자 반분하여 갖기로 하는 내용의 동업계약인 이 사건 제1차 계약을 체결하였음이 분명한바, 원래 이러한 동업계약과 같은 조합계약에 있어서는 조합의 해산청구를 하거나 조합으로부터 탈퇴를 하거나 또는 다른 조합원을 제명할 수 있을 뿐이지 일반계약에 있어서처럼 조합계약을 해제하고 상대방에게 그로 인한 원상회복의 의무를 부담지울 수는 없는 것이므로(당원 1987.5.12. 선고 86도2566 판결, 1988.3.8.선고 87다카1448 판결 등 참조), 원고가 위 동업관계의 종료에 따른 청산절차를 거쳐 출자지분의 반환을 구함은 별론으로 하고, 조합원인 피고 회사를 상대로 직접 위 동업계약을 해제하면서 그 원상회복의 명목으로 자신의 투자금 전액의 반환을 청구하는 것은 도저히 허용할 수 없다 할 것이라고 판시하였습니다(대법원 1994.5.13. 선고 94다7157 판결). 그러므로 귀하는 위 동업계약을 해제하면서 그 원상회복의 명목으로 자신의 투자금 전액의 반환을 청구할 수는 없고, 위 동업관계의 종료에 따른 청산절차를 거쳐 출자지분의 반환을 구하여야 할 것으로 보입니다.

■ 업무집행자가 없는 조합의 업무집행의 방법 및 조합재산의 처분·변경이 특별사무에 관한 업무집행인지요?

Q 업무집행자가 없는 甲조합에서 조합재산의 처분·변경하려고 합니다. 조합원 전원의 찬성이 있어야 하나요?

A 민법 제706조는 그 제1항에서 "조합계약으로 업무집행자를 정하지 아니한 경우에는 조합원의 3분의 2 이상의 찬성으로써 이를 선임한다.", 그 제2항에서 "조합의 업무집행은 조합원의 과반수로써 결정한다. 업무집행자 수인인 때에는 그 과반수로써 결정한다.", 그 제3항에서 "조합의 통상사무는 전항의 규정에 불구하고 각 조합원 또는 각 업무집행자가 전행할 수 있다."고 규정하고, 제709조는 "조합의 업무를 집행하는 조합원은 그 업무집행의 대리권 있는 것으로 추정한다."고 규정하고 있는바, 업무집행자의 선임에 조합원 전원의 찬성이 있을 것을 요하지 아니하고 업무집행자는 업무집행에 관하여 대리권 있는 것으로 추정하도록 한 민법의 규정 취지에 비추어 볼 때, 업무집행자가 없는 경우에도 조합의 업무집행에 조합원 전원의 동의는 필요하지 않다고 하여야 할 것이고, 한편 조합재산의 처분·변경도 조합의 업무집행의 범위에 포함된다고 할 것이므로, 결국 업무집행자가 없는 경우에는 조합의 통상사무의 범위에 속하지 아니하는 특별사무에 관한 업무집행은 원칙적으로 조합원의 과반수로써 결정하는 것이고, 조합재산의 처분·변경에 관한 행위는 다른 특별한 사정이 없는 한 조합의 특별사무에 해당하는 업무집행이라고 보아야 할 것입니다(대법원 1998.3.13. 선고 95다 30345 판결). 그러므로 甲조합재산의 처분·변경에 관한 행위는 다른 특별한 사정이 없는 한 조합원의 과반수로써 결정으로 정할 수 있습니다.

■ 2인 조합에서 1인이 탈퇴한 경우 남은 조합원이 조합 재산을 처분하면 어떻게 되나요?

Q 2인이 동업을 하던 중 1인이 탈퇴하는 경우 남은 조합원이 조합 재산을 처분하면 어떻게 되나요?

A 두 사람으로 된 동업관계 즉, 조합관계에 있어 그 중 1인이 탈퇴하면 조합관계는 해산됨이 없이 종료되어 청산이 뒤따르지 아니하며 조합원의 합유에 속한 조합재산은 남은 조합원의 단독소유에 속하고, 탈퇴자와 남은 자 사이에 탈퇴로 인한 계산을 하여야 합니다(대법원 1983.2.22. 선고 82도3236 판결 , 대법원 1999.3.12. 선고 98다54458 판결 참조). 즉 남은 조합원은 남은 재산에 대하여 단독소유권을 취득하므로 이를 함부로 처분한다고 하여도 민사책임 외에 절도나 횡령의 죄가 성립하지 않습니다. 단, 탈퇴 여부에 대하여 다툼이 있는 경우에는 형사책임을 질 수 있으므로 신중해야 하겠습니다.

■ 협동조합의 해산은 어떤 절차를 거쳐야 하나요?

Q 그동안 마음 맞는 분들과 간병인 협동조합을 운영해왔는데 사정이 생겨서 총회를 열어 해산하기로 의결했습니다. 이후 어떤 절차를 거쳐야 하나요?

A 협동조합이 총회의 의결로 해산하게 되면 청산절차에 들어가게 됩니다. 즉, 협동조합이 해산하면 원칙적으로 이사장이 청산인으로 선임되며, 청산인은 취임 후 14일 이내에 설립신고를 한 시·도지사에게 해산신고를 해야 합니다. 또한, 청산인은 취임 후 지체 없이 총회에서 현존 업무 종결·채권 추심·채무 변제 등에 대한 청산계획을 승인받고 청산사무를 이행해야 합니다. 청산사무가 종결되면 청산인은 지체 없이 총회에서 결산보고서의 승인을 받아야 하며, 14일 이내에 청산종결의 등기를 해야 합니다.

■ 협동조합과 사회적 협동조합의 차이점은 무엇인가요?

Q 협동조합을 만들고 싶은데, 협동조합과 사회적 협동조합 중 어떤 형태를 선택할지 고민입니다. 양자의 차이점은 무엇인가요?

A 기본적으로 대부분의 요건과 사항에서 협동조합과 사회적협동조합의 차이는 크지 않습니다. 다만, ① 설립 시 협동조합은 시·도지사에 설립신고를 하기만 하면 되지만 사회적협동조합은 주 사업 소관 중앙행정기관의 장에게 설립인가를 받아야 하고, ② 사업범위에서도 협동조합의 경우 사실상 제한이 없지만 사회적협동조합의 경우 지역사회공헌·취약계층 지원 등 공익사업을 주사업으로 수행해야 하는 등 몇 가지 중요한 차이점이 있습니다.

이러한 양자의 차이를 고려할 때, 조합원들이 더 높은 수익배분에 관심이 있다면 협동조합의 형태를, 지역사회에 기여하는 공익적인 측면과 지속가능한 경영에 관심이 있다면 사회적협동조합의 형태를 선택하는 것이 좋습니다.

■ 협동조합의 회계결산은 어떻게 처리해야 하나요?

Q 세탁협동조합을 만들어 운영하고 있는데, 이번에 처음으로 회계연도 결산을 합니다. 손실금이나 잉여금이 발생하면 어떻게 처리해야 하나요?

A 협동조합은 매 회계연도 결산 결과 손실금이 발생한 경우 ① 미처분이월금 ② 임의적립금 ③ 법정적립금 순으로 보전하고, 보전 후에도 부족이 있으면 ④ 다음 회계연도로 이월 합니다. 한편, 잉여금이 발생한 경우에는 ① 이월 손실금 보전, ② 법정적립금, ③ 임의적립금, ④ 배당의 순서로 처리합니다. 법정적립금은 자기자본의 3배가 될 때까지 잉여금의 10% 이상을 적립해야 하며 손실보전 및 해산의 경우 이외에는 사용할 수 없습니다. 임의적립금은 정관으로 정합니다. 배당을 할 때, 협동조합 사업 이용 실적에 따른 배당은 전체 배당액의 50% 이상이어야 하고, 납입출자액에 대한 배당은 납입출자금의 10% 이하여야 합니다.

■ 요즘 사회적으로 협동조합에 대한 이야기가 자주 들리는데, 협동조합이 좋은 점은 무엇인가요?

Q 요즘 사회적으로 협동조합에 대한 이야기가 자주 들리는데, 협동조합이 좋은 점은 무엇인가요?

A 협동조합을 설립하면, 소비자는 원하는 맞춤형 물품(유기농산물 등), 서비스(의료, 돌봄, 보육 등)를 저렴하고 안정적으로 구매할 수 있고, 생산자는 소비자조합 등과 연계하여 직거래 및 사전계약재배 등을 통해 안정적이고 높은 수익을 보장받을 수 있으며, 근로자는 직원으로 구성된 협동조합을 설립해 고용불안을 해결하고 임금수준 향상도 기대할 수 있습니다. 그 밖에 민주적 운영(1인 1표)에 따른 의사 결정에 조합원 참여를 보장하여 구성원의 만족감 및 주인의식을 높일 수 있습니다.

■ 조합원에 가입하려면 출자금을 내야 하나요?

Q 집 근처에 생협이 있어 이용해보려 했더니 조합원으로 가입하고 출자금을 내야 한다더군요. 돈을 내고 물품을 구입하는데 왜 굳이 출자금까지 내야 하나요?

A 협동조합은 일반 기업과 달리 조합원들의 요구와 참여로 운영되는 사업체이므로, 공동으로 소유하고 민주적으로 운영되는 것이 원칙입니다. 그렇기에 조합원이 협동조합 운영에 필요한 자본을 마련하는데 참여하는 것은 당연한 의무이며, 협동조합의 조합원은 정관으로 정하는 바에 따라 반드시 1좌 이상을 출자해야 합니다. 다만, 조합원으로 가입하도록 홍보하기 위해 견본품을 유상 또는 무상으로 공급하는 경우 등과 같이 조합원의 이용에 지장이 없는 일정한 범위에 해당하는 경우 예외적으로 비조합원이 그 사업을 이용하도록 할 수 있습니다. 필요한 경우 정관으로 정하는 바에 따라 현물을 출자할 수 있고, 조합원 1인의 출자좌수는 총 출자좌수의 30/100을 넘어서는 안 되며, 협동조합이 이를 위반하여 조합원등 1인의 출자좌수 제한을 초과하게 한 경우에는 200만원 이하의 과태료를 부과 받습니다. 조합원은 납입한 출자금을 맡기고 돈을 빌릴 수는 없습니다. 협동조합에 납입할 출자금은 협동조합에 대한 채권과 상계하지 못합니다.

■ 동업계약도 체결 방식에 따라 종류가 나눠지나요?

Q 동업계약도 체결 방식에 따라 종류가 나눠지나요?

A 예, 동업계약은 체결 방식에 따라 종류가 나뉘며 적용되는 법률도 달라집니다. ①동업자끼리 동일한 조건으로 체결한 동업계약「민법」상의 조합이며, 동업자 모두 자본 또는 노무를 출자하는 것으로 계약을 체결하는 일반적인 형태의 동업계약입니다.

예를 들어 3명의 친구가 모여 음식점을 하기로 하고 한 명은 건물을, 한 명은 현금을, 한 명은 그곳에서 일하는 노무를 제공하기로 체결한 동업계약을 통해 만들어진 동업체가 「민법」상의 조합에 해당합니다. ②자본만을 출자하는 동업자가 있는 동업계약 중 출자자본이 영업을 하는 동업자의 소유가 되는 동업계약은 「상법」상의 익명조합입니다. 동업자 중 한 당사자는 자본과 노무를 출자하고, 다른 당사자는 자본만을 출자하는 형태인 동업계약을 말하는데 출자재산은 노무를 출자해 영업을 담당하는 동업자의 소유가 되는 동업계약이 이에 해당합니다.

예를 들어 영화제작사가 거액의 영화제작비를 조달하기 위해 출자자를 모집해 필요한 자금을 조달하는 경우와 같이 출자금은 영화제작사의 소유가 되고 영업도 영화제작사가 단독으로 수행하며, 익명조합원인 출자자와는 내부적인 관계에서만 인정되는 형태입니다. ③자본만을 출자하는 동업자가 있는 동업계약 중 출자자본이 공동소유가 되는 동업계약은 「상법」상의 합자조합입니다. 동업자 중 한 당사자는 자본과 노무를 출자하고, 다른 당사자는 자본만을 출자하는 형태의 동업계약을 말하며 출자재산은 동업자의 공동소유가 되는 동업계약이 이에 해당합니다.

예를 들어 발명가인 A씨의 아이디어가 투자가치가 있다고 판단한 재산가 B씨가 10억을 투자하기로 하고 동업체를 만든 경우 발명가이자 영업자인 A씨는 무한책임을 지는 업무집행조합원이 되고, B씨는 동업체의 구성원으로써 10억 한도 내에서만 책임을 지는 유한책임조합원이 됩니다. ④회사를 만들기로 하는 동업계약은 「상법」상 합명회사, 합자회사에 관한 규정에 따라 규율됩니다.

■ 친구와 반씩 돈을 내서 약국을 운영하려고 하는데, 동업 계약서를 꼭 작성해야 하나요?

Q 친구와 반씩 돈을 내서 약국을 운영하려고 합니다. 대단히 친한 친구이고 믿을 만한 친구인데 동업 계약서를 꼭 작성해야 하나요?

A 동업의 시작은 대부분 좋은 관계로 시작하지만 동업기간 내내 사이가 좋기는 어렵습니다. 또한 동업의 내용을 미리 정해 놓지 않으면 사업에 방해가 되기 쉽습니다. 그러므로 사이가 좋더라도 반드시 동업계약서를 작성하는 것이 좋습니다. 동업계약서에 적어야 할 내용은, ①동업자별로 출자하는 방법 및 출자금액, 언제까지 출자금을 납입할 것인지, ②사업이 적자일 경우 또는 흑자일 경우 각각 손익분배를 어떻게 할 것인지, ③동업자가 지분을 양도할 때는 어떻게 해야할 것인지. ④사업을 그만두려고 하는 경우 잔여재산 분배는 어떻게 할 것인지 등에 대해 자세히 기재하는 것이 좋습니다. 그리고 계약서를 모두 작성한 후에는 동업자 모두 기명날인을 하고 공증을 받는 것이 안전합니다.

■ 동업은 그만하고 출자금 전액을 반환하라고 하는 경우, 출자금을 모두 물어 줘야 하나요?

Q 친구와 반씩 돈을 내서 커피사업을 시작하였는데, 매출이 예상보다 적고 비용은 많이 발생했습니다. 친구는 제가 사업을 하자고 제안을 해서 시작한 것이니 동업은 그만하고 출자금 전액을 반환하라고 합니다. 친구의 출자금을 제가 모두 물어 줘야 하나요?

A 그렇지 않습니다. 동업계약과 같은 조합계약은 원상회복의무를 부담하지 않고 동업 종료 시 남은 빚이나 재산을 정리 하면 됩니다. 조합원은 조합의 해산청구를 하거나 조합으로부터 탈퇴를 하거나 또는 다른 조합원을 제명할 수 있을 뿐이지 일반 계약에 있어서처럼 계약을 해제하고 상대방에게 원상회복의무를 부담지울 수는 없습니다. 따라서 동업자는 청산절차를 거쳐 출자지분의 반환을 구할 수 있을 뿐 다른 조합원을 상대로 직접 동업계약을 해제하면서 그 원상회복 명목으로 자신이 낸 출자금 전액을 내놓으라고 할 수는 없습니다. 또한 청산절차를 밟는 것이 통례이나 남은 업무가 없고 남은 재산의 분배만이 남아 있을 경우에는 별도로 청산절차를 밟을 필요가 없습니다.

■ 동업계약체결 전 중요한 내용을 설명 받지 못한 경우 동업을 탈퇴하고 싶은데 가능한지요?

Q 저는 A, B와 함께 공동으로 금원을 출자하여 동업을 하기로 하는 계약을 맺었습니다. 애초에 제가 동업에 참여한 이유는 실질적인 운영을 제가 담당하기로 하였기 때문인데 동업을 시작한 후에야 그 것이 불가능함을 통보받았습니다. 동업을 탈퇴하고 싶은데 가능한지요?

A 일반적으로 당사자 사이에 특별한 신뢰관계가 있는 동업계약에서는 그 계약 체결 당시 광범위한 설명의무가 인정되고, 동업계약의 당사자는 계약목적을 좌절시킬 수 있거나 상대방의 의사결정에 중대한 영향을 미치는 사정에 관하여 설명의무를 부담한다 할 것이며, 동업계약을 체결하면서 그와 양립할 수 없는 다른 동업계약 내지 투자계약의 존재 및 내용에 대하여 설명하지 않은 것은 동업계약의 다른 당사자가 조합을 탈퇴할 부득이한 사유라고 볼 수 있다는 하급심 판례가 있습니다(대구지방법원 2005.10.18. 선고 2005가합 583 판결). 따라서 실질적인 운영이 불가능함을 동업자들로부터 사전에 충분히 설명 받지 못하였고 동업계약 체결 전 이를 알았더라면 동업계약을 맺지 않았으리라는 사정이 있다면 조합을 탈퇴할 수 있을 것으로 보여 집니다.

Q 저는 호프집운영 중 미성년자출입으로 영업정지를 당한 친구 甲의 권유로 저의 명의로 사업자등록을 하고 제가 시설비 40%를 투자하여 이익금 40%를 배당받기로 하고 주점을 공동운영하기로 하였는데, 제가 출자하기로 한 금액에 대해 다툼이 일어나 주점영업이 개시되기도 전에 동업관계는 결렬되었습니다. 그런데 甲은 그 이후 저의 명의로 영업을 강행하였고 이익배당요구도 거절하였으며 영업장부조차도 보여주지 않고 있습니다. 저는 위 동업계약을 없던 것으로 하고 출자금을 반환받고 싶은데 가능할까요?

A 동업계약은 일종의 조합계약으로 볼 수 있을 것인데, 조합계약당사자 사이에 조합계약을 해제하고 그로 인한 원상회복을 주장할 수 있는지 판례를 보면, 동업계약과 같은 조합계약에 있어서는 조합의 해산청구를 하거나, 조합으로부터 탈퇴를 하거나 또는 다른 조합원을 제명할 수 있을 뿐이지, 일반계약에 있어서처럼 조합계약을 해제하고 상대방에게 그로 인한 원상회복의 의무를 부담지울 수는 없고, 조합원 사이의 신뢰관계가 깨어져서 원만한 조합운영을 기대할 수 없게 된 상황에서 다른 조합원에게 해지통고를 한 것은 조합의 해산청구로 볼 수 있으며, 그러한 해산청구가 계약해제 내지 해지의 요건을 별도로 충족할 필요는 없다고 하였으며(대법원 2009.6.11. 선고 2009다21096 판결), 조합에서 조합원이 탈퇴하는 경우, 탈퇴자와 잔존자 사이의 탈퇴로 인한 계산은 특별한 사정이 없는 한 「민법」 제719조 제1항, 제2항에 따라 '탈퇴 당시의 조합재산상태'를 기준으로 평가한 조합재산 중 탈퇴자의 지분에 해당하는 금액을 금전으로 반환하여야 하고, 조합원의 지분비율은 '조합 내부의 손익분배 비율'을 기준으로 계산하여야 하나, 당사자가 손익분배비율을 정하지 아니한 때에는 「민법」 제711조에 따라 각 조합원의 출자가액에 비례하여 이를 정해야 한다고 하였습니다(대법원 2008.9.25. 선고 2008다41529 판결).

그리고 두 사람으로 된 동업관계 즉, 2인 조합에서 조합원 1인이 탈퇴하는 경우에 관한 판례를 보면, 2인 조합에서 조합원 1인이 탈퇴하면 조합관계는 종료되지만 특별한 사정이 없는 한 조합이 해산되지 아니하고, 조합원의 합유에 속하였던 재산은 남은 조합원의 단독소유에 속하게 되어 기존의 공동사업은 청산절차를 거치지 않고 잔존자가 계속 유지할 수 있으며, 이 경우 탈퇴자와 잔존자 사이에 탈퇴로 인한 계산을 함에 있어서는 특단의 사정이 없는 한 「민법」 제719조 제1항, 제2항의 규정에 따르게 된다고 하였습니다(대법원 2006.3.9. 선고 2004다49693, 49709 판결).

그러므로 탈퇴 조합원은 원칙적으로 다른 조합원을 상대로 자신의 출자금 전액을 반환하라는 청구를 할 수는 없고, 동업관계탈퇴 당시 조합재산을 평가하여 지분의 환급을 청구하여야 합니다.

그러나 두 사람으로 된 동업관계 즉 조합관계에 있어서 그 중 1인이 약정에 따른 출자금을 출자한 후 당사자 사이의 불화대립으로 곧바로 동업관계가 결렬되어 그 이후 위 출자의무를 이행한 조합원이 동업관계에서 전적으로 배제된 채 나머지 조합원에 의하여 당초의 업무가 처리되어 온 경우, 부득이한 사유로 인한 해산청구가 가능하며, 출자의무를 이행한 조합원은 탈퇴로 인한 계산으로서 자기가 출자한 금원의 반환을 청구할 수도 있다고 할 것입니다(대법원 2007.4.26.선고 2005다62006 판결). 즉, 공동사업이 개시되기 전에 조합원이 탈퇴한 경우에는 탈퇴로 인한 계산으로서 지분을 환급해주는 것이 아니라, 출자금전액을 환급하여야 한다고 판단한 것입니다.

따라서 귀하의 경우 공동사업이 개시되기 전에 탈퇴하였기 때문에 甲을 상대로 출자금 전액의 반환청구를 해볼 수 있을 것으로 보입니다.

Q 저는 친구 甲과 함께 공장을 동업하기로 하고, 저는 전무라는 직함으로 내부적인 자금관리만을 수행하고 甲은 사장이라는 직함으로 사업자등록증의 대표자명의를 가지고 자기명의로 어음거래를 하며 실질적으로 회사를 운영하였습니다. 그런데 우리 공장의 근로자들이 저와 甲을 상대로 임금 및 퇴직금지급청구를 해왔고, 또한 甲의 채무를 보증한 사람이 저를 상대로 구상권을 행사해왔는데 저에게 책임이 있는지요?

A 「민법」제703조에서는 조합은 2인 이상이 상호 출자하여 공동사업을 경영할 것을 약정함으로써 그 효력이 생기고, 위 출자는 금전 기타 재산 또는 노무로 할 수 있다고 규정하고, 같은 법 제711조에서는 당사자가 손익분배의 비율을 정하지 아니한 때에는 각 조합원의 출자가액에 비례하여 이를 정하고, 이익 또는 손실에 대하여 분배의 비율을 정한 때에는 그 비율은 이익과 손실에 공통된 것으로 추정한다고 규정하고 있으며, 같은 법 제712조에서는 조합채권자는 그 채권발생당시에 조합원의 손실부담의 비율을 알지 못한 때에는 각 조합원에게 균분하여 그 권리를 행사할 수 있다고 규정하고, 같은 법 제713조에서는 조합원 중에 변제할 자력 없는 자가 있는 때에는 그 변제할 수 없는 부분은 다른 조합원이 균분하여 변제할 책임이 있다고 규정하고 있고 있습니다.

그런데 동업자의 1인이 단독명의로 대외적인 사무집행을 한 경우에 관한 판례를 보면, "甲과 乙이 공장을 동업하기로 하되 甲은 전무라는 직함으로 내부적인 자금관리만을 수행하고 乙은 사장이라는 직함으로 사업자등록상의 대표자명의를 가지고 대외적으로 어음 거래를 함에 있어서도 자신의 명의로 약속어음을 발행하는 등 실질적으로 회사를 운영한 경우, 甲과 乙사이의 동업조합은 민법상의 조합과 구별되는 일종의 특수한 조합으로서 대외적으로는 乙만이 권리를 취득하고 의무를 부담하는 것이어서 조합의 규정이 적용되지 않고 甲은 공장의 근로자들에 대해 임금 및 퇴직금 지급의무를 부담하지 않는다."라고 하였습니다(대법원 1997.9.26. 선고 96다14838 판결). 또한, "甲은 일정액의 자금을 투자하고 乙은 기존시설을 투자하여 자동차정비공장을 동업함에 있어, 乙이 사업체의 실제운영을 전담하면서 이익이 난 액수에 관계없이 甲에게 매월 일정액을 지급하거나 차량을 정비

하여 주었으며, 합유인 조합재산이 없고, 乙이 사무집행등 대외적인 법률
행위를 함에 있어서는 甲을 대리할 필요 없이 자기명의로 단독으로 하여
왔다면, 이들의 동업관계는 민법상의 통상조합과 구별되는 일종의 특수조
합으로서 그 대외적인 관계에서는 오직 영업을 경영하는 乙만이 권리를 취
득하고 의무를 부담한다 할 것이어서 乙의 채무를 보증한 사람의 보증채무
이행에 따른 구상채권은 甲에 대하여서는 행사할 수 없다.”라고 하였습니
다(대법원 1984.12.11. 선고 83다카1996 판결).

따라서 위 사안에서 甲이 귀하를 대리할 필요 없이 단독명의로 대외적인
사무집행을 해왔고, 귀하는 내부적인 업무만을 담당하였다면 임금채무와
구상금채무에 대하여 귀하에게 책임을 묻기 어려워 보입니다.

■ 동업자로 인하여 재산상 손해가 발생한 경우 손해배상청구소송이 가능한지요?

Q 저는 동업자 A, B와 함께 공동으로 1억원 씩을 출자하여 사업을 시작하였습
니다. 사업이 진행되고 있는 와중 저의 출자금이 들어있는 통장의 예금을 B가
무단으로 출금하여 도박자금으로 모두 소비해버렸습니다. 저에게 재산상 손해
를 입힌 B에 대하여 손해배상청구소송이 가능한지요?

A 일부 조합원이 동업계약에 따라 동업자금을 출자하였는데 업무집행 조합원이
본연의 임무에 위배되거나 혹은 권한을 넘어선 행위를 자행함으로써 끝내 동
업체의 동업 목적을 달성할 수 없게끔 만들고, 조합원이 출자한 동업자금을
모두 허비한 경우에 그로 인하여 손해를 입은 주체는 동업자금을 상실하여
버린 조합에 해당된다고 할 것입니다. 따라서 이로 인하여 결과적으로 동업
자금을 출자한 조합원에게 손해가 발생하였다 하더라도 이는 조합과 무관하
게 개인으로서 입은 손해가 아니고, 조합체를 구성하는 조합원의 지위에서
입은 손해에 지나지 아니하는 것이므로, 결국 피해자인 조합원으로서는 조합
관계를 벗어난 개인의 지위에서 그 손해의 배상을 구할 수는 없습니다(대법원
1996.9.20. 선고 94다52881 판결, 1997.11.28. 선고 95다35302 판결).

■ 업무집행을 위임받은 동업자 중 1인이 업무집행 과정에서 불법행위로 타인에게 손해를 가한 경우, 다른 동업자도 사용자책임을 져야 하는 것인지요?

Q 저는 甲과 함께 건축공사업체를 운영하였는데 건물을 완성한 후 얼마되지 않아 건물에 하자가 발생하였습니다. 저는 甲에게 하자보수공사를 일임하고 공사를 진행하던 와중 甲이 고용한 乙이 甲의 잘못으로 공사장에서 다치는 사고가 발생하였습니다. 저는 甲의 동업자에 불과한데 저도 乙의 사고에 책임을 져야 하는 것인지요?

A 위의 사안은 동업관계에 있는 자들이 공동으로 처리하여야 할 업무를 동업자 중 1인에게 맡겨 그로 하여금 처리하도록 한 경우에 해당하는 것으로 보입니다. 이런 경우 다른 동업자는 그 업무집행자인 甲의 동업자인 동시에 사용자의 지위에 있다 할 것이므로(대법원 1979.7.10. 선고 79다644 판결 참조), 업무집행과정에서 발생한 위 사고에 대하여 사용자로서 손해배상책임이 있다고 볼 수 있습니다(대법원 1998.4.28. 선고 97다55164 판결).

■ 동업약정에 따라 토지를 공동매수한 경우, 공동매수인이 각자 자기 지분에 관한 소유권이전등기청구를 할 수 있는지요?

Q 저는 주로 자금을 투자하고 甲은 부동산에 관한 정보제공과 전매 등의 일처리를 도맡아 하기로 하여 이 사건 토지를 乙로부터 공동으로 매수하여 이를 전매하여 이익을 반분하기로 하는 약정을 하였고, 이에 따라 이 사건 토지를 공동매수하였습니다. 그런데 乙이 소유권이전등기를 경료해주지 않고 있어 소유권이전등기의 이행을 구하는 소를 제기하려고 하는데 저 혼자 제 지분에 관하여 소유권이전등기를 청구할 수 있을까요?

A 대법원은 원고는 주로 자금을 투자하고 참가인은 부동산에 관한 정보제공과 전매 등의 일처리를 도맡아 하기로 하여 이 사건 토지를 피고로부터 공동으로 매수하여 이를 전매하여 이익을 반분하기로 하는 약정을 하였고, 이에 따라 이 사건 토지를 공동매수한 사실을 인정하였는바 이 사건 토지는 원고와 참가인을 조합원으로 하는 동업체에서 매수한 것이라고 할 것이고, 따라서 원고와 참가인은 이 사건 토지에 대한 소유권이전등기청구권을 준합유하는 관계에 있고, 합유재산에 관한 소는 이른바 고유필요적공동소송이라 할 것이므로, 위 매매계약에 기하여 소유권이전등기의 이행을 구하는 소를 제기하려면 원고와 참가인이 공동으로 하지 않으면 안 된다고 판시하였습니다(대법원 1994.10.25. 선고 93다54064 판결). 그러므로 귀하와 甲이 같이 공동으로 매도인을 상대로 토지에 대한 소유권이전등기의 이행을 구하는 소를 제기하여야 할 것입니다.

■ 두 사람으로 된 동업관계가 곧바로 결렬되는 경우 동업관계는 어떻게 되는지요?

Q 저와 甲은 사업자금의 50%씩을 출자하여 주점을 운영하기로 하는 동업계약을 맺었습니다. 저는 곧바로 금원을 출자하여 영업개시를 위한 준비를 하고 있었는데, 甲은 출자금액에 문제를 제기하였습니다. 이로 인하여 주점을 열기도 전에 동업을 할 수 없을 정도로 관계가 악화되었습니다. 저는 동업계약을 해계하고 이로 인한 원상회복을 바란다는 취지의 내용증명을 甲에게 보냈습니다. 甲과의 동업관계는 어떻게 되는지요?

A 동업관계는 조합계약관계라고 볼 수 있는데 동업관계를 해소하기 위해서는 조합을 해산하고, 조합재산에 대하여는 청산절차 따라야 합니다. 그러나 두 사람으로 된 동업관계 즉, 조합관계에 있어 그 중 1인이 탈퇴하면 조합관계는 해산됨이 없이 종료되어 청산이 뒤따르지 아니하며 조합원의 합유에 속한 조합재산은 남은 조합원의 단독소유에 속하고, 탈퇴자와 남은 자 사이에 탈퇴로 인한 계산을 하여야 하는 것입니다(대법원 1997.10.14. 선고 95다22511, 22528 판결 등 참조). 동업자 중 1인이 약정에 따른 출자금을 출자한 후 당사자 간의 불화대립으로 곧바로 동업관계가 결렬되어 그 이후 위 출자의무를 이행한 조합원이 동업관계에서 전적으로 배제된 채 나머지 조합원에 의하여 당초의 업무가 처리되어 온 경우, 부득이한 사유로 인한 해산청구가 가능하며 출자의무를 이행한 조합원은 탈퇴로 인한 계산으로서 자기가 출자한 금원의 반환을 구할 수도 있다(대법원 1991.2.22. 선고 90다카26300 판결 참조)고 할 것입니다. 동업자에 대하여 동업계약의 해제와 원상회복을 청구한 취지는 동업관계 탈퇴의 의사표시 및 출자금 반환청구를 청구한 것이라고 해석될 여지가 있으므로 이에 따른 금원의 반환이 가능할 것으로 보여 집니다.

■ 출자의무를 지체한 조합원에게 이행최고를 하여야 하는지요?

Q 저는 A, B와 함께 공동으로 금원을 출자하여 동업을 하기로 하는 계약을 맺었습니다. 그러나 저와 B는 약정한 기한에 맞춰 출자하였으나 A는 여전히 차일피일 출자를 미루며 사업에 차질을 빚었습니다. 저와 B는 A를 배제하고 사업을 시작하였는데, 뒤늦게 A가 자신을 배제한 채 사업을 시작했다고 반발하고 있습니다. 이런 경우 A와의 동업관계는 어떻게 되는지요?

A 동업관계는 일종의 조합계약에 해당하는데 각 동업자들은 조합원의 지위를 가집니다. 조합원은 민법 703조 1항에 따른 출자의무를 지게 되는데, 조합원이 출자의무를 이행하지 않는 것은 민법 제718조 제1항에서 정한 조합원을 제명할 정당한 사유에 해당한다고 할 것입니다. 그와 같은 출자의무의 불이행을 이유로 조합원을 제명함에 있어 출자의무의 이행을 지체하고 있는 당해 조합원에게 다시 상당한 기간을 정하여 출자의무의 이행을 최고하여야 하는 것은 아니므로(대법원 1997.07.25. 선고 96다29816 판결) A와의 동업관계는 유지될 수 없다고 봄이 상당합니다.

■ **낙찰계가 파계된 경우 계원의 불입금에 대한 계주의 책임은?**

Q 저는 개인적으로 친분 있는 甲의 권유로 甲이 운영하는 낙찰계에 가입하여 계 불입금 600만원을 불입하였습니다. 그런데 위 낙찰계의 계원들 사이에는 잘 알지도 못하였고 아무런 교류도 없던 중 계(契)가 파계되었습니다. 저는 위 불입금 중 500만원 밖에 받지 못하였는데 그 차액을 계주였던 甲에 대하여 청구할 수 있는지요?

A 계(契)는 다 같이 금전을 급부물로 하는 것이라도 그것을 조직한 목적과 방법, 급부물의 급여방법과 급부 전·후의 계금지급방법, 계주의 유무 및 계 주와 계원 또는 계원상호간의 관계 등에 의하여 법률적 성질을 달리하므로, 그 계가 조합적 성질을 지닌 것인지, 소비대차적 성질을 지닌 것인지, 무명 계약적 성질을 지닌 것인지는 종합적으로 검토하여 판단하여야 합니다.

그런데 낙찰계의 성질에 관하여 판례를 보면, 낙찰계는 각 계원이 조합원 으로서 상호 출자하여 공동사업을 경영하는 이른바 민법상 조합계약의 성 격을 띠고 있는 것이 아니라, 계주가 자기의 개인사업으로 계를 조직 운영 하는 것이라 할 것이고, 계금 및 계불입금 등의 계산관계는 오직 계주와 각 계원 사이에 개별적으로 존재하는 것이므로, 계가 깨어졌다고 그 계가 조합적 성질을 띠고 있음을 전제로 한 해산이나 청산의 문제는 생길 여지 가 없다고 하였으며(대법원 1994.10.11. 선고 93다55456 판결), 또한 낙찰계 는 계주의 개인사업으로 운영되는 상호신용금고법(현행 상호저축은행법) 제2조에서 정한 상호신용계에 유사한 무명계약의 일종이라고 하였습니다 (대법원 1993.9.10. 선고 93다21705 판결).

따라서 위 질의만으로는 귀하가 가입한 낙찰계의 법률적 성질을 정확히 판단 하기는 어렵지만, 위 낙찰계가 상호저축은행법 제2조에서 정한 신용계에 유사 한 무명계약적 성질을 지닌 것이라면, 계불입금 및 계금 등의 계산관계가 계주 와 계원 사이에 개별적으로 존재하므로, 귀하는 계주였던 甲에 대하여 위 차액 을 청구해볼 수 있을 것으로 보입니다(대법원 1983.3.22. 선고 82다카1686 판결).

Q 저는 중간계주 乙이 번호계의 계주 甲에게 가입한 여러 구좌 중 한 구좌에 가입하여 계금을 불입하던 중 그 번호계가 파계되었는데, 저는 乙과의 개인적 친분으로 중간계에 가입하게 되었고, 계금도 乙에게 지급하였으며, 중간계원들은 물론 甲이 계주인 계의 다른 계원들이 누구인지 전혀 알지 못하였고, 계모임 등도 전혀 없었습니다. 그런데 乙은 자력이 없으므로 제가 甲에게 직접 계불입금을 돌려받을 수 없는지요?

A 먼저 중간계주의 계원으로 가입한 계원과 계주와의 관계에 관하여 판례를 보면, "甲(계주)이 조직한 두개의 순번계에 아홉구좌를 가입한 乙이 소위 중간계주로서 계불입금의 수령, 납부 또는 계금의 수령, 납부 등을 그 자신의 책임으로 하여 위 아홉구좌의 계원을 모집하여 운영하고 있었고, 丙은 乙이 중간계주로서 모집한 계원으로 위 아홉구좌 중 한 구좌에 가입했다면 특단의 사정이 없는 한 甲은 계주로서 丙에 대하여 계금지급의무가 없다."고 하였습니다(대법원 1984.2.28. 선고 83도3279 판결). 그러므로 귀하도 계주 甲에 대해서는 계원으로서의 지위를 가지지 못할 것으로 보입니다.

그런데 파계된 경우 계주와 계원사이의 정산방법에 관하여 판례를 보면, 계가 파계된 이후에 발생하는 계원과 계주사이의 법률관계는 계의 성질에 따라 달라서 계주와 계원 사이의 약정내용, 계의 운영형태, 계원들 상호간의 관계 등을 종합하여 그 정산관계를 판단하여야 하고, 만일 계원이 다른 계원들과는 상관없이 계주와의 약정만으로 계에 가입하고 계의 운영에 관하여 계주가 전적으로 책임을 지며, 계원들 상호간에는 서로 계약관계가 존재하지 않는 형태라면 이러한 계는 계원각자와 계주와의 하나하나의 계약이 여러 개 집적되어 있는 형태로 보아야 할 것이므로, 어떤 이유로 계주가 계를 더 운영할 수 없게 되었을 때의 계원과 계주와의 정산은 각 계원과 계주와의 사이의 약정에 따라야 한다고 하였으며(대법원 1987.4.28. 선고 86다카1426 판결), 계원들이 계주와의 개인적 친분관계에 기초하여 계에 가입하였고, 계(契)자체의 공동운영이라는 것이 없으며, 계주가 계불입금 수금 및 계금지급 등 일체의 업무를 처리한 점 등 제반사정에 비추어 볼 때, 파계된 계의 법적 성격이 계주의 개인사업으로 운영되는 것으로서 계주와 계원 사이의 일종의 소비대차계약이므로, 파계로 계금을 수령하지 못한 계원이 계금을 수령한 계원을 상대로 부당이득금반환을 청구할 수 없다고 한 하급심 사례도 있습니다(부산지방법원 2008.11.17. 선고 2008가단23718 판결).

그렇다면 위 사안에서 문제된 계가 번호계라고 하여도 계원들이 계주와의 개인적 친분관계에 기초하여 계에 가입하였고, 계(契)자체의 공동운영이라는 것이 전혀 없었으며, 계주 및 중간계주인 甲과 乙이 각각 계불입금의 수금 및 계금지급 등 일체의 업무를 처리한 경우라면, 조합계약관계로 보기 어려울 듯하고, 계금 및 계불입금 등의 계산관계는 오직 각 계주와 각 계원 사이에 개별적으로 존재한다고 보아야 할 것이므로, 귀하는 乙에 대하여 계불입금 반환청구소송을 제기하여 승소한 후 乙이 甲에 대하여 가지는 계불입금반환청구권을 압류하는 방법으로 채권의 만족을 얻어야 할 것입니다. 만일, 乙이 귀하의 채권행사에 협력할 경우에는 乙이 甲에 대하여 가지는 계불입금반환청구채권을 지명채권양도의 방식으로 양도받아 甲에게 양수금청구를 하여 채권의 만족을 얻는 방법도 있을 것입니다.

Q 저는 甲이 계주인 번호계에 가입하였는데, 그 계는 계원 15명이 일정기일에 일정금액의 계불입금을 납입하기로 하고 계주인 甲은 그 계금을 지정된 번호순으로 계원에게 지급하는 형태로 운영되고 있습니다. 그런데 저는 그 순위가 15번으로서 계 순서까지 무사히 계가 운영될 수 있을 것인지 불안한 바, 이러한 경우 파계된다면 계가 甲에게 계주로서의 책임을 물어 계금의 청구를 할 수 있는지요?

A 계(契)는 다 같이 금전을 급부물로 하는 것이라도 그것을 조직한 목적과 방법, 급부물의 급여방법과 급부 전 또는 그 후의 계금지급방법, 계주의 유·무 및 계주와 계 또는 계원과의 관계나 계원 상호간의 관계, 기타의 점에 관한 태양에 따라 그 법률적 성질을 달리하여 조합계약, 소비대차계약 또는 무명계약의 성질을 가지고 있어 그 성질에 따라 계원 또는 계주의 책임을 달리 합니다(대법원 1998.3.13. 선고 97다57191 판결).

그런데 위 사안과 같은 번호계(또는 순번계)의 경우에는 그 성격이 어느 유형에 해당될 것인지 문제되는데 판례를 보면, 계는 당사자 사이에 어떠한 특별한 약정한 바가 없다면, 대체로 '계원상호간의 금융저축을 목적으로 하는 하나의 조합계약'으로 보는 것이 타당하다 할 것인바, 만일 본건 계가 민법상 조합의 성격을 가진다면 계가 해산한 경우에 있어서는 계를 중심으로 하는 채권·채무를 포함하는 재산은 원래 각 계원의 합유(合有)에 속한 것이므로, 당사자 사이의 어떠한 특약이 없다면 민법의 규정에 따라서 '청산절차'를 밟아야 할 것이며, 이 결과에 따라서 각 계원에게 귀속하게 된 채권에 관하여 비로소 각 계원은 이를 원인으로 하여 각자가 그 청구소송을 제기할 수 있을 뿐이며, 이러한 절차를 밟을 때까지는 계를 중심으로 한 채권·채무관계는 각 계원의 합유에 속하므로 계원 각 개인은 이를 단독으로 청구하는 소송을 제기할 수 없다고 하였습니다(대법원 1962.7.26. 선고 62다265 판결, 1968.6.11. 선고 68다627 판결).

따라서 위 사안에 있어서도 계가 파계될 경우 단순히 파계만을 이유로 계주에게 계금의 청구를 할 수는 없을 것으로 보이고, 청산절차를 거친 후 그 청산결과에 따른 귀하의 채권 또는 청산절차를 생략하는 특별한 약정이 있는 경우에는 그 약정에 따른 귀하의 채권을 청산결과 또는 약정에서 정해진 채무자(예컨대, 계금을 수령해간 후 계불입금을 납입하지 않은 다른 계원 등)에 대하여 청구하여야 할 것입니다. 그리고 계가 파탄된 경우에 있어서의 청산방법은 특별한 약정이 없다면 계원이 불입한 계불입금과 그 계원이 수령한 계금을 대등액에서 상계하고 그 나머지를 주고받는 형태가 될 것입니다.

■ 계주의 남편이 실질적인 공동운영자라고 볼 수 있는 경우 남편에게 계금을 청구할 수 있는지요?

Q 저는 A가 운영하는 낙찰계에 가입하였는데, 사실 계주A보다는 A의 남편의 재력을 믿고 가입하여 계금을 불입하게 되었습니다. 계주A가 저에게 주어야 하는 계금을 사정이 어렵다는 이유로 차일피일 미루는데, 계주A가 아닌 계주의 남편에게 계금을 청구할 수 있는지요?

A 낙찰계는 각 계원이 조합원으로서 상호 출자하여 공동사업을 경영하는 민법상 조합계약의 성격을 띠고 있는 것이 아니라 계주가 자기의 개인사업으로 계를 조직 운영하는 것이라 할 것이고, 계금 및 계불입금 등의 계산관계는 오직 계주와 각 계원 사이에 개별적으로 존재하는 것입니다(대법원 1994.10.11.선고 93다55456 판결). 그러나 처가 낙찰계의 계원 관리 및 계금지급업무를 주로 담당하였지만 그 낙찰계의 신용도는 아무런 직업 없는 처 본인보다는 대기업에 근무하는 남편의 자력에 의해 유지되고 있었고, 남편역시 거의 매일 처와 함께 계원들의 낙찰계에 대한 신용도를 높여 주었을 뿐 아니라 낙찰계의 주요업무인 수금업무를 처와 공동으로 담당한 경우 그 남편과 처는 낙찰계의 공동운영자로서 연대하여 계원에게 계금을 지급할 의무가 있다고 본 하급심 판례가 있습니다(울산지방법원 1998.12.9.선고 98가합4572판결). 따라서 A가 해당 낙찰계에서 주요업무를 맡아 공동운영자라고 볼 수 있는 여지가 있다면 계금을 청구할 수 있다고 볼 것입니다.

■ 계금을 지급하지 않은 경우 계주의 형사책임은?

Q 저는 계에 가입하여 그동안 불입금을 계속 납입하였는데 제가 곗돈을 탈 차례가 되었음에도 계주가 이를 주지 않습니다. 계주에게 형사책임을 물을 수 있을까요?

A 계주는 계원들과의 약정에 따라 지정된 곗날에 계원으로부터 월불입금을 징수하여 지정된 계원에게 이를 지급할 임무가 있고, 계주의 이러한 임무는 계주 자신의 사무임과 동시에 타인인 계원들의 사무를 처리하는 것도 되는 것이므로, 계주가 계원들로부터 월불입금을 모두 징수하였음에도 불구하고 그 임무에 위배하여 정당한 사유 없이 이를 지정된 계원에게 지급하지 아니하였다면 다른 특별한 사정이 없는 한 그 지정된 계원에 대한 관계에 있어서 배임죄를 구성합니다(대법원 1995.9.25. 선고 95도1176 판결). 다만 불입금이 징수되지 않았다면 곗돈을 지급할 의무가 배임죄에서 말하는 타인의 사무에까지 이르지는 않으므로 배임죄는 성립하지 않습니다(대법원 2009.8.20. 선고 2009도3143 판결).

■ 2명의 계주가 있는 계에서 계원들에 대한 각 계주는 계원들에게 계주로서의 책임을 부담해야 하는 것이 아닌지요?

Q 저는 甲과 乙 두 사람이 계주로 있는 새마을계에 乙의 계원으로 가입하여 계금을 乙에게 붙입하였고 甲과는 전혀 알지 못하였으며 만나는 일도 없었지만, 乙이 그의 계원들로부터 계불입금을 모두 지급받은 후 잠적하였는데, 이 경우 甲은 어쨌든 공동계주이므로 저와 다른 乙의 계원들에게 계주로서의 책임을 부담해야 하는 것이 아닌지요?

A 계(契)는 다 같이 금전을 급부물로 하는 것이라도 그것을 조직한 목적과 방법, 급부물 급여방법과 급부 전 또는 그 후의 계금지급방법, 계주의 유무 및 계주와 계 또는 계원과 관계나 계원 상호간의 관계, 기타의 점에 관한 태양에 따라 그 법률적 성질을 달리하여 조합계약이나 소비대차계약 또는 무명계약의 성질을 가지고 있어 그 성질에 따라 계원 또는 계주의 책임을 달리 합니다(대법원 1982.6.22. 선고 81다카1257 판결).

그런데 단순히 공동계주가 관리하는 계에 있어서는 그 계주들이 공동으로 계주로서의 책임을 질 것이지만, 위 사안과 관련된 판례를 보면, 甲과 乙이 공동계주로서 각각 계원을 모집하여 만든 계의 계원들 중 甲이 직접 모집한 계원들은 甲에게 직접 계불입금을 지급하거나 甲의 예금구좌로 계불입금을 송금하고 甲으로부터 계금을 수령하였으며, 乙의 권유로 계에 가입한 계원들은 乙에게 계불입금을 지급하고 乙로부터 계금을 수령하였고, 곗날 계불입금을 지급하거나 계금을 수령하기 위하여 음식점에 모인 계원들은 甲이 모집한 계원들과 乙이 모집한 계원들이 서로 다른 식탁에 떨어져 앉아 식사를 하는 등 유대관계가 없었고, 개인적으로 아는 경우를 제외하고는 상대방 계원들에 대하여 전혀 몰랐다면, 甲과 乙이 계불입금을 납부함에 있어 이익을 누려 왔다는 점만으로 甲과 乙이 계의 공동계주로서 자신들이 모집하지 아니한 계원들에 대하여도 계금을 지급할 의무가 있다고 단정하기는 어렵다고 한 사례가 있습니다(대법원 1998.3.13. 선고 97다57191 판결).

따라서 위 사안에 있어서도 그 계의 운영형태가 위 판례의 경우와 같은 경우라면 귀하는 甲에게 계주로서의 책임을 묻기는 어려울 것으로 보입니다.

참고로 공동계주 상호간의 계불입금지급청구권의 내용 및 그 이행에 관한 입증책임에 관한 판례를 보면, 공동계주로서 각자가 모집한 계원의 계불입금을 각자 책임아래에 징수한 후, 이를 상대방 계주측 계원이 계금을 탈

차례에 상대방계주에게 지급하여 계금으로 교부하도록 약정한 것이라면, 공동계주 상호간에는 위와 같이 각자 징수한 계불입금을 상대방계주에게 지급하는 채권채무관계가 성립되었다고 할 것이므로, 각 계주는 자기측 계원이 계금을 탈 차례에 상대방계주에게 계원들로부터 징수한 계불입금의 지급을 직접 청구할 수 있고, 자기측 계원에게 계금을 체당지급한 후라야만 청구할 수 있는 것은 아니라고 할 것이며, 이 경우에 그 이행여부에 관한 입증책임은 이행의무를 부담하는 상대방계주에게 있다고 하였습니다(대법원 1984.10.23. 선고 84다카1146 판결).

■ 낙찰계가 파계된 후 기존계를 유지하기로 하는 합의를 한 경우 기존 계에서 낙찰 받은 저도 이후 새로운 계에 계금을 불입해야 하는지요?

Q 저는 甲이 계주인 낙찰계에 가입을 하였는데 계주가 갑자기 행방을 감춰 중간에 계가 파계되었습니다. 낙찰을 아직 받지 못한 계원들끼리 기존계와 같은 내용의 계를 진행하기로 하고 새로 계주를 선정하는 등의 합의를 하였습니다. 기존 계에서 낙찰 받은 저도 이후 새로운 계에 계금을 불입해야 하는지요?

A 낙찰계는 각 계원이 조합원으로서 상호 출자하여 공동사업을 경영하는 민법상 조합계약의 성격을 띠고 있는 것이 아니라 계주가 자기의 개인사업으로 계를 조직 운영하는 것이라 할 것이고, 계금 및 계불입금 등의 계산관계는 오직 계주와 각 계원 사이에 개별적으로 존재하는 것입니다(대법원 1994.10.11.선고 93다55456 판결). 그러나 그 정산의 실질적 내용은 계가 파산됨으로 인하여 이미 낙찰받은 사람이 얻은 이익에서 낙찰을 받지 못한 사람이 입게 된 손해를 공평하게 전보하는 것을 내용으로 하는 것이므로 계주가 행방불명된 후 미낙찰계원 전원이 기존계와 같은 내용으로 계를 다시 진행하기로 합의를 하였다면 기존낙찰계원은 그 계가 새로이 진행됨으로 인하여 아무런 불이익을 받는 바가 없으므로 위 합의에 참가하였는지 여부와 관계없이 그 합의내용에 따른 계원으로서의 계불입금 불입의무를 부담한다는 하급심 판례가 있어(서울민사지방법원 1984.10.23. 선고 84나1211 판결) 추후 계금을 불입해야 할 것으로 보입니다.

10. 화해계약 관련 상담사례

■ 화해계약 불이행의 경우 화해계약 해제하고 양보한 부분의 청구도 가능한지요?

Q 저는 甲으로부터 폭행을 당하여 전치 6주의 상해를 입었는데, 甲의 간청으로 그 치료비의 일부금 120만원만을 지급받기로 합의하였으나, 甲은 치료비를 주기로 약정한 날로부터 1개월이 지나도 단 한 푼의 치료비도 지급하지 않으므로 위 합의를 파기하고 치료비전액과 기타 일실수익 및 위자료까지도 청구하고자 합니다. 그것이 가능한지요?

A 위 사안에서 귀하와 甲은 화해계약을 한 것으로 보이며, 화해계약은 당사자일방이 양보한 권리가 소멸되고 상대방이 화해로 인하여 그 권리를 취득하는 효력이 있고, 화해계약은 착오를 이유로 취소하지 못하나, 화해당사자의 자격 또는 화해의 목적인 분쟁 이외의 사항에 착오가 있는 때에는 그렇지 않습니다(민법 제732조, 제733조).

여기서 '화해의 목적인 분쟁 이외의 사항'이란 분쟁대상이 아니라 분쟁전제 또는 분쟁기초가 된 사항으로서, 쌍방당사자가 예정한 것이어서 상호양보의 내용으로 되지 않고 다툼이 없는 사실로 양해된 사항을 말합니다(대법원 2007.12.27. 선고 2007다70285 판결). 그러므로 이러한 '화해의 창설적 효력'으로 인하여 원칙적으로 화해의 내용에 따른 청구만을 할 수 있을 것입니다.

그러나 화해도 계약이므로 계약해제에 관한 통칙적 규정이 모두 화해계약에 그대로 적용된다고 할 것이고, 이에 관한 판례를 보면, 계약당사자일방이 그 채무를 이행하지 않는 때에는 특별한 사정이 없는 한 상대방은 상당한 기간을 정하여 그 이행을 최고하고 그 기간 내에 이행하지 않는 때에 계약을 해제할 수 있는 바이므로, 그 이행의 최고여부를 심리판단하지 아니하고 화해계약의 해제를 인정함은 잘못이라고 하였습니다(대법원 1971.2.23. 선고 70다1342, 1343 판결).

따라서 화해당시 해제권에 대해 특약을 해두었다면 그에 따른 해제가 가능할 것이나, 위 사안에서 甲이 변제기가 지나도 채무를 이행하지 않을 경우에는 상당한 기간을 정하여 그 이행을 최고하고, 그 기간 내에 이행하지 아니한 때에는 화해계약을 해제하고 치료비전액과 일실수익 및 위자료까지도 청구할 수 있을 것입니다.

■ 합의의 중요부분에 착오가 있는 경우 합의의 취소가 가능한지요?

Q 제 아들 甲이 교통사고로 의식불명상태에 있는 동안 가해차량 보험회사의 직원이 위 교통사고가 오로지 甲의 과실로 인하여 발생한 것이라고 하였습니다. 저는 그 말만 믿고 사고 10일 후 치료비일부만을 받고는 일체의 손해배상청구권을 포기하기로 합의하였으나, 그 후 가해자의 과실이 경합되어 발생하였다는 사실이 밝혀졌는데, 이러한 경우 착오를 이유로 위 합의를 취소할 수 있는지요?

A 「민법」상 법률행위내용의 중요한 부분에 착오가 있는 경우 의사표시자의 중대한 과실이 없는 한 착오로 취소할 수 있으나(민법 제109조), 화해계약에 있어서는 착오를 이유로 취소하지 못하고 다만, 화해당사자의 자격 또는 화해의 목적인 분쟁 이외의 사항에 착오가 있는 때에 한하여 취소할 수 있습니다(민법 제733조).

화해계약의 취소에 관한 판례를 보면, 민법상의 화해계약을 체결한 경우 당사자는 착오를 이유로 취소하지 못하고, 다만 화해당사자의 자격 또는 화해의 목적인 분쟁 이외의 사항에 착오가 있는 때에 한하여 이를 취소할 수 있으며, 여기서 '화해의 목적인 분쟁 이외의 사항'이란 분쟁대상이 아니라 분쟁의 전제 또는 기초가 된 사항으로서, 쌍방당사자가 예정한 것이어서 상호 양보의 내용으로 되지 않고 다툼이 없는 사실로 양해된 사항을 말하고, 교통사고에 가해자의 과실이 경합되어 있는데도 오로지 피해자의 과실로 인하여 발생한 것으로 착각하고 치료비를 포함한 합의금으로 실제 입은 손해액보다 훨씬 적은 금원만을 받고 일체의 손해배상청구권을 포기하기로 합의한 경우, 그 사고가 피해자의 전적인 과실로 인하여 발생하였다는 사실은 쌍방당사자 사이에 다툼이 없어 양보의 대상이 되지 않았던 사실로서 화해의 목적인 분쟁대상이 아니라 그 분쟁의 전제가 되는 사항에 해당하는 것이므로 피해자측은 착오를 이유로 화해계약을 취소할 수 있다고 하였습니다(대법원 1992.7.14. 선고 91다47208 판결, 1997. 4. 11. 선고 95다48414 판결).

따라서 위 사안의 경우 귀하 등은 위 합의를 취소하고 추가로 손해배상을 청구할 수 있을 것으로 보입니다.

Q 甲은 乙에게 폭행을 당하고 乙로부터 치료비를 받기로 합의하였습니다. 그런데 乙이 합의 내용을 이행하지 않아 甲은 乙과의 합의를 해제하고 실제 손해액을 배상받으려고 하는데 이것이 가능한지 궁금합니다.

A 화해계약의 취소에는 민법이 특별한 규정을 두고 있습니다. 즉 화해계약은 착오를 이유로 하여 취소하지 못하나 화해당사자의 자격 또는 화해의 목적인 분쟁이외의 사항에 착오가 있는 때에는 취소가 가능하다고 합니다(민법 제733조). 하지만 민법의 규정이 화해계약의 경우 동 조에 의한 취소만이 가능하고 다른 규정을 근거로 한 취소나 해제 또는 무효주장이 불가능하다는 것을 의미하는 것은 아닙니다. 즉 화해계약의 경우에도 통정허위표시등 무효사유가 있으며 무효주장이 가능하며 사기 등을 이유로 계약을 취소할 수도 있고 계약해제 사유가 있다면 해제도 가능할 것입니다.

화해계약의 해제에 관한 판례에 의하면 계약당사자의 일방이 그 채무를 이행하지 않는 때에는 특별한 사정이 없는 한 상대방은 상당한 기간을 정하여 그 이행을 최고하고 그 기간 내에 이행하지 않는 때에 계약을 해제할 수 있다고 하므로, 그 이행의 최고여부를 심리판단하지 아니하고 화해계약의 해제를 인정함은 잘못이라고 하였는데(대법원 1971.2.23. 선고 70다1342 판결) 이는 화해계약도 민법 조문에 따라 해제가 가능하다는 전제에서 민법 제544조에 의한 해제를 적법하게 하려면 상당한 기간을 정한 이행의 최고가 필요하다는 판시로 볼 수 있습니다.

따라서 사안의 甲도 乙에게 상당한 기간을 정하여 합의 내용을 이행할 것을 최고하고 그 기간 내에도 乙이 합의사항을 이행하지 않은 때에는 민법 제544조에 의해 계약을 해제하고 실제 발생한 손해액을 증명하여 손해배상을 청구할 수 있습니다.

■ 민법상 화해와 재판상 화해와는 어떤 차이가 있나요?

Q 甲은 乙이 빌린 돈을 갚지 않자 대여금을 지급할 것을 구하는 소송을 제기하였습니다. 甲과 乙은 소송 진행 중 판결 선고 전에 상호합의로 사건을 종결시키기로 하였습니다. 甲은 소송절차에서 합의하는 것을 원했는데 乙은 甲이 소송을 취하해 주고 합의서는 당사자끼리 만나서 별도로 작성하자고 합니다. 어떤 방법이 甲에게 보다 유리할지 궁금합니다.

A 甲의 주장처럼 소송 절차에서 합의가 이뤄지는 것을 재판상화해 또는 소송상화해라고 하고(민사소송법 제220조), 乙의 주장처럼 甲이 소를 취하하고 당사자끼리 법률관계에 관해 합의하는 것을 민법상 화해라고 합니다(민법 제731조). 재판상화해라 함은 소송의 계속 중에 수소법원·수명법관 또는 수탁판사 앞에서 당사자가 소송물인 권리 또는 법률관계에 관하여 상호 그 주장을 양보함에 의하여 다툼을 해결하는 소송상 합의를 말합니다.

소송상 화해는 소송행위이므로 당사자는 소송능력이 있어야 하며 대리인을 통해 화해를 하려면 특별한 수권행위가 필요합니다. 또한 필수적 공동소송에서는 공동소송인 전원이 일치하여 화해하여야 하는(민사소송법 제67조 제1항) 제한이 있습니다. 소송상 화해가 성립하면 화해조서가 작성되고 화해조서는 확정판결과 같은 기판력 등의 효력을 갖게 되어 강행규정에 위반된 경우라고 준재심의 소를 통해 취소되지 않는 한 당사자가 사이에서 그 화해가 무효라는 주장을 할 수 없습니다.

이에 반해 민법상 화해는 사법행위이므로 당사자는 행위능력이 있어야 하고 법정대리와 임의대리가 가능합니다. 화해의 내용은 자유롭게 정할 수 있으나 강행법규에 위반하거나 민법 103조에 위반되는 경우 등에는 무효가 될 수 있습니다. 민법상 화해는 확정판결과 같은 효력이 인정되지 않으므로 상대방이 화해계약에서 합의된 의무를 이행하지 않는 경우에는 이행소송을 제기하여 집행권원을 확보한 후 강제집행에 나아가야 합니다.

따라서 甲은 소를 취하하고 민법상 화해를 하는 것보다는 소송상화해를 함으로써 확정판결과 같은 집행권원을 획득하는 것이 보다 유리한 방법으로 사료됩니다. 만일 소를 취하하고 민법상 화해를 하는 경우에는 乙이 대여금을 지급하지 않는 경우 또다시 소를 제기하여야 하기 때문입니다. 한편 민법상 화해의 경우에는 집행인낙의 의사가 표시된 사서증서 인증을 받는 방법으로 재판상 화해와 유사한 효과를 얻는 방법이 있습니다.

■ 화해계약의 묵시적 해제가 가능한지요?

Q 저는 甲과 4필지의 토지에 대하여 명의신탁한 토지임을 이유로 소유권을 다투고 있는데, 이후 2필지는 제가, 다른 2필지는 甲에게 증여하는 것으로 화해계약을 체결하였습니다. 이후 제가 다시 명의신탁한 토지임을 이유로 소를 제기하였고, 이에 甲이 종전 합의를 무효라 하겠다고 통고를 한 경우 위 화해계약은 해제된 것인가요?

A 민법상 화해계약의 경우 일반적인 민사규정이 적용되는 바, 민법 제733조의 착오취소 특칙을 제외하고는 민법상 무효, 취소, 해제에 관한 일반 규정이 그대로 적용됩니다. 따라서 화해계약도 채무불이행을 이유로 해제를 할 수 있고 합의해제 및 묵시적 해제도 가능합니다.

계약이 합의해제되기 위하여는 일반적으로 계약이 성립하는 경우와 마찬가지로 계약의 청약과 승낙이라는 서로 대립하는 의사표시가 합치될 것을 그 요건으로 하는 것이지만 계약 후 당사자 쌍방의 계약 실현 의사의 결여 또는 포기가 쌍방 당사자의 표시행위에 나타난 의사의 내용에 의하여 객관적으로 일치하는 경우에는, 그 계약은 계약을 실현하지 아니할 당사자 쌍방의 의사가 일치됨으로써 묵시적으로 해제되었다고 해석할 수 있습니다.

대법원은 이 사안과 같은 사실관계를 전제하고서 "원고는 피고들로부터 그 화해계약의 이행에 필요한 등기권리증과 인감증명서 등을 교부받았음에도 불구하고 그 서류들에 기하여 소유권이전등기를 경료하지 아니한 채 위 화해계약이 성립하기 이전의 종전 주장을 그대로 내세워 위 화해계약과 양립할 수 없는 소를 제기하였고, 피고들은 이를 이유로 원고와의 종전 합의를 모두 철회한다는 통고를 하였으며, 그 후 항소심 재판부가 종전의 화해 약정대로 사건을 해결할 것을 권유하였으나 쌍방 모두 이에 불응하였다면, 원·피고들은 일치하여 종전의 화해계약을 실현하지 아니할 의사표시를 하였다고 할 것이고 따라서 이 사건 화해계약은 당사자 쌍방의 묵시적인 합의에 의하여 해제되었다고 보아야 할 것"이라고 하였습니다(대법원 1998.1.20. 선고 97다43499 판결). 따라서 위 사안의 경우도 종전의 화해계약이 묵시적으로 해제되었다고 볼 수 있을 것입니다.

Q 저는 乙과 丙 사이에 재판상 화해를 하였습니다. 그러나, 이후 乙 과 소송을 다시 진행하며 위 선행 화해와 배치되는 화해를 하였는데, 그렇다면 선행 화해는 당연히 실효되는가요?

A 소송상 화해는 소송행위로서 소송상 화해가 성립하면 화해조서를 작성합니다. 화해조서는 확정판결과 같은 기판력을 가지며 준재심의 소를 통해 취소되는 등의 사정이 없다면 당사자간에 그 화해를 무효라고 주장할 수 없습니다. 대법원 역시 제1화해와 모순 저촉되는 제2화해가 성립하였다 하여도, 제1화해가 조서에 기재되어 확정판결과 동일하게 기판력이 발생한 이상 제2화해에 의하여 제1화해가 당연히 실효되거나 변경되고 나아가 제1화해조서의 집행으로 마쳐진 을 명의의 소유권이전등기 및 이에 기한 제3자 명의의 각 소유권이전등기가 무효로 된다고 볼 수는 없다고 합니다(대법원 1995.12.5. 94다59028 판결). 따라서 사안의 경우 선행화해가 당연히 실효된다고 할 수는 없는 것입니다.

Q 甲은 乙병원에서 축농증 수술을 받은 후 뇌종양이 발병하였습니다. 이에 관해 양자 간에 책임 소재와 손해의 전보에 관해 분쟁을 있었고 이를 종결짓기 위한 합의가 성립되었습니다. 그런데 추후 乙병원이 축농증 수술과 뇌종양 발병 사이의 인과관계와 귀책사유를 부정하며 합의금의 지급을 거부하고 있습니다. 甲이 乙병원의 주장에 불구하고 합의금을 받을 수 있는지요?

A 화해계약이 성립되면, 특별한 사정이 없는 한, 그 창설적 효력에 의하여 종전의 법률관계를 바탕으로 한 권리의무관계는 소멸되고 계약당사자간에는 종전의 법률관계가 어떠하였느냐를 묻지 않고 화해계약에 의하여 새로운 법률관계가 생기는 것이므로, 화해계약의 의사표시에 착오가 있더라도 이것이 당사자의 자격이나 목적인 분쟁이외의 사항에 관한 것이 아니고 분쟁의 대상인 법률관계 자체에 관한 것일 때에는 이를 취소할 수 없습니다 (당원 1992.9.22.선고 92다25335 판결). 따라서 乙병원이 합의금의 지급을 면하려면 책임 소재 및 인과관계 문제 분쟁 이외의 사항이어야 합니다.

이와 관련하여 대법원 1995. 10. 12. 선고 94다42846 판결은 병원 측이 화해계약의 효력을 부정하려는 것을 받아들이지 않았습니다. 위 판결의 사실관계는 원고는 축농증을 앓고 있다가 피고의 병원에서 그 치료를 위한 수술을 받은 후에 뇌종양 등의 증세가 발생하게 되었고, 원고와 피고 측 사이에는 그 책임소재 및 손해의 전보 등을 둘러싸고 분쟁이 있어 오다가 합의를 하게 되었다는 것입니다. 이와 같은 사실관계를 전제로 하여 법원은 합의 취소에 관해 다음과 같은 판시를 하였습니다. 즉 계약당사자 사이에 수술 후 발생한 새로운 증세에 관하여 그 책임소재와 손해의 전보를 둘러싸고 분쟁이 있어 오다가 이를 종결짓기 위하여 합의에 이른 것이라면, 피고의 수술행위와 원고의 수술 후의 증세 사이의 인과관계의 유무 및 그에 대한 피고의 귀책사유의 유무는 분쟁의 대상인 법률관계 자체에 관한 것으로서, 피고는 원고의 수술 후의 증세가 피고의 수술행위로 인한 것이 아니라거나 그에 대하여 피고에게 귀책사유가 없다는 등의 이유를 들어 위 합의를 취소할 수 없다고 하였습니다. 따라서 위 사안에서 乙병원이 甲과 책임 소재 및 인과관계에서 다툼을 겪다 합의를 한 것이라면 책임 소재 등 사유는 분쟁의 전제가 아니라 분쟁의 대상인 법률관계에 해당하여 乙병원은 귀책사유나 인과관계를 부정하여 합의의 효력을 배제할 수는 없습니다.

■ 의료사고에서 화해 취소가 인정되는 사유는 어떤 경우에 가능합니까?

Q 甲의사는 본인이 치료한 환자가 사망하자 본인의 과실로 환자가 사망한 것으로 판단하여 환자의 유족과 거액의 손해배상액을 지급하는 약정을 하였습니다. 그런데 이후 밝혀진 사정이 환자의 사망과 甲의 치료행위가 무관하다는 것이라면 甲은 이와 같은 사정을 이유로 화해계약을 취소할 수 있는지요?

A 의료사고에 관한 화해와 관련하여 대법원 1995. 10. 12. 선고 94다42846 판결은 책임 소재나 손해의 전보 문제는 분쟁의 대상인 법률관계에 해당하므로 설사 책임 없음이 밝혀진 경우에도 화해를 취소할 수 없다고 하였습니다. 하지만 위 판결에도 불구하고 민법 제733조의 단서에 해당하는 사정, 즉 화해당사자의 자격 또는 화해의 목적인 분쟁이외의 사항에 착오가 있는 때에는 화해 합의를 취소하는 것이 가능합니다.

의료사고와 관련하여 화해 합의가 취소된 경우로 대법원 2001. 10. 12. 선고 2001다49326 판결이 있습니다. 위 사건에서는 환자의 사망이 의사의 과실로 비롯됐다는 점을 다투지 않고 합의가 이뤄졌다고 보았습니다. 위 판례의 인정된 사실관계는 다음과 같습니다. 의사가 맥페란을 주사하였고 그 후 2시간 만에 환자가 사망하였고 의사는 환자의 유족과 거액의 보상금을 지급하기로 합의하였는데 의사가 멕페란을 주사하면서 주사쇼크, 기도폐쇄 등의 부작용이 생길 수 있음을 알고 있었고, 마침 다른 담당의사로부터 주사로 인한 기도폐쇄 때문에 사망하였을 가능성이 있다는 취지의 말을 들었으며, 맥페란을 주사하면서 환자가 부작용이 생길 수 있는 특이체질인지 여부를 미리 확인한다거나, 환자의 어머니에게 그와 같은 부작용에 대비하도록 하는 등의 조치를 취하지 아니하였기 때문에 환자의 사망으로 인한 민사상의 손해배상책임은 물론 나아가 형사적인 책임까지 질 수도 있다고 판단한 결과 합의에 이르게 되었다는 것입니다. 대법원은 이러한 사실관계를 바탕으로 의사와 유족 사이에 책임 소재에 대한 분쟁이 없었고, 의사가 자신의 과실로 환자가 사망했다고 착오한 상태로 합의를 한 것이므로 이 경우에 책임 소재는 분쟁의 전제가 되었다고 보아, 환자의 사망과 의사의 과실 사이의 인과관계가 부정되는 사실관계가 밝혀진 이후 위 합의에 대한 취소를 인정했습니다. 따라서 위 사안에서도 甲의사는 환자와의 합의에도 불구하고 본인의 과실 없음을 밝힌다면 책임 여부가 합의의 전제가 되었던 것이므로 환자와의 합의를 취소할 수 있고, 환자는 단지 甲의사의 설명의무 위반 등의 과실에 의한 손해를 증명하여 배상받을 수 있을 뿐입니다.

■ **부부 일방이 의식불명이 경우 화해계약에 관한 대리권이 인정되는지요?**

Q 甲이 교통사고로 의식불명 되었고, 甲에게는 법률상의 배우자 乙이 있습니다. 甲의 치료비와 개호비등에 충당하기 위해 가해자 측과 합의를 하려고 하는데 乙의 甲을 대리해서 합의를 할 수 있는지요?

A 피해자가 의식불명이 아니라면 피해자에게 귀속되는 손해배상청구권은 피해자만이 행사할 수 있는 것이므로 그에 관한 합의도 피해자가 직접 하거나 아니면 적법하게 대리권을 수여 받은 자가 해야 합니다. 그런데 피해자가 의식불명인 경우에는 피해자가 직접 합의를 할 수도 없고, 대리권을 수여하는 것이 불가능합니다. 이 경우 피해자의 의사표시 없이도(또는 의사표시를 추단하여) 법률상 배우자에게 대리권을 인정할 수 있는지 문제됩니다.

이에 관한 판례는 대리가 적법하게 성립하려면 대리행위를 한 자, 즉 대리인이 본인을 대리할 권한을 가지고 그 대리권의 범위 내에서 법률행위를 하였음을 요한다고 하면서, 부부의 경우에도 일상의 가사가 아닌 법률행위를 배우자를 대리하여 행함에 있어서는 별도로 대리권을 수여하는 수권행위가 필요한 것이지, 부부의 일방이 의식불명의 상태에 있어 사회통념상 대리관계를 인정할 필요가 있다는 사정만으로 그 배우자가 당연히 채무의 부담행위를 포함한 모든 법률행위에 관하여 대리권을 갖는다고 볼 것은 아니라고 하여 배우자에게 대리권을 인정해주지 않았습니다.

따라서 乙은 임의후견인 선임심판 등을 통해 후견인으로 취임하는 방법으로 적법하게 대리권한을 얻은 다음 甲의 손해배상청구권에 관한 화해계약을 체결해야 할 것입니다. 물론 乙이 권한 없이 한 합의를 추후에 甲이 추인하는 것은 가능하나 법률관계의 안정을 위해 적법한 대리권을 취득한 다음 합의하는 것이 보다 바람직할 것으로 사료됩니다.

■ **사기를 이유로 한 화해계약의 취소가 가능한지요?**

Q 甲은 A의 상속인으로 A가 교통사고로 사망하자 보험회사를 상대로 하여 보험금
의 지급을 청구하였습니다. 그런데 보험회사 직원 乙은 甲이 일실퇴직금 상당
의 금원을 지급할 의무가 없다고 甲을 기망하였고, 이에 속은 甲은 보험회사와
부제소합의를 포함한 화해계약을 체결하였습니다. 이 경우 甲이 보험회사와 체
결한 화해계약을 취소하고 일실퇴직금 상당의 금원을 배상받을 수 있는지요?

A 화해계약은 착오를 이유로 하여 취소하지 못하지만 화해당사자의 자격 또는
화해의 목적인 분쟁이외의 사항에 착오가 있는 때에는 착오 취소가 가능하다
고 하는 것이 민법 제733조의 내용입니다. 즉 화해계약이 성립되면 특별한
사정이 없는 한, 그 창설적 효력에 의하여 종전의 법률관계를 바탕으로 한
권리의무관계는 소멸되고 계약 당사자 간에는 종전의 법률관계가 어떠하였느
냐를 묻지 않고 화해계약에 의하여 새로운 법률관계가 생기는 것이므로, 화
해계약의 의사표시에 착오가 있더라도 이것이 당사자의 자격이나 목적인 분
쟁 이외의 사항에 관한 것이 아니고 분쟁의 대상인 법률관계 자체에 관한 것
일 때에는 이를 취소할 수 없습니다(대법원 2004.8.20.선고 2002다 20353판결).
위 사안의 경우 A와 甲에 대한 손해발생사실을 전제로 하여 손해액에 관해
합의한 것으로 볼 수 있습니다. 그렇다면 일실퇴직금 상당의 금원이 손해배상
액에 포함될지는 화해의 목적인 분쟁으로 보아야 할 것이며 따라서 민법 제
733조를 근거로 하여서는 사안의 화해계약을 취소할 수 없다고 할 것입니다.
하지만 판례는 화해가 사기로 인하여 이루어진 경우에는 화해의 목적인 분
쟁에 관한 사항에 착오가 있는 때에도 민법 제110조 에 따라 이를 취소할
수 있다고 하여 사기 취소와의 경합을 인정합니다(대법원 2008.9.11. 선고
2008다15278 판결). 즉 민법 제773조는 착오 취소의 경우에만 적용되는 것
으로 보아야 하고 상대방의 기망을 원인으로 한 사기 취소에는 적용되지
않는 것으로 보는 것이 타당합니다. 따라서 위 사안에서 甲은 乙의 사기를
이유로 하여 화해계약을 취소한 다음 실 손해를 증명하여 손해를 전보 받
을 수 있을 것으로 사료됩니다.

■ 주위토지통행권이 화해로 확정된 후 다시 소를 제기할 수 있는지요?

Q 저는 甲의 토지를 통행하는 자로서, 과거 주위토지통행권을 확인하는 소를 제기한 후 그 범위하 재판상화해로 확정되었습니다. 그런데, 이후 사정이 변경되어 차로 다닐 필요가 생겼는데, 그렇다면 저는 또다시 甲에게 주위토지통행권을 확인하는 소를 제기할 수 있는가요?

A 대법원은 주위토지통행권은 통행을 위한 지역권과는 달리 통행로가 항상 특정한 장소로 고정되어 있는 것은 아니고, 주위토지의 현황이나 사용방법이 달라졌을 때에는 주위토지통행권자는 주위토지 소유자를 위하여 보다 손해가 적은 다른 장소로 옮겨 통행할 수 밖에 없는 경우도 있으므로 일단 확정판결이나 화해조서 등에 의하여 특정의 구체적 구역이 위 요건에 맞는 통행로로 인정되었더라도 그 이후 전제가 되는 포위된 토지나 주위토지 등의 현황이나 구체적 이용상황에 변동이 생긴 경우에는 통행로를 변경할 수 있는 것이라고 합니다(2004.5.13. 선고 2004다10268판결).

따라서 사안의 경우에도 주위토지 현황이나 구체적 이용상황에 변동이 생겨 자동차로 통행할 필요성을 입증하는 경우 새로이 주위토지통행권을 확인하는 소를 제기할 수 있을 것입니다.

11. 할부거래 및 방문판매 계약 관련 상담사례

■ 할부거래에 있어서 계약철회가 가능한지요?

Q 甲은 가전제품판매상 乙로부터 100만원 상당의 냉장고를 12개월 할부로 구입하였습니다. 그런데 甲이 냉장고를 인도받은 후, 할부매매청약을 철회할 수 있는지, 만일, 甲이 3회까지 할부금을 지급하였으나, 그 후 연 3회에 걸쳐 할부금을 지급하지 않았다면 乙은 어떤 법적 조치를 취할 수 있는지요?

A 「할부거래에 관한 법률」에서 소비자는 ①계약서를 받은 날부터 7일. 다만, 그 계약서를 받은 날보다 재화 등의 공급이 늦게 이루어진 경우에는 재화 등을 공급받은 날부터 7일, ②계약서를 받지 아니한 경우, 할부거래업자의 주소 등이 적혀 있지 아니한 계약서를 받은 경우, 할부거래업자의 주소변경 등의 사유로 제1호의 기간 이내에 청약을 철회할 수 없는 경우에는 그 주소를 안 날 또는 알 수 있었던 날 등 청약을 철회할 수 있는 날부터 7일, ③계약서에 청약의 철회에 관한 사항이 적혀 있지 아니한 경우에는 청약을 철회할 수 있음을 안 날 또는 알 수 있었던 날부터 7일, ④할부거래업자가 청약의 철회를 방해한 경우에는 그 방해 행위가 종료한 날부터 7일의 기간(거래당사자가 그 보다 긴 기간을 약정한 경우에는 그 기간을 말함) 이내에 할부계약에 관한 청약을 철회할 수 있다고 규정하고 있습니다(같은 법 제8조 제1항).

그런데 소비자는 ①소비자에게 책임 있는 사유로 재화 등이 멸실되거나 훼손된 경우. 다만, 재화 등의 내용을 확인하기 위하여 포장 등을 훼손한 경우는 제외, ②사용 또는 소비에 의하여 그 가치가 현저히 낮아질 우려가 있는 것으로서 대통령령으로 정하는 재화 등 {선박법에 따른 선박, 항공법에 따른 항공기, 철도사업법 및 도시철도법에 따른 궤도를 운행하는 차량, 건설기계관리법에 따른 건설기계, 자동차관리법에 따른 자동차, 설치에 전문인력 및 부속자재 등이 요구되는 것으로서 고압가스안전관리법 제3조 제4호에 따른 냉동기, 전기냉방기(난방 겸용인 것을 포함), 보일러에 해당하는 재화를 설치한 경우}을 사용 또는 소비한 경우, ③시간이 지남으로써 다시 판매하기 어려울 정도로 재화 등의 가치가 현저히 낮아진 경우, ④복제할 수 있는 재화 등의 포장을 훼손한 경우, ⑤그 밖에 거래의 안전을 위하여 대통령령으로 정하는 경우(할부가격이 10만원 미만인 할부계약. 다만, 여신전문금융업법에 따른 신용카드를 사용하여 할부거래를 하는 경우에는 할부가격이 20만원 미만인 할부계약, 소비자의 주문에 따라 개별적으로 제조되는 재화 등의 공급을 목적으로 하는 할부계약)에는 위 규정에 따른 청약의 철회를 할 수 없고, 다만, 할부거래업자가 청약의 철회를 승낙하거나, 청약을 철회할 수 없는 재화 등에 대하여는 그 사실을 재화 등의 포장이나 그 밖에 소비자가 쉽게 알 수 있는 곳에 분명하게 표시하거나 시용(試用) 상품을 제공하는 등의 방법으로 소비자가 청약을 철회하는 것이 방해받지 아니하도록 조치를 하지 아니한 경우에는 위 ②, ③, ④에 해당하는 경우에도 청약을 철회할 수 있다고 규정하고 있습니다(같은 법 제8조 제2항, 같은 법 시행령 제6조). 소비자가 위 규정에 따라 청약을 철회할 경우 위 규정에 따른 기간 이내에 할부거래업자에게 청약을 철회하는 의사표시가 적힌 서면을 발송하여야 하고, 이 경우 청약의 철회는 위 서면을 발송한 날에 그 효력이 발생합니다(같은 법 제8조 제3항, 제4항).

그리고 할부거래업자는 간접할부계약의 경우 위 규정에 따른 청약을 철회하는 서면을 수령한 때에는 지체없이 해당 신용제공자에게 재화 등에 대한 할부금의 청구를 중지 또는 취소하도록 요청하여야 하고, 이 경우 할부거래업자가 신용제공자로부터 해당 재화 등의 대금을 이미 지급받은 때에는 지체 없이 이를 신용제공자에게 환급하여야 하며, 신용제공자는 위 규정에 따라 할부거래업자로부터 할부금의 청구를 중지 또는 취소하도록 요청받은 경우 지체 없이 이에 필요한 조치를 취하여야 하고, 이 경우 소비자가 이미 지불한 할부금이 있는 때에는 지체 없이 이를 환급하여야 하고, 할부거래업자가 위 규정에 따른 요청을 지연하여 소비자로 하여금 신용제공자에게 할부금을 지불하게 한 경우 소비자가 지불한 금액에 대하여 소비자가 환급받는 날까지의 기간에 대한 지연배상금을 소비자에게 지급하여야 하며, 신용제공자가 환급을 지연한 경우 그 지연기간에 따른 지연배상금을 소비자에게 지급하여야 하되 다만, 할부거래업자가 위 규정의 요청을 지연하여 신용제공자로 하여금 소비자에 대한 할부금의 환급을 지연하게 한 경우에는 그 할부거래업자가 지연배상금을 지급하여야 한다고 규정하고 있습니다(같은 법 제10조 제5항 내지 제7항).

할부거래업자 또는 신용제공자는 소비자가 청약을 철회함에 따라 소비자와 분쟁이 발생 한 경우 분쟁이 해결될 때까지 할부금지급거절을 이유로 해당

소비자를 약정한 기일 이내에 채무를 변제하지 아니한 자로 처리하는 등 소비자에게 불이익을 주는 행위를 하여서는 아니 된다고 정하고 있으며(같은 법 제10조 제8항), 할부거래업자는 소비자가 제8조에 따라 청약을 철회한 경우 공급받은 재화 등의 반환에 필요한 비용을 부담하며, 소비자에게 청약의 철회를 이유로 위약금 또는 손해배상을 청구할 수 없습니다(같은 법 제10조 제10항).

따라서 위 사안에서 냉장고는 청약철회가 제한되는 재화 등에 해당되지 않으므로 「할부거래에 관한 법률」 제8조 제1항에서 정한 기간 내라면 특별한 사정이 없는 한 甲은 청약철회의 의사표시를 서면으로 발송하여 청약을 철회할 수 있을 것으로 보입니다. 한편 만약 청약을 철회할 수 있는 기간이 지나 철회를 할 수 없는 상황에서 甲이 할부금 납입을 연체하고 있는 경우라면, 乙은 甲에 대하여 미지급된 할부금을 청구하는 민사소송을 제기하거나, 할부계약을 해제하고 냉장고의 반환을 청구하는 등의 조치를 취할 수 있을 것으로 보입니다.

■ 할부거래에서 하자있는 물건이 양도된 경우 할부금을 지급할 의무가 있는지요?

Q 저와 甲과 세척기기 매매계약을 체결하였습니다. 그런데, 세척기기가 인도되어 보니 물이 제대로 분사되지 않는 결함이 발견되었습니다. 이에 저는 甲에게 새로운 기계의 인도를 요구하였으나 오히려 할부금의 지급을 요청하고 있습니다. 계개 할부금을 지급할 필요가 있나요?

A 민법 제581조 제2항은 종류물 매매에 있어서의 하자담보책임을 규정하는데, 이에 따르면 매수인은 하자 있는 물건에 대하여 계약의 해제나 손해배상의 청구를 하는 대신에 하자 없는 물건을 청구할 수 있다고 합니다. 나아가, 할부거래에 관한 법률 제16조 제1항은 할부거래업자가 하자담보책임을 이행하지 아니하는 경우 소비자는 할부금의 지급을 거절할 수 있다고 규정하고 있습니다. 따라서 사안의 경우 세척기계는 대체가능한 종류물인 바, 하자 있는 세척기계의 교환을 요구할 수 있고, 매도인인 甲이 새로운 기계로 교환하여 줄 때까지 그 할부대금의 이행을 거절할 수 있을 것입니다.

Q 법률적으로 할부계약은 무엇을 의미하나요?

A 할부거래에 관한 법률 제2조 제1항 제2호 소정의 할부계약은 매도인, 매수인, 신용제공자라는 3당사자의 존재를 전제로 하여 매도인과 매수인 사이의 매매계약 이외에 신용제공자와 매도인 사이의 보증이나 채권양도 등의 약정과 신용제공자와 매수인 사이의 할부금의 지급 등에 관한 약정이라는 3면계약에 의하여 이루어진 것을 말하고, 매도인과 신용제공자 사이에서는 아무런 계약관계 없이 매수인이 목적물의 대금을 신용제공자로부터 차용하여 목적물을 구입한 후 나중에 그 차용금을 분할하여 상환하는 방식은 분할변제의 특약이 있는 신용제공자와 매수인 사이의 순수한 소비대차계약으로서 위 법률이 적용되지 않습니다(대법원 2008. 7. 10. 선고 2006다57872 판결).

■ 선불식 할부거래업자 甲에게서 사업의 전부를 양수한 회사는 할부거래에 관한 법률에 따라 선불식 할부계약에 관한 일체의 권리와 의무를 승계하나요?

Q 선불식 할부거래업자 甲에게서 사업의 전부를 양수한 乙회사는 할부거래에 관한 법률 제22조 제1항에 따라 선불식 할부계약에 관한 일체의 권리와 의무를 승계하나요? 만일 사업양도계약 당사자 사이의 승계를 배제하는 약정이 있다면 어떻게 되나요?

A 할부거래에 관한 법률(이하 '할부거래법')은 할부계약 및 선불식 할부계약에 의한 거래를 공정하게 함으로써 소비자의 권익의 보호 등을 목적으로 하여 주로 할부계약의 서면주의, 할부계약의 할부수수료율, 청약철회, 해제 등 사법상의 권리와 의무에 관한 내용을 정하고 있고, 특히 선불식 할부거래업에 대하여는 영업을 등록하도록 하며, 자본금의 하한을 규정하고, 행정관청의 조사·감독 및 시정조치 등의 공법적 규제와 소비자피해보상보험계약의 체결의무 등을 추가하고 있는데, 이는 재화 등을 공급하기 전에 대금을 선불로 받는 선불식 할부거래 영업의 특성에 따른 소비자의 피해를 사전에 방지하기 위한 것인 점, 사업양도에 따른 선불식 할부거래업자의 지위승계에 관한 위 규정의 취지도 공법상 지위의 승계를 인정하여 영업의 편의를 제공한다는 측면보다는 사업양도의 경우에 발생할 수 있는 피해를 방지하여 선불식 할부거래업자와 계약을 체결한 소비자를 일반채권자보다 좀 더 두텁게 보호하고자 하는 데에 있는 점, 2016.1.25.시행 예정인 할부거래법은 사업 전부의 양도가 아닌 계약이전의 경우에도 선불식 할부계약에 관한 권리와 의무의 승계를 인정하는 규정을 두고 있는 점(할부거래법 제22조의2제4항 참조)등에 비추어 보면, 선불식 할부거래업자에게서 사업의 전부를 양수한 회사는 할부거래법 제22조 제1항에 따라 대금청구권과 재화 등의 공급의무, 해약환급금 지급의무 등 선불식 할부계약에 관한 일체의 권리와 의무를 승계하고, 위 규정은 강행규정으로서 이와 달리 사업양도계약의 당사자 사이에 승계를 배제하는 약정을 하였더라도 약정은 효력이 없다고 봄이 타당합니다(대법원 2016.1.14. 선고 2015다50200). 따라서 일체의 권리와 의무를 乙회사가 승계한다고 할 것입니다.

■ 할부금 인수조건부 자동차 매매는 운행지배권이나 운행이익은 언제까지 인정되나요?

Q 甲이 乙에게 할부금 인수조건부로 자동차를 매도하면서 등록 명의를 그대로 남겨 둔 경우, 甲의 운행지배권이나 운행이익은 언제까지 인정되나요?

A 할부로 매수한 자동차를 제3자에게 다시 매도하고 인도까지 하였으나 제3자의 할부대금 완납시까지 이전등록을 유보한 경우, 회사 명의의 근저당권이 설정되어 있기 때문에 소유자 명의의 이전이 불가능하여 할부금을 모두 지급한 후에 이전하기로 하였다는 사정만으로는 운행지배가 매도인에게 남아 있다고 단정할 수 없고, 이러한 경우 법원이 차량의 매매로 인한 매도인의 운행지배권이나 운행이익의 상실 여부를 판단함에 있어서는 차량의 이전등록서류 교부에 관한 당사자의 합의 내용, 차량의 매매 경위 및 인도 여부, 인수차량의 운행자, 차량의 보험관계 등 여러 사정을 심리하여 판단하여야 한다고 할 것입니다(대법원 1996.7.30. 선고 95다54716 판결).

■ 할부거래에서 철회의 취소가 가능한지요?

Q 甲은 乙피부관리실에서 할인된 금액에 서비스를 제공해준다는 말에 200만원을 신용카드로 10개월 할부로 결제하였습니다. 계약 당시 할인된 가격이기 때문에 환불은 안 된다는 설명을 들었습니다. 3일 후 사정이 생겨서 계약을 취소하고 싶은데, 이 때 甲은 환불을 받을 수 있을까요?

A 할부로 계약을 체결한 소비자는 「할부거래에 관한 법률」에 따라 일정한 보호를 받을 수 있습니다. 甲은 계약서를 받았다면 교부받은 날부터 7일 이내에, 계약서를 받지 못했다면 피부관리실의 주소를 안 날 또는 알 수 있었던 날 등 철회권을 행사할 수 있는 날부터 7일 이내에 할부계약에 관한 청약을 철회할 수 있습니다(「할부거래에 관한 법률」제8조제1항).

다만, 신용제공자가 있는 경우에는 동일한 기간 내에 신용제공자(신용카드회사)에도 철회의 의사표시가 적힌 서면을 발송해야 합니다(「할부거래에 관한 법률」제9조제1항). 따라서 신용카드를 이용해서 계약을 체결한 甲은 신용카드회사에게도 철회의 의사표시가 적힌 서면을 발송하여야 합니다.

■ 일시적으로 며칠 동안 반복하여 소비자들에게 상품을 판매한 경우 방문판매사업장에 해당하나요?

Q 甲은 한 장소에서 일시적으로 며칠 동안 반복하여 소비자들에게 상품을 판매한 한 바, 이러한 영업장소도 「방문판매 등에 관한 법률」 제4조제3항에 의하여 방문판매업자가 변경신고의무를 부담하는 사업장에 해당하나요?

A 「방문판매 등에 관한 법률」 제4조제3항, 동시행규칙 제6조에 의하면, 방문판매업자가 신고한 사항 중 사업장의 소재지 등을 변경한 때에는 변경한 날로부터 10일 이내에 방문판매업변경신고서에 변경사항을 증명하는 서류를 첨부하여 시장, 군수 또는 구청장에게 제출하여야 하고, 법 제2조제1호는 '방문판매'라 함은 상품의 판매업자 또는 용역을 유상으로 제공하는 것을 업으로 하는 자가 방문의 방법으로 그의 영업소·대리점 기타 총리령이 정하는 영업장소 외의 장소에서 소비자에게 권유하여 계약의 청약을 받거나 계약을 체결하여 상품을 판매하거나 용역을 제공하는 것을 말한다고 규정함으로써 방문판매를 정의하면서 사업장을 약칭하고 있으며, 동시행규칙 제2조는 법 제2조제1호에서 '총리령이 정하는 영업장소'라 함은 (1) 영업소·대리점·지점·출장소 등 명칭여하에 불구하고 고정된 장소에서 계속적으로 영업을 하는 장소, (2) 노점·이동판매시설·임시판매시설 등 상품의 판매 또는 용역의 제공이 반복적으로 이루어지는 장소를 말한다고 정하고 있는 바, 위와 같은 법규정의 문언 상으로 보더라도 상품의 판매 또는 용역의 제공이 반복적으로 이루어지는 장소인 이상은 비록 고정된 장소가 아니라고 하더라도 상품의 판매가 일시적으로 며칠 동안만 이루어지는 때에도 영업장소로서 사업장에 해당한다고 봄이 타당합니다(대법원 2002.2.26. 선고 2001도6256 판결). 따라서 같은 장소에서 일시적으로 며칠 동안 반복하여 소비자들에게 상품을 판매한 경우에도 그 영업장소는 사업장에 해당합니다.

■ 방문판매한 책의 반품이 가능할까요?

Q 저는 5일 전 甲회사의 방문판매사원 乙의 권유에 의해 책을 산 사람입니다. 그런데, 오늘 배송된 책을 보니 책의 내용이 만족스럽지 않아 청약을 철회하려고 합니다. 가능할까요?

A 방문판매 등에 관한 법률은 방문판매 또는 전화권유판매의 방법으로 재화 등의 구매에 관한 계약을 체결한 소비자는 같은 법 제7조 제2항의 규정에 의한 계약서를 교부받은 날부터 14일, 같은 법 제7조 제2항의 규정에 의한 계약서를 교부받지 아니한 경우나 방문판매자 등의 주소 등이 기재되지 아니한 계약서를 교부받은 경우 및 방문판매자 등의 주소변경 등의 사유로 위 기간 이내에 청약철회 등을 할 수 없는 경우에는 그 주소를 안 날 또는 알 수 있었던 날부터 14일의 기간 이내에 당해 계약에 관한 청약철회 등을 할 수 있다고 규정하고 있습니다(같은 법 제8조 제1항). 다만, 방문판매 등에 관한 법률 제8조 2항의 청약철회를 할 수 없는 경우에 해당하지 않아야 할 것입니다. 나아가 청약 철회기간이 지났거나, 청약철회 등을 할 수 없는 경우라도 재화 등의 내용이 표시·광고의 내용과 다르거나 계약내용과 다르게 이행된 경우에는 당해 재화 등을 공급받은 날부터 3월 이내, 그 사실을 안 날 또는 알 수 있었던 날부터 30일 이내에 청약철회 등을 할 수 있습니다(같은 법 제8조 제3항).

그러므로 사안의 경우 甲회사의 주소를 안 날 또는 알 수 있었던 날부터 14일 내에 위약금 없이 청약을 철회할 수 있을 것이고, 그 기간이 경과하더라도 재화 등의 내용이 표시, 광고의 내용과 다름을 입증하여 취소할 수 있을 것입니다.

■ 출판사 영업사원이 방문판매한 책을 반품할 수 있는지요?

Q 저는 6살 아이를 둔 가정주부인데, 집으로 甲회사의 영업사원이라는 乙이 찾아와 24만원만 내면 매주 2시간씩 가정방문을 하여 아이의 영재교육을 시켜주겠다며 장시간 영재교육의 필요성을 강조하자, 영재교육을 시키지 않으면 제 아이만 뒤떨어질 것 같은 불안감을 느껴 6개월 할부로 구매키로 하고 신용카드로 결제했습니다. 그런데 5일 후 집으로 배달된 도서를 보니 책의 내용이 너무 조잡하여 청약을 철회하려고 마음먹고 계약서에 적힌 甲회사의 전화번호와 주소로 연락을 시도하였지만 연락이 되지 않습니다. 청약을 철회할 방법이 없는지요?

A 청약의 철회에 관하여 「방문판매 등에 관한 법률」에서는, 방문판매 또는 전화권유판매의 방법으로 재화 등의 구매에 관한 계약을 체결한 소비자는 ① 같은 법 제7조 제2항의 규정에 의한 계약서를 교부받은 날부터 14일(다만, 그 계약서를 교부받은 때보다 재화 등의 공급이 늦게 이루어진 경우에는 재화 등을 공급받거나 공급이 개시된 날부터 14일), ②같은 법 제7조 제2항의 규정에 의한 계약서를 교부받지 아니한 경우, 방문판매자 등의 주소 등이 기재되지 아니한 계약서를 교부받은 경우 또는 방문판매자 등의 주소변경 등의 사유로 위 기간 이내에 청약철회 등을 할 수 없는 경우에는 그 주소를 안 날 또는 알 수 있었던 날부터 14일의 기간(거래당사자 사이에 위 규정의 각 기간보다 긴 기간으로 약정한 경우에는 그 기간) 이내에 당해 계약에 관한 청약철회 등을 할 수 있다고 규정하고 있습니다(같은 법 제8조 제1항).

그러므로 귀하는 甲회사의 주소를 안 날 또는 알 수 있었던 날부터 14일 내에 위약금 없이 청약을 철회할 수 있을 것입니다. 이 경우에 청약철회를 요구하는 내용의 서신을 3통 작성한 후 우체국에 가서서 이를 내용증명우편으로 발송해두면 후일의 법적 분쟁이 발생한 때에 유력한 증거로 사용할 수 있을 것이며, 청약철회 등의 의사표시가 기재된 서면을 발송한 날에 청약철회의 효과가 발생하게 됩니다(같은 법 제8조 제4항).

그러나 ①소비자에게 책임 있는 사유로 재화 등이 멸실 또는 훼손된 경우(다만, 재화 등의 내용을 확인하기 위하여 포장 등을 훼손한 경우를 제외), ②소비자의 재화 등의 사용 또는 일부 소비에 의하여 그 가치가 현저히 감소한 경우, ③시간의 경과에 의하여 재판매가 곤란할 정도로 재화 등의 가치가 현저히 감소한 경우, ④복제가 가능한 재화 등의 포장을 훼손한 경우{②, ③, ④의 사유로 청약철회 등이 불가능한 재화 등의 경우에는 방문판매자 등이 그 사실을 재화 등의 포장 기타 소비자가 쉽게 알 수 있는 곳에 명기하거나 시용(試用)상품을 제공하는 등의 방법으로 재화 등의 사용이나 일부 소비에 의하여 청약철회 등의 권리의 행사가 방해받지 아니하도록 조치를 취한 경우에 한함}, ⑤그밖에 거래의 안전을 위하여 대통령령이 정하는 경우{소비자의 주문에 의하여 개별적으로 생산되는 재화 등에 대하여 청약의 철회 및 계약의 해제를 인정하는 경우 같은 법 제2조 제2호의 규정에 의한 방문판매자 또는 같은 조 제4호의 규정에 의한 전화권유판매자에게 회복할 수 없는 중대한 피해가 예상되는 경우로서 사전에 당해 거래에 대하여 별도로 그 사실을 고지하고 소비자의 서면(전자문서를 포함)에 의한 동의를 얻은 경우}에는 청약철회 등을 할 수 없습니다(같은 법 제8조 제2항, 제6항, 같은 법 시행령 제12조). 그런데 「방문판매 등에 관한 법률」 제8조 제1항에서 규정한 청약 철회기간이 지났거나, 제8조 제2항에 의해 청약철회 등을 할 수 없는 경우라도 재화 등의 내용이 표시·광고의 내용과 다르거나 계약내용과 다르게 이행된 경우에는 당해 재화 등을 공급받은 날부터 3월 이내, 그 사실을 안 날 또는 알 수 있었던 날부터 30일 이내에 청약철회 등을 할 수 있습니다(같은 법 제8조 제3항).

한편, 청약철회의 효과를 보면, 소비자는 이미 공급받은 재화 등을 반환하여야 하고, 방문판매자 등(소비자로부터 재화 등의 대금을 지급받은 자 또는 소비자와 방문판매자 등에 관한 계약을 체결한 자를 포함)은 재화 등을 반환받은 날부터 3영업일 이내에 이미 지급받은 재화 등의 대금을 환급하여야 하고, 대금의 환급을 지연한 때에는 그 지연기간에 따라 대통령령으로 정하는 이자율(연 100분의 20)을 곱하여 산정한 지연이자(지연손해금)를 지급하여야 합니다(같은 법 제9조 제1항, 제2항, 같은 법 시행령 제13조).

그리고 방문판매자 등은 소비자가 신용카드 등으로 대금을 지급한 때에는 지체 없이 당해 신용카드 등 대금결제수단을 제공한 사업자(결제업자)로 하여금 재화 등의 대금의 청구를 정지 또는 취소하도록 요청하여야 하고, 방문판매자 등이 결제업자로부터 당해 재화 등의 대금을 이미 지급 받은 때에는 지체 없이 이를 결제업자에게 환급하고 그 사실을 소비자에게 통지하여야 하며(같은 법 제9조 제3항), 방문판매자 등으로부터 재화 등의 대금을 환급받은 결제업자는 지체 없이 소비자에게 이를 환급하거나 환급에 필요한 조치를 취하여야 합니다(같은 법 제9조 제4항). 이에 위반하면 1천만원 이하의 과태료에 처해집니다(같은 법 제66조 제1항).

▣ 편 저　김만기 ▣

• 전(前) 서울지방법원민사과장
• 전(前) 고등법원종합민원실장

• 저서 : 자동차사고의 법률적 해법과 지식(공저)
　　　　법인등기실무
　　　　의료사고의료분쟁속시원하게해결해드립니다(공저)
　　　　이 정도도 모르면 대부업체 이용하지 마세요
　　　　나홀로 민사소송 개시에서 종결까지
　　　　나홀로 가압류 가처분 개시에서 종결까지
　　　　사례별 법률종합 서식대전

작성에서 소송 · 상담까지
계약법 서식·사례 대전　　　　　　정가 120,000원

2019年　4月 15日　1판 인쇄
2019年　4月 20日　1판 발행
　　편　저 : 김 만 기
　　발행인 : 김 현 호
　　발행처 : 법문 북스
　　공급처 : 법률미디어

152-050
서울 구로구 경인로 54길4
TEL : 2636-2911~2, FAX : 2636-3012
등록 : 1979년 8월 27일 제5-22호
Home : www.lawb.co.kr

▌ISBN 978-89-7535-725-1 (13360)
▌이 도서의 국립중앙도서관 출판예정도서목록(CIP)은 서지정보유통지원시스템 홈페
　이지(http://seoji.nl.go.kr)와 국가자료종합목록시스템(http://www.nl.go.kr/kolisnet)
　에서 이용하실 수 있습니다. (CIP제어번호 : CIP2019014298)